十三經清人注疏

禮記訓纂

上

〔清〕朱彬 撰

饒欽農 點校

圖書在版編目(CIP)數據

禮記訓纂/(清)朱彬撰;饒欽農點校.—北京:中華書局,1996.9(2025.9 重印)
(十三經清人注疏)
ISBN 978-7-101-01024-4

Ⅰ.禮… Ⅱ.①朱…②饒… Ⅲ.①禮儀-中國-古代②禮記-注釋 Ⅳ.K892.9

中國版本圖書館 CIP 數據核字(2007)第 149902 號

封面題簽:鹿耀世
責任編輯:徐真真
封面設計:周　玉
責任印製:管　斌

十三經清人注疏
禮記訓纂
(全二册)
〔清〕朱　彬　撰
饒欽農　點校
*
中華書局出版發行
(北京市豐臺區太平橋西里 38 號　100073)
http://www.zhbc.com.cn
E-mail:zhbc@zhbc.com.cn
北京建宏印刷有限公司印刷
*
850×1168 毫米 1/32・29¼印張・4 插頁・523 千字
1996 年 9 月第 1 版　　2025 年 9 月第 9 次印刷
印數:13201-13700 册　　定價:148.00 元

ISBN 978-　-101-01024-4

十三經清人注疏出版説明

自漢至清，經學在各門學術中占有統治的地位。經學的發展經歷了幾個不同的階段，而清代則是很重要的也是最後的一個階段。清代經學家在經書文字的解釋和名物制度等的考證上，超越了以前各代，取得了重要成果，這對我們利用經書所提供的材料研究古代的經濟、政治、文化、思想以至科技等，有重要的參考意義。

清代的經學著作，數量極多，體裁各異，研究的方面也不同。其中用疏體寫作的書，一般是吸收、總結了前人多方面研究的成果，又是現在文史哲研究者較普遍地需要參考的書，因此我們在十三經清人注疏這個名稱下，選擇這方面有代表性的著作，陸續整理出版。所選的并非全是疏體，這是因爲有的書未曾有人作疏，或雖然有人作疏，但不够完善，因此選用其它注本來代替或補充。禮書通故既非疏體又非注體，但它與禮記訓纂等配合，可起疏的作用，故也入選。大戴禮記不在十三經之内，但它與禮記（小戴禮記）是同類型的書，因此也收進去。對收入的書，均按統一的體例加以點校。

清代的經學著作還有不少有重要參考價值，這有待於今後條件許可時，按新的學科分類，選擇整理出版。

十三經清人注疏的擬目如下：

周易集解纂疏　李道平撰
尚書今古文注疏　孫星衍撰
今文尚書考證　皮錫瑞撰
尚書孔傳參證　王先謙撰
詩毛氏傳疏　陳奂撰
毛詩傳箋通釋　馬瑞辰撰
詩三家義集疏　王先謙撰
周禮正義　孫詒讓撰
儀禮正義　胡培翬撰
禮記訓纂　朱彬撰
禮記集解　孫希旦撰
禮書通故　黄以周撰
大戴禮記補注　孔廣森撰
（附王樹枏校正、孫詒讓斠補）

大戴禮記解詁　王聘珍撰
左傳舊注疏證　劉文淇等撰
春秋左傳詁　洪亮吉撰
公羊義疏　陳立撰
穀梁古義疏　廖平撰
穀梁補注　鍾文烝撰
論語正義　劉寶楠撰
孝經鄭注疏　皮錫瑞撰
孟子正義　焦循撰
爾雅義疏　郝懿行撰
爾雅正義　邵晉涵撰

中華書局編輯部
一九八二年五月

前言

禮記，又稱小戴記，是西漢學者戴聖編輯的。這是一部秦漢之際儒家禮學著作的選集，共四十九篇。禮記注疏（東漢鄭玄注，唐孔穎達疏）是最通行的本子。此外，較通行的還有元陳澔的禮記集説，清孫希旦的禮記集解和朱彬的禮記訓纂。

朱彬（公元一七五三——一八三四年）字武曹，號郁甫，江蘇寶應人，卒年八十二歲。他博覽子史百家，無不貫洽，而於經義研究尤勤，著有經傳考證八卷，刊入皇清經解中。晚年編撰禮記訓纂，與舅氏劉端臨台拱、高郵王石臞念孫、伯申引之父子、江都汪容甫中、餘姚邵二雲晉涵互相切磋，析疑辨難，故書中多此諸家之説。林則徐序其書：「仍以注疏爲主，擷其精要，緯以古今諸説，如肉貫串，其附以己意者，皆援據精碻，發前人所未發。」

此次點校，以咸豐元年宜禄堂校刻本爲底本，用四部叢刊影宋本纂圖互註禮記、阮元校刻十三經注疏本禮記注疏、四部備要本禮記訓纂校勘。對朱氏所引經史羣籍，一般重檢原書。除避諱字及異體、易混字外，凡有改動，均出校記。

由於本人水平有限，學識淺薄，疏漏訛誤之處，敬請賢達指正。

饒欽農　一九八八年十月

目録

序

漢唐以來，說禮諸家精奥無如鄭注，博贍無如孔疏，詳且明者無如衛湜集說。至明永樂中，專以陳澔集說列於學官，科舉宗之，而鄭、孔之義微矣。綴學之士去古日遠，絶勘師法，遂不免空虚浮濫與鉤棘章句之病。

我朝經學昌明，乾隆初，欽定禮記義疏，嘉惠士林，而古義始曠然復明於世。第卷帙繁鉅，寒畯或不能盡購。他若納喇性德之陳氏集說補正，李光坡之禮記述注，方苞之禮記析疑諸書，亦足以發鄭、孔之遺義，訂陳澔之譌漏。然補正一書，意主糾駁。李則專採注、疏，方每斷以己意。求其博而精，簡而賅，足以薈衆說而持其平，牖佔畢而擴其識者，則郁甫朱先生所箸禮記訓纂一書是已。

先生承其鄉先進王氏懋竑經法，又與劉端臨台拱、王石臞念孫、伯申引之父子切劘有年，析疑辨難，奥窔日闢。故編中採此四家之說最多。復旁證國初訖乾、嘉間諸家之書，亦不下數十種，而仍以注、疏爲主。擷其精要，緯以古今諸說，如肉貫串。其附以己意者，皆援據精碻，發前人所未發，不薄今而愛古，不别户而分門，引掖來學之功，豈淺鮮哉！

先生舊有經傳攷證八卷，刊入皇朝經解中。兹編成於晚年，復有改定。如攷證解「越國而問焉」，謂致仕之臣，問於它國，兹仍從正義作「它國來問」。攷證解「視瞻毋回」，謂「毋回邪」，兹仍從正義作「不得迴轉」。攷證解「及葬奠而后辭於殯」，駁鄭注「殯」當爲「賓」，兹則仍依鄭説。攷證解「立容辨」爲分辨，兹仍從注讀爲「貶」。其他類此者尚多。蓋年益高，學益邃，心亦益虚，不專以一説而矜創解。然則訓纂之與攷證，正如朱子集注之與或問，可以參觀互證也。抑又見此書皆先生手稿，是時年八十矣，猶作蠅頭細楷。昔司馬温公纂資治通鑑，削稿盈屋，皆正書，先生殆其倫與？古經師如伏生、申、轅之流，率皆遐年大耋。蓋其精邃專壹之學，醰粹默沈之養，足以通微暢古，故神明久而不衰。觀於先生益信。則徐昔在詞垣，從長公文定公後，繼又承乏先生之鄉，竊聞先生之學行，起敬起慕。兹次公恕齋方伯出是編囑序，不敢以弇陋辭，然適以滋扣槃捫籥之媿也夫！

時道光壬寅夏六月，後學林則徐載拜謹序。

禮記訓纂序

漢藝文志云：「禮古經五十六卷，經十七篇，記一百三十一篇。」景十三王傳稱「獻王所得皆古文先秦舊書，周官、尚書、禮、禮記、孟子、老子之屬，皆經傳説記，七十子之徒所論」。鄭康成六藝論云：「戴德傳記八十五篇，則大戴禮是也。戴聖傳禮四十九篇，則此禮記是也。」儒林傳：「小戴授梁人橋仁、楊榮子孫，由是小戴有橋、楊之學」。後漢書橋玄傳云：「七世祖仁，著禮記章句四十九篇，號曰『橋君學』。」是則禮記傳授遠有端緒如是。陸德明經典釋文叙録引陳邵周禮論序云「戴德删古禮二百四十篇〔一〕，謂之大戴禮；戴聖删大戴禮爲四十九篇，是爲小戴禮」。後儒翕然信之。然大戴禮哀公問、投壺，小戴記亦列此二篇。他如曾子大孝篇見於祭義，諸侯釁廟見於雜記，朝事篇自「聘禮」至「諸侯務焉」見於聘義，本命篇自「有恩有義」至「聖人因教以制節」見於喪服四制，則非小戴删取大戴書甚明。孔沖遠樂記正義亦云：「按别録，禮記四十九篇，樂記第十九，則樂記十一篇在劉向前矣。」觀此，則自漢以來，無謂小戴删取大戴以成書者。

〔一〕「古禮二百四十篇」，釋文序録引作「古禮二百四篇」。

唐初詔孔氏作正義，禮記最爲詳贍。凡所徵引，如二賀氏、庾氏，以及皇氏、熊氏之說，備著於篇。自唐類禮已亡，後之釋經者多苦其文繁。唯宋末衞正叔集說始釋全經，然詳於議論，而畧於訓故。元吴草廬禮記纂言割裂删并，自成一家之書，不可頒在學宫，以時習肄。余束髮受書，病陳氏集說之疏畧。

本朝經學昌明，詔天下諸生習禮記者兼用古注、疏，於是洪哲俊彦之倫，鑽研經義，遐稽博考，蓋彬彬矣。不揣檮昧，年逾知命，始取爾雅、說文、玉篇、廣雅諸書之故訓，又刺取北堂書鈔、通典、太平御覽諸書之涉是記者，虎觀諸儒所論議，鄭志師弟子之問答，以及魏、晉以降諸儒之訓釋，撮其菁英，以爲輯畧。管窺蠡測，時有一得，亦附於編。鄭君注禮，如日月之在天，江河之行地，而千慮之失，亦間有之。後儒規其闕失，補其瑕間，用是知經傳之文，非一人一家之學所能盡也。唯大學、中庸不加訓釋，仍依鄭注，列經文於次，以還四十九篇之舊焉。

道光壬辰七月自序。

禮記訓纂卷一

曲禮上第一

正義：「六藝論云：『今禮行於世者，戴德、戴聖之學也。』又云：『戴德傳記八十五篇，則大戴禮是也。戴聖傳禮四十九篇，則此禮記是也。』儒林傳云：『大戴授琅邪徐氏。小戴授梁人橋仁字季卿、楊榮字子孫。仁爲大鴻臚，家世傳業。』案鄭目録云：『名曰曲禮者，以其記五禮之事：祭祀之説，吉禮也。喪荒去國之説，凶禮也。致貢朝會之説，賓禮也。兵車旌鴻之説，軍禮也。事長敬老，執摯納女之説，嘉禮也。此於別録屬制度。』云『上』者，對『下』生名。本以語多，簡策重大，分爲上下，更無義也。第一者，小爾雅云：『第，次也。』吕靖云：『一者，數之始。』」吕與叔曰：「曲禮者，禮之細也。禮器云：『經禮三百，曲禮三千。』中庸云：『禮儀三百，威儀三千。』曲禮者，威儀之謂，儀禮是經禮，篇末稱記者，是曲禮。高堂生所傳，是儀禮，戴聖所傳是禮記。」朱子曰：「經禮固今之儀禮。其存者十七篇，而其逸見於他書者，猶有投壺、奔喪、遷廟、釁廟、中霤等篇。又有古經增多三十九篇，而明堂陰陽、王史氏記數十篇，及河間獻王所輯禮樂古事，多至五百餘篇。所謂曲禮，則皆禮之微文小節，如今曲禮、少儀、内則、玉藻、弟子職篇所記事親、事長、起居、飲食、容貌、辭氣之法，制器、備物、宗廟、宮室、衣冠、車旗之等。凡所以行乎經禮之中者，條而析之，亦應不下三千有餘矣。」吴幼清曰：「曲者，一偏一曲之謂。中庸言致曲，易大傳言曲成、曲而中，老子言曲則全，莊子言一偏一曲，不該不偏。蓋謂禮之小節雜事，而非大體全文，故曰曲。」

曲禮曰：「毋不敬，注：「禮主於敬。」釋文：「毋，說文云：『止之詞。』古人云毋，猶今人言莫也。」儼若思，注：「儼，矜莊貌。人之坐思，貌必儼然。」安定辭，注：「審言語也。」正義：「安定，審也。出言必當慮之於心，然後宜之於口，是詳審於言語也。」安民哉。」注：「此上三句，可以安民。」正義：「心能肅敬，身乃矜莊，口復審慎。三者依於德義，則政教可以安民也。」朱子曰：「毋不敬，是統言主宰處。儼若思，敬者之貌。安定辭，敬者之言。安民，敬者之效。」○毋，音無。儼，魚檢反。

敖不可長，欲不可從，志不可滿，樂不可極。注：「四者慢游之道，桀紂所以自禍。」釋文：「敖，慢也。從，放縱也。」應子和曰：「敬之反爲敖，情之動爲欲，志滿則溢，樂極則反。」○敖，五報反。長，丁丈反。從，足用反。樂，音洛。

賢者狎而敬之，注：「狎，習也，近也。」畏而愛之。注：「心服曰畏。」愛而知其惡，憎而知其善。注：「凡與人交，不可以己心之愛憎，誣人之善惡。」正義：「愛，謂己所親幸。憎，謂己所嫌恨。」朱子曰：「人之常情，與人親狎則敬弛，有所畏敬則愛衰。賢者乃能狎而敬之，是以雖褻而不慢，畏而愛之，是以貌恭而情親也。己之愛憎，或出私心。人之善惡，自有公論。唯賢者存心中正，乃能不以此而廢彼也。」積而能散，注：「謂己有蓄積，見貧窮者則當能散以賙救之。」安安而能遷。注：「謂己今安此之安，圖後有害，則當能遷。晉咎犯與姜氏醉重耳而行，近之。」正義：「上安據心，下安據處。」朱子曰：「六句皆蒙『賢者』二字爲文。」○狎，户甲反。

臨財毋苟得，注：「爲傷廉也。」正義：「非義而取，謂之苟得。」臨難毋苟免，注：「爲傷義也。」正義：「君父有難，爲人臣子當致身授命以救之。若苟且免身而不鬬，則陷君父於危亡。」很毋求勝，分毋求多。注：「爲傷平也。很，鬩也，謂爭訟也。」正義：「分毋求多者，元是衆人之物，當共分之。人皆貪欲，望多入己。故記戒之。」○難，乃旦反。很，胡懇反。勝，舒證反。分，扶問反。

疑事毋質，直而勿有。注：「質，成也。」朱子曰：「兩句連說爲是。疑事毋質，即少儀所謂毋身質言語也。直而勿有，謂陳我所見，聽彼決擇，不可據而有之，專務强辨。不然，則是以身質言語矣。」胡邦衡曰：「質，正也。事有可疑，勿以臆決正之，所謂闕疑。直而勿有，不以己直彰彼曲。」

若夫坐如尸，注：「視貌正。」正義：「尸居神位，坐必矜莊。」立如齊。注：「磬且聽也。齊，謂祭祀時。」劉原父曰：「此乃大戴禮曾子事父母篇之辭，曰：『孝子惟巧變，故父母安之。若夫坐如尸，立如齊，弗訊不言，言必齊色，此成人之善者也，未得爲人子之道。』此篇蓋取彼文。『若夫』二字，失於删去。」江氏永曰：「齊，嚴敬貌。如齊者，正立自定，不跛不倚，儀禮所謂疑立，是也。」○夫，音扶。齊，側皆反。

禮從宜，使從俗。正義：「皇氏曰：『此二事爲君出使之法。』禮從宜者，謂人臣奉命出使征伐之禮。梱外之事，將軍裁之。知可而進，知難而退，前事不可準定，貴從當時之宜也。使從俗者，爲君出聘之法，皆出土俗牲幣以爲享禮。土俗若無，不可境外求物，故云使從俗也。」

夫禮者，所以定親疏，決嫌疑，別同異，明是非也。正義：「定親疏者，五服之内，大功已上服麤者爲親，小功已下服精者爲疏，決嫌疑者，若妾爲女君期，女君爲妾報之則太重，降之則有舅姑爲婦之嫌，故全不服，是決嫌也。孔子之喪，門人疑所服。子貢曰：『昔者夫子喪顏回，若喪子而無服，喪子路亦然。請喪夫子若喪父而無服。』是決疑也。別同異者，賀瑒云：『本同今異，姑、姊、妹是也。本異今同，世母、叔母及子婦是也。』明是非者，得禮爲是，失禮爲非。若主人未小斂，子游裼裘而弔，得禮，是也。曾子襲裘而弔，失禮，非也。但在禮甚衆，各舉一事爲證。」呂與叔曰：「伯母、叔母疏，衰，踊不絶地，姑、姊、妹大功，踊絶於地，此所以定親疏。嫂叔不通問，嫂叔無服，燕不以公卿爲賓，以大夫爲賓，此所以決嫌疑，已之子與兄弟之子異矣，引而進之，同服齊衰、期。天子至於庶人，貴賤異矣，而父母之喪，衰疏之服，饘粥之食，無貴賤一也。大夫爲期親，降服大功，尊同則不降，此所以別同異也。」馬彦醇曰：「喪期有遠近之數，宗廟有遷毁之制，定親疏也。宗廟之儀，迎牲而不迎尸，燕飲之禮，宰夫爲獻主，而以大夫爲賓，所以斷君臣之疑。男女非有行媒，不相知名，非受幣不交不親，所以別男女之嫌。」〇夫，音扶，凡發語之端皆然。後放此。疏，所居反，或作「踈」。決，徐古穴反。嫌，户恬反。

禮不妄說人，注：「爲近佞媚也。君子說之，不以其道，則不說也。」不辭費。王氏懋竑曰：「禮必有辭，如冠、昏、士相見皆有辭，數語而已，不多也。」禮不踰節，不侵侮，不好狎。注：「爲傷敬也。人則習近爲好狎。」釋文：「侮，輕慢也。」正義：「禮者所以辨尊卑，别等級，使上不逼下，下不僭上，故曰：禮不踰越節度也。不侵侮者，禮主於敬，自卑而尊人，故戒之。不好狎者，賢者狎而敬之，若近而習之，不加於敬，則是好狎。」〇說，音悦。辭，本又作「詞」，同。費，芳味反。侮，徐亡撫反。好，呼報反。

修身踐言，謂之善行。注：「踐，履也，言履而行之。」行修言道，禮之質也。注：「言道，言合於道。質，猶本也，禮爲之文飾耳。」正義：「凡爲禮之法，皆以忠信仁義爲本。禮以文爲飾。行修者，忠信之行修。言道者，言合於仁義之道。」○行，下孟反，下同。

禮聞取於人，不聞取人。注：「謂君人者。取於人，謂高尚其道。取人，謂制服其身。」釋文：「取，謂趣就師求道也。取人，謂制師使從己。」正義：「既招致賢人，當於身上取於德行，用爲政教，不聞直取賢人，授之以位，制服而已。」禮聞來學，不聞往教。注：「尊道藝。」正義：「凡學之法，當就其師，北面伏膺，不可以屈師親來就己。」胡邦衡曰：「取於人，以身下人也。舜取於人以爲善，是也。取人，謂屈人從己。齊王欲見孟子，而使之朝，是也。禮聞來學，不聞往教。漢孫寶荅張忠云：『君男欲學文，而移寶自近。禮有來學，義無往教，道不可詘。』是也。」

道德仁義，非禮不成；正義：「道者，通物之名。德者，得理之稱。仁是施恩及物，義是裁斷合宜。道德爲萬事之本，仁義爲羣行之大。熊氏云：『道德，大而言之，則包羅萬事，小而言之，則人之才藝善行，皆須禮以行之。故云非禮不成。』」劉氏台拱曰：「禮者，道德之品節，仁義之等殺。循禮，則斯四者無過不及之偏。成，猶裁成。」教訓正俗，非禮不備；正義：「熊氏云：『教，謂教人師法。訓，謂訓説義理。以此教訓，正其風俗。非得其禮，不能備具。』」劉氏台拱曰：「事爲之制，曲爲之防，故備。」分爭辯訟，非禮不決；注：「分、辯，皆别也。」吕與叔曰：「仁義道德，皆性之所固有，然無節無文，則過與不及，此所以非禮不成也。教不本於禮，則設之不當。立教訓説，皆所以正風俗之不正，故曰非禮不備。理有可否則爭，情有曲直則訟，惟禮爲能決之。蓋合於禮則可，不合於禮則不可。有禮則直，無禮則不直。故曰非禮不決。」朱氏曰：「爭見於事，而有曲直。訟形於言，而有是非。禮所以正曲直，明是非，故非禮不能決。」君臣上下，父子兄弟，非禮不定；正義：「上，謂公、卿、大夫。下，謂士也。君父南面，臣子北面，公、卿、大夫則列位於上，士則列位於下，兄前弟後，唯禮能定也。」宦、學事師，非禮不親；注：「宦，仕也。」正義：「熊氏云：『宦，謂學仕宦之事。學，謂習學六藝。』左傳宣二年，趙盾見靈輒餓，問之，曰：『宦三年矣。』服虔云：『宦，學也。』是學職事爲宦也。」班朝、治軍，涖官、行法，非禮威嚴不行；注：「班，次也。涖，臨也。」正義：「朝，朝廷也。次，謂司士正朝儀之位次也。治軍，謂師、旅、卒、伍各正其部分也。官，謂卿、大夫、士各有職掌。行法，謂司寇、士師明刑法也。皆用禮，威嚴乃行也。」禱祠、祭祀，供給鬼神，非禮不誠不莊。注：「莊，敬也。」正義：「周禮都宗人云：『國有大故，則令禱祠。』鄭注：『祠，謂報塞。』又小宗伯注云：『求福曰禱，得求曰祠。』熊氏云：『祭祀者，國家常禮，牲幣之屬，以供給鬼神。唯有禮乃能誠敬。』」是以君子恭敬撙節退讓以明禮。注：「撙，猶趨也。」正義：「君子，有德有爵之通稱。何胤云：『在貌爲恭，在心爲敬。』少儀云：『賓客主恭，祭祀主敬。』節，法度也。應進而遷曰退，應受而推曰讓。『道德仁義』已下，並須禮以成。故君子之身，行恭敬，趨法度，及退讓之事，以明禮也。」錢氏大昕曰：「說文：『𠟃，減也。』荀子不苟篇『恭敬繜屈』，仲尼篇『尊貴之，則恭敬而僔』，其義皆與撙同。」王氏念孫曰：「恭、敬、撙、節、退、讓，六字平列。恭與敬，撙與節，退與讓，義並相因。撙，猶趨也者。趨讀局促之促，謂自抑損也。撙之言損也。管子五輔篇曰：『整齊撙詘，以辟刑僇。』尹知章注：『撙，節也。言自節而卑詘。』是撙節與退讓，義亦相因也。」彬謂撙、𠟃、繜、僔並同。○辯，皮勉反。宦，音患。朝，直遙反。涖，本亦作「莅」，徐音利。禱，丁老反。祠，音詞。供，音恭，陸本作「共」。莊，側良反。撙，祖本反。

鸚鵡能言，不離飛鳥；猩猩能言，不離禽獸。鸚鵡，說文作「鸚䳇」，能言鳥也。釋文：「禽獸，盧本作走獸。」正義：「爾雅云：『猩猩小而好啼。』郭璞山海經注云：『人面豕身，能言語。今交阯封谿縣出猩猩，狀如獾狆，聲似小兒啼。』」今人而無禮，雖能言，不亦禽獸之心乎！夫唯禽獸無禮，故父子聚麀。注：「聚，猶共也。鹿牝曰麀。」是故聖人作爲禮以教人，使人以有禮，知自別於禽獸。江氏永曰：「此與樂記『聖人作爲父子君臣以爲紀綱』，文勢正相似，宜作一句讀，至『教人』絶句。」○鵡，陸作「母」，云「本或作鵡，同音武」。猩，音生。麀，音憂。

大上貴德，其次務施報。魏志博士馬照云：「大上立德，謂三皇五帝之世，以德化民。其次報施，謂三王之世，以禮爲治也」。正義：「大上，謂三皇五帝之世。其時猶淳厚，不尚往來之禮，所貴在德，德主務施，但施而不希其反。其次，謂三王之世。務，猶事也。三王之世，獨親其親，獨子其子，貨力爲己，施則望報，以爲恒事，故云務施報。」

禮尚往來，往而不來，非禮也；來而不往，亦非禮也。江氏永曰：「古初人心淳厚，渾忘施報之名。後王制禮，則因人情之常，施報務其相稱，是以有交際往來之禮。有施而無報，非禮也。孔疏得之。但不當以三皇五帝爲限耳。」○大，音泰。施，始豉反，下同。

人有禮則安，無禮則危。故曰：禮者，不可不學也。朱氏軾曰：「禮以固人肌膚之會，筋骸之束。無禮則耳目無所屬，手足無所措，故不安而危。」

夫禮者，自卑而尊人，雖負販者，必有尊也，而況富貴乎！彬謂負販，當如鄉黨『式負版者』之版，雖至賤者亦不可忽。鄭注「負販者，尤輕恌志利，宜若無禮」，非也。富貴而知好禮，則不驕不淫；貧賤而知好禮，則志不懾。注：「懾，猶怯惑。」正義：「何胤云：『憚所行爲怯，迷於事爲惑。』」馬彥醇曰：「富貴之所以驕淫，貧賤之所以懾怯者，以內無素定之分，而與物爲輕重也。好禮則有得於內，而在外者莫能奪矣。」○販，方萬反。好，呼報反，下同。懾，之涉反。

人生十年曰幼，學；注：「名曰幼，時始可學也。」內則曰：『十年出就外傅，居宿於外，學書計。』」二十曰弱，冠；正義：「二十成人，初加冠。體猶未壯，故曰弱也。今謂庶人及士之子，若卿大夫，十五以上則冠。」三十曰壯，有室；注：「有室，有妻也。妻稱室。」正義：「三十而立，血氣已定，故曰壯也。白虎通云：『男三十筋骨堅强，任爲人父。』」四十曰强，而仕；正義：「壯久則强，一是智慮强，二則氣力强也。」五十曰艾，服官政；注：「艾，老也。」釋文：「謂蒼艾色也。」正義：「年至五十，氣力已衰，髮蒼白色如艾也。五十堪爲大夫，得專事其官政，故曰服官政也。」六十曰耆，指使；注：「指事，使人也。六十不與服戎，不親學。」釋文：「賀瑒云：『耆，至也。至老境也。』」七十曰老，而傳；注：「傳家事，任子孫。」何休注公羊宣十二年傳曰：「七十稱老。」八十、九十曰耄；注：「耄，惛忘也。春秋傳曰：『謂老將知，耄又及之。』」七年曰悼。注：「悼，憐愛也。」悼與耄，雖有罪，不加刑焉。注：「愛幼而尊老。」正義：「周禮司刺有三赦：一曰幼弱，二曰老耄。鄭注云：『若今時律令，未滿八歲，八十以上，非手殺人，他皆不坐。』」百年曰期，頤。注：「頤，養也。不知衣服食味，孝子要盡養道而已。」劉熙釋名曰：「二十曰弱，言柔弱也。三十曰壯，言丁壯也。四十曰强，言堅强也。五十曰艾，艾，乂也，乂，治也，治事能斷割，無所疑。六十曰耆，耆，指也，不從力役，指事、使人也。七十曰旄，頭髮白，旄旄然也。八十曰耋，耋，鐵也，皮膚變黑色如鐵也。百年曰期頤，頤，養也。老昏不復知服味善惡，孝子期於盡養道而已也。」朱子曰：「期，周帀之義也。期，謂百年已周。期如上幼、弱等字，頤如上學、冠等字。」王氏念孫曰：「期之言極也。詩言『思無期』，『萬壽無期』，左傳『忿類無期』，皆究極之義。百年爲年數之極，故曰百年曰期。當此之時，事事皆待於養，故曰頤。」○冠，古亂反。艾，五蓋反。耆，渠夷反。傳，直專反。耄，忘報反。頤，羊時反。

大夫七十而致事，注：「致其所掌之事於君而告老。」若不得謝，則必賜之几杖，行役以婦人，適四方乘安車。注：「几杖、婦人、安車，所以養其身體也。安車，坐乘。」正義：「行役，謂本國巡行役事。婦人能養人，故許自隨也。適四方，謂遠聘異國時。然此養老之具，在國及出，皆得用之，今言行役婦人，四方安車，則相互也。」惠氏棟曰：「謝，猶去位也。説文：『謝，辭去也。』」王氏念孫曰：「謝，請也，告也。襄三年左傳：『祁奚請老。』請之而見許，則得所請而去，故曰得謝。漢書張耳陳餘傳：『有厮養卒謝其舍。』晉灼曰：『以辭相告曰謝。』」自稱曰老夫，注：「老夫，老人稱也，亦明君尊賢。」於其國則稱名。注：「君雖尊異之，自稱猶若臣。」吕與叔曰：「己國稱名，父母之邦不敢以尊者自居也。」朱氏軾曰：「於他國曰老夫，不自有其貴也。本國稱名，并不自言老也。」

越國而問焉，必告之以其制。注：「鄰國來問，必問於老者以答之。制，法度。」正義：「越國，猶他國也。若他國來問己國君之政，則稱國之舊制，以對他國之問也。」

謀於長者，必操几杖以從之。注：「從，猶就也。」正義：「操，執持也。杖可以策身，几可以扶己，俱是尊者之物，故於謀議之時將就也。」郝仲輿曰：「謀，謂就長者諮問也。」長者問，不辭讓而對，非禮也。注：「當謝不敏。」○長，丁丈反，下皆同。操，七刀反。

凡爲人子之禮，冬溫而夏清，昏定而晨省，注：「定，安其牀衽也。省，問其安否何如。」釋文：「清，冰冷也。」正義：「定，安也。晨，旦也。先昏後晨，示經宿之禮。熊氏云：『晨省者，案內則云：同宮則雞初鳴，異宮則昧爽而朝。』」在醜、夷不爭。注：「醜，衆也。夷，猶儕也。」正義：「此明朋儕禮也。夫貴賤相臨，則存畏憚。朋儕等輩，喜爭勝負。亡身及親，故宜誡之以不爭。」○清，七性反。

夫爲人子者，三賜不及車馬。王氏引之曰：「鄭言三命不受車馬之賜，非也。賜，猶予也。謂爲人子者，不敢以車馬予人也。言三賜者，約言之爲三耳。猶論語言『三仕』『三已』『三以天下讓』也。逸周書太子晉篇『王子賜之乘車四馬』，孔晁注曰：『禮，爲人子三賜不及車馬，此賜則白王然後行可知也。』蓋禮記舊注有如此解者，故晁本之爲說。」彬案坊記曰：「父母在，饋獻不及車馬。」是其明證。故州閭鄉黨稱其孝也，兄弟親戚稱其慈也，僚友稱其弟也，執友稱其仁也，交游稱其信也。注：「周禮二十五家爲閭，四閭爲族，五族爲黨，五黨爲州，五州爲鄉。僚友，官同者。執友，志同者。」正義：「親，指族內。戚，言族外。慈者，篤愛之名。兄弟，外內通稱。交游，汎交也。熊氏云：『上始州閭，下及交游，略舉五者，餘行可知。』」

見父之執，不謂之進不敢進，不謂之退不敢退，不問不敢對：此孝子之行也。注：「敬父同志，如事父。」○行，下孟反。

夫爲人子者，出必告，反必面。注：「告、面同耳。反言面者，從外來，宜知親之顏色安否。」所游必有常，所習必有業。注：「緣親之意欲知之。」陳定宇曰：「有常，游必有方也。有業，所學必有正業。」○告，古毒反。

恒言不稱老。正義：「老是尊稱。或云：子若自稱老，父母則甚老，則感動其親，故舜年五十而慕也。」

年長以倍，則父事之；十年以長，則兄事之；五年以長，則肩隨之。注：「肩隨者，與之並行差退。」正義：「此謂鄉里之中，非親非友。但二十以後，年長倍己，則以父道事之，即父黨隨行也。兄事之者，則差退而鴈行也。」

羣居五人，則長者必異席。注：「席以四人爲節，因宜有所尊。」正義：「熊氏云：『既長者一人異席，餘則四人矣。此羣居之法。若賓主禮席，皆無同坐之法。故鄉飲酒賓、介異席。又云「衆賓之席皆不屬焉」，不相連屬也。鄉射「衆賓之席繼而西」，謂相連屬也。燕禮及大射「公三重，大夫再重」，是皆異席也。』」

爲人子者，居不主奧，坐不中席，行不中道，立不中門。注：「謂與父同宫者也。不敢當其尊處。室中西南隅謂之奧。道有左右。中門，謂棖、闑之中央。」正義：「主，猶坐也。奧者，室内西南隅也。室嚮南，户近東南角，則西南隅隱奧無事，故呼其名爲奧。常推尊者於閑樂無事之處，故尊者居必主奧也。坐不中席者，一云敬無餘席，非唯不可上，亦不可中也。一云共坐則席端爲上，獨坐則席中爲尊，尊者宜獨，則坐常居中，故卑者坐不得居中也。行不中道者，尊者常正路而行，卑者故不得也。男女各路，路各有中也。立不中門者，中央有闑，闑旁有棖，棖謂之門梐。今云不中者，謂棖、闑之中，是尊者所行，故人子不得當之而行也。」○奧，烏報反。食饗不爲槩。注：「槩，量也。不制待賓客饌具之所有。」正義：「熊氏云：『謂傳家事，任子孫。事由尊者所裁，子不得輒豫限量多少也。』」祭祀不爲尸。注：「爲其失子之道。然則尸卜筮無父者。」陳定宇曰：「尸取主人之子行，而已父將北面事之，子所不安，故不爲也。」○食，音嗣。饗，香兩反。槩，古愛反。

聽於無聲，視於無形。注：「恒若親之將有教使然。」正義：「雖無聲無形，恒常於心想像，似見形聞聲。」

不登高，不臨深，不苟訾，不苟笑。注：「爲其近危辱也。」正義：「苟，且也。相毁曰訾。不樂而笑爲苟笑。」說文：「訾，不思稱意也。」○訾，音紫。孝子不服闇，不登危，懼辱親也。注：「服，事也。闇，冥也。不於闇冥之中從事，爲卒有非常，且嫌失禮也。」說文：「危，在高而懼也。」父母存，不許友以死，注：「爲忘親也。死，謂報仇讎。」不有私財。正義：「家事統於尊，財關尊者，故無私財。」江氏永曰：「不許友以死，坊記所謂『父母在，不敢有其身也。』朋友亦有患難相死之道，非謂若聶政之爲。謂友有危難，忘身救之，或冒險脱友於厄，如李篤之匿張儉。或犯顔雪友之冤，如左儒之争杜伯。固有激於義而爲之者矣。」

爲人子者，父母存，冠衣不純素。注：「爲其有喪象也。純，緣也。玉藻曰：『縞冠，玄武，子姓之冠也。縞冠素紕，既祥之冠也。』深衣曰：『具父母，衣純以青。』」正義：「冠純，謂冠飾也。衣純，謂深衣領緣也。」孤子當室，冠衣不純采。注：「早喪親，雖除喪，不忘哀也。謂年未三十者，三十壯有室，有代親之端，不爲孤也。當室，適子也。深衣曰：『孤子衣純以素。』」正義：「崔靈恩云：『不當室則純采。所以然者，當室之孤，内理蒸嘗，外交宗族，所履之事，莫不傷心。故特純素示哀。深衣不云當室者，文略耳。』」○純，諸允反，下及注皆同。

幼子常視毋誑。注：「視，今之示字。小未有所知，常示以正物，以正教之，無誑欺。」○視，音示。誑，本或作「迋」，注同，九況反。

童子不衣裘、裳。注：「裘大温，消陰氣，使不堪苦。不衣裘、裳便易。」正義：「童子體熱，不宜著裘。又應給役，著裳則不便。故童子並緇布襦袴也。内則云：『二十可以衣裘帛。』」**立必正方，不傾聽。**注：「習其自端正。」呂與叔曰：「立必正所向之方，或東或西、或南或北，不使之偏有所向也。士相見禮云：『凡燕見於君，必辯君之南面。若不得，則正方，不疑君。』疑君者，斜向之，不正方也。不傾聽者，頭容直。」**長者與之提攜，則兩手奉長者之手。**注：「習其扶持尊者。提攜，謂牽將行。」正義：「非唯教之聽立，至於行步亦宜教之。」**負劍辟咡詔之，**注：「負，謂置之於背。劍，謂挾之於旁。辟咡詔之，謂傾頭與語。口旁曰咡。」説文：「詔，告也。」釋文：「辟，側也。」何云：「口耳之間曰咡。」**則掩口而對。**注：「習其鄉尊者屏氣也。」正義：「掩口，恐氣觸人。」江氏永曰：「古人常帶劍於脅，亦或帶之於背，拔劍則俯身而出之，如荆軻傳秦王劍長，不能拔，左右呼曰：『王負劍。』謂長者俯身與之語，如負劍之狀。則負劍與辟咡相對，負劍俯其身，辟咡偏其口。或亦可通。」○衣，於既反，下同。攜，户圭反。奉，芳勇反，下「奉扃」、「奉席」、「奉箕」皆同。辟，匹亦反。咡，徐如志反。掩，於檢反。

從於先生，不越路而與人言，注：「尊不二也。先生，老人教學者。」**遭先生於道，趨而進，正立拱手，**注：「爲有教使。」**先生與之言則對，不與之言則趨而退。**注：「爲其不欲與己並行。」正義：「先生，師也。論語云：『有酒食，先生饌。』則先生之號，亦通父兄。崔靈恩云：『凡言先生，謂年德俱高，又教道於物者。凡云長者，直以年爲稱也。凡言君子者，皆爲有德尊之，不據年之長幼。故所稱不同也。』」○從，才用反，下皆同。拱，俱勇反。

從長者而上丘陵，則必鄉長者所視。注：「爲遠視不察，有所問。」正義：「長者東視則東視，西視則西視。」王氏懋竑曰：「廣雅：『小陵曰丘。』說文：『陵，大阜也。』」○上，時掌反，下同。

登城不指，城上不呼。注：「爲惑人。」釋文：「呼，號叫也。」

將適舍，求毋固。注：「謂行而就人館。」正義：「舍，主人家也。」黃氏曰：「凡求物於主人，毋固毋必，隨其有無。」將上堂，聲必揚。注：「警内人也。」彬案列女傳鄒孟母曰：「夫禮，將入門，問孰存，所以致敬也。將上堂，聲必揚，所以戒人也。將入户，視必下，恐見人過也。」

户外有二屨，言聞則入，言不聞則不入。注：「不干掩人之私也。」屨人注曰：「複下曰舄，襌下曰屨。」正義：「室有兩人，故户外有二屨。」將入户，視必下。入户奉扃。注：「奉扃，敬也。」釋文：「扃，何云：『關也。』」正義：「禮有鼎扃，所以關鼎。今關户之木，與關鼎相似，亦得稱扃。凡常奉扃之時，必兩手向心而奉之。今入户，以其手對户，若奉扃，言恭敬。」視瞻毋回。户開亦開，户闔亦闔。注：「不以後來變先。」正義：「初將入時，視必下不得迴轉，廣有瞻視也。既入户，若户本開，則今入者不須闔也。户若本闔，則今入者不須開也。」有後入者，闔而勿遂。注：「示不拒人。」正義：「謂已先入，後猶有人，又應入者也。雖已應還闔，當徐徐欲作闔勢，以待後人。不得遂闔，以成拒後人。」○屨，紀具反。扃，古螢反。闔，胡臘反。

毋踐屨，毋踖席。正義：「踐，蹋也。既並脱屨户外，其人或多，若後進者，不得蹋先入者屨。踖，猶躐也。席既地鋪，當有上下，將就坐，當從下而升，當己位上，不發初從上。從上，爲躐席也。」摳衣趨隅，必慎唯諾。注：「趨隅，升席必由下也。慎唯諾者，不先舉，見問乃應。」說文：「唯，諾也。」正義：「摳，提也。衣，裳也。趨，猶向也。隅，猶角也。既不踖席，當兩手提裳之前，徐徐向席之下角而升，當己位而就坐也。唯，㗖也。㗖諾，應對也。既坐定，又慎於應對。」○踖，在亦反。摳，苦侯反。趨，七俱反。唯，于癸反。

大夫、士出入君門，由闑右，不踐閾。注：「臣統於君。闑，門橛。閾，門限也。」正義：「盧注檀弓下云：『門以向堂爲正，主人位在門東，客位在門西。』今此大夫、士是臣，臣皆統於君，不敢自由賓，故出入君門恒從闑東也。士之朝位雖在西方東面，入時仍依闑東。大射注云『左則由闑西』者，汎解賓客入門之法也。踐，履也。出入不得踐履門限，一則自高，二則不淨，並爲不敬。」劉氏台拱曰：「朱子謂古人常掩左扉，君出入常由右邊門中。由闑右者，傍闑之右而行，不敢當尊也。不由闑西，所不待言。」○闑，魚列反。閾，于逼反。

凡與客入者，每門讓於客。注：「下賓也。敵者迎於大門外。聘禮曰：『君迎賓於大門內。』」正義：「言凡者，通貴賤也。每門者，天子五門，諸侯三門，大夫二門。客敵者，主人出門外迎客，主人輒先讓，不先入。」客至於寢門，則主人請入爲席，注：「爲，猶敷也。」然後出迎客，客固辭，注：「又讓先入。」主人肅客而入。主人入門而右，客入門而左。注：「肅，進也。進客，謂道之。右就其右，左就其左。」江氏永曰：「主人復出迎客，不言與客讓入，客何爲固辭？且主人道客亦宜也，何必待客固辭而後入？士相見禮主人出迎客，一揖卽入，無讓入固辭之文。竊疑主人請入爲席，主人道其意於客也。若曰某當先入爲席，敬逆吾子。客固辭者，辭其請入爲席也。主人因客固辭而止，遂肅客入，實未嘗入爲席也。先儒以固辭爲又讓先入者誤矣。然則士相見何以無請入爲席之禮？曰：彼是初見之客，授摯卽出，堂上不坐，故不爲席。此是飲食或講説之客，故有請入爲席之儀。下『主人跪正席』，正爲先時未入爲席，故又有此儀節也。」趙氏良霨曰：「禮相見於堂，而燕於寢。客至寢門，而布席肅入，則非始之拜迎於門，受摯堂下，而客遂出之時矣。意儀禮所謂主人請見，賓反見。鄭注云：『反見，則燕者是與。』考司儀諸侯相爲賓、交擯，無請入爲席之文，聘禮、公食大夫禮無降就東階之事。此所云，其士相見之禮與？」主人就東階，客就西階。客若降等，則就主人之階。注：「降，下也。謂大夫於君，士於大夫也。不敢輒由其階，卑統於尊，不敢自專。」主人固辭，然後客復就西階。注：「復其正。」正義：「此大夫於君，大夫謂他國大夫也。案聘禮『公迎賓，賓不就主人階』，公食大夫禮『公迎賓，賓入門左』，此皆是降等。不就主人階者，以奉己君之命，不可苟下主人，故從客禮也。若君燕於臣，宰夫爲主人，則主人與賓皆從西階升，與此異也。案聘禮賓面主國大夫，他國大夫是敵禮，賓亦入門右。鄭注：『見私事，雖敵賓猶謙，入門右，爲若降等然。』」主人與客讓登，主人先登，客從之，拾級聚足，連步以上。注：「拾，當爲涉，聲之誤也。級，等也。涉等聚足，謂前足躡一等，後足從之併。連步，謂足相隨，不相過也。」正義：「主人先登者，讓必以三，三竟而客不從，故主人登先，亦肅客之義。不言三者，略可知也。客從之者，公食禮『公升二等，賓升』，是也。案燕禮、大射賓先升者，公以宰夫爲主人，賓尊也。聘禮君使卿歸饔餼於賓館，卿升一等，賓從。於時賓爲主人，不先升者，卿銜主君之命，尊，故先升也。至賓設禮擯卿，賓升一等，大夫從升者，以賓作主人故也。」上於東階，則先右足；上於西階，則先左足。注：「近於相鄉敬。」○拾，依注音涉。級，音急。上，時掌反，下皆同。

帷薄之外不趨，注：「不見尊者，行自由，不爲容也。入則容。行而張足曰趨。」説文：「趨，疾也。」釋文：「帷，帷幔也。薄，簾也。」堂上不趨，注：「爲其迫也。堂下則趨。」執玉不趨。注：「志重玉也。」正義：「執玉須慎，不論堂之上下，皆不疾趨也。若張足疾趨，則或蹉跌失玉，故不趨。」堂上接武，堂下布武，注：「武，迹也。迹相接，謂每移足，半躡之。中人之迹尺二寸。布武，謂每移足，各自成迹，不相躡。」室中不翔。注：「又爲其迫也。行而張拱曰翔。」○帷，位悲反。薄，平博反。

並坐不橫肱，注：「爲害旁人。」授立不跪，授坐不立。注：「爲煩尊者俛仰受之。」正義：「謂尊者立之時，卑者以物授尊者，不得跪，煩尊者俯俛。若尊者形短，雖卑者得跪以授之。」○肱，古宏反。

凡爲長者糞之禮，必加帚於箕上。注：「如是得兩手奉箕，恭也。謂初執而往時也。弟子職曰：『執箕膺擖，厥中有帚。』」説文：「糞，棄除也。帚，糞也，从又持巾，埽冂內。古者少康初作箕帚、秫酒。少康，杜康也。」正義：「膺，胸前也。擖，箕舌也。」以袂拘而退，其塵不及長者。注：「謂埽時也。以袂擁帚之前，埽而却行之。」以箕自鄉而扱之。注：「扱讀曰吸，謂收糞時也。箕去弃物，以鄉尊者則不恭。」釋文：「袂，衣袖末。扱，斂也。」江氏永曰：「埽前有灑埽，固無塵。以袂拘而退者，敬也，非真以袂障塵也。加帚於箕上，自是初往時。若埽時，箕倚於户側。俟埽訖，然後以箕收之，非執箕以埽也。」○爲，于僞反。糞，陸作「⿰扌糞」，云：「本又作糞，徐音奮。」帚，之手反。箕，音基。袂，武世反。拘，古侯反，徐音俱。扱，依注音吸，許急反。

奉席如橋衡。劉氏台拱曰：「鄭注『桔槔』之解，本莊子。竊以橋梁之橋擬席，已爲不倫。且橋梁高下，亦無定賓。士昏記『笲，緇被、纁裏，加于橋』，注：「橋，所以庋笲，其制未聞。」據經云『奠於席』，則橋蓋設於席上者，取譬於近也。橋以木爲之，奉席欲其平正，故謂若橋之横。鄭注謂是『井上桔槔』，遠而不切。」○橋，居廟反。

請席何鄉？請衽何趾？注：「順尊者所安也。衽，臥席也。坐問鄉，臥問趾，因於陰陽。」席南鄉、北鄉，以西方爲上；東鄉、西鄉，以南方爲上。注：「布席無常，此其順之也。上，謂席端也。坐在陽則上左，坐在陰則上右。」正義：「此據平常布席如此。若禮席則不然。案鄉飲酒禮注云：『賓席，牖前南面。主人席，阼階上西面。介席，西階上東面。』與此不同，是也。」江氏永曰：「古人常坐在室中，此文大約就室中之席言之。南北鄉以西方爲上者，統於奥也。東西鄉以南方爲上者，統於户牖與堂也。若堂上南鄉之席，皆以東爲上。飲、燕、食、射皆然，唯神席尚右，以西爲上，故昏禮醴賓徹几改筵，明不以西爲上也。鄉飲、鄉射賓若有遵者，席於賓東，此則以西爲上，蓋統於户牖間之酒尊，明不與賓同東上，取義又異也。」○衽，而審反。趾，音止。若非飲食之客，則布席，席間函丈。注：「謂講問之客也。函，猶容也。講問宜相對，容丈，足以指畫也。飲食之客，布席於牖前。」正義：「文王世子云：『侍坐於大司成，遠近間三席。』席之制，三尺三寸三分寸之一，則三席是一丈，故鄭云：『容丈也。』」主人跪正席，注：「雖來講問，猶以客禮待之，異於弟子。」客跪撫席而辭。注：「撫之者，答主人之親正。」正義：「撫，謂以手按止之也。」客徹重席，主人固辭，注：「徹，去也。去重席，謙也。再辭曰固。」正義：「禮器云：『諸侯三重，大夫再重。』又鄉飲酒之禮：『公三重，大夫再重。』是尊者多，卑者少，故主人爲客設多重席，客謙而自徹也。」客踐席乃坐。注：「客安，主人乃敢安也。講問宜坐。」主人不問，客不先舉。注：「客自外來，宜問其安否無恙，及所爲來故。」正義：「舉，亦問也。」○函，胡南反。重，直龍反。

將卽席，容無怍，兩手摳衣，去齊尺。衣毋撥，足毋蹶。注：「怍，顔色變也。齊，謂裳下緝也。撥，發揚貌。蹶，行遽貌。」釋文：「怍，慙也。」正義：「卽，就也。摳，提挈也。衣，謂裳也。謂將就席之時，以兩手當裳前，提挈裳使起，令裳下緝去地一尺，恐衣長轉足躡履之。」○怍，才洛反。齊，音咨。撥，半末反。蹶，本又作「蹷」，居衞反，又求月反。

先生書策琴瑟在前，坐而遷之，戒勿越。注：「廣敬也。」釋文：「策，編簡也。」正義：「坐，亦跪也。越，踰也。」

虛坐盡後，注：「謙也。」正義：「虛，空也。謂非飲食坐也。玉藻云：『徒坐不盡席尺。』是也。」食坐盡前。注：「爲汚席。」正義：「謂飲食坐也。古者地鋪席，而俎豆皆陳於席前之地。若坐近後，則濺汚席，故盡前也。玉藻云『讀書、食則齊，豆去席尺』。是也。」坐必安，執爾顔。注：「執，猶守也。」正義：「凡坐好自摇動，故戒之。」○盡，津忍反，後放此。

長者不及，毋儳言。注：「儳，猶暫也，非類雜。」説文：「儳，儳互，不齊也。」段氏玉裁曰：「周語『戎翟冒沒輕儳』，注：『儳，進退上下無列也。』」正義：「長者，猶先生，互言耳。言長者正論甲事，少者不得輒以乙事雜錯其說。」正爾容，聽必恭，注：「聽先生之言，既説又敬。」正義：「正，謂矜莊也。顔容，通語耳。」毋勦説，注：「勦，猶擥也。謂取人之説以爲己説。」毋雷同，注：「雷之發聲，物無不同時應者。人之言當各由己，不當然也。」正義：「凡人當自立己心，斷其是非。不得聞他人之語，附而同之。」必則古昔，稱先王。注：「言必有依據。」○儳，仕鑒反。勦，初交反。侍坐於先生，先生問焉，終則對。注：「不敢錯亂尊者之言。」請業則起，請益則起。注：「尊師重道也。起，若今摳衣前請也。業，謂篇卷也。益，謂受説不了，欲師更明説之。子路問政，子曰：『先之，勞之。』『請益。』曰：『無倦。』」

父召無諾，先生召無諾，唯而起。注：「應辭唯恭於諾。」〇唯，于癸反。

侍坐於所尊敬，無餘席。注：「必盡其所近尊者之端，爲有後來者。」正義：「所以然者，欲得親近先生，似若扶持然，備擬先生顧問，不可過遠，且擬後人之來，故闕其在下空處以待之。」見同等不起。注：「不爲私敬。」燭至起，注：「異晝夜。」食至起，注：「爲饌變。」上客起。注：「敬尊者。」正義：「上客，謂尊者之上客也。尊者見之則起，故侍者宜從之而起。然食與燭至起，則尊者不起。」燭不見跋。注：「跋，本也。燭盡則去之，嫌若燼多，有厭倦。」〇跋，半末反。

尊客之前不叱狗。注：「主人於尊客之前，不敢倦，嫌若風去之。」蒼頡篇：「叱，呵也。」方性夫曰：「不敢以至賤駭尊者之聽。」〇叱，尺質反。

讓食不唾。注：「嫌有穢惡。」吕與叔曰：「嫌若嘗主人食，亦不敬也。」〇唾，吐卧反。

侍坐於君子，君子欠伸，撰杖屨，視日蚤莫，侍坐者請出矣。注：「以君子有倦意也。撰，猶持也。」正義：「志疲則欠，體疲則伸。撰杖屨者，君子自執杖在坐，著屨升堂，脱之在側，若倦，則自撰持之也。視日蚤莫者，瞻視庭影，望日蚤晚也。禮，卑者賤者請進不請退，退由尊者。今若見尊者爲上諸事，皆是欲起之漸，故侍坐者得請出矣。」○欠，丘劍反。伸，音身。撰，似轉反。屨，紀具反。莫，音暮。

侍坐於君子，君子問更端，則起而對。注：「離席對，敬異事也。」正義：「更端，別事也。謂嚮語已畢，更問他事。」

侍坐於君子，若有告者曰：「少間，願有復也。」則左右屏而待。注：「復，白也。言欲須少空閒，有所白也。屏，猶退也，隱也。」

毋側聽，注：「嫌探人之私也。側聽，耳屬於垣。」毋噭應，毋淫視，毋怠荒。游毋倨，立毋跛，坐毋箕，寢毋伏。斂髮毋髢，冠毋免，勞毋袒，暑毋褰裳。注：「皆爲其不敬。噭，號呼之聲也。淫視，睇眄也。怠荒，放散身體也。跛，偏任也。伏，覆也。髢，髲也。毋垂餘如髲也。免，去也。褰，袪也。」正義：「淫，謂流移也。目當直瞻視，不得流動邪眄也。游，行也。倨，慢也。身當恭謹，不得倨慢也。跛，偏也，謂挈舉一足。立宜如齊，雙足並立，不得偏也。箕，謂舒展兩足，狀如箕舌也。寢，卧也。卧當或側或仰，而不覆也。斂髮毋髢者，垂如髲也。古人重髮，以纚韜之，不使垂也。免，脱也，常著在首，不可脱也。袒，露也。」○噭，古弔反。倨，音據。跛，彼義反，又波我反。髢，徒細反。袒，徒旱反。褰，起連反。

侍坐於長者，屨不上於堂，注：「屨賤，空則不陳於尊者之側。」正義：「長者在堂，侍者屨賤，故脱於階下。若長者在室，則侍者得著屨上堂，不得入室。」解屨不敢當階。注：「爲妨後升者。」正義：「解，脱也。屨既不上於堂，故解之於階下也。」就屨，跪而舉之，屏於側。注：「謂獨退也。就，猶著也。屏亦不當階。」正義：「初升時，解置階側，今下著之。屏，退也，退不當階也。」鄉長者而屨，跪而遷屨，俯而納屨。注：「謂長者送之也。不得屏，遷之而已。俯，俛也。納，内也。遷或爲還。」正義：「遷，徙也。就階側跪取，稍移近前。既取，因俯身向長者而内，足著之。不跪者，若跪則足向後，不便，故俯也。雖不並跪，亦坐左納右，坐右納左耳。」

離坐離立，毋往參焉。離立者不出中間。注：「爲干人私也。離，兩也。」正義：「或二人併坐，或兩人併立，恐密有所論，已不得輒往參預也。若見二人併立，當己行路，則避之，不得輒當其中間出也。」方言、廣雅云：「參，分也。」王氏念孫曰：「參者，間厠之名，故爲分也。毋往參焉，是其義也。」

男女不雜坐，不同椸枷，不同巾櫛，不親授。注：「皆爲重别，防淫亂。不雜坐，謂男子在堂，女子在房也。椸，可以枷衣者。」爾雅：「竿謂之箷。」郭注：「衣架也。」説文：「椸，衣架也。」倉頡篇：「椸，格也，亦衣桁也。」邵氏晉涵曰：「箷，蓋衣架之在牆者，釋宫『謂之楎』。其以竹木横列者謂之箷。」正義：「不親授者，男女有物不親相授也。内則云：『非祭非喪，不相授器。』」○椸，羊支反。枷，本又作「架」，徐音稼。櫛，側乙反。

嫂叔不通問，注：「謂相稱謝也。」朱氏軾曰：「謂不親相問答也。」江氏永曰：「有當問者，使人傳之。」

諸母不漱裳。注：「諸母，庶母也。漱，澣也。庶母賤，可使漱衣，不可使漱裳，裳賤。尊之者，亦所以遠别。」説文：「常，下帬也，或从衣。」○漱，悉侯反。

外言不入於梱，内言不出於梱。注：「外言内言，男女之職也。不出入者，不以相問也。梱，門限也。」説文：「梱，門橛也。」正義：「男職在於官政，不得令婦人預之。女職謂織紝，男子不得濫預。」○梱，本又作「閫」，苦本反。

女子許嫁，纓，非有大故，不入其門。注：「女子許嫁繫纓，有從人之端也。大故，宮中有災變若疾病，乃後入也。」正義：「女子，婦人通稱。婦人質弱，不能自固，必有繫屬。纓有二：一是少時常佩香纓，二是許嫁時繫纓。此則爲許嫁時繫纓。知然者，昏禮：『主人入，親脱婦纓。』鄭注云：『婦人十五許嫁，笄而禮之，因著纓，明有繫也。蓋以五采爲之。其制未聞。』」

姑、姊、妹、女子子已嫁而反，兄弟弗與同席而坐，弗與同器而食。注：「女子十年而不出，嫁及成人，可以出矣，猶不與男子共席而坐，亦遠別也。」正義：「女子子，是己之女，重言子者，鄭注喪服云：『別於男子。』」劉氏台拱曰：「言兄弟，則兄弟之子可知。若父子，本不同席，不待言也。故下文類及之。」父子不同席。注：「異尊卑也。」

男女非有行媒，不相知名，注：「見媒往來傳昏姻之言，乃相知姓名。」正義：「昏禮有六禮，二曰問名。」非受幣，不交不親。注：「重別，有禮乃相纏固。」正義：「幣，謂聘之玄纁、束帛也。」故日月以告君，注：「周禮凡取判妻入子者，媒氏書之以告君，謂此也。」齊戒以告鬼神，注：「昏禮凡受女之禮皆於廟，爲神席以告鬼神，謂此也。」正義：「昏禮：『納采，主人筵於户西，西上，右几。』注：『爲神布席，將以先祖之遺體許人，不敢不告。』昏禮又云：『受諸禮於廟，而設几筵也。』」爲酒食以召鄉黨僚友，以厚其別也。注：「會賓客也。厚，重愼也。」○媒，音梅。齊，側皆反。

取妻不取同姓，故買妾不知其姓則卜之。注：「爲其近禽獸也。妾賤，或時非媵，取之於賤者，世無本繫。」正義：「熊氏云：『卜者，卜吉凶。既不知其姓，但卜吉則取之。』」彬案春秋昭元年，左傳：「故志曰：『買妾不知其姓，則卜之。』」蓋古有是言，而記人述之。

寡婦之子，非有見焉，弗與爲友。注：「辟嫌也。有見，謂有奇才卓然，衆人所知。」○見，賢遍反。

賀取妻者，曰：「某子使某，聞子有客，使某羞。」注：「謂不在賓客之中，使人往者。羞，進也，言進於客。古者謂候爲進，其禮蓋壺酒、束脩若犬也。不斥主人，昏禮不賀。」正義：「此使者辭也。某子者，賀者名。使某者，使自稱名。客者，鄉黨僚友之屬。」

貧者不以貨財爲禮，老者不以筋力爲禮。注：「禮許儉，不非無也。年五十始杖，八十拜君命，一坐再至。」呂與叔曰：「君子之於禮，不責人之所不能備，不責人之所不能行。財力之不足，非禮之訾也。」

名子者不以國，不以日月，不以隱疾，不以山川。注：「此在常語之中，爲後難諱也。春秋傳曰：『名，終將諱之。』隱疾，衣中之疾也，謂若黑臀、黑肱矣。」正義：「不以國者，不以本國爲名，他國卽得爲名。桓十二年『衞侯晉卒』，襄十五年『晉侯周卒』是也。不以日月者，不以甲乙丙丁爲名。殷家得以爲名者，殷質，不諱名故也。案春秋魯僖公名申，蔡莊公名甲午者，周末亂世，不能如禮。傳曰：『以官則廢職，以山川則廢主，以畜牲則廢祀，以器幣則廢禮。晉以僖侯廢司徒，宋以武公廢司空，先君獻、武廢二山。』杜注云：『司徒改爲中軍，司空改爲司城。魯獻公名具，武公名敖。』按國語范獻子聘魯，問具、敖之山，魯人以鄉名對。獻子云：『何不云具、敖乎？』對曰：『先君獻、武之所諱也。』」

男女異長。注：「各自爲伯季也。」正義：「按冠禮加字之時，伯某甫，仲叔季，唯其所當。又檀弓云：『幼名、冠字，五十以伯仲。』知女子亦各自爲叔季者，春秋隱公二年『伯姬歸於紀』，隱七年『叔姬歸於紀』，是也。」

男子二十，冠而字。注：「成人矣，敬其名。」○冠，古亂反。

父前子名，君前臣名。注：「對至尊，無大小皆相名。」正義：「成十六年，鄢陵之戰：『公陷於淖。欒書欲載晉侯。鍼曰：「書退。」』鍼是書之子，是於君前臣名其父也。」

女子許嫁，笄而字。注：「以許嫁爲成人。」春秋僖九年，公羊傳：「婦人許嫁，字而笄之。」何休注：「字者，尊而不泄，所以遠別也。笄者，簪也，所以繫持髮，象男子飾也。服此者，明繫屬於人，所以養貞一也。婚禮曰：『女子許嫁，笄而醴之，稱字。』」○笄，古兮反。

凡進食之禮，左殽右胾。食居人之左，羹居人之右。注：「皆便食也。殽，骨體也。胾，切肉也。食，飯屬也。居人左右，明其近也。殽在俎，胾在豆。」釋文：「熟肉有骨曰殽。胾，大臠。」正義：「殽在俎者，春秋宣十六年：『王享士會殽烝。』下云：『宴有折俎。』又昏禮及特牲、少牢皆骨體在俎。是殽在俎。知胾在豆者，公食大夫禮庶羞十六豆，有牛胾、羊胾，是胾在豆。」膾炙處外，醯醬處內。注：「殽、胾之外内也。近醯醬者，食之主。膾炙皆在豆。」說文：「膾，細切肉也。」正義：「以此饌之設，羹食最近人。羹食之外，乃有殽、胾。今云『外內』，明其不得在羹食之內，故知在殽、胾之外內。依昏禮、公食大夫禮：『醬在右，醢在左。』此亦當醬在右，醢在左也。按公食大夫禮『宰夫自東房授醯醬，公設之』，鄭注：『以醯和醬也。』又周禮醯人祭祀，共薺菹醯物，則醯醬共爲一物也。膾炙皆在豆者，以公食下大夫十六豆，有牛炙、羊炙及芥醬魚膾，故知在豆。」葱渫處末，注：「渫，烝葱也。處醯醬之左。言末者，殊加也。渫在豆。」正義：「地道尊右，既云『處末』，則末在左上。知葱渫殊加者，以儀禮正饌唯有葅醢，無葱渫，故知葱渫爲殊加。以其葅類，故知在豆也。」酒漿處右。注：「處羹之右，此言若酒若漿耳。兩有之，則左酒右漿。此大夫、士與賓客燕食之禮。其禮食，則宜放公食大夫禮云。」以脯脩置者，左朐右末。注：「亦便食也。屈中曰朐。」正義：「鄭注腊人云：『薄析曰脯，捶而施薑桂曰脵脩。』左朐，朐置左也。右末，末邊際，置右，右手取祭，擘之便也。脯脩則處酒左，以燥爲陽也。」廣韻：「脯，乾脯。東方朔曰：『乾肉爲脯。』」江氏永曰：「以鄭注繹之，食羹最近人，膾炙醯醬在殽、胾之外内，葱渫處醯醬之左，酒漿處羹之右，則諸物當列爲四行：第一行，左食右羹，而酒漿在羹之右；第二行爲醯醬，而葱渫在醯醬之左；第三行，左殽右胾；第四行爲膾炙。」○殽，户交反。胾，側吏反。食，音嗣。羹，古衡反。膾，古外反。炙，章夜反。醯，呼兮反。醬，子匠反。渫，以制反。漿，子羊反。朐，其俱反。

客若降等，執食興辭。注：「辭者，辭主人之臨己食，若欲食於堂下然。」正義：「此降等，謂大夫於卿，故欲降而不降，若臣於君則降也。故公食云：『賓擁簠粱以降』是也。若敵者，全無欲降之禮。」主人興，辭於客，然後客坐。注：「復坐。」主人延客祭，注：「延，道也。祭，祭先也。君子有事不忘本也。客若降等，則先祭。」正義：「君子有德必酬之，故得食而種種出少許〔一〕，置在豆間之地，以報先代造食之人也。」祭食，祭所先進，注：「主人所先進，先祭之，所後進，後祭之，如其次。」殽之序，徧祭之。注：「謂胾、炙、膾也，以其本出於牲體也。公食大夫禮『魚、腊、湆、醬不祭』也。」江氏永曰：「按公食禮先設正饌訖，賓祭。正饌後設加饌，賓又祭。加饌，其祭如所設之序。

〔一〕「而」字原脱，據阮刻本禮記注疏補。

設饌唯有二次。此記尋常賓客飲食之禮。主人與之共食，雖未知設饌幾次，要必設訖而後祭，非進一殽，祭一殽也。」三飯，主人延客食胾〔一〕，然後辯殽。注：「先食胾，後食殽，殽尊也。凡食殽，辯於肩，食肩則飽也。」正義：「三飯，謂三食也。禮食三飧而告飽，須勸乃更食。公食大夫禮云：『賓三飯，以湆醬。』鄭云：『每飯歠湆，以殽擩醬，食正饌也。三飧後乃食胾者，公食禮以胾爲加，故客三飧前未食之。』」主人未辯，客不虛口。注：「俟主人也。虛口，謂酳也。客自啟以上，其酳不待主人飽，主人不先飽也。」釋文：「酳，漱口也。以酒曰酳，以水曰漱。」○辯，音遍。

侍食於長者，主人親饋，則拜而食；注：「勸長者食耳。雖賤不得執食興辭，拜而已，示敬也。」正義：「饋，謂進饌也。」主人不親饋，則不拜而食。注：「以其禮於己不隆。」○饋，徐其類反。共食不飽，注：「謙也。謂共羹飯之大器也。」共飯不澤手。注：「爲汗生不絜也。澤，謂挼莎也。禮，飯以手。」正義：「古之禮，飯不用箸，但用手。既與人共飯，手宜絜淨，不得臨食始挼莎手乃食，恐爲人穢也。」

毋摶飯，注：「爲欲致飽，不謙。」通俗文：「手團曰摶。」正義：「若取飯作摶，則易得多，是欲爭飽。」毋放飯，注：「去手餘飯於器中〔二〕，人所穢。」正義：「當棄餘於篚，無篚棄餘於會。會，謂簋蓋也。」毋流歠，注：「大歠，嫌欲疾。」正義：「謂開口大歠，汁入口如水流，則欲多而速，是傷廉也。」毋咤食，注：「嫌薄之。」釋文：「咤，叱咤也。」

〔一〕「客食」，原誤「食客」，據禮記注疏乙正。

〔二〕「飯」字原脫，據禮記注疏補。

正義：「謂以舌口中作聲也，似嫌主人之食也。」毋齧骨，注：「爲有聲響，不敬。」正義：「一則有聲，二則嫌主人食不足，以骨致飽，故庾云『爲無肉之嫌』，三則齧之，口脣可憎，故不齧也。」毋反魚肉，注：「爲已歷口，人所穢。」正義：「崔靈恩云：『不可反於故處。』是以少牢禮尸所食之餘肉，皆別致於肵俎，不反本處也。」毋投與狗骨，注：「爲其賤飲食之物。」毋固獲，注：「爲其不廉也。欲專之曰固，爭取曰獲。」毋揚飯，正義：「飯熱當待冷，若揚去熱氣，則爲貪快，傷廉也。」飯黍毋以箸，江氏永曰：「上文共飯不澤手，孔疏云：『古之禮，飯不用箸，但用手。』然則飯黍毋以箸，亦謂不以箸而以手也。下文『羹之有菜者用梜』，鄭注：『梜，猶箸也。』然則古人以箸食羹耳。此疏引少牢，謂當用匕，與前說相牴牾。少牢之匕黍稷，謂從甑匕出入敦，非謂以匕食黍稷也。說文釋箸爲飯攲，蓋後世始以箸食飯耳。」毋嚃羹，注：「亦嫌欲疾也，嚃爲不嚼菜。」說文：「䜚，歠也。」段氏玉裁注曰：「廣韻：『嚃，歠也。』然則嚃，即䜚也。羹之無菜者不用梜，直歠之而已。禮禁䜚羹者，何也？䜚者流歠。許渾言之耳。」毋絮羹，注：「爲其詳於味也。絮，猶調也。」釋文：「謂加以鹽梅也。」正義：「若得主人羹，更於器中調和，是嫌主人食味惡也。」毋刺齒，注：「爲其弄口也。口容止。」毋歠醢。注：「亦嫌詳於味也。歠者，爲其淡故。」正義：「醢，肉醬也。醬宜鹹，若歠之，是醬淡也。」客絮羹，主人辭不能亨。客歠醢，主人辭以寠。注：「優賓。」釋文：「亨，煑也。寠，貧也。」倉頡篇：「無財備禮曰寠。」濡肉齒決，乾肉不齒決。注：「決，猶斷也。堅，宜用手。」正義：「濡，溼也。溼軟不可用手擘，故用齒斷決而食之。乾肉，脯屬也。堅肕不可齒決斷之，故須用手擘而食之。」毋嘬炙。注：「爲其貪食甚也。嘬，謂一舉盡臠。特牲、少牢：『嚌之，加於俎。』」正義：「火灼曰炙。炙肉濡。若食炙，先當以齒嚌，而反置俎上，不一舉而併食。併食之曰嘬。然前云『毋反魚肉』，謂共人同器而食。特牲、少牢獨食，故得反也。」○摶，徒端反。歠，川悦反。咤，陟嫁反。齧，五結反。箸，直慮反。嚃，他答反。絮，敕慮反。刺，七亦反。亨，普彭反。窶，其禹反。濡，陸作「濡」，音濡，字亦作「濡」。嘬，初怪反。炙，章夜反。

卒食，客自前跪。徹飯齊，以授相者。注：「謙也。自，從也。齊，醬屬也。相者，主人贊饌者。公食大夫禮『賓卒食』，『北面取粱與醬，以降』也。」正義：「卒食，食已也。食坐在前，面鄉俟客，食竟，加於俎，起從坐前，北面跪，徹己所食飯與齊，答主人親饋者也。此是卑者侍食耳，若敵者則否。」主人興，辭於客，然後客坐。注：「不聽親徹。」○卒，子恤反。齊，將兮反。相，息亮反。

侍飲於長者，酒進則起，拜受於尊所。注：「降席拜受，敬也。燕飲之禮鄉尊。」正義：「何胤曰：『尊者，主人也。拜者在尊所，對主人也。降席下，奠爵，再拜稽首。鄉尊，謂主人尊也。』崔靈恩云：『卿大夫燕飲，主人面亦鄉尊。若鄉飲酒，皆主人與賓夾尊也。』」長者辭，少者反席而飲。長者舉未釂，少者不敢飲。注：「不敢先尊者。盡爵曰釂。燕禮曰：『公卒爵而後飲』也。」説文：「釂，飲酒盡也。」正義：「案士相見禮云：『若君賜之爵，則下席，再拜稽首，受爵，升席，祭，卒爵而俟。君卒爵，然後授虛爵。』玉藻云：『君若賜之爵，則越席再拜稽首，受，登席祭之，飲，卒爵，而俟。君卒爵，然後授虛爵。』二文皆先君卒爵。此云後飲者，此據燕飲正禮，玉藻、士相見禮謂私燕之禮，故不同也。」○少，式召反，下皆同。釂，子妙反。

長者賜，少者賤者不敢辭。注：「不敢亢禮也。賤者，僮僕之屬。」正義：「少，謂幼稚。」

賜果於君前，其有核者懷其核。注：「嫌弃尊者物也。木實曰果。」呂與叔曰：「果核當棄，重君賜，故懷之。」○核，户革反。

御食於君，君賜餘，器之溉者不寫，其餘皆寫。注：「重污辱君之器也。溉，謂陶梓之器。不溉，謂萑竹之器也。寫者，傳己器中，乃食之也。勸侑曰御。」正義：「君賜餘者，謂君食竟，以食殘餘賜御者也。溉，滌也。寫，謂倒傳之也。若器可滌溉者，不畏污，則不須倒寫，仍於器中食之。食訖，乃澡絜以還君也。其餘，謂不可滌溉之器也。」○溉，古愛反。

餕餘不祭。注：「食人之餘曰餕。」正義：「凡食人之餘，及日晚食朝饌之餘，皆云餕。玉藻云：『日中而餕。』鄭云：『餕，食朝之餘也。』」彬謂不祭，謂不於豆間祭始爲飲食之人。若不祭先，則不待言矣。○餕，子閏反。

父不祭子，夫不祭妻。戴岷隱曰：「各使其子主之，示有尊也。」顧氏炎武曰：「不但名分有所不當，而以尊臨卑，則死者之神亦必不安，故其祭則使人代之。然此謂平日四時之祭，若在喪，則祥、禫之祭未嘗不行。」

御同於長者，雖貳不辭，注：「謂侍食於長者，饌具與之同也。貳，謂重殽膳也。辭之，爲長者嫌。」正義：「何胤云：『禮當盛饌，宜辭以賤，不能當之。此侍食於長者，盛饌不在己。』」偶坐不辭。注：「盛饌不爲己。」釋文：「偶，配也，一曰副貳也。」正義：「偶，媲也。或彼爲客設饌，而召己往，媲偶於客共食，此饌本不爲己設，故己不辭之也。又一云：偶，二也。若唯獨有己，主人設饌，己當辭謝。若與他人俱坐，則己不假辭，以主人意不必在己也。」

羹之有菜者用梜，其無菜者不用梜。注：「梜，猶箸也。」正義：「有菜爲鉶羹，以其有菜交横，非梜不可。

無菜者，謂大羹湆也，直歠之而已。其有肉調者，犬羹兔羹之屬，或當用匕也。」○梜，古協反，沈又音甲，字林作「筴」。

爲天子削瓜者副之，巾以絺。注：「副，析也。既削，又四析之，乃横斷之，而巾覆焉。」正義：「削，刊也。絺，細葛也。」爲國君者華之，巾以綌。注：「華，中裂之，不四析也。」釋文：「綌，麤葛。」爲大夫累之，注：「累，倮也，謂不巾覆也。」士疐之，注：「不中裂，横斷去疐而已。」正義：「疐，謂脱華處。」邵氏晉涵曰：「初學記引孫炎曰：『疐之，去柢也。』」庶人齕之。注：「不横斷。」正義：「齕，齧也。」○爲，于僞反，下同。削，息略反。副，普偪反。絺，敕宜反。綌，去逆反。累，力果反。疐，音帝。齕，恨没反。

父母有疾，冠者不櫛，行不翔，注：「憂不爲容也。」方性夫曰：「言冠者，别於童子。冠則有時而不櫛可也。童子無冠，無時而不櫛。」言不惰，方性夫曰：「以憂勤而不敢惰也。」琴瑟不御，注：「憂不在樂。」方性夫曰：「樂必以琴瑟爲首者，常御之樂，士無故則不去故也。」食肉不至變味，飲酒不至變貌，注：「憂不在味。」正義：「猶許食肉，但不許多耳。少食則味不變，多食則口味變也。」笑不至矧，怒不至詈。注：「憂在心，難變也。齒本曰矧，大笑則見。」釋文：「詈，罵詈。」疾止復故。注：「自若常也。」○惰，徒臥反。矧，本又作「哂」，失忍反。詈，力智反。

有憂者側席而坐，有喪者專席而坐。注：「側，猶特也。憂不在接人，不布他面席。專，猶單也。」正義：「吉時貴賤有重席之禮，若父母始喪，寢苫無席，卒哭後，乃有苄翦不納。自齊衰以下，始喪而有席，不重，降居處也。」呂與叔曰：「專席，不與人共坐也。」

水潦降，不獻魚鼈。注：「不饒多也。」釋詁：「降，落也。」釋文：「雨水謂之潦。」正義：「水潦降，魚鼈豐足，不饒益其多。」○潦，音老。

獻鳥者佛其首，注：「爲其喙害人也。佛，戾也。蓋爲小竹籠以冒之。」畜鳥者則勿佛也。注：「畜，養也。養則馴。」釋文：「馴，狎也。」○佛，陸本作「拂」，云「拂，本又作佛，扶弗反」。畜，許六反。

獻車馬者執策綏，注：「凡操執者，謂手所舉以告者也。設其大者，舉其小者，便也。」正義：「策是馬杖，綏是上車之繩。車馬不上於堂，不可投進尊者之前。但執策、綏，策、綏易呈，呈之則知有車馬。」獻甲者執冑，注：「甲，鎧也。冑，兜鍪也。」正義：「謂鎧爲甲者，言如龜鼈之有甲也。鎧大兜鍪小，小者易舉，執以呈之耳。」獻杖者執末，正義：「末，柱地頭也。柱地不淨，不可嚮人，故執以自嚮。」獻民虜者操右袂，注：「民虜，軍所獲也。操其右袂制之。」釋文：「操，持也。」正義：「右袂，右邊袖也。以左手操囚之右袂，以防其異心。凡言執、操，互言耳。」獻粟者執右契，注：「契，券要也，右爲尊。」正義：「粟，粱稻之屬也。」獻米者操量鼓，注：「量鼓，量器名。」正義：「契，謂兩書一札，同而別之。量是知斗斛之數，鼓是量器名。隱義曰：『東海樂浪人呼容十二斛者爲鼓。』」說文：「契，大約也。易曰：『後世聖人易之以書契。』」彬謂廣雅釋器：「『斛謂之鼓。』『趙簡子賦晉國一鼓鐵。』」注：「石四謂之鼓。」獻孰食者操醬齊，正義：「孰食，葱渫之屬，醬齊爲食之主，若見芥醬，必知獻魚膾之屬也。」獻田宅者操書致。正義：「古者田宅悉爲官所賦，本不屬民，今得田宅獻者，是或有重勳，爲君所賜，可爲己有，故得有獻。」江氏永曰：「古者君有賜於臣，亦謂之獻。檀弓云：『仕而未有祿者，君有饋焉，曰獻。』是也。」王氏引之曰：「上文『操右袂』，『操量鼓』，『操醬齊』，皆指其所操之物言之。此言『書致』，亦所操之物。今案致讀爲質劑之質。周官小宰『聽賣買以質劑。』鄭注：『質劑，謂兩書一札，同而別之，長曰質，短曰劑，今之券書也。』若上文『獻粟者執右契』也。淮南要略：『約重致，剖信符。』重致，即重質也。是質與致，古字通。」〇綏，音睢。胄，執又反。操，七刀反，下同。量，音亮，又音良。齊，本作「齎」，同，子兮反。

凡遺人弓者，張弓尚筋，弛弓尚角，右手執簫，左手承弣，尊卑垂帨。注：「弓有往來體，皆欲令其下曲，隤然順也。遺人無時，已定體則張之，未定體則弛之。簫，弭頭也。謂之簫，簫，邪也。弣，把中。帨，佩巾也。磬折則佩垂，授受之儀，尊卑一。」說文：「弓以近窮遠，象形。古者揮作弓。」「張，施弓弦也。」「弛弓，解也。」釋文：「弛，謂不張也。弭，弓末也。」正義：「此謂敵體，故稱遺者也。弓之爲體，以木爲身，以角爲面，筋在外。面張之時，曲來嚮內。故遺人之時，使筋在上，弓身曲嚮其下。弛弓之時，反張嚮外，筋在曲內，角在曲外。今遺人之時，角嚮其上，弓形示曲嚮下。」江氏永曰：「鄭云『尊卑一』，謂主賓不論尊卑，皆以垂帨爲度。孔疏以尊卑相敵言之，蓋因下文注云『禮，敵者並授』而言。其實不相敵亦皆垂帨，唯臣於君或異。晏子聘魯，公受玉卑，晏子授玉跪，此又禮從宜也。」若主人拜，則客還辟辟拜。主人自受，由客之左，接下承弣，注：「辟拜，謙不敢當。由，從也。從客之左，右客，尊之。接下，接客手下也。承弣卻手，則簫覆手與？」正義：「還辟，猶逡巡也，遷延辟之也。不云『客答拜』者，執弓不得拜也。主人拜客既竟，從客左而受之。主人與客並，以卻左手，接客左手之下而承弣，又覆右手捉弓下頭。若主人用右手承弣，便是主人倒執弓也。」鄉與客並，然後受。注：「於堂上則俱南面，禮敵者並授。」江氏永曰：「賓主不敵，在堂上則尊者南面，卑者北面。若賓主甚殊，則卑者奠之而不敢授。主人既拜受，則賓授弓之後，亦當有拜送。主人還辟辟拜之儀不言者，文不具也。」劉氏台拱曰：「既以遺言，則其爲尊卑也微。若大夫、士以賓主相授受，禮當與敵者同。聘問以君命臨之，故異。」○遺，于季反。弛，本又作「施」，同式是反。弣，音撫。帨，徐始鋭反。辟，上扶亦反，下音避。

進劒者左首，注：「左首，尊也。」説文：「鐔，劒鼻也。」程氏瑶田曰：「劒首者何？戴於莖者也。首也者，劒鼻也。劒鼻謂之鐔。鐔謂之珥，或謂之環。面之曰鼻，對末言之曰首。」進戈者前其鐏，後其刃，注：「後刃，敬也。鋭底曰鐏，取其鐏地。」説文：「戈，平頭戟也，从弋，一横之，象形。」正義：「戈，鉤孑戟也，如戟而横安刃，直刃長八寸，横刃長六寸，刃下接柄處長四寸，並廣二寸，用以鉤害人也。刃當頭而利者也，故不持嚮人。」進矛戟者前其鐓。注：「平底曰鐓，取其鐓地。」説文：「戟，有枝兵也。周禮：『戟長丈六尺。』」「矛，酋矛也，建於兵車，長二丈，象形。」「錞，矛戟柲下銅鐏也。詩曰：『厹矛沃錞。』」正義：「矛，如鋋，而三廉。戟，今之戟也，兩邊皆安横刃，長六寸，中刃長七寸半，横刃下接柄處又長四寸半，並廣寸半。鐓爲矛戟柄尾，平如鐓。」段氏玉裁曰：「鐏地，可入地。鐓地，箸地而已。」○鐏，在困反。鐓，本又作錞，徒對反。

進几杖者拂之。注：「尊者所馮依。拂去塵，敬。」效馬效羊者右牽之，注：「用右手便。效，猶呈見。」效犬者左牽之。注：「犬齧齧人，右手當禁備之。」執禽者左首，注：「左首，尊。」士相見禮：「摯，冬用雉，夏用腒，左頭。」鄭注：「左頭，頭陽也。」飾羔雁者以繢。注：「繢，畫也。諸侯大夫以布，天子大夫以畫。」正義：「飾，覆也。羔，羊也。畫布爲雲氣，以覆羔雁爲飾，以相見也。」受珠玉者以掬，注：「慎也。掬，手中。」釋文：「兩手曰掬。」正義：「不用袂承之，恐墜落也。」受弓劒者以袂。注：「敬也。」正義：「不露手取之，故用衣袂承接之，以爲敬也。」飲玉爵者弗揮。注：「爲其寶而脆。」釋文：「何云：『振去餘酒曰揮。』」正義：「玉爵，玉盃也。」凡以弓劒、苞苴、簞笥問人者，操以受命，如使之容。注：「問，猶遺也。苞苴，裹魚肉，或以葦，或以茅。簞笥，盛飯食者。圜曰簞，方曰笥。」說文：「漢律令：『簞，小筐也。』」釋文：「苞，裹也。苴，藉也。簞笥，竹器也。」正義：「問人者，謂因問有物遺之也。言操持諸物以進，如臣爲君使，先習其威儀進退，如至所使之國時之儀容。」○饋，胡對反。掬，九六反。揮，音輝。苴，子餘反。簞，音單。笥，思嗣反。

凡爲君使者，已受命，君言不宿於家。注：「急君使也。言，謂有故所問也。」聘禮曰：「若有言，則以束帛，如享禮。」正義：「受命，謂受君命爲聘使，不得停留宿於家。聘禮『既受命，遂行，舍於郊』，是也。鄭注聘禮記：『有故，謂災患，及時事相告也。』」君言至，則主人出拜君言之辱。注：「敬君命也。此謂國君問事於其臣。」使者歸，則必拜送於門外。正義：「去既送出門，則知初至迎亦出門也。」若使人於君所，則必朝服而命之。使者反，則必下堂而受命。注：「此臣有所告請於其君。」正義：「命使者言朝服，則君言至亦朝服受之。去不下送，反而下迎者，尊君命也。不出門者，已使卑於君使也。」○爲，于僞反。朝，直遥反。

博聞强識而讓，敦善行而不怠，謂之君子。釋詁：「敦，勉也。」陳用之曰：「聞識自外入，善行由中出。自外入者易實，故處之以虛。由中出者易倦，故濟之以勤。」○識，如字，又式異反。行，下孟反。怠，音代。君子不盡人之歡，不竭人之忠，以全交也。注：「歡，謂飲食。忠，謂衣服之物。」正義：「明與人交者，不宜事事悉受。若使彼罄盡，則交結之道不全也。」

禮曰：「君子抱孫不抱子。」此言孫可以爲王父尸，子不可以爲父尸。注：「以孫與祖昭穆同。」

正義：「曾子問云：『祭成喪者必有尸，尸必以孫。孫幼則使人抱之，無孫則取於同姓可也。』是有抱孫之法也。」爲君尸者，大夫士見之，則下之，君知所以爲尸者，則自下之。注：「尊尸也。下，下車也。國君或時幼少，不能盡識羣臣，有以告者，乃下之。」正義：「古者致齊各於其家。散齊，亦猶出在路，及祭日之旦，俱來入廟，故羣臣得於路見君之尸。君自下之者，亦謂散齊之時。若致齊，不復出行。若祭日，君先入廟，後乃尸至也。」尸必式，注：「禮之。」正義：「廟門之外，尸尊未伸，不敢亢禮，不可下車，故式爲敬，謂俯下頭也。」乘必以几。注：「尊者慎也。」江氏永曰：「乘必以几，謂凡登車履几而上。士昏禮婦乘車以几，御者二人坐持之，是其證。夏官隸僕：『王行，洗乘石。』詩云：『有扁斯石，履之卑兮。』尸登車，宜亦用乘石，而此言以几者，蓋諸侯之尸也。」○乘，繩證反。

齊者不樂、不弔。注：「爲哀樂則失正，散其思也。」王氏念孫曰：「不樂之樂，當讀如字。不樂、不弔，各指一事言之。祭統云：『及其將齊也，耳不聽樂。故記曰「齊者不樂」，言不敢散其志也。』」

居喪之禮，毀瘠不形，視聽不衰，注：「爲其廢喪事。形謂骨見。」正義：「毀瘠，羸瘦也。」升降不由阼階，出入不當門隧。注：「常若親存。隧，道也。」正義：「阼階，主人之階。孝子事死如事生，故在喪思慕，猶若父在，不忍從阼階上下也。若祔祭以後，卽得升阼階。」○瘠，在昔反。

居喪之禮，頭有創則沐，身有瘍則浴，有疾則飲酒食肉，疾止復初。不勝喪，乃比於不慈不孝。注：「勝，任也。」說文：「瘍，頭創也。痒，瘍也。沐，濯髮也。浴，洒身也。」白虎通曰：「喪有病，得飲酒食肉何？所以輔人生，已重先祖遺支體也。」正義：「結所以沐浴酒肉之義。不勝喪，毀而滅性者也。不留身繼世，是不慈也。滅性，文違親生時之意，故云『不孝』。」○創，初良反。瘍，音恙，本或作『痒』。勝，音升。

五十不致毀，六十不毀，七十唯衰麻在身，飲酒食肉處於內。注：「所以養衰老。人五十始衰也。」正義：「致，極也。」方性夫曰：「七十則自衰麻之外，與平居無以異，飲酒食肉則不必有疾，處於內則不居門外之倚廬也。」○衰，七雷反。

生與來日，死與往日。注：「與，猶數也。生數來日，謂成服杖以死明日數也。死數往日，謂殯斂以死日數也。此士禮貶於大夫者，大夫以上皆以來日數。士喪禮曰：『死日而襲，厥明而小斂，又厥明大斂而殯』，則死三日也。而更言『三日成服杖』，似異日矣。喪大記曰：『士之喪，二日而殯，三日之朝，主人杖。』二者相推，其然明矣。」正義：「士唯屈殯日，不屈成服杖日者，成服必在殯後故也。大夫尊，則成服及殯皆不數死日也。」王氏念孫曰：「古無謂數爲與者。與猶以也。以、與一聲之轉，故以可訓與，與亦可訓以。三日成服杖，生者之事也。以死之明日爲始，是生以來日也。三日而殯，死者之事也。以死之日爲始，是死以往日也。」

知生者弔，知死者傷。知生而不知死，弔而不傷；知死而不知生，傷而不弔。注：「人恩各施於所知也。弔、傷，皆謂致命辭也。雜記曰：『諸侯使人弔，辭曰：「寡君聞君之喪，寡君使某，如何不淑。」』此施於生者，傷辭未聞也。說者有弔辭云：『皇天降災，子遭罹之，如何不淑。』此施於死者，蓋本傷辭。辭畢退，皆哭。」說文：「弔，問終也。」玉篇：「弔生曰唁，弔死曰弔。」賀述禮統曰：「生謂之唁何？非爲喪之位，哭泣之事，但嗟歎以言，故謂之唁。弔死謂之弔何？素有恩禮，無服屬，但致哀傷，故謂之弔。」正義：「弔辭乃使口致命，若傷辭當書之於版，使者讀之，而奠致殯前也。」

弔喪弗能賻，不問其所費；問疾弗能遺，不問其所欲；見人弗能館，不問其所舍。注：「見人，見行人。館，舍也。」說文：「館，客舍也。周禮：『五十里有市，市有館，館有積，以待朝聘之客。』」「舍，市居曰舍。」釋文：「公羊傳曰：『錢財曰賻。』穀梁傳曰：『歸生者曰賻。』」廣雅：「遺，與也。」王介甫曰：「不問者，辭口惠而實不至也。」陳可大曰：「以貨財助喪事曰賻。此三事不能，則皆不問者，以徒問爲可愧也。」○賻，音附。費，芳味反。遺，于季反。

賜人者不曰「來取」，與人者不問其所欲。說文：「与，賜予也。一勺爲与，此与與同。」王介甫曰：「爲人養廉也。」江氏永曰：「尊者曰賜，敵者曰與。」

適墓不登壟。注：「爲其不敬。壟，冢也。墓，塋域。」助葬必執紼。注：「葬，喪之大事。紼，引車索。」正義：「助葬本非爲客，正是助事耳，故宜必執紼也。」○壟，力勇反。紼，音弗。

臨喪不笑。注：「臨喪宜有哀色。」

揖人必違其位。注：「禮以變爲敬。」正義：「位，己之位。燕禮君降階，爾卿、大夫，鄭注：『爾，近也。揖而移近之。』明雖君臣，皆須違位而揖也。」

望柩不歌，人臨不翔。注：「哀傷之，無容樂。」當食不歎。注：「食或以樂，非歎所。」○柩，求又反。

鄰有喪，舂不相；里有殯，不巷歌。注：「助哀也。相，謂送杵聲。」說文：「舂，擣粟也。古者雝父初作舂。」陳可大曰：「五家爲鄰，相者以聲音相勸。相，蓋舂人歌以助舂也。二十五家爲里。巷歌，歌於巷也。」○舂，束容反。相，息亮反。

適墓不歌，注：「非樂所。」哭日不歌。注：「哀未忘也。」

送喪不由徑，送葬不辟塗潦。注：「所哀在此。」說文：「徑，步道也。」釋文：「徑，邪路也。」○徑，經定反。辟，音避。潦，音老。

臨喪則必有哀色，執紼不笑，臨樂不歎，介冑則有不可犯之色。注：「貌與事宜相配。介，甲也。」故君子戒慎，不失色於人。注：「色厲而內荏，貌恭心佷，非情者也。」正義：「並結前義也。上既言內外宜稱，故君子接人，並使心色如一，不得色違於心，故云『不失色於人』也。」

國君撫式，大夫下之；大夫撫式，士下之。注：「撫，猶據也。據式小俛，崇敬也。乘車必正立。」正義：「謂君臣俱行，君式宗廟，則臣宜下車。云大夫，則士可知也。士爲大夫之臣，亦如大夫於君也。」

禮不下庶人，注：「謂其遽於事，且不能備物。」正義：「白虎通云：『禮爲有知制，刑爲無知設。』故士相見禮云『庶人見於君，不爲容，進退走』，是也。」刑不上大夫。注：「不與賢者犯法，其犯法則在八議輕重，不在刑書。」鄭駁異義云：「『凡有爵者，與王同族。大夫以上適甸師氏，令人不見，是以云：『刑不上大夫。』」正義：「所以然者，大夫必用有德。若逆設其刑，則是君不知賢也。」刑人不在君側。注：「爲怨恨爲害也。春秋傳曰：『近刑人，則輕死之道。』」

兵車不式，注：「尚威武，不崇敬。」武車綏旌，注：「盡飾也。綏，謂垂舒之也。武車，亦兵車。」正義：「兵車、武車，革路也。取其建戈刃，卽云兵車。取其威猛，卽云武車。旌，謂車上旌幡也。何胤云：『垂放旌旗之旒，以見美也。』」

德車結旌。注：「不盡飾也。結，謂收斂之也。德車，乘車。」正義：「德車，謂玉路、金路、象路、木路，不用兵，故曰德車。德美在內，不尚赫奕，故結纏其旒，著於竿也。何胤云：『以德爲美，故略於飾。』」○綏，耳佳反。

史載筆，士載言。注：「謂從於會同，各持其職以待事也。筆，謂書具之屬。言，謂會同盟要之辭。」說文：「史，記事者也。」正義：「史，謂國史，書録王事者。王若舉動，史必書之。王若行往，則史載書具而從之。不言簡牘而云筆者，筆是書之主，則餘載可知。士，謂司盟之士。言，謂盟會之辭。崔靈恩云：『必載盟會之辭者，或尋舊盟，或用舊會之禮，應須知之，故載自隨也。』」

前有水，則載青旌；前有塵埃，則載鳴鳶；前有車騎，則載飛鴻；前有士師，則載虎皮；前有摯獸，則載貔貅。注：「載，謂舉於旌首以警衆也。禮，君行師從，卿行旅從。前驅舉此，則士衆知所有。所舉各以其類象。青，青雀，水鳥。鳶鳴則天將風，風生埃起。鴻，取飛有行列也。士師，謂兵衆。虎，取其有威勇也。貔貅，亦摯獸也。書曰：『如虎如貔。』」正義：「王行宜警衛，善惡必先知之，故備設軍陳行止之法也。軍陳卒伍，行則並銜枚，無諠聲。若有非常，不能傳道，且人衆廣遠，難可周徧，故前有變異，則舉類示之。青旌者，青雀旌。鳶，今時鴟也。不直言鳶而云鳴者，鳶不鳴則風不生，故畫作開口如鳴時也。不言旌，從可知也。車騎，彼人之車騎也。鴻，鴻雁也。雁飛有行列，與車騎相似，畫鴻於旌首，使衆見而爲防也。虎是威猛，亦兵衆之象。貔貅是一獸，亦有威猛。」王氏引之曰：「謹案鄭志王贊問曰：『舉於旌首，當皆以皮邪？畫之也？』鄭答曰：『皆俱舉皮置於首，不畫也。』是鄭注『舉於旌首』，謂舉皮置於旌首，蓋以下文言『載虎皮』，故並青與鳶、鴻皆謂置皮也。其實，青旌乃畫青雀於旌，鴻與鳴鳶亦然。考工記：所謂『畫繢之事』，『鳥、獸、蛇』也。唯虎與貔貅，則以其皮飾旌，故青與鳶、鴻皆不言皮，至虎始言皮也。貔貅不言皮者，蒙上『虎皮』而省。正義釋『載鳴鳶』云『畫作開口如鳴時』，是也。若但置其皮，何鳴之有？載，如左傳『載其旌以先』之載，不當讀爲戴，載之言植也，立也。載青旌者，植此畫青雀之旌於車上也。下文鴻與鳴鳶之載，義與此同。虎皮、貔貅之載，則以獸皮所飾之旌，植於車上耳。故皆謂之載。」○埃，烏來反。鳶，悦專反。貅，本作「貅」，許求反。

行，前朱鳥而後玄武，左青龍而右白虎。招摇在上，急繕其怒。注：「以此四獸爲軍陳，象天也。急，猶堅也。繕，讀曰勁。又畫招摇星於旌旗上，以起居堅勁，軍之威怒，招摇星在北斗杓端，主指者。」正義：「前明軍行逢值之禮，此明軍行象天文而作陳法也。前南後北，左東右西。朱鳥、玄武、青龍、白虎，四方宿名也。軍前宜捷，故用雀。軍後須殿捍，故用玄武。玄武，龜也。龜有甲，能禦侮也。左爲陽，陽能發生，象龍變生也。右爲陰，陰沈能殺，虎沈殺也。軍之左右，生殺變應，威猛如龍虎也。何胤云：『如鳥之翔，如蛇之毒，龍騰虎奮，無能敵此四物。』招摇，北斗七星也。北斗居四方宿之中，以斗末從十二月建而指之，則四方宿不差。今軍行法之，亦作此北斗星舉之，以指正四方。獨云招摇者，舉指者爲主，餘從可知也。勁，利也。其怒，士卒之怒也。崔靈恩云：『此旌之旒數，皆放其星。龍旗則九旒，雀則七旒，虎則六旒，龜蛇則四旒，皆放星數以法天也。』」王氏念孫曰：「朱鳥，本作朱雀，開成石經已誤。正義述經文，正作朱雀。又引崔靈恩説，亦作雀。」劉氏台拱曰：「繕，持也。怒，勇氣也。氣輕發則易竭，故堅持之。進退有度，即此意也。」

進退有度，注：「度，謂伐與步數。」正義：「牧誓『不愆於六步七步，四伐五伐，乃止齊焉。』鄭注尚書云：『伐，謂擊刺也。始前就敵，六步七步當止，齊正行列。及兵相接，少者四伐，多者五伐，又當止，齊正行列也。』」劉氏台拱曰：「數語似引古兵書中語，以武、虎、怒、度爲韻。『前朱鳥』三句，亦見吳子。」左右有局，各司其局。注：「局，部分也。」正義：「軍行須監領，故主帥部分，各有所司也。」

父之讎，弗與共戴天；注：「父者，子之天。殺己之天，與共戴天，非孝子也。行求殺之，乃止。」兄弟之讎，不反兵；注：「恒執殺之備。」交游之讎，不同國。注：「讎不吾避，則殺之。交游，或爲『朋友』。」大戴禮曾子制言上：「父母之讎，不與同生。兄弟之讎，不與聚國。朋友之讎，不與聚鄉。族人之讎，不與聚鄰。」盧辯注：「朋友之讎不同國，失厚矣。」

四郊多壘，此卿大夫之辱也；地廣大，荒而不治，此亦士之辱也。注：「壘，軍壁也。數見侵伐則多壘。荒，穢也。」正義：「大夫官尊，入則與君同謀，出則身爲將帥，故多壘爲大夫之辱。士則職卑位下，爲君邑宰，勸課耕稼，故地荒爲士之辱。」○壘，力軌反。

臨祭不惰。注：「爲無神也。」正義：「鬼神享德，祭若怠惰，則神不歆。」

祭服敝則焚之，祭器敝則埋之，龜筴敝則埋之，牲死則埋之。注：「此皆不欲人褻之也。焚之，必已不用。埋之，不知鬼神之所爲。」正義：「若不焚埋，人或用之，爲褻慢鬼神之物。所以異者，服是身著之物，故焚之。牲器之類，並爲鬼神之用，不知鬼神用與不用，故埋之。」

凡祭於公者，必自徹其俎。注：「臣不敢煩君使也。大夫以下，或使人歸之。祭於公，助祭於君也。」正義：「此謂士助君祭也。」

卒哭乃諱。注：「敬鬼神之名也。諱，辟也。生者不相辟名。衛侯名惡，大夫有名惡，君臣同名，春秋不非。」正義：「古人生不諱，故卒哭前，猶以生事之。至卒哭後，服已受變，神靈遷廟，乃神事之，故諱。」禮不諱嫌名，二名不偏諱。注：「爲其難辟也。嫌名，謂音聲相近，若禹與雨，邱與區也。偏，謂二名不一一諱也。孔子之母名徵在，言在不稱徵，言徵不稱在。」逮事父母，則諱王父母；不逮事父母，則不諱王父母。注：「逮，及也。謂幼孤不及識父母，恩不至於祖名。孝子聞名心瞿，諱之由心。此謂庶人。適士以上廟事祖，雖不逮事父母，猶諱祖。」正義：「庾云：『諱王父母之恩，正應由父。所以連言母者，婦事舅姑，同事父母，且配夫爲體，諱敬不殊。故幼無父而識母者，則可以諱王父母也。』」君所無私諱。注〔一〕：「謂臣言於君前，不辟家諱，尊無二也。」盧注：「但爲公家諱，不得爲私家諱也。」大夫之所有公諱。注：「辟君諱也。」詩書不諱，臨文不諱，注：「爲其失事正。」盧注：「詩書，典籍、教訓也。臨文，謂禮文。詩書執禮，皆雅言，故不諱。禮執文行事，故言文也。」何胤云：「詩書，謂教學時也。臨文，謂禮執文，行事時也。」廟中不諱。注：「謂有事於高祖，則不諱曾祖以下，尊無二也。於下則諱上。」夫人之諱，雖質君之前，臣不諱也。注：「臣於夫人之家，恩遠也。質，猶對也。」婦諱不出門。注：「婦親遠，於宫中言，辟之。」正義：「陳鑒問云：『雜記：「母之諱，宫中諱。妻之諱，不舉諸其側也〔二〕。」此則與母諱同，何也？』田瓊答曰：『雜記方分尊卑，故詳言之。曲禮據不出門，大略言之耳。母諱遠，妻諱近，則亦宜言也，但所辟者狹耳。』」大功、小功不諱。

〔一〕「注」字原脱，據禮記注疏補。
〔二〕「也」字原脱，據禮記注疏補。

正義：「古者期親則爲諱。陳鏗問曰：『亦爲父乎？自己親乎？』田瓊答曰：『雜記：「卒哭而諱。王父母、兄弟、世父、叔父、姑、姊妹，子與父同諱。」父諱，齊衰親也。然則大功、小功不諱矣。』熊氏云：『大功諱，小功不諱。若與父同諱，則亦諱之。知者，雜記云：「王父母、兄弟、世父、叔父、姑、姊妹，子與父同諱。」父之世父、叔父、姑、姊妹，皆爲之小功，父爲諱，故己從父爲之諱。』」○逮，音代。

入竟而問禁，入國而問俗，入門而問諱。注：「皆爲敬主人也。禁，爲政教。俗，謂常所行與所惡也。國，城中也。」盧注：「鄰國之君，猶吾君也。」正義：「竟，界首也。門，主人之門也。諱，主人祖先君名，宜先知之，欲爲避之也。」

外事以剛日，注：「順其出爲陽也。出郊爲外事。春秋傳曰：『甲午祠兵。』」內事以柔日。注：「順其居內爲陰。」淮南子天文訓曰：「凡日甲剛乙柔，丙剛丁柔，以至於癸。」正義：「郊天是國外之事，應用剛日，而郊特牲云『郊之用辛』，非剛也。又社稷是郊內，應用柔日，而郊特牲云『社日用甲』，非柔也。所以然者，郊社尊，不敢同外內之義故也。」崔靈恩云：「『外事指用兵之事，內事指宗廟之祭。』」

凡卜、筮日，旬之外，曰遠某日；旬之內，曰近某日。注：「旬，十日也。」正義：「按少牢大夫禮，今月下旬，筮來月上旬，是旬之外日也。『日用丁巳，筮旬有一日』，『吉乃官戒』，是旬外一日。近某日者，按特牲士禮云：『不諏日。』於旬初卽筮旬內之日，是旬之內日也。」彬按特牲饋食禮『若不吉，則筮遠日，如初儀』，注：「遠日，旬之外日。」賈疏：「按曲禮『吉事先近日，喪事先遠日』，此尊卑禮同也。又云『旬之內日近某日，旬之外日遠某日』，此尊卑禮異。據士禮，『吉事先近日』，謂祭祀。假令孟月，先於孟月上旬內。筮，不吉，乃用中旬之內；更筮中旬又不吉，更於下旬內筮，不吉則止。大夫以上，假令孟月祭，於前月下旬筮來月之上旬，不吉，又於孟月之上旬筮中旬；不吉，又於中旬筮下旬，不吉則止不祭。今云『遠日，旬之外日』者，謂上旬不吉，更於上旬筮中旬，爲旬之外日，非如大夫以上，旬前爲旬外也。」金氏榜曰：「遠某日，近某日，命龜、筮辭也。士喪禮卜葬日，則遠日也。其命龜，但曰『來日某』。特牲、少牢筮日，則近日也。其命筮，亦但曰『來日某』。此言『旬之外』，『旬之內』，蓋同日改命筮、龜之辭。先遠日，如不吉，而卜旬之內，則曰『近某日』。先近日，如不吉，而筮旬之外，則曰『遠某日』。然則旬之外，旬之內，皆據先所卜、筮之旬，分別而爲外內者也。」

喪事先遠日，吉事先近日。注：「孝子之心。喪事，葬與練、祥也。吉事，祭祀、冠、取之屬也。」正義：「謂葬與二祥。是奪哀之義，非孝子之所欲，但制不獲已，故卜先從遠日而起。宣八年左傳云：『禮，卜葬先遠日，辟不懷也。』尊卑俱然。雖士亦應，今月下旬先卜來月下旬，不吉，卜中旬，不吉，卜上旬。先近日者，少牢云：『若不吉，則及遠日，又筮日如初』，是先近日也。」

曰：「爲日，假爾泰龜有常，假爾泰筮有常。」注：「命龜、筮辭。龜、筮，於吉凶有常。大事卜，小事筮。」正義：「假，因也。爾，汝也，指蓍龜也。欲褒美此龜、筮，故謂爲泰龜、泰筮也。」

卜筮不過三，注：「求吉不過三，魯四卜郊，春秋譏之。」正義：「王肅云：『禮以三爲成也。』」卜筮不相襲。注：「卜不吉則又筮，筮不吉則又卜，是瀆龜筴也。晉獻公卜取驪姬不吉，公曰：『筮之。』是也。」

龜爲卜，筴爲筮。卜筮者，先聖王之所以使民信時日，敬鬼神，畏法令也。所以使民決嫌疑，定猶與也。故曰：疑而筮之，則弗非也。日而行事，則必踐之。注：「弗非，無非之者。日，所卜、筮之吉日也。踐，讀曰善，聲之誤也。筴，或爲蓍。」王肅曰：「卜得可行之日，必履而行之。踐，履也。」正義：「時者，四時及一日十二時也。日者，甲乙之屬。法，典則也。令，教訓也。」說文云：『猶，玃屬。』『豫，象屬。』此二獸進退多疑。人多疑惑者似之。」段氏玉裁曰：「按古有以聲不以義者，如猶豫雙聲，亦作猶與，亦作冘豫，皆遲疑之貌。」○與，音預，本亦作「豫」。

君車將駕，則僕執策立於馬前。注：「監駕，且爲馬行。」說文：「駕，馬在軛中。」正義：「謂爲君僕御之禮。周禮諸僕皆用大夫、士。策，馬杖也。別有人牽馬駕車。此僕恐馬奔走，故自執馬杖，立當馬前。」已駕，僕展軨效駕。注：「展軨，具視。白已駕。」釋文：「盧云：『軨，車轄頭軸也。舊云車闌也。』」正義：「展，視也。效，白也。」王氏引之曰：「謹案：入而白已駕，又出而取綏跪乘，則經當云『入效駕，出奮衣由右上』，節次乃明。今不言入，又不言出，則無入白之事矣。唐以前傳注亦無訓效爲白者。今案：效者，考也，驗也。考驗其駕已完善否，然後登車調試之。」奮衣由右上，取貳綏，注：「奮，振去塵也。貳，副也。」正義：「由，從也。僕人白駕竟，先出就車，於車後升。上必從右者，君位在左，故辟君空位。綏，登車索。綏有二：一是正綏，擬君之升；二是副綏，擬僕右之升。故僕振衣畢，取副二綏而升也。」跪乘，注：「未敢立，敬也。」執策分轡驅之，五步而立。注：「調試之。」說文：「驅，馬馳也。」正義：「車有一轅，而四馬駕之，中央兩馬夾轅者名服馬，兩邊名騑馬，亦曰驂馬。每一馬有兩轡，四馬八轡。以驂馬內轡繫於軾前，其驂馬外轡，并夾轅兩服馬各二轡，分置兩手。故詩云『六轡在手』也。執策分轡，謂一手執杖，又六轡以三置空手，以三置杖手中。何胤云：『跪以見敬，則立，調試之也。』」君出就車，則僕并轡授綏，注：「車上僕所主。」正義：「君始出上車，僕并六轡及策置一手中，所餘空手取正綏，授與君，令登車也。」左右攘辟。注：「謂羣臣陪位侍駕者。攘，卻也。或者攘古讓字。」正義：「君已上車，車欲進行，故左右侍者悉遷卻以辟車，使不妨車行也。」車驅而騶，至于大門，君撫僕之手，而顧命車右就車。門閭、溝渠必步。注：「車右，勇力之士，備制非常者，君行則陪乘，君式則下步行。」正義：「車驅而騶者，驅車而進，左右從者疾趨從車行也〔一〕。大門，外門。撫，按止也。僕手執轡，車行由僕，君欲令駐車，故抑止僕手也。鄭箋詩云：『迴首曰顧。』車行有三人，君在左，僕人中央，勇士在右。初在門內，勇士從在車後。既至大門，方出履險阻，恐有非常。故命車右上車也。溝廣深四尺，渠亦溝也。步，謂下車也。一則君子不誣十室，過門閭必式，君式則臣當下也；二則溝渠是險阻，恐有傾覆，故勇士亦須下扶持之也。僕不下者，車行由僕，僕下則車無御，故不下也。」○軨，歷丁反。乘，繩證反。攘，如羊反。辟，音避。驅，起俱反。騶，仕救反。

凡僕人之禮，必授人綏。若僕者降等，則受，不然則否。若僕者降等，則撫僕之手，不然則自下拘之。注：「撫，小止之，謙也。自下拘之，由僕手下取之也。僕與己同爵，則不受。」正義：「降等則受者，謂士與大夫、大夫與卿御也。」○拘，古侯反，又音俱。

客車不入大門。注：「謙也。」正義：「案公食大夫禮云：『賓之乘車，在大門外西方。』」

〔一〕「車」，原誤作「君」，據禮記注疏改。

婦人不立乘。注：「異於男子。」正義：「立，倚也。婦人質弱，不倚乘。男子倚乘，婦人坐乘，所以異也。」江氏永曰：「亦所以自屏，遠恥也。」

犬馬不上於堂。注：「非摯幣也。」正義：「犬則執紲，馬則執靮，以呈之耳。摯，謂羔、鴈、雉、玉之屬，乃上堂也。犬馬用充庭實而已，故不上堂也。」

故君子式黃髮，注：「敬老也。」正義：「君子，謂人君也。人初老則髮白，太老則髮黃。」下卿位。注：「尊賢也。卿位，卿之朝位也。君出，過之而上車；入，未至而下車。」入國不馳，注：「愛人也，馳善藺人也。」何胤云：「藺，躐也。」入里必式。注：「不誣十室。」

君命召，雖賤人，大夫、士必自御之。注：「御，當爲訝。訝，迎也。人君雖使賤人來，必自出迎之，尊君命也。」○御，依注音訝，五嫁反。

介者不拜，爲其拜而蓌拜。注：「蓌則失容節。蓌，猶詐也。」說文新附：「蓌，拜失容也。」釋文：「蓌，盧本作『蹲』。」正義：「介，甲鎧也。蓌，挫也。戎容暨暨。著甲而屈拜，則挫損其威容。」臧氏琳曰：「蓌字不知所從。玉篇作𡕕，云：『亦作蓌。』𡕕，蓋蹲之俗。說文：『夊，行遲曳夊夊，象人兩脛骨有所躧。』此字從坐從夊，當爲會意字。欲拜而不能下，但兩足履地，其狀如坐然。」○爲，于僞反。蓌，子臥反。

祥車曠左，注：「空神位也。祥車，葬之乘車。」正義：「祥，猶吉也。吉車，謂平生時所乘也，葬時因爲魂車。鬼神尚吉，故葬魂乘吉車也。曠，空也。車上貴左，故僕在右，空左以擬神也。」乘君之乘車，不敢曠左，左必式。注：

「君存，惡空其位。」正義：「乘車，謂次路也。戎右職云：『會同充革車。』鄭云：『會同，王雖乘金路，猶以革路行。充之者，謂居左也。』雖處左而不敢自安，故恒馮式。」

僕御婦人，則進左手，後右手。注：「遠嫌。」正義：「僕在中央，婦人在左，左手持轡，形微相背。若進右手，則相嚮，相嚮則生嫌。」御國君，則進右手，後左手而俯。注：「敬也。」正義：「禮以相嚮爲敬，故進右手。既御，不得恒式，故但俯俛爲敬也。」

國君不乘奇車。注：「出入必正也。」正義：「盧氏曰：『不如法者之車也。』」○奇，居宜反。

車上不廣欬，注：「爲若自矜。廣，猶宏也。」正義：「又驚衆也。」不妄指，注：「爲惑衆。」立視五巂。注：「立，平視也。巂，猶規也，謂輪轉之度。巂，或爲槷。」正義：「乘車之輪，高六尺六寸，徑一圍三，三六十八，得一丈八尺，又六寸爲一尺八寸，總一規爲一丈九尺八寸，五規爲九十九尺。六尺爲步，總爲十六步半。在車上所視，則前十六步半地。」式視馬尾，注：「小俛。」正義：「馬引車，其尾近在車欄前，故車上馮式，下頭時，不得遠矚，而令瞻視馬尾。」顧不過轂。注：「謂掩在後。」正義：「轉頭不得過轂，過轂則掩後人私也。論語云『車中不內顧』，是也。」國中以策彗卹勿驅，塵不出軌。注：「入國不馳。彗，竹帚。卹勿，搔摩也。」正義：「不馳，故不用鞭策，但取竹帚帶葉者爲杖，形如埽帚。以策微近馬體，不欲令疾也。軌，車轍也。車行遲，故塵埃不起，不飛揚出轍外也。」○欬，開代反。巂，惠圭反。彗，音遂。卹，蘇没反。勿，音没。

國君下齊牛，式宗廟；大夫、士下公門，式路馬。注：「皆廣敬也。路馬，君之馬。」正義：「齊右注引曲禮曰：『國君下宗廟，式齊牛。』熊氏云：『此文誤，當以周禮注爲正。』公門，謂君之門也。敬君，至門下車。重君物，故見君馬而式之也。馬比門輕，故有下、式之異。」○齊，側皆反。

乘路馬，必朝服，載鞭策，不敢授綏，左必式。注：「載鞭策不敢執也。」正義：「謂臣行儀習禮，獨行時也。路馬，君之車馬，雖得乘之猶不可慢，必朝服而自御乘之也。又不敢執杖杖馬，但載杖以行也。不敢授綏者，君在則僕人授綏。今習儀者身既居左，自馭而乘，雖有車右，不敢授綏與己也。左必式者，既不空左，故亦居左，式而敬之。」步路馬，必中道。正義：「此謂單牽君馬行時。步，猶行也。若牽行君之馬，必在中道，正路爲敬也。」以足蹙路馬芻有誅，齒路馬有誅。注：「齒，欲年也。誅，罰也。」釋文：「蹙，本又作蹴。」說文：「蹴，躡也。」正義：「芻，食馬草也。此草擬供馬食，若以足蹴蹋之者，則被責罰也。若論量君馬歲數，亦爲不敬。」○蹙，徐采六反。芻，初俱反。

禮記訓纂卷二

曲禮下第二

正義：「鄭目録云：『義與前篇同，簡策重多，分爲上下。』」

凡奉者當心，提者當帶。注：「高下之節。」正義：「帶有二處：朝服之帶，高於心；深衣之帶，下於脅。今云『提者當帶』，謂深衣之帶。古人恒著深衣。」○奉，本亦作「捧」，芳勇反。

執天子之器則上衡，注：「謂高於心，彌敬也。此衡，謂與心平。」正義：「執，持也。上，猶高也。衡，平也。天子至尊，器不宜下，故臣爲擎奉，皆高於心，彌敬也。」國君則平衡。正義：「平，謂人之拱手，正當心平，故謂心爲衡。」大夫則綏之，士則提之。注：「綏讀曰妥。妥之，謂下於心。」○上，時掌反。綏，依注音妥，湯果反。

凡執主器，執輕如不克。注：「重慎之也。主，君也。克，勝也。」正義：「論語云：『孔子執圭，鞠躬如也，如不勝。』聘禮曰：『上介執圭如重。』是也。」執主器，操幣圭璧，則尚左手，行不舉足，車輪曳踵。注：「重慎也。尚左手，尊左也。車輪，謂行不絶地。」正義：「曳，拽也。踵，脚後也。若執器行時，不得舉足。但起前拽後，使踵如車輪曳地而行。」○操，七刀反。曳，以制反。踵，支勇反。

立則磬折垂佩。主佩倚則臣佩垂，主佩垂則臣佩委。注：「君臣俛仰之節。倚，謂附於身。小俛則垂，大俛則委於地。」正義：「此明授受時禮也。佩，謂玉佩也。帶佩於兩邊，臣則身宜僂折，如磬之背，所著之佩從兩邊出，懸垂於前也。倚，猶附也。君若直立，佩倚於身，則臣宜曲折，佩不得倚，故縣垂於前。君若折身而佩垂，則臣彌曲，故佩垂委於地。然必待君僂而後方曲者，亦授立不跪之義也。」○倚，於綺反。

執玉，其有藉者則裼，無藉者則襲。注：「藉，藻也。裼、襲，文質相變耳。有藻爲文，裼見美亦文。無藻爲質，襲充美亦質。圭、璋特而襲，璧、琮加束帛而裼，亦是也。」正義：「熊氏以爲上明賓、介二人爲裼、襲，『圭、璋特』以下，又明賓、主各自爲裼、襲，謂朝時用圭、璋特，賓、主俱襲；行享時用璧、琮加束帛，賓、主俱裼。裼所以異於襲者，凡衣近體有袍襗之屬，其外有裘，夏月衣葛。其上有裼衣，裼衣上有襲衣，襲衣上有常著之服，則皮弁之屬掩而不開，則謂之爲襲。若開此皮弁及中衣，左袒出其裼衣，謂之爲裼。故鄭注聘禮云：『裼者，左袒也。』」江氏永曰：「按聘禮聘君以圭，聘夫人以璋，皆特達，無束帛以藉，其時使者襲，而君受玉亦襲。享君以璧，享夫人以琮，皆束帛藉之，其時使者裼，而君受玉亦裼。此經所謂有藉無藉者，本謂此。又按裼衣外之襲衣，疏家有兩說：孔氏此疏謂裼衣外有襲衣，襲衣外有常著之服。至檀弓、喪大記疏，則裼衣卽爲上服，前後違異。賈氏聘禮疏亦謂裼衣有上服，當以此疏爲正。蓋不袒卽謂之襲，非別有襲衣，其中衣則在裘之内也。」○藉，在夜反，下同。裼，星歷反。

國君不名卿老、世婦，大夫不名世臣、姪、娣，士不名家相、長妾。注：「雖貴，於其國家猶有所尊也。卿老，上卿也。世臣，父時老臣。」正義：「世婦，兩媵也，次於夫人，而貴於諸妾也。姪是妻之兄女，娣是妻之妹，從妻來爲妾也。王制云『大夫不世爵』，此有世臣者，子賢，襲父爵者也。家相，謂助知家事者也。長妾，妾之有子者也。熊氏云：『士有一妻二妾，言長妾者，當謂娣也。故鄭注昏禮云：「娣尊姪卑。」』義或然也。」○姪，大節反，字林丈一反。娣，大計反。相，息亮反。長，丁丈反。

君大夫之子，不敢自稱曰「余小子」。注：「辟天子之子未除喪之名。君大夫，天子大夫有土地者。」正義：「此以下明孝子在喪，擯者接對賓客之辭也。」大夫士之子，不敢自稱曰「嗣子某」，注：「亦辟其君之子未除喪之名。」不敢與世子同名。注：「辟僭傚也。其先之生，則亦不改。世，或爲大。」

君使士射，不能則辭以疾，言曰：「某有負薪之憂。」注：「射者所以觀德，唯有疾可以辭也。使士射，謂以備耦也。」正義：「案大射君與賓耦，卿大夫自相耦，又有『士御於大夫』。又司射誓耦：『卑者與尊者爲耦，不異侯。』是言士得備預爲耦。負，擔也。薪，樵也。憂，勞也。言己有擔樵之餘勞，不堪射也。庶人子云能負薪，今云士負薪者，亦謙辭。」

侍於君子，不顧望而對，非禮也。注：「禮尚謙也。不顧望，若子路率爾而對。」應子和曰：「顧望者，從容詳審，察言觀色之意。言不輕發，必當其可，非但謙遜而已。」

君子行禮，不求變俗。祭祀之禮，居喪之服，哭泣之位，皆如其國之故，謹修其法而審行之。注：「求，猶務也。不務變其故俗，重本也。謂去先祖之國，居他國。其法，謂其先祖之制度，若夏殷。」王氏念孫曰：「修當爲循，字之誤也。謹循其法，正承『如其國之故』而言，謂君子謹遵故法，非謂於故法有所損益，亦非謂故法已廢，而君子修之也。」

去國三世，爵禄有列於朝，出入有詔於國。注：「三世，自祖至孫。踰久可以忘故俗。而猶不變者，爵禄有列於朝，謂君不絶其祖祀，復立其族，若臧紇奔邾，立臧爲矣。詔，告也。謂與卿、大夫吉凶往來相赴告。」若兄弟宗族猶存，則反告於宗後。注：「反告，亦謂吉凶也。宗後，宗子也。」去國三世，爵禄無列於朝，出入無詔於國。唯興之日，從新國之法。注：「以故國與己無恩。興，謂起爲卿、大夫。」江氏永曰：「按此經互文見義。兄弟宗族猶存，而反告於宗後，於有列、有詔者言之，則無列、無詔而兄弟宗族猶存者，亦當反告可知矣。唯興之日，從新國之法，於無列、無詔者言之，則有列、有詔而未興者，不忍從新國之法可知矣。」○朝，直遥反，下皆同。

君子已孤不更名。注：「亦重本。」正義：「名是父之所作，父今已死，若其更名，似遺棄其父。」已孤暴貴，不爲父作謚。注：「子事父，無貴賤。」正義：「謚者，列平生德行，而爲作美號。若父賤無謚，己今暴貴，升爲諸侯，不得爲父作謚。所以爾者，似鄙薄父賤，不宜爲貴人之父也。或舉武王爲難，鄭荅趙商曰：『周道之基，隆於二王，功德由之，王迹興焉。凡爲人父，豈能賢乎！若夏禹、殷湯，則不然矣。』」○爲，于僞反。謚，音示。

居喪未葬，讀喪禮；既葬，讀祭禮；喪復常，讀樂章。注：「爲禮各於其時。」正義：「喪禮，謂朝夕奠下室，朔望奠殯宫，及葬等禮也。祭禮，虞、卒哭、祔、小祥、大祥之禮也。復常，謂大祥除服之後也。樂章，樂書之篇章，謂詩也。禫而後吉祭，故知禫後宜讀之。」

居喪不言樂，祭事不言凶，公庭不言婦女。注：「非其時也。」

振書、端書於君前有誅，倒筴、側龜於君前有誅。注：「臣不豫事，不敬也。振，去塵也。端，正也。

倒，顛倒也。側，反側也。皆謂甫省視之。」正義：「書，簿領也。誅，責也。」

龜筴、几杖、席蓋、重素、袗絺綌，不入公門。注：「龜筴，嫌問國家吉凶。几杖，嫌自長老。席蓋，載喪車也。雜記曰：『士輤，葦席以爲屋，蒲席以爲裳帷。』重素，衣裳皆素，喪服也。袗，單也。孔子曰：『當暑袗絺、綌，必表而出之。』爲其形褻。」正義：「臣有死於公宮，可許將柩出門不得將喪車凶物入也。絺、綌，葛也。上無衣表，則肉露見，爲不敬。不入公門者，并結上諸事。若尸乘以几至廟門，及八十杖於朝，則几杖得入公門也。」苞屨、扱衽、厭冠，不入公門。注：「此皆凶服也。苞，藨也。齊衰，藨蒯之菲也。問喪曰：『親始死，扱上衽。』厭，猶伏也。喪冠厭伏。苞或爲菲。」釋文：「苞，草也。」正義：「熊氏云：『父之喪，唯扱上衽不入公門。冠絰、衰屨皆得入也。杖齊衰，則屨不得入。不杖齊衰，衰又不得入。其大功，絰又不得入。小功以下，冠又不得入。此厭冠者，謂小功以下之冠。』」書方、衰、凶器，不以告不入公門。注：「此謂喪在內，不得不入，當先告君耳。方，版也。士喪禮下篇曰：『書賵於方，若九、若七、若五。』凶器，明器也。」正義：「臣在公宮而死，君許其在內殯及將葬之禮，故有明器、書方，須告乃入。」〇重，直龍反。袗，之忍反。苞，白表反。扱，初洽反。衽，而審反。厭，於涉反。

公事不私議。注：「嫌若姦也。」吳幼清曰：「公朝之事，當與同列議于公朝，不可議之私家。」

君子將營宮室，宗廟爲先，廄庫爲次，居室爲後。注：「重先祖及國之用。」

凡家造，祭器爲先，犧賦爲次，養器爲後。注：「大夫稱家。謂家始造事。犧賦，以稅出牲。」正義：「諸侯大夫少牢，此言犧，謂牛，即是天子之大夫。祭祀賦斂邑民供出牲牢，故曰『犧賦』。養器，供養人之飲食器也。自贍爲私，宜後造。」無田禄者不設祭器，有田禄者先爲祭服。注：「祭器可假，祭服宜自有。」君子雖貧，不粥祭器；雖寒，不衣祭服。爲宮室，不斬於丘木。注：「廣敬鬼神也。粥，賣也。丘，壟也。」吕與叔曰：「丘木所以庇其宅兆，爲宮室而斬之，是慢其先而濟吾私也。」○廄，九又反。養，羊尚反。粥，音育。衣，於既反。

大夫、士去國，祭器不踰竟。大夫寓祭器於大夫，士寓祭器於士。注：「此用君禄所作，取以出竟，恐辱親也。寓，寄也。與得用者言寄，覬己復還。」○寓，魚具反。

大夫、士去國，踰竟，爲壇位，鄉國而哭，素衣，素裳，素冠，徹緣，鞮屨，素簚，乘髦馬，不蚤鬋，不祭食，不説人以無罪。婦人不當御，三月而復服。注：「言以喪禮自處也。臣無君，猶無天也。壇位，除地爲位也。徹，猶去也。鞮屨，無絇之菲也。簚，覆苓也。髦馬，不鬣落也。蚤，讀爲爪。鬋，鬋鬢也。不自説於人以無罪，嫌惡其君也。御，接見也。三月一時，天氣變，可以遂去也。簚，或爲幕。」説文：「緣，衣純也。」正義：「大夫待放三年，聽於君命，與環則還，與玦便去。壇者，除地而爲壇。去父母之邦，有桑梓之戀，故爲壇，鄉國而哭，以喪禮自處也。衣、裳、冠皆素，爲凶飾也。緣，中衣緣也。吉時中衣用采緣，今既凶喪，故徹緣而純素。屨以絇爲飾，凶，故無絇也。素簚者素，白狗皮也。簚，車覆闌也。大夫鹿幦豹植，今此喪禮，故用白狗皮也。乘髦馬者，吉則翦剔馬毛爲飾，凶則不翦而乘之也。蚤，治手足爪也。鬋，剔治鬚髮也。吉則治翦爲飾，凶故不翦也。祭，祭先也。食盛饌，則祭食之先，喪凶，故不祭也。善則稱君，過則稱己。今雖放逐，猶不得嚮人道己無罪而君惡也。」○壇，徐音善。鄉，許亮反。緣，悦絹反。鞮，都兮反。簚，本又作「幭」，莫歷反。髦，音毛。鬋，子淺反。

大夫、士見於國君，君若勞之，則還辟再拜稽首；注：「謂見君，既拜矣，而後見勞也。聘禮曰：『君勞使者及介，君皆荅拜。』」正義：「謂大夫、士出聘他國君之禮。勞，慰勞也。還辟，逡巡也。初至行聘、享、私覿禮畢，而主君又别慰勞己道路之勤，故己逡巡而退，辟君之荅己也。」君若迎拜，則還辟不敢荅拜。注：「嫌與君亢賓主之禮。迎拜，謂君迎而先拜之。聘禮曰：『大夫入門再拜，君拜其辱。』」正義：「此主君迎拜者，謂聘賓初至主國大門外，主君迎而拜之。故聘禮云：『賓入門左，公再拜，賓辟不荅拜。』是也。」○勞，力報反。辟，婢亦反。

大夫、士相見，雖貴賤不敵，主人敬客則先拜客，客敬主人則先拜主人。注：「尊賢。」正義：「惟賢是敬，不計賓主貴賤。」

凡非弔喪，非見國君，無不荅拜者。注：「禮尚往來，喪賓不荅拜，不自賓客也。國君見士，不荅其拜，士賤。」正義：「聘禮『士介四人』，君皆荅拜者，以其他國之士故也。」○見，賢遍反，下同。

大夫見於國君，國君拜其辱；士見於大夫，大夫拜其辱；同國始相見，主人拜其辱。注：「自外來而拜，拜見也。自内來而拜，拜辱也。」正義：「聘禮云『公在門左拜』，是拜其辱也。大夫拜其辱者，謂平常相荅拜，非加敬也。故聘禮『賓朝服問卿，卿迎於廟門外，再拜』，是主人必拜辱也。」

君於士，不荅拜也，非其臣則荅拜之。注：「不臣人之臣。」正義：「君於己士，以其賤，故不荅拜。然聘禮云：『聘使還，士介四人，君旅荅拜』者，敬其奉使而還。士相見禮『士見國君，君荅拜』者，以其初爲士，敬之。故也。」

大夫於其臣，雖賤必荅拜之。注：「辟正君。」

男女相荅拜也。注：「嫌遠别，不相荅拜，故以明之。」正義：「男女宜别，或嫌其不相荅，故明雖别，必宜荅也。」

國君春田不圍澤，大夫不掩羣，士不取麛卵。注：「生乳之時，重傷其類。」正義：「春時萬物産孕，不欲多傷殺，故不合圍繞取也。羣，謂禽獸共聚也，羣聚則多，不可掩取。麛，鹿子。凡獸子亦得通名也。卵，鳥卵也。春方乳長，故不得取也。」○麛，音迷。卵，力管反。

歲凶，年穀不登，君膳不祭肺，馬不食穀，馳道不除，祭事不縣；大夫不食粱；士飲酒不樂。注：「登，成也。皆爲自貶損，憂民也。禮食殺牲則祭先，有虞氏以首，夏后氏以心，殷人以肝，周人以肺。不祭肺，則不殺也。天子食，日少牢，朔月大牢。諸侯食，日特牲，朔月少牢。除，治也，不治道，爲妨民取蔬食也。縣，樂器，鐘磬之屬也。粱，加食也。不樂，去琴瑟。」正義：「馳道，正道，是君馳走車馬之處。不治，謂不除草萊也。樂有縣，鐘磬因曰縣。凶年雖祭，而不作樂也。大夫食黍稷，以粱爲加，凶年去之。公食大夫禮設正饌之後，乃設稻粱，是加也。」○縣，音懸。

君無故玉不去身，大夫無故不徹縣，士無故不徹琴瑟。注：「憂樂不相干也。故謂災、患、喪、病。」正義：「君子於玉比德，故恒佩玉。徹，亦去也。不徹琴瑟者，不命之士；若命士，則特縣也。」

士有獻於國君，他日君問之，曰：「安取彼？」再拜稽首而后對。注：「起敬也。」正義：「不即問而待他日者，士有貢獻，自致於外，不敢見，恐君荅己拜。故别日乃見君，君得問之也。」

大夫私行出疆，必請，反必有獻。士私行出疆，必請，反必告。注：「臣不敢自專也。私行，謂以己事也。士言告者，不必有其獻也，告反而已。」正義：「大夫無外交，而此有私行出界，或是新來大夫，姻婭猶在本國，故有私行往來，但不得執交於外耳。」君勞之則拜，問其行，拜而后對。注：「亦起敬也。問其行，謂問道中不恙及所經過。」○疆，居良反，下同。

國君去其國，止之曰：「奈何去社稷也！」大夫，曰：「奈何去宗廟也！」士，曰：「奈何去墳墓也！」注：「皆臣民殷勤之言。」正義：「奈何，猶言如何。大夫無社稷，故云宗廟。士亦有廟，辟大夫，言墳墓，亦與大夫互也。」

國君死社稷，注：「死其所受於天子也，謂見侵伐也。春秋傳曰：『國滅，君死之，正也。』」大夫死衆，士死制。注：「死其所受於君。衆，謂君師。制，謂君教令所使爲之。」正義：「國君體國，以社稷爲主，若有寇難，則以死衛之。大夫職主領衆，故有寇難，必率衆禦之，以死爲度。士雖不得率師，若君命使之，則唯致死。熊氏云：『宗廟、墳墓，己私有之。大夫、士爲臣事君，不可爲私事而死。君言死社稷，則宗廟、墳墓亦死可知也。但社稷受於天子，故特舉焉。』」

君天下曰「天子」，朝諸侯、分職授政任功，曰「予一人」。注：「皆擯者辭也。天下，謂外及四海也。覲禮曰：『伯父寔來，余一人嘉之。』余、予古今字。」正義：「白虎通云：『王自謂一人者，謙也。』論語云：『百姓有過，在予一人。』」○分，方云反。予，音餘。

踐阼，臨祭祀，内事曰「孝王某」，外事曰「嗣王某」。注：「皆祝辭也。唯宗廟稱孝，天地、社稷祭之郊内，而曰『嗣王』，不敢同外内。」正義：「踐，履也。阼，主人階也。宗廟，是事親，事親宜言孝。外事，郊、社也。天地尊遠，不敢同親，故云『嗣王某』，言此王繼嗣前王而立也。若凡山、川、岳、瀆之神，祭之在外之例，而辭稱嗣，是在內從內辭，在外從外辭。」

臨諸侯，畛於鬼神，曰「有天王某甫」。注：「畛，致也。祝告致於鬼神辭也。曰『有天王某甫』，某甫，且字也。不名者，不親往也。周禮大會同，過山川，則大祝用事焉。鬼神，謂百辟卿、士也。畛，或爲祇。」正義：「天子巡守，徧於方岳，臨視諸侯，故曰『臨諸侯』也。鄭云：『以尊適卑曰臨。』」○畛，之忍反。

崩，曰「天王崩」。注：「史書策辭。」復，曰「天子復矣」。注：「始死時，呼魄辭也。不呼名，臣不名君也。諸侯呼字。」

告喪，曰「天王登假」。措之廟，立之主，曰「帝」。注：「告，赴也。登，上也。假，已也。上已者，若僊去云耳。春秋傳曰：『凡君卒哭而祔，祔而作主。』」正義：「白虎通云：『所以有主者，神無依據，孝子以繼心也。』鄭云：『周以栗。』漢書：『前方後圓。』五經異義云：『主狀正方，穿中央，達四方。天子長尺二寸，諸侯長一尺。』崔靈恩云：『古者帝王生死同稱。生稱帝者，死亦稱帝；生稱王者，死亦稱王。今云「立之主，曰帝」者，蓋爲記時，有主入廟稱帝之義，記者録以爲法也。』」○假，音遐。

天子未除喪，曰「予小子」。注：「謙，未敢稱一人。春秋傳曰：『以諸侯之踰年即位，亦知天子之踰年即位；以天子三年然後稱王，亦知諸侯於其封內三年稱子。』」生名之，死亦名之。注：「生名之曰小子王，死亦曰小子王也。晉有小子侯，是僭取於天子號也。」

天子有后，有夫人，有世婦，有嬪，有妻，有妾。注：「妻，八十一御妻，周禮謂之女御，以其御序於王之燕寢。妾，賤者。」正義：「后，後也，言其後於天子。夫，扶也，言扶持於王也。婦，服也，言其進以服事君子也。以其猶貴，故加以世言之，亦廣世胤也。嬪，婦人之美稱，可賓敬也。鄭注內則云：『妻之言齊也，妾之言接也。』」呂與叔曰：「后以配天子。夫人視三公，其名與諸侯之妃同。世婦視大夫，其名與大夫之妻同。九嬪視九卿，位在世婦上。妻卽御妻，視元士，名與士之妻同。妾則昏義所無，蓋賤者，視庶人。」○嬪，音頻。

天子建天官，先六大，曰：大宰、大宗、大史、大祝、大士、大卜，典司六典。注：「典，法也。此蓋殷時制也。周則大宰爲天官，大宗爲宗伯，宗伯爲春官，大史以下屬焉。大士，以神仕者。」正義：「上典是守典，下典是典則之典，言立此六官，以守主六事之法。」呂與叔曰：「殷人尊神先鬼，大宗以下，皆事鬼神、奉天時之官，故總謂之天官。大宰者，佐王代天工以治。大宗，掌事鬼神。大史，掌正歲年及頒朔。大祝，所以接神。士，卽周司巫，所以降神。大卜，主問龜，所以求神。六者皆天事也。」王氏引之曰：「謹案春官序官，凡以神士者無數，其職甚微，不足以當大士之稱。今案晏子春秋諫篇：『吾爲夫婦獄訟之不正乎？則泰士子牛存矣。爲社稷宗廟之不享乎？則泰祝子游存矣。』泰士、泰祝，卽大士、大祝矣。大士正獄訟，蓋若秋官士師『察獄訟之辭』。又說苑臣術篇齊成侯卿云：『忌舉北郭刁勃子爲大士〔一〕，而九族益親，民益富。』是大士亦掌親九族，富萬民也。」

天子之五官，曰：司徒、司馬、司空、司士、司寇，典司五衆。注：「衆，謂羣臣也。此亦殷時制也。

〔一〕「刁」，原誤「刀」，據說苑改。

周則司士屬司馬。大宰、司徒、宗伯、司馬、司寇、司空爲六官。」正義：「鄭立六官，以法天之六氣，此又置五官，以象地之五行也。不云建，從天官也。」王氏懋竑曰：「五官，以周禮言之，則司士當爲宗伯之職。案此本鄭子所言，司士本作『司事』，事祭祀之事也。」

天子之六府，曰：司土、司木、司水、司草、司器、司貨，典司六職。注：「府，主藏六物之稅者。此亦殷時制也。周則皆屬司徒。司土，土均也。司木，山虞也。司水，川衡也。司草，稻人也。司器，角人也。司貨，丱人也。」正義：「立此六官，使各主其所掌職也。」

天子之六工，曰：土工、金工、石工、木工、獸工、草工，典制六材。注：「此亦殷時制也。周則皆屬司空。土工，陶、旊也。金工，築、冶、鳧、栗、段、桃也。石工，玉人、磬人也。木工，輪、輿、弓、廬、匠、車、梓也。獸工，函、鮑、韗、韋、裘也。唯草工職亾，蓋謂作萑、葦之器。」正義：「前既有六府之物，宜立六工，以作之爲器物。材，謂材物。立此六工，使典制六府之材物。」五官致貢曰享。注：「貢，功也。享，獻也。致其歲終之功於王，謂之獻也。周禮大宰：『歲終，則令百官府各正其治，受其會，聽其致事，而詔王廢置。』」○享，許兩反。

五官之長曰伯，是職方。注：「謂爲三公者，周禮『九命作伯』。職，主也。是伯分主東西者。春秋傳曰：『自陝以東，周公主之。自陝以西，召公主之。』」正義：「長者，謂三公無職，故不在五官之中。」其擯於天子也，曰「天子之吏」。注：「擯者辭也。春秋傳曰『王命委之三吏』，謂三公也。」正義：「擯，謂天子接賓之人。若擯者傳辭於天子，則稱此二伯爲『天子之吏』也。」天子同姓，謂之伯父，異姓謂之伯舅。自稱於諸侯曰「天子之老」，於外曰「公」，於其國曰「君」。注：「稱之以父與舅，親親之辭也。外，自其私土之外，天子畿内。」正義：「外者，其采地之外，猶在王畿之内。如周公食邑於周，嚮國外之人自稱曰公也。其國，采地内也。若與采地内臣民言，則自稱曰君。」

九州之長，入天子之國，曰牧。注：「每一州之中，天子選諸侯之賢者，以爲之牧也。周禮曰：『乃施典於邦國，而建其牧。』」正義：「據周禮也。牧，養也，言其養一州之人，故周禮『八命作牧』，是也。」天子同姓，謂之叔父，異姓謂之叔舅。於外曰「侯」，於其國曰「君」。注：「牧，尊於大國之君，而謂之叔父，辟二伯也，亦以此爲尊。禮或損之而益，謂此類也。外，自其國之外。九州之中曰侯者，本爵也。二王之後不爲牧。」○長，丁文反。擯，本又作「儐」，必刃反。

其在東夷、北狄、西戎、南蠻，雖大曰「子」，注：「謂九州之外長也。天子亦選其諸侯之賢者以爲之子。子，猶牧也，入天子之國曰子，天子亦謂之子。雖有侯伯之地，本爵亦無過子，是以同名曰子。」於内自稱曰「不穀」，注：「與民言之謙稱。穀，善也。」於外自稱曰「王老」。注：「威遠國也。外，亦其戎、狄之中。」正義：「崔云：『方伯、牧稱『天子之老』，四夷之長稱曰『王老』。方伯之職，帶三公之任，猶謂之内臣，化同天子，無有歸往之義。故云『天子之老』，四夷之君去王遠，由有歸往之義，賢始得爲長，故以『王老』爲稱也。』」

庶方小侯，入天子之國曰「某人」，於外曰「子」，自稱曰「孤」。注：「謂戎、狄子男君也。男者，於外亦曰男，舉尊言之。」正義：「庶，衆也，謂四夷之君，非爲牧者也。以其賤，故曰衆方也。入王國自稱曰某人，若牟人、介人也。孤者，特立無德能也。」

天子當依而立，諸侯北面而見天子，曰覲。天子當寧而立，諸公東面，諸侯西面，曰朝。注：「諸侯春見曰朝。受摯於朝，受享於廟。生氣，文也。秋見曰覲，一受之於廟。殺氣，質也。朝者位於內朝而序進，覲者位於廟門外而序入，王南面立於依宁而受焉。夏宗依春，冬遇依秋。春秋時，齊侯唁魯昭公，以遇禮相見，取易略也。」正義：「依，狀如屏風，以絳爲質，高八尺，東西當户牖之間，繡爲斧文也。亦曰斧依。爾雅云：『户牖之間謂之扆。』郭注云：『窗東户西也。』天子見諸侯，則依而立，負之而南面以對諸侯。凡諸侯朝王，一年四時。案宗伯：『春曰朝，夏曰宗，秋曰覲，冬曰遇。』若通而言之，悉曰朝。宁者，爾雅云：『門屏之間謂之宁。』李巡曰：『正門內兩塾間曰宁。』謂天子受朝於路門外，宁立以待諸侯之至，故云『當宁而立』也。凡天子三朝。其一在路門內，謂之燕朝，大僕掌之。故大僕云：『王眡燕朝，則正其位。』此則王與宗人圖其嘉事，及王退俟大夫之朝也。其二是路門外之朝，謂之治朝，司士掌之。此是每日視朝之位。其三是臯門之內，庫門之外，謂之外朝，朝士掌之。此是詢衆庶之朝也。」○依，本又作「扆」，同於豈反。覲，其靳反。宁，徐珍呂反。

諸侯未及期相見曰遇，相見於郤地曰會。諸侯使大夫問於諸侯曰聘，約信曰誓，涖牲曰盟。注：「及，至也。郤，閒也。涖，臨也。坎用牲，臨而讀其盟書。」説文：「盟，周禮曰：『國有疑則盟。』諸侯再相與會，十二歲一盟，北面詔天之司慎司命，盟，殺牲歃血，朱盤玉敦，以立牛耳。」釋名：「盟，明也，告事於神明也。誓，制也，以約制之也。」大事曰盟，小事曰誓。三倉：「歃血誓。」正義：「未至所期之日，及非所期之地，而忽相見，則並用遇禮相接。會者，既及期，又至所期之地，則其禮閒暇。聘，問也，謂遣大夫往相存問。誓者，諸侯事也。用言相約束以相見，則用誓禮，故曰誓。盟者，殺牲歃血，誓於神也。然天下太平之時，諸侯不得擅相與盟。至於五霸，有事而會，不協而盟。盟牲所用，許慎據韓詩，天子、諸侯以牛豕，大夫以犬，庶人以雞。毛詩說，君以豕，臣以犬，民以雞。又左傳云：『鄭伯使卒出豭，行出犬雞，以詛射潁考叔者。』又云：『衛伯姬盟孔悝以豭。』又孟武伯問於高柴云：『諸侯盟，誰執牛耳？』然則人君以牛。伯姬以豭，下人君也。」○郤，丘逆反。涖，音利。

諸侯見天子，曰「臣某侯某」。注：「謂嗇夫承命告天子辭也。其爲州牧，則曰『天子之老臣某侯某』，奉圭請覲。」正義：「謂五等諸侯見天子，而擯者將命之辭也。某侯某者，若言齊侯衛侯，下某是名。若伯子男，則云曹伯許男某也。」其與民言，自稱曰「寡人」。注：「謙也。於臣亦然。」其在凶服，曰「適子孤」。注：「凶服，亦謂未除喪。」

○適，音的。

臨祭祀，内事曰「孝子某侯某」，外事曰「曾孫某侯某」。注：「稱國者，遠辟天子。」荀爽曰：「天子、諸侯事曾祖已上，皆稱曾孫。」正義：「外事，謂社稷山川在封内者也。天子外事，言『嗣王某』，諸侯無德，不繼嗣爲侯，故不云嗣。」

死曰「薨」。注：「亦史書策辭。」復，曰「某甫復矣」。注：「某甫，且字。」

既葬，見天子，曰類見。注：「代父受國。類，猶象也。執皮、帛，象諸侯之禮見也。」正義：「此諸侯世子父死葬畢，而見於天子禮也。言葬後，未執玉，而執皮、帛，以象諸侯見，故曰類見。然春秋之義，三年除喪之後乃見。今云『既葬』者，謂天子巡守至竟，故得見也。若未葬，未正君臣，故雖天子巡守，亦不見也。」言謚曰類。注：「使大夫行，象聘問之禮也。言謚者，序其行，及謚所宜。」正義：「謂將葬就君請謚也。何胤云：『類其德而稱之，如經天緯地曰文也。』」

諸侯使人使於諸侯，使者自稱曰「寡君之老」。注：「繫於君以爲尊也。此謂諸侯之卿、上大夫。」正義：「若於己君，則玉藻云『下臣某』。」

天子穆穆，諸侯皇皇，大夫濟濟，士蹌蹌，庶人僬僬。注：「皆行容止之貌也。聘禮曰：『賓入門皇。』又曰：『皇且行。』又曰：『衆介北面蹌焉。』凡行容，尊者體盤，卑者體蹙。」釋訓：「濟濟，止也。」郭注：「皆賢士盛多之容。」「蹌蹌，動也。」郭注：「皆恐動趨步。」正義：「穆穆，威儀多也。鄭注聘禮云：『皇皇，莊盛也〔一〕。』濟濟，徐行有節。蹌蹌，鄭注聘禮云：『容貌舒揚也。』僬僬者，卑盡之貌也。庶人卑賤，都無容儀，並自直行而已。崔云：『凡形容下不得兼上，上得兼下，故詩有「濟濟辟王」，「穆穆魯侯」者，詩人頌美，舉盛以言。』」○濟，子禮反。蹌，本又作鶬，或作鏘，同，七良反。僬，子妙反。

天子之妃曰后，諸侯曰夫人，大夫曰孺人，士曰婦人，庶人曰妻。注：「后之言後也。夫之言扶，孺之言屬，婦之言服，妻之言齊。」釋名：「天子之妃曰后。后，後也，言在後，不以副言也。諸侯之妃曰夫人。夫，扶也，扶助其君也。卿之妃曰內子。子，女子也，在閨門之內治家也。大夫之妃曰命婦。婦，服也，服家事也。夫受命於朝，妻受命於家也。士庶人曰妻。妻，齊也。夫賤，不足以尊稱，故齊等言也。天子妾有嬪。嬪，賓也，諸妾之中見賓敬也。妾，接也，以賤見接幸也。」正義：「婦號亦上下通名，春秋『逆婦姜於齊』，是諸侯亦呼婦也。穀梁傳云『言婦，有姑之

〔一〕「皇皇」，原作「皇自」，據禮記注疏改。

辭』，言服事舅姑，知通名也。」○孺，而樹反。

公、侯有夫人，有世婦，有妻，有妾。注：「貶於天子也。無后與嬪，去上、中。」正義：「言公侯，舉其上者。既下於天子，不得立后，故以敵體一人正者爲夫人。世婦者，謂夫人之姪、娣，故公羊云：『夫人無子，立姪、娣子也。』質家先立姪之子，文家先立娣之子。有妻者，謂二媵及姪、娣也，凡六人。有妾者，謂九女之外，別有妾。」

夫人自稱於天子曰「老婦」，注：「自稱於天子，謂畿內諸侯之夫人助祭，若時事見。」自稱於諸侯曰「寡小君」，注：「謂饗來朝諸侯之時。」正義：「此諸侯，謂他國君也。」自稱於其君曰「小童」。自世婦以下自稱曰「婢子」。注：「小童，若云未成人也。婢之言卑也，於其君稱此，以接見體敵，嫌其當。」正義：「春秋晉懷嬴謂公曰：『寡君使婢子侍，執巾櫛。』是也。」

子於父母，則自名也。注：「名，父母所爲也。言子者，通男女。」

列國之大夫，入天子之國，曰「某士」，自稱曰「陪臣某」。注：「亦謂諸侯之卿也。三命以下，於天子爲士。曰某士者，如晉韓起聘于周，擯者曰：『晉士起。』陪，重也。」正義：「其君已爲王臣，今又爲己君之臣，故自稱重臣。若襄二十一年，晉欒盈辭於行人曰：『天子陪臣盈。』是也。」

於外曰「子」，於其國曰「寡君之老」，使者自稱曰「某」。注：「子，有德之稱。魯春秋曰：『齊高子來盟。』使，謂使人於諸侯也。某，名也。」正義：「亦擯者辭。外，謂在他國時也。其國，自國中也。君與民言，自稱曰『寡人』，故卿自稱曰『寡君之老』。若爲使在他國，與彼君語，則稱名也。」王氏念孫曰：「釋文作『使自稱』，是也。注『使，謂使人於諸侯』，則使下本無者字。正義釋注：『玉藻「以私事使」、「稱名」，此文「使自稱曰某」，稱名與彼相當，故知使謂使人於諸侯。』是孔所見本亦無者字。通典職官十八，亦作『使自稱曰某』。」

天子不言出，諸侯不生名，君子不親惡。注：「天子之言出，諸侯之生名，皆有大惡，君子所遠，出、名以絶之。春秋傳曰『天王出居于鄭』，衛侯朔入於衛』，是也。」正義：「僖二十四年『天王出居于鄭』，公羊云：『王者無外，此其言出何？不能乎母也。』莊六年『衛侯朔入於衛』，公羊曰：『朔何以名？絶。曷爲絶之？犯命也。』鄭亦用公羊義也。」

諸侯失地，名；滅同姓，名。注：「絶之。」正義：「春秋莊十年『荆敗蔡師於莘，以蔡侯獻舞歸』，公羊云：『何以名？絶。曷爲絶之？獲也。』此失地名也。僖二十五年『衛侯燬滅邢』，公羊云：『何以名？絶。曷爲絶之？滅同姓也。』此滅同姓名也。」

爲人臣之禮，不顯諫，三諫而不聽，則逃之。注：「爲奪美也。顯，明也。謂明言其君惡，不幾微。逃，去也。君臣有義則合，無義則離。」

子之事親也，三諫而不聽，則號泣而隨之。注：「至親無去，志在感動之。」正義：「冀有悟而改也。」○號，户刀反。

君有疾飲藥，臣先嘗之；親有疾飲藥，子先嘗之。注：「嘗，度其所堪。」

醫不三世，不服其藥。注：「愼物齊也。」正義：「擇其父子相承至三世也。」

儗人必於其倫。注：「儗，猶比也。倫，猶類也。比大夫當於大夫，比士當於士，不以其類，則有所褻。」○儗，魚起反。

問天子之年，對曰：「聞之，始服衣若干尺矣。」注：「既不敢言年，又不敢斥至尊所能。」正義：「禮：『齒路馬有誅。』至尊體貴，臣不可輕言君年，及形長短，才技所堪，故但云『聞之』，謙不敢言見也。古者謂數爲若干，故儀禮鄉射、大射數射算云『若干純』，『若干奇』。顔師古注漢書食貨志曰：『若干，且設數之言也。干，箇也。』」問國君之年，長，曰「能從宗廟、社稷之事矣」；幼，曰「未能從宗廟、社稷之事也」。問大夫之子，長，曰「能御矣」；幼，曰「未能御也」。問士之子，長，曰「能典謁矣」；幼，曰「未能典謁也」。問庶人之子，長，曰「能負薪矣」；幼，曰「未能負薪也」。注：「皆言其能，則長幼可知。謁，請也。謂能擯贊出入，以事請告也。」正義：「天子、諸侯，繼世象賢，其年不定，故問其年。大夫五十乃爵，故不問大夫，而問其子。舉其所能，則長幼可知也。庶人，謂府史之屬。熊氏曰：『庶人年無長幼，亦問其子者，順大夫、士而言之。』」陳用之曰：「社稷之事，德也。御，才也。典謁，事也。負薪，力也。上下之勢然也。」陳可大曰：「御，謂御車也。御者，六藝之一，幼則未能。」

問國君之富，數地以對，山澤之所出。問大夫之富，曰「有宰食力，祭器、衣服不假」。問士之富，以車數對。問庶人之富，數畜以對。注：「皆在其所制以多少對。宰，邑士也。食力，謂民之賦税。」正義：「不問天子者，率土之物，莫非王有，故不須問。數地以對，數土地廣狹對之也。山澤之所出，魚鹽蜃蛤，金銀錫石之屬。有宰，明有采地。衣服，祭服也。四命大夫，得白造祭器衣服，故云『不假』。上士三命，得賜車馬。副車隨命。中士乘棧車，無副車也。畜，謂雞豚之屬。」惠氏棟曰：「食力，力當爲加壞字也。晉語：『庶人食力，官宰食加。』周禮司勳：『加田無國征。』」王氏念孫曰：「邑宰謂之宰，家宰亦謂之宰。但云『有宰』，無以見其爲邑士。且大夫之富，富於所食之邑，非富於治邑之宰也。宰，當讀爲采，謂有采地也。禮運曰：『大夫有采，以處其子孫。』采地之租稅，民力所共，而有采者食之，故曰『有采食力』，與上文『數地以對』，義相近也。古字采與宰通。爾雅：『尸，寀也。』卽主宰之宰。寀，官也。』卽官宰之宰。寀，亦采也。」○數，食主反。

天子祭天地，祭四方，祭山川，祭五祀，歲徧。諸侯方祀，祭山川，祭五祀，歲徧。大夫祭五祀，歲徧。士祭其先。注：「祭四方，謂祭五官之神於四郊也。勾芒在東，祝融、后土在南，蓐收在西，玄冥在北。詩云：『來方禋祀。』方祀者，各祭其方之官而已。五祀：戶、竈、中霤、門、行也。此蓋殷時制。祭法曰『天子立七祀』，『諸侯立五祀』，『大夫立三祀』，『士立二祀』，謂周制也。」正義：「天地有覆載大功，天子王有四海，故得總祭天地，以報其功。方祀者，諸侯既不得祭天地，又不得總祭五方之神，唯祀當方，故云『方祀』。祭山川者，王制云：『在其地則祭之，亡其地則不祭。』是也。大夫不得方祀及山川，直祭五祀而已。士不云『歲徧』，以士祭先祖，歲有四時，更無餘神故也。」○偏，音遍，本亦作「遍」，下同。

凡祭，有其廢之，莫敢舉也；有其舉之，莫敢廢也。注：「爲其瀆神也。廢、舉，謂若殷廢農祀棄，後不可復廢棄祀農也。後有德者，繼之不嫌也。」非其所祭而祭之，名曰淫祀。淫祀無福。注：「妄祭，神不饗。」呂與叔曰：「廢之莫敢舉，如已毀之宗廟，已變置之社稷，不可復祀也。舉之莫敢廢，如已修之壇墠而輒毀，已正之昭穆而輒變也。非其所祭而祭之，如法不得祭，與不當祭，而祭之者也。魯立武宮，立煬宮，是舉其廢也，躋僖公，是廢其舉也。魯之郊、禘，與祀文王，祀爰居，祭非其所祭也。淫，過也。以過事神，神弗享也，故無福。福者，百順之名也。」

天子以犧牛，諸侯以肥牛，大夫以索牛，士以羊豕。注：「犧，純毛也。肥，養於滌也。索，求得而用之。」正義：「大夫、士，天子大夫、士也。若諸侯大夫，卽用少牢，士則用特牲。案楚語觀射父云：『大者牛羊，必在滌三月，小者犬豕，不過十日。』此大夫索牛，士羊豕，既不在滌三月，當十日以上，但不知其日數耳。」

支子不祭，祭必告於宗子。注：「不敢自專。謂宗子有故，支子當攝而祭者也。五宗皆然。」正義：「支子，庶子也。祖、禰廟在適子之家，庶子賤，不敢輒祭之也。」

凡祭宗廟之禮：牛曰一元大武，豕曰剛鬣，豚曰腯肥，羊曰柔毛，雞曰翰音，犬曰羹獻，雉曰疏趾，兔曰明視；脯曰尹祭，槀魚曰商祭，鮮魚曰脡祭；水曰清滌，酒曰清酌，黍曰薌合，粱曰薌萁，稷曰明粢，稻曰嘉蔬，韭曰豐本，鹽曰鹹鹾；玉曰嘉玉，幣曰量幣。注：「號牲物者，異於人用也。元，頭也。武，迹也。腯，亦肥也。春秋傳作「腯」。腯，充貌也。翰，長也。尹，正也。商，猶量也。脡，直也。萁，辭也。嘉，善也。稻，菰蔬之屬也。豐，茂也。大鹹曰鹾，今河東云。幣，帛也。」說文：「腯，牛羊曰肥，豕曰腯。」段氏玉裁曰：「案：人曰肥，獸曰腯，此人物之大辨也。又析言之，則牛羊得稱肥，豕獨稱腯。」又：「獻，宗廟犬名羹獻。犬肥者以獻。」段氏玉裁曰：「羹之言良也。獻本祭祀奉犬牲之稱，引伸爲凡薦進之稱。」又：「鹽，鹹也。古者夙沙初作煮海鹽。」「鹾，鹹也。河内謂之鹾，沛人言若虘。」「鹹，銜也，北方味也。」正義：「牛若肥則腳大，豕肥則毛鬣剛大，羊肥則毛細而柔弱。王云：『柔毛，言肥澤也。』雞肥則鳴聲長也。雉肥則兩足開張，趾相去疏也。兔肥則目開而視明也。尹祭者，裁截方正而用之祭。槀，乾也。祭用乾魚，量度燥溼得中而用之。鮮魚煮熟則脡直。酌，斟酌也，言此酒甚清澈。穀秫者曰黍。秋既軟而氣息又香，故曰『薌合』。粱，謂白粱、黃粱也。其，語助也。稷，粟也。」爾雅：『粢，稷也。』」江氏永曰：「春官司尊彝云：『凡酒修酌。』修讀爲滌。鄭注云：『凡酒，謂三酒。滌酌，以水和而泲之。今齊人命浩酒曰滌。』然則水曰清滌，謂其清而可以和酒也。」王氏念孫曰：「豚曰腯肥，本作『豚曰腞肥』。注文本作『腞亦肥也。春秋傳作腯』。釋文本作『腞肥，徒忽反，注同，本或作腯』。此釋正文、注文之腞字也。下又云『作腯，徒忽反』，此釋注文之『春秋傳作腯』也。集韻：『腯，肥也，或作腞。』方言：『腯，啘也。』郭璞曰：『腯腯，肥，充也。』亦作腞，音突。』此皆腯、腞同字之明證也。盾聲與彖聲相近，故字亦相通。正義曰：『隋秘書監王劭勘晉宋古本，皆無「稷曰明粢」一句。』」彬謂「鄭司農注大祝，引曲禮『黍曰薌合，粱曰薌萁，稻曰嘉疏』，則四字爲古本所無決矣。○鬣，力輒反。豚，徒門反。腯，徒忽反。羹，古衡反。槀，苦老反。脡，他頂反。薌，音香。鹺，才何反。量，音亮，又音良。

天子死曰「崩」，諸侯曰「薨」，大夫曰「卒」，士曰「不祿」，庶人曰「死」。注：「異死名者，爲人褻其無知，若猶不同然也。自上顛壞曰崩。薨，顛壞之聲。卒，終也。不祿，不終其祿。死之言澌也，精神澌盡也。」正義：「薨者，崩之餘聲也。」說文：「殌，大夫死曰殌。」段氏玉裁曰：「曲禮作卒，於說文爲假借。」

在牀曰尸，注：「尸，陳也，言形體在。」正義：「白虎通云：『失氣亡神，形體獨陳』，是也。」在棺曰柩。注：「柩之言究也。」正義：「三日不生，斂之在棺，死事究竟於此也。白虎通云：『柩，究也，久也。』」○柩，音舊。

羽鳥曰降，注：「異於人也。降，落也。」正義：「羽鳥，飛翔之物，今云『降落』，是知死也。」四足曰漬。注：「漬，謂相瀸汙而死也。春秋傳曰：『大災者何？大漬也。』」正義：「牛馬之屬，若一箇死，則餘者更相染漬而死。」○降，户江反，又音絳。漬，辭賜反。

死寇曰兵。注：「異於凡人，當饗禄其後。」正義：「言人能爲國家捍難禦侮，爲寇所殺者，謂爲兵。兵，器仗之名，言其爲器仗之用也。故君恒禄恤其子孫，春饗孤子，是也。」

祭王父曰「皇祖考」，王母曰「皇祖妣」；父曰「皇考」，母曰「皇妣」；夫曰「皇辟」。注：「更設稱號，尊神異於人也。皇，君也。考，成也。言其德行之成也。妣之言媲也，媲於考也。辟，法也，妻所取法也。」○妣，必履反。辟，婢亦反。

生曰父，曰母，曰妻。死曰考，曰妣，曰嬪。注：「嬪，婦人有法度者之稱也。周禮：『九嬪掌婦學之法，教九御，婦德，婦言，婦容，婦功。』」

壽考曰卒，短折曰不禄。注：「謂有德行，任爲大夫士而不爲者，老而死，從大夫之稱；少而死，從士之稱。」

天子視，不上於袷，不下於帶。注：「袷，交領也。天子至尊，臣視之，目不過此。」國君綏視，注：「視國君彌高也。綏，讀爲妥。妥視，謂視上於袷。」正義：「庾氏曰：『妥，頹下之貌。前執器以心爲平，故以下爲妥。此視以面爲平，故妥下於面，則上於袷也。』」大夫衡視，士視五步。注：「視大夫又彌高也。衡，平也。平視，謂視面也。士視，得旁游目五步之中也。視大夫以上，上下游目，不得旁。」○袷，音劫。綏，依注音妥，他果反。

凡視，上於面則敖，下於帶則憂，傾則姦。注：「敖則仰，憂則低。辟頭旁視，心不正也。傾或爲側。」正義：「此解所以觀視有節限之義也。視人過高，則是傲慢。定十五年，邾子執玉高，其容仰。高仰，驕也。若視過下，則似有憂。定十五年『魯公受玉卑，其容俯。』卑、俯，替也。又昭十一年『會于厥憖』，『單子視不登帶』，是也。傾，敧側也。若視尊者而敧側旁視，流目東西，則似有姦惡之意也。」

君命，大夫與士肄，注：「肄，習也。君有命，大夫則與士展習其事，謂欲有所發爲也。」正義：「大夫則與士先習學所爲之事，備擬君之所使。」○肄，本又作「肆」，同，以二反。在官言官，在府言府，在庫言庫，在朝言朝。注：「唯君命所在，就展習之也。官，謂版圖、文書之處。府，謂寶藏、貨賄之處也。庫，謂車馬、兵甲之處也。朝，謂君臣謀政事之處也。」

朝言不及犬馬。注：「非公議也。」正義：「朝是謀於政教之處，不宜私褻辯論以及犬馬也。」

輟朝而顧，不有異事，必有異慮。故輟朝而顧，君子謂之固。注：「心不正，志不在君。輟，猶止也。固，謂不達於禮也。」正義：「臣於朝矜莊儼恪，視不流目。若忽止朝而迴顧，若非見異事，則心有異慮也。」○輟，丁列反。

在朝言禮，問禮，對以禮。注：「於朝廷言，無所不用禮。」

大饗不問卜，不饒富。注：「祭五帝於明堂，莫適卜也。富之言備也，備而已，勿多於禮也。」呂與叔曰：「冬至祀天，夏至祀地，日月素定，故不問卜。若他則問卜，如郊用辛，及大宰『祀五帝』，『帥執事而卜日』，是也。」王氏引之曰：「饒，當讀爲僥。富，當讀爲福。僥之言要也，求也。呂氏春秋順民篇高注曰：『徼，求也。』僥福者，徼福也。僖四年左傳：『君惠徼福於敝邑之社稷。』文十二年傳：『寡君願徼福于周公魯公以事君。』杜注曰『徼，要也』，是也。不僥福者，謂祝辭但求神饗，不求降之以福也。」

凡摯，天子鬯，諸侯圭，卿羔，大夫鴈，士雉，庶人之摯匹。注：「摯之言至也。天子無客禮，以鬯爲摯者，所以唯用告神爲至也。說者以匹爲鶩。」爾雅：「舒鳧，鶩。」郭璞曰：「鴨也。」李巡曰：「野曰鳧，家曰鶩。」正義：「鬯者，釀黑黍爲酒，其氣芬芳調暢，故因謂爲鬯也。天子無客禮，必用鬯爲摯者，天子適諸侯，必舍其祖廟，既至諸侯祖廟，仍以鬯禮於廟神，以表天子之至。圭，謂公、侯、伯也，子男用璧。此不言璧者，略可知也。羔，小羊。白虎通云：『羔，取其羣而不黨。』鄭注宗伯云：『鴈，取其候時而行也。』白虎通云：『鴈，取飛有行列也。』鄭注宗伯云：『雉，取其守介而死，不失其節也。』白虎通云：『雉，取其不可誘之以食，攝之以威，死不可畜也。』匹，鶩也，不能飛騰，如庶人但守耕稼而已。鄭注宗伯云：『鶩，取其不飛遷。』象庶人安土重遷，是也。」成伯璵外傳：『諸侯太子非天子所命者，有列會之事則以皮帛繼子男之下。工商執雞，庶人執鶩。』○摯，音至。鬯，敕亮反。匹，依注作「鶩」，音木。

童子委摯而退。注：「不與成人爲禮也。」正義：「童子之摯，悉用束修也。」

野外軍中無摯，以纓、拾、矢可也。注：「非爲禮之處，用時物相禮而已。纓，馬繁纓也。拾，謂射韝。」正義：「觸類而長之，若土地無正幣，則時物皆可也。」

婦人之摯，椇、榛、脯、修、棗、栗。注：「婦人無外事，見以羞物也。椇、榛，木名。椇，枳也，有實，今邳、郯之東食之。榛，實似栗而小。」莊公二十四年，何注公羊傳：「禮，婦人見舅姑，以棗、栗爲摯，見女姑，以腶、脩爲摯。」正義：

「婦人唯初嫁用摯以見舅姑。椇，卽今之白石李也，形如珊瑚，味甜美。脯，搏肉無骨而曝之。脩，取肉鍛治而加薑桂，乾之如脯。所以用此六物者：椇，訓法也；榛，訓至也；脯，始也；脩，治也；棗，早也；栗，肅也。后夫人以下，皆以棗、栗爲摯，取其早起戰栗，自正也。必知以名爲義者，莊二十四年左傳云：『女摯不過榛、栗、棗、脩，以告虔也。』明諸物皆取名爲義。案昏禮婦見舅以棗、栗，見姑以腶、脩，其榛、椇所用無文。」○椇，俱羽反。榛，側巾反，古本又作「亲」，音壯巾反。

納女於天子，曰「備百姓」；於國君，曰「備酒漿」；於大夫，曰「備埽灑」。注：「納女，猶致女也。壻不親迎，則女之家遣人致之，此其辭也。姓之言生也。天子皇后以下百二十人，廣子姓也。酒漿、埽灑，賤婦人之職。」惠氏棟曰：「吳語越行成于吳，曰：『一介嫡女，執箕帚以晐姓于王宮。』韋昭曰：『晐，備也。姓，庶姓也。』時越以王禮尊吳，故云晐姓。」趙氏良霨曰：「納女與致女不同。致女者，女嫁三月，使大夫聘問以成婦禮。季孫行父如宋致女，妻辭也。納女則如晏子請繼室于晉，妾媵之辭也。勾踐行成于吳，曰『一介嫡女，執箕帚以晐姓于王宮』，卽此『備百姓』之說。」○埽，悉報反。灑，所買反。

禮記訓纂卷三

檀弓上第三

正義：「鄭目録云：『名曰檀弓者，以其記人善於禮，故著姓名以顯之。姓檀名弓。今山陽有檀氏。此於别録屬通論。』此檀弓在六國之時。知者，以仲梁子是六國時人，此篇載仲梁子，故知也。」○檀，大丹反。

公儀仲子之喪，檀弓免焉。注：「故爲非禮以非仲子也。禮，朋友皆在他邦，乃袒免。」釋文：「公儀，氏；仲子，字。魯之同姓也，其名未聞。免，以布廣一寸，從項中而前交於額上，又卻向後，繞於髻。」仲子舍其孫而立其子。注：「此其所立非也。公儀蓋魯同姓。周禮，適子死，立適孫爲後。」五經異義曰：「公羊説云：『質家立世子弟，文家立世子子。』」檀弓曰：「何居？我未之前聞也。」注：「居，讀爲姬姓之姬，齊魯之間語助也。前，猶故也。」趨而就子服伯子於門右，曰：「仲子舍其孫，而立其子，何也？」注：「去賓位，就主人兄弟之賢者而問之。子服伯子，蓋仲孫蔑之玄孫子服景伯。蔑，魯大夫。」伯子曰：「仲子亦猶行古之道也。昔者文王舍伯邑考而立武王，微子舍其孫腯而立衍也。夫仲子亦猶行古之道也。」注：「伯子爲親者隱耳。立子，非也。文王之立武王，權也。微子適子死，立其弟衍，殷禮也。」子游問諸孔子，孔子曰：「否！立孫。」注：「據周禮。」○免，音問。舍，音捨。居，音姬。腯，徐本作「遁」，徒本反，又徒遜反。衍，以善反。事親有隱而無犯，左右就養無方，服勤至死，致喪三年。注：「隱，謂不稱揚其過失也。無犯，不犯顏而諫。論語曰：『事父母幾諫。』左右，謂扶持之。方，猶常也。勤，勞辱之事也。致，謂戚容稱其服也。凡此以恩爲制。」正義：「據親有尋常之過，故無犯。若有大惡，亦當犯顏。故孝經云『父有爭子，則身不陷於不義』，是也。致之言至也，謂哀情至極而居喪禮。」饒雙峰曰：「養不止飲食之養，言或左或右，無一定之方。」事君有犯而無隱，注：「既諫，人有問其國政者，可以語其得失，若齊晏子爲晉叔向言之。」左右就養有方，服勤至死，方喪三年。注：「不可侵官。方喪，資於事父。凡此以義爲制。」正義：「方，謂比方也。謂比方父喪禮以喪君，但居處飲食同耳，不能戚容稱其服。」王氏懋竑曰：「隱、犯皆以諫爭，言隱則不犯，犯則不隱。事君者，道合則服從，不合則去。記謂『服勤至死』，亦大概指合者言之，非謂與親一例也。」事師無犯無隱，左右就養無方，服勤至死，心喪三年。注：「心喪，戚容如父而無服也。凡此以恩義之間爲制。」正義：「無犯，是同親之恩。無隱，是同君之義。但子之事親，本主恩愛，不欲聞親有過惡，故有隱，不欲違親顏色，故無犯。臣之事君，利在功義，若有惡不諫，社稷傾亡，故有犯。君之過惡，衆所同知，故云無隱也。」○養，以尚反。

季武子成寢，注：「武子，魯公子季友之曾孫夙。」正義：「案世本：『公子友生齊仲，齊仲生無逸，無逸生行父，行父生夙。』夙是公子友曾孫也。」杜氏之葬在西階之下，請合葬焉，許之。入宫而不敢哭。武子曰：「合葬，非古也。自周公以來，未之有改也。吾許其大而不許其細，何居？」命之哭。注：「記此者，善其不奪人之恩。」正義：「先儒皆以杜氏喪從外來，就武子之寢合葬，與孔子合葬於防同。又案晏子春秋景公成路寢之臺，逢於阿、盆成逆後喪，并得附葬景公寢中，與此同也。」江氏永曰：「檀弓記事，在戰國之初，距季武子已遠，此事蓋得之傳聞。意武子作別宅，其地先有杜氏之葬，傳聞失實，遂謂武子之居寢耳。居寢之階下，許人合葬，情理所無者也。」

子上之母死而不喪。注：「子上，孔子曾孫，子思伋之子，名白，其母出。」門人問諸子思，曰：「昔者子之先君子喪出母乎？」曰：「然。」注：「禮爲出母期，父卒，爲父後者不服耳。」「子之不使白也喪之，何也？」子思曰：「昔者吾先君子無所失道，道隆則從而隆，道污則從而污。注：「污，猶殺也。有隆有殺，進退如禮。」伋則安能？注：「自予不能及。」釋文：「予，許也。」爲伋也妻者，是爲白也母；不爲伋也妻者，是不爲白也母。」故孔氏之不喪出母，自子思始也。注：「記禮所由廢，非之。」正義：「案喪服齊衰杖期章：『出妻之子爲母。』又云：『出妻之子爲父後者，爲出母無服。』傳云：『與尊者爲一體，不敢服其私親。』是也。子思既在，子上當爲出母有服，故門人疑而問之。子之先君子，謂孔子也。伯魚之母被出，死，期而猶哭，是喪出母也。」○喪，徐息浪反，下放此。

孔子曰：「拜而后稽顙，頽乎其順也。注：「此殷之喪拜也。頽，順也。先拜賓，順於事也。」釋文：「稽顙，觸地無容。」稽顙而后拜，頎乎其至也。注：「此周之喪拜也。頎，至也。先觸地無容，哀之至。」釋文：「頎，惻隱之貌。」三年之喪，吾從其至者。」注：「重者尚哀戚。自期如殷可。」正義：「拜者，主人拜賓也。頽然，不逆之意。拜是爲賓，稽顙爲己，前賓後己，各以爲頽然而順序也。稽顙而後拜者，先觸地無容，後乃拜賓也。是爲親痛深，惻隱之至也。至者，謂先稽顙後拜也。重喪主貌惻隱，故從其頎至者也。鄭注周禮大祝云：『稽首，頭至地。頓首，頭叩地，不停留也。」○顙，素黨反。稽，徒回反。頎，音懇。

孔子既得合葬於防，注：「言既得者，少孤不知其墓。」曰：「吾聞之，古也墓而不墳。注：「墓，謂兆域，今之封塋也。古，謂殷時也。土之高者曰墳。」今丘也，東西南北之人也，不可以弗識也。」於是封之，崇四尺。注：「東西南北，言居無常處也。聚土曰封。封之，周禮也。周禮曰：『以爵等爲丘封之度。』崇，高也。高四尺，蓋周之士制。」孔子先反，注：「當修虞事。」門人後，雨甚至，注：「後，待封也。」孔子問焉，曰：「爾來何遲也？」曰：「防墓崩。」注：「言所以遲者，修之而來。」孔子不應。注：「以其非禮。」三，注：「三言之，以孔子不聞。」孔子泫然流涕，曰：「吾聞之，古不修墓。」注：「修，猶治也。」江氏永曰：「古人略於墓，而詳於廟。殷人於墓不墳，則無崩壞之虞，無修墓之事，順地道安静，不欲驚其體魄也。」又曰：「夫子泫然流涕，蓋自悼其不能從殷，致有違禮之事。若夫新墳之崩，由於雨甚，此非人事之咎也。」○墳，扶云反。識，式志反。泫，胡犬反。

孔子哭子路於中庭，注：「寢中庭也，與哭師同，親之。」有人弔者，而夫子拜之。注：「爲之主也。」既哭，進使者而問故。注：「使者，自衛來赴者。故，謂死之意狀。」使者曰：「醢之矣！」注：「時衛世子蒯聵篡輒而立，子路死之。醢之者，示欲啗食以怖衆。」遂命覆醢。注：「覆，棄之，不忍食。」彬謂古者食必有醬，皆兼醯醢言之。儀禮正饌有菹醢，則每食有醢，明矣。孔子聞子路之故，適食坐設醢，故不忍食也。○醢，音海。

曾子曰：「朋友之墓，有宿草而不哭焉。」注：「宿草，謂陳根也。爲師心喪三年，於朋友期可。」正義：「曾子，孔子弟子，姓曾名參，字子輿，魯人也。草經一年，則根陳也。朋友雖無親，而有同道之恩，期而猶哭者，非謂在家立哭位，以終期年。張敷云：『謂於一期之內，如聞朋友之喪，或經過朋友之墓，及事故須哭，若一期之外，則不哭也。』」

子思曰：「喪三日而殯，凡附於身者，必誠必信，勿之有悔焉耳矣。三月而葬，凡附於棺者，必誠必信，勿之有悔焉耳矣。注：「言其日月，欲以盡心修備之。附於身，謂衣衾。附於棺，謂明器之屬。」正義：「三日而殯，三月而葬，據大夫、士禮也。夫祀必求仁者之粟，故送終之物，悉用誠信，必令合禮，不使少有非法，後追悔咎。焉耳矣者，助句之辭。」喪三年，以爲極，亡則弗之忘矣。注：「去已久遠而除其喪。則之言曾。」釋文：「極，已也。王以極字絕句，亡作忘，向下讀。」劉氏台拱曰：「王說是也，猶云『以云忘，則未嘗忘』也。」故君子有終身之憂，注：「念其親。」而無一朝之患。注：「毀不滅性。」故忌日不樂。」注：「謂死日。言忌日不用舉吉事。」朱氏軾曰：「蓋喪有盡而哀無窮，雖親死已久，而追慕之情，終身弗忘。於何見之？於忌日不樂見之也。一朝之患，不重，蓋古有是語，連引及之。注以患爲滅性，未是。」王氏引之曰：「釋文如字讀，是也。忌日不作樂者，哀之徵也。唯居喪不聽樂，忌日如之。故祭義謂之終身之喪。古者謂作樂爲樂，下文『是月禫，徙月樂』，注曰：『明月可以用樂。』『孟獻子禫，縣而不樂。』又曰：『子卯不樂。』注曰：『不以舉樂爲吉事。』」○樂，如字。

孔子少孤，不知其墓殯於五父之衢。注：「五父，衢名，蓋郰曼父之鄰。」人之見之者，皆以爲葬也。其慎也，蓋殯也。問於郰曼父之母，然後得合葬於防。注：「慎當爲引，禮家讀然，聲之誤也。殯引，飾棺以輤。葬引，飾棺以柳翣。孔子是時以殯引，不以葬引。時人見者，謂不知禮。曼父之母與徵在爲鄰，相善。」江氏永曰：「此章爲後世大疑，由讀者不知其句讀而誤也。近世高郵孫邃人謂『不知其墓殯于五父之衢』十字當連讀爲句。

而『蓋殯也，問于郰曼父之母』爲倒句，有裨于禮經不淺。蓋古人埋棺于坎爲殯，殯淺葬深。孔子父墓實淺葬于五父之衢，因少孤不得其詳。至是母卒，欲從周人合葬之禮，卜兆於防。惟以父墓淺深爲疑。如其殯而淺也，則可啓而遷之；若其葬而深，則疑體魄已安，不敢輕動。其慎也，謂夫子再三審慎，不敢輕啓父墓也。後知其爲殯，蓋由問于郰曼父之母而得之。或疑五父衢爲城中四達之道，其上不得有墓。按襄十一年左傳杜注：『道名，在魯國東南。』不云『魯城内』。又定八年『陽氏敗，陽虎取寶玉大弓以出，舍於五父之衢』。虎戰不勝而出，可知必在城外也。或又疑夫子父墓不知其詳，豈夫子之母亦不知其爲殯歟？曰：當其父之殯也，夫子幼，而顏氏少，不親見其實土之淺深，是以遂謂爲已葬也。郰曼父者，意其爲郰人。殯郰大夫，郰人親其役，是以曼父之母得其詳耳。」○慎，依注作「引」，羊刃反。曼，音萬。

鄰有喪，舂不相；里有殯，不巷歌。注：「皆所以助哀也。相，謂以音聲相勸。」○相，息亮反。喪冠不緌。注：「去飾。」説文：「緌，系冠纓也。」○緌，本又作「綏」，同，耳佳反。

有虞氏瓦棺，注：「始不用薪也。有虞氏上陶。」夏后氏堲周，注：「火孰曰堲，燒土冶以周於棺也。或謂之土周，由是也。弟子職曰：『右手折堲。』」堲，𡉏本作「卽」，云：「卽，燭頭燼也。」殷人棺槨，注：「槨，大也，以木爲之，言槨大於棺也。殷人上梓。」周人牆置翣。注：「牆，柳衣也。凡此言後王之制文。」盧注：「牆，載棺車箱。」周人以殷人之棺槨葬長殤，以夏后氏之堲周葬中殤、下殤，以有虞氏之瓦棺葬無服之殤。注：「略未成人。」釋文：「十六至十九爲長殤，十二至十五爲中殤，八歲至十一爲下殤，七歲以下爲無服之殤，生未三月不爲殤。」正義：「夏言后者，白虎通云：『以揖讓受於君，故稱后。殷、周稱人者，以行仁義，人所歸往，故稱人。』夏對殷、周稱人，故言后，見受之於君，虞則不對殷、周。自五帝之內，雖受於君，不須稱后也。」○堲，子栗反。椁，音郭。長，丁丈反。

夏后氏尚黑，大事斂用昏，戎事乘驪，牲用玄。注：「以建寅之月爲正，物生色黑。昏時亦黑。此大事，謂喪事也。戎，兵也。馬黑色曰驪。爾雅曰：『騋，牝驪牡玄。』玄，黑類也。」殷人尚白，大事斂用日中，戎事乘翰，牲用白。注：「以建丑之月爲正，物身色白。日中時亦白。翰，白色馬也。易曰：『白馬翰如。』」周人尚赤，大事斂用日出，戎事乘騵，牲用騂。注：「以建子之月爲正，物萌色赤。日出時亦赤。騵，駵馬白腹。騂，赤類。」三禮義宗曰：「三微，三正也。言十一月陽氣始施，萬物動於黃泉之下，微而未著，其色皆赤。赤者陽氣，故周以天正爲歲，色尚赤，夜半爲朔。十二月萬物始牙，色白。白者陰氣，故殷以地正爲歲，色尚白，雞鳴爲朔。十三月萬物始達，其色皆黑，人得加工，以展其業。夏以人正爲歲，色尚黑，平旦爲朔。故曰：三微，王者奉而成之，各法其一，以改正朔也。」易乾鑿度曰：「三微而成著，三著而體成。當此之時，天地交，萬物通也。」正義：「書傳略說云：『天有三統，物有三變。』春秋緯元命苞、樂緯稽耀嘉云：『夏以十三月爲正，息卦受泰。』注云：『物之始，其色尚黑，以寅爲朔。』『殷以十二月爲正，息卦受臨。』注云：『物之牙，其色尚白，以雞鳴爲朔。』『周以十一月爲正，息卦受復。』『其色尚赤，以夜半爲朔。』又三正記云：『正朔三而改，文質再而復。』以此推之，自夏以上，皆正朔三而改也。建子之月爲正者，謂之天統，以天之陽氣始生，爲百物得陽氣微，稍動變，故爲天統。建丑之月爲地統者，以其物已吐牙，不爲天氣始動，物又未出，不得爲人所施功，唯在地中含養萌牙，故爲地統。建寅之月爲人統者，以其物出於地，人功當須修理，故謂之人統。統者，本也，謂天地人之本也。王者必以此三月爲正者，以其物生微細，又是歲之始生，王者繼天理物，含養微細，又取歲初爲正朔之始。三者所繼不同，各改正朔，不相襲也。」○驪，力知反。輪，又作「輴」，胡旦反，又音寒。騵，音原。騂，息營反。

穆公之母卒，使人問於曾子曰：「如之何？」注：「穆公，魯哀公之曾孫。問居喪之禮。曾子，曾參之子，名申。」對曰：「申也聞諸申之父曰：『哭泣之哀，齊、斬之情，饘粥之食，自天子達。注：「子喪父母，尊卑同。」釋文：「饘，說文云：『糜也。周謂之饘，宋衛謂之餰。』粥，字林云：『淖糜也。』」布幕，衛也。繆幕，魯也。』」注：「幕，所以覆棺上也。繆，縑也。繆，讀如綃。衛諸侯禮，魯天子禮。兩言之者，僭已久矣。幕，或爲幦。」正義：「案世本傳記：『哀公蔣生悼公寧，寧生元公嘉，嘉生穆公不衍。』是曾孫也。有聲之哭，無聲之泣，並爲哀。齊是爲母，斬是爲父，父母情同。厚曰饘，希曰粥。朝夕食米一溢。父母之喪，貴賤不殊，『哭泣』以下，自天子至庶人如一。周禮幕人：『掌帷、幕、幄、帟。』崔靈恩云：『周禮所陳，袛謂幄、帟之帷、幕，不論櫬棺，自用繆也。天子別加斧于椁上，畢塗屋。此所陳，袛謂櫬棺幕，在於畢塗之內者也。若其塗上之帟，則大夫以上有之。』」○齊，音咨。饘，本又作「飦」，之然反。粥，之六反。幕，本又作「幂」，音莫。繆，音綃。

晉獻公將殺其世子申生。注：「信驪姬之譖。」公子重耳謂之曰：「子蓋言子之志於公乎？」注：「蓋，皆當爲盍。盍，何不也。志，意也。重耳欲使言見譖之意。重耳，申生異母弟，後立爲文公。」世子曰：「不可。君安驪姬，是我傷公之心也。」注：「言其意則驪姬必誅也。驪姬，獻公伐驪戎所獲女也。申生之母蚤卒，驪姬嬖焉。」曰：「然則蓋行乎？」注：「行，猶去也。」世子曰：「不可。君謂我欲弒君也。天下豈有無父之國哉！吾何行如之？」注：「言人有父，則皆惡欲弒父者。」使人辭於狐突曰：「申生有罪，不念伯氏之言也，以至于死。申生不敢愛其死。注：「辭，猶告也。狐突，申生之傅，舅犯之父也。前此者，獻公使申生伐東山皋落氏，狐突謂申生欲使之行。今言此者，謝之。伯氏，狐突別氏。」雖然，吾君老矣，子少，國家多難，伯氏不出而圖吾君。伯氏苟出而圖吾君，申生受賜而死。」注：「子，驪姬之子奚齊。圖，猶謀也。不出爲君謀國家之政。然則自皋落氏反後，狐突懼，乃稱疾。賜，猶惠也。」再拜稽首乃卒。注：「既告狐突，乃雉經。」是以爲恭世子也。注：「言行如此，可以爲恭，於孝則未之有。」正義：「春秋左傳云：『晉侯殺其世子申生。』父不義。孝子不陷親於不義，而申生不能自理，遂陷父有殺子之惡，雖心存孝，而於理終非，故不曰孝，但謚爲恭，以其恭順於父事而已。謚法：『敬順事上曰恭。』」吳幼清曰：「申生但一出奔，即是章父之惡，不待身死而後爲陷父於惡也。予嘗謂屈原之忠，申生之孝，其行雖未合乎中庸，其心則純乎天理之公，而身之生死不計。世之議者，豈足以知申生之心哉！」○驪，力知反。突，徒忽反。少，詩召反。難，乃旦反。

魯人有朝祥而莫歌者，子路笑之。注：「笑其爲樂速。」正義：「祥，謂二十五月。大祥歌哭不同日，故仲由笑之也。」夫子曰：「由！爾責於人，終無已夫！三年之喪，亦已久矣夫！」注：「爲時如此人行三年喪者希，抑子路以善彼。」子路出，夫子曰：「又多乎哉！踰月則其善也。」注：「又復也。」

魯莊公及宋人戰于乘丘，注：「十年夏。」縣賁父御，卜國爲右。馬驚敗績，公隊，佐車授綏，公曰：「末之卜也。」注：「縣、卜，皆氏也。凡車右，勇力者爲之。驚奔失列。戎車之貳曰佐，授綏乘公。末之，猶微哉。言卜國無勇。」彬謂古者師行卜右，僖十五年左傳：「卜右慶鄭吉。」此言卜之不吉，非謂卜國之無勇也。

縣賁父曰：「他日不敗績，而今敗績，是無勇也。」注：「公他日戰，其御馬未嘗驚奔。」呂東萊曰：「案乘丘之戰，魯勝也，無敗績之事。當時止是馬驚敗耳，初不預軍之勝負也。」江氏永曰：「敗績，謂車覆。左傳子産曰：『未嘗登車射御，則敗績厭覆是懼。』非謂師皆敗也。」遂死之。注：「二人赴敵而死。」圉人浴馬，有流矢在白肉。注：「圉人，掌養馬者。白肉，股裏肉。」公曰：「非其罪也。」注：「流矢中馬，非御與右之罪。」遂誄之。注：「誄其赴敵之功以爲謚。」吴幼清云：「誄者，述其功行以哀之之辭，非謚也。」士之有誄，自此始也。注：「記禮失所由來也。」正義：「乘丘，魯地。莊公十年夏六月，齊師、宋師次于郎，公子偃請擊之，大敗宋師于乘丘，齊師乃還。」○乘，繩證反。縣，音玄。賁，音奔。隊，直類反。圉，魚呂反。誄，力軌反。

曾子寢疾，病，樂正子春坐於牀下，曾元、曾申坐於足，童子隅坐而執燭。注：「病，謂疾困。子春，曾參弟子。元、申，曾參之子。隅坐，不與成人並。」童子曰：「華而睆，大夫之簀與？」注：「華，畫也。簀，謂牀第也。說者以睆爲刮節目，字或爲刮。」方言：「牀，齊魯之閒謂之簀。」釋文：「睆，明貌。孫炎曰：『漆也。』」臧氏琳曰：「考工記『刮摩之工五』，故書刮作捖。說文手部無捖字。目部：『睅，大目也。』睆，卽睅之重文。大目與明義相近。又土部：『垸，以桼和灰而髹也，从土，完聲。』則孫說得之。」子春曰：「止！」注：「以病困不可動。」曾子聞之，瞿然曰：「呼！」注：「呼，虚憊之聲。」曰：「華而睆，大夫之簀與？」曾子曰：「然。斯季孫之賜也，我未之能易也。元起易簀！」注：「未之能易，已病故也。」曾元曰：「夫子之病革矣，不可以變。幸而至於旦，請敬易之。」注：「革，急也。變，動也。幸，覬也。」曾子曰：「爾之愛我也，不如彼。君子之愛人也以德，細人之愛人也以姑息。吾何求哉？吾得正而斃焉，斯已矣。」注：「彼，童子也。成己之德。息，猶安也，言苟容取安也。斃，仆也。」舉扶而易之，反席未安而沒。注：「言病雖困，猶勤於禮。」○睆，華版反。簀，音責。與，音餘。瞿，紀具反。革，紀力反。斃，音弊。

始死，充充如有窮；既殯，瞿瞿如有求而弗得；既葬，皇皇如有望而弗至。練而慨然，祥而廓然。注：「皆憂悼在心之貌也。求，猶索物。」正義：「言親始死，孝子心形充屈，如急行，道極無所復去，窮急之容也。殯斂後，心形稍緩也。瞿瞿，眼目速瞻之貌。求，猶覓也。貌恒如有所失而求覓之不得也。至葬後，親歸草土，孝子心形栖栖皇皇，無所依託，如望彼人來，而彼人不至也。至小祥，但歎慨日月若馳之速也。至大祥而寥廓，情意不樂而已。」○慨，苦愛反。廓，苦郭反。

邾婁復之以矢，蓋自戰於升陘始也。注：「戰於升陘，魯僖公二十二年秋也。時師雖勝，死傷亦甚，無衣可以招魂。」釋文：「邾人呼邾聲曰婁，故曰邾婁。」魯婦人之髽而弔也，自敗於臺鮐始也。注：「敗於臺鮐，魯襄四年秋也。臺當爲壺，字之誤也。春秋傳作『狐鮐』。時家家有喪髽而相弔。去纚而紒曰髽。禮，婦人弔服，大夫之妻錫衰，士之妻則疑衰與？皆吉笄無首素緫。」說文：「髽，喪結。禮，女子髽衰，弔則不髽。魯臧武仲與齊戰于狐鮐，魯人迎喪者始髽。」釋文：「纚，黑繒縚。」正義：「案士冠禮『纚廣終幅，長六尺』，所以縚髮。今以凶事故去之，但露紒而已。喪服傳云：『大夫弔於命婦錫衰，命婦弔於大夫亦錫衰。』是大夫之妻弔服錫衰也。士妻弔服無文。鄭注喪服云：『士以緦衰爲喪服，其弔服則疑衰也。改其裳以素，辟諸侯。』以此言之，是士弔服疑衰、素裳也。故以爲士妻弔服疑衰。」○

鄹，音誅，力俱反。陘，音形。髽，側瓜反。飴，音台。

南宮縚之妻之姑之喪，注：「南宮縚，孟僖子之子南宮閱也，字子容。其妻，孔子兄女。」**夫子誨之髽，曰：「爾毋從從爾！爾毋扈扈爾！蓋榛以爲笄，長尺而總八寸。」**注：「誨，教。爾，汝也。從從，謂大高。扈扈，謂大廣。爾，語助。總，束髮垂爲飾。齊衰之總八寸。」說文：「先，首笄也。簪，俗。」正義：「案喪服傳云『總六升，長六寸』，謂斬衰也。故此齊衰長八寸，以二寸爲差也。」〇縚，吐刀反。從，音總，劉昌宗讀徂聽切。扈，音户。長，直亮反。凡度長短曰長，皆同此音。

孟獻子禫，縣而不樂，比御而不入。夫子曰：「獻子加於人一等矣。」注：「可以御婦人矣，尚不復寢。孟獻子，魯大夫仲孫蔑。加，猶踰也。」說文：「禫，除服祭也。」正義：「依禮，禫祭暫縣省樂，而不恒作，吉祭乃始復寢。當時人禫祭之後，則恒作樂，未至吉祭而復寢。今孟獻子特異餘人，故夫子善之。」〇禫，大感反。比，必利反。

孔子既祥，五日彈琴而不成聲，注：「哀未忘。」**十日而成笙歌。**注：「踰月且異旬也。祥亦凶事，用遠日。五日彈琴，十日笙歌，除由外也。琴以手，笙歌以氣。」**有子蓋既祥而絲屨、組纓。**注：「譏其早也。禮，既祥，白屨無絇，縞冠、素紕。有子，孔子弟子有若。」說文：「纓，冠系也。」「組，綬屬。其小者以爲冕纓。」正義：「素紕，當用素爲纓，未用組。今用素組爲纓，故譏之。案士冠禮『冬皮屨，夏用葛』，無云絲屨者。此絲屨，以絲爲飾絇、繶、純之屬，蓋白屨以素絲爲繶、純也。」〇彈，徒丹反。屨，音句。組，音祖。

死而不弔者三：注：「謂輕身忘孝也。」**畏，**注：「畏者，兵刃所殺也。」**厭，**注：「行止危險之下。」**溺。**注：「不乘橋船。」正義：「何胤云：『馮河潛泳，不爲弔也。』除此三事之外，其有死不得禮，亦不弔。故琴張欲弔宗魯，孔子止之曰：『齊豹之盜，而孟縶之賊，女何弔焉？』是失禮者亦不弔也。」○厭，于甲反。溺，奴狄反。

子路有姊之喪，可以除之矣，而弗除也。孔子曰：「何弗除也？」子路曰：「吾寡兄弟而弗忍也。」孔子曰：「先王制禮。行道之人，皆弗忍也。」子路聞之，遂除之。正義：「庾蔚云：『子路緣姊妹無主後，猶可得反服，推己寡兄弟，亦有申其本服之理，故降制已遠而猶不除，非在室之姊妹欲申服過期也。』」彬謂行道之人，猶言行路之人。

大公封於營丘，比及五世，皆反葬於周。注：「齊大公受封，留爲大師，死葬於周，子孫生焉，不忍離也。五世之後，乃葬於齊，齊曰營丘。」正義：「案世本：『大公望生丁公伋，伋生乙公得，得生癸公慈母，慈母生哀公不臣。』哀公是大公玄孫。哀公死，弟胡公靖立，靖死，獻公山立，山死，武公壽立。若以相生爲五世，則武公以上皆反葬於周。若以爲君五世，則獻公以上反葬周。二者未知孰是。地理志云：『臨淄縣，齊大公所封。』案釋丘云：『水出其前而左曰營丘。』然周公封魯，其子孫不反葬於周者，以其有次子在周守其采地，則春秋周公是也。」君子曰：「樂，樂其所自生；禮，不忘其本。」王氏懋竑曰：「周起於豳而化盛於南國，故二南之詩，用之鄉人，用之邦國。而逆暑迎寒，則龡豳詩；祈年田祖，則龡豳雅；祭蜡則龡豳頌。此所謂『樂其所自生』也。禮之報本反始，此不忘其本之大者，如尊用玄酒，器用陶匏，皆是。」古之人有言曰：「狐死正丘首。」仁也。注：「正丘首，正首丘也。仁，恩也。」○樂，音岳，下音洛。

伯魚之母死，期而猶哭。夫子聞之，曰：「誰與哭者？」門人曰：「鯉也。」夫子曰：「嘻，其甚也！」伯魚聞之，遂除之。注：「伯魚，孔子子也，名鯉。猶，尚也。嘻，悲恨之聲。」正義：「言期而猶哭，則是祥後禫前。祥外無哭，于時伯魚在外哭，故夫子恨其甚也。」顧氏炎武曰：「此自父在爲母之制當然，疏以爲出母者非。」李氏惇曰：「儀禮喪服出妻之子，爲父後者，則爲出母無服。伯魚既爲夫子後，則不當爲出母服。服期者，伯魚之過禮也。期而猶不除，則更過矣。前此過禮，而夫子不禁者，聖人善體人子之情，不忍奪之也。聞父言而遂除者，伯魚自知其過也。顧氏因出母之喪不當服，而疑此條爲父在爲母。果爾，則夫子自服期，伯魚當從夫子而除矣。雜記云：『十一月而練，十三月而祥，十五月而禫。』今時方及期，夫子何責其過甚，而使之急除哉？」○期，音基。與，音餘。嘻，許其反。

舜葬於蒼梧之野，注：「舜征有苗而死，因留葬焉。書説舜曰：『陟方乃死。』蒼梧，於周南越之地，今爲郡。」蓋三妃未之從也。注：「古者不合葬。舜不告而取，不立正妃，但三妃而已，謂之三夫人。離騷所歌湘夫人，舜妃也。」季武子曰：「周公蓋祔。」注：「祔，謂合葬。合葬自周公以來。」

曾子之喪，浴於爨室。陳可大曰：「士喪禮浴於適室，無浴爨室之文。舊説曾子以曾元辭易簀，矯之以謙儉，然反席未安而没，未必有言及此。使果曾子之命，爲人子者亦豈忍從非禮，而賤其親乎？難以臆斷，當闕之，以俟知者。」○爨，七亂反。

大功廢業。或曰：大功誦可也。注：「許其口習故也。」正義：「業，謂所學習業，習業則身有外營，思慮他事，恐其忘哀，故廢業也。誦則在身所爲，其事稍静，不慮忘哀，故許其口習。」陳用之曰：「大功廢業而誦可，則大功而上，不特廢業，而誦亦不可。大功而下，不特誦可，而業亦不廢也。」游元發曰：「古謂習樂者爲業，春秋傳季武子曰『臣以爲肄業及之』，晉屠蒯曰『辰在子卯，君徹宴樂，學人舍業』，皆以歌詩言。」朱氏軾曰：「廢業，謂未葬以前。既葬，則期以下飲酒食肉，豈復廢業？」

子張病，召申祥而語之，曰：「君子曰終，小人曰死。吾今日其庶幾乎！」注：「申祥，子張子。死之言澌也。事卒爲終，消盡爲澌。太史公傳曰：『子張，姓顓孫。』今日申祥，周秦之聲，二者相近，未聞孰是。」正義：「庶，幸也。幾，冀也。言平生以善自修，其幸冀爲君子乎！」

曾子曰：「始死之奠，其餘閣也與！」注：「不容改新。閣，庋藏食物者也。」正義：「始死未容改異，故以生時庋閣上所餘脯、醢以爲奠也。士喪禮復魄畢，以『脯、醢升自阼階，奠于尸東』，此之謂也。閣，架橙之屬。人老及病，飲食不離寢，恐忽須無常，故並將近置室裏閣上也。」

曾子曰：「小功不爲位也者，是委巷之禮也。注：「譏之也。位，謂以親疏序列哭也。委巷，猶街里委曲所爲也。」子思之哭嫂也爲位，注：「善之也。禮，嫂叔無服。」婦人倡踊。注：「有服者，娣、姒婦小功。倡，先也。」正義：「曾子以爲哭小功之喪，當須爲位。時有不爲位者，故曾子非之。既言其失，乃引得禮之人。於時子思婦與子思之嫂有小功之服，故子思之婦先踊，子思乃隨之而哭。」陸農師曰：「婦人倡而後踊，遠嫌。」申祥之哭言思也亦然。注：「説者云：言思，子游之子，申祥妻之昆弟，亦無服。過此以往，獨哭不爲位。」正義：「奔喪禮：『哭妻之黨於寢。』鄭引逸奔喪禮云：『一哭而已，不爲位矣。』」吳幼清曰：「爲嫂無服，而其妻爲娣、姒婦則有服。爲妻之兄弟無服，而其妻爲其兄弟則有服。故子思、申祥皆使其妻有服者倡踊而已，無服者隨哭於後也。」〇倡，昌尚反。踊，音勇。

古者冠縮縫，今也衡縫。注：「縮，從也。今禮制，衡讀爲横。今冠横縫，以其辟積多。」故喪冠之反吉，非古也。注：「解時人之惑。喪冠縮縫，古冠耳。」正義：「殷以上質，吉凶冠皆直縫。直縫辟積襵少，故一一前後直縫之。周世文，冠多辟積，不復一一直縫，但多作襵，而并横縫之。若喪冠質，猶疏辟而直縫。是喪冠與吉冠相反。而時人因謂古人亦喪冠與吉冠反，故記者釋云『非古也』，正是周世如此耳。古則吉凶冠同，從縫。」○縮，所六反。縫，音逢，又扶用反。衡，依注音横，華彭反。

曾子謂子思曰：「伋！吾執親之喪也，水漿不入於口者七日。」注：「言己以疾時禮而不如。」子思曰：「先王之制禮也，過之者俯而就之，不至焉者跂而及之。故君子之執親之喪也，水漿不入於口者三日，杖而后能起。」注：「爲曾子言難繼，以禮抑之。」説文：「企，舉踵也。」段氏玉裁曰：「企，或作跂。方言：『跂，登也。梁、益之間語。』」○漿，子良反。俯，音甫。跂，丘豉反。

曾子曰：「小功不税，注：「據禮而言也。日月已過，乃聞喪而服曰税。大功以上然，小功輕，不服。」則是遠兄弟終無服也，注：「言相離遠者，聞之恒晚。」而可乎？」注：「以已恩怪之。」賀循曰：「謂喪月都竟，乃聞喪者耳。若在服內，則自全五月。徐邈答王詢曰：鄭云：『五月之內追服。』王肅云：『服其殘月，小功不追，以恩輕故也。』」正義：「此據正服小功也。故喪服小記云：『降而在緦，小功者則税之，其餘則否。』鄭康成義，若限內聞喪，則追全服。」劉原父曰：「兄弟之服不過小功，外親之服不過緦，因其情而爲之文，親疎之殺見矣。小功雖不税，亦不吉服。記曰：『聞遠兄弟之喪，既除喪而後聞之，則袒免，哭之成踊。』」○税，徐他外反。

伯高之喪，注：「伯高死時在衛，未聞何國人。」孔氏之使者未至，注：「謂賻賵者。」冉子攝束帛、乘馬而將之。孔子曰：「異哉，徒使我不誠於伯高！」注：「冉子，孔子弟子冉有。攝，猶貸也。徒，猶空也。禮所以副忠信也，忠信而無禮，何傳乎？」釋文：「四馬曰乘。」正義：「忠信由心，禮在外貌，若內無忠信，禮何所施？冉有代孔子行弔，非孔子本意。故云『空使我不得誠信行禮於伯高』。」朱氏軾曰：「不誠，謂束帛、乘馬非本意所欲，所謂儀不及物也。」王氏念孫曰：「本作『不誠禮於伯高』，觀注、疏可見。家語曲禮子貢問篇作『不成禮於伯高』，白帖六十五、太平御覽布帛部五引此，俱有禮字。」○乘，繩證反。

伯高死於衛，赴於孔子。注：「赴，告也。凡有舊恩者，則使人告之。」孔子曰：「吾惡乎哭諸？注：「以其交會尚新。」釋文：「惡乎，猶於何也。」兄弟，吾哭諸廟；父之友，吾哭諸廟門之外；注：「別親疏也。」正義：「兄弟是先祖子孫，則哭之於廟。父之友與父同志，故哭諸廟門外。」師，吾哭諸寢；盧注：「有父道，故於所寢哭之。奔喪云：『哭師於廟門外。』」朋友，吾哭諸寢門之外；所知，吾哭諸野。注：「別輕重也。」正義：「師友爲重，所知爲輕。寢是己之所居。師又成就于己，故哭之在正寢。」於野則已疏，於寢則已重。注：「已，猶大也。」夫由賜也見我，吾哭諸賜氏。」注：「本於恩，哭於子貢寢門之外。」遂命子貢爲之主，注：「明恩所由。」曰：「爲爾哭也來者，拜之；知伯高而來者，勿拜也。」注：「異於正主。」正義：「凡喪之正主，知生知死來者悉拜，今與伯高相知而來，不拜。」○惡，音烏。爲，于僞反。

曾子曰：「喪有疾，食肉飲酒，必有草木之滋焉。」注：「增以香味，爲其疾不嗜食。」以爲薑桂之謂也。注：「爲記者正曾子所云。草木滋者，謂薑桂。」

子夏喪其子而喪其明。注：「明，目精。」正義：「案仲尼弟子傳云：『子夏，姓卜名商，魏人也。』」曾子弔之，曰：「吾聞之也，朋友喪明則哭之。」注：「痛之。」曾子哭，子夏亦哭，曰：「天乎！予之無罪也！」注：「怨天罰無罪。」曾子怒曰：「商，女何無罪也？吾與女事夫子於洙、泗之間，注：「洙、泗，魯水名。」退而老於西河之上，使西河之民疑女於夫子，爾罪一也；注：「西河，龍門至華陰之地。」正義：「疑女道德與夫子相似。」彬謂疑、儗同，比也。漢書高祖本紀「地分已定，而位號比儗，無上下之分」。食貨志「人徒之費，疑於南夷」，師古注：「疑，讀曰儗。儗，比也。」李蕭遠運命論「子夏退老于家，西河之人肅然歸德，比之於夫子」，尤一切證。喪爾親，使民未有聞焉，爾罪二也；注：「言居親喪無異稱。」喪爾子，喪爾明，爾罪三也。注：「言隆於妻子。」而曰女何無罪與？」子夏投其杖而拜，曰：「吾過矣！吾過矣！吾離羣而索居，亦已久矣。」注：「謝之，且服罪也。羣，謂同門朋友也。」王氏念孫曰：「廣雅：『索，獨也。』檀弓『吾離羣而索居』，亦謂獨居也。索，與索同。」○喪，息浪反。女，音汝。洙，音姝。與，音餘。

夫晝居於內，問其疾可也。注：「似有疾。」夜居於外，弔之可也。注：「似有喪。」是故君子非有大故，不宿於外；非致齊也，非疾也，不晝夜居於內。注：「大故，謂喪憂。內，正寢之中。」正義：「平常無事之時，或出或入，雖晝居於外，亦有入內，雖夜居於內，亦有出外。時唯致齊與疾，無問晝夜，恒居於內。」○齊，側皆反。

高子皐之執親之喪也，注：「子皐，孔子弟子，名柴。」正義：「案史記仲尼弟子傳：『高柴，鄭人，字子皐。』」泣血三年，注：「言泣無聲，如血出。」未嘗見齒。注：「言笑之微。」君子以爲難。注：「言人不能然。」正義：「凡人大笑則露齒本，中笑則露齒，微笑則不見齒。」○見，賢遍反。

衰，與其不當物也，寧無衰。注：「惡其亂禮。不當物，謂精麤、廣狹不應法制。」正義：「衰，喪服也。當，猶應也。物，謂升縷及法制、長短、幅數也。衰以表情，故制有法度。若精麤不應，廣狹乖法，便爲失禮。」齊衰不以邊坐，大功不以服勤。注：「爲褻喪服。邊，偏倚也。」正義：「喪服宜敬，坐起必正，不可著衰而偏倚也。大功雖輕，亦不可著衰服以爲勤勞事也。齊衰言『不邊坐』，則大功可也。大功不勤，則小功可也。」○衰，七雷反。當，丁浪反。

孔子之衞，遇舊館人之喪，注：「前日君所使舍己。」入而哭之哀。出，使子貢說驂而賻之。注：「賻，助喪用也。騑馬曰驂。」釋文：「夾服馬也。」正義：「驂，說文云：『騑，旁馬。』是在服馬之旁。案王度記云：『天子駕六馬，諸侯四，大夫三，士二。』古毛詩云：『天子至大夫皆駕四。』孔子身爲大夫，若依王度記，則有一驂馬也。若依毛詩說，則有二驂馬也。」子貢曰：「於門人之喪，未有所說驂。說驂於舊館，無乃已重乎？」注：「言說驂大重，比於門人，恩爲偏頗。」夫子曰：「予鄉者入而哭之，遇於一哀而出涕，注：「遇，見也。舊館人恩雖輕，我入哭，見主人爲我盡一哀，是以厚恩待我，我爲出涕。恩重，宜有施惠。」予惡夫涕之無從也。小子行之！」注：「客行無他物可以易之者，使遂以往。」吳幼清曰：「從者，以外物副其內誠之謂。有哀涕而無賻物，是涕之無從也。」○說，本又作「稅」，同，他活反。驂，七南反。惡，烏路反。夫，音扶。

孔子在衞，有送葬者，而夫子觀之，曰：「善哉，爲喪乎！足以爲法矣。小子識之！」子貢曰：「夫子何善爾也？」曰：「其往也如慕，其反也如疑。」注：「慕，謂小兒隨父母啼呼。疑者，哀親之在彼，如不欲還然。」子貢曰：「豈若速反而虞乎？」注：「速，疾。」子曰：「小子識之！我未之能行也。」注：「哀戚，本也。祭祀，末也。」○識，式志反。

顔淵之喪，饋祥肉，孔子出受之，入彈琴，而后食之。注：「饋，遺也。彈琴，以散哀也。」○饋，其位反。

孔子與門人立，拱而尚右，二三子亦皆尚右。注：「倣孔子也。」孔子曰：「二三子之嗜學也，注：「嗜，貪。」我則有姊之喪故也。」二三子皆尚左。注：「復正也。喪尚右。右，陰也。吉尚左。左，陽也。」

孔子蚤作，負手曳杖，消搖於門，注：「作，起。」消搖，釋文：「本又作『逍遙』。」歌曰：「泰山其頽乎！梁木其壞乎！哲人其萎乎！」注：「泰山，衆山所仰。梁木，衆木所放。哲人，亦衆人所仰放也，以上二句喻之。」既歌而入，當户而坐。子貢聞之，曰：「泰山其頽，則吾將安仰？梁木其壞，哲人其萎，則吾將安放？夫子殆將病也。」注：「覺孔子歌意。殆，幾也。」王氏引之曰：「此『哲人其萎』四字，後人據家語增入，非禮記原文。觀鄭注，哲人其萎兼有無所仰之意，非但無所放也。孔仲達云『子貢意在急遽，不暇别言』，此曲説也。困學紀聞載盧陵劉美中家古本禮記『梁木其壞』下有『則吾將安仗』五字，與家語同。齊氏息園曰：『古本無此五字，故孔疏云：「不暇别言。」劉氏本必好事者爲之。』引之案：齊説是也。」遂趨而入。夫子曰：「賜！爾來何遲也？注：

「坐則望之。」夏后氏殯於東階之上，則猶在阼也。殷人殯於兩楹之間，則與賓主夾之也。周人殯於西階之上，則猶賓之也。注：「以三王之禮占己夢。」而丘也，殷人也。予疇昔之夜，夢坐奠於兩楹之間。注：「是夢坐於兩楹之間而見饋食也。言奠者，以爲凶象。」彬謂爾雅釋詁「疇、孰，誰也」。釋訓：「誰昔，昔也。」詩墓門朱子集傳：「誰昔，猶言疇昔也。」夫明王不興，而天下其孰能宗予？予殆將死也！」注：「孰，誰也。宗，尊也。兩楹之間，南面鄉明，人君聽治正坐之處。今無明王，誰能尊我以爲人君乎？是我殷家奠殯之象，以此自知將死。」蓋寢疾七日而沒。注：「明聖人知命。」江氏永曰：「杖有拄時，亦有曳時。曳杖消搖，固非有意爲之，亦不可謂變其常度，有損於動容周旋中禮也。感於夢而作歌，非自悲其死也。死者人之終，自是大事，必謂以晝夜視死生，泊然不一動念，則亦老、莊之見耳。夫子雖不自聖，然嘗言『天生德於予』，又云『文不在茲乎』，其自任不淺矣。於將終而自比泰山、梁木，稱『哲人』，何足病乎？聖人固清明如神，然於死生，非別有前知之術，其能前知，正因有所感耳。必謂不待占夢而後知，將謂聖人亦同二氏之知死乎？後世之疑過矣。」○曳，羊世反，亦作「栧」。頹，徒回反。萎，紆危反。阼，才故反。

孔子之喪，門人疑所服。注：「無喪師之禮。」子貢曰：「昔者夫子之喪顏淵，若喪子而無服，喪子路亦然。請喪夫子若喪父而無服。」注：「無服，不爲衰。弔服而加麻，心喪三年。」

孔子之喪，公西赤爲志焉。注：「公西赤，孔子弟子，字子華。志，謂章識。」正義：「案仲尼弟子傳：『公西赤，少孔子四十二歲。』鄭云：『魯人也。』」飾棺牆，置翣，注：「牆，柳衣。翣，以布衣木，如攝與？」釋名：「其蓋曰柳。柳，聚也，衆飾所聚，亦其形僂也。亦曰鼈甲，似鼈甲然也。其旁曰牆，似屋牆也。翣，齊人謂扇爲翣，此似之也。象翣扇，爲清涼也。翣有黼有畫，各以其飾名之也。」正義：「牆之障柩，猶垣牆障家，故謂障柩之物爲牆，卽柳也。外旁帷荒，中央材木。縫人注云：『柳，聚也，諸飾所聚。』鄭注喪大記云：『漢禮，翣以木爲筐，廣三尺，高二尺四寸。方兩角高，衣以白布，畫雲氣，柄長五尺。』」設披，周也。設崇，殷也。綢練設旐，夏也。注：「夫子雖殷人，兼用三王之禮，尊之。披，柩行夾引棺者。崇，崇牙，旌旗飾也。綢練，以練綢旌之杠，此旌，葬乘車所建也。旌之旐，緇布廣充幅，長尋曰旐。爾雅說旌旗曰：『素錦綢杠。』」釋名：「兩旁引之曰披。披，捭也，各於一旁引捭之，備傾倚也。」釋文：「綢，韜也。」正義：「按喪大記『國君纁披六』，鄭云：『設之於旁，所以備傾虧。』案既夕，士禮而有二旌：一是銘旌，初死，書名於上；二是乘車之旌。則既夕禮『乘車載旜』，亦在柩之前。是士之二旌也。」○翣，所甲反。披，彼義反。綢，吐刀反。旐，直小反。

子張之喪，公明儀爲志焉。注：「志，亦謂章識。」褚幕丹質，注：「以丹布幕爲褚，葬覆棺，不牆不翣。」正義：「覆棺之物，大夫以上，其形似幄，士則無褚。今公明儀尊敬其師，故特爲褚，不得爲幄，但似幕形。」蟻結於四隅，注：「畫褚之四角，其文如蟻行往來相交錯。蟻，蚍蜉也。殷之蟻結，似今蛇文畫。」殷士也。注：「學於孔子，傚殷禮。」○褚，張呂反。幕，音莫。

子夏問於孔子曰：「居父母之仇，如之何？」夫子曰：「寢苫、枕干、不仕，弗與共天下也。注：「雖除喪，居處猶若喪也。干，盾也。不可以並生。」釋文：「仇，讎也。苫，草也。」廣韻：「苫，草覆屋。又凶服者以爲覆席也。」遇諸市朝，不反兵而鬭。」注：「言雖適市朝，不釋兵。」正義：「設朝或在野外，或在縣、鄙、鄉、遂，但有公事之處，皆謂之朝。兵者，亦謂佩刀已上，不必要是矛戟。」曰：「請問居昆弟之仇，如之何？」曰：「仕弗與共國。銜君命而使，雖遇之不鬭。」注：「爲負而廢君命。」正義：「負，猶不勝也。」曰：「請問居從父、昆弟之仇，如之何？」曰：「不爲魁。注：「魁，猶首也。」主人能，則執兵而陪其後。」注：「爲其負，當成之。」正義：「既不爲報仇魁首，若主人能自報之，則執兵陪助其後。」方性夫曰：「市朝非戰鬭之處，猶不反兵，則無往而不執兵矣。銜君命而使，遇之不鬭，則不敢以私讎妨公事。曲禮言『交游之仇』，而不及從父、昆弟。此言『從父、昆弟』，而不及交游者，蓋交游之仇猶不同國，則從父、昆弟可知，於從父、昆弟且不爲魁，則交游可知，其言互相備也。」○仇，音求。苫，始占反。銜音咸。從，徐才用反。魁，苦回反。

孔子之喪，二三子皆絰而出。注：「尊師也。出，謂有所之適。然則凡弔服加麻者，出則變服。」羣居則絰，出則否。注：「羣，謂七十二弟子，相爲朋友服。」家語：「子夏曰：『入宜絰而居，出則不絰。』子游曰：『吾聞諸夫子，朋友居則絰，出則否。喪所尊，則絰而出可也。』」○絰，大結反。

易墓，非古也。注：「易，謂芟治草木。不易者，丘陵也。」○易，以豉反。

子路曰：「吾聞諸夫子：喪禮，與其哀不足而禮有餘也，不若禮不足而哀有餘也。祭禮，與其敬不足而禮有餘也，不若禮不足而敬有餘也。」注：「喪主哀，祭主敬。」正義：「喪禮有餘，明器衣衾之屬也。祭禮有餘，謂俎豆牲牢之屬多也。」

曾子弔於負夏，注：「負夏，衛地。」主人既祖填池，注：「祖，謂移柩車去載處爲行始也。填池，當爲『奠徹』，聲之誤也。奠徹，謂徹遣。奠，設祖奠。」推柩而反之，注：「反於載處，榮曾子弔，欲更始。」降婦人而后行禮。注：「禮，既祖而婦人降，今反柩，婦人辟之，復升堂矣。柩無反而反之，而又降婦人，蓋欲矜賓於此婦人，皆非。」從者曰：「禮與？」注：「怪之。」曾子曰：「夫祖者，且也。」注：「且，未定之辭。」王氏念孫曰：「凡言且者，皆謂姑且如此，卽假借之義。」且胡爲其不可以反宿也？」從者又問諸子游，曰：「禮與？」注：「疑曾子言非。」子游曰：「飯於牖下，小斂於户内，大斂於阼，殯於客位，祖於庭，葬於墓，所以卽遠也。故喪事有進而無退。」注：「明反柩非。」曾子聞之曰：「多矣乎！予出祖者。」注：「善子游言，且服。」胡邦衡曰：「池以竹爲之，衣以青布，喪行之飾，所謂池視重霤，是也。填，謂縣銅魚以實之。」江氏永曰：「魚躍拂池，在池下，非實於池中。愚疑填池，卽既夕禮所謂『祖，還車』也。柩車上有池，象宫室之承霤。填當讀如鎮，鎮卽有奠定之義。前此柩遷於祖廟，用輁軸，正柩於堂上兩楹間。既朝祖，卻下，以蜃車載於階間北首，飾棺訖，日昃時乃還轉柩車，向外南首爲行始，謂之祖。曾子來弔，柩車已還而鎮定，所謂填池者也。主人榮其弔，復推柩而反，使復北首，若未祖者然。先時婦人在堂，降婦人，卽位於階間，而后行弔禮。如此釋之，似可通。」○填池，依注音奠徹。從，才用反。與，音餘。牖，羊久反。斂，力驗反，凡『小斂』『大斂』字皆同。

曾子襲裘而弔，子游裼裘而弔。曾子指子游而示人曰：「夫夫也，爲習於禮者，如之何其裼裘而弔也？」注：「曾子蓋知臨喪無飾。夫夫，猶言此丈夫也。子游於時名爲習禮。」主人既小斂，袒、括髮，子游趨而出，襲裘帶、絰而入。注：「於主人變乃變也。所弔者朋友。」曾子曰：「我過矣！我過矣！夫夫是也。」注：「服，是善子游言。」賀循喪服要記：「大夫弔於大夫，始死而往，朝服裼裘，如吉時也。當斂之時而至，則皮弁服，皮弁之服，以襲裘也。主人成服而往則皮弁絰而加裼衰也。大夫於士有朋友之恩，乃得弁絰。」正義：「凡弔喪之禮，主人未變之前弔者，吉服而弔，又袒去上服，以露裼衣，則此『裼裘而弔』是也。主人既變之後，雖著朝服而加武以絰，又掩其上服，若是朋友，又加帶，則此『襲裘帶、絰而入』，是也。主人成服之後，弔者大夫則錫衰，士則疑衰，當事皆首服弁絰。」

子夏既除喪而見，注：「見於孔子。」予之琴，和之而不和，彈之而不成聲，注：「樂由人心。」作而曰：「哀未忘也。先王制禮而弗敢過也。」注：「作，起。」子張既除喪而見，予之琴，和之而和，彈之而成聲，作而曰：「先王制禮，不敢不至焉。」注：「雖情異善同，俱順禮。」正義：「案家語及詩傳，皆言子夏喪畢，夫子與琴，援琴而弦，衎衎而樂。閔子騫喪畢，夫子與琴，援琴而弦，切切而哀』，與此不同。」○見，賢遍反。予，羊汝反。和，音禾，或胡卧反。

司寇惠子之喪，注：「惠子，衛將軍文子彌牟之弟惠叔蘭也，生虎者。」正義：「案世本：『靈公生昭子郢，郢生文子木及惠叔蘭。蘭生虎，爲司寇氏。文子生簡子瑕，瑕生衛將軍文氏。』然則彌牟是木之字。」子游爲之麻衰，牡麻絰。注：「惠子廢適立庶爲之重服以譏之。麻衰，以吉服之布爲衰。」正義：「子游既與惠子爲朋友，應著弔服，加緦麻、帶、絰。麻衰，乃吉服十五升，輕於弔服，而云『重服』者，據牡麻絰爲重。弔服弁絰，大如緦之絰，一股而環之，今乃用牡麻絞絰，與齊衰絰同，故云重也。」文子辭曰：「子辱與彌牟之弟游，注：「謝其存時。」又辱爲之服，敢辭。」注：「止之服也。」子游曰：「禮也。」文子退，反哭。注：「子游名習禮，文子亦以爲當然，未覺其所譏。」子游趨而就諸臣之位。注：「深譏之。大夫之家臣，位在賓後。」正義：「大夫之賓位在門東近北，大夫之家臣位亦在門東而南，近門，並皆北嚮，故在賓後也。故盧云：『喪賓後主人，同在門東。家臣賓後，則近南也。』」文子又辭曰：「子辱與彌牟之弟游，又辱爲之服，又辱臨其喪，敢辭。」注：「止之，在臣位。」子游曰：「固以請。」注：「再不從命。」文子退，扶適子南面而立，曰：「子辱與彌牟之弟游，又辱爲之服，又辱臨其喪，虎也敢不復位。」注：「覺所譏也。虎，適子名。文子親扶而辭，敬子游也。南面而立，則諸臣位在門內北面明矣。」子游趨而就客位。注：「所譏行。」○彌，亡卑反〔二〕。牟，莫侯反。

將軍文子之喪，既除喪而后越人來弔，主人深衣、練冠，待于廟，垂涕洟。注：「主人，文子之子簡子瑕也。深衣、練冠，凶服變也。待于廟，受弔不迎賓也。」釋文：「自目曰涕，自鼻曰洟。」子游觀之，曰：「將軍文氏之子，其庶幾乎！亡於禮者之禮也，其動也中。」注：「中禮之變。」正義：「深衣，卽間傳『麻衣』也，但制如深衣。緣之以布，曰麻衣。緣之以素，曰長衣。緣之以采，曰深衣。練冠者，謂祭前之冠，若祥祭則縞冠也。此謂由來未弔者，故練冠。若曾來已弔，祥後爲喪事更來，雖不及祥祭之日，主人必服祥日之服以受之。故雜記云：『既祥，雖不當縞者必縞。』推此而言，禫後始來弔者，則著祥冠；若禫後更來有事，主人則著禫服。案士喪禮始死爲君命出，小斂以後爲大夫出，是有受弔迎賓，今以除服受弔，故不迎賓也。」王氏引之曰：「謹案亡讀存亡之亡，亡與在義正相反。亡者，不在

〔二〕「亡」，原誤「巳」，據經典釋文改。

也。亡於禮者之禮，謂禮之變者，不在於常禮之中也。唐風葛生篇『予美亡此』，謂予美不在此也。」○洟，音夷。

幼名，冠字，五十以伯仲，死謚，周道也。絰也者，實也。注：「所以表哀戚。」喪服注：「絰之言實，明孝子有忠實之心。」外傳：「表其有喪遺之情實也。喪服衰之與絰，固象平常之時冠帶，吉凶相變也。有首絰有要絰，有絞帶。斬衰首絰圍九寸，向下皆五分去一，用爲要絰則七寸五分。齊衰首絰七寸五分之一，要絰五寸八分。大功首絰五寸八分，要絰四寸六分。小功，首絰三寸七分，緦首絰三寸七分，要絰二寸九分。」掘中霤而浴，毀竈以綴足。及葬，毀宗躐行，出于大門，殷道也。注：「明不復有事於此。周人浴不掘中霤，葬不毀宗躐行。毀宗，毀廟門之西而出，行神之位在廟門之外。」聘禮『又釋幣於行』，鄭注：「喪禮有『毀宗躐行，出於大門』，則行神之位在廟門外西方。不言『埋幣』，可知也。」正義：「死而掘室中之地作坎，一則言此室於死者無用，二則以牀架坎上，尸於牀上浴，令浴汁入坎。毀竈，亦義兼二事：一則示死無復飲食之事，二則恐死人足辟戾不可著屨，故用毀竈之甓，連綴死人足令直，可著屨也。行神之位在廟門西邊，當所毀宗之外。若生時出行，則爲壇幣告行神，告竟，車躐行壇上而出。今嚮毀宗處出，仍得躐此行壇，如生時之出也。周人浴不掘中霤者，用盤承浴汁也。周殯於正寢，至葬而朝廟，從正門出，不毀宗也。周亦不毀竈綴足，而鄭不言云者，以周綴足用燕几，其文可見，故不言耳。」學者行之。注：「學於孔子者行之，傚殷禮。」○冠，古亂反。掘，求月反，又求勿反。霤，力救反。綴，丁劣反，又丁衛反。躐，良輒反。

子柳之母死，子碩請具。注：「具葬之器用。子柳，魯叔仲皮之子，子碩兄。」子柳曰：「何以哉？」注：「言無其財。」子碩曰：「請粥庶弟之母。」注：「粥，謂嫁之也。妾賤，取之曰買。」子柳曰：「如之何其粥人之母以葬其母也？不可。」注：「忠恕。」既葬，子碩欲以賻布之餘具祭器。注：「古者謂錢爲泉布，所以通布貨財。」子柳曰：「不可。吾聞之也，君子不家於喪。注：「惡因死者以爲利。」請班諸兄弟之貧者。」注：「以分死者所矜也。祿多則與鄰里鄉黨。」○碩，音石。粥，音育。

君子曰：「謀人之軍師，敗則死之；謀人之邦邑，危則亡之。」陳用之曰：「主危臣辱，主辱臣死，故敗則死之。社稷存則與存，社稷亡則與亡，故危則亡之。」應子和曰：「衆死而義不忍獨生，焉得而不死？國危而身不可獨存，焉得而不亡？」

公叔文子升於瑕丘，蘧伯玉從。注：「二子，衞大夫。文子，獻公之孫，名拔。」說文：「丘，土之高也，非人所爲也。一曰四方高，中央下爲丘。」正義：「案世本云：『獻公生成子當，當生文子拔，拔生朱，爲公叔氏。』」文子曰：「樂哉，斯丘也！死則我欲葬焉。」蘧伯玉曰：「吾子樂之，則瑗請前。」注：「刺其欲害人良田。瑗，伯玉名。」劉恒軒曰：「惡其欲奪人之地，自爲身後計，遂譏之曰『吾子樂此，則我請前行以去子矣』，示不欲與聞其事也。」○蘧，本又作「璩」，其魚反。從，才用反。樂，音洛。瑗，于卷反，又於願反。

弁人有其母死而孺子泣者。注：「言聲無節。」孔子曰：「哀則哀矣，而難爲繼也。注：「此誠哀，失禮中。」夫禮，爲可傳也，爲可繼也，故哭踊有節。」正義：「夫聖人制禮，使後人可傳可繼，故制爲哭踊之節，以中爲度耳，豈可過甚？然雜記曾申問於曾子曰：『哭父母有常聲乎？』曰：『中路嬰兒失其母，何常聲之有？』與此違者，曾子所言，是始死之時，悲哀志懣，未可爲節。此之所言，在襲、斂之日，可以禮制，故哭踊有節也。」○弁，皮彥反。

叔孫武叔之母死，注：「武叔，公子牙之六世孫，名州仇，毁孔子者。」正義：「按世本：『桓公生僖叔牙，牙生戴伯兹，兹生莊叔得臣，臣生穆叔豹，豹生昭子婼，婼生成子不敢，不敢生武叔州仇。』」既小斂，舉者出户，出户袒，且投其冠，括髮。注：「尸出户，乃變服，失哀節，冠，素委貌。」正義：「案士喪禮『卒斂徹帷』，『主人括髮、袒』，下云：『士舉男女，奉尸俠于堂。』喪大記亦云『卒小斂，主人袒，説髦，括髮以麻』，下云：『奉尸夷于堂。』是括髮在小斂之後，奉尸夷于堂之前。」劉氏台拱曰：「舉者出户，即謂舉尸出户也。下『出户』句字向下讀，謂主人出户。」子游曰：「知禮。」注：「嗤之。」正義：「子游是習禮之人，見武叔失禮，反謂之知禮。」

扶君，卜人師扶右，射人師扶左。注：「謂君疾時也。卜當爲僕，聲之誤也。僕人、射人，皆平生時贊正君服位者。」君薨以是舉。注：「不忍變也。周禮射人：『大喪，與僕人遷尸。』」〇卜，依注音僕。

從母之夫，舅之妻，二夫人相爲服，君子未之言也。注：「二夫人，猶言此二人也。」或曰：「同爨緦。」注：「以同居生緦麻之親可。」爾雅：「母之晜弟爲舅。」「母之姊妹爲從母。」「謂我舅者，吾謂之甥也。」張子曰：「此是甥自幼居從母之家，或舅之家，孤穉恩養，不可無服，所以爲此服。」顧氏炎武曰：「從母之夫與謂吾從母之夫者相爲服也，舅之妻與謂吾舅之妻者相爲服也。上不言妻之姊妹之子，下不言夫之甥，語繁不可以成文也。」王氏引之曰：「正文注文之『二夫人』，皆當作『夫二人』，寫者誤倒耳。相爲服者，謂從母之夫，舅之妻，與己兩相爲服也。喪服小功章『從母、丈夫婦人報』，傳曰：『何以小功也？以名加也。外親之服皆緦也。』注曰：『丈夫婦人，姊妹之子，男女同。』緦麻章『甥』，傳曰：『何以緦也？報之也。』『舅』，傳曰：『何以緦也？從服也。』是從母及舅，皆與己有兩相爲服之禮。若從母之夫，舅之妻相爲服，則禮之所無，故君子未之言也。」○從，才用反。夫，音扶。爲，于僞反。

喪事欲其縱縱爾。注：「趨事貌。縱，讀如總領之總。」釋文：「縱，急遽貌。」吉事欲其折折爾。注：「安舒貌。詩云：『好人提提。』」故喪事雖遽不陵節，吉事雖止不怠。注：「陵，躐也。止，立俟事時也。怠，惰也。」說文：「夌，越也。」彬謂越與躐意同。夌同陵。故騷騷爾則野，注：「謂大疾。」鼎鼎爾則小人，注：「謂大舒。」君子蓋猶猶爾。注：「疾舒之中。」○縱，依注音總。折，大兮反。騷，素刀反。

喪具，君子恥具。注：「辟不懷也。喪具，棺衣之屬。」一日二日而可爲也者，君子弗爲也。注：「謂絞、紟、衾、冒。」正義：「棺即豫造，衣亦漸制，但不一時頓具。故王制云：『唯絞、紟、衾、冒死而后制。』是也。」

喪服，兄弟之子猶子也，蓋引而進之也；嫂叔之無服也，蓋推而遠之也；注：「或引或推，重親遠別。」姑、姊妹之薄也，蓋有受我而厚之者也。注：「欲其一心於厚之者。姑、姊妹嫁，大功。夫爲妻，期。」正義：「己子服期，昆弟之子亦服期，牽引進之，同於己子。昆弟相爲期服，其妻應降一等，服大功。今乃無服，是推使疏而斥遠之也。何平叔云：『夫男女相爲服，不有骨肉之親，則有尊卑之異。嫂叔親非骨肉，不異尊卑，恐有混交之失，推使無服也。』」

食於有喪者之側，未嘗飽也。注：「助哀戚也。」

曾子與客立於門側，其徒趨而出。注：「徒，謂客之旅。」曾子曰：「爾將何之？」曰：「吾父死，將出哭於巷。」注：「以爲不可發凶於人之館。」曰：「反哭於爾次。」曾子北面而弔焉。注：「次，舍也。禮館人使專之，若其自有然。」正義：「案士喪禮主人西面，其賓亦在門東，北面，謂同國之賓。曾子既許其哭於次，故以同國賓禮，北面弔焉。」

孔子曰：「之死而致死之，不仁而不可爲也；之死而致生之，不知而不可爲也。注：「之，往也。死之生之，謂無知與有知也。爲，猶行也。」正義：「何胤曰：『言往死者處而致此死之者之意，謂死如草木無知，如此用情，則不仁；往死者處而致此死者於全生之物，則不知。不仁不知之間，聖人之所難言。若全無知，則不應用；若全有知，則不應不成。故有器不成，是不死不生也。』」是故竹不成用，瓦不成味，木不成斲，注：「成，猶善也。竹不可善用，謂邊無縢。味，當作沬。沬，靧也。」説文：「沬，灑面也。」正義：「斲，雕飾也。」段氏玉裁曰：「案此沬如瓦器之釉，若洗面之光澤也。」王氏念孫曰：「沬，從午未之未，音呼内反，與涎沫之沫異，沫，從本末之末，音亡曷反。沬與味聲相近，故曰『味當作沬』。釋文音亡曷反，非。」琴瑟張而不平，竽笙備而不和，注：「無宮商之調。」有鐘磬而無簨虡。注：「不縣之也。横曰簨，植曰虡。」其曰明器，神明之也。」注：「言神明死者也。神明者非人所知，故其器如此。」釋名：「送死之器曰明器。神明之器異於人也。」○知，音智。斲，陟角反。竽，音于。和，胡卧反。簨，息允反。虡，音巨。

有子問於曾子曰：「聞喪於夫子乎？」注：「有子，孔子弟子有若也。夫子卒後問此，庶有異聞也。喪，謂仕失位也。魯昭公孫於齊，曰：『喪人其何稱？』」正義：「案仲尼弟子傳『有若少孔子四十三歲』，注：『魯人也。』『曾參，南武城人，字子輿，少孔子四十六歲。』」曰：「聞之矣，喪欲速貧，死欲速朽。」有子曰：「是非君子之言也。」注：「貧、朽非人所欲。」曾子曰：「參也聞諸夫子也。」有子又曰：「是非君子之言也。」曾子曰：「參也與子游聞之。」有子曰：「然。然則夫子有爲言之也？」曾子以斯言告於子游，子游曰：「甚哉！有子之言似夫子也。昔者夫子居於宋，見桓司馬自爲石椁，三年而不成。注：「桓司馬，宋向戌之孫，名魋。」正義：「案世本：『向戌生東鄰叔子超，超生左師眇。』眇即向巢也。魋是巢之弟。」夫子曰：『若是其靡也！死不如速朽之愈也。』死之欲速朽，爲桓司馬言之也。注：「靡，侈。」南宮敬叔反，必載寶而朝。注：「敬叔，魯孟僖子之子仲孫閱，蓋嘗失位去魯，得反，載其寶來朝於君。」陳可大曰：「載寶，欲行賂，以求復位也。」夫子曰：『若是其貨也！喪不如速貧之愈也。』喪之欲速貧，爲敬叔言之也。」曾子以子游之言告於有子，有子曰：「然。吾固曰非夫子之言也。」曾子曰：「子何以知之？」有子曰：「夫子制於中都，四寸之棺，五寸之椁，以斯知不欲速朽也。注：「中都，魯邑名也。孔子嘗爲之宰，爲民作制。孔子由中都宰爲司空，由司空爲司寇。」正義：「崔靈恩云：『夫子爲小司空，小司寇也。』崔知然者，魯有孟、叔、季三卿爲政，又有臧氏爲司寇，故知孔子爲小司寇。」昔者夫子失魯司寇，將之荆，注：「將應聘於楚。」正義：「定十四年，齊人歸女樂，孔子去魯適衞。從衞之陳，過匡，匡人圍之，又反於衞。又去衞過曹適宋，宋桓魋欲殺孔子，去宋適鄭，去鄭適陳。居三歲，又適衞，將西見趙簡子，至河，反於衞，復如陳。時哀公三年，孔子年六十。明年，自陳遷于蔡。三歲，楚使人聘孔子，陳蔡乃圍孔子，於是使子貢至楚，楚昭王興師迎孔子。是歲孔子自楚反于衞，孔子年六十三。以此言之，失司寇在定十四年，之楚在哀公六年，其間年月甚遠，而云『失魯司寇，將之荆』者，謂失司寇之後，非謂失司寇之年即之荆也。」蓋先之以子夏，又申之以冉有，以斯知不欲速貧也。」注：「言汲汲於仕得禄。」○喪，息浪反。

爲，于僞反。魋，大回反。

陳莊子死，赴於魯。魯人欲勿哭，注：「君無哭鄰國大夫之禮。陳莊子，齊大夫陳恒之孫，名伯。」正義：「案世本：『成子常生襄子班，班生莊子伯。』」繆公召縣子而問焉。縣子曰：「古之大夫，束脩之問不出竟，雖欲哭之，安得而哭之？注：「以其不外交。」今之大夫，交政於中國，雖欲勿哭，焉得而弗哭？注：「言時君弱臣強，政在大夫，專盟會以交接。」且臣聞之，哭有二道：有愛而哭之，有畏而哭之。」注：「以權微勸之。」公曰：「然。然則如之何而可？」縣子曰：「請哭諸異姓之廟。」注：「明不當哭。」於是與哭諸縣氏。陳可大曰：「脩，脯也。十脡爲束。問，遺也。爲人臣者無外交，不敢貳君也。愛之哭出於不能已，畏之哭出於不得已。哭伯高於賜氏，義之所在也。哭莊子於縣氏，勢之所迫也。」

仲憲言於曾子曰：「夏后氏用明器，示民無知也。注：「所謂致死之。仲憲，孔子弟子原憲。」正義：「案仲尼弟子傳云：『原憲字子思。』注：『魯人也。』」殷人用祭器，示民有知也。注：「所謂致生之。」周人兼用之，示民疑也。」注：「言使民疑於無知與有知。」曾子曰：「其不然乎！其不然乎！注：「非其說之非也。」夫明器，鬼器也。祭器，人器也。夫古之人胡爲而死其親乎？」注：「言仲憲之言，三者皆非。此或用鬼器，或用人器。」正義：「言二代用此器送亡者，非是爲有知與無知也，正是質文異耳。然周唯大夫以上兼用，士唯用鬼器，不用人器。崔靈恩云：『此王者質文相變耳。』」

公叔木有同母異父之昆弟死，問於子游。注：「木當爲朱。春秋傳作戌，衞公叔文子之子，定公十四年弁魯。」正義：「案世本『衛獻公生成子當，當生文子拔，拔生朱』，故知木當爲朱也。」子游曰：「其大功乎！」注：「疑所服也。親者屬大功，是。」盧注：「子游爲近是。」王注：「母嫁則外祖父母無服，所謂『絶族無施服』也。唯母之身有服，所謂『親者屬』也。異父同母昆弟不應有施，此謂與繼父同居，爲繼父周，故其子大功也。」禮無明文，是以子游疑而荅也。」狄儀有同母異父之昆弟死，問於子夏。子夏曰：「我未之前聞也。魯人則爲之齊衰。」狄儀行齊衰。今之齊衰，狄儀之問也。正義：「案聖證論王肅難鄭：『禮稱親者血屬，謂出母之身，不謂出母之子也。若出母之子服大功，則出母之父母服應更重，何以爲出母之父母無服？』魏高堂崇曰：「聖人制禮，外親不過緦，殊異内外之明理也。外祖父母以尊加，從母以名加，皆小功，舅緦而已。同母異父之昆弟，異族無屬，於禮不當有服，即同居亦當同爨緦之例，無緣大功，乃重於外祖父母也。」〇木，音式樹反，又音朱。

子思之母死於衛，柳若謂子思曰：「子，聖人之後也。四方於子乎觀禮，子盍慎諸！」注：「子思，孔子孫，伯魚之子。伯魚卒，其妻嫁於衛。柳若，衛人也。見子思欲爲嫁母服，恐其失禮，戒之。嫁母齊衰期。」子思曰：「吾何慎哉！吾聞之，有其禮，無其財，君子弗行也。注：「謂時可行，而財不足以備禮。」有其禮，有其財，無其時，君子弗行也。注：「謂財足以備禮，而時不得行者。」吾何慎哉！」注：「時所止則止，時所行則行，無所疑也。喪之禮如子，贈襚之屬不踰主人。」正義：「嫁母之服，喪服無文。案喪服杖期章云『父卒，繼母嫁，從爲之服，報』，則親母可知。譙周、袁準並云：『父卒母嫁，非父所絶，嫡子雖主祭，猶宜服期。』而喪服『爲出母期』，嫁母與出母俱是絶族，故知與出母同也。張逸問：『舊儒、世本皆以孔子後數世皆一子。禮，適子爲父後，爲嫁母無服。檀弓說，子思從於嫁母服，何？』鄭荅云：『子思哭嫂爲位，必非適子，或者兄早死無繼，故云數世皆一子。』」

縣子瑣曰：「吾聞之，古者不降，上下各以其親。滕伯文爲孟虎齊衰，其叔父也。爲孟皮齊衰，其叔父也。」注：「古，謂殷時也。上不降遠，下不降卑。伯文，殷時滕君也。爵爲伯，名文。」正義：「周禮以貴降賤，以嫡降庶，唯不降正耳。殷世以上，雖貴不降賤也。上，謂旁親族，曾祖從祖及伯叔之班，下，謂從子從孫之流，不以己尊降之。庾蔚云：『上下，猶尊卑也。正尊，周禮猶不降，則知所明者旁尊也。』虎是滕伯文叔父，滕伯是皮之叔父，言滕伯上爲叔父，下爲兄弟之子，皆著齊衰，是上下不降也。」陸氏翼王曰：「當是孟虎、孟皮爲滕伯叔父，而滕伯皆爲之齊衰，不以己貴而降其旁親，則凡上下之親可知矣。」○瑣，息果反。

后木曰：「喪，吾聞諸縣子曰：『夫喪，不可不深長思也。注：「后木，魯孝公子惠伯鞏之後。」正義：「案世本：『孝公生惠伯革，其後爲厚氏。』世本云革，此云鞏，世本云厚，此云后。其字異耳。」買棺外内易。』我死則亦然。」注：「此孝子之事，非所託。」○易，以豉反。

曾子曰：「尸未設飾，故帷堂，小斂而徹帷。」仲梁子曰：「夫婦方亂，故帷堂，小斂而徹帷。」注：「斂者動摇尸，帷堂，爲人褻之。言『方亂』，非也。仲梁子，魯人也。」正義：「案春秋定五年，魯有仲梁懷，是仲梁魯人之姓。」小斂之奠，子游曰：「於東方。」曾子曰：「於西方，斂斯席矣。」注：「曾子以俗説非，又大斂奠於堂，乃有席。」小斂之奠在西方，魯禮之末失也。注：「末世失禮之爲。」正義：「士喪禮小斂之奠設於尸東，大斂設於室。今云堂者，後人轉寫之誤。故鄭荅趙商：『堂，當爲室也。』」

縣子曰：「綌衰、繐裳，非古也。」注：「非時尚輕涼，慢禮。」釋名：「繐，細如繐也。疏，疏于繐也。」釋文：「綌，去逆反。繐，音歲。」正義：「記當時失禮，多尚輕細，有喪者不服麤衰，故云『非古』也。」○綌，去逆反。繐，音麤葛也。布細而疏曰繐。

子蒲卒，哭者呼「滅。」子皐曰：「若是野哉！」哭者改之。注：「滅，蓋子蒲名。非之也。唯復呼名。子皐，孔子弟子高柴。」

杜橋之母之喪，宮中無相，以爲沾也。注〔一〕：「沾，猶略也。」○相，息亮反。沾，音古。

夫子曰：「始死，羔裘玄冠者，易之而已。」羔裘玄冠，夫子不以弔。注：「不以吉服弔喪。」

子游問喪具，夫子曰：「稱家之有亡。」子游曰：「有亡惡乎齊？」注：「惡乎齊，問豐省之比。」夫子曰：「有毋過禮。苟亡矣，斂首足形，還葬，縣棺而封，人豈有非之者哉？」注：「形，體。還之言便也。言已斂卽葬，不待三月。」正義：「毋，猶不也。禮有節限，設若家富有，正禮可依，不得過禮。」注：「不設碑繂，不備禮。封當爲窆。窆，下棺也。春秋傳作堋。」説文：「堋，葬下土也。春秋傳曰：『朝而堋。』禮謂之封，周官謂之窆。」注：「不責於人所不能。」○稱，尺證反。惡，音烏。還，音旋。封，依注作「窆」，彼驗反。

司士賁告於子游曰：「請襲於牀。」注：「時失之也。禮唯始死廢牀。」釋名：「衣尸曰襲。襲，匝也。以衣周

〔一〕「注」字原脱，據禮記注疏補。

匿覆己之也。」〔一〕子游曰：「諾。」縣子聞之曰：「汰哉叔氏！專以禮許人。」注：「當言『禮然』，言『諾』，非也。叔氏，子游字。」釋文：「汰，自矜大。」正義：「當時失禮，襲在於地，當據禮荅之。今子游專輒許諾，如似禮出於己，故縣子譏之。」○賁，音奔。汰，本又作「大」，音泰。

宋襄公葬其夫人，醯醢百甕，曾子曰：「既曰明器矣，而又實之。」注：「言名之爲明器，而與祭器皆實之，是亂鬼器與人器。」正義：「案既夕禮『陳明器』，後云：『無祭器。』鄭云：『士禮略也。大夫以上，兼用鬼器與人器。』夏后氏專用明器，則分半以實之。殷人全用祭器，則亦分半以虛之。周人兼用明器人器，人器實之，明器虛之。」○醯，呼兮反。甕，烏弄反。

孟獻子之喪，司徒旅歸四布。注：「獻子，魯大夫仲孫蔑。旅，下士也。司徒使下士歸四方之賻布。」正義：「熊氏以爲獻子家臣爲司徒，故左傳：『叔孫氏之司馬鬷戾。』是家臣亦有司徒司馬也。」夫子曰：「可也。」注：「時人皆貪，善其能廉。」彬謂足利本作「司徒敬子使旅歸四方布」。案正義亦有「賻布有餘，其家臣司徒敬子稟承主人之意，使旅下士歸還四方賻主人之泉布」，是有「敬子」「使」「方」字。

讀賵，曾子曰：「非古也，是再告也。」注：「曾子言喪禮祖而讀賵，賓致命將行，主人之史又讀賵，所以存錄之。」說文新附：「賵，贈死者，从貝从冒。冒者，衣衾覆冒之意。」吴幼清曰：「案士喪禮下篇，祖奠畢，公賵賓賵。其時賵者已致命於柩，几所賵之物，書之於方。及次日遣奠畢，包牲、行器之後，主人之史讀賵，若欲神一一知之。前既致命，今

〔一〕「覆」下原衍「衣」字，據釋名釋喪制删。

又讀之，是再告於神也。」

成子高寢疾，注：「成子高，齊大夫國成伯高父也。」正義：「世本：『懿伯生貞孟，貞孟生成伯高父國氏。』」慶遺入請曰：「子之病革矣，如至乎大病，則如之何？」注：「覬其意。革，急也。遺，慶封之族。」陳可大曰：「大病，死也，諱之之辭。」子高曰：「吾聞之也，生有益於人，死不害於人。吾縱生無益於人，吾可以死害於人乎哉！我死，則擇不食之地而葬我焉。」注：「不食，謂不墾耕。」○遺，于季反。墾，苦很反。

子夏問諸夫子曰：「居君之母與妻之喪，居處言語飲食衎爾。」注：「衎爾，自得貌。爲小君，惻隱不能至。」江氏永曰：「問，當作聞。」○衎，苦旦反。

賓客至，無所館。夫子曰：「生於我乎館，死於我乎殯。」注：「仁者不厄人。」朱氏軾曰：「此卽論語『朋友死，於我殯』之義。」

國子高曰：「葬也者，藏也；藏也者，欲人之弗得見也。是故衣足以飾身，棺周於衣，椁周於棺，土周於椁，注：「言皆所以爲深邃，難人發見之也。國子高，成子高也。成謚也。」反壤樹之哉！」注：「反，復也。怪不如太古也，而反封樹之。意在於儉，非周禮。」正義：「子高之意，人死可惡，故備以衣衾棺椁，欲其深邃，不使人知，今乃反更封壤爲墳，而種樹以標之哉！」江氏永曰：「國子高，其卽楊朱所稱伯成子高，不以一豪利物，舍國而耕於野者乎？擇不食之地以葬，而不欲其封樹，蓋恬澹寡欲，而達於生死者也。」

孔子之喪，有自燕來觀者，舍於子夏氏。子夏曰：「聖人之葬人與？人之葬聖人也，子何觀焉？正義：「王肅云：『聖人葬人與，屬上句以言。若聖人葬人與？則人庶有異聞，得來觀者。若人之葬聖人，與凡人何異，子何觀之？』」昔者夫子言之曰：『吾見封之若堂者矣，見若坊者矣，見若覆夏屋者矣，見若斧者矣。注：「封，築土爲壟。堂形四方而高，坊形旁殺平上而長。覆，謂茨瓦也。夏屋，今之門廡也，其形旁廣而卑。斧形旁殺，刃上而長。」釋文：「茨，茅覆屋。」從若斧者焉。』注：「孔子以爲刃上難登，狹又易爲功。」王氏念孫曰：「從若斧者焉，『從』上有『吾』字，今本脫。『吾從若斧者焉』，乃夫子之言。鄭注正釋夫子所以從若斧者之故。下文『馬鬣封之謂也』，方是子夏之言。正義所見本已脫『吾』字，唐石經以下皆沿其誤。初學記禮部下、白帖六十六引此，並作『吾從若斧者焉』，則唐時別本尚有『吾』字。家語公西赤問篇亦有『吾』字。」馬鬣封之謂也。注：「俗間名。」今一日而三斬板，而已封，尚行夫子之志乎哉！」注：「板，蓋廣二尺，長六尺。斬板，謂斷其縮也。三斷止之。旁殺，蓋高四尺，其廣袤未聞也。詩曰：『縮板以載。』尚，庶幾也。」正義：「坊，堤也。堤防水，上平而兩旁殺。殷人以來，始屋四阿。夏家之屋，唯兩下而已，無四阿。斧之形，其刃嚮上，長而高也。築墳之法，安板側於兩邊，而用繩約板令立，復內土于板之上，中央築之，令土與板平，則斬所約板繩，斷而更置於見築土上，又載土其中。三徧如此，其墳乃成。」○燕，烏田反。鬣，力輒反。

婦人不葛帶。注：「婦人質，不變重者，至期除之。卒哭變絰而已。」正義：「此論齊斬婦人。帶，要絰也。葬後卒哭，變麻易葛。婦人重要，而質，不變所重，故不葛帶。大功以下輕，至卒哭並變爲葛，與男子同。絰，首絰也。婦人輕首重要，故也。」

有薦新，如朔奠。注：「重新物，爲之殷奠。」釋名：「喪祭曰奠。奠，停也，言停久也。朔望祭曰殷奠，所用殷衆也。」正義：「未葬前，月朔大奠於殯宮，大奠則牲饌豐也。朔禮視大斂，士則特豚三鼎。大夫以上則朔望大奠，若士，但朔而不望。」彬謂有薦新，如朔奠，此士喪禮文。賈疏：「月令『開冰，先薦寢廟』，『孟夏以彘嘗麥』，『仲夏羞以含桃，先薦寢廟』，皆是。」

既葬，各以其服除。注：「卒哭當變衰麻者變之，或有除者，不視主人。」正義：「三月卒哭，重親各隨所受而變服。若三月之親，應除者，葬竟各自除，不待主人卒哭之變。」

池視重霤。注：「如堂之有承霤也。承霤以木爲之，用行水，亦宮之飾也。柳，宮象也。以竹爲池，衣以青布，縣銅魚焉。」正義：「天子則四注，四面爲重霤。諸侯四注，重霤則差降，去後餘三。大夫唯餘前後二。士則唯一，在前。生時，屋有重霤以行水，死時，柳車亦象宮室，而於車覆鼈甲之下，牆帷之上，織竹爲之，形如籠，衣以青布，以承鼈甲，名之爲池，以象重霤。方面之數，各視生時重霤。」○重，直容反。

君卽位而爲椑，注：「椑，謂杝棺親尸者。椑，堅著之言也，言天子椑內，又有水、兕革棺。」正義：「君，諸侯也。人君無論少長，體尊備物，故卽位而造棺也。」歲壹漆之，注：「若未成然。」藏焉。注：「虛之不合。」○椑，蒲歷反。

復，楔齒、綴足、飯、設飾、帷堂並作。注：「設飾，謂遷尸又加新衣。」釋文：「飯，唅也。」正義：「復，招魂也。楔，柱也。用角柶柱亡人之齒令開，使唅時不閉也。復用燕几綴亡人之足令直使著屨時不辟戾也。作，起爲也。帷堂，謂小斂時。自復以下，諸事並起，以帷堂，故云並作。」○楔，悉節反。綴，丁劣反，又丁衛反。

父兄命赴者。注：「謂大夫以上也。士，主人親命之。」正義：「赴，謂死者生時於他人有恩識者，今死，則使人往相赴告也。」

君復於小寢、大寢、小祖、大祖、庫門、四郊。注：「尊者求之備也。亦他日所嘗有事。」正義：「周禮夏采以冕服復於太祖廟，其小廟則祭僕復之。其小寢大寢則隸僕復之。四郊，則夏采復之。其諸侯復，則小臣。」馬彥醇曰：「寢，所居處之地。祖，所有事之地。門，所出入之地。郊，所嘗至之地。君復必於此者，蓋魂氣亦未離生時熟習之地也。」王氏懋竑曰：「小寢，燕寢。大寢，路寢也。士喪禮『復者升自前東榮』，『降自後西榮』，在正寢，不於廟。疏據周禮隸僕注謂爲廟寢。然隸僕先言『掌五寢』，又言『祭祀修寢』，何以知小寢大寢之必爲廟寢也？疑馬氏說是。」江氏永曰：「路寢爲王治事之處，燕寢爲燕息之處。君與廟與大門四郊皆復，豈獨遺路寢燕寢乎？周禮隸僕『掌王之五寢』，『大喪，復於小寢大寢』，亦謂路寢燕寢也。馬氏說得之。經文亦是由近而及遠也。」

喪不剥奠也與？祭肉也與？注：「剥，猶倮也。有牲肉則巾之，爲其久設，塵埃加也。脯醢之奠不巾。」正義：「案士喪禮小斂，『陳一鼎』，既斂，『奠于尸東』，『祝受巾，巾之』，是有牲肉則巾之也。又云始死，『脯醢醴酒』，『奠于尸東』，無巾。又殯後朝夕『乃奠，醴酒脯醢，如初設，不巾』。是脯醢醴酒不巾也。」

既殯，旬而布材與明器。注：「木工宜乾腊，且豫成。材，椁材也。」正義：「布，班也。殯後十日而班布告，下覓椁材，及送葬明器之材。士喪禮筮宅，吉，『左還椁』，『獻明器之材於殯門外』，是也。」

朝奠日出，夕奠逮日。注：「陰陽交接，庶幾遇之。」

父母之喪，哭無時，使必知其反也。注：「謂既練。或時爲君服金革之事，反必有祭。」正義：「禮，哭無時有三種：一是初喪未殯之前，哭不絕聲；二是殯後除朝夕之外，廬中思憶則哭；三是小祥之後，哀至而哭。禮運云『三年之喪期不使』，公羊傳亦期不使。是知期内不使，期外可使。」

練，練衣黄裏、縓緣，注：「小祥，練冠練中衣，以黄爲内，縓爲飾。黄之色卑於纁。縓，纁之類，明外除。」釋文：「縓，淺赤色。」正義：「縓爲淺絳色也。緣，謂中衣領及褎緣也。裏用黄而領緣用縓者，領緣外也。」葛要絰，繩屨無絇，角瑱，注：「瑱，充耳也，吉時以玉。人君有瑱。」正義：「葛要絰者，亦小祥後事也。小祥，男子去首絰，唯餘要葛也。繩屨，謂父喪菅屨，卒哭受齊衰蒯藨屨，至小祥受大功繩麻屨也。絇，屨頭飾也。角瑱，初喪亦無，至小祥微飾，以角爲之。」鹿裘衡、長、袪。注：「衡當爲横，字之誤也。袪，謂褎緣袂口也。練而爲裘，横廣之，又長之，又爲袪，則先時狹短，無袪可知。吉時麛裘。」正義：「裘，吉時貴賤有異，喪時同用鹿皮爲之。」袪，裼之可也。注：「裼，表裘也。有袪而裼之，備飾也。玉藻『麛裘青豻褎，絞衣以裼之。』鹿裘亦用絞乎？」正義：「案如此文，明小祥時外有衰，衰内有練中衣，中衣内有裼衣，裼衣内有鹿裘，鹿裘内有常著襦衣。」王氏引之曰：「玉藻不文飾也。不裼，裼非居喪之服也。裼，當讀爲緆。緆，緣也。袪緆之者，謂緣此袪也。士喪禮記『縓綼緆』，注曰：『飾裳在幅曰綼，在下曰緆。』是緆者，飾裳邊也。飾裳之邊曰緆，飾袖之邊亦得曰緆。裼、緆古同聲，緆正字，裼借字，豈表裘之謂乎？又案袂口爲袪，緣之爲緆。玉藻『袪尺二寸，緣廣寸半』，是緣與袪爲二事，不得卽以袪爲緣也。注當曰『袪，袂口也。裼，讀爲緆，謂緣也』。則明辨晳矣。」〇縓，七絹反。緣，悦絹反。絇，其俱反。瑱，吐練反。衡，依注作「横」，華彭反。袪，起魚反。裼，音昔。

有殯，聞遠兄弟之喪，雖緦必往。注：「親骨肉也。」非兄弟，雖鄰不往。注：「疏無親也。」朱氏軾曰：「子張死，曾子有母之喪，齊衰而往，哭之曰：『我弔也與哉？』蓋謂哭死而非弔生也。此云『雖鄰不往』，以殯而未葬耳。若卒哭而後，弔生可已，送死烏可已乎？」王氏懋竑曰：「此條當以三年之殯言。雜記曰：『三年之喪，雖功衰不弔，自諸侯達諸士。如有服而將往哭之，則服其服而往。』又云：『有殯，聞外喪，哭之他室。』疏：『有殯，謂父母喪未葬。外喪，謂兄弟喪在遠者也。』」

所識，其兄弟不同居者皆弔。正義：「皇氏以爲別更起文，不連有殯之事。所識者，謂識其死者之兄弟，是小功以下之親。既識兄弟，雖不同居，皆一一就弔之。」吳幼清曰：「所識之人，其家若有同居之親死，往弔不待言矣。雖其兄弟之不同居者死，亦皆弔之。蓋厚於所識，故推其恩愛，以及於其有服之兄弟不同居者。皇氏以爲小功以下之親。小功以下，服輕尚弔，況大功以上服重者乎？鄭注以爲所識者死，而弔於其不同居兄弟之家，不如皇氏之説爲當。案記文言『皆弔』，夫喪無二主，若所識一人死，而皆往弔其不同居之兄弟，則喪不止二主矣。古無是禮也。」

天子之棺四重，注：「尚深邃也。諸公三重，諸侯再重，大夫一重，士不重。」正義：「四重者，水牛兕牛皮二物，爲一重也；又杝，爲第二重也；屬，爲第三重；大棺，爲第四重。凡五物也。以次差之，上公三重，則去水牛，餘兕、杝、屬、大棺也。侯伯子男再重，又去兕，餘杝、屬、大棺。大夫一重，又去杝，餘屬、大棺也。士不重，又去屬，單用大棺也。天子大棺，厚八寸，屬六寸，椑四寸，又二皮六寸，合二尺四寸也。上公去水牛之三寸。餘兕、椑、屬、大棺，則合二尺一寸。諸侯又去兕之三寸，餘合一尺八寸也。列國上卿又除椑四寸，餘合一尺四寸也。大夫大棺六寸，屬四寸，合一尺。

士則不重，但大棺六寸耳。故庶人四寸矣。」水、兕革棺被之，其厚三寸，注：「以水牛兕牛之革以爲棺被，革各厚三寸，合六寸也。此爲一重。」正義：「水兕二皮，並不能厚三寸，故合被之，令各厚三寸也。二皮能溼，故最在裏，近尸也。」杝棺一，注：「所謂椑棺也。」爾雅曰：「椴，杝。」梓棺二，注：「所謂屬與大棺。」正義：「屬與大棺並用梓。」四者皆周。注：「周，帀也。凡棺用能溼之物。」正義：「唯椁不周，下有茵，上有抗席故也。」棺束縮二衡三，衽每束一，注：「衡，亦當爲橫。衽，今小要。衽，或作漆，或作髹。」釋名：「棺束曰緘。緘，函也。古者棺不釘也。旁際曰小要，其要約小也。又謂之衽。衽，任也，任制際會，使不解也。」正義：「古棺木無釘，故用皮束合之。縮，縱也。縱束者用二行，横束者三行。衽，其形兩頭廣，中央小也。既不用釘棺，但先鑿棺邊及兩頭合際處，作坎形，則以小要連之，令固棺，並相對，每束處以衽連之。若豎束之處，則豎著其衽，以連棺蓋及底之木，使與棺頭尾之材相固。」柏椁以端長六尺。注：「以端，題湊也。其方蓋一尺。」正義：「端，猶頭也。積柏材作椁，並葺材頭也。天子柏，諸侯松，大夫柏，士雜木也。椁材並皆從下壘至上，始爲題湊。湊，嚮也，言木之頭相嚮，而作四阿也。」〇重，直龍反。被，皮寄反。杝，羊支反。

天子之哭諸侯也，爵弁經，紂衣。注：「服士之祭服以哭之，明爲變也。天子至尊，不見尸柩不弔服。麻不加於采，此言經，衍字也。時人聞有弁經，因云之耳。周禮王弔諸侯，弁經緦衰也。」射慈喪服圖曰：「天王弔三公，弁經錫衰；弔六卿，弁經錫衰；弔大夫，弁經疑衰；弔士，弁經緦衰；弔畿内諸侯，弁經緦衰。」皇覽：「逸禮曰：『君使大夫弔於國君，禮，錫衰裳，弁有經；下大夫爲介，亦如之；士介者，將命者緦衰裳，弁經。異姓經，同姓麻。』」正義：「薨在本國，天子遥哭之，不服緦衰，弔而服爵弁紂衣。紂衣，絲衣也。則諸侯以下，雖不見尸柩，仍弔服也。」或曰：「使有司哭之，注：

「非也。哀戚之事不可虛。」爲之不以樂食。」注：「蓋謂殯斂之間。」白虎通曰：「天子哭諸侯，爵弁純衣。」又曰：「遣大夫弔，詞曰：『皇天降災，子遭離之。嗚呼哀哉！天王使臣某弔。』」○紂，本又作「緇」，又作「純」，同，側其反。

天子之殯也，菆塗龍輴以椁，注：「菆木以周龍輴如椁而塗之。天子殯以輴車，畫轅爲龍。」加斧于椁上，畢塗屋，天子之禮也。注：「斧謂之黼，白黑文也。以刺繡於緣幕，加椁以覆棺，已乃屋其上，盡塗之。」○菆，才官反。輴，敕倫反。

唯天子之喪，有別姓而哭。注：「使諸侯同姓、異姓、庶姓相從而爲位，別於朝覲來時。朝覲爵同同位。」

魯哀公誄孔丘曰：「天不遺耆老，莫相予位焉。嗚呼哀哉，尼父！」注：「誄，累其行以爲謚也。莫，無也。相，佐也。言孔子死，無佐助我處位者。尼父，因且字以爲之謚。」江氏永曰：「誄者，哀死之辭，與謚不同。」段氏玉裁曰：「『案說文：「且，薦也。」凡承藉於下曰且。凡冠而字，祇有一字耳，必五十而後以伯仲，故下一字所以承藉伯仲也。』言伯某仲某是稱其字，單言某父，是稱其且字。」○誄，力軌反。耆，巨支反。相，息亮反。

國亡大縣邑，公、卿、大夫、士皆厭冠，哭於大廟三日，君不舉。或曰：「君舉而哭於后土。」注：「軍敗失地，以喪歸也。厭冠，今喪冠，其服未聞。后土，社也。」○厭，于葉反。

孔子惡野哭者。注：「爲其變衆，周禮銜枚氏：『掌禁野叫呼歎嗚於國中者，行歌哭於國中之道者。』」正義：「哭非其地，謂之野。」陳可大曰：「所知，吾哭諸野，夫子嘗言之矣。蓋哭其所知，必設位而帷之以成禮。此所惡者，或郊野之際，道路之間，哭非其地，又且倉卒行之，使人疑駭，故惡之也。」

未仕者不敢稅人，如稅人則以父兄之命。注：「不專家財也。稅謂遺予人。」○稅，始銳反。

士備入，而后朝夕踊。注：「備，猶盡也。國君之喪，嫌主人哭，入則踊。」正義：「士卑，最後，故舉士入爲畢也。踊須相視爲節，故俟齊也。」

祥而縞。注：「縞冠素紕也。」是月禫，徙月樂。注：「言禫明月可以用樂。」○縞，古老反。

君於士有賜帟。注：「帟，幕之小者，所以承塵，賜之則張於殯上。大夫以上，幕人職供焉。」○帟，音亦。

禮記訓纂卷四

檀弓下第四鄭目録云："義同前篇，以簡策繁多，故分爲上下二卷。"

君之適長殤，車三乘；公之庶長殤，車一乘；大夫之適長殤，車一乘。注："皆下成人也。自上而下，降殺以兩，成人遣車五乘，長殤三乘，下殤一乘，尊卑以此差之。庶子言公，卑遠之。傳曰：『大功之殤，中從上。』"正義："君者，五等諸侯，公亦諸侯也。葬柩朝廟畢，將行，設遣奠竟，取遣奠牲體臂臑，折之爲段。用此車載之，以遣送亡者，故謂之遣車。但遣車之數，貴賤不同，諸侯七乘，其適子成人五乘，長殤三乘，中則從上，若下殤則一乘也。大夫自得五乘，適子成人三乘，長殤降二，故一乘也。中殤從上，亦一乘。"○適，丁歷反。長，丁丈反。

公之喪，諸達官之長杖。注："謂君所命，雖有官職，不達於君，則不服斬。"正義："公者，五等諸侯也。達官，謂國之卿、大夫、士被君命者也。不達於君，謂府史之屬也，賤不被命，是不達於君也，但服齊衰三月。若近臣閽寺之屬，雖無爵命，嗣君服斬，則亦服斬。但降其帶屨，用布帶繩屨耳。"

君於大夫，將葬，弔於宫；及出，命引之，三步則止。注："以義奪孝子。宫，殯宫。出，謂柩已在路。"如是者三，君退。注："退，去也。三命引之，凡移九步。"朝亦如之，哀次亦如之。注："君弔不必於宫。朝，祖朝廟也。次，他日賓客所受大門外舍也。孝子至此而哀，君或於是弔焉。"正義："君或來弔，參差早晚，不必恒在殯宮，或當朝廟，明日將發之時。君弔或晚，不及朝廟之時，柩出大門，至平生待賓客次舍之處。君於是始弔，畢，君命引之使行，如上來之事。」

五十無車者，不越疆而弔人。注：「氣力始衰。」

季武子寢疾，蟜固不説齊衰而入見，曰：「斯道也將亡矣。士唯公門説齊衰。」注：「季武子，魯大夫季孫夙也。世爲上卿，强且專政，國人事之如君。蟜固能守禮，不畏之，矯失俗也。道，猶禮也。」武子曰：「不亦善乎！君子表微。」注：「時無如之何，佯若善之。表，猶明也。」及其喪也，曾點倚其門而歌。注：「明己不與也。點字晳，曾參父。」閻氏若璩曰：「春秋昭七年：『季孫宿卒。』孔子年十七。曾點少孔子若干歲未可知，然論語敍其坐，次於子路，則其少九歲以上可知。安有六七歲童子，倚執政之門，臨喪而歌之事？」○蟜，居表反。説，他活反。

大夫弔，當事而至，則辭焉。注：「辭，猶告也。擯者以主人有事告也。主人無事，則爲大夫出。」正義：「此出者，正謂出之於庭，不得出門外，以男子之事自堂及門故也。若未小斂以前，唯君命出。然士喪禮既小斂以後，主人降自西階，遂拜賓，大夫特拜，士旅之。得出拜士者，以主人將襲經於序東，因降階而拜之，非故爲士而出拜也。」

弔於人，是日不樂。注：「君子哀樂不同日。子於是日哭，則不歌。」王氏念孫曰：「不樂之樂，如字讀，謂作樂也。歌詩與作樂相等，故注以不歌比不樂。」○樂，音岳。

婦人不越疆而弔人。注：「不通於外。」正義：「婦人無外事。」

行弔之日，不飲酒食肉焉。注：「以全哀也。」

弔於葬者必執引，若從柩及壙，皆執紼。注：「示助之以力。車曰引，棺曰紼。從柩，贏者。」釋名：「從前引之曰紼。紼，發也，發車使前也。」釋文：「引，車索。紼，棺索。」正義：「何東山云：『天子千人，諸侯五百人，大夫三百人，士五十人。贏，數外也。』」○壙，苦晃反，又音曠，後同。

喪，公弔之，必有拜者，注：「謂無主後。」正義：「喪家雖無主後，必有以次疏親而往拜之。疏親亦無，雖死者朋友及同州同里及喪家典舍之人而往拜之可也。若有後，主人自當親拜。既夕禮云：『主人乘惡車。』鄭注云：『拜君命。』是也。」雖朋友州里舍人可也。注：「謂無主後。」弔曰：「寡君承事。」注：「示亦爲執事來。」主人曰：「臨。」注：「君辱臨其臣之喪。」

君遇柩於路，必使人弔之。注：「君於民臣，有父母之恩。」正義：「君於其臣，當特弔於家。故鄭答張逸：『行而遇之，謂凡民也。』」

大夫之喪，庶子不受弔。注：「不以賤者爲有爵者主。」正義：「適子主喪，受弔拜賓。若適子或有他故不在，則庶子不敢受弔，明已卑，辟適也。」

妻之昆弟爲父後者死，哭之適室，注：「以其正也。」子爲主，祖免哭踊。注：「親者主之。」正義：「子，己子也。甥服舅緦，故命己子爲主。冠尊，不居肉袒上，故祖免哭踊〔一〕。」夫入門右，注：「北面，辟正主。」使人立於門外，告來者，狎則入哭。注：「狎，相習知者。」父在，哭於妻之室。注：「不以私喪干尊。」非爲

〔一〕「故」下原衍「先」字，據禮記注疏删。

父後者，哭諸異室。○免，音問。

有殯，聞遠兄弟之喪，哭於側室。注：「嫌哭殯。」無側室，哭於門内之右。注：「近南者爲之變位。」同國則往哭之。注：「喪無外事。」正義：「哭於門内之右，謂庶人無側室者。上云『聞遠兄弟之喪』，謂異國也。以己有喪殯，不得嚮他國。」

子張死，曾子有母之喪，齊衰而往哭之。或曰：「齊衰不以弔。」曾子曰：「我弔也與哉！」注：「於朋友哀痛甚，而往哭之，非若凡弔。」黄東發曰：「齊衰者，曾子爲母服，非爲弔子張而服也。往哭者，友朋哀痛之情，特因其服而往，非以此服行弔禮也。」

有若之喪，悼公弔焉，子游擯由左。注：「悼公，魯哀公之子。擯，相侑喪禮者。喪禮廢亡，時人以爲此儀當如詔辭，而皆由右相，是善子游正之。」方性夫曰：「吉時尚左，凶事尚右。子游爲擯由左，尚右故也。」○擯，必忍反。

齊穀王姬之喪，注：「穀當爲告，聲之誤也。王姬，周女，齊襄公之夫人。」魯莊公爲之大功，或曰：「由魯嫁，故爲之服姊妹之服。」或曰：「外祖母也，故爲之服。」注：「春秋周女由魯嫁，卒，服之如内女服姊妹，是也。天子爲之無服，嫁於王者之後乃服之。莊公，齊襄公女弟文姜之子，當爲舅之妻，非外祖母也。外祖母，又小功也。」○穀，音告，又古毒反。爲，于僞反。

晉獻公之喪，秦穆公使人弔公子重耳，注：「獻公殺其世子申生，重耳辟難出奔，是時在翟，就弔之。」且曰：「寡人聞之：『亡國恒於斯，得國恒於斯。』注：「言在喪代之際。」雖吾子儼然在憂服之中，喪亦不可久也，時亦不可失也。孺子其圖之！」注：「勸其反國，意欲納之。喪，謂亡失位。孺，穉也。」以告舅犯，注：「舅犯，重耳之舅狐偃也，字子犯。」舅犯曰：「孺子其辭焉！喪人無寶，仁親以爲寶，注：「寶，謂善道可守者。」朱子大學注「仁親，謂仁愛其親」。父死之謂何？又因以爲利，注：「欲反國求爲後，是利父死。」而天下其孰能説之？孺子其辭焉！」注：「説，猶解也。」公子重耳對客曰：「君惠弔亡臣重耳，身喪父死，彬謂喪，亡也。不得與於哭泣之哀，以爲君憂。注：「謝之。」父死之謂何？或敢有他志，以辱君義。」注：「他志，謂利心。」稽顙而不拜，哭而起，起而不私。子顯以致命於穆公，注「使者，公子縶也。盧氏云：『古者名字相配。顯，當作韅』。」一切經音義：「稽，至也。顙，額也。謂額至地也。」穆公曰：「仁夫，公子重耳！夫稽顙而不拜，則未爲後也，故不成拜。哭而起，則愛父也。呂氏春秋報更篇：「人主胡可以不務哀士？」高注：「哀猶愛也。」檀弓：「哭而起，則愛父也。」愛，猶哀也。起而不私，則遠利也。」正義：「穆公本意，勸重耳反國。今不受其勸，故不拜謝，故云『未爲後也』。凡喪禮，先稽顙而後拜，今直稽顙而不拜，故云『不成拜』也。聞勸其反國，哀慟而起，則愛父也。不私與使者言，無心反國，是遠利也。」○重，直龍反。儼，魚檢反。喪，息浪反。與，音預。稽，音啟。顙，桑黨反。

帷殯，非古也。自敬姜之哭穆伯始也。注：「穆伯，魯大夫，季悼子之子公甫靖也。敬姜，穆伯妻，文伯歜之母也。禮：『朝夕哭不帷。』」正義：「按張逸答陳鏗云：『敬姜早寡，晝哭以辟嫌，帷殯或亦辟嫌，表夫之遠色也。』」

喪禮，哀戚之至也。節哀，順變也。君子念始之者也。注：「始猶生也。念父母生己，不欲傷其性。」正義：「言人或有禍災，雖或悲哀，未是至極。唯居父母喪，是哀戚之至極也。若無節文，恐其傷性，故辟踊有筭，裁節其哀也。」

復，盡愛之道也。有禱祠之心焉。注：「復，謂招魂。且分禱五祀，庶幾其精氣之反。」望反諸幽，求諸鬼神之道也。注：「鬼神處幽闇，望其從鬼神所來。」北面，求諸幽之義也。注：「鄉其所從來也。禮，復者升屋北面。」正義：「五祀，博言之耳。士唯二祀。」

拜稽顙，哀戚之至隱也。稽顙，隱之甚也。注：「隱，痛也。稽顙者，觸地無容。」正義：「孝子拜賓，先稽顙而後拜者，哀戚之至痛也。」

飯用米貝，弗忍虛也。不以食道，用美焉爾。注：「尊之也。食道褻，米貝美。」正義：「凡含用米貝。案喪大記『君沐粱，大夫沐稷，士沐粱』，又以所沐之米以飯之。士用粱者，謂天子之士。諸侯之士用稻。故士喪禮云：『稻米一豆，實於筐。』以次差之，天子當沐黍與？案士喪禮『貝三，實于笄』，注『貝，水物，古者以爲貨。』是士用貝三，依雜記則大夫當五，諸侯七，天子九。」

銘，明旌也。注：「神明之旌。」釋名：「銘，名也。記明其功也。」廣雅：「銘，銘記。」以死者爲不可別已，故以其旗識之。注：「不可別，形貌不見。」盧注：「形掩藏不可別，故旌其別也。」王氏念孫曰：「故以其旗識之，本作『故以其旗識識之』。上識是旗識之識，下識是表識之識。周官小祝『置銘』，杜子春注引檀弓曰：『銘，明旌也。以死者爲不可別，故以其旗識識之。』士喪禮『爲銘』，鄭注曰：『銘，明旌也。以死者爲不可別，故以其旗識識之。』」愛之斯錄之矣，敬之斯盡其道焉耳。注：「謂重與奠。」重，主道也。殷主綴重焉，周主重徹焉。注：「始死未作主，以重主其神也。重既虞而埋之，乃後作主。春秋傳曰：『虞主用桑，練主用栗。』綴，猶聯也。殷人作主而聯其重，縣諸廟也。去顯考，乃埋之。周人作主，徹重埋之。」正義：「案士喪禮：『爲銘，各以其物。』士長三尺，大夫五尺，諸侯七尺，天子九尺。若不命之士，則士喪禮云『以緇，長半幅』，長一尺，『經末，長終幅』，長二尺，總長三尺。始死作重，猶吉祭木主之道。主者，吉祭所以依神，在喪，重亦所以依神。殷人始殯，置重於廟庭，作虞主訖，則綴重縣於新死者之廟。周人虞而作主，重則徹去而埋之。范寧穀梁傳注云：『親過高祖，則毁其廟，以次而遷，將納新神，故示有所加。』其主之狀，范寧云：『正方，穿中央，達四方。天子長尺二寸，諸侯長一尺。』」○識，式至反。綴，竹劣反。

奠以素器，以生者有哀素之心也。唯祭祀之禮，主人自盡焉爾，豈知神之所饗，亦以主人有齊敬之心也！注：「哀素，言哀痛無飾也。凡物無飾曰素。哀則以素，敬則以飾，禮由人心而已。」正義：「奠，謂始死至葬之時祭名，以其時無尸，奠置於地，故謂之奠也。哀則以素，謂葬前。敬則以飾，謂虞後。故士虞禮不用素器也。」○齊，側皆反。

辟踊，哀之至也。有筭，爲之節文也。注：「筭，數也。」正義：「撫心爲辟，跳躍爲踊。孝子喪親，哀慕至懣，男踊女辟，是哀痛之至極也。若不裁限，恐傷其性，故辟踊有節。士舍死日，三日而殯，凡三踊。初死日襲而踊，明日小斂踊，又明日大斂踊，凡三日爲三踊也。大夫五踊。舍死日，四日而殯。初死日一踊，明日襲又踊，三日小斂，朝一踊，至小斂時又踊，至四日大斂，朝不踊，當大斂時又踊。凡四日爲五踊。諸侯七踊，舍死日，六日而殯。初死日一，明日襲又一，至三日小斂，朝一，當小斂時又一，四日無事一，五日又一，至六日朝不踊，亦當大斂時又一，凡六日七踊。周禮王九踊，舍死日，八日而殯。死日一，明日襲一，其閒二日爲二，至五日小斂爲二。其閒二日又二，至八日大斂，朝不踊，大斂時又一，凡八日九踊。故云『爲之節文也』。」○辟，婢亦反。踊，音勇。筭，桑亂反。

袒、括髮，變也。愠，哀之變也。去飾，去美也；袒、括髮，去飾之甚也。有所袒，有所襲，哀之節也。正義：「袒衣括髮，孝子形貌之變也。悲哀愠恚者，孝子哀情之變也。」江氏永曰：「袒，肉袒也。喪禮亦左袒，以左袂扱於前衿帶。士喪禮『主人左袒，扱諸面之右』，是也。括髮者，去笄纚，以麻括髮，而露紒也。爲父喪小斂至大斂皆括髮，爲母喪小斂一括髮，及奉尸侇於堂，拜賓卽位而著免也。士喪禮袒襲之節，初喪時凡三：飯含一，小斂一，大斂一。葬時凡四：啟殯一，祖行一，柩時一，窆時一也。」○括，觀闊反。

弁絰葛而葬，與神交之道也，注：「接神之道，不可以純凶。天子諸侯變服而葬，冠素弁，以葛爲環絰，既虞卒哭，乃服受服也。雜記曰：『凡弁絰，其衰侈袂。』」正義：「素，謂素帛爲弁。故鄭注司服云：『弁，如爵弁而素。』不云麻，是用素絹也。以葛以弁絰連文，故云葛環絰，然則要帶猶用麻也。」江氏永曰：「小宗伯成葬有祭墓之禮，下文『有司以几筵舍奠於墓左』，則葬時有交神之道。神，謂后土之神，蓋先君體魄託於斯，是以不敢純凶，然亦惟貴者有此禮，大夫以下則不敢輕變服也。」有敬心焉。注：「踰時哀衰而敬生，敬則服有飾。大夫士三月而葬，未踰時。」周人弁而葬，殷人冔而葬。注：「周弁殷冔，俱象祭冠而素，禮同也。」○冔，況甫反。

歠主人、主婦、室老，爲其病也，君命食之也。注：「尊者奪人易也。歠，歠粥也。」正義：「歠者，親喪三日之後，歠粥之時。主人，亡者之子。主婦，亡者之妻。室老，家之長相。此三者並是大夫之家貴者，爲其歠粥病困之故，君必有命食疏飯也。」○歠，徐昌悅反。爲，于僞反。食，音嗣。

反哭升堂，反諸其所作也。注：「親所行禮之處。」主婦入於室，反諸其所養也。注：「親所饋食之處。」正義：「謂葬窆訖，反哭升於廟。所以升堂者，謂平生祭祀冠昏在於堂也。所以入室，反復於親所饋食供養之處。此皆謂在廟也。」

反哭之弔也，哀之至也。反而亡焉，失之矣，於是爲甚。注：「哀痛甚。」殷既封而弔，周反哭而弔。孔子曰：「殷已慤，吾從周。」注：「封當爲窆。窆，下棺也。慤者，得哀之始，未見其甚。」正義：「廟是平生行禮之處，今反哭於廟，思親而不見，故悲哀爲甚。壙非親存所在之處，弔者於此而來，哀情質慤，故云慤也。」○封，依注音窆，下同。慤，本又作㱿，苦角反。

葬於北方，北首，三代之達禮也，之幽之故也。正義：「鬼神尚幽闇，往詣幽冥故也。殯時仍南首者，孝子猶若其生，不忍以神待之。」

既封，主人贈，而祝宿虞尸。注：「贈，以幣送死者於壙也。於主人贈，祝先歸。」正義：「祝先歸，宿戒虞尸。案既夕禮『主人贈，用制幣，玄纁束帛』也。案士虞禮記云：『男，男尸。女，女尸。』是虞有尸也。」

既反哭，主人與有司視虞牲。注：「日中將虞，省其牲。」有司以几筵舍奠於墓左，反，日中而虞。注：「所使奠墓有司來歸，乃虞也。舍奠墓左，爲父母形體在此，禮其神也。周禮冢人：『凡祭墓爲尸。』」正義：「此謂既窆後事也。几，依神也。筵，坐神席也。席敷陳曰筵。舍，釋也。奠，置也。墓道嚮南，以東爲左。孝子先反，故有司以几筵及祭饌置於墓左，禮地神也。虞者，葬日還殯宫，安神之祭名。士虞禮云『日中而行事』，注云：『朝葬，日中而虞，君子舉事，必用辰正也。再虞、三虞，皆用質明。』」○舍，音釋。葬日虞，弗忍一日離也。注：「弗忍其無所歸。」是日也，以虞易奠。卒哭，曰成事。注：「虞，喪祭也。既虞之後，卒哭而祭。其辭蓋曰『哀薦成事』，成祭事也。祭以吉爲成。」正義：「鄭注士虞禮云：『虞，安也。』所以安神。虞皆用柔日，最後一虞用剛日。雜記云：『諸侯七虞。』然則天子九虞也。」○離，力智反。是日也，以吉祭易喪祭，注：「卒哭吉祭。」明日，祔於祖父。注：「祭告於其祖之廟。」其變而之吉祭也，比至於祔，必於是日也接，不忍一日末有所歸也。注：「末，無也。日有所用接之，虞禮所謂『他用剛日』也。其祭，祝曰『哀薦』，曰『成事』。」吴幼清曰：「虞祭猶是喪祭，卒哭始吉祭。明日，卒哭之次日也。變，亦易也。接，相連不間也。變而之吉祭，即上文所謂『以吉祭易喪祭』也。比至於祔，必於是日也接，即上所謂『明日祔於祖父』也。前言『弗忍一日離』，此言『不忍一日末有所歸』，蓋言卒哭之末，有餞禮送神適祖廟矣。翼早急宜就祖廟迎奉其神，若用虞祭之例，相隔一日而始祔祭，則卒哭後，祔祭前，此一日親之神無所依歸，孝子不忍，故祔祭必與卒哭之日相連而不間也。聖人制禮之意精矣。注疏以變爲非常之祭，未見明據。」○易，徐音亦。比，必利反。

殷練而祔，周卒哭而祔。孔子善殷。注：「期而神之，人情。」江氏永曰：「考大戴禮諸侯遷廟奉衣服，由廟而遷於新廟，此廟實爲殯宫，則先儒謂祔後主反於殯宫者信矣。其不言『奉主』，而言『奉衣服』者，鄭氏謂『毁易祖考，人神之所不忍』，是也。祔後殯宫有主，遷廟篇固可證矣。至遷廟，先儒有二説，朱子斷從三年之説，爲合於人情。愚又以遷廟篇證之，亦當是除喪之後。其云『成廟將遷之新廟』，『徙之日，君玄服，從者皆玄服』，非除喪豈可玄服乎？使練而遷廟，則練與大祥之間，豈可行吉祭乎？左氏傳云：『卒哭而祔，祔而作主。特祀於主，烝嘗禘於廟。』此亦可見練祥禫之祭皆特祀於主，而主不在廟也。穀梁傳所謂『於練焉，壞廟』者，易檐改塗，以示他日將遷於此，而遷不於練也。喪事即遠，有進無退，謂柩不反，非謂主不反。卒哭而祔，惟祔於同昭穆之祖，非同昭穆者不祭。蓋欲使新死者祔於同班之祖，而非爲祀典之缺也。又曰：以意推之，殷練而祔，亦是行祖之祭，若遷廟當在除喪之後也。周人殯於寢，既葬，主猶在寢，故卒哭即行祔祭，使其神有所歸。殷人殯於廟，不患其無所歸，是以練而始行祔祭也。殷周異制，其原自殯於祖，殯於寢，已不同。殷練而祔，與上文『不忍一日末有所歸』自不相妨也。」

君臨臣喪，以巫、祝、桃、茢、執戈，惡之也，注：「爲有凶邪之氣在側。君聞大夫之喪，去樂卒事而往，未襲也。其已襲，則止巫去桃茢。桃，鬼所惡。茢，萑苕，可埽不祥。」所以異於生也。注：「生人無凶邪。」正義：「此經所云，謂天子禮。鄭注士喪禮，引此文，云：『皆天子禮也。諸侯臨臣之喪，則使祝代巫，執茢居前，下天子也。』」喪有死之道焉，先王之所難言也。陳可大曰：「人死，斯惡之矣，先王之所不忍言也。」王氏念孫曰：「唐石經初刻所下有以字。」○茢，音列。惡，烏路反。

喪之朝也，順死者之孝心也。其哀，離其室也，故至於祖考之廟而后行。殷朝而殯於祖，周朝而遂葬。注：「朝，謂遷柩於廟。」正義：「夫爲人子之禮，出必告，反必面，以盡孝子之情。今此所以車載柩而朝，是順死者之孝心也。然朝廟之禮，每廟皆朝，故既夕禮云：『其二廟，則饌於禰廟。』殷人尚質，敬鬼神而遠之，死則爲神，故朝而殯於祖廟。周則尚文，親雖亡殁，不忍以神事之，故殯於路寢，及朝廟遂葬。」○朝，直遥反。

孔子謂爲明器者知喪道矣，備物而不可用也。注：「神與人異道，則不相傷。」哀哉，死者而用生者之器也，不殆於用殉乎哉！注：「殆，幾也。殺人以衞死者曰殉，用其器者，漸幾於用人。」其曰明器，神明之也。注：「神明死者，異於生人。」塗車芻靈，自古有之，注：「芻靈，束茅爲人馬。謂之靈者，神之類。」釋名：「塗車，以泥塗爲車也。芻靈，束草爲人馬，以神靈名之也。」明器之道也。注：「言與明器同。」孔子謂爲芻靈者善，謂爲俑者不仁，不殆於用人乎哉！注：「俑，偶人也。有面目機發，有似於生人。孔子善古而非周。○殉，辭俊反。芻，初俱反。俑，音勇。

穆公問於子思曰：「爲舊君反服，古與？」注：「仕焉而已者。穆公，魯哀公之曾孫。」王肅喪服要記：「老疾三諫去者，爲舊君服齊。」子思曰：「古之君子，進人以禮，退人以禮，故有舊君反服之禮也。今之君子，進人若將加諸膝。說文：「厀，脛頭卪也。」退人若將隊諸淵，毋爲戎首，不亦善乎！又何反服之禮之有？」注：「言放逐之臣不服舊君也。爲兵主來攻伐曰戎首。」盧注：「戎，兵也。言人君待臣不以禮，不舉兵爲行陳之首誅之，則善矣，有何反服之有？」正義：「案喪服齊衰三月章『爲舊君』，注云：『大夫待放未去者。』傳曰：『大夫去，君埽其宗廟。』『言其以道去君，而猶未絶也。』以此言之，凡舊君，若年老致仕退歸，在國不仕者，身爲之服齊衰三月，并各服其母妻。若三諫不從待放，已去而絶者，唯妻與長子服之，已則無服。若待放未去，爵位未絶，身及妻子皆爲之服。然則去仕他國，已絶之後，不服舊君。」王氏念孫曰：「此本作『又何反服之有』，『反服』下不當有『之禮』二字，蓋涉上文

『反服之禮』而衍。世説新語方正篇注、通典禮五十九、白帖三十八引此，無『之禮』二字。」○爲，于僞反。膝，音悉。隊，又作「墜」，直媿反。

悼公之喪，季昭子問於孟敬子曰：「爲君何食？」注：「悼公，魯哀公之子。昭子，康子之曾孫，名强。敬子，武伯之子，名捷。」敬子曰：「食粥，天下之達禮也。吾三臣者之不能居公室也，四方莫不聞矣。注：「言鄰國皆知吾等不能居公室以臣禮事君也。三臣，仲孫、叔孫、季孫氏也。」勉而爲瘠，則吾能。毋乃使人疑夫不以情居瘠者乎哉！我則食食。」注：「存時不盡忠，喪又不盡禮，非也。」李氏惇曰：「食粥，天下之達禮，自是正論。玩其文義，『吾三臣者』以下，當是昭子答辭。當時三家之勢，季氏最横，孟氏最弱。敬子知問曾子之疾，獲聞君子之道，何至無忌憚若是哉？」彬謂情，實也，言居喪作僞，使人疑其無哀戚之實也。○瘠，徐在益反。食，下音嗣。

衞司徒敬子死，注：「司徒，官氏，公子許之後。」子夏弔焉，主人未小斂，絰而往。子游弔焉，主人既小斂，子游出絰反哭。注：「皆以朋友之禮往，而二人異。」子夏曰：「聞之也與？」曰：「聞諸夫子：主人未改服，則不絰。」賀循喪服要記曰：「始弔，朝玄端之服也。皮弁絰，素弁而加環絰也。始死而往，朝服者，主人未變，賓未可以變也。」又曰：「古之弔者，皆因朝夕哭而入弔。賓至，主人卽出中門外，西面北上，拜賓入門，卽位於堂下阼階，西面。賓入卽位，皆哭，哭止，主人拜之。」正義：「凡弔則應弁絰環絰之屬。云絰則知有帶。」

曾子曰：「晏子可謂知禮也已，恭敬之有焉。」注：「言禮者敬而已矣。」有若曰：「晏子一狐裘三十年，遣車一乘，及墓而反。國君七个，遣車七乘。大夫五个，遣車五乘。晏子焉知禮？」

注：「言其太儉逼下，非也。及墓而反，言其既窆則歸，不留賓客有事也。人臣賜車馬者，乃得有遣車。遣車之差，大夫五，諸侯七，則天子九。諸侯不以命數，喪禮略也。个，謂所包遣奠牲體之數也。雜記：『遣車視牢具。』」正義：「按既夕禮『乃窆，主人哭，踊無筭，襲，贈用制幣，玄纁束，拜稽顙，踊如初。卒，袒，拜賓。賓出則拜送』。今晏子既窆，贈幣，拜稽顙，踊訖則還，不復拜賓送賓。又既夕禮『苞牲取下體』，鄭注：『前脛折取臂、臑，後脛折取骼。』是一牲取三體。士少牢二牲，則六體也。大夫用太牢，牲有三體，凡九體，分爲十五段，三段爲一包，凡爲五包。此遣奠所包，皆用左胖，以其喪禮反吉，士虞禮載左胖也。」金氏榜曰：「古者牲體之數名个。士虞禮、特牲及少牢下篇皆云：『俎釋三个。』少儀：『太牢則以左肩、臂、臑，折九个；少牢則以羊左肩，七个；犆豕則以豕左肩，五个。』士喪禮云『苞二』，注云：『士苞三个。』蓋據國君七个，大夫五个差之。士用二包，而云『包三个』，明个之多少不與包數同。士禮遣奠用少牢，則羊一包，豕一包也。由是差之，諸侯大夫用大牢者包三，天子用馬牲者宜包四矣。」曾子曰：「國無道，君子恥盈禮焉。國奢則示之以儉，國儉則示之以禮。」注：「時齊方奢，矯之是也。」

國昭子之母死，問於子張曰：「葬及墓，男子婦人安位？」注：「國昭子，齊大夫。」子張曰：「司徒敬子之喪，夫子相，男子西鄉，婦人東鄉。」注：「夾羨道爲位。夫子，孔子也。」曰：「噫！毋！」曰：「我喪也斯沾。注：「噫，不寤之聲。毋，禁止之辭。斯，盡也。沾讀曰覘。覘，視也。國昭子自謂齊之大家，有事，人盡視之，欲人觀之，法其所爲。」廣韻：「覘，窺視也。」爾專之，賓爲賓焉，主爲主焉。」注：「專，猶司也。時子張相。」婦人從男子皆西鄉。注：「非也。」正義：「婦女之賓爲賓位焉，與男子之賓同處，婦女之主爲主位焉，與男子之主同處。於是昭子家婦人從男子，皆西鄉，同在主位。賓之男子、賓之婦人皆西廂東鄉。言非也。」○相，息亮反。噫，本又作「意」，同，于其反。沾，依注音覘，敕廉反。

穆伯之喪，敬姜晝哭；文伯之喪，晝夜哭。孔子曰：「知禮矣。」注：「喪夫不夜哭，嫌思情性也。」

文伯之喪，敬姜據其牀而不哭，曰：「昔者吾有斯子也，吾以將爲賢人也，吾未嘗以就公室。注：「蓋見其有才藝。未嘗與到公室觀其行也。季氏，魯之宗卿，敬姜有會見之禮。」今及其死也，朋友諸臣未有出涕者，而內人皆行哭失聲。斯子也，必多曠於禮矣夫！」注：「內人，妻妾。」正義：「案家語云：『文伯歜卒，其妻妾皆行哭失聲。敬姜戒之曰：「吾聞好外者，士死之，好內者，女死之。今吾子早夭，吾惡其好內聞也。二三婦共祭祀者，無加服。」孔子聞之，曰：「女智莫若婦，公父氏之婦知禮矣。」』與此不同。」

季康子之母死，陳褻衣。注：「褻衣非上服，陳之，將以斂。」敬姜曰：「婦人不飾，不敢見舅姑。將有四方之賓來，褻衣何爲陳於斯？」命徹之。注：「言四方之賓，嚴於舅姑。敬姜者，康子從祖母。」正義：「案世本：『悼子紇生平子意如，意如生桓子斯，斯生康子肥』，世本又云：『悼子紇生穆伯靖。』靖與意如是親兄弟。意如是康子祖，穆伯是康子祖之兄弟，敬姜是穆伯之妻，故云『康子從祖母』也。」

有子與子游立，見孺子慕者。有子謂子游曰：「予壹不知夫喪之踊也，予欲去之久矣。情在於斯，其是也夫！」注：「喪之踊，猶孺子之號慕。」釋詁：「斯，此也。」子游曰：「禮有微情者，注：「節哭踊。」正義：「微，殺也。言若賢者喪親，必致滅性，故三日而食，哭踊有數，以殺其內情，使之俯就也。何胤云：『哭踊之情，

心發於内，謂之微。微者，不見也。』」有以故興物者，注：「衰絰之制。」正義：「興，起也。物，謂衰絰也。若不肖之屬，本
無哀情，故爲衰絰，使其覩服思哀，起情企及也。引由外來，故云興物。」有直情而徑行者，戎狄之道也。注：「哭
踊無節，衣服無制。」禮道則不然，注：「與戎狄異。」人喜則斯陶，陶斯咏，注：「陶，鬱陶也。咏，謳也。」咏斯猶，
注：「猶，當爲摇，聲之誤也。摇，謂身動摇也。秦人猶、摇聲相近。」臧氏琳曰：「案爾雅釋詁：『鬱、陶、繇，喜也。』郭注引孟
子、禮記爲證，又曰：『猶，即繇也，古今字耳。』説文系部云：『繇，隨從也，从系，䍃聲。』手部云：『摇，動也，从手，䍃聲。』二
字聲義皆相近。隨從則有喜意，隨從則身動摇。鄭注『摇，謂身動摇』，與爾雅、説文皆合。」猶斯舞，注：「手舞之。」舞斯
愠，注：「愠，猶怒也。」愠斯戚，注：「戚，憤恚。」釋文：「此喜愠哀樂相對。本或於此句上有『舞斯愠』一句并注，皆衍文。」
戚斯歎，注：「歎，吟息。」歎斯辟，注：「辟，拊心。」辟斯踊矣。注：「踊，躍。」品節斯，斯之謂禮。注：「舞踊
皆有節，乃成禮。」廣雅：「品，齊也。」王氏念孫曰：「品節斯，斯之謂禮，是品爲齊也。」正義：「品，階格也。節，制斷也。此
之謂禮。生於哀樂，若喜而不節，自陶至舞，俄頃而愠生。若怒而不節，從戚至踊，踊極則笑。若夷狄無禮，朝殯夕歌，兒
童任情，倏啼欻笑。今若品節此二塗，使踊舞有數，故云『此之謂禮』。」人死，斯惡之矣。無能也，斯倍之矣。
注：「無能，心謂之無所復能。」是故制絞衾，設蔞翣，爲使人勿惡也。注：「絞衾，尸之飾。蔞翣，棺之牆飾。
周禮『蔞』作『柳』。」始死，脯醢之奠，將行，遣而行之，既葬而食之，注：「將行，將葬也。葬有遣奠。食，反
虞之祭。」未有見其饗之者也。自上世以來，未之有舍也，爲使人勿倍也。注：「舍，猶廢也。」正義：「人
身既死，形體腐敗，故惡之倍之。以其恐惡之，故制絞衾，設蔞翣以飾之。恐倍之，故始死設脯醢之奠，將行設遣奠而送

之，反哭設虞祭以食之，爲使人勿倍其親故也。」故子之所刺於禮者，亦非禮之訾也。」注：「訾，病也。」〇徑，古定反。猶，依注作「搖」，音遥。慍，紆運反。絞，户交反。蔞，音柳。翣，所甲反。食，音嗣。訾，似斯反。

吴侵陳，斬祀殺厲。注：「祀，神位有屋樹者。厲，疫病。吴侵陳，以魯哀元年秋。」師還，出竟，陳大宰嚭使於師，夫差謂行人儀曰：「是夫也多言。盍嘗問焉？師必有名，人之稱斯師也者，則謂之何？」注：「大宰、行人，官名也。夫差，吴子光之子。盍，何不也。嘗，猶試也。」夫差修舊怨，庶幾其師有善名。」洪景盧曰：「按嚭乃夫差之宰，陳遣使者，正用行人，則儀乃陳臣也，記禮者更錯其名，當曰『陳行人儀使於師，夫差使大宰嚭問之』。」大宰嚭曰：「古之侵伐者，不斬祀，不殺厲，不獲二毛。注：「獲，謂係虜之。二毛，鬢髮斑白。」正義：「穀梁傳曰：『苞人民，敺牛馬，曰侵。斬樹木，壞宫室，曰伐。』」江氏永曰：「大宰嚭曰，亦當作『行人儀曰』。」今斯師也，殺厲與？其不謂之殺厲之師與？」注：「欲微切之，故其言似若不審然。正言『殺厲』，重人。」曰：「反爾地，歸爾子，則謂之何？」注：「子，謂所獲民臣。」曰：「君王討敝邑之罪，又矜而赦之，師與有無名乎？」注：「又微勸之，終其意。吴楚僭號稱王。」〇還，音旋。嚭，普彼反。差，初佳反。

顔丁善居喪：始死，皇皇焉如有求之弗得；及殯，望望焉如有從而弗及；既葬，慨焉如不及其反而息。注：「顔丁，魯人。從，隨也。慨，憊貌。」正義：「皇皇，猶彷徨。望望如有從，逐人後行而不及之貌。從而不及，似有可及之理。慨焉如不及，謂不復可及。」吴幼清曰：「既葬，謂迎精而反，如親已還反至家，已尚追逐。不及，力已疲憊，行不能前。暫焉休息，言其悵悦不安之甚。或曰：其反而息，謂親已還反而休息也。」江氏永曰：「慨焉如不及其反而息九字爲句。」王氏引之曰：「吴氏以『如不及其反而息』七字連讀，長於舊説矣。但謂『暫焉休息』，則非也，不及其反，正當速追而及之，何得休息於半塗乎？當以或説爲是。蓋當迎精而反之時，死者已不能反而息矣，而孝子猶若其親能反而息者，所謂『其反也如疑』。上文弗得、弗及，自爲子者言之。此反而息，則自親言之。變文以見義也。」○慨，苦愛反。

子張問曰：「書云：『高宗三年不言，言乃讙。』有諸？」注：「時人君無行三年之喪禮者，問有此與？怪之也。讙，喜説也。言乃喜悦，則民臣望其言久。」仲尼曰：「胡爲其不然也？古者天子崩，王世子聽於冢宰三年。」注：「冢宰，天官卿，貳王事者。三年之喪，使之聽朝。」正義：「尚書無逸云：『言乃雍。』雍、讙字相近。」○讙，音歡。

知悼子卒，未葬，注：「悼子，晋大夫荀盈，魯昭九年卒。」平公飲酒，注：「與羣臣燕。平公，晋侯彪。」師曠、李調侍，注：「侍，與君飲也。燕禮記曰：『請旅侍臣。』」鼓鐘。注：「樂作也。燕禮賓入門，奏肆夏，既獻而樂闋。獻君亦如之。」正義：「鼓，猶奏也。」杜蕢自外來，聞鐘聲，曰：「安在？」注：「怪之也。杜蕢，或作屠蒯。」曰：「在寢。」注：「燕於寢。」杜蕢入寢，歷階而升，酌曰：「曠飲斯。」又酌曰：「調飲斯。」又酌，堂上北面坐飲之，降，趨而出。注：「三酌皆罰。」平公呼而進之，曰：「蕢！曩者爾心或開予，是以不與爾言。爾飲曠，何也？」曰：「子卯不樂。注：「曩，曏也，謂始來入時。開，謂諫争有所發起。」注：「紂以甲子死，桀以乙卯亡，王者謂之疾日，不以舉樂爲吉事，所以自戒懼。」釋文：「賈逵云：『桀以乙卯日死，受以甲子日亡，故以爲戒。』鄭同。

漢書翼奉説則不然。張晏曰：『子刑卯，卯刑子，相刑之日，故以爲忌。而云夏殷亡日，不推湯武以興乎？』」顧氏炎武曰「子，甲子也。卯，乙卯也。古人省文，但言子卯。翼奉乃謂『子爲貪狼，卯爲陰賊』，此術家之説，非經義也。」彬謂日刑不止子卯，張晏説亦非。**知悼子在堂，斯其爲子卯也大矣。**注：「言大臣喪重於疾日也。雜記曰：『君於卿大夫，比葬不食肉，比卒哭不舉樂。』」**曠也，大師也，不以詔，是以飲之也。」**注：「詔，告也。大師典奏樂。」**「爾飲調，何也？」曰：「調也，君之褻臣也，爲一飲一食，忘君之疾，是以飲之也。」**注：「言調貪酒食。褻嬖也。近臣亦當規君疾憂。」正義：「臣當規正君過，唯欲行燕會，貪一飲一食，忘君違禮之疾而不諫。」**「爾飲，何也？」曰：「蕢也，宰夫也，非刀匕是供，又敢與知防，是以飲之也。」**注：「防，禁放溢。」正義：「皇氏云：『非，不也。宰夫不以刀匕是共，乃又敢與諫爭，越官侵職，是以飲也。』」**平公曰：「寡人亦有過焉，酌而飲寡人！」**注：「聞義則服。」**杜蕢洗而揚觶。**注：「舉爵於君也。禮揚作騰。揚，舉也，騰，送也。揚近，得之。」説文：「觶，鄉飲酒角也。禮曰：『一人洗舉觶。』觶受四升。觗，觶或从辰。觝，禮經觶。」**公謂侍者曰：「如我死，則必毋廢斯爵也。」**注：「欲後世以爲戒。」**至於今，既畢獻，斯揚觶，謂之杜舉。**注：「此爵遂因杜蕢爲名。畢獻，獻賓與君。」正義：「按春秋傳與此不同，或二文互相足也。春秋昭九年左傳：『晉侯飲酒，樂，膳宰屠蒯趨入，請佐公使尊，許之，而遂酌以飲工，曰：「女爲君耳，將司聰也。辰在子卯，謂之疾日，君徹宴樂，學人舍業，爲疾故也。君之卿佐，是謂股肱，股肱或虧，何痛如之？女弗聞而樂，是不聰也。」又飲外嬖嬖叔，曰：「女爲君目，將司明也。服以旌禮，禮以行事，事有其物，物有其容。今君之容，非其物也，而女不見，是不明也。」亦自飲也，曰：「味以行氣，氣以實志，志以定言，言以出令。

臣實司味，二御失官，而君弗命，臣之罪也。」公說，徹酒』。」○杜，通作「屠」，劉昌宗讀同都切。蕢，苦怪反。襄，乃黨反。匕，必季反。與，音預。觶，之豉反。

公叔文子卒，注：「文子，衞獻公之孫，名拔，或作發。」正義：「案世本『衞獻公生成子當，當生文子拔。』拔是獻公孫也。」其子戍請諡於君，曰：「日月有時，將葬矣。請所以易其名者。」注：「諡者，行之迹，有時，猶言有數也。大夫士三月而葬。」君曰：「昔者衞國凶饑，夫子爲粥與國之餓者，是不亦惠乎！注：「君，靈公也。」昔者衞國有難，夫子以其死衞寡人，不亦貞乎！注：「難，謂魯昭公二十年，盜殺衞侯之兄縶也。時齊豹作亂，公如死鳥。」夫子聽衞國之政，修其班制，以與四鄰交，衞國之社稷不辱，不亦文乎！注：「班制，謂尊卑之差。」故謂夫子貞惠文子。注：「後不言貞惠者，文足以兼之。」正義：「案諡法：『愛民好與曰惠。外內用情曰貞。道德博文曰文。』既有道德，則能惠能貞。」方性夫曰：「班，言上下之序。制，言多寡之節。修其班制，故可與四鄰交。」○粥，音祝。難，乃旦反。

石駘仲卒，注：「駘仲，衞大夫石碏之族。」無適子，有庶子六人，卜所以爲後者，注：「莫適立也。」正義：「左氏昭二十六年傳云：『年鈞以德，德鈞以卜。王不立愛，公卿無私。』」曰：「沐浴佩玉則兆。」注：「言齊絜則得吉兆。」五人者皆沐浴佩玉。石祁子曰：「孰有執親之喪，而沐浴佩玉者乎？」不沐浴佩玉。注：「心正且知禮。」正義：「居親之喪必衰絰憔悴，安有沐浴佩玉者乎？」石祁子兆，衞人以龜爲有知也。○駘，大來反。適，丁歷反。

陳子車死於衛，其妻與其家大夫謀以殉葬，定而后，陳子亢至，以告曰：「夫子疾，莫養於下，請以殉葬。」注：「子車，齊大夫。子亢，子車弟，孔子弟子。下，地下。」子亢曰：「以殉葬，非禮也。雖然，則彼疾當養者孰若妻與宰？得已，則吾欲已。不得已，則吾欲以二子者之爲之也。」注：「度諫之不能止，以斯言拒之。已，猶止也。」於是弗果用。注：「果，決。」○亢，音剛，又苦浪反。養，羊尚反。

子路曰：「傷哉，貧也！生無以爲養，死無以爲禮也。」孔子曰：「啜菽飲水，盡其歡，斯之謂孝。斂手足形，還葬而無椁，稱其財，斯之謂禮。」注：「還，猶疾也。謂不及其日月。」釋文：「菽，大豆也。王云：『熬豆而食曰啜菽。』」正義：「以菽爲粥而啜之，飲水，更無餘物使親盡其歡樂，此之謂孝。斂首及足，速葬而無椁，稱其家之所有以送終，此之謂禮。」○啜，昌劣反。還，音旋。稱，尺證反。

衛獻公出奔，反於衛，及郊，將班邑於從者而后入。注：「欲賞從者，以懼居者。獻公以魯襄十四年出奔齊，二十六年復歸於衛。」柳莊曰：「如皆守社稷，則孰執羈靮而從？如皆從，則孰守社稷？」注：「言從守若一。靮，紖也。」方性夫曰：「羈以絡馬，靮以控馬。從君而奔，故以執羈靮言之。」君反其國而有私也，毋乃不可乎？」注：「言有私則生怨。」弗果班。○從，才用反。羈，音基。靮，丁歷反。

衛有大史曰柳莊，寢疾，公曰：「若疾革，雖當祭必告。」注：「革，急也。」公再拜稽首請於尸，曰：「有臣柳莊也者，非寡人之臣，社稷之臣也。聞之死，請往。」注：「急弔賢者。」不釋服而往，遂以襚之，注：「脱君祭服以襚臣，親賢也。所以以此襚之者，以其不用襲也。凡襚以斂。」正義：「得以祭服襚之者，諸侯玄冕祭廟，大夫自玄冕而下，以俱是玄冕，故得襚也。祭服既尊，得以襚臣者，以臣卑不敢用君襚衣而襲也。」與之邑裘氏與縣潘氏，書而納諸棺，曰：「世世萬子孫毋變也。」注：「所以厚賢也。裘，縣。潘，邑名。」王氏懋竑曰：「裘氏、潘氏，兩邑名。」○革，本文作「亟」，居力反。襚，音遂。縣，音玄。

陳乾昔寢疾，屬其兄弟，而命其子尊己，曰：「如我死，則必大爲我棺，使吾二婢子夾我。」注：「婢子，妾也。」陳乾昔死，其子曰：「以殉葬，非禮也。況又同棺乎！」弗果殺。注：「善尊己不陷父於不義。」○乾，音干。夾，古洽反。

仲遂卒於垂，壬午猶繹，萬入去籥，仲尼曰：「非禮也。卿卒不繹。」注：「春秋經在宣八年。仲遂，魯莊公之子東門襄仲。先日辛巳有事於太廟，而仲遂卒，明日而繹，非也。萬，干舞也。籥，籥舞也。傳曰：『去其有聲者，廢其無聲者。』」正義：「萬是執干而舞，武舞也。即文王世子云『春夏學干戈』，是也。籥舞，執羽吹籥而舞，文舞也。『秋冬學羽籥』，是也。」呂氏讀詩記曰：「萬舞，二舞之總名。干舞者，武舞之别名。籥舞者，文舞之别名。文舞又謂之羽舞。鄭氏據公羊以萬舞爲干舞，誤也。春秋，書『萬入去籥』，言文武二舞皆入，去其有聲者，故去籥焉。若萬舞止爲武舞，則詩何爲獨言萬舞，而不及文舞？左傳『考仲子之宫，將萬焉』。婦人之廟亦不應獨用武舞也。」吳幼清曰：「按詩言『公庭萬舞』，下云『左手執籥』，是萬舞亦用籥也。春秋昭十五年經：『有事於武宫，籥入，叔弓卒，去樂卒事。』公羊傳：『其言去樂卒事何？禮也。君有事於廟，聞大夫之喪，去樂卒事，大夫聞君之喪，攝主而往；大夫聞大夫之喪，尸事畢而往。』○

繹，音亦。籥，羊勺反。

季康子之母死，公輸若方小。注：「公輸若，匠師。方小，言年尚幼，未知禮也。」劉氏台拱曰：「若疑即般之字。」斂，般請以機封。注：「斂，下棺於椁。般，若之族，多技巧者，見若掌斂事，而年尚幼，請代之，而欲嘗其技巧。」將從之，注：「時人服般之巧。」公肩假曰：「不可。夫魯有初，注：「初，謂故事。」公室視豐碑，注：「言視者，時僭天子也。豐碑，斲大木爲之，形如石碑。於椁前後四角樹之，穿中，於間爲鹿盧，下棺以綍繞。天子六綍四碑，前後各重鹿盧也。」三家視桓楹。注：「時僭諸侯，諸侯下天子也。斲之，形如大楹耳。四植謂之桓。諸侯四綍二碑，碑如桓矣。大夫二綍二碑，士二綍無碑。」般！爾以人之母嘗巧，則豈不得以？其毋以嘗巧者乎？則病者乎？注：「以，已字。言寧有强使女者與？僭於禮，有似作機巧，非也。以，與已字本同。毋，無也。於女寧有病苦與？止之。」噫！」注：「不寤之聲。」弗果從。陳可大載一說曰：「『則豈不得以其母以嘗巧者乎』作一句，言爾以他人母試巧，而廢其當用之禮，則亦豈不得自以己母試巧，而不用禮乎？則於爾心亦有所病而不安乎？蓋使之反求諸心，以己度人，而知其不可也。」王氏念孫曰：「當依鄭注斷『豈不得以』爲一句，以與已同。『其母』之母當作毋，此涉『人之母』而誤也。毋，與無同。言爾以人之母嘗巧，則豈有所不得已而爲之乎？其無以嘗巧者乎？正是申明上意，故正義云：『言不得嘗巧，豈於女有病？』陳可大所引一說，非也。」○般，音班。封，彼驗反。噫，於其反。

戰于郎，注：「郎，魯近邑也。哀十一年『齊國書帥師伐我』，是也。」公叔禺人遇負杖入保者息。注：「遇，見也。見走避齊師，將入保，罷倦，加杖頸上，兩手掖之休息者。保，縣邑小城。禺人，昭公之子，春秋傳曰『公叔務人』。」曰：「使之雖病也，注：「謂時繇役。」任之雖重也，注：「謂時賦稅。」君子不能爲謀也，士弗能死也，不可。注：「君子，謂卿大夫也。魯政既惡，復無謀臣，士又不能死難，禺人恥之。」我則既言矣。」注：「欲敵齊師，踐其言。」與其鄰重汪踦往，皆死焉。注：「奔敵死齊寇。鄰，鄰里也。重皆當爲童。童，未冠者之稱。姓汪名踦。春秋傳曰：『童汪踦。』」魯人欲勿殤重汪踦，注：「見其死君事，有士行，欲以成人之喪治之。言魯人者，死君事，國爲斂葬。」問於仲尼。仲尼曰：「能執干戈以衛社稷，雖欲勿殤也，不亦可乎！」注：「善之。」春秋哀十一年左傳：「齊師伐我，及清。公爲與其嬖僮汪錡乘，皆死，皆殯。孔子曰：『能執干戈以衛社稷，可無殤也。』」○禺，音遇，又音務。爲，于僞反。重，依注音童。踦，魚綺反。

子路去魯，謂顔淵曰：「何以贈我？」注：「贈，送。」曰：「吾聞之也，去國則哭於墓而后行，反其國不哭，展墓而入。」注：「無君事，主於孝。哭，哀去也。展，省視之。」謂子路曰：「何以處我？」注：「處，猶安也。」子路曰：「吾聞之也，過墓則式，過祀則下。」注：「居者主於敬。」正義：「墓，謂他家墳壠。祀，謂神位有屋樹者。居無事，主於恭敬，故或式或下也。他墳尚式，則己先祖墳墓當下也。」

工尹商陽與陳棄疾追吴師，及之。注：「工尹，楚官名。棄疾，楚公子弃疾也。以魯昭八年帥師滅陳，縣之，楚人善之，因號焉。至十二年，楚子狩於州來，使蕩侯、潘子、司馬督、囂尹午、陵尹喜圍徐以懼吴，於時有吴師。陳或作陵，楚人聲。」陳弃疾謂工尹商陽曰：「王事也，子手弓而可。」手弓。「子射諸！」注：「商陽仁，不忍傷人，以王事勸之。」射之，斃一人，韔弓。注：「不忍復射。斃，仆也。韔，韜也。」又及，謂之，又斃二人。每斃一人，揜其目。注：「揜其目，不忍視之。」止其御曰：「朝不坐，燕不與，殺三人，亦足以反命矣。」注：「朝燕於寢，大夫坐於上，士立於下，然則商陽與御者皆士也。兵車參乘，射者在左，戈盾在右，御在中央。」孔子曰：「殺人之中，又有禮焉。」注：「善之。」○射，食亦反。斃，亦作「獘」，婢世反。韔，敕亮反。朝，直遥反。與，音預。

諸侯伐秦，曹桓公卒於會。注：「魯成十三年『曹伯廬卒於師』，是也。廬謚。宣，言桓，聲之誤也。」諸侯請含，注：「以朋友有相啖食之道。」使之襚。注：「非也。襚，賤者之事。」彬按僖四年左傳：「凡諸侯薨於朝會加一等，死王事加二等，於是有以衮斂。」襄公朝於荆，康王卒。注：「在魯襄二十八年。康王，楚子昭也。楚言荆者，州言之。」荆人曰：「必請襲。」注：「欲使襄公衣之。」魯人曰：「非禮也。」荆人强之，注：「欲尊康王。」巫先拂柩。荆人悔之。注：「巫祝桃茢，君臨臣喪之禮。」彬案左氏襄二十九年傳：「楚人使公親襚，公患之。穆叔曰：『祓殯而襚，則布幣也。』乃使巫以桃茢先祓殯。楚人弗禁，既而悔之。」正義曰：「記之所言，卽是此事。所異者，此言『請襚』，彼言『請襲』，此言『祓殯』，彼言『拂柩』。案往年傳『公及漢，聞康王卒，公欲反』，則康王之卒，公未至楚。楚人使公親襚，襚不得爲襲也。卒已踰月，不得柩仍在地，足知殯是柩非，記虛而傳實也。襚衣，所以衣尸。既殯而使公襚者，雜記致襚之禮云：『委衣於殯東。』是既殯猶致襚也。文九年：『秦人來歸僖公成風之襚。』僖薨十年猶致之，况既殯也？」○桓，依注音宣。含，胡闇反。强，其丈反。拂，芳勿反。柩，其久反。

滕成公之喪，注：「魯昭三年。」使子叔敬叔弔，進書，注：「子叔敬叔，魯宣公弟叔肸之曾孫叔弓也。進書，奉君弔書。」正義：「案世本：『叔肸生聲伯嬰齊，齊生叔老，老生叔弓。』是叔弓爲叔肸曾孫也。叔是其氏，子是男子通稱，故以子冠叔也。」子服惠伯爲介。注：「惠伯，慶父玄孫之子，名椒。介，副也。」正義：「案世本：『慶父生穆伯敖，敖生文伯穀，穀生獻子蔑。』蔑爲慶父曾孫，惠伯是蔑之孫，慶父玄孫之子也。」及郊，爲懿伯之忌不入。注：「郊，滕之近郊也。懿伯，惠伯之叔父。忌，怨也。敬叔有怨於懿伯，難惠伯也。春秋傳曰：『敬叔不入。』」惠伯曰：「政也，不可以叔父之私，不將公事。」注：「政，君命所爲。敬叔於昭穆以懿伯爲叔父。」正義：「此後人轉寫鄭注之誤，當云『敬叔於昭穆以惠伯爲叔父』。檢世本，敬叔是桓公七世孫，惠伯是桓公六世孫，則惠伯是敬叔之父六從兄弟。」遂入。注：「惠伯强之乃入。」劉原父曰：「左傳注云：『忌，怨也。』敬叔先有怨於懿伯，故不欲入滕，以惠伯之言而入。按左傳云：『及郊，遇懿伯之忌。』先言及郊，而後言忌，可見是及郊方遇忌也。忌字只是忌日。懿伯是敬叔從祖，適及滕郊而遇此日，故欲緩至次日及入。惠伯以禮曉之曰：『公事有公利，無私忌』，乃先入，而叔弓亦遂入焉。」王氏懋竑曰：「劉氏以懿伯之忌爲忌日。案喪大記『大夫士既練而歸，朔月忌日，則歸哭於宗室。』注『忌日，死日也』。此指大祥之日爲忌日，則懿伯之練祥無疑。叔父之服期，是日惠伯當除服，故敬叔爲惠伯欲至次日入，而惠伯以義斷之。若是大祥之日，惠伯服制已滿，無所避矣。」

哀公使人弔蕢尚，遇諸道，辟於路，畫宮而受弔焉。注：「哀公，魯君也。畫宮，畫地爲宮象。」曾子曰：「蕢尚不如杞梁之妻之知禮也。注：「行弔禮於野，非。」齊莊公襲莒于奪，杞梁死焉。注：「魯襄二十三年『齊侯襲莒』是也。春秋傳曰：『杞殖、華還，載甲夜入且於之隧。』隧、奪聲相近，或爲兑。梁即殖也。」其妻迎其柩於路，而哭之哀。莊公使人弔之，對曰：『君之臣不免於罪，則將肆諸市朝，而妻妾執。注：「肆，陳尸也。大夫以上於朝，士以下於市。執，拘也。」君之臣免於罪，則有先人之敝廬在，君無所辱命。』注：「無所辱命，辭不受也。春秋傳曰：『齊侯弔諸其室。』」春秋襄二十三年左傳：「齊人歸，遇杞梁之妻於郊，使弔之，辭，曰：『殖之有罪，何辱命焉？若免於罪，猶有先人之敝廬在，下妾不得與郊弔。』齊侯弔諸其室。」○蕢，苦怪反。辟，音避。畫，音獲。奪，徒外反。

孺子䵣之喪，注：「魯哀公之少子。」哀公欲設撥，注：「撥，可撥引輴車，所謂紼。」問於有若。有若曰：「其可也。君之三臣猶設之。」注：「猶，尚也。以臣況子也。三臣，仲孫、叔孫、季孫氏。」顏柳曰：「天子龍輴而椁幬，注：「輴，殯車也。畫轅爲龍。幬，覆也。殯以椁覆棺而塗之，所謂菆塗龍輴以椁。」諸侯輴而設幬，注：「輴不畫龍。」爲榆沈，故設撥。注：「以水澆榆白皮之汁，有急以播地，於引輴車滑。」三臣者廢輴，而設撥，竊禮之不中者也，而君何學焉？」注：「止其學非禮也。廢，去也。紼繫於輴。三臣於禮去輴。今有紼，是用輴，僭禮也。殯禮大夫菆置西序，士掘肂見衽。」正義：「喪大記：『大夫二綍二碑。』綍，即紼也。又注既夕禮云：『大夫以上始用四周，謂之輴。』是大夫有輴也。此云：『用輴僭禮』者，大夫以柩朝廟之時用輴紼，惟殯時不得用輴紼。此文據殯時，大記及既夕禮謂朝廟及下棺也。」○䵣，吐孫反。撥，半末反。輴，敕倫反。椁，音郭。幬，大報反。沈，又作審，同，昌審反。

悼公之母死，注：「母，哀公之妾。」哀公爲之齊衰。有若曰：「爲妾齊衰，禮與？」注：「譏而問之。妾之貴者，爲之緦耳。」正義：「天子諸侯絶旁期，於妾無服，唯大夫貴妾緦。」公曰：「吾得已乎哉！魯人以妻我。」注：「言國人皆名之爲我妻，重服嬖妾，文過，非也。」○爲，于僞反。與，音餘。

季子皐葬其妻，犯人之禾。注：「季子皐，孔子弟子高柴。孟氏之邑成宰，或氏季。犯，躐也。」正義：「案仲尼弟子傳：『高柴，字子皐，少孔子三十歲，鄭人也。』論語作子羔，古字通用。」申詳以告，曰：「請庚之。」注：「申詳，子張子。庚，償也。」子皐曰：「孟氏不以是罪予，朋友不以是弃予，注：「時僭侈。言非大故。」以吾爲邑長於斯也。買道而葬，後難繼也。」朱氏軾曰：「子皐豈虐其民者，意當日所犯無多，必從而償之，是煦煦之仁也。且邑長犯禾，而民受償，是教民不順也。後難繼，即孟子『日亦不足』之意。」江氏永曰：「爲政有體，不爲小仁。葬妻犯禾，或偶過誤，或道上迂曲，不得已而犯之，不償，正爲得體。蓋邑長猶償禾，則民有喪皆須買道，後將難爲繼，非謂爲政者難遂其欲也。」○庚，古衡反。長，丁丈反。

仕而未有禄者，君有饋焉曰獻，使焉曰寡君。違而君薨，弗爲服也。注：「以其恩輕也。違，去也。」釋文：「饋，遺也。」李文叔曰：「賓之，故有獻而無賜。不臣，故有聘而無召。」陳用之曰：「賓之而弗臣，故有饋焉，不曰賜，而曰獻。其將命之使，不曰君，而曰寡君。若子思之仕魯，孟子之仕齊，是也。」○饋，其位反。

虞而立尸，有几筵。卒哭而諱，生事畢而鬼事始已。注：「諱，辟其名。謂不復饋食於下室，而鬼神祭之。已，辭也。」盧注：「喪，朝夕奠尚生事之，虞而立尸，卒哭諱新，是爲以生道事之畢矣，復以鬼道始事之也。已者，辭也。一說：生事畢，從生至死也。鬼事始已者，從死至卒哭也。」正義：「未葬之前，殯宮雖有脯醢之奠，不立几筵。其大斂之奠，雖在殯宮，但有席而已，亦無几也。其下室之内，有吉几筵。今葬訖，既設虞祭，有素几筵。筵雖大斂之時已有，至虞更立筵與几相配。然此虞祭而有几，謂士大夫禮。若天子諸侯則葬前有几。鄭君答張逸云：『未葬，以脯醢奠於殯，又於下室設黍稷，曰饋。下室，内寢也。至朔月月半而殷奠，殷奠有黍稷，而下室不設也。既虞祭，遂用祭禮，下室遂無事也。』」既卒哭，宰夫執木鐸以命于宮，曰：「舍故而諱新。」注：「故，謂高祖之父當遷者也。」自寢門至于庫門。注：「百官所在，庫門，宮外門。明堂位曰：『庫門天子皋門。』」盧注：「宰夫，於周禮爲下大夫小宰之副也。『大喪小喪，掌小宫之戒令，帥執事而理之』。大喪，君也。小喪，屬官也。戒令，卽所謂『舍故而諱新』之屬。振木鐸，從寢門至庫門也。寢門之内，新君所處。庫門之内，廟所在也。」王注：「木鐸，鈴也，以木爲舌。故，謂五廟毁者。」正義：「庫門，魯之外門也。魯三門，故至庫門。若天子五門，則至皋門。」江氏永曰：「諸侯三門，庫、雉、路。」○鐸，大各反。

二名不偏諱。夫子之母名徵在，言在不稱徵，言徵不稱在。注：「稱，擧也。雜記曰：『妻之諱，不擧諸其側。』」方性夫曰：「夫子曰『不在顓臾』，此言在不稱徵也。『杞不足徵』，此言徵不稱在也。」

軍有憂，則素服哭於庫門之外，注：「憂，謂爲敵所敗也。素服者，縞冠也。」江氏永曰：「庫門之外，則外朝也。」赴車不載櫜韔。注：「兵不戢，示當報也。以告喪之辭言之，謂還告於國。櫜，甲衣。韔，弓衣。」○櫜，音羔。韔，敕亮反。

有焚其先人之室，則三日哭。注：「謂火燒其宗廟。哭者，哀精神之有虧傷。」故曰：「新宮火，亦三日哭。」注：「火，人火也。新宮火，在魯成三年。」春秋成三年經：「甲子，新宮災，三日哭。」公羊傳：「新宮者何？宣公之宮也。宣宮則曷爲謂之新宮？不忍言也。其言三日哭何？廟災，三日哭，禮也。新宮災何以書？記災也。」

孔子過泰山側，有婦人哭於墓者而哀。夫子式而聽之，注：「怪其哀甚。」使子路問之，錢氏大昕曰：「唐石經及相臺岳氏本作子貢。」曰：「子之哭也，壹似重有憂者。」而曰：「然。昔者吾舅死於虎，吾夫又死焉，今吾子又死焉。」注：「而，猶乃也。夫之父曰舅。」夫子曰：「何爲不去也？」曰：「無苛政。」一切經音義引說文：「苛，尤劇也，亦煩擾也，尅急也。」王氏引之曰：「政讀曰征，謂賦稅及繇役也。誅求無已，則曰苛征。古字政與征通。」夫子曰：「小子識之！苛政猛於虎也。」○重，直用反。苛，音何。

魯人有周豐也者，哀公執摯請見之，注：「下賢也。摯，禽摯也。諸侯而用禽摯，降尊就卑之義。」荀子堯問篇楊倞注：「禮，見其所尊敬者，雖君亦執摯。故哀公執摯請見周豐。」而曰：「不可。」注：「辭君以尊見卑。士禮，先生異爵者，請見之則辭。」公曰：「我其已夫！」注：「已，止也。重强變賢。」使人問焉，曰：「有虞氏未施信於民而民信之，夏后氏未施敬於民而民敬之，何施而得斯於民也？」注：「時公與三桓始有惡，懼將不安。」對曰：「墟墓之間，未施哀於民而民哀，社稷宗廟之中，未施敬於民而民敬。注：「言民見悲哀之處則悲哀，見莊敬之處則莊敬，非必有使之者。」彬謂墟，丘也，與虛同。此言過墓生哀，入廟生敬，迺人心之自然，感物而發，情動於中，未有知其所由來者也。鄭注「墟，毁滅無後之地」，失之。殷人作誓而民始畔，周人作會而民始疑。注：「會，謂盟也。盟誓所以結衆以信，其後外恃衆而信不由中，則民畔疑之。孔子曰：『其身正，不令而行；其身不正，雖令不從。』」苟無禮義忠信誠慤之心以涖之，雖固結之，民其不解乎！」注：「涖，臨。」說文：

「愨，謹也。」正義：「周豐之意，以虞之與夏，由行敬信於民，民見其敬信，民自學之，不須設言號令。若身之不行，言亦無益。苟誠也，人君之身誠無禮義忠信誠實質愨之心以臨化之，雖以言辭誓令堅固結之，民其不解散離貳乎？」○摯，音志。夫，音扶。解，佳買反。

喪不慮居，注：「謂賣宅舍以奉喪。」毁不危身。注：「謂憔悴將滅性。」喪不慮居，爲無廟也；毁不危身，爲無後也。劉氏曰：「喪禮稱家之有無，不可勉爲厚葬，致有敗家之慮，家廢則宗廟不能以獨存矣。此與毁不危身，皆所以防賢者之過。」

延陵季子適齊，於其反也，其長子死，葬於嬴、博之間。注：「季子名札，魯昭二十七年『吴公子札聘於上國』，是也。季子讓國，居延陵，因號焉。春秋傳謂延陵『延州來』。嬴、博，齊地，今泰山縣是也。」孔子曰：「延陵季子，吴之習於禮者也。」往而觀其葬焉。注：「往弔之。」其坎深不至於泉，注：「以生卹死。」其斂以時服。注：「以行時之服，不改制節。」既葬而封，廣輪揜坎，其高可隱也。注：「亦節也。輪，從也。隱，據也。封可手據，謂高四尺所。」既封，左袒，右還其封，且號者三，曰：「骨肉歸復於土，命也！若魂氣則無不之也，無不之也。」而遂行。注：「還，圍也。號，哭且言也。命，猶性也。行，去也。」正義：「鄭注覲禮云：『凡以禮事者左袒，若請罪待刑則右袒。』」江氏永曰：「古者吉凶皆左袒，士喪禮含章，主人左袒，有明文。」吴幼清曰：「『右還其封且號者三』，八字爲一句，是記圍繞之匝數，非記其號哭之聲數也。」孔子曰：「延陵季子之於禮也，其合矣乎！」○嬴，音盈。揜，本又作「掩」，魚檢反。號，户高反。

邾婁考公之喪，注：「考公，隱公益之曾孫。考或爲定。」徐君使容居來弔含，注：「弔且含。」曰：「寡君使容居坐含，進侯玉，其使容居以含。」注：「欲親含，非也。含不使賤者。君行則親含，大夫歸含耳。言『侯玉』者，時徐僭稱王，自比天子。」正義：「凡賓行含禮，未斂之前，以玉實口，士則主人親含，大夫以上即使人含。若既斂已後，至殯葬，其有含者，親自致璧於柩及殯上者，謂之親含。若但致命，以璧授主人，主人受之，謂之不親含。」有司曰：「諸侯之來辱敝邑者，易則易，于則于。易于雜者，未之有也。」注：「易，謂臣禮。于，謂君禮。雜者，容居以臣欲行君禮，徐自比天子，使大夫敵諸侯，有司拒之。」容居對曰：「容居聞之，事君不敢忘其君，亦不敢遺其祖。昔我先君駒王西討濟於河，無所不用斯言也。容居，魯人也，不敢忘其祖。」注：「言我祖與今君，於諸侯初如是，不聞義則服。駒王，徐先君僭號，容居其子孫也。濟，渡也。言西討渡於河，廣大其國。魯，魯鈍也。言魯鈍者，欲自明不妄。」○婁，力俱反。含，胡闇反。易，以豉反。

子思之母死於衛，注：「嫁母也，姓庶氏。」赴於子思，子思哭於廟。門人至，曰：「庶氏之母死，何爲哭於孔氏之廟乎？」注：「門人，弟子也。嫁母與廟絕族。」子思曰：「吾過矣！吾過矣！」遂哭於他室。

天子崩三日，祝先服；注：「祝佐含殮先病。」五日，官長服；注：「官長，大夫士。」正義：「案喪大記：『君之喪，三日，子夫人杖；五日既殯，授大夫世婦杖。』又喪服四制云：『三日授子杖，五日授大夫杖，七日授士杖。』崔氏云：『此據朝廷之士，四制是邑宰之士也。』」七日，國中男女服；注：「庶人。」三月，天下服。注：「諸侯之大夫。」虞人致百祀之木，可以爲棺椁者斬之。不至者，廢其祀，刎其人。注：「虞人，掌山澤之官。百祀，畿內百縣之祀也。以爲棺椁，作棺椁也。斬，伐也。」正義：「百祀者，王畿內諸臣采地之祀也。言百者，舉其全數也。必取祀木者，賀瑒云：『君者德著幽顯，若存則人神均其慶，歿則靈祇等其哀傷也。』」吳幼清曰：「廢其祀，刎其人。蓋設此辭而令之，以見王喪尤重於神祀也。如誓師而曰『無敢不供，汝則有大刑』，是也。非果必廢之刎之也。」○刎，勿粉反。

齊大饑，黔敖爲食於路，以待餓者而食之。有餓者，蒙袂輯屨，貿貿然來。注：「蒙袂，不欲見人也。輯，斂也。斂屨，力憊不能屨也。貿貿，目不明之貌。」黔敖左奉食，右執飲，曰：「嗟，來食！」揚其目而視之，曰：「予唯不食嗟來之食，以至於斯也。」注：「嗟，來食，雖閔而呼之，非敬辭。」從而謝焉，終不食而死。注：「從，猶就也。」曾子聞之，曰：「微與！其嗟也可去，其謝也可食。」注：「微，猶無也。無與，止其狂狷之辭。」彬謂微，小也。言餓者所見者小也。○黔，其廉反。食，音嗣。袂，彌世反。輯，側立反。貿，徐亡救反，又音茂。奉，芳勇反。與，音餘。

邾婁定公之時，有弑其父者，注：「定公，貜且也。魯文十四年即位。」有司以告。公瞿然失席，曰：「是寡人之罪也。」注：「民之無禮，教之罪。」曰：「寡人嘗學斷斯獄矣。臣弑君，凡在官者殺無赦。子弑父，凡在宮者殺無赦。注：「言諸臣子孫無尊卑皆得殺之，其罪無赦。」殺其人，壞其室，洿其宮而豬焉。」注：「明其大逆，不欲人復處之。豬，都也。南方謂都爲豬。」正義：「案孔注尚書曰：『都，謂所聚也。』此云『洿其宮而豬焉』，謂掘洿其宮，使水聚積焉。」蓋君踰月而后舉爵。注：「自貶損。」○壞，音怪。洿，音烏。豬，音誅。

晉獻文子成室，晉大夫發焉。注：「文子，趙武也。諸大夫亦發禮以往。」正義：「張老亦往慶之，一大夫也。」胡邦衡曰：「謂晉君賀其成室，恐非也。恐趙武謚獻文爾。」張老曰：「美哉輪焉！美哉奐焉！注：「心譏其奢也。輪，輪囷，言高大。奐，言衆多。」正義：「春秋外傳曰『趙文子爲室，斲其椽而礱之，張老諫之』，是也。王云：『奐，言其文章之貌也。』」王氏引之曰：「王說爲長。奐，古煥字。大雅卷阿篇『伴奐爾游矣』，毛傳：『伴奐，廣大有文章也。』論語泰伯篇『煥乎其有文章』，何注：『煥，明也。』」歌於斯，哭於斯，聚國族於斯。」注：「祭祀、死喪、燕會於此足矣。言此者，欲防其後復爲。」江氏永曰：「生則歌，死則哭，大槩言之耳。文子成寢室，非祭祀之所，而注疏以『祭祀則樂』釋之，非也。」文子曰：「武也得歌於斯，哭於斯，聚國族於斯，是全要領以從先大夫於九京也。」北面再拜稽首。注：「全要領者，免於刑誅也。晉卿大夫之墓地在九原。京蓋字之誤，當爲原。」正義：「領，頸也。古者罪重要斬，罪輕頸刑也。先大夫，謂文子父祖，以其世爲大夫，故稱父祖爲先大夫也。」君子謂之善頌善禱。注：「善頌，謂張老之言。善禱，謂文子之言。禱，求也。」正義：「頌者，美盛德之形容。禱者，求福以自輔也。」○奐，音喚，本亦作「煥」。京，依注音原。禱，丁老反。

仲尼之畜狗死，注：「畜狗，馴守。」使子貢埋之，曰：「吾聞之也，敝帷不弃，爲埋馬也。敝蓋不弃，爲埋狗也。某也貧，無蓋，於其封也，亦予之席，毋使其首陷焉。」注：「封，當爲窆。陷，謂没於土。」路馬死，埋之以帷。注：「路馬，君所乘者。其他狗馬，不能以帷蓋。」

季孫之母死，哀公弔焉。曾子與子貢弔焉，閽人爲君在，弗内也。注：「閽人，守門者。」曾子與子貢入於其廄而修容焉。注：「更莊飾。」說文：「廄，馬舍也。周禮曰：『馬有二百十六匹爲廄，廄有僕夫。』」子貢先入，閽人曰：「鄉者已告矣。」注：「既不敢止，以言下之。」曾子後入，閽人辟之。注：「見兩賢相隨，彌益恭也。」涉内霤，卿大夫皆辟位，公降一等而揖之。君子言之曰：「盡飾之道，斯其行者遠矣。」正義：「案喪大記君臨大夫之喪，『君卽位於序端，卿大夫卽位於堂廉楹西，北面東上』。是辟位者蓋少西，逡巡而東面，不當北面。然君在，大夫得私爲二子辟位者。或公始入升堂之後，卿大夫猶庭中北面，辟中庭之位，少近東耳。」劉氏曰：「二子弔卿母之喪，必自盡禮以造門，不當待閽者拒而後修容盡飾也。且閽人既辭，退可也，何必以威儀悚動之，以求入邪？其入而君、卿、大夫敬之者，以平日知其賢也。非創見容飾之美而加敬也。君子之言，是二子之德行不足。以行遠，而惟區區之飾，乃足以行遠邪？」江氏永曰：「此章記者之失，劉氏論之詳矣。愚謂不唯修容盡飾之說可疑，卽君在而二子弔，豈不能俟君出而後入乎？大夫之廄，不當於寢門之外，二子卽欲修容，何至入於廄乎？」○内，音納。廄，久又反。鄉，許亮反。霤，力又反。

陽門之介夫死，注：「陽門，宋國門名。介夫，甲衞士。」王氏念孫曰：「昭二十一年左傳『公自陽門見之』〔一〕，杜注『睢陽正東門名揚門』，卽此陽門也。水經睢水注亦作『陽門』。揚、陽古字通。」司城子罕入而哭之哀。注：

〔一〕「陽門」，左昭二十二年傳作「揚門」。

「宋以武公諱司空爲司城。子罕，戴公子樂甫術之後樂喜也。」正義：「案世本：『戴公生樂甫術，術生石甫願繹，繹生夷甫傾，傾生東鄉克，克生西鄉士曹，曹生子罕喜。』是子罕爲術之五世孫也。」晉人之覘宋者，反報於晉侯曰：「陽門之介夫死，而子罕哭之哀，而民說，殆不可伐也。」注：「覘，闚視也。」正義：「言介夫匹庶之賤人，而子罕是國之卿相，以貴哭賤，感動民心，皆喜悦，與上共同死生。若有人伐，民必致死，故云『殆不可伐也』。殆，近也。」孔子聞之曰：「善哉覘國乎！注：「善其知微。」詩云：『凡民有喪，扶服救之。』注：「救，猶助也。」雖微晉而已，天下其孰能當之。」注：「微，猶非也。」劉氏台拱曰：「諸解俱未安，於文當曰『雖欲伐者，不獨晉而已，天下其孰能當之者乎』？」〇罕，吁旱反。覘，敕廉反。當，丁郎反。

魯莊公之喪，既葬，而絰不入庫門。注：「時子般弑，慶父作亂，閔公不敢居喪，葬已，吉服而反，正君臣，欲以防遏之，微弱之至。」正義：「魯三門：庫、雉、路。庫門最在外，以從外來，故絰不入庫門。絰不入，衰亦不入，可知也。」士大夫既卒哭，麻不入。注：「麻，猶絰也。羣臣畢虞卒哭，亦除喪也。閔公既吉服，不與虞卒哭。」正義：「案喪服注『卿大夫既虞、士卒哭而受服』，則既虞服葛。此卒哭之麻不入者，皇氏云：『時禍亂迫蹙，君既服吉服，故士大夫既虞不服受服，至卒哭總除。』」

孔子之故人曰原壤，其母死，夫子助之沐椁。注：「沐，治也。」原壤登木曰：「久矣，予之不託於音也。」注：「木，椁材也。託，寄也。謂叩木以作音。」歌曰：「貍首之斑然，執女手之卷然。」劉氏曰：「如貍首之斑，言木文之華也。卷與拳同。如執女手之拳，言沐椁之滑膩也。」夫子爲弗聞也者而過之。注：「佯不知。」從者曰：「子未可以已乎？」注：「已，猶止也。」夫子曰：「丘聞之，親者毋失其爲親也，故者毋失其爲故也。」正義：「原壤是夫子故舊，爲日已久，或平生舊交，或親屬恩好，苟無大惡，不可輒離。」○壤，如丈反。貍，力知反。女，如字。卷，音權，本又作「拳」。從，才用反。

趙文子與叔譽觀乎九原。注：「叔譽，叔向也，晉羊舌大夫之孫，名肸。」正義：「案韓詩外傳：『趙文子與叔向觀於九原。』案左氏，羊舌是邑名。晉大夫公族爲羊舌大夫也。故閔二年左傳云：『羊舌大夫爲尉。』羊舌大夫生羊舌職，職生叔向，是羊舌大夫之孫也。」文子曰：「死者如可作也，吾誰與歸？」注：「作，起也。」叔譽曰：「其陽處父乎？」注：「陽處父，晉襄公之太傅。」文子曰：「行并植於晉國，不没其身，其知不足稱也。」注：「并，猶專也。謂剛而專己，爲狐射姑所殺。没，終也。植，或爲特。」吴幼清曰：「并植，國語作『廉直』。疑并蓋廉字闕損，植蓋直字增多也。」王氏念孫曰：「吴説是矣，而未盡也。廉與并形聲不相近，廉字無緣誤爲并，蓋廉字古通作兼，兼、并字相近，因誤而爲并。直、植亦古字通。注内剛字正釋直字。」「其舅犯乎？」文子曰：「見利不顧其君，其仁不足稱也。」注：「謂久與文公辟難，至將反國，無安君之心，及河授璧，詐請亡，要君以利是也。」我則隨武子乎！利其君，不忘其身；謀其身，不遺其友。」注：「武子，士會也，食邑於隨，范，字季。」晉人謂文子知人。注：「見其所善於前，則知其來所舉。」文子其中退然如不勝衣，其言吶吶然如不出諸其口。注：「中，身也。退，柔和貌。吶吶，舒小貌。」説文：「㕯，言之訥也。訥，言難也。」王氏引之曰：「退之言隤也。繫辭『夫坤隤然，示人簡矣』，馬融韓康伯並云：『隤，柔貌。』孟喜作退。柔貌之退與退，讓之退殊義。正義解爲卑退，失之。」所舉於晉國，管庫之士七十有餘家。注：「管庫之士，府史以下，官長所置也。舉之於君，以爲大夫士也。管，鍵也。庫，物所藏。」王氏引之曰：「管鍵所以啓閉庫也。然謂之啓庫閉庫則可，謂之管庫則文不成義。且守庫者職司出納，不獨啓閉已也。今案管者，典也，主也。管庫之士，謂主此庫者耳。」生不交利，注：「廉也。」死不屬其子焉。注：「絜也。」正義：「凡人利君者，多性行偏特，不顧其身。凡人謀身，多獨善於己，遺棄故舊。武子德行宏廣，外内周備。故襄二十七年，左傳論范武子之德云：『夫子之家事治，言於晉國，無隱情。』無隱情，則利君也。家事治，則不忘其身。」○譽，音預。行，下孟反。植，直吏反。知，音智。勝，音升。吶，如悦。反，徐奴劣反。屬，音燭。

叔仲皮學子柳。注：「叔仲皮，魯叔孫氏之族〔一〕。學，教也。子柳，仲皮之子。」正義：「案世本：『桓公生僖叔牙，叔牙生武仲休，休生惠伯彭，彭生皮爲叔仲氏。』故云『叔孫氏之族』。」叔仲皮死，其妻魯人也，衣衰而繆絰。注：「衣當爲齊，壞字也。繆，讀爲『不樛垂』之樛。士妻爲舅姑之服也。言雖魯鈍，其於禮勝學。」説文：「糾，繩三合也。」叔仲衍以告，注：「告子柳，言此非也。衍，蓋皮之弟。衍，或爲皮。」請繐衰而環絰，注：「繐衰，小功之縷而四升半之衰。環絰，弔服之絰。時婦人好輕細，而多服此者。衍既不知禮之本，子柳亦以爲然，而請於衍，使其妻爲舅服之。」釋名：「環絰，末無餘，散麻，圓如環也。」曰：「昔者吾喪姑姊妹亦如斯，末吾禁也。」注：「衍答子柳也。姑姊妹在室齊衰，與婦爲舅姑同。末，無也，言無禁我欲其言行。」退，使其妻繐衰而環絰。注：「婦以諸侯之大夫，爲天子之衰，弔服之絰，服其舅非。」○學，户教反。衣，依注作「齊」，音咨。繆，依注讀曰樛，音居虯反。繐，音歲。

〔一〕「氏」字原脱。據禮記注疏補。

衰，七雷反。

成人有其兄死而不爲衰者，聞子臯將爲成宰，遂爲衰。成人曰：「蠶則績而蟹有匡，范則冠而蟬有緌，兄則死而子臯爲之衰。」注：「言兄死者，言其衰之不爲兄死，如蟹有匡，蟬有緌，不爲蠶之績，范之冠也。范，蜂也。蟬，蜩也。緌，謂蜩喙長在腹下。」正義：「蠶則須匡以貯繭，蟹背有匡，匡自著蟹，非爲蠶設。蜂冠無緌，而蟬口有緌，緌自著蟬，非爲蜂設。譬如成人兄死，初不作衰，後畏子臯，方爲制服，服是子臯爲之，非爲兄施，亦如蟹匡蟬緌，各不關於蠶蜂也。」王氏引之曰：「爲，猶使也。言蠶則績，而蟹爲之匡以貯繭。范則冠，而蟬爲之緌以飾冠。兄則死，而子臯使之衰以盡禮。皆由他物他人助而成之，非其所自爲也。」○蠶，七南反。蟹，户買反。緌，耳佳反。

樂正子春之母死，五日而不食，曰：「吾悔之。自吾母而不得吾情，吾惡乎用吾情？」注：「惡乎，猶於何也。」

歲旱，穆公召縣子而問然，注：「然之言焉也。凡穆或作繆。」曰：「天久不雨，吾欲暴尪而奚若？」注：「奚若，何如也。尪者面鄉天，覬天哀而雨之。」尪，一切經音義：「尪，弱也。」通俗文曰：「短小曰尪。」曰：「天則不雨，而暴人之疾，子虐，毋乃不可與？」注：「錮疾人之所哀，暴之是虐。」「然則吾欲暴巫而奚若？」曰：「天則不雨，而望之愚婦人，於以求之，毋乃已疏乎？」注：「已，猶甚也。巫主接神，亦覬天哀而雨之。春秋傳説巫曰：『在女曰巫，在男曰覡。』周禮女巫：『旱暵則舞雩。』」「徙市則奚若？」曰：「天子崩，巷市七日；諸侯薨，巷市三日。爲之徙市，不亦可乎！」注：「徙市者，庶人之喪禮。今徙市，是憂戚於旱若喪。」○暴，步卜反。尪，烏光反。

孔子曰：「衞人之祔也離之。注：「祔，謂合葬也。離之，有以間其椁中。」魯人之祔也合之，善夫！」注：「善夫，善魯人也〔一〕。祔葬當合也。」正義：「『穀則異室，死則同穴。』故善魯之祔也。」○祔，音附。

〔一〕「善」字原脱，據禮記注疏補。

禮記訓纂卷五

王制第五

正義:『鄭目録云:「名曰王制者,以其記先王班爵授禄,祭祀養老之法度。此於別録屬制度」』

案王制之作,蓋在秦漢之際。下文云:『有正聽之。』鄭云:『漢有正平丞,秦所置。』又有『古者以周尺』之言,則知是周亡之後。鄭荅臨碩云:『孟子當赧王之際,王制之作,復在其後。』盧植云:『漢孝文皇帝令博士諸生作此王制之書。』」王氏懋竑曰:「王制乃漢文帝令博士諸生作,其時去先秦未遠,老師宿儒猶有一二存者,皆采取六經、諸子之言,如班爵禄取之孟子,巡狩取之虞書,蒐三田及大司徒、大司馬、大司空三官,取之公羊,諸侯朝聘取之左氏。古書今不可盡見,蓋皆有所本也。惟周官未出,故所言絕不同。注家多以周禮證之,宜其乖戾而不合也。」

王者之制禄爵,白虎通曰:「此周制也。」公、侯、伯、子、男,凡五等。諸侯之上大夫卿、下大夫、上士、中士、下士,凡五等。注:「二五,象五行剛柔十日。禄,所受食。爵,秩次也。上大夫曰卿。」正義:「凡王者制度,禄爵爲重,其食禄受爵之人,有公、侯、伯、子、男,並南面之君,凡五等也。其諸侯之下,北面之臣,有上大夫卿,有下大夫,有上士、中士、下士,凡五等也。穀梁傳:『王者,仁義歸往曰王。』以其身有仁義,衆所歸往,制統海内,故云王制,不云天子制也。白虎通云『禄者,録也。上以收録接下,下以名録謹以事上』,是也。『爵者,盡也,所以盡人才也。』此公、侯、伯、子、男，獨以侯爲名，而稱諸侯者，舉中而言。伯亦居中，不言諸伯者，嫌是東西二伯及九州之伯故也。上大夫卽卿，卿外唯有下大夫。下文更有『上大夫、下大夫』者，謂就下大夫之中，更分爲上下耳。白虎通云：『卿之言嚮也，爲人所歸嚮。大夫者達人，謂扶達於人。士者，事也。』皇氏、熊氏皆爲任職事。其大夫之稱，亦得兼三公。上大夫卿亦兼孤也。春秋晉陽處父爲太傅，經云『晉殺其大夫陽處父』是也。孤亦稱公，鄉飲酒禮云『公三重』，是孤也。士既命同，而分爲三等者，士職卑德薄，義取漸進，故分爲三。卿與大夫德高位顯，各有別命，不復細分。」

天子之田方千里，注：「象日月之大，亦取晷同也。此謂縣內，以祿公、卿、大夫、元士。」公侯田方百里，伯七十里，子男五十里。不能五十里者，不合於天子，附於諸侯，曰附庸。天子之三公之田視公侯，天子之卿視伯，天子之大夫視子男，天子之元士視附庸。注：「皆象星辰之大小也，不合，謂不朝會也。小城曰附庸。附庸者，以國事附於大國，未能以其名通也。視，猶比也。元，善也。善士，謂命士也。此地，殷所因夏爵三等之制也。殷有鬼侯、梅伯，春秋變周之文，從殷之質，合伯子男以爲一，則殷爵三等者，公、侯、伯也。異畿內謂之子。周武王初定天下，更立五等之爵，增以子男，而猶因殷之地，以九州之界尚狹也。周公攝政致太平，斥大九州之界，制禮成武王之意，封王者之後爲公，及有功之諸侯。大者地方五百里，其次侯四百里，其次伯三百里，其次子二百里，其次男百里。所因殷之諸侯，亦以功黜陟之。其不合者，皆益之地爲百里焉。是以周世有爵尊而國小，爵卑而國大者。唯天子畿內不增，以祿羣臣，不主爲治民。」正義：「案元命包云：『日圓廣尺，以應千里。』鄭注司徒云：『凡日景於地，千里而差一寸。』案元命包云：『王者封國，上應列宿之位。』注云：『若角、亢爲鄭，房、心爲宋之比。』其七十里者倍減於百里，五十里者倍減於七十里。庸，城也。小國之城，不能自通，以其國事附於大國，故曰附庸。天子之士，所以稱元者，異於諸侯之士也。畿外既有公侯伯標異，畿内特謂之子。爵雖爲子，若作三公，則受百里之地，若作卿則受七十里之地，若作大夫則受五十里之地。鄭荅張逸云：『微子、箕子實是畿内采地之爵，非畿外治民之君，故云子也。』」

制農田百畝。百畝之分，上農夫食九人，其次食八人，其次食七人，其次食六人，下農夫食五人。庶人在官者，其禄以是爲差也。注：「農夫皆受田於公，田肥墽有五等，收入不同也。庶人在官，謂府史之屬，官長所除，不命於天子國君者。分或爲糞。」正義：「周禮地有九等。故司徒『上地，家七人』，『中地家六人』，『下地家五人』，注云：『有夫有婦，然後爲家，自二人以至於十人爲九等。一家男女七人以上，則授之以上地，所養者衆也。男女五人以下，則授之以下地，所養者寡也。』此經地惟五等，不同者，大司徒所云，農夫授田，實有九等，此據準庶人在官之禄，最下者猶五人。庶人在官者，雖食八人以下，不得代耕，故載師有『官田』，謂庶人在官之田。」賈氏周禮疏曰：「王制云：『下士視上農夫。』食九人，則府食八人，史食七人，胥食六人，徒食五人。其官並亞士，故號『庶人在官。』」○分，扶問反。食，音嗣。差，初佳反，徐初宜反。

諸侯之下士視上農夫，禄足以代其耕也。中士倍下士，上士倍中士，下大夫倍上士。卿四大夫禄，君十卿禄。次國之卿三大夫禄，君十卿禄。小國之卿倍大夫禄，君十卿禄。注：「此班禄尊卑之差。」正義：「大夫以下，位卑禄少，故大小國不殊。卿與君禄重位尊，故禄隨國之大小爲節。案周禮天子卿、大夫、士與諸侯之臣執摯同，則禄亦同也。此自『下士』至『小國之卿倍大夫禄』，皆據無采地者言之。故鄭蓍臨碩云：『王畿方千里者，凡九百萬夫之地，三分去一，定受田者三百萬夫，出都家之田，以其餘地之稅禄無田者，下士食九人，中士食十八人，上士三十六人，下大夫七十二人，中大夫百四十四人，卿二百八十八人。』」

次國之上卿，位當大國之中，中當其下，下當其上大夫。小國之上卿，位當大國之下卿，中當其上大夫，下當其下大夫。注：「此諸侯使卿大夫覜聘並會之序也。其爵位同，小國在下，爵異，固在上耳。」正義：「必知爵異小國在上者，以卿執羔，大夫執雁，又卿絺冕，大夫玄冕，故知小國之卿不得在大國大夫之下也。」彬案春秋成三年左傳：「次國之上卿，當大國之中，中當其下，下當其上大夫。小國之上卿，當大國之下卿，中當其上大夫，下當其下大夫，上下如是，古之制也。」其有中士、下士者，數各居其上之三分。注：「謂其爲介，若特行而並會也。居，猶當也。此據大國而言。大國之士爲上，次國之士爲中，小國之士爲下。士之數，國皆二十七人，各三分之，上九中九下九，以位相當，則次國之上士當大國之中，中當其下，小國之上士當大國之下。凡非命士，亦無出會之事。春秋傳謂士爲微。」正義：「今大國之士既在朝會，若有中國之士、小國之士者，其行位之數，各居其上國三分之二，謂次國以大國爲上，而次國上九，當大國中九，次國中九，當大國下九。是當其大國之三分之二。小國以次國爲上，小國上九，當次國中九，小國中九，當次國下九，亦是居上三分之二也。是各居上之三分。」徐氏師曾曰：「此當在『上士二十七人』之下，錯簡在此，謂中士三倍於上士之數，下士三倍於中士之數也。」

凡四海之内九州，州方千里。州建百里之國三十，七十里之國六十，五十里之國百有二十，凡二百一十國。名山大澤不以封。其餘以爲附庸、閒田。八州，州二百一十國。注：

「建，立也。立大國三十，十三公也。立次國六十，十六卿也。立小國百二十，十十二小卿也。名山大澤不以封者，與民同財，不得障管，亦賦稅之而已。此大界方三千里，三三而九，方千里者九也。其一爲縣內，餘八各立一州，此殷制也。周公制禮，九州大界方七千里，七七四十九，方千里者四十有九也。其一爲畿內，餘四十八，八州各有方千里者六。設法：一州封地方五百里者不過四，謂之大國。又封方四百里者不過六，又封方三百里者不過十一，謂之次國。又封方二百里者不過二十五，及餘方百里，謂之小國。盈上四等之數，并四十六，一州二百一十國，則餘方百里者百六十四也。凡處地方千里者五，方百里者五十九，其餘方百里者四十一，附庸地也。」正義：「爾雅釋地云：『九夷、八狄、七戎、六蠻，謂之四海。』此言四海之內謂夷狄之內也。地方三千里，以開方計之，三三如九，方千里者有九。其一爲天子縣內，下文具之。以外八州，州別方千里者有一，州建百里之國三十，是公國也。七十里之國六十，是侯國也。五十里之國百有二十，是伯國也。是一州凡二百一十國。其餘以爲附庸閒田，謂置二百一十國外之餘地爲附庸閒田也。若封人附於大國，謂之附庸，若未封人，謂之閒田。每州二百一十國，所餘之地者，則下文云『方百里者十，方十里者六十』，是也。」○閒，音閑。

天子之縣內，方百里之國九，七十里之國二十有一，五十里之國六十有三，凡九十三國。名山大澤不以朌，其餘以禄士，以爲閒田。注：「縣內，夏時天子所居州界名也。殷曰畿。詩殷頌曰：『邦畿千里，維民所止。』周亦曰畿。畿內大國九者，三公之田三，爲有致仕者副之爲六也。其餘三，待封王之子弟。次國二十一者，卿之田六，亦爲有致仕者副之爲十二。又三爲三孤之田，其餘六亦待封王之子弟。小國六十三，大夫之田二十七，亦爲有致仕者副之爲五十四。其餘九亦以待封王之子弟。三孤之田不副者，以其無職，佐公論道耳。雖其致仕，猶可卽而謀焉。盼，讀爲班。」正義：「名山大澤不以盼者，畿外列土諸侯，有封建之義，故云『不以封』；畿内之臣，既不世位，有盼賜之義，故云『不以盼』。所以不盼者，亦爲與民共財，不障管也。其餘以禄士，以爲閒田者，謂九十三國之餘，則下文云『其餘方百里者六十四，方十里者九十六』，是也。以九十三國以封公、卿、大夫，故特云『以禄士』。其實公卿之子，父死之後既不世爵，得食父禄，故下文云『未賜爵，視天子之元士以君其國』。其不封公、卿、大夫及禄士之外，並爲閒田，則周禮云『公邑』也。不云附庸者，以縣内無附庸也。畿外諸侯有大功德，始有附庸，故閒田少；畿内每須盼賜，故閒田多。其周之畿内，采邑大小未聞。此云『禄士』，謂無地之士，給之以地，而當其禄，不得爲采邑耳。其實春秋之時，公卿亦有無地者，故春秋經『劉子、單子』，是有地者稱爵；『王子虎卒』，是無地者不稱爵也。」○盼，音班。

凡九州千七百七十三國，天子之元士、諸侯之附庸不與。注：「不與，不在數中也。春秋傳曰：『禹會諸侯於塗山，執玉帛者萬國。』言執玉帛，則是惟謂中國耳。中國而言萬國，則是諸侯之地有方百里，有方七十里，有方五十里者，禹承堯舜而然矣。要服之内，地方七千里乃能容之。夏末既衰，夷狄内侵，諸侯相并，土地減，國數少。殷湯承之，更制中國方三千里之界，亦分爲九州，而建此千七百七十三國焉。周公復唐虞之舊域，分其五服爲九，其要服之内亦方七千里，而因殷諸侯之數，廣其土，增其爵耳。孝經説曰：『周千八百諸侯，布列五千里内。』此文改周之法，關盛衰之中，三七之間以爲説也。終此説之意，五五二十五，方千里者二十五也。其一爲畿内，餘二十四州，各有方千里者三，其餘諸侯之地大小則未得而聞。」正義：「前文云『凡四海之内』，明殷之畿外諸侯。次經明天子縣内、殷之畿内國數，此經總明殷之畿内畿外，故云『凡九州千七百七十三國』。大計地方三千里，畿外八州，每一州二百一十國，封爵三等，八州一千六百八十國，并王畿內九十三國，計千七百七十三國。天子之元士，則下云：『方百里者六十四，方十里者九十六。』是天子之元士。又下云：『其餘方百里者十，方十里者六十。』是諸侯附庸，不在千七百七十三之數。」○與，音預。

天子百里之內以共官，千里之內以爲御。注：「謂此地之田稅所給也。官，謂其文書財用也。御，謂衣食。」正義：「經云『百里之內』者，謂去王城百里，四面相距，則二百里。經云『千里之內以爲御』者，謂四面相距爲千里，去王城四面五百里。」葉少蘊曰：「官者，天子宗廟社稷，賓客燕享，有司所供也。御者，乘輿服膳，匪頒賜予，王所用也。君子廉於奉己，嚴於事神人，故有司所供主在百里之內，王所用主在千里之內。猶之家造以祭器爲先，犧賦爲次，養器爲後，皆以奉己爲非急也。」○共，音恭。

千里之外設方伯。五國以爲屬，屬有長；十國以爲連，連有帥；三十國以爲卒，卒有正；二百一十國以爲州，州有伯。八州八伯，五十六正，百六十八帥，三百三十六長。八伯各以其屬屬於天子之老二人，分天下以爲左右，曰二伯。注：「屬、連、卒、州，猶聚也。伯、帥、正，亦長也。凡長皆因賢侯爲之。殷之州長曰伯，虞夏及周皆曰牧。老，謂上公。周禮曰：『九命作伯。』春秋傳曰：『自陝以東，周公主之；自陝以西，召公主之。』」正義：「屬是繫屬，連是連接，卒是卒伍，州是聚居。伯、帥、正俱是長，但異其名。案鄭志注尚書爲『八伯』。張逸問云：『九州而八伯者何？』鄭荅云：『畿內之州不置伯，有鄉遂之吏主之。伯，卽牧也。故周禮太宰云：「施典于邦國，建其牧。」是畿外邦國有牧，畿內不置也。』」○帥，色類反。卒，子忽反。

千里之內曰甸，注：「服治田，出穀稅。」說文：「甸，天子五百里地。」千里之外曰采，注：「九州之內地，取其美物,以當穀稅。」曰流。注:「謂九州之外也。夷狄流移,或貢或不。禹貢荒服之外,『三百里蠻,二百里流』。」正義:「案禹貢『五百里甸服』,下又云『百里賦納總,二百里納銍』,及秸、粟、米之等,是甸爲治田也。」陳用之曰:「采,則禹貢『侯服,百里采』也。流,則荒服之『二百里流』也。」○甸,大薦反。

天子三公、九卿、二十七大夫、八十一元士。注:「此夏制也。明堂位曰『夏后氏之官百』,舉成數也。」方性夫曰:「三公之數,則取陽數而成也。九卿則倍公而三之,大夫則又倍卿而三之,元士則又倍大夫而三之。夫位尊者其事約而總,位卑者其事詳而分,故位愈卑而數愈倍焉。」

大國三卿,皆命於天子,下大夫五人,上士二十七人。次國三卿,二卿命於天子,一卿命於其君。下大夫五人,上士二十七人。小國二卿,皆命於其君,下大夫五人,上士二十七人。注:「命於天子者,天子選用之,如今詔書除吏矣。小國亦三卿,一卿命於天子,二卿命於其君,此文似誤脱耳,或者欲見畿内之國二卿與?」正義:「崔氏云:『三卿者,依周制而言,謂立司徒兼冢宰之事,立司馬兼宗伯之事,立司空兼司寇之事。故春秋左傳云:「季孫爲司徒,叔孫爲司馬,孟孫爲司空。」以此推之,故知諸侯不立冢宰、宗伯、司寇之官也。』下大夫五人者,崔氏云:『三卿命於天子,則大夫以下,皆其君自命之也。五人者,謂司徒之下置小卿二人,一是小宰,一是小司徒,司空之下亦置二小卿,一是小司寇,一是小司空也,司馬之下惟置一小卿,小司馬也。故公羊襄十一年「作三軍」,何休云:「古者諸侯有司徒、司空,上卿各一,下卿各二;司馬事省,上下卿各一,若有軍事,上士相上卿,下士相下卿,足以爲治。」』」陳用之曰:「三等之國,卿數不同,大夫士之數則同者,卿則合治,大夫士則分職,故卿數與禄,以國之大小爲差,大夫士之數與禄,則同焉而已。」邵萬宗曰:「大國欲其權不侔上,故三卿皆命於天子。小國欲其權足以制下,故二卿皆命於其君。次國則處乎大小國之間,故二卿命於天子,一卿命於其君。」

天子使其大夫爲三監,監於方伯之國,國三人。注:「使佐方伯領諸侯。」正義:「謂使在朝之大夫往監於方伯,每一州輒三人,三八二十四人。崔氏云:『此謂殷之方伯,皆有三人以輔之。周則於牧下置二伯,亦或因殷使大夫爲三監。』」○下監,古咸反。

天子之縣内諸侯,禄也;注:「選賢置之於位,其國之禄如諸侯,不得世。」正義:「此謂畿内公、卿、大夫之子,父死之後,得食父之故國采邑,不得繼父爲公、卿、大夫也。」外諸侯,嗣也。注:「有功乃封之,使之世也。冠禮記曰:『繼世以立諸侯,象賢也。』」正義:「畿内諸侯不世爵,而畿外得世者,以畿内諸侯則公、卿、大夫輔佐於王,非賢不可,故不世也。畿外諸侯嘗有大功,報其勞效,故得世也。異義按公羊、穀梁説云:『卿大夫世則權并一姓,妨塞賢路,經譏尹氏、崔氏是也。』馬彦醇曰:「内諸侯禄而有德,可使之出而爲諸侯,若韓宣子之類是也。外諸侯嗣而有功者,可使之入而爲公卿,若鄭武公之類是也。」

制,三公一命卷,若有加,則賜也,不過九命;次國之君不過七命,小國之君不過五命。注:「卷,俗讀也,其通則曰袞。三公八命矣,復加一命,則服龍袞,與王者之後同。多於此則賜,非命服也。虞夏之制,天子服有日月星辰。周禮曰:『諸公之服,自袞冕而下,如王之服。』」正義:「言王者制度,三公八命,身著鷩冕,若加一命,則爲上公,而著袞冕。若有加,謂九命,卷龍之外,依制不合有其服,若有加益者,則是君之特賜,非禮法之常。雜記謂之

『衮衣』也。」吳幼清曰：「若有加此者，則出於君之特恩，所謂『三公出封，加一等』是也，然亦不過九命。注疏以龍衮之外有所加爲特賜，非也。夫龍衮之外有加，則是十二章也，天子豈可以賜其臣哉？」○卷，依注音衮，古本反。

大國之卿，不過三命，下卿再命。小國之卿與下大夫一命。注：「不著次國之卿者，以大國之下互明之。此卿命則異，大夫皆同。周禮公、侯、伯之卿三命，其大夫再命，子男之卿再命，其大夫一命。」正義：「大國上卿三命，下卿再命，次國上卿再命，下卿一命；小國上下卿並皆一命。故云：『卿命則異。』大國次國小國大夫皆同一命。」

凡官，民材必先論之，論辨然後使之，注：「論，謂考其德行道藝。辨，謂考問得其定也。易曰：『問以辨之。』」**任事然後爵之，**注：「爵，謂正其秩次。」**位定然後禄之。**注：「與之以常食。」正義：「謂官其人必先，論量德行道藝。考問知其實有德行道藝，未明其幹能，故論量任以事，事又幹了，然後正其秩次〔一〕。除授位定，然後與之以禄。」馬彦醇曰：「才足以充公卿之任，則使之爲公卿，才足以充大夫士之任，則使之爲大夫士。故任事然後爵之。爵有高下，則禄有厚薄。位者視其爵禄之高下，而禄者稱其爵之等差也。故位定然後禄之。」

爵人於朝，與士共之。刑人於市，與衆弃之。是故公家不畜刑人，大夫弗養士，遇之塗，弗與言也。屏之四方，唯其所之，不及以政，亦弗故生也。注：「必共之者，所以審慎之也。書曰：『克明德慎罰。』屏，猶放去也。已施刑，則放之弃之，役賦不與，亦不授之以田，困乏又無賙餼也。虞書曰『五流有宅，五宅三居』，是也。周則墨者使守門，劓者使守關，宫者使守内，刖者使守囿，髡者使守積。」正義：「爵人於朝，謂殷法也。周

〔一〕「秩」，原誤「扶」，據禮記注疏改。

則天子特假祖廟而拜授之，故洛誥册命周公，特祭文武。與衆棄之者，亦謂殷法，貴賤皆刑於市，周則有爵者刑於甸師氏也。罪人被放，不干及以政教之事，謂不以王政賦役驅使。田里所以安其身，賙餼所以養其命，皆是爲生之具。今並不與，是不故欲使其生也。」陳用之曰：「爵人於朝，周官『鄉老及鄉大夫羣吏獻賢能之書，王拜受之，登於天府，内史貳之』，是也。刑人於市，周官鄉士、遂士所謂『肆之三日』是也。」王氏念孫曰：「亦弗故生也，故當爲欲，謂不欲生之也。正義解經曰『不欲使生』，是其證。」○畜，許六反。屏，必政反。

諸侯之於天子也，比年一小聘，三年一大聘，五年一朝。注：「比年，每歲也。小聘使大夫，大聘使卿，朝則君自行。然此大聘與朝，晉文霸時所制也。虞夏之制，諸侯歲朝。周之制，侯、甸、男、采、衞、要服六者各以其服數來朝。」正義：「案聘禮記云『小聘曰問』，『三介』。大聘使卿爲介，有五人，案尚書堯典云：『五載一巡守，羣后四朝。』鄭注云：『巡守之年，諸侯朝於方嶽之下，其間四年，四方諸侯分來朝於京師，歲徧。』是也。周禮大行人云『侯服歲壹見』，『甸服二歲壹見』，『男服三歲壹見』，『采服四歲壹見』，『衞服五歲壹見』，『要服六歲壹見』。是六者各以其服數來朝，皆當方分爲四部，分隨四時而來。」○朝，直遥反。

天子五年一巡守。注：「天子以海内爲家，時一巡省之。五年者，虞夏之制也。周則十二歲一巡守。」歲二月，東巡守，至于岱宗。注：「岱宗，東嶽。」五經通義：「宗，長也。言爲羣嶽之長。」說文：「嶽，東岱、南霍、西華、北恒、中泰室，王者之所以巡狩所至。」柴而望祀山川，覲諸侯。注：「柴，祭天告至也。覲，見也。」問百年者就見之。注：「就見老人。」命大師陳詩，以觀民風。命市納賈，以觀民之所好惡，志淫好辟。命典禮考時月，定日、同、律，禮、樂、制度、衣服正之。注：「陳詩，謂采其詩而視之。市，典市者。賈，謂物貴賤厚薄也。質則用物貴，淫則侈物貴，民之志淫邪，則其所好者不正。同，陰律也。」山川神祇有不舉者爲不敬，不敬者君削以地。宗廟有不順者爲不孝，不孝者君絀以爵。變禮易樂者爲不從，不從者君流。革制度衣服者爲畔，畔者君討。有功德於民者，加地進律。注：「舉，猶祭也。不順者，謂若逆昭穆。流，放也。討，誅也。律，法也。」五月，南巡守，至于南嶽，如東巡守之禮。八月，西巡守，至于西嶽，如南巡守之禮。十有一月，北巡守，至于北嶽，如西巡守之禮。歸假于祖禰，用特。注：「假，至也。特，特牛也。祖下及禰，皆一牛。」三禮義宗云：「唐虞五載巡守一嶽，二十年方徧四嶽，周則四十八年矣。若一出四嶽皆徧，且闕四時祭享。唐虞衡山爲南嶽，周氏霍山爲南嶽，其制吉行五十里，若以二月到東嶽，五月到南嶽，八月到西嶽，十一月到北嶽，路程遼遠，固必不及。此知每至一嶽即歸，斯義爲長也。」正義：「歲二月東巡守者，皆以夏之仲月，律曆得其中也。二月八月晝夜分，五月十一月者陰陽終，故取四仲月也。岱山者，言萬物皆相代於東方。宗者，尊也。岱爲五嶽之首，故爲尊也。案爾雅釋山云『泰山爲東嶽』。郭景純注云：『在奉高縣西北。』『霍山爲南嶽』，郭注云：『在衡陽湘南縣南。』又云：『今在廬江灊縣西。漢武帝以衡山遼曠，故移其神於此。』『華山爲西嶽。』郭注云：『在弘農華陰縣西南。』『恒山爲北嶽』，郭注云：『在常山上曲陽縣西北。』柴，謂燔柴以祭上天而告至，祭天之後，乃望祀山川。案覲禮云：『諸侯覲於天子，爲宮方三百步，四門，壇十有二尋，深四尺。』鄭注云：『王巡守，至于方嶽之下，諸侯會之，亦爲此宮以見之。』是也。見諸侯之後，問百年者就見之。若未至方嶽，於道路之上有百年者，亦先見之。大師，是掌樂之官，各陳其國風之詩，以觀其政令之善惡。命典市之官進納物賈，以觀民之所好惡。民志淫邪，則愛好邪辟之物，由在上教之不正。此陳詩納賈，所以觀民風俗，是欲知君上善惡也。典禮之官，於周則大史，考校四時，及十二月之大小，時有節氣早晚，月有弦望晦朔，考之使各當其節。又正定甲乙之日，陰陽同律。玉帛之禮，鐘鼓之樂，及制度衣服，各有等差，當正之。山川是外神，故云『不舉』；宗廟是內神，故云『不順』。禮樂雖爲大事，非是切急所須，故以爲不從君，惟流放。制度衣服便是政治之急，故以爲畔君，須誅討。此四罪，先輕後重。」○守，手又反，本或作「狩」。大，音泰。賈，音嫁。惡，烏路反。絀，丑律反。樂，音岳。假，音格。禰，乃禮反。

天子將出，類乎上帝，宜乎社，造乎禰。諸侯將出，宜乎社，造乎禰。注：「類、宜、造，皆祭名。其禮亡。」正義：「此論天子巡守之禮。類乎上帝，謂祭告天也。社主於地，又爲陰，誅殺亦陰，故於社也。故書云『不用命，戮于社』，是也。造，至也。謂至父祖之廟也。今惟云禰者，白虎通云：『獨見禰何？辭從卑，不敢留尊者之命，至禰，不嫌不至祖也。』皇氏申之云：『行必有主，無則主命載于齊車。書云「用命賞于祖」，是也。今出，先從卑起，最後至祖，仍取遷主則行也。若前至祖，後至禰，是留尊者之命，爲不敬也。然出告天地及廟，還惟告廟，不告天地者，白虎通云：「天道無外內，故不復告也。」』諸侯將出者，謂朝王及自相朝、盟會、征伐之事也。不得告天，故從社始也。造乎禰者，亦告祖及載主也。惟言出告，則歸亦告也。曾子問曰『出反必親告于祖禰』，是也。天子用特牲，諸侯卑，則否。曾子問注云『皆奠幣以告之』，是也。」方性夫曰：「宜造，諸侯之所同，類上帝則天子所獨，降殺之別也。經曰：『天子祭天地，諸侯祭社稷。』」

天子無事，與諸侯相見曰朝，考禮，正刑，一德，以尊于天子。注：「事，謂征伐。」正義：「此朝，謂常朝。諸侯相與朝王之時，考校禮儀，正定刑法，專一道德，以尊崇天子。」方性夫曰：「行天子之禮，則禮樂自天子出矣。用天子之刑，則征伐自天子出矣。諸侯豈有異心者哉！故能一德，以尊於天子也。」

天子賜諸侯樂，則以柷將之；賜伯子男樂，則以鼗將之。注：「將，謂執以致命。柷、鼗，皆所以節樂。」正義：「凡與人之物，置其所與大者於地，執其小者以致命於人。將，行也。漢禮器制度，柷狀如漆桶，中有椎，將作樂，先擊之。鼗如小鼓，長柄，旁有耳，搖之使自擊。柷之節樂，節一曲之始，其事寬，故以將諸侯之命。鼗所以節一唱之終，其事狹，故以將伯子男之命。」○柷，昌六反。樂，音岳。鼗，音桃。

諸侯賜弓矢，然後征；賜鈇鉞，然後殺；賜圭瓚，然後爲鬯。未賜圭瓚，則資鬯于天子。注：「得其器，乃敢爲其事。圭瓚，鬯爵也。鬯，秬酒也。」說文：「瓚，三玉二石也。」正義：「賜弓矢，謂八命作牧者。賜鈇鉞，謂上公九命。賜圭瓚，亦謂上公九命者。若未賜圭瓚，則用璋瓚，故周禮小宗伯注云：『天子圭瓚，諸侯璋瓚。』既不得鬯，則用薰。故王度記云：『天子以鬯，諸侯以薰』，圭瓚之制，按玉人職『大璋中璋』之下云：『黄金勺，青金外，朱中，鼻寸，衡四寸。』鄭注：『鼻，勺流也。凡流皆爲龍口。三璋之勺，形如圭瓚。』又典瑞注：『瓚槃大五升，口徑八寸，下有槃，口徑一尺。』又明堂位注云：『以大圭爲柄。』玉人注云：『有流前注。』此圭瓚之形也。鬯者，釀秬黍爲酒，和以鬱金之草，謂之鬱鬯。不以鬱和，直謂之鬯。』」○鈇，方于反，又音斧。圭，字又作「珪」。按說文：「珪古字，圭今字。」瓚，才旦反。鬯，敕亮反。

天子命之教，然後爲學。小學在公宮南之左，大學在郊。注：「學所以學士之宫。尚書傳曰：『百里之國，二十里之郊；七十里之國，九里之郊；五十里之國，三里之郊。』此小學大學，殷之制。」正義：「若周制，則司馬法云：『百里郊。』天子畿內方千里，百里爲郊，則諸侯之郊，皆計竟大小。故聘禮注云：『遠郊，上公五十里，侯伯三十里，子男十里也。近郊各半之。』天子命之教，不云命諸侯，從可知也。」金氏榜曰：「國之小學，諸侯立於公宮之左，天子則在王宮之四門。四門者，東南稱門，西北稱闈。周官師氏令其屬守王門，保氏令其屬守王闈。學禮有東學南學西學北學。祭義『天子立四學，將入學而太子齒』，皆謂此四門之小學，王太子、王子及諸侯、卿、大夫之子學焉。」天子曰辟廱，諸侯曰頖宮。注：「尊卑學異名。辟，明也。廱，和也。所以明和天下。頖之言班也，所以班政教也。」說文：「泮，諸侯鄉射之宮，西南爲水，東北爲牆。」五經通義：「諸侯不得觀四方，故缺東以南。半天子之學，故曰頖宮。」正義：「按詩注云：『築土廱水之外，圓如璧。』又云：『頖之言半，以南通水北無也。』二注不同者，此注解其義，詩注解其形。」張子曰：「此小學是教國子冑子之幼小者，未能入大學，則其學在宮之左右。大學，卽郊學也，對小學而言大爾，非國子冑子俊造所居。但國之設學必均，故於四郊爲之立學。郊學，則鄉遂大夫教之，國中大學，則天子諸侯所自視者也。郊學雖非俊造國冑之所居，亦有時而往，如行禮於其間，使不帥教者觀之。」金氏榜曰：「辟雍者，大學之統名。周立三代之學，通名曰辟雍，猶五帝之學，通名成均矣。辟雍、頖宮皆在郊，先王處士於閒燕，使王太子、王子及諸侯、卿、大夫之子皆造於大學，其制如此。鄭君駁異義云：『王制「大學在郊。」辟雍卽大學也。大雅靈臺一篇之詩，有靈臺，有靈囿，有靈沼，有辟雍，則辟雍及三靈皆同處在郊。王制與詩，其言察察，亦足以明之矣。』」○辟，音璧。頖，音判。

天子將出征，類乎上帝，宜乎社，造乎禰，禡於所征之地，注：「禡，師祭也，爲兵禱。其禮亦亡。」

說文：「師行所止，恐有慢其神，下而祀之，曰禡。周禮曰：『禡於所征之地。』」受命於祖，注：「告祖也。」受成於學，注：「定兵謀也。」出征執有罪，反，釋奠于學，以訊馘告。注：「釋菜奠幣，禮先師也。訊馘，所生獲，斷耳者。詩曰：『執訊獲醜。』又曰：『在頖獻馘。』馘或爲國。」說文：「聝，軍戰斷耳也。春秋傳曰：『以爲俘聝。』馘，聝或从首。」正義：「肆師注云：『貉，讀如十百之百。爲師祭造軍法者，其神蓋蚩尤或曰黄帝。』」陳用之曰：「周官言貉，詩與禮記言禡，其實一也。」正義：「類者，以事類告天。故異義：『夏侯、歐陽說，以類祭天者，以事類祭之。古尚書說，非時祭天，謂之類。』許慎謹案：『周禮郊天，無言類者，知類非常祭。從古尚書說。』」按大胥職云：『春入學，舍菜，合舞。』文王世子亦云：『釋菜。』鄭注云：『釋菜禮輕。』則釋菜惟釋蘋藻而已，無牲牢，無幣帛。文王世子又云：『始立學者，既興器，用幣。』注云：『禮樂之器，成則釁之，又用幣告先聖先師以器成。』此則徒用幣而無菜，亦無牲牢也。文王世子又云：『凡始立學者，必釋奠於先聖先師，及行事，必以幣。』是釋奠有牲牢，又有幣帛，無用菜之文。熊氏以此爲釋菜奠幣者，既有牲牢，菜幣兩有。今云『禮先師』，不云『祭先師』，則似訊馘告之時，但有菜幣而已，未必有牲牢也。釋菜奠幣，皆告先聖先師，此直云『先師』，文不具耳。」黄東發曰：「釋奠，即舍菜。周禮：『春入學，舍菜。』吕覽：『仲春，上丁，命樂正習舞，釋菜。』文王世子：『春，官釋奠於先師，秋冬亦如之。』視學釋奠，禮一也。又曰：『凡始立學，必釋奠於先聖先師，及行事，必以幣。』始立學釋奠，二也。此出征反，釋奠於學，三也。其所以皆以采而非菜也，蓋摯見必先用幣，故事神亦先用幣。若菜則菹也，物之輕而禮之末，惟士子始入學用之。學記曰：『大學始教，皮弁祭菜。』文王世子曰：『既興器，用幣，然後釋菜。』亦謂立學既已興器用幣，世子入學亦用菜，人無生而貴者耳。」〇禡，馬怕反，又音百。訊，本又作「誶」，音信。馘，古獲反。

天子諸侯無事，則歲三田：一爲乾豆，二爲賓客，三爲充君之庖。無事而不田曰不敬，田不以禮曰暴天物。注：「三田者，夏不田，蓋夏時也。周禮：春曰蒐，夏曰苗，秋曰獮，冬曰狩。乾豆，謂臘之以爲祭祀豆實也。庖，今之廚也。不敬者，簡祭祀，略賓客。」正義：「無事，謂無征伐、出行、喪凶之事。鄭釋廢疾云：『歲三田，謂以三事爲田，即一曰乾豆之等。豆云乾者，謂作醢及臡，先乾其肉，是上殺者也；二爲賓客，中殺者也；三爲充君之庖，下殺者也。』故穀梁桓四年范甯云：『上殺中心，死速，乾之以爲豆實；次殺射髀骼，死差遲，故爲賓客；下殺中腸污泡，死最遲，故充庖廚。』又車攻毛傳云：『自左膘而射之，達於右腢，爲上殺；射右耳本次之；射左髀，達於右䯚爲下殺。』是亦有三等之殺。先宗廟，次賓客者，尊神敬賓之義。春秋桓四年公羊傳：『諸侯曷爲必田狩？一曰乾豆，二曰賓客，三曰充君之庖』。穀梁傳『四時之田，皆爲宗廟之事也。春曰田，夏曰苗，秋曰蒐，冬曰狩。四時之田用三焉，唯其所先得。一爲乾豆，二爲賓客，三爲充君之庖。』」〇乾，音干。庖，步交反。

天子不合圍，諸侯不掩羣。注：「爲盡物也。」天子殺則下大綏，諸侯殺則下小綏，大夫殺則止佐車。佐車止，則百姓田獵。注：「綏，當爲緌。緌，有虞之旌旗也。下，謂弊之。佐車，驅逆之車。」正義：「天子四時田獵皆得圍，但圍而不合。若諸侯，惟春田不得圍，其夏秋冬圍，亦不合。故下曲禮云：『國君春田不圍澤。』諸侯不掩羣者，是畿內諸侯爲天子大夫，故下曲禮云：『大夫不掩羣。』此皆熊氏之説。下，謂弊仆於地。初殺則抗之，已殺獵止則弊之。詩傳云：『天子發抗大綏，諸侯發抗小綏。』此抗綏以表天子諸侯之獲。大夫殺則止佐車，則天子諸侯殺未止佐車也。以此推之，則天子殺，然後諸侯殺，諸侯殺，然後大夫殺。百姓田獵，謂冬獵時。」〇綏，依注音緌，耳佳反。獵，力輒反。

獺祭魚，然後虞人入澤梁。豺祭獸，然後田獵。鳩化爲鷹，然後設罻羅。草木零落，然後入山林。昆蟲未蟄，不以火田。注：「取物必順時候也。梁，絶水取魚者。罻，小網也。昆，明也。明蟲者，得陽而生，得陰而藏。」釋文：「說文云：『草曰零，木曰落。』」不麛，不卵，不殺胎，不殀夭。注：「重傷未成物。殀，斷殺。少長曰夭。」不覆巢。注：「覆，敗也。」正義：「按月令正月『獺祭魚』，孝經緯云『獸蟄伏，獺祭魚』，則十月中也。是獺一歲再祭魚。下『鳩化爲鷹』，『草木零落』，文相連接，則獺祭魚謂十月時。然則正月雖獺祭魚，虞人不得入澤梁。月令九月：『豺乃祭獸。』夏小正十月：『豺祭獸。』」王氏引之曰：「緯書作於西漢之末，皆不足據。案夏小正曰『正月獺獸祭魚』，逸周書時訓篇曰『驚蟄之日，獺祭魚』，並與月令同，則漢以前書無謂獺祭魚在冬月者。魯語：『古者大寒降，土蟄發，水虞於是乎講罛罶，取名魚。』大寒降，土蟄發，皆在孟春，正獺祭魚之時也。水虞於是乎講罛罶，取名魚，正所謂虞人入澤梁也。何以知其必非正月乎？淮南主術篇『獺未祭魚，網罟不得入於水』，高注曰：『明堂月令「孟春之月，獺祭魚」。未祭，不得捕也。』漢書食貨志『豺獺未祭，罝網不布於埜澤』，顔注亦引孟春之月『獺祭魚』，皆不以爲十月，較正義沿緯書之誤爲長。正義鳩化爲鷹謂八月時。說文云：『罻，捕鳥網也。』爾雅云：『鳥罟謂之羅。』草木零落，謂十月時。若依時取者，則山虞云『仲冬斬陽木，仲夏斬陰木』，不在零落之時。昆蟲未蟄，謂未十月之時。」○獺，他達反。罻，音尉。麛，本又作「麑」，音迷，同。殀，於表反。夭，烏老反。

冢宰制國用，必於歲之杪。白虎通：「冢者，大也。宰者，制也。大制事也。」五穀皆入，然後制國用。用地小大，視年之豐耗。以三十年之通制國用，量入以爲出。注：「制國用，如今度支經用。杪，末也。小國大國，豐凶之年，各以歲之收入，制其用多少，多不過禮，少有所殺。通三十年之率，當有九年之蓄。出，謂所當給爲。」正義：「每年之率，入物分爲四分，一分擬爲儲積，三分爲當年所用。三年總得三分，爲一年之蓄，三十年之率，當有十年之蓄。此云『九年之蓄』者，崔氏云：『三十年之間，大略有閏月十二，足爲一年，故惟有九年之蓄也。』王肅以爲二十七年有九年之蓄，而言『三十年』，舉全數。兩義皆通，未知孰是。」祭用數之仂。注：「算今年一歲經用之數，用其什一。」正義：「仂，是分散之名。此云『什一』者，以民稅一歲之什一，則國祭所用亦什一也。」喪三年不祭，唯祭天地社稷，爲越紼而行事。注：「不敢以卑廢尊。越，猶躐也。紼，輴車索。」喪用三年之仂。喪祭，用不足曰暴，有餘曰浩。注：「喪，大事。用三歲之什一。暴，猶耗也。浩，猶饒也。」祭，豐年不奢，凶年不儉。注：「常用數之仂。」國無九年之蓄，曰不足；無六年之蓄，曰急；無三年之蓄，曰國非其國也。彬按：春秋莊二十八年穀梁傳同，蓄作「畜」。三年耕，必有一年之食；九年耕，必有三年之食。以三十年之通，雖有凶旱水溢，民無菜色。然後天子食日舉以樂。注：「菜色，食菜之飢色。民無食菜之飢色，天子乃日舉以樂侑食。」正義：「私喪既殯已後，若有天地社稷之祭，即行之。但未葬之前，屬紼於輴，以備火災，今祭天地社稷，須越躐此紼，而往祭所。六宗及山川之等，待喪終乃祭。故鄭志荅田瓊云：『天子郊社至尊，不可廢，故越紼祭之。六宗山川之神則否。』『其宮中五祀，在喪內則亦祭之。曾子問云：『君薨，五祀之祭不行，既殯而祭之。』『目啓至於反哭，五祀之祭不行，既葬而祭之。』鄭荅田瓊云：『五祀，宮中之神，喪時朝夕出入所祭，不爲越紼也。』」劉執中曰：

「以三年之仂，共於喪祭，斯亦足矣。踰禮越中，殘暴其物，俾有不足者，故曰暴。儉於禮而不盡其財，故曰浩。浩，謂財有餘，而禮不足也。」○杪，亡小反。量，音亮。仂，音勒。

天子七日而殯，七月而葬。諸侯五日而殯，五月而葬。大夫、士、庶人三日而殯，三月而葬。注：「尊者舒，卑者速。春秋傳曰：『天子七月而葬，同軌畢至。諸侯五月，同盟至。大夫三月，同位至。士踰月，外姻至。』」正義：「天子諸侯，位既尊重，送終禮物，其數既多，許其申遂，故日月緩也。大夫士禮數既卑，送終之物，其數簡少，又職惟促遽，義許奪情，故日月促也。必至三日者，冀其更生，三日不生，亦不生矣。左傳大夫言三月，士言踰月，此總云大夫士三月而葬者，大夫除死月爲三月，士數死月爲三月，正是踰越一月，故言踰月耳。鄭箴膏肓曰：『禮，人君之喪，殯葬皆數來月來日，士殯葬皆數往月往日，尊卑相下之差數，故大夫士俱三月，其實不同，士之三月，大夫之踰月也。』」三年之喪，自天子達。注：「下通庶人，於父母同。天子諸侯降期。」庶人縣封，葬不爲雨止，不封不樹。喪不貳事。注：「縣封，當爲『縣窆』。縣窆者，至卑不得引紼下棺。雖雨猶葬，以其禮儀少。封，謂聚土爲墳。不封之，不樹之，又爲至卑無飾也。周禮曰『以爵等爲丘封之度，與其樹數』，則士以上乃皆封樹。貳之言二也，庶人終喪無二事，不使從政也。喪大記曰：『大夫士既葬，公政入於家，既卒哭，弁絰帶，金革之事無辟也。』」正義：「庶人賤，無碑綍。縣繩下棺，故曰縣窆。不須顯異，不積土爲封，不標墓以樹。案釋廢疾云：『雖庶人，葬爲雨止。』公羊說，卿大夫臣賤，不能以雨止。此等之說，則在廟未發之時，庶人及卿大夫亦得爲雨止；若其已發，在路及葬，則不爲雨止。其人君在廟在路及葬，皆爲雨止。周禮冢人注云：『王公曰丘，諸臣曰封。』其樹數則無文。按白虎通云：『天子松，諸侯柏，大夫栗，士槐。』」○封，音窆。

自天子達於庶人。喪從死者，祭從生者。支子不祭。注：「從死者，謂衣衾棺椁。從生者，謂奠祭之牲器」。白虎通曰：「葬從死者，祭從生者，所以追養繼孝也。葬從死者，子無爵父之義也。」正義：「盧植解云：『從生者，謂除服之後，吉祭之時，以子孫官禄祭其父祖，故云從生者。若喪中之祭，虞、祔、練、祥，仍從死者之爵。故小記云：「士祔於大夫則易牲。」又云：「其妻爲大夫而卒，而后其夫不爲大夫而祔於其妻，則不易牲。」是喪中之祭，仍從死者之禮。』」

天子七廟，三昭三穆，與太祖之廟而七。注：「此周制。七者，大祖及文王武王之祧，與親廟四。大祖，后稷。殷則六廟，契及湯，與二昭二穆。夏則五廟，無大祖，禹與二昭二穆而已。」晉孫毓曰：「宗廟之制，外爲都宫，内各有寢廟，别有門垣。大祖在北，左昭右穆差次而南。」正義：「周所以七者，以文王武王受命，其廟不毁，以爲二祧，并始祖后稷，及高祖以下親廟四，故爲七也。馬昭云：『按喪服小記，王者「立四廟」。禮器云「周旅酬六尸」，一人發爵，則周七尸七廟明矣。』石渠論、白虎通云：『周以后稷、文、武特七廟。』張融謹按周禮守祧職：『奄八人，女祧每廟二人。』自大祖以下，與文武及親廟四，用七人，姜嫄用一人，適盡。若除文武，則奄少二人。且天子七廟者，有其人則七，無其人則五。若諸侯廟制，雖有其人，不得過五。此則天子諸侯七、五之異也。」朱子曰：「周禮『建國之神位』，『左宗廟』，則五廟皆在公宫之東南矣。其制則孫毓之説是也。蓋大祖之廟，始封之君居之；昭之北廟，二世之君居之；穆之北廟，三世之君居之；昭之南廟，四世之君居之；穆之南廟，五世之君居之。廟皆南向，各有門堂室寢，而牆宇四周焉。大祖之廟，百世不遷。自餘四廟，則六世之後，每一世易而一遷。遷毁之序，昭常爲昭，穆常爲穆。蓋祔昭則羣昭皆動，而穆不移；祔穆則羣穆皆移，而昭不動。其遷之也，新主祔於班之南廟，南廟之主，遷於北廟。北廟親盡則遷其主於大廟之西夾室，而謂之祧。凡廟主在室中，皆東向，及其祫於大廟之室中，則惟大祖東向，羣昭之入者皆列於北牖下而南向，羣穆之入者皆列於南牖下而北向。蓋羣廟之列，則左爲昭，而右爲穆；祫祭之位，則北爲昭，而南爲穆也。此所以祔必以班，而子孫之列亦以爲序，宗廟之制，但以左右爲昭穆，而不以昭穆爲尊卑。故五廟同爲都宫，則昭常在左，穆常在右，而外有以不失其序，一世自爲一廟，則昭不見穆，穆不見昭，而内有以各全其尊。必大祫而會於一室，然後序其尊卑之次，則凡已毁未毁之主，畢陳而無所易。唯四時之祫不陳毁廟之主，則高祖有時而在穆，其禮未有考焉。曰：然則天子之廟，其制若何？曰：唐之文祖，虞之神宗，商之七世三宗，其詳今不可攷，獨周制猶有可言。然漢儒説已不同。謂后稷始封，文武受命而王，故三廟不毁，與親廟四而七者，諸儒之説也。謂三昭三穆，與太祖之廟而七，文武爲宗，不在數中，劉歆之説也。然則大夫士之制若何？曰：大夫三廟，則視諸侯而殺其二，而其大祖昭穆之位，猶諸侯也。適士二廟，則視大夫而殺其一，官師一廟，則視大夫而殺其二，然其門堂寢室之制，猶大夫也。曰：其制若何？曰：天子之山節藻棁，複廟重檐，諸侯固有所不得爲者矣。諸侯之黝堊斲礱，大夫有不得爲者矣。大夫之倉楹斲桷，士又不得爲矣。獨門堂室寢之合，可名曰宫，其制有不得而殺耳。」諸侯五廟，二昭二穆，與大祖之廟而五。注：「大祖，始封之君。王者之後，不爲始封之君廟。」正義：「凡始封之君，謂王之子弟封爲諸侯，爲後世之大祖。當此君之身，不得立出王之廟，則全無廟也。故諸侯不敢祖天子，若有大功德，王特命立之則可。若魯有文王之廟，鄭祖厲王是也。此始封君之子得立一廟，始封六世之孫，始五廟備也。若異姓始封，如太公之屬，初封則得立五廟，從諸侯禮也。王者之後，非有功德，惟因先代之後封之，不得爲後世之大祖，得立此君所出王者之廟。左傳云『宋祖帝乙』是也。若二王之後，郊天之時，則得以遠代之祖配天而祭。故禮運曰『杞之郊也，禹也。宋之郊也，契也。』」大夫三廟，一昭一穆，與大祖之廟而三。注：「大祖，別子始爵者。大傳曰『別子爲祖』，謂此。雖非別子，始爵者亦然。」正義：「此據諸侯之子始爲卿大夫，謂之別子，是嫡夫人之次子，或衆妾之子，別異於正君。此事凡有數條：一是別子初雖身爲大夫，中間廢退，至其遠世子孫，始得爵命者，則以爲大祖，別子不得爲大祖也。二是別子及子孫不得爵命，後世始得爵命，自得爲大祖。三是全非諸侯子孫，異姓爲大夫者，及他國之臣初來任爲大夫者，亦得爲大祖。」士一廟。注：「謂諸侯之中士，下士，名曰官師者。上士二廟。」正義：「按祭法云：『適士二廟，官師一廟。』鄭既云『諸侯之中士、下士一廟』，則天子之中士、下士皆二廟也。」庶人祭於寢。注：「寢，適寢也。」正義：「庶人在官，府史之屬，及尋常庶人，以其無廟，故惟薦而已。」

天子諸侯宗廟之祭，春曰礿，夏曰禘，秋曰嘗，冬曰烝。注：「此蓋夏殷之祭名。周則改之：春曰祠，夏曰礿，以禘爲殷祭。詩小雅曰『礿祠烝嘗，于公先王。』此周四時祭宗廟之名。」說文：「春祭曰祠，品物少，多文詞也。礿，夏祭也。」正義：「皇氏云：『礿，薄也。春物未成，其祭品鮮薄也。』孫炎云：『礿者，新菜可礿。』皇氏云：『禘者，次弟也。夏時物雖未成，宜依時次弟而祭之。』白虎通云：『嘗者，新穀熟而嘗之。』烝者，衆也。冬之時，物成者衆。孫炎云：『烝，進也，進品物也。』」〇礿，余若反。

天子祭天地，諸侯祭社稷，大夫祭五祀。注：「五祀，謂司命也，中霤也，門也，行也，厲也。此祭謂大夫有地者。其無地，祭三耳。」

天子祭天下名山大川，五嶽視三公，四瀆視諸侯。注：「視，視其牲器之數。」爾雅釋水：「江，淮，河，濟爲四瀆。四瀆者，發源注海者也。」史記引古文湯誥曰：「古禹、臯陶久勞於外，東爲江，北爲濟，西爲河，南爲淮。四瀆已修，萬民乃有居。」諸侯祭名山大川之在其地者。注：「魯人祭泰山，晉人祭河是也。」正義：「泰山是齊魯之界，故齊亦祭之。春秋僖三十一年公羊傳：『天子祭天，諸侯祭土。天子有方望之事，無所不通。諸侯山川有不在其封内者，則不祭也。』何休注『郊者，所以祭天也。土，謂社也。方望，謂郊時所望，祭四方羣神，日月星辰，風伯雨師，五嶽四瀆，及餘山川，凡三十六所。』」天子諸侯祭因國之在其地而無主後者。注：「謂所因之國，先王先公有功德宜享世祀，今絶無後，爲之祭主者。昔夏后氏郊鯀，至杞爲夏後而更郊禹，晉侯夢黄熊入國而祀夏郊。此其禮也。」胡邦衡曰：「因國，謂所都所封之内，因古聖哲所居之地。若晏子云『爽鳩氏始居此地，而後季萴因之，有逢伯陵因之，蒲姑氏因之，而後大公因之』也。」

天子犆礿，祫禘，祫嘗，祫烝。注：「犆，猶一也。祫，合也。天子諸侯之喪畢，合先君之主於祖廟而祭之，謂之祫。後因以爲常。天子先祫而後時祭，諸侯先時祭而後祫。凡祫之歲，春一礿而已，不祫，以物無成者，不殷祭。周改夏祭曰礿，以禘爲殷祭也。魯禮三年喪畢，而祫於大祖。明年春，禘於羣廟。自爾之後，五年而再殷祭，一祫一禘。」春秋文二年穀梁傳：「祫祭者，毁廟之主陳于大祖，未毁廟之主皆升合祭於大祖。」范寧注：「祫祭者，皆合祭諸廟已毁未毁者之主于大祖廟中〔一〕，以昭穆爲次序，父爲昭，子爲穆，昭南鄉，穆北鄉，孫從王父坐也。祭畢，則復還其廟。」諸侯礿則

〔一〕「之主」二字原脱，據穀梁傳注補。

不禘，禘則不嘗，嘗則不烝，烝則不礿。注：「虞夏之制，諸侯歲朝，廢一時祭。」諸侯礿犆，注：「互明犆礿文。」禘一犆一祫，注：「下天子也。祫歲不禘。」嘗祫，烝祫。禮記外傳曰：「禘祫，謂之殷祭，祫大而禘小。春秋之經，有禘而無祫。毀廟無時祭，但五年有二殷祭耳。神主入廟，先爲一禘，爲將遞遷，偏告之也，明年春，禘而又祫。祫後二年一禘，禘後三年一祫。自此爲常。」正義：「天子之祭，當祫之歲，以春物未成，不爲祫祭，惟犆爲時祭之礿，故云『犆礿』。夏秋冬之時，先爲祫祭，後爲時祭，故云『祫禘，祫嘗，祫烝』，先爲大禮也。諸侯嘗祫、烝祫，諸侯位卑，取其漸備，故先小禮，後大禮。禮緯云：『三年一祫，五年一禘。』鄭云『百王通義』，則虞、夏、殷、周同，祫亦三年爲一也。熊氏一說，謂『三年除喪，特禘新死者於廟』，未知然否。禘祫志云：『王制記先王之法，祫爲大祭，祫於夏於秋於冬。周公制禮，祭不欲數。』又禘祫志云：『閔公之喪，僖三年禘，僖六年祫〔一〕，僖八年禘。凡三年喪畢，新君二年爲祫，三年爲禘，皆祫在禘前。』閔公二年五月，吉禘於莊公，則祫當在吉禘之前。故禘祫志云：『四月祫，五月禘。不譏祫者，慶父作亂，國家多難，故莊公既葬，經不入庫門。閔公早厭其亂，故四月祫，五月即禘，比月而爲大祭。又閔公之服，凡二十一月，於禮少四月，又不禫，云「吉禘」，譏其無恩也。閔公以二年八月薨，僖二年除喪，始祫大廟。明年，禘於羣廟。自此而後，五年再殷祭，六年祫，故八年禘。僖公以三十三年十二月薨，至文二年七月，有閏，積二十一月，明月即祫。經云：「八月丁卯，大事於大廟，躋僖公。」於文公之服，亦少四月，以其逆祀，故特譏之。文公十八年二月薨，宣二年除喪而祫，三年禘於羣廟。自此之後，亦五年再殷祭，與僖同。六年祫，故八年禘。昭十一年五月，夫人齊歸薨，十三年，平丘之會歸，不及祫。冬，公如

〔一〕「僖」，原誤「禧」，據禮記注疏改。

晉。昭十四年春歸，乃祫。故十五年春乃禘。經云：「二月癸酉，有事於武宮」，至十八年祫，二十年禘，二十三年祫，昭二十五年禘於襄公也。』此是鄭論魯之禘祫，以天子之禮與魯同也。其禘祫大小，鄭以公羊傳云『大事者何？大祫也。毀廟之主陳于大祖，未毀廟之主皆升合食於大祖』，故爲大事。若王肅、張融、孔晁，皆以禘爲大，祫爲小。又引禘於大廟逸禮，其昭尸穆尸，祝辭總稱孝子孝孫，則是父子並列。逸禮又云：『皆升合於大祖。』所以劉歆、賈逵、鄭衆、馬融等皆以爲然。鄭不從者，以公羊傳爲正，逸禮不可用也。又曾子問云『七廟五廟無虛主，虛主者，惟天子崩，與祫祭』，『祝取羣廟之主』，明禘祭不取羣廟之主可知。爾雅云：『禘，大祭也。』謂比四時爲大也。礿則不禘者，南方諸侯春礿祭竟，夏來朝，故闕夏禘。禘則不嘗者，西方諸侯行夏祭竟，秋來朝，故不嘗也。嘗則不烝，北方諸侯行秋祭竟，冬來朝，故廢烝也。烝則不礿，東方諸侯行冬祭竟，春來朝，故廢礿也。」○犆，音特。祫，音洽。

天子社稷皆大牢，諸侯社稷皆少牢。大夫士宗廟之祭，有田則祭，無田則薦。注：「有田者既祭，又薦新。祭以首時，薦以仲月。士薦牲用特豚，大夫以上用羔，所謂『羔豚而祭，百官皆足』。詩曰：『四之日其早，獻羔祭韭。』」庶人春薦韭，夏薦麥，秋薦黍，冬薦稻。韭以卵，麥以魚，黍以豚，稻以鴈。注：「庶人無常牲，取與新物相宜而已。」賈氏儀禮疏：「羊豕曰少牢，牛羊豕三牲具爲大牢。若一牲，不得牢名，故郊特牲與特牲皆不言牢也。」王氏念孫曰：「此鴈謂鵝，非謂鴻鴈也。卵魚豚鴈皆民家所常畜，故庶人薦之。」

祭天地之牛角繭栗，宗廟之牛角握，賓客之牛角尺。注：「握，謂長不出膚。」正義：「鄭注投壺禮云：『四指曰扶。』扶則膚也。」○繭，又作「蠒」，公典反。握，烏角反。

諸侯無故不殺牛，大夫無故不殺羊，士無故不殺犬豕，庶人無故不食珍。注：「故，謂祭饗。」正義：「周公制禮，天子日食大牢，則諸侯日食少牢，大夫日食特牲，士日食特豚。至後世衰亂，玉藻云：『天子食日少牢，朔月大牢。諸侯食日特牲，朔月少牢。』則知大夫食日特豚，朔月特牲。士日食無文，朔月特豚。故內則曰『見子具視朔食』，注云：『天子大牢，諸侯少牢，大夫特豕，士特豚。』是常食有限，不得踰越。諸侯祭以大牢，得殺牛。諸侯之大夫祭以少牢，得殺羊。天子大夫祭，亦得殺牛。其諸侯及大夫，饗食賓得用牛。故大行人掌客諸侯待賓，公食大夫禮大夫食賓，皆用牛也。」

庶羞不踰牲，注：「祭以羊，則不以牛肉爲羞。」正義：「案有司徹是少牢之祭，云『宰夫羞房中之羞』，注：『酏食糝食。』內則云：『糝取牛羊豕之肉。』得用牛者，祭既用少牢，則糝亦不用牛肉，以羊肉爲羞。」燕衣不踰祭服，寢不踰廟。○燕，伊見反。

古者公田藉而不稅。注：「藉之言借也。借民力治公田，美惡取於此，不稅民之所自治也。孟子曰：『夏后氏五十而貢，殷人七十而助，周人百畝而徹。』則所云古者，謂殷時。」說文：「耤，帝耤千畝也。古者使民如借，故謂之耤。」『耡，商人七十而耡。耡，耤稅也。周禮曰：『以興耡利萌。』」正義：「公田，謂民田之外，別作公田。一井之中，凡有九夫，中央一夫，以爲公田。鄭注匠人云：『以載師職及司馬法論之，周制畿內用夏之貢法，稅夫，無公田。以詩、春秋、論語、孟子論之，周制邦國用殷之助法，制公田，不稅夫。』此三代所以別也。凡賦法無過十一。先儒約孟子、樂緯，皆九夫爲井，八家共治公田八十畝，已外二十畝，以爲八家井竈廬舍。是百畝之外，別助是十外稅一。郊外既十外稅一，郊內亦十外稅一。」市廛而不稅。注：「廛，市物邸舍。稅其舍，不稅其物。」正義：「廛，謂公家邸舍，使商人停物於中，直稅其所舍之處，不稅其在市所賣之物。市内空地曰廛，城内空地曰肆。」關譏而不征。注：「譏，譏異服，識異言。征，亦稅也。周禮『國凶札，則無門關之征，猶譏』也。」正義：「若凶年，則無稅也，猶須譏、禁。譏，謂呵察。禁，謂防遏。」林麓、川澤以時入而不禁。注：「麓，山足也。」正義：「以時入者，獺祭魚，然後漁人入澤梁。謂民庶有采取，官不限禁之。」夫圭田無征。注：「夫，猶治也。征，稅也。孟子曰：『卿以下必有圭田。』治圭田者不稅，所以厚賢也。此則周禮之士田，以任近郊之地，稅什一。」正義：「圭，絜白也。言卿大夫德行絜白，乃與之田。」胡邦衡曰：「夫，發語辭。」○藉，在亦反。稅，式鋭反。

用民之力，歲不過三日。注：「治宮室城郭道渠。」正義：「前明殷法，此兼通周禮，案周禮均人云：『豐年，旬用三日；中年，旬用二日；無年，旬用一日。』年歲不同，雖豐不得過三日。」

田里不粥，墓地不請。注：「皆受於公，民不得私也。粥，賣也。請，求也。」正義：「田地里邑，既受之於公，民不得粥賣。冢墓之地，公家所給，族葬有常，不得輒請其餘處。」○粥，音育。

司空執度，度地，注：「司空，冬官卿，掌邦事者。度，丈尺也。」釋文：「度，量也。」居民，山川沮澤，時四時，注：「觀寒煖燥溼。沮，謂萊沛。」釋文：「沮，沮洳也。」何休注公羊傳云：「草棘曰沛。」量地遠近，注：「制邑井之處。」興事任力。注：「事，謂築邑廬宿市也。」正義：「司空執丈尺之度，觀山川高下之宜，沮澤浸潤之處，候此四時，知其寒煖。燥，謂山也。溼，謂川與沮澤。何胤云：『沮澤，下溼地也。』草所生爲萊，水所生爲沛。案小司徒云：『九夫爲井，四井爲邑。』謂平原之地，堪造邑井，左傳所謂『井衍沃』也。若山林藪澤，則不堪邑井也。遺人云：『凡國野之道，十里有廬，三十里有宿，五十里有市。』」凡使民，任老者之事，食壯者之食。注：「寬其力，饒其食。」正義：「凡國家爲役，老則功少，壯則功多。今使民之時，雖役壯者，限以老者之功程，故曰『任老者之事』。凡廩餼牲體，壯者食多，老者食少。雖老者，給以壯者之料，故食壯者之食。」○度，上如字，下大洛反。沮，將慮反。食，音嗣。

凡居民材，必因天地寒煖燥溼。注：「使其材藝堪地氣也。」盧注：「能寒者使居寒，能暑者使居暑。」廣谷大川異制，注：「謂其形象。」民生其閒者異俗，注：「謂其所好惡。」剛柔輕重遲速異齊，注：「謂其性情緩急。」五味異和，注：「謂香臭與鹹苦。」器械異制，注：「謂作務之用。」漢書：「制器械之品。」應劭曰：「内盛曰器，外盛曰械。」釋文：「何休注公羊云：『攻守之器曰械。』鄭注大傳云：『禮樂之器及兵甲也。』郭璞三蒼解詁云：『械，器之總名。』」衣服異宜。注：「謂禮裘與絺綌。」修其教，不易其俗，齊其政，不易其宜。注：「教，謂禮義。政，謂刑禁。」正義：「性，謂稟性自然。情者，既有識知，心有好惡，當逐物而遷，故有喜怒哀樂好惡。此經云『剛柔輕重遲速』，天生自然，是性也。連言情者，情是性之小別，因性連言情耳。俗，謂民之風俗。宜，謂土地器物所宜。教，謂禮義教化。政，謂政令施爲。」○煖，乃管反。齊，才細反。和，胡卧反。械，户戒反。

中國戎夷，五方之民，皆有性也，不可推移。注：「地氣使之然。」東方曰夷，被髮文身，有不火食者矣。南方曰蠻，雕題交趾，有不火食者矣。注：「雕文，謂刻其肌，以丹青涅之。交趾，足相鄉。然浴則同川，卧則僢。不火食，地氣煖，不爲病。」西方曰戎，被髮衣皮，有不粒食者矣。北方曰狄，衣羽毛，穴居，有不粒食者矣。注：「不粒食，地氣寒，少五穀。」中國、夷、蠻、戎、狄，皆有安居、和味、宜服、利用、備器。注：「其事雖異，各自足。」五方之民，言語不通，嗜欲不同。達其志，通其欲：東方曰寄，南方曰象，西方曰狄鞮，北方曰譯。注：「皆俗閒之名，依其事類耳。鞮之言知也，今冀部有言狄鞮者。」正義：「舉戎夷則蠻狄可知。五方之民，謂中國與四夷也。文身者，謂以丹青文飾其身。題，謂額也。非惟雕額，亦文身也。故仲雍居吳越，左傳曰：『斷髮文身。』趾，足也。言蠻卧時，頭向外，足在內而相交，故曰交趾。衣皮者，以無絲麻，惟食禽獸，故衣皮也。東北方多鳥，故衣羽，正北多羊，故衣毛。凝寒至盛，林木又少，故穴居。以水土各異，故言語不通。好惡殊别，故嗜欲不同。寄，謂傳寄外內言語。象，言放象外內之言。狄鞮者，言通傳夷狄之語，與中國相知。譯，陳也，謂陳説外內之言。東方謂之夷者，風俗通云：『東方人好生，萬物觝觸地而出。夷者，觝也。』南方曰蠻者，風俗通云：『君臣同川而浴，極爲簡慢。蠻者，慢也。』西方曰戎者，風俗通云：『斬伐殺生，不得其中。戎者，兇也。』北方曰狄者，風俗通云：『父子嫂叔，同穴無别。狄者，辟也。其行邪辟。』」陳用之曰：「寄、象、鞮、譯，在周官所謂象胥，是也。達其志，通其欲，象胥所謂『協其言辭傳之』，是也。」○被，皮義反。衣，於既反，下同。寄，京義反。鞮，丁兮反。譯，音亦。

凡居民，量地以制邑，度地以居民，地、邑、民居，必參相得也。無曠土，無游民，食節事時，民咸安其居，樂事勸功，尊君親上，然後興學。注：「得，猶足也。立小學大學。」正義：「樂事，謂民樂悦事務。勸功，謂勉勵立功。尊君，謂臣民尊君。親上，謂在下親愛長上。民富而可教，如此，然後可得興學也。」方性夫曰：「無曠土則地無遺利，無游民，則人無遺力；食節則無不足之患，事時則無不急之務；樂事則不至於勞苦，勸功則不由於勉強；尊君則爲臣者有遜志；親上則在下者無離心。至此，然後教學之道可致其詳故也。」○度，大洛反。參，七南反。樂，音洛。

司徒修六禮以節民性，明七教以興民德；齊八政以防淫，一道德以同俗；養耆老以致孝，恤孤獨以逮不足；上賢以崇德，簡不肖以絀惡。注：「司徒，地官卿，掌邦教者。逮，及也。簡，差擇也。」正義：「六禮，謂冠、昏、喪、祭、鄉、相見。稟性自然，剛柔輕重遲速之屬。恐其失中，故以六禮節其性。七教，即父子、兄弟、夫婦、君臣、長幼、朋友、賓客。德者，得也。恐人不得其所，故以七教興舉其民，使之皆得其所也。八政，飲食、衣服、事爲、異别、度、量、數、制。淫，謂過奢侈，故以禁令防淫過之失。道，履蹈而行，謂齊一所行之道，以同國之風俗。敬養耆老，所以致恭孝之心；哀恤孤獨，所以逮及不足。尊上賢人，所以崇奬有德；簡去不肖，所以絀退惡人。」方性夫曰：「齊八政，所以使之無過行，故曰防淫。一道德，所以使之無異習，故曰同俗，六十曰耆，七十曰老。耆老在所養。則耄、期可知。無父曰孤，無子曰獨。孤獨在所恤，則鰥寡可知。」○絀，勅律反。

命鄉簡不帥教者以告。注：「帥，循也。不循教，謂敖狠不孝弟者。司徒使鄉簡擇以告者，鄉屬司徒。」耆老皆朝于庠，元日習射上功，習鄉上齒。大司徒帥國之俊士與執事焉。注：「將習禮以化之，使之觀焉。耆老，致仕及鄉中老賢者。朝，猶會也。此庠，謂鄉學也。鄉，謂飲酒也。鄉禮，春秋射，國蜡而飲酒養老。」正義：「爲此不帥教之人習其射禮，中者在上，故云『上功』。又於鄉學習鄉飲酒之禮，令老者居上，故云：『上齒』。觀其上功，自勵爲功；觀其上齒，則知尊敬長老。使俊士與之以爲榮，惡者慕之而自勵。言『國之俊士』，則非惟鄉内之人。」不變，命國之右鄉簡不帥教者移之左，命國之左鄉簡不帥教者移之右，如初禮。注：「中年考校，而又不變，使轉徙其居，覬其見新人，有所化也。亦復習禮於鄉學，使之觀焉。」不變，移之郊，如初禮。注：「郊，鄉界之外者也，稍出遠之。後中年，又爲之習禮於郊學。」王注：「天子四郊有學，去王都五十里。」不變，移之遂，如初禮。注：「遠郊之外曰遂，遂大夫掌之。又中年，復移之使居遂，又爲習禮於遂之學。」不變，屏之遠方，終身不齒。注：「遠方，九州之外。齒，猶録也。」正義：「上云『命鄉簡不帥教者』，謂初入學一年之終，簡不帥教之人爲之習射習鄉。此謂間一年而考校之，不變者，右鄉移左，左鄉移右。不變，移之郊者，謂五年之時。更簡不帥教者移之遂者，謂七年之時。屏之遠方，謂九年之時。」

命鄉論秀士，升之司徒，曰選士。注：「移名於司徒也。秀士，鄉大夫所考，有德行道藝者。」司徒論選士之秀者而升之學，曰俊士。注：「可使習禮者學大學。」王氏懋竑曰：「孔氏推其説，謂二十而冠，始學禮，此升於大學，曰俊士。又引尚書大傳：『王子、公、卿、大夫、元士之適子，十三入小學，二十入大學。餘子十五入小學，十八入大學。』鄉人當與餘子同，故鄭知二十習禮之時在大學也。據此，則鄭孔皆以鄉學爲小學，國學爲大學也。然二十之時，未必有德行道藝可攷，而鄉簡不帥教者，至於移郊移遂，亦非小學中事也。鄭注王制又云：『上庠、右學、東序、東膠，大學也。下庠、左學、西序、虞庠，小學也。』末云：『其立鄉學亦如之。』是國學中固有大學小學，鄉學中亦當有大學小學也。孔疏以鄭注『鄉學』專承上文庠制，似鄉無大學。又謂黨學教閭中所升，遂學教黨學所升則亦似有大小學之分也。」升於司徒者不征於鄉，升於學者不征於司徒，曰造士。注：「不征，不給其繇役。

造，成也。能習禮則爲成士。」正義：「鄉大夫考校此鄉學之人，有秀異之士，移名於司徒，其身猶在鄉學。升於學者，身升於大學，非惟升名而已。征，謂力役。選士雖升名司徒，猶給鄉之繇役，俊士身雖升學，亦給司徒繇役。若學業既成，免其繇役者，是爲造成之士。」王氏懋竑曰：「升於司徒者，卽選士。升於學，當卽指俊士。後云『國之俊選皆造焉』，又云『大樂正論造士之秀者』，言俊選不言造士，言造士不言俊選，則造士卽俊選可知，而孔疏所言，失其指矣。」

樂正崇四術，立四教。注：「樂正，樂官之長，掌國子之教。虞書曰：『夔，命汝典樂，教胄子。』」崇，高也。高尚其術，以作教也。幼者教之於小學，長者教之於太學。尚書傳曰：『年十五始入小學，十八入大學。』」順先王詩、書、禮、樂以造士：注：「順此四術，而教以成，是士也。」春秋教以禮、樂，冬夏教以詩、書。注：「春夏，陽也。詩、樂者聲，聲亦陽也。秋冬，陰也。書禮者事，事亦陰也。互言之者，皆以其術相成。」王大子，王子，羣后之大子，卿、大夫、元士之適子，國之俊選，皆造焉。注：「皆以四術成之。王子，王之庶子也。羣后，公及諸侯。」王氏念孫曰：「羣后，卽諸侯，而三公不與焉。卿、大夫、元士，卿上當有公字。考本書之例，皆以公、侯、伯、子、男爲一類，三公、九卿、大夫、元士爲一類。下文云『王命三公、九卿、大夫、元士皆入學』是也。且三公之子，禮未有稱爲大子者，則三公不在羣后之中明矣。白虎通義辟雍類引王制云『羣后之大子，公、卿、大夫、元士之適子』，則班所見本原有公字。」凡入學以齒。注：「皆以長幼受學，不用尊卑。」將出學，小胥、大胥、小樂正簡不帥教者，以告于大樂正，大樂正以告于王，注：「此所簡者，謂王大子，王子，羣后之大子，卿、大夫、元士之適子。大胥，小胥，皆樂官屬也。出學，謂九年大成，學止也。」王命三公、九卿、大夫、元士皆入學。不變，王親視學。注：「亦爲使習禮以化之，不變，王又親爲之臨視，重弃賢者子孫。此習禮皆於大學也。」不變，王三日不舉，注：「去食樂，重弃人。」屏之遠方，西方曰棘，東方曰寄，終身不齒。注：「棘當爲僰。僰之言偪，使之偪寄於夷戎。不屏於南北，爲其大遠。」正義：「謂樂正之官，當光揚尊崇此四術以爲教，謂敷暢義理，贊明旨趣，使學者知之。術者，道路之名。詩、書、禮、樂，是先王之道路，謂之術。」方性夫曰：「天子之子，嫡庶皆與，諸侯而下，庶子不與，隆殺之别也。選士方升於司徒，亦得與者，教無内外之别故也。」○適，丁歷反。屏，必郢反。棘，依注音僰，蒲北反。

大樂正論造士之秀者，以告于王，而升諸司馬，曰進士。注：「移名於司馬。司馬，夏官卿，掌邦政者。進士，可進受爵禄也。」正義：「此文承王子、公、卿、大夫之子，似專據王子等，其實鄉人入學爲造士者亦同於此。其鄉人不在學者，及邦國所貢之士，亦當升諸司馬，以司馬掌爵禄，故有司士屬焉。其職云『以德詔爵，以功詔禄』，即知但入仕者皆司馬主之。」

司馬辨論官材，注：「辨其論，官其材，觀其所長。」論進士之賢者，以告於王，而定其論。注：「各署其所長。」論定然後官之，注：「使之試守。」任官然後爵之，注：「命之。」位定然後禄之。正義：「司馬得此所論之狀，乃更覯其材能高下，知其堪任何官，是準擬其官以其材。若長於禮者，署擬於禮官；長於樂者，署擬於樂官。擬定，然後試之以所能之官；堪任此官，然後爵命之。既受爵命，使有職位，然後與之以禄。」

大夫廢其事，終身不仕，死以士禮葬之。注：「以不任大夫也。」正義：「致仕而退，死得以大夫禮葬。故論語注云『大夫退，死，葬以士禮。致仕，以大夫禮葬。』是也。」

有發，則命大司徒教士以車甲。注：「乘兵車衣甲之儀。有發，謂有軍師發卒。」正義：「國有軍旅，以發士卒，是司馬之事。王則命大司徒教此士卒以車甲之事。必司徒者，以司徒主衆，又主教，故與司馬相參也。」

凡執技論力，適四方，羸股肱，決射御。注：「謂擐衣出其臂脛，使之射御，決勝負，見勇力。」○羸，本又作「嬴」，力果反。肱，古宏反。

凡執技以事上者，祝、史、射、御、醫、卜及百工。注：「言技，謂此七者。」凡執技以事上者，不貳事，不移官。注：「欲專其事，亦爲不德。」出鄉不與士齒。注：「賤也。於其鄉中則齒，親親也。」仕於家者，出鄉不與士齒。注：「亦賤。」正義：「執技之事，凡有三條：上條論課試武夫技藝之事；中條論執技之人射、御之外，祝、史、醫、卜之等；下條論執技之人不得更爲二事。以其賤，故出鄉不與士齒。所以不貳事，不移官者，欲使事事，亦爲技藝賤薄，不是道德之事，故不許之。」方性夫曰：「祝，若周官大祝之類。史，若周官大史之類。祝史皆事神之官，以其作辭以事神，故曰祝；以其執書以事神，故曰史。醫則醫師之類，卜則卜師之類，百工則土工木工金工石工之類。以其類非一，故以百言之。不貳事，欲其無異習。不移官，欲其有常守。不與士齒者，以執技之賤，不得與執德者序長幼也。然必出鄉而後不與之齒者，以鄉黨尚齒故也。仕於家曰僕，禮運曰：『與家僕雜居齊齒，非禮也。』」

司寇正刑明辟，以聽獄訟，注：「司寇，秋官卿，掌刑者。辟，罪也。」必三刺。注：「以求民情，斷其獄訟之中：一曰訊羣臣，二曰訊羣吏，三曰訊萬民。」有旨無簡不聽，附從輕，注：「簡，誠也。有其意，無其誠者，不論以爲罪。附，施刑也。求出之，使從輕。」赦從重。注：「雖是罪可重，猶赦之。」正義：「謂司寇當正定刑書，明斷罪法，使刑不差貳，法不傾邪。既得其所犯之罪，雖有旨意，無誠實之狀，則不聽之。此人所犯之罪，在輕重之閒，則當求可輕之刑而附之，『罪疑惟輕』是也。所犯之罪，本非意故爲，而入重罪，今放赦之時，從重罪之上而赦之，『眚災肆赦』是也。」

凡制五刑，必卽天論，郵罰麗於事。注：「制，斷也。卽，就也。必卽天論，言與天意合。卽，或爲則。論，或爲倫。郵，過也。麗，附也。過人罰人，當各附於其事，不可假他以喜怒。」正義：「倫，理也。謂就天之倫理，卽是生殺得中之理。郵罰麗於事者，言斷人罪過，及責罰其身，皆依附於所犯之事，不可離其本事，假他事而爲喜怒也。」○論，音倫。

凡聽五刑之訟，必原父子之親，立君臣之義，以權之；意論輕重之序，慎測淺深之量，以別之；注：「權，平也。意，思念也。淺深，謂俱有罪，本心有善惡。」釋詁：「慎，誠也。」彬謂慎，思也。方言：「靖、慎，思也。東齊、海、岱之間曰靖，秦晉或曰慎。凡思之貌亦曰慎。」悉其聰明，致其忠愛，以盡之；注：「盡其情。」疑獄，汜與衆共之，衆疑，赦之。必察小大之比以成之。注：「小大，猶輕重。已行故事曰比。」正義：「凡犯罪之人，或子爲父隱，臣爲國諱，雖觸刑禁，而非其本惡，故聽訟者本其宿情，立其恩義，爲平量之，恕而免放。慎測淺深者，謂分別善惡，使不相亂。聽獄之人，盡悉己之聰明，尋其事之根本，又致其忠恕仁愛，不使嚴酷枉濫，以盡犯罪人情，不有抑屈。疑獄，謂事可疑，難斷者也。汜，廣也。己若疑彼罪而不能斷決，當廣與衆庶共論決之，若衆人疑惑，則當放赦之。小大，猶輕重也。比，例也。言雖疑而赦之，不可直爾而放，當必察按舊法輕重之例，以成於事。」○量，音亮。汜，本又作

「氾」，孚劒反。

成獄辭，史以獄成告於正，正聽之。注：「史，司寇吏也。正，於周鄉師之屬。今漢有正平丞，秦所置。」正以獄成告於大司寇，大司寇聽之棘木之下。注：「周禮鄉師之屬，『辨其獄訟，異其死刑之罪而要之。職聽於朝，司寇聽之』。朝，王之外朝也。左九棘，孤、卿、大夫位焉。右九棘，公、侯、伯、子、男位焉。面三槐，三公位焉。」大司寇以獄之成告於王，王命三公參聽之。注：「王使三公，復與司寇及正共平之，重刑也。周禮：『王欲免之，乃命三公會其期。』」三公以獄之成告於王，王三又，然後制刑。注：「又，當作宥。宥，寬也。一宥，曰不識，再宥曰過失，三宥曰遺忘。」

凡作刑罰，輕無赦。注：「法雖輕，不赦之，爲人易犯。」説文：「刑，罰辠也。從井從刀。易曰：『井，法也。』」刑者，侀也。侀者，成也。一成而不可變，故君子盡心焉。注：「變，更也。」正義：「按周禮『鄉士掌六鄉之獄，若欲免之，則王會其期』。『遂士掌六遂之獄，若欲免之，則王命三公會其期』。『縣士掌野獄，若欲免之，則王命六卿會其期』。獨舉遂士者，舉中以見上下，則六鄉〔一〕，王自會之；縣野之獄，王命六卿會之，六卿以告於王也。刑者，侀也，上刑是刑罰之刑，下侀是侀體之侀。以刑罰加人侀體，斷者不可續，死者不可生，故君子盡心以聽刑焉。」析言破律，亂名改作，執左道以亂政，殺。注：「析言破律，巧賣法令者也。亂名改作，謂變易官與物之名，更造法度。左道，若巫蠱及俗禁。」正義：「盧云：『左道，謂邪道。地道尊右，右爲貴。故漢書云：「右賢左愚，右貴左賤。」故正道爲右，不

〔一〕「鄉」，原誤「卿」，據禮記注疏及周禮鄉士職改。

正道爲左。』蠱者，損壞之名，故左傳云：『皿蟲爲蠱。』俗禁者，若前漢張竦行辟反支，是也。」作淫聲、異服、奇技、奇器以疑衆，殺。注：「淫聲，鄭衛之屬也。異服，若聚鷸冠、瑰弁也。奇技奇器，若公輸般請以機窆。」行僞而堅，言僞而辯，學非而博，順非而澤，以疑衆，殺。注：「皆謂虛華捷給，無誠者也。」正義：「行此詐僞，而守之堅固，不肯變改。言談僞事，辭理明辨，不可屈止。習學非違之書，而又廣博，順從非違之事，而能文飾。」假於鬼神、時日、卜筮以疑衆，殺。注：「今時持喪葬、築蓋、嫁取、卜數文書，使民倍禮違制。」正義：「妄陳邪術，恐懼於人；假託吉凶，以求財利。」此四誅者，不以聽。注：「爲其爲害大，而辭不可明。」○析，息歷反。行，下孟反。

凡執禁以齊衆，不赦過。注：「亦爲人將易犯。」有圭璧金璋，不粥於市；王氏引之曰：「考工記玉人之事，大璋、中璋、邊璋之類，皆無金飾。若云金飾之璋不粥於市，豈無金飾者遂可粥於市乎？今案金當作宗，宗者琮之假借，琮從宗聲，而借用宗，猶璋從章聲，而借用章耳。圭、璧、琮、璋，聘禮所謂『四器』，古人多並言者。春官典瑞『瑑圭、璋、璧、琮以頫聘』，『駔圭、璋、璧、琮以斂尸』，是也。家語刑政篇載此文，作『圭、璋、璧、琮不粥於市』。易林需之井『珪、璧、琮、璋，執摯見王』，其次序正合。」命服命車，不粥於市；宗廟之器，不粥於市；犧牲不粥於市；戎器不粥於市；注：「尊物，非民所宜有。戎器，軍器也。粥，賣也。」正義：「尊貴所合蓄之物，非民所宜有，防民之僭僞也，軍器，防民之賊亂也。」用器不中度，不粥於市；兵車不中度，不粥於市；布帛精麤不中數，幅廣狹不中量，不粥於市；姦色亂正色，不粥於市；注：「凡以其不可用也。用器，弓矢、耒耜、飲食器也。度，丈尺也。」

數，升縷多少。」正義：「布帛精粗者，若朝服之布十五升，斬衰三升，齊衰四升之類是也。廣狹者，布廣二尺二寸，帛則未聞。鄭注周禮引逸巡守禮：『幅廣四咫。』八寸爲咫。鄭注：『四當爲三。』則帛廣二尺四寸。」錦文珠玉成器，不粥於市，衣服飲食，不粥於市，注：「不示民以奢與貪也。成，猶善也。」正義：「錦文珠玉，是華麗之物，富人合有，但不得聚之過多。此『衣服飲食』與『珠玉』連文，據華美者不得粥之。」五穀不時，果實未孰，不粥於市，注：「物未成，不利人。」木不中伐，不粥於市，注：「伐之非時，不中用。周禮：『仲冬斬陽木，仲夏斬陰木。』」禽獸魚鼈不中殺，不粥於市。注：「殺之非時，不中用。月令『季冬始漁』。周禮：『春獻鼈蜃。』」方性夫曰：「言『圭璧金璋』，則琥璜之類可知。命服，君所命之服，若再命受服者是。命車，君所命之車，若三命受車馬者是。戎器，不粥而入。車中度，得粥之者，以丘乘出車賦，而兵車之粥不可禁故也。姦色，謂若紅紫之類。正色，謂若玄黃之類。錦文，猶月令之言『文繡』。珠玉未成器而得粥於市者，以用之爲器然後見其爲奢也。」○中，丁仲反，下皆同。

關執禁以譏，禁異服，識異言。注：「關，竟上門。譏，呵察。」正義：「司關之官，執此戒禁之書，以譏察出入之人，防姦僞，察非違。」

大史典禮，執簡記，奉諱惡。注：「簡記，策書也。諱，先王名。惡，忌日，若子卯。」正義：「此惡亦兼餘事。故誦訓云：『掌道方慝，以詔辟忌。』鄭注云：『方慝，四方言語所惡。』是也。」○惡，烏路反。

天子齊戒受諫。注：「歲終，羣臣奏歲事，諫王當所改爲也。」司會以歲之成質於天子，注：「司會，冢宰之屬，掌計要者。成，計要也。質，猶平也。平其計要。」冢宰齊戒受質。注：「贊王受之。」大樂正、大司寇、市三官以其成從質於天子，注：「大樂正，於周宗伯之屬。市，司市也，於周司徒之屬。從，從於司會也。」大司徒、大司馬、大司空齊戒受質。百官各以其成質於三官，大司徒、大司馬、大司空以百官之成質於天子，注：「百官，此三官之屬。」百官齊戒受質。注：「受平報也。」然後休老勞農，注：「饗養之。」成歲事，注：「斷計要也。」制國用。正義：「司會總主羣官治要，故以一歲治要之成，質於天子。冢宰，貳王治事，故亦齊戒，贊王受羣官所平之事，謂共王論定也。以周法言之，司會總主羣官簿書，惟大樂正、大司寇、市三官從司會質於天子者，樂正、司寇、司市當司事少，即徑從司會以質於王；其司徒、司馬、司空總主萬民，其事既大，雖司會進其治要，仍須各受質屬官，親自質於天子。天子平斷畢，當須報於下，故在下百官齊戒受天子所平之要。休老勞農者，即十月蜡祭之時，飲酒勞農也。成歲事者，一歲事成，乃制，來歲之國用也。」陳用之曰：「周官司會『以參互考日成，以月要考月成，以歲會攷歲成，以詔王及冢宰』，則詔王者，質於天子是也。詔冢宰者，冢宰齊戒受質是也。休老，黨正所謂『正齒位』，籥章所謂『息老物』，是也。勞農，郊特牲所謂『息田夫』，月令所謂『勞農而休息之』，是也。」○齊，側皆反。會，古外反。

凡養老，有虞氏以燕禮，夏后氏以饗禮，殷人以食禮，周人脩而兼用之。注：「兼用之，備陰陽也。凡飲養陽氣，凡食養陰氣。陽用春夏，陰用秋冬。」五十養於鄉，六十養於國，七十養於學，達於諸侯。注：「天子，諸侯，養老同也。國，國中，小學在王宮之左。學，大學也，在郊。小學在國中，大學在郊，此殷制明矣。」正義：「皇氏云：『人君養老有四種：一是養三老五更；二是子孫爲國難而死，王養死者父祖；三是養致仕之老；四是引户校年，養庶人之老。』熊氏云『天子視學之年養老，一歲有七』，謂四時皆養老。按文王世子云『凡大合樂，必遂養老』，注云：『大合樂，謂春入學，舍菜合舞，秋頒學，合聲。』通前爲六。又季春大合樂，天子視學亦養老，是總爲七也。盧氏云：『燕禮：「脱屨升堂。」』崔氏云：『燕者，殽烝於俎，行一獻之禮，坐而飲酒，以至於醉。以虞氏帝道宏大，故養老以燕禮。』饗禮者，崔氏云：『饗則體薦而不食，爵盈而不飲，依尊卑爲獻，取數畢而已。夏貴尚於禮，故養老以饗禮。』食禮者，崔氏云：『不飲酒，享太牢，以禮食之。殷人質素，威儀簡少，故養老以食禮。』周人修三代之禮，而兼用之，以周極文，故兼用三代之法也。皇氏云：『饗禮，其牲則體薦，體薦則房烝，其酌數亦當依命。其牲折俎，亦曰殽烝也。食禮者，有飯有殽，雖設酒而不飲，其禮以飯爲主，故曰食也。燕禮者，凡正饗，食在廟，燕則於寢。禮則折俎，有酒而無飯也。其牲用狗。毛傳云：「燕，安也。」其禮最輕，升堂行一獻禮畢，而説屨升堂，坐飲以至醉也。』又『春合舞，秋合聲』，即是春秋養老之事，冬夏更無養老，通季春大合樂，有三養老也。熊氏以爲一年七養老，義實可疑。皇氏云：『春夏雖以飲爲主，亦有食先行。饗，次燕，次食。秋冬以食爲主，亦有饗。先行食，次燕，次饗。一日之中，三事行畢。』義或然也。達於諸侯者，言此養老之事，非惟天子之法，乃通達於諸侯。盧王等以爲養於鄉，云『不爲力政』，『養於國』，云『不與服戎』，皆謂養庶人之老也。」陳用之曰：「天子養老有三：國老也，庶老也，政者之老也。死歲養之也三：仲春也，季春也，仲秋也。若夫簡不帥教，出征受成，以訊馘告，凡天子入學，莫不養老，又不在歲養之數，羅氏獻鳩以養之者，國老也。司徒以保息養之者，庶老也。司門以其財養之者，死政者之老也。先王父事三老，兄事五更，乃羣老之尤者，而致仕之老固在其間。皇氏離而三之，誤。月令無冬夏養老之文，周禮、禮記特言春養秋食而已。熊氏謂養老歲有七，亦誤。」○食，音嗣。

八十拜君命，一坐再至，瞽亦如之。九十使人受。注：「命，謂君不親饗食，必以其禮致之。」正義：

「八十年漸衰弱，不堪來學受養，君以饗食之禮，使之就家致之。瞽人無目，恐其傾倒，拜君命之時亦當如此。」方性夫曰：「坐，亦跪也。拜君命之時，足一跪而首再至於地也。九十筋力尤衰，不必親拜，特使人代受其命可也。」

五十異粻，六十宿肉，七十貳膳，八十常珍，九十飲食不離寢，膳飲從於游可也。注：「粻，糧也。貳，副也。游，謂出入止觀。」正義：「五十始衰，糧宜自異。六十轉老，故恒宿肉在帳下，不使求而不得也。膳，善食也。恒令有儲副，不使有闕也。珍，謂常食之皆珍奇美食，尋常使有。不離寢者，謂老人飲食無時，急求須得。從於游者，謂美善之膳，水漿之飲，從於老人所游之處可也。」○粻，陟良反。離，力智反。六十歲制，七十時制，八十月制，九十日脩，唯絞、紟、衾、冒死而后制。注：「絞、紟、衾、冒，一日二日而可爲者。」釋名：「以囊韜其形曰冒，覆其形使人勿惡也。已衣所以束之曰絞衿。絞，交也，交結之也。衿，禁也，禁繫之也。」正義：「明老而預爲送終之具也。歲制，謂棺也。此謂大夫以下耳。人君卽位爲椑，不待六十也。椁則死後爲之，以其葬尚賒。檀弓云『旬而布材』，是也。時制，一時可辨，是衣物之難得者。月制，謂一月可辨，衣物易得者。漸老，彌切也。至九十，棺衣皆畢，但日日修理之，爲近於終也。」○絞，户交反。紟，其鴆反。冒，亡報反。五十始衰，六十非肉不飽，七十非帛不煖，八十非人不煖，九十雖得人不煖矣。注：「煖，温。」○煖，乃管反。

五十杖於家，六十杖於鄉，七十杖於國，八十杖於朝，九十者，天子欲有問焉，則就其室，以珍從。注：「尊養之。」

七十不俟朝，注：「大夫士之老者，揖君則退。」八十月告存，注：「每月致膳。」九十日有秩。注：「秩，常也。有常膳。」正義：「此謂大夫士老年而聽致事者。七十朝君之時，入至朝位，君出揖之即退，不待朝事畢也。若不聽致仕，則祭義云：『七十杖於朝，八十不俟朝。』告，謂問也。君每月使人致膳，告問存否。九十老極，君日使人以常膳致之。」

五十不從力政，王氏引之曰：「力政之政，讀爲征。」六十不與服戎，七十不與賓客之事，八十齊喪之事弗及也。注：「力稍衰也。力政，城道之役也。與，及也。八十不齊，則不祭也。子代之祭，是謂宗子不孤。」正義：「此惟據庶人之事，謂築城垣治道也。其大夫士六十未致仕，若爲軍將，當與服戎。」○與，音預。

五十而爵，注：「賢者命爲大夫。」六十不親學，注：「不能備弟子禮。」七十致政，唯衰麻爲喪。注：「致政，還君事。」

有虞氏養國老於上庠，養庶老於下庠；夏后氏養國老於東序，養庶老於西序；殷人養國老於右學，養庶老於左學；周人養國老於東膠，養庶老於虞庠。虞庠在國之西郊。注：「皆學名也。異者，四代相變耳。或上西，或上東，或貴在國，或貴在郊。上庠、右學，大學也，在西郊。下庠、左學，小學也，在國中王宫之東。東序、東膠，亦大學，在國中王宫之東。西序、虞庠，亦小學也。西序在西郊，周立小學於西郊。膠之言糾也，庠之言養也。周之小學，爲有虞氏之庠制，是以名庠云。其立鄉學亦如之。膠或作絿。」正義：「養老必在學者，以學教孝弟之處，故於中養老。熊氏云：『國老，謂卿大夫致仕者。庶老，謂士也。』皇氏云：『庶老，兼庶人在官者。其致仕之老，大夫以上當養從國老之法，士養從庶老之法。』虞殷尚質，貴取物成，故大學在西，小學在東。夏周貴文，取積漸長養，故大學在東，小學在西。庠則後有室，前有堂，若夏后氏之序。周之學，皆與庠制同。其州黨之序，則歇前而已。序則豫也，故鄉射云：『豫則鉤楹內，堂則由楹外。』彼鄭注『豫，讀如「成周宣謝災」之謝』，是也。」孫氏志祖曰：「虞庠在國之西郊，據北史劉芳傳引作『四郊』，是也。四郊小學，卽東西南北之四學。祭義『天子設四學』，注云：『四學，謂周四郊之虞庠也。』正義：『皇氏云：「四郊虞庠，以四郊皆有虞庠。」』則西字爲四字之譌無疑。」

有虞氏皇而祭，深衣而養老；夏后氏收而祭，燕衣而養老；殷人冔而祭，縞衣而養老；周人冕而祭，玄衣而養老。注：「皇，冕屬也，畫羽飾焉。凡冕屬，其服皆玄上纁下。有虞氏十二章，周九章，夏殷未聞。凡養老之服，皆其時與羣臣燕之服。有虞氏質，深衣而已；夏而改之，尚黑而黑衣裳；殷尚白而縞衣裳；周則兼用之，玄衣素裳，其冠則牟追。章甫，委貌也。諸侯以天子之燕服爲朝服。燕禮曰『燕，朝服』，服是服也。王者之後，亦以燕服爲之。魯季康子朝服以縞，僭宋之禮也。天子皮弁，以日視朝也。」正義：「案郊特牲云：『大古冠布，齊則緇之。』則虞氏或用白布冠也。縞衣，謂白布深衣也。經云：『玄衣而養老。』若衣裳俱玄，則與夏不異。儀禮朝服緇布衣素裳，緇則玄，故爲玄衣素裳。」凡三王養老，皆引年。注：「已而引户校年，當行復除也。老人衆多，非賢者不可皆養。」○冔，況甫反。縞，古老反。

八十者一子不從政，九十者其家不從政，廢疾非人不養者，一人不從政。父母之喪，三年不從政；齊衰、大功之喪，三月不從政；將徙於諸侯，三月不從政；自諸侯來徙家，期不從政。注：「廢，廢於人事。自，從也。」正義：「案旅師云：『新甿之治皆聽之，使無征役。』鄭注引此文證之，是據民之遷徙。」

王氏引之曰：「從政之政，皆讀爲征。春秋宣元年公羊傳：『古者臣有大喪，則君三年不呼其門。』何休注：『重奪孝子之恩也。禮，父母之喪，三年不從政；齊衰、大功之喪，三月不從政。』」○養，如字，又以尚反。期，音基。

少而無父者謂之孤，老而無子者謂之獨，老而無妻者謂之矜，老而無夫者謂之寡。此四者，天民之窮而無告者也，皆有常餼。注：「餼，廩也。」正義：「按孝經云：『男子六十無妻曰鰥，婦人五十無夫曰寡。』釋名云：『無妻曰鰥，愁悒不能寐，目恒鰥鰥然。其字從魚，魚目恒不閉。無夫曰寡，寡，倮也，倮然單獨也。無父曰孤，孤，顧也，顧望無所瞻見也。無子曰獨，獨，鹿也，鹿鹿無所依也。』」外傳：「無妻曰鰥，無夫曰寡，無子曰獨，無父曰孤，此通言耳。四十無妻不爲鰥，三十無夫不爲寡，有室無父不爲孤，壯而無子不爲獨。聖人深意，先王制禮，憂民之極，則以老少年齒爲限也。」○矜，本又作「鰥」，同，古頑反。

瘖、聾、跛躃、斷者、侏儒，百工各以其器食之。注：「斷，謂支節絶也。侏儒，短人也。器，能也。」正義：「瘖，謂口不能言。聾，謂耳不聞聲。跛躃，謂足不能行。此等既非老無告，不可特與常餼，其病尚輕，不可虚費官物，故因其所能，供官役使，以廩餼食之。案晉語云文公問八疾，胥臣對云：『戚施植鎛。』注云：『使擊鐘。』『籧除蒙璆』，注云：『璆是玉磬，使擊之。』『侏儒扶盧』，注云：『扶，持也。盧，戟柄也。』『矇瞍修聲』，注云：『歌詠琴瑟。』『聾聵司火』，注云：『使主然火。』『其童昏、嚚瘖、僬僥，官師所不材，宜於掌土。』是各以器食之。外傳不云『跛躃』，此不云『籧篨』『戚施』，設文不具。」○瘖，於金反。聾，力東反。跛，波我反。躃，必亦反。

道路，男子由右，婦人由左，車從中央。注：「道有三途，遠別也。」說文：「央，中央也。从大在冂之內。

大，人也，央旁同意。一曰久也。」陳用之曰：「男右女左者，地道尊右故也。車患於阽危，故從中央。孔子爲中都宰，其民男女別途，蓋以此也。」

父之齒隨行，兄之齒鴈行，朋友不相踰。注：「廣敬也。謂於塗中。」輕任并，重任分。班白者不提挈。注：「皆謂以與少者。雜色曰班。」正義：「任，謂有擔負者。老少並輕，則併與少者。老少並重，不可併與少者一人，則分爲輕重，重與少者，輕與老者。」○挈，苦結反。

君子耆老不徒行，庶人耆老不徒食。注：「徒，猶空也。」陸農師曰：「無車而行爲徒行，無肉而食爲徒食。」

大夫祭器不假，祭器未成，不造燕器。注：「造，爲也。」正義：「皇氏云：『此謂有地大夫，若無地大夫，則當假之。故禮運云：「大夫祭器不假，聲樂皆具，非禮也。」謂無地大夫也。』」

方一里者，爲田九百畝。方十里者，爲方一里者百，爲田九萬畝。方百里者，爲方十里者百，爲田九十億畝。方千里者，爲方百里者百，爲田九萬億畝。注：「一里，方三百步。萬億，今萬萬也。」正義：「此論開方之法。案論語注〔一〕云：『步百爲畝』，是長一百步，闊一步。『畝百爲夫』，是一頃也，長闊一百步。『夫三爲屋』，是三頃也，闊三百步，長一百步。『屋三爲井』，是九百畝也，長闊一里。方十里，爲田九萬畝。方百里者爲方十里者百，一箇十里之方，既爲田九萬畝，則十箇十里之方爲田九十萬畝，一百箇十

〔一〕「注」字原脱，據論語注補。

里之方爲田九百萬畝。今云『九十億畝』，是一億有十萬，十億有一百萬，九十億爲九百萬畝。皇氏以爲億數不定，或以十萬爲億，或以萬萬爲億，或以一萬爲億。此云『萬億』者，祇是萬萬也。」

自恒山至於南河，千里而近；注：「冀州域。」自南河至於江，千里而近；注：「豫州域。」自江至於衡山，千里而遥；注：「荆州域。」説文：「江水出蜀湔氐徼外崏山，入海。」自東河至於東海，千里而遥；注：「徐州域。」自東河至於西河，千里而近；注：「亦冀州域。」自西河至於流沙，千里而遥。注：「雍州域。」説文：「河水出焞煌塞外昆侖山，發原注海。」西不盡流沙，南不盡衡山，東不盡東海，北不盡恒山。凡四海之内，斷長補短，方三千里，爲田八十萬億一萬億畝。注：「九州之大計。」方百里者，爲田九十億畝，山陵、林麓、川澤、溝瀆、城郭、宫室、塗巷三分去一，其餘六十億畝。注：「以一大國爲率，其餘所以授民也。山足曰麓。」正義：「皇氏曰：『千里而近，其地稍近，言不滿千里。千里而遥者，其地稍遠，言不啻千里。』一州方千里，九州方三千里，三三如九，爲方千里者有九。一箇千里有九萬億畝，九箇千里九九八十一，故有八十一萬億畝。」方性夫曰：「經文重『萬億』二字，衍文。」

古者以周尺八尺爲步，今以周尺六尺四寸爲步。古者百畝，當今東田百四十六畝三十步。古者百里，當今百二十一里六十步四尺二寸二分。注：「周尺之數，未詳聞也。按禮制，周猶以十寸爲尺。蓋六國時多變亂法度，或言周尺八寸，則步更爲八八六十四寸。以此計之，古者百畝，當今百五十六畝二十五步；古者百里，當今百二十五里。」梅氏瑴成曰：「按疏言經文錯亂不可用，而陳氏注又言疏義所算亦誤。今以算術考之，經、疏固誤，陳氏亦未盡合也。蓋古者百畝，當今東田百五十六畝二十五步；古者百里，當今百二十五里。以算法求畝法，以古步八尺自乘，得六十四尺，又以百畝乘之爲實；以今步六尺四寸自乘，得四十尺九十六寸爲法。實如法而一，得一百五十六畝二十五步，爲今田畝數。求里法，以古步八尺與百里相乘爲實，以今步六尺四寸爲法，實如法而一，得一百二十五里，爲今里數。」

方千里者，爲方百里者百，封方百里者三十國，其餘方百里者七十。又封方七十里者六十，爲方百里者二十九，方十里者四十，其餘方百里者四十，方十里者六十。又封方五十里者百二十，爲方百里者三十，其餘方百里者十，方十里者六十。名山大澤不以封。其餘以爲附庸閒田。諸侯之有功者，取於閒田以禄之。其有削地者，歸之閒田。正義：「此論畿外九州建國之法。九州，州别方千里，以開方計之，爲方百里者凡有一百。封方百里者三十國，謂公也。又封方七十里者六十，謂侯國也。又封方五十者百二十，謂伯國也。」○閒，音閑。

天子之縣內，方千里者，爲方百里者百，封方百里者九，其餘方百里者九十一。又封方七十里者二十一，爲方百里者十，方十里者二十九，其餘方百里者八十，方十里者七十一。又封方五十里者六十三，爲方百里者十五，方十里者七十五，其餘方百里者六十四，方十里者九十六。正義：「畿外千里，封國之外，所餘地少。其畿內千里，所餘地多者，以畿外之土，本擬封建諸侯，故國數多，餘地少，畿內本供天子，又有郊關鄉遂，準擬公卿王子弟采邑，故建國數少，餘地多。」

諸侯之下士，祿食九人，中士食十八人，上士食三十六人，下大夫食七十二人，卿食二百八十八人，君食二千八百八十人。次國之卿，食二百一十六人，君食二千一百六十人。小國之卿，食百四十四人，君食千四百四十人。次國之卿命於其君者，如小國之卿。天子之大夫爲三監，監於諸侯之國者，其祿視諸侯之卿，其爵視次國之君，其祿取之於方伯之地。方伯爲朝天子，皆有湯沐之邑於天子之縣內，視元士。注：「給齊戒自絜清之用。浴用湯，沐用潘。」正義：「此論士大夫及諸侯等食祿之數。君，謂大國之君也。前云『君十卿祿』，故食二千八百八十人。次國之卿，唯得三大夫祿耳。君食二千一百六十人者，君亦十卿祿也。小國卿，則二大夫祿耳。君食千四百四十人者，君亦十卿祿也。次國一卿命於其君爲賤，則祿不可等命天子者，故視小國卿。子男國小，故不復差降也。其天子之士、卿、大夫無文，宜準大國之卿、大夫、士也。異義：『公羊說，諸侯朝天子，天子之郊皆有朝宿之邑。從泰山之下皆有湯沐之邑。左氏說，諸侯有功德於王室，京師有朝宿之邑，泰山有湯沐之邑。魯，周公之後，鄭，宣王母弟，皆有湯沐邑，其餘則否。』」○食，音嗣。

諸侯世子世國，注：「象賢也。」大夫不世爵。使以德，爵以功。注：「謂縣內及列國諸侯爲天子大夫者。不世爵而世祿，辟賢也。」未賜爵，視天子之元士，以君其國。注：「列國及縣內之國也。」諸侯之大夫，不世爵祿。正義：「案禮運云『天子有田以處其子孫』，則周、召、畢、原之等，是縣內諸侯也。詩衛武公入相於周，又尚書顧命齊侯爲虎賁，衛侯爲司寇，是列國諸侯也。並入爲天子大夫。然畿內諸侯，有爲三公，則周召是也。列國諸侯入爲六卿，則鄭武公是也。未賜爵，謂列國諸侯及縣內諸侯，身身既死，其子未得爵賜，其衣服禮制，視天子元士。若畿外者，君其本國；畿内者，亦君畿内之國。其畿内諸侯有大功德，元子出封畿外，則王命次子守其采邑；若其賢才，則世爲公卿，春秋周公召伯之屬，是也。諸侯降於天子，故大夫不世爵禄，若有大功德，亦得世之。故隱八年：『官有世功，則有官族，邑亦如之。』是據諸侯卿大夫也。」

六禮：冠、昏、喪、祭、鄉、相見。注：「鄉，鄉飲酒、鄉射。」七教：父子、兄弟、夫婦、君臣、長幼、朋友、賓客。荀子大略篇：「修六禮，明十教，所以道之也。」楊倞注：「十或爲七。」八政：飲食、衣服、事爲、異别、度、量、數、制。注：「飲食爲上，衣服次之。事爲，謂百工技藝也。異别，五方用器不同也。度，丈尺也。量，斗斛也。數，百十也。制，布帛幅廣狹也。」○冠，古亂反。

禮記訓纂卷六

月令第六

正義：「鄭目録云：『名曰月令者，以其記十二月政之所行也，本呂氏春秋十二月紀之首章也。以禮家好事抄合之。後人因題之名曰禮記，言周公所作。其中官名時事，多不合周法。此於別録屬明堂陰陽記。』此卷所出，解者不同，今且申鄭旨釋之。案呂不韋集諸儒士著爲十二月紀，合十餘萬言，名爲呂氏春秋，篇首皆有月令，與此文同，一證也；周無大尉，秦官有大尉，而此月令云『乃命大尉』，官名不合周法，二證也；秦以十月建亥爲歲首，而月令云『爲來歲授朔日』，即是九月爲歲終，十月爲授朔，此是時不合周法，三證也；又周有六冕，月令服飾車旗並依時色，此是事不合周法，四證也。案秦歲首用十月，時不韋已死十五年。又秦并天下，何得云『諸侯』？而鄭必謂不韋作者，不韋亦採擇善言，遵立舊章，但秦自不能依行也。凡二十八宿及諸星，皆循天左行，一日一夜一周天，一周天之外，更行一度。計一年三百六十五周天，四分度之一。日月五星則右行，日一日一度，月一日一十三度十九分度之七，此相通之數也。二十七日，月行一周天，至二十九日强半，月及於日，與日相會，乃爲一月。故考靈耀云：『九百四十分爲一日，二十九日與四百九十九分爲月。』是一月二十九日之外，至第三十日分至四百九十九分，月及於日，計九百四十分，則四百七十爲半，今四百九十九分，是過半二十九分也。但月是陰精，日爲陽精，故周髀云：『日猶火，月猶水，火則外光，水則含景。故月光生於日所照，魄生於日所蔽。當日則光盈，就日則明盡。』京房云：『月與星辰，陰者也，有形無光，日照之乃有光。先師以爲日似彈丸，月似鏡體。或以爲月亦似彈丸，日照處則明，不照處則闇。』」

孟春之月，日在營室，昏參中，旦尾中。注：「孟，長也。日月之行，一歲十二會，聖王因其會而分之，以爲大數焉。觀斗所建，命其四時。此云『孟春』者，日月會於娵訾，而斗建寅之辰也。凡記昏明中星者，爲人君南面而聽天下，視時候以授民事。」正義：「孟春者，夏正建寅之月也。秦以十月爲歲首，不用秦正而用夏時者，以夏數得天正，故用之也。周禮雖以建子爲正，其祭祀田臘，亦用夏正也。日行遲，一月行二十九度半餘。月行疾，一月行天一帀，三百六十五度四分度之一。過帀更行二十九度半餘，逐及於日，而與日會，所會之處爲辰。鄭注周禮大師職云：『十一月辰在星紀，十二月辰在玄枵，正月辰在娵訾，二月辰在降婁，三月辰在大梁，四月辰在實沈，五月辰在鶉首，六月辰在鶉火，七月辰在鶉尾，八月辰在壽星，九月辰在大火，十月辰在析木。』是一歲十二會也。」高誘呂氏春秋注：「營室，北方宿。」淮南子時則訓注曰：「參，西方白虎之宿也。是月昏時，中於南方。尾，東方蒼龍之宿也。是月將旦時，中於南方。」

其日甲乙，注：「乙之言軋也。日之行，春，東從青道，發生萬物，月爲之佐。時萬物皆解孚甲，自抽軋而出，因以爲日名焉，乙不爲月名者，君統臣功也。」說文：「甲，東方之孟，陽氣萌動，从木戴孚甲之象。一曰：人頭宜爲甲。甲象人頭。乙，象春草木冤曲而出，陰氣尚彊，其出乙乙也，與丨同意。乙承甲，象人頸。」蔡氏章句：「大橈探五行之情，占斗綱所建於星，始作甲乙，以名日，謂之幹；作子丑，以名日，謂之枝。枝幹相配，以成六旬。」正義：「星辰之次，謂之黄道。春時星晨西游黄道近西，黄道之東謂之青道。日體行當青道之上，月亦從青道，陰佐於陽。知月亦從青道者，以緯云『月行九道』，并與日同。而青道二黄道東，赤道二黄道南，白道二黄道西，黑道二黄道北，并黄道爲九道也。」其帝大皞，其神句芒，注：「此倉精之君，木官之臣，自古以來著德立功者也。大皞，宓戲氏。句芒，少皞氏之子，曰重，爲木官。」正義：「蔡邕云：『法象莫大乎天地，變通莫大乎四時，縣象著明莫大乎日月。故先建春以奉天，奉天然後立帝，立帝然後言佐，言佐然後列昆蟲之別。物有形可見，然後音聲可聞，故陳音，有音然後清濁可聽，故言鍾律，均聲可以章，故陳酸羶之屬也。羣品以著，五行爲用於人，然後宗而祀之，故陳五祀。』宋異義：『古尚書說，元氣廣大，謂之皞天。』則皞皞，廣大之意。以伏犧德能同天，故稱皞。以東方生養，元氣盛大，西方收斂，元氣便小，故東方之帝謂之大皞，西方之帝謂之少皞。句芒者，主木之官。木初生之時，句屈而有芒角，故云句芒。大皞在前，句芒在後，相去縣遠，非是一時，大皞木王，句芒有主木之功，故取以相配也。」其蟲鱗，注：「象物孚甲將解。鱗，龍蛇之屬。」其音角，注：「謂樂器之聲也。三分羽，益一以生角，角數六十四。屬木者，以其清濁中，民象也。春氣和則角聲調。樂記曰：『角亂則憂，其民怨。』凡聲尊卑，取象五行，數多者濁，數少者清，大不過宮，細不過羽。」正義：「律曆志云：『或損或益，以定宮、商、角、徵、羽。』宮三分去一，下生徵，徵數五十四。徵三分益一，上生商，商數七十二。商三分去一，下生羽，羽數四十八。羽三分益一，上生角，角數六十四。是其損益相生之數也。」律中大蔟，注：「律，候氣之管，以銅爲之。中，猶應也。孟春氣至，則大蔟之律應。應，謂吹灰也。大蔟者，林鍾之所生，三分益一，律長八寸。凡律空圍九分。周語曰：『大蔟所以金奏，贊陽出滯。』」蔡氏章句云：「律，率也，聲之管也。中，應也。大蔟，鍾名。上古本陰陽，別風聲，審清濁，不可以文載口傳也，故鑄金作鍾，以正十二月之聲，然後以効升降之氣。而鍾不可用，乃截竹爲管曰律，爲清濁之率也。正月之律，與大蔟相中也。言出於鍾，乃置深室，葭莩爲灰，以實其端。其月氣既至，則灰飛管内，古以鍾律齊其聲，後人不能，則數以正其度，度正則音亦正矣。」正義：「案律曆志云：『大蔟，蔟，湊也。言陽氣大，湊地而達物也。位於寅，在正月。』其十二律則有上生下生，同位異位，長短分寸之別。故鄭注周禮大師職云：『其相生，則以陰陽六體爲黄鍾初九也。下生林鍾之初六，林鍾又上生大蔟之九二，大蔟又下生南吕之六二，南吕又上生姑洗之九三，姑洗又下生應鍾之六三，應鐘又上生蕤賓之九四，蕤賓又上生大吕之六四，大吕又下生夷則之九五，夷則又上生夾鍾之六五，夾鍾又下生無射之上九，無射又上生中吕之上六。同位者象夫妻，異位者象子母，所謂律取妻，而吕生子也。』」高誘吕氏春秋注曰：「太陰氣衰，少陽氣發，萬物動生，蔟地而出，故曰太蔟。」其數八，注：「數者，五行佐天地生物成物之次也。易曰：『天一，地二，天三，地四，天五，地六，天七，地八，天九，地十。』而五行自水始，火次之，木次之，金次之，土爲後。木生數三，成數八，但言八者，舉其成數。」正義：「水數一，成數六；火數二，成數七；木數三，成數八；金數四，成數九；土數五，成數十。但言八者，金木水火以成數爲功。皇氏用先儒之義，以爲金木水火得土而成，以水數一，得土數五，故六。火數二，得土數五，爲成數七。木數三，得土數五，爲成數八。又金數四，得土數五，爲成數九。」其味酸，其臭羶。注：「木之臭味也。凡酸羶者皆屬焉。」正義：「通於鼻者謂之臭，在口者謂之味。臭則氣也。所以木味酸者，尚書孔傳云：『木實之性。』然則木實酸，凡草木所生，其氣羶也。夏，其味苦，其臭焦者，尚書孔傳云：『焦之氣味，火燒物焦，焦則味苦。』中央云『其味甘，其臭香』，孔傳云：『甘味生於百穀，味甘則氣香。』秋，其味辛，其臭腥者，孔傳云：『金之氣味，言金臭之氣則腥，在口則辛。』冬云『其味鹹，其臭朽』者，孔傳云：

『水鹵所生，故味鹹。又水受惡穢，故有朽腐之氣。』」其祀户，祭先脾。注：「春，陽氣出，祀之於户，内陽也。祀之先祭脾者，春爲陽中，於藏直脾，脾爲尊。凡祭五祀於廟，用特牲，有主有尸，皆先設席于奥。祀户之禮，南面設主于户内之西，乃制脾及腎爲俎，奠于主北，又設盛于俎西，祭黍稷，祭肉，祭醴，皆三。祭肉，脾一，腎再。既祭徹之，更陳鼎俎，設饌于筵前，迎尸略如祭宗廟之儀。」白虎通曰：「户者，人所出入，亦春萬物始觸户而出也。」正義：「户在内，從外向，門户又在内，故曰内陽也。秋，其祀門者，門在外，從内向，外門又在外，故云外陰也。所以春位當脾者，牲位南首，肺最在前而當夏也，腎最在後而當冬也。從冬稍前而當春，從腎稍前而當脾，故春位當脾。從肺稍卻而當心，故中央主心。從心稍卻而當肝，故秋位主肝。此等直據牲之五藏而當春夏秋冬之位耳。」王氏引之曰：「如鄭説以藏之上下爲次，則肺最在上，心次之，脾又次之。經何以不言春祭先肺，夏祭先心，中央祭先脾乎？如謂牲位南首，肺最在前而當夏，腎最在後而當冬，則脾未嘗在左而當春，肝未嘗在右而當秋，何以春祭先脾，而秋祭先肝乎？從腎稍前而當脾，亦未嘗不當肝，何以春祭不先肝？從心稍卻而當肝，亦未嘗不當脾，何以秋祭不先脾乎？反復求之，鄭義未允，當以許氏五經異義之説爲長。異義曰：『今文尚書歐陽説：「肝，木也。心，火也。脾，土也。肺，金也。腎，水也。」古文尚書説：「脾，木也。肺，火也。心，土也。肝，金也。腎，水也。」』許慎案：『月令春祭脾，夏祭肺，季夏祭心，秋祭肝，季祭腎，與古文尚書同。蓋自古以五行説五藏者，惟腎爲水藏無異詞，而脾肺心肝則皆有兩説，而月令之五藏則非古文尚書之説不足以釋之。脾，木藏，故春祭先之。肺，火藏，故夏祭先之。心，土藏，故中央祭先之。肝，金藏，故秋祭先之。腎，水藏，故冬祭先之也。』説文：『腎，水藏也。肺，火藏也。脾，木藏也。肝，金藏也。』蓋依洪範五行一水，二火，三木，四金之序，古文尚書之説也。又曰：『心，人心，土藏也。博士説以爲火藏。』則古文尚書以心爲土藏，今文尚書博士以爲火藏也。高注淮南精神篇曰：『肺，象朱雀，朱雀，火也。火外景，故主目也。肝，金也，金内景，故主耳也。』鄭注天官疾醫曰：『肺氣熱，心氣次之，肝氣涼，脾氣温，腎氣寒。』蓋肺，火藏，故氣熱。心，土藏，土者火之所生，故次之。肝，金藏，故氣涼。脾，木藏，故氣温。腎，水藏，故氣寒也。許、高、鄭三家之説，皆本於古文尚書，而古文尚書之説又本於月令也，大玄數篇：『三八爲木，爲春藏脾。四九爲金，爲秋藏肝。二七爲火，爲夏藏肺。一六爲水，爲冬藏腎。五五爲土，爲中央藏心。』亦本於月令也。然則月令脾肺心肝腎之屬於木火土金水也明甚。」〇參，所林反。大，音泰，後皆同。皞，亦作「昊」，胡老反。句，古侯反。芒，音亡。律中，丁仲反。蔟，七豆反。羶，失然反。脾，婢支反。

東風解凍，蟄蟲始振。魚上冰，獺祭魚，鴻鴈來。注：「皆記時候也。振，動也。夏小正：『正月啓蟄。』『魚陟負冰』。漢始亦以驚蟄爲正月中。此時魚肥美，獺將食之，先以祭也。鴈自南方來，將北反其居。今月令鴻皆爲候。」淮南時則訓作「始振蘇，魚上負冰」。説文：「獺，如小狗也。水居食魚。」正義：「此記正月之時候，然十二月之時候，體例不一。其二至二分之月，皆再記於時候者，以二至是陰陽之始終，二分是陰陽之交會，凡時候先言者，氣候在前，後言者，氣候在後。言蟄蟲始振者，正月中氣之時，蟄蟲得陽氣，初始振動，至二月乃大驚而出故云『始振』。魚當盛寒之時，伏於水下，逐其温煖。至正月陽氣既上，魚游於水，上近於冰，故云『魚上冰』也。」李氏惇曰：「正義曰：『今月令者，吕氏春秋是也。』謹案：『百工咸理，監工日號，毋悖于時』，鄭云：『今月令無于時。』而吕氏春秋有『于時』字。毋或作爲淫巧，以蕩上心』，鄭云：『今月令「作爲」爲「詐僞」。』吕氏春秋仍作『作爲』。然則孔説非也。考漢有明堂月令，鄭注於『淫雨蚤降』下云

『今月令曰衆雨』。說文『霥』字注引明堂月令曰『霥雨』。『命漁師伐蛟』，下注云：『今月令漁師曰榜人。』說文『舫』字下引明堂月令曰『舫人』。舫、榜音相近。『固封疆』下注云：『今月令疆或爲畺。』蔡邕獨斷引月令曰『固封畺』。然則鄭注所謂今月令即明堂月令，非呂氏春秋也。蔡邕有明堂月令章句。」○蟄，直立反。獺，他達反。

天子居青陽左个，乘鸞路，駕倉龍，載青旂，衣青衣，服倉玉。食麥與羊，其器疏以達。

注：「皆所以順時氣也。青陽左个，大寢東堂北偏。鸞路，有虞氏之車，有鸞和之節，而飾之以青，取其名耳。春言鸞，冬夏言色，互文。馬八尺以上爲龍。凡所服玉，謂冠飾及所佩者之衡璜也。麥實有孚甲，屬木。羊，火畜也。時尚寒，食之，以安性也。器疏者，刻鏤之，象物當貫土而出也。凡此車馬衣服，皆所取於殷時，而有變焉，非周制也。周禮朝、祀、戎、獵，車、服各以其事，不以四時爲異。又玉藻曰『天子龍衮以祭，玄端而朝日』，『皮弁以日視朝』，與此皆殊。」高注時則訓曰：「麥，金穀也。羊，土畜也。是月金土以老，食所勝。先食麥，以麥爲主也。」說文：「青，東方色也。木生火，从生丹，丹青之信，言必然。」盧注：「有鈴曰旂。」正義：「春言鸞，則夏秋冬並鸞也。夏云朱，冬云玄，則春青秋白可知。」案韓詩外傳云：『佩玉上有蔥衡，下有雙璜、牙，蠙珠以納其間。』」金氏榜曰：「月令之明堂，乃王居聽政之明堂，卽路寢。路寢者，大寢也。鄭君以大寢東堂、大寢南堂、大寢西堂、大寢北堂釋之。周官經大史『閏月，詔王居門終月』，鄭君注門爲路寢門。又援鄭司農云：『月令十二月，分在青陽、明堂、總章、玄堂左右之位，惟閏月無所居，居于門。故于文「王」在「門」謂之閏。』先、後鄭皆知月令所舉曰大室、曰大廟、曰左右个者爲路寢，蓋順時布令，日所有事於其地，終月而遷焉，歲徧。考工記：『周人明堂，度九尺之筵，東西九筵，南北七筵。五室，凡室二筵。』大戴記盛德篇綴明堂數說於末，曰：『此天子之路

寢也。不齊不居其室。待朝在南宫，揖朝出其南門。』凡月朔，先朝日，而後聽朔。故玉藻曰：『玄端而朝日于東門之外，聽朔于南門之外，閏月則闔門左扉，立于其中，皮弁以日視朝。』天子聽朔視朝同地。記于視朝不言地，蒙上『南門之外』省文。」王氏引之曰：「下文赤駵、黄駵、白駱、鐵驪，下一字皆馬色名，倉龍不應獨異，龍，當讀爲駹。說卦傳：『震爲龍。』虞翻龍作駹，云：『駹，蒼色。震東方，故爲駹。』」○鸞，力官反。載，音戴，下放此。衣，於既反，下放此。

是月也，以立春。先立春三日，大史謁之天子，曰：「某日立春，盛德在木。」天子乃齊。注：「大史，禮官之屬，掌正歲年以序事。謁，告也。」立春之日，天子親帥三公九卿諸侯大夫以迎春於東郊。還反，王氏念孫曰：「釋文出『還乃』二字，云：『音旋，後放此。』正義曰：『孟夏云：「還乃行賞，封諸侯。」孟秋云：「還乃賞軍帥武人於朝。」孟冬云：「還乃賞死事，恤孤寡。」』據此，則四時皆作『還乃』明矣。吕覽、淮南時則訓並作『還乃』。後漢書郎顗傳注引月令：『迎春於東郊，還乃賞公卿諸侯大夫於朝。』」賞公卿諸侯大夫於朝。注：「王居明堂禮曰：『出十五里迎歲。』蓋殷禮也。周近郊五十里。賞，謂有功德者有以顯賜之也。朝，大寢門外。」蔡邕章句曰：「迎春者，禮昊天、句芒之神也。于東郊，就其外位也。邑外爲郊，去邑八里内，因木數也。周禮『建國之神位，兆五帝於四郊』，『以蒼珪禮東方，以赤璋禮南方，以白琥禮西方〔一〕，以玄璜禮北方』，皆有牲幣，各放其方之色，樂奏大蔟，歌青陽，冕，執干戚，舞雲翹、育命，所以尊收時和也。」正義：「周法四時迎氣，皆前期十日而齊。今秦法簡省，蓋散齊二日，致齊一日。天以覆蓋生民爲德。天之生育盛德，在於木位。四時所賞不同者，庾云：『順時氣也。春，陽氣始著，仁澤之時，故順其時而賞朝臣

〔一〕「琥」，原誤作「虎」，據周禮大宗伯改。

及諸侯也。至夏，陽氣尤盛，萬物增長，故慶賜轉廣。秋，陰氣始著，嚴凝之時，故從其時而賞軍帥及武人也。至冬，陰氣尤盛，萬物衰殺，故賞死事者及其妻子也。』案賈、馬、蔡邕皆爲迎春祭大皞及句芒，以上云『其帝大皞，其神句芒』故也。」○先，悉薦反。齊，側皆反，卷内放此。還，音旋，後放此。

命相布德和令，行慶施惠，下及兆民。慶賜遂行，毋有不當。注：「相，謂三公相王之事也。德，謂善教也。令，謂時禁也。慶，謂休其善也。惠，謂恤其不足也。天子曰『兆民』。遂，猶達也，言使當得者皆得，得者無非其人。」王氏引之曰：「和令之和，當讀爲宣。謂布其德教，宣其禁令也。古聲宣與和近，故宣字通作和。」○相，息亮反。

乃命大史守典奉法，司天日月星辰之行，宿離不貸，王氏引之曰：「釋文：『貸，吐得反。徐音二。』季夏之月『無或差貸』，釋文：『差貸，音二。又他得反。』引之謹案：呂氏春秋孟春紀、季夏紀貸並作忒。高誘注云：『忒，差也。』正當音吐得反，而徐又音二者，忒通作貸，又通作貳，貳與二，字形相似，故貳字多有譌作貳者。」毋失經紀，以初爲常。注：「典，六典。法，八法也。經紀，爲天文進退度數。」蔡氏月令章句云：「宿，月所在。離，月所歷。」金氏榜曰：「漢人不知歲差，晉虞喜云：『堯時冬至，日短星昴。今二千七百餘年，乃東壁中，則知每歲漸差之所至。』言『歲差』者，萌芽於此。至唐一行乃分天自爲天，歲自爲歲，立法減歲餘，益天周，歷代遵用其說，唯西法指此爲恒星東行，曰歲差者，以日星相校而差。茲以中星校之。堯典：『日永星火，以正仲夏。』夏小正：『五月，初昏，大火中。』春秋傳張趯言『火中，寒暑乃退』，豳詩亦曰：『七月流火。』蓋六月火中，七月火乃西流，是虞、夏與周中星相較已差一月矣。蓋日行黃道所躔宿度，驗之分、至，歲有差移，司天者既隨時推步，俾宿離不爽其度，又申其戒令，曰『毋失經紀，以初爲常』。是後世所謂歲差，古人已不憚垂爲令，申以示戒。且經文語意聯屬，正義誤分釋，謂『以初爲常，舊來恒須遵奉常行』，顯與經意違反。」○宿，息六反，徐音秀。離，依注音儷，吕計反。貸，吐得反。

是月也，天子乃以元日祈穀於上帝。注：「謂以上辛郊祭天也。春秋傳曰：『夫郊祀后稷，以祈農事，是故啓蟄而郊，郊而後耕。』」乃擇元辰，注：「元辰，蓋郊後吉亥也。」盧注：「元，善也。日，甲至癸也。辰，子至亥也。郊天，陽也，故以日。藉地，陰也，故以辰。郊雖用日，亦有辰，但日爲吉，主耕之用。辰亦有日，但辰爲主。」蔡邕月令章句云：「日，幹也。辰，支也。有事於天用日，有事於地用辰。」正義：「陰陽式法：『正月亥爲天倉。』以其耕事，故用天倉也。」惠氏棟曰：「南齊志大學博士劉蔓議：『盧植説亥者辰之末，故稱「元辰」，注曰「吉亥」。又據五行之説，木生於亥，以亥日祭先農，又其義也。』太常何諲之議：『鄭注：「元辰，蓋郊後吉亥也。」亥，水辰也。五行説十二辰爲六合，寅與亥合，建寅月東耕，取月建與辰日合也。』」天子親載耒耜，措之于參保介之御間，吕氏春秋「于參」作「參于」。帥三公九卿諸侯大夫躬耕帝藉。注：「耒，耜之上曲也。保介，車右也。置耒於車右與御者之間，明己勸農，非農者也。人君之車，必使勇士衣甲居右而參乘，備非常也。保，猶衣也。介，甲也。帝藉，爲天神借民力所治之田也。」蔡氏章句：「天子藉田千畝，以供上帝之粢盛，借人力以成其功，故曰帝藉。」説文：「耤，帝耤千畝也。古者使民如借，故謂之耤，从耒，昔聲。耒，手耕曲木也。从木推丯。古者垂作耒枱，以振民也。」「枱，耒耑也。从木，台聲。鈶，或从金。辝，籀文从辞。」段氏玉裁曰：「今俗作耜。」釋文：「措，置也。」正義：「郊特牲云『郊』，不言『祈穀』，此言『祈穀』，不言『郊』。襄七年左傳『郊而後耕』，此祈穀之後，卽躬耕帝藉。是祈穀與郊一也。」天子三推，三公五推，卿、諸侯九推。盧注：「天子耕藉，一發三推耒。周禮：『二耜爲耦。一耦之伐，廣尺深尺。』伐，發也。天子之三公坐而論道，參五職事，故三公以五爲數。卿諸侯當究成天子之職事。故以九爲數。伐皆三者，禮以三爲文。」釋文：「推，謂伐也。」正義：「案國語『王耕一發，班三之』。賈逵注：『班，次也，謂公卿大夫也。王之下各三其上也。』不云士者，士賤，不與耕也。故國語云：『庶人終於千畝。』又周禮甸師是下士，云：『帥其屬而耕耨王藉。』鄭注：『庶人，謂徒三百人。』」王氏念孫曰：「『三公五推』，本作『公五推』。凡月令言『三公』者，皆與『九卿』對文。上文『天子親帥三公、九卿、諸侯、大夫』是也。其言公者，則與卿對文，上文『賞公卿諸侯大夫於朝』是也。賞公卿諸侯大夫，不言『三公九卿』者，蒙上而省也。此文『公五推，卿諸侯九推』，不言『三公九卿』者，亦是蒙上而省。今作『三公五推』，卽涉上文而誤。」反，執爵于大寢，三公九卿諸侯大夫皆御，命曰勞酒。注：「既耕而宴飲，以勞羣臣也。大寢，路寢。御，侍也。」正義：「案國語耕後，『宰夫陳饗』，『膳夫贊王，王歆大牢』，是耕後設饗。而此云『執爵于大寢』，故知燕也。」○耒，力對反。耜，音似。措，七故反。藉，在亦反。

是月也，天氣下降，地氣上騰，天地和同，草木萌動。注：「此陽氣蒸達，可耕之候也。農書曰：『土長冒橛，陳根可拔，耕者急發。』」王命布農事：命田舍東郊，皆修封疆，審端徑術，注：「田，謂田畯，主農之官也。舍東郊，順時氣而居，以命其事也。封疆，田首之分職。術，周禮作遂。夫間有遂，遂上有徑。遂，小溝也。步道曰徑。」善相丘陵阪險原隰土地所宜，五穀所殖，以教道民，必躬親之。注：「相，視也。」田事既飭，先定準直，農乃不惑。注：「說所以命田舍東郊之意也。準直，謂封疆徑遂也。夏小正曰：『農率均田。』」正義：「陽氣從五月下降，至十一月從下初升，至正月始成乾體，而在三陰之下，故云『天氣下降』，其實於時陽從地中升也。準，謂輕重平均。直，謂繩墨得中也。封疆有界限，徑遂有闊狹，皆先平均正直之。」○上，時掌反。疆，居良反。術，依注音遂。阪，音反，又蒲版反。險，許撿反。

是月也，命樂正入學習舞。注：「爲仲春將釋菜。」高注呂氏春秋曰：「樂正，樂官之長也。入學官，教國子，謂習羽籥之舞。周禮『大胥掌學士之版』，『以六樂之會正舞位』也。」

乃修祭典，注：「重祭禮，歲始省録也。」命祀山林川澤，犧牲毋用牝。注：「爲傷妊生之類。」高注呂氏春秋曰：「典，掌也。功施於民則祀之。山林川澤，百物所生，又能興雲雨，以殖嘉苗，故祀之。無用牝，尚蠲潔也。」正義：「此春爲四時之首，當修祀典，若天地宗廟大祭之時，雖非正月，皆不用牝。」○牝，頻忍反。

禁止伐木。注：「盛德所在。」高注呂氏春秋曰：「春，木王，尚長養也。」正義：「禁謂禁其欲伐，止謂止其已伐。王制云：『草木零落，然後入山林。』若國家隨時所須，以爲材用者，雖非冬月，亦得取之。故山虞有『仲冬斬陽木，仲夏斬陰木。』又云：『邦工入山林而掄材，不禁』，是也。」

毋覆巢，毋殺孩蟲胎夭飛鳥，毋麛，毋卵。注：「爲傷萌幼之類。」高注呂氏春秋曰：「蕃庶物也。麋子曰夭，鹿子曰麛。」正義：「胎，謂在腹中未出。夭，爲生而已出者。飛鳥，謂初飛之鳥。麛卵四時皆禁，若須薦獻，亦得取之。王制云『韭以卵』，『庖人秋行犢麛』，是也。」○麛，音迷。卵，力管反。

毋聚大衆，毋置城郭。注：「爲妨農之始。」高注呂氏春秋曰：「置，立也。」張氏虙曰：「毋聚大衆，不集大師徒。毋置城郭，不興大力役。」

掩骼埋胔。注：「謂死氣逆生也。骨枯曰骼，肉腐曰胔。」高注呂氏春秋曰：「掩霾者，覆藏之也。順木德而尚仁恩也。」釋文：「蔡云：『露骨曰骼，有肉曰胔。』胔亦作骴。」正義：「蜡氏『掌除骴』，司農云：『骨之尚有肉者也。及禽獸之骨皆是。』」○骼，江百反。胔，才賜反。

是月也，不可以稱兵，稱兵必天殃。注：「逆生氣。」兵戎不起，不可從我始。注：「爲客不利，主人則可。」高注呂氏春秋曰：「稱，舉也。殃，咎也。春當行仁，非興兵征伐時也。」正義：「起兵伐人者，謂之客。敵來禦捍者，謂之主。彼來伐，我不得不應。」

毋變天之道，注：「以陰政犯陽。」毋絕地之理，注：「易剛柔之宜。」毋亂人之紀。注：「仁之時而舉義事。」高注呂氏春秋曰：「變，猶戾也。絕，猶斷也。人反德爲亂。紀，道也。」胡邦衡曰：「天道，若上司天日月星辰之類。地理，土地所宜之類。人紀，布農事之類。」

孟春行夏令，則雨水不時，注：「巳之氣乘之也。四月於消息爲乾。」呂氏春秋、淮南時則訓並作「風雨不時」。王氏念孫曰：「『雨水』，本作『風雨』。正義曰：『風雨不時者，謂風雨少，不得應時』，則正文本作『風雨不時』明矣。」草木蚤落，注：「生日促。」國時有恐。注：「以火訛相驚。」高注呂氏春秋曰：「春，木也。夏，火也。木德用事，法當寬仁，而行火令，火性炎上，故使草木槁落，不待秋冬，故國人惶恐也。」行秋令，則其民大疫，注：「申之氣乘之也。七月始殺。」猋風暴雨總至，注：「正月宿直尾、箕，箕好風，其氣逆也。回風爲猋。」爾雅：「扶摇謂之猋。」詩疏引李巡云：

「扶搖，暴風從下升上。」藜莠蓬蒿並興。注：「生氣亂，惡物茂。」高注呂氏春秋曰：「木仁金殺，而行其令，氣不和，故民疫病也。金生水，與水相干，故風雨數至，荒穢滋生，是以藜莠蓬蒿並興。」王氏念孫曰：「廣雅：『興，生也。』楚辭『各興心而嫉妬』，王逸注：『興，生也。』月令『並興』，謂並生也。」行冬令，則水潦爲敗，雪霜大摯，首種不入。注：「亥之氣乘之也。舊説首種謂稷。」高注呂氏春秋曰：「春陽，冬陰也，而行其令，陰乘陽，故水潦爲敗，雪霜大摯，傷害五穀。春爲歲始，稼穡應之，不成熟也，故曰『首種不入』。」正義：「當月施令，若施之順時，則氣序調釋。若施令失所，則災害滋興。施令有失，三才俱應。雨水不時，天也。草木蚤落，地也。國時有恐，人也。爲害重者先言之，爲害輕者後言之。如春夏及秋，施令有失，氣來爲應，惟在當年；若冬時失令，則氣應在後年。故仲冬行秋令，則天時雨汁，瓜瓠不成；行春令，蝗蟲爲敗。仲冬非瓜瓠不成之時，又非蝗蟲爲敗之日，是據來年。」程氏瑶田曰：「稷之粘者爲秫，北方爲高粱，通謂之秫，又謂之蜀黍，高大似蘆。今以北方諸穀播種先後考之，高粱最先。管子書：『日至七十日，陰凍釋而蓺稷，百日不蓺稷。』日至七十日，今之正月，今南北皆以正月蓺高粱，是也。」○猋，必遥反。藜，力兮反。莠，音酉。潦，音老。

仲春之月，日在奎，昏弧中，旦建星中。注：「仲，中也。仲春者，日月會于降婁，而斗建卯之辰也。弧在輿鬼南，建星在斗上。」正義：「斗星隨天而轉，一日一夜過轉一周，而行一度，故正月建寅，二月建卯也。弧與建星，非二十八宿，而昏明舉之者，由弧星近井，建星近斗。井有三十三度，斗有二十六度，其度既寬，若舉井斗，不知何日的至井斗之中，故舉弧星、建星也。」

其日甲乙，其帝大皞，其神句芒，其蟲鱗，其音角，律中夾鍾，其數八，其味酸，其臭羶。

其祀户，祭先脾。注：「夾鍾者，夷則之所生，三分益一，律長七寸二千一百八十七分寸之千七十五。仲春氣至，則夾鍾之律應。周語曰：『夾鍾出四隙之細。』」高注時則訓曰：「萬物去陰夾陽，聚地而生，故曰夾鍾也。」蔡氏章句曰：「仲春中夾鍾管長七寸四分強。」律曆志：「言陰夾助大簇宣四方之氣而出種物也。位於卯，在二月。」

始雨水，桃始華，吕覽、淮南時則訓並作「桃李華」。倉庚鳴，鷹化爲鳩。注：「皆記時候也。倉庚，驪黃也。鳩，搏穀也。漢始以雨水爲二月節。」高注吕氏春秋曰：「爾雅曰『商庚，黎黃，楚雀』也。齊人謂之搏黍，秦人謂之黄離，幽、冀謂之黄鳥。詩云『黄鳥于飛，集于灌木』，是也。」方言：「自關而西，或謂之布穀。」郭注：「今江東呼爲穫穀。」正義：「言之先後，逐氣之早晚。故周書時訓：『驚蟄之日，桃始華。又五日，倉庚鳴，又五日，鷹化爲鳩。』釋鳥云：『鳲鳩，鴶鵴。』郭注：『今之布穀也。彼云布，此云搏者，布搏聲相近。』」

天子居青陽太廟，乘鸞路，駕倉龍，載青旂，衣青衣，服倉玉，食麥與羊，其器疏以達。注：「青陽大廟，東堂當大室。」

是月也，安萌牙，養幼少，存諸孤。注：「助生氣也。」高注吕氏春秋曰：「順春陽，長養幼少，存恤孤寡，萌牙諸當生者，不擾動，故曰安。」説文：「芽，萌，芽也。萌草芽也。」馬彦醇曰：「凡植物始茁爲萌，浸長爲芽。動物始生爲幼，未壯爲少。植物欲無踐履，故曰安。動物欲無殄滅，故曰養。諸孤，天民之窮者，欲無夭絶，故曰存。」○少，詩照反。

擇元日，命民社。注：「社，后土也。使民祀焉，神其農業也。祀社日用甲。」高注吕氏春秋曰：「元，善也。日，從甲至癸也。社祭后土，所以爲民祈穀也。嫌日有從否，重農事，故卜擇之。」正義：「句龍爲配社之人，又爲后土之官也。

郊特牲云：『祀社日用甲，用日之始也。』召誥：『戊午，乃社于新邑。』用戊者，周公告營洛邑位成，非常祭也。」

命有司省囹圄，去桎梏，毋肆掠，止獄訟。注：「順陽寬也。省，減也。囹圄，所以禁守繫者，若今別獄矣。桎梏，今械也。在手曰梏，在足曰桎。肆，謂死刑暴尸也。周禮曰：『肆之三日。』掠，謂捶治人。」高注呂氏春秋曰：「有司，理官，主獄者也。囹圄，法室。省之者，赦輕微也。肆，極。掠，笞也。止，禁也。」説文：「獄，确也。从㹜从言，二犬所以守也。」「圄，囹圄，所以拘罪人。」釋名：「囹，領也。圄，禦也。領録囚徒，禁禦之也。」倉頡篇：「掠，問也，謂搒捶治人也。」正義：「蔡云：『囹，牢也。圄，止也。所以止出入，皆罪人所舍也。』」○省，所景反。囹，音零。圄，魚吕反。桎，音質。梏，古毒反。掠，音亮。

是月也，玄鳥至。至之日，以大牢祠于高禖，天子親往，注：「玄鳥，燕也。燕以施生時來，巢人堂宇而孚乳，嫁娶之象也。媒氏之官以爲候。高辛氏之世，玄鳥遺卵，娀簡吞之而生契，後王以爲媒官嘉祥，而立其祠焉。變媒言禖，神之也。」説文：「燕，玄鳥也，籋口布翄，枝尾象形。」「乙，玄鳥也，齊魯謂之乙，取其名自呼，象形。」乳，人及鳥生子曰乳。从孚从乙。乙者，玄鳥也。明堂月令：『玄鳥至之日，祠于高禖以請子。』故乳从乙。請子必以乙至之日者，乙，春分來，秋分去，開生之候鳥，帝少昊司分之官也。」續漢書禮儀志引蔡邕章句云：「高，尊也。禖，媒也，吉事先見之象也。蓋爲人所以祈子孫之祀。玄鳥感陽而至，其來主爲字乳蕃滋，故重其至日，因以用事。契母簡狄，蓋以玄鳥至日，有事高禖，而生契焉。」又引盧植注云：「居明顯之處，故謂之高。因以求子，故謂之禖。」正義：「蔡邕以爲禖神高辛已前舊有。高者，尊也，謂尊高之禖，不由高辛氏而始有高禖。又生民及玄鳥毛傳云『姜嫄從帝而祠于郊禖』，又云『簡狄從帝而祈于郊禖』，則是姜嫄、簡狄之前先有禖神矣。」段氏玉裁曰：「禖，祭也。商頌傳曰：『春分玄鳥降。湯之先祖有娀氏女簡狄配高辛氏帝，帝率與之祈于郊禖，而生契。故本其爲天所命，以玄鳥至而生焉。』大雅傳曰：『古者必立郊禖焉。玄鳥至之日，以大牢祠於郊禖。』據此，則禖神之祀，不始於高辛明矣。」王氏引之曰：「鄭、蔡、盧三家之説，皆非也。高者，郊之借字。古聲高與郊同，故借高爲郊。高誘注吕氏春秋仲春紀曰：『周禮媒氏以仲春之月合男女，因祭其神於郊，謂之郊禖。郊音與高相近，故或言高禖。』此説是也。大雅生民傳曰：『古者必立郊禖焉。玄鳥至之日，以大牢祠于郊禖。』其文全出此篇，字正作郊。而鄭志焦喬荅問乃強分郊禖、高禖爲二，非也。」**后妃帥九嬪御。乃禮天子所御，帶以弓韣，授以弓矢，于高禖之前。**注：「御，謂從往侍祠。周禮天子有夫人，有九嬪，有世婦，有女御，獨云『帥九嬪』，舉中言也。天子所御，謂今有娠者。於祠，大祝酌酒，飲於高禖之庭，以神惠顯之也。帶以弓韣，授以弓矢，求男之祥也。王居明堂禮曰：『帶以弓韣，禮之禖下，其子必得天材。』」高注吕氏春秋曰：「韣，弓韜也，示服猛得男祥也。」○禖，音梅。韣，大木反。

是月也，日夜分，雷乃發聲，始電，注：「又記時候。發，猶出也。」説文：「靁，陰陽薄動，雷雨生物者也。電，陰陽激燿也。」**蟄蟲咸動，**時則訓作「咸動蘇」。**啓户始出。先雷三日，奮木鐸以令兆民曰：**王氏引之曰：「舊本北堂書鈔政術部六『奮鐸以令』，注引月令『奮鐸以令兆民』。太平御覽天部十三亦引作『奮鐸』。吕氏春秋仲春紀作『奮鐸以令于兆民』，淮南時則訓作『振鐸以令于兆民』。釋文：但爲『奮釋』二字作音，則本無『木』字明矣。」**「雷將發聲，有不戒其容止者，生子不備，必有凶災。」**注：「主戒婦人有娠者也。容止，猶動静。」高注吕氏春秋曰：「分，等，晝夜鈞也。冬陰閉固，陽伏於下，是月陽升，雷始發聲。震氣爲雷，激氣爲電。鐸，木鈴也。金口木舌爲木鐸，金舌爲金鐸。有不戒其容止者，以雷電合房室者，生子必有瘖、躄、通精、狂癡之疾。」正義：「日夜分，謂晝夜漏刻。馬融云：『晝有五十刻，夜有五十刻，據日出日入爲限。』蔡邕以星見爲夜，日入後三刻，日出前三刻，皆屬晝。晝有五十六刻，夜有四十四刻。鄭康成注尚書云『日中星鳥，以爲日見之漏五十五刻，不見之漏四十五刻』，與蔡校一刻也。雷是陽氣，聲將上與陰相衝。蔡邕云：『季冬雷在地下，則雉應而雊。孟春動於地之上，則蟄蟲應而振出，至此升而動於天之下，其聲發揚也。以雷出有漸，故言「乃」。電是陽光，陽微則光不見。此月陽氣漸盛，以聲於陰，其光乃見，故云始電。』户，謂穴也。蟄蟲早者，孟春乃出，左傳『啓蟄而郊』，是也。蟄蟲晚者，二月始出，此云『蟄蟲咸動』。庾蔚云：『先記時候，以明應節。後言時候，以應二分二至。』蔡云『迅雷風烈，孔子必變。玉藻云「迅雷甚雨，則必變，雖夜必興，衣服冠而坐」，所以畏天威也。小人不畏天威，懈慢褻瀆，或至夫婦交接。君子制法，不可指斥言之，故曰：有不戒其容止者，生子支節性情必不備，其父母必有灾也。』」○電，大練反。

日夜分，則同度量，鈞衡石，角斗甬，正權概。注：「因晝夜等而平當平也。同、角、正，皆謂平之也。丈尺曰度，斗斛曰量。三十斤曰鈞，稱上曰衡，百二十斤曰石。甬，今斛也。稱錘曰權。概，平斛斗者。」說文：「概，杚斗斛。杚，平也。」倉頡篇：「平斗斛木曰概。」高注淮南曰：「鈞，等也。」吴幼清曰：「鈞，亦謂鈞平之也，非三十斤爲鈞之鈞。同、鈞、角、正四字一義。角如角力之角，謂比較其大小也。度長短者五，分、寸、尺、丈、引也。量多寡者五，龠、合、升、斗、斛也。衡輕重者五，銖、兩、斤、鈞、石也。衡之下但言石，於五者之中舉其至重者言也。」○甬，音勇。概，古代反。

是月也，耕者少舍，乃修闔扇，說文：「闔，門扇也。一曰閉也。扇，扉也。扉，户扇也。」寢廟畢備。注：「舍，猶止也。因蟄蟲啓户，耕者少閒而治門户也。用木曰闔，用竹葦曰扇。畢，猶皆也。凡廟，前曰廟，後曰寢。」高注呂氏春秋曰：「少舍，皆耕在野，少有在都邑者。尚書曰：『厥民析。』散布在野。傳曰：『陰陽分布〔一〕，震雷出滯，土地不備墾，辟在司寇之謂』。闔扇，門扇也。寢以安身廟以事祖。」毋作大事，以妨農之事。注：「大事，兵役之屬。」高注呂氏春秋曰：「大事，兵戈征伐也。」王氏念孫曰：「下句本作『以妨農事』，衍一之字。齊民要術一、小廣大田正義、後漢書注引此皆無之字，呂氏春秋同。淮南作『以妨農功』，亦無之字。」○闔，户臘反。

是月也，毋竭川澤，毋漉陂池，無焚山林。注：「順陽養物也。畜水曰陂，穿地通水曰池。」王氏念孫曰：「漉，亦竭也。故爾雅云：『盝、涸，竭也。』方言：『盝，涸也。漉，極也。』郭璞曰：『滲漉，極盡也。』廣雅云：『渴、滲、盝、涸，盡也。』漉漏古同聲，故滲漉或謂之滲漏。淮南本經篇『竭澤而漁』，高誘曰：『竭澤，漏池也。』即所謂『漉陂池』也。」○漉，音鹿。陂，彼宜反。

天子乃鮮羔開冰，先薦寢廟。注：「鮮當爲獻，聲之誤也。獻羔，謂祭司寒也。祭司寒而出冰。薦於宗廟，乃後賦之。春秋傳曰：『古者日在北陸而藏冰，西陸朝覿而出之。』」高注呂氏春秋曰：「開冰室取冰，以治鑒，以祭廟。春薦韭卵。」○鮮，依注音獻。

上丁，命樂正習舞，釋菜。注：「樂正，樂官之長也。命習舞者，順萬物始出地鼓舞也。將舞，必釋菜於先

〔一〕「布」字原脱，據呂氏春秋仲春紀補。

師以禮之。夏小正曰：『丁亥，萬用入學。』」天子乃帥三公九卿諸侯大夫親往視之。注：「順時達物也。」仲丁，又命樂正，入學習樂。注：「爲季春將習合樂也。習樂者，習歌與八音。」高注呂氏春秋曰：「是月上旬丁日，命樂官正率卿大夫之子入學官，習舞也。」周禮：「春入學，舍采，合舞。秋頒學，合聲。以六樂之位，正舞位。樂，謂六代之樂，雲門、咸池、大韶、大濩、大夏、大武也。」正義：「以春陽既動，萬物出地。孟春習舞，仲春習舞，及仲丁習樂，并季春合樂，皆在大學。仲春釋菜合舞，季春大合樂，皆天子親往，餘則不也。命樂師者，以仲春習舞習樂既命樂正，此則稍輕，故惟命樂師。其事既輕，天子不親往。」

是月也，祀不用犧牲，用圭璧，更皮幣。注：「爲季春將選而合騰之也。更，猶易也。」正義：「蔡氏曰：『此祀不用犧牲者，謂祈禱小祀也。若大祀，則依常法，上云「以大牢祠高禖」是也。』」

仲春行秋令，則其國大水，寒氣總至，注：「酉之氣乘之也。八月宿直昴、畢，畢好雨。」寇戎來征。注：「金氣動也。畢又爲邊兵。」行冬令，則陽氣不勝，麥乃不孰。注：「子之氣乘之也，十一月爲大陰。」民多相掠。注：「陰姦衆也。」行夏令，則國乃大旱，煖氣早來，注：「午也氣乘之也。」蟲螟爲害。注：「暑氣所生，爲災害也。」高注呂氏春秋曰：「仲春，陽中也。陽氣長養，而行秋金殺戮之令，故寒氣猥至，寇害之兵來伐其國也〔一〕。冬令肅殺，而行其令，陰氣乘陽，陽氣不勝，故麥不成熟。民飢窮，故相刼掠也。夏氣炎陽，而行其令，故大旱。火氣熱，

〔一〕「兵」字原脱，據呂氏春秋仲春紀高注補。

故旱熯也。極陽生陰，故蟲螟作害也。蟲食穀心謂之螟。」説文：「螟，蟲食穀心者〔一〕。吏冥冥犯法卽生螟。」○螟，亡丁反。

季春之月，日在胃，昏七星中，旦牽牛中。注：「季，少也。季春者，日月會於大梁，而斗建辰之辰。」○胃，音謂。

其日甲乙，其帝大皞，其神句芒，其蟲鱗，其音角，律中姑洗，其數八，其味酸，其臭羶。其祀户，祭先脾。注：「姑洗者，南呂之所生也，三分益一，律長七寸九分寸之一。季春氣至，則姑洗之律應。周語曰：『姑洗，所以修絜百物，考神納賓。』」高誘淮南注曰：「姑，故也。洗，新也。是月陽氣養生，去故就新，故曰姑洗。」蔡邕月令章句曰：「季春中，姑洗管長七寸一分強。」律曆志：「洗，絜也，言陽氣洗物辜絜之也。位於辰，在三月。」○洗，素典反。

桐始華，田鼠化爲鴽，虹始見，蓱始生。注：「皆記時候也。鴽，母無。蝃蝀謂之虹。蓱，萍也。其大者曰蘋。」釋文：「鴽，蔡云：『鶉鴿之屬。』虹，蝃蝀也。」正義：「郭氏云：『雄者曰虹，雌者曰蜺。雄謂明盛者，雌謂闇微者。虹是陰陽交會之氣，純陰純陽，則虹不見。若雲薄漏日，日照雨滴，則虹生。』蓱，郭云：『水中浮蓱也。江東謂之薸。』皇氏云：『反歸舊形謂之化。』按易『乾道變化』，謂雖有舊形，忽改者，謂之化，及本無舊形，非類而改，亦謂之化。」○鴽，音如。蓱，步丁反。

天子居青陽右个，乘鸞路，駕倉龍，載青旂，衣青衣，服倉玉，食麥與羊，其器疏以達。

〔一〕「蟲食穀心者」，原作「食苗葉者」，據説文蟲部改。

注：「青陽右个，東堂南偏。」

是月也，天子乃薦鞠衣於先帝。注：「爲將蠶，求福祥之助也。鞠衣，黄桑之服。先帝，大皞之屬。」正義：「鄭注内司服云：『鞠衣，黄桑服也。色如鞠塵，象桑葉始生。』」○鞠，居六反。

命舟牧覆舟，五覆五反，乃告舟備具於天子焉。天子始乘舟，注：「舟牧，主舟之官也。覆反舟者，備傾漏也。」高注淮南曰：「天子將乘舟而漁，故反覆而視之，恐有穿漏也。五覆五反，慎之至也。」蔡氏章句云：「備，謂檝櫂紼纚維引之具。」王氏念孫曰：「焉字本在『始乘舟』之上，後人不解『焉始』二字之義，遂移置於『天子』下。吕氏春秋于『天子』下亦有『焉』字者，又後人依月令加之也。下文『天子焉始乘舟』，焉字獨不删者，則以高注訓焉爲於故也。淮南作『乃告具於天子』，無焉字，御覽舟部一引月令亦無焉字。且月令之文，亦無以焉字絶句者。」薦鮪于寢廟，注：「進時美物。」乃爲麥祈實。注：「於含秀求其成也。不言所祈，承『寢廟』可知。」高注吕氏春秋曰：「鮪魚，似鱣而小。詩曰：『鱣鮪潑潑。』」説文：「鮪，鮥也。周禮：『春獻王鮪。』」正義：「案爾雅釋魚云：『鮥，鮛鮪。』郭景純云：『似鱣而小，建平人呼鮥子。』一本云：『王鮪似鱣，口在頷下。』」音義云：『大者爲王鮪，小者爲鮛鮪，似鱣長鼻，體無鱗甲。』」○鮪，于軌反。

是月也，生氣方盛，陽氣發泄，句者畢出，萌者盡達，不可以内。注：「時可宣出，不可收斂也。句，屈生者。芒而直曰萌。」高注吕氏春秋曰：「發泄，猶布散也。象陽達物，亦當散出貨賄，不可賦斂以納之。」○泄，息列反。句，古侯反。

天子布德行惠，命有司發倉廩，賜貧窮，振乏絶；開府庫，出幣帛，周天下，勉諸侯，聘名士，禮賢者。注：「振，猶救也。周，謂給不足也。勉，猶勸也。聘，問也。名士，不仕者。」發倉廩，呂氏春秋作「發倉窌」。高注曰：「方者曰倉，穿地曰窌。無財曰貧，鰥寡孤獨曰窮。行而無資曰乏，居而無食曰絶。府庫，幣帛之藏也。周，賜。勉，進。聘，問之也。有明德之士，大賢之人，聘而禮之，將與興化致理者也。」正義：「蔡氏云：『穀藏曰倉，米藏曰廩。無財曰貧，無親曰窮。暫無曰乏，不續曰絶。』皇氏云：『長無謂之貧窮，暫無謂之乏絶。』蔡氏曰：『名士者，謂其德行貞純，道術通明，王者不得臣，而隱居不在位者也。賢者，名士之次，亦隱者也。名士優，故加束帛，賢者禮之而已。』」方性夫曰：「發倉廩，所以賜貧窮，振乏絶。開府庫，所以出幣帛，將以聘名士，禮賢者故也。周天下，以言聘名士、禮賢者之廣。勉諸侯，又欲諸侯之致力焉。」

是月也，命司空曰：「時雨將降，下水上騰。循行國邑，周視原野，修利隄防，道達溝瀆，開通道路，毋有障塞。」注：「廣平曰原。國也，邑也，平野也。溝瀆與道路皆不得不通，所以除水潦，便民事也。古者溝上有路」，高注呂氏春秋曰：「司空，主土官也。是月下水上騰，恐有浸潰，害傷五稼，故使循行徧視之。郊外曰野。障，壅。塞，絶也。」王氏懋竑曰：「開通道路，當言水之道路。其修利隄防，所以束水，使無泛溢，道達溝瀆，所以決水，使無壅遏，皆以開通水之道路。若修治道路，則不得云『開通』矣。」○上，時掌反。隄，丁兮反。防，音房。障，之亮也。

田獵，罝罘、羅罔、畢翳、餧獸之藥毋出九門。」注：「爲鳥獸方孚乳，傷之逆天時也。獸罟曰罝罘，鳥罟曰羅罔。小而柄長謂之畢翳，射者所以自隱也。凡諸罟及毒藥，禁其出九門，明其常有，時不得用耳。今月令無罘。翳爲弋。」說文：「畢，田罔也。」正義：「案爾雅云：『兔罟謂之罝。』郭云：『罝，猶遮也。』釋器云：『繴謂之罦。罦，覆車也。』孫炎云：『覆車，是兩轅網。既是兩轅，可以網鳥，亦可以網獸。』廣雅云：『網，謂之罟。罘，兔罟也』。」王氏引之曰：「鄭注：『天子九門者，路門也，應門也，雉門也，庫門也，皋門也，城門也，近郊門也，遠郊門也，關門也。』呂氏季春紀高注曰『天子城門十二東方三門，王气所在處〔一〕，尚生育，明餧獸之藥所不得出也。嫌餘三方得出，故戒之』。引之謹案：路門以外，皋門以內，非野獸所游之處，其羅網本無所用，亦何待禁乎？且天子三朝三門，與諸侯同。天子皋、應、路，諸侯庫、雉、路。今言天子門，而及雉門庫門，非也。況近郊遠郊亦不聞有門。鄭說殊未確。高以爲城門，近之矣。而泥於考工記匠人之『旁三門』，乃於十二門中，除東門三門而爲九，亦非也。今案月令『季春命國難，九門磔攘』，『季冬命有司大難，旁磔』。鄭注曰：『旁磔於四方之門。』四方之門，即九門也。凡言旁者，皆徧四方之謂。若缺一方，則不可謂之旁。四方而曰九門者，蓋南方三門，東西北各二。匠人『夏后氏世室，五室，九階』，鄭注曰『南面三，三面各二』，是其例也。閔二年公羊傳：『高子將南陽之甲，立僖公而城魯。或曰：自鹿門至于争門者是也。』何注曰：『鹿門，魯南城東門也。』僖二十年左傳正義：『魯城南面三門，隱公元年開一門，故今南有四門。』定八年左傳『公斂處父帥成人自上東門入』，杜注曰：『魯東城之北門。』是城門固有南面三，三面各二者也。此與考工記之『旁三門』絕不相同。考工記自爲十二門，月令自爲九門，不必強此以就彼也。」○罝，子斜反。罘，音浮。翳，於計反。餧，于偽反。

是月也，命野虞毋伐桑柘。注：「愛蠶食也。野虞，謂主田及山林之官。」鳴鳩拂其羽，戴勝降于桑。注：「蠶將生之候也。鳴鳩飛，且翼相擊，趨農急也。戴勝，織紝之鳥，是時恒在桑。言降者，若時始自天來，重之也。」正

〔一〕「王」原誤「生」，據呂氏春秋季春紀高注改。

義：「釋鳥云：『鶌鳩，鶻鵃。』郭注：『鶻鵃，似山鵲而小，青黑色，短尾，多聲。』孫炎云：『鶻鵃，一名鳴鳩，月令云：「鳴鳩拂其羽」是也。』案釋鳥云：『鵖鴔，戴勝。』郭注：『鵀，卽頭上勝，今亦呼爲戴勝。』李巡云：『戴勝，一名鵖鴔。』」

具曲、植、籧、筐，注：「時所以養蠶器也。曲，薄也。植，槌也。」高注呂氏春秋曰：「野虞，主材官。桑與柘，皆所以養蠶，故命其官使禁民不得斫伐。鳴鳩，班鳩也。是月拂擊其羽，直刺上飛數十丈乃復者，是也。戴勝，爾雅曰『鵖鴔』。部生於桑，是月，其子彊飛，從桑空中來下，故曰『戴鵀降于桑』也。曲，薄也，青、徐謂之曲。員底曰籧，方底曰筐，皆受桑器也。是月立夏，蠶生，故敕具也。」釋文：「籧，亦作筥。方曰筐，圓曰筥。」正義：「案方言『宋、魏、陳、江、淮之間謂之曲，或謂之𦪇，自關而西謂之薄』，故曰曲薄。方言注：『槌，縣蠶薄柱也。宋、衞、魏、陳、楚、江、淮之間謂之植，自關而西謂之槌，齊謂之样』。」○柘，之夜反。植，直吏反。籧，居呂反，亦作「筥」。筐，丘狂反。

后妃齊戒親東鄉躬桑。禁婦女毋觀，省婦使，以勸蠶事。蠶事既登，分繭稱絲效功，以共郊廟之服，毋有敢惰。注：「后妃親採桑，示帥先天下也。東鄉者，鄉時氣也，是明其不常留養蠶也。留養者，所卜夫人與世婦。婦，謂世婦及諸臣之妻也。內宰職曰：『仲春，詔后帥外內命婦，始蠶于北郊。』女，外內子女也。夏小正曰：『妾子始蠶，執養宮事。』毋觀，去容飾也。婦使，縫線組紃之事。登，成也。敕往蠶者蠶畢將課功，以勸戒之。」高注呂氏春秋曰：「王者親耕，故后妃親桑也，以爲天下先，勸衆民也。」方性夫曰：「蠶畢而登其數，乃分繭使之繅，稱絲使之織，效其功之多少，以供祭服。特言『郊廟』，外祭莫重於郊，內祭莫重於廟也。」○鄉，許亮反。觀，古喚反。繭，古典反。

是月也，命工師令百工審五庫之量：金、鐵，皮、革、筋，角、齒，羽、箭、幹，脂、膠、丹、漆，毋或不良。注：「工師，司空之屬官也。五庫，藏此諸物之舍也。量，謂物善惡之舊法也。幹，器之木也。凡輮幹有當用脂。良，善也。」蔡邕月令章句云：「五庫者，一曰車庫，二曰兵庫，三曰祭器庫，四曰樂器庫，五曰宴器庫。」正義：「熊氏云：『各以類相從，金、鐵爲一庫，皮、革、筋爲一庫，角、齒爲一庫，羽、箭、幹爲一庫，脂、膠、丹、漆一庫。』」百工咸理，監工日號，毋悖于時，毋或作爲淫巧，以蕩上心。注：「咸，皆也。於百工皆理治其事之時，工師則監之，日號令之，戒之以此二事也。悖，猶逆也。百工作器物各有時，逆之則不善。時者，若弓人『春液角，夏治筋，秋合三材，冬定體』之屬也。淫巧，謂僞飾不如法也。蕩之，謂動之使生奢泰也。今月令無『于時』，『作爲』爲『詐僞』。」○量，音亮。幹，古旦反。監，古銜反。悖，必内反。

是月之末，擇吉日大合樂，天子乃率三公九卿諸侯大夫親往視之。注：「大合樂者，所以助陽達物，風化天下也。其禮亡。」

是月也，乃合累牛騰馬游牝于牧。注：「累、騰，皆乘匹之名。是月所合牛馬，謂繫在廐者。其牝欲游，則就牧之牡而合之。」高注呂氏春秋曰：「纍牛，父牛也。騰馬，父馬也。皆將羣游，從牝於牧之野，風合之。」服虔左氏解誼曰：「牝牡相誘謂之風。」王氏引之曰：「『乃合累牛騰馬游牝于牧』十字當作一句讀。」犧牲駒犢，舉書其數。注：「以在牧而校數書之，明出時無他故，至秋當録内，且以知生息之多少也。」説文：「馬二歲曰駒，三歲曰駣。犢，牛子也。」○累，力追反。騰，大登反。牝，毗忍反。

命國難，九門磔攘，以畢春氣。注：「此難，難陰氣也。陰寒至此不止，害將及人。所以及人者，陰氣右行。此月之中，日行歷昴，昴有大陵積尸之氣，氣佚則厲鬼隨而出行，命方相氏帥百隸，索室毆疫以逐之，又磔牲以攘於四方之神，所以畢止其災也。王居明堂禮曰：『季春出疫於郊，以攘春氣。』」高注呂氏春秋曰：「儺，讀論語『鄉人儺』，同。命國人儺，索宮中區隅幽闇之處，擊鼓大呼，驅逐不祥，如今之正歲逐除是也。」釋文：「難，驅疫鬼。磔，磔牲也。」○難，乃多反。磔，竹栢反。

季春行冬令，則寒氣時發，草木皆肅，注：「丑之氣乘之也。肅，謂枝葉縮栗。」高注淮南曰：「草木上竦，曰肅也。」國有大恐。注：「以水訛相驚。」行夏令，則民多疾疫，時雨不降，注：「未之氣乘之也。六月宿直鬼，鬼爲天尸，時又有暑也。」山陵不收。注：「高者暵於熱也。」行秋令，則天多沈陰，淫雨蚤降，注：「戌之氣乘之也。九月多陰，淫霖也。雨三日以上爲霖，今月令曰『衆雨』。」說文：「霡，小雨也。」兵革並起。注：「陰氣勝也。」高注呂氏春秋曰：「行冬寒殺氣之令，故寒氣早發。草木肅，棘木不曲直也。氣不和，故國大惶恐也。行夏炎陽之令，火干木，故民疾疫。雨澤不降，故山陵所殖不收。入秋陰气用事，水之母也。而行其令，故多沉陰，爲淫雨也。陰爲兵器，故並起。」

孟夏之月，日在畢，昏翼中，旦婺女中。注：「孟夏者，日月會於實沉，而斗建巳之辰。」其日丙丁，注：「丙之言炳也。日之行，夏南從赤道，長育萬物，月爲之佐，時萬物皆炳然著見而強大，又因以爲日名焉。易曰：『齊乎巽，相見乎離。』」說文：「丙，位南方，萬物成炳然，陰氣初起，陽氣將虧，以一入冂。一者，陽也。丙承乙，象人肩。丁，夏時，萬物皆丁實，象形。丁承丙，象人心。」其帝炎帝，其神祝融，注：「此赤精之君，火官之臣，自古以來著德立功者也。炎帝，大庭氏也。祝融，顓頊氏之子曰黎，爲火官。」高注呂氏春秋曰：「丙丁，火日也。炎帝，少典之子，姓姜氏，以火德王天下，是爲炎帝，號曰神農。死託祀於南方，爲火德之帝。祝融，顓頊氏後，老童之子吳回也，爲高辛氏火正，死爲火官之神。」**其蟲羽**，注：「象物從風鼓翼，飛鳥之屬。」**其音徵**，注：「三分宮，去一以生徵，徵數五十四。屬火者，以其徵清，事之象也。夏氣和則徵聲調。樂記曰：『徵亂則哀，其事勤。』」高注呂氏春秋曰：「盛陽用事，鱗散而羽，故曰『其蟲羽』。羽蟲，鳳爲之長。徵，火也，位在南方。」**律中中呂**，注：「孟夏氣至則中呂之律應。中呂者，無射之所生，三分益一，律長六寸萬九千六百八十三分寸之萬二千九百七十四。周語曰：「中呂宣中氣。」高注淮南曰：「是月陽散在外，陰實在中，所以旅陽成功，故曰中呂。」蔡邕月令章句曰：「孟夏中仲呂，長六寸六分。」律曆志：「中呂，言微陰始起未成，著於其中，旅助姑洗宣氣齊物也。位於巳，在四月。」**其數七**，注：「火生數二，成數七。但言七者，亦舉其成數。」說文：「七，陽之正也。从一，微陰从中衺出也。」**其味苦，其臭焦。**注：「火之臭味也，凡苦焦者皆屬焉。」**其祀竈，祭先肺。**注：「夏，陽氣盛，熱於外，祀之於竈，從熱類也。祀之先祭肺者，陽位在上，肺亦在上，肺爲尊也。竈在廟門外之東，祀竈之禮，先席於門之奧東面，設主於竈陘，乃制肺及心肝爲俎，奠於主西。又設盛於俎南，亦祭黍三，祭肺心肝各一，祭醴三，亦既祭徹之，更陳鼎俎，設饌于筵前，迎尸如祀户之禮。」白虎通曰：「夏祭竈，竈者火之主，人所以自養也。夏亦火王，長養萬物。」○婺，音務。徵，張里反，後放此。中呂，音仲。

螻蟈鳴，蚯蚓出，王瓜生，苦菜秀。注：「皆記時候也。螻蟈，蛙也。王瓜，萆挈也。今月令曰：『王萯生。』夏小正云：『王萯秀。』未聞孰是。」高注呂氏春秋曰：「蚯蚓從土中出。」釋文：「螻，螻蛄。蟈，蛙也。蛙，卽蝦蟇也。」○

螻，音樓。蟈，古獲反。蚓，以忍反。

天子居明堂左个，乘朱路，駕赤駵，載赤旂，衣朱衣，服赤玉。食菽與雞，其器高以粗。注：「明堂左个，大寢南堂東偏也。菽實孚甲堅合，屬水，雞，木畜，時熱食之，亦以安性也。粗，猶大也。器高大者，象物盛長。」高注呂氏春秋曰：「順火德也。騂馬黑尾曰駵。」説文：「騮，赤馬，黑毛尾也。」正義：「色淺曰赤，色深曰朱。鄭注儀禮云：『朱則四入與？』是朱深於赤也。」説文：「尗，豆也。」玉篇：「菽，豆名也。」○駵，音留，本又作「騮」。粗，七奴反。

是月也，以立夏。先立夏三日，大史謁之天子，曰：「某日立夏，盛德在火。」天子乃齊。

立夏之日，天子親帥三公、九卿、大夫，以迎夏於南郊。還反，行賞，封諸侯。慶賜遂行，無不欣説。注：「祭統曰：『古者於禘也，發爵賜服，順陽義也。於嘗也，出田邑，發秋政，順陰義也。』今此行賞可也，而封諸侯則違於古。」蔡邕章句曰：「迎夏者，迎炎帝、祝融神也。于南郊七里，因火數也。玉用赤，牲幣各放其色。樂奏中宫，歌朱明，其他皆如孟春也。」高注呂氏春秋曰：「還，從南郊還也。封侯，命以茅土。傳曰：『賞以春夏，刑以秋冬。』此之謂也。」白虎通曰：「封諸侯以夏何？陽氣盛養，故封諸侯，盛養賢也。封立人君陽德之盛者。月令曰：『孟夏之月，行賞，封諸侯。』」

乃命樂師習合禮樂。注：「爲將飲酎。」高注呂氏春秋曰：「禮所以經國家，定社稷，利人民。樂所以移風易俗，蕩人之邪辟，存人之正性。故命樂師使習合之。」

命大尉贊桀俊，遂賢良，舉長大。注：「助長氣也。贊，猶出也。桀俊，能者也。遂，猶進也。三王之官，有司馬，無大尉，秦官則有大尉。今俗人皆云『周公作月令』，未通於古。」高注呂氏春秋曰：「命，使。贊，白也。才過十人爲俊，萬人爲傑。遂，達也。有賢良長大之人，皆當白達，舉用之。故齊桓公命於子之鄉，有孝於父母，聰慧質仁，秀出於衆者，則以告。有不以告，謂之蔽賢而罪之。此之謂也。」正義：「賢良，謂有德行。桀俊，謂多材藝。蔡氏辯名記曰：『十人曰選，倍選曰俊，萬人曰傑。』尹文子及毛詩傳皆云：『萬人爲英。』舉長大，王肅云：『舉形貌壯大者。』」行爵出禄，必當其位。高注呂氏春秋曰：「當，直也。」〇當，丁浪反。

是月也，繼長增高，注：「謂草木盛蕃廡。」毋有壞墮，注：「亦爲逆時氣。」毋起土功，毋發大衆，注：「爲妨蠶農之事。」毋伐大樹。注：「亦爲逆時氣。」高注呂氏春秋曰：「象陽長養物也。所以順陽氣。」正義：「王者施化，當繼續長養之道，謂勸民長養。增益高大之物，謂勸其種殖。」〇壞，音怪。墮，許規反，又作「隳」。是月也，天子始絺。注：「初服暑服。」高注呂氏春秋曰：「絺，細葛也。」〇絺，敕其反。

命野虞出行田原，爲天子勞農勸民，毋或失時。注：「重敕之。」高注呂氏春秋曰：「勞，勉。勸，教。使民不失其時。」命司徒巡行縣鄙，命農勉作，毋休于都。注：「急趣於農也。縣鄙，鄉遂之屬，主民者也。王居明堂禮曰：『毋宿于國。』」高注呂氏春秋曰：「縣，二千五百家也。鄙，五百家也。司徒主民，故使循行。」説文：「都，有先君之舊宗廟曰都。周禮距國五百里爲都。」正義：「按地官遂人職云：『五家爲鄰，五鄰爲里，四里爲酇，五酇爲鄙，五鄙爲縣』，是遂之屬。經直云『遂』，舉遂以包鄉，故鄭兼云鄉也。」

是月也，驅獸毋害五穀，毋大田獵。注：「爲傷蕃蕪之氣。」方性夫曰：「四時田，夏曰苗，以其爲苗除害故也。若秋獮冬狩，則爲大矣。」

農乃登麥。天子乃以彘嘗麥，先薦寢廟。注：「登，進也。麥之新氣尤盛，以彘食之，散其熱也。彘，水畜。」高注呂氏春秋曰：「麥始熟，故言嘗。彘，水畜，夏所宜食也。先寢廟，孝之至。」說文：「麥，芒穀。秋穜厚薶，故謂之麥。麥，金也。金王而生，火王而死。」

是月也，聚畜百藥。注：「蕃廡之時，毒氣盛。」靡草死，麥秋至。蔡氏章句云：「百穀各以其初生爲春，熟爲秋。故麥以孟夏爲秋。」斷薄刑，決小罪，注：「舊說云：『靡草，薺、葶藶之屬。』祭統曰『草艾則墨』，謂立秋後也。刑無輕於墨者，今以純陽之月，斷刑決罪，與毋有壞墮自相違，似非。」出輕繫。注：「崇寬。」高注呂氏春秋曰：「是月陽氣極，藥草成，故聚積之也。陽氣盛於上，及五月，陰氣伏於下，故斷薄刑，決小罪，順殺氣也。輕繫不及於刑者解出之。」

○畜，丑六反，又許六反。

蠶事畢，王氏念孫曰：「此本作『蠶事既畢』，與季春之『蠶事既登』同一例，各本皆脱既字。上文正義曰『蠶事既畢，不言是月者』云云，則有既字甚明。」后妃獻繭。乃收繭税，以桑爲均，貴賤長幼如一，以給郊廟之服。注：「后妃獻繭者，内命婦獻繭於后妃。收繭税者，收於外命婦。外命婦雖就公桑蠶室而蠶，其夫亦當有祭服以助祭，收以近郊之税耳。貴賤長幼如一，國服同。」正義：「以桑爲均者，言收税以受桑多少爲賦之均齊。桑多則賦多，桑少則賦少。貴，謂公、卿、大夫之妻。賤，謂士之妻。長幼，謂婦老幼。皇氏云：『外命婦既就公家之桑而養蠶，則繭當悉輸於公。惟税其繭，餘得自入者，以其夫當有祭服以助王祭，故令繭得自入以供造也。』」胡邦衡曰：「經云『后妃獻繭』，則獻於王矣。祭義云『世婦獻繭于君』，則夫人不可獻也。此不云『世婦獻繭於天子』，則后妃自獻無疑也。案内宰職『后妃帥外内命婦蠶』，則繭税亦外内均，何必外命婦？」

是月也，天子飲酎，用禮樂。注：「酎之言醇也，謂重釀之酒也。春酒至此始成，與羣臣以禮樂飲之於朝，正尊卑也。孟冬云『大飲烝』。此言用禮樂，互其文。」高注吕氏春秋曰：「酎，春醖也。詩云：『爲此春酒，以介眉壽。』」説文：「酎，三重醇酒也。明堂月令曰：『天子飲酎。』」○酎，除柳反。

孟夏行秋令，則苦雨數來，五穀不滋，注：「申之氣乘之也。苦雨，白露之類。時物得雨傷。」四鄙入保。注：「金氣爲害也。鄙，界上邑。小城曰保。」高注吕氏春秋曰：「孟夏盛陽，而行金氣殺戮之令，水生於金，故苦雨殺穀，不滋茂也。四境之民，畏寇賊來，入城郭以自保守也。」行冬令，則草木蚤枯，注：「長日促。」後乃大水，敗其城郭。注：「亥之氣乘之也。」高注吕氏春秋曰〔一〕：「行冬寒固閉之令，故草木早枯，大水壞其城郭，姦時逆行之徵也。」行春令，則蝗蟲爲災，暴風來格，注：「寅之氣乘之也。必以蝗蟲爲災者，寅有啓蟄之氣，行於初暑，則當蟄者大出矣。格，至也。」王氏引之曰：「蝗蟲當作『蟲蝗』，仲冬行春令亦然。唐月令石本孟夏仲冬兩處皆作『蟲蝗』，桓五年穀梁傳注引月令亦曰『蟲蝗爲災』。」秀草不實。注：「氣更生之，不得成也。」高注吕氏春秋曰：「是月當繼長增高，助陽長養，而行春啓蟄之令，故有蟲蝗之敗。春木氣多風，故暴疾之風應氣而至，使當秀之草不長茂。」○數，所角反。蝗，字林音黄。

〔一〕「注」，原誤「氏」，據吕氏春秋孟夏紀高注改。

仲夏之月，日在東井，昏亢中，旦危中。注：「仲夏者，日月會於鶉首，而斗建午之辰也。」○亢，音剛。

其日丙丁，其帝炎帝，其神祝融，其蟲羽，其音徵，律中蕤賓，其數七，其味苦，其臭焦。

其祀竈，祭先肺。注：「蕤賓者，應鍾之所生，三分益一，律長六寸八十一分寸之二十六。仲夏氣至，則蕤賓之律應。周語曰：『蕤賓所以安静神人，獻酬交酢。』」蔡邕月令章句曰：「仲夏中蕤賓，長六寸一分小二分，陽氣上極，陰始起，故賓敬之。蕤，下也。」高注淮南曰：「是月陰氣萎蕤在下，象主人也。陽氣在上，象賓客也。故曰蕤賓。」律曆志曰：「蕤賓，蕤，繼也。賓，導也。言陽氣始導陰氣使繼養物也。位於午，在五月。」○蕤，人誰反。

小暑至，螳蜋生，鵙始鳴，反舌無聲。注：「皆記時候也。螳蜋，螵蛸母也。鵙，博勞也。反舌，百舌鳥。」高注吕氏春秋曰：「反舌，伯舌也。能變反其舌，變反其聲，效百鳥之鳴，故謂之百舌。」正義：「案釋蟲云：『不蝸，蟷蠰，其子蜱蛸。』舍人云：『不蝸，名蟷蠰，今之螳蜋也。』李巡云：『其子名蜱蛸，則螵蛸。』鄭志云：『潭魯以南謂之蟷蠰，三河之域謂之螳蜋，燕趙之際謂之食厖，齊杞以東謂之馬穀。然名其子同云螵蛸也。』詩云『七月鳴鵙』。箋曰：『伯勞鳴，將寒之候，五月則鳴。』」○螳，音堂。蜋，音郎。鵙，古闃反。

天子居明堂大廟，乘朱路，駕赤駵，載赤旂，衣朱衣，服赤玉。食菽與雞，其器高以粗。注：「明堂大廟，南堂當大室也。」

養壯佼。注：「助長氣也。」高注吕氏春秋曰：「慎陽施也。」王氏念孫曰：「吕氏春秋仲夏紀佼作狡。高誘注曰：『壯狡，多力之士。』大戴禮千乘篇曰：『老疾用財，壯狡用力。』廣雅曰：『狡，健也。』壯狡，猶言壯健。作佼者，假借字耳。

正義謂『形容佼好』，非也。」○佼，古卯反。

是月也，命樂師修鞀鞞鼓，宋書樂志曰：「小鼓有柄曰鞀。大鞀謂之鞞。」均琴、瑟、管、簫，說文：「琴，禁也。神農所作。洞越，練朱五弦，周加二弦，象形。瑟，庖犧所作弦樂也。」「管，如篪，六孔，十二月之音。物開地牙，故謂之管。簫，參差管樂，象鳳之翼。」聶氏三禮圖曰：「簫，舊圖云：『雅簫，長尺四寸，二十四管。』郭璞爾雅注：『二十三管。』頌簫一尺二，十六管。風俗通云：『舜作竹簫，以象鳳翼。』」執干戚戈羽，調竽笙箎簧，三禮圖云：「竽管三十六簧也。笙，十三簧，象鳳之身也。笙，正月之音，物生，故謂之笙。大者謂之巢，小者謂之和。古者隨作笙。簧，笙中簧也。古者女媧作簧。笙，舊圖云：『笙長四尺，諸管參差，亦如鳥翼。』篪，舊圖云：『雅篪長尺四寸，圍三寸，翹長一寸三分，圍自稱九孔。』頌篪尺二寸，廣雅云：『八孔。』」飭鐘磬柷敔。注：「爲將大雩帝，習樂也。修、均、執、調、飭者，治其器物，習其事之言。」高注呂氏春秋曰：「師，樂官之長也。鞀鞞，所以節樂，故修之。琴瑟管簫，所以宣音也，故均平之。管六孔，似篪。簫，今之歌竹簫也。干，楯。戚，斧。戈，戟，長六尺六寸。羽以爲翿，舞者執之以指麾也。春夏干戚，秋冬羽籥，竽，笙之大者，古皆以瓠爲之。竽三十六簧，笙十七簧。篪以竹，大二寸，長尺二寸，七孔，一孔上伏，橫吹之，聲音上和，故言調。鐘，金。磬，石。柷如漆桶，中有木椎，左右擊，以節樂。敔，木虎，脊上有鉏鋙，以杖櫟之，以止樂。樂以和成，故飭整之也。」郭注爾雅：「柷方二尺四寸，深一尺八寸。敔，背上有二十七鉏鋙。」正義：「鞀字或從『兆』下『鼓』，周禮小師注云：『鼗，如鼓而小，持其柄搖之，旁耳還自擊。』劉熙釋名云：『鞀，導也，所以導樂作。鞞，裨也，裨助鼓節。鼓，廓也，張皮以冒之，其中空廓。』廣雅云：『琴長三尺六寸六分，五弦。』郭景純云：『瑟長八尺一寸，二十七絃。管長尺圍寸，併漆之有底。』鄭注周禮云：『管如篴而小，併兩而吹之。』釋樂云：『大簫謂之言』，郭云：『編二十三管，長尺四寸。』釋樂云：『大篪謂之沂。』郭云：『長尺四寸，圍三寸，一孔上出，寸三分，名翹，橫吹之。』」○韶，大刀反，本亦作「鞀」，同。鞞，步西反。竽，音于。篪，音池，本又作「竾」，同。敔，魚吕反，本又作「圉」。

命有司，爲民祈祀山川百源，大雩帝，用盛樂。說文：「雩，夏祭，樂於赤帝以祈甘雨也。」**乃命百縣雩祀百辟卿士有益於民者，以祈穀實。**注：「陽氣盛而常旱。山川百源，能興雲雨者也。衆水始所出爲百源。必先祭其本乃雩。雩，吁嗟求雨之祭也。自『鞀鞞』至『柷敔』皆作，曰盛樂。凡他雩，用歌舞而已。百辟卿士，古者上公，若句龍后稷之類也。春秋傳曰：『龍見而雩。』雩之正，當以四月。凡周之秋三月之中而旱，亦修雩禮以求雨，因著正雩此月，失之矣。天子雩上帝，諸侯以下雩上公，周冬及春夏雖旱，禮有禱無雩。」高注吕氏春秋曰：「名山大川，泉源所出，非一，故言百。爲民祈雨，重之，故用盛樂，六代之樂也。百辟，畿内之百縣，大夫雩，祭之求福助，祈穀實。」正義：「凡雩必先禱，此經祈祀山川百源，始大雩帝，是也。禱者不雩，僖公二年冬十月，三年春正月，夏四月，直爲禱祭，以非雩月，故不雩。」○爲，于僞反。雩，音于。辟，必亦反。

農乃登黍。是月也，天子乃以雛嘗黍，羞以含桃，先薦寢廟。注：「登，進也。此嘗雛也，而云以嘗黍，不以牲主穀也。必以黍者，黍火穀，氣之主也。含桃，櫻桃也。」說文：「黍，禾屬而黏者也。以大暑而種，故謂之黍。孔子曰：『黍可爲酒，禾入水也。』」高注吕氏春秋曰：「含桃，鸎鳥所含食，故言含桃。」急就篇：「稻黍秫稷粟麻秔。」顔師古注：「黍似穄而黏，可以爲酒者也。」釋文：「雛，雞也。」說文：「雛，雞子也。」正義：「月令諸月無薦果之文，此獨羞含桃者，以此果先成，故特記之。」

令民毋艾藍以染，注：「爲傷長氣也。此月藍始可別。」夏小正曰：「五月啓灌藍蓼。」説文：「藍，染青草也。」正義：「別種藍之體，初必叢生，若及早栽移，則有所傷損。此月藍既長大，始可分移布散。」毋燒灰，吕氏春秋「灰」作「炭」，高注：「爲草木未成，不欲夭物。」毋暴布。注：「不以陰功干大陽之事。」高注吕氏春秋曰：「是月炎氣盛猛，暴布則脃傷之。」門閭毋閉，關市毋索。注：「順陽敷縱，不難物。」高注吕氏春秋曰：「門，城門。閭，里門也。民順陽氣，布散在外，人當出入，故不閉也。關，要塞也。市，人聚也。無索，不征税。」正義：「蔡云：『門，謂城門。二十五家爲閭。關市，停物之所，商旅或隱藏其物，以避征税。是月從長之時，故不搜索其物。』」○藍，力甘反。暴，步卜反。索，所白反。

挺重囚，益其食。注：「挺，猶寬也。」高注吕氏春秋曰：「挺，緩也。」正義：「『益其食』『挺重囚』連文，皇氏以爲增益囚之飲食，義當然也。」○挺，大頂反。

游牝別羣，注：「孕妊之欲止也。」則縶騰駒。注：「爲其壯氣有餘，相蹄齧也。」班馬政。注：「馬政，謂養馬之政教也。庾人職云：『掌十有二閑之政教，以阜馬佚特，教駣攻駒。』此之謂也。」高注吕氏春秋曰：「是月牝馬懷妊已定，故放之則別其羣。不欲駒蹄踰蹍其胎育，故縶之也。」周禮：「『五尺曰駒。』」

是月也，日長至，陰陽争，死生分。注：「争者，陽方盛，陰欲起也。分，猶半也。」高注吕氏春秋曰：「是月陰氣始起於下，盛陽蓋覆其上，故曰争也。品物滋生，薺麥亭歷棘刺之屬死，故曰『死生分』。分，別也。」正義：「謂此月之時，日長之至極。大史漏刻，夏至晝漏六十五刻，夜漏三十五刻。蔡云：『感陽氣，長者生。感陰氣，成者死。』」君子齊戒，處必掩身，毋躁，止聲色，毋或進，注：「掩，猶隱翳也。躁，猶動也。進，猶御見也。聲，謂樂也。」正義：「蔡云：『方齊戒，故止色。內御之屬，勿或有所進也。』」薄滋味，毋致和，高注呂氏春秋曰：「薄，猶損也。和，齊和也。」節耆欲，定心氣。注：「微陰扶精，不可散也。」百官靜，事毋刑，注：「今月令『刑』爲『徑』。」以定晏陰之所成。王氏念孫曰：「鄭以百官爲百僚，故謂刑爲刑罰。不知自『君子齊戒』至『以定晏陰之所成』皆養身之事，非指朝政也。百官，百體也。刑，呂氏春秋、淮南子並作徑。徑，疾也，速也。此承上『節耆欲，定心氣』爲義，言非特節其耆欲，定其心氣也。推而至于百體，莫不安靜，作事審慎精詳，毋或徑疾，以陰陽方爭，不宜妄動也。晏者，陽也。晏陰，猶陰陽也。呂氏春秋誣徒篇曰：『心若晏陰，喜怒無處。』韓非子外儲說曰：『雨霽日出，視之晏陰之間。』太玄踦贊曰：『凍登赤天，晏入黃泉。』范望注：『凍，至寒也。晏，至熱也。』」○耆，市志反。晏，伊見反。

鹿角解，蟬始鳴，半夏生，木堇榮。注：「又記時候也。半夏，藥草。木堇，王蒸也。」說文：「舜，木堇，朝華暮落者。」段氏玉裁曰：「『朝菌不知晦朔』，潘尼曰：『朝菌，木堇也。』」方性夫曰：「鹿好羣而相比，則陽類也，故夏至感陰生而角解。麋多欲而善迷，則陰類也，故冬至感陽生而角解。」○堇，音謹。

是月也，毋用火南方。注：「陽氣盛，又用火於其方，害微陰也。」可以居高明，可以遠眺望，可以升山陵，可以處臺榭。注：「順陽在上也。高明，謂樓觀也。闍者謂之臺。有木者謂之榭。」高注呂氏春秋曰：「明，顯也。皆所以順揚宣明之。」正義：「釋宮云：『闍，謂之臺。』李巡云：『積土爲之，所以觀望。』又云：『無室曰榭。』李巡云：『但有大殿，無室，名曰榭。』郭云：『榭，今之堂堭。』」

仲夏行冬令，則雹凍傷穀，注：「子之氣乘之也。陽爲雨，陰起脅之，凝爲雹。」呂氏春秋作「雹霰」。初學記引洪範五行傳曰：「霰者，陽脅陰也。雹者，陰脅陽也。」説文：「雹，雨冰也。」道路不通，暴兵來至。注：「竾賊攻刼，亦雹之類。」高注呂氏春秋曰：「冬寒冰凍，故雹霰傷害五穀也。冬陰閉藏，多雹霰，道路陷壞，不通利也。暴害之兵，橫來至。」行春令，則五穀晚孰，注：「卯之氣乘之也。生日長。」百螣時起，其國乃饑。注：「螣，蝗之屬。言百者，明衆類並爲害。」高注呂氏春秋曰：「行春木王生育之令，故五穀晚熟也。百螣，動股之屬，時起爲害，故五穀不時，國饑也。螣，讀近殆。兗州人謂蝗爲螣。」行秋令，則草木零落，注：「酉之氣乘之也。八月宿直昴、畢，爲天獄，主殺。」果實早成，注：「生日短。」民殃於疫。注：「大陵之氣，來爲害也。」高注呂氏春秋曰：「有覈曰果，無覈曰蓏。仲夏行秋成熟之令，故草木零落，果實早成熟。非其時氣，故民疾疫。」○雹，步百反。螣，音特。

季夏之月，日在柳，昏火中，旦奎中。注：「季夏者，日月會於鶉火，而斗建未之辰也。」其日丙丁，其帝炎帝，其神祝融，其蟲羽，其音徵，律中林鍾，其數七，其味苦，其臭焦。其祀竈，祭先肺。注：「林鍾者，黄鍾之所生，三分去一，律長六寸。季夏氣至，則林鍾之律應。周語曰：『林鍾和展百物，俾莫不任肅純恪。』」高注呂氏春秋曰：「林，大。鍾，聚也。又林，盛也。陽始衰，而猶盛，陰繼起長養萬物，衆聚而成之。」律曆志曰：「林鍾，林，君也。陰氣受任，助蕤賓君主種物，使長大楙盛也。位於未，在六月。」蔡邕月令章句曰：「季夏中林鍾，長六寸九分，萬物成熟衆多也。林，衆也。」

温風始至，蟋蟀居壁，鷹乃學習，腐草爲螢。注：「皆記時候也。鷹學習，謂攫搏也。夏小正曰：『六月，鷹始摯。』螢，飛蟲，螢火也。」正義：「釋蟲云：『蟋蟀，蛬也。』孫炎曰：『蜻蛚也。』梁國謂蛬。』郭云：『今促織。』蔡以爲斯螽，非也。腐草得暑濕之氣，故爲螢。不云化者，蔡氏云：『鳩化爲鷹，還化爲鳩，故稱化。今腐草爲螢，螢不復爲腐草，故不稱化。』案釋蟲云：『螢火，卽炤。』李巡云：『螢火夜飛，腹下如火光，故曰卽炤。』」○蟋，音悉。蟀，音率。

天子居明堂右个，乘朱路，駕赤騮，載赤旂，衣朱衣，服赤玉。食菽與雞，其器高以粗。

注：「明堂右个，南堂西偏也。」

命漁師伐蛟，取鼉，登龜，取黿。注：「四者甲類，秋乃堅成。周禮曰：『秋獻龜魚。』又曰：『凡取龜用秋時。』是夏之秋也。作月令者以爲此秋據周之時也。周之八月，夏之六月，因書於此，似誤也。蛟言伐者，以其有兵衞也。龜言登者，尊之也。鼉黿言取，羞物賤也。鼉皮又可以冒鼓。今月令『漁師』爲『榜人』。」登龜，吕氏春秋作「升龜」。高注曰：「鼉黿皆不害人，易得，故言取也。蛟有鱗甲，能害人，難得，故言伐也。龜，神，可以決吉凶，入宗廟，尊之，故曰升也。」說文：「蛟，龍之屬也。池魚滿三千六百，蛟來爲之長，能率魚飛，置笱水中，卽蛟去。」「龜，舊也，外骨內肉者也。龜頭與它頭同。天地之性，廣肩無雄，龜鼈之類，以它爲雄。象足甲尾之形。」「黿，大鼈也。」「鼉，水蟲。似蜥易，長大。」○鼉，大多反。

命澤人納材葦。注：「蒲葦之屬，此時柔刃，可取作器物也。」澤人，吕氏春秋作「虞人」。高注曰：「虞人，掌山澤之官。材葦，供國用也。」○葦，于鬼反。

是月也，命四監，大合百縣之秩芻，以養犧牲，令民無不咸出其力，注：「四監，主山林川澤之官。百縣，鄉遂之屬，地有山林川澤者也。秩，常也。百縣給國養犧牲之芻，多少有常皆當出力爲艾之。」以共皇天上帝，名山大川，四方之神，以祠宗廟社稷之靈，以爲民祈福。注：「牲以供祠神靈，爲民求福，明使民艾芻，是不虛取也。」馬彥醇曰：「四郊各以監受其入也。百縣，則甸服之内所使納總、銍、秸服者也。既卜而芻謂之牲，將殺而告謂之犧。令民咸出其力，謂民力之普存也，民，神之主也，故帝王先成民而後致力於神，豈私福哉？凡以爲民也。」

是月也，命婦官染采，黼黻文章必以法故，無或差貸，注：「婦官，染人也。采，五色。」說文：「染，以繒染爲色。」正義：「白與黑謂之黼，黑與青謂之黻，青與赤謂之文，赤與白謂之章。必以此月染之者，以其盛暑濕，染帛爲宜。此云『黼黻文章』，下云『黑黄蒼赤』。互相備也。」惠氏棟曰：「寏貸，依字當作貣，古忒字。呂覽正作忒。」黑黄倉赤莫不質良，毋敢詐僞，以給郊廟祭祀之服，以爲旗章，以別貴賤等給之度。注：「質，正也。良，善也。所用染者，當得真采正善也。旗章，旌旗及章識也。」正義：「旌旗者，則司常『九旗』是也。章識者，則周禮事名號。故司常云：『官府象其事，州里象其名，家象其號。』鄭注引士喪禮：『以緇，廣三寸，長半幅，頳末長終幅。』詩『織文鳥章』，是也。」高注呂氏春秋曰：「貴有常尊，賤有等威，故曰度。」○黼，音甫。黻，音弗。貸音二，又他得反。

是月也，樹木方盛，乃命虞人入山行木，毋有斬伐。注：「爲其未堅刃也。」高注呂氏春秋曰：「虞人，掌山林之官。行，察也。禁民不得斬伐。」○行，下孟反。不可以興土功，不可以合諸侯，不可以起兵動衆。注：「土將用事，氣欲靜。」毋舉大事以摇養氣，注：「大事，謂興徭役以有爲。」釋詁：「摇，動，作也。」毋發令而待，以妨神農之事也。注：「發令而待，謂出徭役之令以豫驚民也。民驚則心動，是害土神之氣。土神稱曰神農者，以其主於稼穡。」正義：「蔡氏云：『神農則炎帝。』」水潦盛昌，神農將持功，舉大事則有天殃。注：「言土以受天雨澤，安靜養物爲功，動之則致害也。」高注呂氏春秋曰：「土功，築臺穿池。合諸侯，造盟會也。舉動兵衆，思啓封疆也。大事，征伐也。昔炎帝神農能殖嘉穀，神而化之，號曰神農，後世因名其官爲神農。巡行堰修治畝之功，於此時或舉大事，妨害農事，禁戒之。」

是月也，土潤溽暑，大雨時行，燒薙行水，利以殺草，如以熱湯，注：「潤溽，謂塗溼也。薙，謂迫地芟草也。此謂欲稼萊地。先薙其草。草乾燒之，至此月大雨，流水潦畜於其中，則草死不復生，而地美可稼也。薙人『掌殺草』，職曰：『夏日至而薙之。』又曰：『如欲其化也，則以水火變之。』」說文：「溽暑，溼暑也。」段氏玉裁曰：「潤溽雙聲字，記言土塗溼而暑上蒸也。」正義：「六月建未，未值井，井主水，大雨應時行也。蔡云：『行，降也。』利，益也。先芟後燒，蓄水漬之，卽草根爛死。日暴水於爛草田中，水熱而沫沸，如熱湯漬之也。」可以糞田疇，廣雅：「糞，饒也。」王氏念孫曰：「糞之言肥饒也。」可以美土彊。注：「土潤溽，膏澤易行也。糞、美，互文耳。土彊，強檃之地。」正義：「糞，壅苗之根也。蔡云：『穀田曰田，麻田曰疇。』言爛草可以糞田使肥也。彊者，磊磈難耕之地，亦可止水漬之，乃糞壅之，使田美也。」○辱，如字，本又作「溽」，音同。薙，他計反。彊，其丈反。

季夏行春令，則穀實鮮落，國多風欬，注：「辰之氣乘之也。未屬巽，辰又在巽位，二氣相亂爲害。」王氏念孫曰：「鮮之言散也，謂穀實散落也。呂氏春秋季夏紀、淮南時則訓並作『穀實解落』，或據之改『解落』，蓋未達古訓。」民乃遷徙。注：「象風轉移物也。」高注呂氏春秋曰：「春木王，木性墮落，陽發多雨，而行其令，故穀實散落，民病風欬，上氣也。民遷徙移家，春陽布散也。」行秋令，則丘隰水潦，注：「戌之氣乘之也。九月宿直奎，奎爲溝瀆，溝瀆與此月大雨井，而高下皆水。」禾稼不熟，注：「傷於水也。」說文：「禾，嘉穀也。二月始生，八月而孰，得時之中，故謂之禾。禾，木也。木王而生，金王而死。禾之秀實爲稼，莖節爲禾。一曰在野曰稼。」乃多女災。注：「含任之類敗也。」高注吕氏春秋曰：「丘，高。隰，下也。言高下有水潦，象金氣也。故殺禾稼，使不成熟也。金干火，故多女災。女災，生子不育也。」行冬令，則風寒不時，注：「丑之氣乘之也。」鷹隼蚤鷙，注：「得疾厲之氣也。」四鄙入保。注：「象鳥雀之走竄也，都邑之城曰保。」高注吕氏春秋曰：「冬陰閉固而行其令，故寒風不節也。鷹隼早鷙，象冬氣殺戮，四界之民畏寇賊之來，故入城郭自保守也。」○鮮，音仙，又仙典反。欬，苦代反。隼，息允反。鷙，音至。

中央土，注：「火休而盛德在土也。」正義：「四時五行，同是天地所生。而四時是氣，五行是物。五行分配四時，木配春，火配夏，金配秋，水配冬，土則每時輒寄，王十八日也。雖每分寄，而位本未，宜處於季夏之末，金火之間，故在此陳之也。」

其日戊己。注：「戊之言茂也，己之言起也，日之行，四時之間從黄道，月爲之佐，至此萬物皆枝葉茂盛，其含秀者，抑屈而起，故因以爲日名焉。」說文：「戊，中宫也。象六甲五龍相拘絞也。戊承丁，象人脅。己，中宫也。象萬物辟藏詘形也。己承戊，象人腹。」其帝黄帝，其神后土，注：「此黄精之君，土官之神，自古以來著德立功者也。黄帝，軒轅氏也。后土，亦顓頊氏之子，曰黎，兼爲土官。」正義：「昭二十九年左傳云：『顓頊氏有子曰犂，爲祝融。共工氏有子曰句龍，爲后土。』后土爲土官。知此經后土非句龍而爲犂者，以句龍初爲后土，後轉爲社，后土官闕，犂則兼之。」高注吕氏春秋曰：「黄帝，少典之子，以土德王天下，號軒轅氏，死託祀爲中央之帝。后土，官。共工氏子句龍，能平水土，死託祀爲后土之神。」王氏懋竑曰：「左傳曰『句龍爲后土』，『后土爲社』，則是句龍一人而配兩祭，非謂轉爲社神也。月令土所，是五行之神〔一〕，正與左傳文合，鄭、孔之説非也。」其蟲倮，注：「象物露見不隱藏，虎豹之屬恒淺毛。」正義：「大戴禮云：『倮蟲三百六十，聖人爲之長。』」吳幼清曰：「倮，人類也。人類之貴於羽毛鱗介，猶土之尊於木火金水也。故以蟲之倮者配土。」其音宮，注：「聲始於宮，宮數八十一，屬土者，以其最濁，君之象也。季夏之氣和，則宮聲調。樂記曰：『宮亂則荒，其君驕。』」高注吕氏春秋曰：「宮，土也。位在中央，爲音之主。」律中黄鍾之宮，注：「黄鍾之宮最長也。十二律轉相生，五聲具，終於六十焉。季夏之氣至，則黄鍾之宮應。禮運曰：『五聲六律十二管，還相爲宮。』」正義：「蔡氏及熊氏以爲黄鍾之宮謂黄鍾少宮也，半黄鍾九寸之數管長四寸五分。」彬謂蔡氏熊氏是也。黄鍾九寸，謂最長，濁律，主十一月之氣，不得複言於長夏之後。漢書律曆志云：『龠，其狀似爵其圜象規，其重二鈞，聲中黄鍾，而反覆焉。』孟康曰：『反斛聲中黄鍾，覆斛亦中黄鍾之宮，宮爲君也。』臣瓚曰：『仰斛受一斛，覆斛受一斗，故曰反覆焉』，是黄鍾之宮不得同於黄鍾最長之律之證。不别製律名，而曰黄鍾之宮，何也？宮之言中也，半也。黄鍾之宮，猶言黄鍾之中，黄鍾之半云爾。」其數五，注：「土生數五，成數十。但言五者，土以生爲本。」説文：「五，五行也。从二，陰陽在天地間交午也。」其味甘，其臭香。注：「土之臭味也，凡甘香者皆屬之。」馬彦醇曰：「土成形而可以稼穡，稼穡作甘，故其味甘。物以土化，則其氣爲香，故其臭香。土主四時，而分王，故五味以甘爲主，五氣以香爲主。」其祀中霤，祭先心。注：「中霤，猶中室也。土主中央，而神

〔一〕「五行」原誤作「五土」，據王懋竑讀書記疑卷三改。

在室，古者複穴，是以名室爲霤云。祀之先祭心者，五藏之次，心次肺，至此，心爲尊也。祀中霤之禮，設主於牖下，乃制心及肺肝爲俎。其祭肉，心肺肝各一。他皆如祀户之禮。」白虎通曰：「六月祭中霤。中霤者，象土在中央也。六月亦土王也。」說文：「心，人心，土藏，在身之中。博士説以爲火藏。」正義：「開牖象中霤之取明，則其地不當棟，而在室之中央，祭土神之義也。郊特牲云：『家主中霤，而國主社』，社神，亦中霤神也。古者窟居，隨地而造，若平地則不鑿，但累土爲之，謂之爲複。若高地則鑿爲坎，謂之爲穴。故庾蔚云：『複，謂地上累土。謂之穴，則穿地也。複，穴皆開其上取明，故雨霤之，是以後因名室爲中霤也。』」○倮，力果反。霤，力又反。

天子居大廟大室，乘大路，駕黄駵，載黄旂，衣黄衣，服黄玉。食稷與牛，其器圜以閎。

注：「大廟大室，中央室也。大路，殷路也。車如殷路之制，而飾之以黄。稷，五穀之長。牛，土畜也。器圜者，象土周帀於四時。閎，讀如紘。紘，謂中寬，象土含物。」朱子曰：「論明堂之制非一，竊意當有九室：東之中爲青陽大廟，東之南爲青陽右个，東之北爲青陽左个；南之中爲明堂大廟，南之東即東之南，爲明堂左个，南之西即西之南，爲明堂右个；西之中爲總章大廟，西之南即南之西，爲總章左个，西之北即北之西，爲總章右个；北之中爲玄堂大廟，北之東即東之北，爲玄堂右个，北之西即西之北，爲玄堂左个；中爲大廟大室。凡四方之大廟，異方所。其左右个則青陽之左个即玄堂之右个，青陽之右个即明堂之左个；明堂之右个即總章之左个。總章之右个乃玄堂之左个也。但隨其時之方位開門耳。」○圜，音于權反。閎，音宏。

孟秋之月，日在翼，昏建星中，旦畢中。注：「孟秋者，日月會于鶉尾，而斗建申之辰也。」

其日庚辛，注：「庚之言更也。辛之言新也。日之行，秋西從白道。成孰萬物，月爲之佐，萬物皆肅然改更，秀實新成，又因以爲日名焉。」説文：「庚，位西方，象秋時萬物庚庚有實也。庚承己，象人齎。辛，秋時萬物成而孰。金剛味辛，辛痛即泣出。从一从辛。辛，辠也。辛承庚，象人股。」其帝少皞，其神蓐收。注：「此白精之君，金官之臣，自古以來著德立功者也。少皞，金天氏。蓐收，少皞氏之子曰該，爲金官。」正義：「左傳昭元年云：『昔金天氏有裔子曰昧，爲玄冥師，生允格、臺駘。』稱金天氏，與少皞金位相當，故少皞則金天氏也。左傳昭二十九年，蔡墨云：『少皞氏之子該。』又云：『該爲蓐收。』是爲金神，佐少皞於秋。蓐收者，言秋時萬物摧蓐而收斂。」其蟲毛，注：「象物應涼氣而備寒，狐貉之屬，生旃毛也。」其音商，注：「三分徵，益一以生商，商數七十二。屬金者，以其濁次宫，臣之象也。秋氣和則商聲調。樂記曰：『商亂則陂，其官壞。』」律中夷則，注：「孟秋氣至則夷則之律應。夷則者，大吕之所生也。三分去一，律長五寸七百二十九分寸之四百五十一。周語曰：『夷則，所以詠歌九則，平民無貳。』」蔡邕月令章句云：「孟秋中夷則，長五寸六分小二分。夷，傷也。則，法也。萬物始傷，被刑法也。」高注吕氏春秋曰：「夷則，陽律。太陽氣衰，太陰氣發，萬物肅然，應法成性，故曰夷則。」律曆志曰：「夷則，則法也。言陽正法度，而使陰氣夷當傷之物也。位於申，在七月。」其數九，注：「金生數四，成數九。但言九者，亦舉其成數。」説文：「九，陽之變也，象其屈曲究盡之形。」其味辛，其臭腥。注：「金之臭味也。凡辛腥者皆屬焉。」其祀門，祭先肝。注：「秋，陰氣出，祀之於門，外陰也。祀之先祭肝者，秋爲陰中，於藏直肝，肝爲尊也。祀門之禮，北面設主於門左樞，乃制肝及肺心爲俎，奠于主南，又設盛于俎東，其他皆如祭竈之禮。」〇蓐，音辱。

涼風至，白露降，寒蟬鳴，鷹乃祭鳥，用始行戮。注：「皆記時候也。寒蟬，寒蜩，謂蜺也。鷹祭鳥者，將食之，示有先也。既祭之後，不必盡食，若人君行刑，戮之而已。」高注呂氏春秋曰：「涼風，坤卦之風爲損。降，下。寒蟬得寒氣，鼓翼而鳴，時候應也。是月鷹摯殺鳥於大澤之中，四面陳之，世謂之祭鳥，於是時乃始行戮刑罰，順秋氣。」正義：「案釋蟲云：『蜺，寒蜩。』郭云：『寒螿也，似蟬而小，青赤。』」

天子居總章左个，乘戎路，駕白駱，載白旂，衣白衣，服白玉。食麻與犬，其器廉以深。注：「總章左个，大寢西堂南偏。戎路，兵車也。制如周革路，而飾之以白。白馬黑鬣曰駱。麻實有文理，屬金。犬，金畜也。器廉以深，象金傷害，物入藏。」高注呂氏春秋曰：「戎路，白路。廉，利也。象金斷割深，象陰閉藏。」說文：「白，西方色也。陰用事，物色白。从入合二。二，陰數。」「駱，馬白色，黑鬣尾也。」

是月也，以立秋。先立秋三日，大史謁之天子曰：「某日立秋，盛德在金。」說文：「金，五色金也。黃爲之長，久薶不生衣，百鍊不輕，從革不違。西方之行，生於土，从土，左右注，象金在土中形。」天子乃齊。立秋之日，天子親帥三公、九卿、諸侯、大夫，以迎秋於西郊。還反，賞軍帥武人於朝。注：「迎秋者，祭白帝於西郊之兆也。軍帥，諸將也。武人，謂環人之屬，有勇力者。」蔡邕章句云：「迎秋者，禮少昊、蓐收神也。于西郊九里，因金數也。玉用白琥，牲幣各放其色，樂奏夷則，歌白藏，其他如孟夏之禮。」高注呂氏春秋曰：「金氣用事，治兵討暴，非率不整，非武不齊，故賞軍將與武人於朝，與衆共之。」○帥，色類反。

天子乃命將帥，選士厲兵，簡練桀俊，專任有功，以征不義，詰誅暴慢，以明好惡，順彼遠方。注：「征之言正也，伐也。詰，謂問其罪，窮治之也。順，猶服也。」呂氏春秋「順」作「巡」。高注曰：「材過萬人曰桀，千人曰儁。巡，行也。遠方，天下也。」淮南注曰：「順，循也。」彬謂高意以順爲巡。説文：「詰，問也。誅，討也。」廣雅：「誅、詰，責也。」方性夫曰：「才足以將物而勝之，謂之將。知足以率人而先之，謂之帥。士，言其人。兵，言其器。選士，則人無不能於事，厲兵則器無不利於用。簡之則無所不擇，練之則無所不熟。既選厲簡練之矣，苟非已試之效，則勝負猶未可知，故所任必在乎有功。任有功矣，苟置疑貳於其閒，則知者必不盡其謀，能者必不竭其力，故任之欲其專也，無以覆下之謂暴，不能敬上之謂慢。詰以問其罪，誅以戮其人，則好惡公而明矣。」

是月也，命有司修法制，繕囹圄，説文：「繕，補也。」具桎梏，禁止姦，愼罪邪，務搏執。注：「順秋氣，政尚嚴。」命理瞻傷，察創，視折。注：「理，治獄官也。有虞氏曰士，夏曰大理，周曰大司寇。創之淺者曰傷。」審斷，決獄訟，必端平，注：「端，猶正也。」淮南時則訓作「平獄訟」。戮有罪，嚴斷刑。天地始肅，不可以贏。注：「肅，嚴急之言也。贏，猶解也。」高注呂氏春秋曰：「囹圄，法室。桎梏，謂械在足曰桎，在手曰梏。理，獄官也。爭罪曰獄，爭財曰訟。」吳幼清纂言引蔡氏曰：「皮曰傷，肉曰創，骨曰折，骨肉皆絶曰斷。」方性夫曰：「修則治其壞，繕則善其事，具則完其器。姦存乎心，故止之；邪見乎行，故罪之。端，言無偏頗之異；平，言無輕重之差。秋者陰之始，冬者陰之終，故於孟秋言『天地始肅』。陽道常饒，饒則有餘而贏。陰道常乏，乏則不足而縮。君人實輔相焉，故曰不可贏。」李氏惇曰：「釋文『審斷決』下注曰：『一云斷絶句，決字下屬。』謹案傷、創、折、斷，四者一層重一層。上四句二字句，下四句三字句，截然整齊。今讀『審斷決』爲句，則與下『嚴斷刑』犯複，『獄訟』上去決字，則『端平』二字亦無所屬矣。」〇繕，市戰反。搏，音博。創，初良反。

是月也，農乃登穀。天子嘗新，先薦寢廟。注：「黍稷之屬，於是始孰。」正義：「皇氏云：『不云牲，記文略也。』」

命百官始收斂，注：「順秋氣，收斂物。」完隄防，李巡云：「隄，防也，障也。」謹壅塞，以備水潦。注：「備者，備八月也。八月宿直畢，畢好雨。」修宮室，坏牆垣，釋名：「垣，援也，人所依阻以爲援衞也。牆，障也，所以自障蔽也。」一切經音義：「垣，謂四周牆也。」補城郭。注：「象秋收斂，物當藏也。」○隄，本作「提」，丁兮反。坏，步回反。垣，音袁。

是月也，毋以封諸侯，立大官，毋以割地，行大使，出大幣。注：「古者於嘗，出田邑，此其月也。而禁封諸侯、割地，失其義。」

孟秋行冬令，則陰氣大勝，注：「亥之氣乘之也。」介蟲敗穀，注：「介，甲也。甲蟲屬冬。敗穀者，稻蟹之屬。」戎兵乃來。注：「十月宿直營室，營室之氣爲害也。營室主武士。」高注呂氏春秋曰：「冬水王而行其令，故陰氣大勝也。介蟲，龜屬。冬玄武，故介甲之蟲敗其穀也。金水相并，則戎兵來侵爲害。」行春令，則其國乃旱，注：「寅之氣乘之也。雲雨以風除也。」陽氣復還，五穀無實。注：「陽氣能生而不能成。」高注呂氏春秋曰：「春陽亢燥而行其令，故枯旱也。是月涼風用事，而行春煖之令，而穀更生，故害而不成實也。」行夏令，則國多火災，注：「巳之氣乘之也。」寒熱不節，民多瘧疾。注：「瘧疾，寒熱所爲也。今月令『瘧疾』爲『疾疫』。」高注呂氏春秋曰：「夏火王而行其令，故多火災。金氣火氣，寒熱相干不節，使民病疾。」

仲秋之月，日在角，昏牽牛中，旦觜觿中。注：「仲秋者，日月會于壽星，而斗建酉之辰也。」○觜，子斯反，又子髓反。觿，户圭反。

其日庚辛，其帝少皞，其神蓐收，其蟲毛，其音商，律中南吕，其數九，其味辛，其臭腥。其祀門，祭先肝。注：「南吕者，大蔟之所生，三分去一，律長五寸三分寸之一。仲秋氣至，則南吕之律應。周語曰：『南吕者，贊陽秀物。』」蔡邕月令章句曰：「仲秋中南吕，長四寸三分小三分。南，任也，言陽氣尚有任也。生，孳長也。」高注淮南曰：「南，任也。言陽氣吕旅而去，助陰任成萬物也。」律曆志「南吕」，曰：「南，任也。言陰氣旅助夷則任成萬物也。位於酉，在八月。」

盲風至，鴻鴈來，玄鳥歸，羣鳥養羞。注：「皆記時候也。盲風，疾風也。玄鳥，燕也。歸，謂去蟄也。凡鳥隨陰陽者，不以中國爲居。羞，謂所食也。」月令章句曰：「秦人謂蓼風爲盲風。」高注吕氏春秋曰：「是月，候時之鴈從北漠中來，南過周雒之彭蠡。玄鳥，燕也。春分而來，秋分而去。」吳幼清曰：「養羞，猶詩言『蓄租』，謂不食而儲蓄之，以待冬寒無可取食之時而食之也。」○盲，亡庚反。

天子居總章大廟，乘戎路，駕白駱，載白旂，衣白衣，服白玉。食麻與犬，其器廉以深。注：「總章大廟，西堂當大室也。」

是月也，養衰老，授几杖，行糜粥飲食。注：「助老氣也。行，猶賜也。」高注吕氏春秋曰：「陰氣發，老年衰，故共養之，授其几杖，賦其飲食糜粥之禮〔一〕，今之八月，比户賜高年鳩杖粉粢是也。周禮大羅氏掌獻鳩杖以養老，又伊耆氏掌共老人之杖。」説文：「糜，糝也。饘，糜也。周謂之饘，宋衞謂之餰。」張子曰：「老人氣衰，津液少，不能乾食，故糜粥爲養老之具。」○糜，亡皮反。粥，之六反。

乃命司服具飭衣裳，文繡有恒，制有小大，度有長短，注：「此謂祭服也。文，謂畫也。祭服之制，畫衣而繡裳。」王氏念孫曰：「長短，本作『短長』，與裳、量、常爲韻。唯宋撫本及岳本皆作『短長』，吕覽仲秋紀同。」衣服有量，必循其故，注：「此謂朝燕及他服。凡此謂寒益至也。詩云：『七月流火，九月授衣。』於是作之可也。」冠帶有常。注：「因制衣服而作之也。」正義：「飭，謂正也。衣服小大長短及制度采色，皆有度量，必因循故法也。」

乃命有司申嚴百刑，斬殺必當，毋或枉橈。枉橈不當，反受其殃。注：「申，重也。當，謂值其罪。」高注吕氏春秋曰：「凌弱爲枉，違彊爲橈。反還殃咎。」淮南注云：「枉，曲也。橈，弱也。言平直也。」正義：「枉，謂違法曲斷。橈，謂有理不申。應重乃輕，應輕更重，是不當也。」方性夫曰：「孟秋既命嚴斷刑，至此又命之，故曰申，枉則在上者不直，橈則在下者不申。先王奉天如此，而有司或枉橈焉，是逆天也。逆天則天災適當之也。」○當，丁浪反。橈，女教反。

是月也，乃命宰祝循行犧牲，視全具，案芻豢，瞻肥瘠，察物色，必比類，時則訓作「課比類」。量小大，視長短，皆中度。五者備當，上帝其饗。注：「於鳥獸肥充之時，宜省羣牲也。宰祝，大宰、

〔一〕「賦其」，吕氏春秋仲秋紀高注作「賦行」。

大祝，主祭祀之官也。養牛羊曰芻，犬豕曰豢。五者，謂所視也，所案也，所瞻也，所察也，所量也。此皆得其正，則上帝饗之，上帝饗之，而無神不饗也。」釋文：「芻，草也。豢，養也。以所食得名。」正義：「王肅云：『純色曰犧，體完曰全。』案食草曰芻，食穀曰豢。瞻，亦視也。肥，充也。瘠，瘦也。物色，騂黝之別也。周禮『陽祀用騂，陰祀用黝，望祀各以其方之色』也。已行故事曰比，品物相隨曰類。大皞配東，亦用青，是其類也。大，謂牛羊豕成牲者。小，謂羔豚之屬。長短，謂天地之牛角繭栗，宗廟之牛角握之屬也。上帝，天也。」劉氏台拱曰：「全具一也，肥瘠二也，物色三也，小大四也，長短五也。」〇行，下孟反。豢，音患。瞻，音占。瘠，在亦反。中，丁仲反。

天子乃難，以達秋氣。注：「此難，難陽氣也。陽暑至此不衰，害亦將及人。所以及人者，陽氣左行，此月宿直昴畢，昴畢亦得大陵積尸之氣，氣佚則厲鬼亦隨而出行，於是亦命方相氏帥百隸而難之。王居明堂禮曰：『仲秋九門磔攘，以發陳氣，禦止疾疫。』高注呂氏春秋曰：「儺，逐疫，除不祥也。通達秋氣，使不壅閉。」〇難，乃多反。

以犬嘗麻，先薦寢廟。注：「麻始孰也。」高注呂氏春秋曰：「犬，金畜也，麻始熟，故嘗之。」顏師古急就篇注：「麻，謂大麻及胡麻也。」趙氏良霨曰：「麻子可食者爲苴。詩：『九月叔苴。』」

是月也，可以築城郭，建都邑，穿竇窖，說文：「窌，窖也。窖，地藏也。」通俗文曰：「藏穀麥曰窖。」王氏念孫曰：「窖，呂氏春秋作窌。窖、窌聲相近，古通用。莊子齊物論：『縵者，窖者，密者。』司馬彪注云：『窖，深也。』窌之言窔。窔，深也。』」修囷倉。注：「爲民將入，物當藏也。穿竇窖者，入地隋曰竇，方曰窖。王居明堂禮曰：『仲秋命庶民畢入于室曰：「時殺將至，毋罹其災。」』」高注呂氏春秋曰：「國有先君宗廟曰都，無曰邑。穿水通竇，不欲地泥溼也。穿窌，所以盛穀也。修治囷倉，仲秋大内，穀當入也。圜曰囷，方曰倉。」說文：「囷，廩之圜者，从禾在口中。圜謂之囷，方謂之京。倉，穀藏也〔一〕。倉黄取而藏之，故謂之倉。从食省，口象倉形。」釋名：「倉，藏也，藏穀物也。」○竇，音豆。窖，古孝反。囷，邱倫反。

乃命有司趣民收斂，務畜菜，多積聚。注：「始爲禦冬之備。」高注吕氏春秋曰：「畜菜，乾苴之屬也。詩云：『亦有旨蓄，以禦冬』也〔二〕。」方性夫曰：「孟秋命百官始收斂，以其物初成，至此則物既成，而收斂不可緩也，故趣之焉。」○趣，七住反，本又作「趨」。

乃勸種麥，毋或失時；其有失時，行罪無疑。注：「麥者，接絶續乏之穀，尤重之。」高注吕氏春秋曰：「罪，罰也。」

是月也，日夜分，雷始收聲，蟄蟲坏户，殺氣浸盛，陽氣日衰，水始涸。注：「又記時候也。雷始收聲，在地中動内物也。坏，益也。蟄蟲益户，謂稍小之也。涸，竭也。此甫八月中，雨氣未止，而云水竭，非也。周語曰：『辰角見而雨畢，天根見而水涸。』又曰：『雨畢而除道，水涸而成梁。』辰角見，九月本也。天根見，九月末也。王居明堂禮曰：『季秋除道致梁，以利農也。』」高注吕氏春秋曰：「是月秋分。分，等也。晝漏五十刻，夜漏五十刻，故曰『日夜分』也。雷乃始收藏其聲，不震也。殺氣，陰氣。涸，絶。」唐石經「始」作「乃」。王氏引之曰：「古人多以『乃始』二字連文。初

〔一〕「倉」下原重「倉」字，據說文删。

〔二〕詩邶風谷風作「我有旨蓄，亦以御冬」。高注有脱誤。

學記及周官韗人疏引月令皆作『雷乃始收』，是經文『始』上有『乃』字，而『收』下無『聲』字。淮南時則訓同。」○坏，音陪。浸，子鴆反。涸，户各反。

日夜分，則同度量，平權衡，正鈞石，角斗甬。高注呂氏春秋曰：「度，丈尺。量，釜鍾也。權，稱衡也。三十斤爲鈞，百二十觔爲石。斗甬，皆量器也。」

是月也，易關市，來商旅，納貨賄，以便民事。四方來集，遠鄉皆至，則財不匱，上無乏用，百事乃遂。注：「易關市，謂輕其稅，使民利之。商旅，賈客也。匱，亦乏也。遂，猶成也。」高注呂氏春秋曰：「易關市，不征稅也，故商旅來。市賤鬻貴曰商。旅者，行商也。貨賄，財賂也。以所有易所無，民得其求，故曰『以便民事』。關市不征，故遠鄉皆至。上無乏用，所求得也。事非一，故言『百事』。」正義：「輕其賦稅，不爲節礙，則商旅自來。商旅既來，則貨賄自入。貨賄既多，則庫財不匱。所須皆供，故國無乏用。上下豐足，故百事乃遂。遂，成也。」○易，以豉反。

凡舉大事，毋逆大數，王氏引之曰：「大數，當從呂氏春秋作『天數』。」必順其時，慎因其類。注：「事，謂興土功，合諸侯，舉兵衆也。季夏禁之，孟秋始征伐，此月築城郭，季秋教田獵，是以於中爲之戒焉。」高注呂氏春秋曰：「天數，天道。其時，天時。因順其事類，不干逆。」

仲秋行春令，則秋雨不降，注：「卯之氣乘之也。卯宿直房心，心爲大火。」草木生榮，注：「應陽動也。」國乃有恐。注：「以火訛相驚。」高注呂氏春秋曰：「天陽亢旱，而行温仁之令，故雨不降。尚生育，故草木榮華，李梅之屬冬實也。金木相干，有兵象，故曰民有大惶恐也。」行夏令，則其國乃旱，蟄蟲不藏，五穀復生。注：「午之氣乘之也。」行冬令，則風災數起，注：「子之氣乘之也。北風殺物。」收雷先行，注：「先，猶蚤也。冬主閉藏。」草木蚤死。注：「寒氣盛也。」高注呂氏春秋曰：「夏氣盛陽，故炎旱，使蟄伏之蟲不潛藏，五穀復萌生也。於洪範五行爲『恒燠』之徵。冬寒嚴猛，故風災數發。收藏之雷先動，行未當行，故曰先也。」

季秋之月，日在房，昏虛中，旦柳中。注：「季秋者，日月會於大火，而斗建戌之辰也。」其日庚辛，其帝少皞，其神蓐收，其蟲毛，其音商，律中無射，其數九，其味辛，其臭腥。其祀門，祭先肝。注：「無射者，夾鍾之所生，三分去一，律長四寸六千五百六十一分寸之六千五百二十四。季秋氣至，則無射之律應。周語曰：『無射所以宣布哲人之令德，示民軌儀。』」蔡邕月令章句曰：「季秋中無射，長四寸八分小三分。射，終也。言萬物隨陽終也。」高注淮南曰：「陰氣上升，陽氣下降，萬物隨陽而藏，無射出見也。」律曆志作亡射，曰：「射，厭也。言陽氣究物，而使陰氣畢剝落之，終而復始，亡厭已也。位於戌，在九月。」○射，音亦。

鴻雁來賓，爵入大水爲蛤，鞠有黄華，豺乃祭獸戮禽。注：「皆記時候也。來賓，言其客止未去也。大水，海也。戮，猶殺也。」高注呂氏春秋曰：「是月，候時之雁從北方來〔一〕，南之彭蠡。蓋以爲八月來者，其父母也，其子羽翼稚弱，未能及之，故於是月來過周雒也。」正義：「禽獸初得，皆殺而祭之，後得者，殺而不祭也。」蔡氏章句曰：「菊，草名也。有者，非所有也。黄華者，土氣之所成也。季秋草木皆成，非榮華之時也，故言『菊有』，明他無有也。」○蛤，古荅反。豺，音柴。戮，音六。

〔一〕「從」，原誤「去」，據呂氏春秋季秋紀高注改。

天子居總章右个，乘戎路，駕白駱，載白旂，衣白衣，服白玉。食麻與犬，其器廉以深。注：「總章右个，西堂北偏。」

是月也，申嚴號令，命百官貴賤無不務內，以會天地之藏，無有宣出。注：「申，重。內，謂收斂入之也。會，猶聚也。」高注呂氏春秋曰：「會，合也。」正義：「以物皆收斂，時又閉藏，無得有宣露出散其物，以逆時氣。」

乃命冢宰農事備收，舉五穀之要，注：「備，猶盡也。定其租稅之簿。」藏帝藉之收於神倉，祗敬必飭。注：「重粢盛之委也。帝藉，所耕千畝也。藏祭祀之穀爲神倉。祗，亦敬也。」蔡氏章句曰：「穀藏曰倉，米藏曰廩。」

是月也，霜始降，則百工休。注：「寒而膠漆之作不堅好也。」高注呂氏春秋曰：「秋分後十五日寒露，寒露後十五日霜降，故曰始也。」

乃命有司曰：「寒氣總至，民力不堪，其皆入室。」注：「總，猶猥卒。」高注呂氏春秋曰：「有司，於周禮爲司徒。司徒主衆，故命之使民入室也。」

上丁，命樂正入學習吹。注：「爲將饗帝也。春夏重舞，秋冬重吹也。」高注呂氏春秋曰：「是月上旬丁日，入學吹笙，習禮樂。周禮樂師掌教國子舞羽，吹笙、竽、籥。」

是月也，大饗帝，嘗犧牲，告備於天子。注：「言大饗者，徧祭五帝也。曲禮曰『大饗不問卜』，謂此也。嘗者，謂嘗羣神也。天子親嘗帝，使有司祭于羣神，禮畢而告焉。」正義：「四月『大雩』，『以祈穀實』，雩上帝之後，云『雩祀百辟卿士』，是雩帝之外別雩羣神。九月『大饗』，以報功，明饗帝之外亦饗羣神。」

合諸侯，制百縣，說文：「周制，天子地方千里，分爲百縣，縣有四郡。故春秋傳曰『上大夫受縣，下大夫受郡』，是也。至秦初，置三十六郡，以監其縣。」爲來歲受朔日，王氏引之曰：「秦以十月爲歲首，則當以孟冬之月爲始。今月令始於孟春者，蓋孟冬爲當時歲首所在，而孟春則曆元所起，曆家最重建元，故託始於孟春之月，此用顓頊曆也。太史公曰：『張蒼文學律曆，爲漢名相，而絀賈生、公孫臣等言正朔服色事而不遵，明用秦之顓頊曆，何哉？』是顓頊曆歲首在十月也。淮南王之死，在元狩元年，其時太初曆未出，故其書時則篇亦以孟春爲始，而於季秋云『爲來歲受朔日』，以著歲首之在孟冬。恐學者不知其原，而疑於一歲有二首，故具論之。」與諸侯所稅於民輕重之法，貢職之數，以遠近土地所宜爲度，以給郊廟之事，無有所私。注：「秦以建亥之月爲歲首，於是歲終，使諸侯及鄉遂之官受此法焉。合諸侯制者，定其國家宮室、車旗、衣服、禮儀也。諸侯言『合制』，百縣言『受朔日』，互文也。貢職，謂所入天子。凡周之法，以正月和之，正歲而縣於象魏。」高注呂氏春秋曰：「百縣，畿內之縣也。五家爲鄰，五鄰爲里，四里爲酇，五酇爲鄙，五鄙爲縣。縣者，二千五百家也。來歲，明年也。秦以十月爲正，故於是月受明年曆日也。由此言之，月令爲秦制也。諸侯所稅輕重，職貢多少之數，遠者貢輕，近者貢重，各有所宜。郊祀天，廟祀祖，取共事而已。無有所私，多少不如法制也。」正義：「諸侯，謂畿外國。百縣，謂鄉遂。稅於民者，是積貯本國。貢職之數，是輸納天子。與者，兼事之辭。」吳幼清以「合諸侯」爲句，「制百縣」爲句。

是月也，天子乃教於田獵，以習五戎，班馬政。注：「教於田獵，因田獵之禮，教民以戰法也。五戎，謂五兵，弓矢、殳、矛、戈、戟也。馬政，謂齊其色，度其力，使同乘也。校人職曰：『凡軍事，物馬而頒之。』」說文：「獵，放獵，逐禽也。」馬彦醇曰：「仲夏班馬政，以馬爲主，此以御爲主。」命僕及七騶咸駕，載旌旐，授車以級，整設於屏外。注：「僕，戎僕及御夫也。七騶，謂趣馬主爲諸官駕説者也。既駕之，又爲之載旌旗。司馬職曰：『仲秋，教治兵，如振旅之陳，辨旗物之用。王載大常，諸侯載旂，軍吏載旗，師都載旜，鄉遂載物，郊野載旐，百官載旟。』是也。級，等次也。整，正列也。設，陳也。屏，所田之地門外之蔽。」吕氏春秋「授車」作「與受車」。高注曰：「僕，於周禮爲田僕，掌御田輅。衆當受田車者，各以等級陳于屏外也。天子外屏。屏，樹垣也。」正義：「前既班馬政，乃授此七戎之車，以其尊卑等級，正其行列，設于軍門屏之外，東西箱以爲行陳，於是司徒在兩行之間，北面誓之。七騶者，皇氏云：『天子馬有六種，種別有騶，則六騶也，又有總主之人，并六騶爲七。』」方性夫曰：「以戎事言之，則以革車爲正，倅車爲副。以田事言之，則以木車爲正，佐車爲副。各有等焉，故授之以級也。掌次言『師田則張幕』，故亦有屏，王雖在野，亦有内外之辨也。」司徒搢扑，北面誓之。注：「誓衆以軍法也。」高注吕氏春秋曰：「搢，插也。扑，所以教也。插置帶閒，誓告其衆。」正義：「司徒職云『施十有二教』，『八曰以誓教恤，則民不怠』。司馬職云：『遂以蒐田，有司表貉，誓民。』鄭云：『誓曰「無干車，無自後射」。』」王氏念孫曰：「唐月令及考文引古本、足利本，誓上皆有以字。」天子乃厲飾，執弓挾矢以獵，注：「厲飾，謂戎服尚威武也。今月令獵爲射。」説文：「矢，弓弩矢也。从入，象鏑括羽之形。古者夷牟初作矢。」正義：「熊氏云：『戎服者，韋弁服也。以秋冬之田，故韋弁服，若春夏，則冠弁服。故司服：「凡甸冠弁服。」』」命主祠祭禽于四方。注：「以所獲禽，祀四方之神也。司馬職曰：『羅弊，致禽以祀祊。』」高注吕氏春秋曰：「主祠，掌祀之官也。祭始設禽獸者於四方，報其功也。不知其神所在，故博求於四方。」○騶，側求反。旐，音兆。搢，如字。扑，普卜反。

是月也，草木黄落，乃伐薪爲炭。注：「伐木必因殺氣。」高注呂氏春秋曰：「草木節解，斧入山林，故伐木作炭。」說文：「凡草曰零，木曰落。」蟄蟲咸俯在内，皆墐其户。注：「墐，謂塗閉之，辟殺氣。」呂氏春秋作「在穴」。高注：「咸皆俯伏，藏於穴。墐，閉其户也。」正義：「俯，垂頭也。前月但藏而坏户，至此既寒，故垂頭嚮下，以隨陽氣，陽氣稍沈在下也。」王氏念孫曰：「内當作穴，下言『皆墐其户』，户即穴之户也。」○炭，吐旦反。墐，其靳反。

乃趣獄刑，毋留有罪。注：「殺氣已至，有罪者卽決也。」收禄秩之不當，供養之不宜者。注：「禄秩之不當，恩所增加也。供養之不宜，欲所貪耆，熊蹯之屬，非常食。」正義：「禄秩不當，謂不應得禄而王恩私與之者。共養不宜，謂非常之膳，求不可得者也。」○趣，音促。當，丁浪反。養，餘亮反。

是月也，天子乃以犬嘗稻，先薦寢廟。注：「稻始孰也。」蔡氏章句曰：「十月穫稻，人君嘗其先熟。故在季秋九月熟者，謂之半夏稻。」

季秋行夏令，則其國大水，冬藏殃敗，民多鼽嚏。注：「未之氣乘之也。六月宿直東井，氣多暑雨。」高注呂氏春秋曰：「秋，金氣，水之母也，夏陽布施，多淋雨，二氣相并，故大水也。火氣熱，故冬藏殃敗也。火金相干，故民鼽窒，鼻不通也。鼽，讀曰『仇怨』之仇。」釋文：「說文『鼽，病寒，鼻窒。』」行冬令，則國多盜賊，邊竟不寧，土地分裂。注：「丑之氣乘之也。極陰爲外，邊竟之象也。大寒之時，地隆坼也。」高注呂氏春秋曰：「冬令純陰，姦謀所生之象，故多盜賊，使邊境之人不寧也。則土地見侵削，爲鄰國所分裂。」行春令，則煖風來至，民氣解惰，師興不居。注：「辰之氣乘之也。巽爲風，辰宿直角，角主兵。不居，象風行不休止也。」高注呂氏春秋曰：「春陽仁，故煖風來至，民解墮也。木干金，故師旅並興。」○觓，音求。嚏，丁計反。

孟冬之月，日在尾，昏危中，旦七星中。注：「孟冬者，日月會於析木之津，而斗建亥之辰也。」

其日壬癸，注：「壬之言任也。癸之言揆也。日之行，冬，北從黑道，閉藏萬物，月爲之佐。時萬物懷任於下，揆然萌牙，又因以爲日名焉。」說文：「壬，位北方也。陰極陽生，故易曰：『龍戰于野。』戰者，接也。象人裹妊之形，承亥壬以子生之叙也。與巫同意。壬承辛，象人脛，脛任體也。癸，冬時水土平，可揆度也。象水从四方流入地中之形。癸承壬，象人足。」

其帝顓頊，其神玄冥，注：「此黑精之君，水官之臣。自古以來著德立功者也。顓頊，高陽氏也。玄冥，少皞氏之子曰脩曰熙，爲水官。」正義：「按五帝德云：『顓頊高陽氏，姬姓也。』又帝王世紀云：『在位七十八年而崩，以水承金也。』按昭二十九年左傳云『少皞氏有子曰脩曰熙』，又云『脩及熙爲玄冥』，是相代爲水官也。」其蟲介，注：「介，甲也。象物閉藏地中，龜鼈之屬。」其音羽，注：「三分商，去一以生羽，羽數四十八。屬水者，以爲最清，物之象也。冬氣和，則羽聲調。樂記曰：『羽亂則危，其財匱。』」律中應鍾，注：「孟冬氣至，則應鍾之律應。應鍾者，姑洗之所生，三分去一，律長四寸二十七分寸之二十。周語曰：『應鍾均利器用，俾應復。』」蔡邕月令章句曰：「孟冬中應鍾，長四寸八分。言萬物應陽而動，下藏。」高注呂氏春秋曰：「陰應於陽，轉成其功，萬物聚藏，故曰應鍾。」律曆志曰：「應鍾，言陰氣應亡射，該藏萬物，而雜陽閡種也。位於亥，在十月。」其數六，注：「水生數一，成數六，但言六者，亦舉其成數。」其味鹹，其臭朽。注：「水之臭味也。凡鹹朽者皆屬焉。氣若有若無爲朽。」說文：「鹹，銜也，北方味也。」其祀行，祭先腎。注：

「冬，陰盛，寒於水，祀之於行，從辟除之類也。祀之先祭腎者，陰位在下，腎亦在下，腎爲尊也。行在廟門外之西，爲軷壇，厚二寸，廣五尺，輪四尺。祀行之禮，北面設主於軷上，乃制腎及脾爲俎，奠于主南。又設盛于俎東，祭肉，腎一，脾再，其他皆如祀門之禮。」高注呂氏春秋曰：「行，門內地也。冬守在內，故祀之。行或作井。冬水王，故祀之也。祭祀之內，先進腎，屬水，自用其藏也。」白虎通作「冬祭井。井者，水之主，藏在地中。冬亦水王，萬物伏藏。」魏名臣奏曰：「秦靜云：『祭法七祀，有國行。今月令謂行爲井，是以俗廢行而祀井。』高堂隆議云：『祭井自漢，從水類，不列五祠，宜除井祀行。』」說文：「丼，八家一井，象構韓形。、，䨏之象也。古者伯益初作井。」○顓，音專。頊，許玉反。冥，亡丁反。朽，許九反。

水始冰，地始凍，雉入大水爲蜃，虹藏不見。注：「皆記時候也，大水，淮也。大蛤曰蜃。」高注呂氏春秋曰：「秋分後三十日霜降，後十五日立冬。傳曰：『雉入于淮爲蜃。』虹，陰陽交氣也。是月陰壯，故藏不見。」方性夫曰：「水以陽釋，冰以陰凝。凍，蓋地氣閉而陽不能熙故也。」馬彥醇曰：「雉，火屬。蜃，水屬。陽不勝陰，而井與遷焉，故化虹。以陰干陽，故見。至是陽升，陰降而弗通。故藏。」○蜃，常忍反。

天子居玄堂左个，乘玄路，駕鐵驪，載玄旂，衣黑衣，服玄玉。食黍與彘，其器閎以奄。注：「玄堂左个，北堂西偏也。鐵驪，色如鐵。黍秀舒散，屬火，寒時食之，亦以安性也。彘，水畜也。器閎而奄，象物閉藏也。今月令曰：『乘軫路。』」高注呂氏春秋曰：「鐵驪亦黑，象北方也。玄，黑，順水色。宏，大。弇，深。象冬閉藏也。」說文：「驪，深黑色。」正義：「春云青旂、青衣、蒼玉，青深而蒼淺，旂與衣雖人功所爲，不可淺深異色，故同用青也。夏云赤旂、朱衣、赤玉，朱深而赤淺，旂可用淺，衣必用深。冬云玄旂黑衣、玄玉者，黑深而玄淺，亦旂用淺色，衣用深色。玉從自然之色，故其色淺，而用玄玉也。猶如夏云赤玉，春云蒼玉也。」劉氏台拱曰：「奄，有覆蓋者。」○驪，力知反。㼌，直吏反。

是月也，以立冬。先立冬三日，大史謁之天子曰：「某日立冬，盛德在水。」天子乃齊。

立冬之日，天子親帥三公、九卿、大夫，以迎冬於北郊。還反，賞死事，恤孤寡。注：「死事，謂以國事死者，若公叔禺人、顏涿聚者也。孤寡，其妻子也。有以惠賜之，大功加賞。」蔡氏章句曰：「迎冬者，禮顓頊、玄冥之神也。于北郊六里，因水數也。玉用玄，牲幣各放其色，樂奏應鍾，歌元英，其他如立秋禮。」高注呂氏春秋曰：「秋分四十六日而立冬，故多在是月也。先人有死王事以安社稷者，賞其子孫，有孤寡者矜恤之。」正義：「孤寡，即死事者妻子也。財祿供給之也。」

是月也，命大史釁龜筴占兆，審卦吉凶。注：「筴，蓍也。占兆，龜之繇文也。周禮龜人『上春釁龜』，謂建寅之月也。秦以其歲首使大史釁龜筴，與周異矣。卦吉凶，謂易也。審，省錄之，而不釁筮。筮短，賤於兆也。今月令曰『釁祠』。」高注呂氏春秋曰：「周禮：『大卜，掌三兆之法：一曰玉兆，二曰瓦兆，三曰原兆。』又『掌三易之法：一曰連山，二曰歸藏，三曰周易』。龜曰兆，筮曰卦，故命大僕禱祠，龜策占兆，審卦以知吉凶。」正義：「皇氏曰：『唯釁龜筴命大史，唯占視兆書不釁。』」丘氏曰：「周禮有釁龜，無釁兆，兆辭存於竹帛，何容以血塗之？」○釁，許靳反。筴，初格反。

是察阿黨，則罪無有掩蔽。注：「阿黨，謂治獄吏以私恩曲橈相爲也。」高注呂氏春秋曰：「阿意曲從，取容於上，以亂法度，必察知之，則行其罪罰，無敢彊匿者。」

是月也，天子始裘。注：「九月授衣，至此可以加裘。」高注呂氏春秋曰：「始，猶先也。裘，温服，優尊者，故先服之。」

命有司曰：「天氣上騰，地氣下降，天地不通，閉塞而成冬。」注：「使有司助閉藏之氣，門户可閉閉之，窗牖可塞塞之。」説文：「冬，四時盡也。」正義：「若以爻象言之，七月三陽在上，三陰在下，則天氣上騰，地氣下降。若氣應言之，則從五月地氣上騰，至十月六陰俱升，六陽并謝，天體在上，陽歸于虚無。故云『上騰』。地氣六陰用事，地體在下，陰氣下連於地。故云『下降』。」

命百官謹蓋藏。注：「謂府庫囷倉有藏物。」命司徒循行積聚，無有不斂。注：「謂芻禾薪蒸之屬。」坏城郭，戒門閭，修鍵閉，慎管籥，固封疆，注：「坏，益也。鍵，牡。閉，牝也。管籥，搏鍵器也。固封疆，謂使有司循其溝樹，及其衆庶之守法也。今月令疆或爲璽。」臧氏琳曰：「呂覽、淮南皆作『固封璽』。」高注：「『璽』，讀如『移徙』之徙。璽印封也。」説文：「璽，王者之印也。」蔡邕獨斷曰：「璽者，印也。印者，信也。古者尊卑共之。月令曰『固封璽』。」王氏念孫曰：「昭元年穀梁傳：『疆之爲言猶竟也』，既言『固封疆』，又言『備邊竟』，則複，當作『固封璽』。『固封璽』以上五句皆邑中之事。『備邊竟』以下四句皆野外之事。」備邊竟，完要塞，謹關梁，塞徯徑。注：「要塞，邊城要害處也。梁，橋横也。徯徑，禽獸之道也。」高注呂氏春秋曰：「要塞所以固國，關梁所以通塗〔一〕。塞絶徯徑，爲其敗田。」説文：「徑，步道也。」通俗文：「邪道曰徯，步道曰徑。」正義：「城郭當須牢厚，故言坏。門閭備擬非常，故云戒。鍵閉或有破壞，故云修。管籥不可妄開，故云審。封疆理當險阻，故云固。邊竟防擬盜賊，故云備。要塞理宜牢固，故云完。關梁禁禦

〔一〕「關」字原脱，據呂氏春秋孟冬紀高注補。

姦非，故云謹。徯徑細小狹路，故須塞。」蔡氏月令章句曰：「鍵，關牡也，所以止扉，或謂之剡移。」說文：「闔，關下牡也。」段氏玉裁曰：「闔者横物，卽今之門擴。關下牡者，謂以直木上貫闔，下插地，是與關有牝牡之别。關下牡，謂之鍵，亦謂之籥，籥卽闔之假借。」「徯，待也。或从足。」段曰：「凡始行之，以待後行之徑曰蹊。」○鍵，其輦反。籥，羊灼反。疆，居良反。塞，先代反。塞徯，上先則反，下音奚。徑，古定反。

飭喪紀，辨衣裳，審棺椁之厚薄，塋丘壟之大小、高卑、厚薄之度，貴賤之等級。注：「此亦閉藏之具，順時飭正之也。辨衣裳，謂襲斂尊卑所用也。」時則訓作「審棺椁衣衾之厚薄」。呂氏春秋「塋」作「營」。高注：「紀，數也，正二十五月之服數。衣裳棺椁，尊者厚，卑者薄，各有等差，故别之。審，慎也。營，度也。丘，墳。壟，冢。度其制度，貴者高大，賤者卑小，故曰等級也。」王氏引之曰：「塋，呂氏春秋孟冬紀、淮南時則訓作『營』。大小，唐月令、考文引古本及白帖六十六、呂氏春秋、淮南竝作『小大』。厚薄，唐月令、呂氏春秋、白帖及惠校宋本竝作『薄厚』。」○塋，音營。壟，力勇反。

是月也，命工師效功，陳祭器，案度程，毋或作爲淫巧，以蕩上心，必功致爲上。注：「霜降而百工休，至此物皆成也。工師，工官之長也。效功，録見百工所作器物也。主於祭器，祭器尊也。度，謂制大小也。程，謂器所容也。淫巧，謂奢僞怪好也。蕩，謂摇動生其奢淫。」淮南時則訓作「堅致爲上」。物勒工名，以考其誠。注：「勒，刻也。刻工姓名於其器，以察其信，知其不功致。」功有不當，必行其罪，以窮其情。注：「功不當者，取材美而器不堅也。」高注呂氏春秋曰：「程，法也。不當，不功致也。故行其罪，以窮斷其詐巧之情。」正義：「或，有也。勿得有作過制之巧，以搖動在上生奢侈之心。不須靡麗華侈，必功力密致爲上。」○當，丁浪反。

是月也，大飲烝。 注：「十月農功畢，天子與其諸侯羣臣飲酒於大學，以正齒位，謂之大飲，別之於他，其禮亡。今天子以燕禮，郡國以鄉飲酒禮代之。烝，謂有牲體爲俎也。黨正職曰『國索鬼神而祭祀。則以禮屬民，而飲酒于序，以正齒位』，亦謂此時也。詩曰：『十月滌場〔一〕，朋酒斯饗。曰殺羔羊。躋彼公堂。稱彼兕觥，受福無疆。』是頌大飲之詩。」正義：「按此大飲烝，是天子之禮，詩『躋彼公堂』，是諸侯之禮。毛傳云：『公堂，學校也。』按國語曰：『王公立飫，則有房烝。』此既大飲，饗禮當用房烝半體之俎，若黨正飲酒，雖饗而用殽烝。故宣六年左傳云：『王享有體薦，宴有折俎，公當享，卿當宴。』是也。」

天子乃祈來年于天宗，大割祠于公社及門閭，臘先祖五祀。 注：「此周禮所謂『蜡祭』也。天宗，謂日月星辰也。大割，大殺羣牲割之也。臘，謂以田獵所得禽祭也。五祀，門、户、中霤、竈、行也。或言『祈年』，或言『大割』，或言『臘』，互文。」説文：「閭，里門也。周禮『五家爲比』，『五比爲閭』。閭，侶也，二十五家相羣侶也。」蔡邕獨斷曰：「臘者，歲終大祭。」**勞農以休息之。** 注：「黨正『屬民飲酒，正齒位』是也。」高注呂氏春秋曰：「祈，求也。宗，尊也。公社，國社后土也。生爲上公，死爲貴神。先祠公社，乃及門閭、先祖、先公後私之義也。是月農夫空閑，故勞犒休息之，不役使也。」正義：「以上公配祭，故云『公社』。先祭社，後祭門閭，故曰及。臘，獵也，謂獵取禽獸以祭先祖、五祀也。此總謂之蜡。若別言之，天宗、公社、門閭謂之蜡，其祭則皮弁、素服、葛帶、榛杖。其臘先祖、五祀，謂之息民之祭，其服則黄

〔一〕「場」，原誤「陽」，據詩豳風七月改。

衣黃冠。蔡邕云：『夏曰清祀，殷曰嘉平，周曰蜡，秦曰臘。』按左傳云：『虞不臘矣。』是周亦有臘名也。」○臘，力合反。

天子乃命將帥講武，習射御，角力。注：「爲仲冬將大閱簡習之，亦因營室主武士也。凡田之禮，唯狩最備。」高注呂氏春秋曰：「肄，習也。角，猶試。」管子七法曰：「角，量也。」

是月也，乃命水虞、漁師收水泉池澤之賦，毋或敢侵削衆庶兆民，以爲天子取怨于下。其有若此者，行罪無赦。注：「因盛德在水，收其稅。」高注呂氏春秋曰：「天子曰兆民。稅斂重則民怨，故行其罪罰，無赦貸也。」方性夫曰：「水虞，卽周之澤虞也。漁師，卽周官之獻人也。仲秋言『行罪無疑』。失時之罪小，故止於無疑，取怨之罪大，故曰『無赦』。」

孟冬行春令，則凍閉不密，地氣上泄，注：「寅之氣乘之也。」民多流亡。注：「象蟄蟲動。」高注呂氏春秋曰：「春陽散越，故凍不密。地氣發泄，使民流亡，象陽布散。」行夏令，則國多暴風，方冬不寒，蟄蟲復出。注：「巳之氣乘之也。立夏巽用事，巽爲風。」高注呂氏春秋曰：「冬法當閉藏，反行夏盛陽之令，故多暴疾之風。陽氣炎溫，故盛冬不寒，蟄伏之蟲復出也。於洪範五行『豫，恒燠若』之徵也。」說文：「蟄，藏也。」行秋令，則雪霜不時，小兵時起，土地侵削。注：「申之氣乘之也。申陰氣尚微，申宿直參、伐，參、伐爲兵。」高注呂氏春秋曰：「秋，金氣干水，不當霜而霜，不當雪而雪，故曰『不時』。小兵數起，鄰國來伐，侵削土地。於洪範五行『急，恒寒若』之徵也。」○泄，息列反。

仲冬之月，日在斗，昏東辟中，旦軫中。注：「仲冬者，日月會於星紀，而斗建子之辰也。」○辟，必亦反。

其日壬癸，其帝顓頊，其神玄冥，其蟲介，其音羽，律中黄鍾，其數六，其味鹹，其臭朽。其祀行，祭先腎。注：「黄鍾者，律之始也。九寸。仲冬氣至，則黄鍾之律應。周語曰：『黄鍾所以宣養六氣九德。』」蔡邕月令章句曰：「鍾以斤兩尺寸中所容受升合之數爲法，律亦以寸分長短爲法。故黄鍾之管長九寸，孔徑三分，圍九分。其餘皆稍短，爲大小圍，數無增減。以度量者，可以文載口傳，與衆共知，然不如耳決之明也。」高注吕氏春秋曰：「陽氣聚於下，陰氣盛於上，萬物萌聚於黄泉之下，故曰『黄鍾』也。」律曆志云：「黄鍾，黄者，中之色，君之服也。鍾者，種也。陽氣施種於黄泉，孳萌萬物，爲六氣元也。變動不居，周流六虚，始於子，在十一月。」

冰益壯，地始坼，鶡旦不鳴，虎始交。注：「皆記時候也。鶡旦，求旦之鳥也。交，猶合也。」高注吕氏春秋曰：「立冬後三十日大雪節。坼，凍裂也。鶡旦，山鳥，陽物也，是月陰盛，故不鳴也。虎乃陽中之陰，陰氣盛，以類發也。」方言：「鴇鴠，自關而西，秦、隴之内，謂之鶡鴠。」○鶡，户割反。

天子居玄堂大廟，乘玄路，駕鐵驪，載玄旂。衣黑衣，服玄玉。食黍與彘，其氣閎以奄。注：「玄堂大廟，北堂當大室。」

飭死事。注：「飭軍士，戰必有死志。」

命有司曰：「土事毋作，慎毋發蓋，毋發室屋及起大衆，以固而閉。地氣沮泄，是謂發天地之房，諸蟄則死，民必疾疫，又隨以喪。命之曰暢月。」注：「暢，猶充也。大陰用事，尤重閉藏。」正義：「陰氣凝固，陽須閉藏。房，是人次舍之處，於此之時，天地亦擁蔽萬物，不使宣露，與房舍相似。今地氣泄漏，是開發天地之房也。非但蟄死人疾，國有大喪，隨逐其後。暢月，言名此月爲充實之月，當使萬物充實，不發動故也。皇氏云：『又隨以喪者，謂逃亡。人爲疾疫，皆逃亡，故云又隨以喪。』」○暢，敕亮反。

是月也，命奄尹申宫令，審門閭，謹房室，必重閉，省婦事，毋得淫，雖有貴戚近習，毋有不禁。注：「奄尹，主領奄豎之官也。於周則爲内宰，掌治王之内政、宫令，幾出入及開閉之屬。重閉，外内閉也。省婦事，所以静陰類也。淫，謂女功奢僞怪好物也。貴戚，謂姑姊妹之屬。近習，天子所親幸者。」高注呂氏春秋曰：「閹，宫官。尹，正也。於周禮爲宫人。淫則禁之，尊卑一者也。」門閭，蔡邕月令説作「門閣」，云：「奄尹者，内官也，主宫室出入宫門，宫中之門曰闈，奄尹之職也。閭里門，非奄尹所主。」○重，直龍反。省，所景反。

乃命大酋秫稻必齊，麴糱必時，湛熾必絜，水泉必香，陶器必良，火齊必得。兼用六物，大酋監之，毋有差貸。注：「酒孰曰酋。大酋者，酒官之長也，於周則爲酒人。秫稻必齊，謂孰成也。湛，漬也。熾，炊也。火齊，腥孰之調也。物，猶事也。差貸，謂失誤有善有惡也。古者穫稻而漬米麴，至春而爲酒。詩云：『十月穫稻，爲此春酒，以介眉壽。』」説文：「酋，繹酒也。从酉，水半見於上。禮有大酋，掌酒官也。」高注呂氏春秋曰：「大酋，主酒官，於周禮爲酒正，掌酒之政令，以式法度授酒材。陶器，瓦器也。」説文：「糱，芽米也。」段氏玉裁曰：「按漬米、漬麴是二事，漬米即大酋之糱也。此糱不必有芽，凡穀漬之則有芽，故名漬米曰糱。」正義：「六物者，秫稻一，麴糱二，湛熾三，水泉四，陶器五，火齊六也。物，事也。」○酋，子由反。秫，音述。糱，魚列反。湛，子廉反。熾，尺志反。齊，才計反。監，古銜反。

天子命有司祈祀四海、大川、名源、淵澤、井泉。注：「順其德盛之時祭之也。今月令淵爲深。」講義曰：「四海者，衆水之所聚。大川、名源，若江源出於岷山，河源出於崑崙，淮自桐柏，濟自沇水也。淵澤者，水之所鍾。井泉，汲取之無窮者也。此月水歸於澤，故命祀之。」

是月也，農有不收藏積聚者，馬牛畜獸有放佚者，取之不詰。注：「此收斂尤急時，人有取者不罪，所以警懼其主也。王居明堂禮曰：『孟冬之月，命農畢積聚，繫收牛馬。』」高注呂氏春秋曰：「詰，誅也。」注淮南曰：「詰，呵問也。」方性夫曰：「孟冬既命謹蓋藏，又命有司循行積聚，至此猶不收藏積聚，畜獸猶放佚，是游惰之民，不聽令者也，不爲之詰，亦宜矣。」山林藪澤，有能取蔬食，田獵禽獸者，野虞教道之。其有相侵奪者，罪之不赦。注：「務收斂野物也。大澤曰藪，草木之實爲蔬食。」高注呂氏春秋曰：「無水曰藪，有水曰澤。野虞，掌山澤之官，故教導之也。」正義：「蔬，謂菜蔬，以其麤蔬，故爲草木實也。山林蔬食，榛栗之屬；藪澤，菱芡之屬。」王逸涉江注：「叢木曰林。」韋昭周語注：「澤無水曰藪。」○詰，起吉反。藪，素口反。

是月也，日短至，陰陽争，諸生蕩。君子齊戒，處必掩身，身欲寧，去聲色，禁耆慾，安形性，事欲静，以待陰陽之所定。注：「争者，陰方盛，陽欲起也。蕩，謂物動，將萌芽也。寧，安也。聲，謂樂也。」高注呂氏春秋曰：「冬至之日，晝漏水上刻四十五，夜水上刻五十五，故曰『日短至』，在牽牛一度也。陰氣在上，微陽動升，故曰争也。諸蟄伏當生者，皆動摇也。弇，深邃也。寧，静也。聲，五聲也。色，五色也。屏去之，崇寂静也。陰陽方争，嗜慾咸禁絶之，所以安形性也。定，猶成也。」畢氏沅曰：「呂氏春秋作『處必弇』，以其所居言之。月令作『處必掩身』，蓋與仲夏文相涉而誤。」

芸始生，荔挺出，蚯蚓結，麋角解，水泉動。注：「又記時候也。芸，香草也。荔挺，馬薤也。水泉動，潤上行。」説文：「麋，鹿屬。冬至解其角。」「荔，草也，似蒲而小，根可作刷。」正義：「芸始生，荔挺出者，皇氏云：『以其俱香草，故應陽氣而出。』蔡云：『結，猶屈也。蚯蚓在穴，屈首下嚮，陽氣動則宛而上首，故結而屈也。』熊氏云：『鹿，山獸，夏至得陰氣而解角。麋，澤獸，故冬至得陽氣而解角。』」段氏玉裁曰：「鄭以荔挺爲草名。蔡邕章句云：『荔似挺。』高注呂覽云：『荔草挺出』，則以挺下屬。」程氏瑤田曰：「荔，今北方束其根，以刮鍋。李時珍以馬帚之荓當之，誤也。」王氏引之曰：「如高氏所説，則荔草挺然而出也。月令篇中凡言『萍始生』，『王瓜生』，『半夏生』，『芸始生』，草名二字者，則但言生，一字者則言『始生』以足之，未有狀其生之貌者。若經以荔爲草名，則但言『始出』可矣，何煩言挺？據顧氏引通卦驗『荔挺不出』，則以荔挺爲草名，自西漢已然。逸周書時訓篇亦曰：『荔挺不生，卿士專權。』鄭注殆相承舊説，非臆斷也。」○芸，音云。荔，力計反。挺，大頂反。麋，亡悲反。解，音蟹。

日短至，則伐木，取竹箭。注：「此其堅成之極時。」高注呂氏春秋曰：「竹木調韌，又斧斤入山林之時也，故伐取之。」

是月也，可以罷官之無事，去器之無用者。注：「謂先時權所建作者也。天地閉藏，而萬物休，可以去之。」塗闕廷門閭，築囹圄，此所以助天地之閉藏也。注：「順時氣也。」説文：「闕，門觀也。」高注呂氏春秋曰：「闕，門闕也，於周禮爲象魏。門閭皆塗塞，使堅牢也。」吳幼清曰：「門，寢廟門。閭，二十五家巷口之門。塗者，畚土以填其地之凹陷，埏埴以塞其門之罅隙也。」

仲冬行夏令，則其國乃旱，注：「午之氣乘之也。」氛霧冥冥，注：「霜露之氣，散相亂也。」段氏玉裁曰：「開元占經引月令作『氛濛冥冥』。今月令作『氛霧』，霧乃霜之誤。」雷乃發聲。注：「震氣動也。午屬震。」高注呂氏春秋曰：「夏火炎上，故其國旱也。清濁相干，氛霧冥冥也。夏氣發泄，故雷動聲也。」行秋令，則天時雨汁，瓜瓠不成，注：「酉之氣乘之也。酉宿直昴、畢，畢好雨。雨汁者，水雪雜下也。子宿直虛、危，虛、危內有瓜瓠。」國有大兵。注：「兵亦金之氣。」高注呂氏春秋曰：「秋，金，水之母也。冬節白露，故雨汁也。金用事以干水，故瓜瓠不成，有大兵來伐之也。」行春令，則蝗蟲爲敗，注：「當蟄者出，卯之氣乘之也。」水泉咸竭，注：「大火爲旱。」民多疥癘。注：「疥癘之病，孚甲之象。」高注呂氏春秋曰：「春木氣，木生蟲，故蟲螟爲敗。陽氣亢燥，故水泉減竭也。水木相干，氣不和，故民多疾癘也。」惠氏棟曰：「呂覽『咸』作『減』。春秋傳曰：『咸黜不端。』正義云『諸本咸或作減』。是『咸』與『減』通。」〇氛，芳芸反。瓠，户故反。疥，音介。

季冬之月，日在婺女，昏婁中，旦氐中。注：「季冬者，日月會於玄枵，而斗建丑之辰也。」〇婺，無付反。婁，力侯反。氐，丁兮反，又丁計反。

其日壬癸，其帝顓頊，其神玄冥，其蟲介，其音羽，律中大呂，其數六，其味鹹，其臭朽。其祀行，祭先腎。注：「大呂者，蕤賓之所生也，三分益一，律長八寸二百四十三分寸之百四。季冬氣至，則大呂之律應。周語曰：『大呂助陽宣物。』」蔡邕月令章句曰：「季冬中大呂，長八寸。呂，距也。言陽氣欲出，陰不許也。」高注淮南曰：「呂，旅也。萬物萌動於黃泉，未能達見〔一〕，所以旅旅去陰卽陽，助成其功，故曰大呂。」律曆志云：「大呂：呂，旅也。言陰大，旅助黃鍾宣氣而牙物也。位於丑，在十二月。」

雁北鄉，鵲始巢，雉雊，雞乳。注：「皆記時候也。雊，雉鳴也。詩云：『雉之朝雊，尚求其雌。』」說文：「雊，雄雉鳴也。雷始動，雉鳴而句其頸。」高注呂氏春秋曰：「雁在彭蠡之澤，是月皆北鄉，將來至北漠也。鵲，陽鳥，順陽而動，始爲巢也。乳，卵也。」淮南時則訓作「鵲加巢」。○鄉，音向。雊，苦豆反。

天子居玄堂右个，乘玄路，駕鐵驪，載玄旂。衣黑衣，服玄玉。食黍與彘，其器閎以奄。

注：「玄堂右个，北堂東偏。」

命有司大難，旁磔，出土牛以送寒氣。注：「此難，難陰氣也。難陰始於此者，陰氣右行，此月之中，日歷虛、危，虛、危有墳墓四司之氣，爲厲鬼，將隨強陰出害人也。旁磔，於四方之門磔攘也。出，猶作也。作土牛者，丑爲牛，牛可牽止也。送，猶畢也。」高注呂氏春秋曰：「大儺，逐盡陰氣，爲陽導也。今人臘歲前一日，擊鼓驅疫，謂之逐除是也。旁磔犬羊於四方，以攘其畢冬之氣也。出土牛，今之鄉縣，立春節出勸耕土牛於東門外是也。」廣雅：「旁，廣也。」正義：「熊氏引石氏星經云：『司命二星在虛北，司祿二星在司命北，司危二星在司祿北，司中二星在司危北。』史遷云：『四司，鬼官之長。』又云：『墳四星，在危東南。』是危、虛有墳墓四司之氣也。」○難，乃多反。磔，竹百反。

征鳥厲疾。注：「殺氣當極也。征鳥，題肩也。齊人謂之擊征，或名曰鷹。仲春化爲鳩。」正義：「征鳥，謂鷹隼

〔一〕「未」，原誤「朱」，據淮南子時則篇高注改。

之屬。厲嚴猛。疾，捷速也。時殺氣盛極，故鷹隼之屬取鳥捷疾嚴猛也。」

乃畢山川之祀，及帝之大臣，天之神祇。注：「四時之功成於冬。孟月祭其宗，至此可以祭其佐也。帝之大臣，句芒之屬。天之神祇，司中、司命、風師、雨師。」高注呂氏春秋曰：「帝之大臣，功施於民，若禹、稷之屬。天曰神，地曰祇。是月歲終，報功，載祀典，諸神畢祀之也。」○祇，音祈。

是月也，命漁師始漁。天子親往，乃嘗魚，先薦寢廟。注：「天子必親往視漁，明漁非常事，重之也。此時魚絜美。」正義：「四時薦新是常事，魚非常祭之物，故重之。」馬彦醇曰：「宗廟之牲親獵，則漁必親往，不亦宜乎？」

冰方盛，水澤腹堅，命取冰，注：「腹，厚也。此月日在北陸，冰堅厚之時也。北陸，謂虚也。今月令無堅。」腹，呂氏春秋作「復。」高注：「復，亦盛也。復或作複，凍重累也。」釋文：「腹，本又作複。」冰以入。令告民出五種。注：「冰既入，而令田官告民出五種，明大寒氣過，農事將起也。」吳幼清曰：「五種，五穀之種，稷黍粱稻菽也。」命農計耦耕事，修耒耜，具田器。注：「耜者，耒之金也，廣五寸。田器，鎡錤之屬。」正義：「耒者，以木爲之，長六尺六寸，底長尺有一寸，中央直者三尺有三寸。句者二尺有二寸。底，謂耒下嚮前曲接耜者。耜，金鐵爲之。」高注呂氏春秋曰：「入凌室也。詩云：『二之日，鑿冰沖沖；三之日，納于凌陰。』此之謂也。出之于窌，簡擇之也。計，會也。耦，合也。」○種，章勇反。

命樂師大合吹而罷。注：「歲將終，與族人大飲，作樂於大寢，以綴恩也。言罷者，此用禮樂於族人最盛，後年若時，乃復然也。凡用樂必有禮，用禮則有不用樂者。王居明堂禮：『季冬命國爲酒，以合三族，君子説，小人樂。』」○吹，昌睡反。罷如字。

乃命四監收秩薪柴，以共郊廟及百祀之薪燎。注：「四監，主山林川澤之官也。大者可析謂之薪，小者合束謂之柴。薪施炊爨，柴以給燎。春秋傳曰：『其父析薪。』」高注呂氏春秋曰：「燎者，積聚柴薪，置璧與牲於上而燎之，升其煙氣，故曰『以供寢廟及百祀之薪燎』也。」○共，音恭。燎，力召反。

是月也，日窮于次，月窮于紀，星回于天，數將幾終，歲且更始。注：「言日月星辰運行，于此月皆周帀于故處也。次，舍也。紀，會也。」高注呂氏春秋曰：「次，宿也。是月，日周于牽牛，故曰『日窮于次』。月遇日相合爲紀。月終紀，光盡而復生曰朔，故曰『月窮于紀』。日有常行，行於中道，五星隨之，故曰『星迴于天』也。一説：十二次窮于牽牛，故曰『窮于次』也。紀，道也。月窮于故宿，故曰『窮于紀』。星迴于天，謂二十八宿更見於南方，是月迴于牽牛，故曰『星迴于天』也。夏以十三月爲正。夏數得天，言天時者皆從夏，正也，故於是月十二月之數近終，歲將更始於正月也。」正義：「日窮于次者，謂去年季冬日次于玄枵，每月移次他辰，至此月窮盡，還次玄枵。月窮于紀者，去年季冬月與日相會于玄枵，至此月窮盡，還復會于玄枵。星回于天者，二十八宿隨天而行，每日周天一帀，早晚不同，至於此月，復其故處。幾，近也。以去年季冬，至今年季冬，三百五十四日，未滿三百六十五日，未得正終，故云『數將幾終』」。幾，説文：「僟，精謹也。明堂月令：『歲將僟終。』」專而農民，毋有所使。注：「而，猶女也。言專一女農民之心，令之豫有志於耕稼之事，不可徭役，徭役之則志散失業也。」○幾，音祈，又音機。

天子乃與公、卿、大夫，共飭國典，論時令，以待來歲之宜。注：「飭國典者，和六典之法也。周禮以正月爲之，建寅而縣之。今用此月，則所因於夏、殷也。」王氏念孫曰：「案爾雅：『宜，事也』。來歲之事，必依國典，順時令而行之。故歲終則飭國典，論時令，以待來歲之事也。淮南本經篇云：『包裹風俗，斟酌萬殊，旁薄衆宜。』衆宜，謂衆事也。吳幼清以來歲之宜專屬時令言之，非也。」

乃命大史次諸侯之列，賦之犧牲，以共皇天、上帝、社稷之饗。注：「此所與諸侯共者也。列，國有大小也，賦之犧牲，大者出多，小者出少。饗，獻也。」正義：「諸侯同王，南面專王，故命之出牲，以與王共事天地也。諸侯自有社稷，而始封亦割王社土與之，故賦牲共王社稷也。」乃命同姓之邦共寢廟之芻豢。注：「此所以與同姓共也。芻豢，猶犧牲。」正義：「宗廟備六牲，故云芻豢也。」命宰、歷卿、大夫至于庶民，土田之數，而賦犧牲，以共山林名川之祀。注：「此所與卿、大夫、庶民共者也。歷，猶次也。卿大夫采地亦有大小，其非采地，以其邑之民多少賦之。」正義：「卿大夫出其采地賦稅，無采地出其邑之賦稅。庶人無邑，出其賦稅以與邑宰，邑宰以共上。不云士者，上舉『卿大夫』，下舉『庶民』，則士在其中，省文耳。」凡在天下九州之民者，無不咸獻其力，以共皇天、上帝、社稷、寢廟、山林、名川之祀。注：「民非神之福不生，雖有其邦國采地，此賦要由民出。」高注呂氏春秋曰：「咸，皆也。獻，致也。」

季冬行秋令，則白露蚤降，介蟲爲妖，注：「戌之氣乘之也。九月初尚有白露，月中乃爲霜。丑爲鼈蟹。」時則訓「妖」作「祅」。四鄙入保。注：「畏兵，辟寒象。」高注呂氏春秋曰：「金氣白，故白露蚤降。金爲兵革，故四境之民入城郭以自保守也。」行春令，則胎夭多傷，注：「辰之氣乘之也。夭，少長也。此月物甫萌芽，季春乃句者畢出，萌者盡達。胎夭多傷者，生氣早至，不充其性。」國多固疾，命之曰逆。注：「生不充性，有久疾也。眾害莫大於此。」高注呂氏春秋曰：「季冬大寒，而行春溫仁之令，氣不和調，故胎養夭傷。國多逆氣之由，故命曰逆。」行夏令，則水潦敗國，時雪不降，冰凍消釋。注：「未之氣乘之也。季夏大雨時行。」高注呂氏春秋曰：「火氣炎陽，又多淋雨，故水潦敗國也。時雪當降而不降，冰凍不當消釋而消釋，火氣溫干時之徵也。」

禮記訓纂卷七

曾子問第七

正義：「鄭目録云：『名爲曾子問者，以其記所問多明於禮，故著姓名以顯之。曾子，孔子弟子曾參。此於別録屬喪服。』」

曾子問曰：「君薨而世子生，如之何？」孔子曰：「卿、大夫、士從攝主，北面於西階南。注：「攝主，上卿代君聽國政。」江氏永曰：「攝主，卽下文『大宰』，喪則攝拜賓，朝則攝政。」大祝裨冕，執束帛，升自西階，盡等，不升堂，命毋哭。注：「將有事，宜清靜也。裨冕者，接神則祭服也。諸侯之卿、大夫所服裨冕，絺冕也，玄冕也。士服爵弁服。大祝裨冕，則大夫。」釋文：「說文云：『祝，祭主贊詞者。』」正義：「卿、大夫、士皆衣裒服，北面，文不言者，以下文云『大祝裨冕』，明卿、大夫、士等不裨冕也。必於西階南者，以將告殯，近殯位故也。裨冕，祭服也。以其將告神，故執束帛。執，持也。束帛，十端也。端則二丈。鬼神質，故用偶數也。鬼神以丈八尺爲端，一丈象陽，八尺法陰。十端，六玄四纁。五兩，三玄二纁。纁是地色，玄是天色也。欲往告殯，故升自西階。若於堂下告，則大遠；堂上告，則大近殯。」祝聲三，告曰：『某之子生，敢告。』升，奠幣于殯東几上，哭降。注：「聲，噫歆警神也。某，夫人之氏也。几筵於殯東，明繼體也。」正義：「按阮諶禮圖云：『几長五尺，高尺二寸，廣二尺。』熊氏以爲天子諸侯在殯宫則有几筵，大夫、士大斂有席，虞始有几。然殯宫几筵爲朝夕之奠，常在不去。今更特設几於殯東，明繼體之貴，故於常几筵之外，別特設之。」江氏永曰：「按司几筵『柏席用萑』，『每敦一几』，鄭讀柏爲椁，謂殯之椁蕉。是人君之禮殯東常有几筵。此注似言爲明繼體，特設几筵者，蓋此不與彼參照，又或喪事仍几，此告子生特改新之也。既夕禮之『下室』，即殯宮之室，朝夕奠常設於此，燕養饋羞亦於此。孔氏乃謂素几是殯宮朝夕奠之几，不在下室，豈下室又在殯宮之外乎？」衆主人、卿、大夫、士，房中皆哭，不踊。注：「衆主人，君之親也。房中，婦人。」盡一哀，反位，遂朝奠。注：「反朝夕哭位。」正義：「按士喪禮尋常朝奠，皆先哭後奠。今因西階前哭畢，反此朝夕哭位，不更哭即行朝奠禮。」小宰升，舉幣。注：「所主也。舉而下，埋之階間。」三日，衆主人、卿、大夫、士如初位，北面。注：「三日，負子日也。初，告生時。」大宰、大宗、大祝皆裨冕。少師奉子以衰，祝先，子從，宰、宗人從，入門，哭者止。注：「宰、宗人，詔贊君事者。」正義：「大宰是教令之官，大宗是主宗廟之官，初不裨冕，今裨冕，以奉子接神，故服祭服。少師主養子之官，故以衰衣而奉之。祝主接神，故先進也。少師奉子，次從祝也。皇氏曰：『宰則大宰，宗人則大宗也。』大宰、大宗爲詔告贊君事，故次從在後也。」子升自西階，殯前北面，祝立於殯東南隅。祝聲三，曰：『某之子某，從執事敢見。』子拜稽顙，哭。注：「奉子者拜哭。」祝、宰、宗人、衆主人、卿、大夫、士哭，踊三者三，降東，反位，皆袒。子踊，房中亦踊三者三，襲，衰，杖，注：「踊、襲、衰、杖，成子禮也。」正義：「以初堂上堂下之哭非正位，故不袒，今反朝夕哭位，故皆袒。子踊房中亦踊，明祝、宰、宗人、衆主人及卿、大夫、士反位亦皆踊也。皇氏云：『子踊不袒。』」江氏永曰：「按襲、衰、杖，每字爲句。襲者，諸臣襲。衰者，爲子著衰。杖者，少師代子執杖也。前少師奉子以衰，實未服，至此始服之，象成服以漸也。祖、襲，諸臣之事，注并襲爲成子禮，是連『襲、衰』爲句。」奠出。注：「亦，謂朝奠。」正義：「知非特奠者，在殯無特告奠之法故也。」大宰命祝史以名徧告于五祀山川。」注：「因負子名之，喪於禮略也。」正義：「內則及左傳皆三月乃名之。今三日卽名之，以喪事促遽，不暇待三月也。」○大，音泰，下皆同。祝，之六反。禆，婢支反。從，才用反，下同。

曾子問曰：「如已葬而世子生，則如之何？」孔子曰：「大宰、大宗從大祝而告于禰。注：「告主也。」正義：「禰，父殯宮之主也。既葬訖，殯無尸柩，唯有主在，故告于主，漸神事之故也。」三月，乃名于禰，以名徧告及社稷、宗廟、山川。」正義：「不言『宰命祝史』，從可知也，又前不云『社稷宗廟』，此不云『五祀』，相互明也。」○禰，乃禮反。

孔子曰：「諸侯適天子，必告于祖，奠于禰。注：「皆奠幣以告之，互文也。」說文：「禰，親廟也。」冕而出視朝。注：「聽國事也。諸侯朝天子必禆冕，爲將廟受也。禆冕者，公衮，侯伯鷩，子男毳。」命祝史告于社稷、宗廟、山川，注：「臨行又徧告宗廟，孝敬之心也。」王氏引之曰：「謹按『社稷』二字，疑因上文『以名徧告』及『社稷、宗廟、山川』而衍，下文『諸侯相見』，『命祝史告于五廟，所過山川』，注但云『山川所不過則不告』，貶於適天子時所告亦無社稷可知。正義釋注『臨行又徧告宗廟』二句，皋經文無『社稷』二字，是其明證。」乃命國家五官而后行。注：「五官，五大夫典事者。命者，敕之以其職。」正義：「諸侯有三卿五大夫，以屬官大夫其數衆多，直云五者，據典國事者言之。不云『命卿』者，或從君出行，或在國留守，總主羣吏，如三公不專主一事，且既命五大夫，則卿亦命之可知。」王氏引之曰：「五官，謂司徒司馬之屬，卿大夫皆得爲之。春秋時魯季孫爲司徒，孟孫爲司空，叔孫爲司馬，皆卿也。言命五官，則卿大夫咸受命矣。曲禮:『天子之五官,曰:司徒,司馬,司空,司士,司寇,典司五衆。』大戴禮千乘篇『千乘之國』,『列其五官』,四代篇『率禮朝廷,昭有五官,無廢』,事類並相近。」道而出,注:「祖道也。聘禮曰:『出祖,釋軷,祭酒脯也。』」說文:「軷,出將有事於道,必先告其神,立壇四通,樹茅以依神爲軷。既祭軷,轢於牲而行爲範軷。詩云:『取羝以軷。』」正義:「按聘禮記云『出祖,釋軷,祭酒脯』,注云:『祖,始也。行出國門,止陳車騎,釋酒脯之奠於軷,爲行始也。道路以險阻爲難,是以委土爲山,或伏牲其上,使者爲軷祭酒脯,祈告也。禮畢,然後乘車轢之而遂行。其有牲,犬羊可也』,此城外之軷祭也。其五祀行神,則在宫內。崔氏云:『宫內之軷,祭古之行神。城外之軷,祭山川與道路之神。』義或然也。」告者五日而徧,過是非禮也。注:「既告,不敢久留。」凡告用牲幣,反亦如之。注:「牲當爲制,字之誤也。制幣一丈八尺。」正義:「皇氏、熊氏以此爲諸侯,不應用牲。故熊氏云:『鄭注周禮大祝職引此文云「告用牲幣」,不破牲字,是天子用牲幣也。校人云「王所過山川,則飾黄駒」,是用牲也。』」○牲幣,依注牲音制。

諸侯相見,必告于禰,注:「道近,或可以不親告祖。」朝服而出視朝。注:「朝服,爲事故也。」正義:「熊氏云:『此朝服,謂皮弁服,以天子用以視朝,故謂之朝服。聘禮「諸侯相聘,皮弁服」,明相朝亦皮弁服。』」命祝史告于五廟,所過山川。注:「山川所不過則不告,貶於適天子也。」亦命國家五官,道而出。反必親告于祖禰。乃命祝史告至于前所告者,而后聽朝而入。注:「反必親告祖禰,同出入禮。」正義:「庾蔚云:『諸侯相見,出不云「告祖」者,或道近,變其常禮耳。故反必親告祖禰,以明出入之告,其禮不殊也。』」

曾子問曰:「並有喪,如之何?何先何後?」注:「並,謂父母若親同者同月死。」正義:「親同者,祖父母及世叔兄弟。」孔子曰：「葬，先輕而後重，其奠也，先重而後輕，禮也。自啓及葬不奠，注：「不奠，務於當葬者。」正義：「自，從也。從啓母殯之後，及至葬柩欲出之前，唯設母啓殯、朝廟之奠，及祖奠、遣奠，不爲父喪朝夕更新奠也。」行葬不哀次。注：「不哀次，輕於在殯者。」正義：「次，謂大門外之右，平生待賓之處。柩車出門至此，孝子悲哀，柩車暫停，今爲父喪在殯，不得爲母伸哀於所次之處，遂行而去。」反葬奠，而后辭於殯，遂修葬事。注：「殯當爲賓，聲之誤也。辭於賓，謂告將葬啓期也。」正義：「按既夕禮主人請啓期，告于賓之後，即陳葬事。」其虞也，先重而後輕，禮也。」

孔子曰：「宗子雖七十，無無主婦。注：「族人之婦，不可無統。」非宗子，雖無主婦可也。」正義：「此謂無子孫及有子而年幼小者，若有子孫，則傳家事於子孫，故曲禮『七十老而傳』，是也。」

曾子問曰：「將冠子，冠者至，揖讓而入，聞齊衰、大功之喪，如之何？」注：「冠者，賓及贊者。」孔子曰：「内喪則廢。外喪則冠而不醴，徹饌而埽，即位而哭。如冠者未至，則廢。注：「内喪，同門也。不醴，不醴子也。其廢者，喪成服，因喪而冠。」正義：「加冠在廟，廟在大門之内，吉凶不可同處，故云『内喪則廢』。熊氏以即位而哭謂在冠家即位，以文承『徹饌而埽』之下。皇氏以爲即喪家之位，非也。」江氏永曰：「此即位而哭，謂親在遠地者爲位而哭也。若在近地，自當如皇氏説哭於其家。」○冠，古亂反，下同。饌，仕戀反。埽，悉報反。如將冠子而未及期日，而有齊衰、大功、小功之喪，則因喪服而冠。」注：「廢吉禮而因喪冠，俱成人之服。及，至也。」「除喪不改冠乎？」孔子曰：「天子賜諸侯大夫冕弁服於大廟，歸設奠，服賜服。於斯乎有冠醮，無冠醴。注：「酒爲醮，冠禮醴重而醮輕。此服賜服，酌用酒，尊賜也。不醴，明不爲改冠。改冠當醴之。」正義：「鄭注士冠禮，注云：『酌而無酬酢曰醮。』醮所以異於醴者，醴則三加之後，總一醴之醮則每一加而行一醮，凡三醮也。皇氏云：『謂諸侯及大夫幼弱未冠，總角從事，當冠之年，因朝天子而賜之服，故歸還不改冠也。』」王氏懋竑曰：「凡三醮，則醴輕而醮反重，且不改冠，安得有三加也？通解於庶子章注：『一醮，正也。其用醴及三醮，爲適子加耳，庶子則一醮，以酒足矣。』於此可證有冠醮，無冠醴之說。」○醮，子妙反。

父没而冠，則已冠，埽地而祭於禰，盧注：「本父當成之，不能成，故已冠而祭之，若成之矣。」已祭而見伯父叔父，而后饗冠者。」注：「饗，謂禮之。」正義：「按士冠禮云『若孤子，則父兄戒宿，冠之日，主人紒而迎賓，拜，揖讓，立於序端』，則冠身自迎賓。皇氏云：『冠者諸父迎賓，非禮也。』」

曾子問曰：「祭，如之何則不行旅酬之事矣？」孔子曰：「聞之。小祥者，主人練祭而不旅，奠酬於賓，賓弗舉，禮也。注：「奠無尸，虞不致爵，小祥不旅酬，大祥無無算爵，彌吉。」正義：「按士虞禮賓三獻尸，尸卒爵，禮畢，無『致爵』以下之事，所謂『虞不致爵』也。特牲三獻之，賓作尸所止爵，尸飲卒爵酢賓，賓飲卒爵獻祝及佐食，致爵于主人主婦畢，主人降阼階，升，酌，西階上獻賓及衆賓訖，主人洗觶，于西階前北面酬賓訖，主人洗爵，于阼階上獻長兄弟及衆兄弟及内兄弟于房中。獻畢，賓乃坐取主人所酬之觶，於阼階前酬長兄弟，長兄弟受觶，於西階前酬衆賓，衆賓酬衆兄弟，所謂旅酬也。不旅酬，謂奠酬於主人，主人酬於賓，賓不舉也。旅酬之後，賓弟子、兄弟弟子各酌于其尊，舉觶，各於其長，賓取觶酬兄弟之黨，長兄弟取觶酬賓之黨，所謂無算爵也。大祥得行旅酬，而不得行此無算爵之事。」昔者魯昭公練而舉酬行旅，非禮也。孝公大祥，奠酬弗舉，亦非禮也。」注：「孝公，隱公之祖父。」正義：「按世本『孝公生惠公弗皇，弗皇生隱公。』是隱公之祖父也。」

曾子問曰：「大功之喪，可以與於饋奠之事乎？」注：「饋奠，在殯時也。」孔子曰：「豈大功耳？自斬衰以下皆可，禮也。」曾子曰：「不以輕服而重相爲乎？」注：「怪以重服而爲人執事。」孔子曰：「非此之謂也。注：「非謂爲人，謂於其所爲服也。」天子諸侯之喪，斬衰者奠；注：「爲君服者皆斬衰，唯主人不奠。」大夫齊衰者奠；注：「服斬衰者不奠，辟正君也。齊衰者，其兄弟。」士則朋友奠。不足則取於大功以下者，不足則反之。」注：「服齊衰者不奠，辟大夫也。言不足者，謂殷奠時。」正義：「按士喪禮，主人不親奠，以主人悲號思慕，不暇執事故也。大夫家臣雖服斬衰，不得饋奠，辟天子諸侯之正君。殷，盛也。月朔之奠，盛於常奠，非月半之殷奠也。以次差之，天子斬衰者奠，大夫用齊衰，士應先取大功。今取朋友者，以天子諸侯皆使臣爲奠，大夫辟正君，故遣兄弟奠，士則位卑，不嫌敵君，故遣僚屬奠，僚屬則朋友也。」○與，音預。爲，于僞反。

曾子問曰：「小功可以與於祭乎？」注：「祭，謂虞卒哭時。」孔子曰：「何必小功耳？自斬衰以下與祭，禮也。」曾子曰：「不以輕喪而重祭乎？」注：「怪使重者執事。」孔子曰：「天子諸侯之喪祭也，不斬衰者不與祭。大夫齊衰者與祭。士祭不足，則取於兄弟大功以下者。」正義：「知非練祥者，以士練祥之祭，大功之服已除，不得云『取於兄弟大功以下者』。其天子諸侯，則得兼練祥也，以其練祥時猶斬衰與祭也。」

曾子問曰：「相識，有喪服可以與於祭乎？」注：「問己有喪服，可以助所識者祭否。」孔子曰：「緦不祭，又何助於人？」正義：「言身有緦服，尚不得自祭己家宗廟，何得助於他人祭乎？熊氏云：『謂身有緦服，則不得自爲父母虞、祔、卒哭祭。此謂同宮緦，若大夫士有齊衰、大功、小功、緦麻同宮，則亦不祭，若異宮則殯後得祭。故雜記云：「父母之喪，將祭而兄弟死，既殯而祭；若同宮，則雖臣妾，葬而後祭。」天子諸侯臣妾死於宮中，雖無服，亦不得爲父母虞、祔、卒哭祭也。天子諸侯適子死，斬衰，既練乃祭，爲適孫適婦，則既殯乃祭，以異宮故也。』」

曾子問曰：「廢喪服，可以與於饋奠之事乎？」注：「謂新除喪服也。」正義：「廢，猶除之。」孔子曰：「說衰與奠，非禮也，注：「執事於人之神，爲其忘哀疾也。」以擯相可也。」○說，湯活反。相，息亮反。

曾子問曰：「昏禮既納幣，有吉日，女之父母死，則如之何？」注：「吉日，取女之吉日。」孔子曰：「壻使人弔。如壻之父母死，則女之家亦使人弔。注：「必使人弔者，未成兄弟。」父喪稱父，母喪稱母。注：「禮宜各以其敵者也。父使人弔之，辭云：『某子聞某之喪，某子使某，如何不淑。』母則若云：『宋蕩伯姬聞姜氏之喪，伯姬使某，如何不淑。』凡弔辭一耳。」父母不在，則稱伯父世母。注：「弔禮不可廢也。伯父母又不在，則稱叔父母。」壻已葬，壻之伯父致命女氏曰：『某之子有父母之喪，不得嗣爲兄弟，使某致命。』女氏許諾而弗敢嫁，禮也。注：「必致命者，不敢以累年之喪，使人失嘉會之時。」壻免喪，女之父母使人請，壻弗取而后嫁之，禮也。注：「請，請成昏。」女之父母死，壻亦如之。」注：「女免喪，壻之父母亦使人請。其已葬時，亦致命。」

曾子問曰：「親迎，女在塗，而壻之父母死，如之何？」孔子曰：「女改服，布深衣，縞總，以趨喪。注：「布深衣，縞總，婦人始喪，未成服之服。」正義：「深衣，謂衣裳相連，前後深邃，故曰深衣。縞，白絹也。總，束髮也，長八寸。」女在塗，而女之父母死，則女反。」注：「奔喪，服期。」如壻親迎，女未至，而有齊衰、大功之喪，則如之何？」孔子曰：「男不入，改服於外次。女入，改服於內次。然後卽位而哭。」注：「不聞喪卽改服者，昏禮重於齊衰以下。」正義：「此謂在塗聞齊衰大功，廢昏禮，若婦已揖讓入門，內喪則廢，外喪則行昏禮。」曾子問曰：「除喪則不復昏禮乎？」注：「復，猶償也。」孔子曰：「祭過時不祭，禮也。又何反於初？」注：「重喻輕也。同牢及饋饗，相飲食之道。」正義：「過時不祭，謂四時常祭也。熊氏云：『若喪祭及禘祫祭，雖過時猶追而祭之。故禘祫志云：「昭十一年齊歸薨，十三年會于平邱，冬，公如晉，不得祫，至十四年乃追而祫之，十五年乃禘也。」』」○迎，魚敬反，下同。縞，古老反。期，居宜反。過，古卧反。

孔子曰：「嫁女之家，三夜不息燭，思相離也。注：「親骨肉也。」取婦之家，三日不舉樂，思嗣親也。注：「重世變也。」正義：「思念己之嗣續其親，則是親之代謝，所以悲哀感傷，重世之改變也。」三月而廟見，稱『來婦』也。擇日而祭於禰，成婦之義也。」注：「謂舅姑沒者也。必祭成婦義者，婦有供養之禮，猶舅姑存時盥饋特豚於室。」正義：「若舅姑既沒，至三月乃奠菜於舅姑之廟。故昏禮云『舅姑既沒，則婦入三月乃奠菜』，是也。若舅姑偏有沒者，崔氏云：『厥明，婦盥饋於其存者，三月，廟見於其亡者。』」江氏永曰：「疏謂『必待三月一時，天氣改，乃可以事神』，亦不然，古人之意，蓋欲遲之一時，觀其婦之性行，和於夫，宜於室人，克成婦道，然後可廟見而祭禰。大夫則有反馬之禮，前此猶留其送馬，有出道焉。未廟見而死，則有殺禮歸葬，如下章之云，豈止俟天時改哉？」

曾子問曰：「女未廟見而死，則如之何？」孔子曰：「不遷於祖，不祔於皇姑，壻不杖，不菲，不次，歸葬于女氏之黨，示未成婦也。」注：「遷，朝廟也。壻雖不備喪禮，猶爲之服齊衰也。」釋文：「菲，草屨。」正義：「以其未廟見，不得舅姑之命，示若未成婦，其女之父母則爲之降服大功，以壻爲之服齊衰期，非無主也。」王氏引之曰：「此『皇姑』與士昏禮之『皇姑』異，士昏禮之皇姑，謂既没之姑，此皇姑則謂祖姑也。喪服小記曰：『婦祔於祖姑。』又曰『祔必以其昭穆。』士虞禮記：『婦曰「孫祔于皇祖姑某氏。」』是也。此未成爲婦，不得用婦祔於祖姑之禮，婦與姑昭穆不同，故必祔於祖姑，而後昭穆相當也。」○菲，一本作「扉」，扶畏反。

曾子問曰：「取女有吉日，而女死，如之何？」孔子曰：「壻齊衰而弔，既葬而除之。夫死亦如之。」注：「未有期三年之恩也。女服斬衰。」方性夫曰：「以其嘗請期，故齊衰而弔，然未成婦也，故既葬而除之。」

曾子問曰：「喪有二孤，廟有二主，禮與？」注：「怪時有之。」孔子曰：「天無二日，土無二王，嘗、禘、郊、社，尊無二上，未知其爲禮也。注：「尊喻卑也。神雖多，猶一一祭之。」昔者齊桓公亟舉兵，作僞主以行，及反，藏諸祖廟。廟有二主，自桓公始也。注：「僞，猶假也。舉兵以遷廟主行，無則主命，爲假主，非也。」喪之二孤，則昔者衛靈公適魯，遭季桓子之喪，衛君請弔，哀公辭不得命，公爲主，客入弔，康子立於門右，北面。公揖讓，升自東階，西鄉，客升自西階弔，公拜興哭，康子拜稽顙於位。有司弗辯也。今之二孤，自季康子之過也。」注：「辯，猶正也。若康子者，君弔其臣之禮也。隣國之君弔，君爲之主，主人拜稽顙，非也，當哭踊而已。靈公先桓子以魯哀公二年夏卒，桓子以三年秋卒，是出公也。」正義：「賓主尊卑宜敵，故君爲主，主則拜賓，康子又拜，非也。」趙氏良霨曰：「按喪大記君弔其臣，斂則撫其尸，既殯則稱言而踊〔一〕，君不拜也。今季桓子喪，客升自西階弔，言弔不言拜，衞君無失也。又大夫君弔其臣，若有四鄰賓客，其君後主人而拜，是喪以尊者拜賓，衞君弔而公拜、興、哭，公亦無失也，獨康子拜稽顙爲非禮耳，故曰『康子之過也。』」〇與，音餘，下同。亟，徐起吏反。

曾子問曰：「古者師行，必以遷廟主行乎？」白虎通曰：「必以遷主者，明廟不可空也。」孔子曰：「天子巡守，以遷廟主行，載於齊車，言必有尊也。今也取七廟之主以行，則失之矣。注：「齊車，金路。」正義：「凡祭祀皆乘玉路，齊車則降一等乘金路也。遷廟主，皇氏曰：『謂載新遷廟之主。』義或然也。」當七廟五廟無虛主。虛主者，唯天子崩，諸侯薨，與去其國，與祫祭於祖，爲無主耳。吾聞諸老聃曰：『天子崩，國君薨，則祝取羣廟之主而藏諸祖廟，禮也。卒哭成事，而後主各反其廟。注：「老聃，古壽考者之號也，與孔子同時。藏諸主於祖廟，象有凶事者聚也。卒哭成事，先祔之祭名也。」正義：「按史記云：『老聃，陳國苦縣賴鄉曲仁里人也。』爲周柱下史，或爲守藏史。鄭注論語云：『老聃，周之大史。』」君去其國，大宰取羣廟之主以從，禮也。注：「鬼神依人者也。」祫祭於祖，則祝迎四廟之主，主出廟入廟，必蹕。』老聃云。」注：「祝，接神者也。蹕，止行者。」正義：「祫祭於祖，是祝所掌之事，故祝迎四廟之主。若去國，非祭祀之事，故大宰

〔一〕「踊」，原誤「誦」，據喪大記改。

取羣廟之主以從。祫祭於祖，則迎四廟之主，祝主接神，故迎之也。祫，合祭。祖，大祖。三年一祫，當祫之年，則祝迎高、曾、祖、禰四廟，而於大祖廟祭之。天子祫祭，則迎六廟之主。今言『迎四廟』者，舉諸侯言也。主，天子一尺二寸，諸侯一尺。出廟者，謂出己廟，而往大祖廟。入廟，謂從大祖廟，而反還入己廟。當主出入之時，必須蹕，止行人。若王入大祖廟中，則不須蹕，似壓於尊者也。若有喪及去國，無蹕禮也。」○齊，側皆反。祫，音洽。聃，他甘反。從，才用反。

曾子問曰：「古者師行無遷主，則何主？」孔子曰：「主命。」問曰：「何謂也？」孔子曰：「天子諸侯將出，必以幣、帛、皮、圭告于祖禰，遂奉以出，載於齊車以行。每舍奠焉，而後就舍。注：「以脯醢禮神，乃敢即安也。所告而不以出，即埋之。」正義：「以在路不可恒設牲牢，故知以脯醢也。」反必告，設奠，卒，斂幣玉，藏諸兩階之間，乃出。蓋貴命也。」正義：「皇氏云：『謂有遷主者，直以幣帛告神，而不將幣帛以出，行即埋之兩階之間。無遷主者，加之以皮圭，告於祖禰，遂奉以出。』熊氏以爲每告一廟，以一幣玉，告畢，若將所告遠祖幣玉行者，即載之而去。若近祖幣玉不以出者，即埋之。反還之時，以此載行幣玉告於遠祖，事畢埋於遠祖兩階間；其近祖以下，直告祭而已，不陳幣玉也。」

子游問曰：「喪慈母如母，禮與？」注：「如母，謂父卒三年也。子游意以爲國君亦當然，禮所云者，乃大夫以下，父所使妾養妾子。」孔子曰：「非禮也。古者男子外有傅，內有慈母，君命所使教子也，何服之有？注：「言無服也。此指謂國君之子也。大夫士之子，爲庶母慈己者服小功，父卒乃不服。」昔者魯昭公少喪其母，有慈母良，及其死也，公弗忍也，欲喪之。有司以聞，曰：『古之禮，慈母無服。注：「據國君也。良，善也。謂之慈母，固爲其善。國君之妾，子於禮不服也。昭公年三十，乃喪齊歸，猶無戚容，是不少，又安能不忍於慈母？此非昭公明矣，未知何公也。」今也君爲之服，是逆古之禮，而亂國法也。若終行之，則有司將書之，以遺後世，無乃不可乎！』公曰：『古者天子練冠以燕居。』公弗忍也，遂練冠以喪慈母。喪慈母，自魯昭公始也。」注：「公之言又非也，天子練冠以燕居，蓋謂庶子王爲其母。」○喪，息浪反，下同。

曾子問曰：「諸侯旅見天子，入門不得終禮，廢者幾？」注：「旅，衆。」孔子曰：「四。」請問之。曰：「大廟火，日食，后之喪，雨霑服失容，則廢。」注：「大廟，始祖廟。宗廟皆然，主於始祖耳。」如諸侯皆在而日食，則從天子救日，各以其方色與其兵。注：「示奉時事有所討也，方色者，東方衣青，南方衣赤，西方衣白，北方衣黑。兵，未聞也。」正義：「隱義云：『東方用戟，南方用矛，西方用弩，北方用楯，中央用鼓。』穀梁云：『天子救日，置五麾，陳五兵五鼓。諸侯置三麾，陳三鼓三兵。大夫擊門，士擊柝。言充其陽也。』」江氏永曰：「古術疏，無豫推日食之法，故有猝遇日食，不得終禮之事，後言『喪引至於堩，日有食之』，『安知其不見星』，亦是不能豫知其食分也。」段氏玉裁曰：「古外朝、治朝、燕朝皆不屋，故雨霑服失容則廢。」大廟火，則從天子救火，不以方色與兵。」○霑，竹廉反。

曾子問曰：「諸侯相見，揖讓入門，不得終禮，廢者幾？」孔子曰：「六。」請問之。曰：「天子崩，大廟火，日食，后、夫人之喪，雨霑服失容，則廢。」注：「夫人，君之夫人。」

曾子問曰：「天子嘗、禘、郊、社、五祀之祭，簠簋既陳，天子崩，后之喪，如之何？」孔子曰：「廢。」注：「既陳，謂夙興陳饌牲器時也。天子七祀，言五者，闕中言之。」江氏永曰：「鄭注周禮以勾芒等五人神爲五祀，此注五祀以爲闕中言之，皆非也。天子而下，皆以戶、竈、中霤、門、行爲五祀。」○簠，音甫。簋，音軌。

曾子問曰：「當祭而日食，大廟火，其祭也如之何？」孔子曰：「接祭而已矣。如牲至未殺，則廢。」注：「接祭而已，不迎尸也。」正義：「接，捷也。捷，速也。速而祭之。凡迎尸有二：一是祭初迎尸於奧，而行灌禮，灌畢而出迎牲。於時延尸於戶外，殺牲薦血毛，行朝踐之禮，一也。然後退而合亨，更迎尸入坐於奧，行饋孰之禮，二也。此云『不迎尸』者，直於堂上行朝踐禮畢則止，不更迎尸而入。此謂宗廟之祭，郊社之祭無文。不迎尸，亦謂此時也。」

天子崩，未殯，五祀之祭不行，既殯而祭。其祭也，尸入，三飯，不侑，酳不酢而已矣。正義：「以初崩哀慼，未遑祭祀。但五祀外神，不可以已私喪，久廢其祭，故既殯哀情稍殺而後祭也。但喪既殯，不得純如吉禮，理須降殺。熊氏云：『迎尸入奧之後，尸三飯即止，祝不勸侑。至十五飯，於時冢宰攝主，酌酒酳尸，尸受卒爵，不酢攝主。』」自啓至于反哭，五祀之祭不行，已葬而祭，祝畢獻而已。注：「既葬彌吉，畢獻祝而後止，郊社亦然。唯嘗禘宗廟，俟吉也。」正義：「既葬彌吉，尸入三飯之後，祝乃侑尸。尸食十五飯，攝主酳尸，尸飲卒爵，而酢攝主。攝主飲畢，酌而獻祝。祝受飲畢則止，無獻佐食以下之事。皇氏云：『已，止也。』趙商問云：『「自啓至反哭，五祀之祭不行」，注云：「郊社亦然。」既云葬時郊社之祭不行，何得有越紼而行事』鄭答：『越紼行事，喪無事時，天地郊社有常日，自啓及至反哭，自當辟之。』郊社尊，故辟其日，不使相妨。五祀卑，若與啓、反哭日相逢，則五祀辟其日也。」○侑，音又。 酳，音胤。酢，才各反。

曾子問曰：「諸侯之祭社稷，俎豆既陳，聞天子崩，后之喪，君薨，夫人之喪，如之何？」孔子曰：「廢。注：「亦謂夙興陳饌牲器時也。」自薨比至于殯，自啓至于反哭，奉帥天子。」注：「帥，循也。所奉循如天子者。謂五祀之祭也。社稷亦然。」

曾子問曰：「大夫之祭，鼎俎既陳，籩豆既設，不得成禮，廢者幾？」孔子曰：「九。」請問之。曰：「天子崩，后之喪，君薨，夫人之喪，君之大廟火，日食，三年之喪，齊衰，大功，皆廢。外喪自齊衰以下行也。注：「齊衰異門則祭。」其齊衰之祭也，尸入，三飯，不侑，酳不酢而已矣。大功，酢而已矣。小功、緦，室中之事而已矣。注：「室中之事，謂賓長獻。」正義：「若平常之祭，尸得賓長獻爵，則止不舉，待致爵之後，尸乃舉爵。今既喪殺，賓長獻尸，尸飲以酢賓，賓又獻祝及佐食，而祭畢止。若致爵之時，主婦在房中南面，主人獻賓堂上北面，皆不在室中。其室中者，獻尸、祝、佐食耳。故云『室中之事，謂賓長獻』。按雜記云：『臣妾死於宫中，三月而後祭之。』此内喪緦麻不廢祭者，此謂鼎俎既陳，臨祭之時，故不廢也。」士之所以異者，緦不祭。注：「然則士不得成禮者十一。」所祭，於死者無服，則祭。」注：「謂若舅，舅之子，從母昆弟。」賀循祭議：「禮，在喪者不祭，祭吉事故也。其義不但施於生人，亦祖禰之情，同其哀戚，故云『於死者無服，則祭』也。」

曾子問曰：「三年之喪，弔乎？」孔子曰：「三年之喪，練不羣立，不旅行。注：「爲其苟語忘哀也。」君子禮以飾情，三年之喪而弔哭，不亦虛乎！」注：「爲彼哀則不專於親也，爲親哀，則是妄弔。」正義：「凡行吉凶之禮，必使外內相副，用外之物，以飾內情。故冠冕文彩以飾至敬之情，麤衰以飾哀痛之情。所以三年問云：『衰服，爲至痛飾也。』故云『君子禮以飾情』也。」

曾子問曰：「大夫士有私喪，可以除之矣。而有君服焉，其除之也，如之何？」孔子曰：「有君喪，服於身，不敢私服，又何除焉？」注：「重喻輕也。私喪，家之喪也。喪服四制曰：『門外之治，義斷恩。』」於是乎有過時而弗除也。君之喪服除，而后殷祭，禮也。」注：「謂主人也。支子則否。」正義：「盧氏云：『殷祭，盛也。君服除，乃行釋私服之禮。』庾蔚云：『今月除君服，明月可小祥，又明月可大祥，猶若久喪不葬者也。若未有君服之前，私服已小祥者，除君服後，但大祥而可。』」

曾子問曰：「父母之喪，弗除可乎？」注：「以其有終身之憂。」孔子曰：「先王制禮，過時弗舉，禮也。非弗能勿除也，患其過於制也，故君子過時不祭，禮也。」注：「言制禮以爲民中，過其時則不成禮。」正義：「如適子仕者，除君服後，猶得行殷祭。其四時之祭，過時不追者，假令春夏祭，本爲感春夏而祭，至秋非時，故不追也。」

曾子問曰：「君薨既殯，而臣有父母之喪，則如之何？」孔子曰：「歸居於家，有殷事，則之君所，朝夕否。」注：「居家者，因其哀後隆於父母。殷事，朔月月半薦新之奠也。」曰：「君既啓，而臣有父母之喪，則如之何？」孔子曰：「歸哭而反送君。」注：「言『送君』，則既葬而歸也。歸哭者，服君服而歸，不敢私服也。」正義：「以此言之，父母之喪既啓，而有君之喪，則亦往哭於君所，而反送父母。父母葬畢，而居君所，送君葬罷而歸，不待君之虞祭也。」曰：「君未殯，而臣有父母之喪，則如之何？」孔子曰：「歸殯，反于君所，有殷事則歸，朝夕否。注：「其哀雜，主於君。」正義：「盧氏云：『歸殯，反於君所者，人君五日而殯，故可以歸殯父母往而殯君也。』若其臨君殯之日，盧云：『歸哭父母而來殯君，殯君訖，乃還殯父母也。』」大夫室老行事，士則子孫行事。注：「大夫、士其在君所之時，則攝其事。」正義：「以大夫、士有殷事，在君所之時，則朝夕之奠有闕，若朝夕恒在君所，則朝夕之奠亦闕，故室老、子、孫攝行其事。」大夫內子，有殷事，亦之君所，朝夕否。」注：「謂夫之君既殯，而有舅姑之喪者。內子，大夫適妻也。妻爲夫之君，如婦爲舅姑，服齊衰。」

賤不誄貴，幼不誄長，禮也。注：「誄，累也。累列生時行迹，讀之以作謚。謚當由尊者成。」唯天子稱天以誄之。注：「以其無尊焉。春秋公羊說，以爲讀誄制謚於南郊，若云受之於天然。」五經通義云：「大臣吉服之南郊，告天還，素服稱天而謚之。」諸侯相誄，非禮也。」注：「禮當言誄於天子也，天子乃使大史賜之謚。」正義按：「白虎通云：『君薨，請謚，世子赴告於天子，天子唯遣大夫會葬而謚之。』」○誄，力水反。

曾子問曰：「君出疆，以三年之戒，以椑從。君薨，其入如之何？」注：「其出有喪備，疑喪入必異也。戒，猶備也。謂衣衾也。親身棺曰椑，其餘可死乃具也。」孔子曰：「共殯服，注：「此謂君已大斂。殯服，謂布深衣，苴絰，散帶垂。殯時主人所服，共之以待其來也。其餘殯事，亦皆具焉。」則子麻弁絰，疏衰，菲，杖，注：「棺柩未安，不忍成服於外也。麻弁絰者，布弁而加環絰也。布弁，如爵弁而用布。杖者，爲己病。」入自闕，升自西階。

注：「闕，謂毁宗也。柩毁宗而入，異於生也。升自西階，亦異生也。所毁宗，殯宫門西也。於此正棺，而服殯服，既塗而成服。殷柩出毁宗，周柩入毁宗，禮相變也。」如小斂，則子免而從柩，注：「謂君已小斂也。主人布深衣，不括髮者，行遠不可無飾。」入自門，升自阼階。注：「親未在棺，不忍異入，使如生來反。」君、大夫、士一節也。」○彊，居良反。裨，薄歷反。其，音恭。殯，必忍反。弁，皮彦反。免，音問。

曾子問曰：「君之喪既引，聞父母之喪，如之何？」孔子曰：「遂。既封而歸，不俟子。」注：「遂，遂送君也。封當爲窆。子，嗣君也。」曾子問曰：「父母之喪既引，及塗，聞君薨，如之何？」孔子曰：「遂。既封，改服而往。」注：「封亦當爲窆。改服，括髮徒跣，布深衣，扱上衽，不以私喪包至尊。」○封，依注音窆，彼驗反。

曾子問曰：「宗子爲士，庶子爲大夫，其祭也如之何？」孔子曰：「以上牲祭於宗子之家，祝曰：『孝子某，爲介子某薦其常事。』」注：「介，副也。不言庶，使若可以祭然。」正義：「宗子爲士，得有祖禰二廟。庶子爲大夫，得祭曾祖廟，己是庶子，不合自立曾祖之廟。崔氏云：『當寄曾祖廟於宗子之家，亦得以上牲，宗子爲祭也。若己是宗子從父庶子兄弟父之適子，則於其家自立禰廟，祖及曾祖亦於宗子之家寄立之，亦以上牲，宗子爲祭。若己是宗子，從祖庶兄弟父祖之適，則立祖禰廟於己家，亦寄立曾祖廟於宗子之家，亦供上牲，宗子爲祭。』」○爲，于僞反。

若宗子有罪，居於他國，庶子爲大夫，其祭也，祝曰：『孝子某，使介子某執其常事。』注：

「此之謂宗子攝大夫。」攝主不厭祭，不旅，不假，不綏祭，不配。注：「皆辟正主。厭，厭飫神也。厭有陰有陽。迎尸之前，祝酌奠，奠之且饗，是陰厭也。尸謖之後，徹薦俎敦，設於西北隅，是陽厭也。此不厭者，不陽厭也。不旅，不旅酬也。假讀爲嘏。不嘏，不嘏主人也。不綏祭，謂今主人也。綏周禮作墮。不配者，祝辭不言『以某妃配某氏』。」正義：「少牢云尸入，卽席坐，祝命尸挼尸，取菹，擩于醢，祭于豆間，及祭黍稷肺等，是謂尸綏祭也。尸十一飯訖，主人酳尸，尸酢主人，上佐食取黍稷肺授主人，所謂綏祭也。主人左執爵，祝與二佐食取黍以授尸，尸執以命祝，祝受，以東，北面，嘏于主人曰：『皇尸命工祝承致多福無疆于女孝孫。』所謂嘏也。」方氏苞曰：「注但言『薦歲事於皇祖伯某』，不言『以某妃配』，非也。五者皆攝主自損抑之義，非所以施於神也。按公羊傳：『大夫聞君之喪，攝主而往。』此記『攝主』，正如公羊傳所云，蓋暫攝也。惟暫攝則使主婦與之同薦徹，不可也，主婦在而使攝主之妻代主婦，不可也，故使有司代之，而不必夫婦以供祀事，所謂『不配』也。」布奠於賓，賓奠而不舉，注：「布奠，謂主人酬賓，奠觶於薦北。賓奠，謂取觶奠於薦南也。此酬之始也。奠之不舉，止旅。」不歸肉。注：「肉，俎也。謂與祭者，留之共燕。」其辭于賓曰：『宗兄、宗弟、宗子在他國，使某辭。』」注：「辭，猶告也。宿賓之辭，與宗子爲列，則曰『宗兄』若『宗弟』；昭穆異者，曰『宗子』而已。其辭若曰：『宗兄某在他國，使某執其常事，使某告。』」王氏懋竑曰：「其云『宗弟』者，或庶出而長也。宗子乃其本稱以其傳重言之，則曰宗子；以其行輩言之，則曰宗兄、宗弟，蓋兼言之。」○厭，本或作「懕」，於豔反。綏，注作「墮」，同，許垂反。歸，徐其位反。與，音預。

曾子問曰：「宗子去在他國，庶子無爵而居者，可以祭乎？」孔子曰：「祭哉！」注：「有子孫存，不可以乏先祖之祀。」「請問其祭如之何？」孔子曰：「望墓而爲壇，以時祭。」注：「不祭於廟。無爵者賤，遠辟正主。」正義：「此宗子去他國，謂有罪者。若其無罪，則以廟從，本國不得有廟。故喪服小記注云：『宗子去國，乃以廟從，謂無罪也。』」若宗子死，告於墓，而后祭於家。注：「言祭於家，容無廟也。」江氏永曰：「家者，對墓言之，祭於家，卽是祭於廟，非謂無廟也。蓋宗子無罪，去他國，宜以廟從，宗子死，自有子祭之。惟其有罪居他國，廟猶在本國。宗子雖有子，不能歸而祭，故庶子代祭。若無廟，則是庶人。庶人以時薦於寢，無牲無尸，不成其爲祭，夫子亦不必言之矣。」宗子死，稱名不言『孝』，注：「孝，宗子之稱。不敢與之同其辭，但言『子某薦其常事』。」身没而已。」注：「至子可以稱孝。」正義：「庶子身死，其子則是庶子適子，祭庶子之時，可以稱孝。」江氏永曰：此論正統之祭，未論祭庶子。庶子無爵，薦而不祭，亦不必言。或是孫祭祖，得稱『孝孫』與？抑或庶子攝祭，止於其身，庶子之子爲庶人，則當鬼其祖，不復更祭與？」子游之徒，有庶子祭者，以此若義也。注：「以，用也，用此禮祭也。若，順。」王氏念孫云：「『五字當作一句讀。此若義，猶言此義。下文『不首其義』，正謂子游之徒用此義，而今之祭者不用此也。『此若』二字連讀，若亦此也，古人自有複語耳。」今之祭者，不首其義，故誣於祭也。注：「首，本也。誣，猶妄也。」○壇，大丹反。

曾子問曰：「祭必有尸乎？若厭祭，亦可乎？」注：「厭時無尸。」孔子曰：「祭成喪者必有尸，尸必以孫，孫幼則使人抱之，無孫則取於同姓可也。注：「人以有子孫爲成人，子不殤父，義由此也。」祭殤必厭，蓋弗成也。注：「厭飫而已，不成其爲人。」祭成喪而無尸，是殤之也。」注：「與不成人同。」孔子曰：「有陰厭，有陽厭。」注：「言祭殤之禮，有於陰厭之者，有於陽厭之者。」曾子問曰：

「殤不祔祭，何謂陰厭陽厭？」注：「祔當爲備，聲之誤也。言殤乃不成人，祭之不備禮，而云陰厭陽厭乎？此失孔子指也。祭成人，始設奠於奥，迎尸之前，謂之陰厭。尸謖之後，改饌於西北隅，謂之陽厭。殤則不備。」江氏永曰：「祔當讀如字。曾子之意，謂祭祖禰有陰厭陽厭，殤當特祭，不祔於祖禰之旁，一厭祭而已，何爲有陰厭陽厭乎？」孔子曰：「宗子爲殤而死，庶子弗爲後也。注：「族人以其倫代之，明不序昭穆立之廟，其祭之，就其祖而已，代之者主其禮。」盧注：「殤無爲人父之道，宗族無子，但主其喪，不爲後也。」正義：「凡宗子爲殤而死，庶子既不爲後，不以父服服之。鄭注喪服云：『若與宗子期親者，其長殤大功衰九月，中殤大功衰七月，下殤小功衰五月，有大功之親者，成人服之齊衰三月，卒哭，受以大功衰九月。其長殤中殤，大功衰五月，下殤小功衰三月。有小功之親者，成人服之齊衰三月，卒哭，受以小功衰五月，其殤與絶屬者同。有緦麻之親者，成人及殤皆與絶屬者同。』故喪服記曰：『宗子孤爲殤而死者，大功衰、小功衰皆三月。』據與宗子小功以下及無服者，長中殤則大功，下殤則小功。凡殤死者。宗子主其祭祀。今宗子殤死，明代爲宗子者主其禮也。此宗子是大宗，但是宗子兄弟行，無限親疏，皆得代之。」其吉祭特牲。注：「尊宗子，從成人也。凡殤則特豚。自卒哭成事之後爲吉祭。」正義：「熊氏云：『殤與無後者，唯祔與除服二祭則止。』」祭殤不舉肺，無肵俎，無玄酒，不告利成，注：「此其無尸，及所降也，其他如成人。舉肺脊，肵俎，利成，禮之施於尸者。」是謂陰厭。注：「是宗子而殤，祭之於奥之禮。小宗爲殤，其祭禮亦如之。」凡殤與無後者，祭於宗子之家，當室之白，尊于東房，是謂陽厭。」注：「凡殤，謂庶子之適也；或昆弟之子；或從父昆弟。無後者如有昆弟及諸父，此則今死者皆宗子大功之内親，共祖禰者。言『祭於宗子之家』者，爲有異居之道也。無廟者，爲墠祭之。親者共其牲物，宗子皆主其禮。當室之白，尊於東房，異於宗子之爲殤。當室之白，謂西北隅得户明者也。明者曰陽。凡祖廟在小宗之家，小宗祭之亦然。宗子之適，亦爲凡殤。過此以往，則不祭也。祭適者，天子下祭五，諸侯下祭三，大夫下祭二，士以下祭子而止。」正義：「凡殤有二：一，昆弟之子，祭之當於宗子父廟；二是從父昆弟，祭之當於宗子祖廟。其無後者亦有二：一是昆弟無後，祭之當於宗子祖廟；二是諸父無後，祭之當於宗子曾祖之廟。凡殤得祭者，以其身是適故也。無後者，成人無後則祭。若在殤而死，則不祭，以其身是庶故也。」特牲饋食禮鄭注引「少牢饋食禮曰：『南面，而饋之設。』此所謂『當室之白』，陽厭也。則尸未入之前爲陰厭矣。」賈疏：「鄭注『當室之白』，謂西北隅得户之明者也。凡言厭者，謂無尸，直厭飫神故。」

○祔，依注音備。肵，音其。

曾子問曰：「葬引至於堩，日有食之，則有變乎？且不乎？」注：「堩，道也。變，謂異禮。」正義：「曾子以日食則有變常禮而停住乎？且不變常禮而遂行乎？」王氏念孫曰：「葬引至于堩，本作『葬既引，至于堩』。上文云『君之喪既引』，又云『父母之喪既引』，同一例。若無既字，則文義不完。士喪禮記注引此正作『葬既引，至于堩』。」孔子曰：「昔者吾從老聃助葬於巷黨，及堩，日有食之。老聃曰：『丘止柩就道右，止哭以聽變。』既明反，而后行，曰：『禮也。』注：「巷黨，黨名也。就道右者，行相左也。變，日食也。反，復也。」反葬而丘問之曰：『夫柩不可以反者也。日有食之，不知其已之遲數，則豈如行哉？』注：「已，止也。數，讀爲速。」老聃曰：『諸侯朝天子，見日而行，逮日而舍奠。大夫使，見日而行，逮日而舍。注：「舍奠，每將舍奠行主。」夫柩不蚤出，不莫宿。注：「侵晨夜，則近姦寇。」見星而行者，唯罪人與奔父母之喪者乎！日有食之，安知其不見星也？注：「爲無日而匽作，豫止也。」且君子行禮，不以人之親痁患。』吾聞諸老聃云。」注：「痁，病也。以人之父母行禮，而恐懼其有患害不爲也。」王氏引之曰：「痁，讀爲阽。阽，臨也，近也。漢書文帝紀『或阽於死亡』，服虔曰：『阽，音反坫之坫。』孟康曰：『阽，音屋檐之檐。』如淳曰：『近邊欲墮之意。』文選思玄賦：『阽焦原而跟趾。』李善引薛瓚漢書注曰：『臨危曰阽。』阽與痁通。然則痁患者，臨於患害也。鄭訓痁爲病，於義未確。」〇堩，古鄧反。從，才用反。痁，始占反。

曾子問曰：「爲君使而卒於舍，禮曰：『公館復，私館不復。』凡所使之國，有司所授舍，則公館已。何謂私館不復也？」注：「復，始死招魂。」孔子曰：「善乎問之也！注：「善其問難明也。」自卿、大夫、士之家曰私館，公館與公所爲曰公館。公館復，此之謂也。」注：「公館，若今縣官宮也。公所爲，君所命使舍己者。」正義：「公館，謂公家所造之館。與，及也。謂公之所使爲命停舍之處，亦謂之公館。張逸答鮑遺曰：『聘禮：「卿館於大夫，大夫館於士。」公命人使館客，亦公所爲也。』」〇爲，于僞反。

曾子問曰：「下殤土周葬於園，遂輿機而往，塗邇故也。注：「土周，堲周也。周人以夏后氏之堲周葬下殤於園中，以其去成人遠，不就墓也。機，輿尸之牀也，以繩絙其中央，又以繩從兩旁鉤之。禮以機舉尸，輿之以就園，而斂葬焉，塗近故耳。輿機，或爲『餘機』。」正義：「諸侯長中殤，適者車三乘，下殤車一乘。諸侯庶長殤中殤，車一乘。大夫之適長殤中殤，遣車一乘。然則王之適庶長中下殤皆有遣車，並不輿機。士及庶人皆無遣車，則中下殤並皆輿機。故熊氏云：『若無遣車，中從下殤。』」今墓遠，則其葬也，如之何？」注：「今人斂下殤於宮中，而葬於墓，與成人同，墓塗乃遠，其葬當輿其棺乎？載之也？問禮之變也。」孔子曰：「吾聞諸老聃曰：『昔者史佚有子而死，下殤也，墓遠。注：「蓋欲葬墓如長殤，從成人也。長殤有送葬車者，則棺載之矣。史佚，成王時賢史也，賢猶有所不知。」召公謂之曰：「何以不棺斂於宮中？」注：「欲其斂於宮中，如成人也。斂於宮中，則葬當載之。」史佚曰：「吾敢乎哉！」注：「畏知禮也。」召公言於周公，注：「爲史佚問。」周公曰：「豈！不可？」注：「言是豈於禮不可，不許也。」釋文：「豈，絶句。」史佚行之。』注：「失指以爲許也。遂用召公之言。」下殤用棺衣棺，自史佚始也。」注：「棺，謂斂於棺。」○佚，音逸。

曾子問曰：「卿大夫將爲尸於公，受宿矣，而有齊衰内喪，則如之何？」孔子曰：「出舍於公館以待事，禮也。」注：「吉凶不可以同處。」正義：「且舍公館，以待事畢，然後歸哭也。」

孔子曰：「尸弁冕而出。注：「爲君尸或弁者，先祖或有爲大夫士者。」正義：「按士虞禮云：『尸服卒者之上服。』以君之先祖有爲士者，當著爵弁以助君祭，大夫著冕。此云『大夫』，因士連言耳。按特牲尸服玄端，少牢又云尸服朝服。不服爵弁及冕者，大夫，士卑，屈於人君，故尸服父祖自祭之上服，人君禮伸，故尸服助祭之上服也。」卿、大夫、士皆下之。注：「見而下車。」尸必式，注：「小俛禮之。」必有前驅。」注：「爲辟道。」

子夏問曰：「三年之喪卒哭，金革之事無辟也者，禮與？初有司與？」注：「疑有司初使之然。」

孔子曰：「夏后氏三年之喪，既殯而致事，殷人既葬而致事，周人卒哭而致事。注：「致事，還其職位於君。」記曰：『君子不奪人之親，亦不可奪親也。』此之謂乎！」注：「二者恕也，孝也。」正義：「人臣有親之喪，君許其致事，是不奪人喪親之心，此謂恕也。臣遭親之喪須致事，是不奪情以從利禄，此謂孝也。」子夏曰：「金革之事無辟也者，非與？」注：「疑禮當有然。」孔子曰：「吾聞諸老聃曰：『昔者魯公伯禽有爲爲之也。』注：「伯禽，周公子，封於魯，有徐戎作難，喪卒哭而征之，急王事也。征之作費誓。」今以三年之喪從其利者，吾弗知也。』」注：「時多攻取之兵，言非禮也。」○辟，音避。

禮記訓纂卷八

文王世子第八

正義：「鄭目録云：『名曰文王世子者，以其記文王爲世子時之法。此於别録屬世子法。』」釋文：「文王，周文王昌也。」

文王之爲世子，朝於王季日三。雞初鳴而衣服，至於寢門外，問内豎之御者曰：「今日安否何如？」注：「三皆日朝，以其禮同。内豎，小臣之屬，掌外内之通命者。御，如今小史直日矣。」内豎曰：「安。」文王乃喜。注：「孝子恒兢兢。」及日中又至，亦如之。及莫又至，亦如之。其有不安節，則内豎以告文王，文王色憂，行不能正履。注：「又，復也。莫，夕也。節，謂居處故事。履，蹈地也。」王季復膳，然後亦復初。注：「憂解。」正義：「内則云：『命士以上，昧爽而朝，日入而夕。』凡常朝父母，每日唯二。今文王增一時，又三皆稱朝，並是聖人之法也。」○朝，直遥反。衣，徐於既反，又如字。

食上，必在視寒暖之節；食下，問所膳。命膳宰曰：「末有原！」應曰：「諾。」然後退。注：「在，察也。問所食者。末，猶勿也。原，再也。勿有所再進，爲其失飪，臭味惡也。退，反其寢。」釋文：「飪，生孰之節。」正義：「退反其寢，謂文王私寢也。」武王帥而行之，不敢有加焉。注：「庶幾程式之。帥，循也。」劉氏台拱曰：「爲人子止於孝，止善之謂也。不可以有加，過猶不及也。」文王有疾，武王不説冠帶而養。注：「言常在側。」文王一飯，亦一飯；文王再飯，亦再飯。注：「欲知氣力箴藥所勝。」旬有二日乃閒。注：「閒，猶瘳也。」釋文：「瘳，差也。」○上，時掌反。說，他活反。

文王謂武王曰：「女何夢矣？」注：「聞後容臥。」武王對曰：「夢帝與我九齡。」文王曰：「女以爲何也？」武王曰：「西方有九國焉，君王其終撫諸。」文王曰：「非也。古者謂年齡，齒亦齡也。我百，爾九十。吾與爾三焉。」文王九十七乃終，武王九十三而終。注：「帝，天也。撫，猶有也。年，天氣也。齒，人壽之數也。君子曰終，終其成功。」陳可大曰：「數之修短，稟於有生之初。文王雖愛其子，豈能減己之年而益之哉？」

成王幼，不能涖阼，周公相，踐阼而治。抗世子法於伯禽，欲令成王之知父子君臣長幼之道也。注：「涖，視也。不能視阼階，行人君之事。踐，履也。代成王履阼階，攝王位，治天下也。抗，猶舉也。謂舉以世子之法，使與成王居而學之。」成王有過，則撻伯禽，所以示成王世子之道也。注：「以成王之過擊伯禽，則足以感喻焉。」文王之爲世子也。注：「題上事。」江氏永曰：「當成王時，周公爲太傅，召公爲太保，太公爲太師，其左右前後必多疑、丞、輔、弼之人，非專恃伯禽以善成王。而使伯禽時與之居處，舉世子法以教伯禽，卽所以教成王；成王有過，故撻伯禽以感悟之。蓋救過用威之道不能行之於君臣者，可行之父子。此周公格君委曲之苦心，故孔子謂之『于其身以善其君』。」○涖，音吏。相，息亮反。抗，苦浪反。撻，他達反。

凡學世子，崔氏云：「凡諸侯之子，入學之法亦以十年而出就外傅。學書計，入學之時祭先聖先師。釋奠之法如王子之事。」及學士，必時。注：「四時各有所宜。學士，謂司徒論俊選所升於學者。」釋文：「學，教也。下『小樂正學干』、『籥師學戈』、『學舞干戚』，同。」春夏學干戈，秋冬學羽籥，皆於東序。注：「干，盾也。戈，句孑戟也。干戈，萬舞，象武也，用動作之時學之。羽籥，籥舞，象文也，用安靜之時學之。詩云：『左手執籥，右手秉翟。』」正義：「若大武，則以干配戚，明堂位云：『朱干玉戚，冕而舞大武。』若小舞，則以干配戈，則周禮樂師教小舞干舞是也。羽，翟羽也。籥，笛也。籥聲出於中，冬則萬物藏於中。盧植以爲春教干，夏教戈，秋教羽，冬教籥。但干戈羽籥，舞時相對之物。皇氏云：『鄭引詩「左手執籥，右手秉翟」，則秋冬羽籥同教，春夏亦同教干戈。』義或然也。」○學，户孝反。籥，羊灼反。

小樂正學干，大胥贊之，籥師學戈，籥師丞贊之。注：「四人皆樂官之屬也。通職，秋冬亦學以羽籥。小樂正，樂師也。周禮樂師：『掌國學之政，教國子小舞。』大胥：『掌學士之版，以待致諸子。春入學，舍菜，合舞，秋頒學，合聲。』籥師：『掌教國子舞羽吹籥。』」胥鼓南。注：「南，南夷之樂也。胥，掌以六樂之會，正舞位。」陳用之曰：「南，所謂象箾、南籥。夷樂，固鞮鞻氏所掌，非大胥、小胥之職也。」吴幼清曰：「詩云『以雅以南』，謂詩之二雅、二南也。胥鼓，亦謂大胥以鼓，而節二南之樂歌爾。」春誦，夏弦，大師詔之；瞽宗秋學禮，執禮者詔之，冬讀書，典書者詔之。釋詁：「詔，道也。」禮在瞽宗，書在上庠。注：「誦，謂歌樂也。弦，謂以絲播詩。陽用事則學之以聲，陰用事則學之以事，因時順氣，於功易成也。周立三代之學，學書於有虞氏之學，典、謨之教所興也。學舞於夏后氏之學，文武中也。學禮、樂於殷之學，功成治定，與己同也。」○大，音泰，下皆同。

凡祭與養老乞言、合語之禮，皆小樂正詔之於東序。注：「學以三者之威儀也。養老乞言，養老人之賢者，因從乞善言可行者也。合語，謂鄉射、鄉飲酒、大射、燕射之屬也。鄉射記曰：『古者於旅也語。』」江氏永曰：「此皆言學中之事，祭，謂釋奠釋菜也，乞言、合語，皆養老時之禮也。其禮行於登歌清廟之後，下管象，舞大武之前。下經云：『既歌而語，以成之也。言父子、君臣、長幼之道，合德音之致，禮之大者也。』分言之，君求言於老人爲乞言，三老五更，與君言父子、君臣、長幼之道爲合語。合言之，乞言、合語，皆謂之語。內則謂三王皆有惇史，惇史，所以記此言語也。乞言、合語皆有威儀，小樂正詔之；其言語有篇章辭説，大樂正授數，大司成論説之。經文前後甚明，注疏乃以飲射旅酬之語釋之，誤矣。」

大樂正學舞干戚。語説，命乞言，皆大樂正授數，大司成論説在東序。注：「學以三者之義也。戚，斧也。語説，合語之説也。數，篇數。論説，課其義之深淺，才能優劣。此云樂正司業，父師司成，卽大司成司徒之屬師氏也。師氏掌以媺詔王，教國子以三德三行，及國中失之事也。」新安王氏曰：「論説者，卽舞干戚、語説之數，爲講論而詳説之也。」江氏永曰：「大樂正、小樂正所教者，儀文器數，別設大司成一官，專講説義理，故下文有侍坐於大司成，函丈問答之事。此經官名官制，不必盡與周禮合。鄭以師氏當大司成，固未必然，王氏謂大司成卽大司樂，亦非也。」

凡侍坐於大司成者，遠近間三席，可以問，注：「間，猶容也。容三席，則得指畫相分別也。席之制，廣三尺三寸三分，則是所謂函丈也。」終則負牆，注：「卻就後席相辟。」正義：「負牆而坐，辟後來問者。」列事未盡不問。注：「錯尊者之語，不敬也。」

凡學，春官釋奠于其先師，秋冬亦如之。注：「官，謂禮、樂、詩、書之官。周禮曰：『凡有道者有德者，使教焉，死則以爲樂祖，祭於瞽宗。』此之謂先師之類也。若漢，禮有高堂生，樂有制氏，詩有毛公，書有伏生，億可以爲之也。不言夏，夏從春可知也。釋奠者，設薦饌酌奠而已，無迎尸以下之事。」

凡始立學者，必釋奠于先聖先師，及行事，必以幣。注：「謂天子命之教，始立學官者也。先聖，周公，若孔子。」正義：「諸侯言『始立學，必釋奠於先聖先師』，則天子始立學亦釋奠於先聖先師也。天子四時釋奠，不及先聖，則諸侯四時釋奠，亦不及先聖也。始立學，必用幣，則四時常奠不用幣也。知非天子始立學者，以下文云『有國故則否』，是廣記諸侯之國。但天子立虞、夏、殷、周四代之學，若諸侯止立時王一代之學，有大學小學耳。」

凡釋奠者，必有合也。有國故則否。注：「國無先聖先師，則所釋奠者當與鄰國合也。若唐虞有夔、伯夷，周有周公，魯有孔子，則各自奠之，不合也。」劉原父曰：「合，謂合樂也。春釋菜合舞，秋頒學合聲，釋奠則并合之，以侑神也。有國故，謂凶札師旅也，唯是不合。」朱子曰：「以下文考之，『有合』當爲『合樂』。國故，喪紀凶札之類。」

凡大合樂，必遂養老。注：「大合樂，謂春入學舍菜，合舞，秋頒學，合聲。於是時也，天子則視學焉。遂養老者，謂用其明日也。鄉飲酒、鄉射之禮，『明日，乃息司正』，『徵唯所欲，以告於先生君子可也』。是養老之象類。」陳用之曰：「後言『天子視學』，遂『適東序養老』，則視學養老皆同日也。」江氏永曰：「因大合樂而養老者，宜用明日，合樂養老不能一日行也。其特視學養老者同日。養老之時，歌清廟，管象，舞大武，而不合樂也。」

凡語于郊者，必取賢斂才焉。或以德進，或以事舉，或以言揚。注：「語，謂論説於郊學。大樂正論造士之秀者升諸司馬，曰進士，謂此矣。」曲藝皆誓之，以待又語。三而一有焉，注：「曲藝，謂小技能也。誓，謹也。皆使謹習其事，又語，謂後復論説也。三説之中，有一善則取之，以有曲藝，不必盡善。」乃進其等，注：「進於衆學者。」以其序，注：「又以其藝爲次。」謂之郊人，遠之於成均，以及取爵於上尊也。注：「俟事官之缺者以代之。遠之者，不曰俊選，曰郊人，賤技藝。董仲舒曰：『五帝名大學曰成均，則虞庠近是也。天子飲酒於虞庠，則郊人亦得酌於上尊以相旅。』」正義：「語，謂論課學士才能也。郊，西郊。德，謂有道德。事，次德者，解世事或吏治。言揚者，次事也。雖無德無事，而能言語應對，堪爲使命，亦舉用之。曲藝，小小技術，若醫卜之屬。」吴幼清曰：「曲謂一偏。曲藝，射御書數之屬。誓，蓋戒勵之，使勉於學。三，卽上文德與事、言也。考察三者之中，或有其一，卽進其等於曲藝之上，又自有高下爲先後之序也。然曲藝雖已進等，仍在郊學，故謂之郊人。」金氏榜曰：「遠之於成均，謂遠均詩、書、禮、樂之教也。注以『遠之』爲句，失之。」

始立學者，既興器用幣，注：「『興』當爲『釁』，字之誤也，禮樂之器成，則釁之。又用幣，告先聖先師以器成。」然後釋菜，注：「告先聖先師以器成，有時將用也。」不舞不授器。乃退，儐于東序，一獻，無介語可也。注：「釋菜禮輕也。釋奠則舞，舞則授器。司馬之屬，司兵、司戈、司盾祭祀授舞者兵也。言『乃退』者，謂得立三代之學者，釋菜於虞庠，則儐賓於東序，魯之學有米廩、東序、瞽宗也。」正義：「前云『告器成』，此釋菜告器成將用，兩告不同。熊氏云：『用幣則無菜，用菜則無幣。』按四時釋奠，不及先聖，知此用幣釋菜及先聖者，以始立學及器新成重於四時常奠也。熊氏云：「凡釋奠有六：始立學，一也。四時釋奠有四，通前五也。王制師還『釋奠于學』，六也。釋菜有三：春入學，釋菜合舞，一也。此釁器釋菜，二也。學記『皮弁祭菜』，三也。秋頒學合聲，無『釋菜』之文，則不釋菜也。釋幣唯一，此『釁器用幣』是也。』」胡邦衡曰：「儐禮其賓於東序，唯一獻，無介，但語可也。」○興，依注爲「釁」，音虚覲反。儐，必刃反，本亦作「擯」。

教世子。注：「亦題上事。」

凡三王教世子，必以禮樂。樂所以修内也，禮所以修外也。禮樂交錯於中，發形於外，是故其成也懌，恭敬而温文。注：「中，心中也。懌，説懌。」立大傅少傅以養之，欲其知父子君臣之道也。注：「養，猶教也。言養者，積浸成長之。」大傅審父子君臣之道以示之，注：「謂爲之行其禮。」少傅奉世子以觀大傅之德行而審喻之。注：「爲説其義。」大傅在前，少傅在後，注：「謂其在學時。」入則有保，出則有師，注：「謂燕居出入時。」是以教喻而德成也。注：「以有四人維持之。」師也者，教之以事而喻諸德者也。保也者，慎其身以輔翼之而歸諸道者也。注：「慎其身者，謹安護之。」記曰：「虞、夏、商、周有師保，有疑丞。注：「記所云，謂天子也，取以成説。」設四輔及三公，不必備，唯其人。」語使能也。注：「語，言也。得能則用之，無則已，不必備其官也。小人處其位，不如且闕。」君子曰德，德成而教尊，教尊而官正，官正而國治。君之謂也。正義：「喜樂從内生，和諧情性，故所以修内也。恭敬是正其容體，故所以修外。樂雖由中，從中而見外，禮雖由外，從外而入中。交閒錯雜於情性之中，宜發形見於身外，謂威儀和美也。

其成也懌，謂内外有樂，心既喜樂，外貌和美。恭敬温文，謂内外有禮，貌恭心敬而温潤文章也。在前在後，謂行步動止之節。喻，曉也。輔，相也。翼，助也。作記之人，更言『記曰』，是古有此記，作記者引之耳。『設四輔及三公，不必備，唯其人』，皆古記之文；『語使能』一句，是解前記所言。四輔者，案尚書大傳云：『古者天子必有四鄰：前曰疑，後曰丞，左曰輔，右曰弼。天子有問无以對，責之疑；可志而不志，責之丞；可正而不正，責之輔；可揚而不揚，責之弼。其爵視卿，其禄視次國之君也。』」○懌，音亦。

仲尼曰：「昔者周公攝政，踐阼而治，抗世子法於伯禽，所以善成王也。聞之曰：『爲人臣者殺其身有益於君則爲之。』況于其身以善其君乎！周公優爲之。」注：「聞之者，聞之於古也。于讀爲迂。迂，猶廣也，大也。」黄氏曰：「迂者，迂回委曲之義。優者，優勝之義也。謂周公迂回委曲設教，如成王有過，撻伯禽之類。」

是故知爲人子，然後可以爲人父。知爲人臣，然後可以爲人君。知事人，然後能使人。成王幼，不能涖阼，以爲世子則無爲也。注：「以爲世子，若爲世子時。」正義：「成王既無父，今若以成王爲世子時，則無爲世子之處。」朱氏軾曰：「謂周公以成王幼而爲君，前此未嘗習爲世子之法也。」是故抗世子法於伯禽，使之與成王居，注：「亦學此禮於成王側。」欲令成王之知父子、君臣、長幼之義也。君之於世子也，親則父也，尊則君也。有父之親，有君之尊，然後兼天下而有之。是故養世子不可不慎也。注：「處君父之位，覽海内之士，而近不能教其子，則其餘不足觀矣。」○令，力呈反。

行一物而三善皆得者，唯世子而已，其齒於學之謂也。注：「物猶事也。」故世子齒於學，國人觀之，曰：「將君我而與我齒讓，何也？」曰：「有父在，則禮然。」然而衆知父子之道矣。其二曰：「將君我而與我齒讓，何也？」曰：「有君在，則禮然。」然而衆著於君臣之義也。其三曰：「將君我而與我齒讓，何也？」曰：「長長也。」然而衆知長幼之節矣。故父在斯爲子，君在斯謂之臣。居子與臣之節，所以尊君親親也，故學之爲父子焉，學之爲君臣焉，學之爲長幼焉，注：「學，教。」父子、君臣、長幼之道得而國治。語曰：「樂正司業，父師司成，一有元良，萬國以貞。」世子之謂也。注：「司，主也。一，一人也。元，大也。良，善也。貞，正也。」正義：「物，猶事也。謂與國人齒讓之一事三善，謂父子、君臣、長幼。父子天性自然，故云道。君臣以義合，故云義。長幼有等級上下，故云節。父子長幼親屬易明，故云知。君臣於後始顯，故云著。此世子齒於學，唯在學受業時，若朝會飲食，則各以位之尊卑。諸子職云『辨其等，正其位』，是也。斯，語辭。父子天性，故云『爲子』，世子於君，雖曰君臣，異於義合，故云『謂之臣』也。」○學，音效，下同。

周公踐阼。注：「亦題上事。」

庶子之正於公族者，教之以孝弟、睦友、子愛，王氏引之曰：「謹案慈，愛也。字通作子。謂教之以孝弟、睦友、慈愛也。」明父子之義，長幼之序。注：「正者，政也。庶子，司馬之屬，掌國子之倅，爲政於公族者。其朝于公，內朝則東面北上，臣有貴者以齒；注：「內朝路寢庭。」其在外朝，則以官，司士爲之；其在宗廟之中，則如外朝之位，宗人授事，以爵以官。注：「外朝，路寢門之外庭。司士，亦司馬之屬也，掌羣臣之班，正朝儀之位也。宗人，掌禮及宗廟也。以爵，貴賤異位也。以官，官各有所掌也。若司徒奉牛，司馬奉羊，司空奉豕。」正義：「周禮：『諸子，下大夫二人。』屬司馬。公族內朝，則西方東面北上。臣有貴者以齒，皆同姓之臣，不得踰越。父兄雖賤而在上，子弟雖貴而處下。若公族在於外朝，與異姓同處，則以官之上下，不復以年齒也。此對路寢庭爲外朝，若對庫門外朝，朝士所掌三槐九棘之朝，則此路門外朝亦爲內朝也〔一〕。故玉藻云：『朝於內朝。』宗人，掌禮之官，及宗廟授百官之事。以爵者，隨爵之尊卑。貴者在前，賤者在後，又以官之職掌各供其事。」江氏永曰：「宗廟如外朝之位，謂亦如外朝之以官不以齒，非謂祭與朝同位也。同姓無爵者，皆以昭穆序於阼階之東南，西面北上，昭爲一行，穆爲一行，同異姓，有爵者，皆以爵序於西階之西南，東面北上。士初立於門西北面，得獻則移而東面北上。」其登餕、獻、受爵，則以上嗣。注：「上嗣，君之適長子。以特牲饋食禮言之，受爵，謂上嗣舉奠也。獻，謂舉奠洗爵酌入也。餕，謂宗人遣舉奠盥，祝命之餕也。大夫之嗣無此禮，辟君也。」正義：「初尸未入之前，祝酌奠于鉶南。尸入，祭奠，不飲，至此乃嗣子舉之。特牲云『嗣舉奠，盥，入，北面再拜稽首。尸執奠，嗣子進受，復位，再拜稽首』，尸答拜，嗣子卒觶，拜尸，尸答拜，則此經所謂受爵也。特牲又云『嗣舉奠洗酌入，尸拜受，嗣子答拜』，則此經所謂獻也。特牲又云無算爵之後，禮畢，尸謖而出，宗人遣嗣子及長兄弟相對而餕，所謂餕也。以特牲言之，則先受爵而後獻，獻而後餕。今此先云餕者，以餕爲重。登，謂登堂。無事之時，嗣子在堂下，餕時登堂，獻、受爵之時亦登堂。」○餕，音俊。

〔一〕「外朝」之「朝」，原誤「廟」，據禮記注疏改。

庶子治之，雖有三命，不踰父兄。注：「治之，治公族之禮也。唯於內朝則然，其餘會聚之事，則與庶姓同。一命齒于鄉里，再命齒于父族，三命不齒。不齒者，特爲位，不在父兄行列中。」正義：「庶子治之，應承前『臣有貴者以齒』之下，簡脱在此。」其公大事，則以其喪服之精麤爲序，雖於公族之喪亦如之，以次主人。注：「大事，謂死喪也。其爲君雖皆斬衰，序之必以本親也。主人，主喪者。次主人者，主人恒在上，雖有父兄，猶不得下齒。」若公與族燕，則異姓爲賓，注：「同宗無相賓客之道。」膳宰爲主人，注：「君尊，不獻酒。」公與父兄齒。注：「親親也。」族食，世降一等。注：「親者稠，疏者希。」正義：「族食，謂與族人燕食也。族人既有親疏，燕食亦隨世降殺也。假令齊衰一年四會食，大功三會食，小功二會食，緦麻一會食，是世降一等也。」江氏永曰：「斬衰本無精麤，此言『以其喪服之精麤』，據常法本親之五服也。」

其在軍則守於公禰。注：「謂從軍者。公禰，行主也。行以遷主，言禰，在外親也。」公若有出疆之政，注：「謂朝覲會同也。」庶子以公族之無事者守於公宮，正室守大廟，注：「正室，適子也。大廟，大祖之廟。」諸父守貴宮貴室，注：「謂守路寢。」王氏引之曰：「釋文作『諸父守貴室』，日本或作『守貴宮貴室』。」正義：「皇氏云：『或俗本無「貴宮」者，定本有「貴宮」。』」謹案：無「貴宮」者是也。下文「諸子諸孫守下宮下室」，注曰：「下宮，親廟也。下室，燕寢也。」如「貴室」上有「貴宮」二字，則鄭必分別釋之，乃注但曰「謂守路寢」，專指貴室言之，猶下注「燕寢」二字，專指下室也。再以經文考之，上文「正室守大廟」，注曰：「大廟，大祖之廟。」下文「諸子諸孫守下宮下室」，然則大廟對下宮言，卽是宮之貴者，適子固已守之矣，又何須諸父守貴宮乎？若謂別有貴宮，則諸侯五廟之外，別無他廟也。孔氏不能釐正，後儒不知「貴宫」二字爲經文所無，於是或以貴宫爲尊廟，或以爲昭廟，或以爲若魯公廟，或以爲羣公四親廟，皆不考鄭注、釋文而臆爲之説也。諸子諸孫守下宫下室。注：「下宫，親廟也。下室，燕寢。或言宫，或言廟，通異語。」正義：「公禰，謂遷主載在齊車，隨公行者也。庶子宫既從在軍，故守於公齊車之行主也。若庶子不從公行，在國掌其留守，守於公宫者，與下文爲總。正室守大廟，各言其别。」

五廟之孫，祖廟未毁，雖爲庶人，冠、取妻必告，死必赴，練、祥則告。注：「赴，告於君也。實四廟孫，而言『五廟』者，容顯考爲始封子也。」族之相爲也，宜弔不弔，宜免不免，有司罰之。至於賵、賻、承、含，皆有正焉。注：「弔，謂六世以往。免，謂五世。承讀爲贈，聲之誤也。正，正禮也。」釋文：「含，又作唅。賵、賻、唅、襚，皆贈喪之物也。車馬曰賵，布帛曰賻，珠玉曰唅，衣服曰襚。總謂之贈。贈猶送也。」正義：「從六世以至百世，但有弔禮，四世同高祖，有緦麻之親，五世則親盡，但有袒免。」○冠，古亂反。爲，于僞反。免，音問，下同。賵，芳鳳反。賻，音附。承，音贈。出注。含，胡闇反。

公族，其有死罪，則磬于甸人。注：「不於市朝者，隱之也。甸人，掌郊野之官。縣縊殺之曰磬。」盧注：「公族，諸侯同族也。磬，縊繫也。郊外曰甸，去天子城百里内也。不與國人同慮兄弟，故繫之甸人。」其刑罪，則纖剸，亦告于甸人。注：「纖讀爲鍼。鍼，刺也。剸，割也。宫割臏墨劓刖，皆以刀鋸刺割人體也〔一〕。告讀爲鞠。讀書用

〔一〕「刖」，原誤「則」，據禮記注疏改。

法曰鞫。」説文：「𥷚，窮治罪人也。」又云：「𦳎，截也，字或作剸。」廣雅：「剸，斷也。」段氏玉裁曰：「采芑傳曰：『鞫，告也。』謂鞫卽告之假借。此『告于甸人』，亦是假借告爲鞫也。」公族無宫刑，獄成，有司讞于公。其死罪，則曰：「某之罪在大辟。」其刑罪，則曰：「某之罪在小辟。」公曰：「宥之。」有司又曰：「在辟。」公又曰：「宥之。」有司又曰：「在辟。」及三宥，不對，走出，致刑于甸人。注：「宫割，淫刑。成，平也。讞之，言白也。辟，亦罪也。宥，寬也。欲寬其罪，出於刑也，又，復也。對，答也。先者君每言宥則答之，以將更寬之，至於三。罪定，不復答，走往刑之，爲君之恩無已。」彬謂讞當作「瀎」。説文：「議辠也。从水，與灋同意。」公又使人追之，曰：「雖然，必赦之。」有司對曰：「無及也。」注：「罪既正，不可宥，乃欲赦之，重刑殺其類也。」反命于公。注：「白已刑殺。」公素服不舉，爲之變，如其倫之喪，無服，親哭之。注：「素服，於凶事爲吉，於吉事爲凶，非喪服也。君雖不服臣，卿大夫死則皮弁錫衰以居，往弔，當事則弁絰。於士蓋疑衰，同姓則緦衰以弔之。今無服者，不往弔也。倫，謂親疏之比也。素服，亦皮弁矣。不往弔，爲位哭之而已。君於臣，使有司哭之。」盧注：「變飲食，終其月，如其等之喪也。」正義：「素服，衣裳皆素〔一〕。不舉饌食，爲之變，如其親疏倫輩之喪。身不往弔，無弔服也，乃親自哭之於異姓之廟。」彬案春秋莊二十年左傳「夫司寇行戮，君爲之不舉」，況公族乎！○纖，依注音鍼，之林反。剸，之免反。告，依注作「鞫」，久六反。讞，魚列反。

公族朝于内朝，内親也；雖有貴者以齒，明父子也。注：「謂以宗族事會。」正義：「言宗族在内朝，

〔一〕「裳」，原誤「常」，據禮記注疏改。

雖貴猶與賤者齒者，欲明父子昭穆之恩故也。」外朝以官，體異姓也。注：「體，猶連結也。」正義：「外朝主尊別，不得以私恩異。」宗廟之中，以爵爲位，崇德也。注：「崇，高也。」正義：「爵以德序，廟中是尊嚴之所。所主在德，故列爵爲位也。」宗人授事以官，尊賢也。注：「官各有能。」登餕、受爵以上嗣，尊祖之道也。注：「上嗣，祖之正統。」正義：「適子是先祖之正體，故使受爵於尸，及升餕尸餕，是尊祖之道理也。」喪紀以服之輕重爲序，不奪人親也。注：「紀，猶事也。」正義：「臣服君皆斬，又以本輕者爲下，本重者爲上，不計爵尊卑爲次序者，是不奪人本親之恩也。」公與族燕則以齒，而孝弟之道達矣。注：「以至尊不自異於親之列。」正義：「君上存親而與族人燕，則民有親屬者豈得相遺棄，此孝弟之道達於下也。」其族食，世降一等，親親之殺也。注：「殺，差也。」戰則守於公禰，孝愛之深也。注：「行主，君父之象。」正室守太廟，尊宗室，而君臣之道著矣。注：「以其不敢以庶守君所重。」諸父諸兄守貴室，子弟守下室，而讓道達矣。注：「以其貴者守貴，賤者守賤。上言父子孫，此言兄弟，互相備也。」○殺，色戒反。

五廟之孫，祖廟未毁，雖及庶人，冠、取妻必告，死必赴，不忘親也。親未絶而列於庶人，賤無能也。敬弔、臨、賻、賵，睦友之道也。古者庶子之官治，而邦國有倫，邦國有倫，而衆鄉方矣。注：「鄉方，言知所鄉。」公族之罪，雖親，不以犯有司正術也，所以體百姓也。注：「犯，猶干也。術，法也。」正義：「國立有司之官，以法齊治一切。今不可以私親之罪，而干壞有司之正法。法無二制，與百姓爲一體也。」

刑于隱者，不與國人慮兄弟也。弗弔，弗爲服，哭于異姓之廟，爲忝祖，遠之也。素服居外，不聽樂，私喪之也，骨肉之親無絶也。公族無宮刑，不翦其類也。注：「翦，割截也。」正義：「公族既無宮刑，當髡去其髮。故掌戮云『髡者使守積』，鄭注『謂同族不宮者』是也。」

天子視學，大昕鼓徵，所以警衆也。注：「早昧爽擊鼓，以召衆也。警，猶起也。周禮凡用樂，大胥以鼓徵學士。」說文：「昕，旦明，日將出也，讀若希。」衆至，然後天子至，乃命有司行事，興秩節，祭先師先聖焉。注：「興，猶舉也。秩，常也。節，猶禮也。使有司攝其事，舉常禮祭先師先聖。不親祭之者，視學觀禮耳，非爲彼報也。」有司卒事反命，注：「告祭畢也。祭畢，天子乃入。」始之養也。注：「又之養老之處。凡大合樂，必遂養老，是以往焉。言始，始立學也。」正義〔一〕：「天子視學，謂仲春合舞，季春合樂，仲秋合聲之時也。有司，詩、書、禮、樂之教官也。於時天子視學在虞庠之中，有司釋奠既畢，天子乃從虞庠入，反於國，明日乃之東序而養老，故云：『始之養也。』」王氏懋竑曰：「纂言以始字繼『畢事反命』而言，謂卒事反命而始之養老處也。」適東序，釋奠於先老，遂設三老、五更、羣老之席位焉。注：「親奠之者，已所有事也。養老東序，則是視學於上庠。三老五更，各一人也，皆年老更事致仕者也。天子以父兄養之，示天下之孝悌也。名以三五者，取象三辰五星，天所因以照明天下者。羣老無數，其禮亡。以鄉飲酒禮言之，席位之處，則三老如賓，五更如介，羣老如衆賓必也。」正義：「蔡邕以更字爲叟。叟，老稱，又以三老爲三人，五更爲五人。」臧氏琳曰：「盧植禮記注曰：『選三公老者爲三老，卿大夫之老者爲五更，亦參五之也。』漢書禮樂志曰：『養

〔一〕「義」，原誤「養」，據禮記注疏改。

三老五更於辟雍。」李奇曰：「王者父事三老，兄事五更。」王氏懋竑曰：「釋奠於先老，蒙上有司行事之文，亦命有司釋奠先聖先師。命有司行事而先老，則親釋奠，必無此理。」適饌，省醴，養老之珍具，注：「親視其所有。」遂發咏焉。退脩之，以孝養也。注：「發咏，謂以樂納之。退脩之，謂既迎而入，獻之以醴，獻畢而樂闋。」正義：「發咏，以大射之禮約之，當納賓之節。按大射『賓入，及庭』，『奏肆夏』。此養老既尊，故用兩君敵禮，入門卽奏肆夏。」江氏永曰：「以鍾鼓奏之，而無辭。」〇昕，音欣。

反，登歌清廟，既歌而語，以成之也。言父子、君臣、長幼之道，合德音之致，禮之大者也。注：「反，謂獻羣老畢，皆升就席也。反就席，乃席工於西階上，歌清廟以樂之。既歌，謂樂正告正歌備也。語，談説也。歌備而旅，旅而説父子、君臣、長幼之道，説合樂之所美，以成其意。鄉射記曰：『古者於旅也語。』」正義：「德音，謂歌清廟之詩。致，謂致極也。」下管象，舞大武，大合衆以事，達有神，興有德也。注：「象周武王伐紂之樂也。以管播其聲，又爲之舞，皆於堂下。衆，謂所合學士也。達，有神，明天授命周家之有神也。興有德，美文王、武王有德，師樂爲用，前歌後舞。」正君臣之位，貴賤之等焉，而上下之義行矣。注：「由清廟與武也。」陳用之曰：「明堂位曰：『以禘禮祀周公於太廟，登歌清廟，下管象。』祭統曰：『夫大嘗禘，升歌清廟，下而管象。』仲尼燕居曰：『兩君相見，升歌清廟，下而管象。』則天子之祭祀、養老、饗諸侯，諸侯相見，魯之嘗禘，皆升歌下管，貴人聲也。歌清廟，示德也。管象，示事也。維清奏象而言『文王之典』，季札見舞象而言『美哉，猶有憾』，則象爲文王之詩明矣。」江氏永曰：「管者，匏竹之總名，以管奏象舞，吹籥秉翟而舞。仲尼燕居云『下管象、武，夏籥序興』，是也。大合衆以事，事卽奏象舞武之事。」有司告以樂闋，注：「闋，終也。告君以歌舞之樂終。此所告者，謂無筭樂。」王乃命公侯伯子男及羣吏曰「反養老幼于東序」，終之以仁也。注：「羣吏，鄉遂之官。王於燕之末，而命諸侯時朝會在此者，各反養老如此禮，是終其仁心。」

是故聖人之記事也，慮之以大，注：「謂先本於孝弟之道。」愛之以敬，注：「謂省其所以養老之具。」王氏引之曰：「上下五之字皆指事言，不應此之字獨指人言，愛疑作受，字相似而誤也。受者，承也，繼也，謂已慮之以大，又繼之以敬也。」行之以禮，注：「謂親迎之，如見父兄。」修之以孝養，注：「謂親獻之薦之。」紀之以義，注：「謂既歌而語之。」終之以仁。注：「謂又以命諸侯歸於國，復自行之。」是故古之人一舉事，而衆皆知其德之備也。古之君子舉大事必慎其終始，而衆安得不喻焉？兑命曰：「念終始典于學。」注：「喻，猶曉也。兑當爲説。説命，書篇名，殷高宗之臣傅説之所作。典，常也。念事之終始常於學。學，禮義之府。」陸菊隱曰：「鼓召學士，釋奠於先聖先師，以明大道之所本，所謂『慮之以大』也。設三老、五更、羣老之席位，不敢少有怠忽，所謂『愛之以敬』也。又適饌、省醴、發咏，不致傷於質直，所謂『行之以禮』也。」王氏懋竑曰：「大昕鼓徵，所謂『慮之以大』也。釋奠於先聖、先師、先老，所謂『愛之以敬』也。禮之大者，所謂『行之以禮』也。上下之義行，所謂『紀之以義』也。退脩之以孝養，終之以仁，本文原自分明。『聖人之記事也』以下，俱照前文，各有所當。但『行之以禮』當在『脩之以孝養』下，偶倒其文耳。」彬謂此節總結上文。脩之以孝養，紀之以義，終之以仁，經内已言之。慮之以大，卽合德音之致，記文甚明。愛之以敬，行之以禮，卽養老設席位，適饌、省醴、發咏之事，不必如陳、吴、陸諸家所説，依經文次序一一縷分也。○兑，注作

「説」，同，音悦。

世子之記曰：朝夕至于大寢之門外，問於内豎曰：「今日安否何如？」注：「朝夕，朝朝暮夕也。日中又朝，文王之爲世子，非禮之制。世子之禮亡，言此存其記。」内豎曰：「今日安。」世子乃有喜色。其有不安節，則内豎以告世子。世子色憂，不滿容。内豎言「復初」，然後亦復初。朝夕之食上，世子必在視寒煖之節；食下，問所膳。羞必知所進，以命膳宰，然後退。若内豎言疾，則世子親齊玄而養。注：「色憂，憂淺也，不及文王行不能正履。羞必知所進，必知親所食。親，猶自也。養疾者齊玄，玄冠玄端也。」正義：「玄端，其衣則緇布衣也。端，正也。其制正幅，袂二尺二寸，袪尺二寸。齊必用玄者，玄是陰之色，陰氣静，齊亦静，故用玄也。」膳宰之饌，必敬視之。注：「疾者之食，齊和所欲或異。」疾之藥，必親嘗之。注：「試毒味也。」嘗饌善，則世子亦能食；注：「善，謂多於前。」嘗饌寡，世子亦不能飽。注：「又不及武王一飯再飯。」以至于復初，然後亦復初。注：「復常所服。」○上，時掌反。齊，側皆反。

禮記訓纂卷九

禮運第九

正義：「鄭目録云：『名曰禮運者，以其記五帝三王相變易，陰陽轉旋之道。此於別録屬通論。』」

昔者仲尼與於蜡賓，注：「蜡者，索也。歲十二月，合聚萬物而索饗之，亦祭宗廟。時孔子仕魯，在助祭之中。」釋文：「蜡，祭名。夏曰清祀，殷曰嘉平，周曰蜡，秦曰臘。」事畢，出遊於觀之上，喟然而嘆。注：「觀，闕也。孔子見魯君於祭禮有不備，於此又覩象魏舊章之處，感而嘆之。」説文：「喟，大息也。」正義：「出遊於觀之上者，謂出廟門，往雉門，雉門有兩觀。」仲尼之嘆，蓋嘆魯也。言偃在側，曰：「君子何嘆？」注：「言偃，孔子弟子子游。」孔子曰：「大道之行也，與三代之英，丘未之逮也，而有志焉。注：「大道，謂五帝時也。英，俊選之尤者，逮，及也。言不及見。志，謂識，古文。不言魯事，爲其大切，廣言之。」劉氏台拱曰：「志，識記之書，如夏時、坤乾之類。」○與，音預。蜡，仕嫁反。覩，古亂反。喟，去媿反。逮，音代。

大道之行也，天下爲公，選賢與能，講信修睦。注：「公，猶共也。禪位授聖，不家之。睦，親也。」正義：「爲公，謂揖讓而授聖德，不私傳子孫，卽廢朱、均而用舜、禹是也。選賢與能，擧十六相之類是也。修，習也。」周豐曰：『有虞氏未施信於民，而民信之。』又凡所行習，皆親睦也。」王氏引之曰：「選賢與能之與，當作擧。大戴禮王言篇『選賢擧能』，是也。擧、與古字通。」故人不獨親其親，不獨子其子，注：「孝慈之道廣也。」使老有所終，壯有所用，幼有所長，矜寡孤獨廢疾者皆有所養。注：「無匱乏也。」正義：「老有所終，四海如一，無所獨親，故天下之老者皆得贍養，終其餘年也。壯，謂年齒盛壯者。所用，謂不愛其力，以奉老幼。無所獨子，故天下之幼者皆獲養長以成人也。壯不愛力，故四者無告及有疾者皆獲恤養也。」男有分，注：「分，猶職也。」正義：「無才者耕，有能者仕，各當其職，無失分也。」女有歸。注：「皆得良奥之家。」正義：「女謂嫁爲歸。」貨惡其弃於地也，不必藏於己，力惡其不出於身也，不必爲己。注：「勞事不憚，施無吝心，仁厚之教也。」正義：「貨，謂財貨也。既天下共之，不獨藏府庫。但若弃擲山林，則無所資用，故各收而藏之，非是藏之爲己，有乏者便與也。力，謂爲事用力。凡事不憚劬勞者，正是惡於相欺，惜力不出於身耳，非是欲自營贍。」是故謀閉而不興，盜竊亂賊而不作，注：「尚辭讓之故也。」正義：「興，起也。天下一心，故圖謀之。事閉塞而不起。有乏輒與，則盜竊焉施？有能必位，則亂賊焉作？」故外户而不閉。注：「禦風氣而已。」正義：「重門擊柝，以待暴客。既無盜竊，則户無俟於閉也。」是謂大同。注：「同，猶和也，平也。」正義：「率土皆然，故曰大同。」○長，丁丈反。矜，古頑反。分，扶問反。惡，烏故反，下同。

今大道既隱，注：「隱，猶去也。」天下爲家，注：「傳位於子。」各親其親，各子其子，貨力爲己，注：「俗狹嗇。」正義：「君以天位爲家，故四海各親親而子子也。藏貨爲身，出力贍己。」大人世及以爲禮，城郭溝池以爲固。注：「亂賊繁多，爲此以服之也。」正義：「世及，諸侯傳位自與家也。父子曰世，兄弟曰及。」禮義以爲紀，以正君臣，以篤父子，以睦兄弟，以和夫婦，以設制度，以立田里，以賢勇知，以功爲己。故謀用是作，而兵由此起。注：「以其違大道敦朴之本也。教令之稠，其弊則然。老子曰：『法令滋章，盜賊多有。』」

正義：「紀，綱紀也。五帝以大道爲紀，而三王則用禮義爲紀也。君臣義合，故曰正。父子天然，故云篤。兄弟同氣，故言睦。夫婦異姓，故言和。又設爲宫室、衣服、車旗、飲食、上下、貴賤之制度。田，種穀稼之所。里，居宅之地。貴賤異品。賢，猶崇重也。既盜賊並作，故須勇也。更相欺妄，故須知也。」禹、湯、文、武、成王、周公，由此其選也。注：「由，用也。能用禮樂以成治。」此六君子者，未有不謹於禮者也。以著其義，以考其信，著有過，刑仁講讓，示民有常。注：「考，成也。刑，猶則也。」正義：「著，明也。義，宜也。民有失所，則用禮明裁斷之，使得其宜也。考，成也。民有相欺，則用禮成之，使信也。著，亦明也。過，罪也。民有罪，則用禮明之。民有仁者，用禮賞之。民有爭奪者，用禮與民講説之，使推讓也。以禮行上五德，是示民下爲常法也。」如有不由此者，在埶者去，衆以爲殃。注：「埶，埶位也。去，罪退之也。殃，猶禍惡也。」是謂小康。」注：「康，安也。大道之人，以禮於忠信爲薄。言小安者，失之則賊亂將作矣。」劉氏台拱曰：「以知爲賢，故謀作。以勇爲賢，故兵起。衆，謂衆庶也。不由禮，則在埶者黜退，而衆庶則有刑禍及之也。」又曰：「風俗升降，聖人亦無如何，此非老氏所能毆，亦非儒者所能諱。但異端之見，以禮爲不必設，孔子之言，以禮爲不可廢。此其立言之旨固殊矣，豈可因噎而廢食哉！」〇知〔一〕，音智。埶，音世，本亦作「勢」。殃，於良反。

言偃復問曰：「如此乎禮之急也？」孔子曰：「夫禮，先王以承天之道，以治人之情，故失之者死，得之者生。詩曰：『相鼠有體，人而無禮。人而無禮，胡不遄死？』注：「相，視也。遄，疾也。

〔一〕「知」，原誤「和」，據經典釋文改。

言鼠之有身體，如人而無禮者矣。人而無禮，可憎賤如鼠，不如疾死之愈。」是故夫禮必本於天，殽於地，列於鬼神，注：「聖人則天之明，因地之利，取法度於鬼神，以制禮下教令也。既又祀之，盡其敬也，教民嚴上也。鬼者，精魂所歸。神者，引物而出，謂祖廟、山川、五祀之屬也。」釋文：「殽，法也。」正義：「殽，效也。天遠，故言本。地近，故言效。」達於喪、祭、射、御、冠、昏、朝、聘。注：「民知嚴上，則此禮達於下也。」故聖人以禮示之，故天下國家可得而正也。」注：「民知禮則易教。」應子和曰：「禮之大原出於天，故推其自出而本之。效法之謂地，故因其成法而效之。列於鬼神，充塞乾坤，昭布森列，而不可紊。達於喪祭，至朝聘，人道交際，周流上下，而無不通。」方性夫曰：「天地鬼神，禮之所以立也。朝聘入者，禮之所以行也。」○遄，市專反。殽，徐户交反。

言偃復問曰：「夫子之極言禮也，可得而聞與？」注：「欲知禮終始所成。」孔子曰：「我欲觀夏道，注：「欲行其禮，觀其所成。」是故之杞，而不足徵也，注：「杞，夏后氏之後也。徵，成也。無賢君，不足與成也。」吾得夏時焉。注：「得夏四時之書也。其書存者有小正。」我欲觀殷道，是故之宋，而不足徵也，注：「宋，殷人之後也。」吾得坤乾焉。注：「得殷陰陽之書也。其書存者有歸藏。」坤乾之義，夏時之等，吾以是觀之。注：「觀於二書之意。」朱子曰：「徵，證也。」○與，音餘。

夫禮之初，始諸飲食。其燔黍捭豚，汙尊而抔飲，蕢桴而土鼓，猶若可以致其敬於鬼神。注：「言其物雖質略，有齊敬之心，則可以薦羞於鬼神，鬼神饗德不饗味也。中古未有釜甑，釋米捭肉，加於燒石之上而食之耳。今北狄猶然。汙尊，鑿地爲尊也。抔飲，手掬之也。蕢讀爲凷，墼之誤也。凷，堛也，謂摶土爲桴也。土鼓，築土爲鼓也。」説文：「擘，撝也。」釋文：「捭，注作擘。凷，土塊也。桴，鼓槌。」彭廉夫曰：「蕢與蒯同。以蒯杖爲槌，而擊土鼓。」段氏玉裁曰：「擘豚謂手裂豚肉也。」王氏念孫曰：「燔與捭，一聲之轉，皆謂加于火上也。廣雅曰：『焷謂之炰。』古無焷字，借捭爲之。鹽鐵論散不足篇『古者燔黍食稗而焷豚』，即用禮運之文。」○燔，音煩。捭，卜麥反。汙，烏華反，一音烏。抔，步侯反。蕢，依注音凷，苦對反。桴，音浮。

及其死也，升屋而號，告曰：『皋某復！』注：「招之於天。」然後飯腥而苴孰，注：「飯以稻米，上古未有火化。苴孰，取遣奠有火利也。苴，或爲俎。」故天望而地藏也。體魄則降，知氣在上，注：「地藏，爲葬。」故死者北首，生者南鄉，注：「首陰也。」「鄉陽也。」皆從其初。注：「謂今行之然也。」劉氏台拱曰：「案此節接『皆從其朔』之下，文勢方順。」○號，户毛反。皋，音羔。苴，子餘反。鄉，許亮反。

昔者先王未有宮室，冬則居營窟，夏則居橧巢。注：「寒則累土，暑則聚薪柴居其上。」説文：「巢，鳥在木上曰巢，在穴曰窠。」未有火化，注：「食腥也。」食草木之實，鳥獸之肉，飲其血，茹其毛；釋言：「啜，茹也。」未有麻絲，衣其羽皮。注：「此上古之時也。」五經要義云：「太古之時，未有布帛，食獸肉而衣其皮，先知蔽前，而未知蔽後。」劉氏台拱曰：「當作『未有絲麻』，與皮爲韻。」彬按家語問禮篇正作「絲麻」。後聖有作，注：「作，起。」然後修火之利，注：「孰治萬物。」范金，注：「鑄作器用。」合土，注：「瓦瓴，甓及甒、大。」釋文：「皆樽名。」以爲臺榭、宮室、牖户；注：「榭，器之所藏也。」以炮，注：「裹燒之也。」以燔，注：「加于火上。」以亨，注：「煮之鑊也。」以炙，注：「貫之火上。」説文：「炮，毛炙肉也。燔，宗廟火孰肉。春秋傳曰：『天子有事燔焉。』以饋同姓諸侯。炙，炮肉也。」

以爲醴酪；注：「烝釀之也。酪，酢截。」治其麻絲，王氏念孫曰：「此亦當作『絲麻』。」以爲布帛。以養生送死，以事鬼神上帝，皆從其朔。注：「朔，亦初也。亦謂今行之然。」正義：「營窟者，營壘其土而爲窟。地高則穴於地，地下則窟於地上，謂地上累土而爲窟。橧巢謂橧聚其薪以爲巢。未有宮室，則五帝之前。未有火化，則唯伏羲之前，以上文中古神農有火故也。」○窟，苦忽反。橧，本又作「增」，又作「曾」，同，則登反。茹，音汝。衣，於既反。燔，音煩。亨，普伻反。炙，之石反。醴，音禮。酪，音洛。

故玄酒在室，士昏禮賈疏：「相對，玄酒與明水别，通而言之，明水亦名玄酒。」醴醆在户，粢醍在堂，釋名：「緹齊，色赤如緹也。」澄酒在下，陳其犧牲，備其鼎俎，列其琴、瑟、管、磬、鐘、鼓，修其祝嘏，以降上神與其先祖。以正君臣，以篤父子，以睦兄弟，以齊上下，夫婦有所。是謂承天之祜。注：「此言今禮饌具，所因於古，及其事義也。粢，讀爲齊，聲之誤也。周禮：『五齊：一曰泛齊，二曰醴齊，三曰盎齊，四曰醍齊，五曰沈齊。』字雖異，醆與盎，澄與沈，蓋同物也。奠之不同處，重古略近也。祝，祝爲主人饗神辭也。嘏，祝爲尸致福於主人之辭也。祜，福也。福之言備也。」正義：「玄酒，謂水也。以其色黑，謂之玄。大古無酒，此水當酒，故謂之玄酒。貴重古物，故陳設在於室内而近北。醴，謂醴齊。醆，謂盎齊。以後世所爲，賤之，陳列在室内，稍南近户。皇氏云：『醴在户内，醆在户外。』粢醍卑，故陳列南近户而在堂。澄，謂沈齊也。酒，謂事酒、昔酒、清酒，稍卑之，故陳在堂下也。陳其犧牲者，按特牲：『陳鼎於門外，北面。』獸在鼎南，東首，牲在獸西，西上北首。備其鼎俎者，以牲煮於鑊，鑊在廟門之外，鼎各陳於鑊西，取牲體以實其鼎。舉鼎而入，設於阼階下，俎設於鼎西，以次載於俎也。按少牢云『鼎入』，陳於東方，當序，西面北上』，『俎皆設於鼎西』，是也。琴瑟在堂而登歌。書云『搏拊琴瑟以咏』，是也。管磬鐘鼓，堂下之樂。書云『下管鞉鼓，笙鏞以閒』，是也。上神，謂在上精魂之神，即先祖也。皇氏熊氏等云：『謂天神也。』祭統云『君在廟門外則疑於君，入廟門則全於臣』，是以正君臣也。『尸南面，父北面而事之』，是以篤父子也。特牲云『主人洗爵，獻長兄弟、衆兄弟』，是以睦兄弟也。以齊上下者，祭統云『尸飲五，君洗玉爵獻卿，尸飲七，以瑶爵獻大夫』，是也。夫婦有所者，禮器云『君在阼，夫人在房』，及特牲夫婦交相致爵，是也。承天之祜，言行上事得所，則承受天之祜福也。」鄭氏元慶曰：「此與下兩節，承上文『以事鬼神上帝』說，雜言祭祀之禮。孔疏『上神即先祖』，恐未然。上神先祖，明明兩祭，故曰與。蓋祭天與祭廟，皆設饌具。郊祭之時，諸臣皆與，則君臣上下，何必定是宗廟之祭？承天之祜，天即上帝。後云『與其越席，疏布以冪』，何莫非事天之禮乎？唯第一節『夫婦有所』，第二節『君與夫人交獻』，第三節『祝以孝告，嘏以慈告』，此則專言宗廟之祭耳。」江氏永曰：「按玄酒在室，即明水配鬱鬯也。其在户在堂在下者，亦以明水配齊，以玄酒配酒，非謂室中一設，其餘不設也。愚疑泛齊最濁，用之天地神祇，不用之宗廟，故諸篇皆無言『泛齊』者。宗廟用鬱鬯，無泛齊，神祇用泛齊，無鬱鬯。亦相變也。」○醆，側眼反。粢，依注爲「齊」，才細反。醍，音體。祜，音户。

作其祝號，玄酒以祭。薦其血毛，腥其俎，孰其殽，與其越席，疏布以冪，衣其澣帛，醴醆以獻，薦其燔炙。君與夫人交獻，以嘉魂魄。是謂合莫。注：「此謂薦上古中古之食也。周禮：祝號有六。號者，所以尊神顯物也。腥其俎，謂豚解而腥之，及血毛，皆所以法於大古也。孰其殽，謂體解而爓之。此以下皆所法於中古也。越席，翦蒲席也。冪，覆尊也。澣帛，練染以爲祭服。嘉，樂也。莫，虚無也。」然後退而合亨體其犬豕牛羊，實其簠、簋、籩、豆、鉶羹，三禮圖云：「簠受一升，下足高一寸，中方外圓，漆丹中，蓋龜形。諸侯飾以象，天子玉飾，盛黍稷。簋受一升，足高一寸，中圓外方，挫其四角，漆赤中，蓋亦龜形。其飾如簠，盛稻粱。」又曰：「鉶以盛羹，受一升，口徑六寸，有足高一寸，有兩耳。蓋士以鐵，大夫以銅，諸侯以白金飾，天子以黃金飾。」聶氏三禮圖云：「舊圖云：『外方內圓曰簠，足高二寸，漆赤中。』臣崇義按掌客注云：『簠，稻粱器。』祭天地尚質，用陶匏。祭宗廟皆用木爲之。今以黍寸之尺計之，口圓徑六寸，深七寸二分，底徑亦五寸二分，厚八分，足底徑六寸，厚半寸，脣寸。舊圖云：『內方外圓曰簋，足高二寸，漆赤中。』臣崇義按鄭注地官舍人、秋官掌客及禮器云：『圓曰簋，盛黍稷之器。』有蓋，象龜形。以黍寸之尺校之，口徑五寸二分，深七寸二分，底徑亦五寸二分，厚八分，足底徑六寸。籩，臣崇義按鄭注籩人及士虞禮云：『籩，以竹爲之，口有縢緣，形制如豆，亦受四升。』豆，舊圖云：『豆高尺二寸，漆赤中。大夫以上畫赤雲氣，諸侯飾以象，天子加玉飾，皆謂飾口足也。』臣崇義按考工記：『旊人爲豆，高一尺。』又鄭注周禮及禮記云：『豆，以木爲之，受四升，口圓徑尺二寸，有蓋。』鉶，舊圖云：『鉶受一斗，兩耳，三足，高二寸，有蓋。』」釋文：「鉶，盛和羹器，形如小鼎。」祝以孝告，嘏以慈告。是謂大祥。注：「此謂薦今世之食也。體其犬豕牛羊，謂分別骨肉之貴賤，以爲衆俎也。祝以孝告，嘏以慈告，各首其義也。祥，善也，今世之食，於人道爲善也。」此禮之大成也。注：「解子游以禮所成也。」正義：「玄酒以祭，薦其血毛，腥其俎，此是用上古也。『孰其殽』以下，用中古也。祝號者，謂造其鬼神及牲玉美號之辭，諸侯稱之，以告鬼神。薦血毛者，亦朝踐時延尸在堂，祝以血毛告于室也。腥其俎者，亦謂朝踐時既殺牲，以俎盛肉，進於尸前也。殽，骨體也。孰，謂以湯爛之。以其骨體進於尸前也。朝踐之時用醴，饋食之時用醆。燔炙者，謂燔肉炙肝。按特牲禮主人獻尸，賓長以肝從，主婦獻尸，賓長以燔從。此君薦用炙，夫人用燔，是也。第一君獻，第二夫人獻，第三君獻，第四夫人獻，是君與夫人，交錯而獻也。死者精神虚無寂寞，得生者嘉善，而神來歆饗，是和合於寂寞。退而合亨者，前薦爓未孰，今至饋食，乃退取鼎爓肉亨之令孰，更薦孰。又尸俎唯載右體，其不載者，亦於鑊中亨煮之。故云『合亨』。體其犬豕牛羊，謂分别骨之貴賤，以爲衆俎。知非尸前正俎，以此經所陳多是祭末之事。」○殽，本或作「肴」，户交反。越，音活。冪，莫歷反。衣，於既反。澣，户管反。鉶，本又作「鈃」，音刑。

孔子曰：「嗚乎哀哉！我觀周道，幽、厲傷之，吾舍魯何適矣？注：「政亂禮失，以爲魯尚愈。」魯之郊禘，非禮也，周公其衰矣！注：「非，猶失也。魯之郊牛口傷，鼷鼠食其角，又有四卜郊不從，是周公之道衰矣。言子孫不能奉行興之。」正義：「愈，言尚勝於餘國。故韓宣子適魯，曰：『周禮盡在魯矣。』」杞之郊也，禹也；宋之郊也，契也。是天子之事守也。注：「先祖法度，子孫所當守。」故天子祭天地，諸侯祭社稷。張子曰：「魯之郊禘非禮，夫子已明言之。魯用天子禮樂，必是成王不敢臣周公，故以二王之後待魯，然非周公之意也。」馬貴與曰：「周之封杞、宋也，以其爲二王之後，俾之修其禮物，作賓王家，以奉禹、契之祀。禹、契，天子之祖也，不可以諸侯之太祖祀之，故許其用天子之禮祀禹、契之廟，然未必許其郊天也。夷王以下，君弱臣强，上陵下僭，杞、宋遂并僭行郊祀上帝之禮，夫子所以有『天子事守』之嘆也。至於魯因其可用天子之禮樂於周公之廟，而并效杞、宋之尤，則不類甚矣。」鄭氏元慶曰：「魯之郊禘，其故有在。禮不王不禘，王者禘其祖之所自出，以其祖配之。魯爲宗國，得立文王廟而以周公配之，祭文王不得不用天子之禮樂，此魯禘所自昉也。然止可行之文王之廟，不可行于周公之廟。周室衰微，諸侯僭竊，乃于周公之廟，一如文王，與禘祭相準。明堂位云『季夏六月，以禘禮祀周公于太廟』，此魯之禘也。魯得禘祭，遂并僭郊禮。明堂位云：『魯君孟春乘大路，載弧韣，旂十有二旒，日月之章，祀帝於郊，配以后稷，天子之禮也。』此魯之郊也。不但魯也，杞亦郊天，以禹配也，宋亦郊天，以契配也。郊是天子之事，諸侯安得而僭越之？故禮曰：『天子祭天地，諸侯祭社稷。』魯之郊禘，與杞、宋之郊，皆非禮也。」

祝嘏莫敢易其常古，是謂大假。注：「不敢改其常古之法度。將言今不然。」正義：「祝以主人之辭而告神，神以嘏福而與主人，二者皆依舊禮。」彬謂假讀爲嘏。嘏，福也。大，善也。大假，猶言善福。

祝嘏辭說，藏於宗、祝、巫、史，非禮也，是謂幽國。注：「藏於宗、祝、巫、史，言君不知有也。幽，闇也。國闇者，君與大夫俱不明也。」

醆、斝及尸君，非禮也，是謂僭君。注：「僭禮之君也。醆、斝，先王之爵也，唯魯與王者之後得用之耳，其餘諸侯用時王之器而已。」郭景純方言注：「盞，最小桮也。」彬謂盞、醆通。釋文：「醆、斝，爵名。夏曰醆，殷曰斝，周曰爵。」正義：「此醆、斝，謂祭祀，尸未入之時，祝酌奠于鉶南者也。故郊特牲云『舉斝角』，是也。」若尋常獻尸，則用玉爵耳。」○斝，古雅反，又音嫁。僭，子念反。

冕弁兵革，藏於私家，非禮也，是謂脅君。注：「劫脅之君也。冕弁，君之尊服。兵革，君之武衛及軍器也。」正義：「大夫以下稱家。冕是衮冕，弁是皮弁。」一切經音義：「軍旅之事曰兵革，謂兵器雖有皮、革、角。」○脅，許劫反。

大夫具官，祭器不假，聲樂皆具，非禮也，是謂亂國。注：「臣之奢富，儗於國君，敗亂之國也。」孔子謂『管仲官事不攝，焉得儉』？」正義：「大夫有地者，置官一人，兼攝羣職。無地不得造祭器，有地雖造，不得具足，並須假借。周禮『四命受器』，鄭云：『此公之孤。』大夫自有判縣之樂，而不得如三桓舞八佾。一曰：大夫祭不得用樂，故少牢饋食無『奏樂』之文，唯君賜乃有之。若大夫並爲上事，則非禮也。」

故仕於公曰臣，仕於家曰僕。三年之喪，與新有昏者，期不使。王氏懋竑曰：「三年之喪，期而從政，此末世之變禮。古者君薨，聽於冢宰三年。豈以大夫士而期之外遂可使乎？」以衰裳入朝，與家僕雜居齊齒，非禮也，是謂君與臣同國。注：「臣有喪昏之事而不歸，反服其衰裳以入朝，或與僕相等輩而處，是謂君臣共國，無尊卑也。有喪昏不歸，唯君耳。臣有喪昏，當致事而歸。僕又不可與士齒。」正義：「公是諸侯之號。仕於大夫之家，自稱曰僕。君之喪昏在國，臣有喪昏而不歸家，是君與臣同國。且臣是君之臣，僕是臣之僕。今卿大夫與僕雜居，尊卑無別，亦是君臣共國也。」○期，居其反。朝，直遥反。

故天子有田以處其子孫，諸侯有國以處其子孫，大夫有采以處其子孫，是謂制度。注：「言今不然也。春秋昭元年『秦伯之弟鍼出奔晉』，刺其有千乘之國不能容其母弟。」故天子適諸侯，必舍其祖廟，而不以禮籍入，是謂天子壞法亂紀。注：「以禮籍入，謂太史典禮，執簡記，奉諱惡也。天子雖尊，舍人宗廟，猶有敬焉，自拱敕也。」諸侯非問疾弔喪而入諸臣之家，是謂君臣爲謔。注：「無故而相之，是戲謔也。陳靈公與孔寧、儀行父數如夏氏以取弒焉。」正義：「有田者，王制云『天子之田方千里』，是也。以處其子孫者，子孫有功德者封爲諸侯，無功德直食邑於畿内也。諸侯子孫爲卿大夫，有大功德，亦有采地。故左傳云：『官有世功，則有官族，邑亦如之。』大夫位卑，不合割其采地以處子孫，但以采地之禄養子孫。」○壞，音怪。譎，許約反。

是故禮者，君之大柄也。所以别嫌，明微，儐鬼神，考制度，别仁義，所以治政安君也。注：「疾今失禮如此，爲言禮之大義也。柄，所操以治事。」故政不正則君位危，君位危則大臣倍，小臣竊。刑肅而俗敝，則法無常；法無常，而禮無列；禮無列，則士不事也。刑肅而俗敝，則民弗歸也，是謂疵國。注：「又爲言政失君危之禍敗也。肅，駿也。疵，病也。」正義：「言人君治國須禮，如巧匠治物，執斤斧之柄。寡婦不夜哭，是别嫌。君子表微，是明微。接賓以禮曰儐，郊天祀地及一切神明是儐鬼神。考，成也。制度，爲廣狹丈尺，以禮成之。仁生義殺，各使中禮。用禮爲柄，如前諸事，故治國得政，君獲安存。大臣，謂大夫以上。倍，謂倍君行私。小臣，士以下，職闇位卑，但爲竊盜府庫。君位已危，大臣又倍，小臣盜竊，愚君無奈此何，唯知暴怒，急行刑罰。上下乖離，故法教無常。」王氏懋竑曰：「禮者，所以治政安君。政不正，則以無禮故也。法無常，而禮無列，又以禮與法對言之：禮無列，則士不事；法無常，則民弗歸。士不事，與大臣倍，小臣竊同。刑肅而俗敝，即法無常也。」○儐，必刃反。疵，才斯反。

故政者，君之所以藏身也。注：「於此又遂爲之言政也。藏，謂煇光於外，而形體不見，若日月星辰之神。」

是故夫政必本於天，殽以降命。注：「降，下也。殽天之氣，以下教令，天有運移之期，陰陽之節也。」命降于社之謂殽地，注：「謂教令由社下者也。社，土地之主也。周禮土會之法，有五地之物生。」降于祖廟之謂仁義，

注：「謂教令由祖下者。大傳曰：『自禰率而上至于祖，遠者輕，仁也。自祖率而下至于禰，高者重，義也。』」降于山川之謂興作，注：「謂教令由山川下者也。山川有草木禽獸，可作器物，共國事。」降于五祀之謂制度。注：「謂教令由五祀下者。五祀有中霤、門、户、竈、行之神，此始爲宫室制度。」此聖人所以藏身之固也。注：「政之行如此，何用城郭溝池之爲？」正義：「言人君身在於中，施政於外，若政美盛，則君身安静，故云『所以藏身也』。政之行，若法天陰陽，使賞罰得所，法地高下，令尊卑有序，法祖廟而行仁義，法山川五祀而興作制度，如此則民懷其德，禍害不來，何所防禦？言不用城郭溝池也。」○殽，户教反。

故聖人參於天地，竝於鬼神，以治政也。處其所存，禮之序也；玩其所樂，民之治也。注：「竝，并也。謂比方之也。存，察也。治所以樂其事居也。」故天生時而地生財，人，其父生而師教之。四者，君以正用之，故君者立於無過之地也。注：「順時以養財，尊師以教民，而以治政，則無過差矣。易曰：『何以守位曰仁，何以聚人曰財。』」正義：「參於天地，則法于天地是也。比方鬼神，則祖廟、山川、五祀也。治，謂修治也。存，謂觀察也。天有運移寒暑，地有五土生殖，廟有祖禰仁義，皆是人之所觀察，以爲政，則禮得次序也。興作器物，宫室制度，皆是人之所樂，聖人能愛玩之，則民各樂其事業居處也。」熊氏曰：「天生四時，地生百物，父生，師教，四者不能相兼。惟君正身修德，則兼用之，而禮序民治矣。此見君必正身，立於無過之地，而與天地合其德，鬼神合其吉凶，以爲治政之本也。」○樂，音洛，又五孝反。

故君者，所明也，非明人者也；君者，所養也，非養人者也；君者，所事也，非事人者也。

故君明人則有過，養人則不足，事人則失位。注：「明，猶尊也。」故百姓則君以自治也，養君以自安也，事君以自顯也。故禮達而分定，故人皆愛其死而患其生。注：「則，當爲明。人之道，身治、居安、名顯，則不苟生也。不義而死，舍義而生，是不愛死患生也。」正義：「分，謂尊卑之分。下之事上，於禮當然。上下分定，君有危難，皆欲救之，患其不義而生，不欲苟且生也。」吳幼清曰：「君者立身無過，則德可爲師，而人視效之。若猶視效於人，則身猶有過，不足以爲人師矣。以一人而享萬方之奉者，君也。若君養人，則以寡養衆，而贍給不足矣。以萬人而受一人之役者，君也。若君事人，則以上事下，而失君位之尊矣。百姓取則於君之德，以自治者也。出貢賦以供養君，君撫臨之，而得自安；竭膂力以服事君，君任使之而得自顯者也。此禮既達於下，爲下皆知盡其分，故危難之世，則思盡節，而以委命效死爲樂；安平之世，則思盡忠，而以竊食偷生爲恥。」○則君，則音明，出注。分，扶問反。

故用人之知，去其詐；用人之勇，去其怒；用人之仁，去其貪。注：「用知者之謀，勇者之斷，仁者之施，足以成治矣。詐者害民信，怒者害民命，貪者害民財，三者亂之原。」故國有患，君死社稷謂之義，大夫死宗廟謂之變。注：「變當爲辯，聲之誤也。辯，猶正也。君守社稷，臣衞君宗廟者。患，謂見圍入。」劉氏台拱曰：「『用人之知』三句，承上『君以正用之』。『國有患』三句，承上『愛其死而患其生』。」○知，音智。

故聖人耐以天下爲一家，以中國爲一人者，非意之也，必知其情，辟於其義，明於其利，達於其患，然後能爲之。注：「耐，古能字。傳書世異，古字時有存者，則亦有今誤矣。意，心所無慮也。辟，開也。」正義：「言聖非是以意測度而已，必知民之情，下文七情是也。辟於其義，下文『父慈子孝』之類是也。明於其利，謂顯明利事以安之，下文『講信修睦』是也。達於其患，謂曉達其禍患而防護之，下文『争奪相殺』是也。然後皆感義懷德而歸之。」王氏引之曰：「曰知，曰辟，曰明，曰達，義並相近。辟亦明也，謂明於『父慈子孝』以下十者之義也。」鄭訓爲開者，開與明義亦相近，謂開通於十者之義也。」彬謂廣雅：「無慮，都凡也。」猶今人言「大槩」或「模量」也。正義乃謂無慮猶言慮無，引左傳「前茅慮無」爲證。又一説謂「心無所思慮」，疏矣。○耐，音能。辟，婢亦反。

何謂人情？喜怒哀懼愛惡欲，七者弗學而能。何謂人義？父慈子孝，兄良弟弟，夫義婦聽，長惠幼順，君仁臣忠，十者謂之人義。講信修睦，謂之人利；争奪相殺，謂之人患。注：「極言人事。」故聖人之所以治人七情，修十義，講信修睦，尚辭讓，去争奪，舍禮何以治之？注：「唯禮可耳。」飲食男女，人之大欲存焉。死亡貧苦，人之大惡存焉。故欲惡者，心之大端也。人藏其心，不可測度也；美惡皆在其心，不見其色也。欲一以窮之，舍禮何以哉！注：「言人情之難知，明禮之重。」正義：「端，謂頭緒。言人君欲誠慤專一，窮盡人美惡之情，若舍去其禮，更將何事以知之哉？有事於中心，貌必見於外，若七情美善，十義流行，則舉動無不合禮。若七情違辟，十義虧損，則動作皆失其法。故云『舍禮何以哉』。」○度，大洛反。

故人者，其天地之德，陰陽之交，鬼神之會，五行之秀氣也。注：「言人兼此，氣性純也。」正義：「天以覆爲德，地以載爲德，人感覆載而生，是天地之德也。陰陽則天地也，據其氣謂之陰陽，據其形謂之天地。獨陽不生，獨陰不成，二氣相交乃生。鬼謂形體，神謂精靈，相會然後物生。秀，謂秀異，言人感五行秀異之氣，故有仁義禮知信，是五行之秀氣也。」張子曰：「『天地之德，謂人之德性，如『天地之性人爲貴』是也。稟五行之氣以生，最靈於萬物，是其秀也。神之言申也，鬼之言歸也。凡生卽申，要終卽歸也。神之盛極於氣，鬼之盛極於魄。一體兼此終始，此鬼神之會也。陰陽之交，鬼神之會，五行之氣物生皆然，而人爲備焉。」

故天秉陽，垂日星；注：「秉，猶持也。言天持陽氣施生，照臨下也。」地秉陰，竅於山川。播五行於四時，和而后月生也。是以三五而盈，三五而闕。注：「竅，孔也。言地持陰氣，出内於山川，以舒五行於四時，此氣和，乃后月生而上配日，若臣功成進爵位也。一盈一闕，屈伸之義也。必三五者，播五行於四時也。一曰水，二曰火，三曰木，四曰金，五曰土，合爲十五之成數也。」正義：「五行四時者，以金木水火各爲一行，土無正位，分寄四時，故云『播五行於四時』。日月行度差錯，失於次序，則月生不依其時，若五行氣和，則月依時而生也。盈，謂月光圓滿。闕，謂月光虧損。」江氏永曰：「五行分布於四時之中，土位在夏季中央，而亦寄王於四季之月。四時之順序，由日行之進退，而用輔乎日。或合或離，亦由是以生明生魄焉。三五，猶云半月也。」五行之動，迭相竭也。注：「竭，猶負戴也。言五行運轉，更相爲始也。」說文：「竭，負舉也。」廣雅：「揭，舉也。」王氏念孫曰：「揭、竭通。」正義：「竭是擔竭之名，故爲負戴。春爲木王，負戴於水，夏爲火王，負戴於木，秋爲金王，負戴於火，冬爲水王，負戴於金，是也。」五行、四時、十二月，還相爲本也。正義：「若孟春建寅，仲春建卯，是迭相爲本也。」五聲、六律、十二管，還相爲宮也。注：「五聲，宮商角徵羽也。其管陽曰律，陰曰呂，布十二辰，始於黄鍾，管長九寸，下生者三分去一，上生者三分益一。終於南呂，更相爲宮，凡六十也。」正義：「十二管更相爲宮，以黄鍾爲始，當其爲宮，備有五聲。黄鍾下生林鍾，林鍾上生大簇，大簇下生南吕，南吕上生姑洗，姑洗下生應鍾，應鍾上生蕤賓，蕤賓上生大吕，大吕下生夷則，夷則上生夾鍾，夾鍾下生無射，無射上生中吕。此則相生之次也。隨其相生之次，每辰各自爲宫，各有五聲。十二管相生之法，以上生下，皆三生二，以下生上，皆三生四。陽下生陰，陰上生陽，終於中吕，而十二律畢矣。夫十二律之變，至於六十，猶八卦之變，至於六十四也。宓犧作易，紀陽氣之初，以爲律法建日。冬至之聲，以黄鍾爲宫，大簇爲商，姑洗爲角，林鍾爲徵，南吕爲羽，應鍾爲變宫，蕤賓爲變徵。此聲氣之元，五音之正也。故各統一日，其餘以次運行。當月者各自爲宫，而商徵以類從焉。」五味、六和、十二食，還相爲質也。注：「五味，酸苦辛鹹甘也。和之者，春多酸，夏多苦，秋多辛，冬多鹹，皆有滑甘，是謂六和。」正義：「周禮食醫之文。以四時有四味，皆有滑有甘，益之爲六。」江氏永曰：「還相爲質，言其迭有所主，非真一月而易一食，一月而易一衣也。五經算術作『還相爲滑』。」戴氏震曰：「食味言還相爲滑，衣色言還相爲質。質，如凡畫者丹質之質。食味衣色二者，語宜有别。此所引在唐以前，應是古本。」王氏引之曰：「滑在六和之中，還相爲滑。猶宫在五聲之中而還相爲宫也。今作質者，因與下文相涉而誤。」五色、六章、十二衣，還相爲質也。注：「五色、六章，畫繢事也。周禮考工記曰『土以黄，其象方。天時變，火以圜。山以章，水以龍。鳥獸蛇，雜四時五色之位以章之，謂之巧』也。」正義：「其食與衣，唯有四時之異。故周禮『春多酸』，月令『食麥與羊』，春三月皆同，夏秋冬亦然。春衣青，夏衣赤，亦三月俱同，無每月之異。」江氏永曰：「六章者，天地四方之色。左傳謂之六采五色，加玄爲六章，猶之五味，加滑爲六和。此與五聲六律别是一理。鄭氏欲避五色之複，取考工記『土以黄，其象方以下爲六章，吴氏又以衣裳各六爲六章，皆非。」○竅，徐苦弔反。播，彼佐反。還，音旋。和，户卧反。

故人者，天地之心也，五行之端也，食味、別聲、被色而生者也。 注：「此言兼氣性之效也。」正義：「天地高遠，在上臨下，四方，人居其中央，動靜應天地。天地有人，如人腹內有心，動靜應人也。故云『天地之心也』。端，猶首也。萬物悉由五行而生，人最得其妙氣。王肅云：『端，始用五行者也。』方性夫曰：「天地散而爲五行，故仁之端則木之性所立也，義之端則金之性所立也。火之於禮，水之於知，土之於信，亦若是而已，故曰『五行之端也』。五行滋而爲五味，人以養其口；感而爲五聲，人以養其耳，形而爲五色，人以養其目。然後人得而生焉，故曰『食味、別聲、被色而生者也』。獨於聲言別，則以微妙，尤宜致別故也。」

故聖人作，則必以天地爲本， 王氏引之曰：「家語禮運篇全襲此篇之文，王肅讀『聖人作則』爲句，注曰『作爲法則』，是正義所本也。然上文曰『後聖有作，然後修火之利』，則此亦當以『故聖人作』爲句。作，起也，興也。言有聖人起，則其爲政必以天地爲本也。」**以陰陽爲端，以四時爲柄，以日星爲紀，月以爲量，鬼神以爲徒，五行以爲質，禮義以爲器，人情以爲田，四靈以爲畜。** 注：「天地以至於五行，其制作所取象也。禮義人情，其政治也。四靈者，其徵報也。此則春秋始於元，終於麟，包之矣。呂氏說月令而謂之春秋，事類相近焉。量，猶分也。鬼神，謂山川也。山川助地通氣之象也。器，所以操事。田，人所捊治也。禮之位，賓主象天地，介僎象陰陽，四面之位象四時，三賓象三光，夫婦象日月，亦是也。」正義：「本，根本也。人既是天地之心，故聖人作法，必用天地爲根本也。端，猶首也。如劍戟以近柄處爲根本，以鋒杪爲端首也。賞以春夏，刑以秋冬，是法陰陽爲端首也。春生夏長，秋斂冬藏，是法四時爲柄也。日行有次度，星有四方列宿，分部昏明，敬授民時，是法日星爲綱紀也。量，猶分限也。天之運行，三十日爲一月，聖人制教，亦隨人之才分，是法月爲限量也。鬼神，謂山川助地以通氣，爲地之徒屬，聖王象之，樹立羣臣，助己施教，爲己徒屬也。質，體也。五行循迴不停，周而復始，聖人爲教，亦循還復始，是法五行也。禮義以爲器者，上既有法象爲先，故可執禮義爲器用，如農夫之執耒耜也。人情以爲田者，用禮義爲器，可耕於人情，人情得禮義之耕，如田得耒耜之耕也。聖人既法象天地，用禮義耕人情，故天地應以徵報也。四靈並至，聖人畜之，如養牛馬然。」方性夫曰：「凡人動靜起居，出入内外，未有能外此陰陽者。趣事赴功，率作興事，未有能舍此四時者。鬼神不可度思，然屈伸往來，凡人動與之俱，故鬼神以爲徒。五行如環無端，然五事五常，凡人體無不具，故五行以爲質。」○量，音亮。

以天地爲本，故物可舉也。注：「物，天地所養生。」正義：「天地生養萬物，今本天地而爲政教，故萬物可舉而興也。」**以陰陽爲端，故情可睹也。**注：「情以陰陽通也。」正義：「人情與陰陽相通，今法陰陽爲教，故人情無隱，所以可睹見也。」**以四時爲柄，故事可勸也。**注：「事以四時成。」正義：「生長收藏，隨時無失，故民不假督勵，而事自勸成也。」**以日星爲紀，故事可列也。**注：「事以日與星爲候，興作有次第。」正義：「列，猶次第也。日中星鳥，敬授民時，無失早晚，故民事有次第也。」**月以爲量，故功有藝也。**注：「藝，猶才也。十二月各有分，猶人之才各有所長也。藝或爲倪。」正義：「聖人隨人才而教，則人竭其才之所長而爲功，故云『功有藝也』。」陸農師曰：「月以爲量，成虧相備，故功有藝極也。」胡邦衡曰：「藝，極也。春秋傳：『貢賦無藝。』」王氏引之曰：「當以陸氏、胡氏之説爲是。藝之言臬。臬，極也，法也，準也。上文『以日星爲紀，故事可列也』，注：『事以日星爲候，興作有次第。』此功亦謂興作，如農功土功之類。月以爲量，則蚤莫有準。如『三之日于耜，四之日舉趾』及『九月除道，十月成梁』，皆是。下文『協於分藝』，謂合於分月而行之法制也。又曰『義者，藝之分，仁之節也』，謂義本因時之宜，乃法制之有分別者也。鄭皆以藝爲才，胥失之矣。」鬼神以爲徒，故事有守也。注：「山川守職不移。」正義：「事無失業，故有守也。」五行以爲質，故事可復也。注：「事下竟，復由上始也。」正義：「周而復始，運迴無窮，故云『可復』。復，反也。」禮義以爲器，故事行有考也。注：「考，成也。器利則事成。」正義：「工欲善其事，必先利其器。禮義是器之利者，故所治之事行必有成也。」人情以爲田，故人以爲奧也。注：「奧，猶主也。田無主則荒。」正義：「上人是人民，下人是聖人。聖人以爲田主，則情不荒廢也。」四靈以爲畜，故飲食有由也。注：「由，用也。四靈與羞物爲羣。」正義：「靈是衆物之長，長既爲聖人所畜，則其屬並隨其長而至。」○睹，丁古反。

何爲四靈？麟鳳龜龍，謂之四靈。故龍以爲畜，故魚鮪不淰；注：「淰之言閃也。」正義：「淰，水中驚走也。」說文：「淰，濁也。」段氏玉裁曰：「義與㵐、淤、滓相類。禮運注『淰之言閃』，濁其本義，閃其引伸假借之義也。」鳳以爲畜，故鳥不獝；麟以爲畜，故獸不狘；注：「獝、狘，飛走之貌也。」錢氏大昕曰：「獝，釋文本作矞。周禮大司樂注引亦作矞。俗從犬，誤。說文走部有𧼴，訓狂走，即鳥不矞之矞。」說文：「䟢，輕也。」廣雅：「䟢，疾也。」王氏念孫曰：「䟢、狘，聲義並同。」龜以爲畜，故人情不失。注：「失，猶去也。龜，北方之靈，信則至矣。」正義：「謂之靈者，皆有神靈，異於他物。龜知人情善惡，故人各守其行，其情不失也。此言感信，則上亦感仁義禮而至也。」○鮪，于軌反。淰，音審。獝，況必反。狘，況越反。

故先王秉蓍龜，列祭祀，瘞繒，宣祝嘏辭說，設制度。故國有禮，官有御，事有職，禮有序。注：「皆卜筮所造置也。埋牲曰瘞，幣帛曰繒。宣，猶揚也。繒，或作贈。」正義：「先王將有大事，必秉執蓍龜，而問吉凶。凡卜皆先筮，故兼言之也。陳列祭祀，謂郊廟以下皆用卜筮也。繒之言贈也，謂埋告又贈神也。制度，謂造宮室、城隍、車旗之屬。國既有禮，故百官各御其事，官既有御，故百事各有職主，凡所行禮皆有次序也。」江氏永曰：「瘞繒，謂埋制幣也。若以瘞爲埋牲，則繒字單舉，不辭。」○蓍，音尸。瘞，於例反。繒，似仍反。故先王患禮之不達於下也，注：「患下不信也。」故祭帝於郊，所以定天位也；祀社於國，所以列地利也；祖廟，所以本仁也；山川，所以儐鬼神也；五祀，所以本事也。故宗、祝在廟，三公在朝，三老在學，王前巫而後史，王氏懋竑曰：「此史乃祝史，非記言動之史也，春秋傳史嚚、史墨、史趙皆是。」卜筮瞽侑皆在左右。王中心無爲也，以守至正。注：「此所以達禮於下也。教民尊神，愼居處也。宗，宗人也。瞽，樂人也。侑，四輔也。」正義：「天子至尊，而猶祭於郊，以行臣禮，是欲使嚴上之禮達於下。天高在上，故云『定天位』。祭社，欲使報恩之禮達於下。地出財，故云『列地利』。在宗廟以子禮事尸，是欲使仁義之教達於下。自祭山川，是欲使儐敬鬼神之教達於下。自祭五祀，是欲使本事之教達於下。五祀是制度，故云『本事』。宗，宗伯也。祝，大祝也。王在宗廟，則委於宗、祝；在朝職事，則委任三公；在學乞言，則受之三老。弔臨則前委於巫。既言『前巫』，故云『後史』。卜筮主決疑，示不自專，故並置左右。既祭祀尊神，委任得人，故中心無爲，以守至正之道也。」○儐，皇音賓，舊必信反。

故禮行於郊，而百神受職焉；禮行於社，而百貨可極焉；禮行於祖廟，而孝慈服焉；禮行於五祀，而正法則焉。注：「言信得其禮，則神物與人皆應之。百神，列宿也。百貨，金玉之屬。」故自郊，社，祖廟，山川，五祀，義之修而禮之藏也。注：「修，猶飾也。藏，若其城郭然。」正義：「百神，天之羣神也。王郊天備禮，則星辰不忒，故云『受職』。王祀社盡禮，則五穀豐稔，金玉露形，盡爲國家之用，故云『可極』。王祭廟盡禮，而天下皆服，行孝慈也，王云孝慈之道爲遠近所服也。前有『山川興作』，此不言者，『法則』包之也。」

是故夫禮必本於大一，分而爲天地，轉而爲陰陽，變而爲四時，列而爲鬼神。其降曰命，注：「聖人象此，下之以爲教令。」其官於天也。注：「官，猶法也。此聖人所以法於天也。」正義：「大一者，謂天地未分，混沌之元氣也。極大曰大，未分曰一。元氣既分，輕清爲天在上，重濁爲地在下。制禮者法之，以立尊卑之位也。天地既分，天之氣運轉爲陽，地之氣運轉爲陰。制禮者貴左以象陽，貴右以法陰，又因陽時而行賞，因陰時而行罰也。陽氣則變爲春夏，陰氣則變爲秋冬。吉禮則有四面之坐，凶時有恩理節權，是法四時也。鬼神，謂生成萬物。四時變化，生成萬物，皆是鬼神之功。聖人制禮，則陳列鬼神之功以爲教也。」

夫禮必本於天，注：「本於大一與天之義。」動而之地，注：「後法地也。」列而之事，注：「後法五祀。五祀所以本事也。」變而從時，注：「後法四時。」協於分藝，注：「協，合也。言禮合於月之分，猶人之才也。」其居人也曰養。注：「養當爲義，字之誤也。下之則爲教令，居人身爲義。孝經說曰：『義由人出。』」正義：「按聖證論，王肅以下云『穫而弗食』，『食而弗肥』，字宜曰養。」馬彦醇曰：「居人曰養，禮所以養人也。荀子曰：『恭敬辭讓，所以養安。禮義文理，所以養情。』聖人之道，寓於度數之閒，莫非順性命之理，所以養人也。」其行之以貨力、辭讓、飲食、冠、昏、喪、祭、射、御、朝、聘。注：「貨，贄幣庭實也。力，筋骸强者也。不則偃罷。」正義：「辭讓，賓主三辭三讓。飲食，饗食之屬。冠，二十成人而冠。昏，三十而取。射，五射。御，五馭。朝，五年朝，及諸侯自相朝，相見之禮。聘，謂比年一小聘，三年一大聘。」○冠，古亂反。

故禮義也者，人之大端也。所以講信修睦，而固人之肌膚之會，筋骸之束也；所以養生送死，事鬼神之大端也；所以達天道，順人情之大竇也。注：「竇，孔穴也。」正義：「孔穴開通，人之出入。禮義亦是人之所出入。」故唯聖人爲知禮之不可以已也。故壞國、喪家、亡人，必先去其禮。注：「言愚者之反聖人也。」○竇，音豆。壞，音怪。喪，息浪反。

故禮之於人也，猶酒之有櫱也，君子以厚，小人以薄。注：「皆得以爲美味，性善者醇耳。」正義：「譬如釀酒須麴櫱則成，君子譬精米嘉器，則其味醇和。小人譬粗米弊器，則其味醨薄。」○櫱，魚列反。

故聖王修義之柄，禮之序，以治人情。注：「治者，去瑕穢，養菁華也。」故人情者，聖王之田也。修禮以耕之，注：「和其剛柔。」陳義以種之，注：「樹以善道。」講學以耨之，注：「存是去非類也。」釋文：「耨，鉏也。」本仁以聚之，注：「合其所盛。」播樂以安之。注：「感動使之堅固。」故禮也者，義之實也。協諸義而協，注：「協，合也。合禮於義，則與義合，不乖剌。」則禮雖先王未之有，可以義起也。注：「以其合於義，可以義起作。」義者，藝之分，仁之節也。注：「藝，猶才也。」協於藝，講於仁，得之者强。注：「有義則人服之也。」仁者，義之本也，順之體也，得之者尊。注：「有仁則人仰之也。」正義：「土地是農夫之田，人情亦聖王之田。農夫用耒耜和其剛柔，聖人以禮耕人情，正其上下。耕田以善種種之，聖王以善道教之。農夫勤力耘耡，去草養苗，則善；聖王以善道教民，又講説學習以勸課之，存是去非，則善也。農夫既勤耘耨，苗稼成孰，本此仁愛之心，聚集所收，勿令浪費；聖王勸課行善，本此仁恩，聚集善道，使不廢棄也。播，布也。收穫既畢，布其歡樂之心，以安美之；聖王既勸民善道，又説樂感動，使其勤行善道，保寧堅固也。禮是造物，爲實，義以修飾，爲禮之華，故云『義之實也』。禮既與義合，先無其禮，臨時以義斷之。庾云：『謂先王制禮，雖所未有，而合於義則可行，以義與禮合也。』義者，裁斷合宜。仁，施也。人有才能，又有仁施，一切皆須義斷。但義主斷割，能服於人，故得義者强。仁是恩施，衆所敬仰，故得仁者尊也。」○耨，奴豆反。

故治國不以禮，猶無耜而耕也；注：「無以入也。」爲禮不本於義，猶耕而弗種也；注：「嘉穀無由生也。」釋文：「何休注公羊云：『弗者，不之深也。』」爲義而不講之以學，猶種而弗耨也；注：「苗不殖，草不除。」講之以學而不合之以仁，猶耨而弗穫也；注：「無以知收之豐荒也。」合之以仁而不安之以樂，猶穫而弗食也；注：「不知味之甘苦。」安之以樂而不達於順，猶食而弗肥也。注：「功不見也。」四體既正，膚革充盈，人之肥也。父子篤，兄弟睦，夫婦和，家之肥也。大臣法，小臣廉，官職相序，君臣相正，國之肥也。天子以德爲車，以樂爲御，諸侯以禮相與，大夫以法相序，士以信相考，百姓以睦相守，天下之肥也。是謂大順。大順者，所以養生、送死、事鬼神之常也。注：「常，謂皆有禮，用無匱乏也。車，或爲居。」故事大積焉而不苑，並行而不繆，細行而不失，深而通，茂而有間，連而不相及也，動而不相害也。此順之至也。注：「言人皆明於禮，無有蓄亂滯合者，各得其分理，順其職也。」釋文：「苑，積也。」故明於順，然後能守危也。注：「能守自危之道也。君子居安如危，小人居危如安。易曰：『危者安其位。』」正義：「熊氏云：『此普據天下萬事有大、有細、有深、有通、有連、有動，言人明禮，順政事，大小深淺並得其宜，是順之至極也。能守危者，既明順道，不敢爲非，則能守自危之道，謂以危戒慎而自守保也。』」新安王氏曰：「幽遠謂之深，其勢易隔，惟順則其情必通。衆多謂之茂，其勢易雜，惟順則其分有間。」吳幼清曰：「合之以仁，謂聚衆理於一心。仁而未能安，是與仁爲二也，仁未爲我之所有。成於樂而安於仁，則與仁爲一矣。」鄭氏元慶曰：「心處此事，而彼事又來。然先者先，後者後，無不迎刃而解，不相連及也。一時區處，兩事俱發。然彼爲彼，此爲此，無不隨事區分，不相妨害也。」王氏懋竑曰：「深而通，茂而有間，卽細行而不失。連而不相及，卽事大積焉而不苑也。動而不相害，卽並行而不謬也。」彬謂苑與鬱同。詩小雅：「我心苑結。」毛傳：「苑，猶屈也，積也。」○粗，音似。穫，户郭反。苑，于粉反。繆，音謬。

故禮之不同也，不豐也，不殺也，所以持情而合危也。注：「豐，殺，謂天子及士，名位不同，禮亦異數，所以拱持其情，合安其危。」故聖王所以順，山者不使居川，不使渚者居中原，而弗敝也。注：「小洲曰渚。廣平曰原。山者利其禽獸，渚者利其魚鹽，中原利其五穀，使各居其所安，不易其利勞敝之也。民失其業則窮，窮則濫。」淮南子注曰：「水中可居者曰渚。」用水、火、金、木、飲食必時，注：「用水，謂漁人以時漁爲梁，『春獻鼈蜃，秋獻龜魚』也。用火，謂司爟『四時變國火以救時疾』，及『季春出火』，『季秋納火』也。用金，謂丱人以時取『金玉錫石』也。用木，謂山虞『仲冬斬陽木，仲夏斬陰木』。飲食，謂食齊視春時，羹齊視夏時，醬齊視秋時，飲齊視冬時。」合男女、頒爵位必當年德，注：「謂媒氏『令男三十而取，女二十而嫁』。司士『稽士任，進退其爵禄』也。」用民必順。注：「不奪農時。」故無水旱昆蟲之災，民無凶饑妖孽之疾。注：「言大順之時，陰陽和也。昆蟲之災，螟螽之屬也。」釋文：「孽，又作蠥。妖，又作祅。說文云：『衣服、歌謡、草木之怪謂之祅，禽獸蟲蝗之怪謂之蠥。』」故天不愛其道，地不愛其寶，人不愛其情。注：「言嘉瑞出，人情至也。」王氏引之曰：「不愛，謂不隱藏也。大雅烝民篇：『愛莫助之。』毛傳：『愛，隱也。』字或作薆。爾雅曰：『薆，隱也。』天不隱道，地不隱寶。即下文所云『天降膏露，地出醴泉』也。人不隱其情，即上文所謂『人情不失』也。失，當讀爲佚。」故天降膏露，地出醴泉，爾雅釋天：「甘雨時降，萬物以嘉，謂之醴泉。」山出器車，河出馬圖，鳳皇麒麟皆在郊棷，龜龍在宮沼，其餘鳥獸之卵胎，皆可俯而窺也。注：「膏，猶甘也。器，若銀甕丹甑也。馬圖，龍馬負圖而出也。棷，聚草也。沼，池也。」釋文：「棷，澤也，本或作藪。」說文：「麒，麒麟，仁獸也。」段氏玉裁曰：「公羊傳曰：『麟者，仁獸也。』毛詩傳曰：『麟信而應禮。』左傳服虔注：『麟，中央土獸。土爲信。』五經異義許慎謹按：『禮運：「麟鳳龜龍，謂之四靈。」龍，東方也。虎，西方也。鳳，南方也。龜，北方也。麟，中央也。』是異義謂麟爲信獸，從左、毛說，而此云『仁獸』，何也？異義早成，解字晚定，從公羊說。」彬謂司馬相如子虛賦「象輿婉僤於西清」，裴駰史記集解引漢書音義曰：「山出象輿，瑞應車。」記雜出於秦、漢之手，疑瑞應車即器車之類與？則是無故，注：「非有他事使之然也。」先王能修禮以達義，體信以達順故。此順之實也。」注：「實，猶誠也，盡也。」正義：「頒，分也。合男女使當其年，頒爵位必當其德。鳥獸各隨其長而至，故生乳衆多也。俯，下頭也。鳥不畏人，故可窺其巢卵也。」○殺，所戒反。渚，之汝反。當，丁浪反。孽，魚列反。棷，素口反。沼，之紹反。

禮記訓纂卷十

禮器第十

正義：「鄭目録云：『名爲禮器者，以其記禮使人成器之義也。故孔子謂子貢「汝，器也。」曰：「何器也？」曰：「瑚璉也。」此於別録屬制度。』」

禮器，是故大備。大備，盛德也。注：「禮器，言禮使人成器，如耒耜之爲用也。『人情以爲田』，『修禮以耕之』，此是也。大備，自耕至於食之而肥。」王氏懋竑曰：「器，當指形名度數而言。舉一器而形名度數皆該其中。大備，則經禮三百，曲禮三千，皆無所不詳，而動容周旋中禮非盛德乎？」禮釋回，增美質，措則正，施則行。注：「釋，猶去也。回，邪僻也。質，猶性也。措，置也。」正義：「用禮爲器，能除去人之邪惡。有美性，又能增益之也。置禮在身，則身正也。施，用也。以禮用事，事皆行也。」其在人也，如竹箭之有筠也，如松柏之有心也。二者居天下之大端矣。故貫四時而不改柯易葉。注：「箭，篠也。端，本也。四物於天下最得氣之本，或柔刃於外，或和澤於內，用此不變傷也。人之得禮，亦猶然也。」釋文：「筠，鄭云：『竹之青皮也。』」正義：「言人情備德，由於有禮。譬如竹箭，四時蔥翠，由於外有筠也。人經夷險，不變其德，如松柏陵寒而鬱茂，由其內心貞和故也。貫，經也。既得氣之本，故經四時，柯葉無凋改也。」王氏懋竑曰：「竹箭中虛，故以筠言。松柏中實，故以心言。大端，言此天下之物之大者。貫四時而不改柯易葉，猶所云『雖之夷狄，不可棄也』。竹箭有筠飾於外者，似禮之文。松柏有心主於內者，似禮之本。」故君子有禮，則外諧而內無怨。注：「人協服也。」釋詁：「諧，和也。」故物無不懷仁，鬼神饗德。注：「懷，歸也。」正義：「以其有禮接人，故內外協服。由內外協服，故悉歸仁。鬼神依人而行，物既懷仁，故神亦饗德也。」○措，七路反。筠，于貧反。貫，古亂反。柯，古何反。

先王之立禮也，有本有文。忠信，禮之本也；義理，禮之文也。無本不立，無文不行。注：「言必外內具也。」禮也者，合於天時，設於地財，順於鬼神，合於人心，理萬物者也。注：「鬼神，所祀事有德也。」王氏念孫曰：「廣雅：『設，合也。』設於地財者，謂合於地理之宜也。」王氏引之曰：「廣雅：『理，順也。』說文：『順，理也。』理萬物者，順於萬物也。與上文『合於天時，設於地財，順於鬼神，合於人心』，四句文勢相埒。正義以理萬物爲上四者之效，非是。」是故天時有生也，地理有宜也，人官有能也，物曲有利也。注：「言皆有異。」故天不生，地不養，君子不以爲禮，鬼神弗饗也。注：「天不生，謂非其時物也。地不養，謂非此地所生。」居山以魚鼈爲禮，居澤以鹿豕爲禮，君子謂之不知禮。注：「不順其鄉之所有也。」故必舉其定國之數，以爲禮之大經。注：「定國之數，謂地物所出多少。」禮之大倫，以地廣狹，注：「謂貢賦之常差。」禮之薄厚，與年之上下。注：「用年之豐凶也。」王氏引之曰：「上言以，下言與，與卽以也。言禮之大倫，則以地之廣狹定之。禮之薄厚，則以年之上下定之。與訓爲以。故鄭注以用字釋之，用亦以也。」是故年雖大殺，衆不匡懼，則上之制禮也節矣。注：「言用之有節也。殺，謂穀不孰也。匡，猶恐也。」正義：「忠者，內盡於心。信者，外不欺於物。內盡於心，故與物無怨。外不欺物，故與物相諧。禮雖用忠信爲本，又須義理爲文飾也。合天時者，依於四時，及豐儉隨時也。設地財者，所設用物各是其土地之物也。順鬼神者，鬼神助天地爲化，祀之必順，不濫逆也。合人心者，書云『謀及卿士，謀及庶人，謀及卜筮』，是也。若能事事如上，則行葦得所，豚魚戴賴，是萬物各得其理也。天時有生者，若春薦韭卵，夏薦麥魚，是也。地理有宜者，若高田宜黍稷，下田宜稻麥，是也。人官有能者，若司徒奉牛，司馬奉羊，及庖人治庖，祝治尊俎，是也。物曲有利者，若麴櫱利爲酒醴，絲竹利爲琴笙，皆自然也。天不生，謂非時之物，若寒瓜夏橘，李梅冬實之屬也。地不養，若山之魚鼈，澤之鹿豕也。經，法也。倫，猶例也。廣狹隨地而賦，豐凶逐時而斂。衆之不恐，並由君上制禮有節故也。」○狹，音洽。上，時掌反。殺，色戒反。

禮，時爲大，順次之，體次之，宜次之，稱次之。注：「言聖人制禮所先後也。」堯授舜，舜授禹，湯放桀，武王伐紂，時也。注：「言受命改制度。」詩云：「匪革其猶，聿追來孝。」注：「革，急也。猶，道也。聿，述也。言文王改作者，非必欲急行己之道，乃追述先祖之業，來居此爲孝。」正義：「今詩本『革』作『棘』、『猶』作『欲』、『聿』作『遹』」，注：「『來，勤也。言作豐邑非急成己之欲，乃追述王季勤行孝之道也。』」天地之祭，宗廟之事，父子之道，君臣之義，倫也。注：「倫之言順也。」社稷山川之事，鬼神之祭，體也。注：「天地人之別體也。」喪祭之用，賓客之交，義也。注：「義之言宜也，人道之宜。」羔豚而祭，百官皆足；王氏懋竑曰：「羔豚，指少牢言，即羊豕也。」大牢而祭，不必有餘。此之謂稱也。注：「足，猶得也。稱，稱牲之大小而爲俎。此指謂助祭者耳，而云『百官』，喻衆也。」陳用之曰：「天地宗廟，尊親之倫也。父子君臣，尊卑之倫也。社稷、山川、地祇之祀，人鬼天神之祭，三者之體固異，蓋天神以陽爲體，地祇以陰爲體。人鬼則魂以陽爲體，魄以陰爲體也。喪之用則不儉其親，祭之用則必盡其物，賓之交則禮殺，客之交則禮隆，皆從其義而已矣。羔豚而祭，薄也，大牢之祭，豐也，求其稱而已。蓋順主仁，體主禮，宜與稱主義，所主雖殊，而其爲禮一也。」彬按通典羔豚則薦新之禮，大牢則時祭之禮也。○稱，尺證反。革，紀力反。

諸侯以龜爲寶，以圭爲瑞。家不寶龜，廣雅：「宗，藏也。」彬謂「宗」與「寶」，古字通。不藏圭，不臺門，言有稱也。注：「古者貨貝寶龜，大夫以下有貨耳。易曰：『十朋之龜。』瑞，信也。諸侯執瑞、孤卿以下執摯。闍者謂之臺。」正義：「諸侯有保土之重，宜須占詳吉凶，故以龜爲寶。天子得天之物，謂之瑞。諸侯受封於天子，天子與之玉，亦謂爲瑞也。家，卿大夫也。大夫卑，不得寶龜，故臧文仲居蔡爲僭也。卿大夫不執玉，故不得藏圭。兩邊築闍爲基，基上起屋曰臺門。諸侯有保捍之重，故爲臺門。」

禮有以多爲貴者：天子七廟，諸侯五，大夫三，士一。天子之豆二十有六，諸公十有六，諸侯十有二，上大夫八，下大夫六。注：「豆之數，謂天子朔食，諸侯相食，及食大夫。公食大夫禮曰：『宰夫自東房薦豆六，設于醬東。』此食下大夫而豆六，則其餘著矣。聘禮『致饔餼于上大夫，堂上八豆，設于戶西』，則凡致饔餼，堂上之豆數亦如此。周禮：『公之豆四十，其東西夾各十有二，侯伯之豆三十有二，其東西夾各十。子男之豆二十有四，其東西夾各六。』」正義：「士一廟，據下士，適士則二廟也。諸侯，侯伯子男也。天子二十六豆，上大夫八豆，下大夫六豆，皆爲正羞，設於堂上。案聘禮致饔餼於上大夫，『堂上八豆』，『西夾六豆』，『東方亦如之』。上公堂上十六豆，故知東西夾各十二；侯伯堂上十二，故知東西夾各十也。子男堂上亦十二，故知東西夾各六也。」王氏引之曰：「謹案由公而侯，而上大夫，皆降殺以四，而以天子而公則降殺以十，多寡不齊，非其實也。天子與諸公爲君臣，猶諸侯之與上大夫也。諸侯多於上大夫四豆，而天子多於諸公乃十豆，增減之例，亦不相準。疑本作『天子之豆二十』，因下文『諸公十有六』，遂衍『有六』二字。二十者，五四之合數也，故其降殺以四，四四而得一十六，故諸公十有六也。三四而得一十二，故諸侯十有二也。二四而得八，故上大夫八也。下大夫再命，但卑於上大夫一命，故降殺以四之半而爲六也。若二十有六，則既多於四六之合數，又少於四七之合數，將何以爲降殺之本乎？鄭注以此豆數爲堂上之豆，説曰：『周禮「公之豆四十，其東西夾各十有二，侯伯之豆三十有二，其東西夾各十；子男之豆二十有四，其東西夾各六」。』是鄭稽合周禮禮器之豆數也。天子之豆，周禮雖不言其數，然公以下之豆或四十，或三十有二，或二十有四，皆登降以八，則由公豆四十而登之天子之豆，當爲四十有八，而在堂上者二十，東西夾各十有四，其數正相合也。若謂堂上之豆二十有六，則東西夾各十有一，非鼎俎奇而籩豆偶之義矣。」**諸侯七介七牢，大夫五介五牢。天子之席五重，諸侯之席三重，大夫再重。**

注：「諸侯七介七牢者，周之侯伯也。大夫五介五牢者，侯伯之卿使聘者也。周禮：『上公九介九牢，侯伯七介七牢，子男五介五牢。』聘義所云『上公七介，侯伯五介，子男三介』，乃謂其使者也。」正義：「案大行人云凡卿、大夫、士之禮，『各下其君二等』。侯伯七介七牢，故卿大夫五介五牢也。五等之卿同牢，今言五牢者，唯據侯伯之卿，降君二等也。其餘牢禮則否。介，副也。牢，大牢也。謂諸侯朝天子，天子以大牢禮賜之也。周禮公九介九牢，侯伯七，子男五。今言七，舉中言之。大夫五介五牢者，臣爲君使，各降其君二等。此五介五牢，謂侯伯之卿，亦舉中言之。熊氏云：『天子祫祭，席五重，此文是也。禘則宜四重。時祭三重，司几筵職是也。受神酢席亦然。祭天則蒲越稾秸，郊特牲云是也。自天地以外，日

月、山川、五祀，則「鬼神之祭單席」是也。』」

天子崩，七月而葬，五重八翣；諸侯五月而葬，三重六翣；大夫三月而葬，再重四翣。此以多爲貴也。注：「天子葬五重者，謂抗木與茵也。葬者抗木在上，茵在下。士喪禮下篇陳器，曰：『抗木横三縮二，加抗席三，加茵，用疏布，緇翦，有幅，亦縮二横三。』此士之禮一重者。以此差之，上公四重。」正義：「古者爲椁，累木於其四邊，上下不周。致茵於椁下，所以藉棺。從上下棺之後，又置抗木於椁之上，所以抗載於土。」王氏懋竑曰：「自『禮有以多爲貴者』至『蓋言稱也』，皆發明稱字意。此以下三節，又舉多少覆解之以見例。自『君子大牢』至『得其道矣』，仍言稱字意也。」○重，直龍反，下皆同。翣，所甲反。

有以少爲貴者：天子無介，祭天特牲。天子適諸侯，諸侯膳以犢。諸侯相朝，灌用鬱鬯，無籩豆之薦。大夫聘禮以脯醢。天子一食，諸侯再，大夫、士三，食力無數。大路繁纓一就，次路繁纓七就。圭璋特，琥璜爵。鬼神之祭單席。諸侯視朝，大夫特，士旅之。此以少爲貴也。注：「天子無介，無客禮也。灌，獻也。一食、再食、三食，謂告飽也。食力，謂工商農也。大路繁纓一就，殷祭天之車也。周禮『王之五路，玉路繁纓十有二就』，『金路九就』，『象路七就』，『革路五就』，『木路翦繁鵠纓』。圭璋特，朝聘以爲瑞，無幣帛也。琥璜爵者，天子酬諸侯，諸侯相酬，以此玉將幣也。大夫特，士旅之，謂君揖之。」正義：「天子以天下爲家，既不爲賓客，故無介也。諸侯事天子，如天子事天，天子事天，既用一牛，故天子巡守，過諸侯竟，諸侯奉膳亦止一牛而已。諸侯相朝，謂五等自相朝也。諸侯膳天子無鬱鬯，自相朝，朝享禮畢，未饗食之前，主君酌鬱鬯之酒以獻賓，示相接以芬芳之德，不在殽味也。無籩豆之薦者，義在少而不在味，故唯有醴而無殽也。食力，庶人之屬，以其無德不仕，無祿代耕，但陳力就業乃得食。殷質，以木爲車，無別雕飾，乘以祭天，謂之大路也。繁，馬腹帶也。纓，鞅也。染絲而織之曰罽。五色一帀曰就。就，成也。郊特牲云『次路五就』，鄭注以此『七』爲誤。圭璋，玉中之貴也。特，謂不用他物媲之也。諸侯朝王以圭，朝后執璋。天子饗諸侯，或諸侯自相饗，行禮至酬時，則有幣將送酬爵，又有琥璜之玉將幣。琥璜既賤，不能特達，故附爵乃通也。崔氏曰：『諸侯貴者以琥，賤者以璜，則公侯以琥，伯子男以璜也。』聘禮曰：『聘君以圭，聘夫人以璋。』典瑞云：『公執桓圭，侯執信圭，伯執躬圭。』諸侯以相見及朝天子，亦無束帛。又小行人云以玉『合六幣，圭以馬』，注云：『二王之後享天子。』『璋以皮』，注云：『二王之後，享后皮。』馬不上堂，唯圭璋特升堂亦是圭璋特義也。單席者，神道異人，不假多重。視朝，謂日出視諸臣之朝也。特，猶獨也。旅，衆也。若大夫，則君人人揖之。士不問多少，君共一揖也。」江氏永曰：「司几筵祭祀席不單者，爲尸設席，此爲神設席。周禮『士旁三揖』，非一揖也。以三等分言之，謂上士一揖，中士一揖，下士一揖則可耳。」○犢，音獨。朝，直遥反。灌，古亂反。繁，步干反。琥，音虎。璜，音黄。單，音丹。

有以大爲貴者：宮室之量，器皿之度，棺椁之厚，丘封之大，此以大爲貴也。方性夫曰：「周官典命宮室以命數爲節，自上公至子男，或以九，或以五，此宮室以大爲貴也。天子之路謂之大路，弓謂之大弓，斗謂之大斗，房謂之大房，此器皿以大爲貴也。尊者之棺四重，卑者止一重，椁周於棺，此棺椁以大爲貴也。冢人『以爵等爲丘封之度』，此丘封以大爲貴也。於宮室言量，於器皿言度，互相備也。車旗之屬，可謂之器，不可謂之皿。籩豆之屬，可謂之皿，亦可謂之器。自積土言之，謂之丘，自度土言之則曰封。曰丘則必高矣，曰封則不必高也。」

有以小爲貴者：宗廟之祭，貴者獻以爵，説文：「爵，禮器也。象爵之形，中有鬯酒。又持之也。所以飲器象爵者，取其鳴節節足足也。」三禮圖曰：「爵受一升，尾長六寸，博二寸。傅翼，鋭下，方足，漆赤雲氣。」賤者獻以散，三禮圖云：「散受五升。」尊者舉觶，説文：「觶，鄉飲酒角也。禮曰：『一人洗，舉觶。』觶受四升。觗，觶或從辰。觝，禮經觶。」卑者舉角。五獻之尊，門外缶，説文：「缶，瓦器，所以盛酒漿。」方言：「缶謂之瓿甌，其小者謂之瓶。」門内壺。聶崇義三禮圖云：「舊圖云：『酒壺受一斛，口徑尺。足高二寸，徑尺。反爵著壺，漆赤中，有畫飾。禮文、經注，無此形制。』臣崇義按昭二十五年公羊傳云『齊侯唁公于野井』，『國子執壺漿』，何休云『壺，禮器。腹方口圓曰壺，反之曰方壺，有爵飾』，蓋此壺也。又疏云：『刻畫爵形，以飾壺體。』今以黍尺計之，上下空徑一尺四寸，方横徑一尺一寸强，乃容一斛之數。」君尊瓦甒。方言：「甒，甖也。周魏之間謂之甒。」戴氏震曰：「儀禮既夕鄭注：『古文甒皆作廡。』」聶氏三禮圖曰：「舊圖云：『醴甒以瓦爲之，受五斗，口徑一尺，脰高二寸，大中，身兑下，平底。』今依此以黍尺計之，腹中横徑八寸，腹横徑一尺二寸，底徑六寸，自脰下至腹，横徑四寸，自腹徑至底，徑深八寸，乃容五斗之數，與瓦大並有蓋。」此以小爲貴也。注：「凡觴，一升曰爵，二升曰觚，三升曰觶，四升曰角，五升曰散。五獻，子男之饗禮也。壺大一石，瓦甒五斗，缶大小未聞也。易曰：『尊酒簋，貳用缶。』」正義：「案特牲云主人獻尸用角，佐食洗散以獻尸。是尊者小，卑者大。崔氏云：『案特牲、少牢禮尸入，舉奠觶，是尊者舉觶。特牲主人受尸酢，受角飲者，是卑者舉角。』凡饗禮，獻數各隨其命，子男五命，知五獻是子男。君尊，子男尊也。瓦甒云『君尊』，則壺、缶但飲諸臣也。不云『内外』，陳之在堂，人君面尊，專惠也。按禮圖，瓦大受五斗，口徑尺，頸高二寸，徑尺，大中，身鋭下平。瓦甒與瓦大同。」○散，悉旦反。觶，支豉反。缶，方有反。甒，音武。

有以高爲貴者：天子之堂九尺，諸侯七尺，大夫五尺，士三尺。天子諸侯臺門，此以高爲貴也。說文：「尺，十寸也。人手卻十分動脈爲寸口。十寸爲尺。尺，所以指尺規榘事也〔一〕。从尸，从乙。乙，所識也。周制寸、尺、咫、尋、常、仞諸度量，皆以人之體爲法。」正義：「天子堂九尺，周法也。」廣韻：「白虎通曰：『天子之堂高九尺。天子尊，故極陽之數九尺也。堂之爲言明也，所以明禮義也。』」江氏永曰：「考工記『周人明堂，度九尺之筵』，『堂崇一筵』。是九尺有明文，上公雖以九爲節，堂上之制度如山節藻梲，復廟重檐，刮楹達鄉之類，當有不得而同者，不嫌其同九尺也。」

有以下爲貴者：至敬不壇，埽地而祭。天子諸侯之尊廢禁，大夫、士棜禁。此以下爲貴也。注：「廢，猶去也。棜，斯禁也。謂之棜者，無足，有似於棜，或因名云耳。大夫用斯禁，士用禁，如今方案，隋長局足，高三寸。」正義：「司尊彝職象六尊，皆無用舟。又燕禮諸侯之法：『瓦大兩，有豐。』是無禁也。大夫士棜禁者，謂大夫用棜，士用禁。棜長四尺，廣二尺四寸，深五寸，無足，赤中，畫青雲氣，菱苕華爲飾。禁長四尺，廣二尺四寸，通局足高三寸，漆赤中，畫青雲氣，菱苕華爲飾，刻其足爲褰帷之形也。棜是轝名。鄭注特牲云：『上有四周，下無足。』今斯禁亦無

〔一〕「指尺」，原誤「指尸」，據說文改。

足，故因名棜耳。鄭注士冠禮云：『名之禁者，因爲酒戒也。』」○壇，大丹反。棜，於據反。

禮有以文爲貴者：天子龍衮，說文：「衮，天子享先王，卷龍繡於下，幅一龍，蟠阿上鄉。」諸侯黼，大夫黻，士玄衣纁裳。天子之冕，朱綠藻，十有二旒，諸侯九，上大夫七，下大夫五，士三。此以文爲貴也。注：「此祭冕服也。朱綠，似夏、殷禮也，周禮天子五采藻。」五經義曰：「禮器曰：『冕，冠。長六寸，廣八寸，員前，冕緇布在上，五采。組十二。』夏、殷之冕，如周制矣，其旒色異。夏冕黑白赤組旒。殷冕黑黄青組旒。」正義：「熊氏云：『「朱綠」以下，是夏、殷禮，其「天子龍衮，諸侯黼，大夫黻」等皆周法無嫌。諸侯雖九章，七章以下，其中有黼也，孤絺冕而下，其中有黻，特舉黼黻而言耳。故詩采菽云「玄衮及黼」，是特言黼也。詩終南美秦襄公「黻衣繡裳」，是特言黻也。』」江氏永曰：「按冕旒本有前無後，故此經及玉藻、郊特牲皆云『十二旒』，不云『二十四旒』。東方朔明言『冕而前旒，所以蔽明』，後旒將安所取？」

有以素爲貴者：至敬無文，父黨無容。王氏念孫曰：「黨，所也，言父所不敢爲容也。內則：『在父母之所，不有敬事，不敢袒裼。』鄭注曰：『父黨無容。』是其明證矣。」大圭不琢，大羹不和，大路素而越席，犧尊疏布鼏，鄭注冪人云：「以巾覆物曰冪。天地之神尚質，故用疏布巾也。」樿杓。此以素爲貴也。注：「大圭長三尺，杼上，終葵首。琢當爲篆，字之誤也。明堂位曰：『大路，殷路也。』鼏或作冪。樿，木白理也。」正義：「至敬，謂祭天。服用大裘，是無文也。大圭，天子朝日月之圭也。但杼上，終葵首，而無琢桓蒲之文也。大羹，肉汁也。不和，無鹽梅也。越席，蒲席也。犧尊者，刻尊爲犧牛之形。鄭云：『畫尊作鳳羽婆娑然。』疏，麤也。鼏，覆也。謂郊天時，以麤布爲巾以覆尊也。貴素，故用白理木爲杓。」○琢，字又作「瑑」，丈轉反〔一〕，徐依字，丁角反。犧，鄭素何反。樿，章善反。杓，市灼反。

孔子曰：「禮不可不省也。禮不同、不豐、不殺。」此之謂也。蓋言稱也。注：「省，察也。不同，言異也。」正義：「不豐者，應少不可多。不殺者，應多不可少也。」○殺，所界反。

禮之以多爲貴者，以其外心者也。德發揚，詡萬物，大理物博。如此，則得不以多爲貴乎？故君子樂其發也。注：「外心，用心於外，其德在表也。詡，猶普也，徧也。發，猶見也。樂，多其外見也。」正義：「言王者撫有四海，宜發揚其德，普徧萬物也。庾云：『王功被於物，君子樂其外見也。』」鄭氏元慶曰：「說文：『理，治玉也。』又治民、治獄皆曰理。此言『大理』者，非道理之理，乃治理之理也。德發揚，詡萬物，則能大理，而物之所成者博矣。」彬謂「德發揚」爲句，「詡萬物」句。○詡，況矩反。樂，五孝反。

禮之以少爲貴者，以其內心者也。德產之致也精微，注：「內心，用心於內，其德在內。致，致密也。」正義：「盧云：『天地之德所生，至精至微也。』」觀天下之物無可以稱其德者。注：「萬物皆天所生，孰可奉薦以稱也。」如此，則得不以少爲貴乎？是故君子慎其獨也。注：「少其牲物，致誠慤。」正義：「德，天地之德也。產，生也。王云：『欲徧取萬物以祭天，終不能稱其德，報其功，故以特犢，貴誠慤之義也。』」

古之聖人，內之爲尊，外之爲樂，少之爲貴，多之爲美。是故先王之制禮也，不可多也，不可寡也，唯其稱也。方性夫曰：「內外以心言，多少以物言，即上文所言者是也。或高或大或文，亦外心也。或

〔一〕「丈」，原誤「文」，據經典釋文改。

下或小或素，亦内心也。稱其内心，則以少爲貴，故不可多。稱其外心，則以多爲美，故不可寡。」○樂，音洛。

是故君子大牢而祭謂之禮，匹士大牢而祭謂之攘。注：「君子，謂大夫以上。攘，盜竊也。」正義：「大夫常祭少牢，遣奠及卒哭、祔用大牢。匹士，士也。士常祭特豚，遣奠、卒哭、祔加一等，少牢。若用大牢，是盜竊用君子之禮也。」○攘，如羊反。

管仲鏤簋朱紘，山節藻棁，君子以爲濫矣。注：「濫，亦盜竊也。鏤簋，謂刻而飾之。大夫刻爲龜耳，諸侯飾以象，天子飾以玉。朱紘，天子冕之紘也。諸侯青組紘，大夫士當緇組紘，纁邊。栭謂之節。梁上楹謂之棁。宫室之飾，士首本，大夫達棱，諸侯斲而礱之，天子加密石焉。無畫山藻之禮也。」釋文：「棁，當作棳，梁上侏儒柱。」正義：「簋，黍稷器也。紘，冕之飾，用組爲之。以其組從下屈而上屬之於兩旁，垂餘爲纓。山節，謂刻柱頭爲斗栱，形如山也。藻棁者，謂畫梁上短柱爲藻文也。此是天子廟飾，而管仲僭爲之也。」○鏤，力豆反。簋，音軌。紘，音宏。棁，章悦反。

晏平仲祀其先人，豚肩不揜豆，澣衣濯冠以朝，君子以爲隘矣。注：「隘，猶狹陋也。祀不以少牢，與無田者同，不盈禮也。大夫士有田則祭，無田則薦。澣衣濯冠，儉不務新。」釋文：「隘，狹也。」正義：「大夫祭用少牢，士用特豚。平仲今用豚，又小，併豚兩肩，不揜豆也。必言肩者，周人貴肩也。肩在俎，今云豆，喻其小，假豆言之，其實在俎不在豆也。」○澣，又作「浣」，户管反。濯，直角反。朝，直遥反。隘，於賣反。

是故君子之行禮也，不可不慎也，衆之紀也。紀散而衆亂。注：「言二大夫皆非也。紀，絲縷之數有紀。」王氏引之曰：「紀，猶綱也，統也。說文：『統，紀也。』樂記『中和之紀』注曰：『紀，總要之名也。』紀與綱義相近。

禮散則衆亂，猶紀散而絲亂也。」孔子曰：「我戰則克，祭則受福，蓋得其道矣。」注：「克，勝也。」彬謂此孔子自任之事。鄭注「我，我知禮者也」，孔疏遂言「君子務在謙光，不應自言祭祀受福之事」，非也。

君子曰：「祭祀不祈，注：「祈，求也。祭祀不爲求福也。詩云：『自求多福。』福由己耳。」不麾蚤，注：「麾之言快也。祭有時，不以先之爲快也。齊人所善曰麾。」不樂葆大，注：「謂器幣也。葆之言褒也。」不善嘉事，注：「嘉事之祭，致夫人是也。宜告見於先祖耳，不善之而祭。」牲不及肥大，薦不美多品。」注：「以禮之義，有以小少爲貴也。」正義：「孝子感霜露而思親，宜祭，不以霜露未至而早設也。葆者，褒也。褒，崇高之稱也。祭之器幣，有常幣，通文八尺，豆盛四升，不貪高大也。嘉事，冠昏也。昏三月，祭以告廟，冠畢，埽地而祭禰，並有爲而然，非爲善之而設祭。牲，謂郊牛繭栗，不須並不肥大。薦祭品味有定，不以多爲美。」○麾，毀皮反。葆，音保，本又作「保」。

孔子曰：「臧文仲安知禮！夏父弗綦逆祀，而弗止也，燔柴於奧。注：「文仲，魯公子彄之曾孫臧孫辰也。莊、文之閒爲大夫，於時爲賢，是以非之，不正禮也。文二年『八月丁卯，大事於大廟，躋僖公』，始逆祀，是夏父弗綦爲宗伯之爲也。奧當爲爨，字之誤也，或作竈、禮，尸卒食，而祭饎爨饔爨也。時人以爲祭火神，乃燔柴。」正義：「案世本：『孝公生僖伯彄，彄生哀伯達，達生伯氏瓶，瓶生文仲辰。』是公子彄曾孫也。」夫奧者，老婦之祭也。盛於盆，尊於瓶。注：「老婦，先炊者也。盆、瓶，炊器也。明此祭先炊，非祭火神，燔柴似失之。」說文：「爨，齊謂之炊。」方言：「缶，其小者謂之瓿。」五經異義曰：「顓頊有子曰黎，爲祝融，火正也。祀以爲竈神。」○綦，音忌。奧，依注作「爨」，七亂反。瓶，步丁反。

禮也者，猶體也。注：「若人身體。」體不備，君子謂之不成人。設之不當，猶不備也。吳幼清曰：「設，謂所置之處。」彬謂此指禮言。禮有大有小，有顯有微。大者不可損，小者不可益，顯者不可揜，微者不可大也。故經禮三百，曲禮三千，其致一也。注：「致之言至也。一，謂誠也。經禮，謂周禮也。周禮六篇，其官有三百六十。曲，猶事也。事禮，謂今禮也。禮篇多亡，本數未聞。其中事儀三千。」馬彥醇曰：「經禮者，曲禮之總。曲禮者，經禮之別。」未有入室而不由户者。注：「三百三千，皆由誠也。」正義：「人身體髮膚、骨血、筋脈，備足，乃爲成人，若片許不備，便不爲成人也。室，猶禮也。户，猶誠也。入室必由户，行禮必由誠。」

君子之於禮也，有所竭情盡慎，致其敬而誠若，注：「謂以少、小、下、素爲貴也。」有美而文而誠若。注：「謂以多、大、高、文爲貴也。」吳幼清曰：「若者，句末之助辭，猶易之『出涕沱若』、『戚嗟若』。」

君子之於禮也，有直而行也，注：「謂若始死，哭踊無節也。」有曲而殺也，注：「謂若父在，爲母期也。」有經而等也，注：「謂若天子以下至士庶人，爲父母三年。」有順而討也，注：「討，猶去也。謂若天子以十二，公以九，侯伯以七，子男以五爲節也。」有摲而播也，注：「摲之言芟也。謂芟殺有所與也。若祭者，貴賤皆有所得，不使虛也。」段氏玉裁注說文「摲」字曰：「蒼頡篇：『摲，拍取也。』鄭曰：『摲之言芟也。』按芟，刈草也。摲本訓芟夷。謂於此少與，得分以與彼。是芟殺上貴之分，以布偏於賤者，謂之『摲而播』。」有推而進也，注：「謂若王者之後，得用天子之禮。」有放而文也，注：「謂若天子之服，象日月以至黼黻。」有放而不致也，注：「謂若諸侯自山龍以下。」正義：「致，極也。」有順而摭也。注：「謂若君沐粱，大夫沐稷，士沐粱。」說文：「摭，拾也。」方言：「摭，取也。」正義：「摭，猶拾取也。」○撕，所監反。放，方往反。摭，之石反。

三代之禮一也，民共由之，或素或青，夏造殷因。注：「一也，俱趍誠也。由，用也。素，尚白。青，尚黑者也。言所尚雖異，禮則相因耳。孔子曰：『殷因於夏禮，所損益可知也。周因於殷禮，所損益可知也。』變白黑言素青者，秦二世時，趙高欲作亂，或以青爲黑，黑爲黃，民言從之，至今語猶存也。」吳幼清曰：「言夏、殷、周三代之禮，雖小有損益，而其所以爲禮者則一，故天下之民皆可通行。蓋損益而異者，禮之文耳，禮之本則相因不變，而無不同也。」

周坐尸，詔侑武方，其禮亦然，其道一也。注：「言此亦周所因於殷也。武當爲無，聲之誤也。方，猶常也。告尸行節，勸尸飲食無常，若孝子之爲也。孝子就養無方。詔侑，或爲『詔囿』。」正義：「詔，告也。侑，勸也。子事父母，就養無方，故宗廟之中，禮主於孝。案特牲、少牢延尸及詔侑、相尸之禮，皆是祝官，則是有常，而云『無常』者，熊氏云：『謂就衆祝之中，但是祝官，皆得爲之，不常用一祝也。』」夏立尸而卒祭，注：「夏禮，尸有事乃坐。」殷坐尸，注：「無事猶坐。」周旅酬六尸。注：「使之相酌也，后稷之尸，發爵不受旅。」正義：「夏六尸而卒祭，此更本殷周所損益相因也。夏乃有尸，言尸是人，人不可久坐神坐，故唯飲食暫坐，不飲食則倚立，以至祭竟也。殷因夏立尸，損其不坐之禮，益爲恒坐之法，言尸本象神，神宜安坐，不辨有事與無事也。旅酬六尸，謂祫祭時聚羣廟之主於后稷廟中，對爲昭穆，更相次序以酬也。大祫多主，唯云『六尸』者，先儒與王肅並云：『毀廟無尸，但有主也。』」曾子曰：「周禮其猶醵與！」注：「合錢飲酒爲醵。旅酬相酌，似之也。王居明堂之禮：『仲秋乃命國醵。』」說文：「醵，會飲酒也。」正義：「凡斂錢飲酒，必非忘懷之酌，得而遽飲，必令平徧。不偏頗，與周禮旅酬相似也。」○侑，音又，本或作「宥」。武，音無。醵，其庶反。與，音餘。

君子曰：禮之近人情者，非其至者也。注：「近人情者褻，而遠之者敬。」郊血，大饗腥，三獻爓，一獻孰。注：「郊，祭天也。大饗，祫祭先王也。三獻，祭社稷五祀。一獻，祭羣小祀也。爓，沈肉於湯也。血、腥、爓、孰遠近，備古今也。尊者先遠，差降而下，至小祀，孰而已。」正義：「皇氏曰：『此據設之先後，郊則先設血也，後設腥與爓孰。雖以郊爲主，其祭天皆然。大饗時，血、腥同薦，朝事迎尸于户外，薦血、腥也。宗廟之祭皆然。其三獻之祭，血、腥與爓一時同薦。凡薦爓，皆在薦腥之後，但社稷五祀，初祭降神之時已埋血，宗伯之文是也。至正祭薦爓之時，又薦血，此文是也。若羣小祀之屬，唯有薦孰，無血、腥、爓也，以其神卑故耳。先薦者設之在先，後進者設之居後。』」是故君子之於禮也，非作而致其情也，注：「作，起也。敬非己情也，所以下彼。」此有由始也。注：「有所法也。」是故七介以相見也，不然則已慤；三辭三讓而至，不然則已蹙。注：「已，猶甚也。慤，蹙愿貌。大愿則辭不見，情無由至也。」正義：「七介相見，申賓主之情也，舉中言之。三辭三讓而至，司儀賓至大門外，『交賓三辭』。君迎賓，三讓。入大門，每門讓賓，一辭。是三辭三讓。而情意相至也。」故魯人將有事於上帝，必先有事於頖宮；注：「魯以周公之故，得郊祀上帝，與周同。先有事於頖宮，告后稷也。告之者，將以配天，先仁也。頖宮，郊之學也，詩所謂『頖宮』也。字或爲『郊宮』。」王氏引之曰：「謹案注言『詩所謂「頖宮」也』，則正文必不作『頖宮』，而作『郊宮』。蓋經言『郊宮』，即魯頌之『頖宮』，故曰『郊宮，郊之學也，詩所謂「頖宮」也』。『郊之學也』，正釋『郊宮』二字。『字或爲「郊宮」』，當作『字或爲「頖宮」』。蓋郊宮即頖宮，故本亦有作『頖宮』者。後人多聞『頖宮』，罕聞『郊宮』，故改字以從之。而『詩所謂『頖宮』」一語，遂以『頖宮』釋『頖宮』，重複而不可通矣。」金氏榜曰：「然則魯立頖宮以祀后稷，是以有在泮獻馘獻囚之事，後因以爲學，謂之周學。記言『諸侯曰泮宮』，言『釋奠於學，以訊馘告』，據魯禮爲説者與？」晉人將有事於河，必先有事於惡池；注：「惡當爲呼，聲之誤也。呼池，漚夷，并州川。」齊人將有事於泰山，必先有事於配林。注：「配林，林名。」盧注：「配林，小山林麓，配泰山者也。謂諸侯不郊天，泰山巡省所考，五嶽之宗，故有事將祀之，先卽其漸，天子則否矣。」正義：「必先有事於頖宮者，明有積漸之義。有事於上帝，謂祭天也。頖宮告后稷，告以將配天也。有事於河，謂祭河也。惡池小川，先告從祀者，然後祭河也。有事於泰山，祭泰山也。配林，泰山之從祀者也。此皆積漸，從小至大之義也。」三月繫，七日戒，三日宿，愼之至也。注：「繫，繫牲于牢也。戒，散齊也。宿，致齊也。將有祭祀之事，必先敬愼如此，不敢切也。」故禮有擯詔，樂有相步，温之至也。注：「皆爲温藉，重禮也。擯詔，告道賓主者也。相步，扶工也。詔，或爲紹。」○燗，似廉反。蹙，本又作「慼」，子六反。頖，本或作「泮」，依注音判。惡，依注音呼，又作「虖池」，大河反。温，紆運反。

禮也者，反本脩古，不忘其初者也。正義：「脩，定本及諸本作循，字當作脩。」王氏念孫曰：「案定本及諸本是也。鈔本北堂書鈔禮儀部一引此亦作『循古』。循古者，遵循古道而不失，正所謂『不忘其初』也。下文『玄酒之尚』，『鸞刀之貴』，『莞簟之設』，皆是循古，非脩古也。」故凶事不詔，朝事以樂；注：「二者反本也。哭泣由中，非由人也。朝廷養賢，以樂樂之也。」醴酒之用，玄酒之尚，割刀之用，鸞刀之貴，莞簟之安，而稾鞂之設。注：「三者脩古。穗去實曰鞂。禹貢：『三百里納鞂服。』」是故先王之制禮也，必有主也，故可述而多學也。

注：「主，謂本與古也。以本與古求之而已。」○鸞，力端反。莞，音官。簟，徒點反。槀，古老反。鞂，江八反。

君子曰：無節於內者，觀物弗之察矣。欲察物而不由禮，弗之得矣。故作事不以禮，弗之敬矣；出言不以禮，弗之信矣。故曰：禮也者，物之致也。注：「節，猶驗也。致之言至也，極也。」正義：「內，猶心也。察，猶分辨也。」

是故昔先王之制禮也，因其財物而致其義焉爾。故作大事必順天時，注：「大事，祭祀也。春秋傳曰：『啓蟄而郊，龍見而雩，始殺而嘗，閉蟄而烝。』」爲朝夕必放於日月，注：「日出東方，月生西方。」正義：「天子春分之日，朝日於東門之外，秋分之夕，祀月於西門之外。」爲高必因丘陵，注：「謂冬至祭天於圜丘之上。」爲下必因川澤。注：「謂夏至祭地於方澤之中。」是故天時雨澤，君子達亹亹焉。注：「達，猶皆也。亹亹，勉勉也。君子愛物，見天雨澤，皆勉勉勸樂。」應子容曰：「大事不止祭祀，若動大衆，興大役，必順寒暑之時而爲之節。爲朝夕，若日出而作，日入而息，必因其晝夜之經而爲之限。爲高若築臺觀，爲下若蓄陂池，必因其有高下之勢而始用其力。天時雨澤，蓋陽和融液，仁德流行，出於天運之自然，而不容止也。君子感之，仁孝愛敬之心發於中而達於外者，亦勉勉而不容已焉。」○亹，徐音尾。

是故昔先王尚有德，尊有道，任有能，舉賢而置之，聚衆而誓之。注：「古者將有大事，必選賢誓衆，重事也。」是故因天事天，因地事地。注：「天高，因高者以事也。地下，因下者以事也。」因名山升中于天，注：「名，猶大也。升，上也。中，猶成也，謂巡守至於方嶽，燔柴祭天，告以諸侯之成功也。」盧注：「封泰山，告太平，升中和之氣於天也。」崔靈恩曰：「自周以前，封者皆封土爲壇，至秦皇、漢武始用石檢。」因吉土以饗帝于郊。注：「吉土，王者所卜而居之土也。饗帝于郊，以四時所兆祭於四郊者也。今漢亦四時迎氣，其禮則簡。」吳幼淸曰：「因天因地，言每歲圜丘方澤之正祭。名山吉土，言告祭之禮，非常祭也。書言『至于岱宗，柴，望』，詩言『陟其高山』，蓋巡狩之時，登高山以告祭天也。」升中于天而鳳皇降，龜龍假；注：「功成而太平，陰陽氣和而致象物。」饗帝於郊而風雨節，寒暑時。注：「五帝主五行，五行之氣和，而庶徵得其序也。五行，木爲雨，金爲暘，火爲燠，水爲寒，土爲風。」是故聖人南面而立，而天下大治。注：「南面立者，視朝。」正義：「以其尙德尊賢，奉天事地，陰陽既合，嘉瑞並來，故聖人但朝夕視朝，而天下大治。」○假，音格。

天道至教，聖人至德。注：「目下事也。」廟堂之上，罍尊在阼，犧尊在西；廟堂之下，縣鼓在西，應鼓在東。注：「禮樂之器，尊西也。小鼓謂之應。犧，周禮作獻。」君在阼，夫人在房，注：「人君尊東也。天子諸侯有左右房。」大明生於東，月生於西，此陰陽之分，夫婦之位也。注：「大明，日也。」君西酌犧象，夫人東酌罍尊，注：「象日出東方而西行也，月出西方而東行也。周禮曰：『春祠夏禴，祼用雞彝鳥彝，皆有舟。其朝踐用兩獻尊，其再獻用兩象尊，皆有罍，諸臣之所酢。』」禮交動乎上，樂交應乎下，和之至也。注：「言交乃和。」正義：「罍尊在阼，謂夫人所酌也。犧尊在西，謂君所酌也。縣鼓，大鼓也，在西方縣之。應鼓，小鼓也，在東方縣之。熊氏云：『此謂諸侯時祭所用之禮，故罍尊，夫人所酌。若天子之祭，則罍尊在堂下。故禮運云：「澄酒在下。」』君於阼階，西嚮酌犧尊；夫人於西房之前，東嚮酌罍尊。君與夫人酌獻之禮交相動於堂上，縣鼓應鼓相應在於堂下，禮樂交相應會，和諧之至極也。」○罍，音雷。犧，素河反。縣，音玄。分，扶問反。

禮也者，反其所自生；注：「自，由也。制禮者，本己所由得民心也。」樂也者，樂其所自成。注：「作樂者，緣民所樂於己之功，舜之民樂其紹堯而作大韶，湯、武之民樂其濩伐而作濩、武。」是故先王之制禮也以節事，注：「勤反本也。」修樂以道志。注：「勸之善也。」故觀其禮樂，而治亂可知也。注：「國亂，禮慢而樂淫也。」蘧伯玉曰：「君子之人達。」注：「觀其禮樂則知治亂也。蘧伯玉，衞大夫也，名瑗。」故觀其器而知其工之巧，觀其發而知其人之知。注：「禮樂亦猶是也。」故曰：君子慎其所以與人者。注：「將以是觀。」正義：「禮樂俱是象王業所由，禮據王業之初，樂據王業之末，故云『所自生』、『所自成』。若能以禮節事，以樂道志，則國治也。若不以禮節事，不以樂道志，則國亂也。若禮正而樂和，則知其國治。若禮慢而樂淫，則知其國亂也。禮樂者，與人交接之具，故慎之。」○蘧，其居反。

大廟之内敬矣：君親牽牲，大夫贊幣而從；注：「納牲於庭時也，當用幣告神而殺牲。」正義：「此謂裸鬯既訖，君出廟門，迎牲而納於庭之時也。於時告殺，大夫則贊佐執幣而從，君乃用幣以告神。」君親制祭，夫人薦盎；注：「親制祭，謂朝事進血膋時。所制者，制肝洗於鬱鬯，以祭於室及主。」正義：「此謂殺牲已畢，進血、腥之時，夫人薦盎齊以獻。侯伯子男之君朝踐，君不獻，故夫人薦盎。」君親割牲，夫人薦酒。注：「親割，謂進牲孰體時。」正義：「於時君亦不獻，故夫人薦酒。」卿、大夫從君，命婦從夫人，洞洞乎其敬也，屬屬乎其忠也，勿勿乎其欲其饗之也！注：「勿勿，猶勉勉也。」正義：「謂制祭割牲之時，則卿、大夫從君也。薦盎、酒之時，命婦從夫人也。洞洞，質愨之貌。屬屬，專一之貌。」納牲詔於庭，血毛詔於室，羹定詔於堂。三詔皆不同位，蓋道求而未之得也〔一〕。注：「肉謂之羹。道，猶言也。」鄉飲酒禮「羹定」，鄭注：「定，猶孰也。」正義：「詔，告也。謂牲人在庭，以幣告神，故云『詔於庭』。血、毛詔於室者，謂殺牲取血及毛，入以告神於室。羹，肉湆也。定，孰肉也。是薦孰未食之前也。」設祭于堂，注：「設祭之饌於堂，人君禮然。」正義：「謂薦腥、爓之時。」爲祊乎外，注：「祊，祭明日之繹祭也。謂之祊者，於廟門之旁，因名焉。其祭之禮，既設祭於室，而事尸於堂，孝子求神，非一處也。」李巡曰：「祊，故廟門名也。」故曰於彼乎？於此乎？注：「不知神之所在也。」○從，才用反。洞，音慟。屬，之六反。祊，百彭反。

一獻質，注：「謂祭羣小祀也。」三獻文，注：「謂祭社稷五祀。」五獻察，注：「察，明也。謂祭四望山川也。」釋詁：「察，審也。」七獻神。注：「謂祭先公。」陳用之曰：「周禮大祀、次祀、小祀，見於肆師。大祭、中祭、小祭，見於酒正。大宗伯所辨天地、五帝、先王之類，大祀也。社稷、五祀、五嶽之類，中祀也。四方百物之類，小祀也。大祀獻多，小祀獻寡，則社稷所獻，宜加于山川也。先王祭服，各有象數，則希冕三章以祭社稷者，非卑之於山川，以獻數不繫於服章也。賓客之禮，士一獻，卿大夫三獻，子男五獻，侯伯七獻，上公九獻。而王饗諸侯，自子男五獻以至諸侯長十有再獻，皆服鷩冕七章，孰謂獻數必繫於服章哉？」

大饗，其王事與！注：「盛其饌與貢，謂祫祭先王。」三牲魚腊，說文：「昔，乾肉也。从殘肉，日以晞之，與俎同意。籀文从肉。」四海九州之美味也。籩豆之薦，四時之和氣也。注：「此饌諸侯所獻。」內金，

〔一〕「未之」，原誤「之未」，據各本乙。

示和也。注：「此所貢也。內之庭實，先設之。金從革，性和。荆、楊二州貢金三品。」王氏懋竑曰：「金主斷割，無示和之意。郊特牲『以鐘次之，以和居參之也』，與此正同，則金卽指鐘而言。鐘，樂器，故曰『示和』。」束帛加璧，尊德也。注：「貢享所執致命者，君子於玉比德焉。」龜爲前列，先知也。注：「龜知事情者，陳於庭，在前。荆州納錫大龜。」金次之，見情也。注：「金炤物，金有兩義，先入後設。」丹、漆、絲、纊、竹、箭，與衆共財也。注：「萬民皆有此物。荆州貢丹，兖州貢漆絲，豫州貢纊，揚州貢篠簜。」其餘無常貨，各以其國之所有，則致遠物也。注：「其餘，謂九州之外，夷服、鎭服、蕃服之國。周禮：『九州之外，謂之蕃國，世一見，各以其所貴寶爲摯。』周穆王征犬戎，得白狼白鹿，近之。」王氏引之曰：「『其餘』二字，對上帛璧諸物言之，言以上所陳之貨有常，而其餘則無常也。其餘指貨言，非指國言也。國之所有，非必貴寶，所謂『遠物』，亦非必荒服之物。凡不産於畿內者，皆遠物也。郊特牲說朝聘旅幣，文多與此同。其曰『旅幣無方』，無方者，無常也，猶此言『其餘無常貨』也。又曰『所以別土地之宜，而節遠邇之期也』，猶此言『各以其國之所有，則致遠物也』。」其出也，肆夏而送之，蓋重禮也。注：「出，謂諸侯之賓也。禮畢而出，作樂以節之。肆夏當爲陔夏。」鄭氏元慶曰：「此王饗諸侯之禮，鄭氏以爲祫祭，非也。」王氏懋竑曰：「周禮疏大饗有三：一饗祭，一祫五帝於郊，一饗賓客。大司樂所云『大饗』，則饗賓客也。此節鄭指祫祭，蓋承『大饗腥』而言，然僉與龜及丹、漆、絲、纊、竹、箭皆非祭祀所用，而三牲、魚、腊、籩、豆之薦則饗賓客亦皆有之，疑此本言饗賓客之大饗，而記禮者以爲大饗腥之大饗，故記之於此。又國語『肆夏，天子所以享元侯』，此亦言『肆夏而送之』，略同。」○腊，音昔。內，音納。見，賢遍反。纊，音曠。肆，依注作「陔」，古來反。

祀帝於郊，敬之至也。注：「言就而祭之，不敢致也。」宗廟之祭，仁之至也。注：「仁，恩也，父子主恩也。」喪禮，忠之至也。注：「謂哭、踊、袒、襲也。」馬彥醇曰：「人死，斯惡之矣；無能，斯倍之矣。先王爲之禮，使民不惡不倍，而盡心於死者必誠必信，故曰『忠之至也』。」備服器，仁之至也。注：「謂小斂大斂之衣服，葬之明器。」賓客之用幣，義之至也。注：「謂來賻賵。」鄭氏元慶曰：「服器用幣，豈特喪有之？凡祭祀燕饗，賓客往來，皆有服器用幣，何莫非仁義之至乎？竊意凡吉凶所用，服器唯備。然後盡於人心，仁之至也。賓客之交，必以幣，表記所謂『無辭不相接，無禮不相見』。義者，宜也，故曰『義之至也』。」故君子欲觀仁義之道，禮其本也。注：「言禮有節，於內可以觀也。」正義：「前文有敬有忠，此不言者，舉仁義則忠敬可知也。」

君子曰：「甘受和，白受采。忠信之人，可以學禮，苟無忠信之人，則禮不虛道。是以得其人之爲貴也。」注：「道，猶由也，從也。」正義：「甘爲衆味之本，不偏主一味，故得受五味之和。白是五色之本，不偏主一色，故得受五色之采。苟，猶誠也。其人，卽忠信之人。」彬謂道，猶行也。○和，户卧反。

孔子曰：「誦詩三百，不足以一獻。一獻之禮，不足以大饗。大饗之禮，不足以大旅。大旅具矣，不足以饗帝。注：「誦詩三百，喻習多言而不學禮也。大旅，祭五帝也。饗帝，祭天。」毋輕議禮！」注：「謂者誦詩者，不可以强言禮。」正義：「大旅雖總祭五帝，不如饗帝正祭之備。饗帝，謂郊祭天也。」鄭氏元慶曰：「此一獻，指燕禮，崔氏所謂『殺烝於俎，行一獻之禮』，是也。其禮简。大饗，是王饗諸侯及兩君相見，其禮樂。」

子路爲季氏宰。注：「宰，治邑吏也。」季氏祭，逮闇而祭，日不足，繼之以燭。注：「謂奮時也。」雖有强力之容，肅敬之心，皆倦怠矣。注：「以其久也。」有司跛倚以臨祭，其爲不敬大矣。注：「偏任爲跛，依物爲倚。」他日祭，子路與，室事交乎户，堂事交乎階，質明而始行事，晏朝而退。注：「室事，祭時。堂事，儐尸。」孔子聞之曰：「誰謂由也而不知禮乎！」注：「多其知禮。」正義：「室事，謂正祭之時，事尸在室，外人將饌至户，内人於户受饌設於尸前，相交承接在於户也。堂事，謂正祭後儐尸之時，事尸於堂，堂下之人送饌至階，堂上之人於階受取，是交乎階。質，正也。晏，晚也。言敬而能速也。」○跛，彼義反。倚，於綺反。與，音豫。

禮記訓纂卷十一

郊特牲第十一

正義：「鄭目録云：『名郊特牲者，以其記郊天用騂犢之義。此於别録屬祭祀。』」釋文：「郊者，祭天之名。用一牛，故曰特牲。」

郊特牲而社稷大牢，天子適諸侯，諸侯膳用犢，諸侯適天子，天子賜之禮大牢，貴誠之義也。故天子牲孕弗食也，祭帝弗用也。注：「犢者，誠慤未有牝牡之情，是以小爲貴也。孕，任子也，易曰：『婦孕不育。』」正義：「郊所以用特牲者，天神至尊，無物可稱，故用特牲。社，五土總神。稷，是原隰之神。功及於人，人賴其功，故以大牢報祭，其牲則黝色。諸侯膳用犢，謂天子巡守至諸侯之國，諸侯致膳於天子，則用犢也。諸侯朝天子，天子賜之禮，用大牢。熊氏云：『掌客云「殷膳大牢」，非是飧、積、饔餼之等。』貴誠之義，釋郊所以用特牲，天子所以膳用犢之意。」

大路繁纓一就，先路三就，次路五就。注：「此因小説以少爲貴者。禮器言『次路七就』，與此乖，字之誤也。」正義：「大路，殷祭天車也，用以祭天，故曰大路。五采一成曰就，天質慤，故止一就也。明堂位云：『大路，殷路也。』先路，亦殷路也。殷則三路。其世猶質，故以少飾爲先。對次，故稱先也。每加以兩，大路一，先路三，次路故五就也。」郊血，大饗腥，三獻爓，玉篇「爓」作「燗」：「禮記曰：『三獻燗。』沈肉於湯中也。」一獻孰，至敬不饗味而貴氣臭也。注：「血、腥、爓，祭用氣。」正義：「崔氏云：『周禮之法，郊天燔柴爲始，宗廟以祼地爲始，社稷以血爲始，小祀疈辜爲始。此云『郊血，大饗腥，三獻爓，一獻孰』者，謂正祭之時，薦於尸坐之前也』。夫孰食有味，味爲人道。人道卑近，而天神尊貴，事宜極敬，不褻近，故用血。用血是貴氣而不重味，故云『貴氣臭也』。宗廟降於天，故用腥，腥稍近味。社又降於宗廟，故用爓，爓又稍近味。」諸侯爲賓，灌用鬱鬯，灌用臭也。大饗，尚腶脩而已矣。注：「亦不饗味也。此大饗，饗諸侯也。」釋文：「腶脯加薑桂曰腶脩。」正義：「灌，猶獻也。謂諸侯來朝，廟中行三享竟，然後天子以鬱鬯酒灌之也。故大行人云『上公之禮，廟中將幣三享，王禮再祼而酢』，『侯伯之禮，王禮壹祼而酢』，『子男之禮，王禮壹祼，不酢』。鄭注云：『王禮，王以鬱鬯禮賓也。禮者，使宗伯攝酌圭瓚而祼，王既拜送爵，又攝酌璋瓚而祼，后又拜送爵，是謂再祼。再祼，賓乃酢王也。侯伯一祼而酢者，祼賓，賓酢王而已，后不祼也。子男一祼不酢者，祼賓而已，不酢王也。』鬱鬯是臭，故云『灌用臭』也。大饗尚腶脩者，謂諸侯行朝享及灌以後，而天子饗燕食之也。若上公則三饗三食三燕，侯伯則再饗再食再燕，若子男則壹饗壹食壹燕也。其行饗之時，雖設大牢之饌，先薦腶脩於筵前，然後始設餘饌。此亦明不饗味之義也。」○膳，市戰反。犢，音獨。孕，餘證反。繁，步干反。爓，本亦作「膶」，夕廉反。灌，本又作「祼」，古喚反。腶，丁喚反。

大饗，君三重席而酢焉。注：「言諸侯相饗，獻酢禮敵也。」說文「酢」作「醋」：「客酌主人也。」正義：「此大饗，謂諸侯相朝，主君饗賓，賓主禮敵，故主君設三重之席而受酢焉。」三獻之介，君專席而酢焉。此降尊以就卑也。注：「三獻，卿大夫來聘，主君饗燕之，以介爲賓，賓爲苟敬，則徹重席而受酢也。專，猶單也。」正義：「此謂諸侯遣卿來聘，其副大夫爲介，大夫席雖再重，今爲介降一等，祇合專席。主君者受此介之酢爵，雖諸侯合三重之席，必徹去重席，單席而受此介之酢爵焉。所以然者，降諸侯之尊，以就介之卑故也。案燕禮無賓酢公禮，至於脱屨升堂坐之後，賓降洗，升，媵觚于公，公受賓爵，飲以賜下，此云『受酢』，蓋謂此也。或燕己臣子，賓不酢公，若與鄰國賓燕，以介爲賓，賓得酢公也，但禮不具耳。」○重，直龍反。酢，才各反。

饗禘有樂，而食嘗無樂，陰陽之義也。凡飲，養陽氣也；凡食，養陰氣也。故春禘而秋嘗，春饗孤子，秋食耆老，其義一也，而食嘗無樂。飲，養陽氣也，故有樂。食，養陰氣也，故無聲。凡聲，陽也。注：「言義同而或用樂，或不用樂也。此禘當爲禴，字之誤也。王制曰：『春禴夏禘。』」正義：「饗，謂春饗孤子。禘，謂春祭宗廟也。以其在陽時，故有樂。食，謂秋食耆老。嘗，謂秋祭宗廟。以其在陰時，故無樂。無樂爲陰，有樂爲陽，故云『陰陽之義也』。飲是清虚，養陽氣，故有樂。食是體質，養陰氣，故無樂。饗，禘在春爲陽，食，嘗在秋爲陰也。案王制『夏后氏養老以饗禮』，則用春時，有樂。『殷人養老以食禮』，秋時不作樂。『周人修而兼用之』，春夏用饗禮，秋冬用食禮，四時皆用樂。皇氏云：『春是生養之時，故饗孤子，取長養之義。秋是成孰之時，故食耆老，取老成之義。』」○禘，音藥。

鼎俎奇而籩豆偶，陰陽之義也。籩豆之實，水土之品也。注：「水土之品，言非人常所食。」不敢用褻味而貴多品，所以交於旦明之義也。注：「旦當爲神，篆字之誤也。」王氏引之曰：「古文四聲引崔希裕纂古『神』作『䄠』。集韻：『神，古作䄠』。脱去上半而爲『旦』耳。」正義：「鼎俎奇者，案聘禮牛一，羊二，豕三，魚四，腊五，腸胃六，膚七，鮮魚八，鮮腊九，是鼎九，其數奇也。又有陪鼎，膷一也，臐二也，膮三也，亦其奇數也。正鼎九鼎，別一俎，俎亦九也。又少牢陳五鼎，羊一，豕二，膚三，魚四，腊五。其腸胃從羊，五鼎五俎，又肵俎一，非是正俎也。特牲三鼎，牲鼎一，魚鼎二，腊鼎三。亦有三俎，肵俎一，非正俎，不在數。是皆鼎俎奇也。有司徹陳六俎者，尸及侑俎、主人、主婦各一俎，其餘二俎者，司馬以一俎羞羊肉湆，其一俎司士羞豕肉湆，此二者益肉之俎也。此云『鼎俎奇』者，謂一處並陳。籩豆偶者，掌客云『上公豆四十』，『侯伯三十二』，『子男二十四』。又禮器云：『天子之豆二十有六，諸公十有六，諸侯十有二，上大夫八，下大夫六。』案禮，籩與豆同，是籩豆偶也。鄉飲酒義『六十者三豆，七十者四豆，八十者五豆』。奇數者，彼是年齒相次，非正豆也。士喪禮注『小斂一豆一籩』者，降於大斂，又不同於吉故也。籩人『饋食之籩，棗、栗、桃、乾橑、榛實』，凡有五物，似五籩者，熊氏云：『乾藤之中，有桃諸、梅諸，則爲六物，實六籩也。』」○奇，居宜反。褻，息列反。旦，音神，出注。

賓入大門而奏肆夏，示易以敬也。注：「賓，朝聘者。易，和說也。」卒爵而樂闋。孔子屢歎之。注：「美此禮也。」釋文：「闋，止也。」奠酬而工升歌，發德也。注：「以詩之義，發明賓主之德。」歌者在上，匏竹在下，貴人聲也。注：「匏，笙也。」樂由陽來者也，禮由陰作者也，陰陽和而萬物得。注：「得，得其所。」正義：「此論朝聘之賓，及己之臣子，有王事勞者，設燕饗之禮，奏樂之節。案大射禮主人納賓，是己之臣子，又無王事之勞，故賓入不奏肆夏，燕禮記云：『若以樂納賓，則賓及庭，奏肆夏，賓拜酒，主人答拜而樂闋。』鄭注云：『卿大夫有王事則奏此樂。』此是己之臣子，有王事之勞，賓及庭而奏肆夏也。此云『賓入大門』，謂朝聘之賓行朝聘既畢，受燕饗之時，燕則大門是寢門也，饗則大門是廟門也。卒爵而樂闋者，賓至庭，樂作乃至。主人獻賓〔一〕，賓受爵，啐酒，拜告旨而樂止。賓飲訖，酢主人，主人受酢畢，主人獻公而樂作，公飲卒爵而樂止，是卒爵而樂闋也。此『卒爵』，謂兼賓及主君也。奠酬而工升歌者，據大射禮獻卿之後，大夫媵觶於公，所謂酬也。公奠置此酬而未舉，於時工升歌也。或可饗時主君親酬賓，賓初奠酬薦東，於時即工升歌也。所以奠酬升歌，歌詠其詩，發明賓主之德。鄭作詩譜云『天子諸侯燕羣臣及聘問之賓，皆歌鹿鳴合鄉樂』，是也。竹，簫笛也。歌是人聲，人聲可貴，故升之在堂。匏竹可賤，故在堂下。然瑟亦升堂者，瑟工隨歌工故也。陽，天也。天氣化，故作樂象之，是樂由陽來者也。氣化，謂五聲八音也。陰，地也。地以形生，故制禮象之。禮以形爲教，是禮由陰作也。形教，謂尊卑大小拜伏之事也。和，猶合也。得，謂各得其所也。禮樂由於天地，天地和合則萬物得其所也。」方性夫曰：「易則賓主之情不離，敬則賓主之情不流。夫禮減而進，以進爲文；樂盈而反，以反爲文。爵卒而樂闋，則能以反爲文矣，故孔子歎之。主酌賓曰獻，賓答主曰酢，主復答賓曰酬。奠酬，謂奠置酬爵之時也。夫禮成於三，奠酬則禮成，而賓主之德可知也，故樂工升歌以發之。在上者以歌爲主，在下者以匏竹爲主。樂由陽來，禮由陰作，陰陽相濟，其氣乃和。和則萬物不失其性矣。」○易，以豉反。闋，苦穴反。屢，力住反。匏，步交反。

旅幣無方，所以別土地之宜，而節遠邇之期也。注：「旅，衆也。邇，近也。」龜爲前列，先知也。以鍾次之，以和居參之也。注：「鍾，金也。獻金爲作器，鍾其大者。以金參居庭實之間，示和也。」虎豹之皮，示服猛也。束帛加璧，往德也。正義：「幣，庭實也。衆國貢獻幣物，非止一方，故云『無方』。五方各

〔一〕「賓」字原脫，據禮記注疏補。

殊，所出有異，所以分別土地所生之宜。六服有遠近，或嬪或貨，所貢之屬各有期也。龜是靈物，陳之於庭，最在前，故云『先知也』。陳金則次於龜後。不謂之金而謂之鐘者，金以供王之鑄器，器之大者莫大於鐘，故言以鐘次之也。金性柔和，從時變革。金列庭實，前龜後皮帛，以金廁居龜帛之中間，故曰『以和居參之也』。虎豹是威猛之獸，今得其皮，列在王庭，是表示君臣之德，能服四方之威猛者也。玉以表德，今將玉加於束帛，或錦繡黼黻之上，是以表往歸於德也。」

庭燎之百，由齊桓公始也。注：「僭天子也。庭燎之差，公蓋五十，侯伯子男皆三十。」鄭注周禮曰：「樹於門外曰大燭，於門内曰庭燎。」正義：「謂於庭中設火以照燎來朝之臣夜入者，因名火爲庭燎也。禮，天子百燎。齊桓公是諸侯，而僭用百，後世襲之，是失禮從齊桓公爲始。百者，皇氏云：『作百炬列於庭也。』」大夫之奏肆夏也，由趙文子始也。注：「僭諸侯。趙文子，晉大夫，名武。」正義：「案大射禮：『公升，卽席，奏肆夏。』燕禮云：『若以樂納賓，則賓及庭，奏肆夏。』是諸侯禮，今文子亦奏之，故云『僭諸侯』。」○燎，力妙反。

朝覲，大夫之私覿，非禮也。大夫執圭而使，所以申信也。注：「其君親來，其臣不敢私見於主國君也。以君命聘，則有私見。」正義：「朝覲，謂君親往鄰國行朝覲之禮。大夫從君而行，不可私覿，若受命執圭，專使鄰國，得行私覿，所以申己之誠信也。」王氏引之曰：「執圭而使，謂聘，非謂朝覲也。『朝覲』二字下，蓋有言朝覲之禮者，而今脱去矣。鄭注牽於『朝覲』之文，乃謂『其君親來，則其臣不敢外交』，豈君不親來遂敢於外交乎？失經意遠矣。」不敢私覿，所以致敬也。而庭實私覿，何爲乎諸侯之庭？注：「非其與君無別。」正義：「當周衰之後，有臣從君而行，設庭實私覿於主國之庭，作記者譏之。」王氏引之曰：「聘禮有『賓覿』，而此以私覿爲非禮者，聘禮不廢賓覿，以展歡敬，此則不取私覿，以杜外交，義各有當也。」爲人臣者無外交，不敢貳君也。注：「私覿是外交也。」正義：「無外交者，爲人之臣專一事君，不敢貳心於他君。」王氏引之曰：「如正義言，經文但言『不敢貳』足矣，何須言『貳君』邪？今案：君謂己君。貳者，竝也，偶也。其君與諸侯交，而臣亦與之交，則竝於己之君，故曰『貳君』。」○覿，大歷反。

大夫而饗君，非禮也。注：「其饗君，由强且富也。」大夫强而君殺之，義也，由三桓始也。注：「三桓，魯桓公之子，莊公之弟，公子慶父，公子牙，公子友。慶父與牙通於夫人以脅公，季友以君命酖牙，後慶父弒二君，又死也。」正義：「案三桓之前，齊有公孫無知作亂，衞有州吁，宋有長萬，皆以强盛被殺。而云『由三桓始』者，熊氏云：『據魯而言。』」王氏引之曰：「季友即三桓之一，而曰『大夫强而君殺，由三桓始』，是季友亦爲君所殺矣，其可通乎？三復經文，『由三桓始也』句，與上文意義絶不相因，蓋涉下文『由三桓始也』而衍。大夫强而君殺之，乃縱言其理，非必有人以實之也。」

天子無客禮，莫敢爲主焉。君適其臣，升自阼階，不敢有其室也。注：「明饗君非禮也。」正義：「莊二十一年『鄭伯享王于闕西辟，樂備』，亂世，非正法也。」○阼，才路反。

覲禮，天子不下堂而見諸侯。注：「正君臣也。」下堂而見諸侯，天子之失禮也，由夷王以下。注：「夷王，周康王之玄孫之子也。時微弱，不敢自尊於諸侯。」正義：「案覲禮『天子負斧依』，南面，侯氏執玉入。是不下堂見，諸侯也。若春朝夏宗，則以客禮待諸侯，以車出迎。熊氏云：『春夏受三享之時，乃有迎法。』義或然也。故齊僕云『各以其等爲車送逆之節』，注云：『節，謂王乘車迎賓客及送，相去遠近之數也。』案世本：『康王生昭王，昭王生穆王，穆王生恭王，恭王生懿王。懿王崩，弟孝王立。孝王崩，懿王大子燮立，是爲夷王。』懿王是康王之玄孫，夷王是懿王之子。」

諸侯之宫縣，而祭以白牡，擊玉磬，朱干設錫，冕而舞大武，乘大路，諸侯之僭禮也。注：「言此皆天子之禮也。宫縣，四面縣也。干，盾也。錫，傅其背如龜也。武，萬舞也。白牡、大路，殷天子禮也。」正義：「諸侯唯合軒縣，今乃有宫縣。又諸侯祭用時王牲，今用白牡；諸侯擊石磬，今擊玉磬。又諸侯得舞大武，故詩云『方將萬舞』，但不得朱干設錫，冕服而舞。諸侯合乘時王之車，今乃乘殷之大路，並是諸侯僭禮也。案文十三年公羊傳云：『周公用白牡。』又明堂位云：『祀周公於大廟，牲用白牡。』『擊玉磬』，則皐陶謨云『鳴球』是也。祭統云『朱干玉戚，冕而舞大武』，明堂位云『魯君孟春乘大路』，皆天子禮樂，特賜周公。魯唯文王、周公廟得用之，若用於他廟，則爲僭也。若他國諸侯，非二王之後，祀受命之君而用之，皆爲僭也。詩云『鏤錫』，謂以金飾之，則此錫亦以金飾也。」臺門而旅樹，反坫，繡黼丹朱中衣，大夫之僭禮也。注：「言此皆諸侯之禮也。旅，道也。屏謂之樹。樹所以蔽行道。管氏樹塞門，塞猶蔽也。禮，天子外屏，諸侯内屏，大夫以簾，士以帷。反坫，反爵之坫也，蓋在尊南。兩君相見，主君既獻於賓，反爵焉。繡黼丹朱，以爲中衣領緣也。繡，讀爲綃。綃，繒名也。詩云：『素衣朱綃。』又云：『素衣朱襮。』襮，黼領也。」儀禮士昏禮「宵衣」注云：「魯詩以綃爲綺屬也。」特牲饋食禮「宵衣」注云：「此衣染之以黑，其繒本名曰綃。」正義：「臺門者，兩邊起土爲臺，臺上架屋曰臺門。兩君相享，則設尊兩楹間，坫在其南，以土爲之。熊氏云：『主君獻賓，賓筵前受爵飲畢，反此虚爵於坫上，於西階上拜，主人於阼階上答拜。賓於坫取爵，洗爵，酌以酢主人，主人受爵飲畢，反此虚爵於坫上，主人阼階上拜，賓答拜。是賓主飲畢反爵於坫上也。』中衣，謂冕及爵弁之中衣，以素爲之。五色備曰繡，白與黑曰黼，謂於綃上而刺黼文也。釋器：『黼領謂之襮。』○縣，音玄。鍚，音陽。坫，丁念反。繡，依注作「綃」，音消。

故天子微，諸侯僭；大夫强，諸侯脅。於此相貴以等，相覿以貨，相賂以利，而天下之禮亂矣。注：「言僭所由。」正義：「謂臣下不畏懼於君，而擅相尊貴以等列。故庾云：『擅相封爵也。』相覿以貨者，大夫私相覿，以貨賄，不辟君。」諸侯不敢祖天子，大夫不敢祖諸侯，而公廟之設於私家，非禮也，由三桓始也。注：「言仲孫、叔孫、季孫氏皆立桓公廟。魯以周公之故，立文王廟，三家見而僭焉。」正義：「異義：『古春秋左氏說，天子之子，以上德爲諸侯者，得祖所自出。魯以周公之故，立文王廟。左傳：「宋祖帝乙，鄭祖厲王，猶上祖也。」又曰：「凡邑有宗廟先君之主曰都。」公子爲大夫，所食采地亦自立所出，公廟準禮。公子得祖先君，公孫不得祖諸侯。許慎謹案：周公以上德封於魯，得郊天，知亦得祖天子。諸侯有德祖天子者，知大夫亦得祖諸侯。』鄭氏無駁，與許慎同也。」

天子存二代之後，猶尊賢也。尊賢不過二代。注：「過之，遠難法也。二或爲三。」正義：「案異義：『公羊說，存二王之後，所以通夫三統之義。引此文。古春秋左氏說，周家封夏、殷二王之後以爲上公，封黄帝、堯、舜之後，謂之三恪。』鄭駁之云：『所存二王之後者，命使郊天，以天子之禮祭其始祖，受命之王自行其正朔服色。恪者，敬也。敬其先聖而封其後，與諸侯無殊異，何得比夏、殷之後？』五經通義曰：『二王之後不考功，有誅無絶。』」諸侯不臣寓公，故古者寓公不繼世。注：「寓，寄也。寄公之子非賢者，是不足尊也〔一〕。寓，或爲託。」正義：「案喪服傳云：『寄公

〔一〕「是」，禮記注疏作「世」。

者何？失地之君也。』諸侯不臣者，不敢以寄公爲臣也。」

君之南鄉，答陽之義也。臣之北面，答君也。注：「答，對也。」○鄉，許亮反。

大夫之臣不稽首，非尊家臣，以辟君也。注：「辟國君也。」正義：「諸侯則稽首於天子，大夫則稽首於諸侯，皆盡其臣禮以事君。今大夫家臣於大夫不稽首，非是尊敬家臣，以臣於國君已皆稽首，今大夫之臣又稽首於大夫，便是一國兩君。大夫得稽首於諸侯，不辟天子者，諸侯有大功德，出封畿外，專有其國，故大夫得專盡臣禮事之也。」○辟，音避。

大夫有獻弗親，君有賜不面拜，爲君之答己也。注：「不面拜者，於外告小臣，小臣受以入也。小臣『掌三公及孤卿之復逆』也。」

鄉人禓，注：「禓，强鬼也。謂時儺，索室毆疫，逐强鬼也。禓，或爲獻，或爲儺。」孔子朝服立于阼，存室神也。注：「神依人也。」正義：「以時驅逐强鬼，恐己廟室之神時有驚恐，故著朝服立于廟之阼階，使神依己而安也。大夫朝服以祭，故用祭服以依神。」○禓，音傷。

孔子曰：「射之以樂也，何以聽？何以射？」注：「多其射容與樂節相應也。」說文：「䠶，弓弩發於身而中於遠也。篆文射，从寸。寸，法度，亦手也。」正義：「言何以能聽此樂與射容相應？何以能使射與樂節相應？」

孔子曰：「士使之射，不能則辭以疾，縣弧之義也。」注：「男子生而設弧於門左，示有射道而未能也。女子設帨。」正義：「縣之者，以其未能也。長大不得不能，故辭以疾也。」○弧，音胡。

孔子曰：「三日齊，一日用之，猶恐不敬。二日伐鼓，何居？」注：「居讀爲姬，語之助也。何居，怪之也。伐，猶擊也。齊者止樂，而二日擊鼓，則是成一日齊也。」○齊，側皆反。居，音姬。

孔子曰：「繹之於庫門內，祊之於東方，朝市之於西方，失之矣。」注：「祊之禮，宜於廟門外之西室。繹又於其堂，神位在西也。此二者同時，而大名曰繹。其祭禮簡，而事尸禮大。朝市宜於市之東偏。周禮市有三期：大市，日側而市，百族爲主。朝市，朝時而市，商賈爲主。夕市，夕時而市，販夫販婦爲主。」正義：「下文『索祭，祝于祊』，是爲祭設，故當在廟門外。禮器云：『爲祊乎外。』祊，是求神之名。繹，是接尸之稱。求神在室，接尸在堂。釋天云：『繹，又祭。』詩絲衣云：『繹，賓尸。』案儀禮有司徹是上大夫儐尸也。但於堂上獻尸獻侑，全無室中之事。天子諸侯謂之爲繹，在祭之明日，於廟門外西室及堂而行禮也。上大夫曰儐尸，與祭同日，於廟堂之上而行禮也。下大夫及士雖有獻尸及賓等相酬酢之事，不謂之儐尸也。」○繹，音亦。祊，百彭反。

社祭土而主陰氣也，君南鄉於北墉下，答陰之義也。注：「牆謂之墉。北墉，社內北牆。」五經異義：「今人謂社神爲公社，位上公，非地祇也。」正義：「土謂五土〔一〕：山林、川澤、丘陵、墳衍、原隰也。墉，牆也。社既主陰，宜在北，故祭社時設主壇上，北面，君來在北牆下，南鄉祭之，是對陰之義也。」日用甲，用日之始也。注：「國中之神，莫貴於社。」正義：「社是國中之貴神，甲是旬日之初始，故用之也。」天子大社，必受霜露風雨，以達天地之氣也。注：「大社，王爲羣姓所立。」正義：「達，通也。風雨至則萬物生，霜露降則萬物成，故不爲屋，以受霜露風雨，

〔一〕「五土」，原誤「五上」，據禮記注疏改。

注：「絶其陽，通其陰而已。薄社北牖，使陰明也。是天地氣通也。」是故喪國之社屋之，不受天陽也。薄社，殷始都薄。」釋文：「薄，本又作亳。」蔡邕獨斷曰：「喪國之社屋之，掩其上，使不通天，柴其下，使不通地，示與天地絶也。北面向陰，示滅亡也。」春秋哀四年穀梁傳：「亳社者，亳之社也。亳，亡國也。亡國之社以爲廟屏，戒也。其屋，亡國之社不得達上也。」正義：「喪國社者，謂周立殷社也。周立殷社爲戒而屋之，塞其三面，唯開北牖，示絶陽而通陰，陰明則物死也。」社，所以神地之道也。地載萬物，天垂象，取財於地，取法於天，是以尊天而親地也，故教民美報焉。家主中霤，而國主社，示本也。注：「中霤，亦土神也。」盧注：「諸主祭以土地爲本也。中霤，其神。后土，卽句龍也。既祀于社，又祀中霤。」正義：「天垂象者，欲明地之貴，故引天爲對，所謂『在天成象，在地成形』也。取財於地者，財並在地上也。四時早晚，皆倣日月星辰以爲耕作之候，是取法於天，故尊而祭之，天子祭天是也。所取財者，故親而祭之，一切親地而共祭社是也。地既爲民所親，故與庶民祭之，以教民美報故也。中霤，謂卿大夫之家主祭土神在於中霤。天子諸侯主祭土神於社。以土生財以養官與民，故皆主祭土神，示其生養之本也。」唯爲社事，單出里。唯爲社田，國人畢作，唯社，丘乘共粢盛，所以報本反始也。注：「單出里，皆往祭社於都鄙。二十五家爲里。畢作，人則盡行，非徒羨也。丘，十六井也。四丘六十四井曰甸，或謂之乘。乘者，以於車賦出長轂一乘。乘或爲鄰。」正義：「社事，祭社事也，單，盡也。里，居也。社既爲國之本，若祭社，則合里之家每家出一人田獵也。畢，盡也。作，行也。既人人得社福，故祭社先爲社獵，則國中之人皆盡行也。共粢盛者，明祭社用米也。丘乘者，都鄙井田也。九夫爲井，四井爲邑，四邑爲丘，四丘爲乘。粢，稷也。稷曰明粢，在器曰盛。庾蔚云：『粢盛所須者少，故丘乘共之

也。』皇氏云：『若天子諸侯祭社，則用藉田之穀。大夫以下無藉田，若祭社，則丘乘之民共之。』所以報本反始也者，皇氏云：『國人畢作是報本，丘乘共粢盛是反始。言粢盛是社所生也。』熊氏云：『祭社稷之神爲報本，祭所配之人爲反始。』未知孰是。」季春出火，爲焚也。注：「爲焚萊也。凡出火以火出。建辰之月火始出。」正義：「祭社既用仲春，此出火當在仲春。記者錯誤，遂以爲天子諸侯用焚亦在季春也。」然後簡其車賦，而歷其卒伍，而君親誓社，以習軍旅，左之右之，坐之起之，以觀其習變也。注：「簡、歷，謂算具陳列之也。君親誓社，誓吏士以習軍旅，既而遂田，以祭社也。言祭社，則此是仲春之禮也。仲春以火田，田止弊火，然後獻禽，至季春火出，而民乃用火。今云『季春出火』，乃誓社，記者誤也。社，或爲省。」正義：「爲焚者，爲焚燒，除治宿草。既焚之後，簡選車馬及兵賦器械之屬，歷其百人之卒，五人之伍。君親自誓此士衆，以習軍旅，既而遂田，以所得之禽獸，因以祭社。謂君自觀於習武變動之事。」而流示之禽，而鹽諸利，以觀其不犯命也。注：「流，猶行也。行，行田也。鹽，讀爲豔，行田示之以禽，使歆豔之，觀其用命不也。謂禽爲利者，凡田，大獸公之，小禽私之。」正義：「謂教陳訖，而行田禮，驅禽於陳前，以示士卒也。鹽者，豔也。諸，於也。利，則禽也。所以驅禽示之，而歆豔之以小禽之利。」求服其志，不貪其得，注：「失伍而獲，猶爲犯命。」故以戰則克，以祭則受福。正義：「所以觀其犯命與否者，求欲服其士卒之志，使進退依禮。言失伍得禽，猶爲犯命，不免罰也。」○墉，音容。薄，步各反。牖，音酉。乘，時證反。粢，音資。卒，祖忽反。鹽，依注音豔。

天子適四方，先柴。注：「所到必先燔柴，有事於上帝也。書曰：『歲二月，東巡守，至于岱宗，柴。』」正義：「謂巡守方嶽，先燔柴以告天。此祭上帝，謂祭當方帝。」

郊之祭也，迎長日之至也，注：「易說曰：『三王之郊，一用夏正。』夏正，建寅之月也。此言『迎長日』者，建卯而晝夜分，分而日長也。」盧注：「夏正在冬至後。傳曰：『啓蟄而郊。』此之謂也。」春秋繁露曰：「春秋之義，國有大喪，則止宗廟之祭，而不止郊祭。不止郊祭者，不敢以父母之喪廢事天之禮也。」**大報天而主日也。兆於南郊，就陽位也。**注：「大，猶徧也。天之神，日爲尊。日，大陽之精也。」正義：「凡祭日月之禮，崔氏云：『一歲有四：迎氣之時，祭日於東，祭月於西，是其一也。春分朝日，秋分夕月，是其二也。此二祭，日月各祭於一處，皆爲壇而祭，所謂「王宮祭日，夜明祭月」，皆燔柴也。夏正郊天之時主日，配以月，是其三也。月令孟冬「祈來年於天宗」，是其四也。此二祭并在一處，則祭日於壇，祭月於坎，壇則實柴，坎則瘞埋也。其牲皆用犢，若祈禱則用少牢。』五經異義曰：「夏至，天子親祀方澤。侍中、騎都尉賈逵說曰：『魯無圜丘方澤之祭者，周兼用六代禮樂，魯下周，用四代，其祭天之禮，亦宜損於周，故二至之日不祭天地也。」**埽地而祭，於其質也，器用陶匏，以象天地之性也。**注：「觀天下之物，無可以稱其德。」**於郊，故謂之郊。牲用騂，尚赤也。用犢，貴誠也。**注：「尚赤者，周也。」金氏榜曰：「周人歲有事於天者，冬至禘昊天，啓蟄郊上帝，及四時迎氣於四郊兆祀五帝，凡七祀。先鄭云：『昊天，天也。上帝，玄天也。』榜謂昊天，垂象之天也。上帝，祈穀之帝也。冬至禘者爲昊天，啓蟄郊者爲上帝。其冬至禘昊天，以嚳配，啓蟄郊上帝，以稷配，魯語是以言『周人禘嚳而郊稷』。四時迎氣祀五帝，則以大皞、炎帝、黃帝、少皞、顓頊配冬至禘昊天。國語謂之禘，戴記通謂之郊。禮家舊說言『日以周郊天之月而至，陽氣新用事，順之而用辛日』，此冬至圜丘之禘通得郊名也。對啓蟄而郊言之，故謂之始郊。鄭君釋天神、地示、人鬼三大祭爲禘，引祭法『周人禘嚳而郊稷』，謂此祭天圜丘，以嚳配之，又言人鬼則主后稷。既於圜丘之禘、宗廟之禘區别不疑，其釋喪服小記及大傳故爲違異非也。」

郊之用辛也，周之始郊，日以至。注：「言日以周郊天之月而至，陽氣新用事，順之而用辛日，此説非也。郊天之月而日至，魯禮也。三王之郊，一用夏正。魯以無冬至祭天於圜丘之事，是以建子之月郊天，示先有事也。用辛日者，凡爲人君，當齊戒自新耳。周衰禮廢，儒者見周禮盡在魯，因推魯禮以言周事。」盧注：「辛之爲言自新絜也。」正義：「王肅用董仲舒、劉向之説以此爲周郊。上文云『郊之祭，迎長日之至』，謂周之郊祭於建子之月，而迎此冬至長日之至也。而用辛者，以冬至陽氣新用事，故用辛也。周之始郊，日以至者，對建寅之月，又祈穀郊祭。此言始者，對建寅爲始也。鄭康成則異於王肅。言郊用辛日，取齊戒自新。日以至者，謂魯之始郊日以冬至之月。云始者，對建寅之月天子郊祭。魯於冬至之月初始郊祭，示先有事，故云始也。」

卜郊，受命于祖廟，作龜于禰宫，尊祖親考之義也。注：「受命，謂告之，退而卜。」正義：「郊事既尊，不敢專輒，故先告祖後乃卜，亦如受命也。作，灼也。禰宫，禰廟也。先告祖受命，又至禰廟卜之也。考，亦禰也。」

卜之日，王立于澤，親聽誓命，受教諫之義也。注：「澤，澤宫也，所以擇賢之宫也。既卜，必到澤宫，擇可與祭祀者，因誓敕之以禮也。禮器曰『舉賢而置之聚衆而誓之』，是也。」正義：「親聽誓命者，因以澤宫中，又使有司誓敕舊章齊戒之禮，王又親聽受命。告祖作禰，是受教義也。又立澤聽誓，是受諫義也。」

獻命庫門之内，戒百官也；大廟之命，戒百姓也。注：「王自澤宫而還，以誓命重相申敕也。庫門在雉門之外，入庫門則至廟門外矣。大廟者，祖廟也。百官，公卿以下也。百姓，王之親也。入廟，戒親親也。王自此還齊路寢之室。庫，或爲廄。」正義：「百官疏，故在公朝重戒之。百姓，王之親屬，故在大廟重戒之。」

祭之日，王皮弁以聽祭報，示民嚴上也。注：「報，猶白也。夙興朝服，以待白祭事者，乃後服祭服而行事也。周禮祭之日，小宗伯『逆粢，省鑊，告時于王，告備于王』也。」正義：「郊日之朝，小宗伯告日時早晚，及牲事之備具也。未郊，故未服大裘，而衣且服日視朝之服，示人尊嚴其君上之義也。」喪者不哭，不敢凶服，氾埽反道，鄉爲田燭，注：「謂郊道之民爲之也。反道，剗令新土在上也。田燭，田首爲燭也。」正義：「郊祭之旦，喪者不哭，不敢凶服而出，以干王之吉祭也。氾埽，廣埽也。反道，剗路之土反之，令新土在上也。鄉，謂郊內六鄉也。六鄉之民，各於田首設燭照路，恐王祭郊之早。」弗命而民聽上。注：「化王嚴上。」○氾，芳劒反，本亦作「汎」。埽，素報反。

祭之日，王被衮以象天。注：「謂有日月星辰之章。此魯禮也。周禮：『王祀昊天上帝，則服大裘而冕。祀五帝亦如之。』魯侯之服，自衮冕而下也。」戴冕璪十有二旒，則天數也。注：「天之大數，不過十二。」乘素車，貴其質也。旂十有二旒，龍章而設日月，以象天也。注：「設日月，畫於旂上。素車，殷路也。魯公之郊，用殷禮也。」陸農師曰：「古者郊祀之禮，內服大裘，其上加衮以被之。然周禮祭天，王乘玉路，建大常，郊特牲祭天，王乘素車，建大旂，則有兩旂兩車也。蓋乘玉路，建大常者，卽道之車也。祭之日，馭之以適郊。乘素車，建大旂者，卽事之車也，祭之日，馭之以赴壇。」天垂象，聖人則之，郊所以明天道也。注：「明，謂則之以示人也。」○被，皮義反。卷，本又作「衮」，古本反。璪，音早。

帝牛不吉，以爲稷牛。注：「養牲必養二也。」帝牛必在滌三月，稷牛唯具，所以別事天神與人鬼也。注：「滌，牢中所搜除處也。唯具，遭時又選可用也。」春秋宣三年公羊傳：「養牲養二。卜帝牲不吉，則扳稷牲而卜之。帝牲在于滌三月。」何休注：「滌，宮名，養帝牲三牢之處也。謂之滌者，取其蕩滌潔清。三牢者，各主一月，取三月一時，足以充其天牲。」「於稷者，唯具是視」，何注：「視其身體，具無災害而已。不特養于滌宮，所以降稷尊帝。」正義：「郊天既以后稷爲配，故養牲養二，擬以祭也。爲，猶用也。爲用稷牛而爲帝牛，其祭稷之牛，臨時別取牛用之。以天神既尊，故須在滌；人鬼稍卑，唯具而已。」○滌，苑音迪。

萬物本乎天，人本乎祖，此所以配上帝也。郊之祭也，大報本反始也。注：「言俱本可以配。」正義：「此釋所以郊祭天之義。天爲物本，祖爲王本。反始者〔一〕，反其初始。以財言之，謂物爲本；以終言之，謂初爲始。謝其恩謂之報，歸其初謂之反，大義同也。」

天子大蜡八。注：「所祭有八神也。」崔靈恩曰：「蜡祭用少牢，行一獻之禮。」伊耆氏始爲蜡。注：「伊耆氏，古天子號也。」釋文：「或云即帝堯是也。」蜡也者，索也。注：「謂求索也。」歲十二月，合聚萬物而索饗之也。注：「歲十二月，周之正數，謂建亥之月也。饗者，祭其神也。萬物有功加於民者，神使爲之也，祭之以報焉，造者配之也。」正義：「賀瑒云：『謂造此蜡祭，配此八神而祭。』」蜡之祭也，主先嗇而祭司嗇也，注：「先嗇，若神農者。司嗇，后稷是也。」祭百種以報嗇也。注：「嗇所樹藝之功，使盡饗之。」正義：「蜡者是天子之蜡，對諸侯爲大。萬物非

〔一〕「者」，原誤「也」，據禮記注疏改。

所饗，但饗其萬物之神。」饗農，及郵表畷，禽獸，仁之至，義之盡也。注：「農，田畯也。郵表畷，所以督約百姓於井間之處也。詩云：『爲下國畷郵。』禽獸，服不氏所教擾猛獸也。」説文：「畷，兩陌間道也。廣六尺。」五經要義：「先農立壇於田所祠之，其制度如社之壇。」古之君子，使之必報之：迎貓，爲其食田鼠也；迎虎，爲其食田豕也。迎而祭之也。注：「迎其神也。」祭坊與水庸，事也。注：「水庸，溝也。」正義：「農，謂古之田畯，有功於民。郵，若郵亭屋宇處所。表，田畔。畷者，謂井田相連畷。於田畔相連畷之所，造此郵舍，田畯處焉。禽獸，即下文貓虎之屬。言禽獸者，貓虎之外，但有助田除害者，皆悉包之。坊者，所以畜水，亦以鄣水。庸者，所以受水，亦以泄水。謂祭此坊與水庸之神。」○蜡，仕詐反。種，之勇反。畷，丁劣反。貓，音苗。

曰：「土反其宅，水歸其壑，昆蟲毋作，草木歸其澤。」注：「此蜡祝辭也。若辭同，則祭同處可知矣。壑，猶阬也。昆蟲暑生寒死，螟蟲之屬爲害者也。」正義：「土，即坊也。反，歸也。宅，安也。土歸其安，則不崩。水，即水庸，壑，阬坎也。水歸其壑，謂不汎溢。昆蟲得陰而死，得陽而生。毋作，謂不爲災。草，苔稗。木，榛梗之屬也。當各歸生藪澤之中，不得生於良田害嘉穀也。」○壑，火各反。

皮弁素服而祭。素服，以送終也。葛帶榛杖，喪殺也。蜡之祭，仁之至，義之盡也。注：「送終、喪殺。所謂『老物』也。素服，衣裳皆素。」釋文：「榛杖，以榛木爲杖也。」正義：「案周禮籥章云：『國祭蜡，則龡豳頌，擊土鼓，息老物。』以物老，故素服。物老將終，故葛帶榛杖。」黄衣黄冠而祭，息田夫也。注：「祭，謂既蜡，臘先祖五祀也。於是勞農以休息之。論語曰：『黄衣狐裘。』」正義：「對文，蜡、臘有别，總其義俱名蜡也。月令『臘先祖五祀』，鄭注云『此周禮所謂蜡』是也。公於是勞農以休息之者，卽經文『息田夫』是也。」野夫黃冠。黃冠，草服也。注：「言祭以息民，服象其時物之色。季秋而草木黃落。」正義：「田夫，則野夫也。」〇榛，側巾反。殺，所界反。

大羅氏，天子之掌鳥獸者也，諸侯貢屬焉。草笠而至，尊野服也。注：「諸侯於蜡，使使者戴草笠貢鳥獸也。詩云：『彼都人士，臺笠緇撮。』又曰：『其餉伊黍，其笠伊糾。』皆言野人之服也。」正義：「謂爲大羅者，鄭云，『能以羅捕鳥獸者也。』周禮羅氏：『掌羅鳥鳥。』大羅氏既以羅爲名，四方諸侯有貢獻鳥獸於王者，皆入屬大羅氏也。草笠，以草爲笠也。此諸侯所使貢獻鳥獸之使者，著草笠而至也。」羅氏致鹿與女，而詔客告也，以戒諸侯，曰：「好田好女者亡其國。」注：「詔使者，使歸以此告其君，所以戒之。」天子樹瓜華，不斂藏之種也。」注：「華，果蓏也。又詔以天子樹瓜蓏而已，戒諸侯以蓄藏蘊財利也。」正義：「言天子唯樹瓜與果蓏，是供一時之食，不是收斂久藏之種，若可久藏之物，則不樹之。令使者歸告其君，亦當如此，不得畜藏與民爭利。」王氏引之曰：「華爲果蓏，經無明據。鄭注周官甸師曰：『果，桃李之屬。蓏，瓜瓞之屬。』是瓜爲專名，而蓏爲總名也，不可以瓜、蓏並稱。華，當讀爲瓠。月令曰：『瓜瓠不成。』周官：『場人掌國之場圃，而樹之果蓏珍異之物。』鄭注：『蓏，瓜瓠之屬。』是也。華字，古聲如『八月斷壺』之壺，故與瓠通。」〇好，呼報反。八蜡以記四方。四方年不順成，八蜡不通，以謹民財也。注：「四方，方有祭也。其方穀不孰，則不通於蜡焉，使民謹於用財。蜡有八者，先嗇，一也。司嗇，二也。農，三也。郵表畷，四也。貓虎，五也。坊，六也。水庸，七也。昆蟲，八也。」正義：「王肅分貓虎爲二，無昆蟲。」順成之方，其蜡乃通，以移民也。注：「移之言羨也。詩頌豐年曰：『爲酒爲醴，烝畀祖妣，以洽百禮。』此其羨之與？」王氏念孫曰：「羨者，寬衍之意，與上『謹民財』相對。蜡祭醉酒飽食，此先王所以羨民，故曰『百日之蜡，一日之澤』，非使民歆羨之，謂表記『衣服以移之』。彼注曰：『移，讀如「禾氾移」之移。移，猶廣大也。』羨，移一聲之轉。玉篇『遂，徐戰反，移也』，是其例矣。」**既蜡而收，民息已。故既蜡，君子不興功。**注：「收，謂收斂積聚也。息民與蜡異，則黄衣黄冠而祭，爲臘必矣。」正義：「先蜡，後息民，是息民爲臘，與蜡異也。經云『既蜡，不興功』者，謂不興農功。若土功，建亥之月起，日至而畢也。」王氏引之曰：「冬非務農之時，雖欲興農功而不可得，何須言『君子不興功』？尋繹文義，仍謂不興土功也。蓋蜡在十月，火見而致用在十月之初。周語：『火之初見，期於司里。』韋注『謂致其築作之具，會於司里之官』。又『火見而清風戒寒，清風至而修城郭宫室』，注曰：『謂建亥之初。』是土功興於既蜡之前，若既蜡以後，則至十一月，不得更起土功也。左傳『日至而畢』，正以見既蜡之不興功也。至仲冬之月，『命有司曰「土事毋作」』，則不興土功在既蜡之後矣。」○移，以豉反。

恒豆之菹，水草之和氣也；其醢，陸產之物也。加豆，陸產也；其醢，水物也。注：「此謂諸侯也。天子朝事之豆有昌本、麋臡、茆菹、麇臡，饋食之豆有葵菹、蠃醢、豚拍、魚醢，其餘則有雜錯云也。」正義：「恒豆之菹，謂朝事恒常所薦之豆，所盛之菹，是水草和美之氣，若昌本、茆菹是也。其所盛之醢，陸地所產之物也。加豆，謂祭末酳尸之後，其菹陸地之物，若葵菹、豚拍之屬是也。加豆所盛之醢，用水中之物，若蠃醢、魚醢是也。」**籩豆之薦，水土之品也。不敢用常褻味而貴多品，所以交於神明之義也，非食味之道也。**注：「言禮以異爲敬。」正義：「籩是配豆之物，所盛亦有水土所生也。周禮籩人云天子朝事之籩，其實有麷、蕡、白、黑，則土所生也。鮑魚，則水物也。但籩之所盛，陸產甚多也。」王氏懋竑曰：「『恒豆』節，是生人所食。籩豆之薦，是祭祀所用。常褻味，正指恒豆而言。」○䕭，又作「薦」，同，卽見反。

先王之薦，可食也，而不可耆也。卷冕路車，可陳也，而不可好也。武壯，而不可樂也。宗廟之威，而不可安也。宗廟之器，可用也，而不可便其利也。所以交於神明者，不可以同於所安樂之義也。注：「武，萬舞也。」正義：「大武也。」酒醴之美，玄酒明水之尚，貴五味之本也。黼黻文繡之美，疏布之尚，反女功之始也。莞簟之安，而蒲越、稾鞂之尚，明之也。大羹不和，貴其質也。士昏禮「大羹湆」，鄭注：「煮肉汁也。大古之羹無鹽菜。」疏：「郊特牲『大羹不和』，謂不致五味，故知不和鹽菜。」大圭不琢，美其質也。丹漆雕幾之美，素車之乘，尊其樸也，貴其質而已矣。所以交於神明者，不可同於所安褻之甚也。如是而后宜。注：「尚質貴本，其至如是，乃得交於神明之宜也。明水，司烜以陰鑑所取於月之水也。蒲越稾鞂，藉神席也。明之者，神明之也。琢當爲篆，字之誤也。幾，謂漆飾沂鄂也。」正義：「尚質，則大羹不和、大圭不琢、素車之乘，是也。貴本，則玄酒明水之尚、疏布之尚，是也。」○耆，市志反。樂，音洛。莞，音官。簟，大點反。越，音活。稾，又作「藁」，古老反。鞂，簡八反。琢，依注爲丈轉反。

鼎俎奇而籩豆偶，陰陽之義也。注：「牲，陽也。庶物，陰也。」黄目，鬱氣之上尊也，黄者，中也。目者，氣之清明者也。言酌於中而清明於外也。注：「黄目，黄彝也。周所造，於諸侯爲上也。」正義：「以黄金鏤其外以爲目，因取名也。將貯鬱鬯酒，故云『鬱氣』也。祭祀時列在諸尊之上，故云上也。黄是中方色，目是氣之清明者也。目在尊外，而有清明，示人君行祭，必外盡清明絜淨也。」祭天，埽地而祭焉，於其質而已矣。

醯醢之美，而煎鹽之尚，貴天產也。割刀之用，而鸞刀之貴，貴其義也，聲和而后斷也。正義：「餘物皆人功和合爲之。鹽則天產自然。皇氏云：『設之於醯醢之上，故云尚。』聲和而後斷也者，必用鸞刀，取其鸞鈴之聲宮商調和，而後斷割其肉也。」方性夫曰：「鹽非煎以鍊冶之則不成，故謂之煎鹽。」○奇，居宜反。

冠義，始冠之，緇布之冠也。注：「始冠三加，先加緇布冠也。」大古冠布，齊則緇之。其緌也，孔子曰：「吾未之聞也，注：「大古無飾，非時人緌也。雜記曰：『大白、緇布之冠不緌。』大白，卽大古白布冠，今喪冠也。齊則緇之者，鬼神尚幽闇也。唐虞以上曰大古也。」冠而敝之可也。」注：「此重古而冠之耳。三代改制，齊冠不復用也。以白布冠質，以爲喪冠也。」釋文：「敝，弃也。」正義：「玉藻云『緇布冠繢緌』，則緇布冠有緌。皇氏云：『此經所論，謂大夫士，故緇布冠無緌，諸侯則位尊盡飾，故有緌也。』齊則緇之者，謂祭前齊時著緇布冠，正祭則著祭服，『有虞氏皇而祭』，是也。三代改唐虞之制，齊冠不復用之，以委貌、章甫、牟追，其唐虞白布冠用之爲喪冠，緇布冠棄而不用。」○齊，側皆反。緌，耳佳反。

適子冠於阼，以著代也。注：「東序少北，近主位也。」正義：「按士冠禮，冠者在主人之少北。其『庶子則冠於房户外，南面』。」醮於客位，加有成也。注：「每加而有成人之道也。成人則益尊，醮於客位，尊之也。」三加彌尊，喻其志也。注：「始加緇布冠，次皮弁，次爵弁，冠益尊，則志益大也。」冠而字之，敬其名也。注：「重以未成人之時呼之。」正義：「賀氏云：『重，難也。難未成人之時呼其名，故以字代之。』」委貌，周道也。章甫，殷道也。毋追，夏后氏之道也。注：「常所服以行道之冠也。或謂委貌爲玄冠也。」周弁，殷冔，夏收，注：「齊所服而祭也。」三王共皮弁素積。注：「所不易於先代。」獨斷：「周曰爵弁，殷曰冔，夏曰收，皆以三十升漆布爲殼，廣八寸，長尺二寸，加爵弁其上。周黑而赤，如爵頭之色，前小後大。殷黑而微白，前大後小。夏純黑而赤，前小後大。皆有收以持笄。古皆以布。中古以絲。」釋名：「章甫，殷冠名也。甫，丈夫也。服之所以表章丈夫也。牟追，牟，冒也，言其形冒髮追追然也。收，夏后氏冠名也，言收斂髮也。委貌，冠形委曲之貌，上小下大也。弁，如兩手相合抃時也。以爵韋爲之，謂之爵弁。以鹿皮爲之，謂之皮弁。以韎韋爲之，謂之韋弁也。素積，素裳也。辟積其要中使蹙，因以名之也。」聶氏三禮圖曰：「舊圖云：『夏曰毋追，殷曰章甫，周曰委貌。其制相比，皆以漆布爲殼，以緇縫其上，前廣四寸，高五寸，後廣四寸，高三寸。章甫，委大章其身也。毋追，制與委貌同。殷冠委大臨前，夏冠委前小損。』漢志云：『長七寸，高四寸，制如覆杯，前高廣，後卑鋭，所謂夏毋追，殷章甫也。』又按王制疏與舊圖云：『周弁，殷冔，夏收，三冠之制相似而微異，俱以三十升布漆爲之，皆廣八寸，長尺六寸，前圓後方，無旒，色赤而微黑，如雀頭然，前大後小。殷冔黑而微白，前小後大。收純黑，亦前小後大。二冠下皆有收，如東道笠下收矣。』又後漢志云：『爵弁，亦名冕，廣八寸，長尺二寸，如爵形，前小後大，緇其上，似爵頭色，有收持笄，所謂夏收殷冔者也。』」正義：「鄭注士冠禮：『委，安也。言所以安正容貌。章，明也。殷質，言所以表明丈夫。毋，發聲。追，猶堆也。夏后氏質，以其形名之。』鄭注冠禮記云：『弁名出於槃。槃，大也，言所以自光大。冔名出於幠。幠，覆也，言所以自覆飾也。收，言所以收斂髮也。其制之異亦未聞。』共皮弁素積者，以其質素，故三王同服，無所改易。若三命以下，齊祭同冠。四命以上，齊祭則異冠。」王氏懋竑曰：「孔、賈疏皆以緇布冠暫加，後不復用。然『委貌』一條，則三代常服行道之冠，皆用緇布而異其制，與始加之緇布冠不同，故始加之緇布冠敝則棄之，而委貌、章冔、牟追，則士所常服也。賈疏：『記人歷陳此三代冠者，亦緇布冠也，諸侯以下始加之冠。此「委貌」之等，記人以經有「緇布冠」「皮弁」「爵弁」「玄冠」，故還記「緇布冠」以下四種之冠，以解經之四者。此「委貌」，即解經易服之「玄冠」是也。』」

○適，丁歷反。毋，音牟。追，多雷反。冔，況甫反。

無大夫冠禮，而有其昏禮。古者五十而后爵，何大夫冠禮之有？注：「言年五十，乃爵爲大夫也。其有昏禮，或改取也。」諸侯之有冠禮，夏之末造也。注：「言夏初以上，諸侯雖有幼而即位者，猶以士禮冠之，亦五十乃爵命也。至其衰末，未成人者，多見篡弒，乃更即位則爵命之，以正君臣，而有諸侯之冠禮。」正義：「明夏初以前，諸侯未有冠禮，與士冠同。其夏末以來，諸侯有冠禮，與士禮異。故大戴禮有公冠篇，加玄冕爲四加也。」天子之元子，士也。天下無生而貴者也。注：「儲君副主，猶云士也。明人有賢行著德，乃得貴也。」繼世以立諸侯，象賢也。注：「賢者子孫，恒能法其先父德行。」以官爵人，德之殺也。注：「言德益厚，官益尊也。」死而謚，今也。古者生無爵，死無謚。注：「古，謂殷以前也。大夫以上，乃謂之爵，死有謚也。周制爵及命士，雖及之，猶不謚耳。今記時，死則謚之，非禮也。」

禮之所尊，尊其義也。注：「言禮所以尊，尊其有義也。」失其義，陳其數，祝史之事也。故其數可陳也，其義難知也。知其義而敬守之，天子之所以治天下也。注：「言政之要，盡於禮之義。」正義：「言禮之所以尊重，尊其有義理也。若不解禮之義理，唯知布列籩豆，是祝史之事也。聖人能知其義理而恭敬守之，是天子所以治天下也。」

天地合，而后萬物興焉。注：「目禮之義。」夫昏禮，萬世之始也。取於異姓，所以附遠厚別也。注：「同姓或則多相褻也。」幣必誠，辭無不腆，注：「誠，信也。腆，猶善也。」告之以直信。注：「直，猶正也。此二者所以教婦正直信也。」信，事人也；信，婦德也。注：「事猶立也。」壹與之齊，終身不改，故夫死不嫁。注：「齊，謂共牢而食，同尊卑也。齊或爲醮。」王氏引之曰：「列女傳賢明傳：『宋鮑女宗曰：「婦人一醮不改，夫死不嫁。」』貞順傳：『蔡人之妻曰：「壹與之醮，終身不改。」息君夫人曰：「終不以身更貳。」』醮義皆本此。是古本正作醮。」正義：「天氣下降，地氣上騰，天地合配，萬物生焉。夫婦合配，子胤生焉。取異姓者，所以依附相疏遠之道，厚重分別之義。幣帛必須誠信，勿令虛濫。腆，善也。賓之傳辭，無自謙退，告戒婦人，以正直誠信也。言婦人立身之道，非信不立，貞信是婦人之德。不云『正』者，正是信之小別，信則兼之。」○腆，天典反。

男子親迎，男先於女，剛柔之義也。天先乎地，君先乎臣，其義一也。注：「先，謂倡道也。」執摯以相見，敬章別也。注：「言不敢相褻也。摯，所奠鴈也。」正義：「章，明也。壻親迎，入門而先奠雁，然後乃與婦相見。」男女有別，然後父子親；父子親，然後義生。義生然後禮作，禮作然後萬物安。注：「言人倫有別，則氣性醇也。」無別無義，禽獸之道也。注：「言聚麀之亂類也。」壻親御授綏，親之也。親之也者，親之也。注：「言己親之，所以使之親己。」敬而親之，先王之所以得天下也。注：「先王，若太王、文王。」出乎大門而先，男帥女，女從男，夫婦之義由此始也。注：「先者，車居前也。」婦人，從人者也：幼從父兄，嫁從夫，夫死從子。注：「從，謂順其教令。」夫也者，夫也。夫也者，以知帥人者也。注：「夫之言丈夫也。夫或爲傅。」玄冕齊戒，鬼神陰陽也。將以爲社稷主，爲先祖後，而可以不致敬乎？注：「玄冕，祭服也。陰陽，謂夫婦也。」正義：「玄冕，助祭服也。五冕通玄，故合爲玄冕。著祭服而齊戒親迎，是敬夫婦之道如事鬼神。妻爲内主，故有國者，是爲社稷内主也。始此嗣，廣後世，故云『先祖後』也。」共牢而食，同尊卑也。故婦人無爵，從夫之爵，坐以夫之齒。注：「爵，謂夫命爲大夫，則妻爲命婦。」器用陶匏，尚禮然也。注：「此謂大古之禮器也。」三王作牢，用陶匏。注：「言大古無共牢之禮，三王之世作之，而用大古之器，重夫婦之始也。」厥明，婦盥饋。王氏念孫曰：「釋文曰：『一本無「婦盥饋」三字。』無者是也。其有此三字者，後人據士昏禮加之耳。案昏義云『婦以特豚饋，明婦順也』，此自婦言之也，此『舅姑卒食』三句，則自舅姑言之。『私之也』，專承『舅姑卒食，婦餕餘』而言，與婦盥饋無涉。正義云『禮本亦有云「婦盥饋」者』，則正義本無此三字明矣。」舅姑卒食，婦餕餘，私之也。注：「私之，猶言恩也。」舅姑降自西階，婦降自阼階，授之室也。注：「明當爲家事之主也。」昏禮不賀，人之序也。注：「序，猶代也。」正義：「厥，其也。其明，謂共牢之明日也。婦見舅姑訖，婦乃盥饋特豚。食餘曰餕。謂舅姑食竟，以餘食與之也。授之室者，謂適婦也。婦餕餘禮畢，舅姑從賓階而下，婦從主階而降，是示授室與婦之義也。」方性夫曰：「昏姻之禮，在子則有代父之序，在婦則有代姑之序，所以不賀則一也。孔子曰：『娶婦之家，三日不舉樂，思嗣親也。』經云：『齊之玄也，以陰幽思也。』是矣。」○先，悉見反。摯，音至。餕，音俊。昏禮不用樂，幽陰之義也。樂，陽氣也。注：「幽，深也，欲使婦深思其義，不以陽散之也。」

有虞氏之祭也，尚用氣。血、腥、爓祭，用氣也。注：「尚，謂先薦之。爓，或爲膌。」玉篇：「膌，瀹也，生熟半也。」正義：「血，謂祭初以血詔神於室。腥，謂朝踐薦腥肉於堂。爓，謂沈肉於湯，亦薦於堂。祭義『爓祭祭腥而退』，是也。以其並未孰，故云『用氣也』。言『先薦』者，對合亨、饋食爲先也。此皆謂四時常祭也。若其大祭祫，周人仍先用樂也。」**殷人尚聲，臭味未成，滌蕩其聲。樂三闋，然後出迎牲。聲音之號，所以詔告於天地之間也。**注：「滌蕩，猶搖動也。」正義：「殷不尚氣而尚聲，謂先奏樂也。臭味未成，謂未殺牲也。既尚聲，故未殺牲而先搖動樂聲以求神也。闋，止也。奏樂三徧，止，乃迎牲入殺之。鬼神在天地之間，聲是陽，故用樂之音聲號呼，告於天地之間，庶神明聞之而來也。」**周人尚臭，灌用鬯臭，鬱合鬯，臭陰達於淵泉。灌以圭璋，用玉氣也。既灌，然後迎牲，致陰氣也。蕭合黍稷，臭陽達於牆屋，故既奠然後焫蕭合羶薌**〔一〕。注：「灌，謂以圭瓚酌鬯，始獻神也。已乃迎牲於庭殺之，天子諸侯之禮也。奠，謂薦孰時也。特牲饋食所云『祝酌奠於鉶南』，是也。蕭，薌蒿也，染以脂，合黍稷燒之。詩云：『取蕭祭脂。』羶當爲馨，聲之誤也。奠或爲薦。」正義：「周禮變於殷，故尚臭也。臭，謂鬯氣也。未殺牲，先酌鬯酒灌地以求神，是尚臭也。鬱，鬱金草也。鬯，謂鬯酒。煮鬱金草和之，其氣芬芳調鬯也。盧云：『言取草之芳香者，與秬黍鬱合釀之，成必爲鬯也。』庾氏讀句，則云『臭鬱合鬯』。用鬱鬯灌地，是用臭氣求陰。王肅云：『以圭璋爲瓚之柄也。瓚，所以㪺鬯也。玉氣絜潤，灌用玉瓚，亦求神之宜也。』既灌然後迎牲者，先求神後迎牲也，致陰氣也者，解所以先灌也。蕭合黍稷，取蕭草及牲脂膋，合黍稷燒之也。此謂饋食時也。既奠，謂薦孰時也。於薦孰時，祝先酌酒奠於鉶羹之南訖，尸未入，於是又取香蒿，染以腸間脂，合黍稷燒之，此又求諸陽之義也。」**凡祭慎諸**

〔一〕「奠」，原誤「臭」，據禮記注疏改。

此。○滌，音狄。焫，如悦反。膻，依注同馨。薌，音香。

魂氣歸于天，形魄歸于地，故祭，求諸陰陽之義也。殷人先求諸陽，周人先求諸陰。注：「此其所以先後異也。」正義：「熊氏以爲殷人先求諸陽，謂合樂在灌前，周人先求諸陰，謂合樂在灌後，與降神之樂別。」詔祝於室，坐尸於堂，注：「謂朝事時也。朝事，延尸於户西，南面，布主席東面，取牲膟膋，燎於爐炭，洗肝於鬱鬯而燔之，入以詔神於室，又出以墮于主。主人親制其肝，所謂制祭也。時尸薦以籩豆，至薦孰，乃更延主于室之奥，尸來升席，至北方坐於主北焉。」正義：「詔祝於室，是燎於爐炭，入告於室也。坐尸於堂者，既灌之後，尸出堂，坐户西而南面也。」用牲於庭，注：「謂殺之時。」升首於室。注：「制祭之後，升牲首於北墉下。尊首，尚氣也。」正義：「羊人云『祭，割羊牲，登其首』，則三牲之首皆升也。」直祭祝于主，注：「謂薦孰時也〔一〕。如特牲、少牢饋食之爲也。直，正也。祭以孰爲正，則血、腥之屬盡敬心耳。」索祭祝于祊。注：「索，求神也。廟門曰祊。謂之祊者，以於繹祭名也。」不知神之所在，於彼乎？於此乎？注：「室與，堂與？」或諸遠人乎？祭于祊，尚曰求諸遠者與？注：「尚，庶幾也。」桓八年，何休注公羊傳云：「祭於室，求之於幽。祭於堂，求之於明。祭於祊，求之於遠。皆孝子博求之意。大夫求諸明，士求諸幽，尊卑之差也。殷人先求諸明，周人先求諸幽，質文之義也。」正義：「凡祊有二種：一是正祭之時，既設祭於廟，又求神於廟門之內。詩楚茨云『祝祭于祊』，注云：『祊，門内平生待賓客之處。』與祭同日也。二是明日繹祭之時，設饌於廟門外西室，亦謂之祊，即上文云『祊之于東方』，注云『祊之禮，宜于廟門外之西室』是也。今此索祭于祊，當是正

〔一〕「薦孰」二字誤倒，據禮記注疏乙正。

祭日之祊矣。」

祊之爲言倞也。注：「倞，猶索也。倞，或爲諒。」肵之爲言敬也。注：「爲尸有肵俎，此訓也。」富也者，福也。注：「人君嘏辭有富，此訓之也。或曰：福也者，備也。」正義：「少牢云：『皇尸命工祝承致多福無疆，于女孝孫，使女受祿于天，宜稼于田，眉壽萬年，勿替引之！』此是大夫嘏辭，人君則福慶之辭更多。」首也者，直也。注：「訓所以升首祭也。直或爲犆也。」相，饗之也。注：「相，謂詔侑也。詔侑尸者，欲使饗此饌也。特牲饋食禮曰：『主人拜妥尸，尸答拜，執奠，祝饗。』」嘏，長也，大也。注：「主人受祭福曰嘏，此訓也。」尸，陳也。注：「尸，或詁爲主。此尸神象，當從主訓之，言陳非也。」毛、血，告幽全之物也。告幽全之物者，貴純之道也。注：「幽，謂血也。純，謂中外皆善。」正義：「毛、血，謂祝初薦毛、血於室時也。血是告幽，毛是告全。告幽者，言牲體肉裏美善。告全者，牲體外色完具。」血祭，盛氣也。祭肺肝心，貴氣主也。注：「氣主，氣之所舍也。周祭肺，殷祭肝，夏祭心。」正義：「血祭，是堂上制祭後，又薦血、腥時也。肺肝心三者，並爲氣之宅，故祭時先用之。血是氣之所舍，故云『盛氣也』。三者非即氣，故云『氣之主也』。」祭黍稷加肺，祭齊加明水，報陰也。注：「祭黍稷加肺，謂綏祭也。明水，司烜所取於月之水也。齊，五齊也。五齊加明水，則三酒加玄酒也。」正義：「按特牲禮云『祝命綏祭尸』，『佐食取黍稷肺祭授尸，尸祭之』，是尸綏祭之時有黍稷肺也。少牢亦然。明水，謂陰鑑取於月中之水也。」取膟膋燔燎升首，報陽也。注：「膟膋，腸間脂也，與蕭合燒之。亦有黍稷也。」明水涚齊，貴新也。注：「涚，猶清也。五齊濁，泲之使清，謂之涚齊，及取明水，皆貴新也。周禮『㡛氏以涚水漚絲』。涚齊，或爲『汎齊』。」凡涚，新之也。注：「新之者，敬也。」其謂之明水也，由主人之絜著此水也。注：「著，猶成也。言主人齊絜，此水乃成，可得也。」陳可大曰：「凡涚，新之也。專主涚齊而言，故又釋明水之義。」〇倞，音亮。肵，音祈。齊，才細反，下同。膟，音律。膋，力彫反。涚，始鋭反。

君再拜稽首，肉袒親割，敬之至也。敬之至也，服也。拜，服也。稽首，服之甚也。肉袒，服之盡也。注：「割，解牲體。」祭稱孝孫孝子，以其義稱也。注：「謂事祖禰。」稱曾孫某，謂國家也。注：「謂諸侯事五廟也。於曾祖以上，稱曾孫而已。」正義：「熊氏云：『祭稱孝孫，對祖爲言，稱孝子，對禰爲言。』義，宜也。國，謂諸侯。家，謂卿大夫。既有國家之尊，不但祭祖禰而已，更祭曾祖以上。」祭祀之相，主人自致其敬，盡其嘉，而無與讓也。注：「相，謂詔侑尸也。嘉，善也。」正義：「庾氏云：『賓主之禮，相告以揖讓之節。祭祀之禮，則是主人自致其敬。故詔侑尸者，不告尸以讓。是其無所與讓也。』」腥、肆、爓、腍祭，豈知神之所饗也？主人自盡其敬而已矣。注：「治肉曰肆。腍，孰也。爓，或爲膶。」正義：「腥、肆、爓、腍祭者，肆，鬄也。腍，孰也。言祭或進腥體，或薦解鬄，或進湯沈，或薦煮孰。四種之薦，豈知神適所饗邪？正是主人自盡敬心，而求索之心不一耳。」〇肆，敕歷反。腍，而審反。

舉斝角，詔妥尸。古者尸無事則立，有事而后坐也。尸，神象也。祝，將命也。注：「妥，安坐也。尸始入，舉奠斝若奠角，將祭之。祝則詔主人拜，妥尸，使之坐。尸卽至尊之坐，或時不自安，則以拜安之也。天子奠斝，諸侯奠角。古，謂夏時也。」正義：「若依此，則饋食薦孰之時，尸未入，祝先奠爵于鉶南，尸入，卽席而舉之，如特牲禮陰厭後，尸入舉奠也。夏立尸，唯有飲食之事時乃坐，若無事則倚立也，由是質故耳。」〇斝，古雅反。

縮酌用茅，明酌也。注：「謂泲醴齊以明酌也。周禮曰：『醴齊縮酌。』五齊，醴尤濁，和之以明酌，泲之以茅，縮去滓也。明酌者，事酒之上也。名曰明者，神明之也。事酒，今之醳酒，皆新成也。春秋傳曰：『爾貢包茅不入，王祭不共，無以縮酒。』酌，猶斟也。酒已泲，則斟之以實尊彝。昏禮曰：『酌玄酒，三注于尊。』凡行酒亦爲酌也。」說文：「莤，禮，祭束茅加于裸圭，而灌鬯酒是爲莤，象神歆之也。一曰：莤，榼上塞也。春秋傳曰：『無以莤酒。』」醆酒涚于清，注：「謂泲醆酒以清酒也。醆酒，盎齊。盎齊差清，和之以清酒，泲之而已。泲盎齊必和以清酒者，皆久味相得。」汁獻涚于醆酒，注：「謂泲秬鬯以醆酒也。獻當讀爲莎，齊語聲之誤也。秬鬯者，中有煮鬱，和以盎齊，摩莎泲之出其香汁，因謂之汁莎。不以三酒泲秬鬯者，秬鬯尊也。」猶明清與醆酒于舊澤之酒也。注：「猶，若也。澤，讀爲醳。舊醳之酒，謂昔酒也。泲醴齊以明酌，泲醆酒以清酒，泲汁獻以醆酒，天子諸侯之禮也。天子諸侯禮廢，時人或聞此而不審知，云若今明酌、清酒與醆酒，以舊醳之酒泲之矣，就其所知以曉之也。泲清酒，以舊醳之酒者，爲其味厚腊毒也。」釋文：「隱義云：『腊，久也，久酒有毒。』」正義：「縮，泲也。謂醴齊既濁，泲後，而可斟酌。用茅者，謂泲醴齊之時而用茅也。酒色清明，謂之明酌。三酒之中，事酒尤濁，五齊之內，醴齊尤濁。醆酒清於醴齊，清酒又清於事酒，故知以事酒泲醴齊也。涚，泲也。泲，謂泲漉也。以其差清，不用茅。明，謂明酌。清，謂清酒。醆酒，謂盎齊。謂以舊醳昔酒和此明酌清酒等三者而泲之。」○醆，側產反。汁，之十反。獻，依注爲「莎」，素何反。澤，依注讀爲醳，音亦。

祭有祈焉，注：「祈，猶求也。謂祈福祥，求永貞也。」有報焉，注：「謂若穫禾報社。」有由辟焉。注：「由，用也。辟，讀爲弭。謂弭災兵，遠罪疾也。」○辟，依注作「弭」，亡婢反。

齊之玄也，以陰幽思也。故君子三日齊，必見其所祭者。注：「齊三日者，思其居處，思其笑語，思其志意，思其所樂，則見之也。」正義：「玄，陰色，鬼神幽陰，故齊者玄服以表心思幽陰之理。三日，謂致齊時。所祭〔一〕，謂親也。」

〔一〕「祭」，原誤「齊」，據禮記注疏改。

禮記訓纂卷十二

内則第十二

正義:「鄭目録云:『名曰内則者,以其記男女居室,事父母舅姑之法。此於别録屬子法。以閨門之内,軌儀可則,故曰内則。』」

后王命冢宰降德于衆兆民。注:「后,君也。德,猶教也。萬億曰兆。天子曰兆民,諸侯曰萬民。周禮冢宰掌飲食,司徒掌十二教,今一云『冢宰』〔一〕,記者據諸侯也。諸侯并六卿爲三,或兼職焉。」釋文:「盧云:『后,王后也。王,天子也。』孫炎、王肅云:『后王,君王也。』」正義:「命冢宰者,若天子則天官爲冢宰,若諸侯則司徒爲冢宰。降,下也。命冢宰降下教令於羣衆兆民也。」

子事父母,雞初鳴,咸盥、漱,注:「咸,皆也。」説文:「盥,澡手也。漱,盪口也。」**櫛、縰、笄、總,**注:「縰,韜髮者也。總,束髮也,垂後爲飾。」説文:「櫛,梳比之總名也。總,聚束也。」王氏念孫曰:「凡笄有二類:一爲冕、弁、冠之笄,唯男子有之,士冠禮皮弁笄、爵弁笄之類是也。一爲安髮之笄,男子婦人皆有之,内則『櫛、縰、笄、總』是也。」**拂髦、冠、緌、纓、端、韠、紳,搢笏,**注:「拂髦,振去塵著之。髦用髮爲之,象幼時鬌,其制未聞也。緌,纓之飾也。端,玄端,士服也。庶人深衣。紳,大帶,所以自紳約也。搢,猶扱也,扱笏於紳。笏,所以記事也。」説文:「緌,系冠纓也。

〔一〕「今」,原誤「令」,據周禮大司徒職及禮記注疏改。

緌，冠系也。」正義：「此子謂男子。盥，洗手。漱，謂漱口。此據年稍長者，若孺子則晏起，而不能雞初鳴也。笄者，著縰既畢，以笄插之。熊氏云：『此笄謂安髻之笄，以縰韜髮作髻，既訖，横施此笄於髻中以固髻也。』總者，裂練繒爲之，束髮之本，垂餘於髻後，故以爲飾也。士冠禮云：『緇纚長六尺。』鄭云：『纚一幅長六尺，足以韜髮而結之。』」江氏永曰：「此記命士以上父子異宫者事親之禮，即後文『昧爽而朝』之事。」左右佩用。注：「自佩也。必佩者，備尊者使令也。」説文：「佩，大帶佩也。从人、从凡、从巾。佩必有巾，巾謂之飾。」釋名：「佩，倍也。言其非一物，有倍貳也。有珠、有玉、有容刀、有帨巾、有觽之屬也。」左佩紛帨、刀、礪、小觽、金燧，注：「紛帨，拭物之巾也。今齊人有言紛者。刀、礪，小刀及礪礱也。小觽，解小結也。觽貌如錐，以象骨爲之。金燧，可取火於日。」説文：「觽，佩角鋭耑，可以解結。」正義：「皇氏曰：『左旁用力不便，故佩小物。』」右佩玦、捍、管、遰、大觽、木燧，注：「捍，謂拾也，言可以捍弦也。管，筆彄也。遰，刀鞞也。木燧，鑽火也。」正義：「皇氏云：『以右廂用力爲便，故佩大物。』拾，斂也。故鄉射、大射將射謂之遂，射罷謂之拾。皇氏云：『晴以金燧取火於日，陰則以木燧鑽火也。』」偪，屨著綦。注：「偪，行縢。綦，屨繫也。」釋名：「偪，所以自偪束，今謂之行縢，言以裹脚，可以跳騰輕便也。」一切經音義引鄭注：「幅，行縢也。江南厮役皆有此物，亦謂之行縢。」正義：「皇氏云：『屨頭施繫，以爲行戒。』或可著屨之時，屨上自有繫，以結於足也。」○盥，音管。漱，所救反。櫛，側乙反。縰，所買反，徐所綺反。笄，古兮反。緌，耳佳反。搢，音箭，又音晉。帨，始鋭反。觽，許規反，本或作「鑴」。燧，音遂。捍，户旦反。遰，時世反。偪，本又作「幅」，彼力反。綦，其記反。

婦事舅姑，如事父母：雞初鳴，咸盥、漱，櫛、縰、笄、總，衣紳。注：「笄，今簪也。衣紳，衣而著紳。」正義：「謂加綃衣而後著紳。」朱子曰：「婦人不冠，則所謂笄，即爲固髻之用，亦名爲簪。」左佩紛帨、刀、礪、小觿、金燧，右佩箴、管、說文：「箴，綴衣箴也。」線、纊、說文：「綫，縷也。線，古文綫。纊，絮也。」小爾雅：「纊，緜也。絮之細者曰纊。」施縏袠，大觿、木燧，衿纓，綦屨。注：「縏，小囊也。縏袠言『施』，明爲箴、管、線、纊有之。衿，猶結也。婦人有纓，示繫屬也。」正義：「熊氏云：『袠，刺也。以針刺袠而爲縏囊，故云「縏袠」也。』」陳用之曰：「男女事父母，婦事舅姑，皆有纓以佩容臭，則與女子許嫁之纓不同。許嫁之纓，未笄無所施，既嫁，夫脱之矣，則事舅姑之纓非許嫁之纓也。」陳可大曰：「纓，香囊也。」江氏永曰：「疑許嫁之纓繫之於首，衿纓之纓繫之於身。繫身者，所以爲飾也。」○線，本又作「綫」，息賤反。纊，音曠。縏，字又作「鞶」，同，步干反。袠，陳乙反，又作「帙」。衿，本又作「紟」，其鴆反。

以適父母舅姑之所。及所，下氣怡聲，問衣燠寒，疾痛苛癢，而敬抑搔之。出入則或先或後，而敬扶持之。注：「適，之。怡，説也。苛，疥也。抑，按。搔，摩也。先後之，隨時便也。」釋文：「燠，煖也。」進盥，少者奉槃，長者奉水，請沃盥，盥卒，授巾。注：「槃，承盥水者。巾以帨手。」釋文：「帨，拭手也。」問所欲而敬進之，柔色以温之，注：「温藉也，承尊者必和顔色。」釋詁：「柔，安也。」○燠，本又作「奥」，同，於六反。苛，音何。搔，素刀反。温，本又作「愠」，同，於運反。饘、酏、酒、醴、芼、羹、菽、麥、蕡、稻、黍、粱、秫唯所欲，注：「酏，粥也。芼，菜也。蕡，熬枲實。」説文：「饘，糜也。周謂之饘，宋謂之餬。」釋文、初學記並引「宋、衛謂之餰」。「醴，一宿孰也。」釋文：「饘，厚粥也。酏，薄粥也。蕡，大麻子。」正義：「按公食大夫禮三牲皆有芼：『牛藿，羊苦，豕薇。』」棗、栗、飴、蜜以甘之。堇、荁、枌、榆、免、薧、滫、瀡以滑之，脂膏以膏之。注：「謂用調和飲食也。荁，堇類也。冬用堇，夏用荁。榆白曰枌。免，新生者。薧，乾也。秦人溲曰滫，齊人滑曰瀡也。」說文：「滫，久泔也。」釋文：「飴，餳也。堇，菜也。荁，似堇而葉大也。」正義：「郭景純曰：『枌、榆先生葉，卻著莢，皮色白。』按庖人云：『共鱻薧之物。』此免薧，於周禮據肉爲言。熊氏、皇氏皆云：『文承「堇、荁、枌、榆」之下，據堇、荁等爲免薧。』義或爲然。」父母舅姑必嘗之而後退。注：「敬也。」廣雅：「嘗，食也。」○饘，之然反。酏，羊皮反。芼，毛報反。蕡，字又作「黂」，扶云反。秫，音述。飴，羊之反。堇，音謹。荁，音丸。枌，扶云反。免，音問。薧，字又作「槀」，苦老反。滫，思酒反。瀡，音髓。滑，胡八反。膏，古報反。

男女未冠笄者，雞初鳴，咸盥、漱，櫛、縰，拂髦，總角，衿纓，皆佩容臭。注：「總角，收髮結之。容臭，香物也。以纓佩之，爲迫尊者，給小使也。」正義：「臭，謂芬芳。庾氏云：『以臭物可以修飾形容，故謂之容臭。』以纓佩之者，謂纓上有香物也。」昧爽而朝，注：「後成人也。」陳可大曰：「昧，晦也。爽，明也。昧爽，欲明未明之時。」問：「何食飲矣？」若已食則退，若未食，則佐長者視具。注：「具，饌也。」○冠，古亂反。朝，直遥反。

凡內外，雞初鳴，咸盥、漱，衣服，斂枕、簟，灑掃室堂及庭，布席，各從其事。注：「斂枕簟者，不使人見己褻者。簟，席之親身也。」說文：「枕，卧所薦首者。」方言：「簟，自關而西或謂之簟。」孺子蚤寢、晏起，唯所欲，食無時。注：「又後未成人者。孺子，小子也。」正義：「此總論子婦之外，卑賤之人，爰及僕隸之等。」○簟，徒點反。灑，本又作「洒」，所買反。掃，素報反。

由命士以上，父子皆異宫，昧爽而朝，慈以旨甘。日出而退，各從其事。日入而夕，慈以旨甘。注：「異宫，崇敬也。慈，愛敬進之。日出乃從事，食禄不免農也。」方性夫曰：「朝見曰朝，夕見曰夕。昧爽而朝，晨省之禮。日入而夕，昏定之禮。」

父母舅姑將坐，奉席請何鄉。將衽，長者奉席請何趾。少者執牀與坐，注：「將衽，謂更卧處。」御者舉几，斂席與簟，縣衾篋枕，斂簟而襡之。注：「須卧乃敷之也。襡，韜也。」正義：「舉几者，謂早旦親起之後，侍御之人則奉舉其几以進尊者，使凴之。襡之者，簟既襯身，恐其穢汙，故斂此細簟以襡韜之。席則否。」○奉，芳勇反，下同。鄉，許亮反。衽，而鴆反。襡，音獨。

父母舅姑之衣、衾、簟、席、枕、几不傳。杖、屨祗敬之，勿敢近。注：「傳，移也。」正義：「侍御之人停貯常處，子婦不得輒更傳移，令徧他處。杖屨是尊者服御之重，彌須恭敬，故勿敢偪近也。」敦、牟、卮、匜，三禮圖云：「敦有足，其形如今酒鐏法。牟受一斗，如敦形，平下，漆赤中，飾口以白金，蓋亦龜形。」聶氏三禮圖云：「匜者，盥手澆水之器。按梁正、張鎰修阮氏等圖云：『匜受一斗，流長六寸，漆赤中。諸侯以象飾，天子以黄金飾，皆畫赤雲氣。今以黍寸之尺計之，口徑八寸，深四寸五分，底徑六寸微殺。乃容一斗之數。流口徑可一寸〔一〕，然圖本又有作流長三寸者，於義爲近。』」非餕莫敢用。注：「餕乃用之。牟讀曰堥也。卮、匜，酒漿器。敦、牟，黍稷器也。」釋文：「齊人呼土釜爲牟。卮，酒器也。匜，杜預注左傳云：『沃盥器也。』」正義：「周禮有玉敦，今之杯盂也。隱義曰：『堥，土釜也。』今以木爲

〔一〕「徑可」二字原誤倒，據聶崇義三禮圖卷十三匜乙正。

器。卮，酒器也。匜，盛水漿之器。」與恒食飲，非餕莫之敢飲食。注：「餕乃食之。恒，常也，旦夕之常食。」○敦，音對，又丁雷反。牟，木侯反。卮，音支。匜，羊支反。餕，音俊。

父母在，朝夕恒食，子婦佐餕，既食恒餕。注：「婦皆與夫餕也。每食餕而盡之，末有原也。」正義：「佐餕者，食必須盡，勿使有餘，恐再進。」父沒母存，冢子御食，羣子婦佐餕如初。注：「御，侍也。謂長子侍母食也。侍食者不餕，其婦猶皆餕也。」正義：「如初者，冢子既侍母而食，羣子婦謂冢子之弟婦，如上『父母在』『子婦佐餕』之禮。」旨甘柔滑，廣雅：「滑，美也。」孺子餕。

在父母舅姑之所，有命之，應、唯敬對，進退周旋慎齊，升降、出入、揖游不敢噦、噫、嚏、咳、說文：「噦，氣牾也。噫，飽出息也。」蒼頡篇：「嚏，噴鼻也。」欠、伸、跛、倚、睇視，注：「齊，莊也。睇，傾視。易曰：『明夷，睇于左股。』」方言：「睇，眄也。陳楚之間，南楚之外曰睇。」纂文曰：「顧視曰睇。」不敢唾、洟。說文：「唾，口液也。涶，或从水。洟，鼻液也。」易萃虞注：「自鼻稱洟。」寒不敢襲，癢不敢搔，注：「襲，謂重衣。」說文：「搔，刮也。」不有敬事，不敢袒裼，注：「父黨無容。」不涉不撅，注：「撅，揭衣也。」褻衣衾不見裏，注：「爲其可穢。」說文：「褻，私服。詩曰：『是褻袢也。』」父母唾洟不見。注：「輒刷去之。」冠帶垢，和灰請漱；衣裳垢，和灰請澣。注：「手曰漱，足曰澣。和，漬也。」說文：「瀚，濯衣垢也。浣，瀚或从完。濯，瀚也。」正義：「以冠帶既尊，故以手漱之，用力淺也。衣裳既卑，故以足澣之，用力深也。此漱、澣對文爲例耳，散則通也。」衣裳綻裂，紉箴請補綴。注：「綻，猶解也。」方言：「擘，楚謂之紉。」郭注：「今亦以綫貫針爲紉。」五日則燂湯請浴，三日具沐。其間面垢，燂潘請靧；足垢，燂湯請洗。注：「潘，米瀾也。」說文：「燂，大熱也。沐，濯髮也。浴，洒身也。洗，灑足也。潘，淅米汁也。」釋文：「燂，温也。」少事長，賤事貴，共帥時。注：「共，猶皆也。帥，循也。時，是也。禮皆如此也。」○齊，側皆反。噦，於月反。噫，於界反。嚏，音帝。咳，苦愛反。跛，彼義反。睇，大計反。唾，吐卧反。撅，居衛反。垢，古口反。潄，素侯反。澣，本又作「浣」，户管反。綻，字或作「綻」，直莧反。紉，如陳反。燂，詳廉反。潘，芳煩反。靧，音悔。

男不言内，女不言外，非祭非喪，不相授器。注：「祭嚴，喪遽，不嫌也。」其相授，則女受以篚。說文：「匪，器似竹篋。」逸周書曰：『實玄黄于匪。』」彬謂匪、篚同。其無篚，則皆坐，奠之而后取之。注：「奠，停地也。」外内不共井，不共湢浴，注：「湢，浴室也。」不通寢席，不通乞假。男女不通衣裳，内言不出，外言不入。男子入内，不嘯不指，夜行以燭，無燭則止。注：「嘯，讀爲叱。叱，嫌有隱使也。」女子出門，必擁蔽其面，夜行以燭，無燭則止。注：「擁，猶障也。」道路，男子由右，女子由左。注：「地道尊右。」○湢，彼力反。嘯，依注作「叱」，尺失反。

子婦孝者敬者，父母舅姑之命勿逆勿怠。注：「恃其孝敬之愛，或則違解。」若飲食之，雖不耆，必嘗而待。注：「待後命而去也。」加之衣服，雖不欲，必服而待。注：「待後命釋藏也。」江氏永曰：「不欲，謂若時已温而尊者猶使加衣，衣未垢而尊者欲其易衣之類。」加之事，人代之，己雖弗欲，注：「謂雖其妨己業。」姑與之，而姑使之，而后復之。注：「姑，猶且也。」正義：「謂尊者加己以事業，事業欲成，又使人代己。此事嚮成，不欲使他人代己而妨己之業，且與代己者之事，待代己者休解，而後復事業於己身也。」○飲，於鴆反。食，音嗣。耆，市志反。

子婦有勤勞之事，雖甚愛之，姑縱之，而寧數休之。注：「不可愛此而移苦於彼也。」子婦未孝未敬，勿庸疾怨，姑教之。若不可教，而后怒之；不可怒，子放婦出而不表禮焉。注：「庸之言用也。怒，譴責也。表，猶明也。不明其犯禮之過也。」朱氏軾曰：「婦出而不明其罪，何以服婦父母乎？不表禮者，不表著放出之禮也。放出之禮維何？告之宗廟、族黨、鄉里曰：『是不足以承家，放出之無使復也。』不如是者，冀其悔而不忍終絶也。」○縱，本又作「從」，足用反。數，色角反。

父母有過，下氣怡色，柔聲以諫。諫若不入，起敬起孝，説則復諫。注：「子事父母，有隱無犯。起，猶更也。」不説，與其得罪於鄉黨州閭，寧孰諫。父母怒，不説而撻之流血，不敢疾怨，起敬起孝。注：「子從父之令，不可謂孝也。周禮曰『二十五家爲閭』，『四閭爲族』，『五族爲黨』，『五黨爲州』，『五州爲鄉』也。撻，擊也。」正義：「得罪，謂鄉黨州閭所共罪也。」○撻，吐達反。

父母有婢子若庶子庶孫，甚愛之，雖父母没，没身敬之不衰。注：「婢子，所通賤人之子。」

子有二妾，父母愛一人焉，子愛一人焉。由衣服飲食，由執事，毋敢視父母所愛，雖父母没不衰。注：「由，自也。」

子甚宜其妻，父母不説，出。子不宜其妻，父母曰「是善事我」，子行夫婦之禮焉，没身不衰。注：「宜，猶善也。」正義：「出，謂出去也。大戴禮本命云：『婦有七出，不順父母去。』」

父母雖没，將爲善，思貽父母令名，必果；將爲不善，思貽父母羞辱，必不果。注：「貽，遺也。果，決也。」輔漢卿曰：「曾子曰：『父母既没，慎行其身，不貽父母惡名，可謂能終矣。』」

舅没則姑老。注：「謂傳家事於長婦也。」吴幼清曰：「老，與孟子『堯老而舜攝』、左傳『吾將老焉』、『桓公立乃老』之老同，謂謝事也。」

舅姑使冢婦，毋怠，注：「雖有勤勞，不敢解倦。」不友，無禮於介婦。注：「衆婦無禮，冢婦不友之也。善兄弟爲友。娣姒，猶兄弟也。」項平甫曰：「言舅姑若使冢婦，毋得以尊自怠，而凌辱衆婦也。『怠』也，『不友』也，『無禮』也，皆當以『毋』字統之。下文『毋敢敵耦於冢婦』，亦謂不得恃舅姑之使令而傲冢婦也。」彬謂「毋怠不友」爲句。冢婦所祭祀賓客，每事必請於姑。注：「婦雖受傳，猶不敢專行也。」輔漢卿曰：「祭祀賓客，禮之大者，亦必請於姑，然後從事。」介婦請於冢婦。注：「以其代姑之事。介婦，衆婦。」舅姑若使介婦，毋敢敵耦於冢婦，不敢並行，不敢並命，不敢並坐。注：「雖有勤勞，不敢掉磬。下冢婦也。命，謂使令。」正義：「庾氏云：『齊人謂之差訐。』崔氏云：『北海人謂相激事爲掉磬。』隱義云：『齊人謂相絞訐爲掉磬。』」朱氏軾曰：「敵耦，謂相抗。『不敢並行』三事，不敵耦之目也。」

凡婦不命適私室，不敢退。注：「婦侍舅姑者也。」婦將有事，大小必請於舅姑。注：「不敢專行。」

子婦無私貨，無私畜，無私器，不敢私假，不敢私與。注：「家事統於尊也。」吴幼清曰：「貨，謂所儲資財。畜，謂畜牲。器，謂所用之物。假，謂以借人。與，謂以物遺人也。」

婦或賜之飲食、衣服、布帛、佩帨、茝蘭，則受而獻諸舅姑。舅姑受之則喜，如新受賜。注：「或賜之，謂私親兄弟。」釋文：「茝，本又作芷。說文云：『虈也。齊人謂之茝。』韋昭注漢書云：『香草也。』」吳幼清曰：「佩，謂雜佩。帨，謂帨巾。茝，一作芷，即香白芷也。蘭似澤蘭。二物皆香草，乾燥則囊而佩之於身，取其芳馨也。新，猶初也。若尊者受己所獻則喜，一如己初受他人所賜。」若反賜之，則辭；不得命，如更受賜，藏以待乏。注：「待舅姑之乏也。不得命者，不見許也。」吳幼清曰：「舅姑雖不受，不敢視爲己物也，藏以待舅姑之乏，則將此物與舅姑用之。」婦若有私親兄弟，將與之，則必復請其故賜，而后與之。正義：「若舅姑不乏，私親兄弟既貧，將欲以物與之，不敢別請其財，必於舅姑處復請其故賜所藏之物，舅姑既許，然後取而與之。」○茝，昌改反。

適子庶子，祗事宗子宗婦，雖貴富，不敢以貴富入宗子之家；雖衆車徒，舍於外，以寡約入。注：「祗，敬也。宗，大宗。入，謂入宗子家。」正義：「適子，謂父及祖之適子，是小宗也。庶子，謂適子之弟。宗子，謂大宗子。宗婦，大宗子之婦。」子弟猶歸器，衣服、裘衾、車馬則必獻其上，而后敢服用其次也。注：「猶，若也。子弟若有功德，以物見饋賜，當以善者與宗子也。」若非所獻，則不敢以入於宗子之門，注：「謂非宗子之爵所當服也。」不敢以貴富加於父兄宗族。若富，則具二牲，獻其賢者於宗子，注：「加，猶高也。賢，猶善也。」夫婦皆齊而宗敬焉。注：「當助祭於宗子之家。」終事而后敢私祭。注：「祭其祖禰。」正義：「此文雖主事大宗子，其事小宗子者亦然。」方性夫曰：「我以貴富服御入其門，是以貴富而加賤貧也。宗之親爲正統，己之親爲旁出。正統之祭，公義也。旁出之祭，私恩也。終宗子之事，而后敢私祭，不以旁出先正統，不以私恩勝公義也。」○適，丁歷反。齊，側皆反。

飯：注：「目諸飯也。」黍、稷、稻、粱、白黍、黄粱，稰、穛。注：「孰穫曰稰，生穫曰穛。黍，黄黍也。」正義：「諸侯朔食四簋：黍、稷、稻、粱。此則據諸侯，天子則加以麥、苽爲六，但記文不載耳。」○稰，思呂反。穛，側角反。

膳：注：「目諸膳也。」膷、臐、膮、醢、牛炙、醢、牛胾、說文：「胾，大臠也。」醢、牛膾、羊炙、羊胾、醢、豕炙、醢、豕胾、芥醬、魚膾、雉、兔、鶉、鷃。注：「此上大夫之禮，庶羞二十豆也。以公食大夫禮饌校之，則『膮』『牛炙』間，不得有『醢』，『醢』，衍字也。又以『鶉』爲『鴽』也。」說文：「雗，雒屬。雒，雗屬。」廣雅：「隹，鶉也。」鴽鵪也。」正義：「按公食大夫禮二十豆者：膷一，謂牛臛也。臐二，謂羊臛也。膮三，謂豕臛也。牛炙四，炙牛肉也。此依公食大夫禮所陳設，此等四物共爲一行，最在於北，從西爲始。醢五，謂肉醬也。牛胾六，謂切牛肉。醢七，牛膾八。此等四物又爲第二行，陳之從東爲始。羊炙九，羊胾十，醢十一，豕炙十二。此等四物爲第三行，陳之從西爲始。醢十三，豕胾十四，芥醬十五，魚膾十六。此等四物爲第四行，陳之從東爲始。以上十六豆，是下大夫之禮也。雉十七，兔十八，鶉十九，鷃二十。此等四物爲第五行，陳之從西爲始，此是上大夫所加二十豆。又公食大夫禮以『鶉』爲『鴽』。按釋鳥云：『鴽，鴾母。』某氏曰：『謂鵪。』李巡云：『鴽，鵪。一云鴾母。』熊氏云：『此經『醢』，文承『牛』『羊』之下，則是牛肉羊肉之醢。以其庶羞，故得用三牲爲醢。若正羞則不得用三牲，故醢人職無三牲之醢也。』」○膷，音香。臐，許云反。膮，許堯反。炙，章夜反。胾，側吏反。膾，古外反。芥，姬邁反。鶉，順倫反。鷃，音晏。

飲：注：「目諸飲也。」重醴，稻醴清、糟，黍醴清、糟，粱醴清、糟。注：「重，陪也。糟，醇也。清，泲也。致飲有醇者，有泲者，陪設之也。」鄭注士冠禮曰：「凡醴事，質者用糟，文者用清。」或以酏爲醴。注：「釀粥爲醴。」說文：「酏，黍酒也。一曰甜也。賈侍中說：『酏爲鬻清。』」黍酏，注：「酏，粥。」漿，注：「酢截。」水，注：「清新。」醷，注：「梅漿。」濫。注：「以諸和水也。以周禮『六飲』校之，則濫，涼也。紀、莒之間，名諸爲濫。」說文：「醷，雜味也。」廣雅：「醷，漿也。」彬謂醷、涼同。正義：「稻、黍、粱三醴，以清、糟相配，故曰『重醴』。周禮漿人『夫人致飲于賓客』，注：『有清有糟。夫人不體，王得備之。』若后之致飲，有糟無清，酒正注云：『無醴。醫、酏不清者，與王同體屈也。』按漿人『六飲』，水則此經水，漿則此經漿，醴則此經『重醴』，但用清耳。涼則此經濫，醫則此經『以酏爲醴』也。酏則此經『黍酏』也。六飲之外，此經有醷，鄭必知爲梅漿者，下文『調之以醯醢』及『若醯醷』，則醷是醯類也。」○重，直龍反。糟，子曹反。醷，本又作「臆」，於紀反。濫，力暫反。

酒：注：「目諸酒也。」清、白。注：「白，事酒、昔酒也。」正義：「配清酒則三酒。此無『五齊』者，五齊是祭祀獻神所飲，非人常用故也。」

羞：注：「目諸羞也。」糗餌、粉酏。注：「糗，擣熬穀也。以爲粉餌與餈，此記似脫。周禮『羞籩之實，糗餌粉餈』，『羞豆之實，酏食糝食』。此酏當爲餈，以稻米與狼臅膏爲飾是也。」正義：「周禮鄭注云：『合蒸曰餌，餠之曰餈。此二物皆粉稻米黍米爲之。糗者，擣粉熬大豆。爲餌、餈之黏著，故以粉糗擣之。』周禮粉下有餈，記人脫漏，更以酏益之。酏，謂餰也。」○糗，起九反。餌，音二。酏，讀曰餈，又作「餰」，之然反。

食。注：「目人君燕食所用也。」釋文：「食，飯也。」蝸醢而苽食、雉羹，麥食、脯羹、雞羹，折稌、段氏玉
裁曰：「折當是析之誤。析同淅，汏米也。」犬羹、兔羹，和糝不蓼，注：「苽，彫胡也。稌，稻也。凡羹齊宜五味之
和，米屑之糝，蓼則不矣。此脯，所謂『析乾牛羊肉』也。」濡豚包苦實蓼，濡雞醢醬實蓼，濡魚卵醬實蓼，
濡鼈醢醬實蓼，注：「凡濡，謂亨之以汁和也。苦，苦荼也，以包豚，殺其氣。卵讀爲鯤。鯤，魚子，或作攔也。」說文：
「牆，醢也，从肉从酉，酒以和牆也。醢，肉醬也。」腶脩、蚳醢，注：「腶脩，捶脯施薑桂也。蚳，蚍蜉子也。」正義：「凡言
『實蓼』者，皇氏云：『謂破開其腹，實蓼於其腹中，又更縫而合之。』腶脩，謂腶脯也。言食腶脯之時，以蚳醢配之。」脯
羹、兔醢，麋膚、魚醢，魚膾、芥醬，麋腥、醢、醬，桃諸、梅諸、卵鹽。注：「自『蝸醢』至此二十六物，似皆
人君燕所食也。膚，切肉也。膚或爲胖。卵鹽，大鹽也。」釋名：「桃諸，藏桃也。諸，儲也。藏以爲儲，待給冬月用之
也。」正義：「皇氏云：『蝸一也，苽食二也，雉羹三也，麥食四也，脯羹五也，雞羹六也，析稌七也，犬羹八也，兔羹九也，濡
豚十也，濡雞十一也，濡魚十二也，濡鼈十三也。自此以上，醢之與醬皆和調，濡濆爲他物而設，故不數矣。以下醢及醬
各自爲物，相配而食，故數之。腶脩十四也，蚳醢十五也，脯羹重出，兔醢十六也，麋膚十七也，魚醢十八也，魚膾十九也，
芥醬二十也，麋腥二十一也，醢二十二也，醬二十三也，桃諸二十四也，梅諸二十五也，卵鹽二十六也。』膚與醢醬相類，在
豆之物。若正膚則在俎，故少牢、特牲膚皆在俎也。」○食，音嗣。蝸，力戈反。苽，音孤，字又作「菰」，同。稌，音杜。和，
胡卧反。糝，三感反。蓼，音了。濡，音而。卵，依注音鯤，苦門反。腶，丁亂反。蚳，直其反。卵，力管反。
凡食齊視春時，羹齊視夏時，醬齊視秋時，飲齊視冬時。注：「飯宜溫也。羹宜熱也。醬宜涼也。

飲宜寒也。」

凡和，春多酸，夏多苦，秋多辛，冬多鹹，調以滑甘。注：「多其時味以養氣也。」正義：「依經方春不食酸，夏不食苦，謂時氣壯者，減其時味，以殺盛氣。此經所云食以養人，恐氣虚羸，故多其時味，以養氣也。」

牛宜稌，羊宜黍，豕宜稷，犬宜粱，鴈宜麥，魚宜苽。注：「言其氣味相成。」正義：「此據尊者正食。上燕食以滋味爲美，與此不同。」

春宜羔豚，膳膏薌；夏宜腒鱐，膳膏臊；秋宜犢麛，膳膏腥；冬宜鮮羽，膳膏羶。注：「此八物，四時肥美也。爲其大盛，煎以休廢之膏，節其氣也。牛膏薌，犬膏臊，雞膏腥，羊膏羶。腒，乾雉也。鱐，乾魚也。鮮，生魚也。羽，鴈也。」説文：「臊，豕膏臭也。」釋文：「腒，盧云：『雉腊也。』説文云：『北方謂鳥腊曰腒。』麛，鹿子也。』腥，雞膏也。説文作『胜』，云：『犬膏臭也。』」正義：「上論調和食飲之法，此記庖人四時煎和膳食之宜，以王相休廢相參，其味乃善。牛土畜，木盛則土休廢。犬屬西方金，火盛則金休廢。雞屬東方木，金盛則木休廢。羊屬南方火，水盛則火休廢。周禮庖人鄭注云：『羔豚物生而肥，犢與麛物成而充，腒鱐暵熱而乾，魚鴈水涸而性定。此八物者，得四時之氣尤盛，爲人食之弗勝，是以用休廢之脂膏煎和膳之。』」〇薌，音香。腒，其居反。鱐，本又作「膅」，所求反。臊，素刀反。麛，音迷。腥，音星。羶，升然反。

牛脩、鹿脯、田豕脯、麋脯、麕脯，麋、鹿、田豕、麕皆有軒，雉、兔皆有芼，注：「脯，皆析乾其肉也。軒，讀爲憲。憲，謂藿葉切也。芼，謂菜釀也。軒，或爲胖。」正義：「不云牛者，牛唯可細切爲膾，不宜大切爲軒。

芼者，爲雉羹兔羹皆有芼菜以和之。」爵、鷃、蜩、范，注：「蜩，蟬也。范，蜂也。」芝栭、蔆、椇、棗、栗、榛、柿、瓜、桃、李、梅、杏、柤、棃、薑、桂。注：「蔆，芰也。椇，枳椇也。柤，棃之不臧者。自『牛脩』至此三十一物，皆人君燕食所加庶羞也。」周禮天子羞用百有二十品，記者不能次録。」說文：「萸，木耳也。一曰萮茈。」棗，果實如小栗。柿，赤實果。杏，果也。桃，果也。樝，果似棃而酢。棃，果名。」正義：「庾蔚云：『無華葉而生者曰芝栭。』盧氏云：『芝，木芝也。』王肅云：『無華而實者名栭，皆芝屬也。』自『牛脩』至『薑桂』凡三十一物，則芝栭應是一物也。三十一物者，牛修一、鹿脯二，田豕脯三，麋脯四，麕脯五，麋軒六，鹿軒七，田豕軒八，麕軒九，雉芼十，兔芼十一，爵十二，鷃十三，蜩十四，范十五，芝栭十六，蔆十七，椇十八，棗十九，栗二十，榛二十一，柿二十二，瓜二十三，桃二十四，李二十五，梅二十六，杏二十七，柤二十八，棃二十九，薑三十，桂三十一。」段氏玉裁說文注曰：「鄭君謂芝栭爲一物。栭卽萸字，今人謂光滑者木耳，皺者蕈。」柤，爾雅郭注、山海經郭傳皆云：「似棃而酢澀。按卽今棃之肉粗味酸者也。」○麕，九倫反。軒，音憲。蜩，音條。范，音犯。芝，音之。栭，音而，本又作「檽」。蔆，音陵。椇，音矩。榛，側巾反。柿，音俟。柤，側加反。

大夫燕食，有膾無脯，有脯無膾。士不貳羹、胾，庶人耆老不徒食。注：「尊卑差也。」鄭注周禮腊人：「大物解肆乾之，謂之乾肉。薄析曰脯。」正義：「此明大夫、士、庶人燕食不同，若朝夕常食，則下云『羹食，自諸侯以下至於庶人無等』。」

膾，春用葱，秋用芥。豚，春用韭，秋用蓼。脂用葱，膏用薤，三牲用藙，注：「芥，芥醬也。脂，肥凝者，釋者曰膏。藙，煎茱萸也。漢律，會稽獻焉。爾雅謂之榝。」和用醯，注：「畜與家物，自相和也。」獸用梅。注：「亦野物自相和。」鶉羹、雞羹、駕釀之蓼，注：「釀，謂切雜之也。駕在『羹』下，烝之，不羹也。」魴、鱮烝，雛燒，雉薌，無蓼。注：「薌，蘇荏之屬也。燒煙於火中也。自『膾，用蔥』至此，言調和菜釀之所宜也。」正義：「魴鱮二魚，皆烝孰之。雛是鳥之小者，火中燒之。雉或燒或烝，或可爲羹，其用無定。薌無蓼者，言魴鱮烝及雛燒并雉三者，調和唯以蘇荏之屬，無用蓼也。」爾雅釋草：「薔，虞蓼。」邵氏晉涵曰：「太平御覽引吳普本草云：『蓼實，一名澤蓼，古者用以調和。內則云：「膾，秋用蓼。」又云：「鶉羹雞羹駕釀之蓼。」蓋取其辛以爲和也。』」○雛，户界反。蓺，魚氣反。和，户卧反。魴，音房。鱮，音敍。雛，字又作「鶵」，仕俱反。烝，皇絶句，賀讀「魴鱮烝雛」爲句。燒，皇絶句，「雉薌」爲句。不食雛鼈。狼去腸，狗去腎，貍去正脊，兔去尻，狐去首，豚去腦，魚去乙，鼈去醜。注：「皆爲不利人也。雛鼈，伏乳者。乙，魚體中害人者名也。今東海鰫魚有骨名乙，在目旁，狀如篆『乙』，食之鯁人不可出。醜，鼈竅也。」○尻，苦刀反。腦，奴老反。

肉曰脱之，魚曰作之，棗曰新之，栗曰撰之，桃曰膽之，柤、梨曰攢之。注：「皆治擇之名也。」正義：「脱之者，皇氏云：『治肉除其筋膜。』李巡注爾雅釋器云：『肉去其骨曰脱。』郭云：『剥其皮也。』作，皇氏云：『謂動摇，視其鮮餒。』李巡注爾雅云：『作之，魚骨小無所去。』郭氏爾雅今本作『斮之』，注云：『謂削鱗也。』棗易有塵埃，恒治拭之使新。栗，蟲好食。撰，省視之。桃多毛，拭治令色青滑如膽。攢之者，恐有蟲，故一一攢看其蟲孔也。」○膽，丁敢反。攢，再官反，本又作「鑽」。

牛夜鳴則庮；羊泠毛而毳，羶；狗赤股而躁，臊；鳥皫色而沙鳴，鬱；豕望視而交睫，腥；

馬黑脊而般臂，漏。雛尾不盈握弗食，舒鴈翠，鵠、鴞胖，舒鳧翠，雞肝、鴈腎、鴇奥、鹿胃。注：「亦皆爲不利人也。庮，惡臭也。春秋傳曰：『一薰一庮。』泠毛毳，毛別聚旃不解者也。赤股，股裏無毛也。𪐛色，毛變色也。沙，猶嘶也。鬱，腐臭也。望視，視遠也。腥當爲星，聲之誤也。星，肉中如米者。般臂，前脛般般然也。漏，當爲螻，如螻蛄臭也。舒鴈，鵝也。翠，尾肉也。鵠鴞胖，謂脅側薄肉也。舒鳧，鶩也。鴇奥，脾肶也。鵠，或爲鴇也。」說文：「腥，星見食豕，令肉中生小息肉也。」廣韻：「腥，豕息肉，肉中似米。」正義：「自『牛夜鳴』至『般臂，漏』，皆與周禮內饔文同。泠，謂毛本稀泠。毳，謂毛頭毳結。雛，謂小鳥，尾盈一握，然後堪食。自此以下，因廣言不堪食之物。」〇庮，音由。泠，音零。毳，昌銳反。臊，早報反。𪐛，普保反。腥，依注作「星」。般，音班。臂，本作「擘」，必避反。漏，依注音螻，力侯反。鵠，胡篤反。鴞，于驕反。胖，音判。鴇，音保。奥，於六反。胃，音謂。

肉腥，細者爲膾，大者爲軒。注：「言大切細切異名也。膾者必先軒之，所謂『聶而切之』也。」說文：「䐑，薄切肉也。膾，細切肉也。」釋文：「腥，字林作胜，云『不熟也』。」或曰：麋、鹿、魚爲菹，麕爲辟雞，野豕爲軒，兔爲宛脾，切葱若薤，實諸醯以柔之。注：「此軒、辟雞、宛脾，皆菹類也。釀菜而柔之以醯，殺腥肉及其氣。菹、軒，聶而不切。辟雞、宛脾，聶而切之。軒或爲胖。宛或作鬱。」正義：「此明齏、菹之異，用肉不同。凡大切，若全物爲菹。細切者爲齏。其牲體大者菹之，牲體小者齏之。」〇麕，九倫反。辟，必益反。宛，于晚反。

羹食，自諸侯以下至於庶人，無等。注：「羹食，食之主也。庶羞乃異耳。」正義：「食，謂飯也。此謂每日常食。公食大夫禮下大夫十六豆，上大夫二十豆。又周禮掌客云上公『食四十』，侯伯『食三十二』，子男『食二十四』，是庶羞乃異也。」○食，音嗣。

大夫無秩膳，注：「謂五十始命，未甚老也。秩，常也。」大夫七十而有閣。注：「有秩膳也。閣，以板爲之，庋食物也。」正義：「然則六十者比五十者則有常肉，比七十者則有無肉時也。」

天子之閣，左達五，右達五。公侯伯於房中五，大夫於閣三，士於坫一。注：「達，夾室。大夫言『於閣』，與天子同處。天子二五，倍諸侯也。五者，三牲之肉及魚、腊也。」正義：「崔氏云：『宫室之制，中央爲正室，左右爲房，房外有序，序外有夾室。天子尊，庖厨遠，故左夾室五閣，右夾室五閣。諸侯卑，庖厨宜稍近，故於房中，減降於天子，唯在一房之中而五閣也。大夫既卑，無嫌，故亦於夾室而閣三也。三者，豕、魚、腊也。士卑，不得作閣，但於室中爲土坫庋食也。』天子腊用六牲。今云『五閣』，是不一牲爲一閣。以魚、腊是常食之物，故知三牲及魚、腊也。」○坫，丁念反。

凡養老，有虞氏以燕禮，夏后氏以饗禮，殷人以食禮，周人脩而兼用之。凡五十養於鄉，六十養於國，七十養於學，達於諸侯；八十拜君命，一坐再至，瞽亦如之；九十者使人受。五十異粻，六十宿肉，七十貳膳，八十常珍，九十飲食不違寢，膳飲從於游可也。六十歲制，七十時制，八十月制，九十日脩，唯絞、紟、衾、冒死而后制。五十始衰，六十非肉不飽，七十非帛不煖，八十非人不煖，九十雖得人不煖矣。五十杖於家，六十杖於鄉，七十杖於國，八十杖於朝，九十者，天子欲有問焉，則就其室，以珍從。七十不俟朝，八十月告存，九十日有秩。五十不從力政，六十不與服戎，七十不與賓客之事，八十齊喪之事弗及也。五十而爵，六十不親學，七十致政。凡自七十以上，唯衰麻爲喪。凡三王養老，皆引年。八十者，一子不從政；九十者，其家不從政。瞽亦如之。凡父母在，子雖老不坐。有虞氏養國老於上庠，養庶老於下庠。夏后氏養國老於東序，養庶老於西序。殷人養國老於右學，養庶老於左學。周人養國老於東膠，養庶老於虞庠，虞庠在國之西郊。有虞氏皇而祭，深衣而養老。夏后氏收而祭，燕衣而養老。殷人冔而祭，縞衣而養老。周人冕而祭，玄衣而養老。注：「記王制有此。」釋文：「粻，糧也。」○粻，知良反。

曾子曰：「孝子之養老也，樂其心，不違其志，樂其耳目，安其寢處，以其飲食忠養之。孝子之身終，終身也者，非終父母之身，終其身也。是故父母之所愛亦愛之，父母之所敬亦敬之。至於犬馬盡然，而況於人乎？」注：「賤喻貴也。」正義：「終身也者，非終竟父母之身，終其孝子之身也。言父母雖没，終竟己身而行孝道，與親在無異。父母所愛犬馬之屬，盡須敬愛，況於父母所敬愛人乎？」○樂，音洛，下同。養，羊亮反。

凡養老，五帝憲，三王有乞言。注：「憲，法也。養之，爲法其德行。有，讀爲又。又從之求善言可施行也。」五帝憲，養氣體而不乞言，有善則記之爲惇史。三王亦憲，既養老而后乞言，亦微其禮，皆有惇史。注：「惇史，史惇厚者也。」正義：「言老人有善德行，則記録之，使衆人法則。」彬謂亦微其禮者，言簡略其禮」無「執醬」「執爵」之文也。○惇，音敦。

淳熬：煎醢加于陸稻上，沃之以膏，曰淳熬。注：「淳，沃也。熬，亦煎也。沃煎成之，以爲名。」說文：「煎，熬也。」正義：「陸稻，陸地之稻。煎醢使熬，加于飯上，恐其味薄，更沃之以膏，使味相湛漬，曰淳熬。」淳毋：煎醢加于黍食上，沃之以膏，曰淳毋。注：「毋讀曰模。模，象也。作此象淳熬。」正義：「黍食，食飯也。謂以黍米爲飯。」集韻：「毋，熬餌也。」炮：取豚若將，刲之刳之，實棗於其腹中，編萑以苴之，塗之以謹塗。炮之，塗皆乾，擘之，濯手以摩之，去其皽，爲稻粉，糔溲之以爲酏，以付豚。煎諸膏，膏必滅之。鉅鑊湯，以小鼎，薌脯於其中，使其湯毋滅鼎，三日三夜毋絶火，而后調之以醯醢。注：「炮者，以塗燒之爲名也。將當爲牂。牂，牡羊也〔一〕。刲、刳，博異語也。謹，當爲墐，聲之誤也。墐塗，塗有穰草也。皽，謂皮肉之上魄莫也。糔、溲，亦博異語也。糔，語與『滫瀡』之滫同。薌脯，謂煮豚若羊於小鼎中，使之香美也。謂之脯者，既去皽，則解析其肉使薄，如爲脯然，唯豚全耳。豚羊入鼎三日，乃内醯醢，可食也。」正義：「萑，亂草也。苴，裹也。編連亂草，以裹帀豚牂。塗，謂穰草相和之塗也。手既擘泥，不淨，其肉又熱，故濯手摩之，去其皽莫。滅，没也。小鼎盛膏煎豚牂，以大鑊盛湯，以小鼎之薌脯實於大鑊湯中，使鑊中之湯無得没此小鼎，恐湯入鼎令食壞也。」擣珍：取牛、羊、麋、鹿、麕之肉，必脄，每物與牛若一，捶反側之，去其餌，孰，出之，去其皽，柔其肉。注：「脄，脊側肉也。捶，擣之也。餌，筋腱也。柔之，爲汁和也。汁和亦醯醢與？」釋文：「腱，隱義云：『筋之大者。』」王逸注楚

〔一〕「牡」，原誤「牝」，據禮記注疏改。

辭云：『筋頭也。』」漬：取牛肉，必新殺者，薄切之，必絶其理，湛諸美酒，期朝而食之，以醢若醢醷。注：「湛，亦漬也。」説文：「醢，酸也。作醢以䰞以酒。从䰞、酒，並省。从皿，皿，器也。」陳可大曰：「絶其理，橫斷其文理也。」爲熬：捶之，去其皽，編萑，布牛肉焉。屑桂與薑，以洒諸上而鹽之，乾而食之。施羊亦如之。施麋，施鹿，施麕，皆如牛羊。欲濡肉，則釋而煎之以醢；欲乾肉，則捶而食之。注：「熬，於火上爲之也，今之火脯似矣。欲濡欲乾，人自由也。醢或爲醓。此七者，周禮『八珍』，其一肝膋是也。」正義：「第一淳熬也，第二淳模也，第三第四炮取豚若牂也，第五擣珍也，第六漬也，第七熬也。其一肝膋者，則此『糝』下『肝膋』也。」劉氏台拱曰：「淳熬、淳毋，一也，以黍稻異名。炮，一物也，或豚或牂，所施異耳。今鄭氏以淳熬、淳毋，炮豚、炮牂爲八珍之四，然則擣珍與熬二者之内皆含牛、羊、麋、鹿、麕，當爲五物。而鄭氏數擣珍爲一物，熬爲一物，豈非自亂其例乎？由此言之，鄭氏『八珍』之説，殆不可爲典要。」糝：取牛羊豕之肉，三如一，小切之，與稻米，稻米二，肉一，合以爲餌，煎之。注：「此周禮『糝食』也。」説文：「鬻，粉餅也。餌，鬻或从食，耳聲。」急就篇：「餅、餌、麥飯、甘豆羹。」顔師古注：「溲麪而蒸之，則爲餅。餅之言并也，相合并也。溲米而蒸之，則爲餌。餌之言而也，相黏而也。」正義：「三如一者，謂取牛羊豕之肉，等分如一。稻米二，肉一者，謂二分稻米，一分肉也。」肝膋：取狗肝一，幪之以其膋，濡炙之，舉燋其膋，不蓼。注：「膋，腸間脂。舉，或爲巨。」正義：「舉，皆也，謂炙膋皆燋也。」取稻米，舉糔溲之，小切狼臅膏，以與稻米爲酏。注：「狼臅膏，臆中膏也。以煎稻米，則似今膏𩱛矣。此周禮『酏食』也。此酏當從䬸。」段氏玉裁曰：「周禮醢人注引内則正作餰字。按雜問志曰：『内則「餰」次「糝」，周禮「酏」次「糝」。且内則有

「𣪊」無「酏」，周禮有「酏」無「𣪊」，明酏、𣪊是一，故破「酏」從「𣪊」。』據此，則內則本作𣪊字，注中『此酏當從𣪊』，謂周禮此酏字當從內則作𣪊字。言『此酏』者，別於『六飲』之酏也。今本內則作酏，淺人所改。」○熬，五羔反。毋，依注音模，莫胡反。將，依注音牂。刲，苦圭反。刳，口孤反。編，必縣反。萑，音丸。苴，子餘反。謹，依注作「墐」，音斤。擘，必麥反。濯，直角反。皽，章善反。糔，息酒反。溲，所九反。鉅，音巨。鑊，户郭反。脄，音每。湛，子潛反。洒，所買反。膂，音遼。

禮始於謹夫婦，爲宫室，辨外內，男子居外，女子居內。深宫固門，閽寺守之，男不入，女不出。男女不同椸枷，不敢縣於夫之楎椸，不敢藏於夫之篋笥，不敢共湢浴。注：「閽，掌守中門之禁也。寺，掌內人之禁令也〔一〕。竿謂之椸。楎，杙也。」正義：「按爾雅釋宫云：『樴謂之杙。』李巡曰：『謂橛杙也。』又云：『在牆者謂之楎。』郭云：『植曰楎，横曰椸。』然則楎椸是同類之物，椸則以竿爲之，故云『竿謂之椸』。」夫不在，黄東發曰：「夫不在，謂夫出也。」斂枕篋簟席，襡器而藏之。注：「不敢褻也。」少事長，賤事貴，咸如之。注：「咸，皆也。」○杝，本又作「椸」，以支反。枷，音嫁。楎，音輝。笥，息吏反。

夫婦之禮，唯及七十，同藏無間。注：「衰老無嫌，及，猶至也。」故妾雖老，年未滿五十，必與五日之御。注：「五十始衰，不能孕也，妾閉房，不復出御矣。此御，謂侍夜勸息也。」將御者，齊漱、澣，慎衣服，

〔一〕「令」，原誤「人」，據禮記注疏改。

櫛、縰、笄、總角，拂髦，衿纓，綦屨。注：「其往如朝也。角，衍字也。拂髦，或爲『繆髦』也。」雖婢妾，衣服飲食必後長者。注：「人貴賤不可以無禮。」妻不在，妾御莫敢當夕。注：「辟女君之御日也。」正義：「非但不敢當女君之御日，縱令自當君之御日，猶不敢當夕而往。」

妻將生子，及月辰，居側室。夫使人日再問之，作而自問之。妻不敢見，使姆衣服而對。至于子生，夫復使人日再問之。注：「若始時使人問。」正義：「夫正寢在前，燕寢在後，側室又在燕寢之旁。生子必於側室者，以正室、燕寢尊故也。月辰，謂生月之辰，初朔之日也。」○姆，音茂。齊，側皆反。

子生，男子設弧於門左，女子設帨於門右。注：「表男女也。弧者，示有事於武也。帨，事人之佩巾也。」三日，始負子，男射，女否。注：「始有事也。負之，謂抱之而使鄉前也。」劉氏台拱曰：「按『三日』上屬爲句，言三日卜士負之，則是三日始卜，猶未行負子之禮也。」○射，食亦反。

國君世子生，告于君，接以太牢，宰掌具。注：「接讀爲捷。捷，勝也。謂食其母，使補虚强氣也。」三日，卜士負之，吉者宿齊，朝服寢門外，詩負之。射人以桑弧蓬矢六，射天地四方，注：「詩之言承也。桑弧蓬矢，本大古也。天地四方，男子所有事也。」保受，乃負之。注：「代士也。保，保母。」宰醴負子，賜之束帛。注：「醴當爲禮，聲之誤也。禮以一獻之禮，酬之以幣也。」卜士之妻，大夫之妾，使食子。注：「食子

〔一〕「夾」，原誤「夫」，據禮記注疏改。

不使君妾，適妾有敵義，不相褻以勞辱事也。士妻、大夫之妾，謂時自有子。」正義：「皇氏云：『隨課用一人。』」春秋昭三十一年公羊傳：「君幼則宜有養者，大夫之妾，士之妻。」

凡接子擇日。注：「雖三日之內，尊卑必皆選其吉焉。」冢子則大牢，注：「天子世子也。冢，大也。冢子，猶言長子，通於下也。」庶人特豚，士特豕，大夫少牢，國君世子大牢。注：「皆謂長子。」其非冢子，則皆降一等。注：「謂冢子之弟，及衆妾之子生也。天子諸侯少牢，大夫特豕，士特豚，庶人猶特豚也。」正義：「庶子既降一等，則庶人全應無牲，今以禮窮，故與士同特豚。」

異爲孺子室於宮中，注：「特掃一處以處之。」擇於諸母與可者，必求其寬裕、慈惠、温良、恭敬、慎而寡言者，使爲子師，其次爲慈母，其次爲保母，皆居子室。注：「此人君養子之禮也。諸母，衆妾也。可者，傅御之屬也。子師，教示以善道者。慈母，知其嗜欲者。保母，安其居處者。士妻食乳之而已。」段氏玉裁説文女部「娿」字注曰：「按列女傳華孟姬楚昭伯嬴傳皆言『保阿』。內則、喪服經注皆言『可者』，鄭云：『可者賤於諸母，謂傅姆之屬。』蓋可者卽阿，阿卽娿也。」他人無事不往。注：「爲兒精氣微弱，將驚動也。」

三月之末，擇日翦髮爲鬌，男角女羈，否則男左女右。是日也，妻以子見於父，貴人則爲衣服，由命士以下皆漱、澣，男女夙興，沐浴衣服，具視朔食。夫入門，升自阼階，立于阼，西鄉。妻抱子出自房，當楣立，東面。注：「鬌，所遺髮也。夾囟曰角，午達曰羈也。貴人，大夫以上也。由，自也。朔食，天子大牢，諸侯少牢，大夫特豕，士特豚也。入門者，入側室之門也。大夫以下，見子就側室，見妾子於內寢，辟人君也。」正義：「側室在燕寢旁，亦南嚮，故有阼階西階。但卿大夫之室唯有東房。妻抱子出自房者，出東房，當楣東面立，與夫相對。」劉氏台拱曰：「鄭注以入門爲入側室之門，然此有阼有房，恐非側室也。且冢子傳重，而反於側室見之，亦所未安。」○嚲，丁果反。

姆先，相曰：「母某，敢用時日祗見孺子。」夫對曰：「欽有帥。」父執子之右手，咳而名之。注：「某，妻姓，若言姜氏也。祗，敬也，或作振。欽，敬也。帥，循也。言教之敬，使有循也。執右手，明將授之事也。」說文：「咳，小兒笑也。」段氏玉裁曰：「爲作小兒笑而名之也。」劉氏台拱曰：「正義以『姆先相』爲句，按文當於先字句絶。」妻對曰：「記有成。」遂左還授師。注：「記，猶識也。識夫之言，使有成也。師，子師也。」子師辯告諸婦諸母名，注：「後告諸母，若名成於尊。」劉氏台拱曰：「『左還授師』，當以『左還授師子』爲句。」妻遂適寢。注：「復夫之燕寢。」

夫告宰名，宰辯告諸男名，書曰「某年、某月、某日某生」而藏之。注：「宰，謂屬吏也。春秋書『桓六年九月，丁卯，子同生』。」宰告閭史。閭史書爲二：其一藏諸閭府，其一獻諸州史。州史獻諸州伯，州伯命藏諸州府。注：「四閭爲族。族，百家也。閭胥，中士一人。五黨爲州，州二千五百家也。州長，中大夫一人也。皆有屬吏。獻，猶言也。」正義：「閭之屬吏，則閭史也。州之屬吏，則州史也。州伯，則州長也。州府，是州長之府藏。」夫入食，如養禮。注：「夫入，已見子入室也。其與妻食，如婦始饋舅姑之禮也。」○咳，户才反。還，音旋。養，羊尚反。

世子生，則君沐浴朝服，夫人亦如之，皆立于阼階，西鄉。世婦抱子，升自西階，君名之，乃降。注：「子升自西階，則人君見世子於路寢也。見妾子就側室。凡子生皆就側室。諸侯夫人朝於君，次而褖衣也。」正義：「此在路寢，與君同著朝服，則是以禮見君，合服展衣，此云『褖衣』者，見子訖，則當進入君寢，侍御於君，故不服展衣也。」

適子庶子見於外寢，撫其首，咳而名之。禮帥初，無辭。注：「此適子，謂世子弟也。庶子，妾子也。外寢，君燕寢也。辭，謂『欽有帥』、『記有成』也。」○適，丁歷反。

凡名子，不以日月，不以國，注：「終使易諱。」不以隱疾。注：「諱衣中之疾，難爲醫也。」大夫士之子，不敢與世子同名。注：「尊世子也。其先世子生，亦勿爲改。」

妾將生子，及月辰，夫使人日一問之。子生三月之末，漱澣夙齊，見於内寢，禮之如始入室。君已食，徹焉，使之特餕，遂入御。注：「内寢，適妻寢也。禮，謂已見子，夫食而使獨餕也。如始入室，始來嫁時。妾餕夫婦之餘，亦如之。既見子，可以御，此謂大夫士之妾也。凡妾稱夫曰君。」正義：「凡宫室之制，前有路寢，次有君燕寢，次夫人正寢。卿大夫以下，前有適室，次有燕寢，次有適妻之寢。其燕寢亦名外寢，前注云『外寢，君燕寢』，是也。」劉氏台拱曰：「按妻以子見於父，謂冢子也。其餘適子庶子，則先見其母，而後見其子。何以明之？冢子未食而見，則母子俱見，而後夫婦同牢而食也。適子庶子已食而見，則先見其母而後食，食焉而後見其子也。此其時之先後不同也。適子庶子見於外寢，謂子見父也。又云『子生三月之末，漱澣夙齊，見於内寢』者，謂妾見君也。此其地之内外不同也。『公庶子生，三月之末，其母沐浴朝服見於君，擯者以其子見』，公之庶子不與母俱見，則大夫士之子從可知矣。說者疑妾亦以子見父，而『外寢』『內寢』牴牾不合，不得不從爲之辭，斯不詳之甚也。」

公庶子生，就側室。三月之末，其母沐浴朝服，見於君，擯者以其子見。君所有賜，君名之衆子則使有司名之。注：「擯者，傅姆之屬也。人君尊，雖妾不抱子。有賜於君，有恩惠也。有司，臣有事者也。」江氏永曰：「此別記異聞也。有賜，謂君有特恩耳。」

庶人無側室者，及月辰，夫出居羣室。其問之也，與子見父之禮無以異也。注：「夫雖辟之，至問妻及見子，禮同也。庶人或無妾。」正義：「與，及也。言與卿、大夫、士同也。」凡父在，孫見於祖，祖亦名之，禮如子見父，無辭。注：「見子於祖，家統於尊也。父在則無辭，有適子者無適孫，與見庶子同也。父卒而有適孫，則有辭，與見冢子同。父雖卒，而庶孫猶無辭也。」食子者三年而出，見於公宫則劬。注：「劬，勞也。士妻，大夫之妾，食國君之子，三年出歸其家，君有以勞賜之。」大夫之子有食母，注：「選於傅御之中，喪服所謂『乳母』也。」士之妻自養其子。注：「賤不敢使人也。」○食，音嗣，下同。

由命士以上，及大夫之子，旬而見。冢子未食而見，必執其右手。適子庶子已食而見，必循其首。注：「旬當爲均，聲之誤也。有時適妾同時生子，子均而見者，以生先後見之。既見乃食，亦辟人君也。易說卦『坤爲均』，今亦或作旬也。天子諸侯尊，别世子。雖同母，禮則異矣。未食已食，急正緩庶子義也。」朱子曰：「疑鄭失之。旬，如字，謂十日也。别記異聞，或不待三月也。承記大夫禮，而又别其冢、適、庶子之異同。冢子之禮，仍與前章同，唯適子庶子爲異耳。」

子能食食，教以右手。能言，男唯女俞。男鞶革，女鞶絲。注：「俞，然也。鞶，小囊盛帨巾者，男用韋，女用繒。有飾緣之，則是鞶裂與？」說文：「鞶，大帶也。易曰：『或錫之鞶帶。』男子帶鞶，婦人帶絲。」陳用之曰：「古者革帶、大帶皆謂之鞶。內則所謂『男鞶』，革帶也。春秋傳所謂『鞶厲』，大帶也。揚子言『鞶帨』，許慎、服虔、杜預皆以鞶爲帶。特鄭氏以男鞶爲盛帨之囊，誤也。」〇食食，上如字，下音嗣。唯，于癸反。鞶，步干反。

六年，教之數與方名。注：「方名，東西。」七年，男女不同席，不共食。注：「蚤其別也。」八年，出入門户及卽席飲食，必後長者，始教之讓。注：「示以廉恥。」九年，教之數日。注：「朔望與六甲也。」十年，出就外傅，居宿於外，學書計。衣不帛襦袴。說文：「襦，短衣也。一曰䙝衣。」釋名：「襦，耎也，言溫耎也。」禮帥初，朝夕學幼儀，請肄簡諒。注：「外傅，教學之師也。不用帛爲襦袴，爲大溫，傷陰氣也。禮帥初，遵習先日所爲也。肄，習也。諒，信也。請習簡，謂所書篇數也。請習信，謂應對之言也。」十有三年，學樂，誦詩，舞勺。成童，舞象，學射御。注：「先學勺，後學象，文武之次也。成童，十五以上。」正義：「熊氏云：『勺，籥也。』舞象，謂舞武也。熊氏云：『謂用干戈之小舞也。』」二十而冠，始學禮，可以衣裘帛，舞大夏，惇行孝弟，博學不教，內而不出。注：「大夏，樂之文武備者也。內而不出，謂人之謀慮也。」正義：「二十成人，血氣強盛，無慮傷損，故可衣裘帛。大夏，禹樂。博學不教者，唯須廣博學問，不可爲師教人。」陳可大曰：「內而不出，言蘊蓄其德，美於中而不自表見其能也。」三十而有室，始理男事，博學無方，孫友視志。注：「室，猶妻也。男事，受田給政役也。方，猶常也。至此學無常，在志所好也。孫，順也，順於友，視其所志也。」江氏永曰：「孫友者，謙孫不敢自矜。然已有志尚，視之於友或有失，則救正之。子路、曾晳諸人之言志，所謂『視志』也。視，與示同。」四十始仕，方物出謀發慮，道合則服從，不可則去。注：「物，猶事也。」正義：「言年壯仕宦，無所謙孫，出其謀計，發其事慮，以爲國也。」朱子曰：「方物出謀，則謀不過物。方物發慮，則慮不過物。方，猶對也。比方以窮理。」五十命爲大夫，服官政。注：「統一官之政也。」七十致事。注：「致其事於君而告老。」○數，所主反。繻，字又作「襦」，音儒。袴，苦故反。肄，本又作「肆」，同，以二反。冠，古亂反。衣，於許反。孫，音遜。

凡男拜，尚左手。注：「左，陽。」

女子十年不出。注：「恒居内也。」姆教婉、娩、聽從，執麻、枲，治絲、繭，織紝、組、紃，學女事，以共衣服。注：「紃，絛。」説文：「織，作布帛之總名也。紝，機縷也。組，綬屬。其小者以爲冕纓。紃，圜采也。」正義：「九嬪注：『婦德貞順，婦言辭令，婦容婉娩，婦功絲枲。』紝爲繒帛。皇氏云：『組是綬也。』然則薄濶爲組，似繩者爲紃。」觀於祭祀，納酒漿、籩豆、菹醢，禮相助奠。注：「當及女時而知。」正義：「謂於廟外納此酒漿籩豆之等也。」○婉，紆晚反。娩，音晚。枲，思里反。繭，古典反。紝，女金反。組，音祖。紃，音巡。

十有五年而笄，二十而嫁。有故，二十三年而嫁。注：「謂應年許嫁者。女子許嫁，笄而字之。其未許嫁，二十則笄。故，謂父母之喪。」江氏永曰：「三十而有室，二十而嫁，言其極不是過耳。早嫁娶者，禮固不禁。」

聘則爲妻，奔則爲妾。注：「聘，問也。妻之言齊也。以禮見問，則得與夫敵體。妾之言接也。聞彼有禮，走而往焉，以得接見於君子也。奔，或爲衒。」説文：「衒，行且賣也，或作衒。」廣雅：「衒，賣也。」江氏永曰：「按不以禮爲奔。

聘正妻而媵從之，或買妾焉，皆謂之奔。」

凡女拜，尚右手。注：「右，陰也。」江氏永曰：「尚，謂以一手覆於彼一手之上。」

禮記訓纂卷十三

玉藻第十三

正義："鄭目録云：『名曰玉藻者，以其記天子服冕之事也。冕之旒，以藻紃爲之，貫玉爲飾。此於別録屬通論。』"

天子玉藻，十有二旒，前後邃延，龍卷以祭。注："祭先王之服也。雜采曰藻。天子以五采藻爲旒，旒十有二。前後邃延者，言皆出冕前後而垂也，天子齊肩，延冕上覆也，玄表纁裏。龍卷，畫龍於衣，字或作衮。"獨斷曰："周禮天子冕，前後垂延，朱緑藻，十有二旒。明帝永平二年，詔有司採尚書及周官、禮記定而制焉。廣七寸，長尺二寸，前圓後方，朱緑裏而玄上，前垂四寸，後垂三寸，繫白玉珠於其端，是爲十二旒，組纓如其綬之色。三公及諸侯之祠者，朱緑九旒，青玉珠，卿大夫七旒，黑玉珠，皆有前無後，組纓各視其綬之色。旁垂黈纊當耳。郊天地，祠宗廟，祀明堂，則冠之。"釋文："邃，深也。"正義："天子之旒十有二就，每一就貫以玉，就間相去一寸，則旒長尺二寸，故垂而齊肩也。言天子齊肩，則諸侯以下，各有差降：九玉者九寸，七玉者七寸，以下皆依旒數，垂而長短爲差。旒垂五采玉，依飾射侯之次，從上而下，初以朱，次白，次蒼，次黄，次玄。五采玉既貫徧，周而復始。其三采者，先朱，次白，次蒼。二色者，先朱，後緑。漢明帝時，用曹褒之説，用白旋珠，與古異也。延，以三十升之布，染之爲玄，覆於冕上，出而前後。冕，以板爲之，以延覆上。但延之與板，相著爲一，故云『延冕』也。"江氏永曰："東方朔云：『冕而前旒，所以蔽明。』若復後旒，安所取義？禮器郊特牲及此文皆云十有二旒，不云二十四旒。鄭蓋因『前後邃延』而誤。前後邃延，謂自延端至冕武皆深邃，不謂前後皆有旒也。且一旒十二玉，十二旒一百四十四玉，若復加十二旒，恐首不能勝。此鄭說之不可不辨者。」○藻，又作「璪」，音早。邃，雖醉反。卷，音衮。

玄端而朝日於東門之外，聽朔於南門之外。閏月，則闔門左扉，立於其中。皮弁以日視朝，遂以食，日中而餕，奏而食。日少牢，朔月大牢。注：「端，當爲冕，字之誤也。玄衣而冕，冕服之下。朝日，春分之時也。東門、南門，皆謂國門也。天子廟及路寢，皆如明堂制。明堂在國之陽，每月就其時之堂，而聽朔焉。卒事，反宿路寢，亦如之。閏月，非常月也。聽其朔於明堂門中，還處路寢門，終月。凡聽朔，必以特牲告其帝及神，配以文王武王。餕，食朝之餘也。奏，奏樂也。」說文：「冕，大夫以上冠也。邃延，垂瑬，紞纊。古者黃帝初作冕。閏，餘分之月，五歲再閏。告朔之禮，天子居宗廟，閏月居門中。从王在門中。周禮曰『閏月，王居門中，終月』也。」盧注：『朝日，以立春之日也。』正義：「凡衣服，皮弁尊，次朝服，次玄端。諸侯皮弁聽朔，朝服視朝，是視朝之服卑於聽朔，故知端當爲冕，謂玄冕也。異義：『公羊說，閏月無正，不以朝。左氏說，不告閏朔，棄時政也。』許君從左氏說，不顯朝廟告朔之異，謂『朝廟而因告朔』，鄭駁之。朝廟之經，在文六年：『閏月，不告月，猶朝於廟。』言猶者，告朔然後當朝廟，今廢其大，存其細，譏之。論語曰：『子貢欲去告朔之餼羊。』周禮有朝享之禮祭。然則告朔與朝廟異明矣。案太史云『閏月，詔王居門，終月』，是還處路寢門終月，謂終竟一月所聽之事於一月中耳，於尋常則居燕寢也。皇氏云：『明堂有四門，即路寢亦有四門，閏月各居其時當方之門。』義或然也。」金氏榜曰：「天子聽朔視朝同地，記于視朝不言地，蒙上『南門之外』省文。」段氏玉裁曰：「古月朔謂之朔月，『朔月太牢』、『朔月少牢』，是也。」○端，音冕。闔，胡臘反。扉，音非。餕，音俊。

五飲：上水，漿、酒、醴、酏。注：「上水，水爲上，餘其次之。」江氏永曰：「此五飲以厚薄爲次。水無味，而爲諸味之本，故上之。漿者，酢酨，窨米水爲之。酒者，泲去糟。醴則和糟者也。酏，粥也。周禮：『六飲：水、漿、醴、涼、醫、酏。』此分醴爲二，而無涼、醫，內則無涼、醫，而有醷、濫，所記各不同也。」○酏，以支反。

卒食，玄端而居。注：「天子服玄端，燕居也。」動則左史書之，言則右史書之。注：「其書，春秋、尚書其存者。」正義：「春秋是動作之事，故以春秋當左史所書。左，陽。陽主動，故記動。尚書記言語之事，故以尚書當右史所書。右是陰，陰主靜故也。周禮有內史、外史、大史、小史、御史，無左史右史之名。熊氏云：『按周禮大史：「抱天時，與大師同車。」又襄二十五年傳曰：「大史書曰：『崔杼弑其君。』」是大史記動作之事，則大史爲左史也。內史掌王之八枋。僖二十八年左傳曰：「王命內史叔興父策命晉侯爲侯伯。」是內史所掌爲右史。酒誥云：「大史友、內史友。」鄭注：「大史、內史，掌記言記行。」是內史記言，大史記行也。』」

御瞽幾聲之上下。注：「瞽，樂人也。幾，猶察也。察其哀樂。」正義：「若政和則樂聲樂，政酷則樂聲哀。察其哀樂，防君之失。」年不順成，則天子素服，乘素車，食無樂。注：「自貶損也。」正義：「此是罪己之義。」

諸侯玄端以祭，注：「祭先君也。端，亦當爲冕，字之誤也。諸侯祭宗廟之服，唯魯與天子同。」正義：「熊氏云：『此謂文王、周公之廟得用天子之禮，其祭魯公以下，則亦玄冕。二王之後祭其先王，亦用以上之服。二王之後不得立始封之君廟，則祭微子以下亦玄冕。』」裨冕以朝，注：「朝天子也。裨冕，公衮，侯伯鷩，子男毳也。」正義：「按覲禮云：『侯氏裨冕。』鄭注：『裨之爲言裨也。天子六服，大裘爲上，其餘爲裨。』」皮弁以聽朔于大廟，朝服以日視朝於内朝。注：「皮弁，下天子也。朝服，冠玄端素裳也。此内朝，路寢門外之正朝也。天子諸侯皆三朝。」正義：「熊氏云：『周之天子于洛邑立明堂，唯大享帝就洛邑耳。其每月聽朔，當在文王廟也，以文王廟爲明堂制故也。每月以朔告神，謂之告朔，即論語云「告朔之餼羊」，是也。則于時聽治此月朔之事，謂之聽朔，此玉藻文是也。聽朔又謂之視朔，文十六年「公四不視朔」，是也。告朔又謂之告月，文六年「閏月不告月」，是也。行此禮，天子於明堂，諸侯於太祖廟。』王制云：『周人玄衣而養老。』注云：『玄衣素裳，天子之燕服，爲諸侯朝服。』彼注『玄衣』，則此『玄端』也。朝服素裳，皆得謂之玄端。若上士以玄爲裳，中士以黄爲裳，下士以雜色爲裳，天子諸侯以朱爲裳，則皆謂之玄端，不得名爲朝服也。」聶氏三禮圖諸侯朝服：「張鎰圖云：『緇玄二服，素韠，素帶，朱緑，終裨，佩山玄玉，白舃，青絇繶純，天子之卿服以從燕諸侯，諸侯之孤、卿、大夫服以朝君。』」○裨，婢支反。

朝，辨色始入。注：「羣臣也。辨，猶正也，别也。」君日出而視之，退適路寢聽政，使人視大夫，大夫退，然後適小寢，釋服。注：「小寢，燕寢也。釋服，服玄端。」正義：「此據君，故服玄端，若卿大夫釋服，服深衣也。」

又朝服以食，特牲，三俎，祭肺。夕深衣，祭牢肉。注：「食必復朝服，所以敬養身也。三俎〔一〕，

〔一〕「俎」，原誤「牲」，據正文及禮記注疏改。

豕、魚、腊。祭牢肉，異於始殺也。天子言日中，諸侯言夕，天子言餕，諸侯言祭牢肉，互相挾。」正義：「朝服以食，謂釋服之後，將食時，又朝服以食。早起初殺之時，先祭肺。至夕將食之時，切牢肉爲小段而祭之，故云『異於始殺也。』」

朔月少牢，五俎四簋。注：「五俎，加羊與其腸胃也。朔月四簋，則日食粱稻各一簋而已。」正義：「以此而推，天子朔月大牢當六簋，黍、稷、稻、粱、麥、苽各一。若盛舉則八簋，故小雅『陳饋八簋』，當加以稻粱也。」

子卯，稷食菜羹。注：「忌日，貶也。」正義：「紂以甲子死，桀以乙卯亡，以其無道被誅，後王以爲忌日。稷食者，食飯也。以稷穀爲飯，以菜爲羹而食之。」〇食，音飼。

夫人與君同庖。注：「不特殺也。」正義：「后亦與王同庖。舉諸侯，天子可知。」〇庖，步交反。

君無故不殺牛，大夫無故不殺羊，士無故不殺犬豕。注：「故，謂祭祀之屬。」正義：「若賓客饗食，亦在其中。」

君子遠庖廚，凡有血氣之類，弗身踐也。注：「踐當爲翦，聲之誤也。翦，猶殺也。」釋言：「身，親也。」說文：「庖，廚也。廚，庖屋也。」正義：「若祭祀之事，則身自爲之。故楚語云『禘郊之事，天子自射其牲，又封羊擊豕』，是也。」

至于八月不雨，君不舉。注：「爲旱變也。此謂建子之月不雨，盡建未月也。春秋之義，周之春夏無雨，未能成災。至其秋秀實之時而無雨，則雩。雩而得之，則書雩，喜祀有益也。雩而不得，則書旱，明災成也。」

年不順成，君衣布搢本，廣雅：「搢，插也。」關梁不租，山澤列而不賦，土功不興，大夫不得造車馬。注：「皆爲凶年變也。君衣布者，謂若衞文公大布之衣、大帛之冠是也。搢本，去珽荼，佩士笏也。士以竹爲笏，飾本以象。闕梁不租，此周禮也，殷則關恒譏而不征。列之言遮列也。雖不賦，猶爲之禁，不得非時取也。造，謂作新也。」〇衣，於既反。搢，徐音箭，又如字。

卜人定龜，注：「謂靈射之屬，所當用者。」正義：「龜俯者靈，仰者繹，前弇果，後弇獵，左倪雷，右倪者。定之者，定其所當用，謂祭天用靈，祭地用射，射，則繹也，春用果，秋用雷之屬。」史定墨，注：「視兆坼也。」江氏永曰：「周禮卜師『揚火以作龜，致其墨』，鄭注云：『致其墨者，孰灼之，明其兆。』又占人『史占墨，卜人占坼』，注云：『墨，兆廣也。坼，兆舋也。』又：『墨大坼，明則逢吉。』是墨者火灼所裂之兆，非先以墨畫而後灼也。疏說非是。」君定體。注：「視兆所得也。周公曰：『體，王其無害。』」

君羔幦虎犆，大夫齊車，鹿幦豹犆，朝車。士齊車，鹿幦豹犆。注：「幦，覆苓也。犆，讀皆如『直道而行』之直。直，謂緣也。此君齊車之飾。臣之朝車，與齊車同飾。」正義：「詩大雅『鞹鞃淺幭』，毛傳：『幭，覆飾。』幭即幦也。又周禮巾車作『禩』。」〇幦，音覓。犆，依注音直。

君子之居恒當户，注：「鄉明。」寢恒東首。注：「首生氣也。」若有疾風、迅雷、甚雨，則必變，雖夜必興，衣服冠而坐。注：「敬天之怒。」〇迅，音信，又音峻。

日五盥，沐稷而靧粱，櫛用樿櫛，髮晞用象櫛，進禨進羞，工乃升歌。注：「晞，乾也。沐、靧必進禨作樂，盈氣也。更言『進羞』，明爲羞籩豆之實。」正義：「盥，洗手也。沐，沐髮也。靧，洗面也。取稷粱之潘汁，用將洗面沐髮，並須滑故也。然此大夫禮耳，人君沐靧皆粱也。櫛，白理木也。櫛，梳也。沐髮爲除垢膩，故用白理澀木以爲梳。沐已，燥則髮澀，故用象牙滑櫛以通之也。禨，謂酒也。少儀注：『沐而飲酒曰禨。』知非庶羞者，庶羞爲食而設，今飲酒設羞，故知是羞籩羞豆也。」○盥，音管。靧，音悔。櫛，側乙反。樿，章善反。禨，其既反。

浴用二巾，上絺下綌。注：「刷去垢也。」出杅，履蒯席，連用湯，注：「杅，浴器也。蒯席澀，便於洗足也。連，猶釋也。」履蒲席，衣布晞身，乃屨，進飲。注：「進飲，亦盈氣也。」正義：「屨，踐也。蒯，菲草席澀，出杅而脚踐履澀草席上，刮去垢也。連用湯者，言釋去足垢而用湯闌也。」○絺，丑疑反。綌，去逆反。杅，音雩。蒯，苦怪反。連，力旦反。屨，九具反，本又作「履」。

將適公所，宿齊戒，居外寢，沐浴。史進象笏，書思對命。既服，習容，觀玉聲，乃出，揖私朝煇如也，登車則有光矣。注：「思，所思念將以告君者也。對，所以對君者也。命，所受君命也。書之於笏，爲失忘也。玉，佩。私朝，自大夫家之朝也。揖其臣乃行。」說文：「煇，光也。」段氏玉裁曰：「析言之，則煇光有別。管輅答劉邠云：『不同之名，朝旦爲煇，日中爲光。』」正義：「熊氏云：『有地大夫，故用象。』既服，著朝服已竟也。服竟而習儀容，又觀容，聽己佩鳴，使玉聲與行步相中適。」吳幼清曰：「煇如，謂昧爽之際，晨光猶熹微也。有光，謂質明之時，晨光已顯著也。」江氏永曰：「煇如，卽詩『夜鄉晨，庭燎有煇』也。」惠氏棟曰：「史，卽府史之史。」○煇，音暉。

天子搢珽，方正於天下也。注：「此亦笏也。謂之珽，珽之言挺然無所屈也。或謂之大圭，長三尺，杼上終葵首。終葵首者，於杼上又廣其首，方如椎頭，是謂無所屈，後則恒直。相玉書曰：『珽玉六寸，明自炤。』」諸侯荼，前詘後直，讓於天子也。注：「荼讀爲『舒遲』之舒。舒懦者，所畏在前也。詘，謂圜殺其首，不爲椎頭。諸侯唯天子詘焉，是以謂笏爲荼。」大夫前詘後詘，無所不讓也。注：「大夫奉君命出入者也，上有天子，下有己君，又殺其下而圜。」荀子：「天子御珽，諸侯御荼，大夫服笏。」○珽，他頂反。荼，音舒。詘，丘勿反。

侍坐則必退席，不退，則必引而去君之黨。注：「引，卻也。退，謂旁側也。」王氏念孫曰：「黨，所也，謂君所坐之處。襄二十年左傳：『武子去所，曰：「臣不堪也。」』杜注：『去所，辟席也。』彼稱所，臣所坐席。此稱黨，君所坐席也。」登席不由前，爲躐席。注：「升必由下也。」正義：「庾云：『失節而踐爲躐。』席應從於下升，若由前升是躐席也。』」徒坐不盡席尺。注：「示無所求於前，不忘謙也。」正義：「徒，空也。空坐，謂非飲食及講問時也。不盡席之前畔，有餘一尺。」讀書，食，則齊。豆去席尺。注：「讀書，聲當聞尊者。食，爲汙席也。」正義：「坐則近前，與席畔齊。設豆去席一尺，不得不前坐就豆。」○躐，力輒反。

若賜之食而君客之，則命之祭然後祭。注：「雖見賓客，猶不敢備禮也。侍食則正不祭。」正義：「禮，敵者共食則先祭，若降等之客則後祭，若臣侍君而賜之食，則不祭，若賜食而君以客禮待之則得祭。雖得祭，又須君命之祭，乃敢祭也。」先飯，辯嘗羞，飲而俟。注：「俟君食而後食也。」正義：「飯，食也。君未食而臣先徧嘗羞，示行臣禮，爲先嘗食之義也。禮食未飧，必啜飲，以利喉中。君既飯飲，故嘗羞畢而歠飲，以俟君飧，臣乃敢飧。」若有嘗羞者，則俟君之食，然後食，飯飲而俟。注：「不祭，侍食不敢備禮也。不嘗羞，膳宰存也未飧，利將食也。」正義：「雖不嘗羞，亦先飲以俟君也。」王氏念孫曰：「案侍食之常禮，與見客於君之禮不同。常禮則臣不祭，故士相見禮但言『君祭』也。客禮則臣亦得祭，故玉藻言『命之祭，然後祭』也。此二禮所異者，祭不祭耳，其餘則同。故士相見言『先飯，徧嘗膳，飲而俟，君命之食，然後食』，明『先飯，徧嘗膳』以下，客禮常禮之所同也。鄭、孔皆以『先飯，辯嘗羞』三句爲見客於君之禮，若有嘗羞者，爲侍食之常禮，失之。」君命之羞，羞近者。注：「辟貪味也。」命之品嘗之，然後唯所欲。注：「必先徧嘗之。」凡嘗遠食，必順近食。注：「從近始也。」君未覆手，不敢飧。注：「覆手以循咡，已食也。飧，勸食也。」正義：「覆手者，謂食飽必覆手以循口邊，恐有殽粒污著之也。飧，謂用飲澆飯於器中也。禮食竟，更作三飧以勸飽，使不虛也。」君既食，又飯飧。注：「不敢先君飽。」飯飧者，三飯也。注：「臣勸君食，如是可也。」君既徹，執飯與醬，乃出授從者。注：「食於尊者之前，當親徹也。」○飧，音孫。從，才用反。

凡侑食，不盡食，食於人不飽。注：「謙也。」唯水漿不祭，若祭，爲已偞卑。注：「水漿非盛饌也。已，猶大也。祭之爲大有所畏迫。臣於君則祭之。」釋文：「偞，厭也。」○侑，音又。偞，虛涉反。

君若賜之爵，則越席再拜稽首受。登席，祭之。飲卒爵而俟，君卒爵，然後授虛爵。注：「不敢先君盡爵。」正義：「必先飲者，示賤者先卽事。後授虛爵者，示不敢先君盡爵。此謂朝夕侍者，若大禮，則君先飲，而臣後飲，燕禮『公卒爵而後飲』，是也。必知非饗燕大飲者，以下云『受一爵』以至『三爵』，明非大饗之飲也。」君子之飲酒也，受一爵而色洒如也，二爵而言言斯，禮已三爵，而油油以退。注：「洒如〔一〕，肅敬貌。洒

〔一〕「洒如」，原誤「洒洒」，據正文及禮記注疏改。

或爲察。言言，和敬貌。斯，猶耳也。油油，説敬貌。禮飲過三爵，則敬殺，可以去矣。」正義：「皇氏讀言爲誾，義亦通也。」退則坐取屨，隱辟而后屨，坐左納右，坐右納左。注：「隱辟，俛逡巡而退著屨也。」正義：「坐，跪也。初跪脱屨堂下爲敬。納，猶著也。若坐左膝，則著右足之屨。坐右膝，則著左足之屨。」方氏苞曰：「不敢鄉君而屨，故就隱辟之處。」○洒，先典反，又西禮反。言，魚斤反。辟，匹亦反。

凡尊必尚玄酒。注：「不忘古也。」唯君面尊。注：「面，猶鄉也。燕禮曰：『司宮尊于東楹之西，兩方壺，左玄酒，南上。公尊瓦大兩，有豐，在尊南，南上。』」正義：「若兩君相見，則尊鼻於兩楹間，在賓主之間夾之，不得面向尊也。」唯饗野人皆酒。注：「飲賤者不備禮。」正義：「饗野人，謂蜡祭時也。野人賤，不得本古，又無德，可飽食，故唯酒而無水也。」大夫側尊，用棜，士側尊，用禁。注：「棜，斯禁也，無足，有似於棜，是以言棜。」正義：「側，謂旁側，在賓主兩楹間，旁側夾之，又東西横行，異於君也。若側尊近於君，南北列之，燕禮所云者是也。鄉飲酒義云『尊於房户之間，賓主共之』，據大夫士也。」三禮圖曰：「棜長四尺，廣二尺四寸，深寸，無足，漆赤中，青雲〔一〕，畫蔆苕華飾。禁長四尺，廣二尺四寸，通局，足高三寸，漆赤中，青雲〔二〕，畫蔆苕華飾，刻鏤其足，爲褰帷之形。」○棜，於據反。

始冠，緇布冠，自諸侯下達。注：「本太古耳，非時王之法服也。」正義：「言初加冠。大夫士皆三加，諸侯則四加。」冠而敝之可也。正義：「非時王之服，不復恒著，冠而敝，去之可也。」

玄冠朱組纓，天子之冠也。緇布冠繢緌，諸侯之冠也。注：「皆始冠之冠也。玄冠，委貌也。諸

〔一〕〔二〕聶崇義三禮圖卷十二「青雲」下均有「氣」字。

侯緇布冠有緌，尊者飾也。繢，或作繪。緌，或作蕤。」說文：「繢，織餘也〔一〕。緌，系冠纓垂者。」段氏玉裁曰：「緌與纓無異材，垂其餘則爲緌，不垂則插於纓卷間。內則冠緌纓，正義曰：『結纓頷下以固冠，結之餘者，散而下垂謂之緌。』檀弓曰：『不緌，扱其餘也。』」聶氏三禮圖：「按張鎰圖，諸侯朝服之玄冠，士之玄端之玄冠，諸侯之冠弁，此三冠與周天子委皃形制相同。」玄冠丹組纓，諸侯之齊冠也。玄冠綦組纓，士之齊冠也。注：「言齊時所服也。四命以上，齊祭異冠。」說文「綦」作「綥」：「帛蒼文色。」正義：「其三命以下，大夫則朝服以祭，士則玄端以祭，皆玄冠，是齊祭同冠也。其天子之士與諸侯上大夫同，天子大夫與諸侯孤同，亦爵弁祭，玄冠齊。此熊氏說。皇氏以爲天子大夫與諸侯大夫同，但朝服以祭。」陳用之曰：「天子、諸侯、大夫齊祭異服，特天子於羣小祀皆玄冕，則齊祭同服。」馬彥醇曰：「荀子曰：『端衣玄裳，絻而乘路。』蓋太古之祭冠以緇，周之祭冠以玄，天子齊則玄冕玄端，所以絻而乘路者也。諸侯而下，則玄冠玄端而已，所謂『丹綦組纓』，是也。」○繢，户內反。緌，本又作「蕤」，耳佳反。綦，音其。

縞冠玄武，子姓之冠也。注：「父有喪服，子爲之不純吉也。武，冠卷也。古者冠卷殊。」○縞，古老反。

縞冠素紕，既祥之冠也。注：「紕，緣邊也。紕讀如『埤益』之埤。既祥之冠也，已祥祭而服之也。間傳曰：『大祥素縞麻衣。』」正義：「謂緣冠兩邊及冠卷之下畔，其冠與卷身皆用縞，但以素緣耳。縞是生絹，而近吉。當祥祭之時，身著朝服，首著縞冠，以其漸吉故也。皇氏以爲縞重素輕，祥祭之時，以素爲冠，以縞爲紕，紕得冠名，故云『縞冠』。祥祭之後，以縞爲冠，以素爲紕，亦紕得冠名，而云『素冠』。」惠氏棟曰：「詩既見素冠，則皇氏之說有據，合之祥祭縞冠，

〔一〕「也」，原誤「地」，據說文糸部改。

其説益明。」○紕，音埤。

垂緌五寸，惰游之士也。注：「惰游，罷民也。亦縞冠素紕，凶服之象也。垂長緌，明非既祥。」正義：「周禮坐嘉石之罷民。」玄冠縞武，不齒之服也。注：「所放不帥教者。」居冠屬武，注：「謂燕居冠也。著冠於武，少威儀。」戴氏震曰：「屬武者，纓也。不言纓，以緌見之，是故省其文也。凡吉冠，內繹聯武上。冠之異於弁者，左右不合，故有紕；弁則左右合而會之，所謂『如覆杯』矣。」自天子下達，有事然後緌。注：「燕無事者去飾。」五十不散送。注：「送喪不敢麻，始衰不備禮。」正義：「始死三日之前，要絰散垂，三日之後乃絞之。至葬啓殯已後，亦散垂，既葬乃絞。五十既衰，不能備禮，故不散垂。」親没不髦。注：「去爲子之飾。」大帛不緌，注：「帛當爲白，聲之誤也。大帛，謂白布冠也。不緌，凶服去飾。」玄冠紫緌，自魯桓公始也。注：「蓋僭宋王者之後服也。緌當用繢。」正義：「上云『緇布冠繢緌，諸侯之冠也。』」○散，悉旦反。

朝玄端，夕深衣。聶氏三禮圖玄端：「張鎰圖云：『天子齊，玄衣，玄冠，玄裳，黑韠，素帶，朱緑，終辟，佩白玉，黑舄，赤絇繶純。諸侯唯佩山玄玉爲別，燕居朱裳，朱韠，赤舄，黑絇繶純。卿大夫素裳，上士玄裳，中士黃裳，下士雜裳，前玄後黃。大夫以上，朝夕服之，唯士夕服之。夕者，若今晡上視事耳。』」深衣三袪，縫齊倍要，注：「謂大夫士也。三袪者，謂要中之數也。袪尺二寸，圍之爲二尺四寸，三之，七尺二寸。縫，紩也。紩下齊倍要中齊，丈四尺四寸。縫或爲逢，或爲豐。」正義：「大夫士早朝服玄端，夕深衣，在私朝及家也。以視私朝，故服玄端，若朝君，則朝服也。朝服，其衣與玄端無異，但其裳以素耳。若大夫，莫夕亦朝服，其士則用玄端。其私朝及在家，大夫士夕皆深衣也。深衣云：『幅十有二。』幅廣二尺二寸，一幅破爲二，四邊各去一寸，餘一尺八寸每幅交解之闊頭廣尺二寸，狹頭廣六寸，寬頭嚮下，狹頭嚮上。要中十二幅，廣各六寸，故爲七尺二寸。下齊十二幅，各廣尺二寸，故爲一丈四尺四寸。」江氏永曰：「深衣者，聖賢之法服。衣用正幅，裳之中幅亦以正裁，唯衽在裳旁，始用斜裁。布幅二尺二寸。深衣裳用布六幅，裁爲十二幅，其當裳之前襟後裾正處者，以布四幅正裁爲八幅，上下皆廣一尺一寸，各邊去一寸爲縫，一幅上下皆正，得九寸，八幅七尺二寸。其在上者，既足要中之數矣。下齊裳倍於要，又以布二幅斜裁爲四幅，狹頭二寸，寬頭二尺，各去一寸爲縫，狹頭成角，寬頭一尺八寸，皆以成角者向上，以廣一尺八寸者向下，則四幅下廣亦得七尺二寸，合於齊，得一丈四尺四寸。此四幅連屬於裳之兩旁，別名爲衽，下文『衽當旁』，是也。」衽當旁，注：「衽，謂裳幅所交裂也。凡衽者，或殺而下，或殺而上，是以小要取名焉。衽屬衣則垂而放之，屬裳則縫之以合前後，上下相變。」說文：「衽，衣衿也。」方言：「褸謂之衽。」郭注：「衣襟也。或曰裳際也。」釋名：「衽，襜也。在旁襜襜然也。」江氏永曰：「深衣之裳，用布六幅，裁爲十二幅，雖皆爲裳，而當旁名衽，餘幅不名衽也。鄭注『衽，謂裳幅所交裂。』他幅則皆正裁。孔疏不達鄭旨，誤謂每幅交解之闊頭廣尺二寸向下，狹頭廣六寸向上，是十二幅皆得名衽。何名『衽當旁』乎？且凡衽者，皆以掩裳際得名。喪服之衽，殺而下，左右各二尺五寸，疊作燕尾之形，屬於衣，垂而放之。朝祭服亦當然。深衣長，衣之衽殺，而上屬於裳，縫之以合前後。縫者，惟身之左旁，深衣篇謂之『續衽』。右旁不可合，別有鈎邊屬於衽，漢世謂之『曲衽』。衽有殺上殺下之異，故棺上合縫之木名爲小要者，上半殺而下，下半殺而上，亦得衽之名。皇氏謂殺而下者爲喪服，熊氏謂殺而下者朝祭之服，各指一隅，相兼乃備，皆得鄭注之意。」袂可以回肘。注：「二尺二寸之節。」長中，繼揜尺，注：「其爲長衣、中衣，則繼袂揜一尺，若今褻矣。深衣則緣而已。」正義：「幅廣二尺二寸，以半幅繼續袂口，揜餘一尺。若長衣揜必用素，中衣揜或布或素，隨其衣而然。長中制同而名異者，所施異故也。裏中著之則曰中衣，若露著之則曰長衣。」袷二寸，注：「曲領也。」方言：「衱謂之褗。」戴氏震曰：「衱、袷古通用。深衣注：『袷，交領也。古者方領，如今小兒衣領。』」袪尺二寸，注：「袂口也。」說文：「袪，衣袂也。一曰：袪，褱也。褱者，裦也。袪尺二寸。春秋傳曰：『披斬其袪。』」緣廣寸半。注：「飾邊也。」方言：「『懸裺謂之緣。』注：『衣緣也。』」○袪，起魚反。齊，音咨。衽，而審反。袂，面世反。肘，竹丑反。袷，音劫。

以帛裏布，非禮也。注：「中外宜相稱也。冕服，絲衣也，中衣用素。皮弁服、朝服、玄端，麻衣也，中衣用布。」正義：「若朝服用布，則中衣不得用帛。中衣用布，三衣用麻，麻即十五升布。」

士不衣織。注：「織，染絲織之。士衣染繒也。」正義：「此服功多色重，士賤，不得衣之也。大夫以上衣織，士衣染繒。詩庶人得衣錦者，禮不下庶人，有經而等也。」無君者不貳采。注：「大夫去位，宜服玄端玄裳。」正義：「此謂大夫士去國三月之內，服素衣素裳；三月之後，別服此玄端玄裳。不貳采，是有采色，但不貳耳。采之中，玄最貴也。」衣正色，裳間色。注：「謂冕服，玄上纁下。」正義：「玄是天色，故爲正。纁是地色，赤黃之雜，故爲間色。皇氏云：『正，謂青、赤、黃、白、黑。不正，謂五方間色也，綠、紅、碧、紫、騮黃是也。青是東方正，綠是東方間。東爲木，色青，木尅土，土黃，並以所尅爲間，故綠色青黃也。朱是南方，正。紅是南方，間。南爲火，火赤，尅金，金白。故紅色赤白也。白是西方正，碧是西方間。西爲金，金白，尅木，故碧色青白也。黑是北方正，紫是北方間。北方水，水色黑，水尅火，火赤，故紫色赤黑也。黃是中央正，騮黃是中央間。中央爲土，土尅水，水黑，故騮黃之色黃黑也。』」○織，音志。間，「間厠」

之間。

非列采不入公門，振絺綌不入公門，表裘不入公門，注：「列采，正服。振，讀爲袗。袗，禪也。表裘，外衣也。二者形且褻，皆當表之乃出。」說文：「表，上衣也。古者衣裘，以毛爲表。」正義：「袗絺綌，其形露見。表裘在衣外，可鄙褻。二者皆上加表衣乃出也。」襲裘不入公門。注：「衣裘必當裼也。」正義：「裘上有裼衣，裼衣之上有襲衣，襲衣之上有正服。但據露裼衣，不露裼衣爲異耳。」○振，依注爲「袗」，之忍反。

纊爲繭，緼爲袍，注：「衣有著之異名也。纊，謂今之新綿也。緼，謂今纊及舊絮也。」說文：「纊，絮也。絮，敝緜也。緼，紼也。」又曰：「襺，袍衣也。以絮曰襺，以緼曰袍。」釋名：「袍，丈夫著，下至跗者也。袍，苞也。苞，内衣也。婦人以絳作衣裳，上下連，四起施緣，亦曰袍。義亦然也。」急就篇「袍襦表裏曲領帬」，顏師古注：「長衣曰袍，下至足跗。」又「絳緹絓紬絲絮緜」，顏師古注：「漬繭擘之，精者爲緜，麤者爲絮。今則謂新者爲緜，故者爲絮。古亦謂緜爲纊。纊，字或作絖。」段氏玉裁說文注曰：「鄭謂新緜合故絮裝衣。許絲絮不分新舊，槩謂之纊，以亂麻謂之緼。孔安國釋論語曰：『緼，枲著。』此許所本。蒯通傳『束緼乞火』，師古曰：『緼，亂麻。』」禪爲絅，注：「有衣裳而無裏。」說文：「禪，衣不重。」釋名：「禪衣，言無裏也。」急就篇「禪衣蔽厀布母縛」，顏師古注：「禪衣，似深衣而褒大。」漢書江充傳顏師古注：「禪衣，制若今之朝服中禪也。」帛爲褶。注：「有表裏而無著。」說文：「袷，衣無絮。」彬謂褶、袷古通用。彭器資曰：「絅，蓋單布衣。褶，以帛爲之，即夾衣。褶之爲言重也。」○纊，音曠。緼，紆粉反。絅，音迥。褶，音牒。

朝服之以縞也，自季康子始也。說文：「縞，鮮色也。」彭器資曰：「案家語：『季康子朝以縞，曾子問於孔子曰：「禮乎？」孔子曰：「君臣視朝，上下同服緇衣羔裘，惟諸侯皮弁以告朔，卒朔然後服縞以視朝。」王肅注：『孔子惡指斥康子，但言諸侯，明朝服不用縞。』」孔子曰：「朝服而朝，卒朔然後服之。」注：「謂諸侯與羣臣也。諸侯視朔皮弁服。」正義：「卒朔，謂告朔之時服皮弁，禮終脱去皮弁而服朝服也。」曰：「國家未道，則不充其服焉。」注：「謂若衛文公者。未道，未合於道。」

唯君有黼裘以誓省，大裘非古也。注：「僭天子也。天子祭上帝，則大裘而冕。大裘，羔裘也。黼裘，以羔與狐白雜爲黼文也。省，當爲獮。獮，秋田也。國君有黼裘誓獮田之禮。時大夫又有大裘也。」説文：「黼，白與黑相次文。」正義：「君，諸侯也。誓，告敕也。大裘，天子郊服也。禮惟許諸侯服黼裘以誓軍衆耳，不得用大裘。冬始裘，而秋云裘者，始誓衆須威也。」五經要義：「大裘不覆，反本以質也。」○黼，音甫。省，依注作「獮」，息典反。

君衣狐白裘，錦衣以裼之。注：「君衣狐白毛之裘，則以素錦爲衣覆之，使可裼也。袒而有衣曰裼。必覆之者，裘褻也。詩云：『衣錦絅衣，裳錦絅裳。』然則錦衣復有上衣明矣。天子狐白之上衣，皮弁服與？凡裼衣，象裘色也。」正義：「天子視朝，服皮弁服，皮弁之下有狐白錦衣也。諸侯於天子之朝亦然。故秦詩云：『君子至止，錦衣狐裘。』此經云君，則天子兼諸侯也。凡在朝，君臣同服。其天子、諸侯、卿、大夫亦狐白裘，以下云『士不衣狐白』，則卿大夫得衣狐白也。其裼則不用錦衣。熊氏云：『當用素衣爲裼，士用麛裘素裼也。』」君之右虎裘，厥左狼裘。注：「衛尊者宜武猛。」士不衣狐白。注：「辟君也。狐之白者少，以少爲尊也。」○衣，於既反，下同。

君子狐青裘豹褎，玄綃衣以裼之；注：「君子，大夫士也。綃，綺屬也，染之以玄，於狐青裘相宜。

狐青裘〔一〕，蓋玄衣之裘。」正義：「熊氏云：『六冕皆有裘。此云玄，謂六冕及爵弁也，則天子諸侯皆然，而云「大夫士」者，君用純狐青，大夫士雜以豹褏。』」麛裘青豻褏，絞衣以裼之；注：「豻，胡犬也。絞，蒼黃之色也。孔子曰：『素衣麛裘。』」羔裘豹飾，緇衣以裼之；注：「飾，猶褏也。孔子曰：『緇衣羔裘。』」金氏榜曰：「狐白裘、麛裘，此皮弁服之裘也。羔裘豹飾，此冠弁之裘也。黼裘以誓省。然則王服冠弁服以田，不用羔裘，辟祀天之服與？」狐裘，黃衣以裼之。注：「黃衣，大蜡時臘先祖之服也。孔子曰：『黃衣狐裘。』」正義：「郊特牲：『黃衣黃冠而祭，所以息田夫。』又云：『祭蜡而收，民息已。』是蜡後爲息民之祭，息民謂之臘。」錦衣狐裘，諸侯之服也。注：「非諸侯則不用錦衣爲裼。」金氏榜曰：「此錦衣、絞衣、素衣，皆在皮弁服之裏，即中衣也。揜合上衣謂之中衣，袒而露見謂之裼衣，中衣裼衣，異名同物。賈疏云：『凡服四時不同。假令冬有裘，襯身單衫，又有襦袴，襦袴之上有裘，裘上有裼衣，裼衣之上又有上服，皮弁祭服之等。若夏以絺綌，絺綌之上則有中衣，中衣之上復有上服，皮弁祭服之等。若春秋二時，則衣袷褶，袷褶之上加以中衣，中衣之上加以上服也。』其說與鄭義合。」○綃，音消。豻，音岸。

犬羊之裘不裼，注：「質略，亦庶人無文飾。」不文飾也不裼。注：「裼主於有文飾之事。」正義：「按聘禮使臣行聘之時，主於敬，不主於文，故襲裘也。行享之時，主於文，故裼裘也。」裘之裼也，見美也。注：「君子於事，以見美爲敬。」弔則襲，不盡飾也。注：「喪非所以見美。」君在則裼，盡飾也。注：「臣於君所。」服之襲也，充美也。注：「充，猶覆也。所敬不主於君，則襲。」正義：「凡敬有二：一則父也，二則君也。父是天性至極，以質爲敬，

〔一〕「狐」，原誤倒在「相宜」上，據禮記注疏乙。

故子於父母之所，不敢袒裼。君非血屬，以文爲敬，故臣於君所則裼。若平敵以下，則亦襲，以其質略故也。所襲雖同，其意異也。聘禮行聘致君命亦襲者，彼是聘享相對，聘質而享文，欲文質相變，故裼襲不同也。」江氏永曰：「凡禮經言裼者，左袒而有衣也。單言袒者，左免衣肉袒也。喪禮肉袒，祭禮迎牲割牲皆肉袒。射禮惟『君袒朱襦』，餘皆肉袒而以拾，韜左臂。君在，大夫射則肉袒。覲禮侯氏請事，『右肉袒』，謂刑宜施於右。臣於君前且有肉袒之時，而又何疑於裼乎？」

是故尸襲，注：「尸尊。」正義：「無敬於下，故襲也。」執玉龜襲。注：「重寶瑞也。」正義：「聘禮執圭璋致聘則襲也。若執璧琮行享，雖玉裼，非聘享，尋常執玉則亦襲也。龜是享禮庭實之物，執之亦裼。若尋常所執及卜，則襲，敬其神靈也。」無事則裼，弗敢充也。注：「謂已致龜玉也。」正義：「不敢充覆其美也，亦謂在君之前故裼也。」

笏，天子以球玉，諸侯以象，大夫以魚須文竹，士竹本，象可也。注：「球，美玉也。文，猶飾也。大夫士飾竹以爲笏，不敢與君並用純物也。」釋文：「崔云：『用文竹及魚斑也。』隱義云：『以魚須飾文竹之邊。』」正義：「庾氏云：『以鮫魚須飾竹以成文。』士以竹爲本質，以象牙飾其邊緣可也。大夫飾以魚須，士用象。」王氏念孫曰：「須與斑，聲不相近。此節經文及釋文、正義內須字，皆頒字之誤。頒與斑，古字通，隸書頒字，形與須相似，因誤。說文：『鮫，海魚也。皮可飾刀。』史記禮書集解引徐廣音義亦曰：『鮫魚皮，可以飾服器。』然則鮫魚皮有斑，可以爲飾，故大夫用之以飾笏也。若魚須，非所以飾笏，且不聞有文采，不得言『魚須文竹』也。」○球，音求。須，音斑。

見於天子，與射，無說笏，入太廟說笏，非古也。注：「言凡吉事，無所說笏也。大廟之中，唯君當事説笏也。」○説，本又作「稅」，他活反。

小功不説笏，當事免則説之。注：「免，悲哀哭踊之時，不在於記事也。小功輕，不當事，可以搢笏也。」江氏永曰：「笏者，朝祭吉服之飾，尊卑皆用之。子事父母亦搢笏，以其服玄端，若燕居服深衣，當亦不搢笏矣，而況於喪服乎？小功不稅笏，蓋承上文『見於天子，與射』而言，謂臣有輕喪服，在君所不説笏也。若在家服小功服，雖不當事不免，豈可以笏施於凶服乎？不唯小功而已，雖緦麻亦無搢笏之理。」○免，音問。

既搢必盥，雖有執於朝，弗有盥矣。凡有指畫於君前，用笏，造受命於君前，廣雅：「造，猝也。」則書於笏。笏，畢用也，因飾焉。注：「搢笏輒盥，爲必執事。畢，盡也。」正義：「事事盡用笏記之。」○畫，呼麥反。

笏度二尺有六寸，其中博三寸，其殺六分而去一。注：「殺，猶杼也。天子杼上終葵首，諸侯不終葵首。大夫士又杼其下首，廣二寸半。」王晦叔曰：「大圭其長三尺，此言二尺有六寸，則不得爲大圭。況大圭天子服之，非臣下所得用，笏則自天子、諸侯、大夫、士皆有之，其非大圭明矣。鄭以大圭爲笏，未見其可。且記但言其殺六分去一，又安知天子諸侯殺其上首，大夫士殺其下首乎？中博三寸，則上下皆殺也。」江氏永曰：「上殺是便於搢，下殺是便於執耳。」

而素帶，終辟，大夫素帶，辟垂，士練帶，率下辟，居士錦帶，弟子縞帶，并紐約用組。注：「而素帶終辟，謂諸侯也。諸侯不朱裏，合素爲之，如今衣帶爲之，下天子也，大夫亦如之。率，繂也。士以下皆禪，不合而綼積。辟，讀如『裨冕』之裨。裨，謂以繒采飾其側。人君充之，大夫裨其紐及末，士裨其末而已。居士，道藝處士也。此自『而素帶』亂脱在是耳，宜承『朱裏終辟』。」説文：「紐，系也。一曰：結而可解。」正義：「綼，謂緶緝也。下裨者，士帶垂者必反屈嚮上，又垂而下。大夫則總皆裨之。士則用緇，唯裨嚮下一垂者。用錦爲帶，尚文也。用生縞爲帶，尚質也。并，並也。紐，謂帶之交結處。約者，謂以物穿紐，約結其帶。謂天子以下至弟子之等，其所紐約之物，並用組爲之。」○辟，依注爲「裨」，婢支反，下同。率，音律。紐，女九反。組，音祖。

韠，君朱，大夫素，士爵韋。注：「此玄端服之韠也。韠之言蔽也。凡韠，以韋爲之，必象裳色〔一〕，則天子諸侯玄端朱裳，大夫素裳，唯士玄裳、黄裳、雜裳也。皮弁服皆素韠。」方言：「蔽厀〔二〕，江、淮之間謂之褘，或謂之祓。自關東西謂之蔽厀。」正義：「大夫既以素裳爲朝服，又以玄端服，禮窮則同故也。士朝服則素裳。」環氏要略曰：「凡韠，以韋爲之，舜始作，以尊祭服，至周增以畫文。夏山服，取仁可依，殷火，周章，取其變化天也。」王氏懋竑曰：「士冠禮皆言韠，獨爵弁言『韎韐』，異其名也。以詩考之，『素韠』，槩言之。候人之『三百赤芾』，則諸侯之大夫也。采芑之『朱芾斯皇』，則天子之卿大夫也。車攻之『赤芾金舄』，采菽之『赤芾在股』，則諸侯也。至斯干之『朱芾皇皇，室家君王』，則並天子言之。疑天子、諸侯、大夫皆名芾，而士獨得韠名，然其制則一。『君朱』一條，并諸侯、天子、大夫皆謂之韠；『一命緼韍幽衡』一條，則并士亦謂之芾矣。」○韠，音必。

〔一〕「裳色」下原有「裳也」二字，據禮記注疏删。
〔二〕「蔽厀」二字原誤倒，據方言四乙。

圜、殺、直。注：「目韠制。」天子直，注：「四角直，無圜、殺〔一〕。」公侯前後方，注：「殺四角，使之方，變於天子也。所殺者去上下各五寸。」大夫前方後挫角，注：「圜其上角，變於君也。韠以下爲前，以上爲後。」士前後正。注：「士賤，與君同，不嫌也。正，直、方之間語也。天子之士則直，諸侯之士則方。」吴幼清云：「韠之制，長三尺，上廣一尺，下廣二尺。天子自上之左右角廣一尺處斜裁，至下之左右角廣二尺處盡其所裁，一直而無所屈，故曰直。諸侯自上之左右角正裁，而下至五寸止，止處亦廣一尺。自下之左右角正裁，而上至五寸止，止處亦廣二尺。又就上五寸之下廣一尺處斜裁，至下五寸之上廣二尺處止，上下各有五寸，皆不斜裁，故方。大夫自下之左右角正裁，而上至五寸止，止處廣二尺。就此廣處左右皆斜裁之，至上左右角廣一尺處盡，其上端之左右及左右之兩邊各剡一寸，去其兩角，其下端裁方，與諸侯同。上端不裁方，但剡其兩角而已，故圜。士之下端左右角亦裁方，上至五寸而止，止處廣二尺，亦就止處斜裁，至上端廣一尺處盡，如大夫，但不剡圜二角，蓋後直而前方，故曰『前後正』。」○挫，作卧反。

韠，下廣二尺，上廣一尺，長三尺，其頸五寸，肩，革帶，博二寸。注：「頸五寸，亦謂廣也。頸中央，肩兩角，皆上接革帶以繫之。肩與革帶廣同。凡佩，繫於革帶。」説文：「韠，韍也。所以蔽前，以韋。下廣二尺，上廣一尺，其頸五寸。一命緼韠，再命赤韠。」正義：「韠繫於革帶，以大帶用組約，其物細小，不堪懸韠佩故也。」江氏永曰：「韠之制，上有肩，次有頸，頸爲正身。横度之爲廣，直度之爲博。頸五寸者，廣五寸也。博二寸者，直度闊二寸也。頸不言長，亦如肩之二寸也。肩不言廣，亦如正身上邊之一尺也。」○頸，吉井反。

〔一〕「殺」，原誤「直」，據禮記注疏改。

大夫大帶四寸。雜帶：君朱緑，大夫玄華，士緇辟二寸，再繚四寸。凡帶，有率，無箴功。

注：「雜，猶飾也。即上之裨也。君裨帶，上以朱，下以緑終之。大夫裨垂，外以玄，内以華。華，黄色也。士裨垂之下，外内皆以緇，是謂緇帶。大夫以上以素，皆廣四寸。士以練，廣二寸，再繚之。凡帶，有司之帶也，亦繂之，如士帶矣。無箴功，則不裨之。士雖繂帶，裨亦用箴功。凡帶不裨，下士也。此又亂脱在是，宜承『紳、韠、結三齊』。」説文：「雜，五彩相合。緇，帛黑色也。」正義：「大帶四寸，謂合素爲之。士用單練，廣二寸。繚，繞也，再度繞要，亦四寸也。凡帶，謂有司之帶。有繂，謂其帶既襌，亦以箴線緝其側。但繂襵之而已，無別裨飾之箴功。君，謂天子諸侯。崔氏、熊氏並云：『朱是正色，故在上也。緑是間色，故在下也。』熊氏云：『近人爲内，遠人爲外。玄是天色，故在外。黄是地色，故在内也。』士既練帶，而士冠禮謂之『緇帶』，據韠色言之，外内皆用緇也。」○繚，音了。

一命緼韍幽衡，再命赤韍幽衡，三命赤韍葱衡。注：「此玄冕爵弁服之韠，尊祭服，異其名耳。韍之言亦蔽也。緼，赤黄之間色，所謂韎也。衡，佩玉之衡也。幽，讀爲黝。黑謂之黝，青謂之葱。周禮公侯伯之卿三命，其大夫再命，其士一命。子男之卿再命，其大夫一命，其士不命。」説文：「市，韠也。上古衣蔽前而已，市以象之。天子朱市，諸侯赤市，大夫葱衡。从巾，象連帶之形。韍，篆文市，从韋，从犮。」釋名：「韍，韠也。韠，蔽膝也，所以蔽膝前也。婦人蔽膝亦如之。」五經要義曰：「朱赤者，盛色也。」正義：「韍、韠，皆言爲蔽，取蔽障之義也。按詩毛傳：『天子純朱，諸侯黄朱。』黄朱色淺，則亦名赤韍也。大夫赤韍，色又淺耳。一命，謂公侯伯之士。士冠禮『爵弁』『韎韐』，此『緼韍』則當彼『韎韐』。以蒨染之，其色淺赤，則緼爲赤黄之間色。若子男大夫但名緼韍，不得爲韎韐也。」段氏玉裁曰：「市，經傳或借韍、芾、沛、茀爲之。衡，卽珩字。楚語注：『珩，佩上之橫者。』緼韍，卽韎韐。緼，卽縓之假借字也。」○緼，音溫。韍，音弗。幽，讀爲黝。

天子素帶朱裏，終辟。注：「謂大帶也。」正義：「辟則裨也。終竟帶身在要及垂皆裨。」

王后褘衣，夫人揄狄。注：「褘讀如翬，揄讀如搖。翬、搖皆翟雉名也。刻繒而畫之，著於衣以爲飾，因以爲名也。夫人，三夫人，亦侯伯之夫人也。王者之後，夫人亦褘衣。」正義：「按鄭注內司服引爾雅釋鳥：『伊、雒而南，素質五色皆備成章曰翬。江、淮而南，青質五色皆備成章曰搖。』又云：『王后之服，刻繒爲之形，而采畫之，綴於衣以爲文章。褘衣畫翬，揄翟畫搖，闕翟刻而不畫。從王祭先王則服褘衣，祭先公則服揄翟，祭羣小祀則服闕翟。闕翟赤，揄翟青，褘衣玄。』」○褘，音翬。揄，音搖。

三寸，長齊于帶。紳長制：士三尺，有司二尺有五寸。子游曰：「參分帶下，紳居二焉。紳、韠、結，三齊。」注：「三寸，謂約帶紐組之廣也。長齊於帶，與紳齊也。紳，帶之垂者也，言其屈而重也。論語曰：『子張書諸紳。』有司，府史之屬也。三分帶下而三尺，則帶高於中也。結，約餘也。此又亂脫在是，宜承『約用組』。」結，或爲衿。」說文：「帶，紳也。男子鞶革，婦人鞶絲。象繫佩之形。佩必有巾。」正義：「紐約之組，闊三寸。長齊于帶者，言約紐組餘長三尺，與帶垂者齊。記者引子游之言，以證紳之長短。人長八尺，大帶之下四尺五寸，分爲三分，紳居二分，紳長三尺也。三齊者，紳謂紳帶，韠謂蔽膝，結謂約紐餘組，三者俱長三尺，故云『三齊』也。」君命屈狄，再命褘衣，一命襢衣，士褖衣。注：「君，女君也。屈，周禮作闕，謂刻繒爲翟，不畫也。此子男之夫人及其卿、大夫之妻命服也。

褘，當爲鞠，字之誤也。禮，天子諸侯命其臣，后夫人亦命其妻以衣服，所謂『夫尊於朝，妻榮於室』也。子男之卿再命，而妻鞠衣，則鞠衣、襢衣、褖衣者，諸侯之臣皆分爲三等，其妻以次受此服也。公之臣，孤爲上，卿大夫次之，士次之。侯伯子男之臣，卿爲上，大夫次之，士次之。褖，或作税。」說文：「褎，丹縠衣。褕，翟羽飾衣。一曰：直裾謂之襜褕。袗，玄服。」釋名：「王后之上服曰褘衣，畫翬雉之文於衣也。伊洛而南，雉素質五色備曰翬。江淮而南，青質五色備曰搖。闕狄，翦闕繒爲翟雉形，似綴衣也。鞠，黄如鞠華色也。襢衣。襢，坦也，坦然正白無文采也。褖衣。褖然黑色也。」正義：「祭羣小祀，則服闕狄。鞠衣，黄桑服也，色如鞠塵，服之以告桑。展衣，以禮見王及賓客。褖衣，御於王之服。闕翟赤，鞠衣黄，展衣白，褖衣黑。子男大夫一命，妻服展衣。其士不命，妻服褖衣。鄭注士喪禮：『褖之言緣，黑衣裳，以赤緣之。』」○屈，音闕。褘，依注音鞠。襢，張戰反。褖，吐亂反。

唯世婦命於奠繭，其他則皆從男子。注：「奠，猶獻也。凡世婦已下，蠶事畢，獻繭，乃命之以其服。天子之后、夫人、九嬪，及諸侯之夫人，夫在其位，則妻得服其服矣。自『君命屈狄』至此，亦亂脱在是，宜承『夫人揄狄』。」王氏懋竑曰：「命與奠繭，亦女君命之。言『世婦』，則女御亦然。」

凡侍於君，紳垂，足如履齊，頤霤，垂拱，視下而聽上，視帶以及袷，聽鄉任左。注：「紳垂，則磬折也。齊，裳下緝也。袷，交領也。」正義：「身直則帶倚，磬折則帶垂。身折則裳前下緝委地，故行則足恒如踐履裳下也。霤，屋簷。身俯，故頭臨前，垂頤如屋霤。拱，沓手也。身俯則宜手沓而下垂也。視君之法，下不過帶，高不過袷。庾云：『聽上及聽鄉任左，皆備君教使也。』鄭注少儀曰『立者尊右』，則坐者尊左也。侍君之時，君坐，故侍者在右，是以聽鄉皆以左爲任也。此謂臣以左耳近君，故云『任左』。」○齊，音咨。頤，以支反。霤，力救反。袷，居業反。鄉，許亮反。

凡君召以三節，二節以走，一節以趨。注：「節，所以明信輔君命也。使使召臣，急則持二，緩則持一。」正義：「庾氏云：『急緩不出於三耳，不謂節盡於三也。』」在官不俟屨，在外不俟車。注：「趨君命也。必有執隨授之者。官，謂朝廷治事處也。」正義：「外，謂其室及官府也。在官近，不須車，故言屨。在外遠，故云車。」

士於大夫，不敢拜迎，而拜送。注：「禮不敵，始來拜，則士辟也。」正義：「按儀禮鄉射、鄉飲酒、公食、聘禮，但是主人送賓者，皆主人再拜，賓不答拜。鄭注：『不答拜者，禮有終故也。』」

士於尊者先拜，進面，答之拜則走。注：「士往見卿大夫，卿大夫出迎答拜，亦辟也。」正義：「進面，親相見也。」

士於君所言大夫，没矣則稱謚若字，名士。與大夫言，名士，字大夫。注：「君所，大夫存亦名。」正義：「士與大夫言，士賤，故呼名，大夫貴，故呼字。若大夫士卒，則字士，謚大夫。」

於大夫所，有公諱，無私諱。注：「公諱，若言語所辟先君之名。」正義：「但諱君家，不自私諱父母也。庾云：『謂士與大夫言，有音字同己祖禰名字，皆不得諱辟，敬大夫，故不重敬。』」

凡祭不諱，廟中不諱，注：「謂祝嘏之辭中有先君之名者也。凡祭，祭羣神。廟中，上不諱下。」正義：「若有事於祖，則不諱父也。有事於父，則諱祖。」教學臨文不諱。注：「爲惑未知者。」盧注：「教詩書典籍。教，訓也。臨文，謂禮文也。詩書執禮，皆雅言，故不諱。禮執文行事，故言文也。」正義：「教學，爲師長也。教人若諱，疑誤後生也。臨文，謂簡牒及讀法律之事也。若諱，則失於事正也。」

古之君子必佩玉，注：「比德焉。君子，士已上。」右徵角，左宮羽，注：「玉聲所中也。」趨以采齊，注：「路門外之樂節也。門外謂之趨。齊，當爲『楚薺』之薺。」正義：「路寢門外至應門，謂之趨。於此趨時，歌采齊爲節。」惠氏棟曰：「案詩作『楚茨』。王逸楚辭章句引詩云：『楚楚者薺。』其字皆以齊次爲聲，同物同音。故大戴禮保傅篇云：『行以采茨，趨以肆夏。』又云：『揚中采茨，趨中肆夏。』」行以肆夏，注：「登堂之樂節。」正義：「路寢門内至堂，謂之行，行則歌肆夏之樂。」周還中規，注：「反行也，宜圜。」折還中矩，注：「曲行也，宜方。」進則揖之，退則揚之，然後玉鏘鳴也。注：「揖之，謂小俛見於前也。揚之，謂小仰見於後也。鏘，聲貌。」正義：「進俯退仰，然後佩離身而直。行摇動，佩自擊，所以玉聲得鏘鏘而鳴也。」○徵，張里反。齊，依注作「薺」，疾私反。還，音旋。鏘，七羊反。

故君子在車則聞鸞和之聲，行則鳴佩玉，是以非辟之心無自入也。注：「鸞在衡，和在式。自，由也。」正義：「謂君子恒聞鸞和佩玉之正聲，是以非類邪辟之心無由入於身也。」○辟，本又作「僻」，匹亦反。

君在不佩玉，左結佩，右設佩。注：「謂世子也。出所處而君在焉，則去德佩而設事佩，辟德而示即事也。結其左者，若於事有未能也。結者，結其綬，不使鳴也。」正義：「賀云：『事佩，綬且不鳴，今云「結綬使不鳴」，則猶佩玉也。』事佩，木燧、大觿之屬。」

居則設佩，注：「謂所處而君不在焉。」朝則結佩，注：「朝於君，亦結左。」齊則綪結佩而爵韠。注：「綪，屈也。結又屈之，思神靈，不在事也。爵韠者，齊服玄端。」説文：「綪，赤繒也。以茜染，故謂之綪。」正義：「熊氏、皇氏並謂諸侯以下，皆以玄端齊，而以爵韋爲韠，同士禮。以其齊，故不用朱韠素韠也。」○齊，側皆反。綪，側耕反。凡帶必有佩玉，唯喪否。注：「喪主於哀，去飾也。凡，謂天子以至士。」

佩玉有衝牙。注：「居中央，以前後觸也。」正義：「凡佩玉必上繫於衡，下垂三道〔一〕，穿以蠙珠，下端前後以縣於璜，中央下端縣以衝牙，動則衝牙前後觸璜而爲聲，所觸之玉，其形似牙，故曰衝牙。」段氏玉裁曰：「其制，珩上横，爲組三，繫於珩。繫於中組者曰衝牙，繫於左右組者曰璜，皆以玉。璜似半璧而小，亦謂之牙。繫於中者觸牙而成聲，故曰『衝牙』。蠙珠、琚、瑀貫於珩之下，璜、衝牙之上，統言曰『佩玉』，析言則珩居首。」○衝，昌容反。

君子無故玉不去身，君子於玉比德焉。注：「故，謂喪與災眚。」

天子佩白玉而玄組綬，公侯佩山玄玉而朱組綬，大夫佩水蒼玉而純組綬，世子佩瑜玉而綦組綬，士佩瓀玟而緼組綬。注：「玉有山玄、水蒼者，視之文色所似也。綬者，所以貫佩玉，相承受者也。純，當爲緇，古文緇字或作絲旁才。綦，文雜色也。緼，赤黄。」釋器：「綫，綬也。」郭注：「即佩玉之組，所以連繫瑞玉者，因通謂之綫。」顔師古急就篇注云：「綬者，受也，所以承受環印也，亦謂之綫。」説文：「組，綬屬。綬，韍維也。」應劭漢官儀曰：「綬長一丈二尺，法十二月，廣三尺，法天地人也。」段氏玉裁曰：「古者韍佩皆繫於革帶。佩玉之系謂之璲，又謂之綬。韍之系亦謂之綬。韍佩與革帶之間，有聯而受之者，故曰綬。」中山經云：「扶豬之山，其上多礝石。岐山，其陰多白珉。」説文：「玟，石之美者。珉，石之美者。」又曰：「礝，石次玉者。」邵氏晉涵爾雅正義曰：「玉藻：『士佩瓀玟。』瓀，當作碝。子虚

〔一〕「三」，原誤「二」，據禮記注疏改。

賦云『碝石碱砆』，張揖注：『碝石，白者如冰，半有赤色。』應劭注子虛賦：『碝石出雁門，今山西有玉，色黑，美者可以鑑，里人謂之玟玉。』」段氏玉裁曰：「依玉藻言，則天子白玉珩，公侯山玄玉珩，大夫水蒼玉珩，所謂『三命蔥珩』。士瓀玟，則以石。月令春『倉玉』，夏『赤玉』，中央『黃玉』，秋『白玉』，冬『玄玉』，注『凡所服玉，謂冠飾及所佩之珩璜』，則又隨時異色矣。」孔子佩象環五寸而綦組綬。注：「謙不比德，亦不事也。象，有文理者也。環，取可循而無窮。」正義：「孔子失魯司寇，故謙不復佩德佩及事佩，示無德事也。佩象環者，示己文教所循環無窮也。五寸，法五行也。」○純，讀爲緇。瑜，羊朱反。綦，音其。瓀，而兗反，徐又作「瑌」，同。玟，武巾反，字又作「砇」，同。緼，音溫。

童子之節也，緇布衣，錦緣，錦紳并紐，錦束髮，皆朱錦也。注：「童子，未冠之稱也。冠禮曰『將冠者采衣紒』也。」說文：「錦，襄邑織文。」正義：「用緇布爲衣，尚質故也。用錦爲緇布衣之緣，又用錦爲紳帶并約帶之紐，錦束髮者，以錦爲總而束髮也。童子尚華，示將成人，有文德，故皆用錦，示一文一質之義也。」士冠禮賈疏：「以童子不帛襦袴，不衣裘裳，故以錦爲緇布衣之緣也。」肆束及帶，勤者有事則收之，走則擁之。注：「肆，讀爲肄。肄，餘也。餘束，約紐之餘組也。勤，謂執勞辱之事也。此亦亂脫在是，宜承『無箴功』。」正義：「約束帶之餘組，若身充勤勞之事，則收斂之，須趨走則擁抱之。收，謂斂持在手。擁，謂抱之於懷。」童子不裘，不帛，不屨絇，無緦服，聽事不麻。無事則立主人之北，南面。王氏念孫曰：「鄭注：論語憲問引此作『立主人之南，北面』，周官內豎疏所引與鄭同。童子聽使，不當南面而立，作『北面』者是也。特牲饋食禮記云『佐食無事，則中庭北面』，義與此相似。」見先生，從人而入。注：「皆爲幼少，不備禮也。雖不服緦，猶免。深衣，無麻，往給事也。裘帛溫，傷壯氣也。絇，屨頭飾也。」正義：「不屨絇者，未成人不盡飾也。童子唯當室與族人爲禮，有恩相接之義，故遂服本服之緦。若不當室，則情不能至緦，故不服也。先生，師也。童子不能獨爲禮，若往見師，則隨成人而入也。」○并，必正反。紐，女丑反。肆，音肆，以四反。絇，其俱反。見，賢遍反。

侍食於先生，異爵者，後祭先飯。注：「謙也。」正義：「此饌不爲己，故後祭。而先飯者，示爲尊者嘗食也。」客祭，主人辭曰：「不足祭也。」客飧，主人辭以「疏」。注：「祭者，盛主人之饌也。飧者，美主人之食也。疏之言麤也。」正義：「飧是已食飽，故主人見客飧，致辭云『麤食傷客，不足致飽』，若欲使更食然也。」主人自置其醬，則客自徹之。注：「敬主人也。徹，莫于序端。」一室之人，非賓客，一人徹。注：「同事合居者也。賓客則各徹其饌也。」正義：「既無賓主，故必少者一人徹饌也。」壹食之人，一人徹。注：「壹，猶聚也。爲赴事聚食也。」凡燕食，婦人不徹。注：「婦人質，不備禮。」○飧，音孫。

食棗桃李，弗致于核。注：「恭也。」正義：「謂懷核，不致於地也。」瓜祭上環，食中，弃所操。注：「上環，頭忖也。」正義：「食瓜亦祭先也。環者，横斷，形如環也。上環是蔕間，下環是脱華處也。操，謂手所持者，棄之不食。」凡食果實者，後君子。注：「陰陽所成，非人事也。」火孰者，先君子。注：「備火齊不得也。」有慶，非君賜不賀。注：「惟君賜爲榮也。」正義：「謂或宗族親戚燕飲聚會，雖吉不相賀，唯受君之賜爲榮，故相拜賀。」有憂者。注：「此下絶亡，非其句也。」○核，行隔反。操，七刀反。

勤者有事則收之，走則擁之。注：「此補脱，重。」

孔子食於季氏，不辭，不食肉而飧。注：「以其待己及饌非禮也。」正義：「凡禮食先食胾，次食殽，乃至肩，至肩乃飧。孔子不食肉而飧者，是季氏饌失禮也。」

君賜車馬，乘以拜；賜衣服，服以拜。注：「敬君惠也。」賜，君未有命，弗敢即乘服也。注：「謂卿大夫受賜於天子者，歸必致於其君，君有命，乃服之。」郝仲輿曰：「君賜車馬之初即拜矣，異日乘此車馬，往拜車馬之賜。君賜衣服之初即拜矣。異日服此衣服，往拜衣服之賜。然必君命之乘，乃敢乘，君命之服，乃敢服也。」君賜，稽首，據掌，致諸地。注：「致首於地。據掌，以左手覆按右手也。」酒肉之賜弗再拜。注：「輕也。受重賜者〔一〕，拜受，又拜於其室也。」正義：「亦謂君賜也。再，猶重也。」凡賜，君子與小人不同日。注：「慎於尊卑。」

凡獻於君，大夫使宰，士親，皆再拜稽首送之。注：「敬也。」正義：「大夫使人，初於家亦自拜送，而宰將命，及士自送，至於君門付小臣之時，宰及士皆再拜而送之也。」

膳於君，有葷桃茢，於大夫去茢，於士去葷，皆造於膳宰。注：「膳，美食也。葷桃茢，辟凶邪也。大夫用葷桃，士桃而已。葷，薑及辛菜也。茢，菼帚也。造於膳宰〔二〕，既致命而授之。葷，或作焄。」說文：「葷，臭菜也。蒜，葷菜。」大夫不親拜，爲君之答己也。注：「不敢變動至尊。」正義：「解大夫所以不自獻義也。自獻，則屈動君答拜己也。」○葷，許云反。茢，音列。爲，于僞反。

〔一〕「者」，原誤「之」，據禮記注疏改。

〔二〕「宰」，原誤「辛」，據禮記注疏改。

大夫拜賜而退。士待諾而退，又拜。弗答拜。注：「小臣受大夫之拜，復以入告，大夫拜便辟也。」正義：「大夫拜竟則退，不待自報，恐君召進答己故也。君不拜士，故於外拜，拜竟，又待小臣傳君之報諾，出以退，士又拜君諾報也。」大夫親賜士，士拜受，又拜於其室。衣服弗服以拜。注：「異於君惠也。拜受，又就拜於其家，是所謂再拜也。」敵者不在，拜於其室。注：「謂來賜時不見也，見則不復往也。」凡於尊者有獻，而弗敢以聞。注：「此謂獻辭也。少儀曰：『君將適他，臣若致金玉貨貝於君，則曰：「致馬資於有司。」』是其類也。」正義：「謂臣有獻於君，士有獻於大夫也。」士於大夫不承賀，下大夫於上大夫承賀。注：「承，受也。士有慶事，不聽大夫親來賀己，不敢褻動尊也。」正義：「下大夫承賀者，尊相近，故受也。」親在，行禮於人稱父。人或賜之，則稱父拜之。注：「事統於尊。」○敵，本又作「適」，音狄。

禮不盛，服不充，故大裘不裼，注：「禮盛者服充，大事不崇曲敬。」正義：「充，猶襲也。服襲是充美於內，唯盛禮乃然也，故聘及執玉龜皆襲。郊禮盛服大裘，則無別衣裼之，是不見美也。」乘路車不式。注：「謂祭天也。周禮：『王祀昊天上帝，則服大裘而冕。』乘玉路，或曰『乘兵車不式』。」正義：「路車，謂玉路，郊天車也。從門閭過不式，亦禮盛不爲曲敬也。」

父命呼，唯而不諾，手執業則投之，食在口則吐之，走而不趨。注：「至敬。」親老，出不易方，復不過時。注：「不可以憂父母也。易方，爲其不信己所處也。復，反也。」正義：「方，常也。若啓往甲，則不得往乙也。復，還也。啓云『日中還』，不得過中。」親瘠，色容不盛，此孝子之疏節也。注：「言非至孝也。瘠，病也。王季有疾，文王色憂，行不能正履。」彬謂此合上文「親老，出不易方，復不過時」而言。此乃子道之常，非有奇偉非常之行，故曰「疏節」。父没而不能讀父之書，手澤存焉爾。母没而杯圈不能飲焉，口澤之氣存焉爾。注：「孝子見親之器物，哀惻不忍用也。圈，屈木所爲，謂巵匜之屬。」正義：「不能者，謂不能忍爲此事。書是男子之所有，故父言『書』。杯圈是婦人所用，故母言『杯圈』也。」○唯，于癸反。瘠，才細反。圈，起權反。

君入門，介拂闑，大夫中棖與闑之間，士介拂棖。注：「此謂兩君相見也。棖，門楔也。君入必中門，上介夾闑，大夫介、士介鴈行於後，示不相沿也。君若迎聘客，擯者亦然。」正義：「介，謂上介，稍近君，故拂闑。大夫之介微遠於闑，故當棖與闑之間。士介卑，去闑遠，故拂棖。闑，謂門之中央所豎短木也。棖，謂門之兩旁長木。介，副也。崔氏、皇氏並云：『君必中門者，謂當棖闑之中，主君在闑東，賓在闑西。主君上擯在君之後，稍近西而拂闑。賓之上介在賓之後，稍近東而拂闑。大夫擯介各當君後，在棖闑之中央。』」○闑，魚列反。棖，直衡反。

賓入不中門，不履閾，注：「辟尊者所從也。此謂聘客也。閾，門限。」正義：「前經明朝，此經明聘。賓，謂聘賓也，不中門，謂不當闑西棖闑之中央，稍東近闑也。」公事自闑西，注：「聘享也。」私事自闑東。注：「覿面也。」正義：「聘享是奉君命而行，故謂之『公事』。自闑西，用賓禮也，私覿、私面非行君命，故謂之『私事』。自闑東者，從臣禮也。燕禮『卿大夫皆入門右』，疏云：『案曲禮大夫士出入君門，由闑右。』玉藻云『私事自闑東』，即大夫士出入君門一也，又與此經卿大夫入君門亦由闑右同。公事自闑西，卽聘禮『聘賓入由闑西』是也。」○閾，音或。

君與尸行接武，注：「尊者尚徐。蹈半迹。」大夫繼武，注：「迹相及也。」士中武。注：「迹間容迹。」正義：「君，天子諸侯也。武，迹也。接武者，二足相躡，每蹈於半，未得各自成迹。繼武者，謂兩足迹相接繼也。中，猶間也。每徙，足間容一足地，乃躡之也。」徐趨皆用是，注：「君、大夫、士之徐行也，皆如與尸行之節也。」疾趨則欲發，而手足毋移。注：「疾趨，謂直行也，疏數自若。發，謂起屨也。移之言靡迆也。毋移，欲其直且正。欲，或爲數。」正義：「既無所執持，而欲屨頭恒起，無復繼接之異，其迹或疏或數，自若尋常。雖屨恒欲起，而手足猶宜直正，不得邪低、靡迆，搖動也。」圈豚行，不舉足，齊如流。注：「圈，轉也。豚之言若有所循。不舉足曳踵，則衣之齊如水之流矣。孔子執圭則然。此徐趨也。」正義：「不舉足者，謂足不離地。齊，裳下緝也。足既不舉，身又俯折，則裳下委地，曳足如水流狀也。」席上亦然。注：「尊處亦尚徐也。」端行，頤霤如矢。弁行，剡剡起屨。注：「此疾趨也。端，直也。頤，或爲霆也。」正義：「端行，謂直身而行。頤霤者，行既疾，身乃小折，而頭直俯臨前，頤如屋霤之垂也。矢，箭也。身趨前進不邪，如箭也。弁，急也。剡剡，身起貌。急行欲速，而身屨恒起也。」〇圈，舉遠反。豚，大本反。齊，音咨。頤，音夷。霤，力救反。弁，皮彥反。剡，以漸反。

執龜玉，舉前曳踵，蹜蹜如也。注：「著徐趨之事。」正義：「踵，足後跟也。謂將行之時，初舉足，前，後曳足跟，行不離地。言舉足狹數也。」〇縮，本或作「宿」，同，色六反。

凡行，容惕惕，注：「惕惕，直疾貌也。凡行，謂道路也。」廟中齊齊，注：「恭慤貌也。」朝廷濟濟翔翔。注：「莊敬貌。」正義：「濟濟，有威儀矜莊也。翔翔，行而張拱也。」〇惕，音傷。齊，才兮反，又在啓反。濟，子禮反。翔，本又作「洋」，音詳。

君子之容舒遲，見所尊者齊遬。注：「謙慤貌也。遬，猶蹙蹙也。」正義：「君子雖尋常舒遲，若見所尊之人，自斂持迫促，不敢自寬奢。」王氏引之曰：「舒，亦遲也。遬，籀文速字，疾也。言君子平日之容，舒遲不迫，見所尊者，則疾速以承之，唯恐或後也。爾雅曰：『舒，緩也。齊，疾也。』『舒遲』與『齊遬』相對爲文，非謙慤、自斂持之謂也。」足容重，注：「擧欲遲也。」手容恭，注：「高且正也。」目容端，注：「不睇視也。」口容止，注：「不妄動也。」聲容靜，注：「不噦欬也。」頭容直，注：「不傾顧也。」氣容肅，注：「似不息也。」立容德，注：「如有予也。」釋文：「德，得也。」集韻七志：「德，蓋如有所置物於前也。徐邈說。」色容莊，注：「勃如戰色。」坐如尸，注：「尸居神位，敬慎也。」燕居告溫溫。注：「告〔一〕，謂教使也。」釋訓：「溫溫，柔也。」郭注：「皆和柔。」正義：「燕居，謂私燕所居也，色尚和善。教人使人之時，唯須溫溫，不欲嚴慄。」○齊，音咨。遬，音速。德，如字，徐音置。

凡祭，容貌顏色如見所祭者。注：「如覩其人在此。」正義：「謂祭如在也。」

喪容纍纍，注：「羸憊貌也。」色容顛顛，注：「憂思貌也。」視容瞿瞿梅梅，注：「不審貌也。」正義：「瞿瞿，驚遽貌。梅梅，猶微微，謂微昧也。」言容繭繭。注：「聲氣微也。」○纍，良追反。顛，音田。視容，又作「目容」。瞿，紀具反。繭，古典反。

戎容暨暨，注：「果毅貌也。」言容詻詻，注：「教令嚴也。」色容厲肅，注：「義形貌也。」正義：「厲，嚴也。肅，威也。軍中顏色尚威嚴也。」視容清明，注：「察於事也。」立容辨卑，毋讇，注：「辨，讀爲貶。自貶卑，謂磬折也。

〔一〕「告」，原誤「如」，據禮記注疏改。

讇，謂傾身以有下也。」頭頸必中。注：「頭容直。」山立，注：「不搖動也。」時行，注：「時而後行也。詩云：『威儀孔時。』」盛氣顛實揚休，注：「顛，讀爲闐，揚讀爲陽，聲之誤也。盛身中之氣，使之闐滿，其息若陽氣之休物也。」說文：「嗔，盛氣也。詩曰：『振旅嗔嗔。』」江氏永曰：「謂氣充實於體，揚其休美於外，如云『充實而有光輝』。」玉色。注：「色不變也。」○暨，其記反。詻，五格反。辨，彼檢反。讇，音諂。顛，依注讀爲闐，音田。

凡自稱，天子曰「予一人」，注：「謙，自別於人而已。」正義：「若臣下稱『一人』，則謂率土之內唯有此一人也。」伯曰「天子之力臣」。注：「伯，上公九命分陝者。」正義：「曲禮曰：『天子之吏。』」

諸侯之於天子，曰「某土之守臣某」；其在邊邑，曰「某屏之臣某」；其於敵以下，曰「寡人」。小國之君曰「孤」，擯者亦曰「孤」。注：「邊邑，謂九州之外。大國之君〔一〕，自稱曰『寡人』，擯者曰『寡君』。」正義：「某土之守臣某者，諸侯自稱辭，其天子之擯告天子，則曰：『臣某侯某。』邊鄙之邑自稱於天子云『某屏之臣某』，天子之擯告天子，則曰『臣某子某』『男某』。其於敵以下，曰『寡人』者，以下通及民也。小國之君，謂夷狄子男之君，自稱及介傳命，云『某土之孤某』。」

上大夫曰「下臣」，擯者曰「寡君之老」。下大夫自名，擯者曰「寡大夫」。世子自名，擯者曰「寡君之適」。注：「擯者之辭，主謂見於他國君。下大夫自名，於他國君曰『外臣某。』」正義：「君前臣名，稱『下臣某』也。寡君之老，出使他國，主國設擯禮待之，擯者稱大夫爲『寡君之老』。雖以擯爲文，其介接主君之時，辭亦當然。自

〔一〕「國」，原誤「君」，據禮記注疏改。

名者，對己君稱名。世子自名，謂對己國之君。寡君之適，擯者對他國之辭。」公子曰「臣孽」。注：「孽，當爲枿，聲之誤。」正義：「枿，是樹生之餘。盤庚曰：『若顛木之有由蘖。』」方性夫曰：「世子爲適，則知公子爲庶。庶子，孽也。適子，本也。」士曰「傳遽之臣」，於大夫曰「外私」〔一〕。注：「傳遽，以車馬給使者也。士臣於大夫者曰『私人』。」○孽，音枿，五葛反，徐五列反。傳，陟戀反。遽，其庶反。

大夫私事使，私人擯則稱名，注：「私事使，謂以君命私行，非聘也。若魯成公時，晉侯使韓穿來言汶陽之田，歸之於齊之類。」劉原父曰：「鄭説非也。此謂若趙襄子使楚隆弔吴夫差之類。私臣於君命不得言主，故名之。楚隆之辭曰：『寡君之老無邮使陪臣隆敢展謝之。』此則名者也。」

公士擯則曰「寡大夫」、「寡君之老」〔二〕。大夫有所往，必與公士爲賓也。注：「謂聘也。大聘使上大夫，小聘使下大夫。公士爲賓，謂作介也。往，之也。」○賓，必刃反。

〔一〕「大」，原誤「夫」，據禮記注疏改。
〔二〕「寡君」，原誤「賓君」，據禮記注疏改。

十三經清人注疏

禮記訓纂 下

〔清〕朱彬 撰

饒欽農 點校

禮記訓纂卷十四

明堂位第十四

正義：「鄭目録云：『名曰明堂者，以其記諸侯朝周公於明堂之時，所陳列之位也。在國之陽，其制東西九筵，南北七筵，堂崇一筵，五室，凡室二筵。此於別録屬明堂陰陽。』按異義：『今戴禮説，盛德記曰：「明堂者，自古有之，凡九室，室四户八牖，共三十六户，七十二牖。以茅蓋屋，上圓下方，所以朝諸侯。其外有水，名曰辟雍。」明堂月令説，明堂高三丈，東西九仞，南北七筵，上圓下方，四堂十二室，室四户八牖。其宫方三百步，在近郊三十里。講學大夫淳于登説云：「明堂在國之陽，三里之外，七里之内，丙巳之地，就陽位，上圓下方，八窗四闥。布政之宫，故稱明堂。」』」汪氏中曰：「逸周書明堂篇：『周公相武王以伐紂，既克紂，六年而武王崩。成王嗣，幼弱，未能踐天子之位。周公攝政，君天下，弭亂，六年而天下大治，乃會方國諸侯於宗周，大朝諸侯於明堂之位。』因是而制爲會同，以發四方之禁，施天下之政。習禮者傳釋其文，以爲朝事義。而魯之儒又因周書之舊而增飾之，爲明堂位篇，以表周公之功。四海九州之君，咸在國中，不足以容之，故爲壇于郊。淳于登以爲三里之外，七里之内，是也。其制爲壇三百步，其深四尺，旁各一門，爲周公攝政六年，大朝諸侯，宗祀文王以配上帝之所。」

昔者周公朝諸侯于明堂之位，天子負斧依，南鄉而立。注：「負之言背也。斧依，爲斧文屏風於户牖之閒。」三禮圖曰：「扆，從廣八尺，畫斧文，今之屏風則遺象也。」吴幼清曰：「周公制禮作樂之事備，乃會侯、甸、男、采、衛五服之諸侯，營洛邑。此記言『周公朝諸侯于明堂之位』，蓋是周公制作之時，定此朝位。天子，謂王也。舊注謂『周公攝王位，朝諸侯』，非也。」〇斧，音甫。依，本又作「扆」，同，於豈反。鄉，許亮反。三公，中階之前，北面，東上。諸侯之位，阼階之東，西面，北上。諸伯之國，西階之西，東面，北上。諸子之國，門東，北面，東上。諸男之國，門西，北面，東上。九夷之國，東門之外，西面，北上。八蠻之國，南門之外，北面，東上。六戎之國，西門之外，東面，南上。五狄之國，北門之外，南面，東上。九采之國，應門之外，北面，東上。四塞，世告至。此周公明堂之位也。注：「朝位之上，上近主位，尊也。九采，九州之牧，典貢職者也。正門謂之應門。二伯帥諸侯而入，牧居外而糾察之也。四塞，謂夷服、鎮服、蕃服，在四方爲蔽塞者，新君卽位則乃朝。周禮『侯服歲一見』，『甸服二歲一見』，『男服三歲一見』，『采服四歲一見』，『衛服五歲一見』，『要服六歲一見』，『九州之外，謂之蕃國，世一見』。」正義：「西面北上者，皇氏云：『在東門外之南，故北上。』北面東上者，皇氏云：『在南門外之西，故東上。』東面南上者，皇氏云：『在西門外之北，故南上。』南面東上者，皇氏云：『在北門外之東，今按經云「東上」，則宜在北門外之西，故東上。』九采之國，北面東上，皇氏云：『在應門外之西。』此是九州之牧，謂之采者，以采取當州美物而貢天子，故王制云：『千里之外曰采。』四塞世告至，此謂九州之外，夷、鎮、蕃三服，爲四方蕃塞，每世一來朝。告至，或新王卽位而來朝，或己君初卽位，故云『世告至』也。其夷狄之名，此云『九夷』『八蠻』『六戎』『五狄』，職方云『四夷、八蠻、七閩、九貉、五戎、六狄』。爾雅釋地文云：『九夷、八狄、七戎、六蠻，謂之四海。』不同者，爾雅所云謂殷代，此明堂『周公朝諸侯』及職方竝謂周禮，但戎狄之數五六不同。」金氏榜曰：「所謂合諸侯之明堂，于周官經司儀及覲禮見宮壇之制，于明堂位見階門之位，大戴禮記朝事義則兼舉之。盛德篇曰『明堂者，所以明諸侯尊卑』，『其宮方三百步，在近郊』。此爲壇爲宮，謂之明堂，無室、廟、个之制，唯四面表其門，則不殊覲禮于祀方明 言反則出拜日爲出其宮門，可知方明之祀配以受命之王。古文尚書伊訓：『伊尹祀于先王，誕資有牧方明。』漢書援之而曰：『言雖有成湯、大丁、外丙之服，以冬至越茀祀先王于方明，以配上帝。』孝經：『宗祀文王于明堂，以配上帝。』殷周典禮，相沿之可稽者若此。」○塞，先代反。

明堂也者，明諸侯之尊卑也。注：「朝於此，所以正儀辨等也。」

昔殷紂亂天下，脯鬼侯以饗諸侯，注：「以人肉爲薦羞，惡之甚。」正義：「周本紀作『九侯』。庾氏云：『九與鬼，聲相近。』」是以周公相武王以伐紂。武王崩，成王幼，弱周公踐天子之位，以治天下。六年，朝諸侯於明堂，制禮作樂，頒度量，而天下大服。七年，致政於成王。注：「踐，猶履也。頒，讀爲班。度，丈尺、高卑、廣狹也。量，謂豆、區、斗、斛、筐、筥、所容受。致政，以王事歸授之。」

成王以周公爲有勳勞於天下，是以封周公於曲阜，地方七百里，革車千乘，注：「王功曰勳，事功曰勞。曲阜，魯地。上公之封，地方五百里，加魯以四等之附庸，方百里者二十四，并五五二十五，積四十九，開方之得七百里。革車，兵車也。兵車千乘，成國之賦也。詩魯頌曰：『王謂叔父，建爾元子，俾侯于魯，大啓爾宇，爲周室輔。乃命魯公，俾侯于東，錫之山川，土田附庸。』又曰：『公車千乘，朱英緑縢。』」命魯公世世祀周公以天子之禮樂。是以魯君孟春乘大路，載弧韣，旂十有二旒，廣雅：「天子十二斿至地，諸侯九斿至軫，卿大夫七斿至軹，士三斿至肩。」日月之章，祀帝于郊，配以后稷，天子之禮也。注：「同之於周，尊之也。魯公，謂伯禽。孟春，建子之月。魯之始郊日以至。大路，殷之祭天車也。弧，旌旗所以張幅也。其衣曰韣。天子之旌旗畫日月。」○乘，繩證反。韣，音獨。

季夏六月，以禘禮祀周公於大廟，牲用白牡，尊用犧、象、山罍，鬱尊用黃目，灌用玉瓚大圭，薦用玉豆雕篹，爵用玉琖仍雕，加以璧散璧角，俎用梡嶡。升歌清廟，下管象，朱干玉戚，冕而舞大武，皮弁素積，裼而舞大夏。昧，東夷之樂也。任，南蠻之樂也。納夷蠻之樂於大廟，言廣魯於天下也。注：「季夏，建巳之月也。禘，大祭也。周公曰大廟，魯公曰世室，羣公稱宮。白牡，殷牲也。尊，酒器也。犧尊，以沙羽爲畫飾。象尊，象骨飾之。鬱尊，鬱鬯之器也。黃目，黃彝也。灌，酌鬱尊以獻也。瓚形如槃，容五升，以大圭爲柄，是謂圭瓚。篹，籩屬也，以竹爲之。雕，刻飾其直者也。爵，君所進於尸也。仍，因也，因爵之形爲之飾也。加，加爵也。散、角，皆以璧飾其口也。梡，始有四足也。嶡爲之距。清廟，周頌也。象謂周頌武也，以管播之。朱干，赤大盾也。戚，斧也。冕，冠名也。諸公之服，自袞冕而下如王之服也。大武，周舞也。大夏，夏舞也。周禮：『昧師，掌教昧樂。』詩曰：『以雅以南，以籥不僭。』廣，大也。」詩鼓鐘毛傳：「東夷之樂曰昧，南夷之樂曰南，西夷之樂曰朱離，北夷之樂曰禁。」段氏玉裁曰：「明堂位：『任，南蠻之樂也。』古任、南同音同用。」五經通義：「王者樂有先後，各尚其德也。以文得之，先文樂，持羽毛而舞。以武得之，先武樂，持朱干玉戚而舞，所以增威武也。戚，斧。干，楯也。玉取其德，于取其仁，明當尚德行仁，以斷斬也。」正義：「尊敬周公，不可用己代之牲，故用白牡。犧，犧尊也。周禮朝踐堂上薦血腥時，用以盛醴齊。象，象尊也。周禮春夏之祭，堂上薦朝事竟，尸入室，饋食時用以盛盎齊，君及夫人所酌以獻尸也。山罍，天子於追享朝享之祭，再獻所用。鬱，謂鬱鬯酒。黄目，嘗烝所用。灌，謂酌鬱鬯獻尸求神也。以玉飾瓚，故曰『玉瓚』；以大圭爲瓚柄，故曰『大圭』。薦，謂祭時所薦菹醢之屬。以玉飾豆，故曰『玉豆』。籩形似筥，亦薦時用，雕鏤其柄。爵，以玉飾之。加，謂尸入室，饋食竟，主人酌醴齊酳尸，名爲朝獻，朝獻竟，夫人酌盎齊亞獻。夫人用璧角。内宰所謂『瑤爵』也。璧散者，諸侯爲賓以獻尸，亦得稱加。梡形四足如案，禮圖云：『梡長二尺四寸，廣一尺二寸，高一尺，諸侯加雲氣，天子犧飾之。嶡亦如梡，而横柱四足中央，如距也。』賀云：『直有脚曰梡，加脚中央横木曰嶡。』升，升堂也。升樂工於廟堂，而歌清廟詩也。管匏竹在堂下，故云『下管』。六冕是周制，故冕而舞周樂。皮弁是三王服，故皮弁舞夏樂。周公德廣，非唯用四代之樂，亦爲蠻夷所歸，故賜蠻夷之樂於庭也。唯言『夷蠻』，則戎狄可知。廣魯欲使如天子，示於天下，故云『廣魯於天下也』。」金氏榜曰：「天官内宰『大祭祀，后裸獻，則贊，瑤爵亦如之』，注云：『瑤爵，謂尸卒食，王既酳尸，后亞獻之，其爵以瑤爲飾。』則『以璧角璧散』與此『瑤爵』爲一，是加用瑤爵也。賈、孔之申注義者，謂后未酳尸以前不用瑤爵，朝踐饋食皆酌玉爵，與王同。唯崔靈恩氏以爲后獻皆用瑤爵，九獻之外，諸臣加爵用璧角璧散。杜佑依用其說。」○大，音泰。犧，素何反。罍，音雷。灌，古亂反。瓚，才旦反。籩，息綏反。琖，側眼反。梡，苦管反。嶡，居衛反。

君卷冕立于阼，夫人副褘立于房中。君肉袒迎牲于門，夫人薦豆籩，卿大夫贊君，命婦贊夫人，各揚其職。百官廢職服大刑，而天下大服。注「副，首飾也。詩云：『副笄六珈。』周禮追師『掌王后之首服，爲副。』褘，王后之上服，唯魯及王者之後夫人服之，諸侯夫人則自揄翟而下。贊，佐也。命婦，於內則世婦也，於外則大夫之妻也。祭祀，世婦以下佐夫人。揚，舉也。大刑，重罪也。天下大服，知周公之德宜饗此也。」正義：「迎牲，謂祼鬯之後，牲入之時，迎於門。夫人薦豆籩者，謂朝踐及饋孰并酳尸之時薦豆籩也。贊，助也。卿大夫助君，謂迎牲幣告及終祭之屬。於內則世婦，於外則卿大夫妻，竝助夫人薦豆籩及祭事之屬也。」○褘，音輝。

是故夏礿，秋嘗，冬烝，春社、秋省而遂大蜡，天子之祭也。注：「不言『春祠』，魯在東方，王東巡守以春，或闕之。省，讀爲獮。獮，秋田名也。春田祭社，秋田祀祊。大蜡，歲十二月索鬼神而祭之。」陳用之曰：「春言社，則知秋獮亦祀方。詩曰『以社以方』，是也。秋言獮，則春社亦蒐，傳曰『春蒐夏苗，秋獮冬狩』，是也。」○礿，音藥。省，讀爲獮，仙淺反。蜡，仕嫁反。

大廟，天子明堂。庫門，天子皋門。雉門，天子應門。注：「言廟及門如天子之制也。天子五門：皋、庫、雉、應、路。魯有庫、雉、路，則諸侯三門與？皋之言高也。詩云：『乃立皋門，皋門有伉，乃立應門，應門將將。』」正義：「言魯之庫門制似天子皋門，雉門制似天子應門，不必事事皆同。」劉原父曰：「以詩、書、禮、春秋考之，天子有皋、應、畢，無庫、雉、路。諸侯有庫、雉、路，無皋、應、畢。天子三門，諸侯亦三門，門同而名不同。」

振木鐸於朝，天子之政也。注：「天子將發號令，必以木鐸警衆。」

山節、藻梲、復廟、重檐、刮楹、達鄉、反坫、出尊、崇坫、康圭、疏屏，天子之廟飾也。注：「山節，刻欂盧爲山也。藻梲，畫侏儒柱爲藻文也。復廟，重屋也。重檐，重承壁材也。刮，刮摩也。鄉，牖屬，謂夾戶窗也。每室八窗爲四達。反坫，反爵之坫也。出尊，當尊南也。唯兩君爲好，既獻，反爵於其上。禮，君尊于兩楹之閒。崇，高也。康，讀爲『亢龍』之亢。又爲高坫。亢所受圭奠于上焉。屏謂之樹，今浮思也。刻之爲雲氣蟲獸，如今闕上爲之矣。」説文：「屏，蔽也。」正義：「皇氏云：『重檐，爲就外檐下壁，復安板檐，以辟風雨之濺壁。』楹，柱也。以密石摩柱。達，通也。鄉，謂窗牖也。以牖户通達，故曰『達鄉』。反坫，築土爲之。尊在兩楹閒，坫在尊南，故曰『出尊』。康圭者，爲高坫，受賓之圭，舉於其上。」○棁，專悦反。重，直龍反。檐，以占反。刮，古八反。鄉，許亮反。坫，丁念反。康，音抗，苦浪反。

鸞車，有虞氏之路也。鉤車，夏后氏之路也。大路，殷路也。乘路，周路也。注：「鸞，有鸞和也。鉤，有曲輿者也。大路，木路也。乘路，玉路也。漢祭天乘殷之路也，今謂之桑根車也。春秋傳曰：『大路素。』鸞，或爲欒也。」○乘，食證反。

有虞氏之旂，夏后氏之綏，殷之大白，周之大赤。注：「四者，旌旗之屬也。綏，當爲緌，讀如『冠蕤』之蕤。有虞氏當言緌，夏后氏當言旂，此蓋錯誤也。緌，謂注旄牛尾於杠首，所謂大麾。書云：『武王左杖黄鉞，右秉白旄以麾。』周禮『王建大旂以賓』，『建大赤以朝』，『建大白以即戎』，『建大麾以田』也。」爾雅：「有鈴曰旂。」釋名：「交龍曰旂。旂，倚也，畫作兩龍相依倚也，諸侯所建也。緌，有虞氏之旌也。注旄竿首，其形桑桑然也。綏，夏后之旌也，其形衰衰也。」

夏后氏駱馬黑鬣，殷人白馬黑首，周人黄馬蕃鬣。夏后氏牲尚黑，殷白牡，周騂剛。注：

「順正色也。白馬黑鬣曰駱。殷黑首，爲純白凶也。騂剛，赤色。」說文：「駱，馬白色，黑鬣尾也。」正義：「駱，白黑相閒也。夏尚黑，故用黑鬣也。殷尚白，頭黑而鬣白，從所尚也。周尚赤，用黃，近赤也。騂，赤色也。剛，牡也。騂言剛，則白赤剛。白言牡，黑亦牡也。」王氏引之曰：「蕃字，古無訓黑訓赤者。蕃蓋白色也，讀若『老人髮白曰皤』。白蒿謂之蘩，白鼠謂之鼶，馬之白鬣謂之蕃鬣，其義一也。」○駱，音洛。鬣，力輒反。蕃，字又作「番」，音煩。騂，息營反。

泰，有虞氏之尊也。山罍，夏后氏之尊也。著，殷尊也。犧象，周尊也。注：「泰，用瓦著，著地無足。」說文：「櫑，龜目酒尊。刻木作雲雷象，象施不窮也。罍，或从缶。罍，或从皿。」正義：「罍，雲雷也。畫爲山雲之形。殷尊無足，則泰、罍、犧竝有足也。」聶氏三禮圖曰：「太尊受五斗。周禮司尊彝注云：『太古之瓦尊也。』今以黍寸之尺計之，口圓徑一尺，脰高三寸，中橫徑九寸。脰下大橫徑一尺二寸，底徑八寸，腹上下空徑一尺五分，厚半寸，脣寸，底平厚寸，與瓦甒形制容受皆同。山尊受五斗，今以黍寸之尺計之，口圓，徑九寸，腹高三寸，中橫徑八寸，脰下大橫徑尺二寸，底徑八寸，腹上下空徑一寸五分，足高二寸，下徑九寸。著尊受五斗，漆赤中。今以黍寸之尺計之，口圓徑一尺二寸，底徑八寸，上下空徑一寸五分，與獻尊象尊容受竝同，但無足及飾耳。獻尊。案明堂位曰：『獻、象，周尊也。』禮器云：『廟堂之上，犧尊在西。』注云：『犧，周禮作獻。』又詩頌毛傳說：『用沙羽以飾尊。』則毛、鄭『獻沙』二字讀與婆娑之娑義同，皆謂刻鳳皇之象於尊，其形婆娑然。案阮氏圖：『其犧尊飾以牛。』又云：『諸侯飾口以象骨，天子飾以玉。』其圖中形制，亦於尊上畫牛爲飾。象尊，後鄭云：『以象骨飾尊。』梁正、阮氏則以畫象飾尊。」○著，直略反。

爵，夏后氏以琖，殷以斝，周以爵。注：「斝，畫禾稼也。詩曰：『洗爵奠斝。』」說文：「斝，玉爵也。夏曰琖，殷曰斝，周曰爵。从吅从斗，冂象形。與爵同意。或說斝受六升。」聶氏三禮圖曰：「爵，刻木爲之，漆赤中。爵，盡也，足也。舊圖亦云：『畫赤雲氣。』」○斝，音嫁。

灌尊，夏后氏以雞夷，殷以斝，周以黄目。其勺，夏后氏以龍勺，殷以疏勺，周以蒲勺。

注：「夷，讀爲彝。周禮：『春祠夏禴，祼用雞彝鳥彝。』『秋嘗冬烝，祼用斝彝黄彝。』龍，龍頭也。疏，通刻其頭。蒲，合蒲如鳧頭也。」說文：「彝，宗廟常器也。从系。系，綦也。廾持，米，器中實也。此與爵相似。周禮六彝，以待祼將之禮。」正義：「雞彝，畫雞於彝。黄目，以黄金爲目。龍勺，勺爲龍頭。疏勺，謂刻鏤，通刻勺頭。皇氏云：『蒲，謂合蒲，當刻勺爲鳧頭。其口微開，如蒲草本合而末微開也。』」聶氏三禮圖曰：「雞彝，受三斗，宗廟器，盛明水。臣崇義按舊圖云六彝唯雞、鳥、虎、蜼四彝皆刻木爲之。畫四物之形，於背上負尊，皆立一圓器之上。其器三足，漆赤中，如火爐狀。周禮司尊彝，後鄭云：『謂刻而畫之，爲雞、鳳皇之形。』著於尊上，考文審象，法制甚明。今以黍寸之尺計之，口圓，徑九寸，底徑七寸，其腹上下空徑高一尺，足高二寸，下徑八寸。六彝所飾，各畫本象，其形制容受皆同。斝彝，盛明水。先鄭讀斝爲稼，謂『畫禾稼於尊，因爲尊名』。其彝與舟，竝漆赤中，其局足內亦漆畫禾稼爲飾。黄彝，盛鬱鬯。後鄭云：『謂以黄金爲目也。』其彝與舟，竝以金漆通漆。龍勺，舊圖云：『柄長二尺四寸，受五升。士大夫漆赤中，諸侯以白金飾，天子以黄金飾。』臣崇義謹案周禮梓人云：『勺一升，爵一升。』今以黍寸之尺計之，柄長尺二寸，口縱徑四寸半，中央横徑四寸，兩頭横徑各二寸。又師儒相傳，皆以刻勺頭爲龍頭狀。又案阮氏圖說『蒲勺，頭如鳧頭』，即知龍勺，頭亦如龍頭明矣。疏勺，舊圖云：『疏勺，長三尺四寸，受一升。漆赤中，丹柄端。』臣崇義詳此疏勺，亦宜如疏杝通疏，刻畫雲氣飾其柄。蒲勺，舊圖云：『蒲勺，頭

如凫頭。』今以黍尺計之，柄長二尺四寸，口縱徑四寸半，中央横徑四寸，兩頭横徑各二寸，深一寸，受一升。挹酒及亞獻以下罍水。」○勺，市灼反。

土鼓、蕢桴、葦籥，伊耆氏之樂也。注：「蕢，當爲凷，聲之誤也。籥如笛，三孔。伊耆氏，古天子有天下之號也。」正義：「土鼓，謂築土爲鼓。蕢桴，以土塊爲桴。」○蕢，讀爲凷，苦對反。葦，于鬼反。籥，音藥。

拊搏、玉磬、揩擊、大琴、大瑟、中琴、小瑟，四代之樂器也。注：「拊搏，以韋爲之，充之以糠，形如小鼓。揩擊，謂柷敔，皆所以節樂者也。四代，虞、夏、殷、周也。」爾雅釋器：「大琴謂之離。」郭注：「或曰：琴大者二十七弦，未詳長短。」廣雅：「琴長三尺六寸六分，五弦。」白虎通曰：「琴者，禁也，所以禁止淫邪，正人心也。」又釋器：「大瑟謂之灑。」郭注：「長八尺一寸，廣一尺八寸，二十七弦。」○拊，芳甫反。搏，音博。揩，居八反。

魯公之廟，文世室也。武公之廟，武世室也。注：「此二廟，象周有文王武王之廟也。世室者，不毁之名也。魯公，伯禽也。武公，伯禽之玄孫也，名敖。」春秋文十三年穀梁傳：「周公曰大廟，伯禽曰大室，羣公曰宫。」正義：「按成六年『立武宫』，公羊、左氏竝譏之，不宜立也。按世本：『伯禽生煬公熙，熙生弗，弗生獻公具，具生武公敖。』是伯禽玄孫名敖。」王晦叔曰：「周公爲魯太祖，而開國實魯公，其廟不毁固宜，然不可援文王爲比也。若武公毁而復立，則季氏爲之也，豈可比武之世室乎？」

米廩，有虞氏之庠也。序，夏后氏之序也。瞽宗，殷學也。頖宫，周學也。注：「庠，序，亦學也。庠之言詳也，於以考禮詳事也。魯謂之米廩。虞帝上孝，今藏粢盛之委焉。序，次序王事也。瞽宗，樂師瞽矇之所

宗也。古者有道德者使教焉，死則以爲樂祖，於此祭之。頖之言班也，於以班政教也。」崇鼎、貫鼎大璜，封父龜，

天子之器也。注：「崇、貫、封父，皆國名。文王伐崇。古者伐國，遷其重器，以分同姓。大璜，夏后氏之璜。春秋傳曰：『分魯公以夏后氏之璜。』」王氏懋竑曰：「封父似是人名，非國名。春秋傳『封父之繁弱』，弓也，此言龜，疑記者之誤。」

○貫，古喚反。璜，音黄。父，音甫。

越棘大弓，天子之戎器也。注：「越，國名。棘，戟也。春秋傳曰：『子都拔棘。』」

夏后氏之鼓足，殷楹鼓，周縣鼓。注：「足，謂四足也。楹謂之柱。貫中上出也。縣，縣之簨虡也。殷頌曰：『植我鼗鼓。』周頌曰：『應朄縣鼓。』」七經孟子考文補遺曰：「足利本『鼓』足作『足鼓』。」王氏念孫曰：「足鼓，鼓名也，與『楹鼓』、『縣鼓』文同一例。若云『夏后氏之鼓足』，則文不成義。下文『垂之和鍾，叔之離磬』，亦與此同。案廣雅鼓名有足鼓。隋書音樂志：『夏后氏加四足，謂之足鼓。殷人柱貫之，謂之楹鼓。周人縣之，謂之縣鼓。』皆本明堂位之文。商頌那篇『置我鞉鼓』，毛傳曰：『夏后氏足鼓，殷人置鼓，周人縣鼓。』詩正義兩引明堂位皆作『足鼓』，與毛傳、廣雅同，則孔本禮記之作『足鼓』甚明。」

垂之和鍾，叔之離磬，女媧之笙簧。注：「垂，堯之共工也。女媧，三皇承宓戲者。叔，未聞也。和、離，謂次序其聲縣也。笙簧，笙中之簧也。世本曰：『垂作鍾，無句作磬，女媧作笙簧。』」聶氏三禮圖曰：「舊圖云：『笙長四尺，諸管參差，亦如鳥翼。』」○鍾，章凶反，説文作「鐘」。媧，徐古蛙反。

夏后氏之龍簨虡，殷之崇牙，周之璧翣。注：「簨虡，所以縣鍾磬也。横曰簨，飾之以鱗屬。植曰虡，飾

之以贏屬，羽屬。簨以大版爲之，謂之業，殷又於龍上刻畫之以重牙〔一〕，以挂縣紘也。周又畫繒爲翣，戴以璧，垂五采羽於其下，樹於簨之角上，飾彌多也。」爾雅釋器「木謂之虡」，郭注：「縣鐘磬之木，植者名虡。」邵氏晉涵曰：「詩疏引孫炎云：『虡栒之植，所以縣鐘磬也。』宋書引蔡邕月令章句云：『寫鳥獸之形，大聲有力者，以爲鐘虡。清聲無力者，以爲磬虡。』是鐘磬皆有虡也。」說文：「虡，鐘鼓之柎也。飾爲猛獸，象其下足。業，大版也，所以飾縣鐘鼓，捷業如鋸齒，以白畫之，象其鉏鋙相承也。」釋名：「所以縣鐘鼓者，横曰簨。簨，峻也，在上高峻也。從曰虡。虡，舉也，在旁舉簨也。簨上之板曰業，刻爲牙，捷業如鋸齒也。」江氏永曰：「璧翣，喪葬之飾，豈可施之於樂器？此因後文『殷之崇牙，周之璧翣』而誤也。璧翣，當作『樹羽』，蓋以五采羽樹於簨之角，非縣於璧翣之下。然崇牙亦用之，何也？曰：崇牙本旌旗之飾，猶虡之綏，夏之綢練，吉時旌旗亦用之。簨業上刻爲牙，以縣鐘磬之紘，本不爲嫌。若璧翣者，特設之爲障柩之飾。吉時王出行，節服氏維大常，旅賁執戈盾夾車，條狼執鞭夾道，未見有持璧翣爲儀衛者。」○簨，本又作「筍」，恤尹反。虡，音巨。翣，所甲反。

有虞氏之兩敦，夏后氏之四璉，殷之六瑚，周之八簋。注：「皆黍稷器。制之異同未聞。」說文：「槤，瑚槤也。」徐鉉曰：「今俗作璉，非是。」三禮圖云：「瑚受一升，形制未聞。制度云如簋而平下。璉受一升，漆赤中，蓋亦龜形，大夫飾以白金。制度云如簋而兑下」。陸農師曰：「兩敦，黍、稷。四璉，黍、稷、稻、粱。六瑚，黍、稷、稻、粱、麥、苽。八簋，黍、稷、稻、粱、白黍、黄粱、稰、穛。」廣韻：「簋簠，祭器，受斗二升。内圓外方曰簋。」吴幼清曰：「簋是盛黍稷之器，其

〔一〕「重」，原誤「崇」，據禮記注疏改。

盛稻粱名簋。」○敦，音對，又都雷反。連，本又作「璉」，同，力展反。

俎，有虞氏以梡，夏后氏以嶡，殷以椇，周以房俎。注：「梡，斷木爲四足而已。嶡之言蹷也，謂中足爲橫距之象，周禮謂之距。椇之言枳椇也，謂曲橈之也。房，謂足下跗也，上下兩間，有似於堂房。魯頌曰：『籩豆大房。』」聶氏三禮圖曰：「臣崇義案舊圖云：『俎長二尺四寸，廣尺二寸，高一尺，漆兩端赤，中央黑。』又案舊圖云：『椇，殷俎，曲橈其足。』」○椇，俱甫反。

夏后氏以楬豆，殷玉豆，周獻豆。注：「楬，無異物之飾也。獻，疏刻之。齊人謂無髮爲禿楬。」三禮圖云：「豆以木，受四升。高尺二寸，漆赤中。大夫以上赤雲氣，諸侯加象飾口，天子玉飾。」○楬，徐苦瞎反。獻，素何反。

有虞氏服韍，夏后氏山，殷火，周龍章。注：「韍，冕服之韠也。舜始作之，以尊祭服。禹湯至周增以畫文，後王彌飾也。山，取其仁可仰也。火，取其明也。龍，取其變化也。天子備焉，諸侯火而下，卿大夫山，士韎韋而已。韍，或作黻。」○韍，音弗。

有虞氏祭首，夏后氏祭心，殷祭肝，周祭肺。注：「氣主盛也。」方性夫曰：「虞祭首，尚用氣故也。首，氣之陽也。三代各祭其所勝，夏尚黑勝赤，故祭心。殷尚白勝青，故祭肝。周尚赤勝白，故祭肺。」

夏后氏尚明水，殷尚醴，周尚酒。注：「此皆其時之用耳，言『尚』非。」正義：「夏后氏尚質，故用水。殷人稍文，故用醴。周人轉文，故用酒。按儀禮設尊尚玄酒，是周亦尚明水也。禮運云：『澄酒在下。』是三酒在堂下，則周世不尚酒。」

有虞氏官五十，夏后氏官百，殷二百，周三百。注：「周之六卿，其屬各六十，則周三百六十官也。此云『三百』者，記時冬官亡矣。昏義曰『天子立六官，三公，九卿，二十七大夫，八十一元士』，凡百二十，蓋謂夏時也。以夏周推前後之差，有虞氏官宜六十，夏后氏宜百二十，殷宜二百四十，不得如此記也。」

有虞氏之綏，夏后氏之綢練，殷之崇牙，周之璧翣。注：「綏亦旌旗之緌也。夏綢其杠，以練爲之旒。殷又刻繒爲崇牙，以飾其側，亦飾彌多也。湯以武受命，恆以牙爲飾也。此旌旗及翣，皆喪葬之飾。周禮大喪葬，巾車執蓋，從車持旌，御僕持翣，旌從遣車，翣夾柩路左右前後。天子八翣，皆戴璧垂羽。諸侯六翣，皆戴圭。大夫四翣，士二翣，皆戴綏。孔子之喪，公西赤爲志，亦用此焉。爾雅說旌旗曰：『素錦綢杠，纁帛縿，素升龍於縿，練旒九。』」江氏永曰：「此因前誤文之『璧翣』，合於周頌之『樹羽』，意其亦有垂羽，非也。」○綢，吐刀反。

凡四代之服、器、官，魯兼用之。是故魯，王禮也，天下傳之久矣；君臣未嘗相弒也，禮樂、刑法、政俗未嘗相變也。天下以爲有道之國，是故天下資禮樂焉。注：「王禮，天子之禮也。傳，傳世也。資，取也。此蓋盛周公之德耳。春秋時，魯三君弒，又士之有誄，由莊公始。婦人髽而弔，始於臺駘。云『君臣未嘗相弒』，『政俗未嘗相變』，亦近誣矣。資，或爲飲。」○傳，丈專反〔一〕。

〔一〕「丈」，原誤「文」，據釋文及禮記注疏改。

禮記訓纂卷十五

喪服小記第十五

正義：「鄭目録云：『喪服小記者，以其記喪服之小義也。此於別録屬喪服。』」

斬衰，括髮以麻，爲母括髮以麻，免而以布。注：「母服輕，至免，可以布代麻也。爲母又哭而免。」外傳曰：「凡言斬衰者，以六寸之布，廣四寸爲衰，帖於心前，麤而不緝也。」正義：「斬衰，主人爲父之服。括髮者，爲父未成服之前所服也。禮，親始死，子布深衣，去冠，猶有笄纚，徒跣，扱上衽。至將小斂，去笄纚，著素冠，視斂。斂訖，投冠而括髮。括髮者，鄭注喪服云：『括髮以麻者，自項以前，交於額上，卻繞紒，如著幓頭焉。』爲母初喪至小斂後括髮，與父禮同。至拜賓竟後，子往卽堂下之位，若爲父，於此時猶括髮而踊，襲絰帶，以至大斂而成服。若爲母，則不復括髮，乃著布免踊，而襲絰帶，以至成服。」齊衰，帶、惡笄以終喪。注：「笄所以卷髮，帶所以持身也。婦人質，於喪所以自卷持者，有除無變。」正義：「惡笄者，榛木爲笄也。」考文引古本、足利本「惡笄」上皆有「帶」字。段氏玉裁曰：「按注先釋笄，後釋帶，是脱帶字，不當在『惡笄』上。儀禮喪服疏引帶字在『惡笄』上，是各本不同也。」王氏念孫曰：「笄在首，帶在要，故注及正義皆先笄而後帶，若經文則不然。故正義述之云『要絰及笄，不須更易』，則經文之先帶後笄明矣。喪服及士虞禮疏兩引此文，皆作『帶、惡笄以終喪』，是孔、賈所見本同。」○括，古活反。爲，于僞反。免，音汶。齊，音咨。笄，古兮反。

男子冠而婦人笄，男子免而婦人髽。其義：爲男子則免，爲婦人則髽。注：「別男女也。」正義：「吉時，男子首有吉冠，則女首有吉笄。若親始死，男去冠，女則去笄。若成服，爲父，男則六升布爲冠，女則箭篠爲笄；爲母，男則七升布爲冠，女則榛木爲笄。男子免而婦人髽者，吉時首飾既異，今遭齊衰之喪，首飾亦別，當襲斂之節，男子著免，婦人著髽。免者，鄭注士喪禮云：『以布廣一寸，自項中而前交於額上，卻繞紒也。』男子之免有兩時，婦人之髽有三別。前云『斬衰，括髮以麻』，則婦人于時髽亦用麻也。有布髽者，此云『男子免』，對『婦人髽』，男免既用布，則婦人髽不容用麻也。有露紒髽者，喪服傳云：『布總、箭笄、髽、衰，三年。』三年之内，男不恒免，則婦人不用布髽，故知恒露紒也。又齊衰輕期，髽無麻布，然露紒恒居之髽則有笄。三髽之殊，是皇氏之説。今考校以爲止有二髽，一是斬衰麻髽，二是齊衰布髽，皆名露紒。喪服『女子子爲父，箭笄、髽、衰』，是斬衰之髽用麻。鄭注以爲露紒，明齊衰髽用布，亦謂之露紒髽也。賀瑒云：『男去冠，猶婦人去笄，義盡於此，故云「其義」也。』」王氏懋竑曰：「斬衰麻髽，齊衰布髽，自是未成服之時。儀禮『布總、箭笄、髽、衰，三年』，則別有成服之髽。但成服之髽，亦必有别。若以麻布，則同於未成服，不以麻布，則又同於齊衰輕喪以下，其制蓋不可考。豈以箭笄惡笄爲别，而髽制則一乎？」○髽，側巴反。

苴杖，竹也。削杖，桐也。正義：「苴者，黯也。夫至痛内結，必形色外章，心如斬斫，故貌必蒼苴，所以衰、裳、絰、杖俱備苴色也。必用竹者，以其體圓性貞，履四時不改，明子爲父禮中痛極，故斷而用之，無所厭殺也。削，殺也。必用桐者，明其外被削殺，服從時除，而終身之心當與父同也。」賈氏喪服傳疏：『父者子之天，竹圓亦象天。又外内有節，象子爲父有外内之痛。桐之言同，内心同於父。外無節，象家無二尊，屈於父，經時而有變。削之使方者，取母象於地故也。』」○苴，七余反。

祖父卒，而后爲祖母後者三年。注：「祖父在，則其服如父在爲母也。」正義：「謂適孫無父，而爲祖後，祖父已卒，今又遭祖母喪，故云『爲祖母後』也。若祖卒時父在，己爲祖期，今父没，祖母亡時己亦爲祖母三年也。」

爲父、母、長子稽顙。注：「喪尊者及正體，不敢不盡禮。」正義：「謂重服先稽顙而後拜者也。其餘期以下先拜後稽顙也。」大夫弔之，雖緦必稽顙。注：「尊大夫，不敢以輕待之。」婦人爲夫與長子稽顙，其餘則否。注：「恩殺於父母。」正義：「以受重他族，其恩減殺於父母也。」○長，丁丈反。稽，音啓。顙，素黨反。

男主必使同姓，婦主必使異姓。注：「謂爲無主後者爲主也。異姓，同宗之婦也。婦人外成。」正義：「庾氏云：『喪有男主以接男賓，女主以接女賓。若父母之喪，適子爲男主，適婦爲女主。今或無適子適婦爲正爲，遣他人攝主，若攝男主，必使喪家同姓之男；若攝婦主，必使喪家異姓之女。』」

爲父後者，爲出母無服。注：「不敢以己私廢父所傳重之祭祀。」正義：「母子至親，義不可絶。父在，子爲出母期。若父没，則適子一人不復爲母服。所以然者，己嗣烝嘗，不敢以私親廢先祖之祀故也。」

親親以三爲五，以五爲九；上殺、下殺、旁殺而親畢矣。注：「己，上親父，下親子，三也。以父親祖，以子親孫，五也。以祖親高祖，以孫親玄孫，九也。殺，謂親益疏者服之則輕。」正義：「上殺者，服父三年，服祖減殺至期。以次減之，應曾祖大功，高祖小功，而俱齊衰三月者。喪服注云：『重其衰麻，尊尊也。減其日月，恩殺也。』不可以大功小功旁親之服加至尊，故皆服齊衰也。下殺者，子服父三年，父子不宜等衰，故服子期。若正適傳重，便得遂情。父服子期，孫卑，理不得祖報，故爲九月。若傳重者，亦服期，爲孫大功，則曾孫宜五月。但曾孫服曾祖三月，曾祖報亦一時，曾祖正尊，自加齊衰服，曾孫卑，故服緦麻，曾孫既緦麻，玄孫理不容異。旁殺者，世叔之屬是也。據祖期斷，世叔宜九月，而世叔是父一體，故加至期也。從世叔據期而殺，是以五月。族世叔又疎，故緦麻。此發父而旁漸至輕也。祖期，祖之兄弟五月，族祖緦麻，是發祖而旁漸殺也。又曾祖本應五月，曾祖之兄弟，故三月。又兄弟至親，相爲期，同堂兄弟九月，從祖兄弟故小功，族昆弟又殺，故三月，是發兄弟而旁殺也。又父爲子期，兄弟之子但宜九月，而亦期者，世叔旁尊，不得自比父祖之重，故報期。又同堂兄弟之子，服從伯叔，無加則從伯叔，亦報五月，族兄弟之子緦，此發子而旁殺也。祖爲孫大功，兄弟之孫服從祖五月，故從祖報之小功也。同堂兄弟之孫緦，曾祖爲曾孫三月，爲兄弟曾孫亦三月。」○殺，所戒反。

王者禘其祖之所自出，以其祖配之。注：「禘，大祭也。始祖感天神靈而生，祭天則以祖配之。自外至者，無主不止。」而立四廟。注：「高祖以下，與始祖而五。」庶子王亦如之。注：「世子有廢疾不可立，而庶子立，其祭天立廟，亦如世子之立也。」金氏榜曰：「漢韋玄成等四十四人奏議云：『禮，王者始受命，諸侯始封之君，皆爲太祖，以下五廟而迭毁。周之所以七廟者，以后稷始封，文王武王受命而王，三廟不毁，與親廟四而七。然則周人祖文武，祖之所自出，主稷也。稷爲太祖廟，立文世室、武世室配之，皆世世不毁。又下禘其親廟四，所謂「以其祖配之，而立四廟」也。』王子雍傳合祭法之文，謂有虞氏之祖出自黄帝，以祖顓頊配黄帝而祭，故曰『以其祖配之』。榜謂古者配祭有二：自外至者，無主不止，故祭必有配。郊祀后稷以配天，宗祀文王于明堂以配上帝是也。妻祔食于夫爲配。少牢『以某妃配某氏』，是也。子孫陳于祖爲合食，不謂之配。自子雍誤釋此記，後學競爲異説，至謂『周人禘嚳以稷配，魯禘文王以周公配』。然祭法言『禘嚳』不下及稷，明堂位言『禘周公』不上及文王，其齟齬難通如此。」

別子爲祖，注：「諸侯之庶子，別爲後世爲始祖也。謂之別子者，公子不得禰先君。」正義：「謂諸侯適子之弟。別與後世爲始祖，謂此別子子孫爲卿大夫，立此別子爲始祖。」**繼別爲宗，**注：「別子之世長子，爲其族人爲宗，所謂百世不遷之宗。」**繼禰者爲小宗。**注：「別子庶子之長子，爲其昆弟爲宗也。謂之小宗者，以其將遷也。」正義：「謂別子之庶子。以庶子所生長子，繼此庶子與兄弟，爲小宗。」**有五世而遷之宗，其繼高祖者也。**注：「謂小宗也。小宗有四，或繼高祖，或繼曾祖，或繼祖，或繼禰，皆至五世則遷。」正義：「一身凡事四宗：事親兄弟之適，是繼禰小宗也。事同堂兄弟之適，是繼祖小宗也。事再從兄弟之適，事繼曾祖小宗也。事三從兄弟之適，是繼高祖小宗也。於族人俱事四小宗，兼大宗爲五也。」**是故祖遷於上，宗易於下。尊祖故敬宗，敬宗所以尊祖禰也。**注：「宗者，祖禰之正體。」正義：「四世之時，尚事高祖，至高祖之父，不爲加服，是祖遷於上。四世之時，仍宗三從族人，至五世，不復宗四從族人，各自隨近爲宗，是宗易於下。宗是先祖正體，所以尊祖故敬宗也。」○禰，乃禮反。

庶子不祭祖者，明其宗也。注：「明其尊宗以爲本也。禰則不祭矣。言『不祭祖』者，主謂宗子庶子俱爲適士，得立祖禰廟者也。凡正體在乎上者，謂下正猶爲庶也。」正義：「正體，謂祖之適也。下正，謂禰之適也。雖正爲禰適，而於祖猶爲庶也。五宗悉然。」

庶子不爲長子斬，不繼祖與禰故也。注：「尊先祖之正體，不二其統也。言『不繼祖禰』，則長子不必五世。」譙周五經然否曰：「此但別庶子而下言。不繼祖者，謂庶子身不繼禰，故其長子爲不繼祖，合而言之也。」正義：「馬季長注喪服云：『此爲五世之適，父乃爲之斬也。』庾氏云：『用恩則禰重，用義則祖重，故己承二重，而爲長子斬。若不繼祖，則不爲長子斬也。』又曰『「與禰」者，庾氏云：『若直云「不繼祖」，恐人謂庶子長子死者之身不繼祖〔一〕，欲明死者之父不繼祖與禰，非據死者之身。』鄭注喪服云『此言爲父後者，然後爲長子三年』，則是父之適子，即得爲長子三年。禮，爲後者有四條，皆不爲斬：有體而不正，庶子爲後是也。正而不體，適孫爲後是也。傳重非正體，庶孫爲後是也。正體不傳重，適子有廢疾不立是也。四者皆期，悉不得斬也。唯正體又傳重者乃極服耳。」

庶子不祭殤與無後者，殤與無後者從祖祔食。注：「不祭殤者，父之庶也。不祭無後者，祖之庶也。此二者當從祖祔食而已，不祭祖，無所食之也。共其牲物，而宗子主其禮焉。祖庶之殤，則自祭之。凡所祭殤者，唯適子耳。無後者，謂昆弟、諸父也。宗子之諸父無後者，爲墠祭之。」正義：「殤者，未成人而死者也。無後，謂成人未婚或已娶無子而死者。庶子所生之適子爲殤而死者，不得自祭之，以己是父庶，不合立父廟。殤尚不祭，成人無後不祭可知。己是祖庶，不合立祖廟，故兄弟無後者不得祭之。己若是曾祖之庶，亦不得祭諸父無後者，己是曾祖庶，不合立曾祖廟。庾氏云：『殤與無後者，四時隨宗子之家而祭也。但牲牢不得同於宗子祭享之禮。故曾子問注云：「凡殤特豚。」』宗子是士，唯有祖禰二廟，故諸父無後者爲墠祭之。若宗子爲大夫，得立曾祖廟者，則祭之於曾祖廟，不於墠也。」

庶子不祭禰者，明其宗也。注：「謂宗子庶子俱爲下士，得立禰廟也。雖庶人亦然。」正義：「若庶子是下士，宗子是庶人，此下士立廟於宗子之家，庶子共其牲物，宗子主其禮，雖庶人有祭義，若宗子爲下士，是宗子自祭之，庶

〔一〕「祖」字原脱，據禮記注疏補。

子不得祭也。」

親親，尊尊，長長，男女之有別，人道之大者也。注：「言服之所以降殺。」正義：「親親，謂父母也。尊尊，謂祖及曾祖高祖也。長長，謂兄及旁親也。不言卑幼，舉尊長則卑幼可知。男女有別者，若爲父斬，爲母齊衰；姑姊妹在室期，出嫁大功；爲夫斬，爲妻期之屬也。」

從服者，所從亡則已。注：「謂若爲君母之父、母、昆弟、從母也。」正義：「按服術有六，其一是徒從者。徒，空也，與彼非親屬，空從此而服彼。徒中有四：一是妾爲女君之黨，二是子從母服於母之君母，三是妾子爲君母之黨，四是臣從君而服君之黨。一從雖亡猶服，如女君雖沒，妾猶服女君之黨。其餘則所從亡則已，謂君母死則妾子不復服君母之黨，及母亡則子不復服母之君母，又君亡則臣不服君黨親也。又有妾攝女君爲女君黨，各有義故也。已，止也，止，謂徒從亡則止而不服者。」屬從者，所從雖沒也服。注：「謂若自爲己之母黨。」正義：「屬者，骨血連續以爲親也。亦有三：一是子從母服母之黨，二是妻從夫服夫之黨，三是夫從妻服妻之黨。注特舉一隅也。」妾從女君而出，則不爲女君之子服。注：「妾爲女君之黨服，得與女君同，而今俱出，女君猶爲子期，妾於義絶，無施服。」盧注：「謂俱有過而出，女君爲其子服，嫌妾當從服，故言不也。」正義：「從而出，謂姪娣也。姪娣從女君而入，亦從而出。」○爲，于僞反。

禮，不王不禘。注：「禘，謂祭天。」正義：「王，天子也。禮，唯天子得郊天。」

世子不降妻之父母，其爲妻也，與大夫之適子同。注：「世子，天子諸侯之適子也。不降妻之父母，爲妻故，親之也。爲妻亦齊衰不杖者。君爲之主，子不得伸也。主言『與大夫之適子同』，據服之成文也。」正義：「喪服齊衰不杖章稱『大夫適子爲妻』，若與世子爲妻，嫌大夫降喪服，士職卑，本無降理，大夫是尊降之首，恐其爲適婦而降，故特顯之。」江氏永曰：「此經『不降妻之父母』，對『公子降妻之父母』而言。蓋公子厭於父，降其妻爲大功，遂降妻之父母無服。若世子之妻爲繼體之配，異於公子之妻，其爲妻服齊衰不杖期，故妻之父母仍服緦也。」

父爲士，子爲天子諸侯，則祭以天子諸侯，其尸服以士服。注：「祭以天子諸侯，養以子道也。尸服士服，父本無爵，子不敢以己爵加之，嫌於卑之。」正義：「尸服士服者，謂尸服玄端。若君之先祖爲士大夫，則服助祭之服，故曾子問云：『尸弁冕而出。』若爲先君士尸，則著爵弁；若爲先君大夫尸，則著玄冕是也。」父爲天子諸侯，子爲士，祭以士，其尸服以士服。注：「謂父以罪誅，尸服以士服，不成爲君也。天子之子，當封爲王者後，以祀其受命之祖。云『爲士』，則擇其宗之賢者若微子者，不必封其子。爲王者後，及所立爲諸侯者，祀其先君以禮卒者，尸服天子諸侯之服。如遂無所封立，則尸也祭也皆如士，不敢僭用尊者衣物。」正義：「以其嘗爲天子諸侯，不可以庶人之禮待之。士是爵之最卑，故服其士服。」

婦當喪而出，則除之。爲父母喪，未練而出則三年，既練而出則已。未練而反則期，既練而反則遂之。注：「當喪，當舅姑之喪也。出除喪，絶族也。」正義：「則三年者，女出嫁爲父母期，若父母喪未小祥而被夫遣歸，值兄弟小祥，則隨兄弟服三年之受。既以絶夫族，故其情更隆於父母也。已，止也。若父母喪已小祥而女被遣，其期服已除，今歸，雖在三年，則止，不更反服也。未練而反則期者，父母喪未小祥，而夫命已反，則還夫家，至小祥而除，是依期服也。既練而反則遂之者，若被遣還家，已隨兄弟服三年之受，而夫命反之，則猶遂三年乃除，隨兄弟故也。」○爲，于僞反。

再期之喪，三年也。期之喪，二年也。九月七月之喪，三時也。五月之喪，二時也。三月之喪，一時也。注：「言喪之節應歲時之氣。」射慈曰：「三年、期歲喪沒閏，九月以下數閏也。」故期而祭，禮也。期而除喪，道也。祭不爲除喪也。注：「此謂練祭也。禮，正月存親，親亡至今而期。期則宜祭。期，天道一變，哀惻之情益衰，衰則宜除，不相爲也。」正義：「言爲練祭，自爲存念其親，不爲除喪而設。庾氏、賀氏並云：『祭爲存親，幽隱難知；除喪事顯，其理易識。恐人疑祭之爲除喪，故記者特明之。』」三年而后葬者必再祭，其祭之間不同時，而除喪。注：「再祭，練祥也。間不同時者，當異月也。既祔，明月練而祭，又明月祥而祭。必異月者，以葬與練祥本異歲，宜異時也。而除喪，已祥則除，不禫。」盧注：「謂逢變三年後乃葬者，虞祔後必行小祥大祥祭也。」正義：「禫者，本爲思念情深，不忍頓除。今既三年始葬，哀情已極，故不禫也。」

大功者主人之喪，有三年者則必爲之再祭，朋友虞祔而已。注：「謂死者之從父昆弟來爲喪主。有三年者，謂妻若子幼少，大功爲之再祭，則小功、緦麻爲之練祭可也。」通典：「劉德議問：『朋友虞祔，謂主幼而爲虞祔也。若都無主族，神不歆非類，當爲虞祔否？』田瓊答曰：『虞，安神也。祔，以死者祔於祖也。朋友恩舊歡愛，固當安之祔之，然後義備，但後日不常祭耳。』」正義：「大功尚爲練祥，則虞祔亦爲之可知。皇氏云：『死者有三年之親，大功主者爲之練祥，有期親則大功主者爲之至練。若但有大功，則大功主者至期，小功緦麻至祔。若又無期，則各依服月數而止。故雜記云：「凡主兄弟之喪，雖疏亦虞之。」謂無三年及期者也。』」方氏苞曰：「朋友不主練祥，何也？曰：子幼，妻自可舉，非大功同財者可比也。夫無主，前後家、東西家主之。若有子，則祭時當以衰抱，若曾子問子見之禮。」

士妾有子而爲之緦，無子則已。注：「士卑，妾無男女則不服，不別貴賤。」正義：「喪服云『大夫爲貴妾緦』，是別貴賤也。」

生不及祖父母、諸父、昆弟，而父稅喪，己則否。注：「謂子生於外者也。父以他故居異邦而生己，己不及見此親存時歸見之，今其死，於喪服年月已過乃聞之，父爲之服。己則否者，不責非時之恩於人所不能也。當其時則服。稅，讀『無禮則稅』之稅。稅喪者，喪與服不相當之言。」正義：「王肅云：『計己之生不及此親之存則不稅，若此親未亡之前己生則稅之也。』劉知、蔡謨義與王同，而以弟爲衍字。」江氏永曰：「言弟者，因昆連及之耳，勿泥。」○稅，皇他活反，徐他外反。

爲君之父、母、妻、長子，君已除喪而后聞喪，則不稅。注：「臣之恩輕也。謂卿大夫出聘問，以他故久留。」降而在緦、小功者則稅之。注：「謂正親在齊衰、大功者，正親緦、小功不稅矣。曾子問曰：『小功不稅，則是遠兄弟終無服也。』此句補脱誤在是，宜承『父稅喪，己則否』。」劉智喪服釋疑曰：「凡屈不得服者，皆有心喪之禮，小功以下不稅服，乃無心喪耳。」正義：「曾子所云是正小功耳，若本大功以上，降而在緦、小功者，則稅之，情重故也。」

近臣，君服斯服矣。其餘從而服，不從而稅。注：「謂君出，朝覲不時，反而不知喪者。近臣，閽寺之屬也。其餘，羣介、行人、宰、史也。」正義：「君親服限未除，君既服之，臣下亦從而服之。若限已竟，而君稅之，此臣不從君而稅。」君雖未知喪，臣服已。注：「從服者，所從雖在外，自若服也。」正義：「謂君出而臣不隨，君之親於本國內喪，君未知，而在國之臣卽服之也。」

虞，杖不入於室；祔，杖不升於堂。注：「哀益衰，敬彌多也。虞於寢，祔於祖廟。」

爲君母後者，君母卒，則不爲君母之黨服。注：「徒從也，所從亡則已。」正義：「謂無適立庶爲後也。妾子於君母之黨悉徒從，若君母卒，則不服君母之黨。」○爲，于僞反。

絰殺五分而去一。杖大如絰。注：「如要絰也。」正義：「喪服傳云：『苴絰大搹，左本在下，去五分一以爲帶。』」○絰，大結反。

妾爲君之長子，與女君同。注：「不敢以恩輕，輕服君之正統。」盧注：「與女君喪長子俱三年。」

除喪者先重者，注：「謂練，男子除乎首，婦人除乎帶。」正義：「凡所重者，有除無變，所以卒哭不受以輕服，至小祥各除其重也。」易服者易輕者。注：「謂大喪既虞卒哭而遭小喪也。其易喪服，男子易乎帶，婦人易乎首。」正義：「謂先遭斬服，虞卒哭已變葛，絰大小如齊衰之麻。若又遭齊衰之喪，齊衰要首皆牡麻，牡麻則重於葛，服宜從重，而男不變首，女不變要，以其所重故也。」

無事不辟廟門，注：「鬼神尚幽闇也。廟，殯宮。」正義：「辟，開也。廟門，殯宮門也。」哭皆於其次。注：「無時哭也。有事則入卽位。」正義：「次，謂倚廬。唯朝夕哭入門內卽位耳。若晝夜無時之哭，則皆於廬次之中也。」○辟，婢亦反。

復與書銘，自天子達於士，其辭一也。男子稱名，婦人書姓與伯仲，如不知姓則書氏。注：「此謂殷禮也。殷質，不重名，復則臣得名君。周之禮，天子崩，復曰：『皐天子復。』諸侯薨，復曰：『皐某甫復。』其餘及書銘則同。」正義：「天子書銘於大常，諸侯以下則各書於旌旗也。姓，如魯姬、齊姜也。氏，如孟孫三家之屬。」

斬衰之葛與齊衰之麻同，注：「絰之大，俱七寸五分寸之一。帶五寸二十五分寸之十九。」齊衰之葛與大功之麻同，注：「絰之大，俱五寸二十五分寸之十九。帶四寸百二十五分寸之七十六。」麻同皆兼服之。注：「皆者，皆上二事也。兼服之，謂服麻又服葛也。男子則絰上服之葛，帶下服之麻，婦人則絰下服之麻，固自帶其故帶也。所謂『易服，易輕者』也。兼服之文，主於男子。」陸農師曰：「謂若斬衰卒哭，男子變要絰以葛，若又遭齊衰之喪，則以齊衰之麻易葛帶，其首絰猶是斬衰之麻；女子更首絰以葛，若又遭齊衰之喪，則以齊衰之麻易葛絰，其要絰猶是斬衰之麻。是之謂兼服。何也？斬衰之葛，與齊衰之麻同也。下文放此，故曰『兼服之』，服重者則易輕者也。」江氏永曰：「前經『易服者，易輕者』，注、疏男女首要皆有麻無葛，正如陸氏之說。至此經注則謂『服麻又服葛』，蓋誤解『兼服』之文耳。兼服之者，謂男子以後輕喪之麻帶，易前重喪之葛帶，女子以後輕喪之麻絰，易前重喪之葛絰，是以麻而兼葛。兼之爲言包也，亦即間傳『輕者包』之意，非謂服麻又服葛也。鄭又誤解間傳『重者特』，謂男子之絰，婦人之帶，特其葛不變。既不變，則仍麻矣，乃以葛易之，何謂不變乎？蓋重者特謂男麻絰，女麻帶，特留之不易也。若如鄭氏說，則男子重首，婦人重帶，反以後輕喪而易麻爲葛，不亦悖乎？且此經注『婦人固自帶其故帶』，『兼服之文，主於男子』，而間傳注又謂『婦人之帶，亦特其葛不變』，前後不柢牾乎？」王氏懋竑曰：「麻同皆兼服之，注、疏本作『麻葛』，間傳『麻同則兼服之』，此文恐因間傳而誤。」

報葬者報虞，三月而后卒哭。注：「報，讀爲『赴疾』之赴，謂不及期而葬也。既葬卽虞。虞，安神也。卒哭之祭，待哀殺也。」○報，依注音赴，芳付反，下同。

父母之喪偕，先葬者不虞祔，待後事。其葬，服斬衰。注：「偕，俱也，謂同月若同日死也。先葬者，母也。曾子問曰：『葬先輕而後重。』又曰：『反葬奠，而後辭於殯，遂修葬事。其虞也，先重而後輕。』待後事，謂如此也。其葬，服斬衰者，喪之隆衰宜從重也。假令父死在前月，而同月葬，猶服斬衰，不葬不變服也。言『其葬，服斬衰』，則虞祔各以其服矣。及練祥皆然。卒事反服重。」正義：「虞祔稍飾，父喪在殯，故未忍爲虞祔也。後事，謂葬父也。雖葬母亦服斬衰，以父喪未葬，不得變服也。」○偕，音皆。

大夫降其庶子，其孫不降其父。注：「祖不厭孫也。大夫爲庶子大功。」正義：「庶子之子不降其父，猶爲三年。」大夫不主士之喪。注：「士之喪雖無主，不敢攝大夫以爲主。」江氏永曰：「大夫之外別無親，其如雜記所謂『前後家、東西家，又無有，則里尹主之』乎？」

爲慈母之父母無服。注：「恩不能及。」正義：「父雖命爲母子，本非骨肉。」○爲，于僞反，下皆同。

夫爲人後者，其妻爲舅姑大功。注：「以不貳隆。」正義：「夫爲本生父母期，故其妻降一等服大功。」

士祔於大夫，則易牲。注：「不敢以卑牲祭尊也。大夫少牢也。」正義：「祭殤與無後者，不云『易牲』，而此易牲者，前是宗子爲祭，故殤及無後者依亡人之貴賤禮供之。又下云『賤不祔貴』，而此祔大夫者，謂無士可祔，則不得不祔於大夫，猶如妾無妾祖姑，易牲而祔於女君可也。」

繼父不同居也者，必嘗同居，皆無主後，同財而祭其祖禰爲同居，有主後者爲異居。注：「錄恩服深淺也。見同財則期，同居異財，故同居。今異居，及繼父有子，亦爲異居，則三月。未嘗同居則不服。」正義：「異居之道，其理有三：一者昔同今異；二者今雖共居，而財計各別；三者繼父更有子，便爲異居。異居則服齊衰三月而已。」江氏永曰：「按喪服傳云：『夫死，妻稺子幼，子無大功之親，與之適人，而所適者亦無大功之親，所適者以其貨財爲之築宮廟，歲時使之祀焉，妻不敢與焉，若是則繼父之道也。同居則服齊衰期，異居則服齊衰三月。』蓋此子若有親者撫育，則不從母適人，惟無大功之親，是以從母他適，賴所適者撫育之，而所適者亦無大功之親，是以與之同財，而又爲築宮廟，使之祭祀，則繼父之恩深矣。如是者爲同居繼父服齊衰期。若此子賴其撫育，而彼自有親者享其財，或繼父先未有子而後生子，則此子亦不得分其財，是爲先同居而後異居。其恩淺者服輕，爲服齊衰三月。若初未從母適人，則無恩不服矣。傳言『無大功之親』，而此約言之曰『無主後』，蓋大功之親可主人之喪也。傳舉疏以包親，無大功以上之親，則無後可知。同居異居之別，不在已之主後，而在所適者之主後，故云『有主後者爲異居』。舉有主後，可該不同財也。」

哭朋友者，於門外之右，南面。注：「變於有親者也。門外，寢門外。」正義：「右，西邊也。南面，鄉南也。鄉南爲主，以對答弔客。」

祔葬者不筮宅。注：「宅，葬地也。前人葬既筮之。」

士大夫不得祔於諸侯，祔於諸祖父之爲士大夫者。其妻祔於諸祖姑，妾祔於妾祖姑，亡則中一以上而祔，祔必以其昭穆。注：「士大夫，謂公子公孫爲士大夫者。不得祔於諸侯，卑別也。既卒哭，各就其先君爲祖者兄弟之廟而祔之。中，猶間也。」正義：「士易牲祔於大夫，而大夫不得祔於諸侯者，諸侯之貴絶宗，故大夫士不得輕親也。中一以上而祔者，祖無妾，則又間曾祖而祔高祖之妾也。下云『妾母不世祭』，於孫否，則妾無廟。今云祔及高祖者，當爲壇祔之耳。」

諸侯不得祔於天子。天子諸侯大夫可以祔於士。注：「人莫敢卑其祖也。」正義：「卑不可祔於尊，祖賤孫貴，祔之不嫌也。若不祔之，則是自尊，欲卑於祖也。」

爲母之君母，母卒則不服。注：「母之君母，外祖適母，徒從也。所從亡則已。」

宗子母在爲妻禫。注：「宗子之妻，尊也。」正義：「賀瑒云：『宗子尚然，則其餘適子，母在爲妻禫可知。』賀循云：『出居廬，論稱杖者必廬，廬者必禫。此明尋常之禮。若別而言之，則杖有不禫。禫有不杖者，按小記云「宗子母在爲妻禫」，則非宗子，其餘適庶母在爲妻並不得禫也。又云「父在爲妻，以杖即位」，鄭注云：「庶子爲妻，則父没母存，有杖可知。」此杖有不禫者也。小記又云：「庶子在父之室，則爲其母不禫。」若不杖，則喪服應有「庶子爲母不杖」之文，今無其文，則猶杖可知也。前文云：「三年而后葬者，但有練祥而無禫。」是有杖無禫。此二條是杖而不禫。』賀循又云：『婦人尊微，不奪正服，並厭其餘哀。』如賀此云，則母皆厭，其適子庶子不得爲妻禫也。故宗子妻尊，母所不厭，故特明得禫也。」

爲慈母後者，爲庶母可也，爲祖庶母可也。注：「謂父命之爲子母者也。即庶子爲後，此皆子也。傳重而已。不先命之與適妻，使爲母子也。緣爲慈母後之義，父之妾無子者，亦可命己庶子爲後。」正義：「記者見喪服有『妾子爲慈母後』之例，觸類言之，則妾子亦可爲庶母後也。謂妾經有子而死，餘他妾多子，則命他妾之子爲無子之妾立後，故云『爲庶母後可也』。又觸類言之，既可爲庶母後，亦可爲祖庶母之後。祖庶母亦經有子，子死，故命己之妾子與父妾爲後。必知經有子者，若無子則不得立後。賀瑒云：『雖有子道，服於慈庶母三年，而猶爲己母不異，異於後大宗而降本也。』」

爲父、母、妻、長子禫。注：「目所爲禫者也。」正義：「下有『庶子在父之室，爲其母不禫』，則在父室爲慈母亦不禫。妻爲夫亦禫，但記文不具。」

慈母與妾母，不世祭也。注：「以其非正。春秋傳曰：『於子祭，於孫止。』」正義：「慈母，即所謂承庶母祖庶母後者也。妾母，謂庶子自爲其母也。」

丈夫冠而不爲殤，婦人笄而不爲殤。注：「言成人也，婦人許嫁而笄。未許嫁，與丈夫同。」盧注：「女年十五笄。」譙周喪服圖：「男子幼娶必冠，女子幼嫁必笄，禮之，則從，成人，不爲殤。」春秋僖九年公羊傳：『婦人許嫁，字而笄之，死則以成人之喪治之。』何休注：『不以殤禮降也。』」

爲殤後者，以其服服之。注：「言爲後者，據承之也。殤無爲人父之道，以本親之服服之。」陳可大曰：「此章舉不爲殤者言之，則此當立後者乃是已冠之子，不可以殤禮處之。其族人爲後者，即爲之子，以其服服之，子爲父之服也。其女子已笄而死，則亦依在室之服服之，不降而從殤服也。」朱氏軾曰：「殤而爲之後，或疑其服與凡爲後者有間，故明其服之如常，以所後雖是十九歲以下之殤，然當其生時則已冠矣。凡男女已冠笄不爲殤，故可爲之後，而以其服服之。注、疏解未當。」

久而不葬者，唯主喪者不除，其餘以麻終月數者，除喪則已。注：「其餘，謂旁親也。以麻終月數，不葬者，喪不變也。」石渠禮論曰：「或問：『蕭太傅久而不葬，唯主喪者不除。今則或十年葬，主喪者除否？』答曰：『所謂主喪者，獨謂子耳，雖過期不葬，于義不可以除。以麻終月數者，以其未葬除，無文節，故不變其服，爲稍輕也。已除喪服未葬者，皆反服。庶人爲國君亦如之。』」盧注：「子孫皆不除，以喪主爲正耳。其餘旁親者，以麻各終其月數除。」通典：「陳氏問劉世明曰：『注云「謂旁親」，不指言「衆子當除」也。』劉答云：『父得卑其庶子而降之，庶子不得降其父也。然則未葬而除，自謂旁親得以麻終者耳。』」正義：「久而不葬，則三年服，身皆不得祥除也。其餘，謂期以下至緦也。主人既未葬，故諸親不得變葛，仍猶服麻，各至服竟而除也。除喪則已者，謂月足而除，不待主人葬除也，至葬，則反服之也。庾云：『謂昔主，要記按服問曰：「君所主夫人妻、太子、適婦。」故謂此在不除之例。定更思詳，以尊主卑，不得同以卑主尊，無緣以卑之未葬，而使尊者長服衰絰也。是知主喪不除，唯於承重之身爲其祖曾。若子之爲父，臣之爲君，妻之爲夫，不除也。』盧植云：『下子孫皆不除。』蕭望之云：『獨謂子。』庾言爲是。」

箭笄終喪三年。注：「亦於喪所以自卷持者，有除無變。」正義：「前云『惡笄以終喪』，是女子爲母也。此云『箭笄終喪三年』，謂女子在室爲父也。」

齊衰三月，與大功同者繩屨。注：「雖尊卑異，於恩有可同也。」

練，筮日、筮尸、視濯，皆要絰、杖、繩屨，有司告具而后去杖。筮日、筮尸，有司告事畢，而后杖，拜送賓。注：「臨事去杖，敬也。濯，謂溉祭器也。」正義：「爲喪至小祥，男子除首絰，唯有要絰，猶有杖屨，是末服又變爲繩麻。將欲小祥，豫筮其日，而占於尸，及視濯器，則豫著小祥之服，以臨此三事也。所以然者，祭欲吉，故豫服也。」大祥吉服而筮尸。注：「凡變除者，必服其吉服以卽祭事，不以凶臨吉也。閒傳曰：『大祥素縞麻衣。』」正義：「吉服，朝服也。大祥之日，縞冠朝服。今將欲祥，亦豫服大祥之服，以臨筮日及筮尸、視濯。今唯云尸，不言日及濯，從小祥可知也。大祥則并去絰、杖、繩屨，故不云『杖、絰、屨』。」○濯，大角反。

庶子在父之室，則爲其母不禫。注：「妾子父在厭也。」正義：「此謂不命之士父子同宫者也。若異宫則禫。」

庶子不以杖卽位。注：「下適子也。位，朝夕哭位也。」正義：「謂適庶俱有父母之喪也。適子得執杖進阼階哭位，庶子至中門外而去之，以下於適子也。」父不主庶子之喪，則孫以杖卽位可也。注：「祖不厭孫，孫得伸也。」正義：「父皆厭子，故舅主適婦喪，而適子不杖。大夫不服賤妾，妾子亦厭而降服其母也。至於祖雖尊貴，並不厭。孫庾云：『雜記上爲長子杖，則其子不以杖卽位。』鄭注：『辟尊者。』按祖不厭孫，以祖爲父主，故辟尊，不敢俱以杖卽位耳。猶如庶子之子，亦非厭也。父不爲庶子主，故其子以杖卽位可也。」

父在，庶子爲妻，以杖卽位可也。注：「舅不主妾之喪，子得伸也。」正義：「舅主適婦，則適子不得杖。舅不主庶婦，故庶子爲妻可以杖。謂父主妻喪，故主適婦，明主適婦由於主妻故也。父既不主妾喪，故不主庶婦，所以庶子得杖，由於父不主妾故也。若妻次子既非正嗣，故亦同妾子之限也。或問者曰：「但云『以杖』自足，何須言『即位』？」言『即位』，如似適婦之喪，長子亦得有杖，祇不得即位耳。答曰：庶子爲父母厭，下於適子，雖有杖，不得持即位，今嫌爲妻亦得杖而不即位，故明之也。」

諸侯弔於異國之臣，則其君爲主。注：「君爲之主，弔臣，恩爲己也。子不敢當主，中庭北面哭，不拜。」正義：「按士喪禮君弔，『主人出迎于門外，見馬首，入門右，北面』，『君升，主人中庭，拜稽顙』。彼爲主，故中庭拜。今鄰國君弔，君爲之主，則主人北面哭，不拜。曾子問『季桓子之喪，衛君來弔，君爲主，康子立於門右，北面，拜稽顙』，故譏其喪有二主。」諸侯弔，必皮弁錫衰。所弔雖已葬，主人必免。主人未喪服，則君亦不錫衰。注：「必免者，尊人君，爲之變也。未喪服，未成服也。既殯成服。」射慈喪服圖：「天王弔三公及三孤，弁絰錫衰；弔六卿，弁絰錫衰；弔大夫，弁絰疑衰；弔士，弁絰緦衰；弔畿内諸侯，弁絰緦衰。」正義：「凡五服，自大功以上爲重，重服爲免之節，自始死至葬，卒哭後，乃不復免也。小功以下爲輕，輕服爲免之節，自始死至殯，殯後不復免。今人君來弔，雖非服免時，必免，尊重人君也。此云『主人必免』，謂大功以上也。」

養有疾者不喪服，遂以主其喪。注：「不喪服，求生主吉，惡其凶也。遂以主其喪，謂養者有親也。死則當爲之主。其爲主之服，如素無喪服。」非養者，入主人之喪，則不易己之喪服。注：「入，猶來也。謂養者無親於死者，不得爲主。其有親來爲主者，素有喪服而來爲主與素無服者異。素無服，素有服，爲今死者當服，則皆三日成也。」正義：「若本有服重，而新死者輕，則爲一成服，而反前服也。若新死重，則仍服死者新服也。身本吉而來爲主，則計今親而依限服之也。」養尊者必易服，養卑者否。注：「尊，謂父兄。卑，謂子弟之屬。」朱氏軾曰：「所謂已喪，期、大功以下，既葬卒哭，斬衰既練而後，故得爲旁親養。若未練未葬，則使人養而已，不親養己所服之喪，或疾者之所不服，或疾者有服而已除，故釋服。若所養亦有喪，則養者不必不喪服；卽所養者別有喪服，養者亦不必不喪服。所養者死而爲之服，其服或輕於己本有之服，或同於本有之服，或重於本有之服，重則服；其服同而己服已變而受，亦服；其服若同而己服未變，或輕於己服，則於後死者初成服及當事拜客服其服，不當事拜客仍服己服。故曰『遂以主其喪』。主，謂拜賓爲主也。不易己服者，初入爲主也。初入者本無服則素服，有服則不易服。至新死者三日成服，則釋本有之服，而服其服。成服後，己服重者，亦惟當事拜賓服其服，不拜賓仍服己重服。若本有之服輕於新服，或已變殺，則服後死之新服，惟當己喪變除時，服己喪之服。」○養，羊尚反。

妾無妾祖姑者，易牲而祔於女君可也。注：「女君，適祖姑也。易牲而祔，則凡妾下女君一等。」正義：「前文云：『亡則中一以上。』今又無高祖妾祖姑，則當易妾之牲，用女君之牲，祔於女君可也。」

婦之喪，虞、卒哭，其夫若子主之，祔則舅主之。注：「婦，謂凡適婦庶婦也。虞卒哭，祭婦非舅事也。祔於祖廟，尊者宜主焉。」正義：「婦之所祔者，則舅之母也。」

士不攝大夫，士攝大夫唯宗子。注：「士之喪雖無主，不敢攝大夫以爲主。宗子尊，可以攝之。」陸農師曰：「若應大夫主喪，雖無大夫，士不得攝。」吳幼清曰：「此言大夫死，無主後，其親屬有爲士者，不可攝而主喪，唯宗子可以士而攝主大夫喪。」

主人未除喪，有兄弟自他國至，則主人不免而爲主。注：「親賓，不崇敬也。」

陳器之道，多陳之而省納之可也，省陳之而盡納之可也。注：「多陳之，謂賓客之就器也，以多爲榮。省陳之，謂主人之明器也，以節爲禮。」正義：「贈遺明器，雖復多陳，不可盡納入壙，以納有常數。主人所作明器，依禮有限，省陳既少，盡納於壙可也。」○省，所領反。

奔兄弟之喪，先之墓而后之家，爲位而哭。所知之喪，則哭於宫而后之墓。注：「兄弟先之墓，骨肉之親不由主人也。宫，故殯宫也。」

父不爲衆子次於外。注：「於庶子略，自若居寢。」正義：「次，謂中門外次也。長子則次於外，爲喪次也。」

與諸侯爲兄弟者，服斬。注：「謂卿大夫以下也。與尊者爲親，不敢以輕服服之。言『諸侯』者，明雖在異國，猶來爲三年也。」正義：「以其曾在本國作卿大夫，今來他國，未仕，故得爲舊君服斬。熊氏以爲凡與諸侯有五屬之親者，皆服斬也，以諸侯體尊，不可以本親輕服服之也。」

下殤小功，帶澡麻不絶本，詘而反以報之。注：「報，猶合也。下殤小功，本齊衰之親，其絰帶，澡率治麻爲之。帶不絶其本，屈而上至要，中合而糾之，明親重也。凡殤散帶垂。」正義：「賀瑒云：『下殤小功，男子絰牡麻而帶澡，婦人帶牡而絰澡。故小功殤章云：「牡麻絰。」』故知前言男子之帶，後言婦人之絰也。」○澡，本又作「藻」，音早。詘，丘勿反。

婦祔於祖姑。祖姑有三人，則祔於親者。注：「謂舅之母死，而又有繼母二人也。親者，謂舅所生。」

朱子曰：「程氏祭儀謂『凡配止用正妻一人，或奉祀之人是再娶所生，即以所生配』。謂『凡配止用正妻一人』，是也。若再娶者無子，或祔祭別位，亦可也。若奉祀者是再娶之子，乃許用所生配，而正妻無子遂不得配祭，可乎？唐會要中有論：『凡是適母，無先後皆當並祔合祭，與古諸侯之禮不同。』」又曰：「夫婦之義，如乾大坤至，自有差等。方其生存，夫得有妻有妾，而妻之所天，不容有二。況於死而配祔，又非生存之比，只合從唐人所議爲允。」

其妻，爲大夫而卒，而后其夫不爲大夫而祔於其妻，則不易牲。妻卒而后夫爲大夫，而祔於其妻，則以大夫牲。注：「妻爲大夫，夫爲大夫時卒不易牲，以士牲也。」陸農師曰：「祔於其妻，即是祔於其祖，蓋妻未有不祔於祖姑者。鄭氏謂『始來仕無廟者』，誤矣。」應子和曰：「經據妻之生死同夫榮辱立文，注以祔於其妻，則爲始仕而未有廟，亦未必然。正使新徙它國而爲大夫，亦必有廟。既不立祖廟，豈敢爲妻立廟乎？」江氏永曰：「祔於其妻，謂夫爲其妻行祔祭之禮也。疏謂『其夫不爲大夫而死』，誤矣。」金氏榜曰：「喪之祔祭也，使鬼有所歸，故雖朋友主喪，亦必爲之虞祔，不繫於有廟無廟。此經承上『婦祔於祖姑』言之。祔於其妻，即此祔於祖姑是也。變言『其妻』者，緣上『其妻爲大夫而卒』立文，皆對夫之辭。」

爲父後者，爲出母無服。無服也者，喪者不祭故也。注：「適子正體於上，當祭祀也。」

婦人不爲主而杖者，姑在爲夫杖。注：「姑不厭婦。」正義：「舅主適婦喪，則厭適子使不杖。今姑在，主子喪，恐亦厭婦，明今姑雖爲主，不厭婦也。」母爲長子削杖。注：「嫌服男子當杖竹也。母爲長子服，不可以重於子爲己也。」女子子在室，爲父母，其主喪者不杖，則子一人杖。注：「女子子在室，亦童子也。無男昆弟，使同姓爲攝主，不杖，則子一人杖，謂長女也。許嫁及二十而笄，笄爲成人，成人正杖也。」

緦、小功，虞、卒哭則免。注：「棺柩已藏，嫌恩輕可以不免也。言『則免』者，則既殯先啓之間，雖有事不免。」既葬而不報虞，則雖主人皆冠，及虞則皆免。注：「有故不得疾虞，雖主人皆冠，不可久無飾也。皆免，自主人至緦麻。」朱氏軾曰：「葬日虞，不忍一日離也。葬已踰期矣，而又後虞，是失禮之中又失禮也。此記所云，或葬後有故而不及虞，或先葬母，虞待父也。」爲兄弟，既除喪已，及其葬也，反服其服。報虞，卒哭則免，如不報虞則除之。注：「小功以下。」

遠葬者，比反哭者皆冠，及郊而後免，反哭。注：「墓在四郊之外。」正義：「郊野之外，不可無飾，故葬訖著冠。至郊而后去冠著免，反哭於廟。」○報，音赴，下同。比，必利反。

君弔，雖不當免時也，主人必免，不散麻。雖異國之君，免也，親者皆免。注：「不散麻，自若絞垂，爲人君變，貶於大斂之前、既啓之後也。親者，大功以上也。異國之君免，或爲弔。」

除殤之喪者，其祭也必玄。注：「殤無變，文不縟。玄冠、玄端、黄裳而祭，不朝服，未純吉也。於成人，爲釋禫之服。」正義：「殤無虞、卒哭及練之變服。若成人，喪服初除，著朝服，禫祭始從玄端。今除殤之喪，即從禫服，是文不繁縟也。」除成喪者，其祭也朝服縞冠。注：「成，成人也。縞冠，未純吉，祭服也。既祥祭，乃素縞麻衣。」

奔父之喪，括髪於堂上，袒，降、踊，襲絰于東方。奔母之喪，不括髪，袒於堂上，降、踊，襲免於東方。絰卽位，成踊，出門，哭止，三日而五哭三祖〔一〕。注：「凡奔喪，謂道遠，已殯乃來也。爲母不括髮，以至成服，一而已，貶於父也。『即位』以下，於父母同也。三日五哭者，始至，訖夕反位哭，乃出就次，一哭也。與明日又明日之朝、夕而五哭。三祖者，始至祖，與明日又明日之朝而三也。」正義：「不弁絰者，奔喪異於初死也。初死在家之時，哭踊無節。今聞喪已久，奔喪禮殺，故三日五哭，異於在家也。」

適婦不爲舅後者，則姑爲之小功。注：「謂夫有廢疾他故，若死而無子，不受重者。小功，庶婦之服也。凡父母於子，舅姑於婦，將不傳重於適，及將所傳重者非適，服之皆如衆子庶婦也。」

〔一〕「祖」，原誤「祖」，據禮記注疏改。

禮記訓纂卷十六

大傳第十六

正義：「鄭目録云：『名曰大傳者，以其記祖宗人親之大義。此於別録屬通論。』」

禮，不王不禘。王者禘其祖之所自出，以其祖配之。注：「凡大祭曰禘。自，由也。大祭其先祖所由生，謂郊祀天也。」說文：「禘，禘祭也。周禮曰『五歲一禘』。」錢氏大昕曰：「董仲舒有言：『天者，祖之所自出也。』韋玄成等奏議引『祭義：「王者禘其祖之所自出，以其祖配之，而立四廟。」言始受命而王，祭天以其祖配，而不爲立廟，親盡也』。三禮義宗云：『夏正郊天者，王者各祭所出帝于南郊，即大傳所謂「王者禘其祖之所自出，以其祖配之」也。』」金氏榜曰：「鄭君釋天神、地示、人鬼三大祭爲禘，引祭法『周人禘嚳而郊稷』，謂『此祭天圜丘，以嚳配之』。又言『人鬼則主后稷』。既於圜丘之禘、宗廟之禘區別不疑，其釋喪服小記及大傳『王者禘其祖之所自出，以其祖配之』，又以禘爲郊稷，與大司樂宗廟之中禮人鬼之文違異。榜謂古者配祭有二：自外至者，無主不止，故祭必有配，郊祀后稷以配天，宗祀文王於明堂以配上帝，是也。妻祔食於夫爲配，少牢『以某妃配某氏』，是也。逸禮禘於太廟禮：『毁廟之祖，升合食而立二尸。』又曰：『獻昭尸如穆尸之禮。』又曰：『毁廟之主，昭共一牢，穆共一牢。祝詞稱「孝子孝孫」。』此禘祭之見於逸經者。天子立廟，得及其始祖之所自出，禘祭禮盛事殷，故名大祭。春秋傳曰：『魯有禘樂。』明堂位：『季夏六月，以禘禮祀周公。』明其禮樂與時祭殊，禘祫俱及遷廟之主。諸侯則有祫無禘，故記曰：『禮，不王不禘。』天祭有禘名，以別於郊。宗廟之祭有禘名，以别於祫。禘郊禘祫，因其散見之文，可考如此。」諸侯及其大祖。注：「大祖，受封君也。」大夫士有大事，省於其君，干祫及其高祖。注：「大事，寇戎之事也。省，善也。善於其君，謂免於大難也。干，猶空也。空祫，謂無廟，祫祭之於壇墠。」説文：「祫，大合祭先祖親疏遠近也。周禮曰：『三歲一祫。』」正義：「師説云『大夫有始祖，鬼其百世，若有善於君得祫』，則亦祫於太祖廟中，徧祫太祖以下也。」吴幼清曰：「大事，大功也。省，察也。如詩序所謂『有功而見知』也。祫，合也，謂雖無廟，而得於有廟者合祭也。大夫蓋祫於曾祖廟，而上及高祖；上士則祫於祖廟，而上及曾祖高祖；中士下士則祫於禰廟，而上及祖與曾祖高祖也。大夫亦有有太祖廟者，無曾祖廟，當祫於太祖之廟，而祭曾祖、祖、禰，凡四世。若大祖在高祖前者，或祫於太祖廟，而并及高、曾、祖、禰，凡五世也。」○王，如字，又于況反。禘，徒細反。省，息靖反。

牧之野，牧，説文作「坶」：「朝歌南七十里地〔一〕。周書：『武王與紂戰于坶野。』」武王之大事也。既事而退，柴於上帝，祈於社，設奠於牧室。注：「柴、祈、奠，告天地及先祖也。牧室，牧野之室也。先祖者，行主也。」遂率天下諸侯執豆籩，逡奔走，注：「逡，疾也。疾奔走，言勸事也。周頌曰：『逡奔走在廟。』」追王大王亶父、王季歷、文王昌，不以卑臨尊也。注：「不用諸侯之號臨天子也。」正義：「此大王、王季追王者，王迹所由興，故追王也。」○逡，息俊反。王，于況反。亶，丁但反。

上治祖禰，尊尊也。下治子孫，親親也。旁治昆弟，合族以食，序以昭繆，别之以禮義，

〔一〕「南」字、「地」字原脱，據説文土部補。

人道竭矣。注：「治，猶正也。繆，讀爲穆，聲之誤也。竭，盡也。」正義：「上主尊敬，故云『尊尊』。下主恩愛，故云『親親』。合族以食者，合會族人以食之禮。又序次族人以昭穆之事，所謂『旁治昆弟』也。」劉氏台拱曰：「別之以禮義，亦旁治昆弟事。」王氏引之曰：「義，讀爲『禮儀三百』之儀。說文：『義，己之威儀也。』小雅楚茨『禮儀卒度』，韓詩『儀』作『義』。周官肆師『治其禮儀』，故書『儀』爲『義』。鄭司農云：『義，讀爲儀。古者書儀但爲義，今時所謂義爲誼。』是古『禮儀』字本作『義』也。」〇繆，音木。

聖人南面而聽天下，所且先者五，民不與焉：一曰治親，二曰報功，三曰舉賢，四曰使能，五曰存愛。注：「且先，言未遑餘事。功，功臣也。存，察也，察有仁愛者。」正義：「治親，即鄉者三事。既已正親，又報於有功勞者，使爲諸侯之屬是也。雖以報於有功，若巖穴有賢德之士，舉而用之。能，謂有道藝。既無功德，又非賢能，而有道藝，亦祿之，使各當其職也。」吳幼清曰：「存愛，謂仁民。上言『民不與』，此言『存愛』，蓋存愛民之心爾。先有不忍人之心，而後有不忍人之政也。」五者一得於天下，民無不足，無不贍者。小爾雅廣言：「贍，足也，謂周足也。」五者一物紕繆，民莫得其死。注：「物，猶事也。紕繆，猶錯也。五事得則民足，一事失則民不得其死，明政之難。」聖人南面而治天下，必自人道始矣。注：「人道，謂此五事。」劉氏台拱曰：「人道，指下文『親親，尊尊，長長，男女有別』。」〇贍，本又作「瞻」，食豔反。紕，匹彌反，徐孚夷反。繆，音謬，本或作「謬」。

立權、度、量，考文章，改正朔，易服色，殊徽號，異器械，別衣服。此其所得與民變革者也。注：「權，稱也。度，丈尺也。量，斗斛也。文章，禮法也。服色，車馬也。徽號，旌旗之名也。器械，禮樂之器及兵甲也。衣服，吉凶之制也。徽，或作褘。」盧注：「徽，章也。號，所以書之於綏，若夏則書其號爲夏也。」正義：「權，謂稱錘。考，校也。正，謂年始。朔，謂月初。周子，殷丑，夏寅，是改正也。周夜半，殷雞鳴，夏平旦，是易朔也。服色，各隨所尚赤白黑也。殊，别也。周大赤，殷大白，夏大麾，各有別也。器，謂楬豆、房俎，禮樂之器也。械，謂戎路、革路、兵甲之屬。別衣服者，周吉服九章，虞以十二章，殷凶不厭賤，周貴則降卑也。」其不可得變革者則有矣。親親也，尊尊也，長長也，男女有別，此其不可得與民變革者也。注：「四者人道之常。」〇徽，諱韋反。長長，並丁丈反。

同姓從宗，合族屬。異姓主名，治際會，名著而男女有別。注：「合，合之宗子之家，序昭穆也。異姓，謂來嫁者也。主於母與婦之名耳。際會，昏禮交接之會也。著，明也。母婦之名不明，則人倫亂也。」正義：「夫若爲父行，則主母名。夫若子行，則主婦名。治，正也。際會，所以主此母婦之名。若母婦之名著，則男女尊卑異等，各有分別，不相淫亂。」〇際，音祭。著，知慮反。

其夫屬乎父道者，妻皆母道也；其夫屬乎子道者，妻皆婦道也。注：「言母婦無昭穆於此，統於夫耳。母焉則尊之，婦焉則卑之，明非己倫，以厚別也。」謂弟之妻「婦」者，是嫂亦可謂之「母」乎？注：「言不可也。謂之婦與嫂者，以其在己之列，以名遠之耳。昆弟之妻，夫之昆弟，不相爲服，不成其親也。男女無親，則遠於相見。」名者，人治之大者也，可無慎乎！注：「人治，所以正人。」陳可大曰：「父之兄弟爲伯叔父，則其妻謂之伯叔母，兄弟子之子爲從子，則其妻謂之婦，此於昭穆爲宜。弟之妻不可謂婦，猶兄之妻不可謂之母，以紊昭穆也。舊說弟妻可婦，嫂不可母，失其指矣。」江氏永曰：「按喪服傳亦有此文，彼釋夫之昆弟何以無服，意謂弟妻不可謂母，是以不爲制服以遠之。而今人皆謂弟妻爲婦，則當爲制婦之服，同於子婦，豈兄妻亦可爲制母之服而同於伯叔母乎？是皆不可也。舊説謂弟妻爲婦者，卑遠之，使下同於子妻，則本無婦名，假其子妻，同推而遠之，與本文意不協。傳意似謂兄之妻，尊之而爲嫂。弟之妻，但當謂弟之妻，不可謂之婦。猶兄弟之子但當謂兄之子弟之子，不可謂之姪也。譏時人稱『弟婦』，亂名實之失也。」○屬，音燭。

四世而緦，服之窮也。五世袒免，殺同姓也。六世，親屬竭矣。注：「四世共高祖〔一〕，五世高祖昆弟。六世以外，親盡無屬名。」正義：「四世，謂上至高祖，下至己兄弟，爲親兄弟期，從兄弟大功，再從兄弟小功，三從兄弟緦麻，共承高祖爲四世。五世，謂其承高祖之父者也，言服袒免而無正服，減殺同姓也。六世，謂共承高祖之祖者也，不服袒免，同姓而已，故云『親屬竭矣』。」其庶姓别於上，而戚單於下，昏姻可以通乎？注：「問之也。元孫之子，姓别於高祖。五世而無服。姓，世所由生。」正義：「戚，親也。單，盡也。四從兄弟，各自爲宗。高祖以外，人轉廣遠，分姓衆多，故曰『庶姓』。」繫之以姓而弗别，綴之以食而弗殊，雖百世而昏姻不通者，周道然也。注：「周之禮，所建者長也。姓，正姓也。始祖爲正姓，高祖爲庶姓。繫之弗别，謂若今宗室屬籍也。周禮小史：『掌定繫世，辨昭穆。』」正義：「繫之以姓而弗别者，周法雖庶姓别於上，而有世繫連繫之以本姓而不分别，若姬氏、姜氏，大宗百世不改也。綴之以食而弗殊者，連綴族人以飲食之禮，而不殊異也。始祖爲正姓者，若炎帝姓姜，黄帝姓姬。周姓姬，

〔一〕「共」，原誤「其」，據禮記注疏改。

本於黄帝；齊姓姜，本於炎帝，宋姓子，本於契也。高祖爲庶姓者，若魯之三桓，慶父、叔牙、季友之後，及鄭之七穆子游、子國之後爲游氏、國氏之等。」○免，音問。殺，色界反。單，音丹。繫，音計。又戸計反。綴，丁衞反。食，音嗣。

服術有六：一曰親親，二曰尊尊，三曰名，四曰出入，五曰長幼，六曰從服。注：「術，猶道也。親親，父母爲首，尊尊，君爲首。名，世母叔母之屬也。出入，女子子嫁者，及在室者。長幼，成人及殤也。從服，若夫爲妻之父母，妻爲夫之黨服。」正義：「名，若伯叔母及子婦，并弟婦兄嫂之屬。出入者，女子子在室爲入，適人爲出，及出繼爲人後者也。從服有六，略舉夫妻相爲言之。」

從服有六：有屬從，注：「子爲母之黨。」正義：「屬爲親屬，以其親屬，爲其支黨。鄭舉一條耳。妻從夫，夫從妻，並是也。」有徒從，注：「臣爲君之黨。」正義：「徒，空也，與彼無親，空服彼之支黨。鄭亦略舉一條，妻爲夫之君，妾爲女君之黨，庶子爲君母之親，子爲母之君母，並是也。」有從有服而無服，注：「公子爲其妻之父母。」正義：「鄭引服問。其妻爲本生父母期，而公子爲君所厭，不得服從，是妻有服，而公子無服。嫂叔無服亦是也。」有從無服而有服，注：「公子之妻爲公子之外兄弟。」正義：「鄭亦引服問。公子被君厭，爲己外親無服，而妻猶服之。娣姒亦是也。」有從重而輕，注：「夫爲妻之父母。」正義：「鄭引服問。妻自爲其父母期爲重，夫從妻服之三月爲輕。舅之子亦是也。」有從輕而重。注：「公子之妻爲其皇姑。」正義：「鄭引服問。公子爲君所厭，自爲其母練冠是輕，其妻猶爲服期，是從輕而重也。」

自仁率親，等而上之至于祖，名曰輕；自義率祖，順而下之至于禰，名曰重。一輕一重，其義然也。注：「自，猶用也。率，循也。用恩則父母重而祖輕，用義則祖重而父母輕。恩重者爲之三年，義重者爲之齊衰。然，如是也。」正義：「若仁則父母重而祖輕，若義則祖重而父母輕。一輕一重，人情道理，宜合如是，故云『其義然也』。」江氏永曰：「自，當訓由。」○上，時掌反。

君有合族之道，族人不得以其戚戚君，位也。注：「君恩可以下施，而族人皆臣也，不得以父兄子弟之親，自戚於君。位，謂齒列也，所以尊君別嫌也。」正義：「合族者，言設族食燕飲，有合會族人之道，族人不得以其戚屬上親君位也。」

庶子不祭，明其宗也。庶子不得爲長子三年，不繼祖也。注：「明，猶尊也。一統焉，族人上不戚君，下又辟宗，乃後能相序。」○爲，于僞反。

別子爲祖，注：「別子，謂公子。若始來在此國者，後世以爲祖也。」正義：「別子，謂諸侯之庶子也。諸侯之適子繼世爲君，以下悉不得禰先君，故云『別子』。並爲其後世之始祖，故云『爲祖』。或是異姓始來在此國者，亦謂之『別子』，以其別於在本國不來者。」繼別爲宗，注：「別子之世適也。族人尊之，謂之大宗，是宗子也。」正義：「謂別子之適子，世繼別子爲大宗也。族人絶族者，五世外皆爲之齊衰三月。母妻亦然。」繼禰者爲小宗。注：「父之適也，兄弟尊之，謂之小宗。」

有百世不遷之宗，有五世則遷之宗。百世不遷者，別子之後也。宗其繼別子之所自出者，百世不遷者也。宗其繼高祖者，五世則遷者也。尊祖故敬宗。敬宗，尊祖之義也。

注：「遷，猶變易也。繼別子，別子之世適也。繼高祖者亦小宗也。先言『繼禰』者，據別子子弟之子也。以高祖與禰皆有繼者，則曾祖亦有也。則小宗四，與大宗凡五。」薛綜述鄭氏禮五宗圖曰：「天子之子稱王子，王子封諸侯，若魯、衛是也。諸侯之子稱公子，公子還自仕，食采於其國，爲卿大夫，若魯公子季友者是也。則子孫自立此公子之廟，謂之別子，爲祖則嫡，嫡相承作大宗，百代不絶。大宗之庶子，則皆爲小宗，小宗有四五代而遷。己身，庶也。宗禰，宗己父庶也。宗祖，宗己祖庶也。宗曾祖宗己曾祖庶也。宗高祖，宗己高祖庶也。則遷而唯宗大宗耳。」正義：「此總結大宗小宗以大宗是遠祖之正體，小宗是高祖之正體，尊崇其祖，故敬宗子。敬宗子者，尊崇先祖之義也。小宗四：一是繼禰，與親兄弟爲宗；二是繼祖，與同堂兄弟爲宗；三是繼曾祖，與再從兄弟爲宗；四是繼高祖，與三從兄弟爲宗。是小宗四，并繼別子之大宗，凡五宗也。」朱子曰：「『之所自出』四字疑衍，注中亦無其文。」

有小宗而無大宗者，有大宗而無小宗者，有無宗亦莫之宗者，公子是也。注：「公子有此三事也。公子，謂先君之子，今君昆弟。」正義：「有小宗而無大宗者，謂君無適昆弟，遣庶兄弟一人爲宗，禮如小宗。有大宗而無小宗者，君有適昆弟，使之爲宗，更不得立庶昆弟爲宗。有無宗亦莫之宗者，公子唯一，無他公子可爲宗，是有無宗；亦無他公子來宗於己，是亦莫之宗也。公子是也者，言公子有此三事也。」

公子有宗道。公子之公，爲其士大夫之庶者宗其士大夫之適者，公子之宗道也。注：「公子不得宗君，君命適昆弟爲之宗，使之宗之，是公子之宗道也。所宗者適，則如大宗死爲之齊衰九月，其母則小君也，爲其妻齊衰三月。無適而宗庶，則如小宗死爲之大功九月，其母妻無服。公子唯己而已，則無所宗，亦莫之宗。」曹述初集解明宗義曰：「其士大夫之嫡者，此爲諸侯別子之後也。或母弟之子孫，或庶弟之子孫，位爲大夫者，各祖別子爲始祖，各宗其嫡爲大宗。嫌庶子小宗之後，猶不得爲嫡，故通稱嫡，以明後代皆應同正也。」正義：「公，君也。謂公子之君，是適兄弟爲君者。庶者，君之庶兄弟，爲士大夫，所謂『公子』者也。宗其士大夫之適者，謂立公子適者士大夫之身，與庶公子爲宗。此適者卽君之同母弟，適夫人所生之子。言此適公子爲庶公子宗，是公子宗道。」

絶族無移服，注：「族昆弟之子，不相爲服。」親者屬也。注：「有親者，服各以其屬親疏。」正義：「絶族者，謂三從兄弟，同高祖者。族兄弟緦麻，族兄弟之子及四從兄弟爲族屬，既絶，故無移服。在旁而及曰移，言不延移及之。」劉氏台拱曰：「喪服傳曰：『出妻之子爲母，則爲外祖父母無服。』傳曰：『絶族無移服，親者屬。』蓋喪服傳引古傳文而釋其義，以爲爲出母言之也。鄭於此處，卻不用此爲釋。」○移，本或作「施」，同，以豉反。

自仁率親，等而上之至於祖；自義率祖，順而下之至于禰。是故人道親親也。注：「言先有恩。」親親故尊祖，尊祖故敬宗，敬宗故收族，收族故宗廟嚴，宗廟嚴故重社稷，重社稷故愛百姓，愛百姓故刑罰中，刑罰中故庶民安，庶民安故財用足，財用足故百志成，百志成故禮俗刑，禮俗刑然後樂。注：「收族，序以昭穆也。嚴，猶尊也。百志，人之志意所欲也。刑，猶成也。」詩云：「不顯不承，無斁於人斯。」此之謂也。注：「斁，厭也。言文王之德不顯乎？不承成先人之業乎？言其顯且承之，人樂之無厭也。」正義：「宗是祖之正允，故敬宗。敬宗子，故收族人。喪服傳云：『大宗，收族者也。』親族不散，昭穆有倫，宗廟之所以尊嚴也。始於家邦，終於四海，先嚴宗廟，後乃社稷保重也。百姓，百官也。百官當職，更相匡輔，則無淫刑濫罰，刑罰所以皆得中也。上無淫刑濫罰，故庶民安，手足有所措，各安其業，故財用足。百姓足，君孰與不足？故百志成，是謂倉廩實，知禮節，衣食足，知榮辱。天下既足，百志又成，則禮節風俗於是而成。所以太平告功成，長爲民庶所樂而不厭也。」○中，音仲。斁，音亦。

禮記訓纂卷十七

少儀第十七

正義：「鄭目録云：『名曰少儀者，以其記相見及薦羞之少威儀。少，猶小也。此於别録屬制度。』」

聞始見君子者，辭曰：「某固願聞名於將命者。」不得階主。注：「君子，卿大夫若有異德者。固，如故也。將，猶奉也。即君子之門，而云『願以名聞於奉命者』，謙遠之也。重則云固。奉命，傳辭出入。階，上進者。言賓之辭不得指斥主人。」正義：「辭，客之辭也。某，客名也。將命，謂傳辭出入，通客主之言語者也。客實願見君子，而云『願聞名於傳命者』，不敢必見於君子，但願將命者聞之而已。」敵者曰：「某固願見。」注：「敵，當也。願見，願見於將命者，謙也。」罕見曰「聞名」，亟見曰「朝夕」。注：「罕，希也。希相見，雖於敵者，猶爲尊主之辭，如於君子。亟，數也。於君子，則曰：『某願朝夕聞名於將命者。』於敵者，則曰：『某願朝夕見於將命者。』」瞽曰「聞名」。注：「瞽，無目也。以無目，辭不稱見。」〇見，賢遍反。亟，去冀反。

適有喪者曰「比」，注：「適，之也。曰：『某願比於將命者。』比，猶比方。俱給事。」正義：「謂比方其年力，以給喪事。若五十從反哭，四十待盈坎皆是。」陳可大曰：「喪不主相見，來欲比方於執事之人。」童子曰「聽事」。注：「曰『某願聽事於將命者』，童子未成人，不敢當相見之禮。」適公卿之喪，則曰「聽役於司徒」。注：「喪憂戚，無賓主之禮，皆爲執事來也。」正義：「檀弓云：『孟獻子喪，司徒旅歸四布。』隱義云：『公卿亦有司徒官以掌喪事也。』」

君將適他，臣如致金玉貨貝於君，則曰：「致馬資於有司。」敵者曰：「贈從者。」注：「適他，行朝會也。資，猶用也。贈，送也。」正義：「君體尊備物，不有乏少，故臣不敢言將物與君。有司，謂主典君物者。」臣致襚於君，則曰：「致廢衣於賈人。」敵者曰：「襚。」注：「言廢衣，不必其以斂也。賈人，知物善惡也。周禮玉府『掌凡王之獻：金玉、兵器、文織、良貨賄之物，受而藏之』，有賈八人。」說文：「襚，衣死人也。」正義：「襚，以衣送死之稱。臣衣送君，不得曰襚，又不敢云『與君』，故云『致賈人』也。」○從，才用反。襚，音遂。賈，音嫁，徐音估。

親者兄弟，不以襚進。注：「不執將命也，以即陳而已。」正義：「案士喪禮大功以上同財之親，襚不將命，即陳於房中；小功以下及同姓等皆將命。」

臣爲君喪，納貨貝於君，則曰：「納甸於有司。」注：「甸，謂田野之物。」正義：「臣皆受君地，明地物本由君出也。衣是送君，故與賈人貨貝但供喪用，故付有司也。」○甸，大見反。

賵馬入廟門。注：「以其主於死者。」賻馬與其幣，大白兵車，不入廟門。注：「以其主於生人也。兵車，革路也。雖爲死者來，陳之於外，戰伐田獵之服，非盛者也。周禮『革路建大白以即戎。』」正義：「以馬送死曰賵，以馬助生人營喪曰賻馬。幣，謂以財貨賻助主人喪用。兵車本田戰之具，故不可入廟門。此謂諸侯有喪，鄰國之君有以大白兵車而賻之者，或家國自有也。」○賵，芳仲反。賻，音附。

賻者既致命，坐委之。擯者舉之，主人無親受也。注：「喪者非尸柩之事則不親也。舉之，舉以東。」

正義：「坐，猶跪也。吉時，若人饋物，主人皆自拜受。有喪主於哀戚，凡四方使者以物賻己，悉不得拜受，故使擯者受，舉之而已。雜記云『含者入，升堂致命，坐委於殯東南』，『宰夫升自西階，坐取璧，降自西階以東』。」受立，授立，不坐。注：「由便。」正義：「坐，亦跪也。」性之直者，則有之矣。注：「有之，有跪者也。謂受授於尊者，而尊者短則跪，不敢以長臨之。」劉氏台拱曰：「性之言生也。直，當也，謂生而短小，跪而後相當，則有跪者也。」

始入而辭，曰：「辭矣。」卽席，曰：「可矣。」注：「可，猶止也。謂擯者爲賓主之節也。始入則告之辭，至就席則止其辭。」排闔脱屨於户内者，一人而已矣。注：「雖衆敵，猶有所尊者。」有尊長在，則否。注：「在，在内也。後來之衆，皆説屨於户外。」江氏永曰：「尊長在室，則少者脱屨於户外。曲禮曰『户外有二屨』，是也。尊長在堂，則少者脱屨於階下之側。曲禮曰『侍坐於長者，屨不上於堂』，是也。」○排，薄皆反。闔，胡臘反，又音合。説，吐活反，本又作「脱」。長，丁丈反。

問品味，曰：「子亟食於某乎？」問道藝，曰：「子習於某乎？子善於某乎？」注：「不斥人〔一〕，謙也。道，三德三行也。藝，六藝。」正義：「人品味者，餚饌也。亟，數也。」方性夫曰：「人之情，品味有偏嗜，道藝有異尚。品味不可斥之以好惡，而昭其嗜，故曰：『子亟食於某乎？』道藝不可斥之以能否，而暴其短，故曰：『子習於某乎？子善於某乎？』」王氏引之曰：「謹按地官鄉大夫『以考其德行，察其道藝』。德行與道藝分言，則道非德行之謂也。且三行之孝友，本於天性，不學而能，亦何須問其習否乎？今按道者，術也。道藝，卽術藝。天官宫正『會其什伍而教之道藝』，鄭司

〔一〕「人」字原脱，據禮記注疏補。

農曰『道，謂先王所以教道民者』，故又謂之道也。鄉大夫『三年則大比，考其德行道藝，而興賢者能者』，注曰：『賢，有德行者。能，有道藝者。』有道藝者謂之能，則道爲技術可知矣。」○某，音母。

不疑在躬，不度民械，不願於大家，不訾重器。注：「躬，身也。不服行所不知，使身疑也。不計度民家之器物，使己亦有。大，謂富之廣也。訾，思也。重，猶寶也。」朱子曰：「訾，猶計度也。下『無訾衣服成器』，國語云『訾相其質』，漢書云『爲無訾省』，皆此義。」江氏永曰：「四句各一事，下三句皆以在人者言之。在躬，亦謂他人之躬。疑者，擬議之意，謂不擬議人在躬之善否，如子貢方人之類。械者，器之總名。大傳曰『異器械』，是也。不度民械，不度人家器用之多少也。」朱氏軾曰：「訾，猶度。度其器之貴賤輕重也。」○度，大洛反。械，户戒反。訾，子斯反。

氾埽曰埽，埽席前曰拚。拚席不以鬣，執箕膺擖。注：「鬣，謂帚也。帚恒埽地，不絜清也。膺，親也。擖，舌也。持箕將去糞者，以舌自鄉。」正義：「氾，廣也。謂外内俱埽。拚是除穢。埽是滌蕩。膺，人之胸前。擖，箕之舌也。」○氾，芳劒反。埽，悉報反。拚，弗運反。膺，於陵反。擖，徐音葉。

不貳問。注：「當正己之心，以問吉凶於蓍龜。不得於正，凶，則卜筮其權也。」問卜筮，曰：「義與，志與？」義則可問，志則否。注：「大卜問來卜筮者也。義，正事也。志，私意也。」

尊長於己踰等，不敢問其年；注：「踰等，父兄黨也。問年，則己恭孫之心不全。」燕見不將命。注：「自不用賓主之正來，則若子弟然。」正義：「謂卑幼私燕而見，不使擯者傳命。」遇於道，見則面，注：「可以隱則隱，不敢煩動也。」不請所之。注：「尊長所之或卑褻。」喪俟事，不犆弔。注：「亦不敢故煩動也。事，朝夕哭時。」正義：

「謂不非時而獨弔也。」侍坐弗使不執琴瑟，不畫地，手無容，不翣也。注：「端慤所以爲敬也。尊長或使彈琴瑟，則爲之可。」正義：「不畫地者，盧云：『不敢無故畫地也。』手無容者，盧云：『不弄手也。』翣，扇也。雖熱亦不敢搖扇也。」寢，則坐而將命。注：「命，有所傳辭也。坐者，不敢臨之。」正義：「寢，卧也。坐，跪也。」○犆，音特。畫，胡麥反。翣，本亦作「萋」，所甲反。

侍射則約矢，注：「不敢與之拾取也。」正義：「矢，箭也。凡射必計耦。先設楅在中庭，楅兩頭爲龍頭，中央共一身，而倚箭於楅身上。上耦前取一，次下耦又進取一，如是更進，各得四箭而升堂，插三於要，而手執一隻。若卑者侍射，則不敢更拾進取，但一時并取四矢，故云『約矢』也。」侍投則擁矢。注：「不敢釋於地也。投，投壺也。投壺坐。」正義：「擁，抱也。矢，謂投壺箭也，若柘若棘爲之。投壺禮亦賓主各四矢，從委於身前，坐，一一取之。若卑者侍投，則不敢釋置於地，但手并抱投之也。庾云：『擁抱己所當投矢也。』隱義云：『尊者委四矢於地，一一取以投。卑者不敢委於地，悉執之也。』」勝則洗而以請。客亦如之。注：「洗爵請行觴，不敢直飲之。客射，若投壺不勝，主人亦洗而請之。」朱子曰：「此皆是卑者與尊者爲耦。若己勝而司射命酌，則不使他弟子酌酒以罰尊者，必自洗爵而請行觴。若耦勝，則不敢煩他弟子亦酌而飲己，必自洗爵而請自飲也。」不角，不擢馬。注：「角，謂觥，罰爵也。於尊長與客，如獻酬之爵。擢，去也，謂徹也。己徹馬，嫌勝故，專之。」正義：「凡投壺，每一勝輒立一馬，至三馬而成勝。但頻勝三馬難得，若一朋得二馬，一朋得一馬，於是二馬之朋徹，取一馬者，足以爲三馬以成勝也。今若卑者朋得二馬，亦不敢徹尊者馬足成己勝也。」○射，食夜反。勝，詩證反。擢，直角反。

執君之乘車則坐。僕者右帶劒，負良綏，申之面，拕諸幦，以散綏升，執轡然後步。注：「執，執轡，謂守之也。君不在中，坐，示不行也。面，前也。幦，覆苓也。良綏，君綏也。負之，由左肩上入右腋下，申之於前覆苓上也。步，行也。」正義：「凡御則立，今守空車則坐。僕，卽御者也。帶劒之法在左，以右手抽之便也。今御人在中，君在左，若左帶劒則妨於君，故右帶也。君由後升，僕者在車，背君，面鄉前，取君綏，由左腋下加左肩上，繞背入右腋下，申綏之末於面前。拕，猶擲也，亦引也。綏申於面前，而擲末於車前幦上也。散綏，副綏也。僕登車既不得執君綏，故執副綏而升也。」○乘，繩證反。拕，徒可反。幦，徐音覓。

請見不請退。注：「去止不敢自由。」朝廷曰退，注：「近君爲進。」正義：「論語『子退朝』，『冉子退朝』，並是對進爲言也。」燕游曰歸，注：「禮褻，主於家也。」正義：「若在燕及游退還，稱曰歸。」師役曰罷。注：「罷之言罷勞也。」春秋傳：『師還曰罷。』」朱子曰：「易曰：『或鼓或罷。』與史記『將軍罷休就舍』之罷亦同。」○罷，音皮。

侍坐於君子，君子欠伸，運笏，澤劒首，還屨，問日之蚤莫，雖請退可也。注：「以此皆解倦之狀。伸，頻伸也。運、澤，謂玩弄也。金器弄之，易以汗澤。」正義：「還，轉也。尊者脫屨於户內，是屨恒在側，故得自還轉之也。」○笏，音忽。還，音旋。

事君者，量而后入，不入而后量。凡乞假於人、爲人從事者亦然。然，故上無怨，而下遠罪也。注：「量，量其事意合成否。」正義：「亦然者，非直事君如此，凡乞貸假借於人，求請事人之屬，亦須先商量事意成否。下不忤上，故上無怨。上不責下，故下遠罪。」

不窺密，注：「嫌伺人之私也。密，隱曲處也。」不旁狎，注：「妄相服習，終或爭訟。」正義：「旁，猶妄也。」王氏引之曰：「書傳無訓旁爲妄者，旁疑讀爲謗，古字假借。人與己不相習，則無由知其過失。相狎者，其善惡己所素知，易生謗訕。但既謂之狎，則與己親近，謗加于親近之人，非所以全恩也。窺密、謗狎、道舊故，皆發人之惡，故並言之。」不道舊故，注：「言知識之過失，損友也。」朱子曰：「舊事既非今日所急，且或揚人宿過，以取憎惡，如陳勝賓客言勝故情，爲勝所殺之類。」王氏引之曰：「舊故與故舊不同。舊故，舊事也。廣雅：『故，事也。』」不戲色。注：「暫變傾顏色爲非常，則人不長，失敬也。」正義：「人當恒自矜持，尊其瞻視。」○窺，苦規反。

爲人臣下者，有諫而無訕，有亡而無疾，注：「亡，去也。疾，惡也。」正義：「君若有惡，臣當諫之，不得衢人道説謗毁。君若有過，三諫不從，乃出境而去，不得憎惡君也。」頌而無諂，諫而無驕，注：「頌，謂將順其美也。驕，謂言行謀從，恃知而慢也。」正義：「諂，謂以惡爲美，横求見容。」朱氏軾曰：「驕，矜也。凡敢言者，意氣慷慨，多失於驕矜。汲長孺、寇萊公亦時有此病。」怠則張而相之，廢則埽而更之，謂之社稷之役。注：「怠，惰也。相，助也。廢，政教壞亂，無可因也。役，爲也。」正義：「君政若已廢壞，則當埽蕩而更創立新政也。事君如此，可謂爲社稷之臣也。」王氏念孫曰：「正義：『爲，謂助爲也。』爲，讀如『夫子爲衛君乎』之爲。牧誓『以役西土』，馬融曰：『役，爲也。』大雅鳧鷖箋云：『爲，猶助也。』廣雅：『役，助也。』役，爲也。此言爲人臣若此，則可爲社稷之助也。」○訕，所諫反。諂，敕檢反。

毋拔來，毋報往，注：「報，讀如『赴疾』之赴。拔、赴，皆疾也。人來往所之，當有宿漸，不可卒也。」一切經音義引少儀『毋趦往』，引廣雅：『趦，行也。』」毋瀆神，注：「瀆，謂數而不敬。」毋循枉，注：「前日之不正，不可復遵行以自伸。」釋文：「枉，邪曲也。」正義：「循，猶追述也。」毋測未至。注：「測，意度也。」正義：「未至之事，聖人難之，凡人固不可豫欲測量之也。」○拔，蒲末反。報，音赴。循，音旬。枉，紆往反。

士依於德，游於藝。注：「德，三德也：一曰至德，二曰敏德，三曰孝德。藝，六藝也：一曰五禮，二曰六樂，三曰五射，四曰五御，五曰六書，六曰九數。」工依於法，游於說。注：「法，謂規矩尺寸之數也。說，謂鴻殺之意所宜也。考工記曰：『薄厚之所震動，清濁之所由出，侈弇之所由興。有說。』說或爲申。」○說，如字。

毋訾衣服成器，注：「訾，思也。成，猶善也。思此則疾貧也。」江氏永曰：「訾，亦度也。人之衣服成器，不可度其所直也。」毋身質言語。注：「質，成也。聞疑則傳疑，若成之，或有所誤也。」釋詁：「身，我也。」陳可大曰：「曲禮『疑事毋質』，與此質字義同。」○訾，子斯反。

言語之美，穆穆皇皇；朝廷之美，濟濟翔翔；祭祀之美，齊齊皇皇；車馬之美，匪匪翼翼；鸞和之美，肅肅雍雍。注：「匪，讀如『騑牡騑騑』。齊齊皇皇，讀如『歸往』之往。美皆當爲儀，字之誤也。周禮教國子六儀：『一曰祭祀之容，二曰賓客之容，三曰朝廷之容，四曰喪紀之容，五曰軍旅之容，六曰車馬之容。』」正義：「曲禮云『天子穆穆，諸侯皇皇』，皆美大之狀。濟濟翔翔，謂厚重寬舒之貌。騑騑翼翼，皆是車馬之形狀。詩云『駟牡騑騑』，又云『駟牡翼翼』，皆馬之行容嚴正。肅肅是敬貌，雍雍是和貌。」○美，音儀，出注。濟，子禮反。匪，讀爲騑。

問國君之子長幼，長則曰「能從社稷之事矣」，幼則曰「能御」、「未能御」。問大夫之子長幼，長則曰「能從樂人之事矣」；幼則曰「能正於樂人」、「未能正於樂人」。注：「御，謂御事。正，樂政也。周禮大司樂『以樂德教國子：中、和、祗、庸、孝、友。以樂語教國子：興、道、諷、誦、言、語。以樂舞教國子：舞雲門、大卷、大咸、大韶、大夏、大濩、大武』。」正義：「御，治也。謂尋常細小事也。」問士之子長幼，長則曰「能耕矣」；幼則曰「能負薪」，「未能負薪」。注：「士祿薄，子以農事爲業。」○長，丁丈反。樂，音岳。

執玉、執龜筴不趨，堂上不趨，城上不趨。注：「於重器，於近尊，於迫狹，無容也。步張足曰趨。」武車不式，介者不拜。注：「兵車不以容禮下人也。軍中之拜肅拜。」○筴，音策。

婦人吉事，雖有君賜，肅拜。爲尸坐則不手拜，肅拜。爲喪主則不手拜。注：「肅拜，拜低頭也。手拜，手至地也。婦人以肅拜爲正，凶事乃手拜耳。爲尸，爲祖姑之尸也。士虞禮曰：『男，男尸。女，女尸。』爲喪主不手拜者，爲夫與長子當稽顙也。其餘亦手拜而已。雖，或爲唯。或曰：喪爲主則不手拜，肅拜也。」正義：「肅拜是婦人之常，而昏禮『婦拜，扱地』，以其新來爲婦，盡禮於舅姑故也。左傳『穆嬴頓首於宣子之門』者，有求於宣子，非禮之正也。爲尸坐者，謂虞祭。若平常吉祭，則共以男子一人爲尸，故祭統云『設同几』是也。」葛絰而麻帶。注：「謂既虞卒哭也。帶，所以自結束也。婦人質，少變於喪之帶，有除而無變。」正義：「婦人所貴在要，帶則有除無變，終始是麻。」

取俎進俎，不坐。注：「以其有足，亦柄尺之類。」正義：「取俎，謂就俎上取肉。進俎，謂進肉於俎。俎既有足，立而進取便，故不坐。」劉氏台拱曰：「按弟子職云『柄尺不跪』，是進豆法也。鄭注取以釋此，與下文『取祭，反之，不坐』義不同。取俎，徹俎也。進俎，設俎也。」

執虛如執盈，入虛如有人。注：「重慎。」

凡祭於室中，堂上無跣，燕則有之。注：「祭不跣者，主敬也。燕則有跣，爲歡也。天子諸侯祭，有坐尸於堂之禮。祭所尊在室，燕所尊在堂。將燕，降説屨，乃升堂。」○跣，悉典反。

未嘗不食新。注：「嘗，謂薦新物於寢廟。」

僕於君子，君子升下則授綏，始乘則式；君子下行，然後還立。注：「還車而立，以俟其去。」正義：「僕人之禮，若君子將升，則僕先升；君子下行，則僕後下。待君子去後，乃敢自安。」乘貳車則式，佐車則否。注：「貳車、佐車，皆副車也。朝祀之副曰貳，戎獵之副曰佐。魯莊公敗于乾時，『公喪戎路，傳乘而歸』。」正義：「朝祀尚敬，乘副車者式。戎獵尚武，乘副車者不式。若戎獵自相對，則戎車之副曰倅，田車之副曰佐。故周禮戎僕馭倅車，田僕馭佐車。熊氏云：『此據諸侯禮也。』」貳車者，諸侯七乘，上大夫五乘，下大夫三乘。注：「此蓋殷制也。周禮貳車，公九乘，侯伯七乘，子男五乘，卿大夫各如其命之數。」○還，音旋。乘，上丈專反，下繩證反。

有貳車者之乘馬、服車不齒。注：「尊有爵者之物，廣敬也。服車，所乘車也。車有新舊。」王氏引之曰：「曲禮曰：『齒路馬有誅。』僖二年公羊傳：『吾馬之齒，亦已長矣。』馬有二歲曰駒、三歲曰駣、八歲曰馴之分，故可計其年齒。若車衣服有新舊，曷嘗有年齒之可計乎？『服車』二字，當在下文『乘馬』之下，『弗賈』之上。」觀君子之衣服、服劒、乘馬弗賈。注：「平尊者之物，非敬也。」○賈，音嫁。

其以乘壺酒、束脩、一犬賜人。若獻人，則陳酒執脩以將命，亦曰「乘壺酒、束脩、一犬」。注：「陳重者，執輕者，便也。乘壺，四壺也。酒，謂清也，糟也。不言『陳犬』，或無脩者，牽犬以致命也。於卑者曰賜，於尊者曰獻。」正義：「陳，列也。犬馬不上於堂，牽之當在下耳。」其以鼎肉，則執以將命。注：「鼎肉，謂牲體已解，可升於鼎。」其禽，加於一雙，則執一雙以將命，委其餘。注：「加，猶多也。」犬則執緤，守犬、田犬則授擯者，既受，乃問犬名。牛則執紖，說文：「紖，牛系也。」鄭司農周禮封人注曰：「絼，著牛鼻繩，所以牽牛者。」陸元朗曰：「絼，本又作紖。」廣雅：「紖，索也。」馬則執靮，廣雅：「靮謂之繮。」王氏念孫曰：「緤、紖、靮，皆引也。緤之言曳，紖之言引，靮之言扚也。玉篇：『扚，引也。』」皆右之，注：「緤、紖、靮，皆所以繫制之者。守犬、田犬問名，畜養者當呼之。名，謂若韓盧、宋鵲之屬。右之者，執之宜由便也。」正義：「犬有三種：一曰守犬，守禦宅舍者也。二曰田犬，田獵所用也。三曰食犬，充君庖廚庶羞用也。守犬、田犬有名，食犬無名。皆右之者，謂守犬、田犬畜養馴善，無可防禦。若充食之犬，則左手牽之，右手防禦。故曲禮云『效犬者左牽之』，是也。」臣則左之。注：「異於衆物。臣，謂囚俘。」正義：「左之，謂以左手操其右袂也。」車則說綏，執以將命。甲若有以前之，則執以將命，無以前之，則袒櫜奉胄。注：「甲，鎧也。有以前之，謂他摯幣也。櫜，弢鎧衣也。胄，兜鍪也。袒其衣，出兜鍪以致命。」正義：「曲禮曰：『獻甲者執胄。』」器則執蓋。注：「謂有表裏。」正義：「陳底執蓋以將命，蓋輕便也。」弓則以左手屈韣執拊。注：「韣，弓衣也。左手屈衣，并於拊執之，而右手執簫。」鄭注大射儀：「弣，弓把也。」釋名：「弓中央曰弣。弣，撫也，人所撫持也。」考工記：「方其峻而高其柎。」彬按弣、柎並與拊同。劒則啓櫝，蓋襲之，加夫襓與劒焉。注：「櫝，謂劒函也。襲，卻合之。夫襓，劒衣也，加劒於衣上。夫，或爲煩，皆發聲。」正義：「啓，開也。蓋，劒函之蓋也。襲，謂卻合也。開函而以蓋卻合於函下，又加劒衣函中，而以劒置衣上也。」笏、書、脩、苞、苴、弓、茵、席、枕、几、熲、杖、王氏引之曰：「潁字當在枕下。」正義：「謂經枕外別言潁，則所見本潁在下可知。」彬按潁，正義本作「穎」，諸本或作「穎」。琴、瑟、戈有刃者櫝，筴、籥，其執之皆尚左手。注：「苞苴，謂編束萑葦以裹魚肉也。茵，著蓐也。潁，警枕也。筴，蓍也。籥如笛，三孔。皆，十六物也。左手執上。上，陽也。右手執下。下，陰也。」王氏引之曰：「筴，蓍也。籥，占兆之書所載也。故并言之。說文：『筴，籥也。』筴之言葉也，與『箭牒』之牒同義。筴與籥，一聲之轉。」刀卻刃授潁，削授拊。注：「辟用時。潁，鐶也。拊，謂把。」正義：「言授人以刀〔一〕，仰其刃，以刀鐶授之。削，謂曲刀，言以削授人，則以把授之。」凡有刺刃者，以授人則辟刃。注：「辟刃，不以正鄉人也。」○緤，息列反。紖，丈引反。靮，丁歷反。説，吐活反。橐，音羔。奉，芳勇反。韣，音獨。拊，芳武反。櫝，音獨。夫，音扶。澆，如遙反。潁，京領反。授潁，役頂反。削，音笑。刺，七智反。辟，匹亦反。

乘兵車，出先刃，入後刃。注：「不以刃鄉國也。」軍尚左，卒尚右。注：「左，陽也。陽主生。將軍有廟勝之策，左將軍爲上，貴不敗績。右陰也。陰主殺。卒之行伍，以右爲上，示有死志。」

賓客主恭，祭祀主敬，喪事主哀，會同主詡。注：「恭在貌也，而敬又在心。詡，謂敏而有勇。」○詡，況矩反。

軍旅思險，隱情以虞。注：「險阻，出奇覆諼之處也。隱，意也，思也。虞，度也。當思念己情之所能，以度彼之將然否。」釋詁：「隱，微也。」陳可大曰：「軍行舍止經由之處，必思爲險阻之防，又當隱密己情，以虞度彼之情計也。」燕

〔一〕「刀」，原誤「刃」，據禮記注疏改。

侍食於君子，則先飯而後已。注：「所以勸也。」正義：「先君子之飯，若嘗食然。食罷而後已，若勸食然。」毋放飯，毋流歠，小飯而亟之。注：「亟，疾也。備噦噎若見問也。」正義：「疾速而咽。小飯備噦噎也，速咽之備見問也。」數噍，毋爲口容。注：「口容，弄口。」客自徹，辭焉則止。注：「主人辭其徹。」○歠，昌悅反。亟，紀力反。數，色角反。噍，字又作「嚼」，子笑反。

客爵居左，其飲居右。注：「客爵，謂主人所酬賓之爵也。以優賓耳。賓不舉，奠于薦東。」正義：「鄉飲酒禮主人酬賓之爵，賓受〔一〕，『奠觶于薦東』，是客爵居左也。旅酬之時，一人舉觶于賓，賓奠觶于薦西，至旅酬，賓取薦西之觶，以酬主人，是其飲居右也。」介爵、酢爵、僎爵皆居右。注：「三爵，皆飲爵也。介，賓之輔也。酢，所以酢主人也。古文禮僎作遵。遵，謂鄉人爲卿大夫，來觀禮者。酢，或爲作。僎或爲馴。」正義：「此三人既不被優，故爵並居右，示爲飲之。按鄉飲酒介爵及主人受酢之爵并僎爵，皆不明奠置之所。故記者於此明之。」○僎，音遵。

羞濡魚者進尾，注：「擗之由後，鯁肉易離也。乾魚進首，擗之由前，理易析也。」冬右腴，注：「氣在下。腴，腹下也。」夏右鰭。注：「氣在上。鰭，脊也。」祭膴。注：「膴，大臠，謂刳魚腹也。膴，讀如哻。」正義：「此皆謂尋常燕食所進魚體，非祭祀及饗食正禮也。若祭祀，魚在於俎，皆縮載。故少牢『魚用鮒』，『而俎縮載』。其主人正饗亦然，公食大夫禮『魚七，縮俎』，是也。正祭，魚既縮載，主人獻祝佐，俎三〔二〕，魚一橫之。彼是正祭，魚橫者以魚與牲體共俎，故

〔一〕「賓」，原誤「客」，據禮記注疏改。

〔二〕禮記注疏無「俎」字，儀禮少牢禮作「膚三」。

特横之，殊於牲體也。」○濡，音儒。腴，以朱反。鰭，陸本作「鬐」，音祁。膴，舊火吳反，依注音哻，況甫反。

凡齊，執之以右，居之於左。注：「齊，謂食羹醬飲有齊和者也。居於左手之上，右手執而正之，由便也。」正義：「凡齊者，謂以鹽梅齊和之法。」○齊，才細反。

贊幣自左，詔辭自右。注：「自，由也。謂爲君授幣，爲君出命也。立者尊右。」正義：「詔辭，謂爲君傳辭也。」

酌尸之僕，如君之僕。注：「當其爲尸則尊。」正義：「僕〔一〕，爲尸御車之人。將欲祭軷，酌酒與尸之僕，如似酌酒與君之僕也。」其在車，則左執轡，右受爵。祭左右軌范，乃飲。注：「周禮大御：『祭兩軹，祭軌，乃飲。』軌與軹於車同，謂轊頭也。軓與范聲同，謂軾前也。」正義：「左執轡，右受爵者，尸僕受酒法也。僕既所主尸車，尸位在左，僕立在左。君僕亦然。軌，謂轂末。范，謂式前。僕受爵將飲，則祭之。所以祭者，謂其神助己不使傾危故也。乃飲者，祭徧乃自飲也。」○軌，媿美反。范，音犯。

凡羞有俎者，則於俎内祭。注：「俎於人爲横，不得祭於間也。」正義：「若羞在豆，則祭於豆間。若羞在俎，則於俎内祭。不得祭於俎外及兩俎間也。」君子不食圂腴。注：「周禮圂作豢。謂犬豕之屬，食米穀者也。」正義：「腴，猪犬腸也。」小子走而不趨，舉爵則坐祭立飲。注：「小子，弟子也。卑，不得與賓介俱備禮容也。」正義：「弟子但給役使，故宜驅走，不得趨翔爲容也。」凡洗必盥。注：「先盥乃洗爵，先自絜也。盥有不洗也。」牛羊之肺，離而不提心。注：「提，猶絶也。刲離之，不絶中央少者，使易絶以祭耳。」凡羞有湆者，不以齊。注：「齊，和

〔一〕「僕」，原誤「爲」，據禮記注疏改。

也。」正義：「庾云：『湇，汁也。』若羞有汁，則有鹽梅齊和。若食者更調和之，則嫌薄主人味，故不以齊也。」〔三〕爲君子擇蔥䪥，則絶其本末。注：「爲有萎乾。」羞首者，進喙，祭耳。注：「耳出見也。」正義：「羞，亦膳羞也。首，頭也。喙，口也。若膳羞有牲頭者，則進口以嚮尊者，尊者先取牲耳祭之也。」尊者以酌者之左爲上尊。尊壺者面其鼻。注：「尊者，設尊者也。酌者鄉尊，其左則上尊也。鼻在面中，言鄉人也。」説文：「偭，鄉也。」江氏永曰：「尊盛醴則特之，無上下。尊盛酒必有偶，如有玄酒，則玄酒尊爲上，或兩尊皆酒，亦必以一尊爲上。設尊之人，皆以酌者之左爲上尊〔一〕。如燕禮設尊於東楹西，南北列之，以南爲上。酌者在尊東，西面，玄酒在酌者之左也。鄉飲酒禮設尊於房户間，則玄酒在西，酌者北面，亦是在酌者之左也〔二〕。其餘設尊皆然。以鄉飲設尊推之，燕禮設尊之人亦當是向尊之面，立於尊東。孔疏謂『設尊者在尊西，鄉東，以右爲上』。設者之右，爲酌者之左，於經無據。又但引燕禮，而不及他説，亦未備也。壺有鼻，以鼻爲面。如燕禮『東楹西』之尊，鼻向東；鄉飲酒禮『房户間』之尊，鼻向南。若燕禮尊，士旅食於門西，則鼻向北。方氏謂『面其鼻，示專惠』，非也。專惠，唯燕禮堂上尊面向君爲然，若房户間之尊，與賓主夾之而向南，則非專惠矣。」飲酒者、機者、醮者，有折俎不坐。注：「折俎尊，徹之乃坐也。已沐飲曰機，酌始冠曰醮。」正義：「折俎，謂折骨於俎也。若有折俎爲尊，禨醮小事爲卑，故不得坐也。」江氏永曰：「飲酒者，謂凡燕飲也。沐而飲，冠而醮，禮盛則有折俎。」劉氏台拱曰：「飲酒也，禨也，醮也，凡三事。」未步爵，不嘗羞。注：「步，行也。」正義：「此謂無筭爵之時。

〔一〕「者」，原作「有」，據江永禮記訓義擇言卷七改。

〔二〕「亦是」，原作「是亦」，據江氏原書乙。

羞，庶羞，行爵之後，始嘗之。若正羞脯醢折俎，未飲酒之前則嘗之。故鄉飲酒、鄉射、燕禮、大射獻後乃薦賓，皆先祭脯醢，嚌肺，乃飲，卒爵。」牛與羊魚之腥，聶而切之爲膾。注：「聶之言牒也。先藿葉切之，復報切之，則成膾。」說文：「牒，薄切肉也。膾，細切肉也。」麋鹿爲菹，野豕爲軒，皆聶而不切。麕爲辟雞，兔爲宛脾，皆聶而切之，切蔥若韭實之，醯以柔之。注：「此軒、辟雞、宛脾，皆菹類也。其作之狀，以醯與葷菜淹之，殺肉及腥氣也。」其有折俎者，取祭，反之，不坐；燔亦如之。注：「亦爲柄尺之類也。燔，炙也。鄉射曰：『賓莫爵于薦西，興，取肺，坐，絶祭，左手，嚌之，興，加于俎，坐帨手。』」正義：「俎既有足，故祭肺立而取之，升席，坐祭，祭訖，反此所祭之物，加之於俎，皆立而爲之。燔肉，雖非折骨，其肉在俎，其取及祭、反時，亦皆不坐。」朱氏軾曰：「若云『俎有足，故立取』，則尸何以坐？意折骨與燔，所設者盛，故立而取、反也。」尸則坐。注：「尸尊也。少牢饋食禮曰：『尸左執爵，右兼取肝肺，擩于俎鹽，振祭，嚌之，加于菹豆。』」○圂，音患。盥，音管。提，丁禮反。湆，起及反。韰，户戒反。喙，許穢反。禨，其記反。醮，子笑反。聶，之涉反。膾，古外反。軒，音獻。麕，俱倫反。辟，音壁。宛，於阮反。脾，毗支反。燔，音煩。

衣服在躬，而不知其名爲罔。注：「罔，猶罔罔，無知貌。」

其未有燭，而有後至者，則以在者告。道瞽亦然。注：「爲其不見，意欲知之也。」

凡飲酒，爲獻主者，執燭抱燋。客作而辭，然後以授人。注：「爲宵言也。主人親執燭，敬賓，示不倦也。言『獻主者』，容君使宰夫也。未爇曰燋。」執燭，不讓、不辭、不歌。注：「以燭繼晝，禮殺。」正義：「禮，賓主有讓，及更相辭謝，又各歌詩相顯德，今既夜莫，所以殺此三事。」〇爥，側角反，又子約反。

洗、盥執食飲者勿氣，有問焉，則辟咡而對。注：「示不敢歆臭也。口旁曰咡。」正義：「洗，謂洗足也。盥，洗手也。若爲尊長洗盥及執飲食，則勿氣，謂不以鼻嗅也。尊長有事問己，則辟口而對，不使口氣及尊者。」〇辟，匹亦反。咡，而志反。

爲人祭曰致福，爲己祭而致膳於君子曰膳，祔練曰告。注：「此皆致祭祀之餘於君子也。攝主言『致福』，申其辭也。自祭言『膳』，謙也。祔練言『告』，不敢以爲福膳也。」

凡膳告於君子，主人展之，以授使者于阼階之南，南面，再拜稽首送，反命，主人又再拜稽首。注：「展，省具也。」正義：「主人又再拜稽首，亦當在阼階南，南面。曲禮云『使者反，必下堂而受命』，是也。」其禮，太牢則以牛左肩、臂臑折九个，少牢則以羊左肩七个，犆豕則以豕左肩五个。注：「折，斷分之也。皆用左者，右以祭也。羊豕不言臂臑，因牛序之可知。」正義：「明所膳禮數也。周人牲體尚右，右邊已祭，所以獻左也。周貴肩，故用左肩也。九箇，取肩自上斷折之，至蹄爲九段，以獻之也。臂臑，謂肩腳也。然并用上牲，不并備饌，故大牢者唯牛，少牢者唯羊也。」〇臑，奴報反。个，古賀反。

國家靡敝，則車不雕幾，甲不組縢，食器不刻鏤，君子不履絲屨，馬不常秣。注：「靡敝，賦稅亟也。雕，畫也。幾，附纏爲沂鄂也。組縢，以組飾之及紟帶也。詩云：『公徒三萬，貝冑朱綅。』亦鎧飾也。」三蒼：「雕，飾也。」正義：「此明國家靡敝減省之禮〔一〕。靡，謂侈靡。敝，謂凋敝。由君造作侈靡，賦稅煩急，則物凋敝。絲屨，謂

〔一〕「明」，原誤「時」，據禮記注疏改。

絇、繶、純之屬，不以絲飾之。縢，是縛約之名。秦詩云：『竹閉緄縢。』注：『縢，約也。』○靡，亡皮反。組，音祖。縢，大登反。秣，音末。

禮記訓纂卷十八

學記第十八

正義：「鄭目録云：『名曰學記者，以其記人學教之義。此於別録屬通論。』」

發慮憲，求善良，足以謏聞，不足以動衆；就賢體遠，足以動衆，未足以化民。注：「憲，法也。言發計慮，當擬度於法式也。求，謂招來也。謏之言小也。動衆，謂師役之事。就，謂躬下之。體，猶親也。」君子如欲化民成俗，其必由學乎！注：「所學者，聖人之道在方策。」外傳：「學者，覺也。人生皆稟五常之正性，故聖人修道以教之，使其發學，不失其性也。」正義：「賢，謂德行賢良，屈下就之。遠，謂才藝廣遠，能親愛之。恩被於外，故足以動衆。仁義未備，故未足以化民。君子，謂天子、諸侯、卿、大夫。學則博識多聞，知古知今，身有善行，示民軌儀，故可以化民成俗也。」朱子曰：「動衆，謂聳動衆聽。蓋守常法，用中材，其效不足以致大譽。遠，謂疏遠之士。下賢親遠，使知貴德而尊士，然未有開導誘掖之方也，故未足以化民。」戴岷隱曰：「求賢以自輔，足以資人君多聞之益。屈己以下賢，足以興起天下爲善之心。然學校不立，教養闕然，天下之人雖欲爲善，而無所考德問業。故化民成俗，必由學校，其所及者廣，所傳者遠也。」○謏，思了反。

玉不琢，不成器；說文：「琢，治玉也。」人不學，不知道。是故古之王者建國君民，教學爲先。注：「謂内則設師、保以教，使國子學焉。外則有大學、庠、序之官。」兑命曰：「念終始，典于學。」其此之謂乎！注：「典，經也。言學之不舍業也。兑，當爲說，字之誤也。高宗夢傅說，求而得之，作說命三篇，在尚書，今亡。」正義：「王者建立其國，君長其民，内則設師保，外則設庠、序以教之，故云『教學爲先』。」○琢，丁角反。兑，依注作「說」，音悅。

雖有嘉肴，弗食不知其旨也。雖有至道，弗學不知其善也。是故學然後知不足，教然後知困。知不足，然後能自反也。知困，然後能自强也。故曰：教學相長也。注：「旨，美也。學則睹己行之所短，教則見己道之所未達。自反，求諸己也〔一〕。自强，修業不敢倦。」兑命曰：「學學半。」其此之謂乎。注：「言學人乃益己之學半。」正義：「教學之時，知己困而强之，是教能長學也。學則道業成就，於教益善，是學能相長也。」○肴，户交反。强，其丈反。長，丁兩反。學學，上胡孝反，上如字。

古之教者，家有塾，黨有庠，術有序，國有學。注：「術，當爲遂，聲之誤也。古者仕焉而已者，歸教於閭里，朝夕坐於門，門側之堂謂之塾。周禮五百家爲黨，萬二千五百家爲遂。黨屬於鄉，遂在遠郊之外。」正義：「百里之内，二十五家爲閭，同其一巷，巷首有門，門邊有塾。民在家之時，朝夕出入，恒受教於塾。白虎通云：『古之教民，百里皆有師。里中之老有道德者爲里右師，其次爲左師，教里中之子弟以道藝、孝悌、仁義也。』於黨中立學，教閭中所升者；於遂中立學，教黨學所升者。國，謂天子所都及諸侯國中也。天子立四代學，以教世子，及羣后之子，及鄉中俊選所升之士也。諸侯於國，但立時王之學。故云『國有學也』。」比年入學，注：「學者每歲來入也。」中年考校：注：「中，猶閒也。

〔一〕「求」，原誤「衣」，據禮記注疏改。

鄉遂大夫間歲則考學者之德行道藝。周禮三歲大比，乃考焉。」一年視離經辨志，三年視敬業樂羣，五年視博習親師，七年視論學取友，謂之小成。九年知類通達，强立而不反，謂之大成。注：「離經，斷句絶也。辨志，謂別其心意所趣鄉也。知類，知事義之比也。强立，臨事不惑也。不反，不違失師道。」夫然後足以化民易俗，近者説服而遠者懷之。此大學之道也。記曰：「蛾子時術之。」其此之謂乎！注：「懷，來也[一]，安也。蛾，蚍蜉也。蚍蜉之子，微蟲耳，時術蚍蜉之所爲，其功乃復成大垤。」釋文：「爾雅：『蚍蜉，大蟻。』垤，毛詩傳云：『蟻冢也。』」朱子曰：「辨志者，自能分別其心所趣向，如爲善爲利，爲君子爲小人也。敬業者，專心致志，以事其業也。樂羣者，樂於取益，以輔其仁也。博習者，積累精專，次第而徧也。親師者，道同德合，愛敬兼盡也。論學者，知言而能論學之是非。取友者，知人而能識人之賢否也。知類通達，聞一知十，觸類而貫通也。强立不反，知止有定，而物不能移也。蓋考校之法，先觀其學業之淺深，徐察其德行之虛實，乃見進學之驗。」○塾，音熟。術，音遂，出注。樂，五孝反，又音嶽。説，音悦。蛾，魚起反。

大學始教，皮弁祭菜，示敬道也。注：「皮弁，天子之朝朝服也。祭菜，禮先聖先師。菜，謂芹藻之屬。」正義：「熊氏云：『始教，謂始立學。』崔氏云：『著皮弁，祭菜蔬，並是質素，示學者以謙敬之道矣。』」宵雅肄三，官其始也，注：「宵之言小也。肄，習也。習小雅之三，謂鹿鳴、四牡、皇皇者華也。此皆君臣宴樂相勞苦之詩，爲始學者習之，所以勸之以官，且取上下相和厚。」正義：「按鄉飲酒禮、燕禮皆歌鹿鳴、四牡、皇皇者華，又襄四年穆叔如晉，歌小雅三篇，

[一]「來」，原誤「求」，據禮記注疏改。

故知鹿鳴、四牡、皇皇者華也。」入學鼓篋，孫其業也。注：「鼓篋，擊鼓警衆，乃發篋出所治經業也。孫，猶恭順也。」正義：「大胥云：『用樂者，以鼓徵學士。』文王世子云：『大昕鼓徵，所以警衆也。』」夏楚二物，收其威也。注：「夏，榴也。楚，荆也。二者所以扑撻犯禮者〔一〕。收，謂收斂整齊之。威，威儀也。」釋文：「尚書云：『扑作教刑〔二〕。』」正義：「爾雅釋木云：『榴，山榎。』郭景純云：『今之山楸。』」未卜禘不視學，游其志也。注：「禘，大祭也。天子諸侯既祭，乃視學考校，以游暇學者之志意。」正義：「皇氏云：『禘在於夏，天子諸侯視學之時，必在禘祭之後。祭必先卜，故連言之。』若不當禘祭之年，亦待時祭之後乃視學也。此視學或君親往，或使有司爲之。若大禮視學，在仲春仲秋及季春，故文王世子云：『凡大合樂，必遂養老。』注云：『大合樂，謂春入學，舍菜合舞。秋頒學，合聲。於是時也，天子則視學焉。』」時觀而弗語，存其心也。注：「使之悱悱憤憤，然後啓發也。」正義：「謂教者時時觀之，而不丁寧告語，欲使學者存其心也。」幼者聽而弗問，學不躐等也。注：「學，教也，教之長穉。」正義：「若有疑滯未曉，必須問師，幼者但聽長者解說，不得輒問。推長者諮問，幼者但聽之耳。」此七者，教之大倫也。記曰：「凡學，官先事，士先志。」其此之謂乎！注：「倫，理也。自『大學始教』至此，其義七也。官，居官者也。士，學士也。」正義：「若學爲官，則教以居官之事。若學爲士，則先喻教以學士之志。」○宵，音消。肄，本又作「肆」，同，以二反。孫，音遜。學，胡孝反。躐，里輒反。

〔一〕「扑」，原誤「朴」，據阮元校勘記改。

〔二〕「扑」，原誤「朴」，據釋文及尚書舜典改。

大學之教也，時教必有正業，退息必有居學。正義：「時者，言教學之道，當以時習之。正業，謂先王正典，非諸子百家。退息，謂學者疲倦，而暫休息。」朱子曰：「注、疏讀『時』字『居』字句絶，恐非文意，當以『也』字『學』字爲句絶。時教，如春夏禮樂、秋冬詩書之類。居學，如易之言『居業』，如下文操縵、博依、興藝、藏、脩、游、息之類。」不學操縵，不能安弦；不學博依，不能安詩；不學雜服，不能安禮；不興其藝，不能樂學。注：「操縵，雜弄。博依，廣譬喻也。依，或爲衣。雜服，冕服皮弁之屬。雜，或爲雅。興之言喜也，歆也。藝，謂禮、樂、射、御、書、數。」正義：「弦，琴瑟之屬。言人將學琴瑟，若不先調弦雜弄，則手指不便，不能安正其弦。博，廣也。依，謂依倚也。謂依倚譬喻也。雜服，自衮而下至皮弁、朝服、玄端之屬。禮經正體在於服章，以表貴賤，若學禮而不明雜服，則心不能安善於禮也。藝，謂操縵、博依、六藝之等。若欲學詩書正典，不歆喜其雜藝，則不能躭翫於所學之正道。」方性夫曰：「操之而急，縱之而緩者，操縵之謂也。弦之理，亦若是而已。」陳可大曰：「詩人比興之辭，多依託於物理。物理至博，學者不能廣求物理之所依附者，則無以驗其實，而於詩之辭必有疑殆而不能安者矣。」故君子之於學也，藏焉脩焉，息焉游焉。注：「藏，謂懷抱之。脩，習也。息，謂作勞休止於之息。游，謂閒暇無事於之游。」正義：「故，謂因上起下之辭。故君子之爲學，恒使業不離身，藏脩游息，無時暫替也。」夫然，故安其學而親其師，樂其友而信其道，是以雖離師輔而不反也。兑命曰：「敬孫務時敏，厥脩乃來。」其此之謂乎！注：「敬孫，敬道孫業也。敏，疾也。厥，其也。學者務及時而疾，其所脩之業乃來。」正義：「其道，己道也。既親師樂友，己道深明，心自説信，不復虚妄。輔，即友也。離，猶違也。假令違離師友，而講説不違反於師友之意旨，此則强立不反。所脩業乃來，謂所學得成也。」○操，七刀反。縵，末旦反。依，於豈反。樂，音洛。離，力智反。

今之教者，呻其佔畢，注：「呻，吟也。佔，視也。簡謂之畢。」王氏引之曰：「佔，讀爲笘。說文曰：『潁川人名小兒所書寫爲笘。』又曰：『籥，書僮竹笘也。』佔，亦簡之類。故『佔畢』連文。鄭謂『吟誦其所視簡之文』，殆失之迂矣。」多其訊言，及于數進，而不顧其安，注：「務其所誦多，不惟其未曉。」吴幼清讀「多其訊言」爲句，「及于數進」爲句，云：「數進，謂數進之。學者未可以進，而又進之也。」王氏引之曰：「吴之句讀是也，而義尚未安。今按訊與誶通，訓爲告。多其訊言，猶云『多其告語』，不待學者之自悟而强語之。隱元年公羊傳：『及，猶汲汲也。』爾雅曰：『數，疾也。』鄭注曾子問曰：『數讀爲速。』及于數進，謂汲汲於求速進也。」使人不由其誠，教人不盡其材，注：「由，用也。使學者誦而爲之説，不用其誠。材，道也。謂師有所隱也。」輔漢卿曰：「材者，可爲之資。」其施之也悖，其求之也佛。注：「教者言非，則學者失問。」正義：「謂教者施教於人，違背其理。佛，戾也。教者既悖違其理，學者求之則又違戾。」吴幼清曰：「實知此一理，而後使之别窮一理，是謂由其誠。能行此一事，而後教之别爲一事，是謂盡其材。否則使之不由其實，教之不盡其能也。不觀其已知已能，而進之以未知未能，是其施教於人者先後失宜，故曰悖。不俟其自知自能，而强之以必知必能，是其求責於人者淺深莫辨，故曰佛。」王氏懋竑曰：「不度其所能知能行，而强之以所不能知不能行，是進而不顧其安也。强之以所不能知不能行，而不必其能知能行，是使人不由其誠也。其所不能知不能行者，卒不可以强，而於其所能知能行，反有所廢弃遺忘而失之，是教人不盡其材也。不論其次第而槩施之，則先後失其宜，故曰悖。不論其材質而强求之，則大小乖其量，故曰佛。」夫然，故隱其學而疾其師，苦其難而不知其益也。注：「不知其益，若無益然。」王氏念孫曰：「莊子外物篇：『相結以隱。』李頤注曰：『隱，病患也。』後漢書張衡傳：『勤恤民隱。』李賢注：『隱，病也。』隱其學，病其學也。施之悖，求之佛，故弟子皆病其學而疾其師也。隱其學，疾其師，苦其難，三者文義相承。」雖終其業，其去之必速。教之不刑，其此之由乎！注：「速，疾也。學不心解，則忘之易。刑，猶成也。」○佔，敕沾反。訊，字又作「誶」，音信。數，色住反（吳幼清音朔）。悖，布内反。佛，本又作「拂」。

大學之法：禁於未發之謂豫，當其可之謂時，不陵節而施之謂孫，注：「不陵節，謂不教長者才者以小，教幼者鈍者以大也。施，猶教也。孫，順也。」正義：「陵，猶越也。節，謂年才所堪，不越其節分而教之。」相觀而善之謂摩。此四者，教之所由興也。注：「不並問，則教者思專也。摩，相切磋也。興，起也。」朱子曰：「禁於未發，但謂豫爲之防，其事不一，不必皆謂十五時也。當其可，謂適當其可告之時，亦不必以年爲斷。相觀而善，但觀人之能而於己有益，如以兩物相摩而各得其助也。」○摩，莫波反。

發然後禁，則扞格而不勝；注：「格讀如『凍洛』之洛。扞格，堅不可入之貌。」時過然後學，則勤苦而難成；注：「時過則思放也。」雜施而不孫，則壞亂而不脩；注：「小者不達，大者難識，學者所惑也。」獨學而無友，則孤陋而寡聞；注：「不相觀也。」燕朋逆其師；燕辟廢其學。此六者，教之所由廢也。注：「燕，猶褻也。廢，滅。」正義：「若情欲既發，則教之不復入也。時過，謂學時已過，則心情放蕩，徒勤苦而難成也。雜施，謂教雜亂，無次越節，則大才輕其小業，小才苦其大業，並是壞亂之法，不可復脩治也。獨學，言有疑無可諮問，則學識孤褊鄙陋，寡有所聞也。」朱子曰：「燕朋逆其師，大戴保傅篇作『左右之習反其師』。朋，此『燕朋』，是私褻之友，所謂『損者三友』

之類，注說非。燕辟，但謂私褻之談，無益於學，而反有所害也。」○扞，胡半反。格，胡客反。勝，音升。過，姑卧反。壞，音怪。辟，音譬（朱子讀匹亦反）。

君子既知教之所由興，又知教之所由廢，然後可以爲人師也。故君子之教喻也，道而弗牽，强而弗抑，開而弗達。注：「道，示之以道塗也。抑，猶推也。開，爲發頭角。」道而弗牽則和，强而弗抑則易，開而弗達則思。和易以思，可謂善喻矣。注：「思而得之則深。」正義：「喻，猶曉也。道，猶示也。牽，謂牽偪。師教既識學之廢興，故教喻有節，但廣開道，示學理而已。不偪急令速曉也。强而弗抑者，謂師微勸學者使神識堅强，隨才而與之。開，謂開發事端。但爲學者開發大義而已，亦不事事使之通達也。」方性夫曰：「道之使有所尚，而弗牽之使從，則人有樂學之心。强之使有所勉，而弗抑之使退，則人無難能之病。開之使有所入，而弗達之使知，則人有自得之益。」趙氏良霨曰：「開其端而不竟其說，使學者或苦爲難而教之，誘於前者有緒；或視爲易而理之，蘊於中者無窮。是以不思而不能也。」○强，沈其良反。

學者有四失，教者必知之。人之學也，或失則多，或失則寡，或失則易，或失則止。此四者，心之莫同也。知其心，然後能救其失也。教也者，長善而救其失者也。注：「失於多，謂才少者。失於寡，謂才多者。失於易，謂好問不識者。失於止，謂好思不問者。救其失者，多與易則抑之，寡與止則進之。」正義：「才識淺小，而所學貪多，終無所成，是失於多。才識深大，而所學務少，徒有器調，而終成狹局，是失於寡。至道深遠，非凡淺所識，人不知思，唯汎濫外問，是學而不思則罔。不肯諮問，唯但自思，終不能達，是思而不學則殆。師能隨失而救之，使學者和易以思，是長善；使學者無此四失，是救失。」

善歌者使人繼其聲，善教者使人繼其志。其言也，約而達，微而臧，罕譬而喻，可謂繼志矣。注：「言爲之善者，則後人樂放傚。師説之明，則弟子好述之。其言少而解。臧，善也。」正義：「善歌者音聲和美，感動人心，令使聽者繼續其聲。善教者能使後人繼其志，出言寡約，而義理顯達。義理微妙而説之精善，其譬罕少而聽者皆曉，則可使後人繼其志意。」朱子曰：「繼聲繼志者，皆謂微發其端，而不究其説，使人有所玩索而自得之。」吕東萊曰：「教者之言甚約，然本末貫徹，未嘗不達。教者之言甚微，然淵深粹美，其味無窮。曲爲之喻，使學者自得於言意之表，如此，可謂善繼志矣。」○臧，子郎反。

君子知至學之難易，而知其美惡，然後能博喻，能博喻然後能爲師，能爲師然後能爲長，能爲長然後能爲君。故師也者，所以學爲君也。注：「美惡，説之是非也。長，達官之長。弟子學於師，學爲君。」是故擇師不可不慎也。記曰：「三王、四代惟其師。」其此之謂乎！注：「師善則善。四代，虞、夏、殷、周。」正義：「學優宜仕，故能爲一官之長。師既有君德，弟子就師，可學爲君之德。」張子曰：「知學者至於學之難易，及知其資質才性之美惡。」吴幼清曰：「知其難易美惡，故能隨其淺深高下而喻之，不局於一途，所謂『博喻』也。教人能各得其宜，則治人亦各得其宜，小而一官之長，大而一國之君，皆能爲之也。」

凡學之道，嚴師爲難。師嚴然後道尊，道尊然後民知敬學。是故君之所不臣於其臣者二：當其爲尸，則弗臣也；當其爲師，則弗臣也。注：「嚴，尊敬也。尸，主也，爲祭主也。」正義：「雖天子以下，必須尊師。并言尸者，欲見尊師與尸同。」大學之禮，雖詔於天子，無北面，所以尊師也。注：「尊師重道焉，不使處臣位也。武王踐阼，召師尚父而問焉，曰：『昔黃帝、顓頊之道存乎？意亦忽不可得見與？』師尚父曰：『在丹書。王欲聞之，則齊矣。』王齊三日，端冕，師尚父亦端冕，奉書而入，負屏而立。王下堂，南面而立。師尚父曰：『先王之道不北面。』王行西折而南，東面而立。師尚父西面道書之言。」

善學者師逸而功倍，又從而庸之；不善學者師勤而功半，又從而怨之。注：「從，隨也。庸，功也。功之，受其道有功於己。」正義：「聰明易入，故師體逸豫，而所解倍於他人，故恒言『師特加功於我』也。己既闇鈍，故師體勤苦，而功裁半於他人，不自責己，乃反怨於師，獨不盡意於我也。」善問者如攻堅木，先其易者，後其節目，及其久也，相說以解；不善問者反此。注：「先易後難〔一〕，以漸入。」正義：「問〔二〕，論難也。攻，治也。言善問之人，如匠善攻治堅木，先斫治其濡易之處，然後斫其節目。問師之時，亦先問其易，後問其難。問者順理，答者分明，故師徒共相愛說以解義理。」方性夫曰：「節則木理之剛者，說卦所謂『堅多節』是矣。目，則木理之精者，弓人所謂『斲目必荼』是矣。」善待問者如撞鐘，叩之以小者則小鳴，叩之以大者則大鳴，待其從容，然後盡其聲；不善答問者反此。注：「從，讀如『富父舂戈』之舂。舂容，謂重撞擊也。始有一聲而已，學者既開其端意，進而復問，乃極說之，如撞鐘之成聲矣。從，或爲松。」此皆進學之道也。注：「此皆善問善答也。」正義：「善答

〔一〕「易」字原脱，據禮記注疏補。

〔二〕「問」上原衍「易」字，據禮記注疏删。

問者如鐘之應撞，隨所問事之大小而答之。不善答問者，或問小而答大，或問大而答小，或暫問而説盡，此皆無益於所問。」朱子曰：「從容，謂聲之餘韻從容而將盡者也。」集韻：「從容，久意。」○撞，丈江反。叩，音口。從，依注讀爲舂，式容反。

記問之學，不足以爲人師，注：「記問，謂豫誦雜難雜説，至講時爲學者論之。此或時師不心解，或學者所未能問。」必也其聽語乎！力不能問，然後語之。語之而不知，雖舍之可也。注：「必待其問，乃説之。舍之，須後。」

良冶之子，必學爲裘；注：「仍見其家錮補穿鑿之器也。補器者，其金柔乃合，有似於爲裘。」良弓之子，必學爲箕；注：「仍見其家撓角幹也。撓角幹者，其材宜調，調乃三體相勝，有似於爲楊柳之箕。」始駕馬者反之，車在馬前。注：「以言仍見則貫，即事易也。」君子察於此三者，可以有志於學矣。注：「仍讀先王之道，則爲來事不惑。」正義：「善冶之家，其子弟見其父兄世業陶鑄金鐵，以補治破器，皆令全好，故子弟仍能學爲袍裘補續獸皮，片片相合，以至完全也。箕，柳箕也。言善爲弓之家，使幹角撓屈調和成弓，故子弟仍學取柳撓之成箕也。始駕馬者，謂馬子始學駕車。大馬本駕在車前，今將馬子繫隨車後而行〔一〕。所以然者，此駒未曾駕車，若忽駕之，必當驚奔。今以大馬牽車於前，而繫駒於後，使此駒日慣習而後駕之，不復驚也。三事皆須積習，非一日所成。君子察此，則可有志於

〔一〕「今」，原誤「令」，據禮記注疏改。

學矣。」○治，音也。箕，音基。
古之學者，比物醜類。鼓無當於五聲，五聲弗得不和；水無當於五色，五色弗得不章；
學無當於五官，五官弗得不治；師無當於五服，五服弗得不親。注：「以事相況而爲之。醜，猶比也。
醜，或爲討。當，猶主也。五服，斬衰至緦麻之親。」正義：「言古之學者，以同類之事相比方，則學乃易成。以下四事，皆
比物醜類也。鼓，革也。五聲，宫商角徵羽。鼓之爲聲，不宫不商。五聲不得鼓，則無諧和之節。水，清水也。五
色，青赤黄白黑。章，明也。言水無色，而五色畫繢者不得水則不分明。學，本學先王之道。五官，金木水火土之官也。
博聞强識，非主一官，而五官不得學則不能治。師於弟子，不當五服之一，而弟子無師教則五服之情不相和親也。」戴岷
隱曰：「學何有於五官，然視聽言貌思非學則不得其正。」○當，丁浪反。
君子曰：「大德不官，注：「謂君也。」大道不器。注：「謂聖人之道，不如器施於一物。」大信不約，注：
「謂若胥命于蒲，無盟約。」大時不齊。」注：「或時以生，或時以死。」察於此四者，可以有志於本矣。注：「本
立而道生，言以學爲本，則其德於民無不化，於俗無不成。」王氏懋竑曰：「大信不約，謂大信不在於期約。朱子謂『天地四
時，不言而信』。大時不齊，謂如春夏秋冬，各有其時，而界限分别，未必齊同。大德、大官、大信，其本也，而末無不合，故
曰『有志於本』。」三王之祭川也，皆先河而後海，或源也，或委也。此之謂務本。注：「源，泉所出也。
委，流所聚也。始出一勺，卒成不測。」正義：「大德，謂聖人之德也。官分職在位，聖人在上，不治一官，故云『不官』。器
各施其用，聖人之道，無所不施，故云『不器』。約，謂期要也。不爲細言約誓，故云『不約』。大時，天時也。春夏華卉自

生，薺麥自死，秋冬草木自死，薺麥自生，故云「不齊」也。源則河也，委則海也。言三王祭百川之時，皆先祭河，而後祭海。」朱子曰：「大德者，不但能專一官之事，荀子所謂『精於道者兼物物』也。」○約，沈於略反。委，於僞反。

禮記訓纂卷十九

樂記第十九

正義：「鄭目録云：『名曰樂記者，以其記樂之義。此於別録屬樂記。蓋十一篇合爲一篇〔一〕，謂有樂本，有樂論，有樂施，有樂言，有樂禮，有樂情，有樂化，有樂象，有賓牟賈，有師乙，有魏文侯。今雖合，此略有分焉。』按藝文志云：『黄帝以下至三代，各有當代之樂名。周衰禮壞，其樂尤微，又爲鄭衛所亂，故無遺法。漢興，制氏以雅樂聲律，世爲樂官，頗能記其鏗鏘鼓舞而已，不能言其義理。武帝時，河間獻王好博古，與諸生等共采周官及諸子云樂事者，以作樂記。其内史丞王定傳之〔二〕，以授常山王禹。成帝時爲謁者，數言其義，獻二十四卷。劉向校書，得樂記二十三篇，與禹不同，其道浸以益微。』故劉向所校二十三篇，著於別録。今樂記所取十一篇，餘十二篇，其名猶在。按別録十一篇下，次奏樂第十二，樂器第十三，樂作第十四，意始第十五，樂穆第十六，説律第十七，季札第十八，樂道第十九，樂義第二十，招本第二十一，昭頌第二十二，竇公第二十三，是也。按別録，禮記四十九篇，樂記第十九，則樂記十一篇入禮記在劉向前矣。」

〔一〕「蓋」字上原衍「正義」二字，據禮記注疏删。

〔二〕「定」，原作「度」，據阮元校勘記及漢書藝文志改。

凡音之起，由人心生也。人心之動，物使之然也。感於物而動，故形於聲。注：「宮商角徵羽，雜比曰音，單出曰聲。形，猶見也。」王注：「物，事也。謂哀樂、喜怒、和敬之事，感人而動，見於聲。」聲相應，故生變，注：「樂之器，彈其宮則衆宮應，然不足樂，是以變之使雜也。」變成方，謂之音。注：「方，猶文章也。」説文：「音，聲也。生於心有節於外謂之音。宮、商、角、徵、羽，聲也。絲、竹、金、石、匏、土、革、木，音也。」比音而樂之，及干戚羽旄，謂之樂。注：「干，盾也，戚，斧也，武舞所執也。羽，翟羽也，旄，旄牛尾也，文舞所執。周禮舞師、樂師掌教舞，有兵舞，有干舞，有羽舞，有旄舞。詩曰：『左手執籥，右手秉翟。』」説文：「樂，五聲八音總名。象鼓鞞，木，虡也。」正義：「此論音聲起於人心，故名樂本。人心動則音起，所以動者，外物使之然也。人心既感外物而動，形見於聲，心若感死喪，則形見於悲戚之聲；心若感福慶，則形見於歡樂之聲也。既有哀樂之聲，自然一高一下，或清或濁，而相應不同。故云『生變』。聲既變轉，和合次序，成就文章，謂之音也。次比音之歌曲，而樂器播之，并及干戚羽旄，鼓而舞之，乃謂之樂也。初發口謂之聲，衆聲和合成章謂之音，金、石、干、戚、羽、旄謂之樂，則聲爲初，音爲中，樂爲末也。唯舉音者，舉中見上下矣。」張守節史記正義曰：「皇侃云：『夫樂之起，其事有二：一是人心感樂，樂聲從心而生；一是樂感人心，心隨樂聲而變也。』」劉氏台拱曰：「聲相應者，謂有音韻相協，後世樂府歌行，不可播之八音者，非無清濁高下之變，以不成方故也。成方，即下文所謂『成文』。」○旄，音毛。

樂者，音之所由生也，其本在人心之感於物也。是故其哀心感者，其聲噍以殺；其樂心感者，其聲嘽以緩；其喜心感者，其聲發以散；其怒心感者，其聲粗以厲；其敬心感者，其聲直以廉，其愛心感者，其聲和以柔。六者非性也，感於物而后動。注：「言人聲在所見，非有常也。噍，踧也。嘽，寬綽貌。發，猶揚也。粗，麄也。」釋文：「噍，謂急也。嘽，寬緩也。」正義：「本，猶初也。物，外境也。言樂初所起，在於人心之感外境也。若哀感在心，其聲必踧急而速殺也。歡樂在心，故聲必隨而寬緩也。若喜悅在心，故聲必隨而發揚放散也。恚怒在心，則其聲粗以猛厲也。直，謂不邪也。廉，廉隅也。若嚴敬在心，則其聲正直而有廉隅，不邪曲也。和，調也。柔，軟也。若愛情在心，則聲和柔也。庾云：『隨其所感而應之，是知非性也。此皆據人心感於物而口爲聲，知是人聲也。』」方性夫曰：「靜者天之性，動者人之情，無所感則靜，有所感則動。六者感於物而后動，故曰：『非性也。』」是故先王慎所以感之者。故禮以道其志，樂以和其聲，政以一其行，刑以防其姦。禮樂刑政，其極一也，注：「極至也。」所以同民心而出治道也。注：「此其所謂至也。」正義：「政，法律也。用禮教道其志，用樂諧和其聲，用法律齊一其行，用刑辟防其凶姦，則民不復流僻也。賀云：『雖有禮樂政刑之殊，及檢情歸正，同至理極，其道一也。』」○噍，子遥反。殺，色界反。樂，音洛。嘽，昌善反。散，思旦反。粗，采都反。

凡音者，生人心者也。情動於中，故形於聲，聲成文，謂之音。是故治世之音安以樂，其政和；亂世之音怨以怒，其政乖；亡國之音哀以思，其民困。聲音之道，與政通矣。注：「言八音和否隨政也。」玉藻曰：「『御瞽幾聲之上下。』」正義：「此明君上之樂隨人心而動，若人情歡樂，樂音亦歡樂，人情哀怨，樂音亦哀怨。聲成文者，謂聲之清濁雜比成文。謂之音，則上文『變成方謂之音』，是也。必云音者，樂以音爲本，變動由於音也。故治平之世，君政和美，人心安樂，故樂聲亦安以樂也。禍亂之世，其民怨怒，故樂聲亦怨怒，由其政乖僻故也。亡國，謂將滅亡之國，民心哀思，樂音亦哀思，其人困苦故也。亡國不云世者，以國將亡，無復繼世也。不云政者，無復有政也。」○樂音洛。思，息吏反，又音笥。

宮爲君，商爲臣，角爲民，徵爲事，羽爲物。五者不亂，則無怗懘之音矣。注：「五者，君、臣、民、事、物也。凡聲濁者尊，清者卑。怗懘，敝敗不和之貌。」釋文：「怗，弊也。懘，敗也。」宮亂則荒，其君驕；商亂則陂，其官壞；角亂則憂，其民怨；徵亂則哀，其事勤；羽亂則危，其財匱。五者皆亂，迭相陵，謂之慢。如此，則國之滅亡無日矣。注：「君、臣、民、事、物，其道亂則其音應而亂。荒，猶散也。陂，傾也。」正義：「宮則主君。鄭注月令云：『宮屬土，土居中央，總四方，君之象也。』又五音以絲多聲重者爲尊。宮弦最大，用八十一絲，故宮爲君。崔氏云：『五音之次，宮最濁，自宮以下，則稍清矣。君、臣、民、事、物，亦有尊卑，故以次配之。』商屬金，以其濁次宮，臣之象也。商七十二絲，角屬木，以其清濁中，民之象也。角六十四絲，居宮羽之中，半清半濁。徵屬火，徵清，故用五十四絲。羽屬水，以其最清，用四十八絲。崔氏云：『宮聲所以散者，由君驕也。君驕則萬物荒散也。商聲所以傾邪者，由臣官壞也。官壞則物皆傾邪也。角聲所以亂者，由民不安業，有憂愁之心也。徵所以亂者，由民勤於事，悲哀之所生也。羽聲所以不安者，由君亂於上，物散於下，故有匱乏也。』迭相陵者，迭，互也。陵，越也。若五聲並和，則君臣上下不失；若五聲不和，則君臣上下互相陵越。崔氏云：『君臣互相陵慢，則國必叛滅，旦夕可俟，無復一日也。』」○怗，昌廉反。懘，昌制反。陂，彼義反。匱，其媿反。

鄭、衛之音，亂世之音也，比於慢矣。桑間、濮上之音，亡國之音也，其政散，其民流，誣上行私而不可止也。注：「比，猶同也。濮水之上，地有桑間者，亡國之音於此之水出也。昔殷紂使師延作靡靡之樂，已而自沈於濮水。後師涓過焉，夜聞而寫之，爲晉平公鼓之，是之謂也。桑間，在濮陽南。誣，罔也。」正義：「鄭音好濫淫志，衛樂促速煩志，並是亂世之音。政散者，君之政教荒散也。流謂流亡，君既荒散，民自流亡也。君既失政，在下則誣罔於上，行其私意，違背公道，不可禁止也。」○比，毗志反。濮，音卜。誣，音無。

凡音者，生於人心者也。樂者，通倫理者也。注：「倫，猶類也。理，分也。」是故知聲而不知音者，禽獸是也。知音而不知樂者，衆庶是也。唯君子爲能知樂。注：「禽獸知此爲聲耳，不知其宫商之變也。八音並作克諧曰樂。」正義：「比音爲樂，有金、石、絲、竹、干、戚、羽、旄。樂得則陰陽和，樂失則羣物亂，是樂能通倫理也。禽獸知其聲，而不知五音之和變。衆庶知歌曲之音，而不知樂之大理。君子能知樂之理，故云『爲能知樂』。」方性夫曰：「倫言人倫，理言物理。若君臣上下同聽之，則莫不和敬，長幼同聽之，則莫不和順，父子兄弟同聽之，則莫不和親，所謂『通人倫』也。草木茂，區萌達，羽翼奮，角觡生，所謂『通物理』也。若瓠巴鼓瑟，流魚出聽，伯牙鼓琴，六馬仰秣，此禽獸之知聲者也。魏文侯好鄭衛之音，齊宣王好世俗之樂，此衆庶之知音者也。若孔子在齊之所聞，季札聘魯之所觀，此君子之知樂者也。」是故審聲以知音，審音以知樂，審樂以知政，而治道備矣。是故不知聲者，不可與言音，不知音者，不可與言樂，知樂，則幾於禮矣。禮樂皆得，謂之有德。德者，得也。注：「幾，近也。聽樂而知政之得失，則能正君、臣、民、事、物之禮也。」正義：「音由聲生，樂由音生，政由樂生。所以審樂知政者，樂由音聲而生，聲感善惡而起，政善樂和，音聲皆善，則治道備具矣。王者能使禮樂皆得其所，謂有德之君。」

是故樂之隆，非極音也。食饗之禮，非致味也。清廟之瑟，朱弦而疏越，壹倡而三歎，有遺音者矣。大饗之禮，尚玄酒而俎腥魚，大羹不和，有遺味者矣。注：「隆，猶盛也。極，窮也。清廟，謂作樂歌清廟也。朱絃，練朱絃。練則聲濁。越，瑟底孔也，畫疏之，使聲遲也。倡，發歌句也。三歎，三人從歎之耳。大饗，祫祭先王。以腥魚爲俎實，不臑熟之。大羹，肉湆，不調以鹽菜。遺，猶餘也。」正義：「言樂之隆盛，本在移風易俗，非崇重於鐘鼓之音。食饗之隆，在於孝敬，非在致其美味而已。清廟之瑟，覆上『非極音也』。弦聲既濁，瑟音又遲，是質素之聲，非要妙之響。一倡之時，三人歎之，以其貴在於德，所以有遺餘之音，念之不忘也。大饗之禮，覆上『非致味也』。玄酒，在五齊之上。腥，生也。大羹，謂肉湆也。不和，不以鹽菜和之。此皆質素之食，以其有德，人愛之不忘，故云『有遺味者矣』。熊氏云：『瑟兩頭有孔，孔小則聲急，孔大則聲遲。牛羊之俎，至薦熟之時皆亨之，而熟魚則不亨。』」王氏引之曰：「遺字有二説。或訓爲餘，鄭注：『遺，猶餘也。』或訓爲忘，爲棄，史記集解引王肅注『有遺音者矣』，曰：『未盡音之極。』正義引一説曰：『所重在德本，不在音，故遺音。』又於『有遺味者矣』引一説曰：『禮本在德，不在甘味，故用水魚而遺味。』按後説是也。呂氏春秋作『有進乎音者』，『有進乎味者』。言進乎音，則所貴者不在音；言進乎味，則所貴者不在味。此謂不尚音與味，非謂其有餘音餘味也。」○食，音嗣。和，胡卧反。

是故先王之制禮樂也，非以極口腹耳目之欲也，將以教民平好惡而反人道之正也。注：「教之使知好惡也。」正義：「玄酒、腥魚、大羹，非極口腹也。朱弦疏越，非極耳目也。所以教民均平好惡，而反歸人道之正也。」馬彥醇曰：「非强其所無也，使之復其性之本而已。」

人生而靜，天之性也。感於物而動，性之欲也。注：「言性不見物則無欲。」物至知知，然後好惡形焉。注：「至，來也。知知，每物來則又有知也。言見物多則欲益衆。形，猶見也。」王肅上「知」字讀爲智，云：「事至能以智知之。」王氏念孫曰：「二説均未安。上知字即下文『知誘於外』之知，下知字當訓爲接，言物至而知與之接也。墨子經篇曰：『知，接也。』莊子庚桑楚篇曰：『知者，接也。』淮南原道篇曰：『感而後動，性之害也。物至而神應，知之動也。知與物接，而好憎生焉。』是其明證矣。」好惡無節於内，知誘於外，不能反躬，天理滅矣。注：「節，法度也。知，猶欲也。誘，猶道也，引也。躬，猶己也。理，猶性也。」正義：「自然謂之性，貪欲謂之情。好惡恣己之情，是無節於内。所欲之事，道誘於外，外見所欲，心則從之，是知誘於外也。不能自反禁止，本性滅絶矣。」朱子曰：「人受天命之中以生，純粹至善，萬理具焉，所謂性也。然有是性則有是形，感於物而動，則性之欲出焉，而善惡分矣。性之欲，即所謂情也。情之好惡，本有自然之節，唯無所涵養，而大本不立，是以天則不明於内，外物又從而誘之，此所以流濫放逸，而不自知也。苟能於此反躬求之，則其流庶乎其可制也。不能如是，而惟情是狥，則人欲熾盛而天理滅息矣。」○誘，音酉。

夫物之感人無窮，而人之好惡無節，則是物至而人化物也。注：「隨物變化。」人化物也者，滅天理而窮人欲者也。注：「窮人欲，言無所不爲。」於是有悖逆詐僞之心，有淫泆作亂之事。是故强者脅弱，衆者暴寡，知者詐愚，勇者苦怯，疾病不養，老幼孤獨不得其所，此大亂之道也。正義：「物既來多，來感於人，無有窮已。人見物之來，所好所惡，無有法節。外物至而人化逐於物，人既化物，逐而遷之，恣其情欲，故滅其天生清静之性，而窮極人所貪嗜欲也。」馬彦醇曰：「君子爲能役物，物至而化，是役於物者也。」○泆，音逸。脅，許劫反。知，音智。怯，起劫反。

是故先王之制禮樂，人爲之節。注：「言爲作法度，以遏其欲。」衰麻哭泣，所以節喪紀也。鐘鼓干戚，所以和安樂也。昏姻冠笄，所以别男女也。射鄉食饗，所以正交接也。注：「男二十而冠，女許嫁而笄，成人之禮。射鄉，大射、鄉飲酒也。」禮節民心，樂和民聲，政以行之，刑以防之。禮樂刑政，四達而不悖，則王道備矣。正義：「人爲，猶爲人也。射，大射也。鄉，鄉飲酒也。食饗，饗食賓客也，皆正交接之節，不使相陵越也。禮有尊卑上下，故裁節民心，謂無不敬也。樂有宫商角徵羽及律吕，所以調和民聲也。政謂禁令，用禁令以行禮樂也。若不行禮樂，則以刑法防止之。此四事通達流行，而不悖，則王道備具矣。」○衰，七雷反。樂，音洛。冠，古亂反。笄，音雞。

樂者爲同，禮者爲異；同則相親，異則相敬；樂勝則流，禮勝則離。注：「同，謂協好惡也。異，謂别貴賤也。流，謂合行不敬也。離，謂析居不和也。」合情飾貌者，禮樂之事也。注：「欲其並行斌斌然。」禮義立，則貴賤等矣。樂文同，則上下和矣。好惡著，則賢不肖别矣。刑禁暴，爵舉賢，則政均矣。仁以愛之，義以正之。如此，則民治行矣。注：「等，階級也。」正義：「皇氏云：『從「王道備矣」以上爲樂本，從此以下爲樂論。』熊氏云：『十篇，鄭依别録十一篇，所有賓牟賈，有師乙，有魏文侯。今此樂記有魏文侯，乃次賓牟賈，師乙爲末，則是今之樂記十一篇之次與別録不同。』樂者爲同，謂上下同聽。莫不和説。禮者爲異，謂尊卑各別，恭敬不等。無所間別，故相親；有所殊別，故相敬。勝，猶過也。若樂過和同而無禮，則流慢，無復尊卑之敬。禮過殊隔而無和樂，則親屬離析，無復骨肉之愛。樂和其内，是合情也。禮檢於外，是飾貌也。若行禮得其宜，則貴賤各有階級矣。若行樂文采諧同，則上下各自和好也。所好得其善，所惡得其惡，則賢不肖自然分別矣。刑爵得所，政教均平矣。仁以愛民，義以正惡，則民治行也。」王氏引之曰：「義，讀爲『禮儀三百』之儀。小雅楚茨『禮儀卒度』，韓詩『儀』作『義』。周官肆師『治其禮義』，故書『儀爲義』。鄭司農云：『義讀爲儀。』『禮儀』與『樂文』正相對。周官大司徒『以儀辨等，則民不越』，即此所謂『禮義立則貴賤等』也。下文『稽之度數，制之禮義』，亦讀爲儀，『禮儀』與『度數』，義相因也。漢書禮樂志正作『制之禮儀』。」○飾，音式。著，張慮反。

樂由中出，注：「和在心也。」禮自外作。注：「敬在貌也。」樂由中出，故静；王氏引之曰：「静，當讀爲情。情者，誠也，實也。樂由中出，故誠實無僞。下文『唯樂不可以爲僞』，正所謂『樂由中出，故情』也。古字静與情通。大戴禮文王官人篇『飾貌者不情』，謂不誠實也。逸周書官人篇『情』作『静』。逸周書『情忠而寬』，大戴禮『情』作『静』。」禮自外作，故文。注：「文，猶動也。」大樂必易，大禮必簡。注：「易簡，若於清廟大饗然。」樂至則無怨，禮至則不争。揖讓而治天下者，禮樂之謂也。暴民不作，諸侯賓服，兵革不試，五刑不用，百姓無患，天子不怒。如此，則樂達矣。合父子之親，明長幼之序，以敬四海之内。應子和曰：「『四海之内』四字，恐在合字上。」天子如此，則禮行矣。注：「至，猶達也，行也。賓，協也。試，用也。」正義：「樂由中出，行之在心，故静。禮貌在外，故云動也。必易者，朱弦而疏越是也。必簡者，玄酒腥魚是也。民無怨争，則君上無爲，但揖讓垂拱而天下自治。其功由於禮樂，故云『禮樂之謂也』。」張守節曰：「出，猶生也。作，猶起也。禮使父慈子孝，是合父子之親。長坐幼立，是明長幼之序。孝經云：『教以孝，所以敬天下之爲人父。教以弟，所以敬天下之爲人兄。教以臣，所以敬天下之爲人君。』卽是敬四海之内也。天子躬行禮，則臣下必用禮，如此則禮行矣。『合父子』以下，悉是天子自身行之也。」應子和曰：「樂和而易於流，故雖動而必主乎静。禮嚴而易以倦，故雖質而必飾以文。四肢百體，皆由順正樂之静也。禮儀三百，威儀三千，禮之文也。樂出於虚，愈出而愈静，禮飾其實，愈實則愈文，此所以不同。易以心言，簡以事言。」○易，以豉反。長，丁丈反。

大樂與天地同和，大禮與天地同節。注：「言順天地之氣與其數。」和，故百物不失；注：「不失其性。」節，故祀天祭地。注：「成物有功，報焉。」明則有禮樂，注：「教人者。」幽則有鬼神。注：「助天地成物者也。易曰：『是故知鬼神之情狀，與天地相似。』」如此，則四海之内合敬同愛矣。禮者，殊事合敬者也。樂者，異文合愛者也。禮樂之情同，故明王以相沿也。注：「沿，猶因述也。孔子曰：『殷因於夏禮，所損益可知也。周因於殷禮，所損益可知也。』沿，或作緣。」故事與時並，注：「舉事在其時也。禮器曰：『堯授舜，舜授禹，湯放桀，武王伐紂，時也。』」名與功偕。注：「爲名在其功也。偕，猶俱也。堯作大章，舜作大韶，禹作大夏，湯作大濩，武王作大武，各因其得天下之功。」正義：「天地氣和而生萬物，大樂之體順陰陽律吕，生養萬物，是與天地同和也。天地有高下大小爲限節，大禮辨尊卑貴賤，是與天地同節也。和能生成百物，故不失其性。節有尊卑上下，報生成之功，故祀天祭地。聖王於顯明之處，尊崇禮樂以教人，幽冥之處尊敬鬼神以成物，則四海之内合其敬，同其愛矣。尊卑有別是殊事，俱行於禮是合敬。宫商别調是異文，無不歡愛是合愛。禮樂之狀，質文雖異，樂情主和，禮情主敬，致治情同，明王所以相因述也。沿，謂因而增改。事，謂聖人所爲之事。與所當時而並行。名，謂樂名。偕，俱也。言聖王制樂之名，與所建之功俱作也。聖王雖同禮樂之情，因而修述，但時與功不等，故禮與樂亦殊。」劉氏台拱曰：「堯、舜、三代，各有當代之禮樂，所謂『殊事』、『異文』者也。然事殊而同歸於敬，文異而同歸於愛。蓋禮樂之情，主於敬愛，故歷代明王相沿而不改。特禮以時制，故其事殊；樂由功作，故其文異耳。」○沿，悦專反。偕，古諧反。

故鐘鼓管磬，羽籥干戚，樂之器也。屈伸俯仰，綴兆舒疾，樂之文也。簠簋俎豆，制度文章，禮之器也。升降上下，周旋裼襲，禮之文也。注：「綴，謂酇舞者之位也。兆，其外營域也。」故知禮樂之情者能作，識禮樂之文者能述。作者之謂聖，述者之謂明。明聖者，述作之謂也。

注：「述，謂訓其義也。」正義：「綴，謂舞者行位相連綴也。兆，謂位外之營兆也。周，謂行禮周曲迴旋也。裼，謂袒上衣而露裼也。襲，謂掩上衣也。禮盛者尚質，故襲。不盛者尚文，故裼。下文云『窮本知變，樂之情』，若能窮極其本，識其變通，是知樂之情也。『著誠去僞，禮之經』，若能顯著誠信，棄去浮僞，是知禮之情也。文，謂屈伸俯仰，升降上下。述，謂訓説義理。聖者，通達物理，堯、舜、禹、湯是也。明者，辨説是非，子游子夏之屬是也。」方性夫曰：「管在堂下，磬在堂上。羽籥文舞，干戈武舞。屈伸，舞者之身容。俯仰，舞者之頭容。綴、兆，其位也。舒疾，其節也。簠簋以盛地産，俎豆以薦天産。制度者，文章之法。文章者，制度之飾。升降言其行，上下言其等，周旋言其容，裼襲言其服，則禮樂之文與器，略見

於此矣。」○綴，丁劣反，徐丁衛反，下同。簠，音甫。簋，居洧反。還，音旋。裼，思歷反。襲，音習。

樂者，天地之和也。禮者，天地之序也。和，故百物皆化；序，故羣物皆別。注：「化，猶生也。別，謂形體異也。」樂由天作，禮以地制，注：「言法天地也。」過制則亂，過作則暴。明於天地，然後能興禮樂也。注：「過，猶誤也。暴，失文武之意。」正義：「樂調暢陰陽，是天地之和也。禮明貴賤，是天地之序也。樂主於陽，是法天。禮主於陰，是法地。唯聖人識合天地者，則制作不誤。若誤制禮，則尊卑混亂。若誤作樂〔一〕，則樂體違暴，謂文樂武樂雜亂也。」

論倫無患，樂之情也。注：「倫，猶類也。患，害也。」王注：「言能合道，論中倫理，而無患也。」欣喜歡愛，樂之官也。中正無邪，禮之質也；莊敬恭順，禮之制也。注：「官，猶事也。質，猶本也。」若夫禮樂之施於金石，越於聲音，用於宗廟社稷，事乎山川鬼神，則此所與民同也。注：「言情官質制，先王所專也。」王注：「自天子至民人，皆貴禮之和、樂之和，以事鬼神先祖也。」正義：「此明文質不同，事爲有異。樂主和同，論說等倫，無相毀害，樂之情也。在心則倫類無害，故爲樂情。在貌則欣喜歡愛，故爲樂事。內心中正，無有邪僻，是禮之本質也。外貌莊敬，謙恭謹慎，是禮之節制也。」劉氏台拱曰：「順，疑慎字之誤，古順、慎通。」王氏引之曰：「正義曰『謙恭謹慎』，則所據本作慎，不作順，可知。」

王者功成作樂，治定制禮。其功大者其樂備，其治辯者其禮具。注：「功成治定同時耳。」

〔一〕「作」，原誤「則」，據禮記注疏改。

功主於王業，治主於教民。明堂位說周公曰：『治天下六年，朝諸侯於明堂，制禮作樂。』辯，偏也。」干戚之舞，非備樂也；注：「樂以文德爲備，若咸池者。孔子曰：『韶盡美矣，又盡善也。』謂武盡美矣，未盡善也。」孰亨而祀，非達禮也。注：「達，猶具也。郊特牲曰：『郊血，大饗腥，三獻爓，一獻孰，至敬不饗味而貴氣臭也。』」五帝殊時，不相沿樂；三王異世，不相襲禮。注：「言其有損益也。」樂極則憂，禮粗則偏矣。及夫敦樂而無憂，禮備而不偏者，其唯大聖乎！注：「樂，人之所好也，害在淫夸。禮，人之所勤也，害在倦略。敦，厚也。」正義：「此是樂記第三章，名曰樂禮。鄭目録第五，今記者第三。功成，謂天子功業既成。治定，謂民得王教，尊卑位定也。王者之功，由民所樂，故功成而作樂，以應民所樂之心。如周有干戈而業成，故周王成功，制干戈之樂也。禮以體別爲義。治人得體，故以禮應之。如周王太平乃制禮也。樂云作，禮云制者，作是動用，制是裁斷。白虎通云：『樂者，陽也，動作倡始，故言作。禮者，陰也，繫制於陽，故云制也。』禮樂必由功治，功治有大小，故禮樂亦應以廣狹。若以一代而言，武王功治尚小，故禮樂未備。至周公功成治大，故禮樂備也。若異代言之，則堯舜功大治辯，樂備禮具。若湯武比於堯舜，則功小治狹，樂不備，禮不具也。干戚之舞，非備樂者，言周樂干戚之舞，非如舜時文德之備樂也。孰亨而祀，非達禮者，言後世孰亨牲體而祭祀，非如五帝時血腥之達禮也。沿，因也。禮樂之情，聖王同用，前云『明王以相沿』是也。此論禮樂之迹，損益有殊，隨時而改，故不相襲也。樂，人之所好，極而不止，必至憂慼。禮者人之所勤，好生懈倦，則致粗略。偏，謂不周備也。及夫厚重於樂，知足而無至於憂，行禮安靜，委曲備具，不至倦略。唯大聖之人能如此也。」○亨，普衡反。偏，音篇。夫音扶。

天高地下，萬物散殊，而禮制行矣。流而不息，合同而化，而樂興焉。注：「禮爲異也，樂爲同也。」春作夏長，仁也。秋斂冬藏，義也。仁近於樂，義近於禮。注：「言樂法陽而生，禮法陰而成。」樂者敦和，率神而從天；禮者別宜，居鬼而從地。注：「敦和，樂貴同也。率，循也。從，順也。別宜，禮尚異也。居鬼，謂居其所爲，亦言循之也。」故聖人作樂以應天，制禮以配地。禮樂明備，天地官矣。注：「官，猶事也，各得其事。」正義：「天高地下不同，故人倫尊卑有異，萬物各散殊塗。禮者，別尊卑，定萬物，是禮之法制行矣。天地萬物，流動不息，合會齊同，而變化者也。樂者，調和氣性，合德化育，是樂興也。禮以裁制爲義，樂以興作爲本。仁主仁愛，樂主和同，故仁近於樂。義主斷割，禮爲節限，故義近於禮。」張子曰：「樂動，故率神而從天。禮靜，故居鬼而從地。神爲伸，鬼爲歸，指幽明而言。」方性夫曰：「氣固自和，樂則敦之使厚；物固有宜，禮則別之使辨。和既敦，則莫不循其理，而無屈，故能率神；宜既別，則莫不安其處而有所歸，故能居鬼。神者陽之盛，天以陽爲德，則樂之敦和率神，所以從天；鬼者陰之盛，地以陰爲德，則禮之別宜居鬼，所以從地。聖人以樂之從天也，故作爲聲音以應天之陽；以禮之從地也，故制爲文采以配地之陰。」馬彦醇曰：「聖人制作，所以輔相天地之宜，則禮樂明備，而天地各當其位也。」○長，丁丈反。

天尊地卑，君臣定矣。卑高已陳，貴賤位矣。動靜有常，小大殊矣。方以類聚，物以羣分，則性命不同矣。在天成象，在地成形。如此，則禮者，天地之別也。注：「卑高，謂山澤也。位矣，尊卑之位象山澤也。動靜，陰陽用事。小大，萬物也。大者常存，小者隨陰陽出入。方，謂行蟲也。物，謂殖生者也。性之言生也。命，生之長短也。象，光耀也。形，體貌也。」正義：「山澤列在天地之中，故云『已陳』。貴賤，卽公卿以下象山川而有貴賤之位也。鄭注周易云：『君臣尊卑之貴賤，如山澤之有高卑也。』動靜，謂雷風也。小大，謂萬物也。小謂草木春生秋殺，及昆蟲夏生冬伏者，大謂常存，不隨四時變化，故云殊也。鄭注易云：『動靜，雷風也。』方，謂走蟲禽獸之屬各以類聚，不相雜也。物，謂殖生草木之屬各有區分，自殊於藪澤者也。行殖之物，既稟大小之殊，故性命夭壽不同。萬物各有羣類、區分、性命之別，聖人制體，類族緣物，各遂性命也。成象者，馬融、王肅注易並云：『日月星。』鄭注易云：『成象，日月星辰也。』成形者，馬融注易曰：『植物、動物也。』王肅注易曰：『山川羣物也。』鄭注易云：『謂草木鳥獸也。』天地有別，聖人制禮有殊，是從天地之分別也。」

地氣上齊，天氣下降，陰陽相摩，天地相蕩，鼓之以雷霆，奮之以風雨，動之以四時，煖之以日月，而百化興焉。如此，則樂者，天地之和也。注：「齊，讀爲躋。躋，升也。摩，猶迫也。蕩，猶動也。奮，迅也。百化，百物化生也。」釋詁：「動，作也。」正義：「地氣上升，天氣降下，與地氣交合。摩，謂陰陽二氣相切迫。蕩，言天地之氣相感動。雖以氣生而物未發，故用雷霆以鼓動之，得風雨奮迅而出也。動之以四時者，言萬物生長，隨四時而動也。煖之以日月者，萬物之生，必須日月煖煦之，皆天地相蕩之事。言作樂者法象天地之和氣，故云：『樂者，天地之和也。』」陳晉之曰：「煖之者日也，月亦預焉。潤之者雨也，風亦預焉。相須而成故也。」○上，時掌反。齊，依注讀爲躋，又作「隮」，子兮反。摩，末何反。蕩，本或作「盪」，大儻反。霆，音廷。奮，甫問反。煖，徐許袁反。

化不時則不生，男女無辨則亂升，天地之情也。注：「辨，別也。升，成也。樂失則害物，禮失則亂人。」正義：「樂以法天，化得其時則物生，不得其時則物不生，是天之情也。禮以法地，男女有別則治興，無別則亂成，是地之情也。皇氏云：『天地無情，以人心而謂之耳。』」

及夫禮樂之極乎天而蟠乎地，行乎陰陽而通乎鬼神，窮高極遠而測深厚。注：「極，至也。蟠，猶委也。高遠，三辰也。深厚，山川也。言禮樂之道，上至於天，下委於地，則其間無所不之。」正義：「此經盛論禮樂之大，雖取象於天地，功德又能徧滿於天地之間。禮運云『天降膏露』，是極乎天也。『地出醴泉』，是蟠乎地也。『日月歲時無易，百穀用成』，是行乎陰陽也。『作樂一變，以至六變，百神俱至』，是通乎鬼神也。孝經緯云『景星出』，是窮高極遠也。禮運云『山出器車』，『魚鮪不淰』，是測深厚也。言禮樂無所不至。」王氏念孫曰：「測，盡也，謂盡其深厚，非謂測知其深厚也。窮、極、測，皆盡也。言禮樂之大，無所不至，窮乎高，極乎遠，而盡乎深厚也。中庸『則其生物不測』，及其不測，亦無窮也。說文：『測，深所至也。』深所至，謂深之盡極處也。」○蟠，步丹反。

樂著大始，而禮居成物。注：「著之言處也。大始，百物之始生也。」著不息者天也，著不動者地也。一動一靜者，天地之間也。注：「著，猶明白也。息，猶休止也。易曰：『天行健，君子以自強不息。』間，謂百物也。」故聖人曰「禮樂」云。注：「言禮樂之法天地也。樂靜而禮動，其並用事，則亦天地之間耳。」正義：「言樂法於天，動而不息。禮象於地，靜而不動。飛走蠢動，感天之陽氣也。安伏止靜，感地之陰氣也。」劉執中曰：「一動一靜者，禮樂行於斯民，而中和育於萬物，充盈乎天地之間者，人之道所以配乎天地也。」○著，直略反。大，音泰。

昔者舜作五弦之琴，以歌南風。夔始制樂，以賞諸侯。注：「夔欲舜與天下之君共此樂也。南風，長養之風也，以言父母之長養己，其辭未聞也。夔，舜時典樂者也。書曰：『夔！命汝典樂。』」正義：「此樂記第四章，名爲樂施。本是第三，前既推禮章爲第三，此爲第四，亦明禮樂既備後乃施布天下也。五弦，無文武二弦，唯宫商等五弦也。」○夔，求龜反。

故天子之爲樂也，以賞諸侯之有德者也。德盛而教尊，五穀時孰，然後賞之以樂。故其治民勞者，其舞行綴遠；其治民逸者，其舞行綴短。注：「民勞則德薄，酇相去遠，舞人少也。民逸則德盛，酇相去近，舞人多也。」正義：「綴，謂酇也。酇，謂酇聚舞人行位之處，立表酇以識之。」故觀其舞，知其德；聞其謚，知其行也。注：「謚者，行之迹也。」正義：「觀其舞之遠近，則知其德之薄厚，由舞所以表德也。聞謚之善否，知其行之所好惡，由謚所以迹行也。」○行，户剛反。其行，下孟反。

大章，章之也。注：「堯，樂名也。言堯德章明也。周禮闕之。或作『大卷』。」咸池，備矣。注：「黄帝所作樂名也。堯增脩而用之。咸，皆也。池之言施也。言德之無不施也。周禮曰『大咸』。」韶，繼也。注：「舜樂名也。韶之言紹也。言舜能繼紹堯之德。周禮曰『大韶』。」夏，大也。注：「禹樂名也。言禹能大堯舜之德。周禮曰『大夏』。」殷周之樂盡矣。注：「言盡人事也。周禮曰『大濩、大武』。」正義：「自夏以前，皆以文德王有天下，殷周二代，唯以武功爲民除殘伐暴，民得以生，人事道理盡極矣。元命包曰：『湯之時，民樂其救之於患害，故曰濩，救也。』」

天地之道，寒暑不時則疾，風雨不節則饑。教者，民之寒暑也，教不時則傷世。事者，民之風雨也，事不節則無功。然則先王之爲樂也，以法治也，善則行象德矣。注：「教，謂樂也。以法治，以樂爲治之法。行象德，民之行順君之德也。」正義：「若樂善則治得其善，樂不善則治乖於法。人君教化美善，則下民法象君之德也。」張守節曰：「寒暑不時，則民多疾疫。風雨不時，則穀損民饑。樂以氣和民心，如天地寒暑以氣生化，故謂樂爲民之寒暑。禮以形教，故曰事。天地之以風雨奮潤萬物，猶以禮安治萬民，故謂禮爲民之風雨也。」

夫豢豕爲酒，非以爲禍也，而獄訟益繁，則酒之流生禍也。注：「以穀食犬豕曰豢。爲，作也。言豢豕作酒，本以饗祀養賢，而小人飲之，善酗以致獄訟。」是故先王因爲酒禮。壹獻之禮，賓主百拜，終日飲酒而不得醉焉。此先王之所以備酒禍也。故酒食者，所以合歡也。樂者，所以象德也。禮者，所以綴淫也。注：「壹獻，士飲酒之禮。百拜，以喻多。綴，猶止也。」是故先王有大事，必有禮以哀之；有大福，必有禮以樂之。哀樂之分，皆以禮終。注：「大事，謂死喪也。」陳晉之曰：「死喪、凶札、禍烖，天事之大者也。圍敗、寇亂，人事之大者也。大宗伯皆以凶禮哀之，所謂『有大事，必有禮以哀之』也。『以脤膰之禮親兄弟之國』，而與之同福禄，『以慶賀之禮親異姓之國』，而與之和安樂，所謂『有大福，必有禮以樂之』也。哀樂之分雖異，而皆以禮終，則禮達而分定矣。」樂也者，聖人之所樂也，而可以善民心。其感人深，其移風易俗，故先王著其教焉。注：「著，猶立也，謂立司樂以下使教國子。」正義：「風，謂水土之風氣，舒疾剛柔。俗，謂君上之情欲，好惡趣捨。用樂化之。故使惡風移改，弊俗變易。」漢書禮樂志作「故其移風易俗易」，下「易」字，顏師古音弋豉反。王氏念孫曰：「當從漢書補下易字。蓋樂之感人既深，則其移風易俗必易，二句相對爲文，若無易字，則文不成義。」○豢，音患。綴，知劣反。樂，音洛。著，知慮反。

夫民有血氣心知之性，而無哀樂喜怒之常，應感起物而動，然後心術形焉。注：「言在所以感之也。術，所由也。形，猶見也。」正義：「皇氏以爲自此以下，至『君子賤之也』是樂言。人心不同，隨樂而變。夫樂聲善惡，本由民心而生，合成爲樂，又感於人。善樂感人，則人化之爲善；惡樂感人，則人隨之爲惡。其性雖一，所感不恒。物來感己，心遂應之。」陳晉之曰：「民生而静，有血氣心知之常性。應感起物而動，無哀樂喜怒之常情。以有常之性，託無常之情，則心術之形，固非我也。」劉氏台拱曰：「心術，謂思憂康樂之等。」是故志微、噍殺之音作，而民思憂；嘽諧、慢易、繁文、簡節之音作，而民康樂；粗厲、猛起、奮末、廣賁之音作，而民剛毅；廉直、勁正、莊誠之音作，而民肅敬；寬裕、肉好、順成、和動之音作，而民慈愛；流辟、邪散、狄成、滌濫之音作，而民淫亂。注：「志微，意細也。吴公子札聽鄭風，而曰：『其細已甚，民弗堪也。』簡節，少易也。奮末，動使四支也。賁，讀爲憤。憤，怒氣充實也。春秋傳曰：『血氣狡憤。』肉，肥也。狄滌，往來疾貌也。濫，僭差也。此皆民心無常之傚也。肉，或爲潤。」正義：「志微，謂人君志意微細。噍殺，謂樂聲噍蹙殺小。民感之，則悲思憂愁也。嘽，寬也。諧，和也。慢，疏也。繁，多也。康，安也。言君若道德嘽和疏易，則樂音多文采，而節奏簡略，下民所以安樂也。粗厲，謂人君性氣粗疏威厲。猛起，謂武猛發起。奮末，謂奮動手足。廣賁，謂樂聲廣大，憤起充滿。民感之則性氣剛毅也。君若廉直勁正，則樂音矜莊嚴栗而誠信，故民應之而肅敬也。君上如寬裕厚重，則樂音順序而和諧動作，故民皆應之而慈愛也。流辟，謂君志流移不静。邪散，謂違辟不正，放邪散亂。狄成、滌濫，皆謂往來速疾，民感之淫亂也。此六事，皆上句論君德，下句論樂音。」王氏引之曰：「『志微噍殺』四字平列，不當上下異訓。志，亦微也。志與職，古字通。說文：「職，記微也。」故趨步微小謂之志趨。聘禮記「賓將授，志趨」，是也。史記樂書作「志微噍衰」，漢書禮樂志作「纖微癄瘁」。纖與微亦同義。」劉氏台拱曰：「廣，讀如『號以立横』之横。賁，讀如『虎賁』之賁。鄭注下『虎賁』云：『賁，憤怒也。』」王氏引之曰：「狄，讀爲逖。成者戉之譌。戉與越通。呂氏春秋音初篇：『流辟、逖越、慆濫之音出。』慆濫，卽滌濫也。逖戉，卽狄戉也。漢書韓延壽傳：『噭咷楚歌。』服虔曰：『咷，音滌濯之滌。』正與狄同音。故逖通作狄。隸書戉字成字相似，故戉字譌而爲成。史記樂書亦作成，則此字譌已久。」○噍，子遙反。殺，色界反。嘽，昌善反。慢，莫諫反。易，以豉反。賁，依注讀爲憤，扶粉反。肉，而救反。狄，他歷反。滌，大歷反。濫，力暫反。

是故先王本之情性，稽之度數，制之禮義，合生氣之和，道五常之行，使之陽而不散，陰而不密，剛氣不怒，柔氣不懾，四暢交於中而發作於外，皆安其位而不相奪也。注：「生氣，陰陽氣也。五常，五行也。密之言閉也。懾，猶恐懼也。」正義：「自然謂之性，念慮謂之情。稽，考也。既得人情，考之使合度數，裁制以禮義。陽主發動，失在流散；陰主幽静，失在閉塞。陰陽剛柔，四者通暢於身，而發見於外，各得其所，是安其位也。不相侵犯，是不相奪也。」方氏苞曰：「『陽而不散』四句，皆言聲律之節奏分際，非以天地人心言也。其音之乍發也，如陽之動，欲往而仍留，未嘗散也。其音之暫止也，如陰之静，應節則復作，不終密也。音之宏厲者，其氣剛而不至過暴也。音之幼眇者，其氣柔而不至中竭也。交於中者，律之諧於聲者也。作於外者，聲之達於器者也。作樂之始，以度數禮義劑其陰陽剛柔之分而無不調，所謂『四暢交於中』，是內之安其位而不相奪也。由是聲之發也，無少乖戾焉，是外之安其位而不相奪也。」然後立之學等，廣其節奏，省其文采，以繩德厚，注：「等，差也。各用其才之差學之。廣，謂增習之。省，猶審也。文采，謂節奏合也。繩，猶度也。」正義：「先王欲稽之度數，制之禮義，非教不可，故使依其才藝等級而教學之，增習其節奏，省審其文采。」王氏引之曰：「德厚，猶言仁厚，『德厚』二字平列。下文『以象事行』，『事行』二字亦平列。鄉飲酒義曰：『主人者，接人以德厚者也。』正義謂『準度以道德仁厚』，於義稍疏。王注乃謂『法其德之厚薄』，於厚下加薄字解之，其失甚矣。」律小大之稱，比終始之序，以象事行，注：「律，六律也。周禮典同：『以六律六同，辨天地四方陰陽之聲，以爲樂器。』小大，謂高聲正聲之類也。終始，謂始於宫，終於羽。宗廟黄鍾爲宫，大吕爲角，大蔟爲徵，應鍾爲羽。以象事行，宫爲君，商爲臣。」爾雅釋言：「律，銓也。」郭注：「法律皆所以銓量輕重。」邵氏晉涵曰：「樂記『律小大之稱，比終始之序』，律訓爲銓度，猶比訓爲比次也。褚先生補史記作『類小大之稱』，疏矣。」王氏引之曰：「鄭氏以律爲六律，文義未安，邵氏正之是也。而謂褚少孫易律爲類，則非。類、律古同聲。故律通作類。襄九年左傳『晉君類能而使之』，謂銓度其才能而使之也。周語『比類百則』，又曰『比之地物，類之民則』，是類與比同義。類小大之稱，比終始之序，其義一也。」使親疏、貴賤、長幼、男女之理皆形見於樂。故曰：「樂觀其深矣。」注：「謂同聽之，莫不和敬，莫不和順，莫不和親。」正義：「先王制樂以化民，由樂聲調和，故親疏之理見於樂。樂聲有清濁高下，故貴賤長幼見於樂。以樂聲有陰陽律吕，故男女之理見於樂也。」方性夫曰：「若樂師掌國學之政，大胥掌學士之版，所謂『立之學』也。若舞勺舞象，所謂『立之等』也。小大有宜，事之稱也。終始相生，事之序也。若宫音濁而大，羽音清而小，蓋律小大之稱也。始於黄鍾之初九，終於仲吕之上六，蓋比終始之序也。親疏言其分，貴賤言其位，長幼言其序，男女言其情。四者皆人之倫也，莫不各有理焉，唯形於樂，乃可得而見，故曰『樂觀其深矣』。」○懾，之涉反。稱，尺證反。

土敝則草木不長，水煩則魚鼈不大，氣衰則生物不遂，世亂則禮慝而樂淫。是故其聲哀而不莊，樂而不安，慢易以犯節，流湎以忘本，廣則容姦，狹則思欲，感條暢之氣，而滅平和之德。是以君子賤之也。注：「遂，猶成也。慝，穢也。廣，謂聲緩也。狹，謂聲急也。感，動也。動人條暢之善氣，使失其所。」正義：「氣衰，陰陽之氣衰亂，故生物不得遂成。慝，惡也。淫，過也。世道衰亂，上下無序，故禮慝；男女無節，故樂淫。以上三事，皆喻禮慝樂淫也。男女相愛，『涕泗滂沱』，是其哀也。男女相說，『歌舞於市』，是不莊也。『俾晝作夜』，是其樂也。『終至滅亡』，是不安也。『朋淫於家』，是慢易以犯節。『淫酗肆虐』，是流湎以忘本。廣，謂節間疏緩。狹，謂節間迫促。」陳晉之曰：「同異相濟爲和，高下一致爲平，易曰：『聖人感人心而天下和平。』」陳可大曰：「土敝，地力竭也，故草木不長。水煩，謂澤梁之人無時，水煩擾而魚鼈不得自如，故不大也。」王氏念孫曰：「條暢，讀爲滌蕩。滌蕩之氣，謂逆氣也。上文其聲哀而不莊云云，謂姦聲也。滌蕩之氣與平和之德正相反。姦聲正聲各以類相動，故曰『萬物之理各以類相動也』。史記樂書及說苑脩文篇並作『感滌蕩之氣』。」○慝，吐得反。易，以豉反。湎，緜鮮反。

凡姦聲感人而逆氣應之，逆氣成象而淫樂興焉。正聲感人而順氣應之，順氣成象而和樂興焉。倡和有應，回邪曲直，各歸其分，而萬物之理各以類相動也。是故君子反情以和其志，比類以成其行。姦聲亂色，不留聰明，淫樂慝禮，不接心術，惰慢邪辟之氣不設於身體，使耳目鼻口心知百體皆由順正以行其義，注：「成象者，謂人樂習焉。反，猶本也。術，猶道也。」正義：「皇氏云：『自此以下，至「贈諸侯也」爲樂象。』姦聲，謂姦邪之聲感動於人。逆氣，謂違逆之氣，即姦邪之氣也。人既感姦邪之聲，則有姦邪之氣來應，二者相合而成象，淫樂遂興，紂作靡靡之樂，是也。正聲感動於人，而順氣來應，二者相合而成象，則和樂興。若周室太平，頌聲作也。聲感人，是倡也。氣應之，是和也。回，謂乖違。邪，謂邪辟。言乖違邪辟，曲之與直，各歸其善惡之分限也。是故君子反去淫溺之情理以調和其善志，比擬善類以成己身之美行，不使姦聲亂色留停於耳目，不使淫樂慝禮接於心術，則怠惰邪辟之氣無由來入，而知慮百事之體皆從和順，以行其正直義理也。」真希元曰：「君子之所以自養者無他，內外交致其功而已。姦聲亂色，不留聰明者，所以養其外也。淫樂慝禮，不接心術者，所以養其內也。惰慢之氣，自內出者也。邪辟之氣，自外入者也。二者不得設於身體，如是，外而耳目鼻口四肢百體，內而心知，皆由順正，以行其義，自養之功畢矣。」○倡，昌尚反，又音唱，下同。分，扶問反。行，下孟反。

然後發以聲音，而文以琴瑟，動以干戚，飾以羽旄，從以簫管，五經通義：「簫，編竹爲之，長尺有五寸。」奮至德之光，動四氣之和，以著萬物之理。注：「奮，猶動也。動至德之光，謂降天神，出地祇，假祖考。著，猶成也。」正義：「動發心志以聲音，文飾聲音以琴瑟，振動形體以干戚，裝飾樂具以羽旄，隨從諸樂以簫管。奮動天地至德之光明，謂神明來降也。感動四時氣序之和平，使陰陽順序也。著成萬物之道理，謂風雨順，寒暑時，鬼神降福，萬物得所也。」是故清明象天，廣大象地，終始象四時，周還象風雨，注：「清明，謂人聲也。廣大，謂鐘鼓也。周旋，謂舞者。」王注：「清明廣大，終始周旋，皆樂之節奏，容儀發動也。」正義：「八音氣濁，唯人聲清明，故知清明謂人聲也。下云『鐘聲鏗』，又云『鼓鼙之聲讙』，鏗、讙皆廣大之意，終於羽，始於宫，象四時之變化終而復始。舞者周帀迴還，象風雨之迴復。」五色成文而不亂，注：「五色，五行也。」正義：「崔氏曰：『五色者，五行之音，謂宫、商、角、徵、羽之聲。』」王氏引之曰：「五行與樂無涉，崔以爲五音，亦非也。今按五色，當以所用之器言之，若帗舞之列五采繒，皇舞之析五采羽，璧翣之垂五采羽，皆五色也。他若瑟有朱弦，舞有朱干，鍾有青赤黄景黑，其餘樂器髹畫者，亦具五色。樂器備五色，而皆秩然有序，故曰『五色成文而不亂』。」八風從律而不姦，注：「八風從律，應節至也。」王氏引之曰：「如鄭説，則是天地之氣感於樂而順應也。按下文『樂行而倫清』，方言作樂之效，此但論樂之情狀，不應遽及於八風之順應也。且八方之風分應八節，何得雜沓俱來乎？古者八音謂之八風。襄二十九年左傳『五聲和，八風平』，五聲八風相對爲文。昭二十年傳：『一氣、二體、三類、四物、五聲、六律、七音、八風、九歌，以相成也。』二十五年傳：『爲九歌、八風、七音、六律，以奉五聲。』八風與七音、九歌相次，則是八音矣。八音皆人所爲，若八方之風，具是天籟，不得言『爲』矣。八風從律而不姦者，卽堯典之『八音克諧，無相奪倫』也。律，銓也，次也。姦，讀曰奸。奸，犯也。八音各從其次而不相陵犯，故曰『八風從律而不姦』。」百度得數而有常，注：「百度，百刻也。言日月晝夜不失正也。」陳晉之曰：「百度得數而有常，節之以十二律之度也。吴季札觀樂於魯，而曰：『五聲和，八風平，節有度，守有序。』百度得數而有常，節有度、守有序之謂也。」王氏引之曰：「陳氏之説，長於舊説矣，而以度爲十二律之度，則非也。下文『倡和清濁，迭相爲經』，始以十二律言，此則樂之節奏也。左傳：『節有度。』正義曰：『八音之作有節，其節皆有常度。』是樂之節奏謂之度。節奏非一，故曰『百度』。數者，度之多寡也。其大者若升歌三終，笙入三終，間歌三終，合樂三終，及武始而北出，再成而滅商之屬；其小者若三步以見方，夾振而駟伐之屬，是也。多寡得宜，故曰『得數』。一成不變，故曰『有常』。」小大相成，終始相生，倡和清濁，迭相爲經。注：「清，謂蕤賓至應鍾也。濁，謂黃鍾至中呂。」正義：「小大相成者，十二月律互爲宮羽而相成也。終始相生者，賀瑒云：『五行宮商迭相用爲終始。』倡和清濁者，謂十二月律先發聲者爲倡，後應聲者爲和。長者濁也，短者清也。迭相爲經者，十二月之律旋相爲宮，是樂之常也。」故樂行而倫清，耳目聰明，血氣和平，移風易俗，天下皆寧。注：「言樂用則正人理，和陰陽也。倫，謂人道也。」正義：「倫，類也。樂施行而倫類清美，變移敝惡之風，改革昏亂之俗，故天下皆安矣。」○著，張慮反。還，音旋。

故曰：「樂者，樂也。」君子樂得其道，小人樂得其欲。以道制欲，則樂而不亂；以欲忘道，則惑而不樂。注：「道，謂仁義也。欲，謂邪淫也。」正義：「若君子在上，以仁義之道制邪淫之欲，則意得歡樂而不有昏亂也。若小人在上，以邪淫之欲，忘仁義之道，則志意迷惑而不得歡樂也。」

是故君子反情以和其志，廣樂以成其教，樂行而民鄉方，可以觀德矣。注：「方，猶道也。」正義：「反己淫欲之情，以諧和德義之志，寬廣樂之義理，成就其政教之事，正樂興行，而民歸鄉仁義之道。人君如此，是樂可以觀其德行矣。」德者，性之端也；樂者，德之華也；金石絲竹，樂之器也。詩，言其志也；歌，詠其聲也；舞，動其容也。三者本於心，然後樂氣從之。閩、監、毛本「氣」作「器」。王氏引之曰：「氣，卽器之假借。大戴文王官人篇『其氣寬以柔』，逸周書作『器』。是氣與器通，樂器從之，猶上文言『從以簫管』也。」是故情深而文明，氣盛而化神，和順積中，而英華發外，唯樂不可以爲僞。注：「三者本志也，聲也，容也。

言無此本於內，則不能爲樂也。」正義：「德在於內，樂在於外，故樂爲德之光華也。詩言其志，則詩序云：『詩者，志之所之也。』歌咏其聲，則詩序云『言之不足，故嗟歎之；嗟歎之不足，故咏歌之』，是也。舞動其容，則詩序云『詠歌之不足，則不知手之舞之，足之蹈之』，是也。三者：容從聲生，聲從志起，志從心發，故云『本於心』。聲須合於宮商，舞須應於節奏，乃成於樂。志起於內，思慮深遠，是情深也。情由言顯，是文明也。志意藴積於中，故氣盛。內志既盛，則外感動於物，動天地，感鬼神，經夫婦，成孝敬，是也。思念善事日久，是和順積於心中。言詞聲音發見在外，是英華發於身外。若心惡而望聲之善，不可得也。故云『唯樂不可以爲僞』。」王氏懋竑曰：「情之積於中者深，則文之著於外者明。流動充滿，則內之氣盛；移風易俗，則外之化神。」

樂者，心之動也；聲者，樂之象也；文采節奏，聲之飾也。君子動其本，樂其象，然後治其飾。是故先鼓以警戒，三步以見方，王注：「舞武樂，三步爲一節者，以見伐道也。」再始以著往，復亂以飭歸，廣雅：「亂，理也。」王氏念孫曰：「樂之終、詩之終有亂，皆理之義也。」奮疾而不拔，王注：「舞雖奮疾而不失節。若樹木得疾風而不拔。」極幽而不隱。獨樂其志，不厭其道；備舉其道，不私其欲。是故情見而義立，樂終而德尊，君子以好善，小人以聽過。故曰：「生民之道，樂爲大焉。」注：「文采，樂之威儀也。先鼓，將奏樂先擊鼓，以警戒衆也。三步，謂將舞必先三擧足，以見其舞之漸也。再始以著往，武王除喪，至盟津之上，紂未可伐，還歸二年，乃遂伐之。武舞再更始，以明伐時再往也。復亂以飭歸，謂鳴鐃而退，明以整歸也。奮疾，謂舞者也。極幽，謂歌者也。」正義「前經論志也，聲也，容也，三者相將，此廣明舞之義理與聲音相應之事。心動而見聲，聲成而爲樂，故云『樂者，心之動也』。樂本無體，由聲而見，是聲爲樂之形象也。聲無曲折，則太質素，故以文采節奏飾之。先鼓以警戒者，謂作武王伐紂大武之樂，先擊鼓以警戒於衆也。欲舞之時，必先行三步以見方，積漸之意也。再始以著往者，謂每曲一終，更發始爲之，凡再更發始，以著往伐紂之時；初發象十一年往觀兵於盟津，再發象十三年往伐紂也。亂，治也。復，謂舞曲終，舞者復其行位，象武王伐紂既畢，整飭師旅而還歸也。拔，疾也。庾云『舞者雖貴於疾，亦不失節』，謂不大疾也。極幽而不隱者，謂歌者不動，極幽靜而聲發起也。樂其志者多違道理，武王獨能樂其志意，舉行仁義，以利天下，不恣己之情欲也。情見，謂情見於樂。義立，謂伐紂之義。觀武王伐紂樂終，而知道德尊盛也。」陳可大曰：「再始，謂一節終而再作也。往，進也。亂，終也，如云『關雎之亂』。歸，舞畢而退就位也。情見於樂之初，而見其義之立；化成於樂之終，而知其德之尊。君子聽之而好善，感發其良心也。小人聽之而知過，蕩滌其邪穢也。『故曰』以下，亦引古語結之。」○拔，步葛反。

樂也者，施也；禮也者，報也。樂，樂其所自生，而禮反其所自始。樂章德，禮報情、反始也。注：「言樂出而不反，而禮有往來也。自，由也。」正義：「此明禮樂之別，報施不同。言作樂之時，衆庶皆聽之，無反報之意。禮尚往來，受人禮事，必當報之也。」馬彥醇曰：「舜主於紹堯而作大韶，武王主武功而作大武，此樂其所自生也。萬物本乎天，故先王以郊明天之道，人本乎祖，故王者禘其祖之所自出，此反其所自始也。」應子和曰：「樂宣播而出於外，一出而不可反，故曰施。禮有交際酬答之文，故曰報。韶、濩、夏、武皆章德而導和，祭饗朝聘皆報情而反始。」王氏懋竑曰：「樂以宣著發揚爲事，故曰『章德』。報情，因人之情而爲之節文，似有酬答之義。反始，即報情也。樂生於人心，而出於自然之和。孟子：「樂則生矣，生則烏可已也？烏可已，則不知足之蹈之，手之舞之。」此正樂其所自生之義也。禮之實，節文斯二者。『禮與其奢也寧儉。喪與其易也寧戚』，皆反始之義也。」○施，始豉反。

所謂大輅者，天子之車也；龍旂九旒，天子之旌也；青黑緣者，天子之寶龜也。說文：「龜，龜甲邊也。天子巨龜尺有二寸，諸侯尺，大夫八寸，士六寸。」段氏玉裁曰：「公羊傳：『龜青純。』何注：『純，緣也。緣甲頿也。千歲之龜青頿。』按頿者，龜之省，彝之假借字。」從之以牛羊之羣，則所以贈諸侯也。注：「贈諸侯，謂來朝將去，送之以禮。」正義：「此明禮報之事。諸侯守土，奉其所有來朝天子，故以此等物報之。不明樂施者，其事易知，略而不言也。大輅，謂金輅也。據上公及同姓侯伯，若異姓則象輅，四衞則革輅，蕃國則木輅，受於天子，總謂之大輅。龍旂九旒，據上公言之，侯伯則七旒，子男五旒。青黑緣者，寶龜以青黑爲之緣。天子既與之大輅龍旂，及寶龜占兆，又隨從以牛羊。牛羊非一，故稱羣。」陳晉之曰：「春秋傳王賜晉文公以大輅之服，祝鮀言『先王分魯、衞、晉以大路』，杜氏以爲金輅，蓋周天子之輅以玉爲大。周官司常『交龍爲旂』，『析羽爲旌』，合之則旂亦可謂之旌。」○緣，悅絹反。

樂也者，情之不可變者也；禮也者，理之不可易者也。樂統同，禮辨異。禮樂之說，管乎人情矣。注：「理，猶事也。統同，同和合也。辨異，異尊卑也。管，猶包也。」正義：「皇氏云：『自此以下，名爲樂情。』樂出於心，聽之則歡悅，是情之不可變也。禮見於貌，行之則恭敬，言事之不可改易也。統，領也。樂主相親，是主領其同；禮殊貴賤，是分別其異。樂主和同，則遠近皆合；禮主恭敬，則貴賤有序。人情所懷，不過於此，是管乎人情也。」

窮本知變，樂之情也；著誠去僞，禮之經也。禮樂偩天地之情，達神明之德，降興上下之神，而凝是精粗之體，領父子君臣之節。注：「偩，猶依象也。降，下也。興，猶出也。凝，成也。精粗，謂萬物大小也。領，猶理治也。」正義：「此廣明禮樂之義，樂本出於人心，心哀則哀，心樂則樂。不可變惡爲善，是知變也。顯著誠信，退去詐僞，是禮之常也。禮出於地，尊卑有序，是偩依地之情也。樂出於天，遠近和合，是偩依天之情也。禮樂出於人心，與神明和會，故云『達神明之德』。禮樂與天地相合，用之以祭，故能降出上下之神，謂降上而出下也。能成就其萬物大小之形體，理治父子君臣之限節。樂主於和，聽之則上下相親。禮定貴賤長幼，是能領父子君臣也。」王氏懋竑曰：「樂之本在於人心，而發之聲音，有清濁高下之變，故窮本知變，爲樂之情。禮之恭敬退讓，一本於誠心，故著誠去僞，爲禮之經。禮者天地之序，樂者天地之和，故偩天地之情。明則有禮樂，幽則有鬼神，故禮樂達神明之德。精者，至理妙用，粗者，繁文末節。精粗本無二致，故凝是精粗之體。君臣父子，尊卑秩然，而合敬同愛，無不洽和，故領父子君臣之節。」〇偩，音負。

是故大人舉禮樂，則天地將爲昭焉。注：「言天地將爲之昭然明也。」天地訢合，陰陽相得，煦嫗覆育萬物，然後草木茂，區萌達，羽翼奮，角觡生，蟄蟲昭蘇，羽者嫗伏，毛者孕鬻，胎生者不殰，而卵生者不殈，則樂之道歸焉耳。注：「訢，讀爲熹。熹，猶烝也。氣曰煦，體曰嫗。屈生曰區，無鰓曰觡。昭，曉也，蟄蟲以發出爲曉，更息曰蘇。孕，任也。鬻，生也。內敗曰殰。殈，裂也，今齊人語有殈者。」說文：「殰，胎敗也。」釋文：「殰，懷任不成也。卵坼不成曰殈。」高注淮南原道訓：「角，鹿角也。觡，麋角也。觡，讀曰格。」又「獸胎不贕」，高注：「胎不成獸曰殰。」又注：『嫗伏，以氣剖卵也。孕者，懷胎育生也。』正義：「此唯論樂之所感，不論禮之功用也。天地之氣蒸動，則天氣下降，地氣上騰。言體謂之天地，言氣謂之陰陽。天以氣煦之，地以形嫗之，是天煦覆而地嫗育也。草木據其成體，故云茂。區萌據其新生，故云達。鉤曲而生出莪豆是也。羽翼奮者，謂飛鳥之屬皆得奮動。角觡生者，謂走獸之屬悉皆生養。觤，謂角外皮滑澤者，鹿角是也。蟄蟲之類，皆埋藏其體，近於死，今復得活，似暗而遇曉，死而更息也。飛鳥體伏而生子，走獸孕鬻而繁息。諸物各順其性，由樂道使然，故云『樂之道歸焉耳』。」段氏玉裁曰：「郭氏山海經傳曰『麋鹿角曰觡』。」○訢，依注音僖，一音欣。煦，許具反。嫗，於具反。區，依注音句，古侯反。觡，古伯反。蟄，直立反。鬻，音育。殰，音獨。殈，呼闃反，集韻徐邈讀忽域切。

樂者，非謂黃鍾、大呂、弦歌、干揚也，注：「揚，鉞也。」樂之末節也，故童者舞之。鋪筵席，陳尊俎，列籩豆，以升降爲禮者，禮之末節也，故有司掌之。注：「言禮樂之本，由人君也。禮本著誠去僞，樂本窮本知變。」樂師辨乎聲詩，故北面而弦；王注：「但能別聲詩，不知其義，故北面而弦。」宗祝辨乎宗廟之禮，故後尸；商祝辨乎喪禮，故後主人。注：「辨，猶別也，正也。弦，謂鼓琴瑟也。後尸，居後贊禮儀。此言知本者尊，知末者卑。」是故德成而上，藝成而下，行成而先，事成而後。注：「德，三德也。行，三行也。藝，才技也。先，謂位在上也。後，謂位在下也。」是故先王有上有下，有先有後，然後可以有制於天下也。注：「言尊卑備，乃可制作以爲治法。」正義：「此明禮樂各有根本，本貴而末賤，君子能辨其本末，可以有制於天下。播揚樂聲，非樂之本。鋪筵席等物，所以飾禮，故云『禮之末節』。樂師北面而鼓弦，言其位處卑。宗，謂宗人。祝，謂大祝。但辨曉於宗廟詔相之禮，故在尸後也。商祝謂習商禮而爲祝者，但辨曉死喪擯相之禮，故在主人之後。德成而上者，人君及主人之屬。藝成而下者，樂師商祝之等。行成則德成，德在内而行在外也。事成則藝成，在身謂之藝，所爲謂之事。」

魏文侯問於子夏曰：「吾端冕而聽古樂，則唯恐卧；聽鄭衞之音，則不知倦。敢問古樂之如彼何也？新樂之如此何也？」注：「魏文侯，晉大夫畢萬之後，僭諸侯者也。端，玄衣也。古樂，先王之正樂也。」正義：「自此以下，明魏文侯問古樂今樂之異。按春秋閔元年，晉獻公滅魏，以魏賜畢萬。按世本云：『萬生芒，芒生季，季生武仲州，州生莊子降，降生獻子荼，荼生簡子取，取生襄子多，多生桓子駒，駒生文侯斯。』是畢萬之後也。端，玄冕也。凡冕服皆正幅，袂二尺二寸，袪尺二寸，故稱端也。言古樂何以樸素如彼，使人不貪，至於卧也？新樂何以使人嗜愛志樂，不知其倦也？」

子夏對曰：「今夫古樂，進旅退旅。和正以廣，弦匏笙簧，會守拊鼓，始奏以文，復亂以武，治亂以相，訊疾以雅。君子於是語，於是道古。脩身及家，平均天下。此古樂之發也。注：「旅，猶俱也。俱進俱退，言其齊一也。和正以廣，無姦聲也。會，猶合也，皆也。言衆皆待擊鼓乃作。周禮大師職曰：『大祭祀，帥瞽登歌，令奏擊拊〔一〕；下管播樂器，令奏鼓朄〔二〕。』文，謂鼓也。武，謂金也。相，即拊也，亦以節樂。拊

〔一〕〔二〕「令」，原均誤「合」，據周禮大師改。

者，以韋爲表，裝之以糠。糠一名相，因以名焉。今齊人或謂糠爲相。雅，亦樂器名也，狀如漆筩，中有椎。」正義：「周禮笙師職云：『掌春牘、應、雅。』鄭司農云：『雅狀如漆筩而弇口，大二圍，長五尺六寸，以羊韋鞔之，有兩紐疏畫。』並以漢時制度而知也。」陳用之曰：「拊之設，則堂上，書所謂『搏拊』是也。其用則先歌，周禮所謂『登歌，合奏擊拊』，是也。荀卿曰：『懸一鐘而尚拊。』大戴禮曰：『懸一磬而尚拊。』言『尚拊』，則拊在鐘磬之東也。言『會守拊鼓』，則衆樂待其動而後作也。既曰『會守拊鼓』，又曰『治亂以相』，則相非拊也。拊，書謂之『搏拊』，明堂位謂之『拊搏』，蓋以其或搏或拊，莫適先後也。爾雅：『和樂謂之節。』或說節即相也。」○匏，白交反。拊，音撫。相，息亮反。訊，音信。

今夫新樂，進俯退俯，姦聲以濫，溺而不止，及優侏儒，獶雜子女，不知父子。樂終不可以語，不可以道古，此新樂之發也。注：「俯，猶曲也，言不齊一也。濫，濫竊也。溺而不止，聲淫亂，無以治之。獶，獼猴也，言舞者如獼猴戲也，亂男女之尊卑。獶，或爲優。」正義：「新樂，謂今世所作淫樂也。進俯退俯者，謂俯僂曲折，不能進退齊一，行伍雜亂也。姦聲以濫，謂濫竊不正，不能和正以廣也。人所貪溺，不可禁止。及有俳優雜戲，侏儒短小之人間雜，男女無別也。樂之混雜，不復知有父子尊卑之禮。作樂雖終，盡皆邪辟，不可以語，與古樂乖違，不可語道於古也。」盧氏文弨曰：「獶，當作獿。」王氏念孫曰：「獶，當爲擾，字之誤也。擾與猱古字通。楚語『民神雜猱』，史記曆書作『雜擾』。此言俳優侏儒之人，猱雜於男女之中，不知有父子尊卑之等也。鄭注鄉射禮記曰：『猱者，雜也。』」○獶，乃刀反，依字亦作「猱」。

今君之所問者樂也，所好者音也。夫樂者，與音相近而不同。」注：「言文侯好音，而不知樂也。

鏗鏘之類皆爲音，應律乃爲樂。」正義：「古樂有音聲律呂，今樂亦有音聲律呂，是樂與音相近也。樂則德正聲和，音則心邪聲亂，是不同也。」

文侯曰：「敢問何如？」注：「欲知音樂異意。」子夏對曰：「夫古者天地順而四時當，民有德而五穀昌，疾疢不作而無妖祥，此之謂大當。然後聖人作爲父子君臣以爲紀綱，紀綱既正，天下大定。天下大定，然後正六律，和五聲，弦歌詩、頌，此之謂德音，德音之謂樂。注：「當，謂樂不失其所。」詩云：『莫其德音，其德克明，克明克類，克長克君。王此大邦，克順克俾。俾于文王，其德靡悔。既受帝祉，施于孫子。』此之謂也。注：「此有德之音，所謂樂也。德正應和曰莫。照臨四方曰明。勤施無私曰類。教誨不倦曰長。慶賞刑威曰君。慈和徧服曰順。俾當爲比，聲之誤也。擇善從之曰比。施，延也，言文王之德，皆能如此，故受天福，延於後世也。」正義：「大當，謂不失其所。按禮緯含文嘉云：『三綱，謂君爲臣綱，父爲子綱，夫爲妻綱。六紀，謂諸父有善，諸舅有義，族人有敘，昆弟有親，師長有尊，朋友有舊。』弦歌詩、頌者，謂以琴瑟之弦，歌此詩、頌也。詩，大雅皇矣之篇。」方性夫曰：「天氣下而地不應，地氣上而天不應，非所謂天地之順也。春或雪霜大摯，夏或草木零落，非所謂四時之當也。民之有德，以其有恒產，故有恒心也。五穀昌，以時和歲豐也。妖，左氏所謂『地反物爲妖』，是也。疾疢，則災之加乎人者。妖祥，則災之加乎物者。疾疢不作而無妖祥，則天地之間至纖至悉無不當於理矣，故曰『此之謂大當』。夫頌者，美盛德之形容，以弦歌詩、頌，故曰『此之謂德音』。樂者德之華，故德音之謂樂。」○當，丁浪反。疢，敕覲反。莫，亡伯反，毛詩作「貊」。長，丁丈反。俾，依注音比。

今君之所好者，其溺音乎？」注：「言無文王之德，則所好非樂也。」正義：「不敢指斥，故言『乎』而疑之也。」

文侯曰：「敢問溺音何從出也？」注：「玩習之久，不知所由出也。」

子夏對曰：「鄭音好濫淫志，宋音燕女溺志，衞音趨數煩志，齊音敖辟喬志。此四者皆淫於色而害於德，是以祭祀弗用也。注：「言四國皆出此溺音。濫，濫竊，姦聲也。燕，安也。春秋傳曰：『懷與安，實敗名。』趨數讀爲促速，聲之誤也。煩，勞也。祭祀者不用淫樂。」正義：「濫，竊也，謂男女相偷竊。鄭音好相偷竊，是淫邪之志也。宋音所安唯女子，所以使人意志没矣。衞音既促且速，所以使人意志煩勞。齊音敖狠辟越，所以使人意志驕逸也。」詩云：『肅雍和鳴，先祖是聽。』夫肅肅，敬也。雍雍，和也。夫敬以和，何事不行？注：「言古樂敬且和，故無事而不用，溺音無所施。」正義：「詩，周頌有瞽之篇。言樂音敬和，先祖之神聽而從之。若能施設於政教，何事不行也。」○燕，於見反。趨，音促。數，音速。敖，五報反。辟，匹亦反。喬，音驕，本或作「驕」。

爲人君者，謹其所好惡而已矣。君好之則臣爲之，上行之則民從之。詩云：『誘民孔易。』此之謂也。注：「誘，進也。孔，甚也。言民從君所好惡，進之於善無難。」正義：「詩，大雅板之篇。」○易，以豉反。

然後聖人作爲鞉、鼓、椌、楬、壎、篪，此六者，德音之音也。注：「六者爲本，以其聲質也。椌楬，謂柷敔也。壎篪，或爲『簨虡』。」説文：「椌，柷樂也。柷，樂木空也。所以止音爲節。壎，樂器也。以土爲之，六孔。𪛉，管樂也。篪，𪛉或从竹。」正義：「此六者，其聲質素，是道德之音。按鄭注詩有瞽篇云：『柷，形如漆筩，中有椎。敔，狀如伏虎，背上有二十四鉏鋙。』又鄭司農注笙師云：『篪，七空。塤，六孔。』鄭云：『塤，燒土爲之，大如雁卵。𪔅，如鼓而小，持其柄摇之旁耳自擊。』鼓，革也。椌楬，木也。其聲質素。故周語單穆公云『革木一聲』，注云『無宫商清濁』，是也。」段氏玉裁曰：「世本云：『暴辛公作塤，蘇成公作篪。』譙周曰：『二人善塤善篪，記者因以爲作，謬矣。』」然後鐘、磬、竽、瑟以和之，干、戚、旄、狄以舞之。此所以祭先王之廟也，所以獻酬酳酢也，所以官序貴賤各得其宜也，所以示後世有尊卑長幼之序也。注：「官序貴賤，謂尊卑。樂器列數有差次。」正義：「既用質素爲本，然後用鐘、磬、竽、瑟華美之音以贊和之，使文質相雜。干，楯也。戚，斧也。狄，羽也。聲既文質備足，又用干、戚、旄、羽以舞動之，又用於宗廟中接納賓客。賓入奏肆夏，及卒爵而樂闋，是也。又用樂别尊卑於朝廷，使各得其宜，天子八佾，諸侯六佾，是也。聞樂知德，施於子孫，是示後世。又宗族長幼同聽之，莫不和順，父子兄弟同聽之，莫不和親，是長幼之序也。」○鞉，音桃。椌，苦江反。楬，古瞎反。壎，許袁反。篪，直支反。竽，音于。和，如字。酳，音胤。

鐘聲鏗，鏗以立號，號以立横，横以立武。君子聽鐘聲，則思武臣。注：「號令，所以警衆也。横，充也，謂氣作充滿也。」王注：「鐘聲高，故以之立號也。」正義：「鏗是堅剛，故可以興立號令也。若號令威嚴，則軍士勇敢，而壯氣充滿，所以武事可立。君子聞聲達事，故聽之而思武臣也。」○鏗，古耕反。號，胡到反。横，古曠反。

石聲磬，磬以立辨，辨以致死。君子聽磬聲，則思死封疆之臣。注：「磬當爲罄，字之誤也。辨，謂分明於節義。」王注：「硜聲果勁。」正義：「磬是樂器，故叩其磬則其聲罄罄然也。辨，别也。崔云：『能清别於衆物，則分明辨别也。』既各有部分。不可浸濫，故能使守節者致死矣。崔云：『若能明别於節義，則不愛其死也。』言守分不移，卽固封疆之義矣。」段氏玉裁曰：「史記樂書作『石聲硜』。蓋硜本古文磬字。」○磬，依注音罄，口定反。疆，居良反，下「是疆」同。

絲聲哀，哀以立廉，廉以立志。君子聽琴瑟之聲，則思志義之臣。注：「廉，廉隅也。」正義：「哀，謂哀怨也。聲音婉妙，故哀怨。以哀怨之，故能立廉隅，不越其分，故能自立其志。言絲聲含志不可犯，故聞絲聲而思其事也。」

竹聲濫，濫以立會，會以聚衆。君子聽竽笙簫管之聲，則思畜聚之臣。注：「濫之意猶擥聚也。會，猶聚也。聚或爲最。」正義：「會以聚衆者，以合會而能聚其衆也。笙以匏爲之，而在竹聲之中者，但笙以匏爲體，插竹於匏，匏竹兼有，故笙文在竹也。」○濫，力敢反。會，户外反。

鼓鼙之聲讙，讙以立動，動以進衆。君子聽鼓鼙之聲，則思將帥之臣。注：「聞讙囂則人意動作。讙或爲歡。動或爲勳。」說文：「鼓，郭也。春分之音。萬物郭皮甲而出，故謂之鼓。从壴，支象其手擊之也。」廣韻：「鼙，騎上鼓。」釋名：「鼙，裨也，裨助鼓節也。」吕氏春秋曰：「帝嚳令人作鼙鼓之樂也。」正義：「以動作，故能進發其衆也，言鼓能進衆，故聞其聲而思其事也。聲各不同，立事有異。事隨聲起，是聲能立事也。」○鼙，步西反。讙，呼端反。將，子亮反。

君子之聽音，非聽其鏗鎗而已也，彼亦有所合之也。」注：「以聲合成己之志。」○鎗，七羊反。

賓牟賈侍坐於孔子，孔子與之言，及樂，曰：「夫武之備戒之已久，何也？」對曰：「病不得其衆也。」注：「武，謂周舞也。備戒，擊鼓警衆。病，猶憂也。以不得衆心爲憂，憂其難也。」正義：「此一經別録是賓牟賈問章，姓賓牟，名賈。孔子之問凡有五，賓牟賈所答亦有五。夫是發語之端，言武王伐紂之時，憂病不得士衆之心，故先鳴鼓以戒士衆，久乃出戰。今武樂故令舞者久而不即出，是象武王憂不得衆心故也。」〇牟，亡侯反。

詠歎之，淫液之，何也？」對曰：「恐不逮事也。」注：「詠歎、淫液，歌遲之也。逮，及也。事，伐事也。」正義：「淫液，是貪羨之貌，謂音連延而流液不絶之意，欲待衆之至也。」發揚蹈厲之已蚤，何也？」對曰：「及時事也。」注：「時至武事當施也。」王注：「厲，疾也。備戒已久，至其發作又疾也。」正義：「發揚蹈地而猛厲，象武王及時伐紂事也。」武坐，致右憲左。何也？」對曰：「非武坐也。」注：「言武之事無坐也。致，謂膝至地也。憲，讀爲軒，聲之誤也。」正義：「坐，跪也。致，至也。軒，起也。問武人何忽有時而跪，以右膝至地而左足仰起，何故也？」「聲淫及商〔一〕，何也？」對曰：「非武音也。」注：「言武歌在正其軍，不貪商也。時人或説其義爲貪商也。」正義：「淫，貪也。王氏云：『聲韻歆羡，淫液，貪商也。』賈言武王應天順人，何容有貪商之聲？」子曰：「若非武音，則何音也？」對曰：「有司失其傳也。若非有司失其傳，則武王之志荒矣。」注：「有司，典樂者也。傳，猶説也。荒，老耄也。言典樂者失其説也，而時人妄説也。書曰：『王耄荒。』」子曰：「唯丘之聞諸萇宏，亦若吾子之言是也。」注：「萇宏，周大夫。」正義「唯」作「惟」。王氏念孫曰：「唯，讀曰雖。古字唯、惟與雖通。言不但吾子之言如是，雖我之聞於萇宏者亦如是也。」劉氏台拱曰：「按孔子凡五問，前三節皆舞之始事，後二節皆舞之終事。下云

〔一〕「淫」，原誤「音」，據禮記注疏改。

『武亂皆坐』，則知坐在舞之終也。淫者，如水之浸淫，樂之餘聲所及也。」○液，音亦。蹈，音悼。憲，依注音軒。

賓牟賈起，免席而請曰：「夫武之備戒之已久，則既聞命矣。敢問遲之遲而又久，何也？」注：「遲之遲，謂久立於綴。」正義：「免席，謂避席也。賀氏云：『備戒已久，是遲久，立於綴，亦是遲而又久。何意如此。』」

子曰：「居！吾語女。夫樂者，象成者也。王注：「象成功而爲樂。」總干而山立，武王之事也；發揚蹈厲，大公之志也；武亂皆坐，周召之治也。注：「居，猶安坐也。成，謂已成之事也。總干，持盾也。山立，猶正立也。象武王持盾正立待諸侯也。發揚蹈厲，所以象威武時也。武舞，象戰鬬也。亂，謂失行列也。失行列則皆坐，象周公、召公以文止武也。」王注：「武亂，武之治也。皆坐，以象安民無事也。」陳可大曰：「亂，樂之卒章也。上章言『復亂以武』。」○女，音汝。

且夫武，始而北出，再成而滅商，三成而南，四成而南國是疆，五成而分，周公左，召公右，六成復綴，以崇天子。注：「成，猶奏也。每奏武曲一終爲一成。始奏，象觀兵盟津時也。再奏，象克殷時也。三奏，象克殷有餘力而反也。四奏，象南方荆蠻之國侵畔者服也。五奏，象周公、召公分職而治也。六奏，象兵還振旅也。復綴，反位止也。」正義：「熊氏云：『前云「三步以見方」，是一成也。作樂一成而舞，象武王北出觀兵也。再成而滅商者，謂作樂再成，舞者從第二位至第三位，象武王滅商，則與前文「再始以著往」爲一也。三成而南者，謂舞者從第三位至第四位，極北而南反，象武王克紂而南還也。四成而南國是疆者，謂舞曲四成，舞者從北頭第一位卻至第二位，象武王伐紂之後，南方之國於是疆理也。五成而分周公左、召公右者，從第二位至第三位，分爲左右，象周公居左，召公居右也。六成復綴者，綴謂南頭初位，舞者從第三位南至本位，故言復綴。』皇氏不云『次位』，舞者，本在舞位之中，但到六成而已。王肅讀『天子』上屬，謂『作樂六成，尊崇天子之德矣』。」張守節曰：「武王居鎬在南，紂居朝歌在河北，故舞者南來，持楯向北〔一〕，尚象之。」劉氏台拱曰：「古讀右聲如以，右、子爲韻。王子雍讀勝于鄭矣。」○綴，丁劣反。

夾振之而駟伐，盛威於中國也。注：「夾振之者，王與大將夾舞者振鐸以爲節也。駟，當爲四，聲之誤也。武舞，戰象也。每奏四伐，一擊一刺爲一伐。牧誓曰：『今日之事，不過四伐五伐。』」正義：「皇氏云：『武王伐紂之時，王親自執鐸以夾軍衆。今作武樂之時，令二人振鐸夾舞者，象武王與大將伐紂之時矣。』」○夾，古洽反。

分夾而進，事蚤濟也。注：「分，猶部曲也。事，猶爲也。濟，成也。舞者各有部曲之列，又夾振之者，象用兵務於早成也。」久立於綴，以待諸侯之至也。注：「象武王伐紂待諸侯也。」且女獨未聞牧野之語乎？注：「欲語以作武樂之意。」武王克殷反商，注：「反，當爲及，字之誤也。及商，謂至紂都也，牧誓曰：『至于商郊牧野。』」未及下車，而封黃帝之後於薊，封帝堯之後於祝，封帝舜之後於陳；下車而封夏后氏之後於杞，投殷之後於宋，封王子比干之墓，釋箕子之囚，使之行商容而復其位。注：「封，謂故無土地者也。投，舉徙之辭也。時武王封紂子武庚於殷墟，所徙者微子也。後周公更封而

〔一〕「持」，原誤「時」，據史記正義改。

大之。積土爲封。封比干墓，崇賢也。行，猶視也。使箕子視商禮樂之官，賢者所處皆令反其居也。薊，或爲續。祝，或爲鑄。」庶民弛政，注：「弛政，去其紂時苛政也。」釋詁：「弛，易也。」王氏引之曰：「弛政之政，當讀爲征，謂徭役也。蓋紂時之苛役，武王爲庶民去之。」庶士倍祿。注：「倍祿，復其紂時薄者也。」濟河而西，馬散之華山之陽，而弗復乘；牛散之桃林之野，而弗復服；車甲衅而藏之府庫，而弗復用；倒載干戈，包之以虎皮；將帥之士，使爲諸侯，名之曰『建櫜』。注：「散，猶放也。桃林在華山旁。甲，鎧也。衅，釁字也。包干戈以虎皮，明能以武服兵也。建，讀爲鍵，字之誤也。兵甲之衣曰櫜。鍵櫜，言閉藏兵甲也。」韋注晉語曰：「櫜，矢房。」詩彤弓：「受言櫜之。」毛傳：「櫜，韜也。」王氏引之曰：「凡府庫之藏，皆有鍵閉，無以見其爲藏兵革也。今按建當讀爲鞬，方言曰：『所以藏弓謂之鞬。』說文曰：『鞬，所以戢弓矢也。』釋名曰：『鞬，建也。弓矢並建立於其中也。』僖二十三年左傳『左執鞭弭，右屬櫜鞬』，杜注：『櫜以受箭，鞬以受弓。』是鞬、櫜皆所以戢弓矢也。名之曰『鞬櫜』，即詩『載櫜弓矢』之義。言藏弓矢而干戈之戢可知。馬融廣成頌正作『鞬櫜』。」然後天下知武王之不復用兵也。釋文云：「薊，今涿郡薊縣是也，即燕國之都也。孔安國、司馬遷皆云：『燕國郡。』邵公與周同姓。按黄帝姬姓，君奭蓋其後也。或黄帝之後封薊者滅絶而更封燕郡乎？疑不能明也。而皇甫謐以邵公爲文王之庶子，記傳更無所出。左傳富辰之言亦無燕也。商容，孔安國云：『殷之賢人也。』」正義：「車甲不復更用，故以血衅而藏之。倒載干戈者，熊氏云：『凡載兵之法，皆刃向外。今刃向國，不與常同也。』虎皮，武猛之物，包裹兵器，示武王威猛，能制服天下兵戈也。或以虎皮有文，欲以見文止武也。使爲諸侯，以報勞，賞其功也。」張守節曰：「薊，幽州縣地。陳，陳州宛丘縣故陳城。杞，汴州雍丘縣。濟河而西，武王伐紂事畢，從懷州河陽縣南，渡黃河至洛州，從洛城而西歸鎬京也。」金吉甫曰：「自靈寶西至潼關，皆桃林塞地。」吳幼清曰：「三恪與夏之後，皆言封者，本無國而今始封之。投，猶置也。天下土地，皆商之所有，周既代商，則置殷之後於宋地，俾祀其先王。不曰封而曰投者，非本無國而今始有國也。按史記、家語『投』皆作『封』。又荀子『武王封微子於宋』，蓋杞、宋同時而封。」○分，扶問反。薊，音計。弛，始氏反。華，户化反。釁，又作「衅」，許靳反。建，依注爲「鍵」，其展反。櫜，音羔。

散軍而郊射，王注：「郊有學宮，所以習禮也。」左射貍首，右射騶虞，而貫革之射息也；裨冕搢笏，而虎賁之士説劍也；祀乎明堂，而民知孝；朝覲，然後諸侯知所以臣；耕藉，然後諸侯知所以敬。五者，天下之大教也。注：「郊射，爲射宫於郊也。左，東學也。右，西學也。貍首、騶虞，所以歌爲節也。貫革，射穿甲革也。裨冕，衣裨衣而冠冕也。裨衣，衮之屬也。搢，猶插也。賁，憤怒也。文王之廟爲明堂制。耕藉，藉田也。」正義：「此克商之後修文教也。天子於郊學而射，所以擇士簡德也。鄭注大射云：『貍首，逸詩。貍之言不來也。其詩有「射諸侯首不朝者」之言，因以名篇。』騶虞，白虎黑文，義應之獸也。鄭注射義云：『壹發五豝，喻得賢者多也。』貫，穿也。革，甲鎧也。所謂軍射也。言軍中無别物，但取甲鎧張之而射，唯穿多重爲善，謂貫革也。春秋養由基射七札是也。搢笏，插笏也。既並習文，故皆説劍也。明堂，文王之廟，於時未有明堂，而云『明堂』者，文王廟如明堂之制也。六服更朝，故諸侯知爲臣之道。王自耕藉田，以供粢盛，故諸侯見而知敬。五者，郊射一，裨冕二，祀乎明堂三，朝覲四，耕藉五。此五者，大益於天下，使諸侯還其本國而爲教，故云『大教』也。」○射，食亦反，沈，食夜反。貍，力之反。騶，側由反。裨，婢支反。搢，音進。賁，音奔。説，吐活反。

食三老五更於大學，天子袒而割牲，執醬而饋，執爵而酳，冕而總干，所以教諸侯之弟也。注：「三老五更，互言之耳，皆老人更知三德五事者也。冕而總干，親在舞位也。周名大學曰東膠。」正義：「鄭注『三德，謂正直、剛、柔。五事，謂貌、言、視、聽、思』。文王世子注云：『象三辰五星。』天子養三老五更之時，親袒衣而割牲，親執醬而饋之，親執爵而酳口，親自著冕，手持干盾而舞也。此冕當鷩冕，享先公，饗、射、養老之類。天子養老，則諸侯亦然。不言『教孝』者，與上互文。」若此，則周道四達，禮樂交通。則夫武之遲久，不亦宜乎！注：「言武遲久，爲重禮樂。」正義：「凡功小者易就，其時速也。功大者難成，其時久也。周之功德盛大，故作大武之樂須遲久，慎重之也。」○食，音嗣。

君子曰：禮樂不可斯須去身。致樂以治心，則易直子諒之心油然生矣。易直子諒之心生則樂，樂則安，安則久，久則天，天則神。天則不言而信，神則不怒而威，致樂以治心者也。注：「致，猶深審也。子，讀如『不子』之子。油然，新生好貌也。善心生則寡於利欲，寡於利欲則樂矣。志明行成，不言而見信如天也，不怒而見畏如神也。樂由中出，故治心。」正義：「自此以下，至『可謂盛矣』，名爲樂化。禮樂是治身之具，不可斯須去離於身也。易，謂和易。直，謂正直。子，謂子愛。諒，謂誠信。言樂能感人，使善心生也。善心既生，則利欲寡少，情性和樂，安而不躁。久則人信之如天，畏之如神。天有四時不失，故云信。神是人所畏敬，故云威。其實一也。」朱子曰：「韓詩外傳『子諒』作『慈良』。」○易，以豉反。諒，音亮。

致禮以治躬則莊敬，莊敬則嚴威。心中斯須不和不樂，而鄙詐之心入之矣；外貌斯須不莊不敬，而易慢之心入之矣。注：「躬，身也。禮自外作，故治身。鄙詐入之，謂利欲生。易，輕易也。」朱子曰：「入字正見得外誘使然，非本心實有此惡。然既爲所奪，而得以爲主於内，則非心而何？」

故樂也者，動於内者也；禮也者，動於外者也。樂極和，禮極順。内和而外順，則民瞻其顏色而弗與争也，望其容貌而民不生易慢焉。故德煇動於内，而民莫不承聽；理發諸外，而民莫不承順。注：「德煇，顏色潤澤也。理，容貌之進止。」正義：「樂從心起，故感動於内；禮從外生，故發動於外。樂感人心，故極盡於和；禮以檢貌，故極盡於順。内和，色見於外，故不争；外貌和順，故民不生易慢。樂以和心，故德煇美發動於内，而民莫不承奉聽從也。禮以治貌，故理發見於外，而民莫不承奉敬順也。」方性夫曰：「顏色指其面目，容貌則兼手足言之。」故曰：「致禮樂之道，舉而錯之天下無難矣。」陳晉之曰：「子張問政，孔子曰：『君子明於禮樂，舉而措之而已。』然則致禮樂之道，舉而錯之天下，則安上治民，移風易俗，猶反掌耳。爲政豈難哉！」〇煇，音輝。錯，本亦作「措」，七路反。

樂也者，動於内者也；禮也者，動於外者也。故禮主其減，樂主其盈。禮減而進，以進爲文；樂盈而反，以反爲文。注：「禮主其減，人所倦也。樂主其盈，人所歡也。進，謂自勉強也。反，謂自抑止也。文，猶美也，善也。」禮減而不進則銷，樂盈而不反則放，故禮有報而樂有反。禮得其報則樂，樂得其反則安。注：「放，淫於聲，樂不能止也。報，讀爲褒。褒，猶進也。得，謂曉其義，知其吉凶之歸。」禮之報，樂之反，其義一也。注：「俱趨立於中，不銷不放也。」正義：「禮既減損，若不勉强自進，則禮道銷衰也。樂主盈滿，若不反自抑損，則樂道流放也。」馬彦醇曰：「樂動於内，故主其盈。禮動於外，故主其減。此言其體也。以進爲文，以反爲文，此言其用也。」朱子曰：「禮主於撙節、退遜、檢束，然以其難行，故須勇猛力進始得，故以進爲文。樂主於舒暢發越，然一向如此，必至於流蕩，故以反爲文。禮之進，樂之反，便得性情之正。」○減，胡斬反。報，依注讀曰褒，音保毛反。樂，上音洛，下音岳。

夫樂者，樂也，人情之所不能免也。樂必發於聲音，形於動静，人之道也。聲音動静，性術之變盡於此矣。注：「免，猶自止也。人道，人之所爲也。性術，言此出於性也。盡於此，不可過。」正義：「言内心歡樂，聲音發見，則嗟歎之，詠歌之，是也。形，見也。内心歡樂，發見於外貌，則不知手之舞之，足之蹈之也。是人道自然之常。」

故人不耐無樂，樂不耐無形。形而不爲道，不耐無亂。注：「形，聲音動静也。耐，古書能字也，後世變之，此獨存焉。古以能爲三台字。」正義：「歡樂既形於外，而不依道理，或歌舞不節，俾晝作夜，不能無淫亂之事，以至于亡國喪家也。」○耐，古能字。

先王耻其亂，故制雅、頌之聲以道之，使其聲足樂而不流，使其文足論而不息，使其曲直、繁瘠，廉肉、節奏足以感動人之善心而已矣，不使放心邪氣得接焉。是先王立樂之方也。注：「流，猶淫放也。文，篇辭也。息，猶銷也。曲直，歌之曲折也。繁瘠、廉肉，聲之鴻殺也。節奏，闋作進止所應也。

方，道也。」正義：「言先王制雅、頌之聲，作之有節，使人愛樂，不至流逸放蕩也。文，謂樂之篇章，足可談論義理，而不息止也。曲，謂聲音迴曲。直，謂聲音放直。繁，謂繁多。瘠，謂省約。廉，謂廉稜。肉，謂肥滿。節奏，謂或作或止，作則奏之，止則節之。言聲音隨分而作，以會其宜，足以感動善心而已。既節之以雅、頌，又調之以律呂，貌得其敬，心得其和，故放心邪氣不得接於情性矣。」惠氏棟曰：「荀子『瘠』作『省』。按省與眚通，『繁省』爲長。」王氏念孫曰：「曲與直對，繁與省對，廉與肉對。繁省，猶多少也。廉肉，猶肥瘠也。鄭注『繁瘠廉肉』，亦當作『繁省』。荀子樂論、史記樂書竝作『繁省』。樂書集解引鄭注亦作『繁省』。」○瘠，在亦反。肉，如又反。

是故樂在宗廟之中，君臣上下同聽之，則莫不和敬；在族長鄉里之中，王氏引之曰：「族長，皆鄉黨之屬。大司徒之職，『五家爲比』，『五比爲閭』，『四閭爲族』。管子乘馬篇：『五家而伍，十家而連，五連而暴，五暴而長，命之曰某鄉。』是百家爲族，二百五十家爲長也。故與『鄉里』並言。」長幼同聽之，則莫不和順；在閨門之内，父子兄弟同聽之，則莫不和親。故樂者審一以定和，比物以飾節，節奏合以成文，所以合和父子君臣，附親萬民也。是先王立樂之方也。注：「審一，審其人聲也。比物，謂雜金革土匏之屬也。以成文，五聲八音克諧相應和。」正義：「君臣主敬，鄉里主順，父子主親。人聲雖一，其感有殊。哀樂喜怒之感，當須詳審其聲，以定調和之曲；比八音之物，以飾音曲之節。節奏合以成文，謂奏作其樂，或節止其樂，使音聲和合，成其五聲之文。所以合和父子君臣者，則上文『和敬』『和親』是也。言親以及疏，言近以及遠，是親附萬民也。」○長，丁文反。

故聽其雅、頌之聲，志意得廣焉；執其干戚，習其俯仰詘伸，容貌得莊焉；行其綴兆，要其節奏，行列得正焉，進退得齊焉。故樂者天地之命，史記樂書作「天地之齊」。荀子樂論作「天下之大齊」。王氏念孫曰：「作齊者，是也。齊，同也。上文曰：『樂者爲同，禮者爲異。』又曰：『流而不息，合同而化，而樂興焉。』是樂爲天地之同也。荀子作『天下之大齊』，亦謂天下之大同也。紀與齊，皆是統同之義。」正義：「雅以施正道，頌以贊成功，若聽其聲，則淫邪不入，故志意得廣焉。干戚是威儀之容，俯仰詘伸，進退動止，必以禮，故容貌得莊焉。言舞者綴表兆域方正得所。節，謂曲節。奏，謂動作。依其綴兆，故行列得正；隨其節奏，故進退得齊。人感天地而生，又感陰陽之氣。樂感動於人，人感樂聲，自然敬愛也。」張守節曰：「雅、頌是發於聲音，執其干戚是形於動静。」陳晉之曰：「雅、頌之聲，詩之歌也。干戚，舞之器也。俯仰詘伸，舞之容也。綴兆，舞之位也。節奏，聲之飾也。言雅、頌，則風舉矣。言干戚，則羽籥舉矣。言俯仰詘伸，則舒疾舉矣。言綴兆，則遠短舉。言節奏，則文采舉矣。」中和之紀，人情之所不能免也。注：「綴，表也，所以表行列也。詩云：『荷戈與綴。』兆，域也，舞者進退所至也。要，猶會也。命，教也。紀，總要之名也。」○詘，丘勿反。行，户剛反。

夫樂者，先王之所以飾喜也；軍旅鈇鉞者，先王之所以飾怒也。故先王之喜怒皆得其儕焉。注：「儕，猶輩類。」一切經音義：「字林：『儕，等也。』」王氏引之曰：「儕，當讀爲齊。爾雅曰：『齊，中也。』小雅小宛傳曰：『齊，正也。』當喜而喜，當怒而怒，則得其中正矣。齊，正字。儕，借字。鄭據借字解爲輩類，失之。荀子樂論、史記樂書正作『齊』。」喜則天下和之，怒則暴亂者畏之。先王之道，禮樂可謂盛矣。注：「天子之於天下，喜怒節之以禮樂，則兆民和從而畏敬之。禮樂，王者所常興則盛也。」正義：「言樂以飾喜，非喜不樂，是喜得其儕。鈇鉞飾怒，非怒不可横施鈇鉞，是怒得其儕。上經但論樂，此兼云禮者，以此章總兼禮樂，故於章末結之。」○鈇，方夫反，又音甫。鉞，音越。儕，仕皆反。

子贛見師乙而問焉，曰：「賜聞聲歌各有宜也。如賜者，宜何歌也？」注：「子贛，孔子弟子。師，樂官也。乙，名。聲歌各有宜，氣順性也。」師乙曰：「乙，賤工也，何足以問所宜？請誦其所聞，而吾子自執焉。注：「樂人稱工。執，猶處也。」愛者宜歌商，温良而能斷者宜歌齊。夫歌者，直己而陳德也，動己而天地應焉，四時和焉，星辰理焉，萬物育焉。故商者，五帝之遺聲也。寬而靜，柔而正者宜歌頌；廣大而靜，疏達而信者，宜歌大雅；恭儉而好禮者，宜歌小雅；正直而靜，廉而謙者，宜歌風；肆直而慈愛，注：「此文換簡失其次，『寬而靜』宜在上，『愛者宜歌商』宜承此下行，讀云『肆直而慈愛者，宜歌商』。肆，正也。商，宋詩也。愛，或爲哀。直己而陳德，各因其德，歌所宜。育，生也。」商之遺聲也。商人識之，故謂之商。齊者，三代之遺聲也，齊人識之，故謂之齊。注云：「『商之遺聲也』衍字也，又誤。上所云『故商者，五帝之遺聲也』當居此衍字處也。」明乎商之音者，臨事而屢斷；明乎齊之音者，見利而讓。臨事而屢斷，勇也；見利而讓，義也。有勇有義，非歌孰能保此？注：「屢數也。數斷事，以其肆直也。見利而讓，以其温良能斷也。斷，猶決也。保，猶安也，知也。」故歌者，上如抗，下如隊，曲如折，止如槁木，倨中矩，句中鉤，纍纍乎端如貫珠。注：「言歌聲之著，動人心之審，如有此事。」説文：

「毌〔一〕，穿物持之也。貫，錢貝之貫也。」正義：「子貢見師乙，依別録是師乙之章。但此經倒錯失敍，今依鄭注所次，依史記樂書也。寬，謂德量寬大。静，謂安静。柔，謂和柔。正 謂正直。頌成功，德澤宏厚，若寬柔静正者，故宜歌頌。廣大，謂志意宏大而安静。疏達，謂疏朗通達而誠信。故宜歌大雅。恭，以禮自持。儉，以約自處。好禮守分，不能廣大疏通，故宜歌小雅。正直而不能包容，卑退不能好禮，其德狹劣，故宜歌諸侯之風。性情肆放質直，慈心愛養者，宜歌商。言五帝道大，故宜歌之。三代干戚所起，裁斷是非，故温良能斷者宜歌齊。夫歌者正直己身而敷陳其德，故有四事來應之。四時和，謂陰陽順也。星辰理，謂不悖逆也。萬物育，謂羣生得所也。臨危疑之事，數能斷割，是勇也。見利能讓，是義也。上如抗者，言歌聲上響，如似抗舉也。下如隊者，言音聲下響，如似隊落也。曲如折者，音聲迴曲，如似方折也。止如槁木，音聲止静，如似枯槁之木，止而不動也。倨中矩者，音聲雅曲，如中於矩也。句，謂大屈也，音聲屈曲，如中於鉤也。纍纍乎端如貫珠，端正其狀，如貫於珠。」方性夫曰：「抗，言聲之發揚。隊，言聲之重濁。曲，言其回轉而齊也。止，言其闋後而定也。倨則不動，不動者方之體，故中矩。句則不直，不直者曲之體，故中鉤。纍纍乎，聲相繫屬。端如貫珠，言其終始兩端相貫，而各有成也。」○贛，音貢。好，呼報反。屢，力住反。上，時掌反。抗，苦浪反。槁，古老反。倨，音据。中，竹仲反。句，紀具反。鉤，古侯反。纍，本作「累」，力追反。

故歌之爲言也，長言之也。說之，故言之；言之不足，故長言之；長言之不足，故嗟歎之；嗟歎之不足，故不知手之舞之，足之蹈之也。」注：「長言之，引其聲也。嗟歎，和續之也。不知手之舞

〔一〕「毌」，原誤「毋」，據說文毌部改。

之，足之蹈之，歎之至也。」○説，音悦。和，胡卧反。

子貢問樂。方性夫曰：「終言子貢問樂，蓋題上事，與文王世子言周公踐阼同義。」

禮記訓纂卷二十

雜記上第二十

正義：「鄭目録云：『名曰雜記者，以其雜記諸侯以下至士之喪事。此於別録屬喪服，分爲上下，義與曲禮、檀弓分別不殊也。』」

諸侯行而死於館，則其復如於其國；如於道，則升其乘車之左轂，以其綏復。注：「館，主國所致舍。復，招魂復魄也。如於其國，主國館賓，與使有之，得升屋招用褒衣也。如於道，道上廬宿也。升車左轂，象升屋東榮。綏，當爲緌，讀如『蕤賓』之蕤，字之誤也。緌，謂旌旗之旄也。去其旄而用之，異於生也。」正義：「此車以南面爲正，則左在東也。其五等之復，人數各如其命數。今轂上狹，崔氏云：『一人而已。』」

其輤有裧，緇布裳帷，素錦以爲屋而行。注：「輤，載柩將殯之車飾也。輤取名於櫬與蒨，讀如『蒨旆』之蒨。櫬，棺也。蒨，染赤色者也。將葬，載柩之車飾曰柳。裧，謂鼈甲邊緣。緇布裳帷，圍棺者也。裳帷用緇，則輤用赤矣。輤象宮室屋，其中小帳。櫬，覆棺者。若未大斂，其載尸而歸，車飾皆如之。」三禮圖曰：「在上曰帟，四旁及上曰帷，上下四旁悉周曰幄。」至於廟門，不毀牆，遂入，適所殯，唯輤爲説於廟門外。注：「廟，所殯宮。牆，裳帷也。適所殯，謂兩楹之間。去輤乃入廟門，以其入自有宮室也。毀，或爲徹。凡柩自外來者，正棺於兩楹之間，尸亦俟之於此，皆因殯焉。異者，柩入自闕，升自西階；尸入自門，升自阼階。其殯必於兩楹之間者，以其死不於室，而自外來，留之於中，不忍遠也。」○乘，繩證反。轂，工木反。綏，依注作「緌」，耳佳反。輤，千見反。裧，昌占反。説，吐奪反，本亦作「脱」，下同。

大夫士死於道，則升其乘車之左轂，以其綏復。如於館死，則其復如於家。注：「綏，亦緌也。大夫復於家，以玄冕，士以爵弁服。」大夫以布爲輤而行，至於家而説輤，載以輲車，入自門，至於阼階下而説車，舉自阼階，升適所殯。注：「大夫輤言用布，白布不染也。言輤者，達名也。不言『裳帷』，俱用布，無所别也。至門亦説輤乃入，言『載以輲車，入自門』，明車不易也。輲讀爲輇，或作摶。許氏説文解字曰：『有輻曰輪，無輻曰輇。』周禮又有蜃車，天子以載柩。蜃、輇聲相近，其制同乎？輇崇蓋半乘車之輪。諸侯言『不毁牆』，大夫士言『不易車』，互相明也。不易者，不易以輴也。廟中有載柩以輴之禮，此不耳。」士輤，葦席以爲屋，蒲席以爲裳帷。注：「言以葦席爲屋，則無素錦爲帳。」正義：「大夫無以他物爲屋之文，則是用素錦爲帳矣。案諸侯與大夫上有輤，旁有裳帷，内有素錦屋，今士不云屋上所有之物，葦席爲屋，則當覆上輤處，將蒲席爲裳帷，接屋之四邊以郭棺。或可大夫既有素錦爲帳，上有布輤，旁有布裳帷，則士之葦席屋之外，旁有蒲席裳帷，則屋上當以蒲席爲輤覆於上，但文不備也。」○輲，依注作「輇」及「摶」，同，市專反。葦，于鬼反。

凡訃於其君，曰：「君之臣某死。」注：「訃或皆作赴。赴，至也。臣死，其子使人至君所告之。」説文：「赴，趨也。」徐鉉曰：「春秋傳赴告用此字，今俗作訃，非是。」父、母、妻、長子，曰：「君之臣某之某死。」注：「此臣於其家喪所主者。」正義：「上某是生者臣名，下某是臣之親屬死者也。」

君訃於他國之君，曰：「寡君不禄，敢告於執事。」夫人，曰：「寡小君不禄。」大子之喪，曰：「寡君之適子某死。」注：「君夫人不稱薨，告他國君謙也。」正義：「鄭駁異義：『曲禮下曰：「壽考曰卒，短折曰不禄。」今君薨而云「不禄」者，言臣子於君父雖有考終眉壽，猶若其短折然。』」石渠議：「聞人通漢問云：『記曰：「君赴於他國之君曰不禄，夫人曰寡小君不禄。」大夫士或言「卒」「死」，皆不能明。』戴聖對曰：『君死未葬曰不禄，既葬曰薨。』又問：『尸服卒者之上服，士曰不禄。言卒何也？』聖又曰：『夫尸者所以象神也。其言卒而不言「不禄」者，通貴賤，尸之義也。』通漢對曰：『尸，象神也。故服其服。士曰「不禄」，諱辭也。孝子諱死曰卒。』」○訃，音赴。長，丁丈反。大，音泰。適，丁歷反。

大夫訃於同國，適者，曰：「某不禄。」訃於士，亦曰：「某不禄。」訃於他國之君，曰：「君之外臣寡大夫某死。」訃於適者，曰：「吾子之外私寡大夫某不禄，使某實。」訃於士，亦曰：「吾子之外私寡大夫某不禄，使某實。」注：「適，讀爲『匹敵』之敵，謂爵同者也。實，當爲至。此讀周、秦之人聲之誤也。」○適，依注音敵。實，依注音至。

士訃於同國大夫，曰：「某死。」訃於士，亦曰：「某死。」訃於他國之君，曰：「君之外臣某死。」訃於大夫，曰：「吾子之外私某死。」訃於士，亦曰：「吾子之外私某死。」

大夫次於公館以終喪，士練而歸，士次於公館。注：「公館，公宫之舍也。練而歸之士，謂邑宰也。練而猶處公館，朝廷之士也。唯大夫三年無歸也。」大夫居廬，士居堊室。注：「謂未練時也。士居堊室，亦謂邑宰也。朝廷之士亦居廬。」正義：「大夫位尊恩重，故居廬。邑宰爲君治邑，若久而不歸，卽廢其職事，故至小祥而反其所治邑也。若身爲大夫，雖位得采地，亦終喪乃歸也。熊氏云：『若天子，則大夫居廬，士居堊室，則雜記言是也。若諸侯，則朝廷大夫士皆居廬也。邑宰之士居堊室，宫正之注是也。』」江氏永曰：「竊疑古者方喪之禮，雖致其隆，居廬堊室，亦惟在朝之卿、大夫、士耳。邑宰有治民之責，初喪哭臨，後當還其本邑，豈可既練而歸，曠廢一年之事乎？文端公謂『士皆朝廷之士，既練而歸』，當矣。」

大夫爲其父、母、兄弟之未爲大夫者之喪服，如士服；士爲其父、母、兄弟之爲大夫者之喪服，如士服。注：「大夫雖尊，不以其服服父、母、兄弟，嫌若踰之也。士，謂大夫庶子爲士者也。己卑，又不敢服尊者之服。今大夫喪服禮逸，與士異者未得而備聞也。春秋傳曰：『齊晏桓子卒，晏嬰麤衰斬、苴、絰帶、杖、菅屨，食粥，居倚廬，寢苫枕草，其老曰：「非大夫之禮也。」曰：「惟卿爲大夫。」』此平仲之謙也。言己非大夫。故爲父服士服耳。」正義：「案聖證論王肅云：『喪禮自天子以下無等，故曾子曰：「哭泣之哀，齊斬之情，饘粥之食，自天子達。」平仲之言，謂諸侯之卿當天子之大夫，非謙辭也。春秋之時，尊者尚輕簡喪服，禮制遂壞。羣卿專政。晏子惡之，故服麤衰，枕草，於當時爲重，是以平仲遜辭以辟害也。又孟子云：「三年之喪，自天子達於庶人，三代共之。」又此記云：「端衰喪車皆無等。」家語云：「平仲不以己之是駁人之非。」遜辭以辟咎也。』張融評云：『士與大夫異者，皆是亂世尚輕涼，非王者之達禮。』如融之說，是周公制禮之時，則上下同，當喪制無等，至後世以來，士與大夫有異，故記者載之。」○爲，于僞反。

大夫之適子，服大夫之服。注：「仕至大夫，賢著而德成。適子得服其服，亦尊其適，象賢。」

大夫之庶子爲大夫，則爲其父母服大夫服，其位與未爲大夫者齒。注：「雖庶子，得服其服，尚德也。使齒於士，不可不宗適。」正義：「此庶子爲大夫，年雖長於適子，猶在適子之下，使適子爲主。」

士之子爲大夫，則其父母弗能主也，使其子主之，無子則爲之置後。注：「大夫之子，得用大夫之禮。而士不得也。置，猶立也。」正義：「所以然者，父貴可以及子，故大夫之子得用大夫之禮；子貴不可以及父，故其父不得用大夫之禮。」

大夫卜宅與葬日，有司麻衣、布衰、布帶，因喪屨，緇布冠不蕤，占者皮弁。注：「有司，卜人也。麻衣，白布深衣，而著衰焉，及布帶緇布冠。此服非純吉，亦非純凶也。皮弁，則純吉之尤者也。占者尊於有司，卜求吉，其服彌吉。大夫士朔服皮弁。」正義：「布衰，謂麤衰也。皇氏云：『以三升半布爲衰，長六寸，廣四寸，綴於衣前，當胸上；後又有負版，長一尺六寸，廣四寸。布帶，以布爲帶。因喪屨，謂因喪之繩屨。』」陸農師曰：「有司，羣吏有事者也。」

如筮，則筮史練冠、長衣以筮，占者朝服。注：「筮者，筮宅也。謂下大夫若士也。筮史，筮人也。長衣，深衣之純以素也。長衣練冠，純凶服也。朝服，純吉服也。大夫士日朝服以朝也。」○朝，直遥反。

大夫之喪，既薦馬，薦馬者哭踊，出，乃包奠，而讀書。注：「嫌與士異，記之也。既夕禮曰：『包牲取下體。』又曰：『主人之史請讀賵。』」趙氏良霨曰：「儀禮既夕奠馬之節凡三，其薦于祖奠、遣奠者不言『哭踊』，惟柩始朝廟設遷、祖奠之時乃言『馬入門，哭成踊』。此記哭踊，而即以包奠、讀書繼之，蓋明三薦俱哭也。又云『包奠』者，包牲以爲遣車也。讀書者，讀賵以告死者也。皆在薦馬之後，故此哭成踊者專爲馬也，非爲奠也。而或連下文『徹者入，踊如初』

之語以釋此『踊』，失之矣。」

大夫之喪，大宗人相，小宗人命龜，卜人作龜。注：「卜葬及日也。相，相主人禮也。命龜，告以所問事也。作龜，謂揚火灼之以出兆。」正義：「皇氏云：『大小二宗，並是其君之職，來爲喪事，如司徒旅歸四布，是也。故宗伯肆師云：『凡卿大夫之喪相其禮。』」劉恆軒曰：「大宗人或是都宗人，小宗人或是家宗人，掌都家之禮者。」江氏永曰：「大宗人若都、家宗人，君爲大夫立者也。小宗人，大夫之家臣也。周禮相卿大夫喪禮者肆師，非大小宗伯也。都宗人主都，家宗人主家，豈同來相大夫之喪乎？少牢禮大夫自有宗人，豈反不與命龜乎？疏與劉氏說皆未確。」○相，息亮反。

內子以鞠衣、褒衣、素沙。下大夫以襢衣，其餘如士。注：「此復所用衣也，當在『夫人狄稅素沙』下，爛脫失處，在此上耳。內子，卿之適妻也。春秋傳曰：『晉趙姬請逆叔隗於狄，趙衰以爲內子，而已下之。』是也。下大夫，謂下大夫之妻。襢，周禮作展。王后之服六，唯上公夫人亦有褘衣，侯伯夫人自褕狄而下，子男夫人自闕狄而下，卿妻自鞠衣而下，大夫妻自展衣而下，士妻稅衣而已。素沙，若今紗縠之帛也。六服皆袍制，不襌，以素紗裹之，如今袿、袍、襈重繒矣。褒衣者，始爲命婦，見加賜之衣也。其餘如士之妻，則亦用稅衣。」復，諸侯以褒衣、冕服、爵弁服。注：「復，招魂復魄也。冕服者，上公五，侯伯四，子男三。褒衣，亦始命爲諸侯，及朝覲見加賜之衣也。褒，猶進也。」正義：「此經爛脫，上下顛倒。如鄭所次，以此『諸侯褒衣』一經爲首，次以『夫人稅衣揄狄』之經，然後次『內子以鞠衣』之經。冕服者，上公自衮冕而下，故爲五。侯伯自鷩冕而下，故爲四。子男自毳冕而下，故爲三也。凡服各依其命數，則上公五，冕之外更加爵弁服以下皮弁冠弁之等而滿九。侯伯冕服之外，亦加爵弁以下而滿七。子男冕服之外，加爵弁皮弁而滿五。其褒衣，君特所褒賜，則宜在命數之外也。」夫人稅衣揄狄，狄稅素沙。注：「言其招魂用稅衣，上至揄狄也。狄稅素沙，言皆以白紗縠爲裏。」正義：「謂侯伯夫人也。」○鞠，九六反。襢，張戰反。稅，他換反，下放此。揄，音遥。

復西上。注：「北面而西上，陽長左也。復者多少，各如其命之數。」正義：「以招魂冀生氣之來，生氣爲陽。又北面言之，南方是陽，左在西方。」

大夫不揄絞屬於池下。注：「謂池飾也。揄，揄翟也。采青黄之間曰絞。屬，猶繫也。人君之柳，其池繫絞繒於下，而畫翟雉焉，名曰振容，又有銅魚在其間。大夫去振容，士去魚。此無『人君』及『士』，亦爛脱。」○絞，户交反。屬，音燭。

大夫附於士。士不附於大夫，附於大夫之昆弟，無昆弟則從其昭穆。雖王父母在亦然。注：「附，讀皆爲祔。大夫祔於士，不敢以己尊，自殊於其祖也。士不祔於大夫，自卑，别於尊者也。大夫之昆弟，謂爲士者也。從其昭穆，中一以上，祖又祖而已。祔者，祔於先死者。」正義：「大夫附於士，謂祖爲士，孫爲大夫，可以祔祭於祖之爲士者。士不附於大夫，謂祖爲大夫，孫爲士，不可祔祭於大夫，唯得祔於大夫之兄弟爲士者。無昆弟則從其昭穆，謂祔於高祖爲士者。若高祖爲大夫，則祔於高祖昆弟爲士者。雖王父母在亦然，謂孫死應祔於王父，王父見在亦祔於高祖也。」江氏永曰：「大夫三廟，適士二廟，不得有高祖，何得有高祖之祖？若拘於廟中附祭，此禮之所必窮者。竊意無廟而行祔祭者，當於壇中設位附之。鄭注祭法有『大夫鬼其百世』之説，下經『有父母之喪尚功衰，而附兄弟之殤』，孔疏亦有『立壇附小功兄弟之長殤於從祖』之説。或有引此經及小記『中一以上而祔』，謂大夫士皆得祭及高祖者，是未考乎壇鬼之説也。祭必於廟，禱則於壇，鬼則薦而不祭，祔則雖鬼猶可祭於壇。」○附，依注作「祔」，下同。

婦附於其夫之所附之妃，無妃則亦從其昭穆之妃。妾附於妾祖姑，無妾祖姑則亦從其昭穆之妾。注：「夫所祔之妃，於婦則祖姑。」正義：「無妃，謂無祖姑，則亦間一以上祔於高祖之妃。」

男子附於王父則配，女子附於王母則不配。注：「配，謂并祭王母；不配，則不祭王父也。有事於尊者，可以及卑。有事於卑者，不敢援尊。配與不配，祭饌如一，祝辭異，不言『以某妃配某氏』耳。女子，謂未嫁者也。嫁未三月而死，猶歸葬於女氏之黨。」

公子附於公子。注：「不敢戚君。」正義：「若公子之祖爲君，公子不敢祔之，祔於祖之兄弟爲公子者，不敢戚君故也。」

君薨，大子號稱子，待猶君也。注：「謂未踰年也。雖稱子，與諸侯朝會如君矣。春秋魯僖公九年夏，葵丘之會，宋襄公稱子而與諸侯序。待或爲侍。」正義：「公羊傳云：『君存稱世子，君薨稱子某，既葬稱子，踰年稱公。』宋襄公未葬，君當稱子某，而稱子者，鄭用左氏義。」

有三年之練冠，則以大功之麻易之，唯杖屨不易。注：「謂既練而遭大功之喪者也。練除首絰，要絰葛，又不如大功之麻重也。言練冠易麻，互言之也。唯杖屨不易，言其餘皆易也。屨不易者，練與大功俱用繩耳。」正義：「先師解此，凡有三義。案聖證論云：『范宣子之意，以母喪既練，遭降服大功，則易衰，以母既練衰八升，降服大功衰七升，故得易之。其餘則否。』賀瑒之意，以三等大功皆得易三年練衰，其三等大功衰，雖七升、八升、九升之布，有細於三年之練衰，以其新喪之重，故皆易之。皇氏云：「『庾氏說，唯謂降服大功衰得易三年之練，其餘七升、八升、九升之大功，則不得易三年之練。』今依庾說，此大功者，特據降服大功也。」趙氏良霨曰：「三年之喪既練，則久受之以葛帶矣。而以大功之麻易之者，以練除首絰，前喪之哀略殺，故暫爲之變服，迨後喪既葬，則反服其前喪之服也。經文槩言『三年』，未嘗別之爲父爲母。鄭注槩言『大功』，未嘗定之爲殤，固不如賀氏之說，謂三等大功皆得易之，重新喪也。」

有父母之喪尚功衰，而附兄弟之殤，則練冠附於殤，稱陽童某甫，不名神也。注：「此兄弟之殤，謂大功親以下之殤也。斬衰齊衰之喪練，皆受以大功之衰，此謂之功衰。以是時而祔大功親以下之殤。大功親以下之殤輕，不易服。冠而兄爲殤，謂同年者也。兄十九而死，己明年因喪而冠。陽童，謂庶殤也。宗子則曰陰童。童，未成人之稱也。某甫，且字也。尊神不名，爲之造字。」正義：「三年練後之衰，升數與大功同，故云『功衰』。今己有父母之喪，猶尚身著功衰。今兄弟有殤，在小功者當須附祭。若成人合服大功，若長殤小功，若成人小功親，其長殤則緦麻，皆得著此三年練冠，爲之祔祭。己是祖之適孫，若祔大功兄弟長殤，得在祖廟。若祔小功兄弟長殤，則是祖之兄弟之後。所以得祔者，己是曾祖之適，共小功兄弟同曾祖。今小功兄弟當祔於從祖之廟，其小功兄弟身及父是庶人，不合立祖廟。則曾祖適孫爲之立壇祔小功兄弟之長殤於從祖，立神而祭也。皇氏云：『小功兄弟爲士，從祖爲大夫，士不可祔於大夫，當祔於大功親以下。從祖爲士，故祔小功兄弟長殤於己祖廟。』義亦得通。」○衰，七雷反。冠，古亂反。

凡異居，始聞兄弟之喪，唯以哭對可也。注：「惻怛之痛，不以辭言爲禮也。」其始麻，散帶絰。

注：「與居家同也。凡喪，小斂而麻。」正義：「此謂大功以上兄弟，其初聞喪，始服麻之時，散垂要之帶絰。若小功以下服麻，則糾垂不散也。」未服麻而奔喪，及主人之未成絰也，疏者與主人皆成之，親者終其麻帶絰之日數。注：「疏者，謂小功以下也。親者，大功以上也。疏者及主人之節則用之，其不及，亦自用其日數。」正義：「疏者若其及主人之節，則與主人同成服，若不及主人之節，亦自用其依禮之日數。奔喪之後，三日而成服也。案奔喪禮聞喪則襲絰，至即絞帶，不散麻者，此經即來奔者，故散麻以見尸柩故也；彼謂奔喪來遲，故注云『不見尸柩不散帶』也。」○散，悉但反。

主妾之喪，則自祔，至於練祥，皆使其子主之。其殯祭不於正室。注：「祔自爲之者，以其祭於祖廟。」正義：「妾合祔於妾祖姑，無妾祖姑則祔於女君可也。庾蔚云：『妾祖姑無廟，爲壇祭之。』此謂攝女君。若不攝女君之妾，則不得爲主，別爲壇，不在祖廟中，而子自主之也。」江氏永曰：「鄭讀祔字爲句，以自爲己，愚竊疑之。凡經傳言『自某至於某』者，皆以自爲從『自十有二月不雨，至於秋七月』；『自天子以至於庶人』；『自恆山至於南河』；『自啓至於反哭』。此經『自祔至於練祥』，文勢正同。詳經文之意，蓋謂虞卒哭，夫主之；自祔以後，皆使其子主之也。虞卒哭，喪祭之初，親而哀之，故自主之。卒哭後，哀殺，故祔、練、祥皆子主也。」君不撫僕妾。注：「略於賤也。」

女君死，則妾爲女君之黨服；攝女君則不爲先女君之黨服。注：「妾於女君之親，若其親然。」虞喜曰：「此攝當爲相代攝，是謂繼室則妾之，後女君也。有後女君，則不復服先女君之黨者，以當服後女君之黨故也。」正義：「賀瑒云：『雖是徒從而抑妾，故爲女君黨服，防覬覦也。攝女君差尊，故不爲先女君之黨服也。』」○爲，于僞反。

聞兄弟之喪，大功以上，見喪者之鄉而哭。注：「奔喪節也。」正義：「奔喪禮云『齊衰，望鄉而哭。』此云『大功以上』者，盧云：『謂降服大功者也。』」適兄弟之送葬者弗及，遇主人於道，則遂之於墓。注：「言骨肉之親，不待主人也。」正義：「此兄弟通緦、小功也。適，往也，謂往送不及，孝子已還，此送葬之人不得隨孝子而歸，仍自獨往於墓也。」凡主兄弟之喪，雖疏亦虞之。注：「喪事虞祔乃畢。」正義：「此疏謂小功、緦麻，彼既無主，故緦、小功者亦爲之主虞祔之祭。」

凡喪服未畢，有弔者，則爲位而哭，拜踊。注：「客始來，主人不可以殺禮待之。」正義：「言凡者，五服悉然。」

大夫之哭大夫，弁絰；大夫與殯，亦弁絰。注：「弁絰者，大夫錫衰相弔之服也。如爵弁而素，加環絰，曰弁絰。」正義：「哭大夫弁絰者，此謂成服以後，大夫往弔，身著錫衰，首加弁絰。與殯亦弁絰者，謂未成服之前，故與殯之時，首亦加弁絰，其餘則異。故士喪禮注云『主人成服之後往，則錫衰，主人未成服，君亦不錫衰』，則著皮弁服也。若此主人未成服之前，身亦皮弁服而弁絰也。若主人未小斂之前，則吉服而往，不弁絰也。」○與，音預。

大夫有私喪之葛，則於其兄弟之輕喪則弁絰。注：「私喪，妻子之喪也。輕喪，緦麻也。大夫降焉，弔服而往，不以私喪之末臨兄弟。」正義：「葛，謂卒哭以葛代麻之後，輕喪亦著弔服，弁絰而往。若成服之後，則錫衰。未成服之前身著素裳，而首服弁絰也。大夫降一等，雖不服以骨肉之親，不可以妻子之末服而往哭之。」

爲長子杖，則其子不以杖卽位。注：「辟尊者。」正義：「其子，長子之子。祖在不厭孫，其孫得杖，但與祖同處，不得以杖即位。」爲妻，父母在，不杖，不稽顙。注：「尊者在，不敢盡禮於私喪也。」正義：「案喪服云大夫爲適婦爲喪主，故父在不敢爲婦杖。若父沒母在，雖得杖而不得稽顙。以『杖』與『稽顙』文連，不杖屬於父在，不稽顙屬母在。」陸農師曰：「適子爲妻如此，則庶子父雖在，以杖即位可也。」母在，不稽顙；稽顙者，其贈也拜。注：「言獨母在，於贈拜得稽顙；則父在，贈拜不得稽顙。」正義：「不稽顙，爲妻子尋常拜賓之法。其稽顙者，他人以物來贈己，其恩既重，謝之時爲拜得稽顙，故曰『其贈也拜』。」○稽，徐音啓。顙，桑黨反。

違諸侯，之大夫，不反服；違大夫，之諸侯，不反服。注：「其君尊卑異也。違，猶去也。去諸侯，仕諸侯。去大夫，仕大夫。乃得爲舊君服。」正義：「去諸侯，謂不便其君及辟仇也。之，往也。」

喪冠條屬，以別吉凶。三年之練冠，亦條屬，右縫。注：「別吉凶者，吉冠不條屬也。條屬者，通屈一條繩，若布爲武，垂下爲纓，屬之冠，象太古，喪事略也。吉冠則纓武異材焉。右縫者，右辟而縫之。」正義：「三年練冠，小祥之冠也。吉冠，則襵上辟縫向左，左爲陽，陽，吉也。凶冠縫向右，右爲陰，陰，喪所尚也。過小祥猶條屬，故縫猶嚮右也。」小功以下左，注：「左辟，象吉，輕也。」江氏永曰：「按喪冠右縫左縫皆縮縫也。吉冠則横縫，不爲左右辟。小功以下左，象他事吉尚左耳。疏謂『同吉，似吉冠縫嚮左』，誤矣。」緦冠繰纓，注：「繰，當爲『澡麻帶絰』之澡，聲之誤也。謂有事其布以爲纓。」正義：「謂縷布俱治。」大功以上散帶。注：「小功、緦輕，初而絞之。」正義：「小斂之後，主人拜賓襲絰於序東。小功以下皆絞之，大功以上散此帶垂，不忍即成之，至成服乃絞。」○縫，音逢，又扶用反。繰，音早。

朝服十五升，去其半而緦，加灰錫也。注：「緦精麤與朝服同。去其半，則六百縷而疏也。又無事其布，不灰焉。」釋名：「錫，易也。治其麻，使滑易也。」正義：「朝服精細，全用十五升布爲之。緦麻於朝服十五升布之內，抽去其半，以七升半用爲緦麻服之衰服也。鄭注喪服云：『去其半而緦如絲』是也。加灰治之，則曰錫，言錫然滑易也。」江氏永曰：「有事其縷，無事其布，曰緦，喪服傳有明文。弔服之緦衰，亦即用此緦布，故司服注：『鄭司農云：「緦布十五升去其半，有事其縷，無事其布。」』」

諸侯相襚，以後路與冕服，先路與褒衣不以襚。注：「不以己之正者施於人，以彼不以爲正也。後路，貳車，行在後也。」正義：「襚，謂以物送死用也。後路，謂上路之後次路也。冕服，謂上冕之後次冕也。」○襚，音遂。

遣車視牢具，注：「言車多少各如所包遣奠牲體之數也。然則遣車載所包遣奠而藏之者與？遣奠，天子大牢，包九个；諸侯亦大牢，包七个；大夫亦大牢，包五个；士少牢，包三个。大夫以上，乃有遣車。」正義：「遣車，送葬載牲體之車也。牢具，遣奠所包牲牢之體，貴賤各有數也。」檀弓疏引服虔注左傳云「上公饔餼九牢，遣車九乘」，與此異也。賈公彥曰：「士無遣車，則所包者不在於車，直持之而已。」疏布輤，四面有章，置於四隅。注：「輤，其蓋也。四面皆有章蔽，以隱翳牢肉。四隅，椁中之四隅。」正義：「以麤布爲上蓋，四面有物章之，入壙置於椁之四隅。」載粻，有子曰：「非禮也。喪奠，脯醢而已。」注：「粻，米糧也。遣奠本無黍稷。」正義：「既夕藏筲者，謂遣奠之外，別有黍稷麥。」○遣，弃戰反。章，本或作「障」，音同。粻，陟良反。

祭稱孝子孝孫，喪稱哀子哀孫。正義：「祭，吉祭也，卒哭以後之祭也。吉則申孝子心，故祝辭曰『孝』也。喪稱哀子哀孫，謂自虞以前祭也。喪則痛慕未申，故稱『哀』也。故士虞禮稱『哀子』，卒哭乃稱『孝子』也。」

端衰、喪車，皆無等。注：「喪車，惡車也。喪者衣衰及所乘之車，貴賤同，孝子於親一也。衣衰言端者，玄端吉時常服，喪之衣衰當如之。」正義：「端衰，謂喪服上衣，以其綴六寸之衰於心前，故衣亦曰衰。端，正也。案喪服記『袂二尺二寸，袪尺一寸』，其制正幅，故云端。既夕禮云：『主人乘惡車。』鄭云：『王喪之木車。』案鄭注巾車『喪車』，凡五等：『木車，始遭喪所乘』；『素車，卒哭所乘』；『藻車，既練所乘』；『駹車，大祥所乘』；『漆車，禫所乘』。等，等差也。言喪之衣衰及惡車，天子至士制度同，無貴賤等差也。」

大白冠，緇布之冠，皆不蕤。委武玄縞而後蕤。注：「不蕤，質無飾也。大白冠，大古之布冠也。委武，冠卷也。秦人曰委，齊東曰武。玄，玄冠也。縞，縞冠也。」正義：「大白者，古之白布冠也。緇布冠，黑布冠也。此緇布冠，謂大夫士之冠，故不蕤。諸侯緇布冠則蕤。玉藻云『緇布冠繢緌，諸侯之冠』是也。大祥縞冠，亦有蕤。前既云『練冠亦條屬右縫』，則知縞不條屬，既別安卷，灼然有蕤也。」江氏永曰：「大白、緇布之冠皆用布，故不以蕤爲飾。玄冠用黑繒，縞冠用絹，故皆以蕤爲飾。注云『不蕤，質無飾』，可知文者乃有飾。用繒用絹皆文，故有飾也。疏不善隅反，徒求之於別安冠卷，則大白、緇布冠何嘗不別安冠卷乎？」○縞，古老反。

大夫冕而祭於公，弁而祭於己；士弁而祭於公，冠而祭於己。注：「弁，爵弁也。冠，玄冠也。祭於公，助君祭也。大夫爵弁而祭於己，唯孤爾。」正義：「冕，絺冕也。助祭爲尊，故服絺冕。自祭爲卑，故服爵弁。崔云：『孤不悉絺冕，若王者之後及魯之孤，則助祭用絺。若方伯之孤，助祭則玄冕，以其君玄冕自祭，不可踰之也。』士以爵弁爲上，故用助祭也。自祭不敢同助君之服，故用玄冠也。」士弁而親迎，然則士弁而祭於己可也。注：「緣類，欲許之也。親迎雖亦己之事，攝盛服爾，非常也。」正義：「親迎輕於祭，尚用爵弁。則士亦當用爵弁自祭於己廟可也。所以親迎攝盛服者，親迎一時，故許其攝盛服，祭祀常所供養，故須依其班序。」○迎，魚敬反。

暢，臼以椈，杵以梧。注：「所以擣鬱也。椈，柏也。」正義：「梧，桐也。用柏臼桐杵，爲柏香，桐絜白，於神爲宜。」枇以桑，長三尺，或曰五尺。注：「枇，所以載牲體者。此謂喪祭也。吉祭枇用棘。」正義：「枇者，所以載牲體，從鑊以枇升入於鼎，從鼎以枇載之於俎。」聶氏三禮圖曰：「舊圖疏匕，亦形如飯橾，以棘爲之，長二尺四寸，葉長八寸，博三寸，其柄葉通疏，皆丹漆之。案『挑匕』注云『此亦淺升，爲之通疏其葉』，似失之矣。舊圖挑匕，漆柄末及淺升中皆朱，柄葉長短廣狹與疏匕同。」畢用桑，長三尺，刊其柄與末。注：「畢所以助主人載者。刊，猶削也。」三禮圖云：「畢似天畢，以載牲體。」聶氏圖曰：「舊圖葉博三寸，中鏤去一寸，柄長二尺四寸，漆其柄末及兩葉皆朱。臣崇義按畢、枇二制，禮有明文。喪祭用桑，取其同名，表有哀素。吉祭用棘，取其赤心。若皆漆而丹之，則亡哀素之情，弃赤心之敬，既無所法，實謂不經。」○臼，其究反。椈，弓六反。杵，昌呂反。枇，音匕，本亦作「朼」，音同。刊，苦干反。柄，兵命反。

率帶，諸侯大夫皆五采，士二采。注：「此謂襲尸之大帶。率，繂也。繂之，不加箴功。大夫以上，更飾以五采，士以朱緑。襲事成於帶，變之所以異於生。」正義：「此天子之士也，諸侯之士則緇帶，故士喪禮『緇帶』。」○率，音律。

醴者，稻醴也。甕、甒、筲、衡，實見間，而后折入。注：「此謂葬時藏物也。衡，當爲桁，所以庪甕甒之屬，聲之誤也。實見間，藏於見外椁内也。折，承席也。」釋文：「甕，盛醯醢之器。甒，瓦器。筲，竹器。衡，庪也。見，棺衣也。折，形如牀，無足也。」正義：「甒者盛醴酒，筲者盛黍稷。衡者以大木爲桁，置於地，所以庪舉於甕甒之屬。見，謂棺外之飾。折，謂椁上承席。實物椁内既畢，然後以此承席加於椁上。案既夕禮『乃窆』，『藏器於旁，加見』，注云：『器，用器役器也。見，棺飾也。先言「藏器」，乃云「加見」者，器在見内也。既夕禮又云『藏苞筲於旁』，注云：『於旁者，在見外也。』此是士禮略，實明器耳，大夫以上兼有人器明器也。人器實，明器虚。案既夕禮注云：『折，猶庪也。方鑿連木爲之。蓋如牀而縮者三，横者五，無簀。窆事畢，加之壙上，以承抗席。』是也。」賈氏儀禮疏曰：「『見，棺飾也』，飾則帷荒。以帷荒加於柩，柩不復見，惟見此帷荒，故名帷荒爲見。」○甕，於貢反。甒，音武。筲，所交反。衡，依注作「桁」，户剛反，徐户庚反。見，音「間厠」之間。

重，既虞而埋之。注：「就所倚處埋之。」正義：「按既夕禮初啓朝禰廟，重止於門外之西，不入。明日自禰廟隨至祖廟庭，厥明將出之時，『重出自道，道左倚之』。鄭云：『王位。』此注『就所倚處埋之』，謂於祖廟門外之東也。」○重，直龍反。

凡婦人，從其夫之爵位。注：「婦人無專制，生死事以夫爲尊卑。」

小斂、大斂、啓，皆辯拜。注：「嫌當事來者終不拜，故明之也。此既事皆拜。」正義：「禮當大斂小斂啓攢之時，唯有君來則止事而出拜之。若他賓客至，則不止事，事竟，乃即堂下之位，悉徧拜。若士當事，而大夫至，則士亦爲大夫出。故雜記下云『當袒，大夫至，雖當踊，絶踊而拜之』，是也。」○辯，音遍。

朝夕哭不帷，注：「緣孝子心欲見殯肂也。既出則施其扂，鬼神尚幽闇也。」正義：「按士喪禮『君使人弔，徹帷』，鄭云『徹帷，扆之，事畢則下之』，則扆是褰舉之名。初哭則褰舉，事畢則施下之。」無柩者不帷。注：「謂既葬也。棺柩已去，鬼神在室，堂無事焉，遂去帷。」

君若載而后弔之，則主人東面而拜，門右北面而踊，出待，反而后奠。注：「主人拜踊於賓位，不敢迫君也。君卽位車東，出待，不必君留也。君反之使奠。」正義：「門，謂祖廟門也。右，西邊也。若門外來，則右在東；若門內出，右在西。出待者，君來則出門拜迎，君去則出門拜送也。今君入臨弔，事竟便應去，不敢必君之久留，故孝子先出待君。反，謂君使人命孝子反還喪所也。而后奠者，凡君來必設奠，告柩知之也。或云：此謂在廟載柩車時也。奠，謂反設祖奠也。」

子羔之襲也，繭衣裳與稅衣、纁袡爲一，素端一，皮弁一，爵弁一，玄冕一。曾子曰：「不襲婦服。」注：「繭衣裳者，若今大褟也。纊爲繭，縕爲袍，表之以稅衣，乃爲一稱爾。稅衣，若玄端而連衣裳者也。大夫而以纁爲之緣，非也。唯婦人纁袡。禮以冠名服，此襲其服，非襲其冠。曾子譏襲婦服而已。玄冕又大夫服，未聞子羔曷爲襲之。玄冕或爲『玄冠』，或爲『玄端』。」說文：「纁，淺絳也。」正義：「此明大夫死者襲衣稱數也。繭衣裳者，謂衣裳相連而綿纊著之也。稅，黑衣也。若玄端而連衣裳也。纁，絳也。袡，裳下緣襈也。以絳爲緣。繭衣既褻，故用稅衣表之，合爲一稱。素端一者，第二稱。盧云：『布上素下皮弁服。』賀瑒云：『以素爲衣裳也。』皮弁一，第三稱，十五升白布爲衣，積素爲裳也。爵弁一，第四稱，玄衣纁裳也。玄冕一，第五稱，大夫之上服也。」江氏永曰：「士喪禮『陳襲事』，『褖衣』，注云：『黑衣裳，赤緣之，謂之褖。褖之言緣也，所以表袍者也。』然則稅衣當用赤緣。赤深纁淺，子羔之家誤以纁代赤，而不知其近於婦人始嫁之衣，故曾子譏其襲婦服。」○繭，古典反。稅，他喚反。纁，許云反。衻，字又作「衵」，而占反。

爲君使而死，公館復，私館不復。公館者，公宫與公所爲也。私館者，自卿大夫以下之家也。注：「公所爲，君所作離宫別館也。」

公七踊，大夫五踊，婦人居間；士三踊，婦人皆居間。注：「公，君也。始死及小斂大斂而踊，君、大夫、士一也，則皆三踊矣。君五日而殯，大夫三日而殯，士二日而殯。士小斂之朝不踊，君大夫大斂之朝乃不踊。婦人居間者，踊必拾。主人踊，婦人踊，賓乃踊。」正義：「諸侯五日而殯，合死日六日。七踊者，始死一踊，明日襲一踊，明日朝又明日小斂朝一踊，爲四。其日晚小斂時又一踊，爲五。明日朝又踊，爲六。明日大斂之朝不踊，大斂時乃踊，凡七也。大夫三日殯，合死日爲四日。始死一，明日襲朝一，明日小斂日再，又明日大斂，凡五也。士三者，士二日殯，合死日數也。始死一，小斂一，大斂一，凡三也。婦人居間者，與丈夫更踊，居賓主之中間也。」

公襲：卷衣一，玄端一，朝服一，素積一，纁裳一，爵弁二，玄冕一，褒衣一，朱綠帶，申加大帶於上。注：「朱綠帶者，襲衣之帶。飾之雜以朱綠，異於生也。此帶亦以素爲之。申，重也，重於革帶也。革帶以佩韍，必言『重加大帶』者，明雖有變，必備此二帶也。士襲三稱，子羔襲五稱，今公襲九稱，則尊卑襲數不同矣。諸侯七稱，天子十二稱與？」正義：「『玄端一』者，賀云：『燕居之服，玄端朱裳也。』朝服者，緇衣素裳，公日視朝之服也。素積者，皮弁之服，公視朔之服也。纁裳者，賀云：『冕服之裳也。亦可驚毳，任取中間一服也。』爵弁二者，玄衣纁裳，始命之服，示之重本，故二通也。褒衣一者，所加賜之衣，最上，華君賜也。自『卷衣』至此，合爵弁二通，九稱。朱綠帶者，諸侯襲尸，除五采之大帶外，別有此帶結束之。重加大帶於革帶之上者，象生時大帶也。士則二采，諸侯大夫皆五采飾之。」○卷，音衮。

小斂環絰，公、大夫、士一也。注：「環絰者，一股，所謂纏絰也。士素委貌，大夫以上素爵弁，而加此絰焉，散帶。」正義：「親始死，孝子去冠，至小斂，不可無飾，貴賤悉得加環絰，故云『一也』。」

公視大斂，公升，商祝鋪席，乃斂。注：「喪大記曰：『大夫之喪將大斂，既鋪絞、紟、衾，君至。』此君升乃鋪席，則君至爲之改始，新之也。」正義：「此臣喪大斂，君來至之前，主人雖已鋪席，布絞、紟、衾，聞君將至，則主人徹去之。君至升堂，而商祝更鋪席，待君至乃斂也。所以然者，重榮君來，爲新之也。」○鋪，普胡反。

魯人之贈也，三玄二纁，廣尺，長終幅。注：「言失之也。士喪禮下篇曰：『贈用制幣，玄纁束帛。』」正義：「贈，謂以物送亡人於椁中也。今魯人雖三玄二纁，而用廣尺長終幅，不復丈八尺，則失禮也。」○廣，古曠反。長，直亮反。

弔者即位于門西，東面。其介在其東南，北面，西上，西於門。注：「賓立門外，不當門。」主孤西面。注：「立於阼階下。」相者受命曰：「孤某使某請事。」客曰：「寡君使某，如何不淑！」注：「受命，受主人命以出也。不言擯者，喪無接賓也。淑，善也。如何不善，言君痛之甚，使某弔。」江氏永曰：「魯弔宋大水，曰：『若之何不弔！』此『如何不淑』，言如何遭此不善也。注未確。」相者入告，出曰：「孤某須矣。」注：「稱其君名者，君薨稱『子某』，使人知適嗣也。須矣，不出迎也。」釋詁：「頞，待也。頞、須同。」弔者入，主人升堂，西面。弔者升自西階，東面，致命曰：「寡君聞君之喪，寡君使某，如何不淑！」子拜稽顙，弔者降反位。注：「子，孤子也。降反位者，出反門外位。無出字，脫。」正義：「以凶事異於吉，故介在東南，北面西上，以使在門西故也。相者，相主人傳命者也。主人升堂，謂從阼階升也。下文『孤降自阼階，拜之』，明升亦阼階也。曲禮云『升降不由阼階』，或平常無賓時也。」○相，息亮反。

含者執璧將命，曰：「寡君使某含。」相者入告，出曰：「孤某須矣。」注：「含玉爲璧制，其分寸大小未聞。」含者入，升堂致命，子拜稽顙。含者坐委于殯東南，有葦席，既葬蒲席。降，出反位。注：「言『降，出反位』，則是介也。春秋有既葬，『歸含、賵、襚』，無譏焉。皆受之於殯宮。」宰夫朝服，即喪屨，升自西階，西面坐取璧，降自西階，以東。注：「朝服，告鄰國之禮也。即，就也。以東，藏於內也。」正義：「朝服者，吉服也。以鄰國執玉而來，執玉不麻，故著朝服。以仍在喪，不可純吉，故即喪屨也。」江氏永曰：「諸侯相弔而歸含、賵、襚，邦交之禮也，固非欲其周事之用也。諸侯五日而殯，此赴彼來，近者亦數百里，豈能及其含斂之日用其衣物哉？故此經明言『既葬蒲席』，見早晚皆可也。」○含，本又作「哈」，說文作「琀」，同，胡闇反，下同。

襚者曰：「寡君使某襚。」相者入告，出曰：「孤某須矣。」襚者執冕服，左執領，右執要，入，升堂致命曰：「寡君使某襚。」子拜稽顙，委衣于殯東。注：「亦於席上所委璧之北，順其上下。」襚者降，受爵弁服于門內霤，將命，子拜稽顙如初。受皮弁服于中庭，自西階受朝服，自堂受玄端，將命，子拜稽顙，皆如初。襚者降，出，反位。注：「授襚者以服者賈人。」宰夫五人舉以東，降自西階，其舉亦西面。注：「亦西面者，亦襚者委衣時。」正義：「經文先含而後襚，則含重而襚輕。所委殯東，西面，南頭爲上。其服重者，使執而入，爵弁受於内霤，皮弁受於中庭，朝服受於西階，玄端受於堂。既受處不同，則陳於璧北亦重者在南。」○霤，力救反。

上介賵，執圭將命，曰：「寡君使某賵。」相者入告，反命曰：「孤某須矣。」陳乘黄大路於中庭，北輈，執圭將命。客使自下由路西，子拜稽顙，坐委于殯東南隅，宰舉以東。注：「輈，轅也。自，率也。下，謂馬也，馬在路之下。覲禮曰：『路下四亞之。』客給使者入設乘黄於大路之西，客入則致命矣。使，或爲史。」正義：「乘黄，謂馬也。大路，謂車也。客使，謂使客之從者也。陳路北轅既竟，賵客執圭升堂致命。而客之從者，牽馬設在車之西也。凡賵，隱元年公羊傳云：『賵者蓋以馬，以乘馬、束帛、車馬曰賵。貨財曰賻，衣被曰襚。』穀梁云：『乘馬曰賵，衣衾曰襚，貝玉曰含，錢財曰賻。』案釋廢疾云：『天子於諸侯，含衣賵之；諸侯於卿大夫，如天子於諸侯。諸侯於士，如天子於諸侯臣，襚之賵之。天子於二王後，含爲先，襚則次之，賵爲後；諸侯相於，如天子於二王後。』」○賵，芳鳳反。輈，竹由反。

凡將命，鄉殯將命，子拜稽顙，西面而坐委之。宰舉璧與圭，宰夫舉襚，升自西階，西面坐取之，降自西階。注：「凡者，説不見者也。鄉殯將命，則將命時立於殯之西南。宰夫，宰之佐也。此言宰『舉璧與圭』，則上『宰夫朝服』衍夫字。」正義：「升自西階者，謂宰與宰夫欲舉時升自西階，不敢當主孤之位，來鄉殯東席東，西鄉坐取之，降自西階也。」賵者出，反位于門外。注：「乃著言『門外』，明禮畢將更有事。」○鄉，許亮反。

上客臨，曰：「寡君有宗廟之事，不得承事，使一介老某相執綍。」注：「上客，弔者也。臨，視也，言欲人視喪所不足而給助之，謙也，其實爲哭耳。」相者反命，曰：「孤某須矣。」臨者入門右，介者皆從之，立於其左，東上。注：「入門右，不自同於賓客。」宗人納賓，升，受命于君。降曰：「孤敢辭吾子之辱，請吾子之復位。」客對曰：「寡君命，某毋敢視賓客，敢辭。」宗人反命曰：「孤敢固辭吾子之辱，請吾子之復位。」客對曰：「寡君命，某毋敢視賓客，敢固辭。」宗人反命曰：「孤敢固辭吾子之辱，請吾子之復位。」客對曰：「寡君命，使臣某毋敢視賓客，是以敢固辭。固辭不獲命，敢不敬從。」注：「賓三辭而稱『使臣』，爲恭也。爲恭者，將從其命。」客立于門西，介立于其左，東上。孤降自阼階，拜之，升，哭，與客拾踊三。注：「拜客，謝其厚意。」客出，送于門外，拜稽顙。注：「不迎而送，喪無接賓之禮。」正義：「某者，上客名也。相，助也。左傳昭三十年云：『君之喪，士弔，大夫會葬。』文、襄之霸，君喪，大夫弔，卿會葬。此上客者，若於古禮，士也；若於文、襄，則大夫也。前四禮，客皆在門西，此臨在門東者，前四禮皆是奉君命而行，如聘禮聘之與享也。此臨是私禮，若聘禮私覿，故在門東。」○綍，音弗。拾，其刼反。

其國有君喪，不敢受弔。注：「辟其痛傷己之親如君。」正義：「以義斷恩，哀痛主於君，不私於親也。」外宗房中南面，小臣鋪席，商祝鋪絞、紟、衾，士盥于盤北，舉遷尸於斂上。卒斂，宰告，子馮之踊，夫人東面坐馮之，興踊。注：「此喪大記脱字，重著於是。」○盥，音管。斂，力劒反。馮，皮冰反，本或作「憑」。

士喪有與天子同者三：其終夜燎，及乘人，專道而行。注：「乘人，謂使人執引也。專道，人辟之。」

正義:「終夜燎,一也。及乘人,二也。專道而行,三也。既夕禮云『屬引』,鄭注:『古者人引柩。』專道行,謂喪在路不辟人也。」○燎,力召反。乘,繩證反。

禮記訓纂卷二十一

雜記第二十一

有父之喪，如未没喪而母死，其除父之喪也，服其除服，卒事，反喪服。注：「没，猶竟也。除服，謂祥祭之服也。卒事，既祭。反喪服，服後死者之服。」正義：「若母喪未葬，而值父二祥，則不得服其祥服也。所以爾者，二祥之祭爲吉，未葬爲凶，故不忍凶時行吉禮也。」雖諸父昆弟之喪，如當父母之喪，其除諸父昆弟之喪也，皆服其除喪之服，卒事，反喪服。注：「雖有親之大喪，猶爲輕服者，除，骨肉之恩也。唯君之喪不除私服。言當者，期、大功之喪，或終始皆在三年之中，小功、緦麻則不除，殤長、中乃除。」正義：「此亦謂重喪葬後之時也。既始末在重喪中，則其除自在重喪之葬後也。上文爲父祥，尚待母葬後乃除，則輕親可知也。云『小功、緦麻則不除』者，按服問云『緦之麻不變小功之葛，小功之麻不變大功之葛』，故知有大功以上之服，不得爲小功、緦麻除服也。云『殤長、中乃除』者，以服問云『殤長、中變三年之葛』，明在大功以上，服中爲殤長、中著服，而又爲之除也。」如三年之喪，則既潁，其練祥皆行。注：「言今之喪既服潁，乃爲前三年者變除，而練祥祭也。此主謂先有父母之服，今又喪長子者。其先有長子之服，今又喪父母，其禮亦然。然則言『未没喪』者，已練祥矣。潁，草名。無葛之鄉，去麻則用潁。」正義：「依禮，父在不爲長子三年，今云『先有長子之服，今又喪父母』者，庾氏、熊氏並云：『有「父」者誤也。當云「今又喪母」，不得并稱「父」也。』庾氏又云：『後喪既顈，前喪練祥皆行，若後喪既殯，得爲前喪虞祔。』未知然否？」○顈，口迥反。王父死，未練祥而孫又死，猶是附於王父也。注：「未練祥，嫌未袷祭序於昭穆爾。王父既附，則孫可附焉。猶，當爲由。由，用也。附，皆當作祔。」正義：「孫死祔祖，今此明若祖喪雖未二祥而孫死，則孫亦得用是祔禮祔於祖也。」金氏榜曰：「古者三年喪畢，然後祭於廟。此未練祥而祔於王父，則於殯宫祔。」○附，義作祔，出注。

有殯，聞外喪，哭之他室，注：「明所哭者異也。哭之爲位。」正義：「有殯，謂父母喪未葬，喪柩在殯宫者也。外喪，謂兄弟喪在遠者也。他室，别室也。」王瓚曰：「哭他室者，爲外兄弟。明當先哭乃行耳。異國則不往也。」入奠，卒奠出，改服卽位，如始卽位之禮。注：「謂後日之哭，朝入奠於其殯，既乃更卽位就他室，如始哭之時。」正義：「入奠者，謂明日之朝，著己重喪之服，入奠殯宫及下室。卒奠而出，改己喪服，著新死未成服之服，卽昨日他室之位。」江氏永曰：「外喪在遠得聞，已在成服之後，而猶服未成服之服者，謂如奔喪禮『免絰卽位』，『三日五哭』，而後成服也。」

大夫士將與祭於公，既視濯而父母死，則猶是與祭也。胡邦衡曰：「猶是，言自若也。」次於異宫，既祭，釋服，出公門外，哭而歸；其它如奔喪之禮。如未視濯，則使人告，告者反而后哭。注：「猶，亦當爲由。次於異宫，不可以吉與凶同處也。使者反而后哭，不敢專己於君命也。」如諸父、昆弟、姑、姊妹之喪，則既宿則與祭，卒事，出公門，釋服而后歸；其它如奔喪之禮。如同宫，則次于異宫。注：「宿則與祭，出門乃解祭服，皆爲差緩也。」正義：「謂祭前三日，將致齊之時，既受宿戒，雖有期喪，則與公家之祭。若同宮而死，則既宿之後，出次異宮，不可以吉凶雜處故也。」○與，音預，下同。濯，大角反。

曾子問曰：「卿大夫將爲尸於公，受宿矣。而有齊衰內喪，則如之何？」孔子曰：「出舍乎公宮以待事，禮也。」注：「尸重受宿，則不得哭內喪同宮也。」正義：「今此齊衰內喪，亦謂諸父、昆弟、姑、姊妹也。但尸尊，故出舍公之公館，以待君之祭事，不在己之異宮耳。」孔子曰：「尸弁冕而出，卿、大夫、士皆下之。尸必式，必有前驅。」注：「冕兼言弁者，君之尸或服士大夫之服也。諸臣見尸而下車，敬也。尸式以禮。」

父母之喪，將祭而昆弟死，既殯而祭。如同宮，則雖臣妾，葬而后祭。祭，主人之升降散等，執事者亦散等；雖虞祔亦然。注：「將祭，謂練祥也。言若同宮，則是昆弟異宮也。古者昆弟異居同財。有父母之喪，當在殯宮，而在異宮者，疾病或歸者。主人，適子。散等，栗階。爲新喪略威儀。」正義：「喪服傳云：『有死於宮中者，則爲之三月不舉祭。』庾氏云：『小祥之祭，已涉於吉。尸柩至凶，故不可以相干，其虞祔則得爲之矣。若喪柩即去者，則亦祭，不待於三月可知矣。』祭，謂二祥祭。散，栗也。等，階也。祥祭宜涉級，爲有兄弟喪，故少威儀，作散等也。執事者，助執祭者。燕禮記云『栗階不過二等』，注云：『其始升猶聚足連步，越二等，左右足各一發而升堂。』以此知散等、栗階是一也。」王氏懋竑曰：「曾子問『緦不祭』，熊氏謂『身有緦服，則不得自爲父母虞、祔、卒哭祭。此謂同宮緦，則士爲妾有子，大夫爲貴妾也』。據此，則士大夫乃以妾之緦服而廢父母虞、祔、卒哭之祭，此悖禮之甚者。按熊氏是誤解雜記。雜記云：『父母之喪，將祭而昆弟死，既殯而祭。如同宮，則雖臣妾，葬而后祭。雖虞祔亦然。』鄭注：『將祭，謂練祥也。』孔疏：『祥祭已涉於吉，尸柩至凶，不可相干，虞祔則得爲之。若喪柩即去，其祭不待三月也。』又云：『主人至昆弟虞祔而行父母二祥祭，執事者亦栗階。』按祭謂練祥之祭，故可至殯後、葬後，若虞、祔、卒哭則不待葬後。至本文虞祔亦祭，則指昆弟之虞祔言，故疏云『主人至昆弟虞祔而行父母二祥』，句自分明。熊氏以本文之『虞祔』爲父母之虞祔，故有不得爲父母虞、祔、卒哭之祭，其實非也。」

自諸侯達諸士，小祥之祭，主人之酢也嚌之，衆賓兄弟則皆啐之；大祥，主人啐之，衆賓兄弟皆飲之可也。注：「嚌，啐，皆嘗也。嚌至齒，啐入口。」正義：「謂正祭之後，主人獻賓長，賓長酢主人。必知此主人之酢非受尸酢者，以士虞禮主人主婦獻尸受酢之時皆卒爵。虞祭比小祥爲重，尚卒爵，今大祥，主人受尸之酢，何得唯嚌之而已？故知受賓酢也。受尸酢，神惠爲重，雖在喪亦卒爵；賓禮爲輕。受賓酢但嚌之。知喪祭有受賓酢者，鄭注曾子問云『虞不致爵，小祥不旅酬』，故知小祥之祭，旅酬之前皆爲之也。」○酢，音昨。嚌，才細反。啐，七内反。

凡侍祭喪者，告賓祭薦而不食。注：「薦，脯醢也。吉祭告賓祭薦，賓既祭而食之。喪祭賓不食。」正義：「侍祭喪，謂相於喪祭禮者。此亦謂喪之正祭之後，主人獻賓之時，賓受獻，主人設薦，賓祭而不食。謂練祥祭也，其虞祔不獻賓也。」

子貢問喪，子曰：「敬爲上，哀次之，瘠爲下。顏色稱其情，戚容稱其服。」注：「問喪，問居父母之喪也。喪尚哀。言『敬爲上』者，疾時尚不能敬也。容，威儀也。」張子曰：「持喪敬則必哀，哀則必瘠，不敬則忘哀矣。以敬爲上，敬則一於禮也。」「請問兄弟之喪。」子曰：「兄弟之喪，則存乎書策矣。」注：「言疏者如禮行之，未有加也。齊斬之情，哀容之體，經不能戴矣。」君子不奪人之喪，注：「重喪禮也。」亦不可奪喪也。」注：「不可以輕之於己也。」正義：「謂不奪他人居喪，亦不可自奪己喪。不奪人喪，恕也。不奪己喪，孝也。上文云『顔色稱其情』，當須毀瘠也。『戚容稱其服』，當須憔悴也。」○瘠，在益反。稱，尺證反，下同。

孔子曰：「少連、大連善居喪，三日不怠，三月不解，期悲哀，三年憂，東夷之子也。」注：「言其生於夷狄而知禮也。怠，惰也。解，倦也。」正義：「三日之內禮不怠，謂水漿不入口之屬。三月不解者，以其未葬之前，朝奠夕奠，哀至則哭之屬。期悲哀者，謂練以來常悲哀，朝哭夕哭之屬。三年憂者，以服未除，憔悴憂戚。」○期，音基。

三年之喪，言而不語，對而不問，廬堊室之中，不與人坐焉。在堊室之中，非時見乎母也不入門。注：「言，言己事也。爲人説爲語。在堊室之中，以時事見乎母，乃後入門，則居廬時不入門。」正義：「此謂與有服之親者行事之時，若與賓客疏遠者言，則問傳云『斬衰唯而不對，齊衰對而不言』，是也。不與人坐者，按喪大記云：『練居堊室，不與人居。』居，即坐也。」方氏苞曰：「既練居堊室，悲憂漸殺，設以見母而時與内接，哀敬之心弛焉，則衰麻哭泣皆僞也。故見母亦有時，所以責人子哀敬之誠而大爲之防也。」疏衰皆居堊室，不廬，廬嚴者也。注：「言廬哀敬之處，非有其實則不居。」○堊，烏各反，字亦作「惡」，同。見，賢遍反。

妻視叔父母，姑、姊妹視兄弟，長、中、下殤視成人。注：「視，猶比也。所比者，哀容居處也。」正義：「妻居廬而杖，抑之視叔父母；姑、姊妹出適服輕，進之視兄弟；長、中、下殤服輕，上從本親，視其成人也。○長，丁丈反。

親喪外除，注：「日月未竟，而哀已殺。」正義：「兄弟，謂期服以下至小功、緦也。」兄弟之喪內除。注：「日月已竟，而哀未忘。」黄勉齋曰：「若日月未竟，而哀先殺，是不終喪也。內除外除，皆言日月已竟，服重者外雖除而內未除，服輕者不唯外除而內亦除也。」

視君之母與妻，比之兄弟，發諸顏色者，亦不飲食也。注：「言小君服輕，亦內除也。發於顏色，謂醲美酒食，使人醉飽。」

免喪之外，行於道路，見似目瞿，聞名心瞿，弔死而問疾，顏色戚容必有以異於人也。如此而后，可以服三年之喪，其餘則直道而行之是也。注：「惻隱之心能如是，則其餘齊衰以下直道而行，盡自得也。似，謂容貌似其父母也。名與親同。」正義：「其餘，謂期親以下也，則直依喪之道理而行之，於義是也。父在爲母，雖期年，亦從上三年之內也。」○瞿，九遇反。

祥，主人之除也。於夕爲期，朝服。祥因其故服。注：「爲期，爲祭期也。朝服以期，至明日而祥祭亦朝服，始即吉正祭服也。喪服小記曰：『除成喪者，其祭也朝服縞冠』，是也。祭猶縞冠，未純吉也。既祭，乃服大祥素縞麻衣。釋禫之禮云『玄衣黄裳』，則是禫祭玄冠矣。黄裳者，未大吉也。既祭乃服禫服，朝服綅冠。踰月吉祭，乃玄冠朝服，既祭，玄端而居，復平常也。」正義：「從祥至吉，凡服有六：祥祭朝服縞冠，一也。祥訖素縞麻衣，二也。禫祭玄冠黄裳，三也。禫訖朝服綅冠，四也。踰月吉祭，玄冠朝服，五也。既祭玄端而居，六也。」

子游曰：「既祥，雖不當縞者必縞，然後反服。」注：「謂有以喪事贈賵來者，雖不及時，猶變服，服祥祭之服以受之，重其禮也。其於此時始弔者，則衛將軍文子之爲之是矣。反服，反素縞麻衣也。」正義：「謂來弔者既晚，不正當祥祭縞冠之時。主人必須反著此祥服縞冠，受弔者之禮，然後反服大祥素縞麻衣之服。」當袒，大夫至，雖當踊，絶踊而拜之。反，改成踊，乃襲。注：「尊大夫，來至則拜之，不待事已也。更成踊者，新其事也。」正義：「崔云：『謂斂竟時也。』反，還也。改，更也。拜大夫竟，而反還先位，更爲踊。乃襲者，更成踊竟，乃襲初袒之衣也。」方氏苞曰：「士喪禮大斂畢，『主人奉尸斂於棺，踊如初，乃蓋，主人降，拜大夫之後至者，北面視肂，設熬，卒塗，置銘，復位，踊，襲』，正與此合。若方殯，雖有後至者，不降拜。檀弓『大夫弔，當事而至，則辭焉』，是也。」於士，既事成踊，襲而后拜之，不改成踊。注：「於士，士至也。事，謂大小斂之屬。」正義：「既，猶畢也。當主人有事而士來弔，則主人畢事竟而成踊，不即出拜也。然士言『既事』，則大夫亦然。大夫言『絶踊』，則士固不絶踊也。」○袒，音但。

上大夫之虞也少牢，卒哭成事、附皆大牢；下大夫之虞也犆牲，卒哭成事、附皆少牢。注：「卒哭成事、附言『皆』，則卒哭成事、附與虞異矣。下大夫虞以犆牲，與士虞禮同與？」正義：「上大夫平常吉祭少牢，虞故用少牢也。卒哭謂之成事，成吉事也。附，附廟也。此二祭皆大，並加一等，故皆大牢也。下大夫吉祭用少牢，今虞祭降一等，用犆牲。卒哭成事、附皆少牢者，依平常吉祭禮也。不云『遣奠加』者，略可知也。」○犆，音特。

祝稱卜葬虞，子孫曰「哀」，夫曰「乃」，兄弟曰「某」，卜葬其兄弟曰「伯子某」。注：「祝稱卜葬虞者，卜葬卜虞，祝稱主人之辭也。孫，謂爲祖後者，稱曰『哀孫某卜葬其祖某甫』。夫曰『乃某卜葬其妻某氏』。兄弟相爲卜，稱名而已。」正義：「虞用葬日，故并言『葬虞』。乃者，言之助也。妻卑，故假助句以明夫之尊也。兄弟稱名，則子孫與夫皆稱名。」

古者貴賤皆杖。叔孫武叔朝，見輪人以其杖關轂而輠輪者，於是有爵而后杖也。注：「記庶人失禮所由始也。叔孫武叔，魯大夫叔孫州仇也。輪人，作車輪之官。」正義：「關，穿也。輠，迴也。謂作輪之人以扶病之杖關穿車轂中而迴轉其輪。」○輠，胡瓦反。

鑿巾以飯，公羊賈爲之也。注：「記士失禮所由始也。士親飯，必發其巾，大夫以上，賓爲飯焉，則有鑿巾。」正義：「飯，含也。大夫以上，使賓爲其親含，恐尸爲賓所憎穢，故設巾覆面，而當口鑿穿之，令含得入口也〔一〕。士賤，不得使賓，子自含其親，不得鑿巾。但露面而含耳。公羊賈是士，自含其親而用鑿巾，則是自憎穢其親，故爲失禮也。」○鑿，在各反。

冒者何也？所以揜形也。自襲以至小斂，不設冒則形，是以襲而后設冒也。注：「言設冒者，爲其形，人將惡之也。襲而設冒，言『后』，衍字耳。」江氏永曰：「冒以韜尸，上質下殺，欲其形之固也。」○冒，莫報反。揜，於檢反。

或問於曾子曰：「夫既遣而包其餘，猶既食而裹其餘與？君子既食則裹其餘乎？」注：「言遣既奠而又包之，是與食於人，已而裹其餘將去何異與？君子寧爲是乎？言傷廉也。」曾子曰：「吾子不見大饗乎？夫大饗，既饗，卷三牲之俎，歸于賓館，父母而賓客之，所以爲哀也。子不見大饗乎？」

〔一〕「令」，原作「今」，據禮記注疏改。

注：「既饗歸賓俎，所以厚之也。言父母家之主，今賓客之，是孝子哀親之去也。」○裹，音果。與，音餘。

非爲人喪，問與？賜與？注：「此上滅脱，未聞其首云何。是言非爲人喪而問之與？人喪而賜之與？問，遺也。久無事曰問。」正義：「平敵則問，卑下則賜。」○爲，于僞反。與，並音餘。

三年之喪，以其喪拜；非三年之喪，以吉拜。注：「謂受問受賜者也。稽顙而後拜曰喪拜，拜而后稽顙曰吉拜。」正義：「三年之喪，謂父母、長子也。其實杖期以上，皆爲喪拜。以吉拜者，謂不杖期以下。此義已備載檀弓疏。」朱氏軾曰：「問，如問疾，非爲喪而弔也。賜與，如遺酒肉，非爲喪而賵賻也。於有喪之人，而問之賜之。其人而三年之喪也，雖非爲其喪而來，亦必以喪拜拜之；若非三年喪，則吉拜，謂照常拜賜之拜。」

三年之喪，如或遺之酒肉，則受之，必三辭。主人衰絰而受之。注：「受之必正服，明不苟於滋味。」正義：「雖受之，猶不得食也。尊者食之，乃得食肉，猶不得飲酒。故喪大記云：『既葬，君食之，則食之。大夫、父之友食之，則食之矣。不辟粱肉，若有酒醴則辭。』」如君命，則不敢辭，受而薦之。注：「薦於廟，貴君之禮。」

喪者不遺人。人遺之，雖酒肉，受也。從父昆弟以下，既卒哭，遺人可也。注：「言齊斬之喪重，志不在施惠於人。」

縣子曰：「三年之喪如斬，期之喪如剡。」注：「言其痛之惻怛有淺深也。」釋名：「三年之縗曰斬，不緝其末，直翦斬而已。期曰齋。齋，齊也。」方氏苞曰：「父殁爲母，齊衰三年，故不曰『斬齊』，而曰『三年之喪』。」○期，音基。剡，徐以漸反。

期之喪，十一月而練，十三月而祥，十五月而禫。注：「此謂父在爲母也。當在『練則弔』上，爛脱在此。」王氏懋竑曰：「夫之於妻，亦十一月而練，十三月而祥，十五月而禫。鄭注謂『同妻於母』。通解引程子謂『妻爲夫服父之服，故夫以母之服報之』，得其義矣。」

三年之喪，雖功衰，不弔，自諸侯達諸士。如有服而將往哭之，則服其服而往。注：「功衰，既練之服也。諸侯服新死者之服而往哭，謂所不臣也。」王瓊曰：「檀弓言『往哭』，不言輕重，通三年當往也。雜記斬衰言『功衰』，乃『服其服而往』，則齊衰亦于功衰乃服其服也。」練則弔。注：「父在爲母功衰，可以弔人者。以父在，故輕於出也。然則凡齊衰十一月皆可以出矣。」既葬，大功弔，哭而退，不聽事焉。注：「聽，猶待也。事，謂襲、斂、執紼之屬。」期之喪未葬，弔於鄉人。哭而退，不聽事焉。功衰弔，待事，不執事。注：「謂爲姑、姊妹無主，殯不在己族者。」王氏懋竑曰：「『既葬，大功弔』，『期之喪未葬』，『既』『未』二字互誤。『功衰弔』，一本作『大功喪弔』。」小功、緦，執事，不與於禮。注：「禮，饋奠也。」釋名：「九月曰大功，其布加麤大之功，不善治練之也。五月曰小功，精細之功，小有飾也。緦麻，繐麻細如絲也。」正義：「功衰雖不弔人，若自有五服之親喪，則往哭之，將往哭則不著己功衰，而依彼親之節以服之，申於骨肉之情故也。功衰弔，待事不執事者，謂此姑、姊妹期喪，至，受以大功衰，謂之功衰。若弔於鄉人，其情稍輕，於未葬之前，得待主人襲斂之事，但不親自執事。執事，擯相也。禮，饋奠也。緦，小功服輕，故未葬便可弔人。爲彼擯相，但不得助彼饋奠耳。」○與，音預。

相趨也，出宫而退；相揖也，哀次而退；相問也，既封而退；相見也，反哭而退；朋友，虞附而退。注：「此弔者恩薄厚、去遲速之節也。相趨，謂相聞姓名，來會喪事也。相揖，嘗會於他也。相問，嘗相惠遺也。相見，嘗執摯相見也。附，皆當爲祔。」王氏引之曰：「謹按附，衍字也。上文言『雖虞附亦然』，下文言『非虞附練祥無沐浴』，因相涉而衍附字。按出宫也，哀次也，既封也，反哭也，虞也，皆於一日之中分遲速耳。反哭在既封之後，虞祭又在反哭之後。檀弓曰『葬日虞。』又曰：『日中而虞。』則是日日中，朋友乃退也。若附則越始虞之日，歷再虞、三虞、卒哭而後有之，在數日之後，何得以爲退之節乎？鄭所見本已衍此字。」○封，彼驗反。弔非從主人也，四十者執紼。注：「言弔者必助主人之事。從，猶隨也。成人二十以上至四十，丁壯時。」鄉人五十者從反哭，四十者待盈坎。注：「非鄉人，則長少皆反，優遠也。坎，或爲壙。」○紼，音弗。坎，口敢反。

喪食雖惡，必充飢。飢而廢事，非禮也；飽而忘哀，亦非禮也。視不明，聽不聰，行不正，不知哀，君子病之。故有疾飲酒食肉，五十不致毁，六十不毁，七十飲酒食肉，皆爲疑死。注：「病，猶憂也。疑，猶恐也。」有服，人召之食，不往。大功以下，既葬適人，人食之，其黨也食之。非其黨，弗食也。注：「往而見食，則可食也，爲食而往則不可。黨，猶親也。非親而食，則是食於人無數也。」正義：「夫親族不多，食則其食有限。若非類而輒食，則無復限數，必忘哀也。」功衰，食菜果，飲水漿，無鹽酪。不能食食，鹽酪可也。注：「功衰，齊斬之末也。酪，酢截。」○食，音嗣。酪，音洛。食食，上如字，下音嗣。

孔子曰：「身有瘍則浴，首有創則沐，病則飲酒食肉。毁瘠爲病，君子弗爲也。毁而死，君子謂之無子。」注：「毁而死，是不重親。」吳幼清曰：「毁而傷生，則是不愛身也。身者親之遺體，不愛身即不愛親也。夫人之貴乎有子者，欲其終父母之喪也。毁而死，則有子者無子矣，可謂孝乎？」○殤，音羊。創，初良反。

非從柩與反哭，無免於堩。注：「言喪服出入，非此二事皆冠也。免，所以代冠。人於道路，不可以無飾。堩，道路。」正義：「從柩，謂孝子從柩去時也。此謂葬近而反哭者，若葬遠反哭，在路則著冠，至郊乃反著免。故小記云『遠葬者，比反哭者皆冠，及郊而后免』，是也。」○免，音問。堩，古鄧反。

凡喪，小功以上，非虞、附、練、祥無沐浴。注：「言不有飾事，則不沐浴。」正義：「若三年之喪，虞祭之時但沐浴，不櫛。故士虞禮云『沐浴，不櫛』，鄭注云：『唯三年之喪不櫛，期以下櫛可也。』又士虞禮云『明日，以其班祔，沐浴，櫛』，注云：『彌自飾。』此雖士禮，明大夫以上亦然。」

疏衰之喪，既葬，人請見之，則見，不請見人。小功，請見人可也。大功不以執摯。唯父母之喪，不辟涕泣而見人。注：「言重喪不行求見人爾，人來求見，已亦可以見之矣。不辟涕泣，言至哀無飾也。」正義：「此承『疏衰既葬』之下，則此小功亦謂既葬也。」○辟，音避。

三年之喪，祥而從政；期之喪，卒哭而從政；九月之喪，既葬而從政；小功、緦之喪，既殯而從政。」注：「以王制言之，此謂庶人也。從政，從爲政者教令，謂給繇役。」正義：「此庶人，依士禮卒哭與既葬同三月，故王制省文，總云『三月』也。若大夫士，三年之喪，期不從政，是正禮也；卒哭，金革之事無辟，是權禮也。」

曾申問於曾子曰：「哭父母有常聲乎？」曰：「中路嬰兒失其母焉，何常聲之有？」注：「嬰，猶鷖彌也。言其若小兒亡母啼號，安得常聲乎？所謂『哭不偯』。」

卒哭而諱。注：「自此而鬼神事之，尊而諱其名。」王父母、兄弟、世父、叔父、姑、姊妹，子與父同諱；注：「父爲其親諱，則子不敢不從諱也。謂王父母以下之親諱，是謂士也。天子諸侯諱羣祖。」王肅曰：「王父母之兄弟，伯父、叔父、姑、姊妹，皆父之所諱也。」母之諱，宫中諱；妻之諱，不舉諸其側。與從祖昆弟同名，則諱。注：「母之所爲其親諱，子孫於宫中不言。妻之所爲其親諱，夫於其側亦不言也。孝子聞名心瞿，凡不言人諱者，亦爲其相感動也。子與父同諱，則子可盡曾祖之親也。從祖昆弟在其中，於父輕，不爲諱；與母妻之親同名，重則諱之。」正義：「王父母，謂父之王父母，於己爲曾祖父母，正服小功，不合諱也，以父爲之諱，故子亦諱之。兄弟，是父之兄弟，於己爲伯叔，正服期，是子與父同諱也。世父叔父者，父之世父叔父，於己是從祖，正服小功，不合諱，以父爲之諱，故己從父而諱。姑，謂父之姑，於己爲從祖姑，在家正服小功，出嫁緦麻，不合諱，以父爲之諱，故己從父而諱。姊妹者，父之姊妹，於己爲姑，在家正服期，出嫁大功九月，是己與父同爲之諱也。注『謂士』者，以父身是士，故諱王父。若庶人，子不逮事父母，則不諱王父母也。」

以喪冠者，雖三年之喪可也。既冠於次，入哭踊，三者三，乃出。注：「言『雖』者，明齊衰以下皆可以喪冠也。始遭喪以其冠月，則喪服因冠矣。非其冠月，待變除卒哭而冠。次，廬也。雖，或爲唯。」○冠，古亂反，下同。

大功之末，可以冠子，可以嫁子。父小功之末，可以冠子，可以嫁子，可以取婦。己雖小功，既卒哭，可以冠、取妻，下殤之小功則不可。注：「此皆謂可用吉禮之時。父大功卒哭，而可以冠子嫁子；小功卒哭，而可以取婦。己大功卒哭，而可以冠子；小功卒哭，而可以取妻。必偕祭乃行也。下殤小功，齊衰之親，除喪而後可爲昏禮。凡冠者，其時當冠，則因喪而冠之。」正義：「末，謂卒哭之後。所以取婦必在小功之末者，以取婦有酒食之會，集鄉黨僚友，涉近歡樂，故小功之末乃可得爲也。庾氏注要記云：『卒哭之後，則得與尋常大功同。所以然者，雖本期年，但降在大功，其服稍伸，故得冠嫁也。』賀氏云：『小功下殤，本是期親，以其重，故不得冠取。推此而言之，降在大功，理不得冠嫁矣。』」王氏引之曰：「謹按卒哭在弟三月，小功之末則在弟五月。己之小功，自己之子視之，則爲父之小功，而身服緦。己之小功既卒哭，可以冠取妻，是己小功三月而舉吉事，不待弟五月。而子於父之小功而己緦者，雖至末月，亦但可爲子冠，爲子取婦，而不可自冠取，是薄於己之小功而厚於己之緦，不且輕重倒置乎？若云『統於其父』，則父於小功卒哭後已可自冠自取妻，而子必俟父小功之末，猶不能冠取妻，是父之視小功也輕，而己之視父小功也反重，豈『統於父』之謂乎？揆之於理，殆不可通。今按『父小功之末』，小當爲大，因下文兩言『小功』而誤也。父大功之末，可以冠子、嫁子、取婦者，言己於父之大功，至服將盡之弟九月，乃可冠己之子，嫁己之子，及爲己之子娶婦也。己大功之末，但可冠子嫁子。父大功之末，不但冠子嫁子，而又可爲子取婦者，父之大功輕於己之大功也。『己雖小功』，雖字當讀唯，己唯小功既卒哭可以冠取妻者，言以己之服而論，則唯小功之喪既卒哭而舉吉事。言『己』者，別於上文之言『父』也。言『唯小功』者，別於上文之『大功』也。不言『父小功』者，父之小功輕於己之小功，己小功卒哭可以冠取妻，則父之小功既卒哭可以冠取妻不待言矣。又按己之大功，父爲之小功，則當以己之大功論，從其重者，以明厚也。至弟九月，始可以冠子嫁子。若父之大功，己爲之小功，則以父之大功論，亦從其重者以明厚也。至弟九月，始可以冠子、嫁子、取婦。惟無父之大功，而但有己之小功，則如小功之禮行之，至卒哭之後，卽可以冠取妻矣。經文之意可推也。」又云：「庾氏之說，差爲近之，但不當以卒哭之後爲大功之末耳。經云『大功之末，可以冠子，可以嫁子』，而不云『長殤中殤之大功則不可』，是長殤中殤之末與尋常大功同也。但冠子嫁子則可，爲子取婦則不可，自冠自取妻尤不可。知者，經云『大功之末，可以冠子，可以嫁子』，而不云『可以取婦』，『可以冠取妻』也。冠取妻與取婦，必俟除喪乃得爲之。下殤之小功則不可，謂下殤小功既卒哭，不可以冠取妻也。所不可者，惟在冠取妻，則冠子嫁子及取婦未嘗不可也。下殤小功既卒哭，可以冠子、嫁子、取婦，長中殤之末何不可以冠子嫁子乎？賀氏不知卒哭之非末，又不知冠子嫁子輕於冠取妻，乃欲以下殤小功既卒哭之不可冠取妻，斷長中殤大功之末不可冠子嫁子，失之遠矣。曰：長殤中殤，有父大功而己否者乎？曰：無。父爲子、女子子之長殤中殤，姊妹之長殤中殤，昆弟之長殤中殤大功，於己則爲昆弟姊妹之長殤中殤，姑之長殤中殤，叔父之長殤中殤，亦大功也。己與父同大功，則以己之大功論，而不得謂父之大功，其末之月可以冠子嫁子，而不可以取婦，不可以冠取妻者也。若父之叔父與姑，於己爲從祖祖父、父之姑，假令爲長殤中殤，父當爲之大功，己爲從祖祖父小功，父之姑緦，則於從祖祖父及父之姑之殤當更有降殺，然其行輩與祖同，當己子將冠嫁之時，年皆已長，無復有死而爲殤者矣。是以喪服有叔父及姑之長殤、中殤、下殤，而無從祖祖父及父之姑之殤也。然則長殤中殤無父爲叔父及姑之大功，亦無父大功之末，己可冠子、嫁子、取婦之禮，此可以推求而得者也。」江氏永曰：「先王制禮，吉凶不相干。然禮有經權，假令五服及外親，男女有數百，則不虞之事，時或有之，必父子皆無功緦之戚，而後可行吉禮，則男女失時，嗣續不殖，人道苦矣。故禮爲權制斷，自大功以下，凡服之重輕，大約子降父一等。大功之末，子之小功已除，則可冠子嫁子，小功之末，子之緦麻已除，則并可取婦，皆禮之權也。若下殤小功，本從期降者，則不許，猶是禮之經也。」

几弁經，其衰侈袂。注：「侈，猶大也。弁經服者，弔服也。其衰，錫也，緦也，疑也。袂之小者二尺二寸，大者半而益之，則侈袂三尺三寸。」正義：「周禮司服『有玄端素端』，注云：『變素服言素端者，明異制』，『大夫以上侈之』。明士不侈故稱端。」○侈，昌氏反。袂，彌世反。

父有服，宮中子不與於樂；母有服，聲聞焉不舉樂；妻有服，不舉樂於其側。注：「宮中子，與父同宮者也。禮，由命士以上，父子異宮。不與於樂，謂出行見之，不得觀也。」正義：「崔云：『父有服，齊衰以下之服也。若重服，則期後猶有子姓之冠，自當不得與於樂。』」大功將至，辟琴瑟；注：「亦所以助哀也。至，來也。」小功至，不絶樂。○與，音預。辟，音避。

姑、姊妹，其夫死，而夫黨無兄弟，使夫之族人主喪。妻之黨，雖親弗主。注：「此謂姑、姊妹無子，寡而死也。夫黨無兄弟，無緦之親也。其主喪不使妻之親，而使夫之族人。婦人外成，主必宜得夫之姓類。」夫若無族矣，則前後家，東西家；無有，則里尹主之。注：「喪無無主也。里尹，閭胥、里宰之屬。王度記曰：『百户爲里，里一尹，其禄如庶人在官者。』里或爲士。諸侯弔於異國之臣，則其君爲主。里尹主之，亦斯義也。」或曰：主之而附於夫之黨。注：「妻之黨自主之，非也。夫之黨，其祖姑也。」

麻者不紳，執玉不麻，麻不加於采。注：「吉凶不相干也。麻，謂絰也。紳，大帶也。喪以要絰代大帶也。麻不加於采，衣采者不麻，謂弁絰者必服弔服是也。采，玄纁之衣。」正義：「言著要絰，不得復著大帶。執玉行禮，不得服衰麻也。按聘禮己國君薨，至於主國，『衰而出』，注云：『於是可以凶服將事。』似行聘享之事，執玉得服衰絰者，彼謂受主君小禮，得以凶服，若聘享大事，則吉服。麻不加於采者，謂弁絰之麻，不得加於玄衣纁裳之采也。」○紳，音申。

國禁哭則止，朝夕之奠卽位，自因也。注：「禁哭，謂大祭祀時。雖不哭，猶朝夕奠。自因，自用故事。」正義：「謂孝子於殯宮朝夕兩奠之時，卽阼階下位，因故事而設奠也。」

童子哭不偯，不踊不杖，不菲不廬。注：「未成人者不能備禮也。當室則杖。」正義：「按問喪云：『童子當室，則免而杖矣。』戴德云：『童子當室，謂十五以上。』若世子生則杖，故曾子問云『子衰杖』，成子禮是也。」○偯，於豈反，說文作「悠」。菲，扶味反。

孔子曰：「伯母叔母疏衰，踊不絕地；姑、姊妹之大功，踊絕於地。如知此者，由文矣哉！由文矣哉！」注：「由，用也。言知此踊絕地不絕地之情者，能用禮文哉，能用禮文哉，美之也。伯母、叔母，義也。姑、姊妹，骨肉也。」王氏念孫曰：「按鄭注大傳云：『文章，禮法也。』韋注周語云：『文，禮法也。』荀子禮論云：『貴本之謂文，親用之謂理。』是文卽理也。左傳：『叔向，古之遺直也。治國制刑，不隱於親，三數叔魚之罪，不爲末減，由義也夫！』又曰：『殺親益榮，猶義也夫！』猶，與由同。彼兩言『由義也夫』，此兩言『由文矣哉』，皆美之詞。後儒將文字說壞，故義不可通，而謬論蠭起矣。」

世柳之母死，相者由左；世柳死，其徒由右相。由右相，世柳之徒爲之也。注：「亦記失禮所由始也。世柳，魯穆公時賢人也。相，相主人之禮。」○相，息亮反。

天子飯九貝，諸侯七，大夫五，士三。注：「此蓋夏時禮也。周禮天子飯含用玉。」正義：「典瑞云：『大喪共飯玉含玉。』按禮戴説，天子飯以珠，含以玉；諸侯飯以珠，含以璧；大夫士飯以珠，含以貝。此等皆非周禮。左傳成十七年子叔聲伯夢食瓊瑰，哀十一年『齊陳子行，命其徒具含玉』，此皆大夫而以珠玉爲含者。以珠玉是所含之物，故言之，非謂當時實含用珠玉也。」

士三月而葬，是月也卒哭；大夫三月而葬，五月而卒哭；諸侯五月而葬，七月而卒哭。士三虞，大夫五，諸侯七。注：「尊卑恩之差也。天子至士，葬卽反虞。」釋名：「既葬還祭於殯宫曰虞，謂虞樂安神，使還此也。又祭曰卒哭。卒，止也，止孝子無時之哭，朝夕而已也。又祭曰祔，祭於祖廟，以後死孫祔於祖也。」正義：「大夫以上，葬與卒哭異月者，以其位尊，念親哀情長遠。士職卑位下，禮數未申，葬罷卽卒哭。葬卽反虞，尊卑皆然。」

諸侯使人弔，其次含、襚、賵、臨，皆同日而畢事者也。其次如此也。注：「言五者相次同時。」王氏引之曰：「上『其次』二字蓋衍。次於弔者，唯含而已，襚、賵、臨則由含而遞相次，非皆次於弔也，不得並以爲弔之次。若以爲次序之次，則與下『其次』相複。上已云『其次』，下不須更言『其次如此』矣。當作『諸侯使人弔、含、襚、賵、臨，皆同日而畢事者也』，『使人』二字直貫下五事。次者，序也。鄭注先言『相次』，後言『同時』，則所見本已衍。又按此節當在上文『客出，送于門外〔一〕，拜稽顙』之下，錯簡在此耳。」

〔一〕「出送」二字原互倒，據上文乙。

卿大夫疾，君問之無算；士壹問之。君於卿大夫，比葬不食肉，比卒哭不舉樂；爲士，比殯不舉樂。　正義：「按喪大記『君於大夫疾，三問之』，此云『無算』，謂有師保恩舊之親。或喪大記『三問』者，謂君自行；此云『無算』，謂遣使也。」○比，必利反。爲，于僞反。

升正柩，諸侯執綍五百人，四綍，皆銜枚，司馬執鐸，左八人，右八人，匠人執羽葆御柩。大夫之喪，其升正柩也，執引者三百人，執鐸者左右各四人，御柩以茅。　注：「升正柩者，謂將葬朝於祖，正棺於廟也。五百人，謂一黨之民。天子千人與？諸侯之大夫，邑有三百户之制。綍引同耳，廟中曰綍，在塗曰引，互言之。御柩者，居前道正之。大夫士皆二綍。」正義：「升正柩者，既夕禮云『遷於祖，用軸』，『升自西階，正柩於兩楹間』，是也。口皆銜枚，止喧囂也。司馬，夏官，主武，故執金鐸以號令於衆也。匠人，工人也。羽葆者，以鳥羽注於柄頭如蓋，謂之羽葆，指揮於路，爲進止之節也。周禮喪祝御柩，此云『匠人』者，周禮王禮，此諸侯禮也。」臧氏琳曰：「周禮鄉師『及葬，執纛，以與匠師御匶』，鄭司農云：『翿，羽葆幢也。』彼無『羽葆幢』之文，鄭因釋翿爲羽葆幢也。爾雅『翿，纛也』，玉篇系部『纛，羽葆幢也，亦作翿』，皆可證羽葆爲翿字之訓。」○枚，音梅。鐸，大洛反。葆，音保。茅，亡交反。

孔子曰：「管仲鏤簋而朱紘，旅樹而反坫，山節而藻梲，賢大夫也，而難爲上也。」　注：「言其僭天子諸侯。鏤簋，刻爲蟲獸也。冠有笄者爲紘，紘在纓處兩端，上屬下不結。旅樹，門屏也。反坫，反爵之坫也。山節，薄櫨，刻之爲山。梲，侏儒柱，畫之爲藻文。」説文：「紘，冠卷也。」正義：「天子朱紘，諸侯青紘，大夫當緇組紘，與士同。旅樹、反坫，是諸侯之禮，山節、藻梲，天子之廟飾，是皆僭也。」

晏平仲祀其先人，豚肩不揜豆，賢大夫也，而難爲下也。注：「言其偪士庶人也。豚，俎實。豆，徑尺。言併豚兩肩，不能覆豆，喻小也。」正義：「依禮，豚在於俎，今云『不揜豆』者，以豆形既小，尚不揜豆，明豚小之甚，不謂豚在豆也。」君子上不僭上，下不偪下。」○鏤，音陋。簋，音軌。紘，音宏。坫，丁念反。藻，音早。棁，章悦反。揜，於檢反。偪，音逼。

婦人非三年之喪，不踰封而弔。注：「踰封，越竟也。或爲『越疆』。」如三年之喪，則君夫人歸。注：「奔父母喪也。」夫人，其歸也，以諸侯之弔禮；其待之也，若待諸侯然。注：「謂夫人行道車服，主國致禮。」夫人至，入自闈門，升自側階，君在阼。其他如奔喪禮然。注：「女子子，不自同於女賓也。宫中之門曰闈門，爲相通者也。側階，亦旁階也。他，謂哭、踊、髽、麻。闈門，或爲『帷門』。」正義：「如，若也。若遭父母之喪，雖君之夫人，歸往奔喪也，非三年之喪則不歸也。女子出適爲父母期，云『三年』者，以本親言也。側階，謂東旁階。奔喪禮『婦人，升自東階』。君在阼者，謂主國之君，待之在阼階之上，不降階而迎也。其他，謂哭、踊、髽、麻之屬，嫌諸侯夫人位尊，恐與卿大夫之妻奔喪禮異，故明之也。」○闈，音韋。

嫂不撫叔，叔不撫嫂。注：「遠別也。」

君子有三患：未之聞，患弗得聞也；既聞之，患弗得學也；既學之，患弗能行也。君子有五恥：居其位，無其言，君子恥之；有其言，無其行，君子恥之；既得之，而又失之，君子恥之；地有餘，而民不足，君子恥之；衆寡均而倍焉，君子恥之。注：「恥民不足者，古者居民，量地以制邑，度地以居民，地邑民居，必參相得也。衆寡均，謂俱有役事，人數等也。倍焉，彼功倍己也。」正義：「君子，謂在位之君子。

言人須多聞多識，若未聞，恒患不得聞。不能撫養，使民逃散，是土地有餘而民不足。衆寡均而倍焉者，言民衆寡均等，而功績倍多於己，由不能勸課督率，故君子恥之。」方性夫曰：「聞之而不能學，與無聞同。學之而不能行，與不學同。居其位而無其言，是備位耳。言之易，行之難，有其言而無其行，是空言耳。政不足以聚人，則民不繁，民不繁則有曠土。術不足以使人，則事不逮，事不逮則有廢功。三患所言者道，五恥所言者事。」○其行，下孟反。

孔子曰：「凶年則乘駑馬，祀以下牲。」注：「自貶損，亦取易供也。駑馬，六種最下者。下牲，少牢，若特豕特豚也。」正義：「駑馬，負重載遠所乘。若年歲凶荒，人君自貶，故乘駑馬也。天子、諸侯及天子大夫常祭用太牢，若凶年，降用少牢。諸侯之卿大夫常祭用少牢，降用特豕。士常祭用特豕，降用特豚。」○駑，音奴。

恤由之喪，哀公使孺悲之孔子學士喪禮，士喪禮於是乎書。注：「時人轉而僭上，士之喪禮已廢矣，孔子以教孺悲，國人乃復書而存之。」

子貢觀於蜡，孔子曰：「賜也樂乎？」對曰：「一國之人皆若狂，賜未知其樂也。」注：「蜡也者，索也，歲十二月，合聚萬物而索饗之祭也。國索鬼神而祭祀，則黨正以禮屬民，而飲酒于序，以正齒位，於是時，民無不醉者如狂矣。曰『未知其樂』，怪之。」子曰：「百日之蜡，一日之澤，非爾所知也。」注：「蜡之祭，主先嗇也。大飲烝，勞農以休息之，言民皆勤稼穡，有百日之勞，喻久也。今一日使之飲酒燕樂，是君之恩澤，非女所知，言其義大。」張而不弛，文武弗能也；弛而不張，文武弗爲也。一張一弛，文武之道也。」注：「張弛，以弓弩喻人也。弓弩久張之則絶其力，久弛之則失其體。」正義：「喻民久勞而不息，則亦損民之力；久休息而不勞苦，則民有驕逸之志。勞逸相參，張弛以時，文武爲政之道，治民如此也。」○蜡，仕嫁反。樂，音洛。弛，尸是反。

孟獻子曰：「正月日至，可以有事於上帝；七月日至，可以有事於祖。」七月而禘，獻子爲之也。注：「記魯失禮所由也。孟獻子，魯大夫仲孫蔑也。魯以周公之故，得以正月日至之後郊天，亦以始祖后稷配之。獻子欲尊其祖，以郊天之月對月禘之，非也。魯之宗廟，猶以夏時之孟月爾。明堂位曰：『季夏六月，以禘禮祀周公於大廟。』」正義：「正月，建子之月也。日至，冬至日也。魯以周公之故，得郊天。七月，建午之月也。日至，夏至日也。有事，謂禘祭於祖廟。獻子言冬至既祭上帝，故建午夏至亦可禘祖。以兩日至相對，故欲祭祖廟，與天相對。此言非也。魯之祭祀，亦用夏法。凡大祭宜用首時，應禘於孟月，於夏是四月，於周爲六月。明堂位云『季夏六月，以禘禮祀周公於大廟』，是夏之孟月也。」

夫人之不命於天子，自魯昭公始也。注：「亦記魯失禮所由也。周之制，同姓百世昏姻不通。吴，大伯之後，魯同姓，昭公取於吴，謂之吴孟子，不告於天子。自此後取者，遂不告於天子，天子亦不命之。」

外宗爲君、夫人，猶内宗也。注：「皆謂嫁於國中者也。爲君服斬，夫人齊衰。不敢以其親服服至尊也。外宗，謂姑、姊妹之女，舅之女，及從母，皆是也。内宗，五屬之女也。其無服而嫁於諸臣者，從爲夫之君；嫁於庶人，從爲國君。」正義：「古者大夫不外取，故君之姑、姊妹嫁於國内大夫爲妻，是其正也。君之舅女及君之從母在國中者，非正也。以諸侯不内取，故舅女及從母不得在國中。諸侯雖曰外取，而舅之女及從母不得來嫁與己國卿大夫爲妻。凡外宗、内宗，皆據有爵者。賀循、譙周云：『在己國則得爲君服斬，夫人齊衰，若在他國則不得也。』」江氏永曰：「從母在邦人爲小功報者，今爲君服斬，疑太重。服問疏引熊氏説爲從母之女，疑此注脱『之女』二字。若從母嫁於本國大夫，當從爲夫之君齊衰不杖期，他國則無服。疏又言『卿大夫不外取』，『舅女及從母不得在國中』。然則此外宗唯有姑、姊妹之女，不兼舅之女與從母。」又曰：「舅之女、從母之女若嫁於他國，與此君亦疏遠矣。豈其夫不服而婦獨服乎？恐賀、譙不服之説爲是。」○爲，于僞反。

廐焚，孔子拜鄉人爲火來者。拜之，注：「拜，謝之。」士壹，大夫再，亦相弔之道也。注：「言拜之者爲其來弔己。宗伯職曰：『以弔禮哀禍災。』」

孔子曰：「管仲遇盜，取二人焉。上以爲公臣，曰：『其所與游，辟也。可人也。』注：「言此人可也，但居惡人之中，使之犯法。」正義：「言此盜所與交游是邪辟之人，其性行可任用之。」管仲死，桓公使爲之服。宦於大夫者之爲之服也，自管仲始也，有君命焉爾也。」注：「亦記失禮所由也。善桓公不忘賢者之舉。宦，猶仕也。此仕於大夫，更升於公，與違大夫之諸侯同爾，禮不反服。」○上，時掌反。辟，匹亦反。

過而舉君之諱，則起。注：「舉，猶言也。起立者，失言而變自新。」正義：「過，謂過誤也。」與君之諱同則稱字。注：「謂諸臣之名也。」

内亂不與焉，外患弗辟也。注：「謂卿大夫也。同僚將爲亂，己力不能討，不與而已。至於鄰國爲寇，則當死之也。春秋『魯公子友如陳葬原仲』，傳曰：『君子辟内難，而不辟外難。』」正義：「雖不與，而力能討則當討之。」吳幼清曰：「亂之重且大者，管叔啓武庚而叛周，則周公以弟誅其兄，石厚輔州吁而弑君，則石碏以父誅其子，豈不得與乎？」○

與，音預。辟，音避。

贊大行曰：「圭，公九寸，侯伯七寸，子男五寸，博三寸，厚半寸，剡上，左右各寸半，玉也。藻，三采六等。」注：「贊大行者，書說大行人之禮者名也。藻，薦玉者也。三采六等，以朱、白、蒼畫之再行也。子男執璧，作此贊者失之矣。」正義：「藻，謂以韋衣板，以藉玉者。按聘禮記云『朝天子，圭與繅皆九寸』，『三采六等，朱、白、蒼，朱、白、蒼』，是也。既重云『朱、白、蒼』，是一采爲二等，相間而爲六等也。」○剡，以冉反。

哀公問子羔曰：「子之食奚當？」注：「問其先人始仕食祿，以何君時。」對曰：「文公之下執事也。」○當，如字。

成廟則釁之。其禮，祝、宗人、宰夫、雍人皆爵弁純衣。注：「廟新成必釁之，尊而神之也。宗人先請於君，曰：『請命以釁某廟。』君諾之，乃行。」正義：「爵弁者，士服也。純衣者，謂絲衣，則玄衣纁裳也。」江氏永曰：「爵弁，士入廟之服。諸侯之宰夫、祝、宗人、當是下大夫而服爵弁者，釁禮輕也，助祭當冕服。」雍人拭羊，宗人視之，宰夫北面于碑南，東上。注：「居上者，宰夫也。宰夫，攝主也。拭，靜也。」正義：「按大戴禮釁廟篇云：『成廟則釁以羊。君玄服立於寢門內，南鄉。祝、宗人，宰夫、雍人皆玄服。宗人曰：「請命以釁某廟。」君曰：「諾。」遂入。雍人拭羊。乃行，入廟門，碑南，北面。』」雍人舉羊升屋，自中，中屋南面刲羊，血流于前，乃降。正義：「此皆大戴禮文。」門、夾室皆用雞，先門而後夾室。其衈皆于屋下。割雞，門當門，夾室中室。注：「自，由也。衈，謂將刲割牲以釁，先滅耳傍毛薦之。耳聽聲者，告神欲其聽之。周禮有『刉衈』。」正義：「既云『拭羊，乃行，入廟門』，是拭羊在廟門之外。但初受命於寢門內之時，君與祝、宗人、宰夫、雍人等皆着玄服，謂朝服緇衣素裳等，其祝、宗人、宰夫、雍人等入廟之時，則爵弁純衣。自中者，謂升屋之時，由屋東西之中，謂兩階之間而升也。中屋南面者，謂當屋棟之上，亦東西之中，而南面刲羊也。門，廟門也。夾室，東西箱也。減於廟室，故釁不用羊也。門與夾室各一雞，凡用三雞，故云『皆』也。如上用羊之法，亦升屋而割之。」有司皆鄉室而立，門則有司當門，北面。注：「有司，宰夫、祝、宗人。」既事，宗人告事畢，乃皆退。注：「告者，告宰夫。」反命于君，曰：「釁某廟事畢。」反命于寢，君南鄉于門內，朝服。既反命，乃退。注：「君朝服者，不至廟也。」正義：「謂君受命之時，南鄉于路寢門內，南面而立，身著朝服，即大戴禮云『玄衣』。不以入廟，故朝服。」路寢成，則考之而不釁，釁屋者，交神明之道也。注：「言路寢者，生人所居。不釁者，不神之也。考之者，設盛食以落之爾。檀弓曰『晉獻文子成室，諸大夫發焉』，是也。」正義：「庾蔚云〔一〕：『落，謂與賓客燕會，以酒食澆落之，即歡樂之義也。』」〇釁，許靳反。純，側其反。拭，音式。碑，彼皮反。刲，苦圭反。夾，古洽反。衈，如志反。鄉，許亮反，下同。

凡宗廟之器，其名者，成則釁之以豭豚。注：「宗廟名器，謂尊彝之屬。」正義：「若細者成，則不釁，名器則殺豭豚血塗之也。不及廟，故不用羊也。」張子曰：「釁名器以豭豚，而齊宣王釁牛以鐘，戰國時無復常制，不然，又何以欲以羊易之？」王氏念孫曰：「名，大也。謂器之大者。禮器：『因名山升中於天。』鄭注：『名，猶大也。』」〇豭，音加。

諸侯出夫人，夫人比至于其國，以夫人之禮行。至，以夫人入，注：「行道以夫人之禮者，棄妻致

〔一〕「庾」，原誤「庚」，據禮記注疏改。

命其家乃義絶，不用此爲始。」正義：「諸侯出夫人者，謂夫人有罪，諸侯出之，命歸本國。」使者將命，曰：「寡君不敏，不能從而事社稷宗廟，使使臣某敢告於執事。」主人對曰：「寡君固前辭『不教』矣。寡君敢不敬須以俟命。」注：「前辭『不教』，謂納采時也。此辭，賓在門外，擯者傳焉。賓入，致命如初，主人卒辭曰：『敢不聽命。』」正義：「使者，謂送夫人歸者。禮尚謙退，不能指斥夫人所犯之罪，故引過自歸，云『寡君才知不敏，不能隨從夫人共事社稷宗廟』。」須，待也。俟，亦待也。」有司官陳器皿，主人有司亦官受之。注：「器皿，其本所齎物也。律，棄妻畀所齎。」正義：「使者既得主人答命，故使從己來有司之官陳夫人嫁時所齎器皿之屬，以還主國也，主國亦使有司官領受之也。並云『官』者，明付受悉如法也。」妻出，夫使人致之曰：「某不敏，不能從而共粢盛，使某也敢告於侍者。」主人對曰：「某之子不肖，不敢辟誅，敢不敬須以俟命。」使者退，主人拜送之。注：「肖，似也。不似，言不如人。誅，猶罰也。」如舅在則稱舅，舅沒則稱兄，無兄則稱夫。注：「言棄妻者，父兄在則稱之，命當出尊者出也。唯國君不稱兄。」正義：「不云『舅沒則稱母』者，婦人之名不合外接於人也。若有死喪，則稱母弔，即曾子問云『母喪稱母』是也。夫遣人致命，則得云『某不敏，不能從而共粢盛』。若夫之父兄遣人致命，其致命之辭未聞也。」主人之辭曰：「某之子不肖。」如姑、姊妹亦皆稱之。注：「姑、姊妹見棄，亦曰『某之姑、某之姊若妹不肖』。」方性夫曰：「夫婦之道，合則納之以禮，不合則出之以義。人倫之際，有所不免也。故先王亦存其辭焉。」○比，必利反。使，色吏反。皿，武景反，字林又音猛。共，音恭。粢盛，上音咨，下音成。肖，音笑。辟，音避。

孔子曰：「吾食於少施氏而飽，少施氏食我以禮。」注：「言貴其以禮待己，而爲之飽也。時人倨慢，若季氏則不以禮矣。少施氏，魯惠公子施父之後。」張子曰：「食於季氏，不食肉而飧。孔子雖欲行禮，施於季氏，必是不知，故不若辭食而已。凡禮必施之知者，若爲不知，禮亦難行。」吾祭，作而辭曰：『疏食不足祭也。』吾飧，作而辭曰：『疏食也，不敢以傷吾子。』」正義：「吾祭者，謂孔子祭也。作，起也。吾飧者，謂孔子食後而更飧，而强飯，以答主人之意。」○少，失召反，下及注同。食我，音嗣。爲，于僞反。

納幣一束，束五兩，兩五尋。注：「納幣，謂昏禮納徵也。十个爲束，貴成數。兩兩者合其卷，是謂五兩。八尺曰尋，一兩五尋，則每卷二丈也，合之則四十尺，今謂之匹，猶匹偶之云與？」正義：「其幣一束，謂十箇也。束五兩者，兩箇合爲一卷〔一〕，取配偶之義，是束五兩也。一兩有四十尺，八尺曰尋，五八四十，是兩五尋也。」鄭志：「趙商問：『咫長八寸，四八三十二。幅廣三尺二寸，大廣，非其度。』鄭答云：『古者積畫誤爲四，當爲三。三咫則二尺四寸矣。』雜記：「納幣一束，束五兩，兩五尋。」然則每卷二丈，若作制幣，每卷丈八尺爲制，合卷爲匹也。」方性夫曰：「納幣，卽昏禮所謂『納徵』。以物言故曰幣，以義言故曰徵。周官媒氏：『凡嫁子娶妻入幣，純帛無過五兩。』王氏謂『天數五，地數五，五位相得而各有合，則以天地合數爲之節』，正謂此矣。」江氏永曰：「此昏禮之幣，一兩四丈，一束二十丈。若祀禮及賓禮之束帛，皆用制幣。制幣丈八尺爲兩卷，一束九丈。」婦見舅姑，兄弟、姑、姊妹皆立于堂下，西面，北上，是見已。注：「婦來爲供養也。其見主於尊者，兄弟以下在位，是爲已見，不復特見。」正義：「見舅姑之時，則夫之兄弟、姑、姊妹皆立于舅姑之堂下，東邊西鄉，以北爲上，近堂爲尊也。舅姑在堂上，婦自南門而入，入則從於夫之兄弟、姑、姊妹前

〔一〕「合」，原誤「令」，據禮記注疏改。

度。以因是即爲相見，不復更別詣其室見之，故云『是見已』，謂是已見也。」見諸父，各就其寢。注：「旁尊也，亦謂見時不來。」正義：「諸父，謂夫之伯叔也。既是旁尊，則婦于明日乃各往其寢而見之，不與舅姑同日也。」女雖未許嫁，年二十而笄，禮之，婦人執其禮。注：「雖未許嫁，年二十亦爲成人矣。禮之，酌以成之。言『婦人執其禮』，明非許嫁之笄。」正義：「賀瑒云：『十五許嫁而笄者，則主婦及女賓爲笄禮：主婦爲之著笄，女賓以醴禮之。未許嫁而笄者，則婦人禮之，無主婦、女賓，不備儀也。』」燕則鬈首。注：「既笄之後去之，猶若女有副紒也。」正義：「謂既笄之後，尋常在家燕居，則去其笄而鬈首，謂分髮爲鬌紒也。此既未許嫁，雖已笄，猶爲少者處之。」朱氏軾曰：「婦人，正謂主婦女賓。雖未許嫁，必以禮爲之笄，欲責以成人之道也，而不備儀可乎？燕則鬈首，謂有事時則笄，無事則不笄，非既笄輒釋，直待嫁而後笄也。」江氏永曰：「婦人執其禮，對冠禮男子執其禮也。」○婦見，賢偏反。鬈，音權，又居阮反。

韠長三尺，下廣二尺，上廣一尺。會去上五寸。紕以爵韋六寸，不至下五寸，純以素，紃以五采。注：「會，謂領上縫也。領之所用，蓋與紕同。在旁曰紕，在下曰純。素，生帛也。紕六寸者，中執之，表裏各三寸也。純紕所不至者五寸，與會去上同。紃施諸縫中，若今時絛也。」正義：「韠，韍也。旁緣謂之紕。上緣謂之會，以其在上總會之處，故謂之會，謂韠之領縫也。此縫去韠上畔廣五寸，下廣五寸。紕以爵韋六寸，謂會縫之下，韠之兩邊，倒攝之，兩廂各三寸也。純以素者，謂紕所不至之處，横純之以生帛，此帛上下亦闊五寸。紃，絛也。五采之絛，置於諸縫之中。純，緣也。純之上畔去韠下畔五寸，會之下畔去韠上畔五寸，以其俱五寸，故云『與會去上同』。」○韠，音必。會，古外反。紕，婢支反。純，之閏反。紃，音巡。

禮記訓纂卷二十二

喪大記第二十二

鄭目録云：「名曰喪大記者，以其記人君以下，始死、小斂、大斂、殯、葬之事。此於別録屬喪服。」劉先云：「記謂之大者，言其委曲詳備繁多，故云大。」

疾病，外内皆埽。注：「爲賓客將來問病也。疾困曰病。」君大夫徹縣，士去琴瑟。注：「聲音動人，病者欲静也。凡樂器，天子宫縣，諸侯軒縣，大夫判縣，士特縣。去琴瑟者，不命之士。」寢東首於北牖下。注：「謂君來視之時也。病者恒居北牖下。或爲『墉下』。」正義：「以東方生長，故東首，鄉生氣。士喪下篇云：『東首於北墉下。』若君來視之時，則暫時移鄉南牖下，東首，令君得南面而視之。」廢牀，徹褻衣，加新衣，體一人。注：「廢，去也。人始生在地，廢牀，庶其生氣反。徹褻衣，則所加者新朝服矣，互言之也。加朝服者，明其終於正也。體，手足也。四人持之，爲其不能自屈伸也。」男女改服。注：「爲賓客來問病，亦朝服也。庶人深衣。」正義：「案既夕禮云：『養者皆齊。』文王世子云：『則世子親齊玄而養。』至病困，易之以朝服。」屬纊以俟絶氣。注：「纊，今之新緜，易動摇，置口鼻之上以爲候。」儀禮既夕禮注云：「爲其氣微難節也。」男子不死於婦人之手，婦人不死於男子之手。注：「君子重終，爲其相褻。」彬按春秋成十八年穀梁傳：「男子不絶婦人之手，以齊終也。」○埽，悉報反。縣，音玄。牖，音酉。褻，息列反。屬，音燭。纊，音曠。

君夫人卒於路寢，大夫世婦卒於適寢，內子未命則死於下室，遷尸于寢，士、士之妻皆死于寢。注：「言死者必皆於正處也。寢、室通耳，其尊者所不燕焉。君謂之路寢，大夫謂之適寢，士或謂之適室。此變『命婦』言『世婦』者，明尊卑同也。世婦以君下寢之上爲適寢。內子，卿之妻也。下室，其燕處也。」正義：「君，謂諸侯。諸侯三寢，一正者曰路寢，餘二曰小寢。卒歸於正，故在路寢。夫人亦有三寢，一正，二小，亦卒正者也。內子未命，則初死在下室，至小斂後遷尸，乃復還其正寢也。」○適，丁歷反。

復，有林麓則虞人設階，無林麓則狄人設階。注：「復，招魂復魄也。階，所乘以升屋者。虞人，主林麓之官也。狄人，樂吏之賤者。階，梯也。簨虡之類。」說文：「林，平土有叢木曰林。麓，守山林吏也。一曰：林屬於山爲麓。」彬按士喪禮疏：「有林麓，謂君與夫人有國有采地者；無林麓，謂大夫士無采地者。」○麓，音鹿。

小臣復，復者朝服。君以卷，夫人以屈狄，大夫以玄赬，世婦以襢衣，士以爵弁，士妻以稅衣，皆升自東榮，中屋履危，北面三號，捲衣投于前，司服受之，降自西北榮。注：「小臣，君之近臣也。朝服而復，所以事君之衣也。用朝服而復之者，敬也。復用死者之祭服，以其求於神也。君以卷，謂上公也。夫人以屈狄，互言耳。上公以衮，則夫人用褘衣，而侯伯以鷩，其夫人用揄狄；子男以毳，其夫人乃用屈狄矣。赬，赤也。玄衣赤裳[一]，所謂『卿大夫自玄冕而下』之服也。其世婦亦以襢衣。榮，屋翼也。升東榮者，謂卿、大夫、士也。天子諸侯言『東霤』。危，棟上也。號，若云『皋某復』也。司服以篋待衣於堂前。」外傳：「人之精氣曰魂，形體謂之魄，合陰陽二氣

[一]「玄」，原誤「赤」，據禮記注疏改。

而生也。形勢則神逝，死則難復生也。孝子之心不能忍也，故升屋而招其魂神也，神智無涯也。鬼者復于上，氣絶而收其神，使反復於體也。」正義：「大夫士以下皆用近臣也。君以卷者，上公自衮冕而下。子男之夫人自屈狄而下。玄纁也。大夫招魂用玄冕、玄衣、纁裳。世婦，大夫妻也，其上服唯襢衣，故用招魂也。爵弁者，士亦用助祭上服。税衣，六衣之下也。榮，屋翼也。賀瑒云：『在屋兩頭似翼，故名屋翼也。』中屋，當屋東西之中央。履危者，踐履屋棟上高危之處而復也，北面，求陰之義也。必三號者，一號於上，冀神在天而來也；一號於下，冀神在地而來也；一號於中，冀神在天地之間而來也。鄭注士喪禮云：『臯，長聲也。』三招既竟，捲斂所復之衣，與司服之官，回往西北榮而下也。初復是求生，故升東榮而上求，既不得，故就幽陰而下也。」○卷，本又作「衮」。屈，音闕。赬，敕貞反。襢，知彦反。税，他亂反。號，户高反。捲，俱勉反。

其爲賓，則公館復，私館不復；其在野，則升其乘車之左轂而復。注：「私館，卿大夫之家也。不於之復，爲主人之惡。」○乘，繩證反。轂，工木反。

復衣不以衣尸，不以斂。注：「不以衣尸，謂不以襲也。復者，庶其生也，若以其衣襲斂，是用生施死，於義相反。士喪禮云：『以衣衣尸，浴而去之。』」○衣，於既反。斂，力驗反。

婦人復，不以袡。注：「袡，嫁時上服，而非事鬼神之衣。」○袡，而廉反。

凡復，男子稱名，婦人稱字。注：「婦人不以名行。」正義：「自殷以上，貴賤復，同呼名。周則天子稱『天子』，諸侯稱『某甫』，且字矣，大夫士稱名，婦人並稱字。」

唯哭先復，復而後行死事。注：「氣絶則哭，哭而復，復而不蘇，可以爲死事。」正義：「死事，謂正尸於牀及浴襲之屬也。」

始卒，主人啼，兄弟哭，婦人哭踊。注：「悲哀有深淺也。若嬰兒中路失母，能勿啼乎？」正義：「主人，孝子、男子、女子也。有聲曰哭。兄弟情比主人爲輕。婦人，衆婦也。宗婦亦啼。通上諸條並踊也。」

既正尸，子坐于東方；卿、大夫、父、兄、子姓立于東方；有司庶士哭于堂下，北面；夫人坐于西方；内命婦、姑、姊妹、子姓立于西方；外命婦率外宗哭于堂上，北面。注：「正尸者，謂遷尸牖下，南首也。子姓，謂衆子孫也，姓之言生也。其男子立于主人後，女子立于夫人後。世婦爲内命婦，卿大夫之妻爲外命婦。外宗，姑、姊妹之女。」正義：「明人君初喪，子及夫人以下哭位也。子，謂世子。東方，謂室内尸東。士喪禮云主人『入，坐於牀東，衆主人在其後』。又云：『親者在室。』鄭云：『謂大功以上。』依準士禮，父、兄、子姓大功以上正立于室内東方，但諸侯以上位尊，世子不宜與卿、大夫、父、兄、子姓俱在室内。卿大夫等或當在户外之東方，遥繼主人之後。有司庶士堂下北面者，以其卑。夫人坐于西方者，亦近尸。人君當以帷障之。内命婦，則子婦也。姑、姊妹，謂君姑、姊妹也。子姓，君女孫，皆立于西方也。外命婦，謂卿大夫妻。外宗等疏於内命婦，故在户外。婦人無堂下之位，故皆堂上北面。」

大夫之喪，主人坐于東方，主婦坐于西方。其有命夫命婦則坐，無則皆立。注：「命夫命婦來哭者，同宗父、兄、子姓，姑、姊妹、子姓也。凡此哭者，尊者坐，卑者立。」正義：「皇氏云：『若爵位尊者則坐，故上文君喪，子及夫人坐；大夫之喪，主人、主婦、命夫、命婦皆坐，是也。君之喪卿大夫皆立，大夫之喪非命夫命婦皆立，是也。此云『尊』『卑』，非謂對死者爲尊卑也。』」

士之喪，主人、父、兄、子姓皆坐于東方，主婦、姑、姊妹、子姓皆坐于西方。注：「士賤，同宗尊卑皆坐。」凡哭尸于室者，主人二手承衾而哭。注：「承衾哭者，哀慕若欲攀援。」

君之喪未小斂，爲寄公國賓出；大夫之喪未小斂，爲君命出；士之喪，於大夫不當斂則出。注：「父母始死悲哀，非所尊不出也。出者，或至庭，或至門。國賓，聘大夫。不當斂，其來非斂時。」正義：「不當斂，謂去小斂近。不當斂尚爲大夫出，若未小斂之前，爲大夫出可知也。此但云斂，不云襲者，未襲之前，唯士爲君命出，其餘則不出。故士喪禮未襲之前，『君使人弔，主人迎於寢門外，見賓不哭，先入門右』，君使退，主人哭拜送于門外。於時賓有大夫則特拜之，非特出迎賓也。雜記云『士喪當袒，大夫至，絶踊而拜之』，與此違者，皇氏云：『若正當斂時不出，若斂後有大夫至，則絶踊而拜之。』」○爲，于僞反。

凡主人之出也，徒跣，扱衽，廣雅：「扱，插也。」拊心，降自西階。君拜寄公國賓于位。大夫於君命，迎于寢門外，使者升堂致命，主人拜于下。士於大夫親弔，則與之哭，不逆於門外。注：「拜寄公國賓於位者，於庭鄉其位而拜之。此時寄公位在門西，國賓位在門東，皆北面。小斂之後，寄公東面，國賓門西，北面。士於大夫親弔，謂大夫身來弔士也。與之哭，既拜之，即位西階東面哭，大夫特來則北面。」正義：「降自西階者，不忍當主位。寄公，謂失位之君也。國賓，謂鄰國大夫來聘者。熊氏云：『凡賓弔，北面是其正。』又云：『小斂之後，主人位於阼階下西面。寄公稍依吉禮，漸就賓位，東面鄉主人也。國賓亦以小斂後漸吉，轉就門西賓位，但爵是卿大夫，猶北面也。』」○跣，悉典反。扱，初洽反。衽，而審反。拊，音撫。

夫人爲寄公夫人出，命婦爲夫人之命出，士妻不當斂則爲命婦出。注：「出，拜之於堂上也。此時寄公夫人命婦位在堂上北面，小斂之後，尸西，東面。」正義：「出，謂出房婦人不下堂，尊卑與夫同，故所爲出者亦同也。命婦亦同，其夫爲君命也。」

小斂，主人卽位于户内，主婦東面，乃斂。卒斂，主人馮之踊，主婦亦如之。主人袒，説髦，括髪以麻，婦人髽，帶麻于房中。注：「士既殯説髦，此云『小斂』，蓋諸侯禮也。士之既殯，諸侯之小斂，於死者俱三日也。婦人之髽，帶麻於房中，則西房也。天子諸侯有左右房。」正義：「初時尸在牖下，主人在尸東。今小斂當户内，故主人在户内稍東，西面。髦，幼時翦髪爲之，年長則垂著兩邊，明人子事親之義也。若父死説左髦，母死説右髦，二親並死則並説之。今小斂而説者，人君禮也。士小斂後，亦括髪，但未説髦耳。帶麻，謂婦人要絰也。士喪禮云：『婦人之帶，牡麻，結本，在房。』于房中者，爲男子説髦括髪在東房，婦人髽，帶麻於西房也。」呂與叔曰：「婦人不俟男子襲絰而先帶麻者，以其無絞帶布帶，且質略少變，故因髽而襲絰也。」○馮，皮冰反，本或作「憑」。袒，大旱反。説，他活反。髦，音毛。髽，側瓜反。

徹帷，男女奉尸夷于堂，降拜。注：「夷之言尸也。於遷尸，主人主婦以下從而奉之，孝敬之心。降拜，拜賓也。」正義：「初死，恐人惡之，故有帷也。至小斂，衣尸畢有飾，故除帷。此士禮耳，諸侯及大夫賓出乃徹帷。夷，陳也。降，下也。既陳於堂，則適子下堂拜賓也。」○奉，芳勇反。

君拜寄公國賓，大夫士拜卿大夫於位，於士旁三拜。夫人亦拜寄公夫人於堂上，大夫內子、士妻特拜命婦，氾拜衆賓於堂上。注：「衆賓，謂士妻也。尊者皆特拜，拜士與其妻皆旅之。」正義：「君，謂嗣君也。小斂畢，尸出堂，拜寄公及國賓，並就其位，鄉而拜之。旁，猶面也。士賤，不可人人拜之，故每一面三拜之。必三拜者，士有三等。婦人無下堂位，故夫人拜寄公妻於堂上也。卿妻曰內子，大夫妻曰命婦。不云『命婦』者，欲見卿妻與命婦同也。特，猶獨也，謂人人拜之。特拜命婦，則內子亦然。氾拜衆賓者，謂不特也。士妻賤，故氾拜之，亦旁三拜也。熊氏以爲大夫士拜卿、大夫、士者，是卿、大夫、士家自遭喪，小斂後拜卿大夫於位，士旁三拜。大夫內子、士妻，亦謂大夫士妻家自遭喪，小斂後拜命婦及拜士妻之禮。并言之者，以大夫士家喪小斂後拜賓同也。」主人即位，襲、帶、絰、踊。注：「即位，阼階之下位也。有襲絰乃踊，尊卑相變也。」正義：「按士喪禮先踊乃襲絰，此先襲絰乃踊，士爲卑，此據諸侯爲尊。」母之喪，即位而免，注：「記異者，禮斬衰括髮，齊衰免，以至成服而冠。爲母重，初亦括髮，既小斂則免。」正義：「爲父喪拜賓竟，即阼階下位，序東帶絰猶括髮。若母喪，拜賓竟，不復括髮，以免代之，至大斂乃成服也。」乃奠。注：「小斂奠也。」弔者襲裘，加武，帶絰，與主人拾踊。注：「始死，弔者朝服裼裘，如吉時也。小斂則改襲而加武與帶絰矣。武，吉冠之卷也。加武者，明不改冠，亦不免也。檀弓曰：『主人既小斂，子游趨而出，襲裘帶絰而入。』」正義：「謂小斂之後，弔者揜襲裘之上裼衣。若未小斂，弔者裘上有裼衣，裼衣上有朝服，開朝服，露裼衣。今小斂之後，弔者朝服揜襲裘上裼衣。帶，謂要帶。絰，謂首絰。以朋友之恩，故加帶與絰也。若無朋友恩，無帶，唯絰而已。拾，更也。謂主人先踊，婦人踊，弔者踊，三者三，是與主人更踊。」○氾，芳劒反。免，音問。拾，其劫反。

君喪，虞人出木角，狄人出壺，雍人出鼎，司馬縣之，乃官代哭。注：「代，更也。未殯，哭不絶聲，爲其罷倦，既小斂，可以爲漏刻分時而更哭也。木，給爨竈。角，以爲斞水斗。壺，漏水之器也。冬漏以火爨鼎，沸而後沃之。此挈壺氏所掌也，屬司馬。司馬涖縣其器。」正義：「虞人主山澤之官，故出木與角。狄人，樂吏，主挈壺漏水之器，故出壺。雍人主亨飪，故出鼎。冬月恐水凍則鼎漏遲，故取鼎煖水，用木爨鼎煮之。司馬，夏官卿，其屬有挈壺氏，掌知漏事。」大夫官代哭，不縣壺。注：「下君也。」士代哭，不以官。注：「自以親疏哭也。」君堂上二燭，下二燭；大夫堂上一燭，下二燭；士堂上一燭，下一燭。注：「燭，所以照饌也。滅燎而設燭。」正義：「有喪則於中庭終夜設燎，至曉滅燎，而日光未明，故須燭以照祭饌也。」

賓出，徹帷。注：「君與大夫之禮也。士卒斂即徹帷。徹，或爲廢。」

哭尸于堂上，主人在東方，由外來者在西方，諸婦南鄉。注：「由外來，謂奔喪者也。無奔喪者，婦人猶東面。」正義：「由，從也。於時有新奔喪從外來者，則居尸西方，欲見異于在家者。婦人本在西方東鄉，今有外新奔者，故移辟之，而近北以鄉南也。」○鄉，許亮反。

婦人迎客送客不下堂，下堂不哭。男子出寢門見人，不哭。注：「婦人所有事自堂及房，男子所有事自堂及門，非其事處而哭，猶野哭也。出門見人，謂迎賓也。」正義：「婦人質，故迎送不下堂。若君夫人弔，則主婦下堂，至庭稽顙而不哭也。男子遭喪，敵者來弔不出門，若有君命，則出門迎，亦不哭也。」其無女主，則男主拜女賓于寢門內，其無男主，則女主拜男賓于阼階下。子幼，則以衰抱之，人爲之拜。爲後者不在，則有爵者辭，無爵者人爲之拜。在竟内則俟之，在竟外則殯葬可也。喪有無後，無無主。注：「拜者，皆拜賓於位也。爲後者有爵，攝主爲之辭於賓耳，不敢當尊者禮也。」正義：「此以下明喪無主而攝者禮也。辭者，不在家之主有官爵，攝主無爵，則辭謝於賓，不敢拜賓。主行近在國竟之内，則俟其還乃殯葬。若主行在國外，計不可待則殯，又不可待則葬可也。喪有無後，無無主者，己自絶嗣，無關於人，若無主，則對賓有闕，故四鄰、里尹主之也。」

○衰，七雷反。爲，于僞反。

君之喪，三日，子夫人杖，五日既殯，授大夫世婦杖。子大夫寢門之外杖，寢門之内輯之；夫人世婦在其次則杖，卽位則使人執之。子有王命則去杖，國君之命則輯杖，聽卜有事於尸則去杖。大夫於君所則輯杖，於大夫所則杖。注：「三日者，死之後三日也。爲君杖不同日，人君禮大，可以見親疏也。輯，斂也。斂者，謂舉之，不以柱地也。夫人世婦次於房中，卽位堂上，堂上近尸殯，使人執杖，不敢自持也。子於國君之命輯杖，下成君，不敢敵之也。卜，卜葬卜日也。凡喪祭，虞而有尸。大夫於君所輯杖，謂與之俱卽寢門外位也，獨焉則杖。君，謂子也。於大夫所杖，俱爲君杖，不相下也。」正義：「子，謂兼適庶及世子也。寢門，殯宫門也。廬在寢門外，得持杖柱地行。殯柩在門内，故入門斂之。若庶子至寢門，則去杖。大夫與子同者，不與子相隨也。若與子隨，子杖則大夫輯，子輯則大夫去杖。次，謂婦人居喪之地，在房内則持杖；堂上有殯，若出房則使人執之自隨。子，亦謂世子也。若有天子之命，則不敢杖。若鄰國之君使人來弔，世子自卑，未敢比成君，故斂杖。聽卜，謂卜葬卜日也。有事於尸，謂虞及卒哭、祔祭事尸時也。熊氏云：『子杖，通女子在室者。若嫁爲他國夫人，則不杖；嫁爲卿大夫之妻，與大夫同五日杖也。』」○輯，側立反。

大夫之喪，三日之朝既殯，主人、主婦、室老皆杖。大夫有君命則去杖，大夫之命則輯杖。內子爲夫人之命去杖，爲世婦之命授人杖。注：「大夫有君命去杖，此指大夫之子也。而云『大夫』者，通實大夫有父母之喪也。授人杖，與使人執之同也。」正義：「大夫之喪，不舉『命婦』而舉『內子』卿妻者，舉『內子』則命婦可知也。」○爲，于僞反。

士之喪，二日而殯，三日之朝，主人杖，婦人皆杖。於君命、夫人之命如大夫，於大夫、世婦之命如大夫。注：「士二日而殯者，下大夫也。士之禮，死與往日，生與來日。此『二日』，於死者亦得三日也。婦人皆杖，謂主婦，容妾爲君，女子子在室者。」正義：「如大夫者，謂士之子於君命，其妻於夫人之命，如大夫之禮，皆去杖，於大夫之命則輯杖，世婦之命則授人杖。」子皆杖，不以卽位。注：「子，謂凡庶子也。不以卽位，與去杖同。」正義：「皇氏云：『子，謂大夫士之庶子。不以杖卽位，辟適子也。』熊氏云：『此文承上君、大夫、士之喪，則此謂君、大夫、士之庶子。』」大夫士哭殯則杖，哭柩則輯杖。注：「哭殯，謂既塗也。哭柩，謂啓後也。大夫士之子於父，父也，尊近，哭殯可以杖。天子諸侯之子於父，父也，君也，尊遠，杖不入廟門。」

棄杖者，斷而棄之於隱者。注：「杖以喪至尊，爲人得而褻之也。」正義：「大祥斷之，不堪他用。棄於幽隱之地，使不穢污。」

君設大盤，造冰焉；大夫設夷盤，造冰焉；士併瓦盤，無冰。設牀，襢笫，有枕。含一牀，襲一牀，遷尸于堂又一牀，皆有枕席，君、大夫、士一也。注：「此事皆沐浴之後，宜承『濡濯棄於坎』下，札爛脱在此耳。造，猶内也。襢第，袒簀也，謂無席，如浴時牀也。禮，自仲春之後，尸既襲，既小斂，先内冰盤中，乃設牀於其上，不施席而遷尸焉，秋涼而止。士不用冰，以瓦爲盤，併以盛水耳。漢禮，大盤廣八尺，長丈二，深三尺，赤中，夷盤小焉。周禮，天子夷盤。士喪禮君賜冰，亦用夷盤。然則其制宜同之。」正義：「浴時無席，爲漏水也。設冰無席，爲通寒氣也。諸侯之士既卑，若無君賜，何得用冰？」○盤，本又作「槃」，步干反。造，七報反。併，步頂反。襢，之善反。第，側里反。

始死，遷尸于牀，幠用斂衾，去死衣，小臣楔齒用角柶。鄭衆注玉府云：「角柶，角匕也，以楔齒，令可飯含。」綴足用燕几，君、大夫、士一也。注：「牀，謂所設牀第當牖者也。士喪禮曰：『士死於適室，幠用斂衾。』去死衣，病時所加新衣及復衣也，去之以俟沐浴。」正義：「遷尸于牀者，尸初在地，冀生氣復，而既不生，故遷尸于牀，而近南當牖也。幠，覆也。斂衾者，將擬大斂之時衾被也。楔，柱也。柶，以角爲之，長六寸，兩頭曲屈。爲將含，恐口閉急，故以柶柱張尸齒令開也。用燕几者，爲尸應著屨，恐足辟戾，用燕几綴拘之令直也。既夕禮『綴足用燕几，校在南』，鄭注云：『尸南首，几脛在南以拘足。』自『始死』至此貴賤同。」○幠，荒胡反。楔，桑結反。柶，音四。綴，丁劣反。

管人汲，不説繘，屈之，盡階不升堂，授御者。御者入浴，小臣四人抗衾。御者二人浴，浴水用盆，沃水用枓，浴用絺巾，挋用浴衣，如它日。小臣爪足，浴餘水棄于坎。其母之喪，則内御者抗衾而浴。注：「抗衾者，蔽上，重形也。挋，拭也。爪足，斷足爪也。」正義：「管人，主館舍者。繘，汲水瓶索也。遽促於事，故不説去井索，但縈屈執之於手中。水從西階而升，不上堂。用盆盛浴水，用枓酌盆水沃尸。熊氏云：『用盤於牀下承浴水。』絺是細葛，除垢爲易，故用之也。用生時浴衣。拭尸肉，令燥也。坎者，甸人所掘，於階間取土爲竈之坎。甸人，主郊野之官。内外宜别，故母之喪用内御舉衾也。内御，婦人。」○汲，音急。説，吐活反。絺，均必反。抗，苦浪反。盆，蒲奔反。沃，烏谷反。枓，音主，又音斗。挋，音震。

管人汲，授御者，御者差沐于堂上。君沐粱，大夫沐稷，士沐粱。甸人爲垼于西牆下，陶人出重鬲。管人受沐，乃煑之，甸人取所徹廟之西北厞薪，用爨之。管人授御者沐，乃沐。沐用瓦盤，挋用巾，如它日。小臣爪手翦須。濡濯棄于坎。注：「差，淅也。淅飯米，取其潘以爲沐也。浴沃用枓，沐於盤中，交相變也。士喪禮沐稻，此云『士沐粱』，蓋天子之士也。以差率而上之，天子沐黍與？」正義：「士垼塹竈，甸人具此以煑沐汁。陶人，作瓦器之官也。重鬲，謂縣重之罌也。是瓦瓶，受三升，以沐米爲粥，實於瓶，以疏布冪口，繫以篾縣之，覆以葦席。管人受淅汁，往西牆，於垼竈鬲中煑之也。爨，然也。甸人爲竈竟，又取復魄人所徹正寢西北厞，以然竈煑沐汁也。乃沐者，御者受汁，入爲尸沐也。挋用巾者，用巾拭髮及面也。如它日，如平生也。皇氏云：『濡，謂煩撋其髮。濯，謂不淨之汁也。言所濡濯汁，棄於坎中。』案既夕禮云：『掘坎南順，廣尺，輪二尺，深三尺，南其壤。』此沐汁棄於坎，則浴汁亦然。」○差，七何反。垼，音役。重，直龍反。鬲，音歷。厞，扶味反。爨，七亂反。

君之喪，子、大夫、公子、衆士皆三日不食。子、大夫、公子食粥，納財，朝一溢米，莫一溢米，食之無筭。士疏食水飲，食之無筭。夫人、世婦、諸妻皆疏食水飲，食之無筭。

注：「納財，謂食穀也。二十兩曰溢。於粟米之法，一溢爲米一升二十四分升之一。諸妻，御妾也。同言『無筭』，則是皆一溢米，或粥或飯。」正義：「此一節廣明五服之喪，自初死至除服，君及大夫士食飲之節。居喪病困，不能頓食，隨須則食，故云『無筭』。疏，麤也。食，飯也。士賤病輕，故疏食爲飯。婦人質弱，恐食粥傷性，故言『疏食水飲』也。」○粥，之育反。莫，音暮。食，音嗣。

大夫之喪，主人、室老、子姓皆食粥，衆士疏食水飲，妻妾疏食水飲，注：「室老，其貴臣也。衆士，所謂『衆臣』。」士亦如之。注：「如其子食粥，妻妾疏食水飲。」正義：「子姓，謂孫也。不云『衆子』者，『主人』中兼之。案喪服傳云：『卿大夫室老、士，貴臣，其餘皆衆臣。』檀弓：『主人主婦歠粥。』此皆疏食者，熊氏云：『檀弓云「主婦」，謂女主也。』」

既葬，主人疏食水飲，不食菜果，婦人亦如之，君、大夫、士一也。練而食菜果，祥而食肉。注：「果，瓜桃之屬。」正義：「熊氏云：『既葬哀殺，可以疏食，不復用一溢米也。』」食粥於盛，不盥，食於篹者盥。食菜以醯醬。始食肉者先食乾肉，始飲酒者先飲醴酒。注：「盛，謂今時杯杅也。篹，竹筥也。歠者不盥，手飯者盥。篹，或作簨。」正義：「歠粥不用手，故不盥。篹，謂竹筥。飯盛於篹，以手就篹取飯，故盥也。『食肉』『飲酒』，文承『既祥』之下，謂祥後也。然閒傳曰『父母之喪』，『大祥有醯醬』，『禫而飲醴酒』。庾氏云：『大祥既鼓琴，亦可食乾肉矣。且既祥食果，則食醯醬無嫌矣。』熊氏云：『此據病不能食者，練而食醯醬，祥而飲酒也。』」○盥，古緩反。篹，本又作「匱」，又作「算」，悉緩反。醯，呼雞反。

期之喪，三不食，食疏食，水飲，不食菜果。三月既葬，食肉飲酒。期，終喪不食肉，不飲酒。父在，爲母爲妻，九月之喪，食飲猶期之喪也。食肉飲酒，不與人樂之。注：「食肉飲酒，亦謂既葬。」正義：「三不食，謂大夫士旁期之喪，其正服則二日不食也。」○期，音基。

五月三月之喪，壹不食，再不食可也。比葬，食肉飲酒，不與人樂之。叔母、世母，故主、宗子，食肉飲酒。注：「義服恩輕也。故主，謂舊君也。言『故主』者，關大夫君也。」正義：「壹不食，謂緦麻；再不食，謂小功。容殤降之緦麻再不食，義服小功壹不食。」不能食粥，羹之以菜可也。注：「謂性不能者，可食飯菜羹。」有疾，食肉飲酒可也。注：「爲其氣微。」

五十不成喪，注：「成，猶備也。所不能備，謂不致毁，不散送之屬也。」七十唯衰麻在身。注：「言其餘居處飲食與吉時同也。」

既葬，若君食之則食之，大夫、父之友食之則食之矣。不辟粱肉，若有酒醴則辭。注：「尊者之前，可以食美也。變於顔色亦不可。」正義：「葬後情殺，可從尊者奪也。」王氏念孫曰：「君，皆指諸侯言之。」彬案荀子大略篇：「君若父之友食之，則食矣，不辟粱肉。」記稱大夫、父之友食之。○食，音嗣。辟，音避。

小斂於户内，大斂於阼。君以簟席，大夫以蒲席，士以葦席。注：「簟，細葦席也。三者下皆有莞。」正義：「案士喪禮記云『設牀，當牖，下莞上簟』，士喪經云『布席户内，下莞上簟』，謂小斂也。大斂云：『布席如初。』」○簟，徒點反。葦，于鬼反。

小斂布絞，縮者一，橫者三。君錦衾，大夫縞衾，士緇衾，皆一，衣十有九稱。君陳衣于序東，大夫士陳衣于房中，皆西領，北上，絞紟不在列。注：「絞，既斂所用束堅之者。縮，從也。衣十有九稱，法天地之終數也。士喪禮小斂『陳衣於房中，南領，西上』，與大夫異。今此同，亦蓋天子之士也。絞紟不在列，以其不成稱，不連數也。小斂無紟，因絞不在列見之也。或曰：縮者二。」正義：「以布爲絞，置於尸下。從者在橫者之上。每幅之末，析爲三片，以結束爲便也。」○絞，户交反。縞，古老反。稱，尺證反。紟，其鴆反。

大斂布絞，縮者三，橫者五，布紟，二衾，君、大夫、士一也。君陳衣于庭，百稱，北領，西上。大夫陳衣于序東，五十稱，西領，南上。士陳衣于序東，三十稱，西領，南上。絞紟如朝服。絞一幅爲三，不辟。紟五幅，無紞。注：「二衾者，或覆之，或薦之。如朝服者，謂布精麤。朝服十五升。小斂之絞也，廣終幅，析其末，以爲堅之强也。大斂之絞，一幅三析用之，以爲堅之急也。紞，以組類爲之，綴之領側，若今被識矣。生時禪被有識，死者去之，異於生也。士喪禮『大斂亦「陳衣於房中，南領，西上」』，與大夫異。今此又同，亦蓋天子之士。紞，或爲點。」正義：「縮者三者，謂取布一幅，分裂之，作三片，兩頭裂，中央不通。橫者五者，又取布二幅，分裂之，作六片，而用五片橫之於縮下也。二衾者，一是始死覆尸者，一是大斂時復制。百稱者，鄭注雜記『天子十二稱』，則此大斂當百二十稱。今云『百稱』，據上公舉全數言之。北領者，謂尸在堂，由西階取之便也。小斂衣少，統於尸，故北上。大斂衣多，南上，取之便也。絞一幅爲三者，謂以一幅之布分爲三段。辟，擘也。言小斂絞全幅，析裂其末爲三。而大斂之絞既小，不復擘裂其末。」○辟，補麥反，又音璧。紞，丁覽反。

小斂之衣，祭服不倒。注：「尊祭服也。斂者要方，散衣有倒。」君無襚。大夫士畢主人之祭服，親戚之衣受之，不以即陳。注：「無襚者，不陳，不以斂。」盧注：「畢，盡也。小斂盡主人衣美者，乃用賓客襚衣之美者。欲以美之，故言『祭服』也。」小斂，君、大夫、士皆用複衣複衾。大斂，君、大夫、士祭服無筭。君褶衣褶衾，大夫士猶小斂也。注：「褶，袷也。君衣尚多，去其著也。」正義：「小斂十九稱，不悉著之，但用裹尸，要取其方而衣有倒領在足間者。大夫士小斂，先畢用己正服，後乃用賓客襚者也。筭，數也。大斂之時，所有祭服皆用之，無限數也。」○倒，丁老反。褶，音牒。袷，古洽反。

袍必有表，不禪，衣必有裳，謂之一稱。注：「袍，褻衣，必有以表之，乃成稱也。雜記曰『子羔之襲，繭衣裳與稅衣、纁袡爲一』，是也。」正義：「熊氏云：『褻衣所用，尊卑不同。』士喪禮『陳襲事』，『爵弁服、皮弁服、褖衣』，注云：『褖，所以表袍者。』是襲有袍。士喪禮小斂云『祭服次，散衣次』，注云：『褖衣以下袍繭之屬。』是小斂有袍。士喪禮大斂『散衣』，是亦有袍。」○袍，步毛反。禪，音丹。

凡陳衣者實之篋，取衣者亦以篋，升降者自西階。注：「取，猶受也。」吴幼清曰：「自西階者，不敢由主人之階也。」凡陳衣不詘，非列采不入，絺綌紵不入。注：「不屈，謂舒而不卷也。列采，謂正服之色也。絺綌紵者，當暑之褻衣也。襲尸，重形，冬夏用袍，及斂則用正服。」正義：「列采，謂五方正色。非列采，謂雜色也。絺，細葛。綌，麤葛。紵是紵布。」○篋，苦協反。詘，丘勿反。紵，直呂反。

凡斂者袒，遷尸者襲。注：「袒者，於事便也。」君之喪，大胥是斂，衆胥佐之；大夫之喪，大胥侍之，衆胥是斂；士之喪，胥爲侍，士是斂。注：「胥，樂官也，不掌喪事。胥當爲祝，字之誤也。侍，猶臨也。大祝之職，大喪贊斂。喪祝，卿大夫之喪掌斂。士喪禮商祝主斂。」正義：「凡斂，謂執大小斂事也。遷尸者，大斂於地，乃遷尸入棺。大祝是接神者，故使之執斂事也。衆祝，喪祝也。衆祝賤，故副佐大祝也。大夫之大祝，猶君之大祝也。大夫卑，故大祝臨之。喪祝卑，故親執斂也。胥，亦喪祝也。士是斂者，士之朋友來助斂也。士喪禮云『士舉遷尸』，是也。」○胥，依注作「祝」，之六反。

小斂大斂，祭服不倒，皆左衽，結絞不紐。注：「左衽，衽鄉左，反生時也。」正義：「衽，衣襟也。生鄉右，左手解抽帶便也。死則襟鄉左，示不復解也。結絞不紐者，生時帶並爲屈紐，使易抽解，死則無復解，故絞束畢結之，不爲紐也。」○紐，女九反。

斂者既斂必哭。士與其執事則斂，斂焉則爲之壹不食。凡斂者六人。注：「斂者必使所與執事者，不欲妄人褻之。執，或爲槸。」王氏引之曰：「與其執事，文義不明，蓋共之譌也。與，當如字讀。注云『所與執事』，亦如字讀。」正義：「斂者，卽謂大祝衆祝之屬也。既斂，是斂竟也。皆哭者，以其與亡者或臣舊，或有恩，手爲執事，專心則增感，故哭也。士與其執事則斂者，釋前『士是斂』義也。謂平生與亡者共執事，今與喪所，則助斂也。生經有恩，又爲之斂，爲之廢壹食也。凡者，貴賤同也。兩邊各三人，故用六人。」○與，音預。

君錦冒，黼殺，綴旁七；大夫玄冒，黼殺，綴旁五；士緇冒，赬殺，綴旁三。凡冒，質長與手齊，殺三尺。自小斂以往用夷衾，夷衾質殺之裁猶冒也。注：「冒者，既襲所以韜尸，重形也。殺，冒之下帬，韜足上行者也。小斂又覆以夷衾。裁，猶制也，字或爲材。」正義：「冒，謂襲後小斂前所用以韜尸也。作兩囊，每輒橫縫，合一頭，又縫連一邊，餘一邊不縫，兩囊皆然也。上曰質，下曰殺。君質用錦，殺用黼。鄭注士喪禮云：『冒，韜尸者，制如直囊，上曰質，下曰殺。質，正也。其用之，先以殺韜足而上，後以質韜首而下。』」綴旁七者，不縫之邊，上下安七帶，綴以結之。綴旁三者，尊卑之差也。鄭注士喪禮云：『上玄下纁，象天地也。』以此推之，士赬殺，則君大夫畫殺爲斧文。凡，謂貴賤通名。質從頭韜來至下，與手齊。殺從足韜上，長三尺。往，猶後也。自小斂後，衣多不可用冒，故用夷衾覆之也。言夷衾所用，上齊於手，下三尺，所用繒色，及長短制度如冒之質殺，但不復爲囊及旁綴也。」○冒，莫報反。黼，音甫。殺，色界反。裁，才甫反。

君將大斂，子弁絰即位于序端；卿大夫即位于堂廉楹西，北面，東上；父兄堂下北面；夫人命婦尸西東面；外宗房中南面。小臣鋪席，商祝鋪絞、紟、衾、衣，士盥于盤上。士舉遷尸于斂上。卒斂，宰告，子馮之踊，夫人東面亦如之。注：「子弁絰者，未成服。弁如爵弁而素。大夫之喪，子亦弁絰。」正義：「端，謂序之南頭也。堂廉，謂堂基南畔廉棱之上。楹，謂南近堂廉者。子位既在東序端，故群臣列於東楹之西也。父兄不仕者，以其賤，故在堂下鄉北，以東爲上也。外宗，君之姑、姊妹之女，及姨舅之女也。輕，故在房中而鄉南也。鋪席，謂下莞上簟，敷於阼階上，供大斂也。商祝，周禮喪祝也。士，亦喪祝之屬也。周禮喪祝：『上士二人，中士四人，下士八人。』斂上，即斂處也。宰，大宰也。斂畢，大宰告孝子。獨云『夫人馮』者，命婦賤，不得馮也。馮竟，乃斂於棺。」○鋪，普吳反。

大夫之喪，將大斂，既鋪絞、紟、衾、衣，君至，主人迎，先入門右。七經孟子考文曰：「古本無門字。」王氏引之曰：「玩鄭注，經文無門字可知。鄉飲酒禮：『主人揖，先入。』鄭注曰：『先入門而西面。』鄉射禮：『主人以賓揖，先入。』注曰：『先入，入門右。』經但言入，注增門字以釋之，正與此同。」巫止于門外。君釋菜，祝先入，升堂。君卽位于序端；卿大夫卽位于堂廉，楹西，北面，東上；主人房外南面；主婦尸西，東面〔一〕。遷尸。卒斂，宰告，主人降，北面于堂下，君撫之，主人拜稽顙。君降，升主人馮之，命主婦馮之。注：「先入右者，入門而右也。巫止者，君行必與巫，巫主辟凶邪也。釋菜，禮門神也。必禮門神者，禮，君非問疾弔喪不入諸臣之家也。主人房外南面，大夫之子尊，得升視斂也。」正義：「主人，適子也。先入門右者，右，門內東邊也。士喪禮云：『見馬首不哭，還入門右，北面。』又曰：『巫止於廟門外，祝代之。』故先於君而入門，升自阼階也。君卽位于序端，升堂卽位于阼階上之東，是適子臨斂處也。君升，主人亦升，立君之北，東房之外鄉南，俱欲視斂也。君撫之者，君臣情重，故斂竟而君以手撫尸也。升主人，君命升之，又命主婦馮之也。」

士之喪，將大斂，君不在，其餘禮猶大夫也。注：「其餘，謂卿大夫及主婦之位。」正義：「卿大夫位亦在堂廉近西也。」

鋪絞紟踊，鋪衾踊，鋪衣踊，遷尸踊。斂衣踊，斂衾踊，衾絞紟踊。注：「目孝子踊節。」

君撫大夫，撫內命婦；大夫撫室老，撫姪娣。注：「撫，以手案之也。內命婦，君之世婦。」君大

〔一〕「東」，原誤「南」，據禮記注疏改。

夫馮父、母、妻、長子，不馮庶子。士馮父、母、妻、長子、庶子，庶子有子，則父母不馮其尸。盧注：「賤者，略也。」凡馮尸者，父母先，妻子後。注：「目於其親所馮也。馮，謂扶持服膺。」君於臣撫之，正義：「君尊，但以手撫按尸心，身不服膺也。」父母於子執之。盧注：「執當心上衣也。」子於父母馮之，婦於舅姑奉之。盧注：「尊，故捧當心上衣也。」舅姑於婦撫之。妻於夫拘之，盧注：「拘，輕於馮。重於執也。」正義：「庾云：『拘者，微引心上衣也。』賀云：『拘其衣衾領之交也。』」夫於妻、於昆弟執之。注：「此恩之深淺尊卑之儀也。馮之類必當心。」正義：「賀云：『執其心上衣也。』」馮尸不當君所。注：「不敢與尊者所馮同處。」凡馮尸，興必踊。注：「悲哀之至，馮尸必坐。」正義：「大夫以室老爲貴臣，姪娣爲貴妾，死則爲之服，故並撫之也。君大夫馮父、母、妻、長子者，主此四人喪，故同馮之。馮者爲重，奉次之，拘次之，執次之，尊者則馮奉，卑者則撫執。」○姪，大結反。娣，大計反。奉，芳勇反。拘，音俱。

父母之喪，居倚廬，不塗，寢苫枕凷，非喪事不言。君爲廬宮之，大夫士襢之。注：「宮，謂圍障之也。襢，袒也，謂不障。」正義：「倚廬者，謂於中門之外，東牆下倚木爲廬，但以草夾障，不以泥塗之也。孝子居廬中，寢卧於苫，頭枕於凷。志在悲哀，若非喪事，口不言說。宮之者，謂廬外以帷障之如宮牆。襢，袒也。其廬袒露，不帷障也。」○苫，始占反。凷，苦内反。襢，章善反。

既葬，柱楣，塗廬不於顯者，君、大夫、士皆宮之。注：「不於顯者，不塗見面。」正義：「既葬情殺，故柱楣稍舉，以納日光，又以泥塗，辟風寒。不於顯者，不塗廬外顯處。」○柱，張主反。

凡非適子者，自未葬，以於隱者爲廬。注：「不欲人屬目，蓋廬於東南角。既葬猶然。」既葬，與人立。君言王事，不言國事。大夫士言公事，不言家事。注：「此常禮也。」正義：「君，諸侯也。王，天子也。」

君既葬，王政入於國，既卒哭，而服王事。大夫士既葬，公政入於家，既卒哭，弁、絰、帶，金革之事無辟也。注：「此權禮也。弁、絰、帶者，變喪服而弔服。輕，可以卽事也。」正義：「庾云：『此言君既葬，王政便入國。侯卒哭，乃身服王事。前云「君言王事」，謂答所訪逮而已，王政未入於國也。』金革之事無辟者，此謂服國事也。弁、絰、帶者，弔服也。變服重，弔服輕，故從戎便也。此與君互也。此言『服弁絰』，則國君亦弁絰；國君言『服王事』，則此亦服國事。但君尊，不言奪服耳。」○辟，音避。

既練，居堊室，不與人居。君謀國政，大夫士謀家事。既祥，黝堊。祥而外無哭者，禫而內無哭者，樂作矣故也。注：「黝堊，堊室之飾也。地謂之黝，牆謂之堊。外無哭者，於門外不哭也。內無哭者，入門不哭也。祥踰月而可作樂，樂作無哭者。黝堊，或爲『要期』。禫，或皆作道。」正義：「祥，大祥也。黝，黑也，平治其地令黑也。堊，白也。新塗堊於牆壁令白，稍飾故也。外，中門外，卽堊室中也。祥之日鼓素琴，故中門外不哭也。若有弔者，則入卽位哭。」禫而從御，吉祭而復寢。注：「從御，御婦人也。復寢，不復宿殯宮也。」○黝，於糾反。堊，烏各反。禫，大感反。

期，居廬，終喪不御於內者。父在，爲母爲妻。齊衰期者，大功布衰九月者，皆三月不御於内。婦人不居廬，不寢苫。喪父母，既練而歸；期九月者，既葬而歸。注：「歸，謂歸夫家也。」正義：「謂禫祭之後，同月之内值吉祭之節，行吉祭訖而復寢。若不當四時吉祭，踰月吉祭乃復寢。女子出嫁，爲祖父母及兄弟爲父後者，皆期九月，謂本是期而降在大功者。案喪服『女子爲父母』，『卒哭，折笄首』，玄謂『卒哭，喪之大事畢，可以歸於夫家。』此云『既練歸』，不同者，熊氏云：『喪服注云「卒哭可以歸」，是可歸之節，其實歸時在練後也。』」

公之喪，大夫俟練，士卒哭而歸。注：「此公，公士、大夫有地者也。其大夫士歸者，謂素在君所食都邑之臣。」正義：「案雜記『大夫次於公館以終喪，士練而歸』，故知此非正君。」

大夫士，父母之喪既練而歸，朔月忌日則歸哭于宗室；諸父兄弟之喪，既卒哭而歸。注：「歸，謂歸其宮也。忌日，死日也。宗室，宗子之家，謂殯宮也。禮，命士以上，父子異宮。」正義：「隱義曰：『大夫士父母之喪，既小祥而歸，庶子爲大夫士者也，適子終喪在殯宮也。』朔月，朔望也。諸父兄弟之喪，賀氏云『此弟，謂適弟』，則庶兄爲之次，至卒哭乃歸也。下云『兄不次於弟』，謂庶弟也。」

父不次於子，兄不次於弟。注：「謂不就其殯宮爲次而居。」正義：「喪既畢，故尊者不居其殯宮次也。」君於大夫世婦，大斂焉；爲之賜，則小斂焉。注：「爲之賜，謂有恩惠也。」正義：「此世婦，謂内命婦。君於大夫大斂是常，小斂是恩賜。案隱元年『公子益師卒，君不與小斂，故不書日。』熊氏云：『彼謂卿也。卿則小斂焉，爲之賜，則未襲而往。』」於外命婦，既加蓋而君至，注：「於臣之妻略也。」於士，既殯而往，爲之賜，大斂焉。夫人於世婦，大斂焉，爲之賜，小斂焉；於諸妻，爲之賜，大斂焉。於大夫外命婦，既殯而往。大夫士既殯而君往焉，使人戒之。主人具殷奠之禮，俟于門外。見馬首，先入門右。巫止于門外，祝代之先。君釋菜于門內，祝先升自阼階，負墉南面。君卽位于阼，小臣二人執戈立于前，二人立于後。注：「殷，猶大也。朝夕小奠，至月朔則大奠。君將來，則具大奠之禮以待之，榮君之來也。祝負墉南面，直君北，房户東也。小臣執戈先後君，君升而夾階立。大夫殯卽成服，成服則君亦成服，錫衰而往弔之。」正義：「諸妻，姪娣及同姓女也。若夫人姪娣，尊同世婦。墉，壁也。君卽位于阼者，主人不敢有其室，故君位于阼而西鄉也。」盧云：「『上言「卽位于序端」』，謂君臨大夫將大斂時，禮未成，辟執事，故卽位于序端。此是大夫士既殯而君往，禮已成，故卽位于阼階也。』」擯者進，注：「當贊主人也。始立門東北面。」正義：「君既升阼，則擯者進於孝子前，告孝子使行禮也。」主人拜稽顙。君稱言，視祝而踊，主人踊。注：「稱言，舉所以來之辭也。視祝而踊，祝相君之禮，當節之也。」正義：「稱，舉也，謂弔辭也。」大夫則奠可也，士則出俟于門外，命之反奠乃反奠。卒奠，主人先俟于門外。君退，主人送于門外，拜稽顙。注：「迎不拜，拜送者，拜迎則爲君之答己。」正義：「大夫則奠可也者，君既在阼，主人在庭踊畢，則釋此殷奠于殯可也。士卑，不敢留君待奠，故先出俟君于門外，君使人命反設奠，乃入設奠也。」

君於大夫疾，三問之；在殯，三往焉。士疾，壹問之；在殯，壹往焉。注：「所以致殷勤也。」應子和曰：「古之君臣，猶一體也，頭目手足，疾痛慘楚，彼此無不相應。君臣猶一家也，父兄子弟，吉凶休戚，上下無不相關。視之如一體，故疾則君三問再問，喪則或撫或踊，真若手足之虧折焉。視之如一家，故君喪則大夫士位乎東，世婦士妻位乎西，不啻父兄之痛也。」

君弔，則復殯服。注：「復，反也。反其未殯未成服之服，新君事也。謂臣喪既殯後，君乃始來弔也。復，或爲服。」正義：「謂臣喪大斂與殯之時，君有故不得來，至殯後君始來弔，主人則苴絰，免，布深衣，不散帶。故小記云：『君弔，雖不當免時也，主人必免。』注云：『爲人君變，貶於大斂之前，既啓之後也。』」

夫人弔於大夫士，主人出迎于門外，見馬首，先入門右。夫人入，升堂卽位，主婦降自西階，拜稽顙于下。夫人視世子而踊，奠如君至之禮。夫人退，主婦送于門內，拜稽顙，主人送于大門之外，不拜。注：「視世子而踊，世子從夫人，夫人以爲節也。世子之從夫人，位如祝從君也。」正義：「主婦，臣妻也。既夫人來弔，故婦人爲主人。世子，夫人之世子。夫人來則世子在前道引，其禮如祝道君也。主婦送于門內，門，寢門也。婦人迎送不出門，故夫人去，於路寢門內而拜送之。主人送于大門之外，不拜者，喪無二主，主婦已拜，故主人不拜。」應子和曰：「君於外命婦既殯往，夫人於大夫士之家亦往弔之。夫人之行，世子實侍之，君視祝而踊，夫人則視世子而踊，退則送夫人猶待君也。主婦拜稽顙於下，執妾禮，猶臣禮也。主人迎而先入門右，夫人升自阼階，待於門內。婦人不下堂，特至門者，爲所尊變也。主人迎於門外，送亦如之，所以代主婦伸敬也。門外者，男子所有事，婦人迎送不出門，雖對所尊而不敢變也。」

大夫君，不迎于門外，入卽位于堂下。主人北面，衆主人南面，婦人卽位于房中。若有君命，命夫命婦之命，四鄰賓客，其君後主人而拜。注：「入卽位於下，不升堂，而立阼階之下，西面，下正君也。衆主人南面於其北，婦人卽位于房中，君雖不升堂，猶辟之也。後主人而拜者，將拜賓，使主人陪其後，而君前拜。不俱拜者，主人無二也。」正義：「不迎于門外者，貶於正君。主人，適子也。婦人之位在堂，其君既來，故婦人並爲位於東房中也。又前君臨大斂，云『主婦尸西』，不言辟者，大斂哀深，故不辟君；今既殯哀殺，故辟也。此大夫之君代主人拜者，喪用尊者拜賓故也。雖爲主拜賓，猶不敢同於國君專代爲主，故以主人陪置君之後也。」鄭氏元慶曰：「君後主人而拜者，明主人拜已，君然後拜之。」

君弔，見尸柩而后踊。注：「塗之後，雖往不踊也。踊，或爲哭，或爲浴。」正義：「君弔臣，不見尸柩則不踊。皇氏云：『雖殯，未塗則得踊。』」

大夫士若君不戒而往，不具殷奠，君退必奠。注：「榮君之來。」正義：「君來不先戒，當時雖不得殷奠，去後必設奠告殯。」

君大棺八寸，屬六寸，椑四寸；上大夫大棺八寸，屬六寸；下大夫大棺六寸，屬四寸；士棺六寸。注：「大棺，棺之在表者也。檀弓曰：『天子之棺四重，水兕革棺被之，其厚三寸，杝棺一，梓棺二。四者皆周。』此以內說而出也。然則大棺及屬用梓，椑用杝。以是差之，上公革棺不被，三重也。諸侯無革棺，再重也。大夫無椑，一重也。士無屬，不重也。庶人之棺四寸。上大夫，謂列國之卿也。趙簡子云『不設屬椑』，時僭也。」正義：「天子之棺四重，故檀弓云『水兕革棺被之，其厚三寸，杝棺一』，注云：『所謂椑棺』，『梓棺二』，注云：『所謂屬與大棺。』然則天子四重之棺，都合厚二尺四寸也。上公棺則去水皮，所餘三重，合厚二尺一寸。侯伯子男又去兕皮，但餘三棺，爲二重，合厚一尺八寸。上大夫去椑四寸，所餘二種，合爲一尺四寸。下大夫各減二寸，合餘一尺。士無屬，唯大棺六寸也。檀弓文從内而説，以次出外，近尸有水革，次兕革，次有椑，次有屬，外有大棺。此先云『大棺』及『屬』，乃始云『椑』，是從外鄉内而説，故知大棺及屬當梓棺，椑當杝棺也。」○屬，音燭。椑，步歷反。

君裏棺用朱緑，用雜金鐕；大夫裏棺用玄緑，用牛骨鐕；士不緑。注：「鐕，所以椓著裏。」正義：「裏棺，謂以繒貼棺裏也。朱繒貼四方，緑繒貼四角。鐕，釘也。舊説云：『用金釘，又用象牙釘。』用玄緑者，四面玄，四角緑。用牛骨鐕，不用牙金也。士不緑者，悉用玄也，亦同大夫用牛骨鐕，不言，從可知也。」説文：「裲，棺中縑裏也。」段氏玉裁曰：「喪大記：『君裏棺用朱緑，用雜金鐕。大夫裏棺用玄緑，用牛骨鐕，士不緑。』正義：『君用朱繒貼四面，緑繒貼四角。大夫四面玄，四角緑。士不緑，悉用玄。』按如其説，則當云『士玄』，不當云『不緑』也。且顔師古定本緑皆作琢，謂『鐕琢繒則著於棺』，則『士不琢』尤爲不辭。蓋緑與琢皆字之誤。古本三緑皆正作裲。以縑裏棺曰裲。縑，并絲繒也。君朱裲，以三色金鐕椓著之。大夫玄裲，以牛骨鐕椓著之。士賤不裲，則不用鐕。士喪禮纖悉畢載，而不言『裏棺』，可證也。鄭曰：『鐕，所以椓著裏。』金部曰『鐕，所以綴著物者』，與鄭合。鐕與裲，皆據喪大記而言。」又説文「鐕」字下，段云：「按今所謂『釘』者皆是，非獨棺釘也。」○鐕，子南反。

君蓋用漆，三衽三束；大夫蓋用漆，二衽二束；士蓋不用漆，二衽二束。注：「用漆者，塗合牝牡之中也。衽，小要也。」正義：「棺上蓋用漆，謂漆其衽合縫處也。衽，謂燕尾合棺縫際也。束，謂以皮束棺也。棺兩邊各三衽，每當衽上，輒以牛皮束之。大夫士横衽有二，每衽有束，士卑故不漆也。」君、大夫鬊爪實于緑中，士埋之。注：「綠，當爲角，聲之誤也。角中，謂棺內四隅也。鬊，亂髮也。將實爪髮棺中，必爲小囊盛之。此綠或爲篓。」正義：「士賤，亦有物盛髮爪而埋之。」○鬊，音舜。爪，側巧反。綠，音角，出注。

君殯用輴，欑至于上，畢塗屋；大夫殯以幬，欑置于西序，塗不暨于棺；士殯見衽，塗上。帷之。注：「欑，猶菆也。屋，殯上覆如屋者也。幬，覆也。暨，及也。此記參差，以檀弓參之，天子之殯，居棺以龍輴，欑木題湊象椁，上四柱如屋以覆之，盡塗之。諸侯輴不畫龍。欑不題湊象椁，其他亦如之。大夫之殯廢輴，置棺西牆下，就牆欑其三面。塗之不及棺者，言欑中狹小，裁取容棺。然則天子諸侯差寬大矣。士不欑，掘地下棺，見小要耳。帷之，鬼神尚幽闇也，士達於天子皆然。幬，或作錞，或作埻。」正義：「君，諸侯也。畢，盡也。幬，覆也，謂棺衣覆之也。大夫言『幬覆』，則王侯並幬覆也，卽加斧之類是也。西序，屋堂西頭壁也。大夫不輴，又不四面欑，以一面倚西壁，而三面欑之，又上不爲屋也。暨，及也。王侯塗之而欑廣，去棺遠。大夫亦塗，而欑狹，去棺近，裁使塗不及棺。士掘肂見衽，其衽之上所出之處，亦以木覆上而塗之，故謂塗上也。帷，障也，貴賤悉然，故朝夕哭乃徹帷也。」○輴，敕倫反。欑，才完反。幬，音道。暨，其器反。見，賢徧反。

熬，君四種八筐，大夫三種六筐，士二種四筐，加魚腊焉。注：「熬者，煎穀也。將塗，設於棺旁，所以惑蚍蜉，使不至棺也。士喪禮曰：『熬，黍稷各二筐。』又曰：『設熬，旁各一筐。』大夫三種，加以粱。君四種，加以稻。四筐則手足皆一，其餘設於左右。」正義：「魚腊，謂乾腊。」聶氏三禮圖曰：「大筐，舊圖說：『筐受五斛。』小筐，舊圖云：『以竹爲之，受五斗，以盛米。或君致饔餼於聘賓，雜筥以用之。』」○熬，五羔反。種，章勇反。筐，音匡。腊，音昔。

飾棺，君龍帷三池，振容，黼荒，火三列，黻三列，素錦褚，加僞荒，纁紐六，齊，五采，五貝，黼翣二，黻翣二，畫翣二，說文：「翣，羽飾也。天子八，諸侯六，大夫四，士二。」皆戴圭，魚躍拂池。君纁戴六，纁披六。大夫畫帷，二池，不振容，畫荒，火三列，黻三列，素錦褚，纁紐二，玄紐二，齊三采，三貝，黻翣二，畫翣二，皆戴綏，魚躍拂池。大夫戴前纁後玄，披亦如之。士布帷，布荒，一池，王氏念孫曰：「荒、幠一聲之轉，皆謂覆也。故柩車上覆謂之荒，亦謂之幠。褚，即『素錦褚』之褚。幠、褚，皆所以飾棺：幠在上，象幕；褚在下，象幄。故曰其貌象帷幬尉也。」揄絞，纁紐二，緇紐二，齊三采，一貝，畫翣二，皆戴綏。士戴前纁後緇，二披，用纁。注：「飾棺者，以華道路及壙中，不欲衆惡其親也。荒，蒙也。在旁曰帷，在上曰荒，皆所以衣柳也。士布帷布荒者，白布也。君大夫加文章焉。黼荒，緣邊爲黼文，畫荒，緣邊爲雲氣，火黻爲列於其中耳。僞，當爲帷，或作于，聲之誤也。大夫以上，有褚以襯覆棺，乃加帷荒於其上。紐，所以結連帷荒者也。池，以竹爲之，如小車笭，衣以青布。柳象宮室，縣池於荒之爪端，若承霤然云。君大夫以銅爲魚，縣於池下。揄，揄翟也，青質五色，畫之於絞繒而垂之，以爲振容，象水草之動摇，行則又魚上拂池。雜記曰：『大夫不揄絞，屬於池下。』是不振容也。士則去魚。齊，象車蓋蕤，縫合雜采爲之，形如瓜分然，綴貝絡其上及旁。戴之言值也。所以連繫棺束與柳材，使相值，因而結前後披也。漢禮，翣以木爲筐，廣三尺，高二尺四寸，方兩角高，衣以白布。畫者，畫雲氣，其餘各如其象，柄長五尺，車行使人持之而從，既窆，樹於壙中。檀弓曰『周人牆置翣』，是也。綏，當爲緌，讀如『冠蕤』之蕤，蓋五采羽注於翣首也。」正義：「君，諸侯也。帷，柳車邊障也，以白布爲之，王侯皆畫爲龍。三池者，諸侯禮也。池，謂織竹爲籠，衣以青布，掛著於柳上荒邊爪端。天子生有四注屋，四面承霤，柳亦四池，象之。諸侯屋亦四注，而柳降一，池，闕於後一。振，動也。容，飾也。謂以絞繒爲之。長丈餘，如幡，畫雉，車行則幡動，故曰振容。黼荒者，柳車上覆，謂鼈甲也。緣荒邊爲白黑斧文，故云黼荒。列，行也。於鼈甲黼文之上，荒中央，又畫爲火三行，火形如半環也。黻三列者，又畫爲兩『巳』相背，爲三行。素錦，白錦也。褚，屋也。於荒下用白錦以爲屋，覆竟而加帷荒於褚外也。纁紐者，上蓋與邊牆相離，故又以纁爲紐連之，旁各三，凡用六紐。齊五采者，鼈甲上，當中央，形圓如車蓋，高三尺，徑二尺餘，人君以五采繒衣之，行列相次。又連貝爲五行，交絡齊上也。翣形似扇，以木爲之，在路則障車，入椁則障柩也。凡六枚，二畫爲黼，二畫爲黻，二畫爲雲氣。諸侯六，天子八。鄭注縫人云：『漢禮器制度：「飾棺，天子龍、火、黼、黻皆五列。」又有龍翣二，其戴皆加璧也。』皆戴圭者，謂諸侯六翣，兩角皆戴圭玉也。凡池必有魚。隱義曰：『振容在下。』是魚在振容間。纁戴，謂用纁帛繫棺紐，著柳骨也。戴，值也。值棺橫束有三，兩邊輙各屈皮爲紐，三束有六紐。纁披者，纁亦用絳帛爲之，以一頭繫所連柳纁戴之中，而出一頭於帷外，人牽之，每戴繫之，故亦有六也。大夫畫帷，畫爲雲氣。二池者，庾云：『兩邊。』賀云：『前後各一。』畫荒者，不爲斧而爲雲氣也。纁紐二，玄紐二者，連四旁也，不并一色，故二爲纁，二爲玄也。齊三采者，降黃黑也。三貝者，又降二也。黻翣二，畫翣二者，降兩黼也。皆戴綏者，翣角不圭，但用五采羽作緌，注翣兩角也。大夫戴降人君，故不並用纁也。士帷荒，皆白布爲之，不畫。唯一池在前也。纁紐二，緇紐二者，又降玄用緇也，猶用四，連四旁。士戴前纁後緇者，戴當棺束，每束各在兩邊，前二用纁，後二用緇。二披者，據一邊前後各一披，若通兩旁則亦四披也。」王氏引之曰：「謹案上文『君纁戴六，纁披六』，『大夫戴前纁後玄，披亦如之』，則披當與戴同色。今云『一邊前後各一披，皆用纁』，則結於前纁之戴者與戴同色，結於後緇之戴者又與戴異色，無是理也。且纁披六者，合左右各三，此亦當合計左右，何得但據一邊乎？今按二披用纁者，降於大夫四披前二披纁，後二披玄。士二披，左右各一，其色但用纁。士戴前纁後緇，而云『二披用纁』，則結於前纁之戴可知，前戴用纁，故披之結于前戴者亦纁也。其後緇之戴蓋不結之以披若結之以披，則其色亦當用緇，披之色與戴皆與戴等。經當云『士戴前纁後緇，披亦如之』，不得但云『二披用纁』，今後緇之戴無披，故但有前二披也。」○黻，音弗。褚，張呂反。偽，依注讀爲帷，位悲反。翣，所甲反。披，彼義反。綏，依注爲「緌」，音蕤。

君葬用輴，四綍，二碑，御棺用羽葆。大夫葬用輴，二綍，二碑。御棺用茅。士葬用國車，二綍，無碑，比出宮，御棺用功布。注：「大夫廢輴，此言『輴』，非也。輴皆當爲『載以輇車』之輇，聲之誤也。輇字或作團，是以又誤爲國。輇車，柩車也，尊卑之差也。在棺曰綍，行道曰引，至壙將窆，又曰綍而設碑，是以連言之。碑，桓楹也。御棺，居前爲節度也。士言『比出宮』、『用功布』，則出宮而止，至壙無矣。綍，或爲率。」正義：「四綍二碑者，此諸侯也。天子則六綍四碑。羽葆者，雜記云諸侯用匠人執羽葆。以鳥羽注於柄末如蓋，而御者執之，居前以指麾，爲節度也。二綍二碑者，碑各一孔，樹於壙之前後，綍各穿之也。無碑者，手縣下之。隱義云：『羽葆、功布，其象皆如麾。』天子殯用龍輴，至壙去蜃車，載以龍輴。以此約之，則諸侯殯以輴，葬則用輴明矣。大夫唯朝廟用輴，殯葬時亦無輴。士殯不用輴，朝廟得用輁軸。若天子元士，葬亦用輁軸，與大夫異。」○輴，依注音輇，市專反。綍，音弗。國，依注亦作「輇」。

凡封，用綍去碑負引。君封以衡，大夫士以咸。君，命毋譁，以鼓封；大夫，命毋哭；士，哭者相止也。注：「封，周禮作窆。窆，下棺也。此封或皆作斂。檀弓曰『公輸若方小斂，般請以機封』，謂此斂也。然則棺之八坎爲斂，與斂尸相似。記時同之耳。咸，讀爲緘。凡柩車及壙，說載除飾，而屬紼於柩之緘，又樹碑於壙之前後，以紼繞碑間之鹿盧，輓棺而下之。此時棺下窆，使輓者皆繫紼而繞要，負引，舒縱之，備失脱也。用紼去碑者，謂縱下之時也。衡，平也。人君之喪，又以木横貫緘耳，居旁持而平之，又擊鼓爲縱舍之節。大夫士旁牽緘而已。庶人縣窆，不引紼也。禮，唯天子葬有隧。今齊人謂棺束爲緘繩。咸，或爲椷。」正義：「窆，謂下棺之時，將綍一頭以繫棺緘，又將一頭繞碑間鹿盧。所引之人在碑外，背碑而立，負引者漸漸應鼓聲而下，故云『用綍去碑負引』也。諸侯禮大物多棺重，下棺之時，別以大木爲衡，貫穿棺束之緘，平持而下，備傾頓也。大夫士無衡，使人以綍直繫棺束之緘而下也。」○封，依注作「窆」，彼驗反。咸，依注讀爲緘，古鹹反。毋，音無。譁，音華。

君松椁，大夫柏椁，士雜木椁。注：「椁，謂周棺者也。天子柏椁以端，長六尺。夫子制於中都，使庶人之椁五寸。五寸，侯端方也。此謂尊者用大材，卑者用小材耳。自天子、諸侯、卿、大夫、士、庶人六等，其椁長自六尺而下，其方自五寸而上，未聞其差所定也。抗木之厚，蓋與椁方齊。天子五重，上公四重，諸侯三重，大夫再重，士一重。」正義：「松椁，盧云：『以松黄腸爲椁。』庾云：『黄腸，松心也。』案檀弓『柏椁以端，長六尺』，注云：『其方蓋一尺。』以此差之，諸侯方九寸，卿方八寸，大夫七寸，士六寸，庶人五寸。」

棺椁之間，君容柷，大夫容壺，士容甒。注：「間可以藏物，因以爲節。」正義：「此明棺椁之間廣狹所容也。柷如漆桶，是諸侯棺椁所容也。若天子棺椁間則差寬大，故司几筵云：『柏席用萑。』諸侯亦容席，稍狹於天子。壺是漏水之器，大夫所掌。甒，盛酒之器，士所用也。」方性夫曰：「柷方二尺四寸，深一尺八寸。壺大一石，甒五斗，則其所容之大小可知。」○柷，昌六反。甒，音武。

君裏椁、虞筐，大夫不裏椁，士不虞筐。注：「裏椁之物，『虞筐』之文未聞也。」

禮記訓纂卷二十三

祭法第二十三

鄭目録云：「名曰祭法者，以其記有虞氏至周天子以下所制祀羣神之數。此於別録屬祭祀。」

祭法：有虞氏禘黄帝而郊嚳，祖顓頊而宗堯；夏后氏亦禘黄帝而郊鯀，祖顓頊而宗禹；殷人禘嚳而郊冥，祖契而宗湯；周人禘嚳而郊稷，祖文王而宗武王。注：「禘、郊、祖、宗，謂祭祀以配食也。此禘，謂祭昊天於圜丘也。祭上帝於南郊曰郊，祭五帝五神於明堂曰祖、宗。祖、宗通言爾。下有『禘、郊、祖、宗』孝經曰：『宗祀文王於明堂，以配上帝。』有虞氏以上尚德，禘、郊、祖、宗，配用有德者而已。自夏已下，稍用其姓代之。先後之次，有虞氏、夏后氏宜郊顓頊，殷人宜郊契。郊祭一帝，而明堂祭五帝，小德配寡，而大德配衆，亦禮之殺也。」正義：「案聖證論以此『禘黄帝』是宗廟五年祭之名。故小記云『王者禘其祖之所自出，以其祖配之』，謂虞氏之祖出自黄帝，以祖顓頊配黄帝而祭，故云『以其祖配之』。又以祖宗爲祖有功，宗有德，其廟不毁。又以郊與圜丘是一，郊即圜丘。王者以木德王天下，非謂木精之所生，五帝皆黄帝之子孫，改號代變，而以五行爲次，何太微之精所生乎？」魯語：「有虞氏禘黄帝而祖顓頊，郊堯而宗舜。」賈侍中云：「有虞氏，舜後，在夏、殷爲二王後，故有禘、郊、祖、宗之禮。」昭謂：「此上四者，謂祭天以配食也。祭昊天於圜丘曰禘，祭五帝於明堂曰祖、宗，祭上帝於南郊，曰郊。有虞氏出自黄帝，顓頊之後，故禘黄而祖顓頊，舜受禪於堯，故郊堯。禮祭法『有虞氏郊嚳而宗堯』，與此異者，舜在時則宗堯，舜崩而子孫宗舜，故郊堯耳。」「夏后氏禘黄帝而祖顓頊，郊鯀而宗禹」，韋注：「虞、夏俱黄帝、顓頊之後也。故禘、祖之禮同。虞以上尚德，夏以下親親，故郊鯀也。」「商人禘舜而祖契，郊冥而宗湯」，韋注：「舜當爲嚳，字之誤也。禮祭法曰：『商人禘嚳』。嚳，契父，商之先，故禘之。後鄭司農云〔一〕：『商人宜郊契也。』」「周人禘嚳而郊稷，祖文王而宗武王」，韋注：「嚳，稷之父。稷〔二〕，周始祖也。此與孝經異者，商家祖契，周公初時亦祖后稷而宗文王，至武王有伐紂定天下之功，其廟不可以毁，故先推后稷以配天，而後更祖文王而宗武王。」熊氏云：「『虞』字文單，故以『有』字配之。夏云『后氏』者，后，君也，受位於君，故稱后。殷、周稱人，以人所歸往，故稱人。」○禘，大計反。嚳，口毒反。顓，音專。項，許玉反。鯀，古本反。冥，莫經反。契，息列反。

燔柴於泰壇，祭天也。瘞埋於泰折，祭地也。用騂犢。注：「壇、折，封土爲祭處也。壇之言坦也。坦，明貌也。折，炤晢也。必爲炤明之名，尊神也。地，陰祀，用黝牲，與天俱用犢，連言爾。」釋文：「爾雅：『祭天曰燔柴，祭地曰瘞埋。』」書釋文引馬融曰：「祭時積柴，加牲其上而燔之。」詩疏引李巡云：「祭地，以玉埋地下曰瘞埋。」孫炎曰：「瘞者，翳也。既祭　瘞藏地中也。」三禮義宗：「凡祭天神各有二玉：一以禮神，一則燔之。禮神者訖事却收，祀神者與牲俱燎。」正義：「燔柴，謂積薪於壇上，而取玉及牲置柴上燔之，使氣達於天也。瘞埋，謂瘞繒埋牲，祭地祇於北郊也。」彬案漢書郊祀志：「右將軍王商、博士師丹、議郎翟方進等五十人，以爲禮記云：『燔柴於太壇，祭天也。瘞薶於太折，祭地也。』兆

〔一〕「後鄭」二字原誤倒，據國語魯語注乙。
〔二〕「稷」字原脱，據國語魯語注補。

於南郊，所以定天位也。祭地於太折，在北郊，就陰位也。」又「丞相匡衡、御史大夫張譚奏言：『祭天於南郊，就陽之義也。瘞地於北郊，即陰之象也。』」「燔柴」四句，在今祭法。「祭天於南郊，就陽位也」，在今郊特牲無「祭地」以下之文。似郊祀志所引，語意尤完備。○燔，音煩。瘞，於滯反。埋，武皆反。折，之設反。

埋少牢於泰昭，祭時也。相近於坎壇，祭寒暑也。王宮，祭日也。夜明，祭月也。幽宗，祭星也。雩宗，祭水旱也。四坎壇，祭四方也。山林、川谷、丘陵能出雲，爲風雨，見怪物，皆曰神。有天下者祭百神。諸侯在其地則祭之，亡其地則不祭。注：「昭，明也，亦謂壇也。時，四時也，亦謂陰陽之神也。埋之者，陰陽出入於地中也。凡此以下，皆祭用少牢。相近，當爲『禳祈』，聲之誤也。禳，猶卻也。祈，求也。寒暑不時，則或禳之，或祈之。寒於坎，暑於壇。王宮，日壇。王，君也。日稱君。宮，壇營域也。夜明，亦謂月壇也。宗，皆當爲禜，字之誤也。幽禜，亦謂星壇也。星以昏始見，禜之言營也。雩禜，亦謂水旱壇也。雩之言吁嗟也。春秋傳曰：『日月星辰之神，則雪霜風雨之不時，於是乎禜之。山川之神，則水旱癘疫之不時，於是乎禜之。』四方，即謂山林、川谷、丘陵之神也。祭山林丘陵於壇，川谷於坎，每方各爲坎爲壇。怪物，雲氣非常見者也。有天下，謂天子也。百者，假成數也。」說文：『禜，設緜蕝爲營，以禳風雨、雪霜、水旱、癘疫於日月、星辰、山川也。一曰：禜，衞使災不生。禮曰：『雩禜，祭水旱。』」三禮義宗曰：「雩，祈雨之祭。禜，止雨之祭。」又曰：「祭六宗之禮，寒暑有往來之期。可退，則祭禳卻之命退；應至而不至，則祭求之，命至。故春則送寒而迎暑，秋則送暑而迎寒。」五經通義：「王者所以因郊祭日月、星辰、風伯、雨師、山川，何以爲？皆有功于民，故祭之也，皆天地之別神從官也。緣天地之意亦欲及之，故歲一祭之。

禮日于南門外，禮月四瀆于北門外，禮山川丘陵於西門外，禮風伯雨師於東門外，各卽其位也。其祭之奈何？曰：祭日者縣，祭月者毁，祭風者明，祭雨者布，祭山川者沈，各象其貌也。」正義：「祭時也者，謂祭四時陰陽之神也。春夏爲陽，秋冬爲陰。若祈陰則埋牲，祈陽則不應埋之，今總云埋者，以陰陽之氣俱出入地中而生萬物，故並埋之。用少牢者，降於天地也。案周禮大宗伯備列諸祀，而不見祭四時、寒暑、水旱者，宗伯所謂，依周禮常祀，此經所載，謂四時乖序，寒暑僣逆，水旱失時，須有祈禱，非關正禮，故不列於宗伯也。案小司徒『小祭祀，奉牛牲』，則王者之祭無不用牛。此用少牢者，謂祈禱之祭也。然莊二十五年左傳云：『凡天災，有幣無牲。』此禱祈得用少牢者，彼天災謂日月食之，示以戒懼人君，初有水旱之災，先須修德，不當用牲。若水旱歷時，禱而不止，則當用牲。故詩雲漢云：『靡愛斯牲。』又鄭注大祝云：『類、造、禬、禜皆用牲。』諸侯不得祭天地，若山林川澤在其封内則得祭之，如魯之泰山，晉之河，楚之江、漢是也。亡，無也，謂境内地無此山川，則不得祭也。」○相近，依注讀爲禳祈，上如羊反，下巨依反。坎，苦感反。幽宗、雩宗、宗並依注讀爲禜，禜敬反。見，賢徧反。

大凡生於天地之間者皆曰命，其萬物死皆曰折，人死曰鬼。此五代之所不變也。注：「生時形體異，可同名。至死腐爲野土，異其名，嫌同也。折，弃敗之言也。鬼之言歸也。五代，謂黄帝、堯、舜、禹、湯。」七代之所更立者，禘、郊、宗、祖，其餘不變也。注：「七代，通數顓頊及嚳也。」正義：「總包萬物，故曰『大凡』。皆受天之賦命而生，故云『皆曰命』也。萬物無知，死皆曰折。人爲有識，故死曰鬼。言此名號從黄帝正名百物以來，至堯、舜、禹、湯及周，所不變更也。除此禘、郊、宗、祖之外，其餘社稷、山川、五祀之等不改變也。」○更，古衡反。

天下有王，分地建國，置都立邑，設廟、祧、壇、墠而祭之，乃爲親疏多少之數。是故王立七廟，一壇、一墠，曰考廟，曰王考廟，曰皇考廟，曰顯考廟，曰祖考廟，皆月祭之，遠廟爲祧，有二祧，享嘗乃止。去祧爲壇，去壇爲墠。蔡邕獨斷曰：「壇，謂築土起堂。墠，謂築土而無屋者也。」玉篇：「壇，封土祭處。壇猶坦也，明坦皃也。墠，除地也。」壇墠，有禱焉祭之，無禱乃止。去墠曰鬼。諸侯立五廟、一壇、一墠，曰考廟，曰王考廟，曰皇考廟，皆月祭之。顯考廟、祖考廟，享嘗乃止。去祖爲壇，去壇爲墠。壇墠，有禱焉祭之，無禱乃止。去墠爲鬼。劉歆曰：「春秋傳曰：『日祭、月祀、時享、歲貢、終王。』祖禰則日祭，高曾則月祀，二祧則時享，壇墠則歲貢，大禘則終王。彌遠彌尊，故禘爲重矣。」大夫立三廟、二壇，盧注：「天子之大夫也。」曰考廟，曰王考廟，曰皇考廟，享嘗乃止。顯考、祖考無廟，有禱焉，爲壇祭之。去壇爲鬼。適士二廟一壇，曰考廟，曰王考廟，享嘗乃止。顯考無廟，有禱焉，爲壇祭之。去壇爲鬼。官師一廟，曰考廟。王考無廟而祭之。去王考爲鬼。庶士庶人無廟，死曰鬼。注：「建國，封諸侯也。置都立邑，爲卿大夫之采地，及賜士有功者之地。廟之言皃也。宗廟者，先祖之尊皃也。祧之言超也，超上去意也。封土曰壇，除地曰墠。王、皇，皆君也。顯，明也。祖，始也。天子遷廟之主，以昭穆合藏於二祧之中。諸侯無祧，藏於祖考之廟中。聘禮曰：『不腆先君之祧』，是謂始祖廟也。享嘗，謂四時之祭。天子諸侯爲壇墠，所禱，謂後遷在祧者也。既事則反其主於祧。鬼亦在祧，顧遠之於無事，祫乃祭之爾。春秋文二年秋『大事於大廟』，傳曰：『毁廟之主陳于大祖，未毁廟之主皆升，合食於大祖』，是也。魯煬公者，伯禽之子也，至昭公、定公，久已爲鬼，而季氏禱之，而立其宫，則鬼之主在祧明矣。唯天子諸侯有主禘祫，大夫有祖考者，亦鬼其百世，不禘祫無主爾。其無祖考者，庶士以下鬼其考，王考，官師鬼其皇考，大夫適士鬼其顯考而已。大夫祖考，謂别子也。凡鬼者，薦而不祭。王制曰：『大夫士有田則祭，無田則薦。』適士，上士也。官師，中士、下士、庶士、府史之屬。此適士云『顯考無廟』，非也。當爲『皇考』，字之誤。」正義：「天下有王者，謂上天之下有天子之王。王立七廟者，親四，始祖一，文武不遷，合爲七廟。七廟之外，又立壇墠各一也。父廟曰考。考，成也，謂父有成德之美也。王，君也，言祖有君成之德也。皇，大也，君也，曾祖轉尊，又加大君之稱也。顯考，高祖也，居四廟最上，故以高祖目之。祖，始也。此廟爲王家之始，故云『祖考』也。昭行，寄藏武王祧，若是穆行，寄藏文王祧，不得四時祭，有祈禱則出就壇受祭也。去壇爲墠者，不得在壇，若有祈禱則出就墠受祭也。去墠曰鬼者，若從壇遷墠者，則前在墠者遷入石函爲鬼，雖有祈禱，亦不得及，唯禘祫乃出也。諸侯止五廟，壇墠與天子同。天子月祭五，諸侯月祭三。顯考，高祖也。祖考，大祖也。大祖不遷，而與高祖並不得月祭，止預四時，又降天子也。去祖，謂去大祖也。諸侯無功德二祧，高祖之父亦遷，即寄大祖，而不得於大祖廟受時祭，唯有祈禱則去大祖而往壇受祭也。大夫立二壇而不墠。高祖、大祖無廟，若有祈禱，爲壇祭之。高祖若遷去於壇，則爲鬼，不復得祭，但薦之於大祖壇而已。庶人，平民也，賤，故無廟，亦得薦之於寢也。王制云：『庶人祭於寢。』」金氏榜曰：「『天子七廟，諸侯五廟，大夫三廟。其受命之王，始封之君，及大夫始爵者，後世皆爲大祖之廟，世世不毁，如王制所云者，周人之典祀也。其始有天下、國、家者，亦立七廟、五廟、三廟。然天子有祖考而無二祧，諸侯大夫並無祖考，所設廟、祧、壇、墠皆閲世迭遷，如祭法所云者，周初建設之制也。賈公彥守祧疏云：『當周公制禮之時，文武在親廟四之內，未毀，不得爲祧。然文武雖未爲祧，已立其廟，至後子孫，文武應遷而不遷，乃爲祧也。』喪服傳：『公子之子孫有封爲國君者，則世世祖是人也，不祖公子。』此諸侯始封者無祖考廟也。今祭法云『王立七廟』，『有二祧』，『諸侯立五廟』，有祖考廟，大夫亦祭祖考於壇。以大夫三廟推之，此無大祖廟，以皇考廟當其處，則天子之二祧卽顯考之父若祖，諸侯大夫祖考卽顯考之父，故記言『去祧』『去祖』『去壇』者，明其易世迭毀與親廟同。然則爲壇爲墠，卽祧祖之父若祖可知。至受命之王已居祧廟，始封之君已居祖考廟，皆世世不毀，則去顯考爲壇，其大夫有祖考廟者，亦爲壇祭其皇考，又可與王制互求而得者。」王氏引之曰：「祭法之祖考廟，與王制太祖之廟不同。王制大祖之廟，謂始祖，若周之后稷是也，廟之不祧者也。祭法祖考廟，謂顯考之父廟之親盡則祧者也。其曰『遠廟爲祧，有二祧，享嘗乃止』，則祖考廟乃廟之不遠者，其爲顯考之父之廟無疑。至二祧，當一爲祖考之考，一爲祖考之王考。去祧爲壇，則當爲祖考之皇考；去壇爲墠，當爲祖考之顯考；去墠曰鬼，則當爲祖考之祖考矣。以諸侯五廟、一壇、一墠例之，去祖爲壇，謂祖分親盡則爲壇也。則天子七廟亦當去祖爲祧，祖考親盡則祧矣。鄭注以祖考爲始祖，正義以二祧爲文武二廟，去祧爲壇爲高祖之父，去壇爲墠爲高祖之祖皆與記文不合。記明云『設廟、祧、壇、墠而祭之，乃爲親疏多少之數』。則廟、祧、壇、墠皆依世之親疏爲序，豈得旁引他書以亂本義乎？議禮之家，各記所聞，不能盡合。王肅家語廟制篇合王制、祭法爲一，而以祖考爲大祖，卽沿鄭注之誤。至謂『二祧爲高祖及父母祖』，則以顯考、皇考廟爲二祧，與祭法之文相剌謬矣。遠廟爲祧，顯考、皇考乃廟之近者，而以爲祧可乎？」又曰：「『享嘗』，約舉春秋言之，如云『禘嘗』耳。魯語：『嘗、禘、蒸、享之所致君胙者有數矣。』韋注曰：『秋祭曰嘗，夏祭曰禘，冬祭曰蒸，春祭曰享。』

大戴禮千乘篇：『方春三月，於時有事享于皇祖皇考。方夏三月，於時有事禘于皇祖皇考。方秋三月，於時有事嘗于皇祖皇考。方冬三月，於時有事蒸于皇祖皇考。』○廟，本亦作「庿」，古字。墠，音善。禱，丁老反。顯考無廟，顯音皇。

曰侯社。大夫以下，成羣立社，曰置社。注：「羣，衆也。大夫以下，謂下至庶人也。大夫不得特立社，與民族居，百家以上則共立一社，今時里社是也。郊特牲曰：『唯爲社事，單出里。』」說文：「社，地主也。春秋傳曰：『共工之子句龍爲社神。』周禮二十五家爲社。各樹其土所宜木。」五經通義：「天子大社、王社，諸侯國社、侯社，制度奈何？曰：社皆有垣無屋，樹其中以木。有木者，土主生萬物，萬物莫善于木，故樹木也。」正義：「言『羣姓』者，包百官也。大社在庫門內之右，故小宗伯云：『右社稷。』王社所在，書傳無文。崔氏云：『王社在藉田，王自所祭，以供粢盛。』其諸侯國社亦在公宮之右，侯社在藉田。大夫以下，謂包士庶。大夫，北面之臣，不得自專土地。社以爲民，百家以上，則可以立社，爲衆特置。鄭駁異義引『州長職曰：「以歲時祭祀州社。」是二千五百家爲社也。』」○爲，于僞反。

王爲羣姓立社，曰大社；王自爲立社，曰王社。諸侯爲百姓立社，曰國社；諸侯自爲立社，

王爲羣姓立七祀：曰司命，曰中霤，曰國門，曰國行，曰泰厲，曰户，曰竈；王自爲立七祀，諸侯爲國立五祀：曰司命，曰中霤，曰國門，曰國行，曰公厲；諸侯自爲立五祀。大夫立三祀：曰族厲，曰門，曰行。適士立二祀，曰門，曰行。庶士庶人立一祀，或立户，或立竈。注：「此非大神所祈報大事者也。小神居人之間，司察小過，作譴告者耳。司命主督察三命，中霤主堂室居處，門、户主出入，行主道路行作，厲主殺罰，竈主飲食之事。明堂月令：『春曰其祀户，祭先脾。夏曰其祀竈，祭先肺。中央曰其祀中

霤，祭先心。秋日其祀門，祭先肝。冬日其祀行，祭先腎。』聘禮曰使者出，『釋幣於行』；歸，『釋幣於門』。士喪禮曰『疾病』，『禱於五祀』。司命與厲，其時不著。今時民家或春秋祠司命、行神、山神，門、户、竈在旁，是必春祠司命，秋祠厲也，或者合而祠之。山，即厲也。民惡言厲，巫祝以厲，山爲之，謬乎！春秋傳曰：『鬼有所歸，乃不爲厲。』正義：「司命者，宮中小神。熊氏云：『非天之司命，故祭於宮中。』皇氏云：『司命者，文昌宮星。』國門，謂城門也。國行，謂行神，在國門外之西。泰厲，謂古帝王無後者也。公厲，古諸侯無後者。族厲，族，衆也，大夫衆多，其鬼無後者衆，故言『族厲』。」○霤，力又反。

王下祭殤五：適子、適孫、適曾孫、適玄孫、適來孫。諸侯下祭三，大夫下祭二，適士及庶人祭子而止。注：「祭適殤者，重適也。祭適殤於廟之奥，謂之陰厭。凡庶殤不祭。」正義：「王子，謂王之庶子。公子，謂諸侯庶子。不下，庶子祭其適殤於宗子之家，皆當室之白，謂之陽厭。王子、公子祭其適殤於其黨之廟，大夫以得爲先王先公立廟，無處可祭適殤，故祭於黨之廟。謂王子公子但爲卿大夫，得自立廟。與王子公子同者，就其廟而祭之。」

夫聖王之制祭祀也，法施於民則祀之，韋昭國語注曰：「謂五帝、殷契、周文也。」以死勤事則祀之，韋注：「殷冥水死，周棄山死，是也。」以勞定國則祀之，韋注：「虞幕，夏杼，殷上甲微，周高圉，太王也。」能禦大菑則祀之，韋注：「夏禹是也。」能捍大患則祀之。韋注：「殷湯、周武是也。」是故厲山氏之有天下也，國語「厲山」作「烈山」。韋注：「烈山氏，炎帝之號也。起於烈山。」其子曰農，國語『農』作『柱』。能殖百穀。韋注：

「柱爲后稷，自夏以上祀之。」夏之衰也，國語「衰」作「興」。周弃繼之，故祀以爲稷。韋注：「夏之興，謂禹也。棄能繼柱之功，自商以來祀之。」共工氏之霸九州也，國語作「伯九有」。韋注：「共工氏，伯者，在戲、農之閒。有，域也。」其子曰后土，能平九州，國語作「九土」。故祀以爲社。韋注：「其子，共工之裔子句龍也，佐黄帝爲土官。九土，九州之土也。后，君也，使君土官，故曰后土。社，后土之神也。」帝嚳能序星辰以著衆，韋注：「帝嚳，黄帝之曾孫、玄囂之孫、蟜極之子帝高辛也。」堯能賞均刑法以義終，國語「賞」作「單」，「義終」作「儀民」。韋注，「堯，帝嚳之庶子陶唐氏放勳也。單，盡也。均平也。儀，善也。」舜勤衆事而野死，國語「衆」作「民」。韋注：「舜，顓頊之後有虞帝重華也。野死，謂征有苗死於蒼梧之野」。鯀鄣鴻水而殛死，韋注：「殛，誅也。鯀，顓頊之後，禹之父也。堯使治水，鄣防百川，績用不成，堯用殛之于羽山。禹爲天子而郊之，取其勤事而死。」禹能脩鯀之功，韋注：「鯀功雖不成，禹亦有所因，故曰『脩鯀之功』。」黄帝正名百物以明民共財，國語「名」作「命」。韋注：「黄帝少典之裔子帝軒轅也。命，名也。」顓頊能脩之，釋文：「本或作『顓頊脩黄帝之功』。」韋注：「顓頊，黄帝之孫、昌意之子帝高陽也。」契爲司徒而民成，國語「成」作「輯」。韋注：「契，殷之祖，爲堯司徒，能敬敷五教。輯，和也。」冥勤其官而水死，韋注：「冥，契後六世孫，根國之子也。爲夏水官，勤於其職，而死於水也。」湯以寬治民而除其虐，國語「虐」作「邪」。韋注：「湯，冥後九世，主癸之子，爲夏諸侯，以寬得民。除其邪，謂放桀，扞大患也。」國語此下有「稷勤百穀而山死」句。韋注：「稷，周棄也，勤播百穀，死於黑水之山。」文王以文治，國語「治」作「昭」。韋注：「文王演易。」武王以武功去民之菑，國語「菑」作「穢」。韋注：「穢，謂紂也。」此皆有功烈於民者也。及夫日月星辰，民所瞻仰也，山林、川谷、丘陵，民所取財用也，非此族也，不在祀典。注：「此所謂大神也。春秋傳曰：『封爲上公，祀爲大神。』厲山氏，炎帝也，起于厲山，或曰有烈山氏。弃，后稷名也。共工氏無録而王謂之霸，在太昊、炎帝之間。著衆，謂使民興事，知休作之期也。賞，賞善，謂禪舜封禹、稷等也。能刑，謂去四凶。義終，謂既禪二十八載乃死也。野死，謂征有苗，死于蒼梧也。殛死，謂不能成其功也。明民，謂使之衣服有章也。民成，謂知五教之禮也。冥，契六世之孫也。其官，玄冥，水官也。虐，菑，謂桀、紂也。烈，業也。族，猶類也。祀典，謂祭祀也。」正義：「法施於民，若神農、后土、帝嚳、堯及黄帝、顓頊，契之屬是也。以勞定國，若禹是也。禦大災，捍大患，若湯及文武也。其子曰農，謂厲山氏後世子孫名柱，能殖百穀。夏之衰也。周棄繼之者，夏末湯遭大旱七年，欲變置社稷，故廢農祀棄。祀以爲社者，祀以爲配社之神。正名百物者，上雖有百物，而未有名，黄帝爲物作名。以明民者，謂垂衣裳，使貴賤分明，得其所也。共財者，謂山澤不鄣，教民取百物以自贍也。武功，謂伐紂也。若非上自『厲山』以下，及『日月』『丘陵』之等，無益於民者，悉不得預於祭祀之典也。」王氏念孫曰：「案此篇自『聖王之制祭祀』以下，皆魯語文。彼文云『堯能單均刑法以儀民』，謂堯能盡平刑法以善其民也。此作『堯能賞均刑法以義終』者。賞，當爲亶，字之誤也。亶，與單通。義，與儀通。終，與衆通。衆，亦民也。『帝嚳能序星辰以著衆』，『堯能單均刑法以儀衆』，二句文同一例，皆法施於民之事也。鄭未寤賞爲亶字之誤，義終爲儀衆之通，故因文生訓，而失其本指。周官大司樂注曰『堯能殫均刑法以儀民』，從魯語而不從祭法，較此注爲長。」○禦，魚吕反。菑，音哉，下同。捍，胡旦反。厲，力世反。共，音恭。鄣，音章。殛，紀力反。

禮記訓纂卷二十四

祭義第二十四

鄭目録云："名曰祭義者，以其記祭祀、齊戒、薦羞之義也。此於別録屬祭祀。"吴幼清曰："凡儀禮經中有其禮者，後人釋其經而謂之義，若冠義、昏義、燕義、聘義等篇是也。此篇雖名祭義，然是總説天子諸侯以下之祭，非引儀禮經文而釋之。"

祭不欲數，數則煩，煩則不敬；祭不欲疏，疏則怠，怠則忘。是故君子合諸天道，春禘秋嘗。注："忘與不敬，違禮莫大焉。合於天道，因四時之變化，孝子感時念親，則以此祭之也。春禘者，夏、殷禮也，周以禘爲殷祭，更名春祭曰祠。"正義："諸，於也。禘者，陽之盛也。嘗者，陰之盛也。孝子感而思念其親，故君子制禮，合於天道。舉『春』『秋』，冬夏可知。"霜露既降，君子履之，必有悽愴之心，説文："愴，傷也。"非其寒之謂也。春雨露既濡，君子履之，必有怵惕之心，如將見之。注："非其寒之謂，謂悽愴及怵惕皆爲感時念親也。霜露既降，禮説在秋，此無秋字，蓋脱爾。"樂以迎來，哀以送往，故禘有樂而嘗無樂。注："迎來而樂，樂親之將來也。送去而哀，哀其享否不可知也。小言之，則爲一祭之間，孝子不知鬼神之期。推而廣之，放其去來於陰陽。"

○數，色角反。悽，音妻。愴，初亮反。濡，音儒。

致齊於內，散齊於外。齊之日，思其居處，思其笑語，思其志意，思其所樂，思其所嗜。

齊三日，乃見其所爲齊者。注：「致齊，思此五者也。散齊七日，不御、不樂、不弔耳。見所爲齊者，思之熟也。所嗜，素所欲飲食也。」正義：「先思其麤，漸思其精。故居處在前，樂嗜居後。致齊思念其親，精意純熟，目想之，若見其所爲齊之親也。」○齊，側皆反，後不出者同。

祭之日，入室，僾然必有見乎其位；說文：「僾，仿佛也。詩曰：『僾而不見。』」周還出戶，肅然必有聞乎其容聲；出戶而聽，愾然必有聞乎其嘆息之聲。說文：「愾，大息皃。」注：「周還出戶，謂薦設時也。無尸者，闔戶若食間，則有出戶而聽之。」正義：「僾然必有見乎其位，謂祭之日，朝初入廟室時也。僾，髣髴見也。周還出戶，謂薦饌時也。出戶而聽，爲無尸之時，設薦已畢，孝子出戶而靜聽也。」趙氏良霌曰：「此舉一祭之始終而言，故以入室出戶該之。特牲『祝先入，主人從，西面于戶內』，即此入室之時，尸猶未入，而如在其上，彷彿見之，下文所謂『致愛則存』也。自是迎尸門外，饋食室中，禮成三獻，即周還也。出戶者，特牲『主人特立于戶外西南』，是也。當其時，尸謖祝前，主人降，寂乎其聲，如將聞之，下文所謂『致愨則著』也。迨佐食徹俎敦，改設于西北隅，厞几筵，闔牖戶，室虛無人矣。而往送之，必如聞歎息，所謂『聽于無聲』也。必兩言『出戶』者，以祭畢而出，有祝告利成，佐食設饌兩事，故重言之。僾然者，愛也。肅然者，敬也。愾然者，哀也。一事而兼三義，蓋本其致齊之誠，通微合漠，故能與神明交，而所見所聞俱有可必也。」○僾，音愛。還，音旋。愾，開代反。

是故先王之孝也，色不忘乎目，聲不絕乎耳，心志嗜欲不忘乎心。致愛則存，致愨則著。著存不忘乎心，夫安得不敬乎？注：「存、著，則謂其思念也。」方性夫曰：「色不忘乎目，常若承顏之際也。

聲不絶乎耳，常若聽命之際也。愛，言追念之思，愨，言想見之誠。致其愛矣，親雖亡而猶存。致其愨矣，神雖微而猶著。」○愨，苦角反。

君子生則敬養，死則敬享，說文：「亯，獻也。从高省。曰，象進孰物形。孝經曰：『祭則鬼亯之。』」思終身弗辱也。注：「享，猶祭也。饗也。」方性夫曰：「生事之以禮，所謂『敬養』也。死祭之以禮，所謂『敬享』也。然猶未也。父母既没，慎行其身，不遺父母惡名，可謂能終矣，故曰『思終身弗辱也』。然則終身者，非終父母之身，終其身也。」○養，羊尚反。

君子有終身之喪，忌日之謂也。忌日不用，非不祥也，言夫日，志有所至，而不敢盡其私也。注：「忌日，親亡之日。忌日者，不用舉他事，如有時日之禁也。祥，善也。志有所至，至於親以此日亡，其哀心如喪時。」正義：「言夫忌日，謂孝子志意有所至，極思念親，不敢盡其私情而營他事也。」

唯聖人爲能饗帝，孝子爲能饗親。注：「謂祭之能使之饗也。帝天也。」饗者，鄉也，鄉之然後能饗焉。注：「言中心鄉之，乃能使其祭見饗也。上饗或爲相。」是故孝子臨尸而不怍。君牽牲，夫人奠盎；君獻尸，夫人薦豆。卿大夫相君，命婦相夫人。齊齊乎其敬也！愉愉乎其忠也！勿勿諸其欲其饗之也！注：「色不和曰怍。奠盎，設盎齊之奠也。此時君牽牲，將薦毛血。君獻尸，而夫人薦豆，謂繹日也。儐尸，主人獻尸，主婦自東房薦韭菹醢。勿勿，猶勉勉也，愨愛之貌。」正義：「饗親與饗帝同，故以饗帝比饗親。此本爲饗親而發，故下文專論饗親之事。齊齊，整齊之貌。玉藻云：『廟中齊齊。』愉愉，和悦之貌。忠，謂忠心。」○鄉，許諒反。怍，才各反。

盎，烏浪反。齊齊，如字。愉，羊朱反。

文王之祭也，事死者如事生，思死者如不欲生，忌日必哀，稱諱如見親，祀之忠也。如見親之所愛，如欲色然，其文王與？注：「思死者如不欲生，言思親之深也。如欲色者，以時人於色厚，假以喻之。」詩云「明發不寐，有懷二人」，文王之詩也。祭之明日，明發不寐，饗而致之，又從而思之。注：「明發不寐，謂夜而至旦也。祭之明日，謂繹日也，言繹之夜不寐也。二人，謂父母。」釋詁：「從，重也。」王氏念孫曰：「文王之詩也，詩當作謂。鄭於此句無注，則所見本必作『文王之謂』，若作『文王之詩』，則與詩義不合，不得無注。家語哀公問政篇：『詩云「明發不寐，有懷二人」，則文王之謂與？』王肅注曰：『假此詩以喻文王』，是肅所見本尚不誤。」

祭之日，樂與哀半，饗之必樂，已至必哀。○與，音餘。樂，音洛。

仲尼嘗，奉薦而進，其親也慤，其行也趨趨以數。注：「嘗，秋祭也。親，謂身親執事時也。慤與趨趨，言少威儀也。趨，讀如促。數之言速也。」已祭，子贛問曰：「子之言祭，濟濟漆漆然。今子之祭，無濟濟漆漆，何也？」子曰：「濟濟者，容也遠也。漆漆者，容也自反也。容以遠，若容以自反也，夫何神明之及交？夫何濟濟漆漆之有乎？注：「漆漆，讀如朋友切切。自反，猶言自修整也。容以遠，言非所以接親親也。容以自反，言非孝子所以事親也。及，與也。此皆非與神明交之道。」反饋樂成，薦其薦俎，釋詁：「薦，陳也。」序其禮樂，備其百官，君子致其濟濟漆漆，夫何慌惚之有乎？注：「天子諸侯之祭，或從血腥，始至反饋，是進熟也。薦俎，豆與俎也。慌惚，思念益深之時也。言祭事既備，使百官助己祭，然而見其容而自反，是無慌惚之思念。」夫言豈一端而已，夫各有所當也。」注：「豈一端，言不可以一概也。禮各有所當，行祭宗廟者，賓客濟濟漆漆，主人慤而趨趨。」正義：「皇氏云：『初祭，尸入於室，後出在堂門，尸更反入而設饋，故云「反饋」』。」○趨，音促。數，音速。饋，音貴。漆，依注音切。樂成，音岳。慌，況往反。惚，音忽。當，丁浪反。

孝子將祭，慮事不可以不豫，比時具物，不可以不備，虛中以治之。注：「比時，言先時也。虛中，言不兼念餘事。」宮室既脩，牆屋既設，百物既備，夫婦齊戒沐浴，盛服奉承而進之。洞洞乎！屬屬乎！如弗勝，如將失之，其孝敬之心至也與！注：「脩、設，謂埽除及黝堊。」釋文：「何休云：『弗者，不之深也。』」正義：「案廣雅：『洞洞、屬屬，敬也。』」薦其薦俎，序其禮樂，備其百官，奉承而進之。注：「百官助主人進之。」於是諭其志意，以其慌惚以與神明交，庶或饗之。庶或饗之，孝子之志也。注：「諭其志意，謂使祝祝饗及侑尸也。或，猶有也，言想見其彷彿來。」方性夫曰：「前期十日，帥執事而卜，曰遂戒，此慮事之所以豫也。天之所生，地之所產，苟可薦者，莫不咸在，此具物之所以備也。齊者，心不苟慮，必依於道，凡以致其虛而已。祝以孝告，而諭人之志意於神，嘏以慈告，而諭神之志意於人。如是而祭，庶幾乎神或饗之。庶者，幸而不必之辭。或者，疑而不定之辭。郊特牲言『豈知神之所饗也，主人自盡其敬而已』，正謂此也。」○洞，音動。屬，音燭。勝，音升。與，音餘。

孝子之祭也，盡其慤而慤焉，盡其信而信焉，盡其敬而敬焉，盡其禮而不過失焉。進退必敬，如親聽命，則或使之也。注：「言當盡己而已。如居父母前，將受命而使之。」正義：「盡慤者，謂心盡其慤也。而慤焉，謂外亦慤焉。其信與敬，皆處内，内有其心，外著於貌。」

孝子之祭可知也，其立之也敬以詘，其進之也敬以愉，其薦之也敬以欲。退而立，如將受命，已徹而退，敬齊之色不絶於面，注：「進之，謂進血腥也。愉，顔色和貌也。薦之，謂進熟也。欲，婉順貌。齊，謂齊莊。」孝子之祭也。立而不詘，固也。進而不愉，疏也。薦而不欲，不愛也。退立而不如受命，敖也。已徹而退，無敬齊之色，而忘本也。如是而祭，失之矣。注：「而忘本，而衍字。」王氏引之曰：「詘，卑詘也。下文曰『其奠之也』，『身必詘』，又曰『宿者皆出，其立卑静以正』，皆其證。固，猶倨也。立而不詘，是倨傲也。下文『退立而不如受命，敖也』，亦指立言。鄭説皆失之。」○詘，求勿反。敖，五報反。

孝子之有深愛者，必有和氣；有和氣者，必有愉色；有愉色者，必有婉容。注：「和氣，謂立而詘。」孝子如執玉，如奉盈，洞洞屬屬然如弗勝，如將失之。嚴威儼恪，非所以事親也，成人之道也。注：「成人，既冠者。然則孝子不失其孺子之心也。」正義：「嚴，謂嚴肅。威，謂威重。儼，謂儼正。恪，謂恭敬。言四者容貌，非事親之體，事親當和順卑柔也。」陳可大曰：「和氣、愉色、婉容，皆愛心之所發。如執玉，如奉盈，如弗勝，如將失之，皆敬心之所存。愛敬兼至，乃孝子之道。」○奉，芳勇反。儼，魚檢反。恪，苦各反。

先王之所以治天下者五：貴有德，貴貴，貴老，敬長，慈幼。此五者，先王之所以定天下也。貴有德何爲也？爲其近於道也。貴貴，爲其近於君也。貴老，爲其近於親也。敬長，爲其近於兄也。慈幼，爲其近於子也。注：「言治國有家道。」是故至孝近乎王，至弟近乎霸。至孝近乎王，雖天子必有父；至弟近乎霸，雖諸侯必有兄。先王之教，因而弗改，所以領天下國家也。注：「天子有所父事，諸侯有所兄事，謂若三老五更也。天子衰，諸侯興，故曰霸。」正義：「德是在身善行之名。道者，於物開通之稱。以聖人之德，無加於孝，故雖天子之尊，必有事之如父者，謂養三老也。以教民禮順，莫善於弟，故雖諸侯之貴，必有事之如兄者，謂養五更也。言先王設教之原，因人之心孝弟，卽以孝弟教人，是從人之所欲，故可以領天下國家也。」○長，丁丈反。爲其，于僞反。

子曰：「立愛自親始，教民睦也。立敬自長始，教民順也。注：「親長，父兄也。睦，和厚也。」教以慈睦，而民貴有親；教以敬長，而民貴用命。注：「尊長，出教令者。」孝以事親，順以聽命，錯諸天下，無所不行。」正義：「己先愛親，人亦愛親，是教民睦也。己能敬長，民亦敬長，是教民順也。睦則恩慈，故民各貴所有之親。民心和順，不有悖逆，故貴用在上之教命。」○錯，七路反。

郊之祭也，喪者不敢哭，凶服者不敢入國門，敬之至也。注：「祭者吉禮，不欲聞見凶人。」祭之日，君牽牲，穆答君，卿大夫序從。注：「祭，謂祭宗廟也。穆，子姓也。答，對也。序，以次第從也。序，或爲豫。」既入廟門，麗于碑，卿大夫袒而毛牛，尚耳，鸞刀以刲取膟膋，乃退。爓祭祭腥而退，敬之至也。注：「麗，猶繫也。毛牛尚耳，以耳毛爲上也。膟膋，血與腸間脂也。爓祭祭腥，祭爓肉、腥肉也。湯肉曰爓。爓祭祭腥，或爲『合祭腥、泄、膶、熱』也。」說文：「膫，牛腸脂也。𤎩，於湯中爚肉。」正義：「序從者，卿大夫佐幣，士奉芻。麗于碑者，君牽牲入廟門，繫著中庭碑也。」王肅云：『以紖貫碑中，君從北待之也。』刲取膟膋者，謂用鸞刀刲割牲體，取血及腸間脂，血以供薦，而膋以供炙肝及爇蕭也。」〇從，才用反。刲，苦圭反。膟，音律。膋，力彫反。爓，音燖。

郊之祭，大報天而主日，配以月。夏后氏祭其闇，殷人祭其陽，周人祭日以朝及闇。注：「主日者，以其光明，天之神可見者莫著焉。闇，昏時也。陽，讀爲『日雨曰暘』之暘，謂日中時也。朝，日出時也。夏后氏大事以昏，殷人大事以日中，周人大事以日出，亦謂此郊祭也。以朝及闇，謂終日有事。」正義：「郊之祭者，謂夏正郊天。天無形體，縣象著明，不過日月，故以日爲百神之主，配之以月。蓋天帝獨爲壇，其日月及天神等共爲一壇，故日得爲衆神之主也。」趙氏良霨曰：「鄭注闇爲『昏時』。劉原父謂『日欲出之初』，是也。郊特牲『鄉爲田燭』，孔疏謂『六鄉之民，各於田首設燭，恐王嚮郊之早』，則闇在日出前，不在日入後可知。及，逮也。樂記『恐不逮事』，禮器『逮闇而祭』，與此『及闇』並同。」祭日於壇，祭月於坎，以別幽明，以制上下。注：「幽明者，謂日照晝，月照夜。」正義：「此及下經，皆據春分朝日，秋分夕月。」祭日於東，祭月於西，以別外內，以端其位。注：「端，正。」正義：「祭日於東，用朝旦之時，是爲外。祭月於西，鄉夕之時，是爲內。崔云：『日月有合祭之時，謂郊祭天而主日，配以月，其禮大，用牛。各祭之時，謂春分朝日，秋分夕月，其禮小，故祭法用少牢。』」日出於東，月生於西，陰陽長短，終始相巡，以致天下之和。注：「巡，讀如『沿漢』之沿，謂更相從道。」正義：「陰，謂夜也。陽，謂晝也。夏則陽長而陰短，冬則陽短而陰長。又月之與日，同行黃道，其晦朔之時，月與日同處。自朔之後，日與月先後而行〔一〕，至月終日還，與月同

〔一〕「先」，原誤「光」，據禮記注疏改。

處，亦是終始相巡。」○巡，依注音沿。

天下之禮，致反始也，致鬼神也，致和用也，致義也，致讓也。注：「因祭之義，汎說禮也。致之言至也，使人勤行至於此也。至於反始，謂報天之屬也。至於鬼神，謂祭宗廟之屬也。至於和用，謂治民之事以足用也。」致反始，以厚其本也。致鬼神，以尊上也。致物用，以立民紀也。致義，則上下不悖逆矣。致讓，以去爭也。合此五者以治天下之禮也，雖有奇邪，而不治者則微矣。注：「物，猶事也。變『和』言『物』，互之也。微，猶少也。」正義：「和，謂百姓和諧。用，謂財用豐足。天爲人本，能反始以報天，是厚其本也。祭祀鬼神，是尊嚴其上也。民豐物用，則知榮辱禮節，故可以立人紀也。義能除凶去暴，故上下不有悖逆也。奇，謂奇異。邪，謂邪惡。皆據異行之人。言用此五事爲治，有異行不從治者亦當少也。」○悖，布內反。邪，似嗟反。

宰我曰：「吾聞鬼神之名，不知其所謂。」子曰：「氣也者，神之盛也。魄也者，鬼之盛也。合鬼與神，教之至也。」注：「氣，謂嘘吸出入者也。耳目之聰明爲魄。合鬼神而祭之，聖人之教致之也。」正義：「人死，神上於天，鬼降於地，聖王合此鬼與神以祭之，是設教致合如此，故云『教之至也』。」○魄，普白反。

「衆生必死，死必歸土，此之謂鬼。骨肉斃于下，陰爲野土。注：「陰，讀爲『依蔭』之蔭，言人之骨肉蔭於地中爲土壤。」其氣發揚于上，爲昭明，焄蒿悽愴，此百物之精也，神之著也。注：「焄，謂香臭也。蒿，謂氣烝出貌也。上言『衆生』，此言『百物』，明其與人同也，不如人貴爾。蒿，或爲藨。」正義：「言人生時，形體與氣合，死則形與氣分，其氣之精魂升上爲神靈光明也。百物之氣，或香或臭，烝而上出，其氣蒿然也。人聞之，情有悽愴。人與百物共同，但情識爲多，故特謂之神。」因物之精，制爲之極，明命鬼神，以爲黔首則，百衆以畏，萬民以服。注：「明命，猶尊名也。尊極於鬼神，不可復加也。黔首，謂民也。則，法也。爲民作法，使民亦事其祖禰。鬼神，民所畏服。」釋文：「黔，黑也。黑首，謂民也。秦謂民爲黔首。」正義：「鬼神本是人與物之魂魄，尊而名之爲鬼神，以爲萬民之法則也。」〇陰，依注音蔭，於鴆反。焄，許云反。蒿，許羔反。黔，其廉反。

「聖人以是爲未足也，築爲宮室，設爲宗祧，以別親疏遠邇，教民反古復始，不忘其所由生也。衆之服自此，故聽且速也。注：「自，由也。此言人由此服於聖人之教也。聽，謂順教令也。速，疾也。」正義：「古，謂先祖。追而祭之，是反古也。始，謂初始。父母始生於己，今追祭祀，是復始也。」二端既立，報以二禮。建設朝事，燔燎羶薌，見以蕭光，以報氣也，此教衆反始也。薦黍稷，羞肝肺首心，見間以俠甒，說文：「覸，並視也。」段氏玉裁曰：「祭義『見以蕭光』、『見間以俠甒』，注云：『見及見間，皆當爲覸，字之誤也。』覸不見於許書，蓋卽覸字。謂蕭光與燔燎並見，俠甒與肝肺首心並見也。見者，視也。」加以鬱鬯，以報魄也。說文：「鬯，以秬釀鬱艸，芬芳攸服以降神也。从凵。凵，器也。中象米，匕所以扱之。易曰：『不喪匕鬯。』鬱，芳艸也。十葉爲貫，百廾貫，築以煮之爲鬱。从臼、缶、冖、鬯，彡其飾也。一曰鬱鬯，百艸之華，遠方鬱人所貢芳艸，合釀之，以降神。」教民相愛，上下用情，禮之至也。注：「二端既立，謂氣也，魄也。更有尊名，云鬼神也。二禮，謂朝事與薦黍稷也。朝事，謂薦血腥時也。薦黍稷，所謂饋食也。見及見間，皆當爲覸，字之誤也。羶，當爲馨，聲之誤也。燔燎馨香，覸以蕭光，取牲祭脂也。光，猶氣也。有虞氏祭首，夏后氏祭心，殷祭肝，周祭肺。覸以俠甒，謂雜之兩甒醴酒也。相愛用情，謂此以人道祭之也。報氣以氣，報魄以實，各首其類。」正義：「報氣，謂朝踐之節也。報魄，謂饋熟之節也。言饋熟之時，皆以飲食實味，偏於燕飲，是教民相愛。上以恩賜逮下，下受上恩賜，故上下用情。」金氏榜曰：「朝事主于報氣，饋食主于報魄，是謂『報以二禮』。案郊特牲『蕭合黍稷，臭陽達于牆屋，故既奠，然後焫蕭合羶薌』。此『覸以蕭光』爲饋食禮，其時亦兼報氣。郊特牲：『既灌然後迎牲。』此『覸以俠甒，加以鬱鬯』爲朝事禮，其時亦兼報魄。覸之言雜也，謂其報氣報魄，更相雜厠。孝子祭其親，求諸陰陽，非一時一事，曰覸曰加，義取諸此。」○羶，依注音馨。見間，依注合爲覸字，音「間厠」之間。俠，古洽反。甒，音武。

「君子反古復始，不忘其所由生也。是以致其敬，發其情，竭力從事以報其親，不敢弗盡也。注：「從事，謂脩薦可以祭者也。」是故昔者天子爲藉千畝，冕而朱紘，躬秉耒，諸侯爲藉百畝，冕而青紘，躬秉耒，以事天地、山川、社稷、先古，以爲醴酪齊盛，於是乎取之，敬之至也。注「藉，藉田也。先古，先祖。」五經要義：「天子藉田千畝，以供上帝之粢盛。常孟春啓蟄既郊之後，率公、卿、大夫而親耕焉，所以先百姓而致孝敬。」外傳：「藉者，借也，借民力治之。」○藉，在亦反。齊，音咨。

古者天子諸侯必有養獸之官，及歲時，齊戒沐浴而躬朝之。犧牷祭牲，說文：「牲，牛完全。牷，牛純色。犧，宗廟之牲也。」必於是取之，敬之至也。君召牛，納而視之，擇其毛而卜之，吉然後養之。君皮弁素積，朔月月半，君巡牲，所以致力，孝之至也。注：「歲時齊戒沐浴而躬朝之，謂將祭祀卜牲，君朔月、月半巡視之。君召牛，納而視之，更本擇牲意。」正義：「躬，親也。既卜牲吉，在牢養之，而身朝之。言朝者，敬辭也。犧，純色。牷，完也。皮弁，諸侯視朔之服。」方性夫曰：「自『養獸之官』而下，卽牧人『阜蕃其物』之時也。自『君召牛』而下，卽充人『繫於牢』之時也。繫于牢則芻之三月而已，故朔望巡之。阜蕃其物則不止三月也，故歲時朝之。君召牛，納而視之，所謂『展牲』是也。擇其毛，所謂『陽祀用騂牲，陰祀用黝牲』，是也。卜吉然後養之，所謂『帝牛不吉，以爲稷牛』，是也。未卜謂之牛，既卜謂之牲。上言『祭牲』者，取之將以爲祭牲故也。」○牷，音全。

古者天子諸侯必有公桑蠶室，近川而爲之，築宮，仞有三尺，棘牆而外閉之。及大昕之朝，君皮弁素積，卜三宮之夫人、世婦之吉者，使入蠶于蠶室，奉種浴于川，桑于公桑風戾以食之。注：「大昕，季春朔日之朝也。諸侯夫人三宮，半王后也。風戾之者，及早涼脆采之，風戾之，使露氣燥，乃以食蠶，蠶性惡濕。」歲既單矣，世婦卒蠶，奉繭以示于君，遂獻繭于夫人。夫人曰：「此所以爲君服與！」遂副褘而受之，因少牢以禮之。廣雅：「殫，盡也。」後漢書注：「單，與殫同。」王氏引之曰：「歲既單者，春既盡也。釋名曰：『歲，越也，越故限也。』越四時謂之歲，越一時亦可謂之歲。」注：「歲單，謂三月月盡之後也。言歲者，蠶，歲之大功，事畢於此也。副褘，王后之服，而云『夫人』，記者容二王之後與？禮之，禮奉繭之世婦。」說文：「繭，蠶衣也。」古之獻繭者，其率用此與？注：「問者之辭。」及良日，夫人繅，三盆手，說文：「繅，繹繭爲絲也。繹，抽絲也。」遂布于三宮夫人、世婦之吉者，使繅，遂朱綠之，說文：「綠，帛青黃色也。」玄黃之，以爲黼黻說文：「黼，白與黑相次文。黻，黑與青相次文。」文章。服既成，君服以祀先王先公。敬之至也。注：「三盆手者，三淹也。凡繅，每淹大總而手振之，以出緒也。」正義：「近川者，取其浴蠶種便也。戾，乾也。單，盡也，三月之末，四月之初。率，法也。養蠶是婦人之事，婦人不與外祭，故云『以祀先王先公』，其實養蠶爲衣，亦事天地、山川、社稷。」○昕，許斤反。蠶，才南反。單，音丹。禕，音暉。繅，悉刀反。盆，蒲奔反。

君子曰：「禮樂不可斯須去身。注：「斯須，猶須臾也。」致樂以治心，則易、直、子、諒之心油然生矣。易、直、子、諒之心生則樂，樂則安，安則久，久則天，天則神。天則不言而信，神則不怒而威，致樂以治心者也。注：「子，讀如『不子』之子。諒，信也。油然，物始生好美貌。」致禮以治躬則莊敬，莊敬則嚴威。注：「躬，身也。」心中斯須不和不樂，而鄙詐之心入之矣。外貌斯須不莊不敬，而慢易之心入之矣。故樂也者，動於內者也；禮也者，動於外者也。樂極和，禮極順，內和而外順，則民瞻其顏色而不與争也，望其容貌而衆不生慢易焉。注：「極，至也。」故德煇動乎內，而民莫不承聽；說文：「煇，光也。」理發乎外，而衆莫不承順。注：「理，謂言行也。」故曰：『致禮樂之道，而天下塞焉，舉而錯之無難矣。』注：「塞，充滿也。」樂也者，動於內者也。禮也者，動於外者也。故禮主其減，樂主其盈。禮減而進，以進爲文；樂盈而反，以反爲文。注：「減，猶倦也。盈，猶溢也。樂以統情，禮以理行。人之情有溢而行有倦。倦則進之，以能進者爲文；溢則使反，以能反者爲文。文，謂才美。」禮減而不進則銷，樂盈而不反則放，故禮有報而樂有反。注：「報，皆當爲褒，聲之誤。」禮得其報則樂，樂得其反則安。禮之報，樂之反。其義一也。」正義：「此一節已具於樂記。」○易，以豉反。諒，音亮。煇，音輝。報，依注音褒，保毛反。

曾子曰：「孝有三：大孝尊親，其次弗辱，其下能養。」公明儀問於曾子曰：「夫子可以爲孝乎？」曾子曰：「是何言與！是何言與！君子之所謂孝者，先意承志，諭父母於道。參直養者也，安能爲孝乎？」注：「公明儀，曾子弟子。」正義：「尊親，即下文『大孝不匱』。聖人，爲天子者。尊親，嚴父配天也。弗辱，謂賢人爲諸侯及卿、大夫、士也，各保社稷宗廟，不使傾危以辱親也。與下文『中孝用勞』爲一。能養，謂庶人也，與下文『小孝用力』爲一。能養，謂用天分地以養父母也。」曾子曰：「身也者，父母之遺體也。行父母之遺體，敢不敬乎？居處不莊，非孝也。事君不忠，非孝也。涖官不敬，非孝也。朋友不信，非孝也。戰陳無勇，非孝也。五者不遂，烖及於親，敢不敬乎？注：「遂，猶成也。」亨、孰、羶、薌，嘗而薦之，非孝也，養也。君子之所謂孝也者，國人稱願然曰：『幸哉有子如此！』所謂孝也已。注：「然，猶而也。」衆之本教曰孝，其行曰養。養可能也，敬爲難；敬可能也，安爲難；安可能也，卒爲難。父母既没，慎行其身，不遺父母惡名，可謂能終矣。仁者，仁此者也。禮者，履此者也。義者，宜此者也。信者，信此者也。强者，强此者也。樂自順此生，刑自反此作。」曾子曰：「夫孝，置之而塞乎天地，王氏引之曰：「置，讀爲植。植，立也，以上下言之也。下文『敷之而横乎四海』，敷，布也，以四旁言之也。大戴禮曾子大孝篇：『夫孝，置之而塞於天地。』盧注：『置，猶立也。』淮南原道篇：『植之而塞于天地。』高注：『植，立也。』古字植與置通。」溥之而横乎四海，釋詁：「溥，大也。」王氏引之曰：「溥，本作敷，或作傅。傅與敷，古字通。羣書治要、初學記人部上、太平御覽人事部五十二並引祭義『敷之而横乎四海』。」施諸後世而無朝夕，推而放諸東海而準，推而放諸西海而準，推而放諸南海而準，推而放諸北海而準。注：「無朝夕，言常行無輟時也。放，猶至也。準，猶平也。」正義：「衆之本教曰孝，言孝爲衆行之根本。孝經云：『孝者德之本。』又云：『教民親愛，莫善于孝。』」詩云：『自西自東，自南自北，無思不服。』此之謂也。」曾子曰：「樹木以時伐焉，禽獸以時殺焉。夫子曰：『斷一樹，殺一獸，不以其時，非孝也。』」注：「夫子，孔子也。」孝有三：小孝用力，中孝用勞，大孝不匱。注：「勞，猶功也。」思慈愛忘勞，可謂用力矣。尊仁安義，可謂用勞矣。博施備物，可謂不匱矣。注：「思慈愛忘勞，思父母之慈愛己而自忘己之勞苦。」正義：「庶人思父母慈愛，忘己躬耕之勞，可謂用力矣。尊重于仁，安行于義，心無勞倦，可謂用勞矣。匱，乏也。博施，則德教加于百姓，刑于四海，是也。備物，謂四海之內，各以其職來助祭，即是大孝不匱也。」父母愛之，嘉而不忘；父母惡之，懼而無怨。注：「無怨，無怨於父母之心。」父母有過，諫而不逆；注：「順而諫之。」父母既沒，必求仁者之粟以祀之。此之謂禮終。」注：「喻貧困猶不取惡人物以事亡親。」○養，羊尚反。蒞，音利。裁，音灾。亨，普彭反。樂，音岳。匱，其媿反。施，始豉反。

樂正子春下堂而傷其足，數月不出，猶有憂色。門弟子曰：「夫子之足瘳矣，數月不出，猶有憂色，何也？」樂正子春曰：「善如爾之問也！善如爾之問也！吾聞諸曾子，曾子聞諸夫子，曰：『天之所生，地之所養，無人爲大。父母全而生之，子全而歸之，可謂孝矣。不虧其體，不辱其身，可謂全矣。注：「曾子聞諸夫子，述曾子所聞於孔子之言。」故君子頃步而不敢忘孝也。』

注：「頃，當爲跬，聲之誤也。」說文作「趌」：「半步也。讀若跬，同。」釋文：「瘳，差也。一舉足爲跬，再舉足爲步。」今予忘孝之道，予是以有憂色也。注：「予，我也。」壹舉足而不敢忘父母，壹出言而不敢忘父母。壹舉足而不敢忘父母，是故道而不徑，舟而不游，不敢以先父母之遺體行殆。釋詁：「殆，危也。」壹出言而不敢忘父母，是故惡言不出於口，忿言不反於身。王氏引之曰：「正義：『定本「反」作「及」。』謹案羣書治要及白帖二十五引此竝作『及』。大戴禮曾子大孝篇曰：『惡言不出於口，忿言不及於己。』則當以作『及』爲是。此謂人之忿言，非己之忿言也。」不辱其身，不羞其親，可謂孝矣。」注：「徑，步邪趨疾也。人不能無忿怒，忿怒之言，當由其直，直則人服，不敢以忿言來也。」正義：「無人爲大者，言天地生養萬物之中，無如人最爲大。孝經云『天地之性，人爲貴』，是也。」○數，色主反。瘳，丑留反。頃，讀爲跬，缺婢反。徑，古定反。

昔者有虞氏貴德而尚齒，夏后氏貴爵而尚齒，殷人貴富而尚齒，周人貴親而尚齒。注：「貴，謂燕賜有加於諸臣也。尚，謂有事尊之於其黨也。臣能世禄曰富。舜時多仁聖有德，後德則在小官。」虞、夏、殷、周，天下之盛王也，未有遺年者。年之貴乎天下久矣，次乎事親也。注：「言其先老也。」

是故朝廷同爵則尚齒。七十杖於朝，君問則席，八十不俟朝，君問則就之，而弟達乎朝廷矣。注：「同爵尚齒，老者在上也。君問則席，爲之布席於堂上而與之言。凡朝位立于庭，魯哀公問於孔子，命席，不俟朝，君揖之卽退，不待朝事畢也。就之，就其家也。老而致仕，君或不許，異其禮而已。」正義：「曲禮云『大夫七十而致事，若不得謝』，是或不許也，故七十杖於朝，君問則席。」

行，肩而不併，不錯則隨，見老者則車徒辟，斑白者不以其任行乎道路，而弟達乎道路矣。注：「錯，鴈行也。父黨隨行，兄黨鴈行。車徒辟，乘車步行皆辟老人也。斑白者，髮雜色也。任，所擔持也。不以任，少者代之。」正義：「老少並行，肩臂不得併行，少者差退在後。」○併，步頂反。辟，音避。

居鄉以齒，而老窮不遺，强不犯弱，衆不暴寡。而弟達乎州巷矣。注：「老窮不遺，以鄉人尊而長之，雖貧，且無子孫，無棄忘也。一鄉者五州。巷，猶閭也。」

古之道，五十不爲甸徒，頒禽隆諸長者，而弟達乎獀狩矣。注：「四井爲邑，四邑爲丘，四丘爲甸。甸，六十四井也，以爲軍田出役之法。五十始衰，不從力役之事也。頒之言分也。隆猶多也。及田者分禽，多其老者，謂竭作未五十者。春獵爲獀，冬獵爲狩。」○獀，音蒐，所求反。

軍旅什伍，同爵則尚齒，而弟達乎軍旅矣。注：「什伍，士卒部曲也。少儀曰：『軍尚左，卒尚右。』」

孝弟發諸朝廷，行乎道路，至乎州巷，放乎獀狩，修乎軍旅，王氏念孫曰：「修乎軍旅，修亦當爲循。放，亦至也。循，亦行也。家語正論篇正作『循于軍旅』。」衆以義死之，而弗敢犯也。注：「死之，死此孝弟之禮。」正義：「言孝弟之道，通於朝廷，行於道路、州巷、獀狩、軍旅，無處不行。」

祀乎明堂，所以教諸侯之孝也。食三老五更於大學，所以教諸侯之弟也。祀先賢於西學，所以教諸侯之德也。耕藉，所以教諸侯之養也。朝覲，所以教諸侯之臣也。五者，天下之大教也。注：「祀乎明堂，宗祀文王。西學，周小學也。先賢，有道德，王所使教國子者。」正義：「祀乎明堂，樂記云

『祀文王於明堂』，是也。西學，謂虞庠也。大司樂云：『凡有道者有德者，使教焉，死則以爲樂祖，祭於瞽宗。』瞽宗則在國，虞庠爲小學，則在西郊。」

食三老五更於大學，天子袒而割牲，執醬而饋，執爵而酳，冕而總干，所以教諸侯之弟也。是故鄉里有齒，而老窮不遺，强不犯弱，衆不暴寡，此由大學來者也。注：「割牲，制俎實也。冕而總干，親在舞位，以樂侑食也。教諸侯之弟，次事親。」

天子設四學，當入學而大子齒。注：「文王世子曰：『行一物而三善皆得，唯世子而已，其齒於學之謂也。』」正義：「牲入之時，天子親割。食之時，執醬而饋。食罷，執爵而酳。干，盾也。親在舞位，持盾而舞也。天子設四學者，謂設四代之學：周學也，殷學也，夏學也，虞學也。」胡氏渭曰：「禮書謂『天子設四學』，謂周制東膠卽東序，瞽宗卽右學，最爲精覈。唯謂辟雍卽成均，而不言上庠，未免滲漏。董仲舒云：『成均，五帝之學。』故虞之成均別名上庠，而周之上庠亦曰成均。』則成均卽上庠可知。蓋惟辟雍建在水中，而三學環之於外：水北爲上庠，一名成均；水東爲東序，一名東膠；水西爲右學，一名瞽宗，又稱西學。蓋皆存舊制，而被之以新號。是爲天子設四學也。」

天子巡守，諸侯待于竟，天子先見百年者。注：「問其國君以百年者所在，而往見之。」八十九十者，東行西行者弗敢過，西行東行者弗敢過。欲言政者，君就之可也。郝楚望曰：「老者東去，則西來者弗敢過，西行則東來者弗敢過，引却道旁，俟老者過而後行也。」鄭氏元慶曰：「蓋天下之人見天子貴老如此，於是羣然化之，見老者於道，皆各致其尊敬。而而其國君亦尚齒德，若八十九十者欲言政事，則親就其家而請教之可也。」○

守，手又反，本或作「狩」。

壹命齒于鄉里，再命齒于族，三命不齒。族有七十者弗敢先。注：「此謂鄉射飲酒時也。齒者，謂以年次立若坐也。三命，列國之卿也。不復齒，席之於賓東，不敢先族之七十者，謂既一人舉觶乃入也。雖非族亦然。承『齒乎族』，故言族爾。」正義：「天子黨正飲酒，三命不齒，謂上士也。若鄉飲酒諸侯之國，但爵位爲卿大夫，雖再命一命皆得不齒，以鄉飲酒賓賢能，其賓必少，其得爲卿大夫者必年長於賓，故在賓東西面而不齒。若黨正飲酒，以正齒位，其賓必長，熊氏云：『謂黨正飲酒，故正齒位，故有七十。若鄉飲酒之禮，則無七十者，故鄉飲酒「明日」，「乃息司正」，「告于先生君子」，是老者明日乃入也。』」七十者，不有大故不入朝，若有大故而入，君必與之揖讓而后及爵者。注：「謂致仕在家者，其入朝，君先與之爲禮，而后揖卿、大夫、士。」

天子有善，讓德於天。諸侯有善，歸諸天子。卿大夫有善，薦於諸侯。士庶人有善，本諸父母，存諸長老。王氏念孫曰：「存亦爲薦。士庶人有善，進於長老，亦猶卿大夫有善，進於諸侯耳。薦，或作荐。因譌而爲存。管子君臣篇：『民有善本於父，薦之於長老。』」

禄爵慶賞，成諸宗朝，所以示順也。注：「薦，進也。成諸宗廟，於宗廟命之。祭統『有十倫』，六曰『見爵賞之施焉』。」正義：「此一節明有善讓於尊上，示以敬順之道，不敢專也。」

昔者聖人建陰陽天地之情，王氏引之曰：「謹案陰陽天地之情，非人所能建立也，建字義不可通，當爲達字，形相近而誤。達者，通也。乾文言曰：『六爻發揮，旁通情也。』正謂徧通陰陽天地之情也。」立以爲易。易抱龜南面，天子卷冕北面，雖有明知之心，必進斷其志焉，示不敢專，以尊天也。善則稱人，過則稱己。教不伐，以尊賢也。注：「立以爲易，謂作易，易抱龜，易，官名，周禮曰大卜。大卜主三兆、三易、三夢之占。」正義：「聖人，謂伏羲、文王之屬，仰觀天文，俯察地理，立此陰陽以作易。易抱龜南面者，尊其神明，故南面。天子親執卑道，服袞冕北面，言天子雖有顯明哲知之心，必進於龜之前，令斷決之，示不敢自專，以尊敬上天也。有善稱人，有過稱己。教下不自伐其善，以尊敬賢人也。」○卷，古本反。知，音智。

孝子將祭祀，必有齊莊之心以慮事，以具服物，以修宮室，以治百事。注：「謂齊之前後也。」及祭之日，顏色必溫，行必恐，如懼不及愛然。注：「如懼不及見其所愛者。」其奠之也，容貌必溫，身必詘，如語焉而未之然。注：「奠之，謂酌尊酒奠之，及酳之屬也。如語焉而未之然，如有所以語親而未見答。」宿者皆出，其立卑靜以正，如將弗見然。注：「宿者皆出，謂賓助祭者事畢出去也。如將弗見然，祭事畢而不知親所在，思念之深，如不見出也。」及祭之後，陶陶遂遂，如將復入然。注：「思念既深，如覩親將復入也。陶陶遂遂，相隨行之貌。」釋訓：「遂遂，作也。」是故慤善不違身，耳目不違心，思慮不違親。結諸心，形諸色，而術省之，孝子之志也。正義：「慮事，言孝子先齊莊其心，以謀慮祭事，備具衣服及祭物，色必溫和，行必戰恐，設奠及酳，容貌溫和，身形必卑詘。祭事已畢，卑柔靜默，正定心意，以思念其親。爲是之故，精慤純善之行不違離於身，忠心思慮不違於親，無時歇也。術，述也。省，視也。」王伯厚曰：「賈山至言：『術追厥功。』術，與述同。」○陶，音遥。

建國之神位，右社稷而左宗廟。注：「周尚左也。」正義：「案桓二年『取郜大鼎』，『納於太廟』，何休云：『質家右宗廟，尚親親。文家右社稷，尚尊尊。』此説與鄭合」。郝楚望曰：「社稷成物，居右，陰也。祖考生人，居左，陽也，亦不忍死其親之意。」

禮記訓纂卷二十五

祭統第二十五

鄭目録云：「名曰祭統者，以其記祭祀之本也。統，猶本也。此於別録屬祭祀。」

凡治人之道，莫急於禮；禮有五經，莫重於祭。注：「禮有五經，謂吉禮、凶禮、賓禮、軍禮、嘉禮也。莫重於祭，謂以吉禮爲首也。大宗伯職曰：『以吉禮事邦國之鬼神祇。』」夫祭者，非物自外至者也，自中出，生於心也。心怵而奉之以禮，是故唯賢者能盡祭之義。注：「怵，感念親之貌也。怵，或爲述。」正義：「凡祭爲禮之本，禮爲人之本。言治人之道，於禮最急。經者，常也，言吉、凶、賓、軍、嘉禮所常行。自，猶從也。」○怵，敕律反。

賢者之祭也，必受其福。非世所謂福也，福者備也。備者，百順之名也。無所不順者之謂備，言内盡於己而外順於道也。忠臣以事其君，孝子以事其親，其本一也。注：「世所謂福者，謂受鬼神之祐助也。賢者之所謂福者，謂受大順之顯名也。其本一者，言忠孝俱由順出也。」正義：「言世人謂福爲壽考吉祥，祐助於身，若賢者萬事皆順於道理，故云『非世所爲福也』。言『内盡於己，外順於道也』者，釋百順之義，謂心既内盡，貌又外順，行善無違於道理也。」上則順於鬼神，外則順於君長，内則以孝於親，如此之謂備。唯賢者能備，能備然後能祭。是故賢者之祭也，致其誠信與其忠敬，奉之以物，道之以禮，安之以樂，參之以時，明薦之而已矣，不求其爲。此孝子之心也。注：「明，猶絜也。爲，謂福祐爲己之報。」正義：「其爲者，孝子之心無所求也，但神自致福。若水旱災荒，禱祭百神，則有求也。故大祝有『六祈』之義，大司徒有荒政『索鬼神』之禮。」祭者，所以追養繼孝也。孝者，畜也。順於道，不逆於倫，是之謂畜。注：「畜，謂順於德教。」正義：「畜，謂畜養。援神契：『庶人之孝曰畜。』」○養，羊尚反。畜，許六反。

是故孝子之事親也，有三道焉：生則養，没則喪，喪畢則祭。養則觀其順也，喪則觀其哀也，祭則觀其敬而時也。盡此三道者，孝子之行也。注：「没，終也。」

既内自盡，又外求助，昏禮是也。故國君取夫人之辭曰：「請君之玉女與寡人共有敝邑，事宗廟社稷。」此求助之本也。注：「言玉女者，美言之也，君子於玉比德焉。」夫祭也者，必夫婦親之，所以備外内之官也。官備則具備：注：「具，謂所共衆物。」水草之菹，陸產之醢，小物備矣。三牲之俎，八簋之實，美物備矣。昆蟲之異，草木之實，陰陽之物備矣。注：「水草之菹，芹茆之屬。陸產之醢，蚳蝝之屬。天子之祭八簋。昆蟲，謂温生寒死之蟲也，内則可食之物有『蜩、范』。草木之實，菱、芡、榛、栗之屬。」正義：「天子之祭八簋者，明堂位云：『周之八簋。』又特牲士『兩敦』少牢『四敦』，則諸侯六，故天子八。」凡天之所生，地之所長，苟可薦者，莫不咸在，示盡物也。外則盡物，内則盡志，此祭之心也。注：「咸，皆也。」

是故天子親耕於南郊以共齊盛，王后蠶於北郊以共純服；諸侯耕於東郊亦以共齊盛，夫人蠶於北郊以共冕服。天子諸侯非莫耕也，王后夫人非莫蠶也，身致其誠信，誠信之謂盡，盡之謂敬，敬盡然後可以事神明。此祭之道也。注：「純服，亦冕服也，互言之爾。純以見繒色，冕以著祭服。」

東郊，少陽，諸侯象也。夫人不蠶於西郊，婦人禮少變也。齊，或爲粢。」正義：「莫，無也。春秋桓十四年穀梁傳：『天子親耕以共粢盛，王后親蠶以共祭服。國非無良農工女也，以爲人之所盡事其祖禰，不若以己所自親者也。』」○齊，音咨。純，側其反。

及時將祭，君子乃齊。齊之爲言齊也，齊不齊以致齊者也。是故君子非有大事也，非有恭敬也，則不齊。不齊則於物無防也，耆欲無止也。及其將齊也，防其邪物，訖其耆欲，耳不聽樂。故記曰「齊者不樂」，言不敢散其志也。心不苟慮，必依於道；手足不苟動，必依於禮。注：「訖，猶止也。」是故君子之齊也，專致其精明之德也。故散齊七日以定之，致齊三日以齊之。定之之謂齊，齊者，精明之至也，然後可以交於神明也。注：「定者，定其志意。」是故先期旬有一日，宮宰宿夫人，夫人亦散齊七日，致齊三日。注：「宮宰，守宮官也。宿，讀爲肅。肅，猶戒也。戒輕，肅重也。」君致齊於外，夫人致齊於內，然後會於大廟。君純冕立於阼，夫人副褘立於東房。君執圭瓚裸尸，大宗執璋瓚亞裸。及迎牲，君執紖，卿大夫從。士執芻，宗婦執盎從，夫人薦涚水。君執鸞刀，羞嚌，夫人薦豆。此之謂「夫婦親之」。注：「大廟，始祖廟也。圭瓚、璋瓚，裸器也。以圭璋爲柄，酌鬱鬯曰裸。大宗亞裸，容夫人有故，攝焉。紖，所以牽牲也。周禮作絼。芻，謂藁也，殺牲時，用薦之。周禮封人『祭祀，飾牲』，『共其水藁』。涚，盎齊也。盎齊，涚酌也。凡尊有明水，因兼云水爾。嚌，嚌肺祭肺之屬也。君以鸞刀割制之。天子諸侯之祭禮，先有裸尸之事，乃後迎牲。芻，或爲𦍤。」春秋文十三年穀梁傳：「禮，宗廟之事，君親割，夫人親舂，敬之至也。」正義：「外，謂君之路寢。內，謂夫人正寢。致齊皆於正寢，散齊，亦然。冕皆上玄下纁，故通云『緇冕』。若非二王之後及周公廟，悉用玄冕。副及褘，后之上服，魯及二王之後，夫人得服之。侯伯夫人揄狄，子男夫人闕狄，並立東房，以俟行事。尸既入之後，轉就西房，故禮器云：『夫人在房。』紖，牛鼻繩。君自執之，入繫於碑。芻，藁藁，以其殺牲用芻藁藉之。涗，卽盎齊，由其濁，用清酒以涗泲之。羞嚌者，嚌肝肺也。嚌有二時：一是朝踐之時，取肝，以膋貫之，入室燎于鑪炭，出薦之主前。二者謂饋熟之時，君以鸞刀割制所羞嚌肺，橫切之，使不絕，亦奠於俎上，尸並嚌之。於君羞嚌之時，夫人薦此饋食之豆，君親執紖，鸞刀羞嚌，是夫親之也。夫人薦涗水及羞豆，是婦親之也。故云『夫婦親之』。」方性夫曰：「散齊七日，致齊三日，則及祭凡十日。故先期旬有一日，宮宰宿夫人，經宿而後致齊，則謂之宿宜矣。」鄭氏元慶曰：「鄭注『大宗亞裸，容夫人有故，攝焉』。此經上文既曰『夫人會於大廟』，『立於東房』，下又言『夫人薦涗水』，『夫人薦豆』，何於亞裸之頃，忽然有故，而令大宗攝之？竊意『大宗執璋瓚』之下，闕『夫人』二字。大宗者，卽宗婦也。宗子宗婦皆得謂之大宗。上言『大宗』，下言『宗婦』，亦立言之法。君執圭瓚裸尸，大宗執璋瓚以進夫人，夫人乃亞裸。君言自執，夫人言他人執，亦立言之法。且『大宗執璋瓚，夫人亞裸』，與下『宗婦執盎從，夫人薦涗水』，句法相同。此皆言夫婦親之。若君裸尸，大宗亞裸，便非夫婦親之之義矣。」○齊，側皆反。齊不齊，並如字。耆，市志反。訖，居乙反。瓚，才旦反。裸，古亂反。紖，直忍反。盎，烏浪反。涗，舒鋭反。嚌，才細反。

及入舞，君執干戚就舞位。君爲東上，冕而總干，率其羣臣，以樂皇尸。是故天子之祭也，與天下樂之；諸侯之祭也，與竟內樂之。冕而總干，率其羣臣以樂皇尸，此與竟內樂之之義也。注：「君爲東上，近主位也。皇，君也。言君尸者，尊之。」○樂，音洛。

夫祭有三重焉：獻之屬莫重於祼，聲莫重於升歌，舞莫重於武宿夜。此周道也。注：「武宿夜，武曲名也。周道，猶周之禮。」凡三道者，所以假於外而以增君子之志也。故與志進退：志輕則亦輕，志重則亦重。輕其志而求外之重也，雖聖人弗能得也。是故君子之祭也，必身自盡也，所以明重也。道之以禮，以奉三重而薦諸皇尸，此聖人之道也。正義：「皇氏云：『師說，書傳云：「武王伐紂，至於商郊，停止宿夜，士卒皆歡樂歌舞以待旦，因名武宿夜，其樂亡。」』熊氏云：『此即大武之樂。』祼則假於鬱鬯，歌則假於聲音，舞則假於干戚，皆是假於外物，增成君子內志，故與志同進同退。若內志輕略，則此等亦輕略；內志殷重，此等亦殷重。」

夫祭有餕，鄭注郊特牲曰：「食餘曰餕。」餕者，祭之末也，不可不知也。是故古之人有言曰：「善終者如始。」餕其是已。是故古之君子曰「尸亦餕鬼神之餘」也，惠術也，可以觀政矣。注：「術，猶法也。爲政尚施惠，盡美能知能惠。詩云：『維此惠君，民人所瞻。』」是故尸謖，釋文：「謖，起也。」君與卿四人餕。君起，大夫六人餕，臣餕君之餘也。大夫起，士八人餕，賤餕貴之餘也。士起，各執其具以出，陳于堂下，百官進，徹之，下餕上之餘也。注：「進當爲餕，聲之誤也。百官，謂有事於君祭者也。既餕，乃徹之而去，所謂自卑至賤。進徹，或俱爲餕。」凡餕之道，每變以衆，所以別貴賤之等，而興施惠之象也。是故以四簋黍，見其脩於廟中也。釋文：「一本『脩』作『徧』。」王氏念孫曰：「作『徧』者是也。徧於廟中，謂神惠徧及於廟中也。若云：『脩於廟中』，則與上文『施惠』之義無涉。」廟中者，竟內之象也。注：「鬼神之惠徧廟中，如國君之惠徧竟內也。」祭者，澤之大者也。是故上有大澤，則惠必及下，顧上先下後耳，非上積重而下有凍餒之民也。是故上有大澤，則民夫人待於下流，知惠之必將至也，由餕見之矣。故曰：「可以觀政矣。」注：「鬼神有祭，不獨饗之，使人餕之，恩澤之大者也。國君有蓄積，不獨食之，亦以施惠於竟內也。」正義：「尸亦餕鬼神餘者，若王侯初薦毛血燔燎，是薦於鬼神，至薦熟時，尸乃食之，是尸餕鬼神之餘。若大夫士陰厭，亦是先薦鬼神，而後尸乃食。君於廟中，事尸如君，君食尸餘，是臣食君餘，與大夫食君餘相似，故云『臣餕君之餘也』。」鄭氏元慶曰：「君與卿四人餕，故用四簋。大夫士雖有四人八人之衆，亦只此四簋而已。疏言『君與三卿用四簋之黍』，是也。又云『諸侯之祭六簋，留二簋以爲陰厭』，恐未然。蓋正祭無所謂陰厭也。」○餕，音俊。謖，所六反。「進徹」之進，依注作「餕」。見，賢遍反。重，直龍反。餒，乃罪反。

夫祭之爲物大矣，其興物備矣。順以備者也，其教之本與？注：「爲物，猶爲禮也。興物，謂薦百品。」是故君子之教也，外則教之以尊其君長，內則教之以孝於其親。是故明君在上，則諸臣服從；崇事宗廟社稷，則子孫順孝。盡其道，端其義，而教生焉。注：「崇，猶尊也。」是故君子之事君也，必身行之：所不安於上，則不以使下；所惡於下，則不以事上。非諸人，行諸己，非教之道也。注：「必身行之，言恕己乃行之。」是故君子之教也，必由其本，順之至也，祭其是與？故曰：「祭者，教之本也已。」注：「教由孝順生也。」正義：「興物備，謂庶羞之屬。祭必依禮，是順也。百品皆足，是備也。」

夫祭有十倫焉：見事鬼神之道焉，見君臣之義焉，見父子之倫焉，見貴賤之等焉，見親疏之殺焉，見爵賞之施焉，見夫婦之別焉，見政事之均焉，見長幼之序焉，見上下之際焉。此之謂十倫。注：「倫，猶義也。」○見，賢遍反。殺，色界反。

鋪筵，設同几，爲依神也。詔祝於室，而出於祊，此交神明之道也。注：「同之言詷也。祭者以其妃配，亦不特几也。詔祝，告事於尸也。出於祊，謂索祭也。」正義：「詔，告也。祝，祝也。謂祝官以言詔告，祝請其尸於室求之。明日繹祭出廟門旁，廣求神於門外之祊。神明難測，不可一處求之。」説文：「詷，共也。」段氏玉裁曰：「祭統『設詷几』，注：『詷之言同也。』按此經注本如此，假令經本作『同几』，何煩以詷釋之？」鄭氏元慶曰：「詔祝於室，即郊特牲詔祝於室』，禮器所謂『血毛詔於室』，是也。出於祊，即郊特牲『索祭祝於祊』，皆指正祭本日而言。孔疏謂『明日繹祭』，非是。」

君迎牲而不迎尸，別嫌也。尸在廟門外則疑於臣，在廟中則全於君。君在廟門外則疑於君，入廟門則全於臣，全於子。是故不出者，明君臣之義也。注：「不迎尸者，欲全其尊也。尸，神象也。鬼神之尊在廟中，人君之尊出廟門則伸。」彬謂「疑於臣」「疑於君」之疑皆與儗同。儗，比也。

夫祭之道，孫爲王父尸，所使爲尸者，於祭者子行也。父北面而事之，所以明子事父之道也。此父子之倫也。注：「子行，猶子列也。祭祖則用孫列，皆取於同姓之適孫也。天子諸侯之祭，朝事延尸於户外，是以有北面事尸之禮。」正義：「主人爲欲孝敬己父，不計己尊而北面事子行，則凡爲子者豈得不自尊事其父乎？是見子事父之道也。以少牢、特牲尸皆在室之奧，主人西面事之，無北面事之之理，故知是天子諸侯也。」○行，户剛反。

尸飲五，君洗玉爵獻卿；尸飲七，以瑤爵獻大夫；尸飲九，以散爵獻士及羣有司。皆以齒，明尊卑之等也。注：「尸飲五，謂酳尸五獻也。大夫士祭，三獻而獻賓。」正義：「此據備九獻之禮者，至主人酳尸，故尸飲五也。凡祭二獻，裸用鬱鬯，尸祭奠而不飲。朝踐二獻，饋食二獻，及食畢主人酳尸，皆尸飲之，故云『尸飲五』。於此之時，以獻卿，王氏引之曰：「此言尊卑之等，非言長幼之序也。『皆以齒』三字，蓋涉下文『凡羣有司皆以齒』而誤衍。」獻卿之後，主婦酳尸，賓長獻尸，是尸飲七也。乃瑤爵獻大夫，九獻禮畢。自此以後，長賓、長兄弟更加爵，尸又飲二，并前尸飲九，主人乃散爵獻士及羣有司也。此上公九獻。若侯伯七獻，朝踐、饋食時各一獻，食訖酳尸，但尸飲三也。子男五獻，食訖酳尸，尸飲一。」○散，悉旦反。

夫祭有昭穆。昭穆者，所以別父子、遠近、長幼、親疏之序而無亂也。是故有事於大廟，則羣昭羣穆咸在而不失其倫。此之謂親疏之殺也。注：「昭穆咸在，同宗父子皆來。」正義：「尸主行列於廟中，所以無亂者，謂父南面，子北面，親者近，疏者遠，各有次序。祭大廟之時，則衆廟尸主皆來，及助祭之人同宗父子皆至。若餘廟之祭，唯有當廟尸主及所出之廟子孫來至，不得群昭羣穆咸在也。而不失其倫者，尸主既有昭穆，故主人及衆賓亦爲昭穆，列在廟，不失倫類。殺，漸也。昭穆各有遠近，示天下親疏有漸也。」

古者明君爵有德而禄有功，必賜爵禄於大廟，示不敢專也。故祭之日，一獻，君降立于阼階之南，南鄉，所命北面，史由君右，執策命之，再拜稽首，受書以歸，而舍奠于其廟。此爵賞之施也。注：「一獻，一酳尸也。舍，當爲釋，聲之誤也。非時而祭曰奠。」正義：「舍奠於其廟者，謂受策命卿大夫等既受策書歸還，而釋奠於家廟，告以受君之命。以非時而祭，故稱奠。」郝楚望曰：「王者爵祿羣臣，必告祖廟，行一獻之禮。祭之日，即策命之日。」○鄉，許亮反。舍，依注音釋。

君卷冕立于阼，夫人副褘立于東房。夫人薦豆執校，執醴授之執鐙。尸酢夫人執柄，夫人受尸執足。夫婦相授受，不相襲處，酢必易爵，明夫婦之别也。注：「校，豆中央直者也。執醴，授醴之人，授夫人以豆則執鐙。鐙，豆下跗也。」正義：「爵爲雀形，以尾爲柄。襲，因也。若夫婦交相致爵，不執故處，以明男女有别。酢必易爵者，特牲主人受主婦之酢爵，『更爵酢』，鄭注『主人更爵自酢，男人不承婦人爵』，即引此文。」說文：「鐙，錠也。」段氏玉裁曰：「按柎，說文作柎，闌足也。鐙有跗，則『無足曰鐙』之說，未可信。」○卷，古本反。校，户教反。鐙，音登。

凡爲俎者，以骨爲主[一]。骨有貴賤。殷人貴髀，周人貴肩。凡前貴於後。俎者，所以明祭之必有惠也。是故貴者取貴骨，賤者取賤骨。貴者不重，賤者不虚，示均也。惠均則政行，政行則事成，事成則功立。功之所以立者，不可不知也。俎者，所以明惠之必均也。善爲政者如此，故曰：「見政事之均焉。」注：「殷人貴髀，爲其厚也。周人貴肩，爲其顯也。凡前貴於後，謂

[一]「主」，原誤「俎」，據禮記注疏改。

脊、脅、臂、臑之屬。」正義：「示均也者，言貴者不特多而重，賤者不虛而無，是示均平也。」○髀，必氏反。重，直龍反。

凡賜爵，昭爲一，穆爲一，昭與昭齒，穆與穆齒。凡羣有司皆以齒。此之謂長幼有序。注：「昭穆，猶特牲、少牢饋食禮『衆兄弟』也。羣有司，猶『衆賓』下及執事者。君賜之爵，謂若酬之。」正義：「按特牲饋食禮初有主人獻衆賓、兄弟之禮，後乃旅酬衆賓、兄弟。此賜爵知非獻時，而特云酬者，以獻時不以昭穆爲次也。」

夫祭有畀煇、胞、翟、閽者，惠下之道也。唯有德之君爲能行此。明足以見之，仁足以與之。畀之爲言與也，能以其餘畀其下者也。煇者，甲吏之賤者也。胞者，肉吏之賤者也。翟者樂吏之賤者也。閽者，守門之賤者也。古者不使刑人守門，此四守者，吏之至賤者也。尸又至尊，以至尊既祭之末而不忘至賤，而以其餘畀之，是故明君在上，則竟內之民無凍餒者矣。此之謂上下之際。注：「明足以見之，見此卑者也。仁足以與之，與此卑者也。煇，周禮作韗，謂韗磔皮革之官也。翟，謂教羽舞者也。古者不使刑人守門，謂夏殷時。」正義：「際，接也。至尊與賤者，其道接也。」○畀，必利反。煇，依注作「韗」，同，況萬反，又音運。胞，步交反。翟，音狄。閽，音昏。

凡祭有四時：春祭曰礿，夏祭曰禘，秋祭曰嘗，冬祭曰烝。注：「謂夏、殷時禮也。」礿禘，陽義也。嘗烝，陰義也。禘者，陽之盛也。嘗者，陰之盛也。故曰：「莫重於禘嘗。」注：「夏者尊卑著，而秋萬物成。」古者於禘也，發爵賜服，順陽義也；於嘗也，出田邑，發秋政，順陰義也。注：「言爵命屬陽，國地屬陰。」故記曰：「嘗之日，發公室，示賞也。」草艾則墨，未發秋政，則民弗敢草也。

注：「發公室，出賞物也。草艾，謂艾取草也。秋草木成，可芟艾給爨亨，時則始行小刑也。」王氏引之曰：「『弗敢』下脱『艾』字。承上文『草艾』而言，艾草但曰草則文不成義。正義釋經曰：『言夏節雖盡，人君未發行秋政，則民不敢艾草也。』是經文本作『艾草』，寫者脱去耳。」故曰：「禘嘗之義大矣，治國之本也，不可不知也。」明其義者，君也。能其事者，臣也。不明其義，君人不全；不能其事，爲臣不全。注：「全，猶具也。」夫義者，所以濟志也，諸德之發也。是故其德盛者其志厚，其志厚者其義章，其義章者其祭也敬，祭敬，則竟內之子孫莫敢不敬矣。注：「濟，成也。發，謂機發也。竟內之子孫，萬人爲子孫。」是故君子之祭也，必身親涖之，有故則使人可也。雖使人也，君不失其義者，君明其義故也。注：「涖，臨也。君不失其義者，言君雖不自親祭，祭禮無闕，於君德不損也。」其德薄者其志輕，疑於其義而求祭，使之必敬也，弗可得已。祭而不敬，何以爲民父母矣！郝楚望曰：「明其義者，內盡心也。能其事者，外備物也。君人不全，道不備也。濟志，謂成其志之所欲爲。」○礿，羊灼反，字又作「禴」。艾，音刈。

夫鼎有銘，銘者，自名也，自名以稱揚其先祖之美，而明著之後世者也。爲先祖者，莫不有美焉，莫不有惡焉，銘之義，稱美而不稱惡。此孝子孝孫之心也，唯賢者能之。注：「銘，謂書之刻之以識事者也。自名，謂稱揚其先祖之德，著己名於下。」銘者，論譔其先祖之有德善、功烈、勳勞、慶賞、聲名，列於天下，而酌之祭器，自成其名焉，以祀其先祖者也。顯揚先祖，所以崇孝也，身比焉，順也。明示後世，教也。注：「烈，業也。王功曰勳，事功曰勞。酌之，祭器，言斟酌其美，傳著於鐘鼎也。身比焉，謂自著名於下也。順也，自著名以稱揚先祖之德，孝順之行也。教也，所以教後世。」夫銘者，壹稱而上下皆得焉耳矣。是故君子之觀於銘也，既美其所稱，又美其所爲。注：「美其所爲，美此人爲此銘。」爲之者，明足以見之，仁足以與之，知足以利之，可謂賢矣。賢而勿伐，可謂恭矣。注：「明足以見之，見其先祖之美也。仁足以與之，與其先祖之銘也。非有仁恩，君不使與之也。知足以利之，利己名得比於先祖。」故衞孔悝之鼎銘曰：「六月丁亥，公假于大廟。注：「孔悝，衞大夫也。公，衞莊公蒯聵也。德孔悝立己，依禮褒之，以靜國人，自固也。假，至也。至於大廟，謂以夏之孟夏禘祭。」公曰：『叔舅！乃祖莊叔，左右成公，成公乃命莊叔隨難于漢陽，卽宫于宗周，奔走無射。注：「公曰『叔舅』者，公爲策書，尊呼孔悝而命之也。乃，猶女也。莊叔，悝七世之祖，衞大夫孔達也。隨難者，謂成公爲晉文公所伐，出奔楚，命莊叔從焉。漢，楚之川也。卽宫於宗周，後得反國，坐殺弟叔武，晉人執而歸之於京師，寘之深室也。射，厭也。言莊叔常奔走，至勞苦而不厭倦也。周既去鎬京，猶名王城爲宗周也。」正義：「按世本：『莊叔達生得閭叔穀，穀生成叔烝鉏，鉏生頃叔羅，羅生昭叔起，起生文叔圉，圉生悝。』莊叔是悝七世祖也。」啓右獻公，獻公乃命成叔纂乃祖服。注：「獻公，衞侯衎，成公曾孫也，亦失國得反。言莊叔之功流於後世，啓右獻公，使得反國也。成叔，莊叔之孫成子烝鉏也。右，助也。纂，繼也。服，事也。獻公反國，命成子『繼女祖莊叔之事』，欲其忠如孔達也。」正義：「按衞世家，衞成公生穆公，穆公生定公，定公生獻公。是衎爲成公曾孫。」乃考文叔興舊嗜欲，作率慶士，躬恤衞國。其勤公家，夙夜不解。民咸曰：「休哉！」』」注：「文叔者，成叔之曾孫文子圉，卽悝父也。作，起也。率，循也。慶，善也。士之言事也，言文叔能興行先祖之舊德，起而循其善事。」鄭子容曰：「作率，謂奮起而倡率之。慶，卿也。古者慶、卿同音，其字同用，故『慶雲』謂之『卿雲』。」公曰：『叔舅！予女銘，若纂乃考服。』注：「若，乃，猶女也。公命悝『予女先祖以銘』，以尊顯之。『女繼女父之事』，欲其忠如文子也。成公、獻公、莊公皆失國得反，言孔氏世有功焉，寵之也。」悝拜稽首，曰：『對揚以辟之，勤大命，施于烝彝鼎。』」注：「對，遂也。辟，明也。言『遂揚君命，以明我先祖之德』也。施，猶著也。言『我將行君之命，又刻著於烝祭之彝鼎』。彝，尊也。周禮：『大約劑，書於宗彝。』」陸農師曰：「辟，君也。對揚以辟之勤大命，猶言對揚天子之休命。」此衞孔悝之鼎銘也。注：「言銘之類衆多也，略取其一以明之。」古之君子，論譔其先祖之美，而明著之後世者也，以比其身，以重其國家如此。注：「如莊公命孔悝之爲也。莊公、孔悝，雖無令德以終其事，於禮是，行之非。」子孫之守宗廟社稷者，其先祖無美而稱之，是誣也；有善而弗知，不明也；知而弗傳，不仁也。此三者，君子之所恥也。正義：「論，謂論說。譔，則譔録。酌，斟酌也。祭器，鐘鼎也，祀祖，謂預君祫祭。禮，功臣既得銘鼎，則得預君大祫。上謂光揚先祖，下謂成己順行，又垂教來世也。所稱，謂先祖也。所爲，謂己身行業也。按左傳哀十五年冬，蒯聵得國。十六年六月，衞侯飲孔悝酒而逐之。此得六月命之者，蓋命後即逐之，故俱在六月。叔舅者，孔悝是異姓大夫，故稱叔舅。左右助也。難，謂成公被晉所伐，出奔於楚。漢陽，楚地。即，就也。成公反國，又坐殺弟叔武，晉執之歸于京師，寘於深室，是即宮也。啓，開也。右，助也。」○譔，音撰。悝，口回反。左，音佐。難，乃旦反。射，音亦。纂，子管反。耆，市志反。解，古賣反。辟，必亦反。

昔者周公旦有勳勞於天下，周公既没，成王、康王追念周公之所以勳勞者，而欲尊魯，故賜之以重祭。外祭則郊社是也，内祭則大嘗禘是也。注：「言此者，王室所銘，若周公之功。」夫大嘗禘，升歌清廟，下而管象，朱干玉戚以舞大武，八佾以舞大夏，此天子之樂也，康周公，故以賜魯也。注：「清廟，頌文王之詩也。管象，吹管而舞武、象之樂也。朱干，赤盾。戚，斧也。此武、象之舞所執也。佾，猶列也。大夏，禹樂，文舞也，執羽籥。文武之舞皆八列，互言之耳。康，猶褒大也。」子孫纂之，至于今不廢，所以明周公之德，而又以重其國也。注：「不廢，不廢此禮樂也。重，猶尊也。」正義：「諸侯常祭，唯社稷以下。魯之祭，『社』與『郊』連文，則用天子之禮也。祫祭在秋，大嘗禘祭在夏也。」○佾，音逸。

禮記訓纂卷二十六

經解第二十六

鄭目録云：「名曰經解者，以其記六藝政教之得失也。此於别録屬通論。」正義：「皇氏云：『解者，分析之名。此篇分析六經體教不同，故名曰經解。六經，其教雖異，以禮爲本，故記者録入於禮。』」

孔子曰：「入其國，其教可知也。注：「觀其風俗，則知其所以教。」其爲人也，温柔敦厚，詩教也。疏通知遠，書教也。廣博易良，樂教也。絜静精微，易教也。恭儉莊敬，禮教也。屬辭比事，春秋教也。注：「屬，猶合也。春秋多記諸侯朝、聘、會、同，有相接之辭，罪辯之事。」正義：「詩依違諷諫，不指切事情，故云『温柔敦厚，是詩教也』。書録帝王言誥，舉其大綱，是非繁密，是疏通。上知帝皇之世，是知遠也。樂以和通爲體，無所不用，是廣博。簡易良善，使人從化，是易良。易之於人，正則獲吉，邪則獲凶，不爲淫濫，是絜静。窮理盡性，言入秋毫，是精微。禮以恭遜、節儉、齊莊、敬慎爲本，人能恭敬節儉，是禮之教也。屬，合也。比，近也。春秋聚合會同之辭，是屬辭。比次褒貶之事，是比事也。」故詩之失愚，書之失誣，樂之失奢，易之失賊，禮之失煩，春秋之失亂。注：「失，謂不能節其教者也。詩敦厚近愚。書知遠近誣。易精微，愛惡相攻，遠近相取，則不能容人，近於傷害。春秋習戰争之事，近亂。」趙氏良霱曰：「安上全下，莫善于禮。而處其煩者，蓋世俗迂拘之禮，非先王中正之禮也。禮減而進，亦勝而離。繁文縟節，而内外不孚于一，則玉帛非所以言禮，卑己尊人，而彼此不得其安，則足恭非所以爲禮。故曰：『禮之失煩。』其爲人也，温柔敦厚而不愚，則深於詩者也。疏通知遠而不誣，則深於書者也。廣博易良而不奢，則深於樂者也。絜静精微而不賊，則深於易者也。恭儉莊敬而不煩，則深於禮者也。屬辭比事而不亂，則深於春秋者也。注：「言深者，既能以教，又防其失。」○易，以豉反。屬，音燭。

天子者，與天地參，故德配天地，兼利萬物，與日月並明，明照四海，而不遺微小。其在朝廷則道仁聖禮義之序，燕處則聽雅、頌之音，行步則有環佩之聲，升車則有鸞和之音。說文：「鑾，人君乘車四馬鑣，八鑾，鈴象鸞鳥聲，和則敬也。」續漢書輿服志注引許慎曰：「『八鸞鎗鎗』，則一馬二鸞也。」又曰：「『輶車鸞鑣』，知非衡也。」左傳正義云：「案考工記『輪崇、車廣、衡長，參如一』，則衡之所容，唯兩服馬耳。詩辭每言『八鸞』，當謂馬有二鸞，鸞若在衡，衡唯兩馬，安得置八鸞乎？以此知鸞必在鑣。」居處有禮，進退有度，百官得其宜，萬事得其序。詩云：「淑人君子，其儀不忒。其儀不忒，正是四國。」此之謂也。注：「道，猶言也。環佩，佩環佩玉也，所以爲行節也。玉藻曰：『進則揖之，退則揚之，然後玉鏘鳴也。』環取其無窮止，玉則比德焉。孔子佩象環五寸。人君之環，其制未聞也。鸞和，皆鈴也，所以爲車行節也。韓詩內傳曰：『鸞在衡，和在軾前。升車則馬動，馬動則鸞鳴，鸞鳴則和應。』居處，朝廷與燕也。進退，行步與升車也。」正義：「天覆地載，生養萬物，天子亦能覆載生養，與天地相參齊等，故云『與天地參』。」○忒，吐得反。

發號出令而民說，謂之和；上下相親，謂之仁；民不求其所欲而得之，謂之信；除去天地之害，謂之義。義與信，和與仁，霸王之器也。有治民之意而無其器，則不成。注：「器，謂所操以作事者也。義信和仁，皆存乎禮。」正義：「民不求其欲而得之者，謂明君在上，賙贍於下，民不須營求所欲之物，自然得之。天不言而四時行，故謂之信也。義，宜也。天地無害，於物，有宜，故爲義。害，謂水旱疾癘之屬。器，謂人所操持以作事物者。言欲作霸王，必須義信和仁，是霸王之器也。」○説，音悦。

禮之於正國也，猶衡之於輕重也，繩墨之於曲直也，規矩之於方圜也。故衡誠縣，不可欺以輕重；繩墨誠陳，不可欺以曲直；規矩誠設，不可欺以方圜〔一〕；君子審禮，不可誣以姦詐。注：「衡，稱也。縣，謂錘也。陳設，謂彈畫也。誠，猶審也，或作成。」是故隆禮由禮，謂之有方之士，不隆禮，不由禮，謂之無方之民，敬讓之道也。故以奉宗廟則敬，以入朝廷則貴賤有位，以處室家則父子親，兄弟和，以處鄉里則長幼有序。孔子曰：「安上治民，莫善於禮。」此之謂也。注：「隆禮，謂盛行禮也。方，猶道也。」正義：「陳，謂陳列。規，所以正圜。矩，所以正方。」○圜，音圓。縣，音玄。

故朝覲之禮，所以明君臣之義也。聘問之禮，所以使諸侯相尊敬也。喪祭之禮，所以明臣子之恩也。鄉飲酒之禮，所以明長幼之序也。婚姻之禮，所以明男女之別也。夫禮禁亂之所由生，猶防止水之所自來也。故以舊坊爲無所用而壞之者，必有水敗；釋詁：「壞，毀也。」以舊禮爲無所用而去之者，必有亂患。注：「春見曰朝，小聘曰問，其篇今亡。婚姻，謂嫁娶也。壻曰

〔一〕「可」，原誤「以」，據禮記注疏改。

婚，妻曰姻。自，亦由也。」

故婚姻之禮廢，則夫婦之道苦，而淫辟之罪多矣。鄉飲酒之禮廢，則長幼之序失，而爭鬭之獄繁矣。喪祭之禮廢，則臣子之恩薄，而倍死忘生者衆矣。聘覲之禮廢，則君臣之位失，諸侯之行惡，而倍畔侵陵之敗起矣。注：「苦，謂不至不答之屬。」正義：「倍畔，謂據倍天子也。侵陵，謂侵陵鄰國也。」王氏念孫曰：「喪祭非所以事生，生當爲先。漢書禮樂志曰：『喪祭之禮廢，則骨肉之恩薄，而倍死忘先者衆。』論衡薄葬篇曰：『喪祭禮廢，則臣子恩泊。臣子恩泊，則倍死忘先。』皆用經解文。」○辟，匹亦反。覲，其靳反。

故禮之教化也微，其止邪也於未形，使人日徙善遠罪而不自知也，是以先王隆之也。易曰：「君子慎始。差若豪氂，繆以千里。」此之謂也。注：「隆，謂尊盛之也。始，謂其微時也。」正義：「禮之防人，在於未形著之前。若初時不防，則後致千里之繆也。」○差，初住反。氂，本又作「釐」，李其反。繆，音謬。

禮記訓纂卷二十七

哀公問第二十七

鄭目録云：「名曰哀公問者，善其問禮，著謚顯之也。此於別録屬通論。」

哀公問於孔子曰：「大禮何如？君子之言禮，何其尊也？」孔子曰：「丘也小人，不足以知禮。」注：「謙不答也。」君曰：「否。吾子言之也。」孔子曰：「丘聞之，民之所由生，禮爲大。非禮無以節事天地之神也，非禮無以辨君臣、上下、長幼之位也，非禮無以別男女、父子、兄弟之親，昏姻疏數之交也。君子以此之爲尊敬然。注：「言君子以此故尊禮。」然後以其所能教百姓，不廢其會節。注：「君子以其所能於禮教百姓，使其不廢此上事之期節。」正義：「會，猶期也。」有成事，然後治其雕鏤、文章、黼黻以嗣。注：「上事行於民有成功，乃後績以治文飾，以爲尊卑之差。」其順之，然後言其喪算，備其鼎俎，設其豕腊，修其宗廟，歲時以敬祭祀，以序宗族，卽安其居，節醜其衣服，卑其宫室，車不雕幾，器不刻鏤，釋器：「木謂之刻。」邵氏晉涵曰：「説文云：『刻，鏤也。』哀公問云：『器不刻鏤。』是刻鏤又爲治器之總名也。」食不貳味，以與民同利。昔之君子之行禮者如此。」注：「言，語也。算，數也。卽，就也。醜，類也。幾，附纏之也。言君子既尊禮，民以爲順，乃後語以喪祭之禮，就安其居處，正其衣服，教之節儉。與之同利者，上下俱足也。」正義：「卽，就也。謂隨其異而安之，不使山者居川，渚者居中原是也。節，正也。醜，類也。

幾，謂沂鄂也。」公曰：「今之君子，胡莫之行也？」孔子曰：「今之君子，好實無厭，淫德不倦，荒怠敖慢，固民是盡，午其衆以伐有道，求得當欲，不以其所。昔之用民者由前，今之用民者由後。今之君子莫爲禮也。」注：「實，猶富也。淫，放也。固，猶故也。午其衆，逆其族類也。當，猶稱也。所，猶道也。由前，用上所言。由後，用下所言。」正義：「會，猶期也。午，忤也。忤，違逆也。」○數，色角反。雕，本亦作「彫」。鏤，力豆反。幾，音祈。午，五故反。

孔子侍坐於哀公，哀公曰：「敢問人道誰爲大？」孔子愀然作色而對曰：「君之及此言也，百姓之德也。固臣敢無辭而對：人道政爲大。」注：「愀然，變動貌也。作，猶變也。德，猶福也。辭，讓也。」公曰：「敢問何謂爲政？」孔子對曰：「政者，正也。君爲正，則百姓從政矣。君之所爲，百姓之所從也。君所不爲，百姓何從？」注：「言君當務於政。」公曰：「敢問爲政如之何？」孔子對曰：「夫婦別，父子親，君臣嚴。三者正，則庶物從之矣。」注：「庶物，猶衆事也。」公曰：「寡人雖無似也，願聞所以行三言之道，可得聞乎？」注：「無似，猶言不肖。」正義：「行三言之道，則上經『夫婦別，父子親，君臣嚴』，是也。」孔子對曰：「古之爲政，愛人爲大。所以治愛人，禮爲大。所以治禮，敬爲大。敬之至矣，大昏爲大，大昏至矣。大昏既至，冕而親迎，親之也。親之也者，親之也。是故君子興敬爲親，舍敬，是遺親也。弗愛不親，弗敬不正。愛與敬，其政之本與！」注：「大昏，國君取禮也。至矣，言至大也。興敬爲親，言相敬則親。」正義：「冕而親迎，親之也，上親，猶自也；下親，親愛也。」公曰：

「寡人願有言然。冕而親迎，不已重乎？」注：「已，猶大也。怪親迎乃服祭服。」孔子愀然作色而對曰：「合二姓之好，以繼先聖之後，以爲天地、宗廟、社稷之主，君何謂已重乎？」注：「先聖，周公也。」春秋桓二年穀梁傳：「子貢曰：『冕而親迎，不已重乎？』孔子曰：『合二姓之好，以繼萬世之後，何謂已重乎？』」公曰：「寡人固，不固，焉得聞此言也？寡人欲問，不得其辭。請少進！」注：「固，不固，言吾由鄙固故也。請少進，欲其爲言以曉己。」正義：「固，不固者，皇氏用王肅之義，二固皆爲固陋。上固言己之固陋，下固言若不鄙固則不問，不問，焉得聞此言哉？」孔子曰：「天地不合，萬物不生。大昏，萬世之嗣也，君何謂已重焉？」孔子遂言曰：「內以治宗廟之禮，足以配天地之神明；出以治直言之禮，足以立上下之敬。物恥足以振之，國恥足以興之。爲政先禮，禮其政之本與！」注：「宗廟之禮，祭宗廟也。夫婦配天地，有日月之象焉。禮器曰：『君在阼，夫人在房。大明生於東，月生於西。此陰陽之分，夫婦之位也。』直，猶正也。正言，謂出政教也。政教有夫婦之禮焉。昏義曰：『天子聽外治，后聽內職。教順成俗，外內和順，國家理治，此之謂盛德。』物，猶事也。事恥，臣恥也。振，猶救也。國恥，君恥也。君臣之行有可恥者，禮足以救之，足以興復之。」正義：「內以治宗廟之禮，謂君裸獻，夫人亞獻之屬。」○愀，七小反。迎，逆敬反。舍，音捨。

孔子遂言曰：「昔三代明王之政，必敬其妻子也，有道。妻也者，親之主也，敢不敬與？子也者，親之後也，敢不敬與？君子無不敬也，敬身爲大。身也者，親之枝也，敢不敬與？不能敬其身，是傷其親；傷其親，是傷其本；傷其本，枝從而亡。三者，百姓之象也。身以及身，子以及子，妃以及妃，君行此三者，則愾乎天下矣，大王之道也。如此，則國家順矣。」注：「愾，猶至也。大王居豳，爲狄所伐，乃曰『土地所以養人也，君子不以其所養害所養』，乃去之岐。是言百姓之身猶吾身也，百姓之妻子猶吾妻子也，不忍以土地之故而害之，去之岐而王迹興焉。」正義：「身以及身，子以及子，妃以及妃者，言能愛己身則以及百姓之身，能愛己子則以及百姓之子，能愛己妃則以及百姓之妃，故云『百姓之象也』。」王子雍曰：「大王愛姜女，國無鰥民，是愛己之身及己之妻子，推而愛民之身及民之妻子也。」段氏玉裁曰：「愾，假愾爲乞。」家語大婚篇與此同，王注曰：「愾，滿也。」王氏念孫曰：「愾，訓爲滿，於義爲長。」○妃，芳菲反。愾，許乞反。

公曰：「敢問何謂敬身？」孔子對曰：「君子過言則民作辭，過動則民作則。君子言不過辭，動不過則，百姓不命而敬恭。如是，則能敬其身，能敬其身，則能成其親矣。」注：「則，法也。民者，化君者也。君之言雖過，民猶稱其辭；君之行雖過，民猶以爲法。」

公曰：「敢問何謂成親？」孔子對曰：「君子也者，人之成名也。百姓歸之名，謂之君子之子，是使其親爲君子也，是爲成其親之名也已。」孔子遂言曰：「古之爲政，愛人爲大。不能愛人，不能有其身；不能有其身，不能安土；不能安土，不能樂天；不能樂天，不能成其身。」注：「有，猶保也。不能保身者，言人將害之也。不能安土，動移失業也。不能樂天，不知己過而怨天也。」正義：「百姓歸之名者，言己若能敬身，則百姓歸己善名。謂己爲君子之子，使其親有君子之名，是修身成其親也。」

公曰：「敢問何謂成身？」孔子對曰：「不過乎物。」注：「物，猶事也。」正義：「言成身之道，萬事得中，則諸行並善，是所以成身也。」

公曰：「敢問君子何貴乎天道也？」孔子對曰：「貴其不已。如日月東西相從而不已也，是天道也。不閉其久，是天道也。無爲而物成，是天道也。已成而明，是天道也。」注：「已，猶止也。是天道也者，言人君法之，當如是也。日月相從，君臣相朝會也。不閉其久，通其政教，不可以倦。無爲而成，使民不可以煩也。已成而明，照察有功。」正義：「無爲而成者，言春生夏長，無見天之所爲，而萬物得成。人君以德潛化，無所營爲，而天下治理，故云『是天道也』。」

公曰：「寡人惷愚冥煩，子志之心也。」注：「志，讀爲識。識，知也。冥煩者，言不能明理此事。子之心所知也，欲其要言，使易行。」説文：「惷，愚也。」鄭注周禮司刺：「惷愚，生而癡騃童昏者也。」孔子蹴然辟席而對曰：「仁人不過乎物，孝子不過乎物。是故仁人之事親也如事天，事天如事親。是故孝子成身。」注：「蹴然，敬貌。物，猶事也。事親事天，孝敬同也。孝經曰：『事父孝，故事天明。』舉無過事，以孝事親，是所以成身。」正義：「據其汎愛，則稱仁人；據其事親，則稱孝子。內則孝敬於父母，外則孝敬於天地，故云『孝子成身』也。」○惷，始容反。冥，莫亭反。志，依注音識。

公曰：「寡人既聞此言也，無如後罪何！」注：「既聞此言也者，欲勤行之也。無奈後日過於事之罪何？爲謙辭。」孔子對曰：「君之及此言也，是臣之福也。」注：「善哀公及此言。此言，善言也。」

禮記訓纂卷二十八

仲尼燕居第二十八

鄭目録云：「名曰仲尼燕居者，善其不倦，燕居猶使三子侍之，言及於禮。著其字，言事可法。退朝而處曰燕居。此於別録屬通論。」

仲尼燕居，子張、子貢、言游侍，縱言至於禮。注：「言游，言偃，子游也。縱言，汎說事。」子曰：「居！女三人者，吾語女禮，使女以禮周流，無不徧也。」注：「居，女三人者，女三人且坐也，使之坐。凡與尊者言，更端則起。」方性夫曰：「周，言其不虧於一方。流，言其不滯於一曲。故其用無所不徧。」○燕，於見反。女，音汝。徧，音遍。

子貢越席而對曰：「敢問何如？」注：「對，應也。」子曰：「敬而不中禮，謂之野；恭而不中禮，謂之給；勇而不中禮，謂之逆。」子曰：「給奪慈仁。」注：「奪，猶亂也。巧言足恭之人，似慈仁，實鮮仁。特言是者，感子貢也。子貢辯近於給。」正義：「野，謂鄙野。給，爲捷給。言捷給之人，貌爲恭敬，似慈愛寬仁，而實不慈仁。」○中，丁仲反。給，音急，又其劫反。

子曰：「師！爾過，而商也不及。子產猶衆人之母也，能食之，不能教也。」注：「過與不及，言敏鈍不同，俱違禮也。衆人之母，言子產慈仁，多不矜莊，又與子張相反。子產嘗以其乘車濟冬涉者，而輿梁不成，是慈仁亦違禮。」正義：「言父義母慈，父能教而不能愛，母能愛而不能教。子產猶衆人之母，但能恩慈食之，不能嚴厲教之。」

〇食，音飼。

子貢越席而對曰：「敢問將何以爲此中者也？」子曰：「禮乎禮！夫禮，所以制中也。」注：「禮乎禮，唯有禮也。」

子貢退，言游進曰：「敢問禮也者，領惡而全好者與？」子曰：「然。」注：「領，猶治也。好，善也。」「然則何如？」子曰：「郊社之義，所以仁鬼神也。嘗禘之禮，所以仁昭穆也。饋奠之禮，所以仁死喪也。射鄉之禮，所以仁鄉黨也。食饗之禮，所以仁賓客也。」注：「仁，猶存也。凡存此者，所以全善之道也。郊社、嘗禘、饋奠，存死之善者也。射鄉、食饗，存生之善者也。郊有后稷，社有句龍。」正義：「射，謂鄉射也。鄉，謂鄉飲酒也。」子曰：「明乎郊社之義，嘗禘之禮，治國其如指諸掌而已乎！」釋言：「指，示也。」是故以之居處有禮，故長幼辨也。以之閨門之內有禮，故三族和也。以之朝廷有禮，故官爵序也。以之田獵有禮，故戎事閑也。釋詁：「閑，習也。」以之軍旅有禮，故武功成也。是故宮室得其度，量鼎得其象，說文：「鼎，三足兩耳，和五味之寶器也。」九家易云：「牛鼎受一斛，天子飾以黃金，諸侯白金。羊鼎五斗，大夫飾以銅。豕鼎三斗，士飾以鐵。」易卦巽木於下者爲鼎，象析木以炊也。」味得其時，樂得其節，車得其式，鬼神得其饗，喪紀得其哀，辨說得其黨，官得其體，政事得其施，加於身而錯於前，凡衆之動得其宜。」注：「治國指諸掌，言易知也。郊、社、嘗、禘，尊卑之事，有治國之象焉。辨，別也。三族：

父子孫也。凡言得者，得法於禮也。量，豆、區、斗、斛也〔一〕。味，酸苦之屬也。四時有所多，及獻所宜也。式，謂載也。所載有尊卑。辨禮之說，謂禮樂之官教學者。黨，類也。體，尊卑異而合同。」正義：「度，謂制度，高下大小，依禮之度數。凡言得者，皆得法於禮也。象，謂法象。易繫辭云：『以制器者尚其象。』錯，置也。衆，謂萬事也。」子曰：「禮者何也？卽事之治也。君子有其事，必有其治。治國而無禮，譬猶瞽之無相與，倀倀乎其何之？玉篇：「倀，失道皃。」釋文：「倀倀，無見皃。」譬如終夜有求於幽室之中，非燭何見？若無禮，則手足無所錯，耳目無所加，進退揖讓無所制。是故以之居處，長幼失其別，閨門三族失其和，朝廷官爵失其序，田獵戎事失其策，軍旅武功失其制，宮室失其度，量鼎失其象，味失其時，樂失其節，車失其式，鬼神失其饗，喪紀失其哀，辨說失其黨，官失其體，政事失其施，加於身而錯於前，凡衆之動失其宜。如此，則無以祖洽於衆也。」注：「凡言失者，無禮故也。策，謀也。祖，始也，洽，合也。言失禮無以爲衆倡始，無以和合衆。」○「食饗」之食，音嗣。量，音諒。相，息亮反。倀，敕良反。

子曰：「愼聽之！女三人者。吾語女：禮猶有九焉，大饗有四焉。苟知此矣，雖在畎畝之中，事之，聖人已。兩君相見，揖讓而入門，入門而縣興，揖讓而升堂，升堂而樂闋，下管象、武，夏、籥序興，陳其薦俎，序其禮樂，備其百官，如此而后，君子知仁焉。行中規，還中矩，玉篇：「世本：『倕，作規矩準繩也。』規，正圜之器也。」和鸞中采齊，客出以雍，徹以振羽，是故君子無

〔一〕「斛」，原誤「解」，據禮記注疏改。

物而不在禮矣。入門而金作，示情也。升歌清廟，示德也。下而管象，示事也。是故古之君子不必親相與言也，以禮樂相示而已。」注：「猶有九焉，吾所欲語女餘有九也。但大饗有四。大饗，謂饗諸侯來朝者也。四者，謂金再作，升歌清廟，下管象也。事之，謂立置於位也。聖人已者，是聖人也。縣興，金作也。金再作者，獻主君又作也。下，謂堂下也。象、武，武舞也。夏、籥，文舞也。序，更也。堂下吹管，舞文武之樂更起也。知仁焉，知禮樂所存也。采齊、雍、振羽，皆樂章也。振羽，振鷺及雍，金作示情也，賓主人各以情相示也。金性内明，象人情也。示德也，相示以德也。清廟，頌文王之德。示事也，相示以事也。武，象武王之大事也。」盧注：「大饗有九者，揖讓而入門，一也。入門而縣興，二也。揖讓而升堂，三也。升堂而樂闋，四也。下管象舞，五也。夏、籥序興，六也。陳其薦俎，七也。序其禮樂，八也。備其百官，九也。」正義：「兩君相見，大饗有四者，謂賓初入門而縣興，揖讓而升堂，主人獻賓飲訖而樂闋，是一也。賓酢主人，金奏作，主人飲畢而樂闋，二也。工入，升歌清廟，三也。歌畢，堂下管象舞，四也。行中規者，謂曲行，配前爲第五。還中矩，謂方行也，通前爲六。采齊，樂章名。言和鸞之聲，中采齊之曲，謂出門迎賓之時，通前爲七。雍，詩樂章名。客出之時，歌雍以送之，通前爲八。振羽即振鷺詩，禮畢徹器之時，歌振鷺也，通前爲九。」○䀚，苦犬反。闋，苦穴反。籥，音藥。中，丁仲反。還，音旋。采齊之齊，在細、在私二反。

子曰：「禮也者，理也。樂也者，節也。君子無理不動，無節不作。不能詩，於禮繆；不能樂，於禮素；薄於德，於禮虛。」注：「繆，誤也。素，猶質也。歌詩，所以通禮意也。作樂，所以同成禮文也。崇德，所以實禮行也。」王制曰：『樂正崇四術，立四教，順先王詩、書、禮、樂以造士，春秋教以禮、樂，冬夏教以詩、書。』王大子，王子，羣后之大子，卿、大夫、元士之適子，國之俊選，皆造焉。』則古之人皆知諸侯之禮樂。」正義：「此經雖禮樂並陳，德是百行之本，樂是禮中之別，故明禮須詩樂及德乃爲善也。」○繆，音謬。

子曰：「制度在禮，文爲在禮，行之其在人乎！」注：「文爲，文章所爲。」子貢越席而對曰：「敢問夔其窮與？」注：「見其不達於禮。」子曰：「古之人與！古之人也。達於禮，而不達於樂，謂之素；達於樂，而不達於禮，謂之偏。夫夔達於樂而不達於禮，是以傳於此名也，古之人也。」注：「素與偏，俱不備耳。夔達於樂，傳世名，此賢人也。非不能，非所謂窮。」○夔，求龜反。與，音餘。

子張問政。子曰：「師乎，前！吾語女乎！君子明於禮樂，舉而錯之而已。」注：「言禮樂足以爲政也。錯，猶施行也。」子張復問。子曰：「師！爾以爲必鋪几筵，升降，酌、獻、酬、酢，然後謂之禮乎？爾以爲必行綴兆[一]，興羽籥作鐘鼓，然後謂之樂乎？言而履之，禮也。行而樂之，樂也。君子力此二者，以南面而立。夫是以天下大平也，諸侯朝，萬物服體，而百官莫敢不承事矣。禮之所興，衆之所治也。禮之所廢，衆之所亂也。目巧之室，則有奧阼，席則有上下，車則有左右，行則有隨，立則有序，古之義也。室而無奧阼，則亂於堂室也。席而無上下，則亂於席上也。車而無左右，則亂於車也。行而無隨，則亂於塗也。立而無序，則亂於位也。昔聖帝、明王、諸侯，辨貴賤、長幼、遠近、男女、外內，莫敢相踰越，皆由此塗出

[一]「爲」字原脱，據禮記注疏補。

也。」注：「服體，體服也，謂萬物之符長，皆來爲瑞應也〔一〕。衆之所治，衆之所以治也。衆之所亂，衆之所以亂也。目巧，謂但用巧目善意作室，不由法度，猶有奧阼賓主之處也。自『目巧』以下，古今常事，不可廢改也。」正義：「行則有隨者，少者在後相隨。立則有序者，謂並立則有次序。釋文：「隱義云：『符，謂甘露醴泉之屬。長，謂麟鳳五靈之屬。』」三子者既得聞此言也於夫子，昭然若發矇矣。注：「乃曉禮樂不可廢改之意也。」鄭衆注周禮曰：『無目眹，謂之瞽。有目眹而無見，謂之矇。』○鋪，普胡反。奧字又作「隩」，烏報反。阼，才故反。矇，音蒙。

〔一〕「來」，原誤「采」，據禮記注疏改。

禮記訓纂卷二十九

孔子閒居第二十九

鄭目録云：「名曰孔子閒居者，善其無倦而不褻，猶使一弟子侍，爲之說詩。著其氏，言可法也。退燕避人曰閒居。此於別録屬通論。」說文：「尻，處也。从尸得几而止。孝經曰：『仲尼尻。』尻，謂閑居如此。」

孔子閒居，子夏侍。子夏曰：「敢問詩云『凱弟君子，民之父母』，何如斯可謂民之父母矣？」注：「凱弟，樂易也。」孔子曰：「夫民之父母乎必達於禮樂之原，以致五至而行三無，以橫於天下。四方有敗，必先知之。此之謂民之父母矣。」注：「原，猶本也。橫，充也。敗，謂禍烖也。」正義：「此詩，大雅泂酌之篇，美成王之德。子夏舉此詩義，而問夫子欲爲何事，得爲民之父母，五至、三無，通幽達微，無所不悉。若見其積惡，必知久有禍災。若豫知禍害，使民免罹於禍，故爲民之父母。然四方有福，亦先知之，必云『有敗』者，此主爲民除害爲本，故舉敗言之。」○凱。丘在反。今詩作「豈弟」。

子夏曰：「民之父母，既得而聞之矣，敢問何謂五至？」孔子曰：「志之所至，詩亦至焉；詩之所至，禮亦至焉。禮之所至，樂亦至焉；樂之所至，哀亦至焉。哀樂相生。是故正明目而視之，不可得而見也。傾耳而聽之，不可得而聞也。志氣塞乎天地，此之謂五至。」注：「凡言至者，至於民也。志，謂恩意也。言君恩意至於民，則其詩亦至也。詩，謂好惡之情也。自此以下，皆謂民之父母者，善推其所有，以與民共之，人耳不能聞，目不能見，行之在胸心也。塞，滿也。」吕與叔曰：「志者，心之所之也。詩以道志者也。故曰『志之所至，詩亦至焉』。興於詩，則必立於禮，故曰『詩之所至，禮亦至焉』。立於禮，則必成於樂。故曰『禮之所至，樂亦至焉』。樂者，樂也。樂極則悲來，故曰『樂之所至，哀亦至焉』。哀樂相生者也。」○哀樂，音洛。傾，音頃。

子夏曰：「五至既得而聞之矣，敢問何謂三無？」孔子曰：「無聲之樂，無體之禮，無服之喪，此之謂三無。」子夏曰：「三無既得略而聞之矣，敢問何詩近之？」注：「於意未察，求其類於詩，詩長人情。」孔子曰：「『夙夜其命宥密』，無聲之樂也。『威儀逮逮，不可選也』，無體之禮也。『凡民有喪，匍匐救之』，無服之喪也。」注：「詩讀其爲基，聲之誤也。基，謀也。密，靜也。言君夙夜謀爲政教以安民，則民樂之，此非有鐘鼓之聲也。逮逮，安和之貌也。言君之威儀安和逮逮然，則民傚之，此非有升降揖讓之禮也。救之，賙恤之。言君於民有喪，有以賙恤之，則民傚之，此非有衰絰之服。」正義：「此三者，皆謂行之在心，外無形狀，故稱無也。『夙夜其命宥密』，此周頌昊天有成命之篇。夙，早也。夜，暮也。基，始也。命，信也。宥，寬也。密，靜也。言文武早暮始信順天命，行寬宏仁靜之化。今此以基爲謀，言早夜謀爲政教於國，寬和寧靜，民喜樂之，於是無鐘鼓之聲而民樂。『威儀逮逮』，此邶風柏舟之篇，刺衞頃公之詩。言仁人不遇，其威儀安和，不可選數，民則傚之，非有升降揖讓之禮也。『凡民有喪』，此邶風谷風之篇，婦人怨夫棄薄之辭。此記謂人君見民有死喪，往賙救之，此非有衰絰之服也。」○其，依注音基。宥，音又。逮，大計反。選，宣面反。匍，音扶。匐，音服。

子夏曰：「言則大矣，美矣，盛矣！言盡於此而已乎？」孔子曰：「何爲其然也？君子之服之也，猶有五起焉。」注：「言盡於此乎？意以爲說未盡也。服，猶習也。君子習讀此詩，起此詩之義，其說有五也。」子夏曰：「何如？」孔子曰：「無聲之樂，氣志不違；無體之禮，威儀遲遲；釋訓：「遲遲，徐也。」無服之喪，內恕孔悲。無聲之樂，氣志既得；無體之禮，威儀翼翼；無服之喪，施及四國。無聲之樂，氣志既從；無體之禮，上下和同；無服之喪，以畜萬邦。無聲之樂，日聞四方；無體之禮，日就月將；無服之喪，純德孔明。無聲之樂，氣志既起；無體之禮，施及四海；無服之喪，施于孫子。」注：「不違者，民不違君之氣志也。孔，甚也。施，易也。從，順也。畜，孝也。使萬邦之民競爲孝也。就，成也。將，大也。使民之傚禮，日有所成，至月則大矣。起，猶從也。」正義：「何爲其然，言其義猶未盡。此以下五節，從輕以漸至於重。初言『不違』，民但不違君之志氣。二云『志氣既得』，言君之志氣得於下。三云『既從』，民所從也。四云『日聞四方』，及於遠也。五云『既起』，是既發起也。是從微至著。威儀遲遲者，初時但舒遲而已。二則威儀翼翼而恭敬。三則上下和同，無不從也。四則日就月將，漸興進也。五則施及四海，所及遠也。內恕孔悲者，初則親族之內，悲哀近也。二則施及四國，所被遠也。三則以畜萬邦，皆爲孝也。四則純德孔明，益甚也。五則施于孫子，垂後世也。祭統云：『孝者，畜也。』故畜爲孝也。」○施，以豉反。聞，音問。

子夏曰：「三王之德參於天地，敢問何如斯可謂參天地矣？」孔子曰：「奉三無私，以勞天下。」注：「三王，謂禹、湯、文王也。參天地者，其德與天地爲三也。勞，勞來。」吳幼清曰：「勞，謂安其居，節其力，使勞者得休息也。」○勞，力報反。

子夏曰：「敢問何謂三無私？」孔子曰：「天無私覆，地無私載，日月無私照。奉斯三者以勞天下，此之謂三無私。方性夫曰：「天之高也，在下者無不覆，故曰『無私覆』，地之厚也，在上者無不載，故曰『無私載』。日月之明也，容光無不照，故曰『無私照』。」其在詩曰：『帝命不違，至于湯齊。湯降不遲，聖敬日齊。昭假遲遲，上帝是祇。帝命式于九圍。』是湯之德也。注：「帝，天帝也。詩讀湯齊爲湯躋。躋，升也。降，下也。齊，莊也。昭，明也。假，至也。祇，敬也。式，用也。九圍，九州之界也。此詩云殷之先君，其爲政不違天之命，至於湯升爲君，又下天之政教甚疾〔一〕，其聖敬日莊嚴，其明道至於民遲遲然安和，天是用敬之，命之用事於九州，謂使王也。是湯之德者，是湯奉天無私之德也。」正義：「此詩商頌長發之篇，美成湯之辭。言天帝命此殷家世世行之不違，至於成湯，乃與天心齊也。」○湯齊，依注音躋，本亦作「隮」，子兮反，詩如字。日齊，詩作「躋」，子兮反。假，音格。遲，直私反。祇，諸夷反。

天有四時，春秋冬夏，風雨霜露，無非教也。地載神氣，神氣風霆，風霆流形，說文：「霜，喪也。成物者。露，潤澤也。霆，雷餘聲鈴鈴，所以挺出萬物。」蔡邕月令章句曰：「露者，陰液也。釋爲露，凝爲霜。」爾雅曰：「疾雷爲霆霓。」郭注：「雷之急激者，謂霹靂。」蒼頡篇：「霆，霹靂也。」庶物露生，無非教也。注：「言天之施化收斂，地之載生萬物，此非有所私也。無非教者，皆人君所當奉行以爲政教。」正義：「神氣，謂神妙之氣。霆，雷也。謂地以神

【一】「下天」二字原誤倒，據禮記注疏乙。

氣風雷之等，流布其形。庶，衆也。言衆物感此神氣風霆之形，露見而生。神氣風霆，亦天所有，但氣從地出，風著於土，雷出於地，故神氣風雷偏繫於地。」吕與叔曰：「此衍『神氣風霆』四字。蓋天有四時，運行於上。地載神氣，動作於下。春夏秋冬，風雨霜露，釋天有四時也。風霆流形，庶物露生，釋地載神氣也。」○霆，音廷。

清明在躬，氣志如神。耆欲將至，有開必先。天降時雨，山川出雲。說文：「雲，山川氣也。从雨，云象雲回轉形。」其在詩曰：『嵩高惟嶽，峻極于天。惟嶽降神，生甫及申。惟申及甫，惟周之翰。四國于蕃，四方于宣。』此文武之德也。注：「清明在躬，氣志如神，謂聖人也。耆欲將至，謂其王天下之期將至也。神有以開之，必先爲之生賢知之輔佐，若天將降時雨，山川爲之先出雲矣。峻，高大也。翰，幹也。言周道將興，五嶽爲之生賢輔佐，仲山甫及申伯爲周之幹臣，天下之蕃衛，宣德於四方，以成其王功，此文武之德也。是文王武王奉天地無私之德也。此宣王詩也。文武之時，其德如此，而詩無以言之，取類以明之。」正義：「詩，大雅崧高之篇。甫侯，謂吕侯也，穆王時訓夏贖刑，與申伯俱出伯夷之後，掌四嶽之祀，故嶽神輔助宣王爲生申甫。又詩烝民稱仲山甫之賢，與崧高『生甫及申』全別。案鄭志注禮在先，未得毛詩傳。然則此注在前，故以甫爲仲山甫在後，箋詩乃得毛傳，知甫侯、申伯同出伯夷，故與禮別也。」○耆，市志反。嵩高，今詩作「崧高」。峻極，今詩作「駿極」。

三代之王也，必先其令聞。詩云『明明天子，令聞不已』，三代之德也。注：「令，善也。言以名德善聞，天乃命之王也。不已，不倦止也。」正義：「大雅江漢之篇，美宣王之詩。言父祖及身，令聞不休已，故云『三代之德也』。」『弛其文德，協此四國』，大王之德也。」注：「弛，施也。協，和也。大王，文王之祖。周道將興，始有令聞。」釋文：「弛，皇本作施，布也。」正義：「詩本文弛作矢。矢陳也，言宣王陳其文德，和協四方之國。此云『弛其文德』，言大王施其文德，和此四方之國，則太王居邠，狄人侵之，不忍鬭其民，徙岐山之陽，王業起也。」呂與叔曰：「奉三無私以勞天下，而得賢佐則必有令聞矣。先以令聞慰服人心，然後可以興王業，故三代之王必皆先之也。江漢，宣王之詩，而謂『明明天子，令聞不已』爲三代之德，『矢其文德，洽此四國』爲大王之德，皆取類言之也。此篇始論爲民父母之道，終論參於天地之德。然王者必得賢佐，有令聞，然後可以施爲，故以崧高、江漢之詩申言之。」**子夏蹶然而起，負牆而立，曰：「弟子敢不承乎！」**注：「承，奉承不失隊也。起負牆者，所問竟，辟後來者。」一切經音義八：「埤蒼以爲蹶，起也。禮記『子夏蹶然而起』，謂急疾之貌也。」○弛，式氏反。大，音泰。今詩作「矢其文德，洽此四國」。

禮記訓纂卷三十

坊記第三十

鄭目録云：「名曰坊記者，以其記六藝之義，所以坊人之失者也。此於別録屬通論。」沈約曰：「月令取吕氏春秋，中庸、表記、坊記、緇衣皆取子思子，樂記取公孫尼子。」見隋書音樂志。○坊，音防。

子言之：「君子之道，辟則坊與？坊民之所不足者也。注：「民所不足，謂仁義之道也。失道則放辟邪侈也。」正義：「此篇凡三十九章，此下三十八章，悉言『子云』，此稱『子言之』者，以是一篇總要，故特稱『子言之』。防民之過，譬如坊之礙水。」大爲之坊，民猶踰之，注：「言嚴其禁尚不能止，況不禁乎？」故君子禮以防德，刑以坊淫，命以坊欲。」注：「命，謂教令。」正義：「由民踰德，故人君設禮以坊民德之失也，制刑以坊民淫邪也。命，法令也，欲，貪欲也。又設法令以坊民之貪欲也。」劉氏台拱曰：「三句爲一篇之綱。」○辟，徐音譬。與，音餘。

子云：「小人貧斯約，富斯驕。約斯盜，驕斯亂。注：「約，猶窮也。」禮者，因人之情而爲之節文，以爲民坊者也。故聖人之制富貴也，使民富不足以驕，貧不至於約，貴不慊於上，故亂益亡。」注：「此節文者，謂農有田里之差，士有爵命之級也。慊，恨，不滿之貌也。慊，或爲嫌。」正義：「聖人制爲富貴貧賤之法：富者居室、丈尺、俎豆、衣服之事須有法度，不足至驕也。貧者制農田百畝，桑麻自贍，比閭相賙，不令至于約也。貴，卿士之屬。君制其禄秩，隨功爵而施，則貴臣無復恨君薄于己也。益，漸也。亡，無也。爲亂之道漸無也。不言賤者，從可知也。」王氏引之曰：「謹案卿士之屬，位尊祿厚，何所不滿而恨君乎？鄭注未爲得也。今案慊亦嫌字。說文心部：『慊，疑也。』女部：『嫌，不平於心也。一曰疑也。』漢書趙充國傳『媮得避慊之便』，顏師古曰：『慊，亦嫌字。』是慊與嫌同。貴臣位與君近，居室、丈尺、俎豆、衣服之事若與君相似，則上擬於君，是嫌於君也。嫌於君則冒上無等，而亂由此生矣。聖人制禮，使貴者與君隆殺有別，則臣節著明，不嫌於上也。下文曰：『君不與同姓同車，與異姓同車不同服，示民不嫌也。』燕義：『不以公卿爲賓，而以大夫爲賓，爲疑也，明嫌之義也。』」劉氏台拱曰：「以下二章，言命以坊欲。」○慊，口簟反。

子云：「貧而好樂，富而好禮，衆而以寧者，天下其幾矣。注：「言如此者寡也。寧，安也。大族衆家，恒多爲亂。」詩云：『民之貪亂，寧爲荼毒。』注：「言民之貪爲亂者，安其荼毒之行，惡之也。」故制國不過千乘，都城不過百雉，家富不過百乘。以此坊民，諸侯猶有畔者。」注：「古者方十里，其中六十四井，出兵車一乘，此兵賦之法也。成國之賦千乘。雉，度名也。高一丈、長三丈爲雉。百雉，爲長三百丈，方五百步。子男之城方五里。百雉者，此謂大都三國之一。」正義：「詩，大雅桑柔之篇，刺厲王之詩。案司馬法云：『成方十里，出革車一乘。』又云：『甸方八里，出長轂一乘。』鄭注小司徒云：『若通溝洫之地，則爲十里。若除溝洫之地，則爲八里。』襄十四年左傳『成國不過半天子之軍』，謂滿千乘則爲成國，是公侯之封也。按千乘之賦，地方三百一十六里有畸。按周禮公五百里，侯四百里，則是過千乘。云『不過千乘』者，其地雖過，其兵賦唯千乘。云『高一丈、長三丈爲雉』者，異義：『古春秋左氏說云：「百雉，爲長三百丈，方五百步者。」六尺爲步，五六三十，故三百丈爲五百步。』云『子男之城方五里』者，周禮典命云：『子男五命，其國家、宮室以五爲節。』國家，謂城方也。是子男城方五里也。子男五里，積千五百步。左傳云：『大都參國之一。三分國城而居其一，是大都五百步爲百雉也。」方性夫曰：「制國不過千乘，孔子所謂『千乘之國』，卽百里之國也。井田之法，方里爲井，十井爲乘。百里之國，適千乘也。都城不過百雉，都蓋公、卿、王子弟所食采地，雉則五堵也，百雉則其城五百堵矣。家富不過百乘，卽孟子所謂『百乘之賦』也。千乘百乘，皆以所出之賦言之。乘以車之多少言，雉以城之廣狹言。或言多少，或言廣狹，互相備也。於國言制，於家言富，皆謂制其富也，亦互相備。」○好，呼報反。樂，音洛。幾，居豈反，又音譏。乘，繩證反。

子云：「夫禮者，所以章疑別微，以爲民坊者也。故貴賤有等，衣服有別，朝廷有位，則民有所讓。」注：「位，朝位也。」劉氏台拱曰：「以下三十章，言禮以坊德。」

子云：「天無二日，土無二王，家無二主，尊無二上，示民有君臣之別也。春秋不稱楚、越之王喪，禮，君不稱天，大夫不稱君，恐民之惑也。注：「楚、越之君，僭號稱王，不稱其喪，謂不書葬也。春秋傳曰：『吳、楚之君不書葬，辟其僭號也。』臣者天君，稱天子爲天王，稱諸侯不言天公，辟王也。大夫有臣者，稱之曰主，不言君，辟諸侯也。此者皆爲使民疑惑，不知孰者尊也。周禮曰：『主友之讎，視從父昆弟。』」正義：「春秋不稱楚、越之王喪，謂書卒不書葬也。若書葬，則稱『葬某王』，辟王之名，故不書葬。」詩云：『相彼盍旦，尚猶患之。』」注：「盍旦，夜鳴求旦之鳥也。求不可得也，人猶惡其欲反晝夜而亂晦明，況於臣之僭君？求不可得之類。亂上下，惑衆也。」正義〔一〕：「此逸詩也。言夜是闇時，此鳥意欲反夜而爲旦，猶若臣之奢僭，欲反下而爲上也。」○盍，音渴。

〔一〕「正義」二字原脫，據禮記注疏補。

子云：「君不與同姓同車，與異姓同車不同服，示民不嫌也。以此坊民，民猶得同姓以弒其君。」注：「同姓者，謂先王先公子孫，有繼及之道者也，其非此則無嫌也。僕右恒朝服，君則各以時事，唯在軍同服爾。」陳可大曰：「不同車，遠害也。篡弒之禍，常起於同姓，故與異姓同車則不嫌。」

子云：「君子辭貴不辭賤，辭富不辭貧，則亂益亡。故君子與其使食浮於人也，寧使人浮於食。」注：「亡，無也。食，謂祿也。在上曰浮，祿勝己則近貪，己勝祿則近廉。」方性夫曰：「賤不貪貴，貧不慕富，則無爭奪之禍矣，故亂益亡。夫權與之『無餘』，不害爲賢者；伐檀之『素餐』，君子所不爲。浮，與『行浮於名』之浮同。」

子云：「觴酒豆肉，讓而受惡，民猶犯齒。衽席之上，讓而坐下，民猶犯貴。朝廷之位，讓而就賤，民猶犯君。」注：「犯，猶僭也。齒，年也。禮，六十以上，籩豆有加。貴，秩異者。」詩云：『民之無良，相怨一方。受爵不讓，至於己斯亡。』」注：「良，善也。言無善之人，善遥相怨，貪爵祿，好得無讓，以至亡己。」正義：「詩，小雅角弓之篇，刺幽王之詩。言小人在朝，共相怨恨，各在一方，不相往來，又受爵不讓，至於滅亡。引之者，證上每事須讓也。」方性夫曰：「禮，六十以上，籩豆有加，故觴酒豆肉以『犯齒』言。三命不齒，席于尊東，故衽席之上以『犯貴』言。族人不得以其戚戚君，故朝廷之位以『犯君』言。禮以卧者爲衽，坐者爲席，合言之，一也。」○觴，音傷。衽，而審反。上，時掌反。

子云：「君子貴人而賤己，先人而後己，則民作讓。故稱人之君曰君，自稱其君曰寡君。」注：「寡君，猶言少德之君，言之謙。」方性夫曰：「貴人而賤己則不驕，先人而後己則不争，故民作讓。楊子曰『自後者人先之，自下者人高之』，蓋謂是矣。」

子云：「利禄先死者而後生者，則民不偝；先亡者而後存者，則民可以託。」注：「言不偷於死亡，則於生存信。」王氏念孫曰：「不偝，謂不偝死者而棄其老弱，所謂『上恤孤而民不倍』。可以託，謂可以大事相託。下文『民猶偝死而號無告』，覩鄭注云云，正與此相反。」詩云：『先君之思，以畜寡人。』注：「此衛夫人定姜之詩也。定姜無子，立庶子衎，是爲獻公。畜，孝也。獻公無禮於定姜，定姜作詩，言獻公當思先君定公，以孝於寡人。」釋文：「畜，毛詩作勖。」定姜之詩，此是魯詩，毛詩爲莊姜。」以此坊民，民猶偝死而號無告。」注：「死者見偝，其家之老弱號呼稱冤，無所告，無理也。」正義：「民可以託，謂在上以此化民，民皆仁厚，可以大事相付託也。詩，邶風燕燕之篇，衛莊姜送歸妾之詩。言歸妾戴嬀思念先君莊公，以婦道勗勉寡人。寡人，莊姜自謂。此記引詩，鄭以爲衛定公夫人定姜之詩。鄭志答炅模云：『注記時就盧君，後得毛傳，乃改之。』凡注與詩不同，皆倣此。」○偝，音佩。號，户羔反。

子云：「有國家者貴人而賤禄，則民興讓；尚技而賤車，則民興藝。」注：「言人君貴尚賢者、能者，而不吝於班禄，賜車服，則讓道興。賢者能者，人所服也。技，猶藝也。」故君子約言，小人先言。」注：「言人尚德不尚言也。約與先，互言爾。君子約則小人多矣，小人先則君子後矣。」正義：「小人行在於後，必先用其言，君子則後言先行。」○技，其綺反。

子云：「上酌民言，則下天上施。上不酌民言，則犯也；下不天上施，則亂也。故君子信讓以涖百姓，則民之報禮重。詩云：『先民有言，詢于芻蕘。』」注：「酌，猶取也。取衆民之言以爲政教，則得民心，得民心則恩澤所加，民愛之如天矣，言其尊。涖，臨也。報禮重者，猶言能死其難。先民，謂上古之君也。詢，謀也。芻蕘，下民之事也。言古之人君，將有政教，必謀之於庶民，乃施之。」正義：「下不天上施，言下不仰君如天，敬上之恩澤，則禍亂之事起也。詩，大雅板之篇。引之者，證上酌民言之事。」陸農師曰：「酌之於民，還以治民，我無爲也，順民而已，豈有犯哉？」○施，始豉反。芻，初俱反。蕘，如遥反。

子云：「善則稱人，過則稱己，則民不争。善則稱人，過則稱己，則怨益亡。詩云：『爾卜爾筮，履無咎言。』」注：「爾，女也。履，禮也。言女鄉卜筮，然後與我爲禮，則無咎惡之言矣。言惡在己，彼過淺。」釋文：「履，毛詩作體。」陳可大曰：「詩，衛風氓之篇。履，當依詩作體，謂卜之於龜，筮之於蓍，其卦兆之體，皆無凶咎之辭也。以無咎，明不争不怨之意。」

子云：「善則稱人，過則稱己，則民讓善。詩云：『考卜惟王，度是鎬京。今詩「度」作「宅」。惟龜正之，武王成之。』」注：「度，謀也。鎬京，鎬宫也。言武王卜而謀居此鎬邑，龜則出吉兆正之，武王築成之。此臣歸美於君。」正義：「此大雅文王有聲之篇。言稽考於龜而卜者，惟是武王。下經始據臣之於君。以歸美他人，詩無其證，故引此歸美於君以證之。今詩作『宅是鎬京』。」

子云：「善則稱君，過則稱己，則民作忠。春秋襄十九年：「晉士匄帥師侵齊，至穀，聞齊侯卒，乃還。」穀梁傳：『君不尸小事，臣不專大名。善則稱君，過則稱己，則民作讓矣。士匄外專君命，故非之也。然則爲士匄者宜奈何？宜埤帷而歸命乎介。」君陳曰：『爾有嘉謀嘉猷，入告爾君于內，女乃順之于外，曰：「此謀此猷，惟我君之德。」於乎！是惟良顯哉！』注：「君陳，蓋周公之子，伯禽弟也。名篇在尚書，今亡。嘉，善也。猷，道也。於乎，是惟良顯哉，美君之德。」正義：「言爾有善謀善道，則入告爾君於內，乃順行之於外，曰：『此善謀善道，惟是我君之德。』又歎美君德云：『於乎！是君德，惟良善顯明哉！』」○於，音烏。

子云：「善則稱親，過則稱己，則民作孝。大誓曰：『予克紂，非予武，惟朕文考無罪，紂克予，非朕文考有罪，惟予小子無良。』」注：「大誓，尚書篇名也。克，勝也。非予武，非我武功也。文考，文王也。無罪，則言有德也。無良，無功善也。此武王誓衆以伐紂之辭也。今大誓無此章，則其篇散亡。」輔漢卿曰：「民不爭，始事也；又進，則怨益亡；又進，則民讓善。怨益亡，則不爭不足言矣。民讓善，則忘怨不足言矣。」○大，音泰。

子云：「君子弛其親之過而敬其美。」注：「弛，猶弃忘也。孝子不藏識父母之過。」釋詁：「弛，易也。」論語曰：『三年無改於父之道，可謂孝矣。』注：「不以己善駮親之過。」高宗云：『三年其惟不言，言乃讙。』」注：「高宗，殷王武丁也。名篇在尚書。三年不言，有父小乙喪之時也。讙，當爲歡，聲之誤也。其既言，天下皆歡，喜樂其政教也。」正義：「言乃讙，在無逸之篇。鄭不見古文尚書，序有高宗之訓，此篇有『高宗云』，謂是高宗之訓篇有此語〔一〕，故云『名篇在尚書』。」○弛，式氏反。讙，音歡。

子云：「從命不忿，微諫不倦，勞而不怨，可謂孝矣。」注：「微諫不倦者，子於父母尚和順，不用鄂

〔一〕「此篇」以下十二字原脫，據禮記注疏補。

鄂。論語曰：『事父母幾諫，見志不從，又敬不違。』內則曰：『父母有過，下氣怡色，柔聲以諫；諫若不入，起敬起孝，說則諫。』此所謂『不倦』。」陳可大曰：「一說忿當作怠。」王氏念孫曰：「一說是也。怠與倦，義相近。謂久而不衰也。大戴禮曾子立孝篇曰『微諫而不倦，聽從而不怠』，語意正與此同。內則：『子婦孝者敬者，父母舅姑之命勿逆勿怠。』若從命而不忿戾，未得爲孝也。」王氏引之曰：「高誘注淮南精神篇：『勞，憂也。』此承上『微諫不倦』而言，言諫而不入，恐其得罪於鄉黨州閭，孝子但心憂之，而不怨其親也。」詩云：『孝子不匱。』」注：「匱，乏也。孝子無乏止之時。」正義：「是大雅既醉美成王告太平之詩。」

子云：「睦於父母之黨，可謂孝矣。」注：「睦，厚也。黨，猶親也。」故君子因睦以合族。詩云：『此令兄弟，綽綽有裕。不令兄弟，交相爲瘉。』」注：「合族，謂與族人燕，與族人食，令，善也。綽綽，寬容貌也。交，猶更也。瘉，病也。」正義：「言親睦於父母之黨，乃得爲孝。故君子因親睦之道，以會聚宗族，爲燕食之禮。詩，小雅角弓篇。」

子云：「於父之執，可以乘其車，不可以衣其衣，君子以廣孝也。」注：「父之執，與父執志同者也。可以乘其車，車於身差遠也。謂今與己位等。」正義：「若尊卑懸絶，不可傳同車服〔一〕。」方性夫曰：「於父之執猶且如此，則孝之所及廣矣故曰『以廣孝也』。」

子云：「小人皆能養其親，君子不敬，何以辨？」注：「辨，別也。」子云：「父子不同位，以厚敬

〔一〕「同」，禮記注疏作「通」。

也。書云『厥辟不辟，忝厥祖』。」注：「同位，尊卑等，爲其相褻。厥，其也。辟，君也。忝，辱也。爲君不君，與臣子相褻，則辱先祖矣。君父之道宜尊嚴。」正義：「此因君見父。」方性夫曰：「此言『父子不同位』，曲禮言『不同席』，坐立雖不同，所以辨尊卑之義一也。」

子云：「父母在，不稱老，言孝不言慈，閨門之內，戲而不歎。君子以此坊民，民猶有薄於孝而厚於慈。」注：「孝上施，言慈，則嫌下流也。戲，謂孺子言笑者也。孟子曰：『舜年五十，而不失其孺子之心。』歎，謂有憂戚之聲也。」方性夫曰：「言孝不言慈者，慮其厚於子而薄於親也。」

子云：「長民者朝廷敬老，則民作孝。」注：「長民，謂天子諸侯也。」子云：「祭祀之有尸也，宗廟之有主也，示民有事也。修宗廟，敬祀事，教民追孝也。注：「有事，有所尊事也〔一〕。」以此坊民，民猶忘其親。」方性夫曰：「尸設於祭祀之時，主藏於宗廟之內，故於祭祀言『有尸』，宗廟言『有主』也。事死如事生，事亡如事存，所以示民有事追孝，與祭統言『追養繼孝』同義。」○長，丁丈反。

子曰：「敬則用祭器，注：「祭器，籩豆簠簋之屬也。有敬事於賓客則用之，謂饗食也。盤盂之屬爲燕器。」故君子不以菲廢禮，不以美没禮。注：「言不可以其薄不及禮而不行禮，亦不可以其美過禮而去禮。禮主敬，廢滅之，是不敬。」故食禮，主人親饋則客祭，主人不親饋則客不祭。故君子苟無禮，雖美不食焉。易曰：『東鄰殺牛，不如西鄰之禴祭寔受其福。』注：「東鄰，謂紂國中也。西鄰，謂文王國中也。此辭在既

〔一〕「尊」字原脱，據禮記注疏補。

濟。既濟離下坎上，離爲牛，坎爲豕。西鄰禴祭，則用豕與？言殺牛而凶，不如殺豕受福，喻奢而慢，不如儉而敬也。春秋傳曰『黍稷非馨，明德惟馨』，信矣。」詩云：『既醉以酒，既飽以德。』注：「言君子饗燕，非專爲酒肴，亦以觀威儀，講德美。」正義：「詩大雅既醉之篇。」方性夫曰：「儀禮曰：『幣美則没禮。』曲禮曰：『主人親饋，則拜而食；主人不親饋，則不拜而食。』與此同意。君子苟無禮，雖美不食者，則以在禮而不在物故也。」以此示民，民猶争利而忘義。」○非，芳鬼反。禴，音藥。

子云：「七日戒，三日齊，承一人焉以爲尸，過之者趨走，以教敬也。注：「戒，謂散齊也。承猶事也。」醴酒在室，醍酒在堂，澄酒在下，示民不淫也。注：「淫，猶貪也。澄酒，清酒也。三酒尚質，不尚味。」尸飲三，衆賓飲一，示民有上下也。注：「上下，猶尊卑也。主人、主婦、上賓獻尸，乃後主人降，洗爵獻賓。」因其酒肉，聚其宗族，以教民睦也。注：「言祭有酒肉，羣昭羣穆皆至，而獻酬之，咸有薦俎。」故堂上觀乎室，堂下觀乎上。注：「謂祭時肅敬之威儀也。」正義：「沈重云：『祭祀之時，在堂上者觀望在室之人以取法，在堂下之人觀看堂上之人以爲則，言上下内外更相倣法。』」方氏苞曰：「事尸於室中者，主人主婦也。待事於堂上者，長賓長兄弟也。觀禮於堂下者，衆賓衆兄弟也。賓長長兄弟有加爵，皆獻尸於室中。」詩云：『禮儀卒度，笑語卒獲。』」注：「卒，盡也。獲，得也。言在廟中者不失其禮儀，皆歡喜得其節也。」正義：「詩，小雅楚茨之篇。」○齊，側皆反。醍，音體。

子云：「賓禮每進以讓，喪禮每加以遠。浴於中霤，飯於牖下，小斂於户内，大斂於阼，殯於客位，祖於庭，葬於墓，所以示遠也。注：「遠之，所以崇敬也。阼，或爲堂。」正義：「按鄉飲酒禮，主人迎賓，至門三辭，至階三讓，皆主人先入先登，是賓禮每進以讓。」殷人弔於壙，周人弔於家，示民不偝也。」注：「既葬，哀而哭踊，於是弔之。」子云：「死，民之卒事也，吾從周。注：「周於送死尤備。」以此坊民，諸侯猶有薨而不葬者。」正義：「殷人卽壙上而弔，於送死太簡。周人孝子反哭至家乃始弔，是情理備具。」方性夫曰：「自『浴於中霤』而下，皆喪禮示遠之事。弔於壙，卽檀弓所謂『殷既封而弔』也。弔於家，卽所謂『反哭而弔』也。」○霤，力救反。牖，音酉。壙，苦晃反。

子云：「升自客階，受弔於賓位，教民追孝也。注：「謂反哭時也。既葬矣，猶不由阼階，不忍卽父位也。」正義：「知反哭時者，既夕禮云『乃反哭，入，主人升自西階』，是也。」未沒喪，不稱君，示民不爭也。故魯春秋記晉喪曰：『殺其君之子奚齊及其君卓。』注：「沒，終也。春秋傳曰：『諸侯於其封內三年稱子。』至其臣子，踰年則謂之君矣。奚齊與卓子，皆獻公之子也。獻公卒，其年奚齊殺，明年而卓子殺矣。」以此坊民，子猶有弒其父者。」注：「弒父，不子之甚。」○殺，音試，下同。卓，敕角反。

子云：「孝以事君，弟以事長，示民不貳也。故君子有君不謀仕，唯卜之日稱二君。注：「不貳，不自貳於尊者也。自貳，謂若鄭叔段者也。君子有君，謂君之子父在者也。不謀仕，嫌遍爲政也。卜之日，謂君有故而爲之卜也。二，當爲貳。唯卜之時，辭得曰『君之貳某』爾。晉惠公獲於秦，命其大夫歸擇立君，曰：『其卜貳圉也。』」喪父三年，喪君三年，示民不疑也。注：「不疑於君之尊也。君無骨肉之親，不重其服，至尊不明。」父母在，不敢有其身，不敢私其財，示民有上下也。注：「身及財，皆當統於父母也。有，猶專也。」故天子四海之内無客禮，莫敢爲主焉。故君適其臣，升自阼階，卽位於堂，示民不敢有其室也。注：「臣亦統於君。」父母在，饋獻不及車馬，示民不敢專也。注：「車馬，家物之重者。」以此坊民，民猶忘其親而貳其君。」方性夫曰：「孝以事君，推事父之道以事君也。弟以事長，推事兄之道以事長也。若是，則臣不敢貳於其君，幼不敢貳於其長矣，故曰『示民不貳也』。不敢有其身者，傳所謂『爲人子者無以有己』是也。不敢私其財者，所謂『不有私財』是也。若是，則上之勢不分於下，故曰『示民有上下也』。自此遺彼則曰饋，自下獻上則曰獻。」

子云：「禮之先幣帛也，欲民之先事而後禄也。注：「此禮，謂所執之摯以見者也，既相見乃奉幣帛以修好也。或云禮之先辭而後幣帛。」先財而後禮，則民利；注：「財，幣帛也。利，猶貪也。」無辭而行情，則民爭。注：「辭，辭讓也。情，主利欲也。」故君子於有饋者，弗能見，則不視其饋。注：「饋，遺也。不能見，謂有疾也。不視，猶不内也。」易曰：『不耕穫，不菑畬，凶。』注：「言必先種之乃得穫，若先菑乃得畬也，安有無事而取利者乎？田一歲曰菑，二歲曰畬，三歲曰新田。」正義：「爾雅：『田一歲曰菑，二歲曰新田，三歲曰畬。』此云『三歲曰新田』者，誤也。」王氏引之曰：「説文：『畬，二歲治田也。』虞注无妄亦曰：『田在初，一歲曰菑；在二，二歲曰畬。』叔重、仲翔説竝與此注同，則此注必别有所本，非誤記爾雅也。」以此坊民，民猶貴禄而賤行。」注：「行，猶事也。言務得其禄，不務其事。」陸農師曰：「弗能見，非特有疾而已，若陽貨歸孔子豚，弗見，孟子由鄒之任見季子，由平陸之齊不見儲子，是也。」○穫，户郭反。菑，側其反。畬，音餘。行，下孟反。

子云：「君子不盡利以遺民。注：「不與民争利也。」詩云：『彼有遺秉，此有不斂穧，伊寡婦之利。』注：「言穫者之遺餘，捃拾所以爲利。」故君子仕則不稼，田則不漁，食時不力珍，大夫不坐羊，士不坐犬。注：「食時，謂食四時之膳也。力，猶務也。天子諸侯有秩膳。古者殺牲食其肉，坐其皮。不坐犬羊，是不無故殺之。」詩云：『采葑采菲，無以下體。德音莫違，及爾同死。』注：「葑，蔓菁也，陳、宋之間謂之葑。菲，當類也。下體，謂其根也。采葑菲之菜者，采其葉而可食，無以其根美則并取之，苦則弃之。并取之，是盡利也。此詩故親今疏者，言人之交當如采葑采菲，取一善而已，君子不求備於一人。能如此，則德美之音，不離令名，我願與女同死矣。論語曰：『故舊無大故，則不棄也。』」正義：「『彼有遺秉』，此小雅大田之篇。『采葑采菲』，此邶風谷風之篇。婦人怨夫棄己，言采葑菲之菜，無以下體根莖之惡，并棄其葉。言取妻無以華落色衰，并弃其夫婦之禮。記者引詩斷章，凡有二意：一則云采此葑菲之菜，無得并采此下體之根莖，是不盡取其利。二則云采其葑菲之菜，無以下體之惡，并棄其葉，不求備也。」以此坊民，民猶忘義而争利，以亡其身。」○穧，子賜反。葑，芳容反。菲，房尾反。

子云：「夫禮，坊民所淫，章民之别，使民無嫌，以爲民紀者也。注：「淫，猶貪也。章，明也。嫌，嫌疑也。」故男女無媒不交，無幣不相見，恐男女之無别也。注：「重男女之會，所以遠别之於禽獸也。有幣者必有媒，有媒者不必有幣。仲春之月，會男女之時，不必待幣。」以此坊民，民猶有自獻其身。注：「獻，猶進也。」詩云：『伐柯如之何？匪斧不克。娶妻如之何？匪媒不得。蓺麻如之何？横從其畝。取妻如之何？必告父母。』」注：「伐柯，伐木以爲柯也。克，能也。蓺，猶樹也。横從，横行治其田也。言取妻之法，必有媒，如伐柯之必須斧也。取妻之道，必告父母，如樹麻當先易治其田。」正義：「詩，齊風南山之篇，刺齊襄公與妹文姜姦淫之事。」劉氏台拱曰：「以下六章，言刑以防淫。」○柯，古何反。取，七樹反。從，子容反。

子云：「取妻不取同姓，以厚別也。」注：「厚，猶遠也。」故買妾不知其姓則卜之。注：「妾言買者，以其賤。士庶之妾，恒多凡庸，有不知其姓者。」以此坊民，魯春秋猶去夫人之姓，曰『吳』，其死曰『孟子卒』。」注：「吳，大伯之後，魯同姓也。昭公取焉，去姬曰吳而已。至其死，亦略云『孟子卒』，不書『夫人某氏薨』。孟子，蓋其且字。」正義：「依春秋之例，如夫人齊女，即云：『姜氏至自齊。』此吳女，當云『夫人姬氏至自吳』。魯則諱其姬姓，去姓曰吳。但春秋經文不載其事，簡牘雜記則有之。故論語云：『謂之吳孟子。』春秋哀十二年左傳：『夏五月，昭夫人孟子卒。昭公娶于吳，故不書姓；死不赴，故不稱『夫人』，不反哭，故不言『葬小君』。』」

子云：「禮，非祭，男女不交爵。注：「交爵，謂相獻酢。」以此坊民，陽侯猶殺繆侯而竊其夫人。故大饗廢夫人之禮。」注：「同姓也，以貪夫人之色，至殺君而立。其國未聞。大饗，饗諸侯來朝者也，夫人之禮使人攝。」正義：「特牲饋食禮云主婦獻尸，尸酢主婦，是交爵也。又按王饗諸侯及諸侯自相饗，同姓則后夫人親獻，異姓則使人攝獻。內宰注云：『王同姓及二王之後來朝覲，王以鬱鬯禮之，后及瑤爵亞獻。』自陽侯殺繆侯後，其后夫人獻禮遂廢，並使人攝也。」王氏引之曰：「繆，當讀爲蓼，聲相近而假借也。淮南氾論篇『陽侯殺蓼侯，而竊其夫人』，高注曰：『陽侯，陽陵國侯也。蓼侯，皐陶之後，偃姓之國侯也，今在廬江。』案漢始有陽陵侯傅寬，古無陽陵國侯。閔二年春秋『齊人遷陽』，杜注曰：『陽，國名。』則古有陽國。」○繆，音穆。

子云：「寡婦之子，不有見焉，則弗友也，君子以辟遠也。故朋友之交，主人不在，不有大故，則不入其門。以此坊民，民猶以色厚於德。」注：「有見，謂睹其才藝也。同志爲友。大故，喪病。」陳可大曰：「辟遠者，以避嫌，故遠之也。」○見，賢徧反。

子云：「好德如好色，注：「此句似不足。論語曰：『未見好德如好色。』疾時人厚於色之甚，而薄於德也。」諸侯不下漁色，注：「謂不內取於國中也。內取國中爲下漁色。昏禮如納采，謂采擇其可者也。國君而內取，象捕魚然，中網取之，是無所擇。」故君子遠色，以爲民紀。故男女授受不親，注：「不親者，不以手相與也。內則曰：『非祭非喪，不相授器。其相授，則女受以篚。其無篚，則皆坐奠之而後取之。』」御婦人，則進左手，注：「御者在右前左手，則身微偝之。」姑、姊妹、女子子已嫁而反，男子不與同席而坐，注：「女子十年而不出也。嫁及成人，可以出矣，猶不與男子共席而坐，遠別。」寡婦不夜哭，注：「嫌思人道。」婦人疾，問之，不問其疾。注：「嫌媚，略之也，問增損而已。」以此坊民，民猶淫泆而亂於族。」注：「亂族，犯非妃匹也。」○泆，音逸。

子云：「昏禮壻親迎，見於舅姑，舅姑承子以授壻，恐事之違也。注：「舅姑，妻之父母也。妻之父爲外舅，妻之母爲外姑。父戒女曰：『夙夜毋違命！』母戒女曰：『毋違宫事！』」王氏念孫曰：「孔以承爲承奉，非也。承者，引也。言引女以授壻也。漢書賈誼傳『人主胡不引殷、周、秦事以觀之也？』大戴記禮察篇引作承，是承即引也。」以此坊民，婦猶有不至者。」注：「不至，不親夫以孝舅姑也。春秋成公九年，春，二月，『伯姬歸于宋』，夏五月，『季孫行父如宋致女』。是時宋共公不親迎，恐其有違而致之也。」

禮記訓纂卷三十一

中庸第三十一

鄭目録云：「名曰中庸者，以其記中和之爲用也。庸，用也。孔子之孫子思伋作之，以昭明聖祖之德。此於別録屬通論。」

天命之謂性，率性之謂道，修道之謂教。道也者，不可須臾離也，可離非道也。是故君子戒慎乎其所不睹，恐懼乎其所不聞。莫見乎隱，莫顯乎微，故君子慎其獨也。喜怒哀樂之未發，謂之中；發而皆中節，謂之和。中也者，天下之大本也；和也者，天下之達道也。致中和，天地位焉，萬物育焉。

仲尼曰：「君子中庸，小人反中庸。君子之中庸也，君子而時中。小人之中庸也，小人而無忌憚也。」子曰：「中庸其至矣乎！民鮮能久矣。」子曰：「道之不行也，我知之矣，知者過之，愚者不及也。道之不明也，我知之矣，賢者過之，不肖者不及也。人莫不飲食也，鮮能知味也。」子曰：「道其不行矣夫！」

子曰：「舜其大知也與！舜好問而好察邇言，隱惡而揚善，執其兩端，用其中於民，其斯以爲舜乎！」

子曰：「人皆曰予知，驅而納諸罟擭陷阱之中，而莫之知辟也。人皆曰予知，擇乎中庸而不能期月守也。」

子曰：「回之爲人也，擇乎中庸，得一善，則拳拳服膺而弗失之矣。」子曰：「天下國家可均也，爵禄可辭也，白刃可蹈也，中庸不可能也。」

子路問强。子曰：「南方之强與？北方之强與？抑而强與？寬柔以教，不報無道，南方之强也，君子居之。衽金革，死而不厭，北方之强也，而强者居之。故君子和而不流，强哉矯！中立而不倚，强哉矯！國有道，不變塞焉，强哉矯！國無道，至死不變，强哉矯！」

子曰：「素隱行怪，後世有述焉，吾弗爲之矣。君子遵道而行，半塗而廢，吾弗能已矣。君子依乎中庸，遯世不見知而不悔，唯聖者能之。君子之道費而隱。夫婦之愚，可以與知焉，及其至也，雖聖人亦有所不知焉。夫婦之不肖，可以能行焉，及其至也，雖聖人亦有所不能焉。天地之大也，人猶有所憾。故君子語大，天下莫能載焉；語小，天下莫能破焉。詩云：『鳶飛戾天，魚躍于淵。』言其上下察也。君子之道，造端乎夫婦，及其至也，察乎天地。」

子曰：「道不遠人，人之爲道而遠人，不可以爲道。詩云：『伐柯伐柯，其則不遠。』執柯以伐柯，睨而視之，猶以爲遠。故君子以人治人，改而止。忠恕違道不遠，施諸己而不願，亦勿施於人。君子之道四，丘未能一焉：所求乎子，以事父未能也；所求乎臣，以事君未能也；所求乎弟，以事兄，未能也；所求乎朋友，先施之未能也。庸德之行，庸言之謹，有所不足，不敢不勉，有餘不敢盡。言顧行，行顧言，君子胡不慥慥爾！君子素其位而行，不願乎其外。素富貴，行乎富貴；素貧賤，行乎貧賤；素夷狄，行乎夷狄；素患難，行乎患難。君子無入而不自得焉。在上位，不陵下，在下位，不援上，正己而不求於人則無怨。上不怨天，下不尤人，故君子居易以俟命，小人行險以徼幸。」

子曰：「射有似乎君子，失諸正鵠，反求諸其身。君子之道，譬如行遠必自邇，譬如登高必自卑。詩曰：『妻子好合，如鼓瑟琴。兄弟既翕，和樂且耽。宜爾室家，樂爾妻帑。』子曰：「父母其順矣乎！」

子曰：「鬼神之爲德，其盛矣乎！視之而弗見，聽之而弗聞，體物而不可遺。使天下之人齊明盛服，以承祭祀，洋洋乎！如在其上，如在其左右。詩曰：『神之格思，不可度思，矧可射思！』夫微之顯，誠之不可揜如此夫！」

子曰：「舜其大孝也與！德爲聖人，尊爲天子，富有四海之内，宗廟饗之，子孫保之。故大德必得其位，必得其禄，必得其名，必得其壽。故天之生物，必因其材而篤焉。故栽者培之，傾者覆之。詩曰：『嘉樂君子，憲憲令德！宜民宜人，受禄于天，保佑命之，自天申之。』故大德者必受命。」今毛詩作「假樂君子，顯顯令德，保右命之。」

子曰：「無憂者其唯文王乎！以王季爲父，以武王爲子，父作之，子述之。武王纘大王、王季、文王之緒，壹戎衣而有天下，身不失天下之顯名。尊爲天子，富有四海之內，宗廟饗之，子孫保之。武王末受命，周公成文武之德，追王大王、王季，上祀先公以天子之禮。斯禮也，達乎諸侯、大夫及士、庶人。父爲大夫，子爲士，葬以大夫，祭以士。父爲士，子爲大夫，葬以士，祭以大夫。期之喪達乎大夫，三年之喪達乎天子，父母之喪，無貴賤一也。」

子曰：「武王、周公，其達孝矣乎！夫孝者，善繼人之志，善述人之事者也。春秋修其祖廟，陳其宗器，設其裳衣，薦其時食。宗廟之禮，所以序昭穆也。序爵，所以辨貴賤也。序事，所以辨賢也。旅酬下爲上，所以逮賤也。燕毛，所以序齒也。踐其位，行其禮，奏其樂，敬其所尊，愛其所親，事死如事生，事亡如事存，孝之至也。郊社之禮，所以祀上帝也。宗廟之禮，所以祀乎其先也。明乎郊社之禮，禘嘗之義，治國其如示諸掌乎！」

哀公問政。子曰：「文武之政，布在方策。其人存則其政舉，其人亡則其政息。人道敏政，地道敏樹。夫政也者，蒲盧也。故爲政在人，取人以身，修身以道，修道以仁。仁者，人也，親親爲大。義者，宜也，尊賢爲大。親親之殺，尊賢之等，禮所生也。在下位不獲乎上，民不可得而治矣。故君子不可以不修身。思修身，不可以不事親；思事親，不可以不知人；思知人，不可以不知天。天下之達道五，所以行之者三，曰：君臣也，父子也，夫婦也，昆弟也，朋友之交也。五者，天下之達道也。知、仁、勇三者，天下之達德也，所以行之者一也。或生而知之，或學而知之，或困而知之，及其知之一也。或安而行之，或利而行之，或勉強而行之，及其成功一也。

子曰：「好學近乎知，力行近乎仁，知恥近乎勇。知斯三者，則知所以修身；知所以脩身，則知所以治人；知所以治人，則知所以治天下國家矣。凡爲天下國家有九經，曰：修身也，尊賢也，親親也，敬大臣也，體羣臣也，子庶民也，來百工也，柔遠人也，懷諸侯也。修身則道立，尊賢則不惑，親親則諸父昆弟不怨，敬大臣則不眩，體羣臣則士之報禮重，子庶民則百姓勸，來百工則財用足，柔遠人則四方歸之，懷諸侯則天下畏之。

齊明盛服，非禮不動，所以修身也。去讒遠色，賤貨而貴德，所以勸賢也。尊其位，重其禄，同其好惡，所以勸親親也。官盛任使，所以勸大臣也。忠信重禄，所以勸士也。時使薄斂，所以勸百姓也。日省月試，既稟稱事，所以勸百工也。送往迎來，嘉善而矜不能，所以柔遠人也。繼絕世，舉廢國，治亂持危，朝聘以時，厚往而薄來，所以懷諸侯也。

凡爲天下國家有九經，所以行之者一也。凡事豫則立，不豫則廢。言前定則不跲，事前定則不困，行前定則不疚，道前定則不窮。

在下位，不獲乎上，民不可得而治矣。獲乎上有道，不信乎朋友，不獲乎上矣。信乎朋友有道，不順乎親，不信乎朋友矣。順乎親有道，反諸身不誠，不順乎親矣。誠身有道，不明乎善，不誠乎身矣。

誠者，天之道也。誠之者，人之道也。誠者，不勉而中，不思而得，從容中道，聖人也。誠之者，擇善而固執之者也。

博學之，審問之，愼思之，明辨之，篤行之。有弗學，學之弗能弗措也。有弗問，問之弗知弗措也。有弗思，思之弗得弗措也。有弗辨，辨之弗明弗措也。有弗行，行之弗篤弗措也。人一能之，己百之；人十能之，己千之。果能此道矣，雖愚必明，雖柔必強。」

自誠明，謂之性；自明誠，謂之教。誠則明矣，明則誠矣。

唯天下至誠，爲能盡其性。能盡其性，則能盡人之性；能盡人之性，則能盡物之性；能盡物之性，則可以贊天地之化育；可以贊天地之化育，則可以與天地參矣。

其次致曲，曲能有誠。誠則形，形則著，著則明，明則動，動則變，變則化。唯天下至誠爲能化。

至誠之道，可以前知。國家將興，必有禎祥；國家將亡，必有妖孽。見乎蓍龜，動乎四體。禍福將至，善必先知之，不善必先知之。故至誠如神。

誠者，自成也，而道，自道也。誠者，物之終始，不誠無物。是故君子誠之爲貴。誠者，非自成己而已也，所以成物也。成己，仁也；成物，知也。性之德也，合外内之道也，故時措之宜也。故至誠無息。不息則久，久則徵，徵則悠遠，悠遠則博厚，博厚則高明。博厚所以載物也，高明所以覆物也，悠久所以成物也。博厚配地，高明配天，悠久無疆。如此者，不見而章，不動而變，無爲而成。天地之道，可壹言而盡也：其爲物不貳，則其生物不測。天地之道：博也，厚也，高也，明也，悠也，久也。

今夫天，斯昭昭之多，及其無窮也，日月星辰繫焉，萬物覆焉。今夫地，一撮土之多，及其廣厚，載華嶽而不重，振河海而不洩，萬物載焉。今夫山，一卷石之多，及其廣大，草木生之，禽獸居之，寶藏興焉。今夫水，一勺之多，及其不測，黿鼉、鮫龍、魚鼈生焉，貨財殖焉。詩曰：「惟天之命，今毛詩「作維天之命」。於穆不已。」蓋曰天之所以爲天也。「於乎不顯！文王之德之純。」蓋曰文王之所以爲文也，純亦不已。

大哉聖人之道！洋洋乎！發育萬物，峻極于天。今毛詩作「駿極于天」。優優大哉！禮儀三百，威儀三千，待其人然後行。故曰：苟不至德，至道不凝焉。

故君子尊德性而道問學，致廣大而盡精微，極高明而道中庸，温故而知新，敦厚以崇禮。

是故居上不驕，爲下不倍。國有道，其言足以興，國無道，其默足以容。詩曰：「既明且哲，以保其身」，其此之謂與！

子曰：「愚而好自用，賤而好自專，生乎今之世，反古之道，如此者，裁及其身者也。非天子不議禮，不制度，不考文。今天下車同軌，書同文，行同倫。雖有其位，苟無其德，不敢作禮樂焉。雖有其德，苟無其位，亦不敢作禮樂焉。」

子曰：「吾說夏禮，杞不足徵也。吾學殷禮，有宋存焉。吾學周禮，今用之，吾從周。王天下有三重焉，其寡過矣乎！上焉者雖善無徵，無徵不信，不信民弗從。下焉者雖善不尊，不尊不信，不信民弗從。故君子之道，本諸身，徵諸庶民，考諸三王而不繆，建諸天地而不悖，質諸鬼神而無疑，百世以俟聖人而不惑。質諸鬼神而無疑，知天也。百世以俟聖人而不惑，知人也。是故君子動而世爲天下道，行而世爲天下法，言而世爲天下則。遠之則有望，近之則不厭。詩曰：『在彼無惡，在此無射。庶幾夙夜，以永終譽。』君子未有不如此而蚤有譽於天下者也。」

仲尼祖述堯舜，憲章文武，上律天時，下襲水土。譬如天地之無不持載，無不覆幬。譬如四時之錯行，如日月之代明。萬物並育而不相害，道並行而不相悖，小德川流，大德敦化，此天地之所以爲大也。唯天下至聖，爲能聰明睿知，足以有臨也；寬裕温柔，足以有容也；發强剛毅，足以有執也；齊莊中正，足以有敬也；文理密察，足以有別也。溥博淵泉，而時出之。溥博如天，淵泉如淵。見而民莫不敬，言而民莫不信，行而民莫不説。是以聲名洋溢乎中國，施及蠻貊，舟車所至，人力所通，天之所覆，地之所載，日月所照，霜露所隊，凡有血氣者，莫不尊親，故曰配天。唯天下至誠，爲能經綸天下之大經，立天下之大本，知天地之化育。夫焉有所倚？肫肫其仁，淵淵其淵，浩浩其天。苟不固聰明聖知達天德者，其孰能知之？詩曰「衣錦尚絅」，今毛詩作「衣錦褧衣」。惡其文之著也。故君子之道，闇然而日章，小人之道，的然而日亡。君子之道，淡而不厭，簡而文，温而理，知遠之近，知風之自，知微之顯，可與入德矣。詩云：「潛雖伏矣，亦孔之昭。」故君子内省不疚，無惡於志。君子所不可及者，其唯人之所不見乎！詩云：「相在爾室，尚不愧于屋漏〔一〕。」故君子不動而敬，不言而信。詩曰：「奏假無言，今毛詩作「鬷假無言」。時靡有争。」是故君子不賞而民勸，不怒而民威於鈇鉞。詩曰：「不顯惟德，百辟其刑之。」是故君子篤恭而天下平。詩云：「予懷明德，不大聲以色。」子曰：「聲色之於以化民，末也。」詩曰「德輶如毛」，毛猶有倫，「上天之載，無聲無臭」，至矣！

〔一〕「漏」，原誤「滿」，據禮記注疏及詩大雅抑改。

禮記訓纂卷三十二

表記第三十二

鄭目録云：「名曰表記者，以其記君子之德，見於儀表。此於别録屬通論。」

子言之：「歸乎！君子隱而顯，不矜而莊，不厲而威，不言而信。」注：「此孔子行應聘，諸侯莫能用己，心厭倦之辭也。矜，謂自尊大也。厲，謂嚴顔色。」正義：「歸乎者，於是孔子身在他國，不被任用，故稱『歸乎』。君子身雖幽隱，而聲名顯著，故云『隱而顯』也。莊，敬也。言不自尊大，而人尊敬也。不自嚴厲，而人威服也。不須出言，而人體信。以其積德感通，故所致如此。」馬彦醇曰：「不矜、不厲、不言，所謂隱也。莊、威、信，所謂顯也。」○矜，居陵反。

子曰：「君子不失足於人，不失色於人，不失口於人。是故君子貌足畏也，色足憚也，言足信也。甫刑曰：『敬忌而罔有擇言在躬。』」注：「失，謂失其容止之節也。玉藻曰：『足容重，色容莊，口容止。』甫刑，尚書篇名。忌之言戒也。言己外敬而心戒慎，則無有可擇之言加於身也。」正義：「甫刑，吕刑也。」吕與叔曰：「冠義曰：『禮義之始，在於正容體，齊顔色，順辭令。』所謂足者，舉動是也。修此三者，敬而已矣。故貌敬則足畏也，色敬則足憚也，言敬則足信也。」○憚，大旦反。

子曰：「裼襲之不相因也，欲民之毋相瀆也。」注：「不相因者，以其或以裼爲敬，或以襲爲敬。禮盛以襲爲敬，執玉、龜之屬也。禮不盛者以裼爲敬，受享是也。」正義：「按聘禮賓初行聘時則襲，故聘禮云『賓襲，執圭』，是也。

至受享之時，『賓裼，奉束帛加璧，行享』。聘爲禮盛，故襲；享爲禮不盛，故裼。聘時有玉，故曰『執玉』。但以璧致享比聘時執玉爲輕，故享雖有璧而裼也。又賓、介自相授玉之時，介禮輕，裼而執圭以授賓；賓禮重，則襲而後受圭。是賓之與介，亦裼襲不相因也。」○裼，思歷反。襲，音習。

子曰：「祭極敬，不繼之以樂。朝極辨，不繼之以倦。」注：「極，猶盡也。辨，分别政事也。祭義曰：『祭之日，樂與哀半。饗之必樂，已至必哀。』」應子和曰：「報本始，莫重乎祭，一毫不敬，則曠而不接矣，其可以樂而散其志乎？正名分，出政令者，莫嚴於朝，一事不辨，則紊而不治矣，其可以倦而懈於事乎？」○樂，音洛。倦本又作「勌」，其眷反。

子曰：「君子愼以辟禍，篤以不揜，恭以遠恥。」注：「篤，厚也。揜，猶困迫也。」正義：「君子篤厚，行於善道，不使揜逼而被困迫，又能恭敬而遠恥辱也。」○辟，音避。揜，於檢反。

子曰：「君子莊敬日强，安肆日偷。君子不以一日使其躬儳焉如不終日。」注：「肆，猶放恣也。偷，苟且也。肆，或爲褻。儳焉，可輕賤之貌也。如不終日，言人而無禮，死無時。」正義：「言君子恒能莊敬，故德業日强。小人安樂放恣，則其情性日爲苟且，死期促近，不能終竟一日也。」○儳，徐在鑑反。

子曰：「齊戒以事鬼神，擇日月以見君，恐民之不敬也。」注：「擇日月以見君，謂臣在邑竟者。」正義：「或出使在外，或食邑别都，見君須擇日月也。」○齊，側皆反。

子曰：「狎侮死焉而不畏也。」注：「忲於無敬心也。」正義：「言小人遞相輕狎，侮慢相侵，雖有禍害，而不知畏懼也。」○狎，下甲反。

子曰：「無辭不相接也，無禮不相見也，欲民之毋相褻也。注：「辭，所以通情也。禮，謂摯也。春秋傳曰『古者諸侯有朝聘之事』，『號辭必稱先君以相接』也。正義：「言朝聘會聚，必有言辭以通情意，摯幣以示己情。所以然者，欲民之無相褻瀆。」易曰：『初筮告。再三瀆，瀆則不告。』」注：「瀆之言褻也。」正義：「此易蒙卦辭。蒙卦，坎下艮上。艮爲山，坎爲水。山下出泉，是物之蒙昧，童蒙之象也。筮，問也。言初來問師，師則告之。若再三來問，師則不復告之，證無相褻瀆之義也。」○褻，息列反。筮，市制反。

子言之：「仁者，天下之表也。義者，天下之制也。報者，天下之利也。」注：「報，謂禮也。禮尚往來。」正義：「言仁是名之盛極，故爲天下之儀表。義，宜也。制，謂裁斷。既使物各得其宜，是能裁斷於事也。報，謂禮也。禮尚往來，物得其利，故云『天下之利也』。」方性夫曰：「仁足以長人，故曰『天下之表』。義足以方外，故曰『天下之制』。報之爲禮固明，不曰禮而曰報者，禮不止於報也。」子曰：「以德報德，則民有所勸。以怨報怨，則民有所懲。詩曰：『無言不讎，無德不報。』大甲曰：『民非后，無能胥以寧。后非民，無以辟四方。』」注：「懲，謂創艾。讎，猶荅也。大甲，湯孫也。書以名篇。胥，相也。民非君不能以相安。」正義：「詩，大雅抑之篇。書，尚書大甲之篇。伊尹言民若無君，無能相匡正以自安居；君若無民，無以君領四方。引之者，證君臣上下各以其事相報荅也。」○懲，直陵反。讎，音酬。大，音泰。辟，音璧。

子曰：「以德報怨，則寬身之仁也。以怨報德，則刑戮之民也。」注：「寬，猶愛也。愛身以息怨。

非禮之正也。仁，亦當言民。聲之誤。」彬謂鄭因下「刑戮之民」而言，其實「仁」卽「人」字，古通用。○戮，音六，本或作「僇」，同。

子曰：「無欲而好仁者，無畏而惡不仁者，天下一人而已矣。是故君子議道自己，而置法以民。」注：「一人而已，喻少也。自己，自盡己所能行。」正義：「凡人好仁，皆有所欲，今無所欲，而自好仁。凡人憎惡不仁，皆有所畏，今無所畏，而惡不仁。君子謀議道理，先自己始，己所能行，乃施於人，故云『置法以民』。」

子曰：「仁有三，與仁同功而異情。注：「三，謂安仁也，利仁也，强仁也。利仁强仁，功雖與安仁者同，本情則異。」正義：「此明仁道有三：一則無所求而安静行仁，一則規求其利而行仁，一則畏懼于罪而行仁。是異情也。」與仁同功，其仁未可知也。與仁同過，然後其仁可知也。仁者安仁，知者利仁，畏罪者强仁。注：「功者，人所貪也。過者，人所辟也。在過之中，非其本情者，或有悔者焉。」正義：「與人同功，其功俱是泛施博愛，是未可知也。過，謂利之與害。若遭遇利害之事，其行仁之情，則可知也。」仁者，右也；道者，左也。仁者，人也；道者，義也。注：「右也，左也，言相須而成也。人也，謂施以人恩也。義也，謂斷以事宜也。春秋傳曰：『執未有言舍之者，此其舍之何？人也。』」正義：「仁者，右也。道者，左也。此明仁義相須，若手之左右。右手，是用之便也。道是履蹈而行，故爲左。仁者人也，言仁恩之道，以人情相愛偶也。義，宜也，必斷割得宜，然可履蹈，故云『道者，義也』。」厚於仁者，薄於義，親而不尊；厚於義者，薄於仁，尊而不親。注：「言仁義並行者也。仁多則人親之，義多則人尊之。」吴幼清曰：「仁右義左，猶言禮先樂後。蓋仁者中心所具之德體也，道者事物所由之路用也。體先用後，故借左右以喻其分，非謂尊卑縣絶也。仁之爲體，以此心之在人者言，故曰『人也』。道之爲用，以事物之義理而言，故曰『義也』。人之氣稟，得生物之氣多者，仁厚而義薄；得收物之氣多者，義厚而仁薄。仁者温然慈惠，故人親愛之。義者截然裁制，故人尊敬之。」○知，音智。强，其兩反。

道有至義有考。至道以王，義道以霸，考道以爲無失。」注：「此讀當言『道有至、有義、有考』，字脱一『有』耳。有至，謂兼仁義者。有義，則無仁矣。有考，考，成也，能取仁義之一成之，以不失於人，非性也。」吕與叔曰：「至道者，至於道之極，不可以有加也，所謂『所過者化，所存者神』，故曰『至道以王』。義道者，揆道而裁之者也，所謂『制節謹度』，是可以有國而長諸侯者也，故曰『義道以霸』。考道者，必稽古昔，稱先王，所謂『非法不言，非道不行』，雖未達道，亦庶幾乎不失道矣。葉少藴以仁爲人道之至，故三代得天下以仁，所謂『至道以王』。義者，制事而有宜，五霸假仁而近義，所謂『義道以霸』。仁義不足於己，而能考合於道而行之，則亦無失於己。蓋王霸之道有得於民而無失者，得己而已。」

子言之：「仁有數，義有長短小大。中心憯怛，廣雅：「憯怛，痛也。」愛人之仁也。率法而强之，資仁者也。注：「資，取也。數與長短小大，互言之耳。性仁義者，其數長大。取仁義者，其數短小。」詩云：『豐水有芑，武王豈不仕？詒厥孫謀，以燕翼子，武王烝哉！』數世之仁也。注：「芑，枸檵也。仕之言事也。詒，遺也。燕，安也。烝，君也。言武王豈不念天下之事乎？如豐水之有芑矣。乃遺其後世之子孫以善謀，以安翼其子也。君哉武王！美之也。」國風曰：『我今不閲，皇恤我後？』今毛詩作「我躬不閲，遑恤我後」。終身之仁也。」注：「閔，猶容也。皇，暇也。恤，憂也。言我今尚恐不能自容，何暇憂我後之人乎？」正義：「中心憯怛，天性自仁。率法而强之，非是天性，直取仁道行之者也。引詩大雅文王有聲之篇，以武王行仁，遺及子孫，是仁之所及，其數長也。引邶風谷風之篇，證取仁而行，唯在我當身之上，何暇憂及後世，是終身之仁也。」呂與叔曰：「以其誠心愛人，故曰『愛人之仁』，以其有取於外，故曰『資仁』，淺深之數也。數世之仁，終身之仁，此所施遠近之數也。」○數，所住反。憯，七感反。怛，丹葛反。芑，音起。詒，以之反。

子曰：「仁之爲器重，其爲道遠，舉者莫能勝也，行者莫能致也。取數多者，仁也。夫勉於仁者，不亦難乎！注：「取數多者，言計天下之道，仁居其多。」正義：「仁非賢聖不能行，故言『爲器重』。以廣博覆物，是爲道遠也。取數多者仁也，言利益于物，取數最多者仁也。故勉力行仁者，不亦難乎！」是故君子以義度人，則難爲人；以人望人，則賢者可知已矣。」注：「言以先王成法擬度人。則難中也，當以時人相比方耳。」正義：「言在上君子欲使人必行先王成法，則難爲人望比也。以今世比望于古人，能合于世事者，則是賢人也。」

子曰：「中心安仁者，天下一人而已矣，大雅曰：『德輶如毛，民鮮克舉之，我儀圖之。惟仲山甫舉之，愛莫助之。』」注：「輶，輕也。鮮，罕也。儀，匹也。圖，謀也。愛，猶惜也。言德之輕如毛耳，人皆以爲重，罕能舉行之者。作此詩者，周宣王之大臣也。言我之匹謀之，仲山甫則能舉行之，美之也。惜乎時人無能助之者，言賢者少。」正義：「詩，大雅烝民之篇，引以明行仁者少也。」小雅曰：『高山仰止，景行行止。』」注：「仰高勤行者，仁之次也。景，明也。有明行者，謂古賢聖也。」正義：「小雅車舝之篇。」朱子曰：「景行，大道也。高山則可仰，景行則可行。」釋文：「『仰止』，本或作『仰之』。『行止』，詩作『行之』。」子曰：「詩之好仁如此。鄉道而行，中道而廢，忘身之老也，不知年數之不足也。俛焉日有孶孶，斃而后已。」注：「廢，喻力極罷頓，不能復行，則止也。俛焉，勤勞之貌。斃，仆也。」王氏念孫曰：「說文：『孜，彶彶也。』皋陶謨：『予思日孜孜。』孶，與孜通。」子曰：「仁之難成久矣，人人失其所好，故仁者之過易辭也。」注：「辭，猶解說也。仁者恭儉，雖有過，不甚矣。唯聖人無過。」應子和曰：「安仁者，雖獨立無儔，然德本甚輕，人自鮮舉。幸有能者，當衆圖而共助，仰高勸行，終其身而後已。是其望於人者無已，不容有自恕之心也。」吕與叔曰：「仁者之心公，衆人之心私。心誠鄉仁，雖有過差，其情則善，不待辭而辨矣。」○輶，音酉，一音由。鮮，息淺反。景行，下孟反。好，呼報反。下同。俛，音免。孶，音兹。斃，音弊。

子曰：「恭近禮，儉近仁，信近情，敬讓以行此，雖有過，其不甚矣。夫恭寡過，情可信，儉易容也。以此失之者，不亦鮮乎！注：「言罕以此失之。」詩曰：『温温恭人，惟德之基。』」正義：「禮主於敬，故恭近禮。儉不費用，無害於物，故近仁。信，謂言語信實，故近情。恒能恭敬，故寡過。以情示人，故可信。儉則寡求，故易容。詩，大雅抑之篇，結恭近禮也。」子曰：「仁之難成久矣，唯君子能之。注：「言能成仁道者少也。」是故君子不以其所能者病人，不以人之所不能者愧人。注：「病、愧，謂罪咎之。」是故聖人之制行也，不制以己，使民有所勸勉愧恥，以行其言。注：「以中人爲制，則賢者勸勉，不及者愧恥，聖人之言乃行也。」正義：「君子不以己之所能，使他人必能，是不以所能之事病困于人也。若他人之所不能，則以爲愧恥，故不以人所不能恥愧于人。但制以中人之行，使得可行，則民自勸勉，不能者自懷愧恥，則民得以行聖人之言也。」禮以節之，信以結之，容貌以文之，衣服以移之，朋友以極之，欲民之有壹也。注：「移，讀如『禾氾移』之移。移，猶廣大也。極，致也。壹，謂專心於善。」正義：「故制以禮、信、容貌、衣服，使之尊嚴。朋友相勸勵，以極致於道，欲民專心壹意于善道也。」小雅曰：『不愧于人，不畏于天。』注：「言人有所行，當慙怖於天人也。」吕與叔曰：「君子固賢於衆人矣。君子之所能，衆人必有不能者，使衆人倣己之所能則病矣，使衆人自彰其不能則愧矣。故聖人制行，必以天下所能行者爲之法，所以爲達道也。惟不制乎己，故民知跂乎此而有所勸勉，知不及乎此而有所愧恥，則知所尚矣。非特此也，制禮以節其行，而使之齊，立信以結其志而使之固，容貌必稱其志，衣服必稱其容，朋友切磋相成，至於極而後已，則一道德以同俗矣。盇修其外，則知愧于人，修其內，則知畏于天，故曰『不愧于人，不畏于天』。」○移，昌氏反。

是故君子服其服，則文以君子之容；有其容，則文以君子之辭；遂其辭，則實以君子之德。注：「遂，猶成也。」是故君子恥服其服而無其容，恥有其容而無其辭，恥有其辭而無其德，恥有其德而無其行。注：「無其行，謂不行其德。」是故君子衰絰則有哀色，端冕則有敬色，甲冑則有不可辱之色。注：「言色稱其服也。」詩云：『惟鵜在梁，不濡其翼。彼記之子，不稱其服。』」注：「鵜，鵜胡，污澤也。污澤善居泥水之中，在魚梁以不濡污其翼爲才，如君子以稱其服爲有德。」正義：「實，猶充也。言君子既成其文辭，則當實以君子之德。內既有德，當須以德行之於外，若有德無行，是君子所恥。詩，曹風候人之篇，刺曹共公之詩。言君子内外皆須相稱，故引此詩結之。」方性夫曰：「衰者，齊衰、斬衰，絰者，首絰、要絰，皆喪服也。端，玄端，冕者，衰冕之類，皆祭服。甲以被體，胄以加首，皆兵服也。」○衰，七雷反。絰，田節反。胄，直又反。鵜，音啼。濡，而朱反。

子言之：「君子之所謂義者，貴賤皆有事於天下。天子親耕，粢盛秬鬯以事上帝，故諸侯勤以輔事於天子。」注：「言無事而居位食禄，是不義而富且貴。」釋文：「杜預云：『黍稷曰粢，在器曰盛。』秬，黑黍。鬯，香酒也。」正義：「按小宰注云：『天地大神，至尊，不裸。』此祭上帝有秬鬯者，凡鬯有二：和之以鬱，謂之鬱鬯，鬱人所掌是也，祭宗廟而灌也。若不和鬱，謂之秬鬯，鬯人所掌是也。謂五齊之酒，以秬黍爲之，以芬芳調暢，故得以事上帝。」○粢，音咨。秬，音巨。鬯，敕亮反。

子曰：「下之事上也，雖有庇民之大德，不敢有君民之心，仁之厚也。注：「庇，覆也。無君民之心，是思不出其位。」是故君子恭儉以求役仁，信讓以求役禮，不自尚其事，不自尊其身，儉於位而寡於欲，讓於賢，卑己而尊人，小心而畏義，求以事君，注：「役之言爲也。求以事君者，欲成其忠臣之名也。」得之自是，不得自是，以聽天命。注：「言不易道，徼禄利也。」詩云：『莫莫葛藟，施于條枚。凱弟君子，求福不回。』注：「凱，樂也。弟，易也。言樂易之君子，其求福，修德以俟之，不爲回邪之行以要之，如葛藟之延蔓於條枚，是其性也。」釋文：「毛詩傳云：『枝曰條，幹曰枚。』」其舜、禹、文王、周公之謂與！有君民之德有事君之小心。注：「言此德當不回也。」詩云：『惟此文王，小心翼翼，昭事上帝，聿懷多福。厥德不回，以受方國。』」注：「昭，明也。上帝，天也。聿，述也。懷，至也。言述行上帝之德，以至於多福也。方，四方也。受四方之國，謂王天下。」正義：「言君子既有庇民大德，又自謙退，不敢有君民之心。得之，謂得利祿也。言不問得之與失，恒行其是，而不行非也。『莫莫葛藟』，詩大雅旱麓之篇。『惟此文王』，此大雅大明之篇，美文王之詩。引之者，證上『求福不回』也。」○庇，必利反。藟，音誄，力水反。施，以豉反。枚，忘回反。

子曰：「先王謚以尊名，節以壹惠，恥名之浮於行也。注：「謚者，行之迹也。名者，謂聲譽也。言先王謚行以爲謚。以尊名者，使聲譽可得而尊信也。壹讀爲一。惠，猶善也。言聲譽雖有衆多者，即以其行一大善者爲謚耳。在上曰浮。君子勸行成功，聲譽踰行是所恥。」五經通義：「有德則謚善，無德則謚惡，故雖君臣可同。」又曰：「謚者，累生時之行而謚之。生有善行，死有善謚，所以勸善戒惡也。謚之言列其所行，身雖死，名常存，故謂謚也。」是故君子不自大其事，不自尚其功，以求處情；過行弗率，以求處厚；彰人之善，而美人之功，以求下賢。注：「率，循也。過行，不復循行，猶不貳過。」是故君子雖自卑而民敬尊之。」注：「言謙者所以成行立德。」子曰：「后稷，天下之爲烈也，豈一手一足哉！注：「烈，業也。言后稷造稼穡，天下世以爲業。豈一手一足，喻用之者多無數也。」唯欲行之浮於名也，故自謂便人。」注：「亦言其謙也。辟仁聖之名，云『吾便習於此事之人』耳。」正義：「謚，謂謚號。名，謂聲譽。君子既不欲行過於名，故不自誇大其所爲之事，不自加尚其所爲之功，以求處情實，不欲虛爲矯飾也。后稷，周之始祖，有播殖之功。烈，業也。言后稷唯欲得實行過於虛名，故自謂『便於稼穡之人』，不謂己之仁聖也。」方性夫曰：「生則有名，死則有謚，公叔文子之子請謚，曰『請所以易其名者』是矣。謚以誄行而爲之，行不一也，特以所隆者之一端而爲之節爾，故曰『節以壹惠』。楊子曰『自下者人高之』，故曰『君子雖自卑而民敬尊之』。」○諡，音示。行，下孟反。

子言之：「君子之所謂仁者，其難乎！詩云：『凱弟君子，民之父母。』凱以强教之，弟以説安之。釋詁：「弟，易也。」邵氏晉涵曰：「表記引詩，而釋之曰『弟以説安之』，毛傳作『易以説安之』。」樂而毋荒，有禮而親，威莊而安，孝慈而敬，使民有父之尊，有母之親。如此而后可以爲民父母矣，非至德，其孰能如此乎？注：「有父之尊，有母之親，謂其尊親己如父母。」正義：「詩，大雅泂酌之篇，戒成王之詩。凱，樂也。弟，易也。言使民樂易之君子，則得爲民之父母。孔子既引詩，又釋『凱弟』之義。言君子以仁政化下，使人自强不息，是凱以强教之。弟，謂遜弟。以遜弟之道下化於民，民皆悦豫，是弟以説安之。樂失於荒，禮失於疏，明君教下爲樂而毋荒，有禮而相親。矜莊者失在危懼，孝慈者失在慢易，明君臨下，威嚴矜莊而民安，孝順慈愛而民敬，故民尊之如父，親之如母也。」○强，徐其兩反。説，音悦。

今父之親子也，親賢而下無能；母之親子也，賢則親之，無能則憐之。母親而不尊，父尊而不親。水之於民也，親而不尊，火尊而不親。土之於民也，親而不尊，天尊而不親。命之於民也，親而不尊，鬼尊而不親。」注：「或見尊，或見親，以其嚴與恩，所尚異也。命，謂四時政令，所以教民勤事也。鬼，謂四時祭祀，所以訓民事君也。」正義：「父立於義，分别善惡；母以恩愛，不能分别善惡也。」吕與叔曰：「水者民狎而玩之，火者民望而畏之，此水火尊親之異也。地載我者也，然近人，可得而履，天覆我者也，然遠人，不可階而升，此天地尊親之異也。君之命見於事，近人而可行，鬼之道存諸理，遠人而不可私，此人鬼尊親之異也。」

子曰：「夏道尊命，事鬼敬神而遠之，近人而忠焉。先禄而後威，先賞而後罰，親而不尊。注：「遠鬼神，近人。謂外宗廟，内朝廷。」其民之敝，惷而愚，喬而野，朴而不文。注：「以本不困於刑罰，少詐諼也。敝，謂政教衰失之時也。」正義：「言夏爲政之道，尊重四時政教之命，使人勸事樂功也。敝，謂後世政教衰敗，民皆惷愚。所以然者，民承寬裕，無澆詭也。喬野者，亦因寬裕忠恕。至末世，民猶質朴，不兢文華也。」殷人尊神，率民以事神，先鬼而後禮，先罰而後賞，尊而不親。注：「先鬼後禮，謂内宗廟，外朝廷也。禮者，君臣朝會，凡以摯交接相施予。」其民之敝，蕩而不静，勝而無恥。注：「以本伏於鬼神虚無之事，令其心放蕩無所定，困於刑罰，苟勝免而無恥也。」正義：「殷本尚虚無，至末世敝失，民放蕩不能安静也。」周人尊禮尚施，事鬼敬神而遠之，近人而忠焉，其賞罰用爵列，親而不尊。注：「賞罰用爵列，以尊卑爲差。」其民之敝，利而巧，文而不慙，賊而蔽。」注：「以本數交接以言辭，尊卑多獄訟。」正義：「按元命包云：『夏人立教以忠，其失野，故救野莫若敬。殷人立教以敬，其失鬼，救鬼莫若文。周人立教以文，其失蕩，故救蕩莫若忠。周則復始，窮則相承，此三王之道，故三代不同也。』」吕與叔曰：「夏、周尚親而不尊，故遠神而近人。殷人尚尊而不親，故先鬼而後禮。夏尚忠，忠者奉上，故尊命。殷尚質，質者不欺，故尊神。周尚文，文者多儀，故尊禮。賞罰用爵列者，如刑不上大夫，禮不下庶人，賜君子小人不同日，命夫命婦不躬坐獄訟之類。雖主於文，亦人情之近厚者，所以親而不尊也。忠之政，使民近人而已，不求其所不能；知勸於爲善而已，不責其所不能爲。及其末也，人不知進於學，故守其顓蒙；不困於刑罰，故不爲詐賤。忠之敝，至於愚而野，故殷人尊神以救之，民知敬鬼神，則誠也。及其末也，求神於虛無不可知之域，則茫然不知其所安。畏威於無所措手足之地，則不知禮義之所貴。故周人尊禮以救之。禮，人文也。人文之著，則上下有等，親疏有辨。及其末也，溺於文而不求其實，拘於末而不反其本，故其俗文而不慙，文勝質而不知義也。其民則賊而蔽，不反其本，故賊於其末，不求其實，故敝於虛文也。三代之本末可知矣。」○惷，徐昌容反。喬，音驕。朴，普角反。勝，始證反。施，始豉反。

子曰：「夏道未瀆辭，不求備，不大望於民，民未厭其親。殷人未瀆禮，而求備於民。周人强民，未瀆神，而賞爵刑罰窮矣。」注：「未瀆辭者，謂時王不尚辭，民不褻爲也。不求備，不大望，言其政寬，貢稅輕也。强民，言承殷難變之敝也。賞爵刑罰窮矣，言其繁文備設。」正義：「上明三代尊親有異，此更明三代治民有異之事。夏時君既不尚辭，民亦不爲求備，謂每事徵求，皆令備足，民無困苦，故未厭其上下相親之心也。未瀆禮，言君臣上下於禮簡略也。周承殷後，遭紂衰亂，風俗頑凶，設教强勸人以禮義。周人貴禮，往來交接，窮極煩多。夏言『未瀆辭』，則殷瀆辭也。殷未瀆禮，則周瀆禮矣。周未瀆神，則周衰之後瀆神也。」呂與叔曰：「不求備者，不責人之善，故政令簡，不大望者，不竭人之忠，故貢賦輕，民所以易從，而未厭其親。責人之信己，必從而後已，殷人之所以求備於民也。周人强民，驅之於善，從之有爵賞，不從有刑罰。故爵賞刑罰窮矣。」○强，其兩反。

子曰：「虞、夏之道寡怨於民，殷、周之道不勝其敝。」注：「勝，猶任也。言殷、周極文，民無恥而巧利，後世之政難復。」子曰：「虞、夏之質，殷、周之文，至矣。」注：「言後有王者，其作質文，不能易之。」虞、夏之文不勝其質，殷、周之質不勝其文。」注：「言王者相變，質文各有所多。」正義：「虞、夏政寬，故寡怨於民。殷、周文煩，失在苛碎，故民不堪敝敗也。不言『無怨』，而言『寡怨』者，天地之大，猶有所憾。至，極也。言虞、夏爲質，殷、周爲文，並已至極，後王不能過。虞、夏之時，文少質多，故文不勝質；殷、周質少文多，故不勝其文。」方性夫曰：「加乎虞、夏之質，則爲上古之洪荒；加乎殷、周之文，則爲後世之虛華。此其所以爲至與？」

子言之，曰：「後世雖有作者，虞帝弗可及也已矣。君天下，生無私，死不厚其子，子民如父母，王氏引之曰：「謂慈民如父母也。」有憯怛之愛，有忠利之教，親而尊，安而敬，威而愛，富而有禮，惠而能散。其君子尊仁畏義，恥費輕實，忠而不犯，義而順，文而靜，寬而有辨。注：「死不厚其子，言既不傳位，又無以豐饒於諸臣也。恥費，不爲辭費出空言也。實，謂財貨也。辨，別也，猶寬而栗也。靜，或爲情。」王氏引之曰：「情，正字也。靜，借字也。文而情者，外有文章而內誠實也。情與文相對爲義。」甫刑曰：『德威惟威，今尚書作「德威惟畏」。德明惟明。』非虞帝其孰能如此乎？」注：「德所威，則人皆畏之，言服罪也。德所明，則人皆尊寵之，言得人也。」釋文：「威，畏也。」正義：「子，謂商均也。子民如父母者，謂如父母愛子也。有憯怛之愛者，舜天性仁，故憐愛於人。有忠利之教者，言有忠恕利益之教也。親而尊者，有母之親，有父之尊。安而敬者，體安而能敬，即前『威莊而安』也。威而愛者，有威而又有愛也。富有四海而不驕，是有禮也。施惠得所，爲能散也。君子，謂虞臣也。君聖臣賢，是由舜而然也。民有仁者則尊之，有義者則畏之。貴人而賤祿，是輕財也。盡心於君，是其忠也。無違政教，是不犯也。引甫刑者，所以結舜德也。」呂與叔曰：「一以義斷，或入於不順則不愛。敬主於別，別則文，文煩則不靜。愛主於恩，恩則寬，寬而踰節則無辨。行此道而天下敬之，則德威也。行此道而天下愛之，則德明也。」吴幼清曰：「恥費，不侈用也。」○憯，七感反。怛，旦達反。費，芳貴反。

子言之：「事君先資其言，拜自獻其身，以成其信。注：「資，謀也。獻，猶進也。言臣事君必先謀定其言，乃後親進爲君言也。」是故君有責於其臣，臣有死於其言。故其受禄不誣，其受罪益寡。」注：「死其言者，竭力於其所言之事，死而不負於事。不信曰誣。」正義：「以其言善乃受禄，是受禄不誣。死其言以竭臣力，是受罪益寡也。」○誣，音無。

子曰：「事君，大言入則望大利，小言入則望小利。注：「大言，可以立大事也。小言，可以立小事也。入，謂君受之。利，禄賞也。入，或爲人。」故君子不以小言受大禄，不以大言受小禄。注：「言臣受禄各用其德能也。」正義：「若小言受大禄，則臣濫。若大言受小禄，則君重財而薄德也。」易曰：『不家食吉。』」注：「此大畜彖辭也。彖曰：『不家食吉，養賢也。』言君有大畜積，不與家食之而已，必以禄賢者。賢有大小，禄有多少。」吕與叔曰：「利及天下，澤及萬世，大利也。進一介之善，治一官之事，小利也。」張子曰：「利非歸己之利，大言入則吾道可大行，是大利也。」

子曰：「事君不下達，不尚辭，非其人弗自。注：「不下達，不以私事自通於君也。不尚辭，不多出浮華之言也。」陳可大曰：「自，所由以進者也。」彬謂釋詁：「由、從，自也。」郭注：『自，猶從也。』若商鞅由嬖臣景監以見秦孝公，司馬相如由狗監楊得意所薦，皆「非其人」之謂。小雅曰：『靖共爾位，正直是與。神之聽之，式穀以女。』」注：「靖，治也。爾，女也。式，用也。穀，祿也。言敬治女位之職事，正直之人乃與爲倫友，神聽女之所爲，用祿與女。」正義：「詩，小雅小明之篇。」○女，音汝。

子曰：「事君遠而諫則讇也，近而不諫則尸利也。」注：「尸，謂不知人事，無辭讓也。」正義：「若與君疏遠，强欲諫諍，則是讇佞之人，望欲自達也。」呂與叔曰：「遠臣既無言責，非其職而諫，凌節犯分，以求自達，故曰讇。近者，有言責之臣，不諫則曠厥官，懷祿固寵，主於爲利，故曰『尸利也』。尸，主也。」○讇，本作「諂」，勑檢反。

子曰：「邇臣守和，宰正百官，大臣慮四方。」注：「邇，近也。和，謂調和君事者也。宰，冢宰也。冢宰主治百官。」正義：「言親近之臣，獻可替否，毗輔贊助於君。大臣，謂二伯州牧之等，謀慮四方。此大臣亦兼冢宰，但冢宰居於中，故言『正百官』耳。」

子曰：「事君欲諫不欲陳。詩云：『心乎愛矣，瑕不謂矣？今詩「瑕」作「遐」。中心藏之，何日忘之？』」注：「陳，謂言其過於外也。瑕之言胡也〔一〕。謂，猶告也。」釋文：「藏，鄭解詩作臧，云：『善也。』」正義：「此小雅隰桑之篇，刺幽王之詩。君子在野，詩人念之，言中心善此君子，何日忘此君子矣？胡，何也，言何不以事告諫於君矣？」

子曰：「事君者難進而易退，則位有序；易進而難退，則亂也。」注：「亂，謂賢否不別。」故君子三揖而進，一辭而退，以遠亂也。」注：「進難者，爲主人之擇己也。退速者，爲君子之倦也。」呂與叔曰：「所謂『位有序』，小德役大德，小賢役大賢之謂。亂者，賢不肖倒置也。相見之禮，主人迎賓，三揖。至於階三讓。其退也，一

〔一〕「胡」，原誤「明」，據禮記注疏改。

辭而出，主人拜送，賓去不顧。蓋見之於主人盡敬之後，辭之於主人未懈之先。若敬未至而强進，意已懈而不辭，則賓主之分亂矣。」○易，以豉反。

子曰：「事君，三違而不出竟，則利祿也，人雖曰『不要』，吾弗信也。」注：「違，猶去也。利祿，言爲貪祿留也。臣以道去君，至於三而不遂去，是貪祿，必以其强與君要也。」

子曰：「事君慎始而敬終。」注：「輕交易絶，君子所恥。」周希聖曰：「進以禮，所以慎始。退以義，所以敬終。」

子曰：「事君可貴可賤，可富可貧，可生可殺，而不可使爲亂。」注：「亂，謂違廢事君之禮。」吕與叔曰：「貴賤、貧富、生殺，君所操以御臣之具也。故臣之事君，無所逃乎天地之閒，東西南北，唯命之從。及違於理義，則臣得以争於君。故君以我爲賢，則可處之以富貴；以我爲不肖，則可處之以貧賤；以我爲無罪，則可生；以我爲有罪，則可殺。其不可奪者，理義而已。故凡違乎理義者，皆亂也。」

子曰：「事君，軍旅不辟難，朝廷不辭賤。注：「言尚忠且謙也。」處其位而不履其事，則亂也。注：「履，猶行也。」故君使其臣，得志則慎慮而從之，否則孰慮而從之，終事而退，臣之厚也。注：「使，謂使之聘問師役之屬也。慎慮而從之者，此己志也，欲其必有成也。否，謂非己志也。孰慮而從之，又計於己利害也。終事而退，非己志者，事成則去也。事，或爲身。」易曰：『不事王侯，高尚其事。』」注：「言臣致仕而去，不復事君也。君猶高尚其所爲之事，言尊大其成功也。」正義：「在軍旅之中，不辟危亡之難；在朝廷，不辭卑賤之所。得志，謂君使臣當己才。否，謂君所使事非己才，則彌孰思慮而從行之，幸得終竟，即辭而退也。易，蠱上九爻辭，證終事而退，臣之厚重也。」朱氏軾曰：「不得志有二：一違其願，一違其才。違其願者，如北山詩人勞於王事，不得養父母之類是也。違其才者，或才大而局於小，或任重而屈於力，如士元不堪百里，公綽不可爲滕、薛大夫是也。孰慮而從者，静氣平心，周咨博考，務於國事有濟。經言『從』，不言『不從』。然曰『孰慮而從』，則亦有不從者矣。」○辟，音避。難，乃旦反。

子曰：「唯天子受命于天，士受命于君。注：「言皆有所受，不敢專也。唯，當爲雖，字之誤也。」故君命順則臣有順命，君命逆則臣有逆命。呂與叔曰：「天道無私，莫非理義。君之命出乎理義，則爲臣者將不令而從。君之命不出於理義，則爲臣者雖令不從矣。」詩曰：『鵲之姜姜，鶉之賁賁，』今詩作「鵲之彊彊，鶉之奔奔。」人之無良，我以爲君。』」注：「姜姜、賁賁，争鬭惡貌。良，善也。」正義：「詩，鄘風鶉之奔奔篇，刺宣姜之詩，云宣姜不如鶉鵲也。君，小君。」○鵲，七略反。姜，居良反。鶉，士倫反。賁，音奔。

子曰：「君子不以辭盡人，正義：「言君子與人交，必須驗行，不得以其言辭之善，謂行之盡善，或發言善而行惡也。」故天下有道，則行有枝葉；天下無道，則辭有枝葉。注：「行有枝葉，所以益德也。言有枝葉，是衆虚華也。枝葉依幹而生，言行亦由禮出。」是故君子於有喪者之側，不能賻焉，則不問其所費；於有病者之側，不能饋焉，則不問其所欲；有客不能館，則不問其所舍。注：「皆辟有言而無其實。」故君子之接如水，小人之接如醴。君子淡以成，小人甘以壞。注：「水相得，合而已，酒醴相得則敗。淡，無酸酢，少味也。接，或爲交。」小雅曰：『盜言孔甘，亂是用餤。』」注：「盜，賊也。孔，甚也。餤，進也。」正義：「此巧言之篇，刺幽王之詩。言盜賊小人，其言甚美。幽王信之，禍亂用是進。引之者，證小人甘以壞。」○賻，音附。淡，大敢反。餤，音談。

子曰：「君子不以口譽人，則民作忠。注：「譽，繩也。」故君子問人之寒則衣之，問人之飢則食之，稱人之美則爵之。注：「皆爲有言不可以無實。」國風曰：『心之憂矣！於我歸說。』」注：「欲歸其所說忠信之人也。」正義：「此曹風蜉蝣之篇刺曹君之詩。說，舍也。國既滅亡，於我之身何所歸舍？此引詩斷章，證疾其虛言也。」呂與叔曰：「君子力可以周人之窮，則不徒問其飢寒，必有以衣食之。勢可以進賢，則不徒譽而已，必有以爵禄之。故曰『不以口譽人』。」○譽，音餘。衣，於既反。食，音嗣。說，音帨。

子曰：「口惠而實不至，怨菑及其身。注：「善言而無信，人所惡也。」是故君子與其有諾責也，寧有已怨。注：「已，謂不許也。言諾而不與，其怨大於不許。」國風曰：『言笑晏晏，信誓旦旦。不思其反，反是不思，亦已焉哉！』」注：「此皆相與爲昏禮而不終也。言始合會，言笑和說，要誓甚信。今不思其本恩之反覆，反覆之不思，亦已焉哉！無如此人何！怨之深也。」正義：「國風，衛風氓之篇，證許而不與，被人所怨也。」○晏，於諫反。

子曰：「君子不以色親人。情疏而貌親，在小人則穿窬之盗也與？」子曰：「情欲信，辭欲巧。」注：「巧，謂順而說也。」正義：「謂君子不以虛僞善色，詐親於人。言情疏貌親，心不慤實，恒畏於人，則穿窬之盗也。君子情貌欲得信實，言辭欲得和順，不違逆於理，與巧言令色者異也。」方性夫曰：「穿窬者，穿垣墉而爲之盗也。」○穿，音川。窬，羊朱反，徐音豆。

子言之：「昔三代明王，皆事天地之神明，無非卜筮之用，不敢以其私褻事上帝。注：「言動任卜筮也。神明，謂羣神也。」是故不犯日月，不違卜筮。注：「日月，謂冬夏至，正月及四時也。所不違者，日與牲尸也。」卜筮不相襲也。注：「襲，因也。大事則卜，小事則筮。」大事有時日，注：「大事，有事于大神，有常時，有常日也。」小事無時日，有筮。注：「有事於小神，無常時常日。有筮，臨有事筮之。」金氏榜曰：「此指祭祀卜筮時日而言，如郊用辛，社用甲，禘于大廟，日用丁亥之等。皆大事有時日，不用此內外剛柔之限故也。」外事用剛日，內事用柔日。注：「順陰陽也。陽爲外，陰爲內，事之外內，別乎四郊。」不違龜筮。」子曰：「牲牷、禮樂、齊盛，是以無害乎鬼神，無怨乎百姓。」注：「牷，猶純也。」正義：「太宰云：『祀五帝，帥執事而卜日。』又云：『祀大神，祭大示，亦如之。』大神則冬至祭圜丘，大示則夏至祭方澤。案公羊、穀梁『魯郊』傳云『卜三正』，則知天子郊用夏正亦卜之。案僖三十一年左傳云：『禮不卜常祀，而卜其牲日。』特牲、少牢云大夫士『筮尸』，則天子諸侯有卜尸也。」方性夫曰：「鬼神依人而行，鬼神有害，則百姓有怨可知。鬼神有禍福，故曰害。百姓有休戚，故曰怨。」

○牷，音全。

子曰：「后稷之祀易富也。其辭恭，其欲儉，其祿及子孫。詩曰：『后稷兆祀，今詩「兆」作「肇」。庶無罪悔，以迄于今。』」注：「富之言備也。兆，四郊之祭處也。迄，至也。言祀后稷於郊以配天，庶幾其無罪悔乎！福祿傳世，乃至於今。」方性夫曰：「其辭恭，則物雖薄而誠，足以饗神。其欲儉，則物雖少而用，足以行禮。盛德必百世，祿及子孫，不亦宜乎！曾子固曰：『自后稷肇祀，前後相承，兢兢業業，唯恐一有罪悔，獲戾于天，閱數百年而此心不易。言周人世世如此也。』朱氏軾曰：「富，福也。人之求福甚奢，神亦難厭其欲。若后稷之祀，神之福之易易也。辭，謂祝嘏之辭，如周禮大祝『掌六祝之辭』，『祈福祥，求永貞』之類。后稷之辭，但致其恭敬而已，不願望大福。然雖不求福，而其福自及子孫，故引詩以證之。」王氏引之曰：「古字福與富通。禄，亦福也。爾雅曰：『禄，福也。』又案其辭恭，其欲儉，謂其語不敢自矜夸，其意不敢有奢望，則恭儉之謂矣。此據詩發論，非引詩以爲證也。不然，后稷之祀之恭儉，何從而知之乎？」○迄，許訖反。

子曰：「大人之器威敬。注：「言其用之尊嚴。」天子無筮，注：「謂征伐出師若巡守也。天子至尊，大事皆用卜也。春秋傳曰：『先王卜征五年，歲襲其祥。』」諸侯有守筮。注：「守筮，守國之筮，國有事則用之。」天子道以筮。注：「始將出，卜之。道有小事，則用筮。」諸侯非其國不以筮，卜宅寢室。注：「入他國則不筮，不敢問吉凶於人之國也。諸侯受封乎天子，因國而國，唯宮室欲改易者得卜之耳。」天子不卜處大廟。」注：「卜可建國之處吉，則宮廟吉可知。」正義：「大人，謂天子。所主之器，當威嚴敬重，不可私褻於小事雜用也。饗時則用，燕則不用。諸侯卑於天子，謂在國居守，有事用筮。天子在國用卜，出行則用筮。」○大，音泰。

子曰：「君子敬則用祭器。注：「謂朝聘待賓客崇敬，不敢用燕器也。」是以不廢日月，不違龜筮，以敬事其君長。注：「用龜筮問所貢獻也。」正義：「君，謂天子。言『長』者，兼諸侯相朝，小國之于大國也。」吕與叔曰：「不廢日月者，如歲之朝、覲、宗、遇，日之有朝夕也。」是以上不瀆於民，下不褻於上。」注：「言上之於下以直，則下應之以正，不褻慢也。」○長，丁丈反。

禮記訓纂卷三十三

緇衣第三十三

鄭目録云：「名曰緇衣者，善其好賢者厚也。此於別録屬通論。」釋文：「鄭云：『善其好賢者之厚，故述其所稱之詩以爲其名也。』緇衣，鄭詩，美武公也。劉瓛云：『公孫尼子所作也。』」

子言之曰：「爲上易事也，爲下易知也，則刑不煩矣。」注：「言君不苛虐，臣無姦心，則刑可以措。」正義：「爲上，謂君。君上以正理御物，則臣事之易也。爲下，謂臣。臣下無姦詐，則君知其情易也。君易事，臣易知，故刑辟息止，不煩動矣。」〇易，以豉反。

子曰：「好賢如緇衣，惡惡如巷伯，則爵不瀆而民作愿，刑不試而民咸服。」注：「緇衣、巷伯皆詩篇名也。緇衣首章曰：『緇衣之宜兮，敝予又改爲兮。適子之館兮，還予授子之粲兮。』言此衣緇衣者，賢者也。宜長，爲國君，其衣敝，我願改制，授之以新衣。是其好賢，欲其貴之甚也。巷伯六章曰：『取彼譖人，投畀豺虎；豺虎不食，投畀有北，有北不受，投畀有昊。』此其惡惡，欲其死亡之甚也。爵不瀆者，不輕爵人也。試，用也。咸，皆也。」大雅曰：「儀刑文王，萬國作孚。」」今詩「國」作「邦」。注：「刑，法也。孚，信也。儀法文王之德而行之，則天下無不爲信者也。」正義：「緇衣，諸侯視朝之服，緇衣素裳。鄭武公、桓公父子並爲周司徒，善於其職，鄭人善之。文王爲政，克明德慎罰。」正義：「緇衣，諸侯視朝之服，緇衣素裳。鄭武公、桓公父子並爲周司徒，善於其職，鄭人善之。詩人以緇衣爲鄭風之首，故云『好賢如緇衣』也。巷伯，亦詩篇名。巷伯是奄人，爲王后宫巷官之長。幽王信讒，寺人傷譏而懼，作詩以疾譏，故云『惡惡如巷伯』也。瀆，濫也。愿，慤也。君若好賢如緇衣，則爵不瀆，而民皆謹慤也。試，用也。言君惡惡如巷伯，則刑措而不用，民皆服從。『儀刑文王』，此大雅文王之篇，諫成王之辭。儀，象也。」吕與叔曰：「子曰：『示之以好惡，而民知禁。』蓋誠心不至，則好惡不明，民莫知其所從違。如此而欲人心之孚，天下嚮風光，難矣。文王之德，好惡得其正，而一出乎誠心，故爲天下之所儀刑，德之所以孚於下也。」○好，呼報反。緇，側其反。惡，上烏路反，下如字。巷，户降反。愿，音願。

子曰：「夫民教之以德，齊之以禮，則民有格心。教之以政，齊之以刑，則民有遯心。故君民者子以愛之，王氏引之曰：「子以愛之，謂慈以愛之，與下『信以結之』、『恭以涖之』相對爲文。」則民親之；信以結之，則民不倍；恭以涖之，則民有孫心。注：「格，來也。遯，逃也。涖，臨也。孫，順也。」説文：「愻，順也。」彬謂愻、孫同。甫刑曰：『苗民匪用命，制以刑，惟作五虐之刑，曰法。』是以民有惡德而遂絶其世也。」注：「甫刑，尚書篇名。匪，非也。命，謂政令也。高辛氏之末，諸侯有三苗者作亂，其治民不用政令，專制御之以嚴刑，乃作五虐蚩尤之刑，以是爲法。於是民皆爲惡，起倍畔也。三苗由此見滅，無後世，由不任德。」正義：「此明教民以德，不以刑也。論語云：『有恥且格。』甫刑，尚書吕刑也。孝經序云：『春秋有吕國，而無甫侯。』吕，即甫也。」吕與叔曰：「格者，正也。政者，所以禁民爲非。刑者，所以懲民之爲非，能使之知不善而不爲，亦强制之而已。故民非心悦誠服，欲逃其上而不可得，此所以有遯心，孔子所謂『免而無恥』者也。德禮所以正其本，政刑所以齊其末。苟無其本，則法不足以勝姦。我待之以愛，則彼必親我；待之以信，則彼必不倍我；待之以恭，則彼必能遜。此人情之常然，況君民之間乎？」○遯，徒遜反，亦作「遁」。倍，音佩。涖，音利。孫，音遜。

子曰：「下之事上也，不從其所令，從其所行。注：「言民化行，不拘於言。」上好是物，下必有甚者矣。注：「甚者，甚於君也。」故上之所好惡，不可不慎也，是民之表也。」注：「言民之從君，如景逐表。」子曰：「禹立三年，百姓以仁遂焉，豈必盡仁？注：「百姓效禹爲仁，非本性能仁也。遂，猶達也。」詩云：『赫赫師尹，民具爾瞻。』甫刑曰：『一人有慶，兆民賴之。』大雅曰：『成王之孚，下土之式。』」注：「皆言化君也。孚，信也。式，法也。」正義：「論語稱『如有王者，必世而後仁』者，禹承堯、舜禪代之後，其民易化。論語所稱，謂承離亂之後，故必世乃後仁。赫赫師尹，此小雅節南山之篇，刺幽王之詩。言尹氏爲太師，爲政不平，故詩人刺之。慶，善也。一人，謂天子也。引證上有善行，賴及於下。成王之孚，是大雅下武之篇，美武王之詩。引之者，證君有善，與下爲法式也。」○行，下孟反。赫，許百反。

子曰：「上好仁，則下之爲仁爭先人。故長民者章志貞教，尊仁以子愛百姓，王氏引之曰：「謂慈愛百姓也。」民致行己以説其上矣。詩云：『有梏德行，四國順之。』」注：「章，明也。貞，正也。民致行己者，民之行皆盡己心。梏，大也。直也。」正義：「言爲君者當章明己志，爲貞正之教，尊敬仁道，以子愛百姓，則在下之人致盡己意以説樂其上矣。詩，大雅抑之篇。引證上有其德，下所從也。」○長，丁丈反。説，音悦。梏，音角，詩作「覺」。

子曰：「王言如絲，其出如綸。王言如綸，其出如綍。注：「言言出彌大也。綸，今有秩嗇夫所佩也。綍，引棺索也。」釋文「綍」作「紼」。「綸，綬也。紼，大索。」故大人不倡游言。注：「游，猶浮也。不可用之言也。」正義：「游言，謂浮游虛漫之言，不可依用。出言則民皆師法，故大人不倡道游言，恐人依象之。」呂與叔曰：「易曰：『誣善之人其辭游。』」彬謂大人亦以位言之，蓋承上「王言」而言。可言也，不可行，君子弗言也。可行也，不可言，君子弗行也，則民言不危行，而行不危言矣。詩云：『淑慎爾止，不諐于儀。』」今詩「諐」作「愆」。注：「淑，善也。諐，過也。言善慎女之容止，不可過於禮之威儀也。」正義：「口可言說，力不能行，則君子不言也。若有客不能館，不問其所舍之類。熊氏云：『可行，謂君子賢人可行此事，但不可言說，爲凡人作法。若曾子有母之喪，水漿不入於口七日，子思非之。是君子不行也。』詩，大雅抑之篇。」王氏引之曰：「危，讀爲詭。詭者，違也，反也。言君子言行相顧，則民言不違行，行不違言矣。古字詭與危通。」○綸，音倫。綍，音弗。倡，昌尚反。諐，起虔反。

子曰：「君子道人以言，而禁人以行，注：「禁，猶謹也。」故言必慮其所終，而行必稽其所敝，則民謹於言而慎於行。注：「稽，猶考也，議也。」詩云：『慎爾出話，敬爾威儀。』注：「話，善言也。」大雅曰：『穆穆文王，於緝熙敬止。』」注：「緝熙，皆明也。言於明明乎敬其容止。」釋文：「毛詩傳：緝熙，光明也。」正義：「道人以言者，在上君子，誘道在下以善言，使言有信也。禁人以行者，言禁約謹慎人以行，使行顧言也。慎爾出話，此大雅抑之篇，刺厲王也。謹慎爾所出之善言，以爲政教；恭敬爾之威儀，爲人所法則。引證言慮其所終。穆穆文王，此大雅文王之篇。言文王之德，嗚呼光明乎！又敬其容止。引者，證在上當敬其言行也。」陳用之曰：「言以明理，所以通彼此之情，故道人以言，行出於正。率以正則莫敢爲非，故禁人以行。孔子於空空之鄙夫，則叩兩端而竭，所謂『道人以言』也。爲魯司寇而公譴氏出其妻，慎潰氏踰竟而徙，所謂『禁人以行』也。」呂與叔曰：「進取於善者，考其行而不掩，故言『必慮其終』。伯夷之清，柳下惠之和，其末猶爲隘與不恭，故行必稽其所敝。」○稽，古兮反。於，音烏。緝，七入反。熙，許其反。

子曰：「長民者衣服不貳，從容有常，以齊其民，則民德壹。注：「貳，不壹也。」詩云：『彼都人士，狐裘黄黄。其容不改，出言有章。行歸于周，萬民所望。』」注：「黄衣，則狐裘，大蜡之服也。章，文章也。忠信爲周。此詩毛氏有之，三家則亡。」正義：「從容有常，謂舉動有常度。壹，謂齊壹不參差。此小雅都人士之篇，刺幽王之詩。時君臣衣服無常，故詩人引彼明王之時，都人之士行歸忠信，萬民所以瞻望法則之。」馬彦醇曰：「『狐裘黄黄』，服其服也。『其容不改』，文以君子之容也。『出言有章』，遂以君子之辭也。『行歸于周，萬民所望』，實以君子之德也。」○長，丁丈反。貳，本或作「貮」，同音二。從，七凶反。

子曰：「爲上可望而知也，爲下可述而志也，則君不疑於其臣，而臣不惑於其君矣。注：「志，猶知也。」正義：「可望而知，謂貌不藏情，望見其貌，則知其情。可述而志，爲臣下率誠奉上，其情可述敍而知。」王氏引之曰：「述之言循也，志之言識也。循其言貌而其人可識也。大戴禮文王官人篇：『飾貌者不情。』可述而志則非飾貌者矣。述而志，猶言望而知，以其外箸者言之也。」尹吉曰：『惟尹躬及湯，咸有壹德。』注：「吉，當爲告。告，古文誥，字之誤也。尹告，伊尹之誥也。書序以爲咸有壹德，今亡。咸，皆也。君臣皆有壹德不貳，則無疑惑也。」詩云：『淑人君子，其儀不忒。』」正義：「伊尹誥大甲，故稱尹誥。言尹躬與成湯皆有純壹之德。引者，證上君臣不相疑惑。詩，曹風鳲鳩之篇。引者，證壹德之義。」○吉，依注爲「告」，音誥。忒，他得反。

子曰：「有國者章義癉惡，以示民厚，則民情不貳。詩云：『靖共爾位，好是正直。』」注：「章，明也。癉，病也。」釋文：「皇云：『義，善也。』」正義：「言爲國者有善以賞章明之，有惡以刑癉病之。詩，小雅小明之篇，言大夫悔仕亂世，告語未仕之人，更待明君愛好正直之人，然後事之也。」呂與叔曰：「此言居位者惟正直是好，則所好出於理義，民德所以壹也。」○癉，丁但反。共，音恭。

子曰：「上人疑則百姓惑，下難知則君長勞。故君民者章好以示民俗，慎惡以御民之淫，則民不惑矣。注：「難知，有姦心也。淫，貪侈也。孝經曰：『示之以好惡，而民知禁。』」正義：「在上多疑貳，則百姓疑惑。」臣儀行，不重辭，不援其所不及，不煩其所不知，則君不勞矣。注：「儀，當爲義，聲之誤也。言臣義事則行也。重，猶尚也。援，猶引也。引君所不及，謂必使其君所行如堯、舜也。不煩以其所不知，謂必使其知慮如聖人也。凡告喻人，當隨其才以誘之。」正義：「下懷欺詐，則君長治之勞苦。」詩云：『上帝板板，下民卒𤺺。』今詩「𤺺」作「癉」。注：「上帝，喻君也。板板，辟也。卒，盡也。𤺺，病也。此君使民惑之詩。」正義：「此大雅板之篇，刺厲王之詩。言君上邪辟，下民皆困病。引之者，證君使民惑之事。」小雅曰：『匪其止共，惟王之卭。』」注：「匪，非也。卭，勞也。言臣不止於恭敬其職，惟使王之勞。此臣使君勞之詩也。」正義：「此小雅巧言之篇，刺幽王之詩。言小人在朝，不止息於恭敬，唯爲姦惡，使王之卭勞。引之者，證臣使君勞也。」呂與叔曰：「臣之事上，非禮不行，故曰『儀行』。不重辭者，理直而不必多言以解之也。以君之力所不能及，而援其君，則君難從；以君之智所不能知，而煩其君，則君難聽。勞其君而無益，非所以事君也。」朱氏軾曰：「上人之疑有二：猶豫之主，用舍不斷；綜核之君，威福莫測。此民所以從違莫定也。惟章善癉惡，法紀昭明，則民曉然于善之當爲，惡之必不可爲矣。下之難知，新進喜事，浮誇無實，聽其言，天下事無不可爲。而發而難收，慮而無成。如鼂錯之更令，安石之變法，人主一惑其言，而國家多事矣。責難陳善者，人臣之義，然有當務，有不當務。今援其所不及，煩其所不知，紛紜滋擾，叢脞貽譏，雖有哲后，日不暇給矣。大人引君當道，正己物正，使吾君垂裳端拱，措天下於磐石之安，何勞之有？」○援，音袁。板，布綰反。瘽，丁但反。共，音恭。卬，其恭反。

子曰：「政之不行也，教之不成也，爵祿不足勸也，刑罰不足恥也。故上不可以褻刑而輕爵。注：「言政教所以明賞罰。」康誥曰：『敬明乃罰。』甫刑曰：『播刑之不迪。』」注：「康，康叔也，作誥，尚書篇名也。播，猶施也。不，衍字耳。迪，道也。言施刑之道。」正義：「皇氏云：『言在上政令所以不行，教化所以不成者，祇由君上爵祿加於小人，不足勸人爲善也；刑罰加於無罪，不足恥其爲惡。』周公作誥，誥康叔云：『女所施刑罰，必敬而明之。』甫刑，穆王戒羣臣云，言『所爲監鏡者，皆是伯夷布刑之道』。引之者，證重刑之義也。」○播，徐補餓反。迪，音狄。

子曰：「大臣不親，百姓不寧，則忠敬不足而富貴已過也。大臣不治，而邇臣比矣。注：「忠敬不足，謂臣不忠於君，君不敬其臣。邇，近也。言近以見遠，言大以見小，互言之。比，私相親也。」正義：「沈氏云：『大臣離貳，不與上親，政教煩苛，百姓不安，是忠敬不足致然，由富貴已過極也。』大臣不治而邇臣比者，大臣不肯爲君理治職事，由邇臣與上相親比故也。」故大臣不可不敬也，是民之表也；邇臣不可不慎也，是民之道也。

注：「民之道，言民循從也。」呂與叔曰：「大臣尊嚴，國之政令存焉，民所望以爲表，不敬則國命輕矣。邇臣，君之好惡繫焉，民之所從以爲道，不慎則風俗壞矣。」君毋以小謀大，毋以遠言近，毋以内圖外，注：「圖，亦謀也。言凡謀之，當各於其黨，於其黨，知其過審也。大臣柄權於外，小臣執命於内，或時交争，轉相陷害。」正義：「言君無得與小臣而謀大臣，無得以遠臣言近臣，無得以内臣圖謀外臣。所以然者，小大之臣意殊，遠近之臣不同，恐各爲朋黨，彼此交争，轉相陷害也。」則大臣不怨，邇臣不疾，而遠臣不蔽矣。注：「疾，猶非也。」葉公之顧命曰：『毋以小謀敗大作，毋以嬖御人疾莊后，毋以嬖御士疾莊士大夫、卿、士。』」注：「葉公，楚縣公葉公子高也。臨死遺書曰顧命。小謀，小臣之謀也。大作，大臣之所爲也。嬖御人，愛妾也。疾，亦非也。莊后，適夫人齊莊得禮者。嬖御士，愛臣也。莊士，亦謂士之齊莊得禮者，今爲大夫、卿、士。」楊用修曰：「此文載逸周書祭公解。蓋祭公疾革，告穆王之言，『祭』字誤作『葉』耳。」王氏念孫曰：「『祭』與『蔡』古字通。呂氏春秋音初篇『周昭王及蔡公抎於漢中』，僖四年左傳疏作『祭公』，墨子初染篇『幽王染於蔡公穀』〔一〕，呂氏春秋當染篇作『祭公敦』。春秋鄭『祭仲』，易林既濟之鼎作『蔡仲』。皆其證也。緇衣之『祭公』作『葉公』者，亦是『蔡』即爲『祭』，因誤而爲『葉』耳。」〇治，音值。比，毗志反。蔽，必世反。葉，舒涉反。

子曰：「大人不親其所賢，而信其所賤，民是以親失，而教是以煩。注：「親失，失其所當親也，教煩，由信賤也，賤者無壹德也。」正義：「言在上者不親任其賢有德之人，而信其賤無德者，民效于上，失其所當親，惟親

〔一〕「所」，原誤「初」，據墨子及經義述聞改。

愛畏小，政教所以煩亂也。」詩云：『彼求我則，如不我得。執我仇仇，亦不我力。』注：「言君始求我，如恐不得我；既得我，持我仇仇然不堅固，亦不力用我。是不親信我也。」釋文：「仇，爾雅云：『傲也。』」正義：「詩，小雅正月之篇，刺幽王之詩。」王氏念孫曰：「廣雅：『扏扏，緩也。』『扏扏』，通作『仇仇』。緇衣鄭注『持我仇仇然不堅固』，即緩持之意，與廣雅同，與爾雅、毛傳、鄭箋皆異，蓋本於三家也。今按『彼求我則，如不我得』，言求我之急也。『執我仇仇，亦不我力』，言用我之緩也。三復詩詞，則『緩於用賢』之説爲切，而『傲賢』之意爲疏矣。」君陳曰：『未見聖，若己弗克見；既見聖，亦不克由聖。』」注：「克，能也。由，用也。」正義：「未見聖，尚書君陳篇成王戒君陳之辭也。言凡人未見聖道之時，如己不能見；既見聖道，亦不能用之也。」〇仇，音求。己，音紀。

子曰：「小人溺於水，君子溺於口，大人溺於民，皆在其所褻也。注：「言人不溺於所敬者。溺，謂覆没不能自理出也。」夫水近於人而溺人，德易狎而難親也，易以溺人。注：「言水，人所沐浴自絜清者，至於深淵洪波，所當畏慎也。由近人之故，或泳之游之，褻慢而無戒心，以取溺焉。有德者亦如水矣：初時學其近者小者，以從人事，自以爲可，則侮狎之；至於先王大道，性與天命，則遂扞格不入，迷惑無聞。如溺於大水矣。難親，親之當肅敬，如臨深淵。」口費而煩，易出難悔，易以溺人。注：「費，猶惠也。言口多空言，且煩數也。過言一出，駟馬不能及，不可得悔也。口舌所覆，亦如溺矣。費，或爲哱，或爲悖。」王氏引之曰：「書傳無訓費爲惠者，不得以口費爲口惠。費，當讀爲悖。或本作悖者，正字也；作哱者，別體也；作費者，字之假借也。墨子魯問篇：『豈不悖哉？』又曰：『豈不費哉？』費，即悖也。悖，逆也。煩，擾也，亂也。大學：『言悖而出者，亦悖而入。』口之所出，逆於義理，則是非擾亂，而禍患隨之。所謂『一言僨事』也，故曰『口悖而煩，易出難悔』。」夫民閉於人而有鄙心，可敬不可慢，易以溺人。注：「言民不通於人道而心鄙詐，難卒告諭，人君敬慎以臨之，則可，若陵虐而慢之，分崩怨畔，君無所尊，亦如溺矣。」呂與叔曰：「小人，謂民也。君子，謂士大夫也。大人，謂王公也。凡人所以覆沒於患禍，不能自出者，皆在其易而褻之也。德易狎而難親者，謂水之德也。民至愚至賤，知者貴者之所易也。惟愚也，故閉於心而不可以理喻。惟賤也，故有鄙心，爲王公者慢而不敬，則輕身輕上；無所不至，此民之所以溺人也。」故君子不可以不慎也。注：「慎所可褻，乃不溺矣。」大甲曰：『毋越厥命以自覆也。』『若虞機張，往省括于厥度則釋。』注：「越之言蹷也。厥，其也。覆，敗也。言無自顛蹷女之政教，以自毁敗。虞，主田獵之地者也。機，弩牙也。度，謂所擬射也。虞人之射禽，弩已張。從機間視括，與所射參相得，乃後釋弦發矢。爲政亦當以己心參於羣臣及萬民，可乃後施也。」王氏念孫曰：「越，輕易也。言毋輕發女之政令以自敗也，必度於道而後行之，若射之省矢括於其度而後釋，見發令之不可輕易也。上文『在其所褻』，『易以溺人』，皆戒其輕易也。說文：『娍，輕也。』古通作越。荀子非相篇『筋力越勁』，謂輕勁也。說文『輕勁有材力』，是也。」兑命曰：『惟口起羞，惟甲胄起兵，惟衣裳在笥，惟干戈省厥躬。』注：「兑，當爲說。謂殷高宗之臣傅說也，作書以命高宗，尚書篇名也。羞，猶辱也。衣裳，朝祭之服也。惟口起辱，當慎言語也。惟甲胄起兵，當慎軍旅之事也。惟衣裳在笥，當服以爲禮也。惟干戈省厥躬，當恕己，不尚害人也。」正義：「衣裳在笥，不可妄與于人；干戈當自省己，不可妄加無罪。」大甲曰：『天作孽，可違也。自作孽，不可以逭。』注：「違，猶辟也。逭，逃也。」正義：「水旱災荒，非由人致。徙移辟災，是可違也。己自作禍，物皆怨恨，所在而致禍害，故不可逃也。」

尹吉曰：『惟尹躬天見於西邑夏，自周有終，相亦惟終。』」注：「尹吉，亦尹誥也。天當爲先，字之誤。忠信爲周。相，助也，謂臣也。伊尹言尹之先祖，見夏之先君臣皆忠信以自終，今天絶桀者，以其自作孽。伊尹始仕於夏，此時就湯矣。夏之邑在亳西。」○溺，乃歷反。易，以豉反。狎，户甲反。費，芳貴反。慢，本又作「僈」，音武諫反。括，古活反。兑，依注作「說」。筍，司吏反。孽，魚列反。吉，音詰。天，依注音先。相，息亮反。

子曰：「民以君爲心，君以民爲體。心莊則體舒，心肅則容敬。心好之，身必安之；君好之，民必欲之。心以體全，亦以體傷；君以民存，亦以民亡。注：「莊，齊莊也。」詩云：『昔吾有先正，其言明且清。國家以寧，都邑以成，庶民以生。誰能秉國成？不自爲正，卒勞百姓。』注：「先正，先君長也。誰能秉國成，傷今無此人也。成，邦之八成也。誰能秉行之，不自以所爲者正，盡勞來百姓憂念之者與？疾時大臣專功爭美。」釋文：「『昔吾有先正』，至『庶民以生』，今詩皆無此語，餘在小雅節南山篇，或皆逸詩也。『誰能秉國成』，毛詩無『能』字。」君雅曰：『夏日暑雨，小民惟曰怨；資冬祁寒，小民亦惟曰怨。』」注：「雅，書序作牙，假借字也。君雅，周穆王司徒作，尚書篇名也。資當爲至，齊、魯之語，聲之誤也。祁之言是也，齊西偏之語也。夏日暑雨，小民怨天，至冬是寒，小民又怨天。言民恒多怨，爲其君難。」方性夫曰：「民以君爲心者，言好惡從於君也。君以民爲體，言休戚同於民也。體雖致用於外，然由乎心之所使，故曰『心好之，身必安之』。心雖爲主於內，然資乎體之所保，故曰『心以體全，亦以體傷』。荀子曰：『君，舟也。庶民，水也。水能載舟，亦能覆舟。』君以民存，亦以民亡之謂也。」○勞，力報反。雅，音牙。祁，巨依反。

子曰：「下之事上也，身不正，言不信，則義不壹，行無類也。」注：「類，謂比式。」方性夫曰：「身不正，故義不壹；言不信，故行無類。不壹，謂不能專於其身也。無類，謂無以副於其言也。」王氏引之曰：「義，亦讀爲儀。謂威儀不齊壹也。下文引詩，正以爲儀壹之證。」○行，下孟反。

子曰：「言有物而行有格也，是以生則不可奪志，死則不可奪名。注：「物，謂事驗也。格，舊法也。」胡邦衡曰：「言有物，猶『仁人不過乎物』之物。格，至道也。祖已曰：『惟先格王。』志者終身所尚，故生不奪志；名欲立於後世，故死不奪名。」故君子多聞，質而守之；多志，質而親之；精知，略而行之。注：「質，猶少也。多志，謂博交汎愛人也。精知，孰慮於衆也。精，或爲清。」君陳曰：『出入自爾師虞，庶言同。』詩云：『淑人君子，其儀一也。』」今詩經「也」作「兮」。注：「自，由也。師、庶，皆衆也。虞，度也。言出內政教，當由女衆之所謀度，衆言同乃行之，政教當由壹也。」正義：「質而守之，質而親之，略而行之，皆謂聞見雖多，執守簡要也。君陳，成王戒君陳。詩，曹風鳲鳩之篇。言善人君子，威儀齊一。引之者，證爲政須齊一也。」呂與叔曰：「多聞，所聞欲博也。多志，多見而識之者。質，正也。不敢信己，質衆人之所同，然後用之也。守之者，服膺而勿失者也。親之者，問學不厭者也。由多聞多知而得之，又當精思以求其至約而行之。略，約也。」

子曰：「唯君子能好其正，小人毒其正。注：「正，當爲匹，字之誤也。匹，謂知識朋友。」故君子之朋友有鄉，其惡有方。注：「鄉、方，喻輩類也。小人徼利，其友無常也。」是故邇者不惑，而遠者不疑也。注：「邇，近也。」詩云：『君子好仇。』」今詩「仇」作「逑」。注：「仇，匹也。」正義：「言君子之交，可者與之，不以榮枯爲異，不善者憎惡之，言有常也。若小人唯利是求，所善所惡，無恒定也。詩，周南關雎之篇。此斷章云『君子以好人爲匹』也。」陳用之曰：「邇者不惑，儒行所謂『並立則樂，相下不厭』也。遠者不疑，所謂『久不相見，聞流言不信其行』也。」○好，呼報反。正，音匹。鄉，許亮反，又音香。

子曰：「輕絶貧賤而重絶富貴，則好賢不堅而惡惡不著也。人雖曰『不利』，吾不信也。」注：「言此近徼利也。」詩云：『朋友攸攝，攝以威儀。』」注：「攸，所也。言朋友以禮義相攝，正不以貧富貴賤之利也。」正義：「賢而貧賤則輕絶之，是好賢不堅。惡而富貴則重絶之，是惡惡不著也。如此，是貪利之人。詩，大雅既醉之篇，美成王之詩。於時朋友羣臣以禮義相攝，佐之以威儀也。言不以富貴貧賤而求利者。」方性夫曰：「可友者以其賢，可絶者以其惡。然賢者不必富貴，惡者不必貧賤。苟輕絶貧賤，而重絶富貴，則勢利之交而已。」○惡惡，上烏路反，下如字。著，張慮反。

子曰：「私惠不歸德，君子不自留焉。注：「私惠，謂不以公禮相慶賀，時以小物相問遺也。言其物不可以爲德，則君子不以身留此人也。相惠以褻瀆邪辟之物，是爲不歸於德。歸，或爲懷。」詩云：『人之好我，示我周行。』」注：「行，道也。言示我以忠信之道。」正義：「此明君子唯以德是與，不用留意於此等之人，言不受其惠也。詩，小雅鹿鳴之篇。」○行，户剛反。

子曰：「苟有車，必見其軾；苟有衣，必見其敝。人苟或言之，必聞其聲；苟或行之，必見其成。注：「言凡人舉事，必有後驗也。見其軾，謂載也。敝，敗衣也。衣或在内，新時不見。」葛覃曰：『服之無射。』」今詩「射」作「斁」。注：「射，厭也。」釋文：「敝，隱蔽也。」正義：「此明言行必慎其所終也。詩，周南葛覃之篇。」彬謂古者先知蔽前，後知蔽後。有衣必見其蔽，擧在前者言之。上文『苟有車，必見其軾』，軾在車前也。鄭注以敝爲敗，則時尚有待，與上下文不合。○軾，音式。敝，必世反。覃，徒南反。射，音亦。

子曰：「言從而行之，則言不可飾也；行從而言之，則行不可飾也。注：「從，猶隨也。」故君子寡言而行，以成其信，則民不得大其美而小其惡。注：「以行爲驗，虛言無益於善也。寡當爲顧，聲之誤也。」正義：「言行不可虛飾，君子當顧言而行，以成其信，則人不得虛增其美，而減小其惡，由美惡大小皆驗于行也。」詩云：『白圭之玷，尚可磨也。斯言之玷，不可爲也。』注：「玷，缺也。言圭之缺，尚可磨而平之；言之缺無如之何。」正義：「詩，大雅抑之篇。」小雅曰：『允也君子，今詩作「允矣君子」。展也大成。』注：「允，信也。展，誠也。」正義：「詩，小雅車攻之篇。」君奭曰：『昔在上帝周田觀文王之德，其集大命於厥躬。』」注：「奭，召公名也，作尚書篇名也。古文『周田觀文王之德』爲『割申勸寧王之德』，今博士讀爲『厥亂勸寧王之德』。三者皆異，古文似近之。割之言蓋也。言文王有誠信之德，天蓋申勸之。集大命於其身，謂命之使王天下也。」正義：「君奭，周公告君奭之辭也。」○「行從」之行，下孟反，下同。寡，音顧。玷，丁簟反。磨，莫何反。奭，音釋。周田觀文，依注讀爲「割申勸寧」。

子曰：「南人有言曰：『人而無恒，不可以爲卜筮。』古之遺言與？龜筮猶不能知也，而況於人乎？注：「恒，常也。不可爲卜筮，言卦兆不能見其情，定其吉凶也。」正義：「南人，殷掌卜之人。」吳幼清曰：「爲卜筮，謂爲卜筮之人，與論語『作巫醫』意同。夫蓍龜無情，誠感自應，無恒之人，雜念不誠，故不可使。龜筮無情者尚不能知，而人有情而難知也，豈可使乎？」詩云：『我龜既厭，不我告猶。』注：「猶，道也。言褻而用之，龜厭之，不告以吉凶之道也。」正義：「詩，小雅小閔之篇。言幽王性行無恒，數瀆卜筮。」兌命曰：『爵無及惡德，民立而正事純，而祭祀是爲不敬。事煩則亂，事神則難。』注：「惡德，無恒之德。純，猶皆也。言君祭祀，賜諸臣爵，毋與惡德之人也。民將立以爲正，言放傚之疾，事皆如是，而以祭祀，是不敬鬼神也。惡德之人使事煩，事煩則亂，使事鬼神，又難以得福也。純，或爲煩。」正義：「兌命，尚書傅說告高宗之辭。言惡德之人〔一〕主掌祭祀，其事則煩，事煩則致亂也。」朱氏軾曰：「以無恒之人治人，人奉爲正而法之，則事煩而亂矣。以無恒之人事神，黷而不敬，神豈饗其祀乎？治人，承上『況於人乎』；事神，承上『龜筮猶不能知』。」彬謂當如文端公說，「民立而正事煩」爲句，「而祭祀是爲不敬」句，兩「而」字讀爲如。易曰：『不恒其德，或承之羞。』『恒其德偵。婦人吉，夫子凶。』」注：「羞，猶辱也。偵，問也，問正爲偵。婦人，從人者也，以問正爲常德則吉。男子當專行幹事，而以問正爲常德，是亦無恒之人也。」正義：「易恒卦九三、六五爻辭，證無恒德也。」馬彥醇曰：「婦人德不可以無恒，所謂『無攸遂，在中饋，吉』。夫子以知率人，其德不可以無變，所謂『婦人之德，從一而終』。夫子制義從婦，凶也。」○與，音餘。兌，音悅。偵，音貞，周易作「貞」。

〔一〕「人」，原誤「之」，據禮記注疏改。

禮記訓纂卷三十四

奔喪第三十四

鄭目録曰：「名曰奔喪者，以其居他國，聞喪奔赴之禮。此於別録屬喪服之禮矣。實逸曲禮之正篇也。漢興後，得古文，而禮家又貪其説，因合於禮記耳。奔喪禮，屬凶禮也。」正義：「漢書藝文志云：『漢興，始於魯淹中得古禮五十七篇。』其十七篇與今儀禮正同，其餘四十篇，藏在秘府，謂之逸禮，其投壺禮亦此類也。又六藝論云：『漢興，高堂生得禮十七篇，後孔子壁中得古文禮五十七篇。其十七篇與前同，而字多異。』以此言之，則此奔喪禮十七篇外，既謂之逸，何以下文鄭注又引逸奔喪禮？似此奔喪禮外，更有逸禮者。但此奔喪禮對十七篇爲逸禮。内録入於記；其不入於記者，又比此爲逸也。此一篇，兼天子諸侯，然以士爲主。」

奔喪之禮：始聞親喪，以哭答使者，盡哀；問故，又哭盡哀。注：「親，父母也。以哭答使者，驚怛之哀無辭也。問故，問親喪所由也。雖非父母，聞喪而哭，其禮亦然也。」遂行，日行百里，不以夜行。注：「雖有哀戚，猶辟害也。晝夜之分，別於昏明。哭則遂行者，不爲位。」唯父母之喪見星而行，見星而舍。注：「侵晨冒昏，彌益促也。言唯，著異也。」若未得行，則成服而后行。注：「謂以君命有爲者也。成喪服，得行則行。」正義：「此奉君命而使，使事未了，不可以己私喪廢於公事，故成服以俟君命，則人代己也。」過國至竟，哭，盡哀而止。

注：「感此念親。」正義：「去時親在，今返親亡，故哭盡哀戚也。」哭辟市朝，注：「爲驚衆也。」望其國竟哭。注：「斬衰者也。自是哭且遂行。」正義：「雖云『斬衰』，其實母之齊衰亦然也。」至於家，入門左，升自西階，殯東，西面坐，哭盡哀，括髮袒，注：「括髮袒者，去飾也。未成服者，素委貌深衣；已成服者，固自喪服矣。」正義：「曲禮云：『爲人子者，升降不由阼階。』今父母新死，未忍異於生，故不忍當阼階也。喪已經日，不笄纚，故卽括髮袒也。若尋常在家，親始喪則笄纚，至明日小斂畢，乃括髮。此謂奔父之喪，若母之喪，又哭則免。」降，堂東卽位，西鄉哭，成踊，注：「已殯者位在下。」正義：「謂在堂下當序牆之東。」襲經于序東，絞帶，反位，拜賓，成踊，注：「襲服衣也。不於又哭乃經者，發喪已踰日，節於是可也。其未小斂而至，與在家同耳。不散帶者，不見尸柩。凡拜賓者就其位，卽拜，反位，哭踊。」送賓，反位。有賓後至者，則拜之、成踊、送賓皆如初。衆主人兄弟皆出門，出門哭止，闔門，相者告就次。注：「次，倚廬也。」於又哭，括髮袒，成踊；於三哭，猶括髮袒，成踊。注：「又哭，至明日朝也。三哭，又其明日朝也。皆升堂括髮袒，如始至。必又哭、三哭者，象小斂大斂時也。雜記曰：『士三踊。』其夕哭從朝，夕哭不括髮，不袒不踊，不以爲數。」正義：「知又哭三哭皆升堂括髮袒者，約士喪禮小斂大斂主人皆升堂，故知此皆升堂也。」三日成服，拜賓送賓皆如初。注：「三日，三哭之明日也。既哭成其喪服，杖於序東。」〇辟，音避。朝，直遥反。括，古活反。袒，徒旱反。鄉，許亮反。絞，古卯反，下同。踊，音勇。闔，户臘反。相，息亮反。下皆同。

奔喪者非主人，則主人爲之拜賓，送賓。奔喪者自齊衰以下，入門左，中庭北面，哭盡哀，免麻于序東，即位袒，與主人哭，成踊。注：「不升堂哭者，非父母之喪統於主人也。麻亦經帶也。於此言麻者，明所奔喪雖有輕者，不至喪所無改服也。凡袒者於位，襲於序東，袒襲不相因位，此麻乃袒，變於爲父母也。」正義：「熊氏、沈氏以父母之喪，來至喪所乃改服，襲經帶；若齊衰以下之喪，亦至喪所乃免麻而改服也。」於又哭、三哭，皆免袒。有賓，則主人拜賓送賓。注：「又哭三哭，亦入門左，中庭北面，如始至時也。」丈夫婦人之待之也，皆如朝夕哭位，無變也。注：「待奔喪者無變，嫌賓客之也。於賓客以哀變爲敬，此骨肉，哀則自哀矣。於此乃言『待之』，明奔喪者至三哭猶不以序入也。」正義：「若平常五屬入哭，則與主人爲次，重者前，輕者後。今奔喪者急哀，但獨入哭，不俟主人爲次序。非唯初至如此，至主人又哭三哭皆然。」○爲，于僞反。齊，音咨。免，音問。

奔母之喪，西面哭盡哀，括髮袒，降，堂東即位，西鄉哭，成踊，襲、免、經于序東，拜賓送賓，皆如奔父之禮。於又哭，不括髮。注：「爲母，於又哭而免，輕於父也，其他則同。」正義：「此謂適子，若庶子，則亦主人爲之拜賓送賓。」

婦人奔喪，升自東階，殯東，西面坐，哭盡哀，東髽，即位，與主人拾踊。注：「婦人，謂姑、姊妹、女子子也。東階，東面階也。婦人入者由闈門。東髽，髽於東序，不髽於房，變於在室者也。去纚大紒曰髽。拾，更也。主人與之更踊，賓客之。」正義：「以諸侯夫人入自闈門，明卿大夫以下，婦人皆從闈門入也。婦人髽于東序，就掩映之處，在堂上也。男子則堂下也。熊氏云：『未殯之前，婦人髽於室。若既殯之後，室中是神之所處，婦人在堂，當髽於東房。今始來奔喪，故髽於東，序耳。』鄭注士喪禮云：『髽之異於髻髮者，既去纚而以髮爲大紒，如今婦人露紒其象也。』」○

髽，拾瓜反。拾，其劫反。

奔喪者不及殯，先之墓，北面坐，哭盡哀。主人之待之也，即位於墓左，婦人墓右，成踊，盡哀，括髮，東即主人位。絰絞帶，哭，成踊，拜賓，反位，成踊。相者告事畢。注：「主人之待之，謂在家者也。哭於墓，爲父母則袒。告事畢者，於此後無事也。」正義：「此奔喪者身是適子，故經云『拜賓、反位、成踊』。若非適子，則不得拜賓也。」遂冠，歸入門左，北面，哭盡哀，括髮袒，成踊，東即位，拜賓，成踊。賓出，主人拜送。有賓後至者，則拜之、成踊、送賓如初。衆主人兄弟皆出門，出門哭止，相者告就次。於又哭，括髮，成踊。於三哭，猶括髮、成踊。三日成服，於五哭，相者告事畢。注：「又哭三哭不袒者，哀戚已久，殺之也。逸奔喪禮說：『不及殯日，於又哭猶括髮，即位，不袒。』告事畢者，五哭而不復哭也。成服之朝爲四哭，此謂既期乃後歸至者也。其未期，猶朝夕哭，不止於五哭。」正義：「初至象始死爲一哭，明日象小斂爲二哭，又明日象大斂爲三哭，又明日成服之日爲四哭，又明日爲五哭，皆數朝哭，不數夕哭也。」爲母所以異於父者，壹括髮，其餘免以終事。他如奔父之禮。注：「壹括髮，謂歸入門哭時也。於時乃言『爲母異於父者』，明及殯不及殯，其異者同。」○相，息亮反。爲，于僞反。

齊衰以下，不及殯，先之墓，西面哭盡哀，注：「不北面者，亦統於主人。」免麻于東方，即位，與主人哭，成踊，襲。有賓，則主人拜賓送賓。賓有後至者，拜之如初。相者告事畢。注：「不言袒，言襲者，容齊衰親者或袒可。」遂冠，歸入門左，北面，哭盡哀，免袒，成踊，東即位，拜賓，成踊。

賓出，主人拜送。於又哭，免袒，成踊。於三哭，猶免、袒、成踊。三日成服，於五哭，相者告事畢。注：「爲父，於又哭括髮而不袒。此又哭三哭皆言袒，袒，衍字也。」正義：「此明既葬之後，奔齊衰以下喪禮。齊衰以下，有大功、小功、緦麻，日月多少不同。若奔在葬後三月之外，大功則免麻東方，三日成服；若小功以下不稅，無追服之理。若葬後通葬前未滿五月，小功亦三日成服；其緦麻之喪，止臨喪節而來，亦得三日成服也。凡言『成踊』，每一節有三踊，凡三節九踊，乃謂之成也。」

聞喪不得奔喪，哭盡哀；問故，又哭盡哀。乃爲位，括髮袒，成踊，襲、絰、絞帶，即位，注：「聞父母喪而不得奔，謂以君命有事，不然者不得爲位。位有鄰列之處，如於家朝夕哭位矣。不於又哭乃絰者，喪至此踰日，節於是可也。」正義：「於此聞喪之日，哭踊畢，襲所袒之衣，著首絰，絞帶之垂，即東方之位。」金氏榜曰：「經凡三言『絞帶』，即喪服傳所謂『絞帶者，繩帶』。鄭君云『象革帶』，是也。齊衰以下，不言『絞帶』，明其皆布帶也。未成服，男子大功以上皆散帶垂，奔喪即位，絰于序東，與在家者同。其要絰皆散帶垂，三日成服絞之。此與絞帶異物，故喪服經『斬衰苴絰』下〔一〕，更出『絞帶』，明要絰無絞帶名。雜記『凡異居，始聞兄弟之喪』，『其始麻，散帶絰』。又曰：『未服麻而奔喪，及主人之未成絰也，疏者與主人皆成之，親者終其麻帶絰之日數。』」拜賓，反位，成踊。賓出，主人拜送于門外，反位。若有賓後至者，拜之、成踊、送賓如初。於又哭，括髮袒，成踊；於三哭，猶括髮、袒、成踊。三日成服，於五哭，拜賓送賓如初。注：「不言『就次』者，當從其事，不可以喪服廢公職也。其在官，

〔一〕「絰」，原誤「經」，據儀禮喪服改。

亦告就次。言『五哭』者，以迫公事，五日哀殺，亦可以止。」

若除喪而后歸，則之墓，哭，成踊，東括髮袒，絰，拜賓，成踊，送賓，反位，又哭盡哀，遂除。於家不哭。注：「東，東卽主人位，如不及殯者也。遂除，除於墓而歸。」正義：「亦謂主人適子，初在墓南，北面，哭，成踊，乃來就主人之位，括髮袒也。」主人之待之也，無變於服，與之哭，不踊。注：「無變於服，自若時服也。亦卽位于墓左。婦人墓右。」正義：「主人，亦謂在家者。無變於服，著平常吉服。其服己除，哀情已殺，故不踊也。」

自齊衰以下，所以異者免麻。正義：「此明齊衰以下除服之後，奔喪之節。唯著免麻，不括髮，墓所哭罷卽除。此免麻者，當謂至緦麻也。」

凡爲位，非親喪，齊衰以下皆卽位，哭盡哀，而東免絰，卽位，袒，成踊，注：「謂無君事，又無故可得奔喪，而以己私未奔者也。唯父母之喪，則不爲位，其哭之，不離聞喪之處。齊衰以下，更爲位而哭，皆可行乃行。」襲，拜賓，反位，哭，成踊，送賓，反位。相者告就次。三日五哭，卒。主人出送賓，衆主人兄弟皆出門，哭止，相者告事畢，成服，拜賓。注：「卒，猶止也。三日五哭者，始聞喪，訖夕爲位，乃出就次，一哭也。與明日又明日之朝夕而五哭。不五朝哭，而數朝夕，備五哭而止。亦爲急奔喪，己私事當畢，亦明日乃成服。凡云『五哭』者，其後有賓，亦與之哭而拜之。」若所爲位家遠，則成服而往。注：「謂所當奔者外喪也。外喪緩而道遠，成服乃行，容待齎也。」釋文：「齎，資糧也。」正義：「容待齎，持賵贈之物。」

齊衰望鄉而哭，大功望門而哭，小功至門而哭，緦麻卽位而哭。注：「奔喪哭，親疏遠近之差也。」正義：「按雜記大功望鄉而哭，謂本齊衰喪者降服大功。」

哭父之黨於廟，母妻之黨於寢，師於廟門外，朋友於寢門外，所識於野張帷。注：「此因五服聞喪而哭，列人恩諸所當哭者也。黨，謂族類無服者也。逸奔喪禮曰：『哭父族與母黨於廟，妻之黨於寢，朋友於寢門外，壹哭而已，不踊』。言『壹哭而已』，則不爲位矣。」范寧問曰：「奔喪禮『師哭於廟門外』，孔子曰『師，吾哭之寢』，何邪？」徐邈答：「殷、周禮異也。」正義：「皇氏云：『母存則哭於寢，母亡則哭於廟。』熊氏云：『哭於廟者，是親母黨。哭於寢者，蓋慈母繼母之黨。』沈氏云：『事由父者哭之廟，事由己者哭之寢。此「師於廟門外」者，是父之友，與爲師同，故哭之廟。』義亦通也。」

凡爲位不奠。注：「以其精神不在乎是。」

哭，天子九，諸侯七，卿大夫五，士三。注：「此臣聞君喪而未奔，爲位而哭，尊卑日數之差也。士亦有屬吏，賤，不得君臣之名。」

大夫哭諸侯，不敢拜賓。注：「謂哭其舊君，不敢拜賓，辟爲主。」諸臣在他國，爲位而哭，不敢拜賓。注：「謂大夫士使於列國。」與諸侯爲兄弟，亦爲位而哭。注：「族親昏姻在異國者。」正義：「此謂與諸侯異姓之昏姻，又在他國，不與諸侯爲臣，身又無服，故暫爲位而哭。」凡爲位者壹袒。注：「謂於禮正，可爲位而哭也。始聞喪，哭而袒，其明日則否。父母之喪，自若三袒也。」

所識者弔，先哭于家而後之墓，皆爲之成踊，從主人北面而踊。注：「從主人而踊，拾踊也。北面，自外來便也。主人墓左西面。」正義：「所識，謂與死者相識。今弔其家，後乃往墓，統於主人故也。雖相識輕，亦爲之成踊也。皆賓主拾之。」○爲，于僞反。

凡喪，父在，父爲主；注：「與賓客爲禮，宜使尊者。」父沒，兄弟同居，各主其喪；注：「各爲其妻子之喪爲主也。祔則宗子主之。」親同，長者主之；注：「父母沒，如昆弟之喪，宗子主之。」不同，親者主之。注：「從父昆弟之喪。」正義：「謂親近自主之也。」○長，丁丈反。

聞遠兄弟之喪，既除喪而后聞喪，免袒，成踊，拜賓則尚左手。注：「小功、緦麻不稅者也。雖不服，猶免袒。尚左手，吉拜也。逸奔喪禮曰：『凡拜，吉喪者尚左手。』」正義：「小功以下雖不稅，而亦免、袒、成踊，以本是五服之親，爲之變也。」

無服而爲位者，唯嫂叔，及婦人降而無服者麻。注：「雖無服，猶弔服加麻。袒免，爲位哭也。正言『嫂叔』，尊嫂也。兄公，於弟之妻則不能也。婦人降而無服，族姑、姊妹嫁者也。逸奔喪禮曰：『無服袒免爲位者，唯嫂與叔。凡爲其男子服，其婦人降而無服者麻。』」

凡奔喪，有大夫至，袒，拜之，成踊，而后襲；於士，襲而后拜之。注：「主人袒，降哭，而大夫至，因拜之，不敢成己禮，乃禮尊者。或曰：大夫後至者，袒拜之，爲之成踊。」正義：「謂奔喪者身是士，初來奔喪，主人括髮於堂上，於此時，大夫至，拜之於東階下，不敢成己踊及襲、絰、帶之事，待拜後始成踊，襲、絰、帶也。若士來弔，則先成己禮，乃拜之。士，謂兩士相敵。然則兩大夫相敵，亦襲後乃拜之。」

禮記訓纂卷三十五

問喪第三十五

鄭目録云：「名曰問喪者，以其記善問居喪之禮所由也。此於別録屬喪服也。」

親始死，雞斯，徒跣，扱上衽，交手哭。惻怛之心，痛疾之意，傷腎、乾肝、焦肺，水漿不入口，三日不舉火，故鄰里爲之糜粥以飲食之。注：「親，父母也。雞斯，當爲『笄纚』，聲之誤也。親始死，去冠，二日，乃去笄纚，括髮也。今時始喪者，邪巾貊頭，笄纚之存象也。徒，猶空也。上衽，深衣之裳前。五藏者，腎在下，肝在中，肺在上，舉三者之焦傷，而心脾在其中矣。五家爲鄰，五鄰爲里。」正義：「上衽，謂深衣前衽。扱之於帶，以號踊履踐爲妨，故扱之。交手哭者，謂交手拊心而哭也。不舉火者，哀痛之甚，情不在食也。旁親以下，食不可廢，故鄰里爲之糜粥。糜厚而粥薄，薄者以飲之，厚者以食之。」夫悲哀在中，故形變於外也。痛疾在心，故口不甘味，身不安美也。注：「言人情之中外相應。」○雞斯，依注爲「笄纚」。笄，古兮反。纚，徐所綺反。跣，悉典反。扱，初洽反。衽，而鴆反。怛，都達反。乾，音干。肺，方廢反。漿，子羊反。糜，武皮反。飲，音蔭。食，音嗣。夫，音扶。

三日而斂，在牀曰尸，在棺曰柩。動尸舉柩，哭踊無數。惻怛之心，痛疾之意，悲哀志懣氣盛，故袒而踊之，所以動體、安心、下氣也。婦人不宜袒，故發胸、擊心、爵踊，殷殷田田，如壞牆然，悲哀痛疾之至也。故曰「辟踊哭泣，哀以送之，送形而往，迎精而反」也。注：

「故袒而踊之，言聖人制法，故使之然也。辟踊，足不絕地。辟，拊心也。哀以送之，謂葬時也。迎其精神而反，謂反哭及日中而虞也。」其往送也，望望然，汲汲然，如有追而弗及也。其反哭也，皇皇然，若有求而弗得也。故其往送也如慕，其反也如疑。注：「望望，瞻望之貌也。慕者，以其親之在前。疑者，不知神之來否。」正義：「汲汲然者，促急之情也。皇皇然者，意彷徨也。如慕者，如孺子啼慕於母也。」○斂，力豔反，下同。懣，亡本反，又音滿。范，音悶，下同。殷，音隱。壞，音怪。辟，徐扶亦反。汲，音急。

求而無所得之也，入門而弗見也，上堂又弗見也，入室又弗見也，亡矣喪矣，不可復見已矣！故哭泣辟踊，盡哀而止矣。注：「說反哭之義也。」正義：「喪亦亡也，重言之者，丁寧之也。以其不可復見，故反哭之時哭泣辟踊，盡哀而休止也。」心悵焉愴焉，惚焉愾焉，心絕志悲而已矣。祭之宗廟，以鬼饗之，徼幸復反也。注：「說虞之義。」正義：「以鬼饗之者，謂虞祭于殯宮。神之所在，故稱宗廟。」成壙而歸，不敢入處室，居於倚廬，哀親之在外也；寢苫枕塊，哀親之在土也。注：「言親在外在土，孝子之心不忍反室自安也。入處室，或爲『入宮』。」故哭泣無時，服勤三年，思慕之心，孝子之志也，人情之實也。注：「勤，謂憂勞。」○悵，勑亮反。愴，初亮反。惚，音忽。愾，徐音慨。徼，古堯反。壙，古晃反。倚，於綺反。苫，始占反。枕，之陰反。塊，苦怪反。

或問曰：「死三日而后斂者，何也？」注：「怪其遲也。」正義：「三日斂者，以士言之，則大斂也；大夫以上言之，則小斂也。」曰：「孝子親死，悲哀志懣，故匍匐而哭之，若將復生然，安可得奪而斂之也？

故曰：「三日而后斂者，以俟其生也。三日而不生，亦不生矣。孝子之心，亦益衰矣；家室之計，衣服之具，亦可以成矣；親戚之遠者，亦可以至矣。是故聖人爲之斷決，以三日爲之禮制也。」注：「匍匐，猶顛蹷。或作『扶服』。」○匍，音蒲，又音扶。匐，扶北反，又音服。衰，色追反。爲，于僞反。

或問曰：「冠者不肉袒，何也？」注：「怪冠衣之相爲也。」曰：「冠至尊也，不居肉袒之體也，故爲之免以代之也。」注：「言身無飾者不敢冠，冠爲褻尊服。肉袒則著免。免狀如冠，而廣一寸。」正義：「此解冠必不袒，袒必不冠之意也。謂心既悲哀，肉袒形褻，故不可褻其尊服而冠也。」然則禿者不免，傴者不袒，跛者不踊，非不悲也，身有錮疾，不可以備禮也，故曰『喪禮唯哀爲主』矣。女子哭泣悲哀，擊胸傷心，男子哭泣悲哀，稽顙觸地無容，哀之至也。」注：「將踊先袒，將袒先免。此三疾俱不踊，不袒不免，顧其所以否者各爲一耳。擊胸傷心，稽顙觸地，不踊者若此而可。或曰：男女哭踊。」釋文：「禿者無髮。傴者，背曲也。跛者，足廢也。」○禿，吐禄反。傴，於縷反。跛，補禍反。錮，音故。稽，音啓。顙，桑朗反。

或問曰：「免者以何爲也？」注：「怪本所爲施也。」曰：「不冠者之所服也。禮曰：『童子不緦，唯當室緦。』緦者其免也，當室則免而杖矣。」注：「不冠者，猶未冠也。當室，謂無父兄而主家者也。童子不杖，不杖者不免，當室則杖而免。免冠之細，別以次成人也。緦者其免也，言免乃有緦服也。」戴德曰：「童子當室，謂年十五以上。」若世子生則杖，故曾子問云「子衰杖，成子禮」是也。○爲，于僞反。緦，音思。

或問曰：「杖者何也？」注：「怪其義各異。」曰：「竹桐一也，故爲父苴杖，苴杖，竹也。爲母削杖，削杖，桐也。」注：「言所以杖者義一也，顧所用異耳。」正義：「父是尊極，故苴惡之物以爲杖，苴惡之色唯有竹也。母屈於父，故用削杖。雖削，情同于父。桐，是同父之義。或云：竹節在外，外陽之象，故爲父。桐節在內，內陰之類也，故爲母也。」○苴，七餘反。削，悉若反。

或問曰：「杖者以何爲也？」注：「怪所爲施。」曰：「孝子喪親，哭泣無數，服勤三年，身病體羸，以杖扶病也。」注：「言得杖乃能起也。數或爲時。」釋文：「羸，劣也，疲也。」則父在不敢杖矣，尊者在故也。堂上不杖，辟尊者之處也。堂上不趨，示不遽也。此孝子之志也，人情之實也，禮義之經也。非從天降也，非從地出也，人情而已矣。」注：「父在不杖，謂爲母喪也。尊者在不杖，辟尊者之處不杖，有事不趨，皆爲其感動，使之憂戚也。」○羸，力垂反。辟，音避。處，昌慮反。

禮記訓纂卷三十六

服問第三十六

鄭目録云：「名曰服問者，以其善問，以知有服而遭喪所變易之節。此於別録屬喪服也。」

傳曰「有從輕而重」，公子之妻，爲其皇姑；注：「皇，君也。諸侯妾子之妻，爲其君姑齊衰，與爲小君同。舅不厭婦也。」正義：「諸侯在，尊，厭妾子使爲母練冠；諸侯沒，妾子得爲母大功，而妾子妻不辨諸侯存沒，爲夫之母期也。其夫練冠，是輕也；而妻爲期，是重。故云『有從輕而重』也。」「有從重而輕」，爲妻之父母。注：「妻齊衰而夫從緦麻，不降一等，言非服差。」「有從無服而有服」，公子之妻爲公子之外兄弟；注：「謂爲公子之外祖父母、從母緦麻。」正義：「公子被厭，不服己母之外家，是無服也。妻猶從公子而服公子外祖父母、從母緦麻。經唯云『公子外兄弟』，知非公子姑之子者，喪服記云〔一〕：『夫之所爲兄弟服，妻降一等。』夫爲姑之子緦麻，妻則無服。今公子之妻爲之有服，故知公子之外祖父母、從母也。此等皆小功之服。凡小功者謂爲兄弟。若同宗，則直稱『兄弟』，以外族，故稱『外兄弟』也。」「有從有服而無服」，公子爲其妻之父母。注：「凡公子厭於君，降其私親。女君之子不降也。」正義：「雖爲公子之妻，猶爲父母期，是有服也。公子被厭無服。」○爲，于僞反。

〔一〕「喪服記」，原誤「喪服小記」，禮記注疏亦誤，據儀禮喪服改。

傳曰：「母出則爲繼母之黨服。母死則爲其母之黨服。」爲其母之黨服，則不爲繼母之黨服。注：「雖外親，亦無二統。」

三年之喪既練矣，有期之喪既葬矣，則帶其故葛帶，絰期之絰，服其功衰。注：「帶其故葛帶者，三年既練，期既葬，差相似也。絰，期之葛絰。三年既練，首絰除矣。爲父，既練，衰七升；母既葬，衰八升。凡齊衰，既葬，衰或八升，或九升。服其功衰，服麤衰。」正義：「皇氏云：『謂三年既練之後，初遭期喪。』今謂此經亦三年未練之前，初有期喪未葬，爲前三年之衰爲練祭，至期既葬，乃帶其故葛帶，絰期之葛絰也。必知其期喪未葬已前得爲三年練祭者，雜記篇云：『三年之喪，既顈，其練祥皆行。』彼謂後喪亦三年，既顈之後得行前三年之喪練祭，則知後喪期年未顈之前得爲三年之喪而行練也。」吳射慈曰：「謂三年既練，衰七升，男子首絰，婦人麻帶俱已除矣。又遭期喪，更制期衰裳，絰、帶悉麻。期喪既葬，爲母繐七升，正服繐八升 義服繐九升，謂之功繐。男子帶練之葛，絰期之麻，謂既葬之麻也，其大四寸百二十五分寸之七十六也。」有大功之喪亦如之。注：「大功之麻，變三年之練葛，既葬之葛帶小於練之葛帶。又當有絰，亦反服其故葛帶，絰期之絰，差之宜也。此雖變麻服葛，大小同耳。亦服其功衰。凡三年之喪既練，始遭齊衰、大功之喪，絰帶皆麻。」正義：「崔氏云：『此經「大功之喪」，承前既有三年之練，又有期喪既葬，合大功既葬之後，故帶其練之故葛帶，絰期之葛絰。』」金氏榜曰：「記以『三年』與『期』『大功』對言，明三年內兼舉齊、斬。閒傳：『斬衰之喪，既虞、卒哭，遭齊衰之喪，輕者包，重者特。』彼以『齊』『斬』對言，與服問不同。閒傳所言，後喪易服之節，服問所言，後喪反服之宜。凡易服，大功變既練，齊衰變既虞、卒哭。此於既練言之者，期既葬之葛帶大於爲母既葬之葛帶，其衰粗於練之功衰，此嫌不得反其故葛帶，服之功衰也，故以明之。此三年既練之葛帶，爲父爲母，大小異數。其期既葬者，同絰期之絰；大功既葬者，同絰大功之絰。不拘絰帶五分去一之差者，謂其練無首絰，故得絰下服之絰也。鄭君以記言『絰期之絰』，因以三年屬父，既葬屬母，又謂大功既葬，宜絰期之絰，皆泥于喪服傳『五分去一以爲帶』之言，遷就而爲之說。」小功無變也。注：「無所變於大功、齊、斬之服，不用輕累重也。」

麻之有本者，變三年之葛。注：「有本，謂大功以上也。小功以下，澡麻斷本。」正義：「大功以上，麻之根本并留之，合糾爲帶。如此者，得變三年之練葛。若小功以下〔一〕，麻無本，不得變三年之葛也。言『變三年葛』，舉其重者。其實期之葛有本者亦得變之矣。」既練，遇麻斷本者，於免絰之。既免去絰，每可以絰必絰，既絰則去之。注：「雖無變，緣練無首絰。於有事則免絰如其倫。免無不絰，絰有不免，其無事則自若練服也。」正義：「此明斬衰既練之後，遭小功之喪，雖不變服，得爲之加絰也。既免去絰者，謂小功以下斂殯事竟，既免之後則脫去其絰也。每可以絰必絰者，謂於小功以下之喪，當斂殯之節，必爲之加麻也。若不應絰之時，則去其絰，自若練服也。」○免，音問。

小功不易喪之練冠，如免，則絰其緦、小功之絰，因其初葛帶。緦之麻不變小功之葛，小功之麻不變大功之葛，以有本爲稅。注：「稅，亦變易也。小功以下之麻，雖與上葛同，猶不變也。此要其麻有本者乃變上耳。雜記曰『有三年之練冠，則以大功之麻易之，唯杖屨不易』也。」正義：「言小功以下之喪，不合變易

〔一〕「若小功以下」五字，原錯簡在「如此者」上，據禮記注疏移。

三年喪之練冠，其期之練冠，亦不得易也。如當緦小功著免之節，則首絰其緦與小功之絰，以前喪練冠首絰已除故也。不云故，而云初者，以期初喪之時，變練之葛帶爲麻，期既葬之後，還反服練之故葛帶也。不變者，謂以輕喪之麻，本服既輕，雖初喪之麻，不變前重喪之葛也。」○稅　吐外反。

殤長、中，變三年之葛，終殤之月筭，而反三年之葛。是非重麻，爲其無卒哭之稅。下殤則否。注：「謂大功之親，爲殤在緦、小功者也。可以變三年之葛，正親親也。三年之葛，大功變既練，齊衰變既虞、卒哭。凡喪卒哭，受麻以葛。殤以麻終喪之月數，非重之而不變，爲殤未成人，文不縟耳。下殤則否，言賤也。男子爲大功之殤中從上，服小功；婦人爲之中從下，服緦麻。」正義：「此論成人小功、緦麻不得易前喪之葛，又論殤在小功、緦麻，得易三年葛也。殤長、中者，謂本服大功之喪，今乃降在長、中殤，男子則爲之小功，婦人爲長殤小功，中殤則緦麻。」庾蔚之曰：「當是論期殤之大功，若大功之殤，記當明之。期喪最在上，所以不言期耳。鄭謂期殤長、中自大功，不復指明殤服之異，不於卒哭而反上服之葛。又明下殤之麻雖不斷本，以其幼賤，亦不能變上服之葛。若如鄭說謂大功親之殤者，其如緦、小功之絰，麻既斷本，又與三年之葛大小殊絶，安得相變邪？」○長，丁丈反。筭，徐音蒜。重，直勇反。爲，于僞反。

君爲天子三年，夫人如外宗之爲君也。注：「外宗，君外親之婦也。其夫與諸侯爲兄弟服斬，妻從服期。諸侯爲天子服斬，夫人亦從服期。喪大記曰：『外宗房中南面。』」正義：「君，謂列國諸侯之君。夫人，言諸侯夫人如諸侯外宗之婦。諸侯外宗之婦爲君期，則夫人爲天子亦期也。熊氏云：『凡外宗有三：按周禮外宗之女有爵，通卿大夫之妻，一也。雜記云『外宗爲君夫人，猶内宗』，是君之姑姊妹之女、舅之女、從母之女皆爲諸侯服斬，爲夫人服期，是二也。此文『外宗』，是諸侯外宗之婦也。若姑之子婦、從母子婦，其夫是君之外親，爲君服斬，其婦亦名外宗，爲君服期，是三也。内宗有二者，按周禮云『内女之有爵』，謂其同姓之女悉是，一也。雜記注云：『内宗者是君之五屬之内女〔一〕』，是二也。」世子不爲天子服。注：「遠嫌也。不服，與畿外之民同也。」君所主夫人妻，大子，適婦。注：「言妻，見大夫以下亦爲此三人爲喪主也。」正義：「此三人，雖國君之尊，猶主其喪也。」大夫之適子爲君、夫人、大子，如士服。注：「大夫不世子，不嫌也。士爲國君斬，小君期，大子君服斬，臣從服期。」〇大，音泰。適，丁歷反。

君之母非夫人，則羣臣無服，唯近臣及僕驂乘從服，唯君所服服也。注：「妾，先君所不服也。禮，庶子爲後，爲其母緦。言『唯君所服』，伸君也。春秋之義，有以小君服之者。時若小君在，則益不可。」正義：「近臣，謂閽寺之屬。僕，御車者也。驂，車右也。喪服記云：『公子爲其母，練冠，麻衣縓緣。』今以爲君，得著緦麻服，是伸君之尊也。君既服緦，是近臣得從君服也〔二〕。」〇驂，七南反。乘，音剩。

公爲卿大夫錫衰以居，出亦如之，當事則弁絰。大夫相爲亦然。爲其妻，往則服之，出則否。注：「弁絰，如爵弁而素，加絰也。不當事則皮弁。出，謂以他事，不至喪所。」正義：「此明君爲卿大夫之喪，成服之後著錫衰以居。出謂以他事而出，亦著錫衰 其首則皮弁。君行，往弔卿大夫，當大斂及殯，將葬啓殯，則首著弁

〔一〕「注」字原脱，據雜記下「猶内宗也」句鄭注補。

〔二〕「是近」二字原誤倒，據禮記注疏乙。

絰　身衣錫衰。若於士，當事，首服皮弁。大夫相爲，亦如君於卿大夫，不當事則皮弁，當事則弁絰。公於卿大夫之妻，及卿大夫相爲其妻，臨喪則服錫衰，不恒著之以居〔一〕，當殯斂之事亦弁絰也。」陸農師曰：「大夫相爲者，雜記曰：『大夫哭大夫弁絰，與殯亦弁絰。』喪服傳曰：『大夫弔於命婦錫衰，命婦弔於大夫亦錫衰。』」○錫，思歷反。

凡見人無免絰，雖朝於君無免絰，唯公門有税齊衰。傳曰：「君子不奪人之喪，亦不可奪喪也。」注：「見人，謂行求見人也，無免絰，絰重也。税，猶免也。古者説或作税。有免齊衰，謂不杖齊衰也。於公門有免齊衰，則大功有免絰也。」正義：「謂己有齊衰之喪，無免去絰，重故也。唯不杖齊衰之喪，至公門税去其衰，絰猶不去也。若杖齊衰及斬衰，雖入公門，亦不税也。其大功非但税衰，又免去絰也。君子以己恕物，不可奪人喪禮，亦不可自奪喪，所以己有重喪猶絰以見君，申己喪禮也。」○免絰，音勉。朝，直遥反。税，吐活反。

傳曰：「罪多而刑五，喪多而服五。上附下附，列也。」注：「列，等比也。」正義：「言罪之與喪，其數雖多，其限同五，其等列相似也。」

〔一〕「居」，原誤「君」，據禮記注疏改。

禮記訓纂卷三十七

間傳第三十七

鄭目錄云：「名曰間傳者，以其記喪服之間輕重所宜。此於別錄屬喪服。」

斬衰何以服苴？苴，惡貌也，所以首其內而見諸外也。斬衰貌若苴，齊衰貌若枲，大功貌若止，小功、緦麻容貌可也。此哀之發於容體者也。注：「有大憂者，面必深黑。止，謂不動於喜樂之事。枲，或爲似。」正義：「苴，是黎黑色，故爲惡貌也。止，平停不動也。大功轉輕，故貌不爲之變，又不爲之傾，若止於二者之間，衰因鍛布，帶屨亦輕。其絰色用枲同者，自別表義耳。」吳幼清曰：「苴者，有子麻，色蒼黑，貌之惡似之。枲者，無子麻，色亦蒼而黑淺。止，謂止而不動。貌動者象春之生，貌止者象秋之殺。若止，謂有慘戚而無歡忻也。小功、緦麻之服雖輕，然情之厚者貌亦略變於常。其或但如平常之容，則情不爲厚，而亦未至甚薄。『可也』云者，微不滿之意。」○苴，七余反。見，賢徧反。齊，音咨。枲，思里反。

斬衰之哭若往而不反，齊衰之哭若往而反，王氏懋竑曰：「爲父斬衰，爲母齊衰，然以『斬衰』『齊衰』對言，則爲母亦通言『斬衰』，而齊衰則指世叔父母耳。故下文云『父母之喪』，『齊衰之喪』，其不以齊衰爲母喪可知也。」大功之哭三曲而偯，小功、緦麻哀容可也。此哀之發於聲音者也。注：「三曲，一舉聲而三折也。偯，聲餘從容也。」釋文：「偯，說文作㤫，云：『痛聲。』」正義：「若，如也。言一舉而至氣絕，如似氣往而不御反聲也。小功、緦麻，其情既輕，哀聲從容，於理可也。」吳幼清曰：「往而不反，謂氣絶而不續。往而反，謂氣絶而微續。三曲而偯，謂聲不質直而稍文也，哀容則聲彌文矣。」○偯，於起反。

斬衰唯而不對，齊衰對而不言，大功言而不議，小功、緦麻議而不及樂。此哀之發於言語者也。注：「議，謂陳説非時事也。」正義：「皇氏以爲親始死，但唯而已，不以言對。大功稍輕，得言他事，而不議論時事之是非。」○唯，徐以水反。

斬衰三日不食，齊衰二日不食，大功三不食，小功、緦麻再不食，士與斂焉則壹不食。故父母之喪既殯食粥，朝一溢米，莫一溢米；齊衰之喪疏食水飲，不食菜果；大功之喪不食醯醬；小功、緦麻不飲醴酒。此哀之發於飲食者也。父母之喪既虞、卒哭，疏食水飲，不食菜果；期而小祥，食菜果；又期而大祥，有醯醬；中月而禫，禫而飲醴酒。始飲酒者先飲醴酒，始食肉者先食乾肉。注：「先飲醴酒，食乾肉者，不忍發御厚味。」正義：「二日不食者，皇氏云：『謂正服齊衰也。』喪大記云『三不食』者，當是義服齊衰。至大祥之節食醯醬，則小祥食菜果之時但用鹽酪也。若不能食者，得用醯醬，故喪大記云：『小祥食菜果，以醯醬。』」○與，音預。溢，音逸。莫，音暮。醯，呼兮反。食，音嗣。醴，音禮。禫，大感反。

父母之喪，居倚廬，寢苫枕塊，不説絰帶；齊衰之喪，居堊室，芐翦不納；大功之喪，寢有席；小功、緦麻，牀可也。此哀之發於居處者也。春秋襄十七年左傳：「齊晏桓子卒，晏嬰麤衰斬，苴絰帶，杖，菅屨，食鬻，居倚廬，寢苫枕草。」白虎通曰：「所以必居倚廬何？孝子哀，不欲聞人之聲，又不欲居故處，居中門之外，倚木爲廬，賓反古也。不在門外何？戒不虞也。練而居堊室，無飾之室。」父母之喪，既虞、卒哭，柱楣翦屏，芐翦不納；期而小祥，居堊室，寢有席；又期而大祥，居復寢；中月而禫，禫而牀。注：「芐，今之蒲苹也。」〔一〕正義：「蒲苹爲席，翦頭爲之，不編納其頭而藏於內也。斬衰居倚廬，齊衰居堊室，論其正耳。亦有斬衰不居倚廬者，雜記云：『大夫居廬，士居堊室。』是士服斬衰而居堊室也。亦有齊衰之喪不居堊室者，喪服小記云『父不爲衆子次於外』，注云『自若居寢』，是也。」吳幼清曰：「士斬衰不居倚廬者，乃臣爲君服，父爲衆子。齊衰不居堊室者，尊者爲卑者服也。又曰：既虞、卒哭，芐翦不納，則與齊衰初喪同，特居廬爲異，小祥後乃得居堊室也。寢有席，則與大功初喪同；禫而牀，乃與小功緦麻初喪同也。」○芐，户嫁反。翦，子賤反。柱，知距反。楣，音眉。

斬衰三升，齊衰四升、五升、六升，大功七升、八升、九升，小功十升、十一升、十二升，緦麻十五升去其半。有事其縷，無事其布，曰緦。此哀之發於衣服者也。注：「此齊衰多二等，大功小功多一等。服主於受，是極列衣服之差也。」正義：「三月之喪，治其麻縷，其細如緦，故云『緦麻』。以朝服十五升抽去其半，縷細而疏也。事，謂鍛治其布縷也。無事其布，謂織布既成，不鍛治其布，以哀在外故也。按喪服記云『齊衰四升』，此經云『齊衰四升、五升、六升』，多於喪服篇之二等。喪服記云『大功八升若九升』，此云『大功、七升、八升、九升』，是多於喪服一等也。喪服記又云『小功十升若十一升』，此云小功十升、十一升、十二升』，是多於喪服一等也。」○縷，力主反。

〔一〕「之」下原衍「之」字，據禮記注疏改。

斬衰三升，既虞、卒哭，受以成布六升，冠七升。爲母疏衰四升，受以成布七升，冠八升。去麻服葛，葛帶三重。期而小祥，練冠縓緣，要絰不除。葛洪曰：「小祥中衣，黄爲裏。緣，爲領袖緣。縓者，紅之多黄者也。」崔凱曰：「祥者，吉也。故衰裳無負版及心前衰，解領，去首絰。」男子除乎首，婦人除乎帶。男子何爲除乎首也？婦人何爲除乎帶也？男子重首，婦人重帶。除服者先重者，易服者易輕者。又期而大祥，素縞麻衣。中月而禫，禫而纖，無所不佩。注：「葛帶三重，謂男子也，五分去一而四糾之，帶輕，既變，因爲飾也。婦人葛絰，不葛帶。舊説云：『三糾之，練而帶去一股。』去一股則小於小功之絰，似非也。易服，謂爲後喪所變也。婦人重帶，帶在下體之上，婦人重之，辟男子也，其帶猶五分絰去一耳。喪服小記曰：『除成喪者，其祭也，朝服縞冠。』此素縞者，玉藻所云『縞冠素紕，既祥之冠。』麻衣十五升，布深衣也。謂之麻者，純用布，無采飾也。大祥除衰杖。黑經白緯曰纖。舊説：『纖冠者，采纓也。』無所不佩，紛帨之屬，如平常也。纖，或作綅。」通典：「宋庾蔚之謂昔賀循以爲夫服緣情而制，故情降則服輕，既虞哀心有殺，是故以細代麤，以齊代斬耳。若猶斬之，則非所謂殺也。若謂以『斬』『齊』命章，便謂受猶斬者，則疏衰之受復可得猶用疏布乎？是知斬之名本生於始死之服，以名其喪耳，不謂終其日月皆不變也。」正義：「斬衰三升者，此明父母之喪，初死至練，冠衰升數之變，并明練後除脱之差也。受以成布六升者，以言三升、四升、五升之布，其縷既麤疏，未爲成布也。六升以下，其縷漸細，與吉布相參，故稱成布也。卒哭受服，要中之帶，以葛代麻，帶又差小，五分去一，唯有四分，見在三重，作四股糾之，積而相重。未受服之前，麻帶爲兩股相合，首絰雖葛，不三重也。練冠縓緣者，父没爲母，與父同也，至小祥，又以卒哭後冠受其衰，而用練易其冠，又練爲中衣，以縓爲領緣也。大祥則首服素冠，以縞紕之，身著朝服，而爲祥祭。祭訖，而哀情未除，更反服微凶之服，首著縞冠，以素紕之，身著十五升麻深衣，未有采緣中間也。大祥之後，更間一月而禫，禫之時，玄冠朝服，祭訖而首著纖冠，身著素端黄裳，以至吉祭。」○縓，七戀反。緣，徐音掾，悦絹反。縞，古老反。緅，息廉反。

易服者何爲易輕者也？注：「因上説而問之。」斬衰之喪既虞、卒哭，遭齊衰之喪。輕者包，重者特。注：「説所以易輕者之義也。既虞，卒哭，謂齊衰可易斬服之節也。輕者可施於卑，服齊衰之麻，以包斬衰之葛，謂男子帶，婦人絰也。重者宜主於尊，謂男子之絰，婦人之帶，特其葛不變之也。此言包、特者，明於卑可以兩施，而尊者不可貳。」射慈曰：「斬縗既葬，縗裳六升，男子絰帶悉易以葛，婦人易首絰以葛，要帶故麻也，但就五分去一分，殺小之耳。仍遭母及伯叔昆弟齊衰之喪，其爲母更以四升布爲要帶之謂包，言其包斬衰帶也。絰，斬衰之葛絰。謂之重者，主於尊也。婦人易首絰以麻，亦謂之包。帶斬衰之麻帶，謂之特。期喪既葬，服上服六升之衰裳，男子帶上服之葛帶，婦人絰上服之葛絰也。」正義：「謂士及庶人也，故卒哭與虞並言之，若大夫以上則虞受服。輕者包，言斬衰受服之時，而遭齊衰初喪，男子輕要〔一〕，得著齊衰要帶而兼包斬衰之帶，婦人輕首，得著齊衰首絰而包斬衰之絰，故曰『輕者包』也。重者特者，男子重首，特留斬衰之絰；婦人重要，特留斬衰要帶。」

既練遭大功之喪，麻、葛重。注：「此言大功可易斬服之節也。斬衰已練，男子除絰而帶獨存，婦人除帶而絰獨存，謂之單。單，獨也。遭大功之喪，男子有麻絰，婦人有麻帶，又皆易其輕者以麻，謂之重麻。既虞、卒哭，男子帶

〔一〕「輕」，原誤「重」，據禮記注疏改。

其故葛帶，絰期之葛絰，婦人絰其故葛絰，帶期之葛帶，謂之重葛。」射慈曰：「既練，男子有葛帶，婦人有葛絰，男子首絰、婦人麻帶俱已除矣。又遭大功之喪，更制衰裳，絰帶皆麻，謂之重麻。大功既葬，還服練衰，男帶練之葛帶，絰期之葛絰，婦人絰其練葛絰，帶期之葛帶，謂之重葛。檀弓曰『婦人不葛帶』，謂齊、斬之婦人也。今此帶期之葛帶者，大功既葬，婦人得葛帶，不服大功之葛帶而帶期之葛帶者，斬衰既練，婦人除葛絰，大五寸二十五分寸之十九，若帶大功之葛帶，裁大三寸六百二十五分寸之四百二十九，非絰帶五分去一之差也，故帶期之葛帶。期之葛帶，大四寸百二十五分寸之七十六，與練首絰差之宜也。男子不絰大功葛絰而絰期之葛絰者，亦以非練帶之差也。」○重，直龍反。

齊衰之喪既虞、卒哭，遭大功之喪，麻、葛兼服之。注：「此言大功可易齊衰期服之節也。兼，猶兩也。不言包、特而兩言者，包、特著其義，兼者明有絰有帶耳。不言重者，三年之喪，既練，或無絰，或無帶。言重者，以明今皆有，期以下固皆有矣。兩者，有麻有葛耳。葛者亦特其重，麻者亦包其輕。」射慈曰：「齊衰之喪，既虞、卒哭，遭大功之喪，麻葛兼服之。齊衰既葬，爲母七升，正服衰八升，絰帶悉葛，婦人首絰以葛，要帶故麻也，亦就五分去一，殺小之耳。又遭大功之喪，更制大功之衰裳，男子亦麻爲要帶，絰期之葛絰，婦人易首絰以麻，帶期之葛帶。大功既葬，亦服其功衰男子婦人，悉反著期喪既葬之絰帶也。」庾蔚之曰：「間傳所謂，當是謂期殤之大功，若是大功之殤，記當明之。期殤最在上，所以不言期耳。鄭謂期殤長、中已自大功，不復指明殤服之異，不於卒哭而變上服之葛，又明下殤之麻雖不斷本，以其幼賤，亦不能變上服之葛。間傳大明斬衰變受之節，因備五服麻葛之分。緦、小功之麻，不變上服之葛，已自別見，故此雖連言而在兼服之例，是以不復曲變。若如鄭說，謂大功親之殤者，其如緦、小功之絰，麻既斷本，又與三年之葛大小殊絶，安得相變邪？」正義：「兼服之者，卽前輕者包，重者特之義。男子則大功麻帶易齊衰之葛帶，其首猶服齊衰葛絰，是首有葛，要有麻，故云『麻葛兼服之』。『兼服』之文，據男子也。婦人則首服大功之麻絰，要服齊衰之麻帶，上下俱麻，不得云『麻葛兼服之』也。」

斬衰之葛，與齊衰之麻同；齊衰之葛，與大功之麻同；大功之葛，與小功之麻同；小功之葛，與緦之麻同。麻同則兼服之。注：「此竟言有上服，既虞、卒哭，遭下服之差也。唯大功有變三年既練之服。小功以下，則於上皆無易焉。此言大功之葛與小功之麻同，小功之葛與緦之麻同，主爲大功之殤長、中言之。」射慈曰：「謂大功之親，爲殤在小功、緦麻者，皆易練葛著麻絰帶，以終喪之月數，而反三年之葛，謂若從父、昆弟、姪、庶孫之長殤、中殤在小功，婦人爲夫叔父長殤在小功，中殤在緦麻者也。此殤麻亦斷本，變三年之葛者，正親之也。下殤則不言，賤也。」正義：「以後服之麻與前服之葛麤細同，則得服後麻，兼前服葛也。」兼服之服重者，則易輕者也。注：「服重者，謂特之也。則者，則男子與婦人也。凡下服，虞卒哭，男子反其故葛帶，婦人反其故葛絰，其上服除，則固自受以下服之受矣。」正義：「以前文『麻葛兼服』但施於男子，不包婦人，今男子則易要，婦人易首，俱得易輕也。遭後服初喪，雖易前服之輕，至後服既葬之後，還須反服其前喪也。」

禮記訓纂卷三十八

三年問第三十八

鄭目録云：「名曰三年問者，善其問，以知喪服年月所由。此於別録屬喪服。」吴幼清曰：「此篇專問父母喪所以三年之義，故以三年問名篇。」

三年之喪，何也？曰：稱情而立文，因以飾羣，別親疏貴賤之節，而弗可損益也。故曰：「無易之道也。」注：「稱情而立文，稱人之情輕重，而制其禮也。羣，謂親之黨也。無易，猶不易也。」正義：「飾，謂章表也。羣，謂五服之親也。親，謂大功以上。疏，謂小功以下。貴，謂天子諸侯絶期、卿大夫降期以下。賤，謂士庶人服族。」吴幼清曰：「曰者，設爲答辭也。情，謂哀情。文，謂禮文。言喪之五服，各稱哀情之輕重，而立隆殺之禮文也。其親而服重，或賤而無降者，不可損之而減輕，其疏而服輕，或貴而有絶有降者，不可益之而加重也。乃一定無可改易之道也。」陳可大曰：「人不能無羣，羣不可無別，立文以飾之，則親疏貴賤之等明矣。弗可損益者，中制不可不及，亦不可過，是所謂無易之道也。」○稱，尺證反。易，音亦。

創鉅者其日久，痛甚者其愈遲。三年者，稱情而立文，所以爲至痛極也。楊倞注荀子禮論篇曰：「創，傷也。『日久』『愈遲』，互言之也，皆言久乃能平。故重喪必待三年乃除，亦爲至痛之極，不可朞月而已。」

斬衰、苴杖，居倚廬，食粥，寢苫枕塊，所以爲至痛飾也。注：「飾，情之章表也。」釋文：「鉅，大也。愈，差也。」三年之喪，二十五月而畢，哀痛未盡，思慕未忘，然而服以是斷之者，豈不送死有已，復生有節也哉！注：「復生，除喪反生者之事也。」正義：「言賢人君子於此二十五月之時，悲哀摧痛猶未能盡，憂思悲慕猶未能忘，若不斷以二十五月，則孝子送死之情何時得已？復常之禮何有限節也哉？」○創，音瘡。鉅，音巨。愈，徐音庾。

凡生天地之間者，有血氣之屬必有知，有知之屬莫不知愛其類。今是大鳥獸則失喪其羣匹，王氏念孫曰：「古者，則與若同義，言若失喪其羣匹也。」越月踰時焉，則必反巡過其故鄉，翔回焉，鳴號焉，蹢躅焉，踟蹰焉，然後乃能去之。小者至於燕雀，猶有啁噍之頃焉，然後乃能去之。故有血氣之屬者莫知於人，故人於其親也，至死不窮。注：「匹，偶也，言燕雀之恩不如大鳥獸，大鳥獸不如人，含血氣之類，人最有知而恩深也。於其五服之親，念之至死無止已。」楊倞注禮論篇曰：「鳥獸猶知愛其羣匹，良久乃去，況人有生之最智，則於親喪悲哀之情至死不窮已，故以三年節之也。」○屬，音蜀。喪，息浪反。巡，徐詞均反。過，古卧反。號，音豪。蹢，本又作「蹄」，直亦反。躅，直録反。啁，張留反。噍，子流反。頃，苦穎反。知，音智。

將由夫患邪淫之人與？則彼朝死而夕忘之，然而從之，則是曾鳥獸之不若也。夫焉能相與羣居而不亂乎？注：「言惡人薄於恩，死則忘之，其相與聚處，必失禮也。」王氏念孫曰：「『患邪淫之人』，當作『愚陋邪淫之人』，謂至愚極陋，不知禮義也。愚字與古文患字作患者相似，又脱陋字。荀子禮論正作『愚陋邪淫』。從，讀爲『放縱』之縱，言若縱其朝死夕忘之心，則是鳥獸之不若也。下文『然而遂之，則是無窮也』，彼言遂君子之心，此言從小人之心，縱與遂義相近，荀子禮論正作縱。」將由夫修飾之君子與？則三年之喪，二十五月而畢，若駟之過隙，然而遂之，則是無窮也。注：「駟之過隙，喻疾也。遂之，謂不時除也。」正義：「駟馬駿疾，空隙狹小，以駿疾而過狹小，言急速之甚。」故先王焉爲之立中制節，壹使足以成文理，則釋之矣。注：「立中制節，謂服之年月也。釋，猶除也，去也。」正義：「立中人之制，以爲年月限節。三年一閏，天道小成，子生三年，然後免於父母之懷，故服以三年。」惠氏棟曰：「焉，於也。」彬謂壹使足以成文理，猶大學言「壹是以修身爲本」。經傳中多有以壹起義者。○夫，音扶。駟，音四。隙，本又作「郤」，去逆反。

然則何以至期也？注：「言三年之義如此，則何以有降至於期也。期者，謂爲人後者，父在爲母也。」曰：至親以期斷。注：「言服之正，雖至親皆期而除也。」正義：「檢尋經意，至親以期斷，是明一期可除之節，故禮『期而練』，『男子除絰，婦人除帶』。下云加隆故至三年，是經意不據爲人後及父在爲母期。鄭之此釋，恐未盡經意。」是何也？注：「問服斷於期之義也。」曰：天地則已易矣，四時則已變矣，其在天地之中者，莫不更始焉，以是象之也。注：「法此變易，可以期也。」正義：「言天地之中，動植之物無不於前事之終，更爲今事之始，聖人以人事法象天地，故期年也。」○期，音基。

然則何以三年也？注：「言法此變易，可以期，何以乃三年爲？」曰：加隆焉爾也。焉使倍之，故再期也。注：「言於父母，加隆其恩，使倍期也。下焉猶然。」彬謂猶於也，下同。

由九月以下，何也？曰：焉使弗及也。注：「言使其恩不若父母。」故三年以爲隆，緦、小功以爲殺，期、九月以爲間。上取象於天，下取法於地，中取則於人，人之所以羣居和壹之理盡矣。注：「取象於天地，謂法其變易也。自三年以至緦，皆歲時之數也。言既象天地，又足以盡人聚居純厚之恩也。」正義：「隆，謂恩愛隆重。殺，謂情理殺薄。間者，是隆殺之間。天地之氣，三年一閏，是三年者，取象於一閏。一期物終，是一期者，取象於一周。九月者，以象陽之數，又象三時而物成也。五月以象五行，三月者，取象天地一時而氣變。皆取法於天地。取則於人，子生三年，然後免於父母之懷，故服三年。人一歲，情意變改，故服一期。九月、五月、三月之屬，亦逐人情而減殺。既法天地與人，三才並備，故能調和羣衆聚居，和諧專壹，義理盡備矣。」故三年之喪，人道之至文者也。夫是之謂至隆。注：「言三年之喪，喪禮之最盛也。」是百王之所同，古今之所壹也，未有知其所由來者也。注：「不知其所從來，喻此三年之喪，前世行之久矣。」正義：「上古喪期無數，謂無葬、練、祥之數，其喪父母猶三年也。故堯崩云『如喪考妣三載〔一〕』，則知堯以前喪考妣已三年，但不知定在何時。但唐、虞以前，喪服與吉服同，皆以白布爲之。」孔子曰：「子生三年，然後免於父母之懷。」夫三年之喪，天下之達喪也。注：「達，謂自天子至於庶人。」○殺，色界反。

〔一〕「如」，原誤「加」，據禮記注疏改

禮記訓纂卷三十九

深衣第三十九

鄭目録云：「名曰深衣者，以其記深衣之制也，深衣，連衣裳而純之以采者。素純曰長衣，有表則謂之中衣。大夫以上，祭服之中衣用素。詩云：『素衣朱襮。』玉藻曰：『以帛裏布，非禮也。』士祭以朝服，中衣以布明矣。此於別録屬制度。」正義：「長衣、中衣、深衣，其制度同。玉藻云：『長、中繼揜尺。』若深衣則緣而已。下云：『緣廣寸半。』凡深衣皆用諸侯、大夫、士夕時所著之服，庶人吉服亦深衣，皆著之在表也。其中衣，在朝服、祭服、喪服之下，但喪服中衣不得繼揜尺也。其吉服中衣，亦以采緣，諸侯得綃黼爲領，丹朱爲緣，大夫士但用采純而已。其長衣以素緣，若以布緣，則曰麻衣。所以此稱深衣者，以餘服則上衣下裳不相連，此深衣衣裳相連，被體深邃，故謂之深衣。」

古者深衣，蓋有制度，以應規、矩、繩、權、衡。注：「言聖人制事，必有法度。」短毋見膚，注：「衣取蔽形。」長無被土，注：「爲汙辱也。」續衽鉤邊，注：「續，猶屬也。衽，在裳旁者也。屬，連之，不殊裳前後也。鉤邊，若今曲裾也。續，或爲裕。」要縫半下。注：「三分要中，減一以益下。下宜寬也。」正義：「凡深衣之裳十二幅，皆寬頭在下，狹頭在上，皆似小要之衽，是前後左右皆有衽也。今云衽當旁者，謂所續之衽當身之一旁，非爲餘衽悉當旁也。若喪服裳，前三幅，後四幅，各自爲之，不相連也。今深衣裳，一旁則連之相著，一旁則有曲裾揜之。要縫，謂要中之縫，尺寸闊狹，半下畔之闊。下畔一丈四尺四寸，則要縫半之，七尺二寸。凡布廣二尺，二尺四寸爲縫。一尺八寸在三分之一分爲六寸，減此六寸以益於下，是下二幅有二尺四寸，上二幅有一尺二寸，下容舉足而行，故宜寬也。」江氏永曰：「疏分續衽鉤邊在兩旁最是。一旁連之相著者，左旁也。一旁有曲裾掩之者，右旁也。鉤邊，似漢時曲裾，當別用一幅爲之，上狹下闊，綴於右後內衽，使其鉤曲而前，以掩裳際。」袼之高下，可以運肘。注：「肘不能不出入。袼，衣袂當掖之縫也。」釋文：「袼，腋也。」正義：「袼，謂當臂之處。袂中高下宜稍寬大，可以運動其肘。袂二尺二寸，肘尺二寸，是容運肘也。」袂之長短，反詘之及肘。注：「袂屬幅於衣，詘而至肘，當臂中爲節。臂骨上下各尺二寸，則袂肘以前尺二寸。肘，或爲腕。」正義：「袂長二尺二寸，并緣寸半，爲二尺三寸半，除去其縫之所殺各一寸，餘有二尺一寸半在，從肩至手二尺四寸。今二尺一寸半之袂，得反詘及肘者，以袂屬於衣，幅闊二尺二寸，身脊至肩但尺一寸也，從肩覆臂又尺一寸，是衣幅之畔覆臂將盡。今又屬袂於衣又二尺一寸半，故反詘其袂得及於肘也。」帶，下無厭髀，上無厭脅，當無骨者。注：「當骨，緩急難爲中也。」正義：「此深衣帶下於朝祭服之帶也。朝祭之帶則近上，故玉藻云『三分帶下，紳居二焉』，是自帶以下四尺五寸也。」○被，彼義反。袼，本亦作「路」，音各。肘，竹九反。袂，彌世反。詘，丘勿反。厭，於甲反。髀，畢婢反。脅，許劫反。當，丁浪反。

制十有二幅，以應十有二月，注：「裳六幅，幅分之，以爲上下之殺。」正義：「深衣，其幅有六，每幅交解爲二，是十二幅也。」袂圜以應規，注：「謂胡下也。」曲袷如矩以應方，注：「袷，交領也。古者方領，如今小兒衣領。」負繩及踝以應直，注：「繩，謂裻與後幅相當之縫也。踝，跟也。」正義：「衣之背縫及裳之背縫，上下相當，如繩之正，故云『負繩』。」下齊如權衡以應平。注：「齊，緝。」故規者，行舉手以爲容，注：「行舉手，謂揖讓。」負繩抱方者，以直其政，方其義也。故易曰：「坤六二之動，直以方也。」注：「言深衣之直方，應易之文也。政或爲正。」正義：「負繩，背之縫也。抱方，領之方也。以直其政解『負繩』，以方其義解『抱方』也。」下齊如權衡者，以安志而平心也。注：「心平志安，行乃正。或低若仰，則心有異志者與？」五法已施，故聖人服之。注：「言非法不服也。」故規矩取其無私，繩取其直，權衡取其平。故先王貴之。注：「貴此衣也。」故可以爲文，可以爲武，可以擯相，可以治軍旅。完且弗費，善衣之次也。注：「完且弗費，言可苦衣而易有也。深衣者，用十五升布，鍛濯灰治，純之以采。善衣，朝祭之服也。自士以上，深衣爲之次，庶人吉服，深衣而已。」正義：「按雜記云：『朝服十五升。』此深衣與朝服相類。玉藻：『諸侯夕深衣，祭牢肉。』又『大夫士朝玄端，夕深衣。』是深衣爲朝祭之次服也。諸侯之下，自深衣以後更無餘服。喪服有衰裳，包貴賤上下無差，亦明庶人吉服乃深衣也。」○袷，音劫。踝，胡瓦反。齊，音咨。相，息亮反。

具父母、大父母，衣純以繢。具父母，衣純以青。如孤子，衣純以素。注：「尊者存，以多飾爲孝。繢，畫文也。三十已下，無父稱孤。」釋文：「大父母，祖父母也。」正義：「若一在一亡，不必純以繢。唯有父母而無祖父母者，吉不具，故飾少，而深衣領緣用青純，降於繢也。」純袂、緣、純邊，廣各寸半。注：「純，謂緣之也。緣袂，謂其口也。緣，緆也。緣邊，衣裳之側，廣各寸半，則表裏共三寸矣。唯袷廣二寸。」釋文：「鄭注既夕禮云：『飾衣領、袂口曰純，裳邊側曰綼，下曰緆也。』」正義：「緆，謂深衣下畔也。純邊者，謂深衣之旁側也。深衣外衿之邊有緣，裳雖前後相連，然外邊曲裾掩處，其側亦有緣也。」○大，音泰。繢，胡對反。緣，悦絹反。

禮記訓纂卷四十

投壺第四十

鄭目録云：「名曰投壺者，以其記主人與客燕飲，講論才藝之禮。此於別録屬吉禮，亦實曲禮之正篇。」釋文：「皇云：『與射爲類，宜屬嘉禮。』或云：『宜屬賓禮。』」

投壺之禮：主人奉矢，司射奉中，使人執壺。注：「矢，所以投者也。中，士則鹿中也。射人奉之者，投壺，射之類也。其奉之，西階上，北面。」釋文：「壺，器名，以矢投其中，射之類。」正義：「中，受筭之器。按鄉射記云：『大夫兕中，士鹿中。』此篇投壺，是大夫士之禮，不云『兕中』者，略之。其諸侯相燕，亦有投壺，故左傳云『晉侯與齊侯燕』，『投壺』。然則天子亦有之，但古禮亡，無以知也。其中之形，刻木爲之，狀如兕鹿而伏，背上立圓圈以盛筭。」**主人請曰：「某有枉矢哨壺，請以樂賓。」賓曰：「子有旨酒嘉肴，某既賜矣。又重以樂，敢辭。」**注：「燕飲酒，既脱屨升坐，主人乃請投壺也。否則，或射，所謂燕射也。枉哨，不正貌，爲謙辭。」釋文：「王肅云：『枉，不直。哨，不正也。』」段氏玉裁曰：「鄭注考工記曰：『哨頃，小也。』」正義：「按燕禮『取俎以出』，『卿大夫皆降，賓反入，及卿大夫皆脱屨，升，就席』，『羞庶羞』之後，乃云『若射，則大射正爲司射』，則知此亦在脱屨升坐之後。若鄉射之禮，則在飲酒未旅之前爲射，以其詢衆庶，禮重，故早射，異於燕射也。」**主人曰：「枉矢哨壺，不足辭也，敢固以請。」賓曰：「某既賜矣，又重以樂，敢固辭。」**注：「固之言如故也。言如故辭者，重辭也。」**主人曰：「枉矢哨壺，不足辭**

也，敢固以請。」賓曰：「某固辭不得命，敢不敬從。」注：「不得命，不以命見許。」○奉，音捧。枉，紆往反。哨，七笑反。樂賓，音洛。下「以樂」，音岳。肴，户交反。重，直用反。

賓再拜受，主人般還，曰「辟」。注：「賓再拜受，拜受矢也。主人既辟，進授矢兩楹之間也。」正義：「賓既許主人投壺，乃於西階上北面再拜，遥受矢也。主人見賓之拜，乃般曲折還，謂賓曰：『今辟而不敢受。』言此者，欲止賓之拜也。於是賓及主人各來兩楹之間相就，俱南面，主人在東，授矢與賓。」主人阼階上拜送，賓般還，曰「辟」。注：「拜送，送矢也。辟亦於其階上。」正義：「主人既授矢之後，歸還阼階上，北面拜送矢。賓受矢之後，歸於西階上，見主人之拜，賓乃般還而告主人曰『辟』，亦止主人拜。知皆北面者，按鄉飲酒、鄉射拜受爵送爵皆北面，故知亦當北面。熊氏云：『以拜時還辟，或可東西面相拜。又以曰辟者，是贊者來辭告主人及賓。』義亦通也。」○般，步干反。還，音旋。辟，音避。

已拜，受矢，進即兩楹間，退反位，揖賓就筵。注：「主人既拜送矢，又自受矢。進即兩楹間者，言將有事於此也。退乃揖賓即席，欲與偕進，明爲偶也。賓席、主人席皆南鄉，間相去如射物〔一〕。」正義：「主人拜送矢之後，主人贊者持矢授主人，主人於阼階上受矢。乃退，反阼階之位，西面揖賓。於是賓主各來就筵。物，謂射者，所立之處，物長三尺，闊一尺二寸，兩物東西相去容一弓。故鄉射記云『物長如笴，其間容弓，距隨長武』，注云：『笴長三尺，距隨者，物横畫也。』」劉氏台拱曰：「注、疏皆以此『就筵』爲就投壺之筵。愚謂反位者，反其拜位。就筵者，就其坐筵耳。待司射

〔一〕「射」，原誤「是」，據禮記注疏改。

告矢具，請拾投之時，乃得就投壺之筵。」

司射進度壺，間以二矢半。釋文出「以二矢半」四字，云：「一本無此四字，依注則有。」王氏念孫曰：「按此一節，但記度壺、設筭之事，若筭」之多少，矢之長短，及壺席相距之度，皆在下文。若此言『度壺』，『以二矢半』，下又言『壺去席二矢半』，則重出矣。『以二矢半』四字疑衍。然陸、孔二本祇有此四字，而無間字。夫有壺有席，而後有間。今但言壺，不言席，則亦不得言間矣。間字蓋涉上文『兩楹間』而衍。大戴禮記作『司射進度壺，反位』，無『間以二矢半』之文。」反位，設中，東面，執八筭興。注：「度壺，度其所設之處也。壺去坐二矢半，則堂上去賓席、主人席邪行各七尺也。反位，西階上位也。設中東面，既設中，亦實八筭於中，横委其餘於中西，執筭而立，以請賓俟投。」正義：「投壺有三處：日中則於室，日晚則於堂，太晚則於庭，是各隨光明故也。矢有長短，亦隨地廣狹：室中狹，矢長五扶；堂上稍廣，矢長七扶；庭中大廣，矢長九扶。四指曰扶，扶廣四寸。五扶者，二尺也。七扶者，二尺八寸。九扶者，三尺六寸也。雖矢有長短，而度壺皆使去賓主之席各二矢半也。室中去席五尺，堂上則去席七尺，庭中則去席九尺。」○度，徒洛反。筭，悉亂反。

請賓，曰：「順投爲入，比投不釋，勝飲不勝者。正爵既行，請爲勝者立馬，一馬從二馬。三馬既立，請慶多馬。」請主人亦如之。注：「請，猶告也。順投，矢本入也。比投，不拾也。勝飲不勝，言以能養不能也。正爵，所以正禮之爵也。或以罰，或以慶。馬，勝筭也。謂之馬者，若云技藝如此，任爲將帥乘馬也。射、投壺，皆所以習武，因爲樂。」釋文：「比，頻也。『勝者立馬』，俗本或此句下有『一馬從二馬』五字，誤。」正義：「以矢本入者，名爲入，爲之釋筭。若矢以未入，則不名爲入，亦不爲之釋筭也。又賓主更遞而投，不得以前既入，不待後人投之，而已頻投，雖入，亦不爲之釋筭也。正爵，謂勝飲不勝之爵也。禮以三馬爲成，但勝偶未必專頻得三，若勝偶得二，劣耦得一，故徹取劣偶之一，以足勝偶之二爲三。若頻得三成，或取足爲三馬，是其勝已成，又酌酒慶賀於多馬之偶也。按鄉射司射請賓於西階上，請主人於阼階上，則此請賓請主人，亦就賓主之前也。又按鄉射禮三耦先射，賓主乃射，以射禮重也。此投壺不立三耦，以投壺禮輕故也。」○比，毗志反。勝，尺證反。

命弦者曰：「請奏貍首，間若一。」大師曰：「諾。」注：「弦，鼓瑟者也。貍首，詩篇名也，今逸，射義所云『詩曰「曾孫侯氏」』是也。間若一者，投壺當以爲志取節焉。」正義：「按鄉射三番，初一番耦射不釋筭，第二番釋筭，第三番乃用樂。此投壺發初則用樂者，以投壺禮輕，主於歡樂故也。」○貍，吏持反。間，「間厠」之間。大，音泰。

左右告矢具，請拾投。有入者，則司射坐而釋一筭焉。賓黨於右，主黨於左。注：「拾，更也。告矢具請更投者，司射也。司射東面立，釋筭則坐，以南爲右，北爲左也。已投者退，各反其位。」正義：「反位，謂主黨於東，賓黨於西。」

卒投，司射執筭曰：「左右卒投，請數。」二筭爲純，一純以取，一筭爲奇。遂以奇筭告，曰：「某賢於某若干純。」奇則曰「奇」，鈞則曰「左右鈞」。注：「卒，已也。賓主之黨畢已投，司射又請數其所釋左右筭，如數射筭。一純，以取實於左手，十純則縮而委之。每委異之，有餘則橫諸純下一筭爲奇，奇則縮諸純下。兼斂左筭，實於左手。一純以委，十則異之。其它如右獲。畢則司射執奇筭，以告於賓與主人也。若告云『某賢於某』者，未斥主黨勝與，賓黨勝與，以勝爲賢，尚技藝也。鈞，猶等也。等，則左右手各執一筭以告。」正義：「純，全也。二筭合爲一全。一筭，謂不滿純者。奇，隻也。賢，謂勝者也。假令十筭，則曰五純也。九筭，則曰九奇也。」朱子曰：「恐是九筭則曰四純一奇。」○數，色主反。純，音全。奇，紀宜反。

命酌，曰：「請行觴。」酌者曰：「諾。」注：「司射又請於賓與主人，以行正爵。酌者，勝黨之弟子。」說文「觴，實曰觴，虛曰觶。」段氏玉裁曰：「觴者，實酒於爵也。」韓詩說，爵、觚、觶、角、散五者，總名曰爵，其實曰觴。觴者，餉也。觥者罰爵，不得名觴，然投壺之請行觴，固罰爵也。」當飲者皆跪奉觴，曰：「賜灌。」勝者跪，曰：「敬養。」注：「酌者亦酌奠於豐上，不勝者坐取，乃退而跪飲之。灌，猶飲也。言賜灌者，服而爲尊敬辭也。賜灌敬養，各與其偶於西階上，如飲射爵。」正義：「鄉射禮『弟子奉豐升，設於西楹之西，勝者之弟子洗觶，升，酌，南面坐奠於豐上』，是也。」○觴，失羊反，字或作「鷊」，同。跪，其委反。奉，芳勇反。灌，古亂反。養，羊尚反。

正爵既行，請立馬，馬各直其算。一馬從二馬，以慶。慶禮曰：「三馬既備，請慶多馬。」賓主皆曰：「諾。」注：「飲不勝者畢，司射又請爲勝者立馬，當其所釋筭之前。三立馬者，投壺如射，亦三而止也。三者，一黨不必三勝，其一勝者并其馬於再勝者以慶之，明一勝不得慶也。飲慶爵者偶親酌，不使弟子，無豐。」正義：「直，當也。所立之馬，各當其初釋算之前，所釋之筭，當中之西也。投壺與射禮同，亦三番而止〔一〕，每番勝者則立一馬。假令賓黨三番俱勝，則立三馬。或賓黨兩勝而立二馬，主黨一勝但立一馬，卽以主黨從就賓黨二馬，以少足益於多，以助勝

〔一〕「止」，原誤「正」，據禮記注疏改。

者爲棠。」

正爵既行，請徹馬。注：「投壺禮畢，可以去其勝筭也。既徹馬，無筭爵乃行。」

筭多少視其坐。注：「筭用當視坐投壺者之衆寡爲數也。投壺者人四矢，亦人四筭。」

籌，室中五扶，堂上七扶，庭中九扶。注：「籌，矢也。鋪四指曰扶，一指按寸。春秋傳曰：『膚寸而合。』投壺者或於室，或於堂，或於庭。其禮褻，隨晏早之宜，無常處。」王氏念孫曰：「鄭注『案』下亦當有『曰』字，寫者脱之。僖三十一年公羊傳注曰：『側手爲膚，按指爲寸。』」筭長尺二寸。注：「其節三扶可也。或曰：筭長尺有握。握，素也。」

壺頸修七寸，腹修五寸，口徑二寸半，容斗五升。壺中實小豆焉，爲其矢之躍而出也，壺去席二矢半。注：「修，長也。腹容斗五升，三分益一，則爲二斗，得圜囷之象，積三百二十四寸也。以腹修五寸約之，所得，求其圓周，圓周二尺七寸有奇，是爲腹徑九寸有餘也。實以小豆，取其滑且堅。」矢以柘若棘，毋去其皮。注：「取其堅且重也。舊説云：『矢大七分。』或言去其皮節。」正義：「此一節以儀禮準之，亦正篇之後記者之言也。」○籌，直由反。扶，方于反。頸，吉井反。躍，羊略反。柘，止夜反。

魯令弟子辭曰：「毋幠，毋敖，毋偝立，毋踰言！偝立踰言有常爵。」薛令弟子辭曰：「毋幠，毋敖，毋偝立，毋踰言！若是者浮。」注：「弟子，賓黨主黨年穉者也。爲其立堂下相褻慢，司射戒令之。記魯、薛者，禮衰乖異，不知孰是也。幠，敖，慢也。偝立，不正鄉前也。踰言，遠談語也。常爵，常所以罰人之爵也。浮，亦謂是也。晏子春秋曰：『酌者奉觴而進，曰：「君令浮。」』晏子時以罰梁丘據。浮。或作匏，或作符。踰，或爲遥。」○幠，好吾反。敖，五報反。借，音佩。浮，縛謀反。

鼓：○□○○□□○□○○□。半，○□○□○○○□□○□○。魯鼓：○□○○○□□○□○○□□○□○○□□○。半，○□○○○○□□○。薛鼓：注：「此魯、薛擊鼓之節也。圜者擊鼙，方者擊鼓。古者舉事，鼓各有節，聞其節則知其事矣。」釋文：「○，圜鼙，鄭呼爲鼙也。其聲下，其音榻榻然。□，方鼓，鄭呼爲鼓也。其聲高，其音鏜鏜然。」取半以下爲投壺禮，盡用之爲射禮。注：「投壺之鼓半射節者，投壺，射之細也。射，謂燕射。」司射、庭長及冠士立者皆屬賓黨，樂人及使者、童子皆屬主黨。注：「庭長，司正也。使者，主人所使薦羞者。樂人，國子能爲樂者。此皆與於投壺。」正義：「按鄉飲酒將旅之時，使相爲司正，在庭中，立於觶南，北面。察飲酒不如儀者，故知庭長司正也。冠士者，謂外人來觀投壺，成人加冠之士，尊之，故令屬賓黨。若童子，賤，則屬主黨也。此樂人，非瞽矇視瞭之徒，以其能與主人之黨而觀禮，故知非作樂瞽人也。」魯鼓：○□○○□□○○。半，○□○□○○○○□○□○。薛鼓：○□○○○○□○□○○○○□○□○○○□○。半，○□○□○○○○□○。注：「此二者，記兩家之異，故兼列之。」

禮記訓纂卷四十一

儒行第四十一

鄭目録云：「名曰儒行者，以其記有道德者所行也。儒之言優也，柔也，能安人，能服人。又儒者濡也，以先王之道，能濡其身。此於別録屬通論。」正義：「夫子自衛反魯，哀公館於孔子，問以儒行之事，記者録之以爲儒行之篇。」○行，下孟反。

魯哀公問於孔子曰：「夫子之服，其儒服與？」注：「哀公館孔子，見其服與士大夫異，又與庶人不同，疑爲儒服而問之。」孔子對曰：「丘少居魯，衣逢掖之衣；長居宋，冠章甫之冠。丘聞之也，君子之學也博，其服也鄉。丘不知儒服。」注：「逢，猶大也。大掖之衣，大袂禪衣也。此君子有道藝者所衣也。孔子生魯，長而之宋而冠焉。宋，其祖所出也。衣少所居之服，冠長所居之冠，是之謂鄉。言『不知儒服』，非哀公意不在於儒，乃今問其服。庶人禪衣，袂二尺二寸，袪尺二寸。」釋文：「章甫，殷冠也。」正義：「掖，謂肘掖之所。夫子著禪衣，與庶人同，其袂大，與庶人異，故謂衣爲逢掖也，則此大袂深衣也。禮，臣朝於君，應著朝服，而著常服者，時孔子自衛新還，哀公館之，非是常朝，故衣冠異也。」○與，音餘。掖，音亦。長，丁丈反。

哀公曰：「敢問儒行？」孔子對曰：「遽數之不能終其物，悉數之乃留。更僕，未可終也。」注：「遽，猶卒也。物，猶事也。留，久也。僕，太僕也，君燕朝則正位，掌擯相。更之者，爲久將倦，使之相代。」○行，下孟反。數，色主反。更，古衡反。

哀公命席，注：「爲孔子布席於堂，與之坐也。君適其臣，升自阼階，所在如主。」孔子侍，曰：「儒有席上之珍以待聘，夙夜强學以待問，懷忠信以待舉，力行以待取。其自立有如此者。注：「席，猶鋪陳也。鋪陳往古堯、舜之善道，以待見問也。大問曰聘。舉，見舉用也。取，進取位也。」吕與叔曰：「君子之用於天下，有待而不求。其學也，足以爲天下用，非志於用而後學。席上之珍，自貴而待買者也。」方性夫曰：「席所以藉物，席以藉之，則所藉之物居上，故謂之席上，所以防外物之或褻，尊之至也。」晏氏光曰：「君子比德於玉，故稱珍。」彬謂聘，如「湯使人以幣聘之」之聘。

儒有衣冠中，動作慎；其大讓如慢，小讓如僞；大則如威，小則如愧；其難進而易退也，粥粥若無能也。其容貌有如此者。注：「中，中間，謂不嚴厲也。如慢如僞，言之不愊恒也。如威如愧，如有所畏。」正義：「儒者所服衣冠，在常人中不自異也。粥粥，柔弱專愚之貌。」方性夫曰：「衣冠中者，中於禮也。其大也，則有所不可犯，故如威。其小也，則有所不敢爲，故如愧。三揖而後進，故曰『難進』。一辭而遂退，故曰『易退』。」晏氏曰：「大讓者，禄之以天下弗顧，繫馬千駟弗視。小讓者，觴酒豆肉讓而受惡，衽席之上讓而就賤。難進者，進以禮也，伊尹之三聘是已。易退者，退於義也，仲尼之不脱冕是已。是皆動容周旋而可見者，故曰『其容貌有如此者』。」○慢，音慢。易，以豉反。粥，章六反。

儒有居處齊難。王氏引之曰：「難，讀爲戁。説文：『戁，敬也。』小雅楚茨篇：『我孔熯矣。』毛傳曰：『熯，敬也。』

爾雅同。熯、戁、難聲相近，故字通。齊難與恭敬義亦相近也。」其坐起恭敬，言必先信，行必中正；道塗不爭險易之利，冬夏不爭陰陽之和；愛其死以有待也，養其身以有爲也。其備豫有如此者。注：「齊難，齊莊可畏難也。行不爭道，止不選處，所以遠鬭訟。」正義：「塗，路也。君子行道路，不與人爭平易而避險阻。冬溫夏涼，是陰陽之和。冬日暖處則喧，夏日陰處則涼，唯儒者讓而不爭也。愛死以待明時，養身爲行道德，言儒者先行善道，豫防患害如此。」○齊，側皆反。難，乃旦反。

儒有不寶金玉，而忠信以爲寶；不祈土地，立義以爲土地；不祈多積，多文以爲富；難得而易祿也，易祿而難畜也。非時不見，不亦難得乎！非義不合，不亦難畜乎！先勞而後祿，不亦易祿乎！其近人有如此者。注：「祈，猶求也。立義以爲土地，以義自居也。難畜，難以非義久留也。勞，猶事也。積，或爲貨。」釋詁：「勞，勤也。」正義：「言儒懷忠信以與人交，不貪金玉以與人競，不祈土地之富，以義自居。積，積聚財物也。儒以多學文章爲富，不求財積以利其身。非道之世則不仕，是難得也。先事後食，是易祿也。無義則去，是難畜也。言儒者親近於人如此。」○積，子賜反。易，以豉反。見，賢徧反。

儒有委之以貨財，淹之以樂好，見利不虧其義；釋詁：「淹，久也。虧，毀也。」劫之以衆，沮之以兵，見死不更其守；鷙蟲攫搏，不程勇者；王氏念孫曰：「『不程勇者』，當作『不程其勇』，與『不程其力』對文。其勇，謂己之勇也。文選辨命論注正作『不程其勇』。」引重鼎，不程其力；往者不悔，來者不豫；過言不再，流言不極；不斷其威，不習其謀。其特立有如此者。注：「淹，謂浸漬之。劫，劫脅也。沮，謂恐怖之也。鷙蟲，猛鳥猛獸也。字從鳥，摯省聲。程，猶量也。重鼎，大鼎也。搏猛引重，不量勇力堪之與否，當之則往也，雖有負者，後不悔也。其所未見，亦不豫備，平行自若也。不再，猶不更也。不極，不問所從出也。不斷其威，常可畏也。不習其謀，口及則言，不豫其說而順也。斷，或爲繼。」正義：「此明儒者特立不羣之事。言儒者人以貨財委之，以愛樂玩好浸漬之，不苟且而愛也。雖見劫見沮，以致於死，終不改其所守而苟免也。往過之事，雖有敗負，亦不追悔。將來之事，亦不豫防。愆過之言，不再爲之。若聞流傳之言，不窮其根本所從出也。不絕其威嚴，容止常可畏也。逢事則謀，不豫習也。」○淹，於廉反。樂，五孝反，好，呼報反。劫，居業反。沮，在呂反。鷙，音至。攫，俱縛反。搏，音博。斷，音短。

儒有可親而不可劫也，可近而不可迫也，可殺而不可辱也。其居處不淫，其飲食不溽，其過失可微辨而不可面數也。其剛毅有如此者。注：「淫，謂傾邪也。恣滋味爲溽，溽之言欲也。」正義：「溽，即濃厚也。」呂與叔曰：「以義交者，雖疏遠必親，非義加之，雖強禦不畏，故有可親、可近、可殺之理而不可劫、迫、辱也。」○溽，音辱。數，所具反。毅，魚既反。

儒有忠信以爲甲胄，禮義以爲干櫓；說文：「櫓，大盾也。或作樐。」墨子備城門篇：「櫓廣四尺，高八尺。」戴仁而行，抱義而處；雖有暴政，不更其所。其自立有如此者。注：「甲，鎧。胄，兜鍪也。干櫓，小楯大楯也。」正義：「甲胄干櫓，所以禦患難。儒者以忠信禮義禦患難，謂有忠信禮義則人不敢侵侮也。戴仁而行，仁之盛。抱義而處，義不離身。更，改也。雖有暴政，不改其志操，迥然自成立也。前言『自立』者，謂強學力行而自修；此『自立』者，謂獨懷仁義忠信也。」○胄，直又反。櫓，音魯。

儒有一畝之宮，環堵之室，篳門圭窬，蓬户甕牖；說文：「窬，穿木户也。一曰：空中也。牖，穿壁以木爲交窗也。从片，户甫聲。〔一〕譚長以爲『甫』上『日』也，非『户』也。牖所以見日。」易衣而出，并日而食；上答之不敢以疑，上不答不敢以諂。其仕有如此者。注：「言貧窮屈道，仕爲小官也〔二〕。宮，謂牆垣也。環堵，面一堵也。五版爲堵，五堵爲雉。篳門，荆竹織門也。圭窬，門旁窬也，穿牆爲之如圭矣。并日而食，二日用一日食也。上答之，謂君應用其言。」釋文：「方丈爲堵。篳，杜預曰：『柴門也。』圭窬，郭璞三蒼解詁云：『門旁小窬也。』左傳作『竇』，杜預云：『圭竇，小户也。上銳下方，狀如圭形也。』蓬户，以蓬爲户也。甕牖，以甕爲牖。」正義：「徑一步，長百步爲畝。若折而方之，則東西南北各十步爲宅也。牆方六丈，故云『一畝之宮』。宮，謂牆垣也。環，謂周迴也，東西南北唯一堵。蓬户，謂編蓬爲户，又以蓬塞門，謂之蓬户。甕牖，謂牕圓如甕口也。易衣而出者，王云：『更相衣而後可出。』并日而食者，謂不日日得食，或三日二日并得一日之食。上，君也。答之，謂己有言語，君答而用之。不敢以疑，謂己竭心力，不敢猜疑於君上也。上不答不敢以諂者，有言不用，及不見使，則靜默不敢諂媚求進也。」呂與叔曰：「儒者之仕，將以事道也，然有時乎爲貧，食其力以求免死而已。辭尊居卑，辭富居貧，抱關擊柝，乘田委吏，無所往而不可也。故爲貧者非事道，事道者不爲貧，二者不可辭也。」彬謂疑與儗同，比也。比於君，謂僭儗於君。不敢以疑，猶言「上交不瀆」。若君答而用之，又何猜疑之有？○堵，音覩。篳，音畢。窬，音豆。蓬，步紅反。甕，烏貢反。牖，音酉。

〔一〕「聲」字原脱，據說文片部補。

〔二〕「仕」，原誤「任」，據禮記注疏改。

儒有今人與居，古人與稽；今世行之，後世以爲楷；適弗逢世，上弗援，下弗推。讒諂之民，有比黨而危之者，身可危也，而志不可奪也。雖危，起居竟信其志，猶將不忘百姓之病也。其憂思有如此者。注：「稽，猶合也。古人與合，則不合於今人也。援，猶引也，取也。推，猶進也，舉也。危，欲毁害之也。起居，猶舉事動作。信，讀如『屈伸』之伸，假借字也。猶，圖也。信，或爲身。」正義：「楷，法式也。言儒者行事，以爲後世楷模，適，之也，不逢明世也。上弗援，不爲君上所引取。下弗推，不爲民下所薦舉也。雖比黨共危己，而行事舉動猶能伸己之志謀，不變易也。」胡邦衡曰：「適弗逢世，所之與世左也。猶，若也。若將不忘百姓之病，言其志若此。」○稽，古奚反。楷，苦駭反。援，音袁。推，昌誰反。讒，仕咸反。

儒有博學而不窮，篤行而不倦；幽居而不淫，上通而不困；禮之以和爲貴，忠信之美，優游之法；慕賢而容衆，毁方而瓦合。其寬裕有如此者。注：「不窮，不止也。幽居，謂獨處時也。上通，謂仕道達於君也，既仕則不困於道德不足也。忠信之美，美忠信者也。優游之法，法和柔者也。毁方而瓦合，去己之大圭角，下與衆人小合也。必瓦合者，亦君子爲道不遠人。」正義：「君子雖復隱處，常自修整，不傾邪也。上通，謂身得通達於君，有道德被用也。不困，謂既在其位，必行其政，使德位相稱，不爲困弊也。見賢思齊，是慕賢也。汎愛一切，是容衆也。」吕與叔曰：「陶者之爲瓦，必圓而割分之，分之則瓦，合之則圓。義取諸此。」方性夫曰：「禮之用，和爲貴，蓋禮之體則貴節，禮之用則貴和，無體不立，無用不行。不言體之節，止言用之和，主寬裕言之故也。」○行，下孟反。

儒有内稱不辟親，外舉不辟怨，程功積事，推賢而進達之，不望其報；君得其志，苟利國家，不求富貴。其舉賢援能有如此者。注：「君得其志者，君所欲爲，賢臣成之。」正義：「稱，舉也。不辟親，若祁奚舉子祁午。不辟怨，若祁奚舉讎人解狐也。程效其功，積累其事，乃推而進達之，不求望其報也。輔助其君，使君得其志意，所欲皆成，唯在利益國家，不自求富貴也。」○辟，音避。

儒有聞善以相告也，見善以相示也；爵位相先也，患難相死也；久相待也，遠相致也。其任舉有如此者。注：「相先，猶相讓也。久相待，謂其友久在下位不升，己則待之乃進也。遠相致者，謂己得明君而仕，友在小國不得志，則相致達也。」正義：「前舉賢援能，謂疏遠者；此任舉，謂親近者。遠相致，謂遠相招致也。」集說：「舉，稱引。」

儒有澡身而浴德，陳言而伏，靜而正之，上弗知也；麤而翹之，又不急爲也；不臨深而爲高，不加少而爲多；世治不輕，世亂不沮；同弗與，異弗非也。其特立獨行有如此者。注：「麤，猶疏也，微也。君不知己有善言正行，則觀色緣事，而微翹發其意使知之。不臨深而爲高，臨衆不以己位尊自振貴也。不加少而爲多，謀事不以己小勝自矜大也。世治不輕，不以賢者並衆，不自重愛也。世亂不沮，不以道衰，廢壞己志也。」正義：「澡身，謂澡絜其身，不染濁也。浴德，謂沐浴於德，以德自清也。前云『特立』，但明一身勇武，此云非但身所特立，又獨行此行，故更言『特立』也。」呂與叔曰：「陳言而伏，人告嘉謀嘉猷，順之於外也。伏者，閉而不出之謂。靜而正之者，將順其美，匡救其惡，常在於未形也。麤而翹之，以其事之麤者，微發其端而爲之兆，蓋先其未發而止其爲惡。先爲之兆，以嘗其爲善。」方性夫曰：「世治而德常見重，故曰『不輕』。世亂而志常自若，故曰『不沮』。與其所可與，不必同平己也。非其所可非，不必異乎己也。蓋同乎己者不必善，異乎己者不必惡。同而與之，則讒諂面諛之人至矣。異而非之，則直諒多聞之友去矣。」○澡，音早。麤，本又作「麄」，七奴反。翹，祁饒反。沮，徐在吕反。行，下孟反。

儒有上不臣天子，下不事諸侯；慎静而尚寬，強毅以與人，博學以知服；近文章，砥厲廉隅；雖分國，如錙銖，不臣不仕。其規爲有如此者。注：「強毅以與人，不苟屈以順之也。博學以知服，不用己之知，勝於先世賢知之所言也。雖分國如錙銖，言君分國以禄之，視之輕如錙銖矣。八兩曰錙。」正義：「上不臣天子，伯夷、叔齊是也。下不事諸侯，長沮、桀溺是也。博學以知服，不以己之博學凌跨前賢也。習近文章，以自磨厲，使成己廉隅也。按算法十黍爲參，十參爲銖，二十四銖爲兩，八兩爲錙。」王氏引之曰：「謹案二十四銖爲兩，八兩爲錙，錙與銖輕重相遠，不得並稱。古人言錙者，其數或多或少。淮南詮言篇『割國之錙錘以事人』，高注曰：『六兩曰錙，倍錙曰錘。』與鄭注『八兩爲錙』相近。此數之多者也。説山篇『有千金之璧，而無錙錘之礛諸』，注曰：『六銖曰錙，八銖曰錘。』説文亦曰：『錙，六銖也。錘，八銖也。』衆經音義卷二十引風俗通曰『銖六則錘，二錘則錙』，則又以十二銖爲錙。此數之少者也。記以錙銖竝稱，輕重必不相遠，當以六銖曰錙爲正解。」方性夫曰：「強所以自勝，毅所以致果，皆立己之道也。立己或至於絶物，故繼之以『與人』。學雖貴乎博，苟不知服而行之，則亦讀聖而庸行矣，故又貴乎知服。」○砥，音脂，又音旨。錙，側其反。

儒有合志同方，營道同術；並立則樂，相下不厭；久不相見〔一〕，聞流言不信。其行本

〔一〕「見」，原誤「下」，據禮記注疏改。

方立義，同而進，不同而退。其交友有如此者。注：「同方同術，等志行也。聞流言不信，不信其友所行，如毁謗也。」正義：「方，猶法也。同術，則同方也。但合志同方，據所懷志意也。營道同術，據所習道藝也。並立，謂與友同仕，則歡樂也。相下不厭者，不厭賤也。久不相見，聞流謗之言，則不信其言也。庾氏言『其行所本必方正，所立必存義也』。朋友所爲，與己同則進而從之，不與己同則退而避之。」方性夫曰：「並立則樂，以其無忌心。相下不厭，以其有孫志。聞流言不信，以其久要不忘，而相信之篤。」○樂，音洛。

温良者，仁之本也。敬慎者，仁之地也。寬裕者，仁之作也。孫接者，仁之能也。禮節者，仁之貌也。言談者，仁之文也。歌樂者，仁之和也。分散者，仁之施也。儒皆兼此而有之，猶且不敢言仁也。其尊讓有如此者。注：「此兼上十有五儒，蓋聖人之儒行也。」孔子嫌若斥己，假仁以爲説。仁，聖之次也。」正義：「温良之性，是仁之本。地所以居止萬物，仁者動作必寬裕。孫接，言孫辭接物。禮儀撙節是仁之外貌，言語談説是仁之文章，歌舞喜樂是仁之和悦，分散蓄積而振貧窮是仁之恩施也。」方性夫曰：「温良則得於中，故以爲本。敬慎則發於外，故以爲地。寬則不迫，裕則有餘。仁無本不立，有本然後可行，故繼以『仁之地』。有行則有所事，故繼以『仁之作』。作則見其所能，故繼以『仁之能』。有所能則形於外，故繼以『仁之貌』。形於貌則必有所飾，故繼以『仁之文』。有文則無乖於物，故繼以『仁之和』。和則其餘足以利物，故繼以『仁之施』。」○孫，音遜。分，方云反。施，始豉反。

儒有不隕穫於貧賤，不充詘於富貴，不慁君王，不累長上，不閔有司，故曰儒。注：「隕穫，困迫失志之貌也。充詘，歡喜失節之貌。慁，猶辱也。累，猶係也。閔，病也。言不爲天子、諸侯、卿、大夫、羣吏所困迫而違道，孔子自謂也。充，或爲統。閔，或爲文。」彬謂古者感士不遇，多謂之落魄，或言『落拓』，言窮而無所用也。蓋草木摇落變衰，能如歲寒松柏者鮮，故貧士失職，侘傺不得志，以隕穫言。揚雄方言：「襜褕，以布而無緣，敝而紩之，謂之襤褸，自關而西，謂之𧙕䘤。」又：「自關而西，秦、晉之間，無緣之衣謂之𧙕䘤。」人之不自檢束者亦似之。故修飾之君子，整躬厲行，裁制委蛇，有羔羊之節焉，故謂之不充詘。若質言之，不隕穫乃君子之貧而樂，不充詘則富而好禮之謂也。

今衆人之命儒也妄，常以儒相詬病。」注：「名爲儒，而以儒靳，故相戲。此哀公輕儒之所由也。詬病，猶恥辱也。」釋文：「命，名也。」妄，王云：「虚妄也。」杜預云：「戲而相媿爲靳也。」王氏念孫曰：「此言衆人不知儒之實，故常以儒相詬。」○隕，于敏反。穫，户郭反。詘，求勿反。慁，胡困反。閔，本亦作「愍」，武謹反。妄，王音亡尚反。詬，徐音遘。

孔子至舍，哀公館之，聞此言也，言加信，行加義，「終没吾世，不敢以儒爲戲。」注：「儒行之作，蓋孔子自衛初反魯時也。孔子歸至其舍，哀公就而以禮館之，問儒服，遂問儒行。」正義：「言加信，行加義，是記所録。終没吾世，是哀公之言。」

禮記訓纂卷四十二

大學第四十二

鄭目録云："名曰大學者，以其記博學可以爲政也。此於別録屬通論。"

大學之道，在明明德，在親民，在止於至善。知止而后有定，定而后能静，静而后能安，安而后能慮，慮而后能得。物有本末，事有終始，知所先後，則近道矣。古之欲明明德於天下者，先治其國；欲治其國者，先齊其家；欲齊其家者，先修其身；欲修其身者，先正其心；欲正其心者，先誠其意；欲誠其意者，先致其知；致知在格物。物格而后知至，知至而后意誠，意誠而后心正，心正而后身修，身修而后家齊，家齊而后國治，國治而后天下平。自天子以至於庶人，壹是皆以修身爲本。其本亂而末治者否矣，其所厚者薄而其所薄者厚，未之有也。此謂知本，此謂知之至也。所謂誠其意者，毋自欺也，如惡惡臭，如好好色，此之謂自謙。故君子必慎其獨也。小人閒居爲不善，無所不至，見君子而后厭然，揜其不善，而著其善。人之視己，如見其肺肝然，則何益矣？此謂誠於中，形於外，故君子必慎其獨也。曾子曰："十目所視，十手所指，其嚴乎！"富潤屋，德潤身，心廣體胖，故君子必誠其意。詩云："瞻彼淇澳，菉竹猗猗。今毛詩"澳"作"奥"，"菉"作"緑"。有斐君子，如切如磋，如琢如磨。瑟兮僩兮，赫兮喧兮。有斐君子，終不可諠兮。」今毛詩「喧」作「咺」，「諠」作「諼」。如切如磋者，道學也。如琢如磨者，自修也。瑟兮僩兮者，恂慄也。赫兮喧兮者，威儀也。有斐君子，終不可諠兮者，道盛德至善，民之不能忘也。詩云：「於戲！今毛詩作「於乎」。前王不忘。」君子賢其賢而親其親，小人樂其樂而利其利，此以没世不忘也。康誥曰：「克明德。」太甲曰：「顧諟天之明命。」帝典曰：「克明峻德。」今尚書「峻」作「俊」。皆自明也。湯之盤銘曰：「苟日新，日日新，又日新。」康誥曰：「作新民。」詩云：「周雖舊邦，其命惟新。」是故君子無所不用其極。詩云：「邦畿千里，惟民所止。」詩云：「緡蠻黄鳥，止于丘隅。」子曰：「於止，知其所止，可以人而不如鳥乎！」詩云：「穆穆文王，於緝熙敬止！」爲人君，止於仁；爲人臣，止於敬；爲人子，止於孝；爲人父，止於慈；於國人交，止於信。

子曰：「聽訟，吾猶人也，必也使無訟乎！」無情者不得盡其辭。大畏民志，此謂知本。

所謂修身在正其心者，身有所忿懥，則不得其正；有所恐懼，則不得其正；有所好樂，則不得其正；有所憂患，則不得其正。心不在焉，視而不見，聽而不聞，食而不知其味。此謂修身在正其心。所謂齊其家在修其身者，人之其所親愛而譬焉，之其所賤惡而譬焉，之其所畏敬而譬焉，之其所哀矜而譬焉，之其所敖惰而譬焉。故好而知其惡，惡而知其美者，天下鮮矣。故諺有之曰：「人莫知其子之惡，莫知其苗之碩。」此謂身不修不可以齊其家。所謂治國必先齊其家者，其家不可教而能教人者無之。故君子不出家而成教於國。孝者，所以事君也；弟者，所以事長也；慈者，所以使衆也。康誥曰：「如保赤子。」心誠求之，雖不中不遠矣。未有學養子而后嫁者也。一家仁，一國興仁；一家讓，一國興讓；一人貪戾，一國作亂。其機如此。此謂一言僨事，一人定國。堯、舜率天下以仁，而民從之；桀、紂率天下以暴，而民從之。其所令反其所好，而民不從。是故君子有諸己而后求諸人，無諸己而后非諸人。所藏乎身不恕，而能喻諸人者，未之有也。故治國在齊其家。詩云：「桃之夭夭，其葉蓁蓁；之子于歸，宜其家人。」宜其家人，而后可以教國人。詩云：「宜兄宜弟。」宜兄宜弟，而后可以教國人。詩云：「其儀不忒，正是四國。」其爲父子兄弟足法，而后民法之也。此謂治國在齊其家。所謂平天下在治其國者，上老老而民興孝，上長長而民興弟，上恤孤而民不倍。是以君子有絜矩之道也。所惡於上，毋以使下；所惡於下，毋以事上；所惡於前，毋以先後；所惡於後，毋以從前；所惡於右，毋以交於左；所惡於左，毋以交於右。此之謂絜矩之道。詩云：「樂只君子，民之父母。」民之所好好之，民之所惡惡之，此之謂民之父母。詩云：「節彼南山，維石巖巖。赫赫師尹，民具爾瞻。」有國者不可以不慎，辟則爲天下僇矣。詩云：「殷之未喪師，克配上帝。儀監于殷，峻命不易。」道得衆則得國，失衆則失國。是故君子先慎乎德。有德此有人，有人此有土，有土此有財，有財此有用。德者本也，財者末也。外本内末，争民施奪。是故財聚則民散，財散則民聚。是故言悖而出者，亦悖而入；貨悖而入者，亦悖而出。康誥曰：「惟命不于常。」道善則得之，不善則失之矣。楚書曰：「楚國無以爲寶，惟善以爲寶。」舅犯曰：「亡人無以爲寶，仁親以爲寶。」秦誓曰：「若有一介臣，斷斷兮今尚書「兮」作「猗」。無他技，其心休休焉，其如有容焉。人之有技，若己有之；人之彦聖，其心好之，不啻若自其口出；今尚書「若」作「如」。寔能容之，今尚書「寔」作「是」，下同。以能保我子孫黎民。今尚書無「能」字。尚亦有利哉！今尚書作「亦職有利哉」。人之有技，媢嫉以惡之；今尚書作「冒疾」。人之彦聖，而違之俾不通；今尚書「通」作「達」。寔不能容，以不能保我子孫黎民。亦曰殆哉！」唯仁人放流之，迸諸四夷，不與同中國。此謂唯仁人爲能愛人，能惡人。見賢而不能舉，舉而不能先，命也。見不善而不能退，退而不能遠，過也。好人之所惡，惡人之所好，是謂拂人之性，菑必逮夫身。是故君子有大道，必忠信以得之，驕泰以失之。生財有大道，生之者衆，食之者寡，爲之者疾，用之者舒，則財恒足矣。仁者以財發身，不仁者以身發財。未有上好仁而下不好義者也，未有好義其事不終者也，未有府庫財非其財者也。孟獻子曰：「畜馬乘不察於雞豚，伐冰之家不畜牛羊，百乘之家不畜聚斂之臣。與其有聚斂之臣，寧有盜臣。」此謂國不以利爲利，以義爲利也。長國家而務財用者，必自小人矣。彼爲善之，小人之使爲國家，菑害並至。雖有善者，亦無如之何矣。此謂國不以利爲利，以義爲利也。

朱子考定大學

大學之道，在明明德，在親民，在止於至善。知止而后有定，定而后能靜，靜而后能安，安而后能慮，慮而后能得。物有本末，事有終始，知所先後，則近道矣。古之欲明明德於天下者，先治其國；欲治其國者，先齊其家；欲齊其家者，先修其身；欲修其身者，先正其心；欲正其心者，先誠其意；欲誠其意者，先致其知；致知在格物。物格而后知至，知至而后意誠，意誠而後心正，心正而后身修，身修而后家齊，家齊而后國治，國治而后天下平。自天子以至於庶人，壹是皆以修身爲本。其本亂而末治者否矣，其所厚者薄而其所薄者厚，未之有也。

康誥曰：「克明德。」大甲曰：「顧諟天之明命。」帝典曰：「克明峻德。」皆自明也。湯之盤銘曰：「苟日新，日日新，又日新。」康誥曰：「作新民。」詩曰：「周雖舊邦，其命維新。」是故君子無所不用其極。

詩云：「邦畿千里，惟民所止。」詩云：「緡蠻黄鳥，止于丘隅。」子曰：「於止，知其所止，可以人而不如鳥乎！」詩云：「穆穆文王，於緝熙敬止！」爲人君，止於仁；爲人臣，止於敬；爲人子，止於孝；爲人父，止於慈；與國人交，止於信。詩云：「瞻彼淇澳，菉竹猗猗。有斐君子，如切如磋，如琢如磨。瑟兮僩兮，赫兮喧兮。有斐君子，終不可諠兮。」如切如磋者，道學也。如琢如磨者，自修也。瑟兮僩兮者，恂慄也。赫兮喧兮者，威儀也。有斐君子，終不可諠兮者，道盛德至善，民之不能忘也。詩云：「於戲！前王不忘。」君子賢其賢而親其親，小人樂其樂而利其利，此以没世不忘也。

子曰：「聽訟，吾猶人也，必也使無訟乎！」無情者不得盡其辭。大畏民志，此謂知本。此謂知本，此謂知之至也。

所謂誠其意者，毋自欺也，如惡惡臭，如好好色，此之謂自謙。故君子必慎其獨也。小人閒居爲不善，無所不至，見君子而后厭然，揜其不善，而著其善。人之視己，如見其肺肝然，則何益矣？此謂誠於中，形於外，故君子必慎其獨也。曾子曰：「十目所視，十手所指，其嚴乎！」富潤屋，德潤身，心廣體胖。故君子必誠其意。

所謂修身在正其心者，身有所忿懥，則不得其正；有所恐懼，則不得其正；有所好樂，則不得其正；有所憂患，則不得其正。心不在焉，視而不見，聽而不聞，食而不知其味。此謂修身在正其心。

所謂齊其家在修其身者，人之其所親愛而辟焉，之其所賤惡而辟焉，之其所畏敬而辟焉，之其所哀矜而辟焉，之其所敖惰而辟焉。故好而知其惡，惡而知其美者，天下鮮矣。故諺有之曰：「人莫知其子之惡，莫知其苗之碩。」此謂身不修不可以齊其家。

所謂治國必先齊其家者，其家不可教而能教人者，無之。故君子不出家而成教於國。

孝者，所以事君也；弟者，所以事長也；慈者，所以使衆也。康誥曰：「如保赤子。」心誠求之，雖不中不遠矣。未有學養子而后嫁者也。一家仁，一國興仁；一家讓，一國興讓；一人貪戾，一國作亂。其機如此。此謂一言僨事，一人定國。堯、舜帥天下以仁，而民從之；桀、紂帥天下以暴，而民從之。其所令反其所好，而民不從。是故君子有諸己而后求諸人，無諸己而后非諸人。所藏乎身不恕而能喻諸人者，未之有也。故治國在齊其家。詩云：「桃之夭夭，其葉蓁蓁；之子于歸，宜其家人。」宜其家人，而后可以教國人。詩云：「宜兄宜弟。」宜兄宜弟，而后可以教國人。詩云：「其儀不忒，正是四國」。其爲父子兄弟足法，而后民法之也。此謂治國在齊其家。

所謂平天下在治其國者，上老老而民興孝，上長長而民興弟，上恤孤而民不倍。是以君子有絜矩之道也。所惡於上，毋以使下；所惡於下，毋以事上；所惡於前，毋以先後；所惡於後，毋以從前；所惡於右，毋以交於左；所惡於左，毋以交於右。此之謂絜矩之道。詩云：「樂只君子，民之父母。」民之所好好之，民之所惡惡之，此之謂民之父母。詩云：「節彼南山，維石巖巖。赫赫師尹，民具爾瞻。」有國者不可以不慎，辟則爲天下僇矣。詩云：「殷之未喪師，克配上帝。儀監于殷，峻命不易。」道得衆則得國，失衆則失國。是故君子先慎乎德。有德此有人，有人此有土，有土此有財，有財此有用。德者本也，財者末也。外本内末，争民施奪。是故財聚則民散，財散則民聚。是故言悖而出者，亦悖而入；貨悖而入者，亦悖而出。康誥曰：「惟命不于常。」道善則得之，不善則失之矣。楚書曰：「楚國無以爲寶，惟善以爲寶。」舅犯曰：「亡人無以爲寶，仁親以爲寶。」秦誓曰：「若有一个臣，斷斷兮無他技，其心休休焉，其如有容焉。人之有技，若己有之；人之彦聖，其心好之，不啻若自其口出；寔能容之，以能保我子孫黎民。尚亦有利哉！人之有技，媢疾以惡之；人之彦聖，而違之俾不通；寔不能容，以不能保我子孫黎民。亦曰殆哉！」唯仁人放流之，迸諸四夷，不與同中國。此謂唯仁人爲能愛人，能惡人。見賢而不能舉，舉而不能先，命也。見不善而不能退，退而不能遠，過也。好人之所惡，惡人之所好，是謂拂人之性，菑必逮夫身。是故君子有大道，必忠信以得之，驕泰以失之。生財有大道，生之者衆，食之者寡〔一〕，爲之者疾，用之者舒，則財恒足矣。仁者以財發身，不仁者以身發財。未有上好仁而下不好義者也，未有好義其事不終者也，未有府庫財非其財者也。孟獻子曰：「畜馬乘不察於雞豚，伐冰之家不畜牛羊，百乘之家不畜聚斂之臣。與其有聚斂之臣，寧有盜臣。」此謂國不以利爲利，以義爲利也。長國家而務財用者，必自小人矣。彼爲善之，小人之使爲國家，菑害並至。雖有善者，亦無如之何矣。此謂國不以利爲利，以義爲利也。

〔一〕「食」，原誤「失」，據禮記注疏及朱熹大學章句改。

禮記訓纂卷四十三

冠義第四十三

鄭目録云：「名曰冠義者，以其記冠禮成人之義。此於別録屬吉事。」正義：「世本云：『黄帝造旒冕。』是冕起於黄帝。但黄帝以前，則以羽皮爲冠，黄帝以後，乃用布帛。其冠之年，天子諸侯十二而冠，故襄九年左傳云：『國君十五而生子。冠而生子，禮也。』又云：『一星終也。』十二年歲星一終，其士則二十而冠也。曲禮云『二十曰弱冠』，是也。」〇冠，古亂反。

凡人之所以爲人者，禮義也。禮義之始，在於正容體，齊顔色，順辭令。注：「言人爲禮，以此三者爲始。」容體正，顔色齊，辭令順，而后禮義備。以正君臣，親父子，和長幼。注：「言三始既備，乃可求以三行也。」君臣正，父子親，長幼和，而后禮義立。注：「立，猶成也。」故冠而后服備，服備而后容體正，顔色齊，辭令順。注：「言服未備者，未可求以三始也。童子之服，采衣紒。」故曰：「冠者，禮之始也。」是故古者聖王重冠。五經要義：「冠，嘉禮也。冠者首服既加，而後人道備，故君子重之，以爲禮之始矣。」古者冠禮筮日筮賓，所以敬冠事。敬冠事所以重禮，重禮所以爲國本也。注：「國以禮爲本。」故冠於阼，以著代也。醮於客位，三加彌尊，加有成也。已冠而字之，成人之道也。注：「阼，謂主人之北也。適子冠於阼，若不醴，則醮用酒於客位，敬而成之也。户西爲客位。庶子冠於房户外，又因醮焉，不代父也。冠者初加緇布冠，次加皮弁，次加爵弁，每加益尊，所以益成也。字，所以相尊也。」正義：「阼是主人接賓之處，今適子冠於阼階，所以著明代父之義也。適子則以醴禮之，庶子則以酒醮之。醮者，醮盡之義。故鄭注士冠禮云：『酌而無酬酢曰醮』，是也。此記士冠禮之事，故三加也。若大夫亦同。若諸侯，則有冠禮。故左傳云：『公冠用裸享之禮行之，金石之樂節之。』其加則四，而有玄冕，故大戴禮『公冠四加』也。諸侯尚四加，則天子五加衮冕也。未冠則以名別之，既冠又改以字。人二十有爲人父之道，不可復言其名，故冠而加字之也。」○長，丁丈反。阼，才故反。醮，子笑反。

見於母，母拜之，鄭注士冠禮曰：「婦人於丈夫，雖其子猶俠拜。」見於兄弟，兄弟拜之，成人而與爲禮也。玄冠玄端，奠摯於君，遂以摯見於鄉大夫、鄉先生，以成人見也。注：「鄉先生，同鄉老而致仕者。服玄冠玄端，異於朝也。」正義：「玄端，上士則元裳，中士則黃裳，下士則雜裳。以其初成人，故著玄端，異於朝服也。若朝服則素裳。奠摯，奠之於君也。以摯，謂以雉也。士相見禮：『冬用雉，夏用腒。』鄉大夫，謂在朝之鄉大夫也。」劉氏台拱曰：「陸氏釋文：『鄉大夫，音香。』案士冠禮及冠義，皆當作『卿大夫』，作鄉誤也。卿大夫，謂見爲卿大夫者。鄉先生，謂已爲卿大夫而致仕者。徧見卿大夫，如國語『趙文子冠』，徧見六卿，是也。孔疏云：『見於卿大夫，謂在朝之卿大夫也。』孔以『在朝』對『致仕』，文義甚明，而今本正義亦竝改作鄉。」彬按衛氏集説作「卿大夫，在朝之卿大夫」。

成人之者，將責成人禮焉也。責成人禮焉者，將責爲人子、爲人弟、爲人臣、爲人少者之禮行焉。將責四者之行於人，其禮可不重與？注：「言責人以大禮者，己接之不可以苟。」故孝弟忠順之行立，而后可以爲人，可以爲人，而后可以治人也。故聖王重禮。故曰：「冠者，禮之始重冠，故行之於廟。行之於廟者，所以尊重事，尊重事而不敢擅重事；不敢擅重事，所以自卑而尊先祖也。注：「嘉事，嘉禮也。宗伯掌五禮，有吉禮，有凶禮，有賓禮，有軍禮，有嘉禮。而冠屬嘉禮，周禮曰『以昏冠之禮親成男女』也。」正義：「冠責以成人之事，若成人事立，可以治人也。是冠者爲治之本。故行之於廟。士冠禮注：『廟，謂禰廟。』此云『尊先祖』者，尊禰卽尊先祖之義。且下士祖禰共廟，諸侯則冠於太祖之廟。故左傳云：『先君之祧以處之。』聘禮云『不腆先君之祧』，鄭注以爲始祖之廟，則天子當冠於始祖廟也。」〇行，下孟反。擅，市戰反。

也，嘉事之重者也。」是故古者重冠。

禮記訓纂卷四十四

昏義第四十四

鄭目録云：「名曰昏義者，以其記娶妻之義，内教之所由成也。此於別録屬吉事。」正義：「謂之昏者，案鄭昏禮目録云：『娶妻之禮，以昏爲期，因名焉。必以昏者，取其陽往陰來之義。日入後二刻半爲昏。』」

昏禮者，將合二姓之好，上以事宗廟，而下以繼後世也。故君子重之。是以昏禮納采、問名、納吉、納徵、請期，皆主人筵几於廟，而拜迎於門外，入揖讓而升，聽命於廟，所以敬慎重正昏禮也。注：「聽命，謂主人聽使者所傳壻家之命。」正義：「納采者，謂采擇之禮。故昏禮云：『下達，納采，用鴈。』白虎通云：『鴈取其隨時南北，不失節也。』問名者，問其女之所生母之姓名。昏禮云『爲誰氏』，言女之母何姓氏也。納吉者，謂男家既卜得吉，與女氏也。納徵者，納聘財也。徵，成也，先納聘財，而後昏成。春秋則謂之『納幣』。其庶人則緇帛五兩，卿大夫則玄三纁二，加以儷皮，諸侯加以大璋，天子加以穀圭。請期者，男家使人請女家以昏時之期，不敢自專也。唯納徵無鴈有幣，其餘皆用鴈。主人，謂女父母，聽受壻之使者之命於廟堂之上兩楹之間也。」賈氏儀禮疏曰：「『納幣五兩，十端也。必言兩者，欲得其配合之名。十象五行，十日相成也。問名者，問母之姓氏〔一〕。故昏禮問名辭

〔一〕「母」，儀禮士昏禮賈疏作「女」。

云：『敢請女爲誰氏？』鄭云：『誰氏者，謙也。不必其主人之女』。」春秋莊二十二年穀梁傳：「禮有納采，有問名，有納徵，有告期，四者備而後娶，禮也。」

父親醮子而命之迎，男先於女也。子承命以迎，主人筵几於廟，而拜迎于門外。壻執鴈入，揖讓升堂，再拜奠鴈，蓋親受之於父母也。降出，御婦車，而壻授綏，御輪三周，先俟于門外。婦至，壻揖婦以入，共牢而食，合巹而酳，所以合體同尊卑，以親之也。注：「酌而無酬酢曰醮。醮之禮，如冠醮與？其異者，於寢耳。壻御婦車，輪三周，御者代之，壻自乘其車，先道之歸也。共牢而食，合巹而酳，成婦之義。」釋文：「巹〔一〕，破瓢爲卮也。說文作『𧉧』，云：『蠡也。』」正義：「命迎者，欲使男往迎之，女則從男而來也。主人，女之父。拜迎於門外，以敵禮待之。主人就東階，初入門，將曲揖，當階北面揖，當碑揖，至階三讓。主人升自阼階揖，壻升自西階，北面奠鴈，再拜。於時女房中南面，母在房户外之西，南面。壻拜出，女出房，南面立於母左，父西面誡之；女乃西行，母南面誡之。是壻親受之於父母。壻降西階而出，親御婦車。婦升車之時，壻授之以綏，御婦車之輪三匝，然後御者代壻御之。婦至壻之寢門，壻揖，以婦入，稍西避之。壻東面，婦西面，共一牲牢而食。酳，演也。謂食畢飲酒，演安其氣。巹，謂以一瓠分爲兩瓢，壻與婦各執一片以酳也。同尊卑，謂共牢也。壻親婦，婦亦親壻，所以體同爲一，不使尊卑有殊也。」○迎，魚敬反。巹，徐音謹。

敬慎重正，而后親之，禮之大體，而所以成男女之別，而立夫婦之義也。男女有別，而

〔一〕「巹」字原脱，據經典釋文補。

后夫婦有義；夫婦有義，而后父子有親；父子有親，而后君臣有正。故曰：「昏禮者，禮之本也。」注：「言子受氣性純則孝，孝則忠也。」正義：「所以昏禮爲禮本者，昏姻得所，則受氣純和，生子必孝，事君必忠。孝則父子親，忠則朝廷正。」呂與叔曰：「人倫之本，始於夫婦，終於君臣。本正而末不治者，未之有也，故曰『昏者禮之本』。」

夫禮始於冠，本於昏，重於喪祭，尊於朝聘，和於射鄉。此禮之大體也。注：「始，猶根也。本，猶幹也。鄉，鄉飲酒。」

夙興，婦沐浴以俟見。質明，贊見婦於舅姑，婦執笲，棗栗段脩以見。贊醴婦，婦祭脯醢，祭醴，成婦禮也。注：「成其爲婦之禮也。贊醴婦，當作禮，聲之誤也。」釋文：「笲，器名，以葦若竹爲之。其形如莒，衣之以青繒，以盛棗栗腶脩之屬。爾雅云：『棘實謂之棗。』脩，脯也。加薑桂曰腶脩。何休云：『婦執腶脩者，取其斷斷自修飾也。』」舅姑入室，婦以特豚饋，明婦順也。注：「以饋明婦順者，供養之禮主於孝順。」厥明，舅姑共饗婦以一獻之禮，奠酬，舅姑先降自西階，婦降自阼階，以著代也。注：「言既獻之，而授之以室事也。降者，各還其燕寢。婦見及饋饗於適寢。昏禮不言『厥明』，此言之者，容大夫以上禮多，或異日。」正義：「此以士爲主，亦兼明大夫，故有『厥明』，『共饗婦』。若士昏禮，舅姑醴婦，既訖則饗之，不待厥明也。婦執笲，棗栗腶脩以見者，案士昏禮舅坐於阼階，西面，姑坐于房外，南面，『婦執笲棗栗』，進，東面拜奠于舅席訖，婦又『執腶脩，升，進，北面拜奠于姑席』，『贊醴婦』，『婦祭脯醢』。祭醴者，案士昏禮『婦席于户牖間』，『贊者酌醴』，『置於席前，北面，婦於席西東面拜受。贊者西階上北面拜送，又拜，薦脯醢，婦升席，左執觶，右祭脯醢』訖，『以柶祭醴三』。是祭脯醢，祭醴也。婦以特豚饋者，案士昏禮：『舅姑入于室，婦盥饋，特豚，合升，側載，無魚腊，無稷，並南上。』鄭注云：『側載者，右胖載之舅俎，左胖載之姑俎，異尊卑。並南上者，舅姑共席于奥，其饌各以南爲上也。』」陳可大曰：「厥明，昏禮之又明日也。昏禮注云：『舅姑共饗婦者，舅獻爵，姑獻脯醢。』又云：『舅洗於南洗，洗爵以獻婦也。姑洗於北洗，洗爵以酬婦也。』賈疏云：『舅獻姑酬，共成一獻，仍無妨姑薦脯醢。』此説是也。但『婦酢舅，更爵自薦』，又云『奠酬酬酢，皆不言處所』。以例推之，舅姑之位當如婦見：舅席於阼，姑席於房外，而婦行更爵自薦及奠獻之禮與？」○見，賢徧反。笲，音煩。枣，音早。段，丁亂反，本又作「腶」。

成婦禮，明婦順，又申之以著代，所以重責婦順焉也。婦順者，順於舅姑，和於室人，而后當於夫，以成絲麻布帛之事，以審守委積蓋藏。是故婦順備而后内和理，内和理而后家可長久也。故聖王重之。注：「室人，謂女妐、女叔、諸婦也。當，猶稱也。後言『稱夫』者，不順舅姑，不和室人，雖有善者，猶不爲稱夫也。順備者，行和當事成審也。」正義：「申，重也。既明婦順，又加之以著代之義，所以重責婦人之孝順，以此詳審保守家之所有委積、掩蓋、藏聚之物也。室人，是在室之人，非男子也。」○當，丁浪反。積，子賜反。藏，才浪反。

是以古者婦人先嫁三月，祖廟未毁，教于公宫，祖廟既毁，教于宗室，教以婦德、婦言、婦容、婦功。教成，祭之，牲用魚，芼之以蘋藻，所以成婦順也。注：「謂與天子諸侯同姓者也。嫁女者，必就尊者教成之。教之者，女師也。祖廟，女所出之祖也。公，君也。宗室，宗子之家也。婦德，貞順也。婦言，辭令也。婦容，婉娩也。婦功，絲麻也。祭之，祭其所出之祖也。魚、蘋藻，皆水物，陰類也。魚爲俎實，蘋藻爲羹菜。祭無牲牢，告事耳，非正祭也。其齊盛用黍云。君使有司告之宗子之家，若其祖廟已毁，則爲壇而告焉。」王氏念孫曰：「『教成祭之』，當作『教成之祭』，謂三月教成，乃祭女所出之祖而告之，故曰『教成之祭』。其祭以魚爲俎實，蘋藻爲羹菜，與正祭之用牲牢者不同。召南采蘋箋全用此文，而云『教成之祭』。又采蘩、采蘋正義言『教成之祭』者二十有五。鈔本北堂書鈔禮儀部引昏義亦作『教成之祭』。」釋文：「詩箋云：『蘋之言賓，藻之言早。』」正義：「此昏義雖記士禮，自此以下，廣明天子以下教女及夫婦之義。祖廟未毁，謂與君爲骨肉，親廟有四，高祖廟未毁除，此欲嫁之女教於公宫也。祖廟既毁，謂與君四從以外，同高祖之父以上，其廟既遷，此女則教於大宗子之室。三月教成，祭女所出祖廟，告以教成也。與大宗近者，於大宗教之，與大宗遠者，於小宗教之。女親行祭。詩云『誰其尸之，有齊季女』是也。假令宗子爲士，只有父祖廟，曾祖高祖無廟，則爲壇於宗子之家而告焉。」○芼，莫報反。蘋，音頻。藻，音早。婉，紆免反。娩，音晚。

古者天子后立六宫、三夫人、九嬪、二十七世婦、八十一御妻，以聽天下之内治，以明章婦順，故天下内和而家理。天子立六官、三公、九卿、二十七大夫、八十一元士，以聽天下之外治，以明章天下之男教，故外和而國治。故曰：「天子聽男教，后聽女順；天子理陽道，后治陰德；天子聽外治，后聽内職。教順成俗，外内和順，國家理治，此之謂盛德。」注：「天子六寢，而六宫在後，六官在前，所以承副，施外内之政也。内治，婦學之法也。陰德，謂主陰事陰令也。」正義：「案宫人云『掌王之六寢之修』，注云：『路寢一，小寢五。』后之六宫在王六寢之後，亦大寢一，小寢五。其九嬪以下亦分居之。三夫人雖不分居六宮，亦分主六宮之事，或二宮則一人也；或如三公分主六卿之類也。六卿之官，在王六寢之前，其三孤亦分主六官之職，總謂之九卿。九嬪職云『掌婦學之法』，故知内治是婦學也。」○嬪，毗人反。

是故男教不修，陽事不得，適見於天，日爲之食；婦順不修，陰事不得，適見於天，月爲之食。釋名：「月虧日蝕，稍稍侵虧，如蟲食草木葉也。」是故日食則天子素服而修六官之職，蕩天下之陽事；月食則后素服而修六宫之職，蕩天下之陰事。故天子之與后，猶日之與月，陰之與陽，相須而后成者也。注：「適之言責也。食者，見道有虧傷也。蕩，蕩滌，去穢惡也。」吕與叔曰：「男教陽事，上應乎日。婦順陰事，上應乎月。有不得則譴見於天，爲之薄蝕。日食則天子爲之變，月食則后爲之變，素服自責，各正厥事，以答天變，明后與天子如日月陰陽，相須而后成之義也。」○適，直革反。見，賢徧反。爲，于僞反，下皆同。蕩，徒浪反。

天子修男教，父道也；后修女順，母道也。故曰：「天子之與后，猶父之與母也。」故爲天王服斬衰，服父之義也；爲后服資衰，服母之義也。注：「父母者，施教令於婦子者也，故其服同。資，當爲齊，聲之誤也。」方性夫曰：「服天子以父之義，服后以母之義者，言以其義而服之，非服之正故也。檀弓謂之『方喪』者以此。」○資，依注作「齊」，音咨。

禮記訓纂卷四十五

鄉飲酒義第四十五

鄭目録云：「名曰鄉飲酒義者，以其記鄉大夫飲賓於庠序之禮，尊賢養老之義。此於別録屬吉事。儀禮有其事，此記釋其義也。」正義：「天子六鄉，諸侯三鄉，卿二鄉，大夫一鄉，各有鄉大夫。而鄉有鄉學，取致仕在鄉之中，大夫爲父師，致仕之士爲少師，名爲鄉先生，教於鄉中之人，謂鄉學。每年入學，三年業成，必升於君。若天子鄉則升學士於天子，諸侯鄉則升學士於諸侯。凡升之必用正月，將升之先，爲飲酒之禮。學生最賢使爲賓，次者爲介，又次者爲衆賓。此鄉大夫爲主人，與之飲酒，而後升之。故周禮鄉大夫職云：『三年則大比，攷其德行道藝，而興賢者能者。鄉老及鄉大夫帥其吏與其衆寡，以禮禮賓之。』若州一年，再飲者，是春秋習射，因而飲之，以州長爲主人也。若黨一年一飲者，是歲十二月，國於大蜡祭，而黨中於學飲酒，子貢觀蜡是也，亦黨正爲主人也。此鄉飲酒之義，説儀禮鄉飲酒也。是諸侯之鄉大夫三年賓賢能之禮。」

鄉飲酒之義：主人拜迎賓于庠門之外，鄭注鄉射禮曰：「周立四代之學於國，而又以有虞之庠爲鄉學，鄉飲酒義曰『主人迎賓於庠門外』，是也。庠之制，有堂有室也。」正義：「此謂鄉大夫，故迎賓於庠門外，若州長黨正，則於序門外也。」入三揖而后至階，三讓而后升，所以致尊讓也。盥洗揚觶，所以致絜也。注：「庠，鄉學也。州黨曰庠。揚，舉也。今禮皆作騰。」釋文：「觶，說文：『鄉飲酒角也。』」正義：「盥洗揚觶者，主人將獻賓，以水盥手，而洗爵揚觶。既獻之後，舉觶酬賓之時亦盥洗也。」拜至、拜洗、拜受、拜送、拜既，所以致敬也。尊讓絜敬也者，君子之所以相接也。君子尊讓則不争，絜敬則不慢。不慢不争，則遠於鬭辨矣；不鬭辨，則無暴亂之禍矣。斯君子之所以免於人禍也。注：「拜至，謂始升時拜，拜賓至。」正義：「賓與主人升堂之後，主人於阼階之上，北面再拜，是拜至也。主人拜至訖，洗爵而升，賓於西階上北面再拜，拜主人洗也。拜受者，賓於西階上，拜受爵也。拜送者，主人於阼階上，拜送爵也。既，盡也。賓飲酒既盡而拜也。尊讓絜敬也者，言入門而三揖三讓，是尊讓。盥洗揚觶，是絜也。拜至拜洗之等，是致敬也。故總結之。」○庠，音詳。盥，音管。觶，之豉反。絜，音結。

故聖人制之以道鄉人、士、君子，尊於房户之間，賓主共之也。尊有玄酒，貴其質也。羞出自東房，主人共之也。洗當東榮，主人之所以自絜而以事賓也。注：「共尊，人臣卑，不敢專大惠。羞，燕私，可以自專也。絜，猶清也。」正義：「以鄉大夫唯有東房，故設酒尊於東房之西，室户之東，在賓主之間。酒雖主人之設，賓亦酢主人，故云『賓主共之』。北面設尊，玄酒在左，謂在酒尊之西也，貴其質素故也。榮，屋翼也。設洗於庭，當屋翼也。必在東者，示主人所以自絜以事賓。」郝仲輿曰：「聖人制之，以道鄉人士君子，文義甚明。制之，謂制此禮。道，教也，猶論語『道之以政』之道，鄉人、士、君子，鄉人之賢者，即賓、介、僎之類。」王氏念孫曰：「自冠義至聘義六篇，皆列儀禮經文於上，而釋之於下。尊於房户之間，儀禮經文也。賓主共之，記者釋經也。『鄉人、士、君子』五字，與下文不相屬。案『故聖人制之以道鄉人、士、君子』十二字當作一句讀。道，讀如『道之以德』之道。鄉人，一鄉之人。士君子，謂士大夫。賓介謂士。主人爲大夫，大夫謂之君子，諸公大夫亦謂之君子。故曰『以道鄉人、士、君子』也。鄭以鄉人爲鄉大夫，士爲州長黨正，君子爲卿大夫。又謂『鄉大夫飲國中賢者亦用此禮』，於是鄉飲酒禮自賓賢能及蜡祭習射而外，又增其一而爲四矣。」○共，音恭。

賓主，象天地也。介僎，象陰陽也。三賓，象三光也。讓之三也，象月之三日而成魄也。四面之坐，象四時也。注：「陰陽，助天地養成萬物之氣也。三賓象天三光者，繫於天也。古文禮『僎』皆作『遵』。」釋文：「魄，説文作霸，云：『月如生魄然也〔一〕。』」天地嚴凝之氣，始於西南，而盛於西北，此天地之尊嚴氣也，此天地之義氣也。天地温厚之氣，始於東北，而盛於東南，此天地之盛德氣也，此天地之仁氣也。主人者尊賓，故坐賓於西北，而坐介於西南，以輔賓。賓者，接人以義者也，故坐於西北。主人者，接人以仁、以德厚者也，故坐於東南。而坐僎於東北，以輔主人也。仁義接，賓主有事，俎豆有數，曰聖。聖立而將之以敬曰禮，禮以體長幼曰德。德也者，得於身也。故曰：「古之學術道者，將以得身也，是故聖人務焉。」注：「凝，猶成也。接人以義，言賓來以成主人之德。以僎輔主人，以其仕在官也。聖，通也，所以通賓主之意也。將，猶奉也。術，猶藝也。得身

〔一〕「如」，原誤「始」，據經典釋文改。

者，謂成己令名，免於刑罰也。言舉術道，則此說賓賢能之禮。」正義：「賓在西北，天地嚴凝之氣著。主在東南，天地温厚之氣著。介坐在西南，象陰之微氣。僎在東北，象陽之微氣。主人東南象夏始，賓西北象冬始，僎東北象春始，介西南象秋始。」方性夫曰：「秋斂冬藏，義也，故嚴凝爲義。春作夏長，仁也，故温厚爲仁。介僎者，所以輔賓主而接人者也。接人則爲賓主之先，故坐於陰陽所始之地，賓主則坐於陰陽之盛地。坐賓黨於陰之地，以賓者接人以義故也。坐主黨於陽之地，以主人接人以仁故也。」○僎，音遵。魄，普百反。凝，魚矜反。

祭薦、祭酒，敬禮也。嚌肺，嘗禮也。啐酒，成禮也。於席末，言是席之正，非專爲飲食也，爲行禮也。此所以貴禮而賤財也。卒觶，致實於西階上，言是席之上，非專爲飲食也。此先禮而後財之義也。先禮而後財，則民作敬讓而不爭矣。注：「非專爲飲食，言主於相敬以禮也。致實，謂盡酒也，酒爲觴實。祭薦、祭酒、嚌肺於席中，唯啐酒於席末也。」正義：「主人獻賓，賓卽席祭所薦時脯醢也。既祭薦，又祭酒也。賓祭酒之後，取俎上之肺，嚌齒之。啐，謂飲主人酒而入口。於席末，謂席西頭也。鄉飲酒禮嚌肺在前，祭酒在後，此先云『祭酒』者，嚌是嘗嚌之名，祭酒是未飲之稱，此席之設，本不爲飲食，是主人敬賓，故設席耳。祭薦、祭酒、嚌肺在席中者，敬主人之物，故在席中。啐酒入於己，故在席末也。於席上祭薦祭酒，是貴禮；席末啐酒，是賤財也。卒觶則盡爵，故遠在西階上。前文論設席之禮，故言『是席之正』，此變文言『席之上』，上亦正也。」○嚌，才細反。肺，芳廢反。啐，七内反。

鄉飲酒之禮，六十者坐，五十者立侍以聽政役，所以明尊長也。六十者三豆，七十者四豆，八十者五豆，九十者六豆，所以明養老也。民知尊長養老，而后乃能入孝弟，出尊長養老，而后成教，成教而后國可安也。君子之所謂孝者，非家至而日見之也，合諸鄉射，教之鄉飲酒之禮，而孝弟之行立矣。注：「此說鄉飲酒，謂黨正『國索鬼神而祭祀，則以禮屬民而飲酒于序，以正齒位』之禮也。其鄉射，則州長『春秋以禮會民而射於州序』之禮也。謂之鄉者，州黨，鄉之屬也。或則鄉之所居州黨，鄉大夫親爲主人焉，如今郡國下令長於鄉射飲酒，從太守相臨之禮也。」正義：「此明黨正飲酒正齒位之事。案鄉飲酒禮賓賢能，賓介皆以年少者爲之。此正齒位，賓介皆用年老者爲之，其餘爲衆賓。賓內年六十以上，於賓席之西，南面坐；若不盡，則於介席之北，東面北上。其五十者，則立於西階下，示有陪侍之義，聽受六十以上政事役使也。三豆至六豆者，每十年加一豆，非正禮，故不得爲籩豆偶也。其五十者，但二豆而已。民入孝弟，謂入門而能行孝弟。出尊長養老者，謂出門而能尊長養老也。諸，於也。謂春秋二時，合其民於州長鄉射之禮。以教之鄉飲酒之禮，謂十月黨正飲酒。既州長教射，黨正教飲酒，則民知尊長養老，故孝弟之行成立也。」○行，下孟反。

孔子曰：「吾觀於鄉，而知王道之易易也。」注：「鄉，鄉飲酒也。」易易，謂教化之本，尊賢尚齒而已。」正義：「易易者，取其簡易之義。重言『易易』，猶若『王道蕩蕩』、『王道平平』也。」○易，以豉反。

主人親速賓及介，而衆賓自從之，至于門外，主人拜賓及介，而衆賓自入，貴賤之義別矣。注：「速，謂即家召之。別，猶明也。」正義：「主人親自速賓，并往速介，而衆賓不須往速，自從賓介而來。賓介至門，主人拜賓及介，而衆賓不須拜，自入門，是貴賤之義別矣。」

三揖至于階，三讓，以賓升，拜至，獻酬辭讓之節繁，及介，省矣。至于衆賓，升受、坐祭、立飲，不酢而降，隆殺之義辨矣。注：「繁，猶盛也。小減曰省。辨，猶别也。尊者禮隆，卑者禮殺，尊卑别也。」正義：「主人於賓三揖三讓，拜其來至，又酌酒獻賓，賓酢主人，主人又酌而自飲以酬賓，辭讓之節，其數繁多也。案鄉飲酒介酢主人則止，主人不酢介也。主人獻衆賓于西階上，受爵，坐祭，立飲，不酢主人，而降西階東面也。於賓禮隆，衆賓禮殺，是隆殺之義别也。」〇省，所領反。酢，音昨。殺，色戒反。

工入，升歌三終，主人獻之。笙入三終，主人獻之。間歌三終，合樂三終，工告「樂備」，遂出。一人揚觶，荀子樂論作「二人揚觶」。乃立司正，焉知其能和樂而不流也。注：「工，謂樂正也。樂正既告備而降，言『遂出』者，自此至去，不復升也。流，猶失禮也。立司正以正禮，則禮不失可知。一人，或爲『二人』。」正義：「升歌三終者，謂升堂歌鹿鳴、四牡、皇皇者華，每一篇而一終也。笙入三終者，謂吹笙之人，入於堂下，奏南陔、白華、華黍，每一篇一終也。主人獻之，謂獻笙人也。間歌三終者，謂笙歌已竟，而堂上與堂下更代而作也。堂上人先歌魚麗，則堂下笙由庚，此爲一終。又堂上歌南有嘉魚，則堂下笙崇丘，此爲二終也。又堂上歌南山有臺，則堂下笙由儀，此爲三終也。此皆鄉飲酒文。故鄭注鄉飲酒云：『間，代也。謂一歌則一吹也。』合樂三終者，謂堂上下歌瑟及笙並作也。若工歌關雎，則笙吹鵲巢合之；工歌葛覃，則笙吹采蘩合之；工歌卷耳，則笙吹采蘋合之。鄉飲酒云：『乃合樂，周南關雎、葛覃、卷耳，召南鵲巢、采蘩、采蘋。』鄭云：『合樂，謂歌樂與衆聲俱作。周南、召南，國風篇也，王后、國君、夫人房中之樂歌也。』鄉飲酒云『工告于樂正』，『樂正告于賓，乃降』，注云：『樂正降者，以正歌備，無事也。降立西階東，北面。』

一人，謂主人之吏也。樂既備，將留賓旅酬，爲有懈惰，故主人使相禮者一人爲司正以監之也〔一〕。舉觶，示將行旅酬也。鄉飲酒云：『司正洗觶，升自西階，阼階上北面受命于主人。』又云『司正既舉觶，而薦諸其位』，注云：『無獻，因其舉觶而薦之。』」劉氏台拱曰：「『焉知其能和樂而不流』，『焉』字當下屬。焉，語辭，猶於是也。下『焉知其能弟長而無遺』，『焉知其安燕而不亂』，並同。」○閒，音「閒厠」之閒。

賓酬主人，主人酬介，介酬衆賓，少長以齒，終於沃洗者，焉知其能弟長而無遺矣。注：「遺，猶脱也，忘也。」正義：「言旅酬之時，賓主人之黨各以少長爲齒，以次相旅，至旅執掌罍洗之人，以水沃、盥、洗爵者〔二〕，皆預酬酒之限。是無算爵之節，因旅酬連言，欲見無不周徧。」案鄉飲酒記『主人之贊者西面，北上，不與，無算爵然後與』是也。」朱子曰：「弟，悌也。言使少者皆承順以事長者，而無所遺棄也。」○少，詩召反。沃，於木反。

降，説屨升坐，修爵無數。飲酒之節，朝不廢朝，莫不廢夕。賓出，主人拜送，節文終遂，焉知其能安燕而不亂也。注：「朝夕，朝莫聽事也。不廢之者，既朝乃飲，先夕則罷。其正也。終遂，猶充備也。」正義：「此謂無算爵之初也。以前皆立而行禮，未徹俎，故未説屨，至此徹俎之後，乃説屨升堂坐也。修爵無數，熊氏云：『謂行爵無數矣。』終，謂終竟也。遂，謂申也。言雖至飲畢，主人備禮，拜而送賓，節制文章，終竟申遂，不有闕少。」錢氏大昕曰：「鄉飲酒云：『説屨，揖讓升堂，乃羞，無算爵。』經文無『修』字，修乃羞字，聲相近也。『羞』字爲句，豐所云『乃羞』

〔一〕「司」，原誤「同」，據禮記注疏改。
〔二〕「洗爵」，原誤「沃爵」，據禮記注疏改。

也。『爵無數』爲句，禮所云『無算爵』也。」

貴賤明，隆殺辨，和樂而不流，弟長而無遺，安燕而不亂：此五行者，足以正身安國矣。彼國安而天下安，故曰：「吾觀於鄉，而知王道之易易也。」呂與叔曰：「行乎一鄉，達乎一國，所謂『正身安國』。舉斯術也，達之天下則天下安矣。故由一鄉而知王道之可行於天下，此禮是也。」

鄉飲酒之義，立賓以象天，立主以象地，設介僎以象日月，立三賓以象三光。古之制禮也，經之以天地，紀之以日月，參之以三光，政教之本也。注：「日出於東，僎所在也。月生於西，介所在也。三光，三大辰也。天之政教，出於大辰焉。」正義：「前文『天地』共言，此則析言之。賓者，主之所尊，故以賓象天。主供物以養賓，故以主象地。日月則前經『陰陽』也，但陰陽據其氣，日月言其體。」

亨狗於東方，祖陽氣之發於東方也。洗之在阼，其水在洗東，祖天地之左海也。尊有玄酒，教民不忘本也。注：「祖，猶法也。狗所以養賓，陽氣主養萬物。海，水之委也。大古無酒，用水而已。」燕禮記：「其牲，狗也。亨於門外東方。」正義：「亨狗於東方，覆説前文『羞出自東房』。洗之在阼，覆説前『洗當東榮』。尊有玄酒，覆説上文『貴其質也』。」○亨，普萌反。

賓必南鄉。東方者春，春之爲言蠢也，産萬物者聖也。南方者夏，夏之爲言假也。養之，長之，假之，仁也。西方者秋，秋之爲言愁也，愁之以時察，守義者也。北方者冬，冬之爲言中也，中者，藏也。是以天子之立也，左聖，鄉仁，右義，偝藏也。注：「春，猶蠢也。蠢動，生之貌也。聖之言生也。假，大也。愁，讀爲揫。揫，斂也。察，猶察察，嚴殺之貌也。南鄉、鄉仁，貴長大萬物也。察，或爲殺。」釋名：「春，蠢也。萬物蠢然而生也。夏，假也。寬假萬物，使生長也。秋，緧也。緧迫品物，使時成也。冬，終也。物終成也。」釋文：「爾雅：『揫，聚也。』」介必東鄉，介賓主也。注：「獻酬之禮，主人將西，賓將南，介覸其間也。」主人必居東方。東方者春，春之爲言蠢也，產萬物者也。主人者造之，產萬物者也。注：「言禮之所共，由主人出也。」月者三日則成魄，三月則成時。是以禮有三讓，建國必立三卿。三賓者，政教之本，禮之大參也。注：「言禮者，陰也，大數取法於月也。」正義：「五行春爲仁，夏爲禮，今春爲聖，夏爲仁者，春夏皆生養萬物，俱有仁恩之義。以生物言之，則謂之聖。北方主智，亦爲信。以萬物歸藏言之，則爲藏。主人獻賓，將西行就賓，賓又南行，將就主人，介在西階之上，覸隔於賓主之間也。三日則成魄者，魄謂明生，傍有微光也。此謂月明盡之後，前月大則二日生魄，前月小則三日乃生魄。三賓者政教之本，凡建國立三卿，今鄉飲酒立三賓，象國之立三卿。故云『政教之本』也。」〇蠢，尺允反。假，古雅反。愁，依注讀爲揫，子留反。偝，音佩。

禮記訓纂卷四十六

射義第四十六

鄭目録云：「名曰射義者，以其記燕射、大射之禮，觀德行取於士之義。此於別録屬吉事。」正義：「案此篇有鄉射，又云『不失正鵠』，正則賓射，然則鄉射、賓射俱有之矣。但此篇廣説天子諸侯大射燕射之義，不專於鄉射、賓射，故鄭目録特舉大射、燕射。射之所起，起自黄帝。易繫辭云：『弦木爲弧，剡木爲矢。弧矢之利，以威天下。』又世本云：『揮作弓，夷牟作矢。』注云：『揮、夷牟，黄帝臣。』是弓矢起於黄帝矣。虞書云：『侯以明之。』是射侯見於堯、舜。夏、殷無文，周則具矣。」

古者諸侯之射也，必先行燕禮；卿、大夫、士之射也，必先行鄉飲酒之禮。故燕禮者，所以明君臣之義也。鄉飲酒之禮者，所以明長幼之序也。注：「言別尊卑老穉，乃後射，以觀德行也。」正義：「案儀禮大射在未旅之前，燕初似饗。所以明君臣之義者，謂臣於堂下再拜稽首，升成拜，君答拜，似臣盡竭其力，致敬於君，君施惠以報之也。此『鄉飲酒謂黨正飲酒，則前篇云『六十者坐，五十者立侍』，是也。」呂與叔曰：「燕與鄉飲酒皆燕也，因燕以娱賓，不可以無禮，故有大射、鄉射之禮。禮不可無義，故明君臣之義，長幼之序焉。」○長，丁丈反。

故射者，進退周還必中禮，内志正，外體直，然後持弓矢審固。持弓矢審固，然後可以言中。此可以觀德行矣。注：「内正外直，習於禮樂，有德行者也。正鵠之名，出自此。玉篇：「射矢至的曰中。」

也。」正義：「賓射之的謂之正。正者，正也，欲明射者，内志須正也。大射之質謂之鵠。鵠者，直也，欲使射者外體之直。」呂與叔曰：「孔子曰：『射不主皮，爲力不同科。』不主皮者，禮射也，大射、鄉射是也。禮射必先比耦，故一耦皆有上射下射。其進也當階，及階當物，及物皆揖。其退也亦如之。其行有左右，其升降有先後，其射皆拾發。其取矢于楅也，始進揖，當楅揖，取矢揖，既搢挾揖，退與將進者揖。其取矢也，有横弓，卻手、兼弣、順羽、拾取之節焉。卒射而飲，勝者袒、決、遂，執張弓，不勝者襲，說決拾，加弛弓，升，飲，相揖如初，則進退周旋，必中禮可見矣。」〇中，丁仲反，下同。正，音征。

其節：天子以騶虞爲節，諸侯以貍首爲節，卿大夫以采蘋爲節，士以采蘩爲節。騶虞者，樂官備也。貍首者，樂會時也。采蘋者，樂循法也。采蘩者，樂不失職也。是故天子以備官爲節，諸侯以時會天子爲節，卿大夫以循法爲節，士以不失職爲節。故明乎其節之志，以不失其事，則功成而德行立。德行立則無暴亂之禍矣，功成則國安。故曰：「射者，所以觀盛德也。」注：「騶虞、采蘋、采蘩，今詩篇名。貍首逸，下云『曾孫侯氏』是也〔一〕。樂官備者，謂騶虞曰『壹發五豝』，喻得賢者多也。『于嗟乎騶虞』，歎仁人也。樂會時者，謂貍首曰『小大莫處，御于君所』。樂循法者，謂采蘋曰『于以采蘋，南澗之濱』，循澗以采蘋，喻循法度，以成君事也。樂不失職者，謂采蘩曰『被之童童，夙夜在公』。」正義：「射人云『騶虞九節』，『貍首七節』，采蘋，采蘩皆五節。案鄉射注云：『五節，歌五終。四節四拾，其一節先以聽也。』若然，則九節者

〔一〕「曾」，原誤「會」，據禮記注疏改。

五節先以聽，七節者三節先以聽，皆以四節應乘矢拾發也。貍首，篇名。儀禮大射「奏貍首，間若一」，鄭注云：『貍之言不來也。其詩有「射諸侯首不朝者」之言，因以名篇。』故謂之貍首也。」○騶，側尤反。貍，力之反。蘋，音頻。蘩，音煩。

是故古者天子以射選諸侯、卿、大夫、士。射者，男子之事也，因而飾之以禮樂也。故事之盡禮樂，而可數爲，以立德行者莫若射，故聖王務焉。注：「選士者，先考德行，乃後決之於射。男子生而有射事，長學禮樂以飾之。」正義：「諸侯繼世而立，卿大夫有功乃升，非專以射而選，但既爲諸侯、卿、大夫，又考其德行，更以射辨其才藝高下，非謂直以射選補用之也。男子生有懸弧之義，故云『射者男子之事』，因此射事更華飾以禮樂，則容體比於禮，其節比於樂是也。」趙氏良霨曰：「天子與諸侯射，賓射也；與卿大夫射，燕射也，與士射，大射也。蓋自天子以至於士，無不習射，故曰『男子之事』。或謂選其人以助祭，唯士有之，若太宰贊幣，司徒奉牛，職有所司，亦何待選乎？」○數，色角反。

是故古者天子之制：諸侯歲獻，貢士於天子，天子試之於射宮。其容體比於禮，其節比於樂，而中多者，得與於祭。其容體不比於禮，其節不比於樂，而中少者，不得與於祭。數與於祭而君有慶，數不與於祭而君有讓；數有慶而益地，數有讓而削地。故曰：「射者，射爲諸侯也。」注：「歲獻，獻國事之書及計偕物也。三歲而貢士，舊說云：『大國三人，次國二人，小國一人。』」惠氏棟曰：「何休注公羊云：『禮，諸侯三年一貢士於天子，天子命與諸侯輔助爲政，所以通賢共治，示不獨專，重民之至。大國舉三人，次國舉二人，小國舉一人。』」○中，丁仲反。與，音預，下同。削，胥略反。

是以諸侯君臣盡志於射以習禮樂。夫君臣習禮樂而以流亡者，未之有也。注：「流，猶放也。」陸農師曰：「流亡，孟子所謂『流連之樂，荒亡之行』。」

故詩曰：「曾孫侯氏，四正具舉。大夫君子，凡以庶士，小大莫處，御于君所。以燕以射，則燕則譽。」言君臣相與盡志於射，以習禮樂，則安則譽也。是以天子制之，而諸侯務焉。此天子之所以養諸侯而兵不用，諸侯自爲正之具也。注：「此曾孫之詩，諸侯之射節也。四正，正爵四行也。四行者，獻賓、獻公、獻卿、獻大夫，乃後樂作而射也。莫處，無安居其官次者也。御，猶侍也。以燕以射，先行燕禮乃射也。則燕則譽，言國安則有名譽。譽，或爲與。」正義：「此貍首之詩也。君臣相與盡志於射也。『曾孫侯氏』，謂諸侯也，此諸侯出於王，是王之曾孫也，若左傳云『曾孫蒯聵』之類也。言燕之時，大夫君子及庶衆士等，小之與大，無有處於職司而不來者，皆御侍於君之處所也。案大射禮『獻大夫』之後，乃後工入，樂作而後射。若燕射則説屨升堂坐之後乃射，故燕禮説屨升堂，獻士畢，『若射，則大射正爲司射，如鄉射之禮』，是也。」

孔子射於矍相之圃，蓋觀者如堵牆。射至於司馬，使子路執弓矢出延射，曰：「賁軍之將，亡國之大夫，與爲人後者，不入，其餘皆入。」蓋去者半，入者半。注：「矍相，地名也。樹菜蔬曰圃。先行飲酒禮，將射，乃以司正爲司馬。子路執弓矢出延射，則爲司射也。延，進也。出進觀者欲射者也。賁，讀爲僨。僨，猶覆敗也。亡國，亡君之國者也。與，猶奇也。後人者，一人而已。既有爲者，而往奇之，是貪財也。子路陳此三者，而觀者畏其義，則或去也。延，或爲誓。」正義：「欲射之前，先行鄉飲酒之禮，獻賓及介，獻衆賓之後，未旅之前，作相爲司正。至于將射，轉司正爲司馬。孔子使子路爲司射之官，出門而延進觀者。敗軍之將，言無勇也。亡國之大夫，言不忠且無智也。」○矍，俱縛反。相，息亮反。圃，音補。堵，丁古反。賁，依注讀爲僨，音奮。與，音預。

又使公罔之裘、序點揚觶而語。公罔之裘揚觶而語曰：「幼壯孝弟，耆耋好禮，不從流俗，修身以俟死，者不？在此位也。」蓋去者半，處者半。序點又揚觶而語曰：「好學不倦，好禮不變，旄期稱道不亂，者不？在此位也。」蓋廑有存者。注：「之，發聲也。射畢，又使此二人舉觶者，古者於旅也語，語，謂説義理也。三十曰壯。耆、耋，皆老也。流俗，失俗也。處，猶留也。八十九十曰旄，百年曰期頤。稱，猶言也。道，行也[一]。者不，言有此行不，可以在此賓位也。序點，或爲徐點。壯，或爲將。旄期，或爲『旄勤』。今禮揚皆作騰。」釋文：「公罔，人姓，又作冈[二]。之裘，裘，名也。之，語助。序姓，點名也。六十曰耆，七十曰耋。一云：八十曰耋。修身以俟死，絶句。『者不』，此二字一句。『不亂』絶句。廑，少也。」正義：「以鄉飲酒禮差之，射禮畢，旅酬之時乃使二人舉觶。故鄉射禮畢，『司馬反爲司正』，樂正升堂復位，『賓取俎西之觶』，『酬主人』，主人『酬大夫』，自相旅畢，『君使二人舉觶於賓與大夫』，則當此公罔之裘、序點二人舉觶之節也。但射事既了，衆賓皆在賓位，主人以禮接之，不復斥言其惡，於此但簡其善。旄期之老，不復能射，得云『在位』者，此極老之人本來觀禮，雖不能射，與在賓中，故知旅酬之時，其人猶在也。」吕與叔曰：「記云『既旅，士不入』，明未旅，士猶可入而與射，故子路執弓延射，有『入』『不入』，及『去

[一]「道」字原脱，據禮記注疏補。

[二]「冈」，原作「罔」，據經典釋文改。

者』『入者』之辭也。卒射，司馬反爲司正。然後行旅酬，卒旅然後使二人舉觶於賓與大夫，故公罔之裘、序點舉觶，以衆官皆在賓位，故有『不在此位』，及『去者』『處者』『存者』之辭也。」王氏念孫曰：「『者字句絶，不在此位也』別爲一句。不，發語詞。不在此位、在此位也，言必行能如此，然後在此位也。鄭斷『者不』爲句，言『有此行否，可以在此賓位也』，失其指矣。」段氏玉裁曰：「弟、禮、死爲韻，倦、變亂爲韻。」○耆，音祁。耋，大結反。好，呼報反。旄，又作「耄」，莫報反。期，音其。勸，音覲。

射之爲言者繹也，或曰：舍也。繹者，各繹己之志也。故心平體正，持弓矢審固，持弓矢審固則射中矣。故曰：「爲人父者以爲父鵠，爲人子者以爲子鵠，爲人君者以爲君鵠，爲人臣者以爲臣鵠。故射者，各射己之鵠。故天子之大射謂之射侯，射侯者，射爲諸侯也。射中則得爲諸侯，射不中則不得爲諸侯。注：「大射，將祭，擇士之射也。以爲某鵠者，將射，還視侯中之時，意曰『此鵠乃爲某之鵠，吾中之則成人，不中之則不成人』也。得爲諸侯，謂有慶也。不得爲諸侯，謂有讓也。」說文：「矦，春饗所射侯也。从人，从厂，象張布，矢在其下。天子射熊虎豹，服猛也。諸侯射熊豕虎，大夫射麋。麋，惑也。士射鹿豕，爲田除害也。其祝曰：『毋若不寧侯，不朝于王所，故伉而射汝也。』」正義：「繹，陳也，言陳己之志。舍，中也。唯大射有鵠，鵠則上下俱同，無復君臣父子之别，而言『以爲父鵠』者，謂升射之時，身爲人父，則念之云『所射之鵠，是爲人父之鵠，中則任爲人父，不中則不任爲人父』。下放此。天子所射之物，謂之射侯，言射之中，能服諸侯也。舉大射言之，其實賓射、燕射皆謂之射侯。得爲諸侯者，數有慶賜，堪久爲諸侯也。不得爲諸侯者，數被責讓，不堪久爲諸侯也。凡天子諸侯及卿大夫，禮射有三：一爲大射，是將祭擇士之射；二爲賓射，諸侯來朝，天子入而與之射也，或諸侯相朝，而與之射也；三爲燕射，謂息燕而與之射。其天子、諸侯、大夫，三射皆具，其士無大射。其鵠則三分侯中而居其一。故考工記云：「梓人爲侯，廣與崇方，參分其廣而鵠居一焉。」故鄭注司裘云：『以虎熊豹麋之皮飾其側，又方制之以爲臺謂之鵠。取名於鳱鵠。鳱鵠，小鳥而難中，是以中之爲儁。亦取鵠之言較，較者，直也。』」○繹，音亦。中，丁仲反。鵠，古毒反。射，食亦反。

天子將祭，必先習射於澤。澤者，所以擇士也。已射於澤，而后射於射宫，射中者得與於祭，不中者不得與於祭。不得與於祭者有讓，削以地；得與於祭者有慶，益以地。進爵絀地是也。注：「澤，宫名也。士，謂諸侯朝者，諸臣，及所貢士也。皆先令習射於澤，已乃射於射宫，課中否也。諸侯有慶者先進爵，有讓者先削地。」正義：「澤所在無文，蓋於寬閒之處，近水澤而爲之也。選士於澤，不射侯也，但試武而已。故司弓矢云：『澤供射椹質之弓矢。』」○絀，勑律反。

故男子生，桑弧，蓬矢六，以射天地四方。天地四方者，男子之所有事也。故必先有志於其所有事，然後敢用穀也，飯食之謂也。注：「男子生則設弧於門左，三日負之，人爲之射，乃卜食子也。」正義：「桑弧蓬矢者，取其質也。所以用六者，射天地四方。禮射唯四矢者，象禦四方之亂。」○弧，音胡。食，音嗣。

射者，仁之道也。射求正諸己，己正而后發，發而不中則不怨勝己者，反求諸己而已矣。唐石經「反求」作「求反」。王氏念孫曰：「『求反諸己』，蓋涉上文『求正諸己』而誤。小雅賓之初筵正義、白帖八十五引射義皆作『反求諸己。』」孔子曰：「君子無所争，必也射乎！揖讓而升，下而飲，其争也君子。」注：「諸，猶於也。必也射乎，言君子至於射則有争也。下，降也。飲射爵者，亦揖讓而升降。勝者袒、決、遂，執張弓，不勝者襲，説決拾，卻左手，右加弛弓於其上而升飲。君子恥之，是以射則争中。」正義：「儀禮大射云『耦進，上射在左，並行，當階北面揖，及階揖』，升堂揖，皆當其物北面揖，及物揖』，射畢，『北面揖，揖如升射』。是射時升降揖讓也。大射又云：『及階，勝者先升，升堂，少右。不勝者進，北面坐取豐上之觶，立卒觶，坐奠于豐下，興，揖，不勝者先降。』是飲射爵之時揖讓升降也。」

孔子曰：「射者何以射？何以聽？循聲而發，發而不失正鵠者，其唯賢者乎！若夫不肖之人，則彼將安能以中？」注：「何以，言其難也。聲，謂樂節也。畫曰正，棲皮曰鵠。正之言正也。鵠之言梏也。梏，直也，言人正直乃能中也。發，或爲射。」正義：「何以射者，言爲射之人，何以能使射中與樂節相應？何以聽者，何以能聽此樂節，使與射中相合。循聲者，謂射者依循樂聲而發矢。不失正鵠，言其中矣。不肖，謂小人也。畫曰正，則賓射也。棲皮曰鵠，則大射也。」詩云：「發彼有的，以祈爾爵。」祈，求也，求中以辭爵也。酒者，所以養老也，所以養病也，求中以辭爵者，辭養也。注：「發，猶射也。的，謂所射之識也。言『射的必欲中之者，以求不飲女爵』也。辭養，讓見養也。爾，或爲有。」正義：「詩，小雅賓之初筵之篇。的，記識之處，即正鵠之中也。酒既養老，又以養病，今射者非病非老，故求射中以辭讓此爵者，若已老病，而可受養。今射不中而受爵，是無功受養，故讓矣。」○的，丁歷反。

禮記訓纂卷四十七

燕義第四十七

鄭目録云：「名曰燕義者，以其記君臣燕飲之禮，上下相尊之義。此於別録屬吉事。」正義：「案儀禮目録云：『諸侯無事，若卿大夫有勤勞之功，與羣臣燕飲以樂之。』勤勞，謂征伐聘問。詩曰『吉甫燕喜』，是也。臣有王事之勞亦燕之。故燕禮記曰『若有王事』是也。」吕與叔曰：「古之君臣賓主之相接，有饗，有燕，有食，饗禮亡矣，獨燕食之禮存焉，儀禮公食大夫禮是也。見于傳記者，『饗以訓恭儉，燕以示慈惠』。饗有體薦，燕有折俎。又云：『几設而不倚，爵盈而不飲。』此燕饗之别也。蓋禮主於接驩，故至於請安請醉。旅酬、無算爵，少紓其敬也。故其辭曰：『寡君有不腆之酒，以請吾子之於寡君須臾焉。』此所以示慈惠也。古之燕禮，有天子燕諸侯者，湛露之詩是也。有燕羣臣者，鹿鳴之詩，及記云『君與卿燕則大夫爲賓，與大夫燕亦大夫爲賓』，是也。有燕賓客者，則記云『若與四方之賓燕』，聘禮云『燕羞俶獻無常數』，掌客云上公『三饗、三食、三燕』〔一〕，是也。有燕族人者，文王世子云『公與族燕則以齒』，是也。」

古者周天子之官有庶子官。庶子官職諸侯、卿、大夫、士之庶子之卒，掌其戒令與其教治，別其等，正其位。國有大事，則率國子而致於大子，唯所用之。若有甲兵之事，則授之

〔一〕「掌客」，原誤「大行人」，據周禮掌客改。

以車甲，合其卒伍，置其有司，以軍法治之，司馬弗正。凡國之政事，國子存游卒，使之修德學道，春合諸學，秋合諸射，以考其藝而進退之。注：「職，主也。庶子，猶諸子也。周禮諸子之官，司馬之屬也。卒，皆讀爲倅，諸子副代父者也。戒令，致於大子之事。教治，修德學道。位，朝位也。國子，諸子也。軍法百人爲卒，五人爲伍。弗，不也。國子屬大子，司馬雖有軍事，不賦也。游卒，未仕者也。學，大學也。射，射宮也。燕禮有庶子官，是以義載此以爲說。」正義：「言此官職主諸侯及卿、大夫、士衆庶子副倅於父之事，所以官名庶子。與，猶及也。教，謂教學。治，謂治身。別其等者，謂別其貴賤之等。正其位者，正其朝廷所立之位也。諸侯、卿、大夫之庶子者，是其適子也。庶，衆也。以其適子衆多，故總謂之庶子，非適子庶弟而稱庶子也。故鄭注諸子職云『國子者，是公、卿、大夫、士之副貳。』又引王制云『王大子，王子，羣后之大子，卿、大夫、元士之適子』，是也。若國有大事之時，進致諸子於大子，隨所用也。若國有甲兵之事，則庶子之官立其主將，使統領之，用軍旅之法治理之。正，役也。諸子既統屬大子，隨大子徵發王家之事，司馬不得征役之也。國之政事，謂力役、土功、胥徒之屬，不與于國子，唯民庶所爲。既不與尋常政事，但使之修行其德，學習道藝也。仲春之時，合諸子於太學。仲秋之時，合諸子於射宮。考校其藝之高下，而進退其能否，能者進之，否者退之。」○卒，依注音倅，七對反。「卒伍」之卒，子忽反。「游卒」之卒，七內反。

諸侯燕禮之義：君立阼階之東南〔一〕，南鄉，爾卿，卿大夫皆少進〔二〕，定位也。君席阼

〔一〕「南」字原脱，據禮記注疏補。
〔二〕禮記燕義不重「卿」字，儀禮燕禮重。

階之上，居主位也。君獨升立席上，西面特立，莫敢適之義也。注：「定位者，爲其始入敞踖，揖而安定也。」正義：「按燕禮『卿大夫皆入門右，北面』，『君南鄉，爾卿，卿西面，北上』，『爾大夫，大夫皆少進』，皆北面。所以然者，定羣臣之位也。莫敢適，莫敢與君敵匹而爲禮。」○鄉，許亮反。適，音敵。

設賓主，飲酒之禮也。使宰夫爲獻主臣莫敢與君亢禮也。不以公卿爲賓，而以大夫爲賓，爲疑也，明嫌之義也。賓入中庭，君降一等而揖之，禮之也。注：「設賓主者，飲酒致歡也。宰夫，主膳食之官也。天子使膳宰爲主人。公，孤也。疑，自下上至之辭也。公卿尊矣，復以爲賓，則尊與君大相近。」君舉旅於賓，及君所賜爵，皆降，再拜稽首，升成拜，明臣禮也。君答拜之，禮無不答，明君上之禮也。臣下竭力盡能以立功於國，君必報之以爵禄，故臣下皆務竭力盡能以立功。是以國安而君寧。禮無不答，言上之不虛取於下也。注：「言聖人制禮，因事以託政。臣再拜稽首，是其竭力也。君答拜之，是其報以禄惠也。」正義：「賓受君之酬，及臣受君賜爵，皆降自西階，再拜稽首，又升堂，更再拜稽首，以成拜也。故燕禮云：『公酬賓，賓降，西階下再拜稽首。公命小臣辭，賓升，成拜。』鄭云：『升成拜，復再拜稽首也。』燕禮云：『公卒觶，賓下拜，小臣辭。賓升，再拜稽首。』鄭注：『不言『成拜』者，爲拜故下，賓未拜也。下不敢輒拜，禮殺也。』臣拜君，皆答之者，示爲上之道，不虛取於下也。」吕與叔曰：「君盡君之禮以下下，故賓入及庭，降一等揖之，賓受爵拜，君皆答拜。臣盡臣之禮以事上，故君舉旅賜爵，賓皆降，再拜稽首，君辭，然後升成拜。所以上下交而其志同也。」○亢，苦浪反。稽，音啓。

上必明正道以道民，民道之而有功，然後取其什一，故上用足而下不匱也。是以上下和親而不相怨也。和寧，禮之用也。此君臣上下之大義也。故曰：「燕禮者，所以明君臣之義也。」正義：「然後取其什一者，前明君臣相報，此言君民上下相報。君既薄斂於上，民亦什一而稅於下，故國家用足，而下不匱乏。是上下和平親睦，而不相怨恨也。」○匱，求位反。

席：小卿次上卿，大夫次小卿，士庶子以次就位於下。獻君，君舉旅行酬，而后獻卿；卿舉旅行酬，而后獻大夫；大夫舉旅行酬，而后獻士；士舉旅行酬，而后獻庶子。俎豆、牲體、薦羞，皆有等差，所以明貴賤也。注：「牲體，俎實也。薦，謂脯醢也。羞，庶羞也。」正義：「小卿次上卿者，案燕禮上卿在賓席之東，小卿在賓席之西，隔越於賓席。而云『次上卿』者，以俱南面東上，遥相次耳。大夫次小卿者，燕禮大夫在小卿之西，故燕禮云『辨獻大夫，遂薦之，繼賓以西，東上』。『于西階上獻士』，『獻庶子于阼階上』，故云『士庶子以次就位于下也』。燕禮宰夫爲主人酌以獻賓，賓飲畢，酌以酢主人。主人飲畢，酌以獻君，君飲畢，酌以酢主人。飲卒爵，主人又洗觚酬。主人先飲卒爵，酌以酬賓。『媵爵者洗象觶』，酌奠于公席之前，『公坐取所媵之觶以酬賓』，賓下，再拜稽首。公命小臣辭，賓升，成拜。公立卒觶』，賓乃受公虛爵，酌之，酬大夫于西階上。衆大夫相酬畢，奠虛觶于篚。此獻君，君舉旅行酬也。燕禮『主人洗，升，實散，獻卿于西階上』。公使二人媵爵，奠于公前。『若賓，若長，唯公所酬，以旅于西階上』，大夫辯而止。此爲卿旅酬也。燕禮『獻大夫于西階上』，大夫辯受獻，乃獻衆工。『公又舉奠觶，唯公所賜』。此爲大夫而旅酬也。説屨，升堂坐之後，主人獻士辯賓，『媵觚于公』，『唯公所賜』，『乃就席，坐行之』，終於大夫。終受者興，以酬士，『士舉旅于西階上』，此獻士爲旅酬也。庶子卑，不爲之舉旅，但無算爵之節，執爵者酌而旅之。」〇差，初佳反，又初宜反。

禮記訓纂卷四十八

聘義第四十八

鄭目録云：「名曰聘義者，以其記諸侯之國交相聘問之禮，重禮輕財之義也。此於別録屬吉事。」正義：「此聘義釋儀禮聘禮之義。但儀禮聘禮謂大聘使卿，故經云『及竟張旜』，旜是孤卿所建也。聘禮謂侯伯之卿，故經云『上介奉束錦，士介四人，皆奉玉錦』。介凡五人，故知侯伯之卿。此聘義所釋，包五等之卿，故此經云『上公七介，侯伯五介，子男三介』，皆謂其卿也。」

聘禮：上公七介，侯伯五介，子男三介，所以明貴賤也。注：「此皆是卿出聘之介數也。大行人職曰：『凡諸侯之卿，其禮各下其君二等。』」正義：「上公七介者，若上公親行則九介，其卿降二等，故七介。侯伯子男以次差之。」介紹而傳命，君子於其所尊弗敢質，敬之至也。注：「質，謂正自相當。」陳可大曰：「紹，繼也，其位相承繼也。先時上擯入受主君之命，出而傳與承擯，承擯傳與末擯，此是傳而下也。賓之末介受命於末擯，而傳與次介，次介傳與上介，上介傳與賓，是傳而上也。此所謂『介紹而傳命』也。」

三讓而后傳命，三讓而后入廟門，三揖而后至階，三讓而后升，所以致尊讓也。注：「此揖讓，主謂賓也。三讓而后傳命，賓至廟門，主人請事時也。賓見主人陳擯，以大客禮當己，則三讓之，不得命，乃傳其君之聘命也。三讓而後入廟門，讓主人廟受也。小行人職云：『凡四方之使者，大客則擯，小客則受其幣，聽其辭。』正義：「初入廟門一揖，當階北面又揖，當碑又揖。三讓而后升者，謂主君揖賓至階，主君讓賓升，賓讓主君，如此者三，主君乃先升，賓乃升也。案司儀職注：『兩君相見則交擯，臣聘於君則旅擯。』交擯傳命者，聘禮注云：『其傳命，各鄉本受命，反面傳而下。及末，則鄉受之，反面傳而上，又受命傳而下。』其旅擯之時，不上下相傳，直賓及上擯相對而語。」

君使士迎于竟，大夫郊勞，君親拜迎于大門之內而廟受，北面拜貺，拜君命之辱，所以致敬也。注：「貺，賜也。賓致命，公當楣再拜，拜聘君之恩惠，辱命來聘者也。」正義：「聘禮『賓及竟，張旜』，『君使士請事，遂以入』。『賓至于近郊』，『君使卿朝服，用束帛勞』。此『大夫郊勞』者，卽卿也。聘禮『賓入門左，公再拜』，是君拜迎于大門之內。又云『及廟門，公揖入』，『納賓，賓入門左』，『賓升，西楹西，東面』，是廟受也。北面拜貺者，君于阼階之上，北面再拜。聘禮云『公當楣再拜』，是也。拜君命之辱者，釋『北面拜貺』之義也。」〇勞，力報反。

敬讓也者，君子之所以相接也。故諸侯相接以敬讓，則不相侵陵。注：「君子之相接，賓讓而主人敬也。」正義：「主人致敬，賓致讓，同心以禮相接，故不相侵陵。」

卿爲上擯，大夫爲承擯，士爲紹擯。君親禮賓，賓私面私覿致饔餼，還圭璋，賄贈，饗、食、燕，所以明賓客君臣之義也。注：「設大禮，則賓客之也。或不親而使臣，則爲君臣也。」正義：「承擯者，承副上擯也。紹，繼也。案聘禮注：『其位相承繼。』大行人云上公『擯者五人』，侯伯『四人』，子男『三人』。若擯者五人，則士爲紹擯者三人；擯者四人，則士爲紹擯者二人；擯者三人，則士爲紹擯者一人。君親禮賓者，聘禮賓行聘訖，『宰夫徹几，改筵，公出，迎賓以入』，『公側受醴，賓受醴，公拜送醴』，是也。私面，謂私以己禮面見主國之卿大夫也。私覿者，私以己禮覲主國之君。以其非公聘正禮，故謂之私。致饔餼者。聘禮『君使卿韋弁，歸饔餼五牢』，注云：『牲，殺曰饔，生曰餼。』還圭璋者，聘禮云：『君使卿皮弁，還玉于館』，是也。賄贈者，因還玉之時，主人之卿并以賄而往贈之。故聘禮還圭璋畢，『大夫賄用束紡』，是也。饗、食、燕者，謂主君設大禮以饗賓，設食禮以食賓，皆在朝也。又設燕以燕之，燕在寢也。故聘禮云『公於賓，壹食，再饗，燕與羞，俶獻，無常數』，是也。」○擯，必刃反，本又作「儐」。說文：「擯，或儐字。」覲，大歷反。餼，許既反。還，音旋。賄，呼罪反。

故天子制諸侯，比年小聘，三年大聘，相厲以禮。使者聘而誤，主君弗親饗食也。所以愧厲之也。諸侯相厲以禮，則外不相侵，內不相陵。此天子之所以養諸侯，兵不用而諸侯自爲正之具也。注：「比年小聘，所謂『歲相問』也。三年大聘，所謂『殷相聘』也。」正義：「使者聘而誤，主君弗親饗食也，謂來聘使者，禮有錯誤，則主國之君不親自饗食以接賓，所以使賓恥愧自勸厲。正，謂國無患難，由其外親諸侯如此。」呂與叔曰：「不親饗食者，聘禮所謂『大夫來使，無罪饗之，過則餼之』之意也。」

以圭璋聘，重禮也。已聘而還圭璋，此輕財而重禮之義也。諸侯相厲以輕財重禮，則民作讓矣。注：「圭，瑞也。尊圭璋之類也。用之還之，皆爲重禮。禮必親之，不可以己之有，遥復之也。財，謂璧琮享幣也。受之爲輕財者，財可遥復，重賄反幣，是也。」正義：「玉以比德，故以圭璋而聘，貴重其禮也。凡行聘之後，享君用璧，享夫人用琮，璧琮則重其華美，加於束帛。聘使既了，還以圭璋之玉，重其禮，故還之，留其璧琮之財，輕其財，故留之。聘禮『圭璋』與『璧琮』相對，故圭璋爲聘，璧琮爲享。若二王之後，享天子用圭，享后用璋，雖圭璋亦受之，不歸也。」

主國待客，出入三積，餼客於舍，五牢之具陳於內，米三十車，禾三十車，芻薪倍禾，皆陳於外，乘禽日五雙，羣介皆有餼牢，壹食，再饗，燕與時賜無數，所以厚重禮也。注：「厚重禮，厚此聘禮也。」正義：「此謂上公之臣，故出入三積。若侯伯以下之臣，則不致積也。三積者，謂入三積，出亦三積。故司儀云：『遂行如入之積。』是去之積如來時積也。案聘禮致客有饔有餼，今直云『餼客』者，略言之。於舍，謂於賓館也。五牢之具，謂飪一牢，在賓館西階也。腥二牢，在賓館東階也。餼二牢，在賓館門內之西。是皆陳于內也。案聘禮『米三十車，設于門東，東陳。禾三十車，設於門西，西陳。薪芻，倍禾』也。鄭注：『薪從米，芻從禾。』乘禽，謂乘行羣匹之禽，鴈鶩之屬，聘卿則每日致五雙也。羣介皆有餼牢者，鄭注掌客云：『爵，卿也，則飧二牢，饔餼五牢；大夫也，則飧大牢，饔餼三牢；士也，則飧少牢，饔餼大牢也。』燕與時賜無數者，謂聘卿也。一爲之設食，再爲之設饗，其歡燕與當時之賜無常數也。」〇積，子賜反。芻，初俱反。倍，步罪反。乘，繩證反。

古之用財者不能均如此，然而用財如此其厚者，言盡之於禮也。盡之於禮，則內君臣不相陵，而外不相侵，故天子制之，而諸侯務焉爾。注：「不能均如此，言無則從其實也。言盡之於禮，欲令富者不得過也。」正義：「言若能豐厚用財在於禮，謂以禮自制，則於國內上下和睦，君臣不相陵也；四鄰歸懷，外不相侵也。」

聘射之禮，至大禮也。質明而始行事，日幾中而后禮成。非强有力者弗能行也。故强有力者將以行禮也，注：「禮成，禮畢也。或曰行成。」酒清人渴而不敢飲也，肉乾人飢而不敢食也，日莫人倦，齊莊正齊而不敢解惰，以成禮節，以正君臣，以親父子，以和長幼。此衆人之所難，而君子行之，故謂之有行。有行之謂有義，有義之謂勇敢。故所貴於勇敢者，貴其能以立義也。所貴於立義者，貴其有行也。所貴於有行者，貴其行禮也。故所貴於勇敢者，貴其敢行禮義也。故勇敢强有力者，天下無事則用之於禮義，天下有事則用之於戰勝。用之於戰勝則無敵，用之於禮義則順治。外無敵，內順治，此之謂盛德。故聖王之貴勇敢强有力如此也。勇敢强有力而不用之於禮義戰勝，而用之於爭鬭，則謂之亂人。刑罰行於國，所誅者亂人也。如此則民順治而國安也。注：「勝，克敵也。或爲陳。」正義：「此是聘義，兼云『射』者，以强有餘力之士非但聘而行禮，又能射爲武事，故此總明之也。言聘之與射，至極繁大，非如冠昏之屬，暫時卽畢。幾，近也。酒清，人渴不敢飲也者，此謂射禮也。言欲射之時，先行燕禮，唯以禮獻酬，不敢恣意醉飽，但行禮而已。行聘之時，但酌醴禮賓，無酒肴之事，故知此唯據射也。以正君臣者，謂射前行燕禮，君在阼，賓，升，成拜，及受君賜，再拜稽首之等，是以正君臣也。以親父子，以和長幼者，謂鄉射之前，行鄉飲酒之禮，有齒於父族之事。無事，謂兵革休息，故用之於聘射之禮義。有事，謂軍旅數起，故用之於戰鬭必得勝也。戰勝，謂公義而戰勝。爭鬭，謂私爭忿鬭。」○渴，苦葛反。乾，音干。莫，音暮。齊，側皆反。解，佳賣反。惰，徒臥反。「有行」之行，下孟反。

子貢問於孔子曰：「敢問君子貴玉而賤碈者何也？爲玉之寡而碈之多與？」注：「碈，石似玉，或作玫也。」瑉，荀子法行篇作珉。」説文：「珉，石之美者。」玉篇作「珉」。山海經云：「岐山，其陰多白珉。」廣雅云：「珉，美石，次玉。」正義：「子貢之意，所以貴玉者，豈不爲玉之寡少故貴之，碈之饒多故賤之。與，疑辭。」孔子曰：「非爲碈之多故賤之也，玉之寡故貴之也。夫昔者君子比德於玉焉：温潤而澤，仁也。注：「色柔温潤，似仁也〔一〕。潤，或爲濡。」縝密以栗，知也。注：「縝，緻也。栗，堅貌。」王氏引之曰：「謹案堅剛非知也，栗者，秩然有條理之貌。説文：『瑮，玉英華羅列秩秩。』瑮與栗同。栗之爲言猶秩也。爾雅曰：『條條、秩秩，知也。』玉體密緻，而條理秩然，言如知者處事密緻而秩然不紊。管子水地篇：『夫玉温潤以澤，仁也。鄰以理者，知也。』荀子法行篇：『夫玉栗而理，知也。』説苑雜言篇『玉有六美』，『近之栗理者，君子比智焉』。鄰、栗一聲之轉，皆清徹之貌也。唐風揚之水傳曰：『粼粼，清徹也。』粼與鄰同。爾雅：『秩秩，清也。』秩與栗通。」廉而不劌，義也。注：「劌，傷也。義者不苟傷人也。」廣雅：「劌，利也。」正義：「廉，稜也。言玉體雖有廉稜，而不傷割於物。人有義者，亦能斷割而不傷物。」垂之如隊，禮也。注：「禮尚謙卑。」叩之，其聲清越以長，其終詘然，樂也。注：「樂作則有聲，止則無也。越，猶揚也。詘，絶止貌也。樂記曰：『止如槀木。』」正義：「言玉體以物叩擊，其聲清泠，發越以長，聲之終竟，聲則詘然而止，不如鐘聲聲罷猶有餘音也。」瑕不揜瑜，瑜不揜瑕，忠也。孚尹旁達，信也。注：「瑕，玉之病也。瑜，其中間美者。玉之性，善惡不相揜。似忠也。孚，讀爲浮。尹，讀如竹箭之筠。浮筠，謂玉采色也。采色旁達，不有隱翳，似信也。孚，或作姇，或爲扶。」正義：「言玉之病處，不揜映美處，玉之美處，不揜映病處，如人之忠者亦以忠心見外也。孚，浮也。浮者，在外之

〔一〕「色柔温潤」，原誤「色温柔」，據禮記注疏改。

名。筠亦潤色在外者。旁者，四面之謂。達者，通顯之名。信者，內不欺隱者也。玉采色彰達，著見於外。如人有信者亦著見於外。」氣如白虹，天也。精神見于山川，地也。注：「精神，亦謂精氣也。虹，天氣也。山川，地所以通氣也。」呂與叔曰：「玉之瑩者，光氣能達於天，所謂『氣如白虹』也。韞諸石中，則光輝必見，所謂『精神見所山川』也。」圭璋特達，德也。注：「特達，謂以朝聘也。璧琮則有幣，惟有德者無所不達，不有須而成也。」正義：「以聘享之禮有圭璋璧琮，璧琮則有束帛加之乃得達，圭璋則不用束帛，故云『特達』。」天下莫不貴者，道也。詩云：『言念君子，温其如玉。』故君子貴之也。」注：「道者，人無不由之。貴玉者，以其似君子也。」○碈，武巾反，字亦作「瑉」。縝，音軫。知，音智。劌，九衞反。詘，其勿反。瑕，音遐。揜，音掩。瑜，羊朱反。虹，音紅。見，賢遍反。

禮記訓纂卷四十九

喪服四制第四十九

鄭目録云：「名曰喪服四制者，以其記喪服之制取於仁義禮知也。此於別録舊説屬喪服。」正義：「案别録無喪服四制之文，唯舊説稱此喪服之篇屬喪服。不云喪義，而云喪服四制者，以上諸篇皆記儀禮當篇之義，此則記者别記喪服之四制，非記儀禮喪服之篇，故不云喪服之義也。」

凡禮之大體，體天地，法四時，則陰陽，順人情，故謂之禮。訾之者，是不知禮之所由生也。注：「禮之言體也。故謂之禮，言本有法則而生也。口毁曰訾。」説文：「訾，苛也。」段氏玉裁曰：「玄應引鄭注亦作呰。」正義：「不知禮之所由生，言不知禮之有法則也。」

夫禮，吉凶異道，不得相干，取之陰陽也。注：「吉禮凶禮異道，謂衣服容貌及器物也。」喪有四制，變而從宜，取之四時也。有恩有理，有節有權，取之人情也。恩者仁也，理者義也，節者禮也，權者知也。仁義禮知，人道具矣。注：「取之四時，謂其數也。取之人情，謂其制也。」正義：「此不覆説『體天地』者，天地包此四時、陰陽、人情，無物不總。門内主恩，門外則變而行義。尊卑有定，以節爲限。不能備禮，則變而行權。恩屬於仁，理屬於義，節屬於禮。量事權宜，非知不可。人道具矣，總結四制之義。」○知，音智，下同。

其恩厚者其服重，故爲父斬衰三年，以恩制者也。注：「服莫重斬衰也。」門内之治恩揜義，門外之制義斷恩。資於事父以事君而敬同，貴貴尊尊，義之大者也。故爲君亦斬衰三年，以義制者也。注：「資，猶操也。貴貴，謂爲大夫君也。尊尊，謂爲天子諸侯也。」王氏懋竑曰：「貴貴尊尊，一也。大夫、天子、諸侯，皆君也，其義不別。」正義：「門内之親，得行私恩，不行公義。若公羊傳『有三年之喪，君不呼其門』，是也。門外，謂朝廷之間。既仕公朝，當以公義斷絶私恩，若曾子問『父母之喪，既卒哭，金革之事無辟』，是也。」○揜，於檢反。

三日而食，三月而沐，期而練，崔凱曰：「小祥祭則櫛，稍自飾。」毁不滅性，不以死傷生也。喪不過三年，苴衰不補，墳墓不培。祥之日鼓素琴，告民有終也，以節制者也。資於事父以事母而愛同。天無二日，土無二王，國無二君，家無二尊，以一治之也。故父在爲母齊衰期者，見無二尊也。注：「食，食粥也。沐，謂將虞祭時也。補、培，猶治也。鼓素琴，始存樂也。」正義：「告民有終者，告教其民，使哀有終極也。情實未已，仍以禮節爲限，抑其情也。」○期，音基。苴，七餘反。墳，扶云反。爲，于僞反。齊，音咨。

杖者何也？爵也。三日授子杖，五日授大夫杖，七日授士杖。或曰擔主，或曰輔病。婦人童子不杖，不能病也。百官備，百物具，不言而事行者，扶而起。言而后事行者，杖而起。身自執事而后行者，面垢而已。秃者不髽，傴者不袒，跛者不踊，老病不止酒肉。凡此八者，以權制者也。注：「五日、七日授杖，謂爲君喪也。扶而起，謂天子諸侯也。杖而起，謂大夫士也。面垢而已，謂庶民也。髽，婦人也。男子免而婦人髽。髽，或爲免。」正義：「喪服傳云：『無爵而杖者何？擔主也。』鄭注云：『擔，假也。尊其爲主，假之以杖。』喪服傳云：『非主而杖者何？輔病也。』謂庶子以下。婦人，未成人之婦人。扶而起者，謂王侯也，委任百官，不假自言而事得行，故許子病深，扶杖亦不能起，又須人扶乃起也。杖而起者，謂大夫、士，既無百官百物，須己言而事乃行。故不許極病，所以杖而起也。身自執事，謂庶人也，卑，無人可使，但身自執事，不可許病，故有杖不得用也。髽者，婦人之大紒，重喪鄉麻繞髮。禿者無髮，故不髽也。袒者露膊，傴者可憎，故不露也。踊是跳躍，跛人腳蹇，故不跳躍也。老病，身已羸瘠，又使備禮，以致滅性，非制所許，故酒肉養之。夫喪禮宜備，今有此八條，不可强逼，故聖人權宜制也。所謂八者，應杖不杖，不應杖而杖，一也。扶而起，二也。杖而起，三也。面垢，四也。禿者，五也。傴者，六也。跛者，七也。老病者，八也。」王氏懋竑曰：「庾氏、宋藍田吕氏，並以父在爲母一。案父在爲母期，正是以義制，若權制，則其節目之小者耳。婦人不杖，一也。童子不杖，二也。庶人不杖，三也。禿者不髽，四也。傴者不袒，五也。跛者不踊，六也。老不止酒肉，七也。病不止酒肉，八也。」〇擔，是豔反。垢，音茍。禿，吐木反。髽，側瓜反。傴，紆主反。袒，徒旱反。跛，彼我反。免，音問。

始死，三日不怠，三月不解，期悲哀，三年，憂，恩之殺也。聖人因殺以制節，注：「不怠，哭不絕聲也。不解，不解衣而居，不倦息也。」正義：「期悲哀者，謂期之間，朝夕恒哭。三年憂者，不復朝夕哭，但憂戚而已。聖人因孝子情有減殺，制爲限節。」此喪之所以三年，賢者不得過，不肖者不得不及。此喪之中庸也，王者之所常行也。書曰：「高宗諒闇，三年不言。」善之也。注：「『諒』，古作『梁』。楣謂之梁。闇，讀如『鶉鵪』之鵪。闇，謂廬也。廬有梁者，所謂『柱楣』也。」釋文：「鄭謂『卒哭之後，翦屏柱楣，故曰諒闇』。闇，卽廬也。」

王者莫不行此禮，何以獨善之也？曰：高宗者武丁，武丁者，殷之賢王也，繼世卽位，而慈良於喪。王氏引之曰：「『慈良』與『子諒』同。」當此之時，殷衰而復興，禮廢而復起，故善之善之，故載之書中，而高之，故謂之高宗。三年之喪，君不言。書云：「高宗諒闇，三年不言。」此之謂也。然而曰「言不文」者，謂臣下也。注：「言不文者，謂喪事辨不，所當共也。孝經說曰：『言不文者，指士民也。』」正義：「武丁中興殷世，故曰賢王〔一〕。又尊高其行，故謂之高宗三年之喪，君不言，是記者引古禮」〇解，佳買反。殺，色戒反。諒，依注讀爲梁。闇，烏南反。

禮：斬衰之喪，唯而不對；齊衰之喪，對而不言；大功之喪，言而不議；緦、小功之喪，議而不及樂。注：「此謂與賓客也。唯而不對，侑者爲之應耳。言，謂先發口也。」正義：「唯而不對者，不對其所問之事；侑者爲之對，不旁及也。對而不言者，但對其所問之事，不餘言也。言而不議者，但言說他事，不與人論議，相問答也。議而不及樂者，得議他事，但不能聽及於樂也。」〇唯，余癸反。

父母之喪，衰冠、繩纓、菅屨，三日而食粥，三月而沐，期十三月而練冠，三年而祥。〇菅，音姦。屨，紀具反。粥，之六反。

比終茲三節者，仁者可以覲其愛焉，知者可以觀其理焉，强者可以觀其志焉。禮以治

〔一〕「王」，原誤「正」，據禮記注疏改。

之，義以正之，孝子、弟弟、貞婦皆可得而察焉。注：「仁，有恩者也。理，義也。察，猶知也。」正義：「三節者，初喪至沐，一也。十三月練，二也。三年祥，三也。性有仁恩，則居喪思慕，可以觀其知愛親也。有知則居喪合於道理。若堅強，居喪則能守其志節。若能依禮合義，則是孝子、弟弟、貞婦也。」呂與叔曰：「惻怛、痛疾、悲哀、志懣，非仁者之篤於愛則不能也。然哭踊無節，喪期無數，乃野人直情徑行者也。輕重有等，變除有等，至於襲、含、斂、殯之具，賓客弔哭之文，無所不中於禮，非知者不能也。然有其文矣，實不足以稱之，有其始矣，力不足以終之，其強不足道也，喪事不敢不勉，此有志者之所能也。」吳幼清曰：「篇首論喪之四制，既以仁、義、禮、知言之矣，篇末論喪之三節，復以仁、知、禮、義言，而加之以強，蓋強以終之，則有禮、義、仁、知之實。禮義者，聖人立教之道。仁、知、強者，君子修道之德。強，即中庸三達德之勇也。」

朱士達序

士達賦質椎魯，未嘗學問。唯自束髮受書後，卽見先嚴光禄公手執一編，寒暑昕夕，披吟無間，子史百家，靡不貫洽，而於經義研究尤勤。與舅氏劉端臨、高郵王石臞、李孝成、江都汪容甫、宫詹邵二雲諸先生互相切劘，每有所得，輒以書札往來辨難，必求其是而後已。箸有經傳考證八卷，太傅阮文達公采入皇朝經解，晚年復輯禮記訓纂四十九卷。先兄文定公手爲校訂，未及半而逝。士達官陝臬時，適林文忠公過陝，得請序焉。唯公事繁劇，無暇校閱。丁未解組歸里，卜居邗上，始得校字，並囑大甥陳孝廉輅詳校，未終而卒。復延劉孟瞻明經文淇、王寬甫封翁敬之重加校訂，閱二年而畢。急付梓人，庶先光禄公數十年積學苦心不致湮没，使後之學者知所考訂云。男士達謹序。

朱念祖序

歲辛丑，先府君資政公陳臬三秦，公暇輒奉大父光禄公所著禮記訓纂篇第詮次。洎丁未歸田後，屬儀徵陳孝廉輅、劉明經文淇、高郵王封翁敬之先後詳斠，乃付剞氏，版存邗江寓邸，襲弆弗敢忘。癸丑初，奉府君還白田，未浹旬而郡城有警，竊歎頹息，慮手澤之幾湮也。逮仲冬郡城復，府君亟率長孫朔生至寓，校理漫漶，間有所闕，而完善尚多，奉持北歸，心恭慰焉。甲寅夏，念祖自隴奉諱返里，讀禮之餘，爰檢原版，悉心補葺。事既竟，謹志緣起，俾子孫世世守之。且知先澤之詒，當有默爲呵護者，豈惟范喬執翬，心目瞿然也哉！咸豐丙辰仲夏之月念祖謹識。